北京东城年鉴

BEIJING DONGCHENG NIANJIAN

·2024·

北京市东城区地方志编纂委员会　编

北京出版集团
北京出版社

图书在版编目（CIP）数据

北京东城年鉴. 2024 / 北京市东城区地方志编纂委员会编. — 北京：北京出版社，2024. 12. — ISBN 978－7－200－18834－9

Ⅰ. Z521. 3

中国国家版本馆 CIP 数据核字第 202480G5M6 号

审图号：京 S（2023）010 号

策划编辑　杜冬梅
责任编辑　陈　勇　杜冬梅
索引制作　何艳艳
版式设计　品欣文化
责任印制　陈冬梅

北京东城年鉴 2024
BEIJING DONGCHENG NIANJIAN 2024
北京市东城区地方志编纂委员会　编
*
北　京　出　版　集　团　出版
北　京　出　版　社
（北京北三环中路 6 号）
邮政编码：100120
网　址：www. bph. com. cn
北京出版集团总发行
新　华　书　店　经　销
北京华联印刷有限公司印刷
*
889 毫米×1194 毫米　16 开本　38 印张　1396 千字
2024 年 12 月第 1 版　2024 年 12 月第 1 次印刷
ISBN 978－7－200－18834－9
定价：280. 00 元

北京市东城区地方志编纂委员会

肖　俊	肖　燕	吴志辉	张　波
张　勇	张　黎	张丽梅	张艳姣
张莉莉	陈　君	陈　波	陈　婉
苗加佳	林　杉	易月明	罗海珊
周　环	周　林	赵文胜	郝兆阳
胡祥富	胡嘉嘉	段　勇	侯　亮
聂　嘉	贾　峥	高　菲	高玉辉
高建中	高洪雷	高海雁	郭威元
唐兵兵	黄　波	黄子民	曹　芳
崔位阳	崔媛媛	彭恩强	董险峰
蒋　龙	韩云升	曾　进	曾文军
雷新隆	蔡　勇	廖科翔	谭旭颖
黎洪垓	魏　搏		

《北京东城年鉴》编辑部

编辑说明

一、《北京东城年鉴》是在中共北京市东城区委和北京市东城区人民政府的领导下，由区地方志编纂委员会主持编纂的年度资料性文献。自1996年开始，逐年编辑出版，1996—2001卷以内容年为卷号，2003卷起改为以出版年为卷号，记述上一年度内容。2024卷为总第28卷。

二、《北京东城年鉴》以马克思列宁主义、毛泽东思想、邓小平理论、“三个代表”重要思想、科学发展观、习近平新时代中国特色社会主义思想为指导，坚持辩证唯物主义和历史唯物主义的立场、观点和方法，坚持实事求是的原则，与时俱进，开拓创新，科学反映客观情况。

三、《北京东城年鉴（2024）》全面、系统记述2023年度东城区自然、政治、经济、文化、社会和生态文明等方面的基本情况及各行各业取得的新成就、新进展、新经验，为社会各界了解东城、研究东城、建设东城提供信息和资料。

四、本卷年鉴记述起讫时间原则上为2023年1月1日至2023年12月31日。为保证内容资料的完整性、连续性，根据记述需要，个别内容时间适当上溯或下延。

五、本卷年鉴采用分类编辑法，全书主体内容分为类目、分目、条目3个层次，个别分目下设次分目，条目为记述基本层次。全书主体内容设有区情概览、特载、专文、大事记、中国共产党北京市东城区委员会、北京市东城区人民代表大会、北京市东城区人民政府、中国人民政治协商会议北京市东城区委员会、纪检监察、民主党派、人民团体、法治、军事、重点地区管理、经济管理、工业和信息化、商贸服务业、金融、旅游、城市规划与建设、城市管理、应急管理、交通 邮电、生态环境、科技、教育、文化、卫生 健康、体育、社会建设、社会生活、人物 荣誉、街道、统计资料、附录共35个类目，下设221个分目（含次分目），1686个条目。另有卷首专题图片62张、随文图片294张、表格44张。

六、本卷年鉴较《北京东城年鉴（2023）》有以下调整：“北京市东城区人民代表大会”类目新增“专委会工作”分目；中国人民政治协商会议北京市东城区委员会类目新增“专委会工作”分目；“军事”类目下“人民防空”分目改为“国防动员”；“经济管理”类目下“投资促进服务”分目改为“投资促进”；“文化”类目下“档案管理”分目改为“档案”；“卫生 健康”类目下“计生服务”改为“生育服务与家庭发展”。卷首专题图片新增“数说东城”内容。

七、本卷年鉴收录东城区党、政、各民主党派、团体、街道和部分企、事业单位负责人名单。所列均以2023年内任职为限。还收有获得全国、北京市、东城区荣誉称号的单位和个人名录。

八、本卷年鉴所选文章、条目内容均由各部门（单位）确定专人撰写或提供，并经其主管领导审核。统计资料由区统计局提供。书内涉及的主要数据以《北京市东城统计年鉴（2024）》为准，但个别数据由于统计口径和方法不同而有些许差异。照片由区委宣传部、区融媒体中心及各有关部门（单位）提供。

九、本卷配有双重检索系统，书前刊有目录，书后备有主题词索引和表格索引。

数说东城

常住人口70.3万人，常住人口密度为16802人/平方千米，户籍人口99.6万人

地区生产总值3574.3亿元

2019—2023 年地区生产总值及增长速度

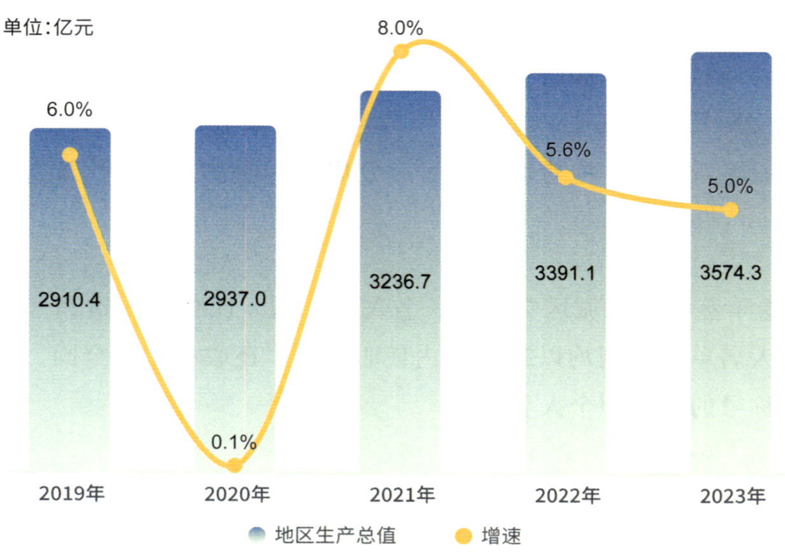

一般公共预算收入200.5亿元

2019—2023 年一般公共预算收入及增长速度

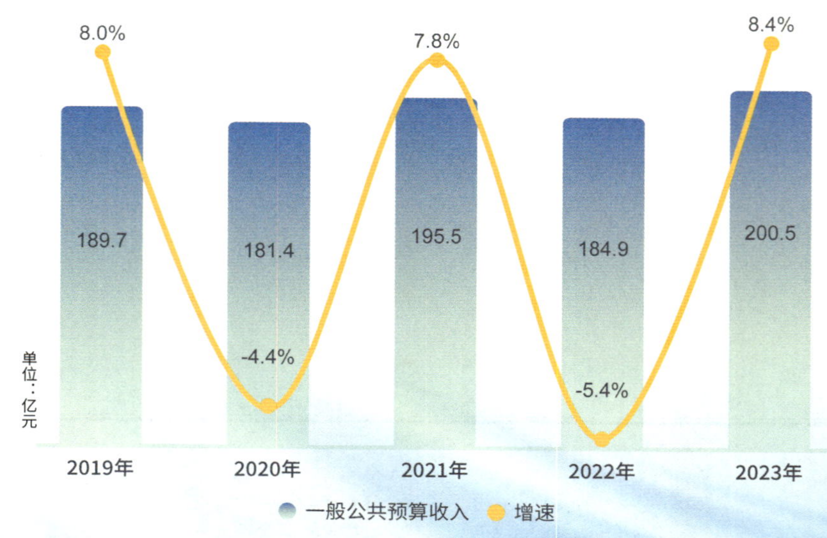

一般公共预算支出完成292.3亿元

2023 年一般公共预算支出构成

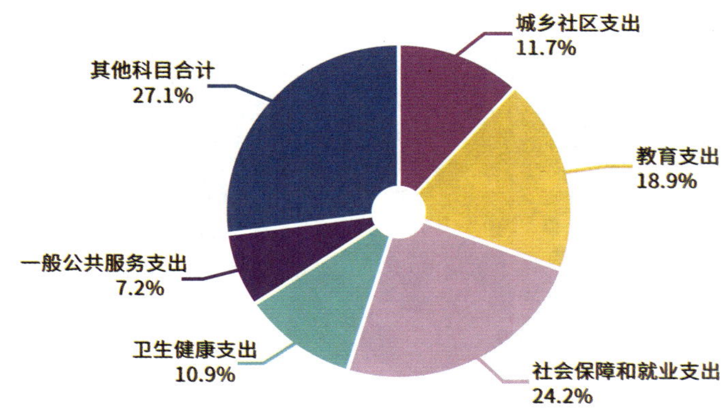

居民人均可支配收入96429元，居民人均消费性支出58393元

2019—2023 年居民人均可支配收入和消费性支出增长速度

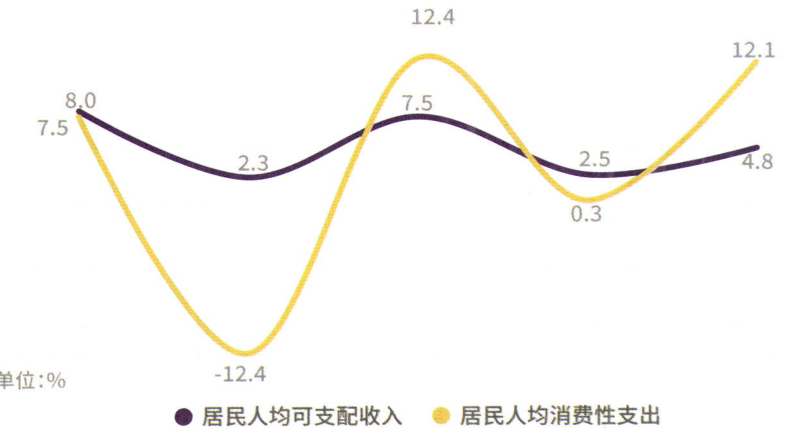

全区共有各级各类学校182所

全区共有卫生机构545个，其中医院57个

不可移动文物365项384处

其中全国重点文物保护单位37项53处

市级文物保护单位76项79处

区级文物保护单位53项53处

全区共有体育场馆69个

城镇登记失业率3.06%

城镇登记失业人员就业率67.36%

主题教育扎实有效

9月12日，东城区学习贯彻习近平新时代中国特色社会主义思想主题教育部署会召开（区委组织部提供）

9月13日，东城区学习贯彻习近平新时代中国特色社会主义思想主题教育区级领导读书班开班（闫文摄）

9月15—21日，区政协机关举办为期5天的处级领导干部学习贯彻习近平新时代中国特色社会主义思想主题教育读书班（区政协提供）

10月7日，区委书记孙新军到东华门街道调研接诉即办工作及主题教育开展情况（张传东摄）

10 月 13 日，东城区人大常委会实行有效监督主题教育调研座谈会召开（区人大提供）

10 月 17 日，区委书记孙新军以“学思践悟铸忠诚 ‘六字文章’显担当 全力推动核心区高质量发展”为主题，为党员干部讲授主题教育专题党课（张传东摄）

10月19日，区委副书记、区长周金星以“深学细悟，勇于担当，努力建设中国式现代化先行区、示范区”为主题，为党员干部讲授主题教育专题党课（张维民摄）

10月23日，东城区人大常委会机关举办学习贯彻习近平新时代中国特色社会主义主题教育专题党课（区人大提供）

10 月 23 日，区委领导参加并指导建国门街道领导班子主题教育专题交流研讨会（张传东摄）

10月26日，东城区委理论学习中心组开展“以学铸魂，坚定理想信念、筑牢对党忠诚、站稳人民立场”专题交流研讨（闫文摄）

11月，区纪委区监委机关区委巡察机构学习贯彻习近平新时代中国特色社会主义思想主题教育交流研讨会召开（区纪委区监委提供）

2023年主题教育开展以来，全区基层党组织严格按照要求，推动主题教育走深走实。图为东花市街道枣苑社区党委书记讲党课（东花市街道提供）

产业经济提振复苏

2月13日，天鼎218文化金融园开展促消费活动（区融媒体中心提供）

2月28日晚，2023年全国消费促进月暨京津冀消费季启动活动在前门大街举办（张传东摄）

2月，新春时节的来福士人气正旺（王慧雯摄）

4 月 22 日，前门商圈“前门国风节”正式启动（于丛嵩摄）

4 月 24 日，2023 年“东城区优化营商环境 推动经济高质量发展大会”在北京国际饭店召开（区融媒体中心提供）

"五一"期间，游客在王府井大街排队购物（王慧雯摄）

5月7日，"故宫以东—文商明珠"驻华使节感知北京东城行在隆福文化中心举办。图为外宾体验中国传统技艺兔儿爷制作（张维民摄）

5 月，游客在隆福寺商圈游玩、购物（张维民摄）

6 月 30 日，“2023 北京消费季·簋街不夜节”活动启动（王峥摄）

6 月，游客在鲜鱼口美食街品尝美食（李冬梅摄）

6 月，初夏夜晚的崇文门商圈新世界商场前的综合游乐场吸引众多市民前来游玩（庄蕊摄）

10 月 28 日至 11 月 13 日，以“匠心中轴 · 会照古今”为主题的“前门国潮消费季”活动在前门地区举办（王贵彬摄）

文化传承融荣共生

3 月 16 日，东城的故事——电视剧《情满九道湾》研讨会举行（区融媒体中心提供）

3 月 31 日，“望春风——暖春游园会”文化消费活动在“金台·共享际文化产业园”举办（林萱摄）

5 月 20 日，东城区第五届“社区邻里节”启动仪式在大都美术馆举行（林萱摄）

5 月 22 日，《东城区焕发会馆文化活力伙伴计划》发布仪式在颜料会馆举办。图为现场演出（张维民摄）

5 月 26 日，“故宫以东 融·艺术季”启动仪式在隆福文化中心举行。图为活动现场互动展示区吸引市民参观交流（张传东摄）

6月29日，金隅龙顺成文创园正式开园（闫文摄）

6月，东城区举办“文化和自然遗产日”系列活动，组织青少年在钟鼓楼开展研学体验（区文旅局提供）

6月，第二十一届北京国际图书节“书店之夜”活动举办，东城4家书店入选首届北京市“最美书店”。图为市民在活动现场选购图书（王峥摄）

7月25日，青少年及其家长、网络宣传员等在鼓楼实地感受中轴线的壮美和东城深厚的历史文化底蕴（王峥摄）

8月28日，2023东城文化月启动仪式暨第九届北京孔庙国子监国学文化节开幕式举办（张维民摄）

9 月 21 日，“美好生活 非遗同行——东城区‘非遗在社区’项目成果展”在金隅龙顺成文创园举行（闫文摄）

9 月 22 日，2023 北京古建音乐季秋日序章音乐会在宏恩观上演（闫文摄）

城市治理成效显著

2月21日，升级后的东直门城市生态岛重新启动开放（张维民摄）

2月，雍和宫桥下提升工程完工后增加停车位（邓伟摄）

3月，景山街道隆福寺社区在胡同内安装太阳能路灯，方便居民出行（区委宣传部提供）

5月15日，北京市首家社区“适老家装”样板间亮相朝阳门街道市民活动中心，全景式呈现居家养老无障碍场景(程鑫摄)

5月，南中轴西草市街全线实现架空线入地，“剧装一条街”亮出美丽天际线（区城管委提供）

7月，百年建筑同兴和木器店完成保护性修缮（李冬梅摄）

7月，北京二环内的老菜市场——兆军盛菜市场改造后重装亮相（林萱摄）

7月，景山街道“微景花园”示范基地在美后肆时落成（景山街道提供）

7月，“疏整促”重点区域项目玉河北段周边环境整治工作完工（闫文摄）

8 月，东城区 5622 户居民住上位于朝阳区豆各庄乡的安置房（王慧雯摄）

9 月，东城区全龄友好型公园——广渠春晓公园全新亮相（王峥摄）

9 月，在崇文门外磁器口路口设置回收网点，方便回收违规电动三、四轮车（王贵彬摄）

2023 年，张自忠路 6 号院完成院落改造，居民生活环境得到改善（交道口街道提供）

接诉即办服务群众

2月，景山街道“一刻钟便民生活圈”完成升级改造，市民在美后肆时美衣馆学习体验制衣（林萱摄）

3月，多部门在南锣鼓巷开展消费者权益保护法律法规宣传（周华伟摄）

4 月 13 日，东城区天街集团工作人员对年久老化的房屋进行落架大修（天街集团提供）

4 月，体育馆路街道通过“街道吹哨 部门报到”机制，收集居民整治老旧小区诉求（体育馆路街道提供）

5 月 9 日，前门街道以“十年‘议’回首 共造‘邻’聚力”为主题，举办小院议事厅周年总结暨“前门有礼 · 正阳有声”计划启动仪式（于丛嵩摄）

“六一”儿童节到来之际，东城区开展儿童化妆品及儿童玩具专项检查工作（周华伟摄）

6月，龙潭街道首创“小巷管家”六周年之际，工作人员以情景剧形式展示小巷管家的成长历程（龙潭街道提供）

6月，新建立体停车场引导刚需停车迁移，内务部街成为东城区第44条不停车胡同（张维民摄）

7月，北新桥街道联合公安、消防、城管等部门开展海运仓小区消防通道整治行动（北新桥街道供图）

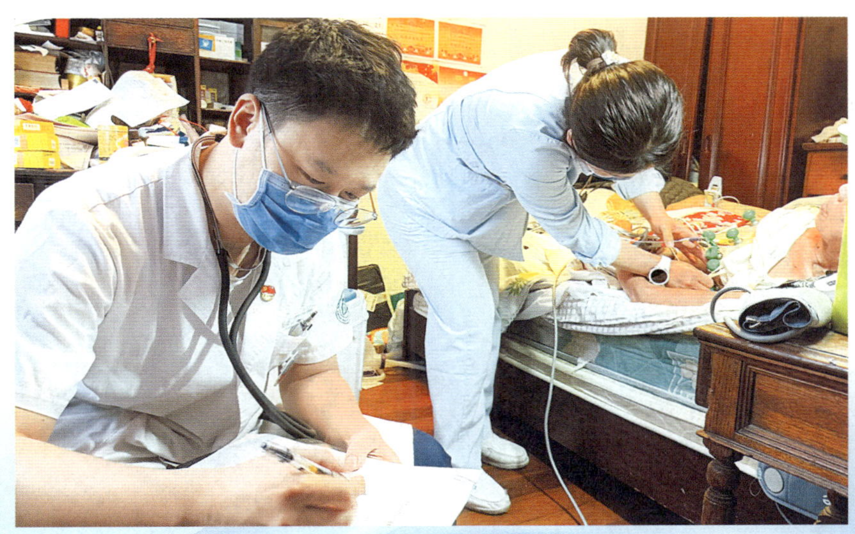

8月，家庭医生上门为老人体检（区民政局提供）

11月13日，在东华门街道解纷中心，司法所工作人员、北京睦邻法律服务中心志愿者、轮值律师共同接待居民法律咨询（东华门街道提供）

11月16日，东花市街道在“红心关爱岗”为“双十一”忙碌的快递员发放爱心物品（东花市街道提供）

2023年，东城区新增医保定点零售药店47家。图为参保群众在医保定点零售药店购药（李冬梅摄）

目 录

区情概览

特 载

专 文

大事记

中国共产党北京市东城区委员会

目　录

北京市东城区人民代表大会

北京市东城区人民政府

中国人民政治协商会议
北京市东城区委员会

纪检监察

民主党派

人民团体

法　治

军　事

重点地区管理

经济管理

工业和信息化

商贸服务业

金　融

旅　游

城市规划与建设

城市管理

应急管理

交通 邮电

生态环境

科　技

教　育

文 化

卫生 健康

体 育

社会建设

社会生活

人物　荣誉

街 道

统计资料

附　录

索引

CONTENTS

Disrict Overview

Local Documents (Excerpt)

Special Articles

Chronicle of Events

Beijing Dongcheng District Committee of the Communist Party of China

Dongcheng District People's Congress of Beijing Municipality

Dongcheng District People's Government of Beijing Municipality

Dongcheng District Committee Of Chinese People's Political Consultative Conference

Discipline Inspection and Supervision

Democratic Parties

People's Organizations

Rule of Law

Military Affairs

Important Area Management

Economic Management

Industry and Informatization

Trade Service

Finance

Tourism

Urban Planning and Construction

City Management

Emergency management

Traffic Post and Telecommunications

Ecological environment

Science

Education

Culture

Hygiene and Health

Sports

Social Construction

Social Life

People and Awards

Sub-districts

Statistics

Appendix

Index

区情概览

王府井商圈高楼鳞次栉比（区融媒体中心提供）

区情概览

基本地情

东城区是北京市中心城区、首都功能核心区之一。根据《北京城市总体规划（2016年—2035年）》，东城区的功能定位是全国政治中心、文化中心和国际交往中心的核心承载区，是历史文化名城保护的重点地区，是展示国家首都形象的重要窗口地区。境内的天安门广场是重大庆典、重要国务活动场所，王府井、前门商业街是首都商业形象的代表。

地理位置

东城区地处北京市中心城区东部，地理坐标位于东经116° 23′～116° 27′，北纬39° 52′～39° 58′，面积41.84平方千米。东部、北部与朝阳区相连，南部同丰台区接壤，西部与西城区相接，东西最宽处5.2千米，南北最长处13.0千米。

建置沿革

《史记·周本纪》载：封帝尧之后于蓟，今东城区域属蓟。秦汉至隋唐，属蓟县、伐戎县。辽开泰元年（1012）设析津县，属析津县。金贞元二年（1154）改析津县为大兴县。1928年6月，改北京为北平，划为特别市，属北平特别市。1930年改北京特别市为河北省北平市，属河北省北平市。1931年11月，北平市各区改为按数字顺序排列。1945年8月，北平市在内城增设第七区，东城区域内有第一区、第三区、第八区、第十区全部，第五区、第六区、第七区、第十二区东半部及第十三区、第十五区、第十九区、第二十区部分。1949年9月，改北平为北京。1950年5月，北京市城区区划调整，将12个区合并为9个区。东城区域内有第一区、第三区、第七区全部，以及第五区、第六区、第九区东半部。1952年7月，撤销第五区，将其东半部分别并入第一区、第三区。同年9月，第一区改为东单区，第三区改为东四区，第七区改为崇文区，将被撤销的第九区东半部分并入。至此，东城区域有东单区、东四区、崇文区全部和前门区东半部。1958年5月，东单区、东四区合并，成立东城区；撤销前门区，将其东半部并入崇文区。2010年6月，崇文区与东城区合并，成立新东城区。

行政区划

东城区设东华门、景山、交道口、安定门、北新桥、东四、朝阳门、建国门、东直门、和平里、前门、崇文门外、东花市、天坛、体育馆路、龙潭、永定门外17个街道，168个社区（12月14日，经区政府常务会通过，全区168个社区调整为163个）。另有北京市重点站区管理委员会北京站地区管理办公室、东城区王府井地区管理委员会和中关村科技园区东城园管理委员会。区政府驻景山街道。

人口

2023年年末全区常住人口70.3万人，比2022年年末减少0.1万人，降幅为0.14%。有汉族、回族、满族、蒙古族、朝鲜族、壮族等48个民族。

地形气候

东城区地处永定河洪积冲积扇形地的脊背，从西北山区向东南缓慢下降的开阔平原上，地势由北向南缓倾。地形为缓倾斜冲积平原。境内最高点位于南锣鼓巷，海拔49米，最低点位于龙潭东湖东南，海拔36米。气候属典型的暖温带大陆性季风气候，冬冷夏热，四季分明。多年平均气温11.5℃，1月平均气温-4.6℃，极端最低气温-20℃；7月平均气温25℃，极端最高气温40℃。最低月均气温-10℃，最高月均气温25.9℃。春季温暖，从4月初至6月初，平均气温12～13℃；夏季炎热，从6月初至9月初，平均气温24～25℃；秋季短暂，从9月初至10月底，平均气温12～13℃；冬季严寒，从10月底至次年4月初，平均气温-3～-4℃。年平均日照2556.9小时，年总辐射

4937.6兆焦／平方米。年平均降水量626毫米，年平均降水日数71.2天。

历史文化

东城区大部分位于明清北京城东部，从永定门到钟鼓楼7.8千米的传统中轴线纵贯全区。有北京市历史文化保护区18.5片10.46平方千米，占全区总面积的25%，是全市历史文化遗存和胡同四合院最为密集的地区。全区共有不可移动文物365项（384处），其中全国重点文物保护单位37项（53处）、市级文物保护单位76项（79处）、区级文物保护单位53项（53处）、尚未核定公布为文物保护单位的不可移动文物199项（199处）。有国家级非物质文化遗产37项、北京市级非物质文化遗产71项（含国家级）、东城区级非物质文化遗产225项（含国家级、市级）。故宫、天坛、大运河（玉河故道）入选《世界遗产名录》。智化寺京音乐在2006年6月被列入第一批国家非物质文化遗产名录。北京城中轴线古今标志性建筑除去景山万春亭均在东城区域内。1986年10月9日评选揭晓的"新北京十六景"，东城区有其三，分别是"天安丽日（天安门）""紫禁余晖（故宫）""圜丘清音（天坛公园）"，其中"天安丽日"位居榜首。

国民经济和社会发展

经济发展

经济总量 2023年实现地区生产总值3574.3亿元，按不变价格计算，比2022年增长5.0%。其中，第三产业实现增加值3512.7亿元，比2022年增长5.6%，占全区经济总量的98.3%；第二产业实现增加值61.6亿元，比2022年下降20.0%，占全区经济总量的1.7%。

财政收支 全区一般公共预算收入200.5亿元，比2022年增长8.4%。全区一般公共预算支出（不含基金预算支出）完成292.3亿元，比2022年增长16.9%。城乡社区支出、教育支出、社会保障和就业支出是公共财政预算支出的主要方向，分别支出34.3亿元、55.2亿元、70.8亿元，占比达54.8%。

固定资产投资 全区固定资产投资比2022年下降9.7%。其中房地产开发投资比2022年增长18.2%。分产业看，第二产业投资比2022年增长21.9%；第三产业投资比2022年下降9.7%。全区房地产开发施工面积265.0万平方米，竣工面积66.1万平方米。

消费 全年实现社会消费品零售总额1322.9亿元，比2022年增长7.7%。从消费形态看，商品零售1228.0亿元，增长5.7%；餐饮收入94.8亿元，增长43.2%。

对外经贸 全年新设外商投资企业37家，其中中外合资14家，外商独资18家，合伙企业5家。全年实现实际利用外资3.3亿美元，比2022年下降50.5%。全年实现进出口额2061.6亿元，增长51.6%，其中进口额1817.6亿元，增长52.3%；出口额244.1亿元，增长46%。

园区发展 至11月末，中关村示范区东城园监测的规模（限额）以上重点企业291家；累计实现总收入7993.3亿元，同比下降22.0%；累计实现出口总额53.7亿元，同比下降6.1%；企业研究开发费用合计72.5亿元，同比增长15.2%。

主要行业

工业 全区规模以上工业企业实现工业总产值11.8亿元，比2022年下降58.1%；实现工业销售产值12.0亿元，比2022年下降56.8%。

建筑业 全区具有资质等级的总承包和专业承包建筑业企业完成建筑业总产值678.3亿元，比2022年下降17.7%。2023年新签合同额873.7亿元，比2022年下降29.8%。

金融业 全区中资银行实现存款余额30076.8亿元，比2022年年末增长17%，其中单位存款19201.9亿元，个人存款5455.1亿元，其他存款5419.8亿元。全区中资银行实现贷款余额13544.8亿元，比2022年年末增长31.6%，其中境内短期贷款4148亿元，境内中长期贷款7990.2亿元。

房地产开发业 全区实现商品房销售额209.3亿元，比2022年增长10.9%，其中住宅销售额200.5亿元，商业营业用房销售额4.9亿元，其他房屋销售额2.2亿元。商品房销售面积20.7万平方米，比2022年增长11.4%。

非首都功能疏解

"疏整促"工作 实现住宿业"关转提"28家，拆除违法建设7.4万平方米，顺利完成"基本无违法建设区"创建。实施新一轮背街小巷环境精细化整治提升三年行动，完成200项市区级年度任务，压减在途项目建筑规模15.5万平方米，"四个密度"稳步下降。攻坚腾退国家话剧院高层住宅楼、五八二电台家属区，实施天坛医院旧址拆除和绿化，完成永定门城楼保护与展示，钟鼓楼周边、东华门大街、鼓楼东大街等重要节点精彩亮相，充分彰显东城区作为中轴线保护主力军的责任担当。积极协助中央和市属单位，启动大慈延福宫文物腾退，顺利完成滞留多年的古观象台南院清退任务。

城市建设与管理

城市改造 皇城景山三期成为全市首个片区式综合性更新试点，完成1000户退租任务，腾退整院133个，为统筹推进文物修缮、风貌保护、环境提升和产业导入创造良好条件。西总布街区启动申请式换租和试点院落建设。前门东西区一体化更新完成前期准备，西兴隆街率先启动恢复性修建，文华东方酒店基本完工。老旧小区综合整治和老楼加装电梯均超额完成年度任务。望坛项目首批10栋回迁楼集中交付入住，2000余户居民回迁新居，110千伏变电站主体完工。宝华里项目回迁楼全面开工，经营性地块实现场清地净。金鱼池二期西项目基本达到供地条件。回应群众期盼，积极推动崇外6号地由遗留危改项目向城市更新项目转化。启动朝阳门南北小街和朝阜路（东城段）区域环境整治提升。进一步提升长安街南北纵深一公里环境品质，实施北京站周边环境综合整治，改善北京协和医院、北京医院周边交通秩序。

交通治理 2023年年末全区实有道路1050条，道路总里程425千米，道路总面积（不含步道）474万平方米，其中快速路9条，快速路里程16千米，快速路面积29万平方米。全区实有步道长度652千米，步道面积165万平方米。全面完成违规电动三、四轮车淘汰治理。新增共享停车位700个，国子监街实现全线不停车，不停车胡同达到45条。

2023年，国子监街全线实现机动车不停车，这条700年历史老街更具古都韵味（闫文摄）

生态环境 全区细颗粒物（$PM_{2.5}$）年均浓度为36微克/立方米，比2022年增长16.1%，连续三年达到国家二级标准；二氧化硫年均浓度为3微克/立方米，与2022年持平；二氧化氮年均浓度为30微克/立方米，比2022年增长20%；可吸入颗粒物年均浓度64微克/立方米，比2022年增长14.3%。降尘量年平均值为3.6吨/（平方公里·月）（扣除沙尘影响后）；建成区区域噪声平均值为53.7分贝；工业废水排放达标率、工业废气排放达标率、锅炉烟气排放达标率、工业固体废物处置利用率为100%。南馆公园建成“零碳”试点，完成4处全龄友好型公园绿地改造提升，皇城根遗址公园、西草市街等“美颜”亮相，朝孚园、燕墩西望等一批口袋公园建成开放，新建改造绿地面积8万平方米，绿地500米服务半径覆盖率突破97%。东直门文化广场成为休闲新空间。深化背街小巷环境精细化整治，入选“北京最美街巷”胡同达到13条、精品街巷文化探访路线24条，均居全市首位。

公共安全 全区共发生安全生产死亡事故4起、亡4人，其中生产安全死亡事故4起、亡4人；未发生生产经营性道路交通、生产经营性火灾、特种设备死亡事故。压紧压实安全生产责任，深入开展安全生产和消防隐患治本攻坚，整改问题隐患4.9万项，坚决防范遏制安全事故。加强危险化学品、燃气、电动自行车、施工动火作业等领域专项整治。

科技 教育 文化 卫生 体育

科技 全区输出技术合同4684项，合同成交总金额1000.9亿元，其中技术交易额684.3亿元。全年专利授权量8140件，有效发明专利拥有量30309件。

教育 坚持扩总量、提质效、促均衡，启动“教育强区建设三年行动计划”，通过深化“双减”、落实“双升”，推动义务教育在更高水平上实现优质均衡发展。构建长链条贯通育人机制，加强拔尖创新人才自主培养，促进高中教育优质特色多样化发展。新增4000余个小学学位、5000个中学学位，汇文中学南校区投入使用，中高考成绩稳步提升，获评全国义务教育优质均衡区。至年底，全区共有各级各类学校182所，在校学生146449人。全区教育部门办学校共计120所，其中普通中学36所，在校学生47259人，招生17046人，毕业13356人；职业高中2所，在校学生649人，招生229人，毕业250人；小学45所，在校学生77677人，招生14707人，毕业10239人；特殊教育学校2所，在校学生267人（含中职教育阶段学生数）；工读学校1所，在校学生4人；幼儿园32所，在园幼儿9769人；成人教育单位2所，在校学生3252人。全区另有民办、其他单位办学校41所。

文化 北京文化论坛提级升格为国家级、国际性论坛并永久落户东城区，习近平主席向论坛发来贺信，全国文化中心核心承载区的影响力显著提升。联动四省五市，实施焕发会馆文化活力伙伴计划，韶州会馆率先亮相。编制完成东四三至八条、北锣鼓巷等4片历史文化街区的保护规划。文化产业持续发展。获评全国首批国家文化与金融合作示范区，在全市首创融资“白名单”机制。保利文化等5家企业获评“全国文化企业30强”，入选企业数稳居全市首位。金台·共享际、金隅龙顺成园区建成开园。文化服务丰富多彩。“我与地坛”书市回归，大学生电影节、中国儿童戏剧节、全国话剧展演季点亮市民文化生活。大麦新空间、南阳共享际等演艺新空间在全市率先授牌，“大戏东望”形成品牌效应。“27院儿”入选全国基层公共文化服务高质量发展典型案例，“美后肆时”入选全国公共文化空间品牌案例。至年底，全区有区级公共图书馆1个，建筑面积2.27万平方米，公共图书馆总藏书194.9万册（件），阅览座席1070个，全年外借人次10.1万人次，外借册次30.5万册次。全区有文化馆1个，建筑面积2.05万平方米。

卫生　深化“三医联动”改革，推动区属医院特色化、差异化发展。和平里医院、隆福医院通过三甲评审，普仁医院病房楼改造项目竣工，完成第一人民医院异地迁建和配套项目。提高家庭医生签约服务质量，增强基层医疗卫生服务的实效性。院前医疗急救满意度达100%，蝉联“全国健康城市建设样板市”。截至年底，全区共有卫生机构545个，其中医院57个，实有床位10187张；共有卫生技术人员28456人，其中执业（助理）医师11173人、注册护士11763人。全年诊疗2427.27万人次，其中门诊2300.3万人次。

体育　区全民健身中心和东单体育中心投入使用，获评全国体育事业突出贡献奖。截至年底，全区共有体育场馆69个，其中体育场2个、体育馆1个、游泳场馆66个。体育设施3070件，全年举办体育活动626次，参加体育活动18.1万人次。至年底，全区共有裁判1047人，教练员71人，输送运动员获奖牌总数879块，其中国际级比赛奖牌13块，国内级比赛奖牌48块，省市级比赛奖牌818块。

社会保障与服务

就业和社会保障　实有城镇登记失业人员6804人，城镇登记失业率为3.06%，失业人员再就业13203人，城镇登记失业人员就业率为67.36%。全年城镇促进失业人员就业人数13203人。积极做好重点群体就业服务，零就业家庭保持动态为零，应届高校毕业生就业率超97%，获评北京市充分就业区。落实企业职工基本养老保险全国统筹改革，深入开展个人养老金制度试点，扩大普惠健康保参保人群覆盖面。落实困难群体救助政策，支出救助资金1.8亿元，实现基本医保、大病保险、医疗救助一站式结算。多措并举加强住房保障，筹集房源4300余套，配租公租房1000余套，发放补贴1.8亿元，公租房备案家庭总体保障率提高11个百分点。

居民生活　全区居民人均可支配收入96429元，比2022年增长4.8%；居民人均消费支出58393元，比2022年增长12.1%。居民人均消费支出中，食品烟酒支出12835元，比2022年增长12.6%；衣着支出2597元，增长1.9%；居住支出24229元，增长8.8%；生活用品及服务支出2949元，减少1.0%；医疗保健支出5788元，增长20.6%；交通通信支出4069元，增长21.8%；教育文化娱乐支出4384元，增长26.5%；其他用品和服务支出1544元，增长20.3%。

社会服务　深入开展“攻百难 解民忧”专项行动，紧抓“接诉即办”不放松，聚焦群众可知可感的急难愁盼问题动真碰硬，全市排名稳步上升，群众获得感更加充实。抓好两个“关键小事”，在400个小区推行装修垃圾“收运处”一体化试点，开展物业突出问题专项治理，推动物管会向业委会转化。完成适老化改造和家庭照护床位1600余张，试点开展养老服务市场化运行，居家养老服务供给更加丰富完善。全民健身中心建设和东单体育中心整体改造工程完成并投入使用。深化“五社联动”，擦亮“东城社工”品牌，基层共建共治共享氛围更加浓厚。

党的建设

思想政治建设

毫不动摇把政治建设摆在首位。把坚定拥护“两个确立”、坚决做到“两个维护”作为最高政治原则和根本政治规矩，慎终如始抓好学习贯彻习近平新时代中国特色社会主义思想主题教育，把理论学习、调查研究、推动发展、检视整改、建章立制一体推进、贯穿始终，切实提高全区广大党员干部政治判断力、政治领悟力、政治执行力。推动政治监督精准化、常态化，确保党中央决策部署和市委工作要求在东城区贯彻到位、力度到位、责任到位。坚决筑牢思想建设基石。以区委理论学习中心组学习为龙头，持续健全学习制度，分类施策组织好基层干部、普通党员、青年学生和面向社会的理论学习，着力在真学真懂真信真用、深化内化转化上下更大功夫。持续深化“‘理’响东城”理论宣传教育品牌，加大与在京高校、社科机构“联学、联讲、联创”力度，推进党的创新理论“飞入寻常百姓家”。

干部队伍建设

强化理论武装，把学习贯彻习近平新时代中国特色社会主义思想作为党员干部教育培训的首课、主课、必修课，引导全区9.9万余名党员坚定理想信念、牢记初心使命。强化专业训练，创新开展“三带来”教学模式，持续擦亮“周周训”培训品牌，举办“一把手”履职能力提升、接诉即办工作能力提升、“四巷”专题培训等培训班次29期，累计培训3600余人次。强化实践锻炼，坚持把“艰苦地区、基层一线”作为干部实践锻炼的主渠道，2023年择优选派干部人才33人赴西藏自治区、内蒙古自治区化德县及阿尔山市、湖北省十堰市郧阳区、山西省屯留县等对口帮扶地区助力乡村振兴，选派干部4人支援房山灾后重建、优秀年轻干部4人到信访办跟岗锻炼，抽调优秀干部100余人参与市委巡视、区委巡察、宝华里危改、三眼井退租、主题教育等市、区重点工作，让干部在经风雨、见世面中长才干、壮筋骨。

基层党组织建设

着力增强基层党组织政治功能和组织功能。打造“正阳先锋”区级党建品牌，引导全区广大党员干部当先锋、作表率，切实把组织力量有效转化为发展优势。推动建设区级党群服务中心综合体，进一步健全完善“区—街道—社区—网格”四级党群服务中心体系，东花市街道、朝阳门街道、东华门街道东方广场3个党群服务中心获评“北京市党群服务中心示范点”。成立全市首个产业组团党委和专精特新企业联盟党委，以“双报到”和党建工作协调委员会等机制为抓手，推动500余个机关单位党组织和1万余名在职党员，参与防汛应急、常态化志愿服务等，不断赋能基层治理，持续提升治理能力和水平。

党风廉政建设

坚定不移推进全面从严治党，聚焦“两个维护”强化政治监督，驰而不息正风肃纪反腐，贯通落实主体责任、监督责任和监管责任，推动形成党委领导、各负其责、统一协调的管党治党责任格局。高质量推进巡察全覆盖任务，结合实际开展“回头看”。健全风腐同查工作机制，紧盯形式主义、官僚主义，持续加固中央八项规定精神堤坝。坚持不敢腐、不能腐、不想腐一体推进，保持惩治腐败高压态势，加大对涉房涉拆、国有企业、工程建设、民生等领域惩治力度，坚持受贿行贿一起查，严惩群众身边的“蝇贪”。强化经常性纪律教育，加强新时代廉洁文化建设，深化以案为鉴、以案促改、以案促治，精准运用“四种形态”，把从严管理监督与鼓励担当作为统一起来，既让纪律“带电”、铁规生威，又让干部警醒、知止不殆。

（赵妍　胡澄）

特 载

玉河秋景（张维民摄）

中共北京市东城区第十三届委员会第六次全体会议工作报告

（2023年7月26日）

中共北京市东城区委书记　孙新军

2023年以来，在市委的坚强领导下，区委常委会团结带领广大党员干部群众，以习近平新时代中国特色社会主义思想为指导，全面贯彻落实党的二十大精神，坚持以新时代首都发展为统领，聚焦首都“四个中心”功能建设，胸怀大局、锚定目标，凝心聚力、扛起重任，全速推进“崇文争先”，全力做实“六字文章”，努力实现更高质量、更可持续、更为安全的发展，各项事业都取得了新成效。

一是全面贯彻落实党的二十大精神，政治保障力和队伍战斗力不断提升。我们立足开局之年、谋好新局之势、下足非常之功，带领全区上下系统深入学习贯彻党的二十大精神，围绕党中央决策部署和市委工作要求，强化政治统领，坚定信心决心，激发勇气锐气，切实把区委目标任务精心谋划好、倾力落实好。

认真学习贯彻习近平总书记在深入推进京津冀协同发展座谈会上的重要讲话精神。习近平总书记在深入推进京津冀协同发展座谈会上的重要讲话，站在以中国式现代化全面推进中华民族伟大复兴的战略全局高度，明确目标要求，统筹谋划未来，为新时代深入推进京津冀协同发展指明了前进方向。市委十三届三次全会全面贯彻习近平总书记重要讲话精神，就未来一个时期全市深入推进京津冀协同发展的目标要求和战略举措，制定了清晰的“路线图”，扎实推动党中央决策部署在京华大地落地生根、开花结果。区委常委会第一时间传达学习贯彻习近平总书记重要讲话精神和市委全会精神，坚持以上率下，深切感悟习近平总书记对京津冀协同发展的高度重视和殷切期望，不断增强坚定拥护“两个确立”、坚决做到“两个维护”的思想自觉、政治自觉和行动自觉。把全力支持“新两翼”建设作为分内之事，结合首都功能核心区控规重点任务，推动与津冀等环京周边地区产业、文旅、养老等对接合作，充分发挥教育、医疗等优势资源辐射带动作用，为协同发展献智出力、作出“东城贡献”。

“四个服务”水平持续提升。突出主动、精准、双向原则，深化三级服务机制，擦亮服务共建品牌，实现“服务中央单位和驻京部队窗口”服务事项接件答复率100%。区委主要领导带头走访中央党政军单位近20次，面对面听取服务需求，对中央单位最关心的人才公寓、属地服务等问题竭力给予高标准保障，收到中央机关和驻区企业感谢信30余封，央地协作更加紧密，核心区使命价值持续释放。依托政治安全立体化防控体系，圆满完成全国“两会”、重要节日、敏感时段安保维稳工作。创新“平安指数”考评机制，深化政法领域改革，提升执法司法公信力，“平安北京”建设考核及“全国市域社会治理现代化试点”验收结果均居全市第一。全面开展安全生产和消防隐患大排查大整治等专项行动，从源头上消除风险隐患，核心区安全屏障更加牢固。

高素质干部人才队伍不断壮大。全面加强党的创新理论武装，将学习贯彻习近平新时代中国特色社会主义思想作为党员干部教育培训首课、主课、必修课，创新推行“三带来”教学模式，开展党的二十大精神处级干部集中轮训和党员全员轮训。优化干部“选育管用”工作，制定实施领导干部治理能力提升若干措施，举办“一把手”履职能力、接诉即办能力等专题培训班，凝心铸魂、赋能发展。选派新一轮援蒙干部助力内蒙古自治区发展。2022年度全市区局级单位领导班子考核，东城区被评为“优秀”等次，干部选拔任用工作和新选拔任用干部评议结果“好”评率位居城六区第一。建强青年人才三大支撑平台，联合中国社会科学院大学打造全市首个青年人才马克思主义研修班，搭建施展才干、大显身手的广阔舞台。

基层党建工作富有成效。建强社区“领头雁”队伍，打造市区级优秀书记工作室56家，实现各街道全覆盖。东花市街道、朝阳门街道及东方广场党群服务中心获评“北京市党群服务中心示范点”。建立常态化、长期化“双报到”机制，500余个单位党组织结对服务社区，激活基层治理力量。开展第一届“党建强、发展强”“两新”党建品牌评选，创设“爱国主义教育大课堂”，联动陕西延安开展革命旧址“隔空对话”活动，推动“流动的红色课堂”专题展览走进北京大学等首都高校进行巡展。在全区统一战线开展“凝心铸魂强根基 团结奋进新征程”主题教育，进一步夯实大团结、大联合的思想政治基础。

管党治党更加坚强有力。以更高站位保持全面从严治党坚定性，高质量推进第三轮常规巡察。聚焦纯洁思想、纯洁组织主题主线，全面开展纪检监察干部队伍教育整顿。锲而不舍落实中央八项规定精神，持续深化纠治“四风”。一体推进“三不腐”，深化整治国有企业、涉房涉拆等领域的腐败问题，召开全区“以案为鉴 以案促改”警示教育大会，持续加强纪律教育和廉政教育。精准运用监督执纪“四种形态”，上半年处理党员、监察对象245人次，其中第一种形态占79.6%，立案52件，结案54件，给予党纪政务处分36人，采取留置措施9人，移送司法机关14人，确保底线常在、“后墙”坚固。

二是坚持走减量集约高质量发展之路，区域生产力和文化影响力稳步增强。增强危机意识和紧迫意识，主动适应、积极应对发展之变，紧盯重点指标，精准挖潜增效，坚持“清单化、项目化、节点化”推进，经济稳步恢复、稳中向好的势头持续巩固。上半年实现地区生产总值同比增长5.3%，区级一般公共预算收入完成102.6亿元，固定资产投资完成138.9亿元，社会消费品零售总额同比增长9.4%。

协同联动发展加速成势。积极融入京津冀协同发展大战略，按照全市“五子”联动战略部署，紧抓“两区”和数字经济标杆城市、国际消费中心城市建设契机，新增“两区”招商引资项目254个，预计投入金额602亿元，分别完成全年市级目标任务的127%和158%。与北交所、全国股转公司签署战略合作协议，共同建立北交所东城区基地。

重点产业项目落地开花。坚持以文化为底色，以金融为引擎，以数字经济为引领，以“金融+总部+科创”为主要业态，持续提升八个产业组团集聚度和贡献度，落地项目37个，新增组团年度区级税收5.7亿元。国能电子商务、五矿物业、中交信通等央企子公司以及农银理财、中汇人寿等一批金融公司落户我区，有力促进金融行业发展。隆福寺二期、航星园国际数字健康应用创新中心、永外城等重点项目加快推进，青龙科技大厦项目完成多规合一评审及立项，东直门交通枢纽项目写字楼竣工。推进新一轮国资国企改革，成立区国资公司、东都公司。加快国际消费中心城市示范区建设，实施文化消费品牌集聚行动，消费持续提档升级，市场活力不断激发。

五矿集团（东城园管委会提供）

营商环境更加高效友好。加强重点行业、重要企业走访，区级领导分头与驻区企业高频次交流座谈，拿出果断措施、优质资源，以“真材实料”帮企业解难、助企业发展。全面推进营商环境6.0改革，打造文化创新融合营商环境改革示范区，出台高精尖企业人才住房支持政策、产业发展全要素政策服务包。全区67项“证照分离”涉企经营改革事项落地，完成全市首个“全流程电子化”非招标政府采购项目，“一业一证”发放行业个数、案例数量均居全市首位。举办“东城区优化营商环境 推动经济高质量发展大会”，营商环境、聚商策略、富商资源和适商生态持续优化。

古都文化魅力持续绽放。统筹推进中轴线核心遗产点整治提升工程，坚决啃下国家话剧院高层住宅楼征收、五八二电台家属区腾退、古观象台南院滞留人员清退等硬骨头，完成天坛医院旧址拆除、正阳桥疏渠记方碑保护展示提升、宏恩观及永定门城楼修缮保养等任务。发布焕发会馆文化活力伙伴计划，韶州会馆“样板间”全新亮相，联动广东韶关等四省五市共建中华文化“百花园”，发布全市首个非物质文化遗产资源数字展示平台——“非遗101”，传统文化在新时代更加熠熠生辉。探索新型公共文化空间建设，大麦新空间、77剧场等被认定为全市首批演艺新空间，禄米仓、大磨坊、恒信东方入选首批北京“新视听空间”，“东城区27院儿：以社会化运营激发城市街区文化活力”被中宣部、文化和旅游部等评选为全国基层公共文化服务高质量发展典型案例。获评首届北京“最美书店”“最佳店长（主理人）”数量居全市之首，实体书店“四进”政策硕果累累。出台文明创建促进年行动方案，以“五新五聚”理念推动文明创建工作提质升档。举办北京国际电影节·第30届大学生电影节、“中轴线上”系列活动，推出《老单走东城》《情满九道弯》等高品质文艺佳作。推出“影视通宝”“京彩文园贷”等特色金融产品，完成“文菁”文化+产业基金首次2000万元投资。金台·共享际、龙顺成文创园建成开园，中轴线南北两端再添文化新地标。2家驻区企业获评“全国文化企业30强”，3家驻区企业被提名，入选总数居各区之首。

三是聚焦精致净美、舒朗宜居城市建设，环境亲和力和社会凝聚力持续强化。牢固树立生态环保和民生保障“双底线”思维，持续在城市品质提升上求实效，在人居环境改善上办实事，不断满足群众“刚需”，创造高品质生活。

疏解整治促提升彰显实效。实现玉河北段周边、皇城根遗址公园、西草市等“疏整促”重点区域综合治理提升。拆除违法建设5.2万平方米，实现住宿业“关转提”19家，压减床位1000余张。保持新增违建、违规“开墙打洞”、违法群租房等“动态清零”。启动实施重点大街和新一轮背街小巷环境精细化整治提升三年行动，全面依法推进简易楼腾退改造，加大直管公房转租转借治理和修缮，推动直管公房隐患房屋“转危为安”。聚焦长安街、中轴线沿线等重点区域，开展西总布街区申请式换租试点，创新老城保护更新模式。景山三眼井启动区恢复性修建实现开工，城市更新取得新进展。朝阳门南北小街和朝阜路（东城段）等区域环境整治提升项目完成设计并启动实施，优化北京协和医院、北京医院周边交通秩序。推动住宅小区物管会向业委会转化，强化垃圾源头分类管理，11个小区获评“北京市生活垃圾分类示范小区”。

民生福祉水平稳步提升。构建区、街、社区三级多平台融合服务保障体系，织密救助帮扶网络。拨付促进就业优惠政策资金1.3亿元，零就业家庭保持“动态清零”。在资金、产业、消费、人才等方面加大支援合作力度，对口支援合作地乡村振兴全面推进。完成第三批校长教师全职交流轮岗工作，新增义务教育入学学位5000余个，“质量双升”成效明显。东城区8所中小学及幼儿园在9个地区开设跨区域合作办学（园）17个，雄安史家胡同小学将于9月开学纳新。举办第14届中医药健康文化节，全力打造“杏巷”工程。新建“助老打车暖心车站”117个，新签约家庭养老照护床位1600张，新建养老助餐点18个，实现社区养老志愿服务队伍全覆盖。“三老”改造扎实推进，老旧小区综合整治新开工项目9个、完工7个。望坛棚改项目首批2000余户居民完成回迁，110千伏变电站全面开工建设，宝华里削减层项目稳步推进，配租公租房1000套，配售共有产权住房978套，群众“安居梦”进一步实现。

基层治理格局更加优化。加强区、街、社区三级党建工作协调委员会建设，打造区域化党建联盟，擦亮“东城社工”品牌，构建党建引领定方向、民主协商固根基、社会协同聚力量、公众参与增活力、法治保障筑底线、科技支撑提品质“六位一体”的社会治理新格局。积极推动资源优势转变为发展优势，建立区域化统战工作协调联络机制，提升统一战线服务区域发展的整体效能。坚持和发展新时代“枫桥经验”，推广“矛调处置一体化”创新模式，“社区汇聚”“金水桥边”等信息化应用平台治理效能不断激发。扎实开展接诉即办“攻百难、解民忧”专项行动，“春风行动”和“每月一题”工作，上半年受理热线诉求14.2万余件，综合成绩城六区排名第二。

以上报告的是上半年区委常委会的主要工作。半年来，全区各项工作迈出积极步伐，呈现出“心齐气顺、风正劲足”的良好局面。这些成绩的取得，是市委坚强领导的结果，也是全区各级党组织、广大党员干部群众敢于担当、真抓实干的结果。在此，我代表常委会，向大家表示衷心的感谢并致以崇高的敬意！

同时，也要清醒看到我区面临的挑战和问题：驻区中央单位的服务需求办理难度逐步增大，中央单位政策、人才、资源等方面优势尚未有效转化为区域发展优势，核心区使命价值有待进一步发掘；产业组团对周边区域产业集聚度的带动力有待提升，国际消费中心城市建设特色不够彰显、品牌集聚度不高，“文化+”引擎动能不足；部分干部队伍仍存在与新时代、新征程、新任务不适应的现象，在承担急难险重任务、处理复杂问题时暴露出不少短板和不足，管党治党水平还需进一步提高。为解决好这些问题，我们必须坚持不懈用习近平新时代中国特色社会主义思想凝心铸魂，发扬斗争精神，始终保持积极向上的精神状态和实干苦干的竞进姿态，对标先进、力争上游，不断书写核心区发展新的篇章。

各位委员、同志们，在市委十三届三次全会和全市半年工作会议上，尹力书记强调要牢牢守住“四个中心”首都城市战略定位，用好习近平新时代中国特色社会主义思想的世界观、方法论，以及贯穿其中的立场、观点和方法，更加奋发有为推动京津冀协同发展迈上新台阶，以建首善、创一流的干劲拼劲推动新时代首都发展，确保完成全年目标任务，努力争取更好结果。东城区作为首都功能核心区，做好下半年工作，要进一步提高政治站位，深入学习贯彻习近平总书记在深入推进京津冀协同发展座谈会上的重要讲话精神，把党中央的战略意图领会透、把市委全会部署的任务理清楚、把贯彻落实的标准坚持好。坚持初心如始、信念如磐，以新时代首都发展为统领，深化协同创新和产业协作，强化精准对接和要素流动，把握全局、找准定位，敢打敢拼、雷厉风行，全速推进“崇文争先”，全力做实“六字文章”，努力在打造中国式现代化建设先行区、示范区中一马当先、走在前列。

一是以更大力度提升“四个服务”水平，全力服务保障首都功能。以担难不怯的精神承担服务保障首都功能的重任，严控非首都功能增量，严格执行最新产业禁限目录，持续降低“四个密度”，将疏解腾退空间主要用于保障中央政务功能合理布局和高效运行。坚决贯彻总体国家安全观，构建全域联动、立体高效的政治安全体系，高标准、高质量完成“一带一路”高峰论坛等重大活动服务保障任务。加快推进法治东城建设，高水平打造“习近平法治思想东城实践点”，扎实做好政法队伍教育整顿“后半篇文章”。深化平安创建，以迎接纪念毛泽东同志批示学习推广“枫桥经验”60周年暨习近平总书记指示坚持和发展“枫桥经验”20周年大会为契机，积极争创信访工作示范区。以“大城善治·四合一家”矛调处置一体化模式“小切口”，撬动核心区市域社会治理现代化“大格局”。推进安全隐患大排查大整治，有序做好防灾减灾工作。坚决守牢核心区意识形态阵地。聚焦服务需求、解决现实问题，加大区领导走访驻区单位力度，为驻区单位营造良好政务环境。完善区域化党建工作格局，建立中央单位与区域对口业务部门之间直接联系沟通制度，引导驻区单位充分发挥自身资源和专业优势支持区域发展，不断发掘核心区使命价值，促进央地双向互动、合作共赢。

二是充分激发恢复向好的活力，蹄疾步稳推动经济高质量发展。保持战略定力，聚焦主导产业，拓展发展空间，蓄好“源头活水”、激活“一池春水”，把优势产业做得更优、特色产业做得更强，最大限度地激发市场活力、企业活力、资金活力和人才活力，让核心区“黄金地段”释放“钻石效益”。积极拓展产业发展空间。加快盘活闲置或低效利用的国有资产，推动老旧厂房、传统商业设施等更新改造，完成30栋商务楼宇改造提升，扩大产业承载版图。推动金宝街集聚区商务楼宇提质升级，确保东直门交通枢纽第一批企业顺利入驻、隆福寺二期如期竣工。加快“腾笼换鸟”，把宝贵发展空间向高附加值、高科技度、高辐射性业态集中。持续做大金融产业。落实“一横一纵、一城多点”金融空间布局战略，紧抓银行、保险、券商新设的各种衍生机构，引导新兴金融、外资金融落户金宝街、东直门等区域。推动REITs产业创新发展，壮大REITs子公司落户东城规模。不断繁荣发展文化产业。以“文化金三角”为龙头，推动文化与金融、科技、商业、体育等产业深度融合，打通文化链与价值链的连接，提升文化数字化建设水平。高标准建设国家文化与金融合作示范区，联合北京银保监局发布“白名单”政策，优化金融服务功能。推进国家文化出口基地建设，打造文化贸易综合服务平台。深入实施“故宫以东”共创计划，召开第二届“故宫以东”共创大会，深化文商旅融合生态圈高质量发展。开展“故宫以东 融·艺术季”文旅促消费活动，激活文旅消费动能，打造国家文化消费和时尚潮流新地标。建设中科传媒、星海E园、首开首院等新园区，打造东城特色精品“文巷”。高水平举办2023年中国文化金融峰会、2023年服贸会文旅专题展、“文菁汇”系列品牌活动。加速建设数字经济标杆城市。以科技赋能产业提质增效，培育壮大云计算、大数据和元宇宙等新兴企业和应用场景，提升“硅巷”竞争力。推动永外地区形成新兴科技产业集聚区，加快永外城数字科技产业园区建设。优化法治化营商环境。用好用足资金支持、空间利用、人才保障等方面政策，充分发挥法治固根本、稳预期、利长远的保障作用，贯彻落实关于促进民营经济发展壮大的相关措施，竭尽全力为企业营造稳定可预期的发展环境。全面深入推进政务服务标准化、规范化、便利化，推进基层政务服务中心（站点）示范样板建设，让服务加温、政策加劲、行动加力，使企业家在东城创业“宾至如归、如鱼得水”。全面落实市级营商环境6.0版重点任务，开展形式多样的紫金品牌政企交流活动，探索为重点产业项目、产业空间组团派驻服务专员，上门提供“一站式”服务，打造“亲不逾矩、清不远疏”的“亲清”新型政商关系典范区，为企业腾飞铺垫跑道。

三是勇于探索新路径、勃发新气象，更好担负起新的文化使命。扎实推动老城保护复兴。加快中轴线申遗综合整治，坚决完成申遗迎检重点任务。实施三眼井、钟鼓楼等项目的恢复性修建，完成东四三条至八条、国子监—雍和宫、北锣鼓巷等历史文化街区的保护规划编制，探索形成符合新时代老城保护利用的更新范式。完善“活历计划”实施细则，启动首批试点文物活化利用项目。举办“非遗在社区·赋彩新生活”主题成果展。全面推进全国文化中心核心承载区建设。突出国家级、国际性定位，高规格举办2023北京文化论坛、中国纪录片大会，使文化在传承互鉴中熠熠生辉。打响“中轴线上”文化IP，举办古建音乐季、唱响中轴、故宫艺术公开课等活动。发挥优势资源聚合效应，推进与首都高校开展文化战略合作，用好东城文化发展研究院智力支撑功能，持续办好东城“文化会客厅”。推出《老单走东城》第二季、大型人文纪录片《我们的时代》，生动讲好东城故事。深化“会馆有戏”品牌建设，推动沉浸式主题驻场演出落地。联动会馆原发地将文化软实力嵌入会馆空间，让老会馆绽放新时代光彩。着力增强文化服务惠民效能。深入推进公共文化设施社会化运营，以“公益+市场”方式创新运营东城文化活动中心。发挥实体书店“四进”政策涵养功能，落

11月29日，“大戏东望·2023全国话剧展演季”在北京喜剧院开幕（张为民摄）

地“我要开书店”系列创新政策，擦亮“书香之城”文化品牌。全力打造“大戏东望”精品力作，办好全国话剧展演季、中国儿童戏剧节、北京国际青年戏剧节。做好全国文明城区复查迎检工作，打好本轮文明城区创建收官之战。

四是坚持以人民为中心推进精细化治理，塑造古今交融、和谐共生的城市风貌。深入推进“疏整促”工作。高标准实施核心区控规，实施新一轮核心区控规三年行动计划，不折不扣完成全年“疏整促”工作任务。完成中轴线沿线和鼓楼东大街（二期）环境整治，推动朝阳门南北小街、朝阜路（东城段）等环境整治提升工程。加快城市更新步伐，推进皇城景山三期项目退租和西总布街区恢复性修建。推动直管公房简易楼外迁腾退、改建工作。实施新一轮背街小巷环境精细化整治提升三年行动计划。创建“基本无违法建设区”，实现违法群租房和普通地下室违规住人“动态清零”，完成74条精品街巷、157条优美街巷、42条达标街巷和17处“美丽院落”建设。着力抓好“关键小事”。提升垃圾分类工作质量，加快永外“生态岛”建设，完成装修垃圾“收运处”一体化规范治理全覆盖。深化物业管理“三率”改革，持续推动物管会向业委会转化。全面推进交通综合治理。强化“学医景商”等周边交通治理，推进立体停车设施建设，扩大停车资源有偿共享规模，新增有偿错时共享停车位700个，加快推进城市道路护栏规范提升，完成违规电动三四轮车全面退出目标。精心打造生态宜居环境。深化“一微克”行动，创建大气污染精细化治理精品街道。加快推进公园城市建设，完善二环“凸字形”绿色城廓。实现市考断面水质全面达标。全年改扩建绿地8万平方米，实施柳荫公园、桃园铁路沿线等4处全龄友好型公园绿地改建提升，复壮古树300株，绘就步步皆景、绿意流淌的宜居画卷。

五是始终把人民幸福作为根本使命，不断解决群众的操心事、烦心事、揪心事。统筹提升民生供给服务水平。激发创业就业活力，强化根治欠薪工作力度，降低风险企业规模性裁员风险，构建和谐劳动关系。深化教育领域综合改革，落实中小学校党组织领导的校长负责制改革任务，强化“质量双提升”、落实“双减”政策，启动新一轮校长教师交流轮岗工作，确保率先完成国家级义务教育优质均衡发展先行创建区目标任务。聚焦“全民健身、竞技体育、体育产业”三项核心任务，加快“体育强区”建设。深化推进特色鲜明的“杏巷”工程，推动中医药健康产业创新发展。创建全国医养结合示范区，增加多层次老年医疗护理服务供给。深化医药卫生体制改革，确保年底前全区所有定点零售药店实现异地结算。全力补齐街道养老照料中心建设“空白点”，整合空间资源建设养老服务综合体。加强社区“养老管家”力量，全面建设“老年友好型”城市。全力争创“全国双拥模范城”九连冠。推进乡村产业、人才、文化、生态、组织“五大振兴”，确保对口支援合作走深走实。着力保障群众“住有所居”“住有宜居”。多种方式筹集保障性租赁住房和公租房，压茬完成新开工40个、新完工20个老旧小区综合改造年度任务，全面推进央企、央地混合产权老旧小区改造工作，让安居优居温暖民心。不断增强基层治理能力。以党建协调委员会推动区域资源整合，健全“五社联动”新型社区治理机制。完善党政主要负责人履行推进法治建设第一责任人职责的约束机制，加大法治督察和法治领域改革力度，巩固“全国法治政府建设示范区”创建成果。新建一批社区议事厅、社区开放式服务市级示范点，持续打造高素质的“东城社工”队伍。深化“热线+网格”为民服务模式，夯实接诉即办“两会一诊+两调一培”工作机制，攻坚解决疑难复杂民生问题，努力让人民群众的获得感成色更足、幸福感更可持续、安全感更有保障。

3月21日，北新桥街道三和老年餐厅揭牌试营业（徐婧摄）

六是坚定不移全面从严治党，深入推进新时代党的建设新的伟大工程。旗帜鲜明把党的政治建设摆在首位。持续强化思想理论武装，推动基层理论宣传教育通俗化大众化。严明政治纪律和政治规矩，教育引导广大干部锤炼过硬政治品格，不断提高政治判断力、政治领悟力、政治执行力，深刻领悟“两个确立”的决定性意义，增强“四个意识”、坚定“四个自信”、做到“两个维护”。高标准高质量开展主题教育。牢牢把握总要求，坚持不等不靠、超前谋划，在思想上与党中央、市委同心同向、合力合拍。坚持问题导向，立足民本、关切民生、化解民怨，围绕“四个中心”功能建设、经济高质量发展、接诉即办等重难点问题和群众最揪心、最关心的问题，强化解决力度，切实把学习成效转化为发展实效。以党支部为单元，广泛开展“首都高质量发展先锋行动”，坚持读原著、学原文、悟原理，积极开展主题党日活动，大兴调查研究之风，深入基层开展调研，推动思想解放、作风转变、问题解决、工作落实，在学思想、强党性、重实践、建新功上勇当先锋、走在前列。大力建设堪当重任的高素质干部人才队伍。全面贯彻落实中央《推进领导干部能上能下规定》和市委实施办法，坚决淘汰装样子、混日子的干部，让有为者有位、能干者能上、优秀者优先，推动形成干部能上能下、能进能出的良好氛围，以正确用人导向引领干事创业导向。制订《东城区领导干部政治素质考察实施办法》，常态化开展科级干部跨部门、跨领域交流。持续引进“四巷”专项人才，打造集贤人才峰会，搭建高层次人才对话平台。推动东城国际人才公园建设，落地全市首个人才主题公园。深化基层党组织体系建设。抓实三年提升计划阶段性总结评估，打造彰显东城特色的基层党建品牌。开展“学习党的二十大、千名书记讲党课、万名党员进党校”专项培训行动，推动基层党员队伍党员意识、学习意识、先锋意识持续提升。健全社区工作者职业激励保障体系。开展“两新”党建“应建尽建”攻坚行动，成立区“专精特新”企业联盟党委，探索党建引领行业治理有效途径。加强对互联网平台企业政治引领，推动新业态新就业群体党建工作扩面增效。打好反腐败斗争攻坚战持久战。始终牢记“三个务必”要求，坚持“两个永远在路上”，持之以恒落实中央八项规定精神，健全“四风”问题及时发现机制，重点纠治妨害党的事业、削弱群众基础的形式主义、官僚主义。保持惩治腐败高压态势，持续推进“减存量、遏增量”专项行动，深化以案为鉴、以案促改、以案促治，做好查办案件“后半篇文章”，推动反腐败斗争向纵深发展。以更高标准更严要求加强常委会自身建设。筑牢政治忠诚、强化政治担当，确保党中央决策部署和市委工作要求在东城贯彻不走样、力度不衰减。带头增进团结、凝聚合力，落实民主集中制，善统会分、敢抓能放，心无旁骛抓发展，不断打造真抓实干、敢为善成的过硬班子。全力支持人大、政府、政协依法履职，推进全过程人民民主，突出同频共振，推动召开政协议政性常委会议、专题协商会，助推核心区高质量发展。密切同各民主党派、工商联和无党派人士合作共事，丰富拓展大统战工作格局。加强对工青妇等群众团体的领导，增强群团工作的政治性、先进性、群众性，最大限度凝聚人心、汇聚力量。

同志们，时代呼唤奋发作为，事业要求负重前行。让我们更加紧密地团结在以习近平同志为核心的党中央周围，在市委的坚强领导下，坚定信心、锚定目标，攻坚克难、勇毅前行，努力开创核心区高质量发展新局面，奋力谱写中国式现代化东城新篇章！

中共北京市东城区第十三届委员会第七次全体会议工作报告

（2023年12月22日）

中共北京市东城区委书记　孙新军

一年来，在市委的坚强领导下，区委常委会团结带领广大党员干部群众，以习近平新时代中国特色社会主义思想为指导，认真贯彻落实党的二十大精神，坚决执行中央和市委决策部署，踔厉奋发、勇毅前行，凝心聚力、攻坚克难，全速推进“崇文争先”、全力做实“六字文章”，以首善标准推进中国式现代化建设东城实践走深走实，各方面工作都稳步前行，展现了新气象、迈出了新步伐。

一是凝心聚力稳大局、保安全，“四个服务”水平持续提升。我们坚持把全力服务保障首都功能作为核心区工作的全部要义，胸怀“国之大者”、树牢角色意识，不断增强首都功能综合承载力。政务服务保障功能全面强化。圆满完成全国两会、“一带一路”高峰论坛等重要活动服务保障。持续提升长安街南北一公里纵深环境品质，切实改善北京协和医院、北京站等重点地区周边秩序。健全央地联动机制，推动央地议事交流常态化，接件答复率100%。区级领导带头走访30余次，对中央单位关心的教育医疗、周边环境、人才公寓等需求事项，竭力做好高标准保障，“四个服务”满意度调查综合考评成绩居城六区第一。积极邀请中央单位参与生态文明建设、财源引进、区域化党建和统战、对口协作帮扶等工作，央地协作载体更加丰富，核心区使命价值持续释放。社会大局持续保持安全稳定。坚持底线思维，以政治安全为根本，筑牢反渗透、反恐防暴安全屏障，坚决维护意识形态领域安全，维护民族宗教领域和谐稳定，推动常态化扫黑除恶斗争工作走深走实。深化法院诉源治理、检察院大数据法律监督等政法领域改革，积极探索“矛调处置一体化”模式，创新打造“平安指数”考评机制，推进以朝阳门“四合一家”、东华门“紫金东华”为代表的街道实体化解纷中心建设，推广体育馆路“社区汇聚”治理经验。矛盾纠纷“梯次递进、一体调处”工作法荣获全国新时代“枫桥经验”先进典型，在“平安北京”建设考核及“全国市域社会治理现代化试点”验收中均位居全市第一。在全市率先构建全生命周期网络安全和数据安全风险防护体系。全面开展安全生产和火灾隐患大排查大整治专项行动，妥善应对北京“23·7”特大暴雨等极端天气，二环内燃气管线占压隐患基本清零，恒基中心等一批多年累积的重大消防安全隐患实现销账，切实筑牢核心区安全防线。协同发展走向深入。认真贯彻习近平总书记在深入推进京津冀协同发展座谈会上的重要讲话精神，落实“京廊合作协议”，雄安史家胡同小学顺利开学，京津冀179项政务服务事项实现“同事同标、跨省通办”。创新“三帮一”组团帮扶机制，助力房山灾后重建，选派四所小学、幼儿园与两乡学校形成“手拉手”关系，捐赠款物超2000万元，协同联动发展水平再上新台阶。与新疆红其拉甫边防连结对共建，全力以赴争创全国双拥模范城“九连冠”，军地交往协作更加密切深厚、情深意浓。国防动员体系建设取得新成效。

二是全力以赴拼经济、提能级，高质量发展成色更足更亮。我们坚持以新发展理念引领高质量发展，千方百计盘活发展资源、激发活力动能，稳企蓄能打基础、培优引强利长远的内生动力得到实质提升。全年地区生产总值同比增长5%左右，连续三年保持较快增长；在重点纳税主体大幅震荡情况下，区级一般公共预算收入历史上首次突破200亿元关口，同比增长8.4%，经济抗风险能力显著增强；完成固定资产投资260亿元以上，超额完成市级指标任务；预计全年社会消费品零售总额增速7%左右，居民人均可支配收入同比增长4.5%左右。产业发展势头强劲。坚持以文化为底色、以金融为引擎、以数字经济为引领，中汇人寿等细分领域龙头企业陆续引入，8个产业组团全年落地主导产业项目111个，预计新增区级税收8.3亿元。文化产业地均产值在全市领跑，中国出版集团、保利文化等5家企业荣获第十五届“全国文化企业30强”及提名，入选企业数量稳居全市首位。成功获评全国首批国家文化与金融合作示范区，在全市首创融资“白名单”机制。全国首家外资新设全资期货公司摩根士丹利期货落地，推进多层次REITs市场建设，金融业发展持续增强。青龙“硅巷”建设正式启动，E-park夕照寺项目进入试运营，科技加快回归都市。突破定式加速“筑巢引凤”，腾出金宝街52号、朝内大街192号等优质行政办公空间转型用于产业发展，让“黄金宝地”产生“钻石效益”。研究出台国有企业改革深化提升行动实施方案，优化形成“1+*N*”国有经济新布局，战略性重组国资公司，城市公共资源运营、文商旅体融合发展、城市更新等平台公司矩阵初具规模，国资监管体系不断健全。重大项目稳步推进。45个市区重点工程项目加快建设，新增“两区”招商引资项目305个、投入资金687亿元，完成任务进度排名全市第一。东直门交通枢纽项目各业态陆续竣工，超甲级双塔写字楼率先投用，农银理财实现入驻办公，东直门南侧文化广场变身高品质城市休闲新空间，东北二环高端产业发展新增长极渐具雏形。隆福文化街区修缮更新项目二期竣工，向打造世界级文化艺术消费新场景迈出坚实一步。开展南部地区产业发展规划，推动永外城文化用品批发市场华丽转身为数字科技产业园，吸引国网数科等行业领先企业入驻，南北均衡发展加速。消费动能不断激发。升级“东城消费季”品牌IP，“五圈五节”全面落地。培育多元化消费矩阵，聚力打造新消费品牌孵化地，生动开展“故宫以东 融·艺术季”文旅促消费活动。打响“咖香东城”消费品牌，每万人拥有咖啡馆数量3.88家，居全市首位。着力将文化产业园区打造成为新消费品牌孵化地，13家文化企业入选2023年度北京文化消费品牌榜，占全市总数近四分之一。营商环境持续优化。出台6.0版营商环境改革工作方案，156项任务全部落实。持续举办“故宫以东·政企会客厅”、紫金品牌系列活动，组织召开营商大会、民营企业座谈会。发布全要素产业发展政策服务包。推进数字政务建设，在全市率先实现“证照联办+一照多址”叠加办理，深化“一件事一次办”集成服务，营商环境“水清岸绿”，企业发展更加“如鱼得水”。

三是坚持不懈扛大旗、担使命，文化强区成为广泛共识。我们坚信文化强则东城强，以文化定义东城、加持东城、壮大东城，持续在服务全国文化中心建设、铸就中华文化新辉煌的进程中一马当先、走在前列。文化论坛彰显责任担当。北京文化论坛提级升格为国家级、国际性论坛并永久落户东城，我们精心协办、抓好服务，第一时间传达学习贯彻习近平总书记致2023北京文化论坛贺信精神，为全国文化中心核心承载区建设书写了浓墨重彩的一笔。文化传承实现融荣共生。攻坚完成国家话剧院高层住宅楼居民腾退、五八二电台家属区腾退、天坛医院旧址拆除及绿化提升等中轴线申遗重点任务，“古都之脊”展现新画卷。发布历史文化传承创新发展计划，举办城市历史文化对话会，古建音乐季让修缮后的宏恩观“初试啼声”。梅兰芳旧居变身艺术中心，北大二院旧址挂牌成为“类博物馆”，沉浸式剧目《茶馆》等擦亮“会馆有戏”品牌。推出焕发会馆文化活力伙伴计划，韶州会馆“样板间”亮相，联动广东省等四省五市签订6处会馆合作意向，共建中华文化“百花园”。实施非遗“焕新计划”，我区成为文旅部非遗数据体系建设全市唯一试点地区。文化惠民点亮美好生活。推动全国文明城区创建提质升级，“流动的红色课堂”“文明实践进万家”等活动让文化文明浸润东城。中国儿童戏剧节、全国话剧展演季等好戏连台，大麦新空间、南阳共享际等5家演艺新空间在全市率先授牌，“大戏东望”形成品牌效应。“我与地坛”北京书市时隔10年再次回归，100余家实体书店、1000余场阅读活动让城市既有“烟火气”又具“书香味”。东城作为全市唯一地区入选民间文艺版权保护与促进全国试点，“27院儿”入选全国基层公共文化服务高质量发展典型案例，“美后肆时”入选全国公共文化空间品牌案例，一批“小而美”的文化空间在胡同中蓬勃生长，成为群众身边的“文化会客厅”。文化传播引领首善气象。“走读中国·走进北京老城区”“丝路大V北京行”等寻访活动向世界讲述老城故事、传播东城声音。中国纪录片大会、北京大学生电影节展现古都新韵，电视剧《情满九道弯》、文化探访微纪实专题片《老单走东城》等文艺佳作叫好叫座，东城文化魅力持续绽放。

四是攻坚克难办实事、惠民生，民生福祉交出暖心答卷。我们牢固树立“以人民为中心”的鲜明导向，下足“绣花功夫”，办好群众实事，持续建设舒朗精致、便民惠民的宜居城区。城市治理迈上新台阶。深入推进“疏整促”工作，实施新一轮背街小巷环境精细化整治提升三年行动，拆除存量违建面积超过7万平方米，完成东华门大街、鼓楼东大街综合整治提升。启动实施朝阳门南北小街和朝阜路（东城段）区域环境整治提升工程。完成违规电动三四轮车综合整治任务。通过优化路侧停车、新建“平改立”设施、挖潜错时共享等措施，新增共享停车位700个，国子监街实现不停车，全区不停车胡同达到45条。高标准完成第二轮北京市生态环境保护督察迎检任务，建成南馆“零碳”公园，新建改造绿地8万平方米，完成4处全龄友好型公园绿地改造提升，燕墩西望等一批精品口袋公园建成投用，擦亮蓝绿交织生态底色。民生福祉实现新提升。多措并举保就业、促就业，零就业家庭保持动态为零，获评北京市充分就业区，社会保障底线进一步兜牢。加快争创全国义务教育优质均衡先行创建区，扩充小学学位超过4000个，教育配套持续完善，“质量双升”成效明显，教育发展更加优质均衡。和平里医院、隆福医院通过三甲评审核定，普仁医院病房楼改造项目竣工，积极打造特色“杏巷”，优质医疗服务更加触手可及。区医疗保障局荣获“全国医疗保障系统先进集体”称号。望坛项目首批10栋回迁楼集中交付入住，宝华里棚改项目完成搬迁、实现净地，1000户直管公房申请式退租年度任务全部完成。新完工22个老旧小区改造项目，望坛110千伏变电站主体工程完工并启动调试。完成适老化改造和家庭照护床位1600余张，试点开展养老服务市场化运行，居家养老服务供给更加丰富完善。全民健身中心建设和东单体育中心整体改造工程完成并投入使用。落实粮食安全党政同责，扛稳粮食安全重任。社会共治开创新局面。把接诉即办作为为民办实事的主抓手，出台关于强化接诉即办工作的重点措施，坚持“日调度、周分析、月点评”，深入开展“攻百难 解民忧”专项行动，创新开展“办件先锋”评选，在全区营造“办件为先、办件为最”的浓厚氛围，接诉即办成绩稳步上升。持续抓好两个“关键小事”，在400余个小区开展装修垃圾“收运处”一体化试点，打好南锣鼓巷“垃圾减负战”，加快物业突出问题专项治理，推动物管会向业委会转化。持续擦亮“东城社工”品牌，基层共建、共治、共享氛围更加浓厚。

五是持之以恒讲政治、抓作风，党的建设向纵深推进。我们坚持把抓好党建作为最大政绩，以政治建设为统领，建立区委抓党建工作常态化报告制度，依托信息化平台实施全面从严治党主体责任全程纪实管理，层层压实主体责任。主题教育扎实有效开展。第一时间传达学习中央、市委关于学习贯彻习近平新时代中国特色社会主义思想主题教育相关指示批示和会议精神，聚焦“实”的要求，分类制订“1+3”工作方案，在全市率先召开主题教育部署会，做到谋在前、干在先。高标准开展“5+2”集中学习、交流研讨和专题党课，推动各领域党员学习教育有效覆盖，基层理论宣传教育走向通俗化大众化。大兴调查研究，分层构建“5+30+720”调研选题体系，有效促进成果转化提升。确定“五个一批”36项高质量发展重点任务，打造“红楼先锋 初心领航”党员志愿服务品牌，形成一批群众可感知、得实惠的服务项目。聚焦5大类13个方面形成区级、处级问题清单和专项整治方案，强力推进检视整改。干部人才队伍持续优化。制定实施领导干部治理能力提升若干措施，2022年度干部选拔任用和新选拔任用干部评议结果“好”评率位居城六区第一，2023年领导干部个人有关事项报告随机抽查“如实率”达到100%，位居各区首位。深入实施年轻干部“源头储备、素质提升、择优选用”三大工程和选调生“正阳薪火”工程，不断充盈年轻干部“蓄水池”。开展党的二十大精神处级干部集中轮训和党员全员轮训，创新开展“三带来”“三带回”教学模式，全面增强干部推动高质量发展的能力本领。加强党外干部配备，9个政府部门配备党外处级领导干部。首次举办区管干部荣誉退休仪式，体现东城大家庭的温暖。着力打造高水平人才发展高地，持续引进“四巷”专项人才，创新央地人才合作机制，举办全市首个青年人才马克思主义研修班，建成全市首个人才主题公园“东城国际人才公园”。基层党建基础有力夯实。深化“1+*N*”基层党组织书记培训计划，建强社区“领头雁”队伍，打造市、区级优秀社区书记工作室56家，畅通职业发展渠道，招录62名优秀社区书记和社区工作者为事业编制人员。东花市街道、朝阳门街道、东华门街道东方广场党群服务中心获评“北京市党群服务中心示范点”。开展“两新”党组织“应建尽建”攻坚行动，成立全市首个产业组团党委和“专精特新”企业联盟党委，6个“两新”党建品牌获评全市“党建强、发展强”品牌。管党治党成效显著。围绕落实核心区控规、推动高质量发展等重点工作，深化政治监督，通过监督检查发现问题2900余个。开展第三、第四轮常规巡察，强化巡察整改和成果运用，一体推进全面从严治党工作考核和政治生态分析研判，对考核排名靠后的32个单位“一把手”进行约谈。持之以恒纠治“四风”，查处违反中央八项规定精神类案件17件，大力整治形式主义、官僚主义等基层治理不良现象，召开全区“以案为鉴、以案促改”警示教育大会。扎实开展纪检监察干部队伍教育整顿，进一步纯洁思想、纯洁组织。运用监督执纪“四种形态”处理573人次，其中第一种形态占82.6%。坚持遏增量、减存量，稳步推进清理积存线索专项行动。办结问题线索528件，立案132件，给予党纪政务处分85人，采取留置措施20人，移送检察机关30人。民主政治建设取得新进展。加强对人大、政协的全面领导，扎实推进全过程人民民主，巩固和发展生动活泼、安定团结的政治局面。聚焦民生实事、发展要事、治理难事，发挥人大、政协监督职能，广泛调动各民主党派、工商联、无党派等各界人士力量，工青妇等群团组织桥梁纽带作用持续增强。引领人大代表、政协委员主动融入大局、服务群众，建言资政实效不断提升，形成共谋发展的强大合力。

各位委员、同志们！一年来，在疫情防控平稳转段后，面对错综复杂的发展形势，区委常委会冷静应对前进中的问题、发展中的烦恼，始终保持战略定力，积极化解风险矛盾、全面稳住发展大盘，凝聚各方智慧、汇聚各方力量，实现经济持续回升向好，社会大局安定有序，高质量发展取得新进展。这是习近平新时代中国特色社会主义思想科学指导的结果，是党中央和市委坚强领导的结果，是全区广大党员干部群众迎难而上、开拓进取的结果。在此，我代表常委会，向大家表示衷心的感谢并致以崇高的敬意！

在总结回顾工作成绩的同时，区委常委会也清醒认识到工作中还存在不足。比如，挖掘核心区使命价值不够充分，利用区域资源禀赋优势谋发展上还要持续用力；区域经济发展周期性结构性矛盾相互交织，疏解非首都功能、化解遗留问题与强化服务功能的压力并存，财政收支紧平衡态势持续，市场主体动态流入减少；民生领域存在短板弱项，交通拥堵和停车难题依然存在，物业管理、养老服务、教育医疗等优质化、均等化供给能力离群众期待还有差距；全面从严治党政治责任还要继续压紧压实，党建引领基层治理还有欠缺。我们必须勇于面对，切实解决好这些问题。

各位委员、同志们！在前不久的中央经济工作会议上，党中央强调必须把坚持高质量发展作为新时代的硬道理，必须把推进中国式现代化作为最大的政治，聚焦经济建设这一中心工作和高质量发展这一首要任务，把中国式现代化宏伟蓝图一步步变成美好现实。在刚刚闭幕的市委十三届四次全会上，尹力书记强调，全市各方面工作都要坚持以新时代首都发展为统领，把履行首都职责和发挥首都优势结合起来，纲举目张，统筹推进，在服务党和国家工作大局中实现自身更好发展。大家要深刻认识到，作为首都功能核心区，在推进中国式现代化建设的新征程上，我们与党和国家工作大局、首都发展全局的紧密联系日益突出，我们在新时代首都发展中肩负的特殊使命日益艰巨，发挥的独特价值格外光荣。前行路上，独一无二的使命价值是我们忠诚担当的遵循指引，绵延传承的“红楼初心”是我们砥砺奋进的“精神坐标”，全面加速的“崇文争先”是我们坚定不移的战略理念，全力做实的“六字文章”是我们践行使命的战略支撑，与时俱进的“六力提升”是我们耕耘积淀的累累硕果。全区上下要进一步提高政治站位，深刻领悟“两个确立”的决定性意义，增强“四个意识”、坚定“四个自信”、做到“两个维护”，坚决落实党中央决策部署和市委工作要求，正确把握东城发展的时与势、稳与进、质与量，立足方位坐标，放大格局视野，用实干作答，以实绩交卷，确保落实“崇文争先”理念更加有力有效，做实“六字文章”更加出色出彩，不断巩固深化区第十三次党代会以来的奋斗成果，推动各项工作展现新作为、迈上新台阶。

2024年是完成“十四五”规划目标任务的关键之年，也是我区在前期攻坚克难基础上实现转型突破的重要之年。全区工作的总体要求是：以习近平新时代中国特色社会主义思想为指导，全面贯彻党的二十大和二十届二中全会精神，认真贯彻中央经济工作会议精神，深入落实市委全会部署，坚持稳中求进工作总基调，完整、准确、全面贯彻新发展理念，坚持以新时代首都发展为统领，深入实施京津冀协同发展战略，坚守初心、踔厉奋发，以实际行动弘扬使命价值、深化“六力提升”，奋力谱写中国式现代化的东城新篇章。

第一，扛好首都功能现代化的首善责任，进一步提升政治保障力。牢牢把握“看北京首先要从政治上看”的要求，更加自觉地站在首都全局和国家大局的高度，尽心竭力服务保障首都功能，全力在推进首都功能现代化中彰显“东城担当”。

坚决打造安全优良政务环境。推动新一轮核心区控规三年行动计划任务落地见效，全面落实“双控四降”，实现政务功能、城市功能和安全保障功能有机融合，以更大空间布局支撑中央政务活动，高标准做好重大活动服务保障。充分挖掘使命价值蕴含的巨大能量，推动驻区政务资源转化为政策资源、发展资源。优化区域化党建工作机制，持续推动央地议事交流常态化，加大走访力度，主动上门服务，不断推动央地双向互动、融合发展。

坚决筑牢核心区安全稳定屏障。全面贯彻总体国家安全观，制定政治安全防控体系建设实施意见，强化政治安全专业力量建设，建立健全情报信息实体化工作机制，构建布局完整、重点突出、运行规范的政治安全体系。坚持底线思维，确保核心警卫万无一失。大力推进法治东城建设，充分发挥法治固根本、稳预期、利长远的保障作用。坚持和发展新时代“枫桥经验”，巩固并推广“矛调处置一体化”等创新经验和实践成果，推动平安东城建设提质增效。坚持专群结合，筑牢人民防线，不断提升群众安全感。着力治本攻坚，加大安全生产和火灾隐患排查治理力度，不断提升本质安全水平。全面强化意识形态阵地管理，提升舆情应对处置能力，确保核心区社会大局持续稳定，切实为党中央站好岗、放好哨。

坚决做好协同发展和对口支援。始终把全力支持雄安新区、城市副中心“两翼”建设作为重中之重，持续深化与津冀等地交流合作，助力“两翼”协同共进、比翼齐飞，携手推动中国式现代化在区域协同发展中形成更多生动实践。统筹推进对口支援合作，做实做优教育、医疗、就业和产业等帮扶工作，持续支援房山灾后恢复重建，切实把解决当地群众所思所盼当作“自家人”的“分内事”。

第二，积极服务和融入新发展格局，进一步提升区域生产力。坚持把发展经济的着力点放在做大做强主导产业上，稳中求进、以进促稳、先立后破，着力激发减量发展背景下的内生动力，加快科技回归都市、创新回归老城，更大力度推动空间存量转化为发展增量、政策热量转化为企业胆量、城市流量转化为经济能量，不断呈现核心区活力迸发的崭新发展气象。2024年经济发展主要目标是：地区生产总值同比增长4.5%左右，一般公共预算收入同比增长5%，社会消费品零售总额同比增长3%左右。

坚持组团牵引，握指成拳形成更多增长点。锚定“文化底色、金融引擎、数字经济引领”的主导产业方向，立足“金融+总部+科创”的主要发展业态，聚焦“专精特新”等具有影响力和带动性的重点企业，提升产业组团辨识度和贡献度，在前沿领域形成集聚效应。持续打造信达中心、皇城景山、西总布、前门东区等高品质特色产业空间，深化“四巷”建设，强化头部企业族群招商、产业链招商的整体效应，打造高质量发展强劲引擎。充分发挥中关村东城园引领带动作用，创新出台高品质、专业化服务举措，加速壮大园区支撑行业。

坚持项目带动，推动更多可视化成果落地。聚焦城市更新等重点领域、重点区域，抓好续建、新开等“五个一批”重点工程建设，积极融入“两区”建设，着力推动东直门区域环境设施一体化提升工程，提升产业集聚和空间联动效能，构建高品质“城市会客厅”。加快隆福寺项目二期招商、运营，亮出老城复兴金名片、擦亮文化消费新地标。聚焦中国黄金大厦等重点改造项目，推动商务楼宇改造升级、提质增效。

坚持扩大内需，多维联动激发消费新活力。持续深化“五大商圈”建设，统筹区域商业主体加大优质商品、服务供给，丰富“故宫以东”系列文旅促消费活动内容。高规格举办“王府井论坛”，持续促进消费扩容提质。拓展文化消费场景，鼓励文化产业园区小而美、小而精的首店、首发、首展、首秀，探索园区内推广“主理人”新模式，加速胡同场景下的在地文化与新商业、新场景、新消费跨界融合。不断擦亮“文化金三角”，吸引优质产业落位，推动国际消费中心城市建设实现新跨越。

坚持深化改革，盘活资源营造更优发展生态。以提高国有企业核心竞争力和增强核心功能为目标，统筹实施国有企业改革深化提升行动，细化配套保障措施，完善“1+N”国有经济布局，强化功能类、平台型国企建设，全面提升国资监管效能，开创国资国企改革发展新局面。坚持“两个毫不动摇”“两个健康”，促进民营经济高质量发展。持续推进营商环境改革，做好迎接世界银行新一轮评价工作，深化“一件事”集成服务，推行“否定事项报备制”。动态更新产业发展全要素政策服务包，推动产业政策织补完善。升级“紫金服务”品质，持续开展紫金系列政企交流活动，加大重点税源企业走访力度，不断优化完善服务机制，提升财源管家业务水平，切实增强企业满意度和归属感。

第三，自觉担负新的文化使命，进一步提升文化影响力。注重挖掘用好区域文化资源优势，持续办好北京文化论坛等品牌活动，搭建起促进文化交流、深化文明互鉴的高质量平台，推动建设贯彻落实习近平文化思想的首善之区，进一步展现文渊深厚、文脉绵延、文化繁荣、文明灿烂、文人荟萃、文质彬彬的新气象。

注重与古为新、赓续文脉。推动孚王府、清陆军部海军部旧址等央产文物腾退。编制完成东四三条至八条、北锣鼓巷等4片历史文化街区的保护规划。对钟鼓楼等历史文化遗产开展活化利用，实施中轴线文化传播工程，将老祖宗留下来的宝贝保护好、传下去。推动非遗活态传承，助力老字号创新性生产。压茬推进石埭会馆、黄冈会馆等试点会馆亮相，打造京地文化交融的会馆群落。推出文化探访微综艺《寻古访今话东城》等一批“京味”作品，构建更富东城标识的文化传承展示体系。

注重融合创新、聚力发展。制定文化产业高质量发展行动计划，推动传统行业升级，培育新兴文化业态。推出“文菁计划”2.0版，完善文化企业全生命周期梯次扶持体系。精彩续写国家文化与金融合作示范区建设“后半篇文章”，首推文化产业园区文化金融服务站，构建优质文化企业融资“白名单”专属绿色通道，打造“线上文化金融产品超市”，办好2024中国文化金融峰会、“文化+”大赛等活动。聚焦“一横一纵”打造“文巷”引领区，推动首开首院文化金融园和中国科学传媒出版园等主题特色园区开园亮相。深化国家文化出口基地建设，支持好数字电视国家实验室等国家重点文化出口项目，助力中华文化扬帆出海。

注重推陈出新、滋养生活。深化红色文化挖掘传播利用，打造北大二院展馆数字藏品项目，办好“爱国主义教育大课堂”，联动全国各地其他革命旧址，讲好革命年代的东城故事。改进创新精神文明建设工作，努力打造社会风气、道德风尚最好的城区。链接北京师范大学、中央戏剧学院等高校文化资源，推出首批校地合作“种子库”项目。出台繁荣新时代旧书市场的若干措施，办好地坛书市、“阅迎新”系列活动。加大对驻场演出等创作生产的扶持力度，在街区、园区等植入更多沉浸式演艺新空间。推进区文化中心社会化运营，办好北京大学生电影节、南锣鼓巷戏剧展演季、东城文化月等活动，培育激发群众文化热情。

第四，做足城市治理“绣花功夫”，进一步提升环境亲和力。坚持“内外兼修”、久久为功，着力在细微之处改善城市品质，努力让“犄角旮旯”变为“金角银边”，绘就“有里有面”的城市治理“工笔画”。

提档升级深化城市更新。深入推进“疏整促”专项行动，聚焦长安街和中轴线“一横一纵”区域和钟鼓楼片区、东四等重要节点，推动区域品质提升。持续深入推进北京站及周边区域“站城一体化”提升。加强“平安铁路”建设，全面优化铁路沿线环境品质。皇城景山三期片区项目实现开工建设，以片区式整体更新培育投资增长新动能。推动崇外6号地等重点区域取得新进展。因地制宜、分类施策，统筹推进老旧小区综合整治。按期保质完成朝阳门南北小街、朝阜路（东城段）环境整治提升项目，打造眼前一亮、生态友好的精品工程。

善作善成推进精细治理。持续优化道路交通环境，加快次支路建设，完善天坛、永外地区路网布局，新增一批公共立体停车设施。以天坛周边整治提升和平急两用建设为契机，加快推进交通、环境、业态提档升级，探索实现前门、天坛客流贯通。持续开展物业管理突出问题专项治理，加强市级生活垃圾分类示范小区创建。巩固“基本无违法建设区”创建成果，确保存量逐年消减、新生违建保持“零增长”。

精治善治打造宜居环境。围绕“降尘、查车、控烟”三大主攻方向，巩固深化“一微克”行动，提升监测、监管、监察“三监”联动水平，持续深入打好蓝天保卫战。全面启动花园城市建设，完成东单公园、南馆公园改造提升，建成朝孚园、东美园等一批特色口袋公园，打造生态都市会客厅。推进特色胡同建设，优化生态保育、休闲游憩等功能，提升庭院绿化、社区绿化水平，形成更多城市景观“大师小品”，让居民群众推窗见绿、出门入园，生活环境更加怡人。

第五，用心用情保障改善民生，进一步提升社会凝聚力。聚焦“七有”“五性”，始终把老百姓的事放在心上，用民生“温度”标注幸福“刻度”，不断增强人民群众获得感、幸福感、安全感。

提高社会保障水平。坚持把就业摆在更加优先的位置，推动“产业+就业”融合，聚焦应届高校毕业生、退役军人、特殊困难群体等重点人群，完善就业服务体系。全力推进望坛、宝华里等民生项目攻坚收尾工作，确保回迁居民早日入住。加大保障房筹集管理，筹建保障房超过1100套，切实托起百姓安居梦。做好分层分类社会救助，推动形成重点行业“慈善+”品牌。深化“一刻钟便民生活圈”建设，推动生活性服务业品质提升。稳步开展以居家养老服务保障为重点的市场化探索，扎实推进医养结合，创新养老服务机构星级评定机制，加快形成“中心带动驿站、驿站辐射居家”的高品质养老服务发展格局，打通养老服务“最后一米”。

2023年，东城区加大供给满足需求，新建成保障性住房1100余套（佳源公司提供）

促进社会事业发展。持续构建高质量教育体系，启动教育强区三年行动计划，深化“双减”发展路径，完善“双升”驱动，扩充中学学位5000个，提升各级各类教育优质均衡水平。深化医药卫生体制改革，推进普仁医疗集团第二阶段建设。推动疾控体系改革，加强国家中医药发展综合改革试验区建设，加快推进第一人民医院异地迁建及配套项目，探索打造更多特色“杏巷”。提升家庭医生签约服务质量，增强基层医疗卫生服务能力。推进体育场馆智能化建设，全民健身产品和服务供给不断拓展优化。扎实做好党管武装，进一步弘扬拥军优良传统，将与新疆红其拉甫“城连共建”打造为双拥特色品牌。

健全社会共治体系。深化“五社联动”社区治理机制，完善社工队伍“选育管用”全链条发展体系，丰富“小院议事厅”等协商议事平台功能，拓宽居民议事协商渠道，提升社区服务管理水平。利用党派团体协商通报会、专题议政会、紫金同心议事厅等，发挥“外脑”作用，助力基层治理。深化“热线+网格”为民服务模式，坚持主动治理、“未诉先办”，制定《东城区党建引领接诉即办专项工作实施意见》，持续推进“春风行动”“攻百难 解民忧”等行动，全力做好科技、数据支撑，打造更多接诉即办示范标兵，为群众带来更多摸得着的实惠和热腾腾的希望。

第六，坚定不移加强党的全面领导，进一步提升队伍战斗力。党的领导越是坚强有力，各项事业发展进步就越是平稳扎实。要始终牢记“三个务必”，保持自我革命的清醒，增强全面从严治党永远在路上的政治自觉，以党建工作水平的全面提升为新时代核心区发展提供坚强保证。

毫不动摇把政治建设摆在首位。把坚定拥护“两个确立”、坚决做到“两个维护”作为最高政治原则和根本政治规矩，慎终如始抓好学习贯彻习近平新时代中国特色社会主义思想主题教育，把理论学习、调查研究、推动发展、检视整改、建章立制一体推进、贯穿始终，切实提高全区广大党员干部政治判断力、政治领悟力、政治执行力。推动政治监督精准化、常态化，确保党中央决策部署和市委工作要求在东城贯彻到位、力度到位、责任到位。

坚决筑牢思想建设基石。以区委理论学习中心组学习为龙头，持续健全学习制度，分类施策组织好基层干部、普通党员、青年学生和面向社会的理论学习，着力在真学真懂真信真用、深化内化转化上下更大功夫。持续深化“‘理’响东城”理论宣传教育品牌，加大与在京高校、社科机构“联学、联讲、联创”力度，推进党的创新理论“飞入寻常百姓家”。

大力加强干部人才队伍建设。贯彻落实中央《推进领导干部能上能下规定》和市委实施办法，建立健全政治素质考察机制，对政治上不合格的“一票否决”。坚持党对机构改革的全面领导，稳妥有序抓好机构改革组织实施。选优配强党政“一把手”，推动建设结构优、功能强的领导班子，形成优势互补、气质相容、搭配合理的班子结构。持续推进年轻干部“源头储备、素质提升、择优选用”三大工程，完善日常发现、跟踪培养、适时使用、从严管理的常态化机制。加大定向选调工作力度，擦亮“正阳薪火”品牌，探索成立中轴线学院，打造优质现场教学品牌。深化公务员分类改革，巩固职务与职级并行制度实施成果，持续开展公务员跨部门、跨系统、跨领域交流。加大党外人才“选育用”工作力度，做好党外干部的阶梯式培养。坚持严管和厚爱结合，强化对“一把手”的监督管理，制定激励干部担当作为硬措施，真正让干部为事业担当、组织为干部担当。深化“集贤计划”，持续实施“四巷”专项人才引进工作，继续办好青年人才马克思主义研修班，营造“近悦远来”的人才发展生态。

着力增强基层党组织政治功能和组织功能。打造“正阳先锋”区级党建品牌，引导全区广大党员干部当先锋、作表率，切实把组织力量有效转化为发展优势。坚持抓基层、强基础、固基本，全面深化基层党组织标准化、规范化建设，持续做好党组织“头雁队伍”建设。建立健全党员应急发挥作用机制，增强基层党组织和党员战斗力。创新塑造彰显东城特色的党建品牌，形成核心区品牌集群。推动建设区级党群服务中心综合体，进一步健全完善“区—街道—社区—网格”四级党群服务中心体系。以“双报到”和党建工作协调委员会等机制为抓手，不断赋能基层治理，持续提升治理能力和水平。

深入推进党风廉政建设和反腐败斗争。坚定不移推进全面从严治党，聚焦“两个维护”强化政治监督，驰而不息正风肃纪反腐，贯通落实主体责任、监督责任和监管责任，推动形成党委领导、各负其责、统一协调的管党治党责任格局。高质量推进巡察全覆盖任务，结合实际开展“回头看”。健全风腐同查工作机制，紧盯形式主义、官僚主义，持续加固中央八项规定精神堤坝。坚持不敢腐、不能腐、不想腐一体推进，保持惩治腐败高压态势，加大对涉房涉拆、国有企业、工程建设、民生等领域惩治力度，坚持受贿行贿一起查，严惩群众身边的“蝇贪”。强化经常性纪律教育，加强新时代廉洁文化建设，深化以案为鉴、以案促改、以案促治，精准运用“四种形态”，把从严管理监督与鼓励担当作为统一起来，既让纪律“带电”、铁规生威，又让干部警醒、知止不殆。

切实发挥区委总揽全局、协调各方作用。坚持“把方向、谋大局、定政策、促改革”，发扬“四套班子一起上、四个轮子一起转”的优良传统，全面贯彻民主集中制，坚持脚步为亲、率先垂范、以身作则，带头增进团结、凝聚合力。全力支持人大、政府、政协依法履职，深入推进全过程人民民主，增强人大法律监督和政协民主监督效能，突出同心同向、同频共振，提升区域化统战工作实效。加大同各民主党派、工商联和无党派人士的团结合作力度，加强对工青妇等群众团体的领导，确保全区上下拧成一股绳，不断巩固发展东城工作新局面，凝聚起勠力同心、高昂奋进的澎湃伟力。

同志们，使命必达不畏难，重任在肩当奋进。让我们更加紧密地团结在以习近平同志为核心的党中央周围，在市委的坚强领导下，坚定必胜信心、保持战略定力，激扬“不甘人后争一流”的斗志，振奋“不待扬鞭自奋蹄”的精神，坚定“不达目的不罢休”的决心，笃行致远、惟实励新，全力在绘就中国式现代化建设先行区、示范区的新图景中走在前列、续写辉煌！

东城区人民政府工作报告

2024 年 1 月 9 日在北京市东城区第十七届人民代表大会第四次会议上

北京市东城区人民政府区长 周金星

2023 年工作回顾

2023年是全面贯彻党的二十大精神的开局之年，也是疫情防控转段后经济恢复发展的一年，外部环境复杂严峻，困难挑战超出预期，转型任务异常艰巨。我们在市委市政府和区委坚强领导下，在区人大及其常委会监督支持下，以习近平新时代中国特色社会主义思想为指导，深入贯彻落实党的二十大精神和习近平总书记对北京重要讲话精神，知难而进、知重负重，克服各种不利因素影响，加速“崇文争先”、做实“六字文章”，以首善标准推进中国式现代化建设东城实践，全区各项事业稳步前行，较好完成了区十七届人大三次会议确定的任务目标。

初步预计，地区生产总值同比增长5%左右，过去三年年均增速达6.2%，为实现“十四五”年均5%的增长目标奠定了坚实基础；在重点税源主体出现大幅震荡情况下，完成区级一般公共预算收入200.5亿元，首次突破200亿元关口，同比增长8.4%；居民人均可支配收入同比增长4.5%左右；单位地区生产总值能耗降幅为2%左右。

一、服务保障首都功能有力有效

中央政务服务持续加强。圆满完成全国两会、“一带一路”高峰论坛等重要活动服务保障。进一步提升长安街南北纵深一公里环境品质，实施北京站周边环境综合整治，改善北京协和医院、北京医院周边交通秩序。推动央地议事交流常态化，主动对接中央单位，保障在京重点项目建设，解决教育医疗、周边环境等需求事项，试点建设值班公寓和青年宿舍，接件答复率100%，“四个服务”满意度调查成绩全市第一。丰富央地协作载体，推动驻区中央单位广泛参与生态文明建设、对口协作帮扶等工作。核心区安全防线持续筑牢。妥善应对“23 · 7”特大暴雨等极端天气。深入开展安全生产和火灾隐患大排查大整治，整改问题隐患4.9万项，恒基中心等重大消防安全隐患和107处燃气管线占压隐患实现销账，鲜鱼口消防站投入使用，铁路沿线安全隐患整治全面完成。化解信访积案30件，矛盾纠纷“梯次递进、一体调处”工作法荣获全国新时代“枫桥经验”先进典型。“平安北京”建设考核和“全国市域社会治理现代化试点”验收结果全市第一。疏解整治促提升工作持续推进。实现住宿业“关转提”28家，拆除违法建设7.4万平方米，顺利完成“基本无违法建设区”创建。启动核心区控规新一轮三年行动计划，完成200项市区级年度任务，压减在途项目建筑规模15.5万平方米，“四个密度”稳步下降。协同联动发展持续深入。服务和融入京津冀协同发展大局，雄安史家胡同小学正式开学，京津冀179项政务服务事项实现“同事同标、跨省通办”。创新“三帮一”组团帮扶机制，助力房山灾后重建。精心打造一批“小而美”的外事活动场所，举办驻华使节感知北京东城行活动，巩固发展与国际友城的交流合作。与新疆红其拉甫边防连结对共建，争创全国双拥模范城“九连冠”，军地交往协作不断加强，国防动员体系进一步健全。

二、区域经济发展稳中有进

组团建设成效明显。东直门交通枢纽项目各业态区域陆续竣工，双塔写字楼率先投用，农银理财按计划入驻。隆福文化街区二期完工，全市首家飞行影院试营业。永外城转型为数字科技产业园区。区属国企主导建设运营的首个科创产业空间——东城数字科技大厦实现开工，“硅巷”建设全面提速。京宝大厦等30栋商务楼宇完成升级改造。8个产业组团共落地项目111个，预计新增区级税收8.3亿元。固定资产投资达到260亿元以上，超额完成市级任务。主导产业持续增强。金融和软件信息服务业发挥龙头作用，助力经济企稳回升。“金融+总部+科创”业态加速聚集，中汇人寿落户金宝街，国网数科入驻永外城，煜邦电力进驻航星园，新引进国能电子商务、中交信通等企业超2000家。摩根士丹利设立全国首家外资新设全资期货公司，驻区机构增加到9家。东方汇理全资子公司顺利增资。昆仑万维人工智能大模型获批，蘑菇车联成为新晋“独角兽”。消费动能有效释放。升级“东城消费季”品牌IP，办好“五圈五节”，培育多元化消费矩阵，打造新消费品牌孵化地。新增首店114家，数量居全市第二。每万人拥有咖啡馆数量达到3.88家，居全市首位。13家文化企业入选年度北京文化消费品牌榜，占全市1/4。社会消费品零售总额预计增长7%，居城六区第一。改革开放攻坚突破。基本完成从事生产经营活动事业单位改革。战略性重组国资公司，调整组建城市公共资源运营、科创产业服务、文商旅体融合发展、城市更新等功能型国企，初步形成“1+*N*”国有经济布局。区属国企在债券市场完成首发融资，国资国企监管体系不断健全。中关村东城园建成

"管委会+平台公司+运营公司"新体制。"两区"建设新增项目321个、总投资705亿元，完成任务进度排名全市第一。实施6.0版营商环境改革，在全市率先实现"证照联办+一照多址"叠加办理，新设市场主体增长20%，18家民营企业入选北京市百强，跨国公司地区总部增至14家。

三、文化传承创新走在前列

文化强区深入实施。北京文化论坛提级升格为国家级、国际性论坛并永久落户东城，习近平总书记亲自向论坛发来贺信，全国文化中心核心承载区的影响力显著提升。老城保护扎实推进。攻坚腾退国家话剧院高层住宅楼、五八二电台家属区，实施天坛医院旧址拆除和绿化，完成永定门城楼保护与展示，钟鼓楼周边、东华门大街、鼓楼东大街等重要节点精彩亮相，充分彰显了东城作为中轴线保护主力军的责任担当。积极协助中央和市属单位，启动大慈延福宫文物腾退，顺利完成滞留多年的古观象台南院清退任务。联动四省五市，实施焕发会馆文化活力伙伴计划，韶州会馆率先亮相。编制完成东四三至八条、北锣鼓巷等4片历史文化街区的保护规划。文化产业持续发展。地均产出继续在全市领跑。获评全国首批国家文化与金融合作示范区，在全市首创融资"白名单"机制。保利文化等5家企业获评"全国文化企业30强"，入选企业数稳居全市首位。金台·共享际、金隅龙顺成园区建成开园。文化服务丰富多彩。"我与地坛"书市回归，大学生电影节、中国儿童戏剧节、全国话剧展演季点亮市民文化生活。大麦新空间、南阳共享际等演艺新空间在全市率先授牌，"大戏东望"形成品牌效应。"27院儿"入选全国基层公共文化服务高质量发展典型案例，"美后肆时"入选全国公共文化空间品牌案例。

7月24日，颜料会馆"会馆有戏"演出（区融媒体中心提供）

四、城市精细化治理向纵深迈进

城市更新有序推进。皇城景山三期成为全市首个片区式综合性更新试点，已超额完成1000户退租任务，腾退整院133个，为统筹推进文物修缮、风貌保护、环境提升和产业导入创造了良好条件。西总布街区启动申请式换租和试点院落建设。前门东西区一体化更新完成前期准备，西兴隆街率先启动恢复性修建，文华东方酒店基本完工。老旧小区综合整治和老楼加装电梯均超额完成年度任务。在途项目取得突破。望坛项目首批10栋回迁楼集中交付入住，2000余户居民回迁新居，110千伏变电站主体完工。宝华里项目回迁楼全面开工，经营性地块实现场清地净。金鱼池二期西项目基本达到供地条件。回应群众期盼，积极推动崇外6号地由遗留危改项目向城市更新项目转化。环境品质不断提升。细颗粒物浓度连续三年达到国家二级标准，南馆公园建成"零碳"试点。完成4处全龄友好型公园绿地改造提升，皇城根遗址公园、西草市街等"美颜"亮相，朝孚园、燕墩西望等一批口袋公园建成开放，新建改造绿地8万平方米，绿地500米服务半径覆盖率突破97%。东直门文化广场成为休闲新空间。深化背街小巷环境精细化整治，入选"北京最美街巷"胡同达到13条、精品街巷文化探访路线24条，均居全市首位。交通秩序继续改善。全面完成违规电动三四轮车淘汰治理。启动朝阳门南北小街和朝阜路（东城段）区域环境整治提升。"医学景商"周边整治取得明显成效，出行秩序进一步改善。新增共享停车位700个，国子监街实现全线不停车，不停车胡同达到45条。

五、民生保障水平持续提升

民生底线兜牢兜实。积极做好重点群体就业服务，城镇登记失业率控制在4%以内，零就业家庭保持动态为零，应届高校毕业生就业率超过97%，获评北京市充分就业区。落实困难群体救助政策，支出救助资金1.8亿元，实现基本医保、大病保险、医疗救助一站式结算。多措并举加强住房保障，筹集房源4300余套，配租公租房1000余套，发放补贴1.8亿元，公租房备案家庭总体保障率提高11个百分点。公共服务更加优质均衡。新增4000多个小学学位，汇文中学南校区投入使用，"双减"工作持续深入，中高考成绩稳步提升，获评全国义务教育优质均衡区。和平里医院、隆福医院通过三甲评审，普仁医院病房楼改造项目竣工，院前医疗急救满意度达100%，蝉联"全国健康城市建设样板市"。在海运仓、西河沿试点开展养老服务市场化运行，建成5家综合为老服务中心、100个养老助餐点，增加2000张养老家庭照护床位，千人拥有床位数提前实现"十四五"目标。区全民健身中心和东单体育中心投入使用，获评全国体育事业突出贡献奖。社会治理不断加强。紧抓"接诉即办"不放松，聚焦群众可知可感的急难愁盼问题动真碰硬，全市排名稳步上升，群众获得感更加充实。抓好两个"关键小事"，在400个小区推行装修垃圾“收运处”一体化试点，开展物业突出问题专项治理，推动物管会向业委会转化。深化“五社联动”，擦亮“东城社工”品牌，基层共建共治共享氛围更加浓厚。

六、政府自身建设进一步加强

主题教育扎实深入。聚焦“实”的要求，推动学习教育有效覆盖，大兴调查研究，促进成果转化提升，下力气破解一批群众关心关注的难点问题，以改革发展实践检验教育成效。严格遵守政治纪律和政治规矩，深入抓好巡视巡察和经济责任审计问题整改。法治建设巩固提升。自觉接受区人大及其常委会法律监督和区政协民主监督，办理人大代表议案、建议和政协提案311件，办结率100%。严格落实重大决策程序，实现行政规范性文件合法性审核全覆盖，建立行政复议案前和解（调解）机制，完成“八五”普法中期检查验收。效能建设持续推进。落实过“紧日子”要求，深化全成本预算绩效管理改革，在“三保”支出应保尽保基础上，持续降低运行成本，政府购买服务预算减少52.7%。盘活区属房产资源，将金宝街52号、朝内大街192号转型为引企“梧桐树”，推动“四厅六中心”集中办公，实现政务服务集成整合、资源集约高效利用。坚持项目牵引、专班推进，以目标倒逼落实，以攻坚锻炼队伍，办成了一批难事，打赢了多场硬仗，政府系统的执行力、战斗力明显增强。

回顾一年来的工作，成绩来之不易，这是市委市政府和区委坚强领导的结果，是区人大、区政协监督支持的结果，是全区人民共同奋斗的结果。在此，我代表区政府，向全区广大干部群众，向各位人大代表、政协委员，向各民主党派、工商联、各人民团体，向驻区中央、市属单位、部队官兵和社会各界人士，表示崇高的敬意和衷心的感谢！

在总结成绩的同时，我们清醒认识到，全区发展还面临不少挑战，政府工作仍存在一些不足，主要是：把履行核心区职责与发挥核心区优势结合起来，弘扬使命价值，实现更好发展，还需要持续用力、久久为功；区域经济回升向好的基础还不牢固，高质量发展的内生动力还不强；疏解非首都功能、化解遗留问题与强化服务功能的压力并存，扭转财政收支紧平衡态势还需要下更大力气；交通环境秩序问题依然突出，教育、医疗、养老等公共服务供给与群众期待相比还有差距；政府效能和作风建设还需要加强。我们将高度重视这些问题，在今后工作中切实加以解决。

2024年工作安排

2024年是完成“十四五”规划目标的关键之年，也是在攻坚克难基础上实现转型突破的重要一年。做好政府工作总的要求是：以习近平新时代中国特色社会主义思想为指导，全面贯彻党的二十大和二十届二中全会精神，认真贯彻中央经济工作会议精神，认真落实市委、区委全会部署，坚持稳中求进工作总基调，完整、准确、全面贯彻新发展理念，坚持以新时代首都发展为统领，以实际行动弘扬使命价值、深化“六力提升”，切实增强经济活力、防范化解风险、增进民生福祉、保持社会稳定，奋力谱写中国式现代化的东城新篇章。

经济社会发展主要预期目标是：地区生产总值增长4.5%左右，区级一般公共预算收入增长5%，城镇登记失业率控制在4%以内，居民人均可支配收入增长与经济增长基本同步，单位地区生产总值能耗降幅和细颗粒物浓度达到市级要求。

地区生产总值增长预期目标安排在4.5%左右，主要是考虑过去三年较快增长形成的基数，注重与“十四五”规划目标相衔接、与经济增长的现实支撑条件相匹配，兼顾需要与可能，为提质增效、转型突破留出空间。在外部环境进一步趋紧、经济回升基础仍需巩固的形势下，实现上述目标并不容易，需要付出更为艰苦的努力，我们将坚定信心、迎难而上、积极进取，确保完成全年任务，努力争取更好成绩。重点做好七个方面工作。

一、坚持首善标准，提高首都功能综合承载力

牢牢把握“看北京首先要从政治上看”的要求，在加快推进首都功能现代化中履行首善责任、彰显“东城担当”。

全力服务保障中央政务功能。以核心区功能重组为契机，深入推动政务功能与城市功能有机融合。持续加强重点地区综合整治，制定实施天安门周边、长安街沿线“四个服务”专项服务保障方案，积极推进北京站及周边区域“站城一体化”建设，通过环境改善和品质提升，营造安全整洁有序的政务空间环境。高标准做好重大活动服务保障。主动服务中央单位重点工程建设和重点单位搬迁入驻。下力气统筹空间资源，就近打造一批值班公寓和青年宿舍，更好满足中央单位的现实需求。常态化开展央地互访和议事交流，深入挖掘蕴含其中的政策资源、发展资源，转化落地一批具体项目，促进央地融合共赢、凝聚发展合力。

坚定有序疏解非首都功能。聚焦长安街和中轴线“一横一纵”重点区域，推动核心区控规三年行动计划落地见效，尽快形成一批可视化成果。完成朝阳门南北小街、朝阜路（东城段）环境整治提升工程，在长安街以北实现“两纵两横”主要大街整体焕新亮相。打好疏解整治促提升“组合拳”，拓宽减量提质路径，持续推动建筑减量和住宿业“关转提”，确保新生违建动态清零，稳步推

进百荣世贸商城转型升级。深入开展背街小巷环境精细化治理，完成城市家具治理等专项任务。

扎实推进协同发展和对外交往。深化与津冀相关地区交流合作，支持雄安新区和城市副中心建设，服务保障央属项目向外疏解、第二批市级机关向副中心搬迁。全面落实好“同事同标、跨省通办”政务服务事项。统筹推进对口支援合作，做实做优教育、医疗、就业和产业帮扶。继续支援房山灾后重建，解决好当地群众所急所盼。加强与国际友城务实合作，探索打造高品质、特色化外交外事活动新空间。继续争创全国双拥模范城“九连冠”。

二、聚焦提质增效，推动经济高质量发展

落实稳中求进、以进促稳、先立后破的工作要求，统筹抓好稳增长、强产业、促改革、优生态，努力实现区域经济质的有效提升和量的合理增长。

巩固经济稳中向好势头。发挥有效投资的关键作用，着力抓好城市更新、新基建、保障房建设等重点工程，推进东直门区域环境设施一体化提升、中国黄金大厦改造升级等项目，确保按季度实现开工、竣工和投用，接续形成投资支撑。统筹“五大商圈”建设，推进王府井—前门国际消费体验区建设，增加高品质商品和服务供给，持续激发消费潜能。突出文化消费引领，大力培育新场景、新业态，建设“故宫以东”文商旅体融合发展示范区。支持老字号企业创新经营模式，打造国货“潮品”新亮点。加快引进优质直播电商，促进线上线下消费协调发展。提高财源建设质量，锚定行业头部企业和高成长企业，精准导入销售中心、结算中心等总部业态，促进区级财力平稳增长。

9 月，2023 北京文旅促消费系列活动之“故宫以东 融·艺术季”吸引市民游客（区文旅局提供）

提高主导产业发展能级。统筹抓好东北二环、东方广场、金隅环贸中心、信达中心、航星园、永外数字科技产业园等产业组团建设，完善配套政策和服务体系，增加高品质产业空间，落地一批标志性“金融+总部+科创”项目，进一步提高组团辨识度和贡献率，强化产业集聚效应。聚焦大资管领域，重点吸引证券类资管等机构落地，争取养老金融等领域政策先行先试，深入推进“银巷”建设，持续打造“首善金融生态圈”，提升金融服务经济社会发展质效。整合青龙胡同周边、金隅环贸中心E座、京投大厦等空间资源，加快“硅巷”建设，打造专业化科技企业孵化器，集聚发展以人工智能为重点的新业态，培育新质生产力，增强数字经济发展新动能。

持续深化改革扩大开放。围绕增强核心功能，提高核心竞争力，实施新一轮国企改革深化提升行动。完善“1+*N*”国有经济布局，细化配套保障措施，推动功能型国企归位、搞活，更好地发挥主力军作用。做好事业单位改革的“后半篇文章”，推进经营性国有资产集中统一监管。加大力度盘活闲置低效国有资产，分批次开展资产处置和转化利用。落实服务业扩大开放2.0版方案，推进国际商事仲裁中心建设，以国际商事争端预防与解决组织入驻为契机，完善配套政策措施，吸引高端咨询服务业集聚发展。用好国家中医药发展综合改革试验区政策，深化与龙头企业、科研院所的合作，共建中医药国际化服务平台，打造特色“杏巷”。

推进营商环境改革创新。突出市场化、法治化、便利化、国际化，打造“北京服务”的东城样板。启用新政务服务大厅，深化“一门一窗一网一次”改革，提高政务服务效率和质量。深化“一件事”集成和“一业一证”改革，推行“否定事项报备制”，帮助更多企业便捷舒心落地东城。常态化开展政企交流活动，织补完善产业、人才政策和服务包，扩大各种类型人才住房供给，增强为企服务的针对性、实效性。配强工作力量，健全联系服务总部企业、龙头企业机制，开展企业族群和产业链招商。坚持“两个毫不动摇”“两个健康”，促进民营经济持续健康发展。

三、激活文化资源，提升区域文化软实力和影响力

挖掘用好文化资源优势，办好北京文化论坛，发挥好文化浸润人心、赋能经济、服务群众的作用，加快建设文化强区。

加强老城整体保护。以中轴线保护为牵引，统筹推进历史文化街区风貌保护、重点文物腾退修缮和活化利用。实施中轴线文化传播工程，讲好“中轴故事”。创新文物腾退政策路径，推动孚王府、清陆军部和海军部旧址等央产文物腾退。对钟鼓楼等历史文化遗产开展活化利用。压茬推进石埭会馆、黄冈会馆等试点会馆亮相，打造京地文化交融的会馆群落。探索建立文物“四有”档案，做好第四次全国文物普查工作。实施非遗“焕新计划”，助力老字号创新生产，打造一批“非遗+”标杆

项目。

推动文化产业创新发展。制定文化产业高质量发展行动计划，推出“文菁计划”2.0版，培育新兴文化业态。深化国家文化与金融合作示范区建设，打造“线上文化金融产品超市”，办好中国文化金融峰会，构建文化金融品牌矩阵。聚焦“一横一纵”打造“文巷”引领区，推动首开首院文化金融园等特色园区开园亮相。发挥文商旅体融合平台作用，加强与中央市属单位和多元市场主体合作，协同推进故宫—王府井—隆福寺“文化金三角”建设。健全国家文化出口基地平台，支持数字电视国家实验室等重点项目，鼓励更多优秀文化企业“扬帆出海”。

优化公共文化服务。深化“大戏东望”品牌建设，挖掘文化园区、商业综合体等空间资源，植入多场景多业态演艺新空间。加快打造王府井戏剧谷和前门京味文化体验区，链接北京师范大学、中央戏剧学院等高校文化资源，推出首批校地合作“种子库”项目。推进区文化活动中心社会化运营，办好北京大学生电影节、南锣鼓巷戏剧展演季、东城文化月等活动，不断丰富群众文化生活。

四、深化精细治理，建设现代化宜居宜业城区

对标宜居、韧性、智慧城市要求，进一步做足“绣花功夫”，优化城市功能，提高城市品质。

统筹推进城市更新。围绕“一横一纵一圈”，聚焦天坛周边、前门东西区、故宫以东、皇城景山、东四、西总布等重点片区，以街区综合实施方案为指引，系统推进申请式退租、文物修缮、风貌保护、功能织补和转化利用，打通老城平房区一体化保护更新全流程。完成申请式退租1000户。突出抓好永外和东直门外地区综合更新，集成化推进重大项目建设、市政设施配套、经营性土地入市、产业项目导入和滞留项目处置，打造区域发展的“金角银边”，支撑未来发展的新增长极。加快实施老旧小区改造等专项更新，推动一批老旧低效楼宇、低效园区提质增效。

持续优化环境秩序。加大力度“降尘、查车、控烟”，实施监测、监管、监察“三监”联动，巩固深化“一微克”行动，深入打好蓝天保卫战。启动花园城市建设，完成东单公园、南馆公园改造提升，建成一批特色口袋公园，打造生态都市会客厅。推进特色胡同建设，优化生态保育、休闲游憩等功能，提升庭院绿化、社区绿化水平，形成更多城市景观“大师小品”。完善天坛、永外地区路网布局，完成自然博物馆北路建设，抓好刘家窑路、夕照寺东西线等项目，探索推动前门、天坛客流贯通，打通南中轴。通过优化道路停车、新建“平改立”设施、挖潜错时共享等措施，新增停车位370个、共享停车位500个，有针对性地增加居住区周边车位供给，改善“医学景商”周边交通秩序，营造良好出行体验。

做实做细基层治理。完善“热线+网格”为民服务，坚持主动治理、“未诉先办”，落实党建引领接诉即办专项工作实施意见，持续推进“春风行动”“攻百难，解民忧”等行动，为群众带来更多实惠。抓好两个“关键小事”，加强物业管理突出问题专项治理，持续开展市级生活垃圾分类示范小区创建。深化“五社联动”，完善社工队伍选育管用全链条发展体系，丰富“小院议事厅”等协商议事平台功能，不断提升社区治理水平。

五、突出优质均衡，满足群众美好生活新需求

聚焦“七有”要求“五性”需求，进一步将资金资源向民生领域倾斜，切实增强群众的获得感、幸福感、安全感。

加强就业和社会保障。聚焦应届高校毕业生、退役军人、特殊困难群体等重点人群，完善就业服务，促进充分就业，确保应届高校毕业生就业率达到95%以上。落实企业职工基本养老保险全国统筹改革，深入开展个人养老金制度试点，扩大普惠健康保参保人群覆盖面。做好分层分类社会救助，推动形成重点行业“慈善+”品牌。加快推进望坛、宝华里安置房建设，确保回迁居民早日入住。综合施策提高住房保障水平，为中低收入住房困难家庭发放市场租房补贴，建成保障性住房1100套。

增加优质公共服务供给。坚持扩总量、提质效、促均衡，启动“教育强区建设三年行动计划”，通过深化“双减”、落实“双升”，推动义务教育在更高水平上实现优质均衡发展。构建长链条贯通育人机制，加强拔尖创新人才自主培养，促进高中教育优质特色多样化发展，增加中学学位5000个。深化“三医联动”改革，推动区属医院特色化、差异化发展。加快普仁医疗集团第二阶段建设，完成第一人民医院异地迁建和配套项目。提高家庭医生签约服务质量，增强基层医疗卫生服务的实效性。深化“一刻钟便民生活圈”建设，提高生活性服务业品质。整合公共文化、体育等服务资源，打造功能复合的街区活力中心。

突出做好“一老一小”服务。积极应对老龄化、少子化，加强高龄困难老年人养老服务，扩大普惠托育服务供给。以居家养老服务为重点，分8个片区实现综合为老服务中心全覆盖，试点推进社区卫生、养老、助残服务一体化发展，新建1000张养老家庭照护床位，形成“中心带动驿站、驿站辐射居家”的养老服务新格局。构建布局合理、公益普惠的学前教育体系，普惠率保持在90%以上。通过幼儿园托幼一体化建设，新增普惠托位600个，鼓励社会单位兴办托育点，让幼儿就近“入好园、入好托”。

六、筑牢安全防线，确保核心区安全稳定

牢固树立安全发展理念，统筹高质量发展与高水平

安全，切实把各类风险管住、管好，维护安定有序的社会环境。

深入开展平安创建。依托平安东城建设体制机制，扎实开展“平安单位”“平安医院”“平安学校”创建活动。围绕高发警情、秩序乱象及治安重点地区，加强打击整治、巡逻防控，营造优良治安环境。持续做好大型企业集团和金融、房地产等领域风险防范化解，织牢防范非法集资宣传网。推进信访法治化建设，完善推广“矛调处置一体化”模式，争创全国信访工作示范区。

切实抓好安全生产。压紧压实安全生产责任，深入开展安全生产和消防隐患治本攻坚，坚决防范遏制安全事故。加强危险化学品、燃气、电动自行车、施工动火作业等领域专项整治。健全街道级防火委员会，以和平里和安定门街道为试点，制定实施老旧小区和平房区火灾治理管控专项方案。落实特种设备风险分级管控和隐患排查治理。加强食品药品安全监管 让群众买得放心、吃得安心。

持续提升应急能力。完善应急救援体系和应急预案，抓好一线人员应急培训和实操演练，提高基层应急处置能力和水平。扎实做好水电气热保障，加强突发事件和极端天气应对，确保城市安全平稳运行。编制韧性城市建设专项规划，统筹推进城市设施集中式与分布式建设布局，增强风险灾害防范、抵御、自适应和快速恢复能力，提高城市本质安全水平。

七、突出实干为先，加强政府自身建设

面对新的形势和任务，我们将忠诚履职、践行使命，努力建设人民满意的法治政府、创新政府、廉洁政府和服务型政府。

自觉加强政治建设。更加深刻领悟“两个确立”的决定性意义，增强“四个意识”、坚定“四个自信”、做到“两个维护”，巩固拓展主题教育成果，切实抓好巡视巡察、专项督察和经济责任审计整改，当好把党中央决策部署落实到“最后一公里”的“施工队长”。

扎实推进法治建设。自觉接受区人大及其常委会法律监督，自觉接受区政协民主监督，认真办理人大代表议案、建议和政协提案。巩固全国法治政府示范区创建成果，提高依法决策质量和行政执法规范化水平，推进行政复议体制改革，深化政务公开，把政府行为全面纳入法治轨道。争创首批全国守法普法示范区。

大力加强效能建设。严格落实政府系统机构改革任务，加快转变政府职能。认真践行“四下基层”工作制度，进一步把力量和资源下沉到基层，把问题解决在一线。加强公务员队伍建设，提高执行力和工作效率。强化定量要求、过程管理和结果导向，完善绩效评价考核办法，健全奖惩分明的激励约束机制，营造良好干事创业氛围。

持续深化作风建设。严格履行政府党组全面从严治党主体责任，锲而不舍落实中央八项规定及其实施细则精神，力戒形式主义、官僚主义，深入推进基层减负工作。继续坚持政府过“紧日子”，降低行政管理和城市运行成本，进一步压减编外用工。强化重点领域廉政风险防控，推行审计监督全覆盖，加强干部教育监督管理，维护好风清气正的政治生态。

专 文

正阳门箭楼（邓伟摄）

健全与中央单位常态化联动机制，提高“四个服务”水平研究

中共北京市东城区委书记　孙新军

一、做好“四个服务”是新时代核心区肩负的神圣职责

（一）“四个服务”的提出及主要内涵

中华人民共和国成立后，北京定为首都，成为中国的政治中心，进入政治、经济、文化多元发展阶段。“四个服务”最早见于1983年7月中共中央对北京城市建设总体规划方案的批复，其中提出了首都“四个服务”的职能定位。

2005年1月，国务院对北京城市总体规划的批复中，明确了做好“四个服务”的要求，即“为中央党、政、军领导机关的工作服务，为国家的国际交往服务，为科技和教育发展服务，为改善人民群众生活服务。”“四个服务”更好地体现了首都城市性质和功能的要求，是北京城市发展的必然结果，也是中央赋予北京市的重要使命。

2017年《北京城市总体规划（2016年—2035年）》，将北京城市战略定位为全国政治中心、文化中心、国际交往中心、科技创新中心，明确要求核心区要全力做好“四个服务”。2020年8月，中共中央国务院同意《首都功能核心区控制性详细规划（街区层面）（2018年—2035年）》，提出要把握核心区战略定位，突出政治中心、突出人民群众，注重中央政务功能保障、注重疏解减量提质、注重老城整体保护、注重街区保护更新、注重民生改善、注重城市安全等任务，进一步明确了新时期首都功能核心区的使命。2021年东城区“十四五”规划及系列子规划发布，进一步细化了相关工作任务。

“四个服务”提出以来，经过不断发展，形成丰富的精神内涵。其中，为中央党政军领导机关工作服务，就是要加强政治中心功能建设，营造优良的政务环境；为国家国际交往服务，就是要加强国际交往中心功能建设，服务保障重大国事活动；为科技和教育发展服务，就是要加强科技创新中心和文化中心功能建设，积极促进国家科技、文化教育事业发展，为建设创新型国家作出应有贡献；为改善人民群众生活服务，就是要始终坚持以人民为中心的发展思想，不断满足市民群众日益增长的美好生活需要。做好“四个服务”，全力服务保障首都功能，是首都肩负的重要职责，更是核心区工作的全部要义。东城区作为首都核心区，做好“四个服务”主要侧重于服务和保障驻区中央党政军领导机关顺利开展政务活动，这既是全区必须切实履行的重要职责，也是推动东城创新发展的有效途径。

（二）做好“四个服务”是现阶段中央、市委、区委的明确要求

党的十八大以来，习近平总书记11次视察北京、21次对北京发表重要讲话，深刻回答了“建设一个什么样的首都、怎样建设首都”这一重大时代课题，为做好新时代首都工作提供了根本遵循。在习近平总书记亲自谋划、亲自指导下，《京津冀协同发展战略规划》《北京城市总体规划》《首都核心区控制性规划》先后出台，进一步强调要加强“四个中心”建设，切实提高“四个服务”水平。进入新时代，首都核心区工作与党和国家工作大局、首都发展大局的联系日益紧密，中央对保障能力和服务质量的要求不断提高，人民群众对高品质生活的期待更加深切，对首都功能核心区建设提出新的更高要求。

在习近平总书记对北京工作系列重要讲话精神指引下，首都走上了减量发展的道路，经济社会发展深刻转型，“大城市病”治理不断推进，减量发展取得实效，水平持续提升。北京市第十三次党代会对首都使命价值的认识进一步深化，明确提出“以首都发展为统领”，牢牢守住首都城市战略定位，强化首都全国政治中心、文化中心、国际交往中心、科技创新中心的功能，更好履行首都职责和使命，实现符合首都功能定位的发展、首都的高质量发展、首都的新发展，使北京的建设发展更加符合党和人民需要。尤其强调，新时代首都发展本质上是首都功能的发展，核心区工作的全部要义就是加强“四个中心”功能建设，提高“四个服务”水平，更好服务党和国家工作大局，更好满足人民群众对美好生活需要。

为全面贯彻中央和北京市对首都发展的新要求，东城区进一步明确了核心区的首要使命，就是提高中央党政军领导机关工作服务水平，打造优良的政务环境，高标准保障重大国事活动安全有序运行，坚决维护区域安全和社会稳定。核心区不仅驻有许多关乎国计民生重要行业的中央企业总部，而且驻有这些央企的中央管理部门。服务好央企总部管理，对于国家，有利于构建新发展格局、保障党和国家事业进步、保障人民利益；对于核心区，有利于推动产业集聚、保障财政收入、实现高质量发展。站在新的历史起点，加强“四个中心”功能建设、提高“四个服

务”水平是首都核心区讲政治的重要体现，是更好服务党和国家工作大局，更好满足人民群众对美好生活需要的必然要求。

东城区集中了28个中央国家部委、12个国家部级事业单位、8个军级以上驻区部队机关、10家央企一级总部。无论是中央党政军领导机关的智慧优势、人才优势还是联系优势，都能为区域经济社会发展提供直接或间接的强大助力。党的二十大吹响了全面推进中国式现代化的冲锋号，明确了高质量发展的目标要求，东城区要在首都现代化历史进程中一马当先，就必须创新服务机制，提高“四个服务”水平，进一步把“四个中心”“四个服务”中蕴含的巨大发展能量充分释放出来，推动经济社会高质量发展。

二、东城区推进“四个服务”的主要做法和成效

近年来，在市委市政府领导下，东城区坚持从国家和首都发展大局出发，以习近平总书记对北京系列讲话精神为指导，紧紧围绕核心区功能定位，坚持以疏解非首都功能为主线，统筹推进“五个东城”发展战略，加速崇文争先，做实“六字文章”，实施“六力提升”，不断提升“四个服务”水平。尤其是在2019年北京市级机关搬迁到通州之后，东城区更加自觉地把服务保障首都功能放在最突出的位置，把做好“四个服务”工作放在区委区政府重要议事日程。主要做法如下。

（一）加强高位统筹，“四个服务”工作机制不断健全

东城区牢牢把握首都功能核心区的定位，提高政治站位，从国家和首都发展大局出发，抓好顶层设计，着力健全“四个服务”机制体制，全面落实中央、北京市对首都核心区工作的各方面要求。

2019年，在市级机关搬出核心区的新形势下，东城区制定了《全面提升“四个服务”工作的指导意见》，聚焦服务好中央党政军机关，侧重为中央政务服务的职能，成立了由区委区政府主要领导担任组长的“四个服务”工作领导小组，建立了“1+4+N”工作机制（即建立1个区级层面领导小组；针对重点服务对象及环境配套保障，建立4个专项工作组；形成N个配套清单），搭建领导决策平台、事项办理平台，进一步完善高层会商机制、服务事项分级协调机制、首办责任制度、督查督办责任制度、工作联系人制度，统筹整合全区50余家领导小组成员单位力量，构建了统一指导、统筹协调、分工负责的服务模式，推动央地联系向常态化、制度化转变，为中央政务营造良好发展环境。

东城区坚持将双向互动发展作为拓展“四个服务”工作的突破口，2020年建立了中央政务服务专员工作制度，为驻区中央单位配齐三级专员，以服务专员为抓手，深化三级服务机制，充分调动中央单位和部队参与东城区中心工作，确保了中央单位服务需求与属地“无缝衔接”。2021年进一步完善与驻区单位常态化沟通机制，建立健全服务驻区单位工作季报制度并使之常态化，加大央地互访力度，推动央地议事交流常态化。推动与驻区单位开展双向服务，发挥各领域联系服务作用，突出对驻区单位服务的针对性与时效性。针对机关单位，完善中央机关联系人制度，建立定期交流工作机制，搭建活动联谊平台。针对服务企业，进一步优化营商环境，制定联系服务企业制度，加强对重点企业的精准服务，促进产业发展做优。

2022年全面推广构建服务中央单位和驻京部队新模式，建立线下“零障碍”服务运行模式。针对服务部队，将双拥模范城创建工作纳入区委区政府折子工程，全面推动新一轮双拥模范城创建工作，营造爱军拥军的和谐氛围。2023年开展外联服务体系建设情况调研，巩固和深化近年来我区“四个服务”工作系列改革成果，优化和加强外联服务体系建设。

在“区级统筹、部门对口、属地负责”的总体布局下，区级层面落实区领导走访中央单位制度，主要领导先后走访最高法、最高检、北京卫戍区、军委政治工作部群工局、中国黄金集团、中国保利集团等驻区单位30余次，推动高层日常交流往来。部门层面实施分类走访、点对点跟踪服务，主动上门服务，为各单位解决现实问题。成立专门服务中央单位和大企业的窗口，提供绿色通道及定制服务，为中央单位提供“一对一、点对点”的高质量、专业化服务。街道层面建立议事协调机制，利用党建工作协调委员会这一平台，开展不同形式的交流共建。坚持街道“一把手”集中走访制度，主动征询落实“四个服务”意见建议并争取指导支持。通过树牢“全区一盘棋”思想，强化服务意识，压实服务保障责任，推动了央地之间深层次、多渠道的良性互动。

（二）着眼提质增效，服务更加精准有力

核心区地位极其特殊，金水桥边，微波就是巨浪，东城无小事，事事连政治，做好“四个服务”关乎“国之大者”。近年来，东城区把政治建设摆在重要位置，把做好“四个服务”作为坚定捍卫“两个确立”、坚决做到“两个维护”的检验，坚持以“都”为先、以“都”为最，统筹疫情防控和经济社会发展各方面工作，取得了明显成效。

一是坚持规划引领，打造更加舒朗庄重的中央政务空间。坚定有序落实北京城市总规和核心区控规，以疏解非首都功能为主线，一边抓疏解整治，一边抓提升，先后实施了两轮街巷整治三年计划和核心区控规三年行动计划，严格落实“双控四降”。统筹腾退空间利用，优化首都功能核心区功能布局，推动政务功能和城市功能有

机融合，以更大的空间容量支撑国家政务活动。2023年上半年，又拆除违法建设5.2万平方米，提前超额完成全年任务；实现住宿业“关转提”19家、压减床位1000多张，核心区环境进一步静下来。聚焦驻区中央单位住房需求，把服务保障中央政务功能和住宿业功能置换模式结合起来，将地理位置最优，户型最好的都季酒店提供给中央政法委，有效解决了中央政法委干部职工加班住宿和通勤问题，同时完成全区首个住宿业转型人才公寓项目工程建设并投入使用。重点加强长安街和中轴线“一横一纵”区域空间管控和综合整治，在长安街沿线，实现8栋直管公房简易楼全部腾退，并将位于门楼胡同14号的腾退后简易楼再利用，作为人力社保部的干部人才公寓。

二是加强组织领导，确保核心区政治安全。坚持首善标准，健全重大活动服务保障常态化工作机制，强化央地、市区、部门协调联动，统筹各方面力量，圆满完成了建党一百周年庆祝活动、党的二十大、全国“两会”、第三届“一带一路”国际合作高峰论坛等重要会议服务保障任务。积极争创“全国市域社会治理现代化试点”，构建新时代群防群治工作体系，不断完善“网格化管理、精细化服务、信息化支撑”基层治理平台，确保各类风险隐患发现在早、处置在小。遵循“平时服务、急时应急，军地双管、军民共用”原则，建实应急营310人，形成“1营3连1队”的应急保障骨干力量，结合安保执勤、基地轮训等大项任务专攻精练，结合任务需求轮换担负战备值班执勤任务，确保遇有情况，能够迅即出动。着眼加强支援作战能力目标，配合警卫三师作战分队，组织新质新域民兵力量赴朱日和基地参加联演联训，其间充分发挥民兵高新技术和特种设备能力，圆满完成遂行支援保障任务。

三是推动老城保护复兴，营造更加精致净美的城市环境。坚持把城市更新理念落实到街区，以街区为单元，全面谋划、系统施策，弘扬绣花功夫和工匠精神，实施城市精治共治法治，崇雍大街恢复了“文风京韵、大市银街”的古都风貌，平安大街东城段亮出了绿色名片。坚持绿色发展，采取腾退还绿、疏解建绿、留白增绿等方式，建成大通滨河公园、龙潭中湖公园等9处大尺度公园、48处口袋公园，新建和改造120万平方米绿地，打造绿地、碧水、蓝天交相辉映的美丽东城，提高了驻区单位居民生活质量。统筹做好疏堵工程，紧扣“精细交通建设”这一工作主线，精耕细作、精雕细琢，有效缓解重点单位周边交通拥堵现象。着力改善崇文门路口、沙子口路口、雍和宫桥下路口、钟楼北桥北口等12处关键点位周边交通组织优化改造，通过加强路面执勤警力、加大巡查力度、调整门前网格黄线等方法，提升路网通行能力，优化交通出行体验，新增车位供给超过1万个，为中央政务活动开展提供高品质环境保障。

四是坚持首善一流标准，持续擦亮核心区“四个服务”金名片。设立区级和17个街道级的“服务中央单位和驻京部队窗口”，通过来电、来函、大厅接件和走访座谈等形式，先后接受办理服务事项1234件，接件答复率实现100%。依托“紫金服务”体系、产业服务微信群等手段，畅通政企沟通渠道。围绕央产小区接诉即办工作中存在的问题，充分调动辖区单位服务央产小区，共受理12345央产小区诉求件21769件，推动解决一大批疑难杂症。举办军人家属专场招聘，提供31家企业685个岗位，35人达成就业。拿出32个行政事业岗和40个国企岗用于随军家属就业安置和优待招聘，持续助力随军家属充分稳定就业。北京特大暴雨期间，连夜梳理全区30家驻区中央单位房产2706处，23家驻区中央单位104处地下空间，点对点督促中央单位重点对地下空间、老旧房屋的加强防汛安全检查，配合妥善做好人员转移安置和房屋抢险修缮等工作，确保人员生命安全。对新型冠状病毒实施“乙类乙管”后，按需为中央单位提供上门核酸检测。建立中央单位领导核酸检测加急通道，保障中央单位领导参加“两会”等重要会议和重大活动的核酸检测需求。

五是上门调研问需，解决驻区中央单位和部队急难愁盼需求。2023年以来，区属各部门及街道共召开各类现场会、联席会100余次，协调落实需求事项400余件，得到了驻区中央单位和部队的好评。对海关总署、全国妇联、武警执勤二支队、军委机关事务管理局等单位提出的工程建设、周边环境整治、干部职工子女入学、交通出行、燃气入户、人才公寓等方面的需求，第一时间答复，全面给予落实。推进落实海关总署海关博物馆还建及标法中心开窗问题，最终协助标法中心与幼儿园达成一致意见，实现顺利施工。实地走访调研国管局东安门大街82号办公区周边环境及隆福寺街业态转型升级改造项目中涉及民航局办公区等问题情况，召开协调会商讨解决措施。积极联络沟通，协调解决全国妇联内务部街燃气入户等问题。坚持推动遗留问题解决，现地查勘融通公司地产移交项目，与第五资产储备管理局以及融通公司召开现场办公会，强力推进12个军队停偿项目移交任务，全市首家办理出“资产不动产权证”，为驻京部队移交工作提供“范例模板”。

（三）加强协同联动，央地合作发展潜能逐步释放

一是推动区域化党建联建，实现共同发展。充分考虑部门地理位置、单位职能等因素，将驻区中央单位党建触角向基层延伸。重点拓展“中央机关+街道+企业”党建联建方式，把隶属不同层面、不同系统、掌握不同资源的党组织贯通起来，在交流互动中共同成长。推进落实东华门街道、王府井商圈与商务部党建联盟结对子有关工作，以党建联学共建为契机，推进党建与业务深度融合，促进政府与街道社区、企业商户上下贯通，共同以高质量党建引领和保障高质量发展。采取“街道统筹规划、社区发起倡议、单位自主认领”的形式，统筹地区资源，健全共商机制，举办区域化党建联盟“会客厅”，吸引交通运输部、外交部、文化和旅游部、全国妇联积极参与，形成资源共享、联动共赢的党建工作格局。积极探索“文化+区域化党建”工作。文旅部安排专业师资辅导扶持东直门街道社区文化团队建设，并面向居民策划开展国家大剧院、中央歌剧院等文化体验精品线路主题活动。求是出版社、人民出版社、三联出版社等成员单位开展“出版行业促进全民阅读工作”沙龙、图书市集等系列活动，不断丰富居民文化生活。

二是坚持合作共赢，推动央地经济交流融合发展。充分发挥区域管家、楼宇管家、服务管家作用，在优化营商环境同时，促进金融企业聚集，金融产业的贡献度和影响力不断提高，以“紫金服务”助推税源建设。为我区经济社会发展做出了积极贡献。2023年从京外引进国能集团电子商务公司等央企分子公司19家，预计新增年度地方级税收超2000万元。目前在谈项目14个，预计新增年度地方级税收超2亿元。保利科技回归东城，每年新增加全口径4亿税收贡献。与华润医药商业大客户部对接，完成申请“医药商业医保销售双通道”工作，预计华润医药商业集团2023年增加缴纳全口径3000万元税收。制定《东城区与央企、市属国企深度合作方案》，以驻区央企成员单位企业族谱为基础，将旗下成员企业更多业务纳入已驻区企业核算。邀请商务部、文旅部、故宫博物院、体育总局等中央单位参加东城区优化营商环境推动经济高质量发展大会，为东城区经济高质量发展共商加速良策、共谋发展之道。

三是联合开展文体活动，增进央地联系。东城区加快打造主场品牌活动，连续8年举办“外联杯”乒乓球邀请赛，自2015年起，每年联合一家中央单位举办比赛（2020年因疫情停办一年），参赛队伍由最初的10余支发展到现在的20余支，“外联杯”乒乓球邀请赛已成为东城区与中央单位服务共建的标志性品牌活动。以“故宫以东紫金政企会客厅”为引领，每周六区政府主要领导与重点企业高层在东城特色空间开展零距离交流，倾听企业心声，共商发展大计。为丰富品牌活动形式，加强共建品牌供给力度，高水平举办“外联杯”足球赛、首都义务植树日活动、“寻TA百度，缘聚东城”央地青年联谊活动、“紫金杯”歌咏比赛、东城区政企互动三人篮球赛、全国掼牌（掼蛋）公开赛北京站比赛等活动。与故宫博物院联手，助力故宫文化从深宫走向文化街区，融入当代生活，发挥故宫大IP和历史文化资源禀赋，共建文化传承、产业创新、文化展示于一体的“文巷”。

四是搭建人才交流合作平台，更好服务央地发展。推进央地人才合作机制，进一步释放央属人才活力，实现央地人才良性互动和双向服务。联合中国社会科学院举办东城区青年人才马克思主义研修班，打造青年人才孵化器，推动人才工作与区域发展深度融合。通过志愿服务、重大活动支援和到街道、社区挂职锻炼等方式，促进人才多岗位交流锻炼。如，开展“微聚力·萤火计划”，联合三联书店、新隆福文化公司等共同搭建人才交流平台，服务地区发展大局。推行开放式党组织生活，组织成员单位党组织和党员联合开展主题党日活动。深化基层党组织和在职党员“双报到”工作，以双向选择的形式组建各类专业服务团队，解决辖区居民和驻区单位实际问题。如，结合接诉即办工作，广泛收集居民需求诉求，形成为民服务项目，主动开展“未诉先办”，联合驻区成员单位携手共同破解基层治理难题。联合中海油实施精准助学项目，帮助更多困难家庭孩子“圆梦”。联合中青旅，对接社区老年餐桌需求，开展老年人助餐活动。

五是强化服务意识，在央地合作中谋发展。今年以来，积极邀请中央单位和驻区部队参加我区生态文明建设、区域化统战、平安东城建设、支援合作、志愿服务、打击涉军造假违法犯罪、军地平安创建、涉军维权考核评价等工作，进一步释放中央单位资源活力。邀请最高人民法院院长、党组书记张军6次为东城区学生讲授法治课。推动最高人民法院为东城师生举办主题公众开放日活动。协调民航总局，挖潜中央政务资源，锚定民航领域优势项目在东城先行落地，携手中国民航飞行协会打造航天科技教育联盟。积极推进红其拉甫城连共建教育基地、红其拉甫边防连政治氛围改造等共建资金事项，持续发挥榜样示范作用，打造双拥特色品牌。九三区委积极与交通运输部沟通，在空间场地和资源上对接，设立了社东城区委所属首个基层“社员之家”。驻区中央单位积极响应区委区政府号召，共筹措508万元资金、价值163万元应急物资，用于东城结对帮扶房山灾后恢复重建，形成央地“协同共建、合作共赢”的良好发展局面。

三、存在的不足及原因分析

虽然东城区围绕首都核心区功能定位，在提升“四个服务”方面做了大量工作，取得了明显实效，但对标北京城市新总规、首都功能核心区控规的目标要求，对表全球先进城市，对照现有工作基础，东城区在立足区域特有的资源禀赋优势，充分释放“四个中心”“四个服务”蕴含的巨大能量方面还有诸多不足，首都特色的区域价值创造工作仍需强化。

（一）与中央要求和中央单位需求相比，仍有差距

东城作为首都核心区，“都”的功能鲜明，“城”的地位独特，新时代与党和国家的使命更加紧密相连，国家中枢作用更加重要凸显，做好中央党政军领导机关服务更是重要的政治任务。而在调研走访的过程中发现，我

们的服务广度和深度都与中央单位和部队的要求存在一定差距。

一方面，中央单位和部队服务需求日益增多。这几年，东城区“四个服务”水平不断提高，服务更加主动精准高效，央地日常交流往来日益密切，驻区中央单位切实感受到了我们真诚真挚的态度。随着服务形式不断丰富，中央单位可通过来电、来函、大厅接件、走访座谈等多种方式提出服务需求，需求类别也从最初的子女入学、周边环境、治安等方面需求，扩大到工程建设、医疗保障、交通秩序等方方面面。如，区领导在走访调研时中纪委提出室内装修、交通秩序、通勤保障、子女入学、周边安全、医疗保障、文体交流等多方面服务需求，这就要求我区统筹协调各类资源，拓宽服务广度，更好地服务党和国家的工作大局。

另一方面，中央单位和部队需求难度日益加大。随着中央单位和部队提出的诉求增多，协调难度大，协调周期长，对东城区的服务工作提出了更高的要求。如中国社科院宿舍楼与国旅总社商业用房共用通道通行问题，街道层面涉及社建办、城建，区级层面涉及消防、住建、城管委、规自委，还涉及产权单位、业主委员会等多家单位、部门自治组织，前后召开现场会、推进会、业主大会、多部门协调会10余次，耗时2个月。这就要求我区进一步整合全区力量，推动“四个服务”工作形成全区“一盘棋”，凸显我区整体合力。

（二）“四个服务”的潜能释放不够

东城区作为首都功能核心区，作为全国政治中心的核心承载区，具有丰富的中央优势资源。但在充分调动驻区中央单位资源助力东城发展，形成双向互动、双向支持上还有差距，需要进一步探索。

一方面，与中央单位双向互动机制有待进一步完善。对中央驻区资源、央企总部资源价值挖掘并不充分。目前对中央单位政策、人才、资源、专业等方面优势开发利用不够充分，未能全部建立有效的资源共享机制，中央单位优势尚未完全转化为区域发展的优势。这就要求我们积极开展深度对接，高度关注央企新设投资类、数字类新企业的动向，定向吸引企业落地参与应用场景建设。通过争取政策先行先试，为东城区新型产业体系发展提供有力支撑，释放中央单位资源的伴生经济价值。

另一方面，与中央单位共驻共建有待进一步深入。中央单位参加东城的品牌活动很多，但是主动参与、支持我区建设的热情尚需提高，交流合作的范围、层次、深度需进一步扩大。面对驻区单位具有规模效应的工作资源，还存在动员能力不足、手段方法不多的问题，还未能将资源为我所用。驻区企业更注重经济效益，参与共建积极性不高。服务基层更多停留在上级布置或组织参与的志愿服务工作中，没有及时引导它们对社会治理做贡献。一些驻区单位对区情、街情、社情了解不深，为地区发展出谋划策、为服务居民共享资源积极性不高、动力不足，难以有效盘活单位资源。如何实现属地和驻区单位资源的一体整合，完善对接渠道和合作平台，是目前亟待解决的重要问题。

四、新时代加强“四个服务”的思路建议

党的二十大开启了全面建设中国式现代化的新征程，首都核心区要在新时代一马当先，走在前列，就必须继承以往形成的好做法，坚持问题导向，统筹各方力量，创新机制体制，全面提升“四个服务”水平，开启核心区使命担当新篇章。

（一）健全央地双向支持工作机制，全面增强政治保障力

一是健全央地高层互访机制，推动央地议事交流常态化。深入贯彻《全面提升“四个服务”工作的指导意见》，加强组织领导，由区委区政府主要领导带队，根据工作实际，对20家驻区党政机关和正部级及以上的部委，2年内走访一遍；对其他驻区中央单位、民主党派中央、驻区军级以上部队、央企总部和金融机构，力争3年内走访一遍，实现走访全覆盖。在具体安排上，制订区委区政府主要领导走访驻区中央单位的行程安排，做好驻区中央单位来访的相关服务保障工作；根据工作需要，随时优化调整走访行程安排。在服务保障上，探索建立完善走访议事“双台账”制度，对走访议定事项、驻区中央单位提出的需求事项建立台账，协调属地街道和区相关部门办理落实，定期不定期向区委区政府报告办理落实进展情况。

二是完善服务体系，深化上下协同的央地合作联动。在已建立面向中央单位服务联络机制的基础上，进一步发挥“四个服务”领导小组和三级服务专员的作用，推动央地议事协调向常态化、制度化转变。围绕加强“四个中心”功能建设、提高“四个服务”水平，聚焦为中央单位和驻京部队提供优质高效服务，进一步明确职责分工，加强队伍建设，构建“小组统一领导、属地分级负责、部门对口服务、全区直通联办”工作格局，形成服务中央单位和驻京部队工作的整体合力。落实服务专窗专线工作制度，加大窗口服务宣传力度，引导服务对象就近办理服务事项，实现全区联动、全时响应、高效服务。落实每季报送“双台账”制度，持续推动相关事项办理，健全上下联动管理体系，进一步提高各部门、各街道服务保障工作的主动性和创新性，围绕核心区控规落实、首都功能建设、中央政务活动保障，履行好属地责任。在首规委议事框架下，与国家相关部门共同做好任务落实、政策衔接和问题协调。针对老旧小区改造、腾退疏解等需要与国家部委、驻区央属单位、市级部门等协同开展的重点难点工作、疑

难杂症问题，明确各级责任主体，开展更高频率、更高层次、更高效率的对接落实。

三是建立与支援合作央地融合发展工作机制。立足内蒙古阿尔山市和化德县、西藏拉萨市当雄县、湖北十堰市郧阳区、山西长治市屯留区等各对口支援地区的资源禀赋，结合支援合作工作实际，着力发挥驻区中央单位在政策信息、资金项目等方面的优势，协调相关驻区中央单位投身全区支援合作工作，努力形成央地共建共赢的工作新格局。一方面建立受援地援建项目清单、需求清单；另一方面根据清单需求，主动与相关驻区中央单位沟通联系，召开双向对接会、需求见面会，积极争取相关驻区中央单位向各受援地给予政策、资金、项目的支持和倾斜。进一步发挥自身联络服务优势，协调相关驻区中央单位，在重大项目政策咨询、重点项目建设等方面，合法合规合理地帮助受援地解决遇到的实际困难。

（二）健全经济高质量发展央地联动工作机制，全面增强区域生产力

一是做实央企税源挖潜工作机制，推动央地开展深度合作。一方面，明确挖潜对象，从行业类别、税收贡献等方面深入分析驻区央企基本情况，建立央企清单。加强与集团办公室、财务、投资等核心部门的联系，锁定关键人、关键部门，了解企业发展布局和战略调整，收集税源线索，明确重点挖潜对象；另一方面，瞄准挖潜方向，重点聚焦新设公司、京外转移、重组并购、一次性股权转让、资产购置、与区政府深度合作项目等方面。摸清在地纳税企业，推动异地纳税企业回迁。结合央企族谱、税务局数据、财政局异地纳税企业清单等，全面摸排异地纳税的央企分子公司名单，引导企业税务关系回迁，或新设立子公司、分公司，促进税源回流。高度关注央企新设投资类、数字类新企业的动向，定向吸引企业落地参与应用场景建设。

二是健全资源统筹工作机制，全方位为企业提供优质服务。做好央企总部服务统筹工作，围绕企业发展需求，开展服务宣介，精准推送服务措施，为企业提供全覆盖、全要素、全生命周期的政策支持，助力各家企业在东城蓬勃发展。围绕央企项目审批工作，启动央企服务绿色通道，对涉及央企的重大项目审查、立项、备案等工作，按照绿色审批通道办理，压缩审批周期、精简审批程序，提前介入、主动服务、全程跟踪，提升服务的效率和质量。加大服务事项指标的倾斜力度，对于子女入学、北京工作居住证等个性化配套服务，面向央企总部增加指标数量，加强服务保障。强化政治待遇落实，推荐央企集团总部高层担任东城区人大代表、政协委员人员，推荐参与市级、区级各类称号评选工作，激发企业参与区域经济社会建设的积极性。

三是完善政企交流机制，增进政企交流联系渠道。依托“紫金足迹”“紫金宣讲”“紫金推介”等品牌活动，组织央企“走进来”参观调研东城区文化特色、产业空间、城市更新项目等，拓展央地项目合作空间。依托营商大会、“紫金荣耀”竞赛、“紫金杯”合唱比赛等面向全区重点企业的大型活动，积极动员央企参与，为央企提供展示形象以及与其他企业多领域交流的平台。开展“服务央企万里行”考察调研活动。结合对口帮扶、产业项目考察、节日慰问一线员工等，深入了解企业核心业务，增长知识、开阔眼界。

（三）健全“区域化党建+区域化统战”工作机制，全面增强社会凝聚力

立足辖区实际，坚持“党建引领统战、统战服务党建”，以跨层级联动拓宽工作格局，进一步健全“区域化党建+区域化统战”工作机制，开辟党建+统战融合发展的“东城路径”。

一是健全党建工作协调委员会、统战工作联席会机制。结合地区工作实际，持续加强党建工作协调委员会建设。区、街道、社区三级党建工作协调委员会广泛吸纳成员单位，通过多种形式动员区域各类党组织积极加入，引领辖区各领域党组织共抓基层党建，共商区域发展，共育先进文化，共同服务群众，共建美好家园。联络中国社会科学院、中国医学科学院、故宫博物院、保利文化集团、中国海洋石油集团、欧美同学会等统战工作任务重的中央单位和大型央企，依托党建工作协调委员会建立统战工作联席会机制，每年至少召开一次会议，研究部署工作。在此框架内，通过协商议事制度、日常联系制度、党外人才联合培养制度、联合调研制度等，与成员单位建立沟通渠道或平台，共同商议工作，及时交流信息分享经验，开展重点领域联合调研等，形成广泛参与、平等协商、群策群力、成果共享的工作氛围。

二是完善清单式管理项目化运作工作机制。引导党建工作协调委员会、统战工作联席会成员单位围绕重点工作和民生难题积极开展议事协商，共同议民事、解民忧。结合年度重点工作，聚焦群众关切，精准对接驻区单位、街道、社区、居民之间的需求契合点，形成切实可行的服务项目，统筹建立项目清单，经协商对接达成合作意向。坚持把中心所在、大局所需与党建工作、统战工作优势所长结合起来，助力我区经济高质量发展。打造统一战线助力经济高质量发展论坛，构建区政府出题、驻区各方面党外专家答题的“创新联合体”。定期就文化金融产业发展、总部经济利用等共性难题，征求统战智库专家、民营企业家、新的社会阶层等统战人士的意见建议，推动破解难题。积极增进与驻区央企的沟通联系，寻求对接相关政策扶持，增强企业的“在地意识”，加强政企对接，形成关联企业白名单机制，精准带动中小企业发展，形成中下游联动和产业链。着力发挥协调联络机制涉港澳台侨单位的特殊作用，深度挖掘港澳台侨资源，加强与港澳台侨代表人士联谊交友，引导他们自觉成为东城招商引资的“流动工作站”，推动建立海外招商引资“桥头堡”，助推国际优质资源和高端要素加快集聚东城。以项目办理过程为契机加深了解、增进感情、凝聚共识，以项目办理效果为导向获得支持、增加动力、形成合力，把项目办理的全流程变为提升基层治理水平的过程。

三是完善横向协调纵向联动工作机制。党建协调委员会、统战工作联席会各级平台要加强成员单位间的区域联动和工作互动，通过例会制度建立定期联系，通过联络员机制加强日常沟通，通过专题议事机制发挥成员单位特长，通过“吹哨报到”机制形成工作合力，通过轮值负责机制增强主人翁意识，在区域内形成党建引领多方共治的局面。区、街道、社区三级平台加强协同联动，注重发挥办公室作用，建立顺畅高效的协作流转通道，提升议事决策工作效率。注重发挥上一级委员会、联席会高位统筹作用，形成疑难问题共商共办的格局。积极促进“基层党建+基层统战”创新融合，实现同频共振。通过阵地整合联建，促进“统战服务+社区建设”双驱聚合。发挥区域化党建协调委员会街道分会的组织网络优势，统筹辖区各类党建阵地，进行统战工作赋能，推动建立民主党派基层组织活动阵地、党外知识分子“爱国奋斗建功立业”实践基地、新阶层实践创新基地、“红石榴”家园等，把散布在驻街单位、两新组织、园区社区的各领域统战成员组织起来，充分发挥其作用。通过活动协同联办，促进“践行为民宗旨+发挥统战优势”更好融合。发挥基层党组织“身处一线”的优势，积极与区域内各民主党派、统战社团、商会组织等联合举办活动，开辟丰富的服务资源，聚集各方面力量，提高服务专业化、科学化水平。

（四）健全军地共建工作机制，全面增强环境亲和力

一是全面加强双拥工作体系机制建设。始终把军政军民团结作为核心区政治建设和政治安全重要保证，军地各级各部门把双拥工作摆上重要议事日程，纳入经济社会发展和部队建设规划，纳入全区工作目标责任制和政府绩效考评，纳入党政军领导干部政绩考核，统一部署，同步考核。每年召开区委议军会、双拥工作会、军政座谈会和军地联席会，听取双拥工作汇报，研究部署双拥工作。四套班子主要领导带头参加军事日、烈士公祭和重要节日走访慰问驻区部队等活动。定期调整双拥机构成员，认真落实驻区部队大单位轮值牵头和军地合署办公制度，健全军地相互支持、互办实事“双清单”制度，对重点任务明确责任分工和时限要求，实行对账销号。将双拥活动经费列入财政预算，党政主要领导当好第一责任人，及时研究解决工作中的重难点问题。

二是落实落细拥军服务保障体系。积极协助部队完成战备执勤、联演联训、反恐维稳等多样化军事任务。建立健全拥军支前军地协调机制，大力支持国防和军事工程、设施建设，确保军事设施保护完好。积极协助部队解决教育训练、战备执勤等方面的实际困难，推进军地合力联演联训，有针对性提高军事训练质效。深入探索民兵分队配合作战分队，参加实兵单位联合演习活动，充分发挥新质新域力量高新技术和特种设备能力。组织开展科技、教育、文化、法律、心理等系列拥军活动，挖掘国有、非公企业和社会组织资源，深入推进社会化拥军。常态抓好与红其拉甫边防连结对共建、“情系边海防官兵”活动，春节、“八一”等重要节日，广泛开展走访慰问、座谈交流、帮困解难等群众性拥军优属活动，推动双拥创建向基层延伸。积极帮助部队解决“后路、后院、后代”问题，高标准完成军转干部、符合安排工作条件退役士兵、军休干部移交安置任务，做好随军家属接收工作，落实军人子女教育优待政策，用心用情解决官兵后顾之忧。挖掘驻区企业优质资源，协调驻地街道以及服务型企业建设涉军法律援助中心、社区便军服务中心等实体化服务手段，在解决军人“三后”问题的基础之上，细化服务内容和形式，打造东城双拥首善品牌，特别在驻区部队后勤保障、法务支持、通信建设等方面，积极响应驻区部队各类需求，统筹整合资源，以制度化、平台化、规范化手段提升服务部队水平。

三是促进军民融合深度发展。按照“行政事业单位编应急力量，企业编支援力量”的编兵方法编兵，按照“先摸排调研潜力，再协调整组编兵”的顺序开展工作，根据企业特性分类定战斗编号编兵，加强民兵队伍稳定性；探索建立编兵企业激励机制，统一制作标识牌挂牌、颁发荣誉证书加强编兵企业社会荣誉感，建立军政机关招标项目加分机制，给予实际优惠政策，不断扩大编兵企业投身国防建设的积极性。发扬人民军队宗旨精神和拥政爱民光荣传统，重点做好支持平安东城、老城保护、“疏整促”行动、垃圾分类等工作，维护好核心区的安全稳定，支持地方开展“军事日”等国防教育活动，在扫雪铲冰、防汛救灾等急难险重任务中发挥突击队作用。重点支援首都生态环境建设和环境整治提升工作，组织部队官兵参加植树劳动、“周末卫生大扫除”等活动。研究贯彻军民共建社会主义精神文明相关措施，组织基层部队与社区结对共建，持续开展学雷锋结对子、捐资助学等共建活动。

（五）健全品牌体系建设工作机制，全面增强文化影响力

一是做响“崇文争先”核心品牌。深化文化引领作用，深度链接各方资源，聚合各方力量，不断推动区域高质量发展。深度挖掘中轴线文化内涵，持续推进中轴线申遗、保护与展示工作，创新拓展“数字中轴线”文化场景应用，以更大力度、更广泛展现古都神韵、历史风貌、文化底蕴，有力推动全国文化中心建设。以国家公共文化服务体系示范区与国家文化与金融合作示范区建设为契机，将东城区悠久的历史、深厚的文化底蕴和公共服务业、产业发展深度融合，发挥多项示范区叠加优势，推动公共文化服务高质量发展和文商旅融合发展，实现传统文化与现代都市融荣共生。联动科技和创新的传播形式，对接文化企业、知名高校、高水平文化艺术机构需求，探索链接更多文化资源与要素，做好资源聚合，加快打造超级文化IP和顶级文化矩阵，实现文化价值的传播与转换。

二是做精文商旅融合特色品牌。积极联动驻区文化单位，以故宫—王府井—隆福寺“文化金三角”建设为核心，充分利用相关单位优势，实现互动、借势发展，以创新融合的姿态传承历史并贡献价值。提升“故宫以东”文商旅品牌内涵，支持故宫博物院深化“IP+文创+新消费”商业模式，鼓励跨界合作推动产品体系更新和业态升级，实现品牌联动价值；提高王府井主要商业体时尚化转型力度，积极举办国际性、特色性文旅活动，打造“首都会客厅”；推动隆福寺片区建设高品质艺术品服务平台，联动嘉德艺术中心、中国美术馆等周边文化资源，打造世界级文化艺术消费目的地。依托“故宫以东”品牌，实施“故宫以东”共创计划。邀请保利文化集团有限公司作为“共创合伙人”加入共创计划，共同推动“文化+”产业融合创新。

三是做细服务中央单位活动品牌。积极组织特色鲜明的东城主场品牌活动，提升活动品质，拓展社会影响力。提升南锣鼓巷戏剧展演季、“大戏东望”全国话剧展演季等活动品质，创设全国性高端话剧论坛，积极提升“大戏看北京，好戏在东城”文化影响力，打造戏剧行业风向标。积极承办国家级、市级体育赛事活动，持续举办中国舞蹈公开赛（北京站）、北京市八人制足球赛等特色鲜明的赛事活动。积极组织“外联杯”乒乓球比赛、“行走健康”徒步大会、“双拥杯”军民拔河比赛、“快乐周末”、“健康东城”系列赛会等为代表的传统标杆赛事，提升赛事品质与社会影响力。深入开展“一街一品”健身赛事活动，重点扶持打造展现东城区特色的街道、社区健身品牌，创新举办东城区社区篮球杯赛事，加强社区赛事品牌供给力度。

（六）健全央地人才共育工作机制，全面增强队伍战斗力

一是创新央地合作研修培训人才模式。通过依托央地两级各自资源优势，创新研修培训方式，携手中国社科院举办青年人才马克思主义研修班，聚焦人才培养需求，实现人才精准化、高质量培养，为东城高水平人才高地建设提供有力支撑。以青年人才马克思主义研修班模式打造东城特色品牌，搭建中央、市、区级部门人才领域的沟通交流平台，打破部门、领域、行业之间的界限，促进人才交流互通融合发展。通过青年人才马克思主义研修班这种新形式，切实加强属地党委、政府与驻区中央单位的人才合作和融合发展，强化央地人才的互动交流，强化央地人才培养发现，强化央地人才的服务体系。以人才创新驱动引领高质量发展，营造东城区识才、爱才、敬才的良好人才发展环境，形成区域人才助力区域发展、区域发展反哺区域人才成长的良性互动。

二是依托人才公园建设优化人才服务体系。围绕北京高水平人才高地建设，把营造国际一流的人才发展环境作为长久之计，整合区域资源，发动社会力量，打造全市首个人才主题公园——东城国际人才公园。以人才公园建设为契机，充分发挥人才工作格局优势，依托原有绿地生态空间，改善环境、强化功能，将生态价值转化为社会价值、经济价值、生活价值。结合人才公园周边汇聚了永航科技、光线传媒、中能融合等众多高新技术企业的优势，突出“两区”建设特点，持续开展央地人才论坛、健身运动、主题展演、会客沙龙等系列人才活动，强化公园服务人才、集聚人才的功能，为人才提供交流平台和阵地。

三是探索人才助力对口帮扶新模式。探索深化京蒙协作新领域，打造人才助力区域发展的特色品牌。依托阿尔山市成立的“北京市东城区人才康养基地”，组织人才休假活动，重点将阿尔山市作为东城区长期的人才康养基地，每年集中专家人才前往康养。定制“北京市东城区人才康养卡”，向东城区高端人才和外籍人才实名发放，将阿尔山市10个景区、4个酒店和7个游乐项目等优质旅游资源纳入康养基地名单，拓展休假模式。结合康养安排，开展产业考察调研。通过人才康养基地成立、人才学术休假活动开展，专家人才深入了解阿尔山各方面发展情况，深入一线开展景城融合、生态文明、文旅产业等方面的考察调研，通过人才交流会、对接会等进行深入交流，促进技术、人员、资源等要素在对口帮扶地区充分涌动、精准匹配、高效对接，助力优质项目落地落实。

以重点产业空间为载体 推动产业组团式发展 加强核心区产业集聚

中共北京市东城区委副书记、区长　周金星

一、东城区产业发展现状及存在的问题

（一）发展水平稳定靠前，但“底座”需进一步夯实

近年来，东城区经济增速在城六区的排名经历了从末位到前列的跨越式发展，与全市平均水平也从紧密跟随实现了反转超越（见图1）。2022年度，东城区地区生产总值3437.1亿元，规模全市第4，增速全市第2，比“十三五”末增长17%，增速明显高于其他城区；人均地区生产总值48.7亿元/万人，为全市平均水平的2.6倍，位居全市第2；地均地区生产总值82.1亿元/平方千米，为全市平均水平的32倍，位居全市第2，主要发展指标稳定位于全市前列（见图2）。

但与此同时，产业“底座”不够厚实，总体抗风险能力较弱，不利于经济持续健康快速发展。一方面，标兵渐远、追兵渐超，增长疲软乏力的问题较为明显。地区生产总值与排位在前的西城区差距达2263亿元，占东城区自身规模的65.8%；财政收入与排位在后的顺义区差距仅为15.9亿元，比上一年度收窄8.4亿元。另一方面，腰部企业数量不足，尚未形成不同规模企业多层次支撑带动的格局。个别行业和领域存在支撑经济增长龙头企业“一家独大”的情况，其经营波动对关键指标的影响较大，如批发零售业龙头企业中海油国际贸易（北京）有限责任公司营业收入占全区行业收入总量约10%，因主营业务与国际能源价格波动挂钩，国际形势的复杂多变致使其营业收入成为影响东城区经济增速的重要不稳定因素；又如信息服务业龙头企业天翼云科技有限公司近两年固定资产投资占全区三成左右，全球芯片紧张局势迫使其投资计划不断变动，影响东城区固定资产投资任务的统筹推进。

（二）发展结构持续优化，但“名片”需进一步擦亮

近年来，东城区以文化为底色、金融为引擎、数字经济为动力的战略发展优势不断彰显，第三产业增加值

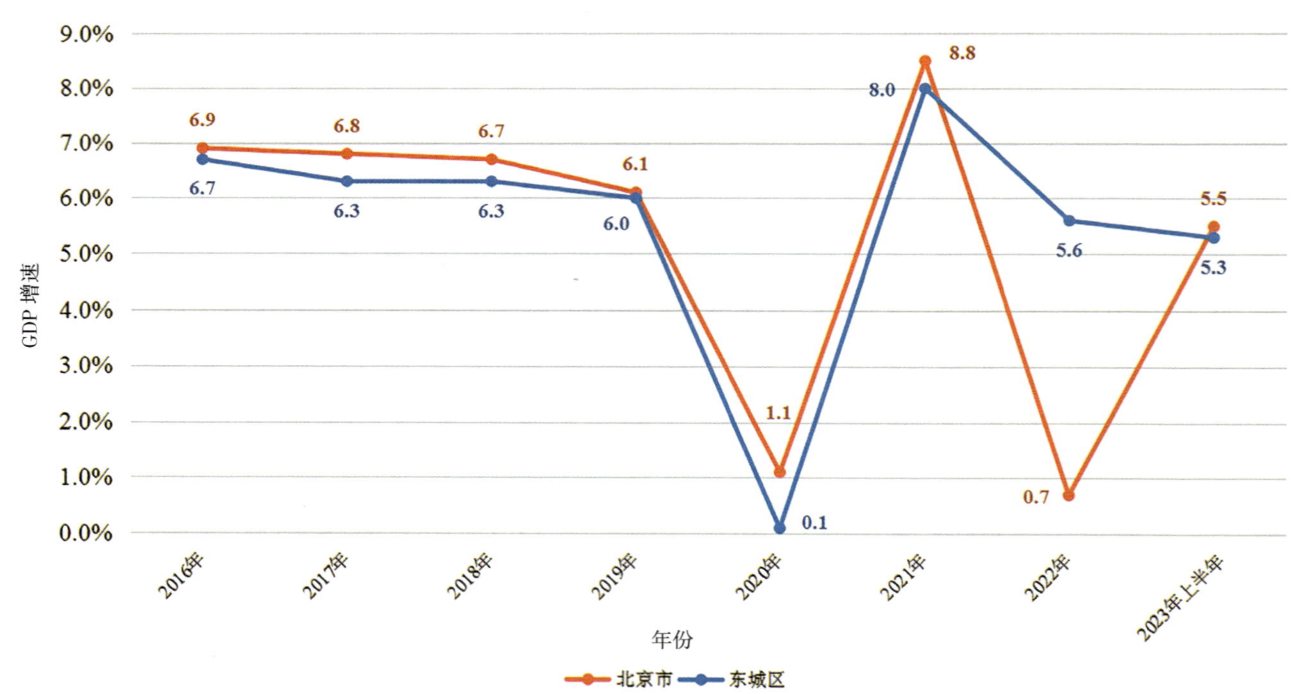

图1　2016—2023年上半年北京市及东城区GDP增速情况

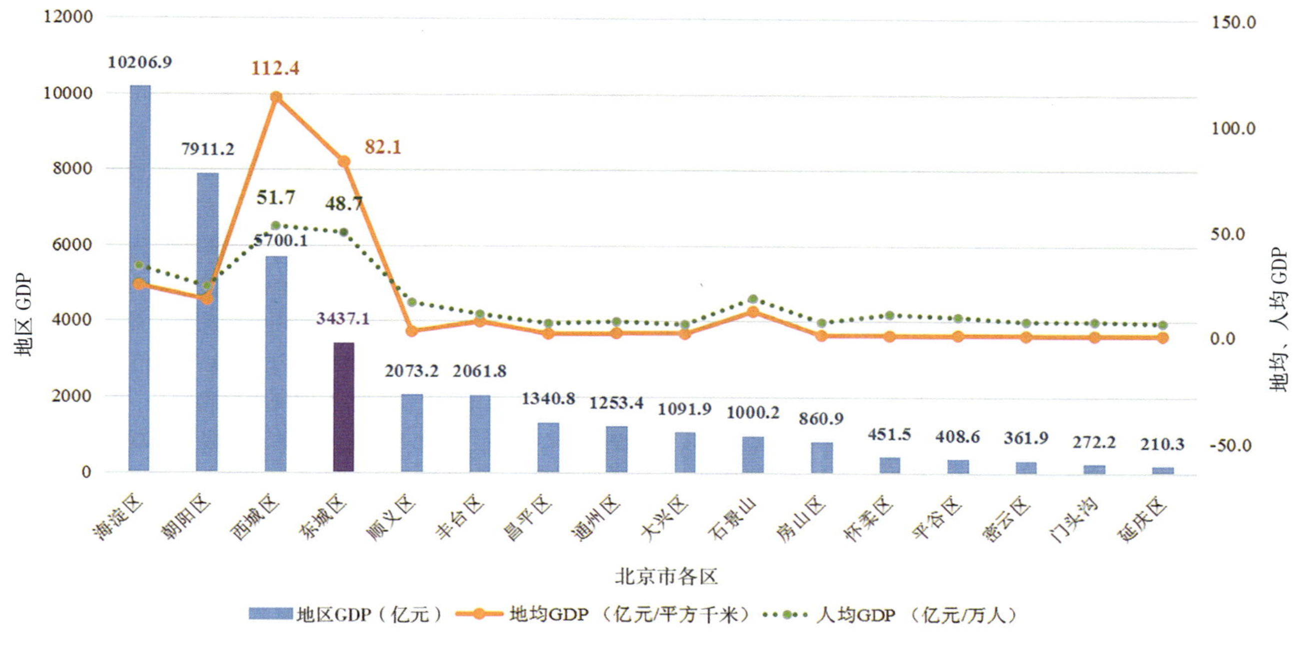

图 2　2022 年北京市各区 GDP 规模及人均、地均 GDP 情况

占全区经济总量的比重逐年上升，2022年度达到97.7%，稳居全市第1，高于全市平均水平13.8个百分点，符合首都核心区功能定位的要求。2022年度，支柱产业发展势头强劲（见表1），金融业增加值首次突破千亿规模实现1002.8亿元，占全区经济总量近30%；数字经济增加值实现1379.6亿元，占全区经济总量超40%，相较于“十三五”末增长16.4%；文化及相关产业累计实现收入1117.3亿元，地均营业收入全市第1。

表1　**2019—2022 年东城区主导产业增加值统计表**

分产业①	2019年		2020年		2021年		2022年	
	增加值（亿元）	占比（%）	增加值（亿元）	占比（%）	增加值（亿元）	占比（%）	增加值（亿元）	占比（%）
全区合计	2910.4	—	2937.0	—	3236.7	—	3437.1	—
金融业	770.0	26.5	894.0	30.4	956.5	29.6	1002.8	29.2
数字经济	1158.5	39.8	1185.0	40.3	1314.3	40.6	1379.6	40.1
文化及相关产业	264.9	9.1	244.1	8.3	260.6	8.0	259.7	7.6

① 2019—2021年均为最终核实数，2022年均为初步核算数；2019—2021年文化及相关产业数据为北京市统计局反馈数、2022年为自行测算数；数字经济均为北京市统计局反馈数。

但与此同时，产业“名片”不够靓丽，缺乏明显的主题特色，不利于打造吸附效应的良性生态。一方面，产业集聚度不高，缺少具备绝对优势的突出产业。西城区金融业，朝阳区租赁和商务服务业，海淀区信息传输、软件和信息技术服务业在全市相应行业中一骑绝尘，占全市比重分别为37.7%、42.5%、60.6%，东城区金融业，租赁和商务服务业，信息传输、软件和信息技术服务业占全市比重均在10%左右，尚未在全市产业体系中占据优势地位。另一方面，空间集聚度不高，尚未形成集中连片的特色产业集聚区。按照符合东城区重点产业方向的企业租用面积占楼宇商务办公面积80%以上称之为“特色楼宇”、单一重点产业企业租用面积占楼宇商务办公面积50%以上称之为“主题特色楼宇”的标准来衡量，东城区尚无楼宇成为真正意义上的“特色楼宇”和“主题特色楼宇”，更谈不上打造如西城金融街、朝阳CBD、海淀中关村等极具知名度的产业空间集群。

（三）发展路径不断明晰，但“载体”需进一步抓实

近年来，东城区紧密围绕楼宇经济做文章，梳理纳入经济工作的商务楼宇304栋，制订出台《东城区促进楼宇经济高质量发展的若干措施》《东城区商务楼宇评价指标体系》《东城区商务楼宇改造升级规范》等政策措施，打造“亿元楼宇”72栋，“十亿元楼宇”12栋，“五十亿元楼宇”2栋，商务楼宇内入驻企业2022年实现全口径税收609亿元，区级税收123亿元，占一般公共预算收入的67%，连续三年在中国楼宇经济论坛上获得“中国楼宇经济高质量发展标杆范例”“中国楼宇经济标杆城区30强”等荣誉称号。

但与此同时，产业“载体”不够稳固，缺乏高品质、高效率的产业空间，不利于资源统筹集约利用。一方面，老旧商务楼宇多，整栋空置少，竞争优势不强。八成以上的商务楼宇楼龄或距上一次大规模改造升级的时间超过十年，缺少能满足高品质金融机构和集团总部需求的大体量独立空置空间，核心位置空间租金价格相较空间品质而言不占优势。另一方面，东城区发展起步早，当时缺乏产业集聚的理念，致使各类产权主体的商务楼宇自由野蛮生长，以至于在现阶段写字楼市场竞争白热化的情况下，被迫固守“快速出租、填缺补空”的传统模式，难以实现从基础商务服务到产业服务的转变，参与推动楼宇经济发展的积极性不高。

二、东城区创新提出产业组团式发展的主要考虑

（一）产业组团式发展的出发点

一是紧扣核心区功能定位，积极推动高质量发展。党的二十大报告指出，高质量发展是全面建设社会主义现代化国家的首要任务。东城区作为首都核心区，区委区政府时刻牢记“看北京首先从政治上看”的要求，将促进东城区经济高质量发展作为重中之重，既精准把握北京城市总体规划和核心区控规关于“双控四降”的要求，又坚决落实市委市政府关于核心区经济高质量发展的指示精神，事不避难、积极作为，坚决扛起职责使命，积极推动首都功能核心区高质量发展。

二是立足核心区资源禀赋，积极推动特色化发展。习近平总书记指出，发展经济要立足资源禀赋、区位优势和产业基础。西城区金融业、朝阳区商务服务业、海淀区大信息产业不仅在全市相应行业国内生产总值上遥遥领先，同时还能做到产业定位与空间坐标相结合，打造出金融街、CBD、中关村等高辨识度的产业发展品牌。相较而言，东城区虽然没有超大规模的支柱产业，但却拥有首都核心区的金字招牌、丰富的中央政务资源、高水平的医疗教育配套、优质的营商环境“紫金服务”。同时，千亿级金融业有吸引力、央企总部集聚有影响力、南部地区产业洼地有承载力。区委区政府有信心也有决心，将核心区资源进行价值转化，以“金融+总部+科创”为主体范式，积极推动首都功能核心区特色化发展。

三是着眼核心区客观实际，积极推动创新化发展。习近平总书记指出，实施创新驱动发展战略，是立足全局、面向未来的重大战略，是破解经济发展深层次矛盾和问题、增强经济发展内生动力和活力的根本措施。东城区作为首都核心区，不适宜走大而全的产业链发展模式，布局分散的产业空间也不完全适宜走高度集中、强调规模经济效益和范围经济效益的产业集群发展模式。区委区政府经过多轮次调查研究，创新性提出以重点产业空间为载体，推动产业组团式发展，进而加强核心区产业集聚的思路，将组团打造为区域性磁力中心，以空间集中带动企业集聚、行业集聚、产业集聚，进而形成示范效应，积极推动首都功能核心区创新化发展。

（二）产业组团式发展的切入点

一是选定产业组团载体。依据空间内企业有一定集聚基础、空间软硬件品质较高、空间体量大有扩展或腾挪余地、空间运营机构配合度高等基本条件，全面梳理东城区产业空间资源并与空间运营机构逐一沟通，精选出3类8处重点空间作为首轮重点打造的产业组团载体：存量大体量高品质空间环贸中心、航星园、东方广场；新入市大体量高品质空间信达中心、永外城；具备一定认可度的特色街区东北二环、歌华大厦及周边、金宝街沿线。上述8处重点空间覆盖东北二环周边、长安街沿线以及南二环外永外地区，共有主要产业规上企业近700家，占全区主要产业规上企业数量的25.8%，年度全口径税收199亿元，占全区主要产业规上企业全口径税收的46.9%。

二是明确产业组团定位。按照围绕重点空间研究

中关村雍和航星科技园（东城园管委会提供）

产业细分发展方向的思路，全面查询梳理空间内企业的行业地位、主营业务、股权关系等信息，对同一空间内存在“龙头企业带动、高成长性企业跟随、主要相关企业依附”情形并且已经有一定微集聚基础的企业进行圈定，形成“易宣传、可培养、能发展”的产业组团，分级分类建立企业清单，将龙头企业主要战略领域作为组团的产业细分定位，再以此为基础明确重点空间的产业功能标识，创建出了一套产业组团“标识+领域+清单”的方法①，明确了产业组团发展方向、发展领域、发展对象。通过对8处重点空间近3000家企业进行研究分析，确定中关村金隅环贸科技商务区“人工智能+资产管理”、中关村航星数字科技产业集聚区“数智科技+数字文娱”、歌华青龙文化科技创新街区“数字传媒+新一代信息技术”、东直门交通枢纽经济功能区“新兴金融+数字科技”、东北二环总部经济集聚区“总部经济”、金宝街金融商务集聚区“国际金融+现代服务”、东方广场高端商务金融服务集聚区“高端商务服务+金融服务”、永外数字科技产业集聚区“数字科技+智能文化”8个产业组团。

三是建立产业组团机制。一方面，成立由区政府主要领导亲自负责、分管领导直接指挥的产业组团发展工作专班，相关行业主管单位和属地街道组成专班队伍，创建“团长制”并逐一明确每个组团的分管区领导和团长、副团长、成员单位，各单位细化至主管领导、责任科室和责任人，将空间载体运营机构纳入工作机制，统一安排部署、同心推动落实。另一方面，将通过打造8个产业组团促进经济高质量发展纳入区委区政府中心工作，在全区范围明确以狠抓招商引资为重点推动产业组团发展，由产业发展专班和财源建设专班协同调动各类资源要素向产业组团进行倾斜，引导全区招商引资形成凝聚力，同时建立健全常务副区长每月调度、专班办公室每周调度、团长单位随时报告进展等工作机制。此外，为了保障产业组团建设“不走偏、不走样、不走空”，专班办公室编制《东城区产业组团细分发展引导目录及引进标准》，对组团定义、重点方向、引导目录、参考标准等方面做出详细规定，从经济指标、外部评价、生态营造等方面明确引进龙头企业、高成长性企业、主要相关企业的参考标准，量化年度目标和重点任务，建立健全产业组团招商引资项目落地任务认定机制及项目清单化跟踪机制，精准促进产业组团开展力度更大、精度更高的招商引资工作，着力提高产业组团辨识度和贡献度。

三、东城区产业组团式发展已形成明显的阶段性成果

（一）坚决弘扬首都核心区使命价值，探索出了超大特大城市中心城区推动产业组团式高质量发展的新路径

长期以来，东城区经济发展受制于产业空间集聚性差、产业特色鲜明度弱、产业资源利用率低等因素，增长疲软乏力，主要经济指标的完成更多依靠区委区政府高频次的指挥调度，经济运行内生动力不足。产业组团式发展的思路提出以来，全区上下思想统一，步调一致，蹚出了一条既有别于重庆制造业产业链，又有别于上海服务业产业集群，同时符合北京首都核心区功能定位的超大特大城市中心城区发展产业可推广可复制的新路径，取得了明显的成效。

从产业贡献度看，组团“乘数效应”明显，已成为带动东城区经济发展的主要增长极。2023年，8个产业组团整体实现区级税收65.7亿元，占全区总量的三分之一，同比增长12.7%，高于一般公共预算收入增幅4.3个百分点。组团内成功打造区级税收亿元楼宇25座，占全区总量的73.5%。东北二环总部经济集聚区贡献了全区规上单位营业收入的90%，总部经济动能强劲。金宝街金融商务集聚区税收贡献同比增长超过30%，新增区级税收“亿元楼宇”1座，为组团做大做强起到重要拉动作用。东方广场高端商务金融服务集聚区规上企业数量居各组团之首，营业收入过万亿元，贡献全区高端商务和金融服务细分领域四分之一的税收。

从产业集聚度看，组团“虹吸效应”初显，已吸引主导产业目标企业接踵入驻。今年以来，8个产业组团新落地细分领域龙头企业、高成长性企业、主要相关企业111家，包括中汇人寿、民生加银基金、民生加银资管、人寿北分等知名金融机构，国网数科、煜邦电力、鹰瞳科技等一批科技龙头企业，产业标识更加鲜明。东北二环总

① 标识即对每个重点空间赋予简洁明确的产业功能标识，领域即在每个重点空间内圈定1~2个产业组团并明确重点发展方向，清单即指支撑产业组团的龙头企业、高成长性企业、主要相关企业清单以及促进产业组团式发展的工作措施清单等。

部经济集聚区央企新板块陆续落地，国能集团、人保集团、华润集团、电信集团等多家央企均在东城区新设立至少2家以上分子公司，年内新增总部型企业或组团内总部型企业在区新设立新引进分子公司30余家，极大地充实了东城区以央企为主力军的经济活力。

从产业创新度看，组团“叠加效应”显著，科技创新资源相互共享带来“1+1>2”的效果。组团内拥有国家企业技术中心6家，国家级科技企业孵化器2家，国家级众创空间1家，市级众创空间3家，北京市创业孵化示范基地2家，北京市版权保护示范基地1家，国家高新技术企业83家，“专精特新”企业45家，“专精特新”小巨人企业6家。科技创新资源丰富，1—11月大中型重点企业研发费投入规模65.6亿元，增速16.7%，位居城六区第一，高出全市平均水平12.1个百分点。

（二）坚决落实非首都功能疏解要求，探索出了低效空间转型升级发展产业的新路径

核心区低效空间转型发展产业，既可以疏解非首都功能推动城市有机更新，又能够为优质主导产业有效扩充更多承载空间。在推动产业组团建设过程中，区委区政府积极做好“疏解整治促提升”专项行动后半篇文章，坚定落实北京城市总体规划、首都核心区控规和京津冀协同发展战略，在从聚集资源求增长转向疏解非首都功能谋发展的同时，围绕“扩展产业空间、引导产业集聚、塑造产业标识”，为疏解腾退空间谋划全新的产业发展路径。将产业组团内低效空间作为组团建设的重要抓手，全面梳理烂尾项目、低效楼宇、老旧厂房等空间，明确6个重点项目，建筑面积近百万平方米，积极推动东直门交通枢纽、永外城、航星园106厂房蝶变转型升级，探索出了低效空间转型升级助力产业高质量发展的新路径。

（三）坚决落实首都金融高质量发展要求，探索出了“腾笼换鸟”引金融金丝雀的新路径

虽然金融业是东城区的支柱产业，但尚未形成社会层面广泛认可的东城特色金融集聚区。区委区政府认真贯彻落实尹力书记关于“高水平建设金融功能区”的指示要求，基于金宝街拥有高端商务配套资源和一定的金融机构集聚基础，谋划打造金宝街金融商务集聚区“国际金融+现代服务”产业组团，积极协助重点空间腾退低效企业，精准引进锋裕汇理投资板块和基金板块、民生加银资产板块和基金板块等。同时积极协调中汇人寿落地金宝街52号，探索出了在区委区政府主导下将区属办公用房“腾笼换鸟”引进低密度、高贡献的金融金丝雀的新路径。

（四）坚决落实构建现代化产业体系要求，探索出了“科技回归都市”的新路径

为加快构建现代化产业体系，促进现代服务业与先进制造业融合发展，做强做优战略性新兴产业，前瞻谋划未来产业布局，大力推进全球数字经济标杆城市建设，区委区政府深入学习借鉴纽约从熨斗大楼起步串联蔓延成一条城市科创带的“硅巷”模式，将信息服务业相对集聚的青龙街区确定为歌华青龙文化科技创新街区“数字传媒+新一代信息技术”产业组团，依托街区内重点区域平房更新、新入市地块建设、楼宇空间资源整合等方式，力争用3年时间建设成为兼具古都魅力与产业活力的“硅巷”。有效推动首都核心区数字经济蓬勃发展，探索出了在城市更新中拥抱“科技回归都市”的新路径。

（五）坚决落实优化营商环境要求，探索出了首都核心区服务产业发展的新路径

提升产业发展硬环境，为产业组团建设打造“强根基”。一方面，全方位推动产业组团基础设施硬件的配套升级，提升区域整体品质。积极推动环贸中心与地铁12号线地铁站连通工程，提升产业组团交通便利度；定期开展环贸中心东侧道路违章停车整治，营造清洁有序发展环境；开展永外地区综合治理，美化中轴线周边绿化景观，优化交通路线，全面提升宜居宜业水平；成立东直门区域环境一体化提升工程专班，推动南侧文化广场、枢纽红线内外一体化提升，加强枢纽周边交通综合治理。另一方面，系统打造助力产业发展平台，凝聚产业发展合力。以新一轮国有企业改革深化提升行动为契机，打造东城区特色“1+N”国有经济新布局，以国资运营平台为主，配套文商旅体、城市更新、城市管理、科创服务等多个功能型平台，全面助力产业组团建设发展。成立东城区金融业发展联盟、人工智能产业联盟、元宇宙产业联盟、高新技术企业协会、产业新生态企业家沙龙等产业促进平台组织，助力重点产业细分领域企业对接上下游资源，促进政策、资源、信息共享，形成要素齐全、开放协同的良好生态，推动产业集聚和高质量发展。

优化产业发展软环境，为产业组团建设打造“强磁场”。一方面，树立企业服务“金招牌”。连续6年营商环境评价位于全市前列，“紫金服务”为产业组团发展打通精准、精细、精心服务的最后一公里。推出《产业发展全要素政策服务包》，8类41个支持领域167条政策措施保障产业项目精准落地。全市首个产业组团联合党委落地航星园，“红色引擎”促进党建与产业双融合。在全市率先实现“证照联办+一照多址”叠加办理，“一业一证”发放行业个数、案例数量均居全市首位。以“故宫以东·政企会客厅”为引领，召开优化营商环境推动经济高质量发展大会，“紫金健康”“紫金荣耀”“紫金引凤”等品牌为产业项目落地释放吸引力，构建起首都核心区营商环境新高地。另一方面，送上人才服务“大礼包”。建设国际人才全流程服务体系，在外籍业务、人才引进、人才住房、子女教育等方面持续发力。首创“四巷”专项人才引进政策支持产业发展，人才引进数量实现翻番。打造“一寓三房”人才住房体系，推动区属低效住宿业项目转型升级为人才公寓，为产业组团建设提供更多人才服务保障。

四、东城区产业组团式发展存在的问题

（一）建设步伐需进一步协调均衡

各产业组团在空间形态、产业基础、细分领域等方面均不相同，起步之初所面临的难度都相当大，在区领导高频调度、各部门协同发力下，东直门交通枢纽组团、金宝街组团、航星园组团、永外组团等均取得了突破性成果，但个别组团的成效乏善可陈，缺乏细分领域的大企业好企业，空置率不降反升，各组团建设均衡还需进一步加强。

（二）空间资源需进一步挖掘利用

以街区和片区形式存在的产业组团内，不同形态的产业空间梳理研究不充分，对于低效空间的改造升级和辐射带动作用不足，部分可以作为产业发展重要发力点的产业园区、老旧厂房等空间尚未释放活力。产业组团内部分重点空间存在“壳”在“芯”不在的现象，一定程度上拉低了产业组团的产出效益。例如，东北二环产业组团内荷华明城大厦，建筑面积约13万平方米，入驻企业140家，其中异地注册、纳税、纳统企业56家，在地纳税的86家企业税收贡献也不高，2023年区级税收2783万元，其中1329万元为大厦自身房产税及租金收入纳税。

（三）各类主体需进一步同向发力

产业组团建设以来，各综合经济部门围绕产业组团同心同向同发力，“全区一盘棋”推进产业组团建设，形成了较好的工作合力。但是受长期以来缺乏整体统筹、自行野蛮生长的发展方式和行为逻辑影响，以及生存运转、市场竞争、业绩考核等多重压力，产业组团内部分重点空间产权方、运营方以及目标企业对运用产业组团式发展的理念开展招商配合意愿不高，加之疫情过后写字楼市场持续低迷，目前还处于重眼前轻长远的困境，被迫固守“快速出租、填缺补空”的传统模式，政府与产业组团各类主体之间的同向发力不够，尚未形成促进产业组团做大做优做强的强大合力。

（四）宣传推介需进一步提升能级

自今年年初产业组团式发展的思路提出以来，积极引导产业组团宣传推介，但目前宣传主体还比较单一，宣传渠道较窄，宣传力度不足，宣传能级不够，效果不佳，没有充分挖掘各方资源、平台和渠道。宣传类型不够丰富，尚未充分利用视频、多媒体等形式，以企业视角的、深入人心的案例宣传不多，尚未形成浓厚的宣传舆论氛围。

五、推动产业组团式发展的下一步工作思路

进一步深入贯彻党的二十大关于经济高质量发展取得新突破的目标任务，牢固树立首都核心区产业高质量发展意识，严格落实北京城市新总规和核心区控规要求，坚持目标导向和问题导向，围绕规模做大、机制做优、项目做精、政策做细、服务做深五方面系统化、全方位发力，坚定不移推动东城特色产业组团式发展。

（一）进一步做大规模，激发产业组团内核动力

一是明确建设目标。到2024年年底，培育一批科创企业、引进一批龙头企业，8个产业组团实现整体营业收入、税收贡献双增长10%以上。到“十四五”末，基本形成品牌鲜明、创新驱动、开放共融的东城特色产业组团式发展新模式。到“十五五”末，将产业组团打造成为社会面高度认可的东城产业发展主阵地。二是狠抓招商引资。围绕产业组团细分定位，持续用力、久久为功，以推动产业组团“看得见、摸得着、说得出”为原则，瞄准细分领域龙头企业、高成长性企业、主要相关企业，将长三角、珠三角先进发达地区作为目标，开展“走出去”精准招商。三是不断拓展组团。持续优化产业空间布局，从具备产业空间基础和产业集聚优势的角度不断挖掘产业微聚焦点，拓展组团范围，梯次培育产业组团，持续做大产业功能区。

4月24日，2023年“东城区优化营商环境 推动经济高质量发展大会”上，2022年度高质量发展特别贡献企业代表上台接受区领导颁奖（区融媒体中心提供）

（二）进一步做优机制，提升产业组团发展合力

一是优化“团长制”。根据工作实际调整“团长”单位，充分发挥属地街道在产业组团建设中的作用。将产业组团专班中原由各单位组成的工作队伍细化到具体工作人员，形成产业组团建设专员队伍，统一部署任务、学习培训、调度进展、沟通情况，进一步促进产业组团提质增效。二是建立激励措施。坚持形成年度任务清单，将工作

开展情况、配合情况、完成情况纳入区政府绩效管理。每月制发简报通报产业组团建设成效及存在的问题，报区委区政府主要领导审阅。三是做优专业服务。充分发挥行政资源专业化服务在产业组团建设中的保障和支撑作用，为产业组团配备专业服务员，加强对产业组团内企业的服务力度。以产业布局谋划人才格局，以产业组团承载人才引育，进一步集聚高精尖产业专项人才，为产业高质量发展构建人才保障环境。

（三）进一步做精项目，释放产业组团空间效能

一是聚焦龙头企业。强化目标企业跟踪服务，理清股权关系和业务架构，紧盯企业投资动向，针对产业组团内龙头企业定期开展走访座谈，确保符合主导产业方向的战略新板块、经营中心、结算中心、利润中心等功能性机构落地产业组团内。二是紧盯新建扩建。对产业组团内新建扩建的大体量、有影响力、贡献度高的重点项目全力攻坚，推动永外组团宝华里、彭庄、西革新里等地块尽快入市，加快歌华青龙组团东城数字科技大厦等在建项目建设，推动金宝街组团隆福寺二期、东直门组团信达中心商业部分如期开业。三是抓好提质增效。推动航星园组团106厂改造升级，整合金隅环贸中心E座、京投快轨大厦等空间资源，打造科技企业标杆孵化器，鼓励永外组团万朋、盛购商城等空间研究改造方案。

（四）进一步做细措施，强化产业组团精准施策

一是围绕发展特性分类施策。聚焦各组团产业发展阶段及细分领域特性进行深入分析研究，针对金融、总部、数字经济等不同领域的企业、行业、产业制定针对性服务措施。二是围绕空间形态分类施策。针对金隅环贸、东方广场等大体量建成楼宇，重点推动产业组团系统性开展腾笼换鸟；针对信达中心等新入市楼宇，重点推进细分领域龙头企业入驻；针对永外等片区式空间，重点推进各类产业空间升级和龙头企业引进。三是围绕同心发力分类施策。针对重点空间产权方、运营方以及目标企业，以企业需求为发力点，采取更加务实的方式倾听产业组团运营机构的意见建议，俯下身、沉下心、扎下根，真心实意寻求与运营主体、入驻企业的合作互动，激发推动产业发展的内生动力，实现发展产业的融合点从政府能给什么到产业需要什么的转变。

（五）进一步做深服务，增强产业组团发展黏性

一是优化生态体系。构建“龙头企业+孵化平台+产业联盟+紫金服务”为一体的产业组团生态体系，大力促进组团内部企业融合发展、创新孵化培育、产业协作配套、资源高效集成，实现产业组团细分领域大企业有影响力、小企业有爆发力、企业间有协同力、管家团有推动力。二是强化资源统筹。问需于团、问计于企，按照“一团一策”“一企一策”定制服务措施，综合运用政策、人才、场景、服务等一揽子措施，全面共享丰富的中央政务资源、底蕴深厚的文化资源、历史悠久的商业资源及核心区优质宜居资源，更大力度引入龙头企业、培育高成长性企业、吸引主要相关企业。三是加强宣传推介。统筹做好全年宣传计划，按照宣传点重要程度分级分类在央媒市媒区媒加大力度进行推介，创新推介内容和方式，用业内喜闻乐见的形式通过新媒体平台进行传播扩散；积极动员产业组团重点空间运营机构同频共振，充分发挥自身资源、渠道、平台优势，提高产业组团影响力和美誉度。

大事记

隆福文化中心（区融媒体中心提供）

大事记

1月

3—6日 中国人民政治协商会议北京市东城区第十五届委员会第二次会议召开。

4—6日 北京市东城区第十七届人民代表大会第三次会议召开。区委副书记、区长周金星代表区政府作工作报告。会议审议《东城区2022年国民经济和社会发展计划执行情况与2023年国民经济和社会发展计划草案的报告》《东城区2022年预算执行情况和2023年预算草案的报告》。

5日 历史建筑挂牌保护工作启动，涉及全区12个街道共309处。

10日 全区“以案为鉴、以案促改”警示教育大会召开。

10—19日 孙新军等区领导分别开展春节前走访慰问专家人才和困难党员等活动。

13日 景山三眼井片区保护性修缮和恢复性修建工程第一标段（片区“启动区”）启动招标。

15日 第十五届北京中医药文化宣传周暨第十四届地坛中医药健康文化节在国子监开幕。

19日 北京市委书记尹力到东城区走访慰问基层老党员和生活困难党员。

20日 全区领导干部大会召开，传达市两会精神、市纪委十三届二次全会精神，部署春节期间全区城市运行保障、安全生产、应急值守等工作。

21日 尹力到龙潭公园检查节日期间公园疫情防控、游客组织、安全管理等工作。

同日 北京市委副书记、市长殷勇检查东城区城市运行安全工作。

29日 尹力到东城区检查全面从严治党（党建）工作并主持召开现场督查会。

同日 国家话剧院高层住宅楼项目征收工作启动。

30日 东城区召开推进全国文化中心建设领导小组会议。

1月 东城区获评全国法治政府建设示范区。

1月 《东城区促进中小企业创新发展的若干措施》出台。

2月

1日 区政府召开全体会议，对加强区政府自身建设、做好2023年政府重点工作进行部署。

3日 东城区2022年度党（工）委书记抓基层党建述职评议会召开。

6日 尹力参加并指导区委常委班子2022年度民主生活会。

7日 区处级领导干部学习贯彻党的二十大精神集中轮训开班。

10日 中共北京市东城区第十三届纪律检查委员会第三次全体会议召开。

同日 东城区深化全国文明城区创建工作推进会暨争创全国文明典范城区动员部署大会召开。

14日 东城区2023年度征兵工作会议召开。

同日 全区首家园区政务服务站——东雍创业谷园区服务站揭牌启用。

15日 东城区与首钢集团战略合作协议签约仪式举行。

20日 北京市学习宣传贯彻党的二十大精神“起航新征程”百姓宣讲市级示范团首场报告会在东城区举办。

28日 “2023全国消费促进月暨京津冀消费季”活动在前门大街正式启动。

3月

1日 “把雷锋精神代代传承下去——纪念毛泽东等老一辈革命家为雷锋同志题词六十周年”活动在王府井步行街举办。

3日 2023年东城区党建工作会召开。

同日 东城区纪念三八国际妇女节113周年暨最美家庭宣讲动活动举办。

同日 区不动产登记中心完成全区首例“掌上办”补证登记业务。

7日 东城区召开“大城善治·四合一家——矛调一体化模式”市域社会治理创新暨推进全国市域社会治理现

代化试点验收工作会议。

8日　孙新军等区领导与天津市和平区党政代表团座谈。

10日　东城区2023年生态文明暨环境建设工作会议召开。

14日　孙新军等区领导与房山区党政代表团交流座谈。

同日　东华门大街环境整治提升工作启动会召开。

同日　全区首家特色商业街区商会“消费维权工作站”在南锣鼓巷地区成立。

17日　2023年全区财源建设工作会召开。

20日　东城区国防动员体制改革工作调度会召开。

21日　东城区“两区”建设领导小组全体会召开，审议通过《2023年度东城区“两区”建设实施方案》。

26日　国家话剧院高层住宅楼项目正式启动签约，当日签约率达93.5%。

28日　“向你致‘敬’——感动东城”道德模范颁奖典礼举办。

29日　区委平安东城建设领导小组2023年全体（扩大）会议召开。

同日　市第十六届运动会东城区代表团总结表彰大会召开。

31日　柳荫公园第十三届柳文化节开幕。

4月

1日　区级领导班子成员与驻区中央党政军群机关代表及有关人士200余人在南中轴路（珠市口大街—永安路）道路工程北段参加区第39个首都全民义务植树日活动。

6日　区精神文明建设工作暨背街小巷环境精细化治理动员部署大会召开。

11日　核心区最大棚户区改造项目——望坛棚改项目回迁工作正式启动。

14日　区“4·15”全民国家安全教育日主场宣传活动在王府井步行街举办。

19日　区首批演艺新空间授牌仪式在隆福大厦举行。

20日　区人大常委会召开“十四五”规划中期评估和专题调研动员部署会。

21日　区“唱响劳动之歌　弘扬工匠精神”五一国际劳动节表彰暨文艺演出活动举办。

22日　“潮起国风·悦享前门”前门国风节启动。

23日　“北京国际电影节·第30届大学生电影节”在时间博物馆开幕。

24日　尹力到东城区调研中轴线申遗保护工作。

同日　2023年东城区优化营商环境、推动经济高质量发展大会召开。

27日　2022“故宫以东”完美世界文创校园设计大赛收官。

28日　“放飞梦想　逐梦而行”——2023年东城区中学生庆祝五四青年节主题教育活动在区少年宫举行。

29日　尹力等市领导到北京站、前门地区检查假日安全生产和各项服务保障工作。

30日　殷勇到前门地区检查节日安全生产和服务保障工作。

5月

5日　东城区2022年度“四个服务”工作领导小组会召开。

同日　《东城区加快元宇宙产业高质量发展行动计划》发布暨区元宇宙产业联盟成立大会举行。

6日　2023年区社会建设领导小组全体会议暨社会建设和民政工作会议召开，审议通过《东城区社会建设工作领导小组成员单位社会建设工作基本职责》。

7日　“故宫以东——文商明珠”驻华使节感知北京东城行活动在隆福文化中心举办。

9日　孙新军主持召开区推进京津冀协同发展领导小组会。

13日　北京古观象台南院滞留居民清退及违建拆除工作全面完成。

16日　国家广播电视总局五八二台家属区项目正式启动协议腾退签约。

17日　全国市域社会治理现代化试点市验收组来东城区验收市域社会治理现代化试点工作。

19日　区政协召开“提升养老服务品质 打造幸福宜居东城”专题议政会。

20日　孙新军调研中轴线申遗及核心区平房院落整治利用工作。

同日　东城区第五届“社区邻里节”启动仪式在安定门街道大都美术馆举行。

22日　《东城区焕发会馆文化活力伙伴计划》发布仪式在颜料会馆举办。

24日　国家话剧院高层住宅楼项目100%完成签约工作。

26日　“故宫以东 融·艺术季”启动仪式举行。

同日　东城区主办的2023中关村论坛中国北欧数字医学全球创新论坛举办。

29日　首届东城区高质量发展青年论坛举办。

31日　东城区“少年心向党　扬帆梦起航——我们

共同成长”庆祝六一国际儿童节主题活动举办。

6月

1日 东城区自建房安全专项整治工作动员推进会召开。

6日 东城区创建全国无障碍建设示范城市动员部署会召开。

7日 东城区与西城区首次以“异地互查”形式开展安全生产执法检查。

11日 东城区直属机关2023年运动会在地坛体育中心举行。

14日 东城区双拥工作领导小组会暨争创“九连冠”考评攻坚动员部署会召开。

15日 东城区政协“紫金协商议事厅”优化营商环境活动暨工商联界别文化产业政企协商会召开。

同日 “学典型找差距促提升——北京接诉即办基层经验月度分享活动”在前门街道举办。

17日 殷勇围绕“深入学习贯彻习近平新时代中国特色社会主义思想，推动新时代首都核心区建设迈上新台阶”到东城区调研。

20日 北京市第二生态环境保护督察组督察东城区工作动员会召开。

同日 国家广播电视总局五八二台家属区腾退项目涉及21户居民全部完成搬家交房及选房工作。

同日 天坛医院旧址拆除任务全面完成。

21日 全区首家街道“普法驿站”在朝阳门街道揭牌。

25日 核心区首例高精尖产业用地协议出让和“交地即交证”工作完成。

26日 “金耀·东承”2023年东城区老字号嘉年华活动启动。

27日 东城区直属机关庆祝中国共产党成立102周年“学思践悟二十大 谱写东城新篇章”主题宣讲活动举办。

29日 金隅龙顺成文化创意产业园正式开园亮相。

同日 东城区首届“紫金杯”唱响新时代庆“七一”合唱比赛在中山音乐堂举办。

30日 东城区庆祝中国共产党成立102周年座谈会召开。

7月

3日 区安全生产委员会召开全体会议，总结上半年工作情况，部署下半年重点工作。

4日 东城区全面从严治党专题党建工作领导小组会召开。

5日 全区171处存在安全隐患的经营性自建房隐患销号和区级复核工作提前完成。

7日 东城区史家胡同小学等3所学校与雄安新区管委会委托办学协议签订仪式举行。

14日 天安门观礼台历史建筑挂牌保护工作完成。

15日 全市首个校外教育戏剧课程工作室落户区少年宫。

20日 摩根士丹利期货（中国）有限公司在东城区完成工商注册。

24日 孙新军、周金星出席十六区“一把手”谈北京市贯彻落实党的二十大精神系列主题新闻发布会东城区专场活动。

同日 周金星部署全区违规电动三、四轮车整治工作。

26日 中国共产党北京市东城区第十三届委员会第六次全体会议召开，孙新军代表区委常委会作工作报告，会议审议通过《中国共产党北京市东城区第十三届委员会第六次全体会议决议》。

29日 殷勇督导检查东城区有关点位防汛工作。

7月 宏恩观修缮基本完工。

8月

3—5日 东城区党政代表团到湖北省十堰市郧阳区调研南水北调对口协作工作。

5日 国家广播电视总局五八二台家属区项目完成房屋拆除。

8日 东城区全民健身中心开业暨“8·8全民健身日”系列活动启动仪式举办。

9日 东城区党政代表团到房山区开展结对帮扶对接工作。

10日 东城区与中国医学科学院北京协和医学院签署战略合作框架协议。

18日 崇文门外街道2023“崇文喜市”啤酒文化生活节启动。

24日 东城区教委与房山区教委教育合作框架协议签约仪式举行。

28日 2023东城文化月启动仪式暨第九届北京孔庙国子监国学文化节开幕式举办。

同日 全市首个国家级公证服务社会管理和公共服务标准化试点——北京市东方公证处“公证服务标准化试点”在东城区正式启动。

29日 东直门区域环境设施一体化提升工程——南

侧文化广场改造项目工程启动会召开。

同日　东城区全面从严治党警示教育基地正式建成开馆。

8月　东城代表团在北京市第十一届民族传统体育运动会上获12枚金牌、29枚奖牌，同时获优秀组织奖。

8月　王府井商业街区、隆福寺文化休闲街区入选第二批北京市旅游休闲街区。

9月

1日　北京市首对SEO质量基础设施“一站式”服务站在东城区揭牌。

同日　全区首个大型活动“一件事”集成办事场景成功落地。

同日　雄安史家胡同小学揭牌仪式暨开学典礼举行。

同日　东单体育中心重装开业。

8日　“我与地坛”北京书市开幕式在地坛公园举办。

同日　第二届景山文化戏剧展演季开幕。

11日　孙新军主持召开区委学习贯彻习近平新时代中国特色社会主义思想主题教育领导小组第一次会议。

12日　东城区学习贯彻习近平新时代中国特色社会主义思想主题教育部署会召开。市委主题教育第一巡回督导组组长桂生等领导参加，孙新军主持会议并作动员部署。

13日　孙新军参加区级领导班子学习贯彻习近平新时代中国特色社会主义思想主题教育读书班开班仪式并作开班动员。

14日　2023北京文化论坛在东城区开幕，国家主席习近平向论坛致贺信。中共中央政治局常委、中央书记处书记蔡奇出席开幕式并致辞，中共中央政治局委员、北京市委书记尹力，区领导孙新军等参加。

15日　2024春夏北京时装周在前门大街开幕。

16日　2023年“故宫以东 融·艺术季”政企会客厅专场活动举办。

20日　朝阳门南北小街、朝阜路（东城段）区域环境整治提升工作启动会召开。

同日　2023年北京国际设计周“设计之旅”朝阳门分会场开幕仪式在雪莲亮点文创园举办。

22日　周金星主持召开区国防动员委员会第一次全体会议。

同日　2024春夏北京时装周“时尚美学之夜”闭幕式在王府井大街举行。

25日　“同心聚力 重建家园”东城区援建大安山村重建家园开工仪式暨“文明家园 你我共建”房山区新时代文明实践活动在房山区大安山村举行。

27日　第二届北京城市更新论坛暨首届北京城市更新周东城区分论坛在禄米仓新视听产业园开幕。

30日　区2023年烈士公祭仪式在北京汇文中学彭雪枫烈士纪念雕像前举行。

9月　东城区国家级服务业标准化试点项目——北京诚和敬驿站养老服务标准化试点通过国家市场监管总局考核评估。

9月　全市首个以“人才”命名的主题公园——东城国际人才公园全新亮相。

10月

10日　东城区与俄罗斯莫斯科市中央区结好15周年纪念活动暨中俄交流研讨圆桌会举行。

16日　皇城景山街区申请式退租三期项目正式启动。

20日　第十六届北京中医药文化宣传周暨第十五届地坛中医药健康文化节开幕。

同日　2023北京古建音乐季在天坛神乐署开幕。

23日　东城区2023年敬老月暨重阳节为老服务公益活动启动仪式在区养老服务指导中心举行。

24日　尹力到东城区调研并指导开展第二批学习贯彻习近平新时代中国特色社会主义思想主题教育工作。

25日　“坚守‘红楼初心’树牢‘红墙意识’”“银巷”高质量发展专题培训班开班仪式。

27日　区委常委会围绕“深入学习贯彻习近平新时代中国特色社会主义思想，加强东城区红色文化资源挖掘宣传利用研究”开展集体调研。

10月　华润集团下属润嘉物业管理（北京）有限公司落户东城区。

11月

1日　东城区历史文化传承创新发展计划发布会举办。

2日　区政府党组围绕“深入学习贯彻习近平新时代中国特色社会主义思想，深化国企改革、推动产业组团式发展、加强核心区产业集聚”开展集体调研。

10日　“助推国防建设 传播红领巾声音”东城区中小学“国动之声”红领巾科技志愿服务活动启动会召开。

16日　东城区创建首批“全国守法普法示范市（县、区）”动员部署会召开。

25日　皇城景山街区申请式退租三期项目退租签约启动。

27日　东城区“以案为鉴、以案促改”警示教育大会召开。

29日　东城区涉军法律服务中心暨东城区军人军属法律援助工作站揭牌仪式举行。

同日 以“戏悦东城——与戏剧共生与城市共美”为主题的“大戏东望·2023全国话剧展演季”开幕。

11月 南中轴路周边棚户区改造项目拆除清理工作完成。

12月

4日 全区宣传思想文化工作会议召开。

7日 万物生长——2023“故宫以东”共创大会举办。

12月7日，东城区举办“万物生长——2023‘故宫以东’共创大会”（张传东摄）

15日 “紫金健康”中医药高质量发展大会——东城区“杏巷”工程建设推进会暨全国中医药科技成果转化直通车、同仁堂乡村振兴基地建设启动会举办。

20日 区政务服务中心金隅环贸中心服务站落成。

21日 区委区政府与清华大学五道口金融学院联合主办2023中国文化金融峰会。

同日 东城区人工智能产业大会召开，发布《东城区加快人工智能产业高质量发展行动计划（2024—2026）》。

22日 中国共产党北京市东城区第十三届委员会第七次全体会议召开，周金星传达市委十三届四次全会精神，孙新军代表区委常委会作工作报告并就区委常委会抓党建工作情况作书面报告。

同日 周金星调度东单北大街热力管道泄漏应急处置工作。

25日 “2023年簋街四季·沸腾火锅节”促消费活动正式启动。

26日 “查实新时代家底，服务高质量发展”东城区第五次全国经济普查宣传月暨2023年区政府统计开放日主题活动举办。

27日 “大戏东望·2023全国话剧展演季”戏剧高峰对话举办。

29日 东城区2024年接诉即办工作部署会召开。

30日 尹力到东城区检查安全生产和城市运行保障工作。

12月 东城区入选首批国家文化与金融合作示范区，为北京市唯一上榜单位。

12月 天坛周边简易楼腾退安置三期房源启动交房。

中国共产党北京市东城区委员会

12 月 22 日，中国共产党北京市东城区第十三届委员会第七次全体会议召开（张传东摄）

综　述

2023年，东城区以习近平新时代中国特色社会主义思想为指导，认真贯彻落实党的二十大精神，坚决执行中央和市委决策部署，全速推进“崇文争先”、全力做实“六字文章”，以首善标准推进中国式现代化建设东城实践走深走实，各方面工作稳步前行。全年召开区委全会2次；区委常委会会议40次，审议议题241项；区委书记专题会议13次，研究议题16项；区委常委扩大会议9次；区领导干部大会8次；月度工作点评会10次。

持续提升“四个服务”水平。坚持把全力服务保障首都功能作为核心区工作的全部要义，全面强化政务服务保障功能。完成全国两会、“一带一路”高峰论坛等重要活动服务保障。提升长安街南北一公里纵深环境品质，改善协和医院、北京站等重点地区周边秩序。健全央地联动机制，推动央地议事交流常态化，接件答复率100%，“四个服务”满意度调查综合考评成绩居城六区第一。丰富央地协作载体，核心区使命价值持续释放。坚持底线思维，以政治安全为根本，筑牢反渗透、反恐防暴安全屏障，坚决维护意识形态领域安全，维护民族宗教领域和谐稳定，推动常态化扫黑除恶斗争走深走实。矛盾纠纷“梯次递进、一体调处”工作法获全国新时代“枫桥经验”先进典型，在“平安北京”建设考核及“全国市域社会治理现代化试点”验收中均位居全市第一。在全市率先构建全生命周期网络安全和数据安全风险防护体系。全面开展安全生产和火灾隐患大排查大整治专项行动，妥善应对北京“23·7”特大暴雨等极端天气。落实“京廊合作协议”，雄安史家胡同小学顺利开学，京津冀179项政务服务事项实现“同事同标、跨省通办”。助力房山区灾后重建，捐赠款物超2000万元。争创全国双拥模范城“九连冠”，国防动员体系建设取得新成效。

以新发展理念引领高质量发展。全年地区生产总值同比增长5%左右，区级一般公共预算收入历史上首次突破200亿元关口，同比增长8.4%，经济抗风险能力显著增强。坚持以文化为底色、以金融为引擎、以数字经济为引领，引入中汇人寿等细分领域龙头企业。文化产业地均产值在全市领先，获评全国首批国家文化与金融合作示范区。研究出台国有企业改革深化提升行动实施方案，战略性重组国资公司，城市公共资源运营、文商旅体融合发展、城市更新等平台公司矩阵初具规模，国资监管体系不断健全。重大项目稳步推进，45个市区重点工程项目加快建设。开展南部地区产业发展规划。升级“东城消费季”品牌IP，聚力打造新消费品牌孵化地。13家文化企业入选2023年度北京文化消费品牌榜。优化营商环境，出台6.0版营商环境改革工作方案，156项任务全部落实。推进数字政务建设，在全市率先实现“证照联办+一照多址”叠加办理。

文化东城建设获佳绩。北京文化论坛提级升格为国家级、国际性论坛并永久落户东城。攻坚完成中轴线申遗重点任务。发布历史文化传承创新发展计划，举办城市历史文化对话会、古建音乐季。推出焕发会馆文化活力伙伴计划。实施非遗“焕新计划”，东城区成为文旅部非遗数据体系建设全市唯一试点地区。推动全国文明城区创建提质升级。东城区作为全市唯一地区入选民间文艺版权保护与促进全国试点，“27院儿”入选全国基层公共文化服务高质量发展典型案例，“美后肆时”入选全国公共文化空间品牌案例。中国纪录片大会、北京大学生电影节在东城举办，涌现出电视剧《情满九道弯》、文化探访微纪实专题片《老单走东城》等文艺佳作，东城文化魅力持续绽放。

民生福祉实现新提升。深入推进“疏整促”工作，实施新一轮背街小巷环境精细化整治提升三年行动。高标准完成第二轮北京市生态环境保护督察迎检任务，建成南馆“零碳”公园，完成4处全龄友好型公园绿地改造提升，燕墩西望等一批精品口袋公园建成投用。多措并举保就业、促就业，零就业家庭保持动态为零，获

12月21日，2023中国文化金融峰会召开，东城区获评全国首批国家文化与金融合作示范区（张传东摄）

评北京市充分就业区。加快争创全国义务教育优质均衡先行创建区，教育发展更加优质均衡。和平里医院、隆福医院通过三甲评审核定，普仁医院病房楼改造项目竣工，积极打造特色“杏巷”。望坛项目首批10栋回迁楼集中交付入住，宝华里棚改项目完成搬迁、实现净地，1000户直管公房申请式退租年度任务全部完成。新完工22个老旧小区改造项目，望坛110千伏变电站主体工程完工并启动调试。完成适老化改造和家庭照护床位1600余张，试点开展养老服务市场化运行。全民健身中心建设和东单体育中心整体改造工程完成并投入使用。出台关于强化接诉即办工作的重点措施，创新开展“办件先锋”评选，接诉即办成绩稳步上升。在400余个小区开展装修垃圾“收运处”一体化试点，加快物业突出问题专项治理。持续擦亮“东城社工”品牌，基层共建共治共享氛围浓厚。

纵深推进党的建设。坚持把抓好党建作为最大政绩，以政治建设为统领，全面落实从严治党主体责任。主题教育扎实有效开展，第一时间传达学习中央、市委关于学习贯彻习近平新时代中国特色社会主义思想主题教育相关指示批示和会议精神，在全市率先召开主题教育部署会。高标准开展“5+2”集中学习、交流研讨和专题党课，推动各领域党员学习教育有效覆盖。大兴调查研究，有效促进成果转化提升。打造“红楼先锋 初心领航”党员志愿服务品牌，形成一批群众可感知、得实惠的服务项目。持续优化干部人才队伍。制订实施领导干部治理能力提升若干措施，深入实施年轻干部“源头储备、素质提升、择优选用”三大工程和选调生“正阳薪火”工程。开展党的二十大精神处级干部集中轮训和党员全员轮训。首次举办区管干部荣誉退休仪式，体现东城大家庭的温暖。着力打造高水平人才发展高地，持续引进“四巷”专项人才，创新央地人才合作机制，举办全市首个青年人才马克思主义研修班，建成全市首个人才主题公园“东城国际人才公园”。加强基层党组织书记培训，招录优秀社区书记和社区工作者为事业编制人员。东花市街道、朝阳门街道、东华门街道东方广场党群服务中心获评“北京市党群服务中心示范点”。开展“两新”党组织“应建尽建”攻坚行动，成立全市首个产业组团党委和“专精特新”企业联盟党委，6个“两新”党建品牌获评全市“党建强、发展强”品牌。管党治党成效显著，深化政治监督，通过监督检查发现问题2900余个。开展第三、四轮常规巡察，强化巡察整改和成果运用，一体推进全面从严治党工作考核和政治生态分析研判。持之以恒纠治“四风”，正确运用监督执纪“四种形态”。

（赵妍）

7月26日，中国共产党北京市东城区第十三届委员会第六次全体会议召开（闫文摄）

重要会议和活动

【区委全会】7月26日，中国共产党北京市东城区第十三届委员会第六次全体会议召开，孙新军代表区委常委会作工作报告，会议递补中国共产党北京市东城区第十三届委员会委员，审议通过《中国共产党北京市东城区第十三届委员会第六次全体会议决议》，孙新军作总结讲话。12月22日，中国共产党北京市东城区第十三届委员会第七次全体会议召开，周金星传达市委十三届四次全会精神，孙新军代表区委常委会作工作报告并就区委常委会抓党建工作情况作书面报告，会议审议通过区委常委会工作报告、区委常委会抓党建工作情况报告、《中国共产党北京市东城区第十三届委员会第七次全体会议决议》，孙新军作总结讲话。

（李奕成）

【区委常委扩大会】1月29日，区委常委扩大会议召开，传达学习市委书记尹力在2022年度全面从严治党（党建）工作东城区现场督查会上的讲话精神，孙新军作总结讲话。3月9日，区委常委扩大会议召开，孙新军宣布市委决定，王清旺、李强表态发言，孙新军作总结讲话。4月19日，区委常委扩大会议召开，孙新军部署全区安全生产工作。5月11日，区委常委扩大会议召开，孙新军宣布市委决定，赵海东表态发言，孙新军作总结讲话。5月15日，区委常委扩大会议召开，传达学习习近平总书记在河北考察并主持召开深入推进京津冀协同发展座谈会时的重要讲话及市委常委扩大会精神，孙新军作总结讲话。9月11日，区委常委扩大会议召开，孙新军宣布市委决定，章建伟表态发言，孙新军作总结讲话。9月14日，区委常委扩大会议召开，传达学习习近平主席对2023北京文化论坛重要贺信精神和中共中央政治局常委、中央书记处书记蔡奇，中共中央政治局委员、北京市委书记尹力在2023北京文化论坛开幕式上的致辞，孙新军作总结讲话。11月23日，区委常委扩大会议召开，周金星传达习近平总书记在北京河北考察灾后恢复重建工作时的重要讲话精神，孙新军传达市委常委扩大会议精神并作总结讲话。

（李奕成）

【区领导干部大会】1月20日，区领导干部大会召开，周金星传达市两会精神，金秀斌传达市纪委十三届二次全会精神，李妍部署春节期间城市运行保障、安全生产、应急值守等工作，孙新军作总结讲话。2月7日，区领导干部大会召开，传达学习市委书记尹力在东城区委常委班子2022年度民主生活会上的讲话精神。4月26日，区领导干部大会召开，孙扬部署“五一”期间全区城市运行保障、安全生产和应急值守等工作，孙新军作总结讲话。6月17日，区领导干部大会召开，传达学习市委十三届三次全会精神，孙新军作总结讲话。7月21日，区领导干部大会召开，周金星传达全市半年工作会议精神，孙新军作总结讲话。9月27日，区领导干部大会召开，李妍部署东城区城市运行服务保障工作，陈献森部署东城区维护安全稳定工作，孙新军作总结讲话。10月26日，区领导干部大会召开，李妍传达市委常委扩大会议关于长峰医院重大火灾事故调查报告及处理决定等有关精神，孙新军作总结讲话。

（李奕成）

【月度工作点评会】1月12日，街道工委书记月度工作点评会召开，龙潭、天坛、永定门外街道工委书记发言，孙新军点评讲话。3月9日，街道工委书记月度工作点评会召开，崇文门外街道工委书记、体育馆路街道工委书记、王府井管委会党组书记发言，孙新军点评讲话。4月7日，区属部门党组（党委）书记月度工作点评会召开，区发改委、区财政局、区商务局、区国资委党组（党委）书记发言，孙新军点评讲话。5月11日，街道工委书记月度工作点评会召开，和平里、交道口、景山街道工委书记发言，孙新军点评讲话。6月9日，区属部门党组（党委）书记月度工作点评会召开，区科信局、区市场监管局、区金融服务办党组书记和东城园工委副书记发言，孙新军点评讲话。7月7日，街道工委书记月度工作点评会召开，东华门、东直门、北新桥街道工委书记发言，孙新军点评讲话。9月6日，月度工作点评会召开，区委卫生健康工委书记，区生态环境局、区城管委、区应急局党组（党委）书记发言，排名靠后的街道工委书记作表态发言，孙新军点评讲话。10月11日，月度工作点评会召开，东四、朝阳门、建国门街道工委书记发言，全量考核排名靠后的街道工委书记作表态发言，周金星点评讲话。11月20日，月度工作点评会召开，区委社会工委书记，区人力社保局、区退役军人局、区政务服务局党组书记发言，全量考核排名靠后的街道工委书记作表态发言，孙新军点评讲话。12月15日，月度工作点评会召开，安定门街道、前门街道、东花市街道工委书记发言，全量考核排名靠后的街道工委书记作表态发言，孙新军点评讲话。

（李奕成）

表2

2023年东城区委常委会会议一览表

日期	会次	议题
1月11日	十三届40次	听取区委组织部关于2022年度干部选拔任用工作情况的汇报，区金融办关于申请拨付资金支持金融监管机构的汇报，区机关事务管理服务中心关于后永康胡同17号房屋处置情况的汇报，交道口街道工委关于申请拨付国家话剧院高层住宅楼项目资金的汇报；研究区委社会工委区民政局起草的《东城区2022年规范社区工作者工资待遇方案》，干部任免事宜
2月1日	十三届41次	研究区委研究室起草的《中共北京市东城区委常委会2023年工作要点》《中共北京市东城区委常委班子对照检查材料》，区纪委区监委起草的区纪委十三届三次全会工作方案和区纪委常委会工作报告，区政府办公室起草的《2023年东城区政府工作报告重点任务分工方案》、东城区2022年重要民生实事完成情况和东城区2023年重要民生实事项目，干部任免事宜
2月8日	十三届42次	听取区纪委区监委关于东城区“一把手”和领导班子监督制度执行情况专项监督检查工作的汇报，区委巡察办关于十三届区委第一轮巡察情况、2022年巡察工作情况和2023年工作思路的汇报，区纪委区监委关于东城区2022年信访举报与审查调查工作情况的汇报，区人大常委会党组关于2022年

续表

日期	会次	议题
		工作情况和2023年工作要点的汇报，区政协党组关于2022年工作情况和2023年工作要点的汇报；研究区委巡察办起草的《区级党员领导干部带头落实巡视巡察整改工作若干措施（试行）》，区人大常委会党组起草的《北京市东城区第十七届人民代表大会常务委员会2023年工作要点（草案）》，区政协党组起草的《政协北京市东城区第十五届委员会常务委员会2023年工作要点（草案）》和《东城区政协2023年重点协商工作计划》，区有关人员违纪违法的处理意见
2月17日	十三届43次	听取区委组织部关于全国、全市组织部长会议精神及东城区2022年组织工作总结和2023年工作要点的汇报，区委宣传部关于全国、全市宣传部长会议精神及东城区2022年宣传思想文化工作总结和2023年工作要点的汇报，区委统战部关于全国、全市统战工作会议精神及东城区2022年统战工作总结和2023年工作要点的汇报，区委政法委关于中央、北京市委政法工作会议精神及东城区委2022年政法工作总结和2023年工作要点的汇报；研究干部任免事宜
2月22日	十三届44次	听取区委老干部局关于全国、北京市老干部工作会议精神及东城区2022年老干部工作总结和2023年重点工作的汇报，区信访办关于东城区2022年信访工作总结和2023年重点工作的汇报，区应急局关于东城区2022年安全生产工作总结和2023年重点工作的汇报，区政府外办关于东城区2022年外事工作总结和2023年重点工作的汇报；研究区发改委起草的《东城区“疏解整治促提升”专项行动2023年工作计划》，区国资委起草的《东城区国有资本运营有限公司建设方案》，区司法局起草的《北京市东城区人民政府2022年法治政府建设年度情况报告》
3月1日	十三届45次	听取区委研究室关于东城区调查研究工作2022年总结和2023年重点工作、重点课题的汇报；研究区委党建办起草的《东城区委2023年党建工作要点》《东城区2023年党建工作会议安排意见》，干部任免事宜
3月8日	十三届46次	研究推荐中关村科技园区东城园管理委员会（副局级）主任考察对象人选有关事宜
3月9日	十三届47次	听取区国资委关于佳源公司与城建东华公司签订东华广场商务区项目合作协议补充协议有关情况的汇报，区城管委关于中轴线周边环境建设项目——鼓楼东大街（二期）环境整治提升工作安排及资金情况的汇报；研究区委办公室起草的《2023年东城区委做实“六字文章”实施“六力提升”工作任务清单》，区委统战部起草的《东城区2023年政党协商计划》，干部任免事宜
3月22日	十三届48次	听取区委统战部关于开展无党派人士政治面貌认定工作情况的汇报，团区委关于东城区青年联合会换届筹备工作情况的汇报，区卫生健康委关于申请追加区属公立医院岗位绩效补助的汇报；研究干部任免事宜
3月29日	十三届49次	听取区生态环境局关于东城区深入打好污染防治攻坚战2022年工作情况的汇报，区住建委关于申请2022年第二批、第三批及永外街道老旧小区综合整治项目资金的汇报，区总工会关于2023年首都劳动奖状、首都劳动奖章、北京市工人先锋号和全国五一劳动奖项推荐评选情况的汇报；研究区委党建办起草的《区委2023年落实全面从严治党主体责任任务安排》，干部任免事宜
4月14日	十三届50次	听取区总工会关于东城区工会工作情况的汇报，团区委关于东城区共青团工作情况的汇报，区妇联关于东城区妇联工作情况的汇报，区委组织部关于2022年度区局级领导干部年度考核等次及奖励建议名单有关情况的汇报；研究区委宣传部起草的《2023年东城区委理论学习中心组学习计划》，干部任免事宜
4月21日	十三届51次	听取区发改委关于2023年“东城区优化营商环境 推动经济高质量发展大会”筹备情况的汇报，区住建委关于中轴线申遗保护工作情况的汇报，区城管执法局关于申请追加2023年东城区拆违工程专项资金的汇报；研究区发改委起草的《北京市东城区“一老一小”整体解决方案》，区生态环境局起草的《东城区深入打好污染防治攻坚战2023年行动计划》，区国资委起草的《东城区城市公共资源运营平台组建方案》，干部任免事宜
4月27日	十三届52次	听取区国资委关于北京天街集团有限公司申请前门商业区项目经营性物业贷款的汇报、关于北京天街集团有限公司申请在银行间债券市场发行中期票据的汇报；研究区委党建办起草的《东城区关于北京市2022年全面从严治党（党建）工作考核暨政治生态分析研判情况反馈的整改方案》，区委社会工委区民政局起草的《2023年东城区养老服务工作方案》

续表

日期	会次	议题
5月11日	十三届53次	听取区发改委关于《一季度经济社会发展形势分析与二季度经济调度建议》的汇报，区委政法委关于“全国市域社会治理现代化试点”验收迎检工作及区级自评报告有关情况的汇报；研究区司法局起草的《2023年东城区重大行政决策目录》，干部任免事宜
5月16日	十三届54次	研究推荐区政府副区长考察对象人选有关事宜
5月24日	十三届55次	听取区纪委区监委关于2022年东城区全面从严治党工作考核和政治生态分析研判工作情况的汇报，区委组织部关于东城区2022年度综合考核评价工作情况的汇报，区应急局关于东城区安全生产和火灾隐患大排查大整治工作情况的汇报，区委党校关于“一校两院”工作情况的汇报；研究东城区与怀柔区开展新一轮结对协作有关工作，区财政局起草的《东城区2023年预算调整方案（草案）》，干部任免事宜
6月1日	十三届56次	传达学习全国巡视工作会议暨二十届中央第一轮巡视动员部署会精神；听取区委巡察办关于十三届区委第二轮巡察情况的汇报，区发改委关于东城区2022年“七有”“五性”工作情况的汇报，区发改委关于东城区2023年固定资产投资计划、重点工程计划和政府投资计划的汇报；研究区纪委区监委起草的《东城区新时代廉洁文化建设工作方案》《2023年东城区全面从严治党责任考核方案》，干部任免事宜
6月7日	十三届57次	听取区委组织部关于2023年领导干部报告个人有关事项工作情况的汇报，区城管委关于申请开展草厂胡同、豆腐池胡同等6条支路胡同电力架空线入地工作的汇报，区生态环境局关于东城区深入打好污染防治攻坚战2023年第一季度工作进展情况的汇报，区国资委关于北京京诚集团有限责任公司申请西河沿危改项目融资的汇报、关于北京市东城区国有资本运营有限公司申请在证券交易所和银行间市场发行债券的汇报；研究区财政局起草的《关于东城区2022年决算（草案）的报告》，区审计局起草的《关于东城区2022年度预算执行和其他财政收支的审计工作报告》，区卫健委起草的《关于中医药健康服务体系建设工作情况的报告》，区生态环境局起草的《北京市生态环境保护督察组在东城区期间服务保障工作方案》
6月21日	十三届58次	传达学习习近平总书记在文化传承发展座谈会上的重要讲话精神；听取区委组织部关于做好庆祝中国共产党成立102周年有关工作安排的汇报；研究区委办公室起草的区委常委分工，干部任免事宜
7月5日	十三届59次	听取区委研究室关于全区大兴调查研究工作的汇报，区财政局关于上缴2022年机关事业单位养老保险区级补助资金的汇报，区国资委关于北京佳源投资有限责任公司申请豆各庄渠西项目贷款置换的汇报，区委组织部关于东城区处级领导班子和领导干部2022年度考核等次及奖励建议情况的汇报；研究区应急局起草的《北京市东城区安全生产工作职责分工暂行规定》，干部任免事宜
7月19日	十三届60次	传达习近平总书记在同团中央新一届领导班子成员集体谈话时的重要讲话精神；听取区委组织部关于递补中共北京市东城区第十三届委员会委员有关工作安排的汇报，区人大常委会党组关于2023年上半年工作情况的汇报，区政协党组关于2023年上半年工作情况的汇报，区财政局关于申请公安分局等八家单位2023年部分项目预算的汇报，区生态环境局关于申请大气污染防治资金的汇报，东直门街道关于申请东直门区域环境设施一体化提升工程——南侧文化广场改造项目资金的汇报，区住建委关于申请大慈延福宫项目房屋腾退资金的汇报；研究区委办公室起草的区委十三届六次全会安排意见，区委研究室起草的区委常委会工作报告，干部任免事宜
7月26日	十三届61次	听取分组讨论情况的汇报并研究有关文件修改意见
8月2日	十三届62次	听取区发改委关于东城区2023年国民经济和社会发展计划上半年执行情况的汇报，区财政局关于东城区2023年上半年预算执行情况的汇报、关于东城区从事生产经营活动涉改事业单位相关资产处置工作的汇报，区委组织部关于全国、全市组织工作会议精神和下一步工作安排的汇报
8月11日	十三届63次	听取区应急局关于东城区2023年上半年安全生产工作情况和下半年重点任务的汇报，区环卫中心关于申请追加7—9月项目经费的汇报，区信访办关于东城区2023年上半年信访工作情况和下半年工作安排的汇报，区纪委区监委关于东城区2023年上半年纪检监察工作情况和下半年工作安排的汇报、关于东城区2023年上半年信访举报与审查调查工作情况的汇报

续表

日期	会次	议题
8月16日	十三届64次	听取区民族宗教办关于推荐第九届首都民族团结进步先进集体、先进个人的汇报，区退役军人局关于2023年东城区双拥工作情况的汇报；研究区委办公室起草的《东城区落实全面从严治党主体责任全程纪实管理办法》，区委教育工委起草的《全面加强和改进新时代学校美育工作实施意见》，区城指中心起草的《东城区关于强化接诉即办工作的重点措施》，干部任免事宜
8月30日	十三届65次	听取区发展改革委关于东城区与房山区大安山乡、史家营乡结对帮扶有关工作的汇报，区财政局关于申请安排预算清理消化财政暂付款有关情况的汇报，区财政局关于先行归集东城区园林、市政涉改单位资金为北京市东都城市运营发展有限公司注资的汇报，区城管委关于朝阳门南北小街区域环境整治提升项目工作情况及资金安排的汇报、关于朝阜路（东城段）区域环境整治提升项目工作情况及资金安排的汇报；研究干部任免事宜
9月6日	十三届66次	听取区财政局关于归还市级财政旧城解危排险提前调度资金有关情况的汇报、永定门外街道关于开展主动精准治理工作有关情况的汇报，区生态环境局关于东城区深入打好污染防治攻坚战2023年上半年工作进展情况的汇报，区委政法委关于当前我区安全维稳有关情况的汇报；研究区发展改革委起草的《东城区贯彻落实〈中共北京市委关于贯彻落实习近平总书记在深入推进京津冀协同发展座谈会上重要讲话精神的意见〉的实施方案》，干部任免事宜
9月11日	十三届67次	传达学习中央、市委关于学习贯彻习近平新时代中国特色社会主义思想主题教育有关精神；听取区委组织部关于东城区委学习贯彻习近平新时代中国特色社会主义思想主题教育筹备工作情况的汇报；研究干部任免事宜
9月21日	十三届68次	传达学习习近平总书记有关主题教育最新重要讲话精神；听取区住建委关于开展皇城景山街区平房直管公房申请式退租及恢复性修建三期项目的汇报，区园林绿化局关于龙潭街道及周边铁路沿线整治提升项目设计方案及资金安排的汇报；研究区委办公室起草的区委常委分工，区委主题教育领导小组办公室起草的《东城区级领导班子主题教育调查研究工作方案》，区人大常委会党组起草的《东城区人大常委会关于补选东城区第十七届人大代表工作实施方案（草案）》，区财政局起草的《东城区2023年第二次预算调整方案》，干部任免事宜
9月27日	十三届69次	听取区财政局关于东城区行政事业单位相关房产处置利用情况的汇报，区国资委关于建远公司申请通州“两站一街”E5、E6地块东城区旧城保护定向安置房项目融资情况的汇报，区市场监管局关于东城区2023年上半年食品药品安全工作情况的汇报；研究区发展改革委起草的《东城区“十四五”规划〈纲要〉实施情况中期评估报告》，干部任免事宜
10月13日	十三届70次	传达学习习近平总书记对宣传思想文化工作作出的重要指示和有关会议精神；听取关于东城区学习贯彻习近平新时代中国特色社会主义思想主题教育进展情况的汇报；研究《东城区学习贯彻习近平新时代中国特色社会主义思想主题教育推动发展工作方案》，东城区学习贯彻习近平新时代中国特色社会主义思想主题教育区级整改整治首批问题清单和专项整治方案，《东城区学习贯彻习近平新时代中国特色社会主义思想主题教育民生项目清单》
10月18日	十三届71次	听取区园林绿化局关于申请朝阳门内大街165号地块口袋公园建设资金的汇报，区委组织部关于东城区“四巷”专项人才引进需求有关情况的汇报，区委组织部关于补选东城区第十七届人民代表大会代表候选人初步人选建议名单的汇报；研究干部任免事宜
10月31日	十三届72次	听取区发展改革委关于2022年度东城区一事一议政策集中兑现方案的汇报，区金融办关于申请拨付资金支持金融监管机构的汇报；研究区国资委起草的《东城区文商旅体平台公司组建方案》《东城区城市更新平台公司组建方案》，干部任免事宜
11月15日	十三届73次	听取区人大常委会党组关于召开东城区第十七届人民代表大会第四次会议有关安排的汇报，区政协党组关于召开政协北京市东城区第十五届委员会第三次会议有关安排的汇报，区园林绿化局关于申请追加下属事业单位项目经费的汇报，区发展改革委关于东城区2023年一至三季度经济社会发展形势分析的汇报，区商务局关于东城区2023年粮食安全工作情况和东城区委、区政府领导班子成员粮食安全责任制工作职责清单的汇报，区委组织部关于补选东城区第十七届人民代表大会代表候选人提名推荐和考察审查情况的汇报；研究干部任免事宜

续表

日期	会次	议题
11月23日	十三届74次	听取永外街道关于调整主动精准治理类街乡镇资金项目清单的汇报；研究区财政局起草的《关于东城区2022年度国有资产管理情况的综合报告》，区审计局起草的《关于东城区2022年度国有资产的审计工作报告》《关于东城区2022年度预算执行和其他财政收支审计查出问题整改情况的报告》，区委社会工委区民政局起草的《东城区社区经济管理中心改革工作方案》，区文旅局起草的《北京东方国际文化交流中心改革工作方案》，干部任免事宜
11月29日	十三届75次	听取区委宣传部关于全市宣传思想文化工作会议精神和下一步工作安排的汇报，区委统战部关于政协北京市东城区第十五届委员会委员、常委有关情况的汇报，区委巡察办关于十三届区委第一轮巡察整改情况及第三轮巡察情况的汇报，区财政局关于申请为各街道追加2023年待结算经费的汇报，区财政局关于兑现2022年街道代征税费、税源引进奖励资金的汇报，区生态环境局关于东城区深入打好污染防治攻坚战2023年三季度工作进展情况的汇报；研究干部任免事宜
12月7日	十三届76次	听取区机关事务管理服务中心关于申请文化活动中心二期项目资金的汇报，区文旅局关于东城区花市电影院等三家经营类事业单位改革工作方案的汇报，区城管委关于东城区市政工程管理一所、二所改革工作方案的汇报，区住建委关于申请2023年直管公房管理资金的汇报；研究区司法局起草的《北京市东城区“八五”普法规划中期实施情况报告》
12月13日	十三届77次	听取区法院党组关于2023年工作情况的汇报，区检察院党组关于2023年工作情况的汇报，区机关事务管理服务中心关于金宝街8号地还建项目补偿方案的汇报，区委组织部关于第四届“东城杰出人才”、第九届“东城区有突出贡献的优秀人才”和第九届“东城区优秀青年人才”认定工作有关情况的汇报，区委组织部关于北京市东城区第十七届人民代表大会第四次会议各项建议名单及有关文件的汇报；研究区委办公室起草的区委十三届七次全会安排意见，区委办公室起草的《中共北京市东城区委常委会2023年抓党建工作情况报告》，区委研究室起草的区委常委会工作报告，区政府研究室起草的《北京市东城区人民政府工作报告》，区人大常委会党组起草的《北京市东城区人民代表大会常务委员会工作报告（草案）》，区政协党组起草的《政协北京市东城区第十五届委员会常务委员会工作报告（草案）》，区发改委起草的《关于北京市东城区2023年国民经济和社会发展计划执行情况与2024年国民经济和社会发展计划（草案）的报告》，区财政局起草的《关于北京市东城区2023年预算执行情况和2024年预算（草案）的报告》，干部任免事宜
12月22日	十三届78次	听取区委办公室、区委研究室关于全会分组讨论区委常委会抓党建工作情况报告、区委常委会工作报告和全会决议（草案）情况的汇报
12月27日	十三届79次	听取区委政法委关于“全国市域社会治理现代化试点”工作情况的汇报，区委宣传部关于2023年东城区新时代文明实践工作情况的汇报，区委办公室关于我区党内规范性文件备案审查工作情况及《东城区党内规范性文件备案审查工作制度》起草工作情况的汇报，区发展改革委关于2022年度东城区重点企业支持政策集中兑现方案的汇报、关于2022年度东城区高精尖企业人才激励政策兑现方案的汇报，区财政局关于签订望坛棚户区改造项目补充协议的汇报，区卫生健康委关于申请追加2023年度东城区社区卫生服务能力提升计划工作经费的汇报，区环卫中心关于申请追加10—12月项目类经费的汇报；研究区城指中心起草的《东城区党建引领接诉即办专项工作实施意见（试行）》，区国资委起草的《北京市东城区国有企业改革深化提升行动实施方案（2023—2025年）》，干部任免事宜

（李奕成）

表3

2023年东城区委书记专题会一览表

日期	会次	议题
2月17日	1次	听取区国资委关于组建东城区国有资本运营管理有限公司和东城区城市公共资源运营平台的汇报、规自分局关于崇外6号地项目推进工作情况的汇报
2月27日	2次	研究《东城区落实首都功能核心区控制性详细规划三年行动计划（2023年—2025年）》；听取规自分局关于海港城项目有关情况的汇报

续表

日期	会次	议题
4月6日	3次	听取区委巡察组关于十三届区委第二轮巡察工作情况的汇报
4月25日	4次	听取区住建委关于北京古观象台南院滞留人员清退工作情况的汇报
5月5日	5次	研究朝阳门南北小街、朝阜路（东城段）区域环境整治提升工作方案
8月2日	6次	研究关于补选东城区第十七届人大代表有关工作
8月18日	7次	听取区委组织部关于核实认定干部兼职经商办企业工作情况的汇报
8月30日	8次	听取区委巡察组关于十三届区委第三轮巡察工作情况的汇报
9月9日	9次	听取区委组织部关于学习贯彻习近平新时代中国特色社会主义思想主题教育筹备工作情况的汇报
10月10日	10次	研究东城区违规电动三、四轮车综合治理工作
11月18日	11次	听取我区违规电动三、四轮车综合治理工作情况的汇报
11月21日	12次	听取区委统战部关于协助民主党派区委做好2023年届中调整工作的汇报
11月25日	13次	听取规自分局关于崇外6号地项目进展情况的汇报

（李奕成）

表4

2023年东城区委书记主要调研一览表

时间	内容
1月1日	到雍和宫，检查节日期间安全生产工作
1月20日	到北京市隆福医院，北京来福士中心，区环卫中心六所、七所，北新桥消防救援站，开展春节前慰问一线医务人员、环卫职工、消防官兵并检查安全生产、保供稳价工作
1月21日	到雍和宫，检查除夕夜春节前敬香活动服务保障工作
1月28日	到东直门街道楼宇党群服务站、清水苑社区、南锣鼓巷商业街、王府井步行街、前门大街，检查全面从严治党、重点地区节日期间氛围营造及大人流管控工作
1月31日	调研区委研究室工作
2月5日	以“四不两直”形式，到前门大街调研元宵节商铺生产经营情况及大人流管控工作
2月8日	调研北京崇远集团有限公司
2月18日	调研北京京诚集团有限公司
2月25日	调研北京东方信达资产经营集团有限公司
3月2日	到前圆恩寺胡同、北京液化气沙滩供应站、首都宾馆、内蒙古大厦、好苑建国酒店检查全国两会期间安全生产工作及住地服务保障工作
3月4日	调研北京建远投资经营有限公司
3月11日	调研北京佳源投资经营有限责任公司
3月13日	调研全区教育工作
3月16日	到张自忠路路口西北角、张自忠路3号、五道营社区新时代文明实践站、东方银座大厦、东直门街道新时代文明实践所、东直门三角地鸟市，检查文明城区创建工作

续表

时间	内容
3月25日	到望坛110千伏输变电工程施工现场，调研望坛变电站施工建设工作
3月28日	调研全区应急工作
4月12日	到区市场监督管理局，调研接诉即办工作
4月15日	调研全区住建工作
4月17日	到北京协和医院周边、北京医院周边，调研重点医院周边交通秩序综合治理工作
4月18日	调研全区城市管理工作
4月18日	到王府井新消费品牌孵化基地、王府中環，调研王府中環项目有关工作
4月22日	到前门养老照料中心、北京贝尔特酒店、普仁医院、崇文小学，检查安全生产工作
4月28日	到哈德门广场中诚宝捷思货币经济有限公司、崇文门公交场站、花市北小街文化墙、新景商务楼、合景摩方兰巴赫酒吧，调研崇文门外街道有关工作
5月1日	到雍和宫、地坛公园，检查节日期间重点地区安全生产及大人流管控工作
5月3日	以“四不两直”方式，到北京医院周边检查重点医院周边交通秩序综合治理工作
5月4日	到法华南里小区，调研接诉即办工作
5月6日	以“四不两直”方式，到地坛公园检查地坛斋宫建筑修缮和文物保护工作
5月6日	调研全区规划编制和实施工作
5月9日	以“四不两直”方式，到天坛医院旧址调研施工进展情况并检查安全生产工作
5月10日	调研全区商务经济发展工作
5月15日	以“四不两直”方式，到百荣世贸商城调研转型升级工作
5月16日	调研全区卫生健康工作
5月20日	到国家话剧院高层住宅楼项目、中和万方私募基金管理（北京）有限公司、北京百颐资本投资有限公司，调研中轴线申遗及核心区平房院落整治利用工作
5月26日	调研东城区残疾人事业发展工作
5月30日	调研东城区医疗保障工作
6月1日	到文汇中学、忠实里社区新时代文明实践站、天坛街道政务服务中心，检查文明城区创建工作
6月3日	到稻香村零号店、北京红都旗舰店、金隅龙顺成文化创意产业园，调研全区老字号高质量发展工作
6月6日	到区教育招生考试中心、北京市第十一中学金鱼池校区，检查2023年高考筹备工作
6月7日	到朝阳门街道演乐胡同40号院、南护城河龙潭闸、东城区应急物资储备库，调研全区防汛工作并开展巡河工作
6月12日	调研东城区文化活动中心
6月30日	到王府井大街、隆福寺、北大红楼、东方茂酒店，与怀柔区开展结对协作工作
7月1日	到永定门公园、天坛医院旧址、五八二电台，调研中轴线申遗保护工作
7月4日	到东花市街道接访下访
7月8日	到海运仓社区养老服务驿站、东城区社区服务中心，调研全区养老服务工作
7月27日	调研前门大街工作

续表

时间	内容
7月30日	以“四不两直”方式，到东四街道、景山街道检查防汛工作
8月7日	调研东城园发展工作
8月12日	到北京猫眼文化传媒有限公司，调研网络平台企业接诉即办工作
8月14日	调研建国门街道工作
8月19日	到生态环境综合执法大队执法检查点、望坛110千伏输变电工程施工现场、鸦儿李记龙潭湖店、安定门市级空气质量检测子站、宁夏大厦工地，围绕市生态环保督察问题整改情况调研生态环境工作
8月26日	到汇文中学南校区，调研校园建设工作
8月29日	到文汇小学、板厂小学高年级部、和平里第一小学、东城区青少年科技馆，检查教育工地建设情况和开学前准备工作
9月5日	调研东直门街道接诉即办工作
9月9日	调研全区园林绿化工作
9月16日	围绕“深入学习贯彻习近平新时代中国特色社会主义思想，推进全国文化中心建设”到金台·共享际文化产业园、拾院、协和医院别墅区开展调研
9月23日	到美术馆东街小广场、东四奥林匹克社区公园、祈年大街西侧违规车辆停车场、四块玉文化活动广场，检查违规电动三四轮车、“僵尸车”整治工作
9月25日	以“四不两直”方式，到东四五条、朝阳门北小街、朝阳门内大街检查违规电动三、四轮车整治工作
9月28日	到官书院胡同、南锣鼓巷、恒基中心、金年丰生鲜超市，检查国庆节前安全生产、消防安全和环境整治工作
9月29日	以“四不两直”方式，到王府井大街检查元旦、春节期间商业活动及大人流管控工作
10月1日	以“四不两直”方式，到隆福文创园区检查街区整治提升工作
10月7日	调研东华门街道主题教育开展情况及接诉即办工作
10月8日	围绕“深入学习贯彻习近平新时代中国特色社会主义思想，推动经济高质量发展”调研东城区投资促进工作
10月13日	到东四街道入户动员居民处置违规电动三、四轮车
10月14日	到王府井大街派出所、文华东方酒店、东方君悦酒店，检查第三届“一带一路”国际合作高峰论坛东城区服务保障工作
10月16日	以“四不两直”方式，到安定门街道检查违规电动三、四轮车整治工作
10月17日	围绕“深入学习贯彻习近平新时代中国特色社会主义思想，用心用情用力解决群众急难愁盼问题”到区园林绿化局接访
10月23日	参加指导建国门街道主题教育专题交流研讨
10月27日	围绕“深入学习贯彻习近平新时代中国特色社会主义思想，加强东城区红色文化资源挖掘宣传利用研究”主题到老舍纪念馆、中山公园来今雨轩、中法大学旧址开展调研
10月28日	围绕“深入学习贯彻习近平新时代中国特色社会主义思想，做好‘净’字文章，推进城市更新工作”主题到朝阳门南北小街环境整治提升项目指挥部、朝阳门南小街、北新桥地铁站周边公共空间改造提升项目现场开展调研
11月14日	调研前门街道主题教育开展情况及接诉即办工作
11月15日	以“四不两直”方式，到故宫东华门检查故宫周边环境提升、交通秩序整治工作
11月22日	以“四不两直”方式，到朝阳门南小街、北极阁路检查环境卫生、交通秩序等工作
11月24日	围绕“深入学习贯彻习近平新时代中国特色社会主义思想，加强政法安全防控体系建设”主题到交道口街道、景山街道、东华门街道、前门街道有关点位开展调研

续表

时间	内容
11月27日	到天坛公园南门、崇外大街及同仁医院周边、区环卫中心机关、豆瓣胡同小区、国子监街，调研违规电动三、四轮车整治工作
12月8日	以“四不两直”方式，到王府井步行街检查商户经营情况及安全生产工作
12月11日	围绕“深入学习贯彻习近平新时代中国特色社会主义思想，推动高质量发展”主题到孚王府、朝孚园口袋公园、槐轩文化艺术空间、赵家楼饭店、永外城数字科技产业园开展调研
12月13日	以“四不两直”方式，到隆福寺街、三联韬奋书店检查街道扫雪铲冰和商业运营工作
12月14日	到东单路口、东四街道环卫暖心驿站、新兴里锅炉房、黄寺大街融盐池，检查扫雪铲冰及冬季供暖工作
12月16日	调研永定门外街道主题教育开展情况及接诉即办工作
12月23日	围绕“深入学习贯彻习近平新时代中国特色社会主义思想，激励干部担当作为”主题，到青龙项目、正阳门箭楼、永定府项目开展调研
12月23日	到南岗子教堂，检查圣诞节期间服务保障工作

（李奕成）

重大决策

【压实安全生产责任】9月8日，为深入贯彻落实习近平总书记关于安全生产的重要指示批示精神，树牢安全发展理念，统筹发展和安全，坚持安全第一、预防为主、综合治理的方针，从源头上防范化解重大安全风险，区委印发《北京市东城区安全生产工作职责分工暂行规定》，明确区委、区人大常委会、区政府、区政协、区纪委区监委、区法院、区检察院、群团机关、双管单位有关部门和机构及各街道（地区）的工作职责。

（李奕成）

【深入开展主题教育】9月12日，为引导全区党员干部坚持不懈用习近平新时代中国特色社会主义思想凝心铸魂，切实加强党的思想建设，始终在思想上政治上行动上同以习近平同志为核心的党中央保持高度一致。区委印发《关于在全区深入开展学习贯彻习近平新时代中国特色社会主义思想主题教育的实施方案》，明确准确把握目标要求、工作原则和安排、突出抓好处级以上领导班子和领导干部主题教育、抓实基层党组织主题教育、强化组织实施五方面内容。

（李奕成）

9月12日，东城区召开学习贯彻习近平新时代中国特色社会主义思想教育部署会（张传东摄）

组织工作

【概况】中共北京市东城区委组织部（简称区委组织部）是负责全区组织工作、干部工作、人才工作、公务员工作的区委工作部门。对外加挂北京市东城区公务员局（简称区公务员局）牌子。统一管理区委机构编制委员会办公室。统一管理区委老干部局。2023年，区委组织部提出打造“正阳先锋”区级党建品牌，完成区党建研究会换届。召开干部选拔任用情况通报会，凝聚选人用人共识。开展处级领导班子和领导干部年度考核，完成2022年度全区90家单位处级干部800余人的考核奖励工作。制订下发《北京市东城区副处级单位副职备案管理办法（试行）》，将全区28家副处级单位副职全部纳入备案管理范围。推进区管企业年轻人才“管培计划”，招聘管培生16人。在全市率先启动完成处级领导干部集中轮训，在完成处级干部轮训的基础上，推动全区科级干部和党员培训全覆盖。完成处级干部800余人个人有关事项报告的审核、系统录入和汇总综合。组织各单位开展违规兼职情况大排查，要求各单位组织本单位、本系统所有在职和离（退）休干部学习相关文件精神，掌握兼职规定要求，通过排查形成台账，动态清理整治违规兼职问题。强化党管人才，召开区委人才工作领导小组会，审议通过领导小组成员单位工作职责清单和七大人才发展高地牵头单位调整等事项。创新央地人才合作机制，联合中国社会科学院大学打造东城区青年人才马克思主义研修班。开展第四届“东城杰出人才”、第九届“东城区有突出贡献的优秀人才”和第九届“东城区优秀青年人才”认定工作，认定对区域发展做出重要贡献的央地人才55人。以2023北京文化论坛为契机，开展文化领域人才“面对面”访谈，形成《2023年文化论坛与会专家对首都文化人才队伍建设的建议》参阅信息，被《北京信息（信息专报）》、市委组织部《组工动态（参阅）》采用，相关工作经验在市委组织部《组工动态》刊登。印发《东城区优秀社区党组织书记工作室管理办法（试行）》，完成年度面向优秀社区党组织书记和优秀社工招录事业编工作。印发“低诉求社区”“满分社区”创建方案，共评选低诉求社区、满分社区4批327个次。出台《东城区各系统基层党组织换届工作指导意见（试行）》，3个党群服务中心获评“北京市党群服务中心示范点”。完成全区学习贯彻习近平新时代中国特色社会主义思想主题教育。成立全市首个产业组团党委——东城区航星园产业组团党委。开展2023年科级及以下公务员跨部门、跨领域交流任职工作，建立新录用公务员导师培养制度。

（姜培文）

【二级巡视员晋升】2023年，区委组织部按照中央、市委相关文件要求，依据《东城区晋升二级巡视员实施办法》《东城区晋升二级巡视员工作流程》《东城区二级巡视员退出领导岗位管理办法（试行）》，组织开展推荐考察工作，完成2批次二级巡视员16人晋升，并会同干部监督组落实医疗待遇。

（方澎琪）

【二级高级检察官晋升】2023年，区委组织部组织完成二级高级检察官1人的晋升工作。

（方澎琪）

【选调生工作】2023年，区委组织部加强和改进选调生考录工作，加大从“双一流”等知名高校定向选调力度，招录2023届定向选调生26人，持续扩大专业干部“蓄水池”。

（方澎琪）

【干部挂职锻炼】2023年，东城区共有干部18人在7个援派地参与援派工作，其中西藏当雄5人、内蒙古兴安盟1人、阿尔山3人、化德3人、湖北郧阳1人、山西屯留1人、北京房山4人；选派长期专业技术人才41人、短期专业技术人才14人到西藏、新疆、内蒙古等地挂职。接收来自中央单位、市级机关、内蒙古、河北等单位和地区的干部28人到东城区挂职锻炼；接收西藏拉萨干部30人到东城区短期跟岗锻炼。

（杨蕾）

【优秀年轻干部专题调研】2023年，区委组织部组织开展全区优秀年轻干部专题调研，持续掌握35岁以下副处级、正科级干部100人左右，延伸掌握一批30岁以下副科职干部，保持年轻干部队伍“一池活水”。

（杨蕾）

【干部档案管理】2023年，区委组织部审核接收干部档案122卷，转出干部档案10卷，日常接收干部档案材料共计2723份。提供各类档案查借阅服务5200次。完成区管142卷干部档案的电子档案制作。向东城区档案馆移交去世人员档案486卷。“北京市干部人事档案管理信息系统”完成分保测评。

（石荣华）

【出国（境）管理】至年底，区委组织部管理出国（境）证件1348本，其中护照442本、往来港澳通行证234本、往来台湾通行证672本。全年审批局处级领导干部、科级财务负责人因公因私出国境共计51人次，其中在职局级因公3人次、退休局级因私22人次；在职处级因公20人次、在职处级因私5人次；科级财务负责人因私1人次。

（石荣华）

【正团领导职务满三年军转安置】2023年，东城区共接收安置正团领导职务满三年军转干部1人，完成报到手续。

（石荣华）

【区管企业年轻人才“管培计划”】2023年，区委组织部根据“管培计划”整体安排，在总结和坚持2022年公开招聘工作经验做法的基础上，推动实施2023年公开招聘工作。结合国资国企改革最新要求，聚焦经济金融、规划建设等企业紧缺专业人才，进一步扩大招聘规模，优化招聘流程，做到优中选优、优中选强。全年共招聘管培生16人。

（王虹钧）

【领导干部个人有关事项报告】2023年，区委组织部完成处级干部805人个人有关事项报告的审核、系统录入和汇总综合。全年开展查核366人，其中随机抽查124人、重点查核242人。

（陈征）

【选人用人检查】2023年，区委组织部修订编印《东城区结合巡察开展选人用人工作专项检查和不担当不作为问题检查工作手册》，提升检查精准度。结合区委巡察对24家单位开展选人用人检查和不担当不作为问题检查，对领导干部128人担当作为情况作出评价，为干部决策提供依据。

（陈征）

【组织部门提醒函询诫勉】2023年，区委组织部加强干部日常管理监督，针对经济责任审计、选人用人检查、“一报告两评议”、个人有关事项报告查核、信访举报、专项整治等工作中发现的问题，全年提醒57人，函询1人，诫勉1人。

（陈征）

【领导干部经济责任审计】2023年，区委组织部委托区审计局对处级领导干部9人开展经济责任审计，其中任中审计6人、离任审计1人、任中党政同步审计2人。同时对领导干部2人开展自然资源资产任中审计。

（陈征）

【涉组涉干信访受理查核】2023年，区委组织部加大涉组涉干信访查核办理力度，强化跟踪督办落实。全年收到信访举报件397件。对反映干部选拔任用工作和领导干部的信访举报，及时查核处理，抓好督查落实。

（陈征）

【“一报告两评议”】2023年，区委组织部对全区83家处级单位的干部选拔任用工作和新提拔任用的正科职、副科职干部350人进行评议，要求纳入整改范围的单位查找存在的突出问题和薄弱环节，制订加强和改进工作的具体措施并监督落实。近年东城区“一报告两评议”两项基础指标实现两个“四级跳”，选人用人工作总体评价平均好率、从严管理监督干部平均好率连续四年逐年提升。

（陈征）

【干部关心关爱】2023年，区委组织部组织完成全区处级干部844人健康体检，开展体质测试和心理健康体验活动，协助完成局级领导健康体检。

（陈征）

【任前事项报告】2023年，区委组织部受理批复干部选拔任用工作有关事项报告6件。组织各单位开展任前事项报告制度落实情况大排查，要求各单位学习相关文件精神，对单位任前事项报告制度落实情况进行自查自纠，对发现的问题限期改正或进行组织处理。

（陈征）

【“四巷”专项人才引进】2023年，区委组织部助力打造“银巷”“硅巷”“文巷”“杏巷”，重点面向金融、科技创新、文化和卫生健康领域，兼顾现代服务领域，持续开展“四巷”专项人才引进工作，引进急需紧缺人才，一次性获批引进优秀人才106人，全年累计引进155人。

（毛银青）

【外籍人才服务】2023年，区委组织部做实“东城温度”服务品牌，推动外国人来华工作许可、居留许可“两证联办2.0”服务落地，为外籍人才300余人办理工作许可业务，为世界顶尖篮球教练1人办理永久居留。推荐外籍人才1人入选2023年北京市外籍高层次人才资助计划。

（王辰）

【“两区”青年人才支撑平台】2023年，区委组织部干部人才涵养平台新招录急需紧缺的科技创新、金融等领域人才3人，第一批7人经过2年培养转岗至区内相关部门、第二批4人启动为期1年挂职。启动高校人才实践基地第3季，吸引北京大学、清华大学、中国人民大学、北京师范大学优秀人才94人到东城实践锻炼。持续开展“管培计划”，招聘专业人才16人进入国企青年人才储备库。

（王辰　王虹钧）

【人才培养落实】2023年，东城区打造“人才引领 筑梦东城”优秀人才培养资助品牌，开展优秀人才培养资助工作，资助优秀人才项目45个、金额65万元；在北京电视台设立全市首个区级人才专栏并累计播出10期人才访谈；推荐中国医学科学院北京协和医学院副院校长王健伟入选2023年“北京学者”；推荐北京市东城区史家教育集团党委书记、总校长洪伟，北京市第五幼儿园党总支书记、园长邹平入选政府特殊津贴；持续选派北京景山学校人才2人参与第十五批“人才京郊行”。

（徐梓婕）

【东城国际人才公园】2023年，东城区创新融合人才元素与自然景观，在北二环建成东城国际人才公园，动员社会力量广泛参与，打造集人才服务、政策宣传、休闲活动于一体的人才阵地，相关工作被北京电视台专题报道，工作经验在《北京信息》刊载。

（王辰）

【人才规划中期评估】2023年，区委组织部指导人才发展高地牵头部门和40家成员单位开展《北京市东城区人才发展战略规划（2011年—2030年）》中期评估；结合高水平人才高地建设任务和中期评估结果，制订《东城区关于深化落实人才发展战略规划进一步推动人才高地建设的若干措施》。

（王辰）

【人才康养基地】2023年，区委组织部与内蒙古自治区兴安盟阿尔山市委组织部签订项目合作协议，在阿尔山市设立“北京市东城区人才康养基地”，定制人才康养卡，向高端人才和外籍人才实名发放。全年集中组织4批专家人才共80人开展学术休假，推动2个项目在阿尔山市落地。

（徐梓婕）

【政工职称评定】2023年，经资格审核、申报、评审、征求意见等程序，东城区7人获得政工师职称，11人获得助理政工师职称。

（徐梓婕）

【东城人才简讯】2023年，区委组织部创办《东城人才简讯》并编发2期，加强区委人才工作领导小组成员单位工作交流，展示东城人才工作成果。

（徐梓婕）

【综合考核评价工作】2023年，区委组织部完成2022年度“三级联创”考核和全区综合考核评价工作，并向全区通报。8个街道工委、4个系统党（工）委获“三级联创”“五个好”党（工）委称号，45个单位被评定为全区综合考评“优秀”等次。

（杨璐婕）

【社区党建】2023年，东城区委社会工委区民政局组织开展2022年度社区党的建设三级联创活动“五星级”社区党组织考核，采取社区自评、街道初评、区级复评的三级考评方式，评选出53个“五星级”社区党组织，并指导街道做好“五星级”社区党组织和社区党建进步奖励落实相关工作。打造3个市级社区书记工作室示范点，指导各工作室发挥好示范引领和辐射带动作用。组织社区党组织副书记5人参加市级示范培训班。

（朱吉国）

【区域化党建】2023年，东城区进一步完善区、街、社区三级党建工作协调委员会工作机制，持续吸纳成员单位加入，全区三级平台共有成员单位2040家。全面落实《党建工作协调委员会议事规则》，建立全体会议报备制度，推广专项工作协调会议制度，着力规范议事协商的内容、形式、制度，并将落实情况纳入“三级联创”考核指标体系，作为评价“五个好”街道和“五星级”社区党组织的重要指标。指导街道、社区两级党建工作协调委员会召开全体会、专项议事会等各类会议300余次；形成资源清单、需求清单、项目清单，并以“三项清单”为载体，引导驻区单位参与基层治理，实现良性互动和双向服务。

（朱吉国）

【党建引领乡村振兴工作】2023年，东城区选派第七批第一书记10人到怀柔区任职，成立驻村第一书记志愿服务东城分队，助力乡村振兴。

（杨璐婕）

【获评市党群服务中心示范点】2023年，全市开展党群服务中心示范点评选。经过自评初评、推荐申报、实地察看、统筹研究等环节，东城区东花市街道党群服务中心获评“北京市党群服务中心示范点（一档）”，朝阳门街道党群服务中心、东华门街道东方广场党群服务中心获评“北京市党群服务中心示范点（二档）”。

（王涛）

【区学习贯彻习近平新时代中国特色社会主义思想主题教育】2023年，东城区分层分类制订主题教育“1+3”工作方案，细化分解区委常委会、处级领导班子、基层党组织等118项具体任务，在全市率先召开工作部署会。制订区级领导班子“5+2”集中学习研讨安排，开展专题研讨5次，集中学习6次。依托基层党校等，开展“千名书记讲党课、万名党员进党校”活动，打造5条区级党员教育现场教学路线，开展主题党日活动1.13万次。统筹推进调研工作，确立统分结合、分级设置的“5+30+720”选题体系。围绕东城区经济发展关键领域和重要环节，梳理确定“五个一批”36项推动发展重点任务，成功盘活核心区停滞10余年的东直门交通枢纽项目和崇外6号地项目。用好12345民生诉求数据，制订12项区级民生项目清单并全部推动落实。打造“红楼先锋 初心领航”志愿服务品牌，累计开展志愿服务活动2191次，参与3.03万人次，建立党员先锋岗、责任区1631个，为民服务办实事8994件。

（刘冰）

【党员教育管理服务】2023年，区委组织部组织开展庆祝中国共产党成立102周年座谈会，围绕主题交流先进典型经验，激励各级党组织和广大党员大力弘扬伟大建党精神，为推动东城高质量发展贡献力量。为老党员1177人颁发“光荣在党50年”纪念章。持续深化“党课开讲啦”活动，深入“首都高质量发展先锋行动”，

6月30日，东城区庆祝中国共产党成立102周年座谈会召开（区委组织部提供）

在全区营造“千面党旗展风采，万名党员做奉献”的浓厚氛围。制发《东城区进一步加强和改进“人户分离”流动党员教育管理的工作方案》，建立健全人户分离党员台账，细化4类党员管理类型，建立“4+1”责任体系，不断提升基层党组织组织力，提升党员教育管理质效。

（刘涛）

【党员关怀帮扶】2023年，元旦、春节、“七一”期间东城区深入开展走访慰问建国前老党员、生活困难党员和优秀党员活动，下拨慰问资金440万元，慰问区级以上困难党员392人。6月中旬至7月底，全区各级党组织集中开展“共产党员献爱心”捐献活动。区委各党（工）委将此次捐献活动作为庆祝建党102周年活动的一项重要内容，组织广大党员积极参加捐献活动，全区党员干部群众5.56万人参与，共捐款373.40万元。

（王永轶）

【党员队伍建设】2023年，东城区发展党员654人，其中35岁以下党员310人、非公企业发展党员102人、思政课教师发展党员30人、高技能人才发展党员8人。至年底，全区有基层组织3465个，其中基层党委282个、总支部130个、支部3053个。全区党员总数为100673人，比2022年增加881人。其中女党员50041人，占党员总数49.71%；35岁及以下党员11397人，占党员总数11.32%；61岁及以上党员51791人，占党员总数51.44%；具有高中、中技及以上学历89325人，占党员总数88.73%，其中大学专科学历19936人，占党员总数19.80%，大学本科及以上学历51158人，占党员总数50.82%。

（曹雅琦）

【6家两新组织获评市级荣誉】2023年，北京市君合律师事务所党委“红泥育新枝”、北京鉴衡认证中心有限公司党支部“绿色能源党旗红”、安利（中国）日用品有限公司北京分公司党委“一个核心 两个依托”、观典防务技术股份有限公司党支部“党建引航 劳模示范”、北京阳光北亚家政服务有限公司党支部“志愿党建红”、北京市体育类联合党委“党建引领体育惠民生”共6个“两新”党建品牌获得2023年北京市100个“党建强、发展强”党建品牌项目。

（盛洋）

【科级及以下公务员交流任职】2023年，区委组织部强化顶层设计和区级统筹力度，形成并印发《关于开展2023年科级及以下公务员交流任职工作的通知》，全年累计完成科级及以下公务员104人交流任职，有效增强全区公务员队伍活力。城管执法领域交流在全市率先实现“破冰”，相关经验做法在全市城管执法领域推广。

（马展）

【新录用公务员导师培养制度】2023年，区委组织部在全区范围内印发《关于建立新录用公务员导师培养制度的实施方案（试行）》，从2023年新录用公务员开始，逐步建立健全新录用公务员导师培养制度。采用“2×（2+X）”导师模式，设定2年培养周期，为每名新录用公务员配备领导班子成员1人担任成长导师和业务骨干1人担任业务导师，鼓励有条件的单位设置专项导师，全年累计为全区新录用公务员284人配备业务导师256人、成长导师183人，切实帮助新录用公务员完成从“校门”到“机关门”的身份和作风转变。

（马展）

【规范公务员辞职后从业行为】2023年，区委组织部进一步规范公务员辞去公职的审批程序，严明纪律要求，完善监管机制。指导全区76家单位开展从业行为限制清单更新，汇总统计各单位从业限制期内辞去公职人员的台账信息，与职能部门联合开展从业限制期内行为核查。

（马展）

【公务员信息采集及统计年报】2023年，区委组织部完成全区公务员及参公人员6153人的信息采集和统计。生成公务员、参照公务员管理的群团机关和事业单位工作人员、地方各级领导班子成员、各级机关、事业单位处级干部、地方党政领导班子优秀年轻干部情况、事业单位领导人员情况共7套报表，累计校验人员信息69.53万条，审核报表4810张。

（马展）

【2023年公务员考试录用】2023年，区委组织部完成东城区考试录用公务员工作，发布职位计划284个。精准把握科学命题，结合核心区发展特色，分级分类自主命制试题；稳步开展资格审查，指导完成全区所有考生资格初审和复审工作，按照“一生一册”，装订备案复审材料300余册；严谨规范组织面试，采取“结构化小组”面试形式，划分13个面试功能区，实行分数多人复核制，确保准确及时对外公布；做实做细体检考察，针对六大类别考生制订不同考察方案；持续关注数统分析，形成2023年度录用人员情况分析报告，为领导决策和公务员队伍建设提供数据支撑。

（朱睿）

【公务员考核奖励】2023年，区委组织部建立“1+5+X”平时考核指标体系，实行差异化调控，结合中心工作和急难险重攻坚任务设置“加分项”，为敢于担当作为、做出突出贡献的公务员加分。开展2022年度公务员年度考核奖励工作，持续为获奖励公务员颁发奖章、证书，提升公务员荣誉感、责任感。

（朱睿）

【党建研究】2023年，区委组织部完成年度重点调研课题《关于以品牌建设推动基层党建高质量发展的实践与思考》，获市党建研究会2023年度优秀调研成果一等奖。召开区党的建设研究会第六次会员代表大会，完成党建研究会换届工作。

（姜培文）

【组工信息宣传】2023年，区委组织部制订《东城区组工信息和网络宣传工作管理办法》，将组工信息纳入基层党建年度考核（“三级联创”考核）。改版《东城组工动态》，在“东城组工”微信公众号增设“东组论见”专栏。全年共向中组部、市委组织部报送各类信息348篇，其中被市级以上刊物采编18篇，东城区委组织部被评为全市2023年度组织系统信息报送先进单位、东城区2023年度信息报送工作优秀单位。抓实网宣员队伍，网评文章被中组部通报表扬4篇，被市委组织部通报表扬47篇。

（姜培文）

【组工干部队伍建设】2023年，区委组织部制订实施《关于加强全区组工干部队伍建设的若干措施》。创新举办“东城组工业务论坛”，为各党（工）委搭建交流借鉴、促进提升平台。举办组工干部培训班，不断提升全区组工干部能力水平。举办青年联学共建活动4期。

（姜培文）

【干部选拔任用工作情况通报】1月13日，干部选拔任用情况通报会召开，通报2022年处级干部选拔任用情况，进一步凝聚选人用人共识，提升干部工作水平，着力营造公开透明、风清气正的良好用人环境。

（方澎琪）

【处级领导班子领导干部年度考核】1月至7月，区委组织部学习贯彻《干部考核条例》和市委若干措施要求，围绕全区中心工作和重点任务，坚持把政治标准放在首位，不断完善干部考核评价机制，发挥考核风向标作用，开展处级领导班子年度考核。在综合考核优秀单位的基础上，统筹考虑选人用人总体评价好评率、12345热线年度排名等情况，按照不超过参加考核班子总数30%的要求，评出26个优秀处级领导班子，并在全区范围内进行通报。继续实行全区党政正职年度考核优秀等次和奖励指标单独核定、统筹推荐，突出党政正职的引领带动作用。进一步坚持考核优秀奖励指标向基层倾斜，街道按照30%的比例、其他单位按照20%的比例核算优秀指标，街道按照6%的比例、其他单位按照4%的比例核算三等功奖励指标。对承担中心工作任务较重，在疫情防控、接诉即办、冬奥会服务保障、税源建设等重点工作中表现突出的单位和个人给予指标倾斜，进一步激励干部担当作为。组织开展处级领导干部述职、优化推进年度考核测评、统筹下达奖励指标、考核工作委员会审议、常委会研究决定等环节，完成2022年度全区90家单位处级干部800余人的考核奖励工作。

（路凡）

【基层党建述职评议考核】2月3日，东城区2022年度党（工）委书记抓基层党建述职评议会召开。区委书记孙新军主持会议并作现场点评、总结讲话。区领导周金星、王清旺等出席，中央组织部组织二局办公室领导列席。党（工）委书记22人现场述职，党（工）委书记5人作书面述职，与会区领导、区委党建工作领导小组成员、区“两代表一委员”和基层党员干部群众代表现场测评打分。

（杨璐婕）

【干部教育培训】2月，区委组织部举办东城区处级领导干部学习贯彻党的二十大精神专题研讨班，全员培训区管处级干部850余人，并指导各单位实现科级及以下干部党的二十大精神学习培训全覆盖。3月至11月，举办接诉即办系列专题培训班11期。8月至12月，举办“四巷”（银巷、硅巷、文巷和杏巷）系列专题培训班4期，针对性选调区内金融、科技、文化、卫生健康领域单位主要领导，到外省市开展培训。10月，与国家教育行政学院合作承办全国新录用公务员初任培训班东城区分课堂，完成全区新录用公务员347人初任培训。全年举办集中轮训6期、主体班15期、专题班34期，培训干部6100余人次，服务保障各级领导干部参加中央、市级培训246人次。督促全区干部6200余人完成北京干部教育网在线学习，完成率100%。

（张子介）

2月3日，东城区2022年度党（工）委书记抓基层党建述职评议会召开
（区委组织部提供）

【城市基层党建】4月4日，2023年全区基层党建重点任务推进会召开，传达全国、全市基层党建重点任务推进会会议精神。全区各街道、各系统党（工）委副书记、基层党建工作负责人，区委组织部相关组室参会。东华门街道、朝阳门街道、建国门街道、崇文门外街道、区国资委党委、区市场监管局机关党委6家基层党组织代表分别围绕党群服务中心建设、党员教育培训、两新党建、党建引领基层治理、国企党建、机关党建等重点工作展开经验交流。会上印发《2023年东城区基层党建工作重点任务清单》。7月25日，经区委组织部第21次部务会审议，2个市级后进社区、9个区级后进社区摘帽。9月21日，会同区直机关工委印发《东城区贯彻落实〈中国共产党党和国家机关基层组织工作条例〉工作措施（试行）》。11月24日，召开东城区加强党的组织体系建设三年提升计划（2022—2024年）中期推进会，通报三年提升计划中期推进情况。体育馆路街道工委、区发展改革委机关党委、崇文门外街道西花市南里西区社区党委、北京景山学校党委、和平里医院党委、金保信社保卡科技有限公司党支部在会上交流发言。

（杨璐婕）

【基层党组织书记队伍建设】5月4日，区委组织部印发《东城区优秀社区党组织书记工作室管理办法（试行）》，全区市区级优秀社区党组织书记工作室增补至56家，划拨专项经费28万元支持工作室建设、后备力量带教培养等。8月20—24日，组织全区社区书记和居委会主任159人参加全国社区党组织书记和居委会主任视频培训班。完成2023年度面向优秀社区党组织书记和优秀社工招录事业编工作，经过笔试、综合素质评价、面试等环节，择优录取社区党组织书记50人和社区工作者12人为事业编。坚持并完善常态化社区书记选任资格联审机制，全年共审核、备案28人。

（杨璐婕）

【党建引领基层治理工作】5月6日，区委组织部印发《东城区常态化长期化开展“双报到”工作提升服务管理实效的实施方案》，500余个机关企事业单位党组织回社区报到服务。9月21日，印发《东城区关于深化党建引领基层治理创建接诉即办“零诉求社区”“低诉求社区”和“满分社区”的实施方案》，9月至12月共评选低诉求社区、满分社区327个次。全年完成市委组织部及上海市、拉萨市、成都市等党建引领基层治理等主题调研接待11次。完成党员应急动员发挥作用机制研究调研课题报告，系统总结基层党组织和广大党员在急难险重任务中的重要作用。

（杨璐婕）

【东城区产业组团党委成立】9月7日，全市首个产业组团党委——东城区航星园产业组团党委成立大会召开，东城区委“两新”工委委员、航星园产业组团党委委员、产业组团牵头部门、相关街道领导、产业组团重点企业代表参加大会。市委组织部、东城园工委、区委组织部领导参加。

（盛洋）

宣传工作

【概况】中共北京市东城区委宣传部（简称区委宣传部）是主管全区宣传思想文化工作的区委工作部门，为正处级单位，加挂北京市东城区人民政府新闻办公室（简称区政府新闻办）、北京市东城区新闻出版局（简称区新闻出版局）牌子。北京市东城区精神文明建设委员会办公室（简称区精神文明办）设在区委宣传部。北京市东城区文化发展促进中心（简称区文促中心）是区委宣传部所属副处级全额拨款事业单位。东城区文明城区建设服务中心为区委宣传部所属相当正科级财政补助公益一类事业单位。2023年，区委宣传部组织区委理论学习中心组学习27次，全年组织新闻发布会和现场采访176场，在各类媒体刊发稿件2.92万篇，开展驻华使节感知北京东城行、“一带一路”国家媒体青年采风等寻访活动，50个融媒作品获评国家级、市级奖项。严格落实意识形态工作情况报告、情况通报、主动引导、管控处置、协同联动及教育培训机制，守好守牢意识形态阵地，东城区作为全市唯一地区入选民间文艺版权保护与促进全国试点。与陕西延安革命旧址发起“隔空对话”，推动“流动的红色课堂”专题展览巡展活动走进高校、企业、军营、社区等。“红色文化赋能思政工作”“让老胡同焕发新活力”分别获中国思想政治工作研究会二类优秀研究成果和基层优秀案例。发布焕发会馆文化活力伙伴计划，韶州会馆“样板间”全新亮相，联动广东省韶关市等四省五市签订6处会馆合作意向，京地互鉴合作创新模式获全市“微改革、微创新”典型案例。推动阔别10年的“我与地坛”北京书市回归，中国纪录片大会、北京大学生电影节、孔庙国子监国学文化节等活动接续举办。朝阳门“27院儿”入选全国基层公共文化服务高质量发展典型案例，美后肆时入选全国优秀群众文化品牌案例。金台·共享际、金隅龙顺成文创园建成开园，大麦新空间等5家首批演艺新空间率先完成授牌。获评首批国家文化与金融合作示范区，在全市首创融资“白名单”机制，连续举办七届中国文化金融峰会，文化产业地均产出继续在全市领跑。冯远征等8人获人才称号，17人获批人才引进，持续加快文化人才发展高地建设。

（王殊瑾）

【理论学习教育】2023年，区委宣传部坚持以习近平新时代中国特色社会主义思想为指导，全面贯彻落实党的二十大精神，学习宣传贯彻习近平文化思想，发挥区委理论学习中心组带学促学作用，以“请进来”“走出去”结合、“大课堂”“小专题”互补的方式，开展习近平法治思想、习近平经济思想、习近平文化思想、习近平外交思想等27次专题学习。健全理论学习中心组学习制度，创新编发《理论微刊》等资料，深入基层开展“巡听”34场，理论学习中心组工作成果作为唯一区县级经验材料在中宣部《时事报告·党委中心组学习》刊登推广。

（苗思杰）

【理论宣讲】2023年，区委宣传部推进基层理论宣传教育通俗化大众化传播，构建理论“有声”“有形”“有力”的“三有”理论工作机制，发布“历史文脉”“老城新颜”“红色印记”等理论学习路线，与清华大学等开展“联学、联讲、联创”活动，打通党的创新理论传播“最后一公里”。深化“五讲并举”宣讲体系，组建“强国复兴有我”百姓宣讲示范团、特色宣讲团，依托胡同里的红色讲坛、周末社区大讲堂、马克思主义读书会等特色载体，以“人物+故事+互动”等模式创新宣讲620余场，受众16万余人，宣讲工作延伸到最基层。

（苗思杰）

【理论研究】2023年，区委宣传部开展处级干部“宣讲家杯”优秀党课（报告）征集评选活动，在融媒体平台开设“‘理’响东城”理论专栏，选树推广基层理论成果。持续加强理论研究转化，《在守住“根”与“魂”中赓续城市文脉——对北京市东城区传承发展优秀传统文化的调研》《凝聚民心跟党走 砥砺奋进新征程——新时代巩固壮大主流思想舆论调研报告》等7篇调研成果在《人民日报·内部参阅》《党建》《思想政治工作研究》《前线》等杂志上刊登宣传。

（苗思杰）

【意识形态工作】2023年，区委宣传部细化意识形态工作责任制项目内容（折子工程），区委与直属党（工）委书记签订《意识形态工作责任书》，层层压实主体责任。严格落实意识形态工作情况报告、情况通报、主动引导、管控处置、协同联动及教育培训机制，常态化开展区委巡察和全面从严治党考核评价，重大时间节点双轨运行线上会商机制和线下会议机制，分析研判意识形态领域情况。开展意识形态阵地隐患排查，对公益宣传栏、公益围挡、雕塑、壁画、各类文旅场所等开展检查。对脱口秀等行业开展约谈提醒，守好演出市场前沿阵地。

（苗思杰）

【“扫黄打非”工作】2023年，东城区持续推进“正道”“新风”等10余个“扫黄打非”专项整治行动，检查文化市场经营单位8200余家次，2个街道获评北京市“扫黄打非”进基层示范点。5月6日，东城区召开2023年“扫黄打非”工作会，会议传达第三十六次全国“扫黄打非”工作电视电话会议和2023年北京市“扫黄打非”工作会议精神，总结2022年“扫黄打非”工作，部署2023年东城区“扫黄打非”行动方案要点。

（王婧宁）

【新闻宣传】2023年，区委宣传部紧紧围绕习近平新时代中国特色社会主义思想在东城的生动实践，创新重大主题新闻宣传策划机制，开设“全速推进‘崇文争先’ 全力做实‘六字文章’”等20余个专栏专题，组织新闻发布会和现场采访176场，在各类媒体刊发稿件2.92万篇，其中在《人民日报》、新华社等中央及市属媒体刊发报道5700余篇，头版报道235篇、整版报道98篇。“借梯登高”开辟国际传播渠道，联动开展“故宫以东——文商明珠”驻华使节感知北京东城行、“一带一路”国家媒体青年采风、“走读中国·走进北京老城区”、“丝路大V北京行”等参观寻访活动，带领中外记者、驻华大使等走进东城进行深度采访，向世界讲述东城故事。

（王婧宁）

【爱国主义教育】2023年，区委宣传部用好用活红色资源，北大二院旧址挂牌成为东城首家“北京地区类博物馆”，联合北大红楼、中法大学旧址等9处革命活动旧址开展“云游北大红楼与中国共产党早期北京革命活动旧址”专题活动，与陕西延安革命旧址发起“隔空对话”直播，以党的奋斗历程凝聚奋进力量。推动“流动的红色课堂”专题展览巡展活动走进北京大学等高校、企业、军营、社区。开展“用好用活社区宣传栏”试点，联动爱国主义教育基地巧用“方寸之地”进行馆藏精品展示。成立区委全民国防教育工作领导小组，为9所学校授牌“全国国防教育示范学校”称号，增强群众爱党爱国的深厚感情。

（白萌）

【典型宣传】2023年，区委宣传部持续做好道德榜样选树工作，举办“向你致‘敬’——感动东城”道德模范颁奖典礼，全年累计举荐群众身边榜样123人，5人获评“中国好人榜”身边好人等全国性称号；11人上榜“北京榜样”，上榜率较2022年增长178.3%。开展“新时代好少年”推荐评选工作，未成年人思想道德建设工作测评连续4年位居全市各区第一，举办“中华美德少年行”巡演活动，邀请道德模范、典型榜样以“对话”形式开展宣讲6场次，“德者受尊、德者有得”的导向愈发鲜明。

（张璟辉）

【北京东城文化发展研究院】2023年，北京东城文化发展研究院深耕“‘文化东城’会客厅”IP，邀请文化数字、文化遗产、北京中轴线和历史文化名城保护等不同领域专家学者开展文化讲座20余场。完成《数字人技术与东城区文化的融合发展研究》《东城区文化消费赋能城市高质量发展》两项年度课题研究项目，并转化成落地的项目成果和制度文件。在首批专家12人基础上，将日常联络专家智库拓展为50余人。推出微纪实专题片《老单走东城》，支持制作大型网络文化节目《登场了！北京中轴线》等，讲好“中轴故事”“东城故事”。

（张志刚）

【第30届大学生电影节】4月23日至5月4日，“北京国际电影节·第30届大学生电影节”举办。活动由北京师范大学和东城区委、区政府共同主办，“北京国际电影节·第30届大学生电影节”组委会、北京师范大学艺术与传媒学院、区委宣传部承办，涵盖启动仪式、“光影青春”影片展映等精彩活动。特别举办“向光而立”大学生电影节30周年主题活动，包括“中国电影30年与中国式现代化新征程”学术论坛、“溯光·而立”大学生电影节30周年回顾展览、“沐光·同行”大学生电影节30周年线上影展，并推出《向光而立》大学生电影节30周年纪念影片。

（张志刚）

【会馆活化利用】5月22日，东城区在颜料会馆发布《东城区焕发会馆文化活力伙伴计划》，与广东省韶关市、湖北省黄冈市、广东省梅州市、安徽省池州市、福建省龙岩市四省五市签订6处会馆合作意向，打造会馆文化体验群落，共建中华文化“百花园”，为会馆文化注入新的活力和生机。京地互鉴合作的创新模式获全市“微改革、微创新”典型案例。持续擦亮“会馆有戏”品牌，全年共推出“魅力国风”“京韵芳华”“花雅运河”等主题演出120余场，惠及上万人次。

（张志刚）

【首届中国纪录片大会】8月28日，由国家广播电视总局、北京市人民政府共同主办，国家广播电视总局宣传司、北京市委宣传部、北京市广播电视局、东城区委区政府承办的2023首届中国纪录片大会启动仪式在中央歌剧院举办。大会以“文化传承 光影见证”为主题，组织开展中国纪录片盛典、学术交流、展播展映、提案大会、产业合作、特色活动、总结式等七大板块精彩活动，打造涵盖项目孵化、学术交流、精品展示、人才培养、国际交流等五大国内最具权威性的纪录片展示交流平台。

（王婧宁）

【东城文化月】8月28日至10月7日，东城区举办2023“东城文化月”活动。活动围绕“代代相传、新新不已、美美与共”三大板块举办69场文化活动，通过组织第九届孔庙国子监国学文化节、古建音乐季、“博物馆之夜”等30项活动，在代代相传中寻根“中华魂”；通过开展北京时装周、“文化惠民东城行”、2023BIRTV视听产业基地（园区）论坛等24项活动，在新新不已中激活“新动能”；通过落地“影像中国”赏映分享会、“一带一路”沿线国家世界文化和自然遗产摄影大展等15项活动，在美美与共中彰显“国际范”。其间，“崇文争先”在东城——集章打卡活动推出“书香东游记、古建探访录、文潮嘉年华、遇见文博美”4条打卡线路，通过线下集章的方式汇聚东城区书店、博物馆、文创店、老字号等丰富的文化资源。

（张志刚）

【“我与地坛”北京书市】9月8—18日，由中共北京市委宣传部主办、北京发行集团承办、东城区委区政府协办的“我与地坛”北京书市在地坛公园举办。本届书市为期11天，展场总面积1.5万平方米，设置8大专区350个展棚，208家参展商集中展示展销40余万种精品图书，再创历史新高。推出阅读互动活动、阅读推广活动、签售活动、线上直播活动等近100场，营造爱读书、读好书、善读

5月22日，东城区举办“东城区焕发会馆文化活力伙伴计划”发布仪式
（区委宣传部提供）

书的浓郁氛围。

（张志刚）

【北京文化论坛】9月14—15日，2023北京文化论坛在东城区举办，国家主席习近平向论坛致贺信。论坛由中共中央宣传部、北京市委、市政府共同主办，东城区委、区政府协办。论坛以深入学习贯彻习近平总书记关于社会主义文化建设的重要论述、全面落实党的二十大关于文化强国建设战略部署为主旨，以“传承优秀文化促进交流合作”为年度主题，打造文化建设成果的展示平台、文化建设经验的交流平台、文化创新发展的合作平台、文明交流互鉴的传播平台。发布“全国文化中心建设2022年度十件大事”等重要成果，设置“文化遗产：系统保护与活态传承”“科技赋能：发展机遇与风险应对”“以文化人：文艺价值与社会生活”“文旅融合：以文塑旅与以旅彰文”“文明互鉴：相互尊重与合作发展”5个平行论坛，中央和各地宣传文化单位负责人，知名专家学者、作家、艺术家和行业领军人物，以及国际政要和文化领域国际机构负责人等中外嘉宾600余人出席。

（王殊瑾）

【全国话剧展演季】11月29日，“大戏东望·2023全国话剧展演季”在北京喜剧院启动，以“戏悦东城——与戏剧共生 与城市共美”为主题，举办精品剧目展演、高峰对话、“全城有戏”等系列活动，通过高质量演出、高层次交流、高效能传播、高水平互动，不断夯实“大戏东望”品牌影响力，打造具有全国影响力的戏剧年度盛会。展演季联动上海、天津、深圳、南京等10余个地市，共举办23部剧目43场演出。

（张志刚）

【全区宣传思想文化工作会】12月4日，东城区召开全区宣传思想文化工作会议，会议传达习近平总书记重要指示精神和全国、全市宣传思想文化工作会议精神，系统总结新时代十年全区宣传思想文化工作取得的成绩。区委书记孙新军强调，要坚持以习近平新时代中国特色社会主义思想为指导，全面贯彻党的二十大精神，深入学习贯彻习近平文化思想，坚持用党的创新理论武装全党、教育人民，自觉担负起推动文化繁荣、建设中华民族现代文明这个新的文化使命，推动建设贯彻落实习近平文化思想的首善之区。区委教育工委、区文化和旅游局、区融媒体中心、前门街道有关负责人作交流发言。

（王殊瑾）

12月4日，东城区召开全区宣传思想文化工作会议（区委宣传部提供）

统战工作

【概况】中共北京市东城区委统一战线工作部（简称区委统战部）是区委主管统一战线工作的工作机关。统一领导民族宗教工作，区民族宗教办归口区委统战部领导。统一管理侨务工作，对外加挂北京市东城区人民政府侨务办公室（简称区政府侨办）牌子。中共北京市东城区委统一战线工作领导小组办公室设在区委统战部。区台办与区委统战部合署办公。2023年，区委统一战线工作领导小组召开第八次全体会议、民族宗教等5个联席会和区委对台工作领导小组会，强化工作统筹。建立新任职“一把手”统战工作任前谈话机制，与新任党（工）委书记8人开展谈话，召开基层统战工作座谈会，对分管领导、专兼职干部集体谈话。加强在政府部门配备党外干部工作，在9个政府工作部门领导班子中配备处级党外干部，完成全区首批无党派人士134人的认定。牵头制订全区宗教工作“三级网络、两级责任制”实施方案，落实区委宗教工作主体责任。组织全区统一战线开展“凝心铸魂强根基·团结奋进新征程”等主题教育。举办民主党派代表人士等5个主体培训班次，覆盖500余人。与房山区委统战部签订长期帮扶合作协议，组织统一战线捐款捐物价值2420余万元。开展“公益律师服务团”项目，全区17个街道全年完成任务31项，惠及群众2000余人；组织“同心服务团”走基层，开展义诊、特教关爱、乡村振兴、普法宣传等活动。信息工作获中央统战部信息直报点三等奖、获全市信息工作二等奖。编辑《议政建言直通车》23期，3次获区领导批示。重点调研课题《发挥统战优势助力经济高质量发展——以东城区为例》获全市统战理论研究和调查研究优秀成果一等奖。扩大区域工作平台，联手17家驻区中央单位和29家区属单位，建立区域化统战工作协调联络机制。打造“同心东城”多党合作新品牌。完成海联会、新联会换届，指导朝阳门等街道相继成立属地新联会，指导红桥市场成立全市首家非遗行业新联会，进一步扩大“1+9+5”“区级+街道+行业企业园区”新联会矩阵辐射效力。研究制订《东城区区域化统战工作基层创新试点申报方案》，在和平里等5个街道开展基层统战工作创新试点。打造“民族团结大篷车”活动品牌，支持东城区东四清真寺建成北京市伊斯兰教中国化展示中心。推荐民营企业家22人担任区优化营商环境监督员；举办“财税讲堂”“政企面对面”就业政策座谈会4场，民企“进高校”“进社区”专题招聘会10次，提供就业岗位210余个。成立东城海联会台胞专委会，提升为台胞台属服务质效；完成高雄北京特色周、京台垃圾分类研讨会、“跃动京台青出于蓝”青年篮球赛、京台基础教育校长峰会系列活动。拓展海外联谊，完成第十届世界华侨华人社团联谊大会部分代表、法国侨商团等到东城考察参访接待工作。

（张倩楠）

【海外统战和侨务工作】2023年，区委统战部不断加强与海外侨团、侨领联系交往，协助完成第十届世界华侨华人社团联谊大会、法国华人经贸协会等120余人到东城的参访接待任务。在全区范围内开展侨情调研和困难归侨侨眷摸排，制订《2023年东城区困难归侨侨眷救助工作方案》，为困难归侨侨眷31人发放市、区级救助金和物资共计19万余元。推进侨务政务“一网通办”，累计办理涉侨政务事项100余项，做好为侨服务工作。

（屈玉环）

【区域化统战工作】2023年，区委统战部加强与驻区中央、市属单位的走访联系，引导驻区单位与属地党委双向借力、双向互动，在资源对接、人才联动、基层治理等方面发挥独特优势，拓宽“大统战”工作格局，助力全区经济社会高质量发展。4月20日，举办区域化统战工作暨基层统战工作创新试点启动仪式，全区17家驻区单位应邀成为协调联络机制成员单位，5家街道成为首批创新试点街道，市委统战部领导，区领导孙新军、薛国强出席。8月23日，东城区召开区域化统战工作第一次联席会议，与9家驻区单位签署关于开展联合调研、联合议政、参访路线项目的合作意向书，区领导孙新军、薛国强、王佑明及部分驻区单位有关负责人参加。

（陈鸣）

【统一战线迎新春座谈会】1月11日，统一战线迎新春座谈会召开。民建区委主委、民进区委主委、区基督教三自爱国运动委员会主席、区工商联主席、东城新联会会长代表统一战线各领域发言，孙新军、周金星、吴松元、薛国强等有关区领导及区各民主党派、宗教团体、工商联、侨联和统战联谊组织负责人参加。

（王蕊）

【统战联谊组织年度活动】1月23日，东城新联会举办“团结奋进‘新’欣向荣”2023年云年会。3月7日，东城统一战线举办“‘不负好春光 同心赴征程’——感悟非遗魅力 走近中医药”2023年“三八节”主题活动，来自东城知联会、新联会、海联会的理事代表30余人参加。6月28日，东城新联会联合红桥非遗新联会、东四街道新联会、建国门街道新联会开展“东城新韵|月·聚——走进国博”主题活动。9月12日，“东城新韵·公益律师服务团”到东四街道统战工作站开展公益法律咨询服务。12月22日，东城海联会在王府国际中心举行“海纳We来 共创国际消费新华章”新年庆典活动，区领导薛国强参加活动。

（戴倚琳）

【同心大讲堂】3月17日，由中共东城区委统战部主办、民革东城区委承办的第10期民主党派“同心大讲堂”活动在东城民革党员之家文沁阁举办，活动邀请民革党员3人宣讲全国两会精神，东城区各民主党派、东城知联会、新联会、海联会共计170人分别以线上、线下的形式参与。5月6日，区委统战部举办第11期“同心大讲堂暨学习中共二十大，携手奋进新征程”活动，组织观看电影《望道》，各民主党派成员、部机关党员干部等150余人参加。7月6日，由中共东城区委统战部主办、台盟东城区委承办的东城区“同心大讲堂暨凝心铸魂强根基、团结奋进新征程”主题教育专题报告会在台盟中央西区礼堂举办，活动邀请北京工商大学马克思主义学院教授、全国台联特邀专家讲解党的二十大以来中央对台政策及当前台海形势，各民主党派成员、党外干部共计80余人参加。12月28日，由中共东城区委统战部主办、致公党区委承办的2023年第四季度“同心大讲堂”在中国社科院拉丁美洲研究所举办，活动邀请致公党党员、中国社会科学院欧洲研究所中东欧研究室副研究员主讲《对当前国际形势的思考》，邀请致公党党员、中国社会科学院拉丁美洲研究所助理研究员讲解《中轴线上的大思政——段祺瑞执政府》。现场交流后，与会人员参观段祺瑞执政府旧址和中国社会科学院拉丁美洲研究所。各民主党派成员，中国社会科学院直属机关党委等区域化统战工作成员单位联络员、驻区重点企业中闻律师事务所的有关人员70余人参加活动。

（陈鸣）

【区委统战工作领导小组会】3月20日，区委统一战线工作领导小组第八次全体（扩大）会议召开，区委书记、区委统战工作领导小组组长孙新军主持并讲话，区领导王清旺、郑晓博、薛国强出席。会议传达全国统战部长会议、市委统战工作领导小组会议、全市统战部长会议及全市民族宗教工作会议精神；审议《区委统战线工作领导小组成员名单》《区委统战工作领导小组各成员单位职责分工》《区委统战工作领导小组2022年工作总结》《区委统战工作领导小组2023年工作要点》和《2023年东城区统战工作重点任务清单》等文件；听取东城区2022年党外知识分子思想政治引领和无党派代表人士队伍建设工作汇报。领导小组会后，按期召开领导小组下设5个联席会全体会议，传达各相关领域重要会议精神及部署工作安排。

（屈玉环）

【“紫金同心议事厅”活动】3月28日，东城区统战智库“紫金同心议事厅”2023年第一期研讨会在永定门外街道大磨坊文创园举办，与会专家围绕“建立清洁安全高效的能源体系”“推动民营经济稳信心促增长”两个主题开展研讨。5月31日，东城区统战智库“紫金同心议事厅”第二期研讨会在天坛街道天鼎218文化金融园举办，与会专家围绕“释放中医药活力促进经济发展”“推动人工智能领域统筹谋划、科学有序发展”等主题发言。6月20日，东城区统战智库“紫金同心议事厅”在隆福寺举办“发挥统一战线优势助力经济高质量发展”专题研讨会，经济、金融等领域专家8人参会。8月17日，东城区统战智库“紫金同心议事厅”第三期研讨会在前门街道青云贰拾叁艺术中心举办，与会专家围绕“央国企统战工作”“推动中华优秀传统文化创造性转化、创新性发展”主题讨论。12月19日，东城区统战智库“紫金同心议事厅”在雪莲亮点文创园举办成立二周年活动暨2023年第四期研讨会。姜俊杰工作室等3家团体会员单位负责人、党外专家代表10人及民主党派区委专职（常务）副主委参加。会议总结议事厅两年来工作情况并安排2024年工作，介绍3家团体会员加盟情况、宣布新受聘专家8人名单，团体会员单位代表和党外专家代表作表态发言，区领导薛国强出席。与会专家围绕北京市与东城区文化产业繁荣、北京市加快“两区”建设两个主题展开热烈讨论，形成多篇意见建议，获上级单位采纳。

（张倩楠）

【“同心东城”启动仪式】3月30日，由中共东城区委统战部举办的“同心东城”系列活动品牌在“雪莲·亮点”东四文创园正式启动。启动仪式以“讲家国故事·续统战华章”为主题，嘉宾8人按照时间脉络，讲述自己与东城的深厚情谊。市委统战部领导，区领导孙新军、薛国强，区各民主党派主要负责人及部分党外代表人士出席。

（陈鸣）

【纪念“五一口号”75周年健步行活动】4月18日，区委统战部组织开展“红楼初心担使命·团结奋斗新征程”纪念中共中央发布“五一口号”75周年健步行活动。活动从北大红楼出发，途经“光辉起点·中共早期组织在东城”主题展览、京师大学堂等11个点位，全程约5.1千米。区领导薛国强、部分区民主党派主要负责人等40余人参加。

（陈鸣）

【新阶层人士统战工作联席会】4月23日，区委统一战线工作领导小组新的社会阶层人士统战工作联席会2023年第一次全体会召开，区领导薛国强主持。会议对2022年工作进行总结，对2023年要点进行说明。

（周薇）

【教育培训】6月8—9日，区委统战部联合东城区社会主义学院举办2023年东城区基层统战干部培训班，开展民营经济统战工作、宗教现状与宗教关系、海外统战工作、动态信息编写专题讲座，共计100余人参加。6月20—21日，区委统战部联合区委组织部、东城区社会主义学院举办2023年东城区民主党派代表人士、党外干部培训班，开展中国政党制度历史沿革、参政议政工作、以高质量发展引领首都经济发展、北京中轴线历史文化等内容专题培训，各民主党派、区域化统战工作成员单位代表、无党派代表人士等90余人参加。7月19日，区委统战部（区政府侨办、区台办）联合东城区社会主义学院举办2023年东城区统一战线建言信息培训班，就“做好建言类统战信息工作的实践与思考”“发挥党外智力优势 为高质量发展精准建言”“《议政建言直通车》（专报）的撰写要求”作专题培训，90余人参加培训。12月1日，区委统战部举办2023年新阶层人士及无党派人士培训班，讲授国家安全及形势解析、百年党史等内容，新一届新联会会员和理事、无党派代表人士等100余人参加。

（张倩楠）

【党派团体协商通报会】7月24日，东城区委召开党派团体协商通报会，通报2023年上半年党风廉政建设及反腐败工作情况，就区委常委会工作报告听取各民主党派、工商联负责人、无党派人士代表意见建议，孙新军主持并讲话。12月18日，东城区委召开党派团体协商通报会，就中共东城区委工作报告与东城区政府工作报告听取各民主党派、工商联负责人、无党派人士代表意见建议，孙新军主持会议，区领导李妍、薛国强出席。

（陈鸣）

7月24日，中共东城区委召开党派团体协商通报会（张传东摄）

【区情通报会】8月15日，区委统战部、区发改委联合举办东城区域经济高质量发展区情通报会，向党外人士介绍东城区上半年经济运行情况及下半年重点工作。各民主党派、工商联代表等100余人参加。

（陈鸣）

【东城房山对口帮扶活动】8月27日，东城区委统战部、房山区委统战部、民革东城区委、中国医学科学院北京协和医学院群医学及公共卫生学院联合举办“携手同心共聚合力 东城房山同舟共济”对口帮扶活动，在房山区大安山乡举办义诊、灾后防病科普宣传活动及灾后恢复重建座谈会。11月30日，区领导薛国强带队到房山区开展对口帮扶工作，察看史家营乡2023年暴雨灾害与重建纪实、了解史家营乡受灾及灾后恢复重建情况，介绍此次赈灾款及生活保障物资的捐赠情况。东城统一战线向史家营乡捐赠赈灾款共计50万元，来自东城统一战线有关领域的献爱心代表收到灾区感谢信。同日，区委统战部组织北京协和医院、中国中医科学院、北京同仁医院等20余家医院的专家及医护人员25人开展义诊及灾后防病科普活动，覆盖300余人。

（陈鸣）

【专题议政会】9月21日，东城区召开经济高质量发展专题议政会。区领导孙新军、周金星、李妍、薛国强出席。区各民主党派、无党派代表人士，工商联会员企业代表，区域化统战工作成员单位代表以及区有关部门负责人参加。会上，民革、民盟、民建、九三学社代表6人围绕东城区招商引资、数字文化产业、多元化体育消费等方面面作重点发言；区域化统战工作成员单位代表及区工商联会员企业代表作即兴交流。区发展改革委、区商务局、区文旅局、区体育局、区金融办等有关委办局负责人一一回应。

（陈鸣）

【统战联谊组织换届】11月9日，北京东城海外联谊会完成换届，区领导薛国强当选会长。新一届东城海外联谊会共有理事111人，其中港澳台及海外理事共计占比50%，分布在全球19个国家和地区。12月1日，北京东城新的社会阶层人士联谊会完成换届，导演、全国政协委员刘家成连任会长。新一届新联会拥有会员204人，大会选举理事105人组成新一届东城新联会理事会，其中民企外企管理技术人员45人，占42.8%；中介组织和社会组织从业人员28人，占26.6%；自由职业人员13人，占12.4%；新媒体从业人员（含网络大V）19人，占18.2%，新一届理事会行业分布广泛、比例结构合理、人物代表性强。

（周薇）

【区政协调整委员、常委】11月29日，中共北京市东城区委常委会研究审议《关于政协北京市东城区第十五届委员会委员、常委有关情况的汇报》。会上，根据政协工作需要对部分区政协委员、常委会组成人员进行调整。因部分政协委员工作发生变化、职务发生变动等原因建议撤销委员3人，建议不再担任委员、常委5人，因职务变化需辞去常委职务，保留委员身份1人，因职务变化需辞去委员身份、一并辞去常委职务4人。

（陈鸣）

决策研究

【概况】中共北京市东城区委研究室（简称区委研究室）是负责全区综合性政策研究，为区委科学决策服务的区委工作部门，中共北京市东城区委全面深化改革委员会办公室（简称区委改革办）承办区委全面深化改革委员会的日常事务。2023年，区委研究室围绕全区中心工作，发挥“以文辅政”作用，加大调查研究力度，统筹推动全面深化改革，为区委科学决策提供智力支持和决策参考。围绕市级重点调研课题，开展多次调研座谈，编辑《东城调研》12期、《决策信息摘编》44期、《每周工作动态》48期；完成各类文稿起草及修改近300篇；创刊《研究参阅》11期，聚焦区委中心工作和领导关注的重点难点问题，打造小快灵的决策服务产品；发挥区委改革办统筹协调作用，落实改革考评工作制度，梳理形成20篇典型案例，其中2篇入选市级典型案例、3篇在市级改革刊物上刊发。

（闫喆）

【区委重要文稿起草】2023年，区委研究室起草中共北京市东城区委十三届六次、七次全会，主题教育，专题民主生活会，经济责任审计等文稿和年度区委常委会工作要点。围绕学习贯彻党的二十大精神，聚焦习近平总书记重要指示批示精神，认真落实市委十三届三次、四次全会、中央市委领导调研精神，区委书记月度点评、区级工作月度点评、全面深化改革等中心工作、重点任务起草工作汇报、讲话发言及约稿文章。

（闫喆）

【东城区精神文化谱系研究】2023年，区委研究室围绕市级重点调研课题“东城区精神文化谱系研究”开展多次座谈研讨和实地调研。4月24日，召开开题研讨会，课题组讲述课题研究方案和框架思路，区委宣传部、区委党史办、区住建委、区文旅局、区委党校相关人员参与讨论交流。8月，报告形成初稿，开始调整修改。9月20日，课题组分别与区住建委、区文旅局、王府井管委会、区文促中心、区委宣传部、区委党史办、区外办、区商务局等8家单位召开两场座谈会，就精神文化传播、文化遗产保护利用、文化产业发展等问题进行深入交流研讨。10月25日，课题组在北大二院旧址开展调研，了解中国共产党成立前期在东城活动的历史。11月6—9日，课题组赴江西省井冈山、瑞金等革命老区开展调研，了解当地红色文化、红色精神传承利用发展等情况。12月，报告经反复修改、征求意见、讨论完善后，呈递区领导审定。2024年1月课题结项，报市委研究室。

（葛志强）

【统筹全区调查研究工作】3月1日，十三届区委常委会第45次会议审议通过《东城区调查研究工作2022年总结和2023年重点工作、重点课题》，确定30个区级重点课题、135个区委关注课题。区领导的调研课题《东城区精神文化谱系研究》《发挥文化消费引领带动作用，加快建设国际消费中心城市示范区》被列为市级重点调研课题，2024年初结项。5月10日，举办东城区2023年调研、改革干部培训班，全区各委办局、政法机关、人大政协、街道和企事业单位的调研、改革主管领导或专兼职调研、改革干部100余人参加。7月5日，区委常委会审议通过《关于在全区大兴调查研究的实施方案》和《中共北京市东城区委常委会关于进一步加强调查研究工作的意见》。7月至8月，组织对2022年全区优秀调研成果进行评比，评选出50篇优秀调研报告，发布通报并为获奖报告撰稿人颁发证书。9月开始的主题教育工作期间，全区建立“5+30+720”课题体系，区四套班子、处级单位确定正、反面案例各92个，开展解剖式调研。全部课题形成调研报告，并积极向政策制度、方案机制、文章案例等方面转化。

（葛志强）

【调研成果展示】2023年，区领导孙新军的理论文章《在强化核心区使命价值中展现东城担当》在《前线》第7期上刊登。区领导周金星的调研报告《东城区国际消费中心城市示范区建设研究》在《北京调研》第2期刊登。区领导陈献森的调研报告《东城区构建“矛调处置一体化”模式，推进社会治理现代化的实践做法》在《北京调研》第10期刊登。东城区委《东城区主题教育做法及成效》在《北京调研》第12期刊登。

（葛志强）

【调研督察重点改革任务】2023年，区委改革办启动对重点改革任务的实地督察，密切跟踪改革要点进展情况，及时解决改革任务推进中存在的问题困难。4月13日，区委改革办到朝阳门街道调研养老服务联合体运行机制、“中心+驿站”升级等改革相关工作。9月12日，区委改革办到区检察院调研新时代检察机关法律监督和改革工作情况。10月26日上午，区委改革办赴区国资委调研国资国企改革工作；下午，区委改革办到区卫健委调研医疗集团改革、健联体试点改革、深化国家中医药发展综合改革试验区建设等工作。10月27日，区委改革办到交道口街道调研南锣鼓巷街区治理工作。11月1日，区委改革办到前门街道调研社区治理工作。11月2日，区委改革办到天坛街道调研西草市街南段综合治理提升工作。11月3日，区委改革办到住建委调研东直门交通枢纽项目、光明楼17号改建试点、老楼加装电梯、限额以下工程施工安全管理等项目情况。同日，区委改革办副主任与城指中心负责人围绕“春风行动”召开调研座谈会。11月16日，区委改革办到东四街道民生办调研慈善信托工作开展情况。11月23日，区委改革办到区应急局调研公共安全风险管理系统运行情况。11月24日，区委改革办到区委社工委区民政局调研智慧养老平台工作。

（肖璇）

【统筹协调全面深化改革工作】1月9日，区委全面深化改革委员会第十三次会议召开。审议通过《东城区领导干部治理能力提升若干措施》《东城区关于建立中小学校党组织领导的校长负责制实施方案（试行）》《东城文物“活历计划”实施方案》，听取《东城区深化税收征管改革工作推进情况的汇报》，审议《关于加强东城区基层综合行政执法队伍建设的指导意见》。4月10日，区委全面深化改革委员会第十四次会议召开。通报区委深改委人员调整的决定和2022年度全面深化改革工作考评情况，审议通过《东城区全面深化改革委员会2022年工作总结》《东城

1月9日，东城区委全面深化改革委员会第十三次会议召开
（区委研究室提供）

区全面深化改革委员会2023年工作要点》，听取《东城区国企改革三年行动实施方案（2020—2022年）落实情况工作总结的汇报》。7月17日，十三届东城区委全面深化改革委员会第五次会议召开。听取《关于深化街道管理体制改革 推进2023年街道重点工作的汇报》，审议通过《北京市普仁医疗集团建设方案》《东城区行政复议体制改革工作报告》《东城区国防动员体制改革实施方案》《东城区推进医疗保障基金监管制度体系改革的实施方案》。10月25日，十三届东城区委全面深化改革委员会第六次会议召开。听取《关于东城区经营类事业单位改革工作进展情况的汇报》《关于东城区营商环境6.0版改革工作进展情况的汇报》《关于东城区政务服务改革创新工作推进情况的汇报》《关于东城区履行检察职能推进法律监督工作情况的汇报》。

（肖璇）

【与相关决策研究系统交流】4月17—21日，区委改革办主任等3人到中国浦东干部学院参加首都改革创新发展专题培训班。围绕推动“十四五”时期北京市重要改革举措落实，探索服务和融入新发展格局的有效路径，推进首都治理体系和治理能力现代化等进行研讨交流，提高领导干部推动改革能力和素质。6月12日，市委研究室就“学习贯彻落实习近平新时代中国特色社会主义思想方面典型性做法”到东城区调研座谈。调研组参观前门街道草厂社区“小院议事厅”，围绕习近平新时代中国特色社会主义思想的传达学习、宣传宣讲、贯彻落实、党员干部培训等，分别与街道副书记和社区党委书记交流探讨。

（葛志强　肖璇）

对台工作

【概况】中共北京市东城区委台湾工作办公室、东城区人民政府台湾事务办公室（简称区台办）是区委、区政府主管对台工作的职能部门，与区委统战部合署办公，承担组织、指导、管理、协调有关对台工作职能。2023年，区台办落实中央对台工作大政方针，在区委区政府领导下，在市台办业务指导下，立足首都功能核心区区位优势，以思想引领为主线，围绕制度创新建设、打造矩阵品牌、助推中心工作、做好服务工作，发挥核心区资源优势，推动东城区对台工作质效同升。

（薛诚）

【基层交流】2023年，区台办邀请3个来自高雄的里长民众参访团组到东城区参访，进行社区交流。接待到中央、北京市参访团组共计200余人参访东城区，参访团深入社区了解大陆制度体制，探讨社区治理实践，感受北京人文风貌，深化两岸融合发展。

（薛诚）

【台胞服务】2023年，区台办以争取民心为工作主线，常态化开展“我为同胞办实事”活动。首次创建东城区海联会台胞专委会，强化辖区定居和常住台胞日常联络，加强台籍代表人士建设。开展走访调研下基层10余次，摸排驻区台胞工作生活难题，主动排忧解难，融入东城区社会发展；建立流浪台胞救助联络机制，联合市台办、属地派出所、救助站等多个部门，救助流浪台胞3人，确保其顺利返台。

（薛诚）

【品牌活动】2月3日，2023“高雄·北京特色周”活动在台湾会馆举办，活动设置亲情、友情、爱情、民族情4个篇章，两岸同胞在节日互动中回顾过去、立足现在、展望未来；3月29日，东城区举办京台垃圾治理交流会，东城区城市管理委就近三年垃圾分类交流方式方法回顾总结，与台湾专家深入交流，推动“专业搭台解决问题，感情唱戏深入融合”。7月10日，“跃动京台 青出于篮”京台青年篮球友谊赛在国家体育总局举重篮球馆开幕，两岸青年以球会友、共话友谊，篮球赛被两岸青年峰会正式纳入“体育强国”板块。9月27日，京台基础教育校长峰会在东城举办，峰会以“培根铸魂、以文育人”为主题，通过同上一堂课、中秋诗会、孔子诞辰纪念活动等，厚植两岸

3月29日，2023年度京台垃圾治理工作交流会举办（区台办提供）

青少年和教育界人士中华文化情怀，促进京台基础教育融合发展。

（薛诚）

机构编制

【概况】中共北京市东城区委机构编制委员会办公室（简称区委编办），为中共北京市东城区委机构编制委员会的常设办事机构，承担区委编委日常协调服务工作，为正处级单位，列入区委工作机关序列，归口区委组织部管理。2023年，区委编办开展学习贯彻习近平新时代中国特色社会主义思想主题教育，学习宣传贯彻党的二十大精神，领导班子组织集中学习5次、交流研讨5次，讲授专题党课4次。累计开展调研82次，完成调研4篇，帮助部门解决实际问题、理顺职责关系。按照中央、市委、区委决策部署，高效开展机构编制日常工作，开展机关管理规范化建设，围绕“内强素质、外树形象”主线，改进工作作风，制订完善内部管理制度19项，举办“业务大讲堂”11期、“读书分享会”10期，明确岗位说明书16份、制订岗位流程图22张。结合东城区实际，梳理汇总东城区机构编制重要工作事项，综合分析汇总机构编制数据，形成2022年度机构编制重要事项报告，向市委编办报送。对已撤销经营类事业单位注销工作推进中遇到的具体问题进行研究，推动改革向纵深发展，年底基本完成经营类事业单位注销工作。联合区级相关部门会商，下达事业编制，用于东城区年度面向优秀社区党组织书记和优秀社区工作者定向招聘。推进经营类事业单位改革历史遗留问题解决，谋划东城区党政机构改革，严格机构编制刚性管理，深入推进重点领域专项体制建设，为全区中心工作和重点任务提供机构编制服务保障。

（左清丞）

【筹备东城区党政机构改革】2023年，区委编办根据《党和国家机构改革方案》等文件精神，结合市级要求和首都核心区实际，全盘谋划东城区党政机构改革，全年开展调研13次，主管区领导组织召开专题会3次，区委书记听取专题汇报1次。

（许尚　左清丞）

【优化机构职能设置】2023年，区委编办结合东城工作实际，优化党政机关机构职能，明确工作职责、减少职责交叉，为区委组织部、区政府办公室、区总工会、区政务服务局、区文化和旅游局等30余家单位调整机构编制，保障各项工作顺利开展。

（许尚　左清丞）

【组建区国防动员办公室】2023年，区委编办根据北京市深化国防动员体制改革实施方案文件精神，调整组建区国防动员办公室，完成“三定”规定的制订。

（许尚　左清丞）

【加强国安体系建设】2023年，区委编办健全国家安全人才体系和运行

4月，中央编办、市委编办调研东城区机构编制工作（区委编办提供）

机制，将区委国安办由设在区委政法委调整为设在区委办公室，并划转相关职责。为区委办公室核增行政编制，增设内设机构，以承担相关日常工作职责。

（闫冬　左清丞）

【街道综合执法队调整优化】2023年，区委编办整合组建东华门街道、建国门街道、前门街道综合行政执法队。优化配置机构编制资源，将部分编制划转至执法力量相对薄弱的街道。

（黄少思　左清丞）

【调整东城区权力清单】2023年，区委编办严格落实《北京市权力清单动态调整管理办法》，完善区委编办、区司法局、区政务服务局权力清单数据共享机制，完成5家单位21项行政职权事项调整和公示工作。调整后，区级权力清单共包括行政职权事项1315项、涉及31个部门，街道级权力清单共包括行政职权事项107项、涉及17个街道。

（黄少思　左清丞）

【加强疾病预防控制工作】2023年，区委编办根据市级疾控体系改革精神，为区卫生健康委加挂区疾控局牌子。

（闫冬　左清丞）

【核减机关工勤事业编制】2023年，区委编办按照机关工勤事业编制人员实行实名制管理要求，开展机关工勤事业编制自然减员核销工作。全年共核减机关工勤事业编制30名。

（黄少思　左清丞）

【推行教育系统“信用编制”制度】2023年，区委编办依据《关于在东城区教育系统建立“信用编制”制度的工作安排（试行）》精神，结合区教委测算的年度编制需求，继续从全区事业编制总量中调剂“信用编制”，解决区教委教师资源用人高峰编制结构性短缺问题。年初向区教委下达临时事业编制500人，年底全部收回，保障教育领域民生需求。

（丁宇罡）

【机构编制资源优化整合】2023年，区委编办将资源向民生领域倾斜，优化调整区教委所属中小幼编制，成立北京市东城区地坛幼儿园。将北京市东城区福利彩票发行管理中心变更为北京市东城区养老服务中心，加强养老服务工作力量。撤并多所事业单位，保持年度事业单位总量无增加。

（戴怡）

【2022年度事业单位法人年报公示】2023年，区委编办开展2022年度事业单位法人年报公示工作，共审核453家事业单位年度报告书，并按照3%的比例抽取12家事业单位进行实地核查。

（丁宇罡）

【社会信用代码赋码】2023年，区委编办办理区属党政机关和群众团体统一社会信用代码赋码共32个，其中党政机关30个，群众团体2个。

（丁宇罡）

【事业单位法人登记管理】2023年，区委编办受理事业单位法人登记事项198次，其中设立登记4次、变更登记93次、延期60次、注销登记41次。

（丁宇罡）

【从严从紧规范用编管理】2023年，区委编办规范区属各机关事业单位人员调动、选拔任用、招考招聘、军转安置、人才引进、干部交流等工作程序，完成线下审批190件次794人次。作为北京市首个试点区开展编制管理信息化探索，依托实名制库进行线上用编管理审批，完成线上用编计划审批188件次1100余人次，入编备案审核451件次3600余人次，确保编制、职数使用规范、高效。

（付饶　左清丞）

【区属议事协调机构管理】2023年，区委编办根据《党和国家机构改革方案》，对区属议事协调机构开展2022年度监督检查以及调研工作，沉浸式调查研究区属90家临时机构，梳理汇总东城区61家临时机构现状，提出优化建议。

（付饶　左清丞）

【区年度机构编制统计】2023年，区委编办与区委组织部加强协作配合，统计汇总东城区2023年度机构编制情况、实有人员情况、编外人员情况，严格对存在超编超职数风险单位开展监督管理，完成东城区2023年度机构编制统计工作。

（付饶　左清丞）

老干部管理

【概况】中共北京市东城区委老干部局（简称区委老干部局）是负责指导管理离休干部、处级（含）以上退休干部工作的区委工作机关，下设东城区老干部活动中心（正科级参公事业单位）。全区离休、副处级以上退休干部2419人，其中区属离休干部362人、易地安置离休干部19人，副处级以上退休干部2038人。2023年，区委老干部局以习近平新时代中国特色社会主义思想为指导，贯彻落实党的二十大精神，开展学习贯彻习近平新时代中国特色社会主义思想主题教育，落实中央《关于加强新时代离退休干部党的建设工作的意见》、北京市“实施意见”和东城区“实施方案”，举办全区离退休干部培训班，开展理论辅导和“初心讲堂”。深化“六好”（组织设置好、班子建设好、党员队伍好、学习活动好、作用发挥好、制度坚持好）离退休干部党支部示范创建工作，打造“老党员之家”，组织开展优秀微党课展播。深化“增添正能量·共筑中国梦”主题活动，成立东城区老党员先锋队总队，举办“银发时代先锋 东城精彩有我”老党员先锋队主题活动，开展离退休干部“正能量之星”评选。做

6月15日，“银发时代先锋 东城精彩有我”2023年东城区老党员先锋队主题活动举办（郭依凡摄）

好离休干部“一对一”精准服务，举办区管干部荣誉退休仪式。一体推进离退休干部党的建设、发挥作用、服务管理，全区老干部工作各项重点任务有效落实。

（郑欢欢）

【老干部调研工作】2023年，区委老干部局以“关于在‘六好’离退休干部党支部示范创建中加强离退休干部党的建设的实践与思考”为主课题，分别围绕依托重要纪念日和传统节日组织开展文体活动、组织引导离退休干部发挥优势作用、提升老干部精准化服务水平、做好新时代老干部宣传工作进行领题调研，组织各单位老干部工作部门开展工作调研，在年度全市老干部工作部门优秀调研报告评选中获一等奖1篇、三等奖1篇和优秀组织奖。在全区离退休干部中开展“话传统、谈复兴、聚力量”专题调研。6月15日，“话传统、谈复兴、聚力量”专题座谈会召开，区老干部读书会、区老干部思政会核心组成员、区关心下一代工作委员会、区老干部宣讲团、区离退休干部党支部书记、“五老”志愿者代表参加。10月13日，老干部工作分片区座谈会召开，组织部分机关事业单位、街道系统、企业单位老干部工作主管领导和工作人员实地调研基层离退休干部党建活动阵地特色亮点，学习利用社区资源开展为老服务经验做法。10月27日、11月15日、11月21日，区委老干部局领导班子分别到街道系统、卫健系统、民政部门等围绕推动新时代老干部工作高质量发展进行专题调研。

（郑欢欢）

【落实老干部工作责任制】2023年，区委老干部局建立健全工作机制，将离退休干部工作领导责任制纳入全区落实党建主体责任综合考核评价工作。修订并下发《责任制日常工作考核手册》，抽调6人随同区委组织部对2022年责任制落实情况开展集中检查，形成检查反馈意见，以书面形式对检查单位进行一对一反馈。召开座谈会，听取相关单位责任制问题反馈整改情况，以责任制为抓手将老干部工作各项任务落实落细。

（郑欢欢）

【离退休干部服务】2023年，区委老干部局总结党建引领老干部工作向基层延伸经验成果，编印《东城区离退休干部精准化服务工作实践案例汇编》。做好“一对一”精准服务，为离休干部295人提供居家适老化改造服务。做好全区离休干部、副处级以上退休干部特困帮扶工作，依托北京市离退休干部服务管理平台，更新维护离退休干部个人信息，做好老同志信访接待和权益保护工作。10月18日，举办“初心如磐薪火相传　砥砺奋进银耀东城”区管干部荣誉退休仪式，增强老同志归属感、幸福感、荣誉感。10月20日，举办2023年东城区老干部运动会，丰富老同志精神文化生活。

（郑欢欢）

【老干部工作人员教育培训】2023年，区委老干部局在全区老干部工作人员中开展线上知识竞赛、创新实践案例征集，做好“每周一课”和《老干部工作手册（十）》学习使用，修订《东城区老干部工作实用手册》（2023年版）。4月26日，2023年老干部工作培训会召开，提升老干部工作者理论水平与业务能力。12月12日，重点业务工作培训会召开，就“北京市离退休干部服务管理系统”基础维护、2023年离退休干部统计年报工作、“为老服务项目”宣传推介以及离休干部适老化改造等重点工作进行部署和培训，全区老干部工作人员、局相关业务科室负责人等100余人参加。

（郑欢欢）

【老干部关怀工作】春节期间，区委老干部局为全区离休干部、配偶无工作和易地安置离休干部拨发“送温暖”慰问金。春节、“七一”、“十一”前走访慰问离退休干部代表。组织全区离退休干部1237人在松乔体检中心、瑞慈体检中心进行健康体检。为离休干部269人提供120急救呼叫器服务，为区属困难企业离休干部20人发放供暖费、住房物业补贴。提高离休干部百岁生日慰问金标准，为离休干部8人送上生日祝福，持续推进离休干部家庭医生签约工作。

（郑欢欢）

【老干部工作会议】2月21日，东城区委老干部工作领导小组会召开，区委常委、组织部部长章建伟主持。会议传达全国老干部局长会议及全市老干部工作会议精神，观看2022年东城区老干部工作专题片《躬身聚力桑榆情》，审议通过区委老干部工作领导小组名单、2022年全区老干部工作总结、2023年工作安排及全区老干部工作会议有关安排。区有关领导及区委老干部工作领导小组成员参加。3月6日，东城区老干部工作会议召开，区委副书记王清旺主持，区委书记孙新军通报2022年全区经济社会发展情况，对做好2023年老干部工作提出明确要求。王清旺传达全国和北京市老干部工作会议主要精神，章建伟作全区老干部工作报告。会议以视频形式召开，区委老干部工作领导小组成员、全区各单位主要领导、老干部工作主管领导和工作人员、部分离退休干部代表参加。

（郑欢欢）

【思想政治建设】3月27日、5月29日、7月18日，区委老干部局分别组织离退休干部和老干部工作者在线收听收看第16、17、18场全国离退休干部网上专题报告会。3月2日，区老干部思政会进行研究成果分享。5月16日，组织“学思践悟新思想 踔厉奋发新征程”主题宣讲，区级老干部宣讲员、各街道宣讲分团成员、街道离退休干部党支部代表、区委老干部局机关干部等100余人参加。5月22—28日，组织区属62个单位老干部391人参加学习党的二十大精神理论轮训线上专题培训班。6月27日，组织离退休干部代表在视频会分会场参加北京市离退休干部庆祝中国共产党成立102周年座谈会。8月，组织开展优秀“微党课”展播活动。9月27日，举办离退休干部学习贯彻习近平新时代中国特色社会主义思想主题教育学习班。全年区老干部读书会开展学习全国两会精神、“银发书香 真理味道”读书交流、学习体会分享、参加主题教育体会感想座谈等活动。

（郑欢欢）

【老干部党支部建设】3月20日，区委老干部局组织离退休干部党支部书记代表参加全国两会精神专题辅导报告会。3月30日，举办2023年离退休干部党支部书记示范培训班，学习党的二十大精神和东城区经济社会发展情况，部署“六好”离退休干部党支部示范创建等重点工作。4月12日，印发《开展“六好”离退休干部党支部示范创建工作方案》。8月31日，举办老干部党校培训班，引导离退休干部党员深入学习贯彻习近平新时代中国特色社会主义思想。9月1日，召开推进“六好”离退休干部党支部示范创建工作座谈会。10月24日，组织离退休干部收看“元宇宙仿真实践与应用前景”专题辅导报告，加深对习近平总书记关于科技自立自强重要论述的认识理解。11月14日，组织区属离退休干部党支部书记和理论骨干代表到长辛店革命旧址红色教学基地，开展“传承革命精神 赓续红色血脉”现场教学活动。

（郑欢欢）

【老干部发挥作用】4月25日，区委老干部局召开2023年东城区老干部宣讲团工作会，传达市委老干部局2023年老干部宣讲团工作要求及区老干部宣传工作要点，研讨交流“学思践悟新思想 踔厉奋发新时代”学习宣传贯彻党的二十大精神主题宣讲工作计划。6月，举办“银发时代先锋 东城精彩有我”老党员先锋队主题活动，号召离退休老干部在参与社区党建、抗疫维稳、文化传播、基层治理等方面发挥作用。“八一”节前夕，组织离退休干部以社区慰问演出、网络书画作品展等多种方式，致敬“最可爱的人”。10月26日，老干部活动中心队组在东城区环卫第九届“十大最美环卫人”颁奖典礼上演出多组节目，向环卫职工表达敬意和问候。

（郑欢欢）

直属机关党建

【概况】中共北京市东城区委区直属机关工作委员会（简称区直机关工委），是负责区直机关党的建设和思想政治工作的区委派出机构。机关工委下设65个直属党组织，712个基层党支部，共有党员1.68万人（其中在职党员5529人，律师协会党员2841人，人才职介党员2130人，离退休党员6383人）。2023年，区直机关工委准确把握“围绕中心、建设队伍、服务群众”职责定位，扎实开展主题教育，注重将学习成果转化为服务群众举措。举办区直机关“学思践悟二十大 谱写东城新篇章”主题演讲比赛及宣讲活动。打造“红色方阵·区直先锋”系统党建品牌，擦亮“党建联组”传统党建品牌，高品质推进机关党建品牌建设。引领区直机关党组织和党员干部在庆祝建党102周年、全国两会和北京文化论坛服务保障、接诉即办等急难险重任务中挺膺担当、贡献力量，走好践行“两个维护”的第一方阵。

（孙慕星）

【思想建设】2023年，区直机关工委强化思想理论武装，发挥理论学习中心组示范引领作用，加强对系统理论学习中心组学习指导，推动“一学一报”、区领导和各单位“一把手”带头讲党课等工作落实到位，提高理论学习中心组学习针对性和实效性。组织开展主题宣讲，举办区直机关“学思践悟二十大 谱写东城新篇章”主题演讲比赛及宣讲活动50余场次，65个直属党组织党员干部走上讲台，讲述岗位建功的感人故事近300人次，受众近5000人次，5人的宣讲文案被

《前线》杂志客户端报道。组建区直机关宣讲团参加全区百姓宣讲调研，2人入选东城区“强国复兴有我”之“崇文争先”百姓宣讲团，4人获评东城区优秀百姓宣讲员，1人获全市三等奖并获评北京市优秀宣讲员，区直机关工委百姓宣讲团获评“东城区优秀百姓宣讲团”。开展党员干部思想教育，为系统理论学习中心组成员、各党支部和党员发放《习近平新时代中国特色社会主义思想专题摘编》等书籍10万余册。围绕“学习二十大”“党建品牌建设”“庆祝中国共产党成立102周年”“主题教育”等专题在《机关党建信息》专栏刊发信息68期，宣传各党组织党建工作动态、先进模范事迹，扩大机关党建工作影响力。做好“学习强国”平台日常管理，使平台成为机关系统在职党员干部理论学习的重要阵地。制订《区直机关工委2023年落实意识形态责任制任务清单》，切实将意识形态工作责任制落到实处。加强对党建信息、主题演讲比赛、机关运动会、宣传橱窗等宣传报道内容和重大活动的意识形态管理，强化意识形态引领。

（孙慕星）

3月6日，区直机关2022年度直属党组织书记抓基层党建述职评议会召开（杨婉俪摄）

【组织建设】2023年，区直机关工委周密部署党建工作，召开2023年党建工作会，传达区委党的建设工作领导小组会暨2023年全区党建工作会精神，总结2022年机关党建工作，部署2023年机关党建工作任务。抓好基层党组织述职评议考核，召开2022年度区直机关直属党组织书记抓基层党建述职评议考核工作会议，65个直属党组织书记围绕抓基层党建进行现场和书面述职。全面抓实机关基层党组织制度化规范化建设，与区委组织部联合出台《东城区贯彻落实〈中国共产党党和国家机关基层组织工作条例〉工作措施》，形成与东城区实际相结合的19条工作举措，出台完善9项党群工作制度、22项运行管理制度。打造高素质党组织书记和党务干部队伍，举办党组织书记、党务干部、入党积极分子线上培训班，联合区委组织部、中国社会科学院文化发展促进中心举办“东城区直机关新时代机关党建高质量发展直属党组织书记培训班”，各直属党组织书记、区直机关党代表近80人参加。落实“三会一课”、党建述职评议考核、组织生活会和民主评议党员等党内制度，全年发展新党员82人，直属党组织按期换届15个。贯彻落实《东城区加强党的基层组织体系建设三年提升计划》，做好“四强”党支部推荐工作。建立健全联系基层党组织机制，开展“接地气、走基层”调研走访活动，形成《区直机关工委“接地气 走基层”调研日记（一）》。深化党建引领基层治理，引导党员干部在接诉即办等中心工作中践行为民服务宗旨，为月度点评会提供36个单位的党建工作点评材料。倡议广大党员干部参与“周末卫生大扫除”等志愿服务，推动“双报到”工作提质增效。

（孙慕星）

【党建品牌建设】2023年，区直机关工委融合党建品牌建设于东城发展和服务群众之中，实现“一机关党组织一品牌”，创建特色党建品牌65个。打造“红色方阵·区直先锋”系统党建品牌，体现引领红色方向、凝聚红色力量、传承红色基因，突出机关党建工作特色。擦亮“党建联组”传统党建品牌，构建“1+*N*”组织运行机制，提升联组品牌影响力。6个党建联组围绕“推动新时代机关党建高质量发展”主题，分季度精心策划“廉政文化建设”“感受魅力中轴”“奥运冠军面对面”等“分主题”活动，实现共建共享、共谋发展。组织系统内65个党组织结合机关党建工作实际完成《关于深化党建品牌建设，强化党建引领作用，推动机关党建高质量发展的实践与思考》《新形势下强化机关基层党组织政治功能的研究》两个调研课题，其中党建品牌建设课题入选《机关党建探索与创新——2023年北京机关党建调研成果汇编》。2023年北京市机关党建研究会党建品牌建设研讨会在东城召开，区直机关工委介绍工作经验，并在中央和国家机关工委京津冀机关党建调研座谈会上作为唯一一家区级单位汇报工作。

（孙慕星）

【党风廉政建设】2023年，区直机关工委制发重点监督和日常监督、“一把手”和领导班子监督、全面从严治党主体责任、意识形态责任制、党建工作重点任务、核心区高质量发展等六个工作责任清单，建立监督台账。修订完善《工委会议事规则》《关于“三重一大”事项集体决策的实施办法》等工作制度，提高科学决策水平。聚焦“关键少数”开展专项督查，增强对“一把手”和领导班子的监督实效。做深做细日常监督，制订负面问题清单，分析查找原因，制订整改措施，切实抓好整改。开展廉洁文化建设，运用参观游学、“红色资源”、廉政书屋等资源营造浓厚“崇廉尚洁”氛围，通过典型案例选编、案例通报、观看警示片等形式深入开展警示教育，引导机关干部净化“朋友圈”“生活圈”。划拨党费10万元支持党组织建设廉洁文化园地、长廊等载体，不断夯实机关党组织党风廉政建设基础。开展区直机关“青年·勤廉”纪法教育月活动，突出党性教育和纪法教育，扣好廉洁从政的“第一粒扣子”，走好成长进步路。

（孙慕星）

【群团工作】2023年，区直机关工委持续开展文明机关创建活动，在首都精神文明单位的复查和推荐工作中，复查22家单位，新推荐8家单位。深入开展“东城榜样”、道德模范等推荐工作，1人获“东城榜样”称号。倡导“健康生活 快乐工作”理念，举办东城区直属机关2023年运动会，全区70家单位组成的67支代表队5576人次参加集体和个人项目，展示机关党员干部的良好精神风貌。开展“工心向党 共建新功”主题拔河比赛，机关34个会员单位的39支队伍近400人参赛。开展工会会员心理健康测试，发放节日慰问品，办理意外伤害保险，推进普惠服务。推荐1人获首都劳动奖章。深化“青年大学习”行动，坚定机关青年跟党走的信念。深化青年岗位建功和志愿服务品牌建设，开展“传承五四精神 擦亮文化金名片”主题参观交流活动，开展“雷锋精神代代传 为民服务勇争先”志愿服务活动，举办“紫禁之东缘定‘油’你”央地共建青年文化沙龙活动，做好青少年贫困家庭精准帮扶工作，走访慰问贫困儿童家庭。推荐1人当选东城区青年联合会第七届委员会委员。做好机关妇委会各项工作，举办“庆三八 感受京剧魅力”主题活动，组织女干部职工参观天乐园京剧博物馆。开展“最美家庭”推选、巾帼建功创建等工作，3个家庭获评“首都最美家庭”荣誉。加强离退休党员管理，做好东城区“六好”离退休干部示范党支部创建工作，引导老干部发挥余热。

（孙慕星）

【扶贫济困】2023年，区直机关工委开展“送温暖 送文化 送健康”进机关主题活动，开展道德模范宣讲，邀请北京市第六医院、协和医院专家教授开展呼吸系统疾病防治健康宣讲，为党员干部150余人健康义诊。制订《中共东城区委直属机关工委生活困难党员帮扶专项资金使用管理工作实施办法（试行）》，做好元旦、春节和“七一”前夕两批困难党员帮扶专项资金申报和发放工作。落实党内激励关怀帮扶政策措施，帮扶困难党员382人，其中市级困难党员9人，区级困难党员29人，发放帮扶专项资金合计126.7万元。“七一”前夕，举办“共产党员献爱心”集中捐献活动，区领导带动机关党员7278人、群众13人共计捐款67万余元。

（孙慕星）

党校教育

【概况】中共北京市东城区委党校（区行政学院、区社会主义学院）成立于1958年，后与区行政学院、区社会主义学院合并，简称“一校两院”，是党委的重要部门，是党的思想理论建设的重要阵地，是培训全区党员领导干部的学校，是干部教育培训的主渠道，是统一战线人才教育培训的主阵地。2023年，区委党校围绕全区工作大局，坚持“党校姓党”抓办学、聚焦“主业主课”抓培训、紧扣“服务大局”抓科研、深化“党建引领”抓建设。全年共完成各类培训班次98个，其中党校（行政学院）主体班27个，非主体班71个，共培训学员1.3万人次。完成5项市级课题，10项校内课题、11项人才涵养平台的课题、1项横向课题、1项科室课题。

（张斯虹）

【统一战线各领域代表培训班】2023年，区委党校举办统一战线各领域代表人士培训班4期，参训学员共计409人，其中包括东城区基层统战干部培训班，1期100人；东城区民主党派、无党派代表人士培训班，1期99人；东城区统战社团代表人士培训班，1期100人；东城区统战系统信息培训班，1期110人。

（王丽英）

【科研咨询成果突出】2023年，区委党校研究制订近百条科研、咨政选题指南，完成各级各类科研课题、决策咨询项目立项合计28项，其中科研课题26项（校内课题22项、市级课题3项、校外合作课题1项），市级智库项目2项。建立导师制度与人才涵养平台干部定期汇报制度，推进课题研究与平台管理落实深入。在决策咨询工作上把握重点环节，利用全区重点热点问题研究、全校重点学术研讨会、课题研究成果转化、主体班学员“三带来”问题研究、学术文章发表五大渠道，丰富决策咨询来源，提升决策咨询质与量。内参《校院智库建议》出刊15期，7篇报告获区级领导批示9人次。做好关口前置与思想动员，与区委区政府研究室建立沟通机制，加强过程督促，创设合议与说明环节促进决策咨询答辩会实效性。营造良好学术生态，全年组织参与各类市级、区级学术论坛、征文活动、研读活动等55人次。教师1人参与国家社科基金重大项目“推动学习习近平新时代中国特色社会主义思想往深里走、往实里走、往心里走研究”科研课题，并以优秀结项；资助出版学术专著1本；教师在核心期刊发表文章1篇，省部级期刊发表论文4篇；3篇学术成果收录于公开出版的著作中；1篇决策咨询报告刊载于《北京政工参阅》；在省部级学术研讨会发言5人次；2篇成果分获北京市党的建设研究会三等奖、市行政法学会二等奖。安排专人维护教研信息共享平台。累计更新中央、市、区的重要会议、文件、理论文章、研究动态等最新资讯共计200余篇。

（廖晨）

【多方位做好区情研究】2023年，区情研究中心与清华大学社会治理与发展研究院、国务院发展研究中心、中国传媒大学文化产业管理学院三家首都智库达成战略合作关系。联合北京市委党校市情研究中心、区金融服务办公室举办新时代首都金融产业高质量发展研讨会，以“大资管下首都金融产业的新机遇与新发展”为主题展开研讨，聚焦市委关注重点问题，为新时代首都金融产业高质量发展献计献策。受邀参加第四届北京市情论坛（2023），与北京大学、中国社会科学院、中国人民大学、北京联合大学、市委党校5家智库共话首都发展，展示基层科研实力。组织开展区情调查研究，编写区情研究教材。4个教研室教师6人牵头组建团队，先后到区统计局、区发改委、区城指中心、区城管委、多家街道走访调研，完成初稿撰写，教材编写取得阶段性成果。

（廖晨）

【校刊编印】2023年，区委党校优化改版后的校刊《正阳》出刊。《正阳》坚持“质量立刊、特色强刊”的办刊思路，发挥区委党校理论研究阵地的作用，展示教师教学科研成果。作为党校发挥智库作用的平台和载体，凝聚区情研究中心战略合作智库、各街道、各部门（单位）参与咨政的力量，打造服务区委区政府中心工作和宣传东城区发展经验的专业化刊物。

（廖晨）

【处级领导干部集中轮训】2月7—28日，区委党校举办处级领导干部学习贯彻党的二十大精神集中轮训六期。培训采取区领导授课、专家辅导、交流研讨、各单位集体学习相结合的方式，邀请中央党校、清华大学、北京师范大学、北京市委党校专家6人专题授课，帮助全区处级领导干部准确领会党的二十大精神。培训班共840人参加，学制2～3天。

（王佳佳）

【副处级领导干部进修班】3月6日至31日、9月11日至10月13日，区委党校举办两期副处级领导干部进修班。培训设置课程内容、教学活动2个模块。课程内容模块包含深入学习贯彻习近平新时代中国特色社会主义思想、深入学习贯彻党的二十大精神、理论教育、党性教育、能力培训和综合教学6个单元。教学活动模块包括主题教育交流研讨，主题教育读书交流分享活动，领导干部面对面，小组讨论，理论测试，新时代金融产业高质量发展研讨会，现场教学，异地教学能力素质提升，党史故事交流分享会，“四点半课堂”等，其中创新设置“三带来”模块，采取参训前布置、参训中多次研讨的方式，将“三带来”贯穿于主体班培训全过程，并设置学员咨政模块，与“三带来”教学活动相结合，努力实现教学相长、学学相长。进修班共78人参加，学制4周。

（王佳佳　张斯虹）

【公务员科级任职培训班】3月6日至24日、5月15日至6月2日、9月11日至28日、11月6日至24日，区委党校举办四期公务员科级任职培训班。课程内容设置分为习近平新时代中国特色社会主义思想、深入学习贯彻党的二十大精神、理论教育、党性教育、能力素质培训和专业化能力提升培训6个模块。教学活动内容部分包括学风教育、“四点半课堂”、现场教学、小组讨论、理论知识双测试、“三带来”专题研讨与调研、学员论坛、观看廉政警示教育宣传片、党史故事分享会、拓展训练、文体活动等。培训班共403人参加，学制3周。

（王佳佳　张斯虹）

【公务员初任培训班】3月6日至24日、5月15日至6月2日、9月11日至28

9月13日，东城区2023年公务员初任培训班“开学第一课”（白冠明摄）

日、11月6日至24日，区委党校举办四期公务员初任培训班。课程内容设置分为习近平新时代中国特色社会主义思想、深入学习贯彻党的二十大精神、理论教育、党性教育和能力素质培训5个模块。教学活动内容包括主题教育读书自学、“三带来”调研、宣誓活动、“四点半课堂”、理论知识双测试、主题演讲、党史故事分享会、观看廉政警示教育片、现场教学、优秀年轻干部面对面、英语考试及口语测试、新时代金融产业高质量发展研讨会、拓展训练及文体活动等。培训班共311人参加，学制3周。

（王佳佳　张斯虹）

【中青年干部培训班】9月11日至11月10日，区委党校举办中青年干部培训班。课程内容设置分为全面贯彻习近平新时代中国特色社会主义思想深刻领悟党的二十大精神、贯彻落实习近平新时代中国特色社会主义思想增强党性修养、贯彻落实习近平新时代中国特色社会主义思想提高政治能力、贯彻落实习近平新时代中国特色社会主义思想推动东城实践和贯彻落实习近平新时代中国特色社会主义思想提升综合素质5个模块。教学活动内容包括“三带来”决策咨询系列活动、主题教育交流研讨、主题教育读书交流分享活动、“习近平法治思想在东城的实践”研讨会、现场教学、学员党支部组织生活会、主题教育党日活动、异地教学、观看廉政警示教育片、基层治理讲坛等。培训班共40人参加，学制8周。

（王佳佳　张斯虹）

【全国新录用公务员初任培训班】10月30日至11月3日，区委党校举办2023年全国新录用公务员初任培训班（北京市东城区分课堂）。课程内容主要包括习近平新时代中国特色社会主义思想和党的二十大精神、旗帜鲜明讲政治；坚定拥护“两个确立”、坚决做到“两个维护、深入学习领会习近平总书记关于党的建设的重要思想、深入学习领会习近平法治思想；提高依法依规办事能力、深入学习领会习近平总书记关于总体国家安全观的重要论述、保密形势、保密知识和保密要求等；开展专题研讨、集中咨询、警示教育和典型示范等教学活动。培训班共284人参加，学制5天。

（王佳佳）

【年轻干部培训班】12月4—22日，区委党校举办年轻干部培训班。教学课程主要包括习近平新时代中国特色社会主义思想、习近平总书记关于党的建设的重要思想、习近平总书记关于全面从严治党的重要论述、习近平法治思想、贯彻习近平总书记对北京一系列重要讲话精神，推动首都高质量发展、中共隐蔽战线刘光典烈士的理想信念、中国共产党的创建和早期革命历程、提高政治能力、全媒体时代的新闻发布与舆论引导、基层治理讲坛、领导干部面对面、探索形成以接诉即办为牵引的超大城市治理“首都样板”、情绪与压力管理的智慧等课程。教学活动主要包括主题教育读书活动集体自学、主题教育学员成长经验交流分享、主题教育交流研讨、主题党日活动、异地党性锻炼等。培训班共29人参加，学制3周。

（王佳佳）

党史编研

【概况】中共北京市东城区委党史工作办公室（简称区委党史办）与区地方志编纂委员会办公室合署办公，是相当正处级参公事业单位。2023年，收集区委主要工作和重大举措等有关资料、政府在直接关系群众生活方面办的重要实事进展与落实情况等资料；收集整理2022年度组织史资料；开展党史研究、宣传教育等，在省市级及以上期刊或专题文集中公开发表论文2篇，在区级期刊或杂志发表论文和宣传文章2篇；编辑出版《东城史志》季刊总第116—119期；抽调人员参加皇城景山街区申请式退租三期项目。

（孙太红）

【史料征集】2023年，区委党史办征集全区近90家单位的组织史相关资料10余万字，完成区2022年度组织史资料的归纳整理；收集整理军调部资料6万余字；与区政协文史委员会、区委宣传部、区委统战部联合编写《老城保护与复兴文史资料汇编（2012—2022）》，征集文史资料40余篇，约50万字，初步完成整理核定汇编工作；完成《中国共产党北京早期组织》草稿编撰，约39万字。

（孙太红　周宝龙）

【书稿编写】2023年，区委党史办启动《激扬新时代，奋进新征程——习近平总书记视察北京后京华大地的深刻变化：东城篇》书稿编写准备工作。组织区委研究室、区政府研究室等单位召开编写内容研讨会1次，内部研讨会4次。查找2010—2022年历年党代会报告，撰写书稿编写方案及专题内容，完成前期各项准备工作。

（孙太红）

【党史业务工作报送】2023年，区委党史办向市委党史研究室报送《中共北京市委执政纪事（2022）》编写框架意见及年度资料，组织撰写稿件4600余字，报送图片4张，并对书稿进行审校；征集《风雨同心　人民至上——北京市应对“23·7”流域性特大洪水灾害大事纪要》东城区资料10万余字，并整理报送相关材料给市委党研室，报送东城区相关材料3万余字、照片30余张。

（孙太红）

【为区域单位提供党史服务】2023年，区委党史办协助做好区委《东城区红色文化价值研究》《东城区红色文化挖掘宣传利用研究》课题相关工作，挖掘区内红色资源、提供党史资料、提炼红色文化价值、参与课题研讨；协助区纪委区监委开展“廉政文化”建设相关工作，提供“三祠”廉政文化资料，整理完成党的第一任监察委员会主席王荷波的相关资料，挖掘建党时期党的创建群体的廉洁事迹，并为东城区纪检干部开展党的纪律建设史相关宣讲。

（周宝龙）

【史志宣传】2023年，区委党史办举办以“守正创新重实践 史志不渝谱新篇”为主题的东城区史志宣传月活动，在《东城史志》第三期设置专栏，宣传改革开放以来东城的发展变化和取得的成就；组织全区党史工作联络员及年鉴撰稿人90余人参观北京方志馆，不断增强各单位党史工作联络员和年鉴撰稿人做好史志工作的能力和素养；深入机关、企业、社区等赠送东城史志研究成果200余册，为其开展党史和地方志教育提供材料和资源，满足干部群众对史志知识的渴求。开展党史宣讲，应国务院发展研究中心亚非研究所、北京市总工会、体育馆路街道、区教工委党校、北新桥街道门楼社区等邀请讲授党课14场，参加北京广播电台京津冀之声《文化京津冀》“伟大建党精神的北京渊源”等节目录制，参与千龙网“走进北大二院”拍摄，不断扩大史志传播力、影响力。参与由北京电视台、东城区委宣传部、东城区委党史办联合制作的党史节目《薪火见证》系列专题片《匠心传世》《以文化人》的拍摄，负责脚本撰写、史料提供、样片审看。

（周宝龙）

4月26日，区委党史办党史宣讲团为东城区教工委党校培训班讲党课（区委党史办提供）

【史志季刊】2023年，区委党史办编辑《东城史志》4期（总第116—119期），刊发稿件59篇，约32万字，以资料板块存史、以研究板块资政、以宣教板块育人。围绕纪念毛泽东等老一辈革命家为雷锋题词60周年设置专栏，梳理国家领导人有关雷锋精神的重要讲话，记述展现学雷锋的先进事迹，展现学雷锋火热场景。设置“学习贯彻习近平新时代中国特色社会主义思想”专栏，并围绕主题教育推出专刊，刊载习近平最新重要讲话、专家学者对习近平新时代中国特色社会主义思想的深入解读、域内党员干部的所学所思所感所悟，为习近平新时代中国特色社会主义思想的学习贯彻提供助力。设置“纪念改革开放四十五周年”专栏，回顾域内改革开放以来的重要成就。为纪念毛泽东诞辰130周年设置相应专栏，追寻伟人光辉足迹。持续加强“历史与东城”栏目，推进东城史志资源的开发利用、历史人物的挖掘研究。每期向区域内各单位发放730余册，向市委党史研究室、市地方志编纂委员会办公室、北京党史学会、各区县史志办等部门赠送近150册，向外省市地级以上史志部门或相关学术研究机构交流约30册，刊物被国家哲学社会科学学术期刊数据库全文收入，被国家图书馆、国家博物馆、首都图书馆等文博单位列为馆藏刊物。

（周宝龙）

【科研成果】2023年，区委党史办深化党史研究，在《炎黄春秋》期刊发表论文2篇，在《东城史志》期刊发表文章2篇，不断加深对相关党史和人物的研究与思考。

（周宝龙）

综合服务

【概况】中共北京市东城区委办公室（简称区委办）是区委工作机关，为正处级单位。2023年，区委办公室坚持以党的政治建设为引领，将全面贯彻习近平新时代中国特色社会主义思想作为工作的主题主线，秉持核心区首善标准，提高政治站位，在主题教育中完成领导班子读书班“5+2”学习和5次交流研讨，制订调查研究工作方案，开展调研活动64次，走访单位54家，召开座谈会40次，做好剖析整改，梳理整改问题清单6条，整改措施11项，全部完成问题销号并转化为长效机制。带头维护制度权威，严格执行重大事项请示报告条例，履行区委向市委请示报告的工作职责，按时报送应报告事项。加强对各单位向区委请示报告工作的审核把关，建立错情台账，维护公文的严肃性和规范性。对会议筹办的议题材料坚持“三审三校”，杜绝“带病”文稿流入决策环节。公文制发工作中严格落实《规范地方党委政策性文件制定工作规定》，对区级配套性文件制发履行核准程序，指导起草单位依规申报。从普遍约束力和反复适用性两方面严格审核应备文件，报送备案的14件规范性文件全部顺利通过市委审查。制订区级备案审查工作制度，启动全区党内规范性文件向区委备案工作。“走访调研解难题”教育实践活动提出84条基层治理建议，“党员突击队”3次下沉社区开展志愿服务。机关党支部获评东城区2023年度“四强”党支部。

（陈何苗）

【督查督办】2023年，区委办制订年度“六字文章”任务清单，推动95项任务249项子任务落实。督办市级会议决策事项、市委主要领导批示事项19件，区委主要领导指示事项、点评事项37件，市区领导批示件（信）39件，确保“事事有着落，件件有回音”。开展接诉即办督查12次涉及144家单位，开展违规电动三四轮车综合治理检查暗访10余轮次涉及单位170余家，推动重点工作落实。

（陈何苗）

【中央、市区领导调研保障】2023年，区委办围绕重大决策部署落实和重点任务推进，做好领导调研活动安排与服务保障。完成中央国家领导和北京市领导考察调研活动服务保障52次。落实区委主题教育办协调组职责，完成中央巡回指导组、市区委主要领导调研26次。服务区委大兴调查研究、深入基层一线，安排主要领导专题调研113次，与驻区企业交流座谈23次，走访中央党政军单位34次。紧盯全区接诉即办成绩，及时安排主要领导提级调度、现场会诊。

（陈何苗）

【区委党建】2023年，区委办制订区委党建工作领导小组年度工作要点，召开全区党建工作会。起草区委常委会抓党建工作报告。建立区委抓党建常态化报告制度，每季度聚焦一项重点任务安排区委常委和党员副区长向区委报告工作落实情况，该创新做法被人民网等多家媒体报道并获市级部门认可。制订《东城区落实全面从严治党主体责任全程纪实管理办法》，在全市率先形成全面从严治党主体责任区域执行标准，依托“党委主体责任运行管理平台”开展实时督导考核。

（陈何苗）

【信息工作】2023年，区委办突出主渠道作用，提升信息报送的时效性、针对性和前瞻性。压实紧急信息报送责任，实现紧急信息应报尽报、应报快报。创新评刊和选题会商机制、部门联动合作组稿机制，深挖“外脑”资源，编发《东城信息》548期，采编信息6189条（篇），向市委报送信息1147条（篇），其中问题建议、调研参阅信息140余条（篇），同比增长228%，被《北京信息》采用253条（篇），11条（篇）获市委主要领导批示。

（陈何苗）

【会议保障】2023年，区委办聚焦提高议事决策质量，做好区委重要会议筹办和服务保障。组织筹办区委全会、常委会、常委扩大会和全区领导干部大会等重要会议117次，加强议题筹划和材料把关，落实“第一议题”制度。根据区委工作要点和阶段性任务制订全年点评计划，安排月度工作点评会内容和被点评单位。充分运用视频会议系统，服务保障视频会议1372场次，总时长1575小时，加强会风会纪和问题通报，完成领导随行服务28场次。

（陈何苗）

【档案管理】2023年，区委办推动全区各单位建立档案工作责任制，继纳入“三级联创”考核后，将档案工作纳入政府绩效考核，实现对各单位考核全面覆盖。召开机构改革后首次全区档案工作会议。组建档案工作协作组，81家单位开展互学互助互查。构建“初任+专题+网络继续教育”培训体系，实现专兼职档案员培训全覆盖。

（陈何苗）

【党办干部队伍建设】2023年，区委办搭建业务交流平台“党办学堂”，制订《2023年“科长上讲台业务大家谈”活动方案》，区委书记作开班动员，完成业务培训11场，累计时长15小时，参训人员超2400人次。指导和支持各单位党办工作，促进党办干部业务能力提升，获基层单位欢迎。

（陈何苗）

【保密检查】2023年，区委保密办开展保密自查自评、考试考务、双随机等保密检查，全年累计开展专项检查7次，现场检查单位55家，检查计算机876台，提出整改意见379条，发放整改通知书7份。

（王楠）

【保密指导】2023年，区委保密办开展重点领域保密专项行动，组织各有关单位完成保密风险隐患排查。统一工作标准，规范日常保密管理。建立健全保密监管体制机制，进一步完善保密监管体系建设。

（王楠）

【区四套班子领导学保密】4月14—19日，东城区委、区人大、区政府、区政协领导班子成员分别集中观看保密形势警示教育片。区委书记孙新军在区委常委会会议上对全区保密工作提出要求，必须提高政治站位，认清保密工作严峻形势，要压实保密责任，凝聚保密工作强大合力。

（王楠）

【保密宣传教育培训】4月中旬至5月中旬，区委保密办开展保密教育宣传月活动，推动国家安全、保密法规进机关、进社区、进校园、进企业、进网络，“保密宣传教育下基层”覆盖70余家单位2100余人，获中央保密办（国家保密局）通报表扬。东城区面向全区组织开展“人人话保密”微视频征集活动，经筛选，全区28家单位共报送作品62部，区委保密办择优向市保密局报送11部作品参加上一级评选，东城区2部作品入围国家保密局网络评选环节，得票数名列前茅。依托“党办学堂”开设保密专场培训，组织全区各单位保密工作主管领导、所在科室负责人、保密干部参训。以保密宣传月为契机，开展“送片上门”，组织全区各级领导干部和涉密人员学习观看警示教育片。将保密法治、保密常识教育纳入各级党委（党组）理论学习中心组学习和党校培训，在公务员初任培训班上开展4次保密知识专场培训，共计300余人参加。

（王楠）

【区委保密委全会暨区保密工作会】6月5日，东城区委保密委全体会议暨全区保密工作会议召开。会议总结部署全区保密工作，传达全国、北京市保密工作会议精神和市委书记尹力重要批示，通报区委保密委成员调整情况及2022年全国窃密泄密典型案例。区委保密委成员、全区各单位的保密委员会成员、保密干部和内设各科室科长共1000余人参会。

（王楠）

中国共产党北京市东城区委员会领导人员

书　记	孙新军			
副书记	周金星	王清旺（7月免）	章建伟（8月任）	
常务委员	孙新军	周金星	王清旺（7月免）	李　妍（女）
	章建伟	金秀斌	郑晓博（3月免）	赵海英（女）
	陈献森	于洪源（2月免）	薛国强	李　强（2月任）
	赵海东（4月任，8月免）			

东城区委系统工作机构负责人

办公室主任	王佑明（9月免）
	向旭东（9月任）
组织部部长	章建伟
宣传部部长	赵海英（女）
新闻出版局局长、区政府新闻办公室主任	魏晓颖（女，9月免）
统一战线工作部部长	薛国强
台湾工作办公室主任	张丽梅（女，6月任）
研究室主任	董凌霄
网络安全和信息化委员会办公室（互联网信息办公室）主任	王　雪（女）
区委机构编制委员会办公室主任	陈　君
直属机关工作委员会书记	章建伟（兼）
区委巡察工作领导小组办公室主任	李　婧（兼，女）
老干部局局长	刘贤才（12月免）
社会工作委员会书记	姬　峰
教育工作委员会书记	刘　藻（女，1月免）
	高　伟（1月任）
卫生健康工作委员会书记	曾文军（女）
党校校长	王清旺（兼，8月免）
	章建伟（兼，9月任）
社会主义学院院长	薛国强（兼）
党史工作办公室主任	丁选云
档案馆馆长	李　薇（女）

东城区政府工作机构、群团组织党委（组）书记

政府办公室党组书记	石崇远（4月免）
	祁国梁（4月任）
发展和改革委员会党组书记	杨　峰
科技和信息化局党组书记	魏　搏
民族宗教事务办公室党组书记	商文茹（女）
司法局党组书记	贾红梅（女）
财政局党组书记	贾　邦
人力资源和社会保障局党组书记	王万青
市规划和自然资源委员会东城分局党组书记	白劲宇
生态环境局党组书记	董险峰
住房和城市建设委员会党组书记	张晓峰
城市管理委员会党组书记	王品军（回族）
商务局党组书记	周　刚
文化和旅游局党组书记	胡国伟
退役军人事务局党组书记	王智博
应急管理局党组书记	阮　君
市场监督管理局党组书记	韩　非（1月免）
	邢　磊（1月任）
审计局党组书记	侯立华（女，3月免）
	刘立新（3月任）
外事办公室党组书记	罗海珊（女）
国有资产监督管理委员会党委书记	郭威元（女）
体育局党组书记	段　勇
统计局党组书记	李　岚（女）
国家统计局东城调查队党组书记	杨冬林（女）
园林绿化局党组书记	苏振芳（女）
金融服务办公室党组书记	李　锋
政务服务管理局党组书记	程　利（4月免）
	于锋池（4月任）
国防动员办公室党组书记	刘从容（女，6月任）
信访办公室党组书记	刘耕福
对外联络服务办公室党组书记	黄子民（壮族）
区政府研究室党组书记	郑丽明（女，5月免）
	江鹄冲（6月任）
医疗保障局党组书记	林　杉
区王府井地区管理委员会党组书记	张　勇（女）
城市管理指挥中心党组书记	李　淼（12月免）
	王　为（12月任）
机关事务管理服务中心党组书记	杨海明
房屋征收事务中心党组书记	冯　博（9月免）
	刘静韦（9月任）
环境卫生服务中心党委书记	高建中
投资促进服务中心党组书记	胡嘉嘉（女）
国家税务总局东城区税务局党组书记	杨玉杰
烟草专卖局党组书记	王献军（12月免）
	王永革（12月任）
总工会党组书记	李长华
妇女联合会党组书记	吕　绘（女，12月免）
	张艳姣（女，12月任）
科学技术协会党组书记	李　军
文学艺术界联合会党组书记	张志勇
归国华侨联合会党组书记	李　娟（女）
残疾人联合会党组书记	刘智辉（女）
红十字会党组书记	肖　俊
工商业联合会党组书记	易月明

北京市东城区人民代表大会

1月4—6日，北京市东城区第十七届人民代表大会第三次会议召开（王峥摄）

综 述

2023年，区人大常委会在区委领导下，坚持以习近平新时代中国特色社会主义思想为指导，深入学习贯彻党的二十大、中央人大工作会议精神，认真落实市委、区委全会部署，紧扣全速推进“崇文争先”，全力做实“六字文章”，发挥人大制度优势，切实履行宪法法律赋予的职责，共听取、审议专项工作报告和计划、预算、审计报告21项，开展执法检查1项，组织专题询问2次，对10件规范性文件进行备案审查，作出决议决定6件，依法任免国家机关工作人员140人次，如期完成区十七届人大三次会议交付的各项任务。

坚持不懈用习近平新时代中国特色社会主义思想凝心铸魂，牢牢把握人大工作正确政治方向。常委会坚持党的全面领导，紧紧围绕党的中心任务和工作大局依法履职，自觉强化党的创新理论武装。贯彻主题教育重大部署，将学习贯彻习近平新时代中国特色社会主义思想作为首要政治任务，把牢人大工作正确政治方向。持续推进落实党组会议“第一议题”传达学习贯彻习近平总书记重要讲话和党中央决策部署制度。坚持理论学习研读《习近平著作选读》等必读书目，开展集中学习和交流研讨。编印《习近平总书记关于人民代表大会制度和人大工作重要文稿汇编》，紧密结合人大实际将学习贯彻习近平总书记关于坚持和完善人民代表大会制度的重要思想引向深入。坚持党对人大工作的全面领导。自觉维护区委统揽全局、协调各方的领导地位，落实重大事项请示报告制度，全年向区委常委会专题汇报6次，向区委书面请示报告39件次。坚持发挥党组领导作用与常委会依法履职有机统一，加强对常委会工作的组织领导和统筹协调，确保人大工作更好融入中心、服务大局。贯彻中央、市委、区委人大工作会议精神，协同各部门逐项抓好区委关于以首善标准做好新时代首都核心区人大工作实施意见52项重点任务的落实。坚持党管干部原则与人大依法行使选举任免权有机统一，依法按程序做好国家机关工作人员的任免工作及区人大代表补选工作。紧扣京津冀协同发展、“两区”建设等重大战略和决策部署，聚焦民生实事、发展要事、治理难事确定21个重点监督项目。凝聚代表力量支援抗洪救灾，助力房山区大安山乡、史家营乡灾后恢复重建。协调保障各国议会联盟代表团一行到前门街道参访，在“小院议事厅”组织与人大代表座谈交流，参观老城保护项目。

坚持人民主体地位，持续推进全过程人民民主建设。完善制度机制，加强人民当家作主制度保障，修订常委会议事规则和主任会议议事规则，完善会议制度和工作程序，提高议事质量。健全审查监督制度，制订区国民经济和社会发展计划审查监督办法，推动计划审查监督提质增效。制订《北京市东城区人大代表之家、人大代表联络站使用管理办法（试行）》，推动更好发挥代表“家站”平台作用。以“健全完善全过程人民民主工作机制”课题研究成果转化为契机，推动健全十九个方面的工作机制措施，为全过程人民民主实践固化经验、提供指引。结合主题教育典型案例解剖式调研，系统梳理并总结运用人大制度建设的经验启示和实践成果，推动人大制度守正创新、完善发展。加强全过程人民民主基层单元建设。因地制宜深化基层立法联系点建设，发挥景山街道人大代表之家立法“直通车”作用，收集代表和选民对全市立法项目的意见建议近300条，保证民意民智充分体现到立法成果中。全面拓展工作联系点建设，各专门委员会依托智库组织、高等院校、街道社区等共建立工作联系点10个。前门、东花市、天坛、永定门外4个街道的“家站故事”被市人大推介。坚持以民为本谋划监督议题，通过各专门委员会对口联系部门工作座谈会、人大代表座谈会以及组织代表回访选区等多种形式，听取监督工作意见。聚焦“区人大常委会实行有效监督”主题，通过座谈、走访、协商等多种方式充分听取“一府一委两院”、人大代表、选民群众等各方面意见。通过人大常委会公报、网站、微信公众号等渠道，及时将常委会依法行使职权的情况向社会公开，自觉接受人民监督。

围绕中心大局依法行使监督权，助推全力做实“六字文章”。全面落实“有件必备、有备必审、有错必纠”，对“一业一证”改革、污染防治、医疗保障基金监管等10个方面的规范性文件进行备案审查。落实宪法宣誓制度，组织被任命人员35人进行宪法宣誓。深化任后监督，听取区人大常委会任命人员9人履职情况报告。加强宪法学习宣传教育，组织“深入学习宪法，讲好中国宪法故事”代表专题培训。开展《北京中轴线文化遗产保护条例》执法检查，紧扣条例制度规定，逐条对照法规条文，深入文物保护单位、历史文化街区、老字号商铺、新兴复合式文化业态、平房街巷院落等开展实地检查，收集四类25个问题90条意见建议。围绕区“十四五”规划纲要和重点专项规划确定的目标任务，组织专题调研和问卷调查，收集220余条意见建议。听取和审议区“十四五”规划纲要实施中期评估报告并组织专题询问，精准发现问题，提出对策建议。对《北京市东城区人民代表大会关于在新起点上高质量实施核心区控规 奋力推进国际一流和谐宜居的新时代首都核心区发展的决议》贯彻实施情况开展跟踪监督。落实新发展理

9月28日，区人大常委会开展“十四五”中期评估数字经济调研（潘冬京摄）

念，深化经济运行和计划执行情况监督，强化财政支持构建新发展格局的政策和资金保障。落实预算审查监督制度，聚焦重大投资项目组织专题调研，听取和审议预算执行、决算、审计查出问题整改情况等报告，审查和批准预算调整方案并作出决议。稳步推进国有资产管理情况报告和审议监督工作，支持和推动区政府加强监管。加强对法治政府建设情况的监督，制度化听取法治政府建设情况报告。听取和审议区法院关于加强涉文化领域审判工作情况的报告。完善涉法涉诉信访事项办理反馈和协调机制，强化对27件交办信访件处理情况的跟踪督办，推动解决群众合理合法诉求。加强民生领域工作监督，督促有关方面将24项民生实事项目办实办好办成。听取和审议“统筹区域资源，加强养老联合体建设，推动养老事业健康发展”代表议案办理情况报告并组织专题询问。紧扣“七有”“五性”，听取和审议中医药健康服务体系建设、医疗保障事业发展情况、社会保险基金的收支、管理、投资运营以及监督检查情况的报告，围绕教育“双减”、生活垃圾分类、物业管理、停车管理等加强跟踪监督。聚焦《北京市接诉即办工作条例》执法检查报告审议意见落实情况加大监督力度，组织部门协商座谈会，推动以制度力量壮大接诉即办实践成果。开展违规电动三、四轮车综合治理工作监督，常态化听取和审议年度环境状况和环境保护目标完成情况报告。

加强代表工作能力建设，充分发挥代表主体作用。强化代表履职学习，组织2期代表集中培训、4次主题论坛、3次拓展培训、6次专题培训，代表参加1500余人次。加强代表履职学习总体统筹和代表在线学习。组织代表到重大项目现场、改革攻坚一线观摩学习，推动履职学习与实践深度融合。完善依靠代表机制，邀请市、区人大代表参与立法意见征集、执法检查、专题调研、议案建议办理等工作。突出代表专业小组特点，发挥代表专业特长，组织灵活多样的小组活动，推动更好发挥代表主体作用。落实常委会组成人员联系人大代表、人大代表联系人民群众制度，健全各专门委员会对口联系专业代表制度，常委会组成人员45人通过座谈、走访等形式联系代表694人次，实现联系代表常态化。坚持民有所呼、我有所应，组织7场主任会议成员接待人大代表座谈会，接待代表120人次，320条意见建议交由区政府相关部门办理并及时答复代表。人大代表进“家站”履职2171人次，接待选民群众1.19万人次，收集群众意见1394条，推动解决实际问题905个。组织“发挥代表作用，助推决议实施”代表主题活动，三级人大代表广泛参与，围绕“十四五”规划纲要实施、经济高质量发展、“三老”改造等八个方面提出意见建议近60条。办好代表议案建议，区十七届人大三次会议交办的81件代表建议全部办结并答复代表，代表满意率100%。筛选高质量的代表建议以“代表建言专报”的形式提供区委区政府参考。围绕推动经济高质量发展、老城保护复兴、环境整治提升等组织代表集中视察，引领代表为东城发展建言献策。

强化“四个机关”建设，不断提升履职实效。严格履行全面从严治党主体责任，落实意识形态工作责任制，制订全面从严治党主体责任任务安排，从严从实抓好领导班子建设，以上率下推动机关各级领导干部依规依法履职用权。深入推进主题教育检视整改，围绕五个方面10个问题26项整改措施，逐项逐件落实，逐一整改销号。深化作风建设，把调查研究作为履职基本功，紧扣中心大局、紧贴群众“急难愁盼”、紧盯发展目标任务，围绕六个方面26项重点课题大兴调查研究，开展领题调研和专题调研，利用代表“家站”、工作联系点等平台，走进社区、企业、医院、学校等基层一线调研并形成调研成果。全面贯彻中央八项规定及其实施细则精神，抓实党风廉政建设。加强能力建设，支持和保障专门委员会增强履职服务能力。完善专家顾问日常工作联系平台，扩大专家学者、专业领域人大代表参与常委会工作的频次和范围，强化人大工作专业支撑。坚持全区人大工作“一盘棋”理念，对17个人大街道工委全面走访调研。加强人民代表大会制度和全过程人民民主实践的宣传报道，展现新时代首都核心区人大工作的新气象新作为。

（麻晓星）

重要会议和活动

9月14日，东城区人大常委会机关学习贯彻习近平新时代中国特色社会主义思想主题教育部署会召开（丁琳摄）

【十七届人大三次会议】1月4—6日，北京市东城区第十七届人民代表大会第三次会议召开。大会听取和审议东城区人民政府工作报告；审查和批准东城区2022年国民经济和社会发展计划执行情况与2023年国民经济和社会发展计划；审查和批准东城区2022年预算执行情况和2023年预算；听取和审议东城区人民代表大会常务委员会工作报告；听取和审议东城区人民法院工作报告；听取和审议东城区人民检察院工作报告。区领导孙新军、周金星、吴松元、汤钦飞、王清旺及区人大代表295人出席会议。

（丁　琳）

【主题教育】2023年，区人大常委会机关围绕主题主线强化理论学习，坚持把学懂弄通做实习近平新时代中国特色社会主义思想作为重中之重，突出以学固本，在学习交流中加深对党的创新理论的领悟。聚焦问题导向深入调查研究，形成一批调研成果和具体措施。深入检视整改，严格对照检视，围绕办实事、惠民生，紧扣“七有”“五性”，走好新时代群众路线，一体推进群众可感受、能体验、得实惠的工作落地见效。

（麻晓星）

【代表补选】2023年，区人大常委会坚持在区委领导下依法组织落实区人大代表补选工作，做好补选前期准备工作，摸清代表因工作变动等原因主动辞去代表职务的，或者在任期内调离、迁出本行政区域，以及代表资格自行终止的人员底数。制订《关于补选东城区第十七届人大代表工作实施方案》，报请区委书记专题会研究，提请区人大常委会主任会议和区人大常委会会议研究通过，成立补选工作领导小组，加强对补选工作的组织领导。加强对相关人大街工委代表补选工作的培训和指导，确保补选工作依法进行。根据代表出缺情况，在原选区依法开展代表补选，12月5日，经投票选举，共补选区人大代表11人。

（孙　晶）

【“实行有效监督的调研”课题研究】3月，区人大常委会启动“实行有效监督的调研”课题研究，重点总结东城区人大常委会实行有效监督的实践做法，分析存在的问题和不足，创新完善实行有效监督的对策措施。课题调研采取形成总调研报告和分调研报告的形式开展，总调研先后召开“一府一委两院”及有关政府部门、区人大各专委会、人大代表、人大街工委主任、选民代表等5次座谈会，并就具体问题进行个别深度访谈。通过学习思考、梳理总结，全面总结分析区委第五次人大工作会议以来，东城区人大常委会实行有效监督的成效及不足，深入思考探索提高监督有效性和针对性的路径方法，形成总调研报告和8个分调研报告。

（韩　冬）

表5　**2023年东城区人大常委会会议一览表**

时间	会次	议题
2月23日	第九次	传达贯彻市十六届人大一次会议精神；审议通过东城区人大常委会2023年工作要点（草案）；审议通过《北京市东城区人民代表大会常务委员会议事规则（修订草案）》；听取区政府关于2022年法治政府建设情况的报告（书面）；听取和审议区政府关于东城区2022年重要民生实事完成情况及东城区2023年重要民生实事编制情况的报告；审议通过东城区第十七届人民代表大会第三次会议代表建议办理工作意见（草案）；听取东城区人大常委会各街道工作委员会2022年工作报告；听取和审议东城区第十七届人民代表大会常务委员会代表资格审查委员会关于个别代表的代表资格的报告（草案）；审议通过有关人事任免事项；被任命人员进行宪法宣誓

续表

时间	会次	议题
4月27日	第十次	听取和审议区政府关于东城区2022年环境状况和环境保护目标完成情况的报告；听取和审议区政府关于社会保险基金收支、管理、投资运营以及监督检查情况的报告；听取和审议区人大常委会法制办公室关于2022年备案审查工作情况的报告；审议通过《北京市东城区国民经济和社会发展计划审查监督办法（草案）》；听取区政府关于东城区中小企业发展情况的报告（书面）；听取和审议东城区第十七届人民代表大会常务委员会代表资格审查委员会关于个别代表的代表资格的报告（草案）；审议通过有关人事任免事项；被任命人员进行宪法宣誓
6月9日	第十一次	听取和审议区政府关于东城区2022年决算草案的报告，审查和批准2022年决算；听取和审议区政府关于东城区2022年度预算执行和其他财政收支的审计工作报告；听取和审议区政府关于提请审议批准东城区2023年预算调整方案的议案，审查和批准2023年预算调整方案；听取区政府关于东城区2022年优化营商环境工作情况的报告（书面）；听取和审议区政府关于中医药健康服务体系建设工作情况的报告；听取区人大常委会任命人员向人大常委会报告履职情况；审议通过有关人事任免事项；被任命人员进行宪法宣誓
8月24日	第十二次	听取和审议区政府关于“统筹区域资源，加强养老联合体建设，推动养老事业健康发展”代表议案办理情况的报告；听取和审议区检察院关于加强经济犯罪检察工作情况的报告；听取和审议区政府关于东城区2023年国民经济和社会发展计划上半年执行情况的报告；听取和审议区政府关于东城区2023年上半年预算执行情况的报告；审议通过有关人事任免事项；被任命人员进行宪法宣誓
10月19日	第十三次	听取和审议区政府关于东城区“十四五”规划纲要实施情况中期评估报告；听取和审议区政府关于提请审议批准东城区2023年预算调整方案的议案，审查和批准2023年预算调整方案；听取和审议区政府关于医疗保障事业发展情况的报告；听取和审议区法院关于加强涉文化领域审判工作情况的报告；听取和审议区人大常委会执法检查组关于检查《北京中轴线文化遗产保护条例》实施情况的报告；听取和审议区政府贯彻执行北京市东城区人民代表大会关于在新起点上高质量实施核心区控规 奋力推进国际一流和谐宜居的新时代首都核心区发展的决议情况的报告；听取和审议东城区第十七届人民代表大会常务委员会代表资格审查委员会关于个别代表的代表资格的报告（草案）；作出关于补选东城区第十七届人大代表的决定，并通过补选工作实施方案；审议通过有关人事任免事项；被任命人员进行宪法宣誓
11月30日	第十四次	听取和审议区政府关于东城区第十七届人民代表大会第三次会议代表建议、批评和意见办理情况的报告；听取和审议区人大常委会关于东城区第十七届人民代表大会第三次会议代表建议、批评和意见督办工作的报告；听取和审议区政府关于东城区2022年度国有资产管理情况的综合报告；听取和审议区政府关于东城区2022年度预算执行和其他财政收支审计查出问题整改情况的报告；审议通过区人大常委会关于东城区第十七届人民代表大会第四次会议召开时间的决定；审议通过有关人事任免事项；被任命人员进行宪法宣誓
12月21日	第十五次	讨论北京市东城区人民代表大会常务委员会工作报告（草案）；听取和审议东城区第十七届人民代表大会常务委员会代表资格审查委员会关于补选代表的代表资格审查报告（草案）；审议通过有关人事任免事项；被任命人员进行宪法宣誓；讨论区十七届人大四次会议有关事宜，并通过预备会议议程和列席人员名单

（胡京伟）

表6

2023年东城区人大常委会主任会议一览表

时间	会次	议题
2月14日	第十三次	讨论有关人事任免事项；研究北京市东城区人民代表大会常务委员会议事规则（修订草案）；研究东城区人大常委会2023年工作要点（草案）；研究并通过东城区人大常委会2023年监督工作计划（草案）；研究并通过北京市东城区人大常委会2023年代表工作计划（草案）；研究东城区第十七届人民代表大会常务委员会关于东城区2023年重要民生实事项目的决议（草案）；研究并通过东城区人大常委会主任会议成员2023年接待人大代表工作方案（草案）；研究东城区第十七届人民代表大会第三次会议代表建议办理工作意见（草案）；研究区十七届人大常委会第九次会议有关事宜
2月17日	第十四次	研究东城区第十七届人民代表大会常务委员会代表资格审查委员会关于个别代表的代表资格的报告（草案）

续表

时间	会次	议题
3月14日	第十五次	研究并通过东城区人大常委会关于2023年组织开展“发挥代表作用，助推《决议》实施”代表主题活动实施方案（草案）；研究并通过东城区人大常委会关于听取和审议东城区国民经济和社会发展第十四个五年规划纲要实施情况中期评估报告的专题调研工作方案（草案）；研究并通过东城区人大常委会听取和审议区政府关于“统筹区域资源，加强养老联合体建设，推动养老事业健康发展”议案办理情况报告的工作方案（草案）；听取区人大各专门委员会2023年工作要点的汇报；研究并通过《北京市东城区人民代表大会常务委员会主任会议议事规则（修订草案）》
4月18日	第十六次	讨论有关人事任免事项；研究区人大常委会法制办公室关于2022年备案审查工作情况的报告；研究《北京市东城区国民经济和社会发展计划审查监督办法（草案）》；研究并通过区人大常委会关于检查《北京中轴线文化遗产保护条例》实施情况的工作方案（草案）；听取东城区第十七届人民代表大会常务委员会代表资格审查委员会关于个别代表的代表资格的报告（草案）；研究区十七届人大常委会第十次会议有关事宜
5月23日	第十七次	研究并通过东城区人大常委会对区政府关于东城区2022年环境状况和环境保护目标完成情况的报告的审议意见（草案）；研究并通过东城区人大常委会对区政府关于东城区社会保险基金收支、管理、投资运营以及监督检查情况的报告的审议意见（草案）；研究并通过北京市东城区人大常委会2023年开展任命人员报告履职情况工作实施方案（草案）
6月2日	第十八次	讨论有关人事任免事项；研究关于批准东城区2022年决算的决议（草案）；研究关于批准东城区2023年预算调整方案的决议（草案）；研究区十七届人大常委会第十一次会议有关事宜
6月9日	第十九次	讨论有关人事任免事项
7月19日	第二十次	听取并通过东城区人大常委会对区政府关于中医药健康服务体系建设工作情况报告的审议意见（草案）；研究并通过《北京市东城区人大代表之家、代表联络站使用管理办法（试行）（草案）》
8月14日	第二十一次	讨论有关人事任免事项；研究并通过北京市第十六届人大（东城团）代表报告履职情况工作计划（草案）；听取并通过东城区人大常委会关于2022年度审计查出问题整改情况跟踪监督的工作方案（草案）；研究区十七届人大常委会第十二次会议有关事宜
8月24日	第二十二次	讨论有关人事任免事项
9月26日	第二十三次	听取并通过东城区人大常委会对“东城区2023年国民经济和社会发展计划上半年执行情况的报告”的审议意见（草案）；听取并通过东城区人大常委会对“东城区2023年上半年预算执行情况的报告”的审议意见（草案）；听取并通过东城区人大常委会对区政府关于“统筹区域资源，加强养老联合体建设，推动养老事业健康发展”代表议案办理情况的报告的审议意见（草案）；听取并通过东城区人大常委会对区检察院“关于加强经济犯罪检察工作情况报告”的审议意见（草案）
10月10日	第二十四次	讨论有关人事任免事项；听取“东城区人大常委会关于听取和审议东城区国民经济和社会发展第十四个五年规划纲要实施情况的中期评估报告”工作调研情况的报告；研究关于批准东城区2023年预算调整方案的决议（草案）；研究区人大常委会执法检查组关于检查《北京中轴线文化遗产保护条例》实施情况的报告；听取区十七届人大三次会议建议督办情况的汇报；听取东城区第十七届人民代表大会常务委员会代表资格审查委员会关于个别代表的代表资格的报告（草案）；讨论关于补选东城区第十七届人大代表的有关事宜；研究区十七届人大常委会第十三次会议有关事宜
11月21日	第二十五次	讨论有关人事任免事项；听取并通过东城区人大常委会对区政府关于东城区“十四五”规划纲要实施情况中期评估报告的审议意见（草案）；听取关于区人大各专门委员会2024年部门预算初审情况的汇报；听取并通过东城区人大常委会对区法院关于加强涉文化领域审判工作情况报告的审议意见（草案）；听取并通过东城区人大常委会对区政府关于医疗保障事业发展情况报告的审议意见（草案）；听取并通过东城区人大常委会关于检查《北京中轴线文化遗产保护条例》实施情况报告的审议意见（草案）；听取并通过东城区人大常委会对区政府贯彻执行北京市东城区人民代表大会关于在新起点上高质量实施核心区控规，奋力推进国际一流和谐宜居的新时代首都核心区发展的决议情况报告的审议意见（草案）；讨论东城区人民代表大会常务委员会工作报告（草案）；研究东城区人大常委会关于东城区第十七届人民代表大会第四次会议召开时间的决定（草案）；研究区十七届人大常委会第十四次会议有关事宜

续表

时间	会次	议题
12月14日	第二十六次	讨论有关人事任免事项；听取并通过东城区人大常委会对东城区2022年度国有资产管理情况的综合报告的审议意见（草案）；听取并通过东城区人大常委会对东城区2022年度预算执行和其他财政收支审计查出问题整改情况的报告的审议意见（草案）；讨论区人大各专门委员会2023年工作报告；听取东城区第十七届人民代表大会常务委员会代表资格审查委员会关于补选代表的代表资格审查报告（草案）；讨论《北京市东城区第十七届人民代表大会第四次会议宪法宣誓组织方案（草案）》；研究区十七届人大四次会议有关事宜；研究区十七届人大常委会第十五次会议有关事宜

（胡京伟）

人事任免

【任命人员】2023年，区人大常委会依法任命区国家机关工作人员17人。2月23日，区十七届人大常委会第九次会议决定：任命周林为北京市东城区教育委员会主任；任命肖华强为北京市东城区民政局局长；任命邢磊为北京市东城区市场监督管理局局长。4月27日，区十七届人大常委会第十次会议决定：任命刘立新为北京市东城区审计局局长；任命于锋池为北京市东城区政务服务管理局局长；任命李华伟为北京市东城区人民检察院副检察长、检察委员会委员、检察员。6月9日，区十七届人大常委会第十一次会议决定：任命佟立志为北京市东城区人民政府副区长；任命王佑明为北京市东城区人民政府副区长；任命崔媛媛为北京市东城区统计局局长；任命赵文胜为北京市东城区人民检察院副检察长、检察委员会委员、检察员。8月24日，区十七届人大常委会第十二次会议决定：任命刘从容为北京市东城区国防动员办公室主任；任命江鹄冲为北京市东城区人民政府研究室主任。10月19日，区十七届人大常委会第十三次会议决定：任命周颖为北京市东城区人民检察院副检察长（挂职至2024年3月）。11月30日，区十七届人大常委会第十四次会议决定：任命吕绘为北京市东城区商务局局长；任命王铁峰为北京市东城区文化和旅游局局长。12月21日，区十七届人大常委会第十五次会议决定：任命唐立为北京市东城区人民政府副区长（挂职至2024年11月）；任命曹志平为北京市东城区人民政府副区长（挂职至2024年11月）。任命其他国家机关工作人员57人。

（郭媛媛）

【接受辞职人员】2023年，区人大常委会接受辞职人员3人。4月27日，区十七届人大常委会第十次会议决定：接受郑晓博、刘俊彩辞去北京市东城区人民政府副区长职务的请求，并报北京市东城区人民代表大会备案；接受贺卫辞去北京市东城区人民检察院检察长职务的请求，报北京市人民检察院检察长提请北京市人民代表大会常务委员会批准，并报东城区人民代表大会备案。

（郭媛媛）

【免职人员】2023年，区人大常委会依法免去区国家机关工作人员9人。2月23日，区十七届人大常委会第九次会议决定：免去高伟的北京市东城区教育委员会主任职务；免去韩非的北京市东城区市场监督管理局局长职务。4月27日，区十七届人大常委会第十次会议决定：免去侯立华的北京市东城区审计局局长职务；免去程利的北京市东城区政务服务管理局局长职务。6月9日，区十七届人大常委会第十一次会议决定：免去李岚的北京市东城区统计局局长职务；免去郑丽明的北京市东城区人民政府研究室主任职务；免去许文辉的北京市东城区人民检察院副检察长、检察委员会委员、检察员职务。11月30日，区十七届人大常委会第十四次会议决定：免去胡异峰的北京市东城区商务局局长职务；免去向旭东的北京市东城区文化和旅游局局长职务。免去其他国家机关工作人员56人。

（郭媛媛）

监督工作

【法治监督】2023年，区人大常委会听取和审议区政府关于2022年法治政府建设工作情况的报告、区法院关于加强涉文化领域审判工作情况的报告、区检察院关于加强经济犯罪检察工作情况的报告；就增强做好新时代涉文化领域审判工作的责任感使命感、以首善标准推动涉文化领域审判实践，充分释放经济犯罪检察履职效能、以法律监督推动形成协同治理格局、进一步夯实经济犯罪检察基础等方面提出意见建议。总结2023年度备案审查工作，听取备案审查年度工作报告。按照“有件必备、有备必审、有错必纠”的要求，共接收区政府报送的规范性文件10件，发挥法制委员会委员和备案审查专家的作用，不断提高审查工作水平。对常委会2022年做出的对区法院关于服务保障优化营商环境、区检察院关于加强未成年人检察工作审议意见落实情况进行跟踪监督，提出进一步推进工作的意见建议。

（于丹丹）

【财政经济监督】2023年，区人大常委会听取区政府关于东城区中小企业发展情况的报告，听取区政府关于东城区2022年优化营商环境工作情况报告，听取和审议区政府关于东城区2023年国民经济和社会发展计划上半年执行情况的报告，听取和审议区政府关于东城区“十四五”规划纲要实施情况中期评估报告，并组织专题询问，听取和审议区政府关于东城区2022年决算草案的报告，审查和批准2022年决算，听取和审议区政府关于东城区2022年度预算执行和其他财政收支的审计工作报告，听取和审议区政府关于提请审议批准东城区2023年预算调整方案的议案，审查和批准东城区2023年预算调整方案，听取和审议区政府关于东城区2023年上半年预算执行情况的报告，听取和审议区政府关于提请审议批准东城区2023年第二次预算调整方案的议案，审查和批准东城区2023年第二次预算调整方案，听取和审议区政府关于东城区2022年度预算执行和其他财政收支审计查出问题整改情况的报告，听取和审议区政府关于东城区2022年度国有资产管理情况的综合报告。

（潘冬京　马静哲）

【教科文卫监督】2023年，区人大常委会围绕中医药健康服务开展监督，组织委员、代表分别到北京市鼓楼中医医院、正中堂（北京）健康管理有限公司和北京中研集团东城中医医院开展调研，听取和审议区政府关于中医药健康服务体系建设工作情况报告，提出建设优质高效中医药服务体系、提升中医药健康服务能力、加强组织实施筑牢基础支撑等意见建议。区人大常委会对《北京中轴线文化遗产保护条例》开展执法检查，成立执法检查组，制订执法检查工作方案、召开启动部署会、对条例进行学习、培训、交流，听取区政府部门汇报、实地视察座谈、归纳整理成绩与问题、撰写修改执法检查报告，确保执法检查全过程都能听到人民的声音。深入开展调查研究，共听取17家单位的工作汇报，深入到文物保护单位、历史文化街区、老字号商铺、新兴复合式文化业态、平房街巷院落、旅游景区、教育单位等20余家实地调研，面对面听取5个街道居民代表的意见，共收集问题四大项25个、意见建议90条。紧扣条例规定，突出执法检查重点。检查组逐条研读条例，聚焦区政府主责任务，结合《〈北京中轴线申遗保护三年行动计划〉（东城区）任务分解》，确定执法检查重点条款，紧盯核心任务，精准开展检查，听取和审议区人大常委会执法检查组关于检查《北京中轴线文化遗产保护条例》实施情况报告。

（宗　靖）

【城建环保监督】2023年，区人大常委会围绕环境保护开展连续监督，组织委员视察燕墩北绿地、松林里绿地、南馆公园水质改造等项目，听取和审议区政府关于2022年环境状况和环境保护目标完成情况的报告。区人大常委会围绕《北京市东城区人民代表大会关于在新起点上高质量实施核心区控规　奋力推进国际一流和谐宜居的新时代首都核心区发展的决议》贯彻执行开展监督，听取第二个“三年行动计划”编制情况的介绍，全面了解工作背景、工作思路、主要内容和实施保障；组织委员视察金隅龙顺成文创园、正阳桥疏渠记方碑、宏恩观和东直门交通枢纽项目，从实施层面深入了解疏解减量提质和老城整体保护任务项目情况；聚焦天坛周边重点项目，听取天坛街道综合实施方案和西草红庙街区申请式退租情况的介绍，并进行座谈交流，从街区层面详细了解区域发展规划和发展定位。听取和审议区政府关于贯彻执行《北京市东城区人民代表大会关于在新起点上高质量实施核心区控规　奋力推进国际一流和谐宜居的新时代首都核心区发展的决议》情

5月18日，区人大常委会《北京中轴线文化遗产保护条例》执法检查组到前门大街历史文化街区开展执法检查（吴楠摄）

况的报告。

（李　军）

【社会建设监督】2023年，区人大常委会围绕社会保险基金的收支、管理、投资运营及监督检查开展监督，组织委员代表实地视察区社保基金管理中心服务大厅和东花市街道便民服务中心，与区人力社保局、劳动能力鉴定专家、工伤保险定点医疗机构、工伤保险承办商保机构等单位座谈交流，深入了解区贯彻落实养老、工伤、失业等行政法规、政策文件中存在的问题及社保经办、社保专项基金收支、劳动能力鉴定、工伤医疗诊治、新就业形态就业人员职业伤害保障险等方面情况，听取和审议东城区人民政府关于社会保险基金的收支、管理、投资运营及监督检查情况的报告。区人大常委会围绕医疗保障制度改革，采取集中视察调研与微视察微调研相结合的形式，系统了解区落实医保法规政策文件、加强医保基金监管、推进医疗服务供给侧改革、优化医疗保障服务管理等方面情况，先后视察区医疗保险事务管理中心大厅、相关区属医院、社区卫生服务中心（站）和医保定点药店，听取医保经办工作、医保基金使用及相关工作情况汇报10余次，听取和审议东城区人民政府关于医疗保障事业发展情况的报告。

（赵　欣）

3月31日，区人大常委会组织召开"统筹区域资源，加强养老联合体建设，推动养老事业健康发展"代表议案办理工作部署启动会（赵欣摄）

议案建议督办

【议案督办】2023年，区人大常委会高度重视代表议案办理工作，研究制订常委会议案督办工作方案，成立由区人大常委会主任吴松元为组长，副主任吕德成、王森、刘藻为副组长，相关部门负责人为成员的听取和审议专项工作领导小组，下设由社会建设委员会委员及议案领衔代表共同参与的36人专题调研组，高位统筹调度议案督办工作。前期通过开展"微调研"，掌握第一手资料，深入9个街道、14个社区了解8个代表团和代表30人联名提出的11件养老方面代表议案的真实意图，听取议案领衔人、街道、社区、卫生服务中心、养老驿站、居民代表等多方面意见，掌握议案办理的第一手资料，夯实工作基础。督办工作中，注重与常委会主任会议成员接待代表活动相结合，坚持边调研边反馈，及时梳理调研中的问题清单、建议清单，编写《代表建言专报》，经区领导批示后交区民政局阅研，为推动代表议案高质量办理提供助力。在调研过程中始终坚持问题导向，聚焦区域养老联合体建设中存在的主要问题，实地视察东直门街道养老院、东城区精神卫生保健院、新中街社区养老服务驿站、龙潭街道幸福社区养老服务驿站、兆如养老照料中心、长者食堂及东花市街道南里东区社区养老服务驿站，听取区民政局、部分街道和养老服务联合体成员单位相关工作情况汇报。通过调研，全面了解区人口老龄化程度和养老联合体建设情况。先后组织召开会议、视察、调研、培训等活动19次，人大代表、社会委委员等参与100余人次，提出60条意见建议。6月8日，区十七届人大社会建设委员会召开第六次会议，听取和初审区民政局受区政府委托所作关于"统筹区域资源，加强养老联合体建设，推动养老事业健康发展"议案办理情况的报告。8月24日，区十七届人大常委会第十二次会议听取和审议东城区人民政府关于"统筹区域资源，加强养老联合体建设，推动养老事业健康发展"代表议案办理情况的报告，区人大社会建设委员会主任委员提出意见建议，常委会组成人员1人和列席代表1人进行审议发言，代表3人提交书面意见，现场开展专题询问。

（赵　欣）

【代表建议督办】2023年，区十七届人大三次会议期间，大会收到代表提出建议78件。经大会议案审查委员会审查、主席团讨论通过，议案转作建议处理3件，共计81件。其中2件供区有关部门工作参考，其余79件交由区政府研究办理并全部办结。据统计，涉及城建环保办29件，占督办件36.7%；教科文卫24件，占督办件30.4%；社会建设10件，占督办件12.7%；财政经济8件，占督办件10.1%；司法民宗2件，占督办件2.5%；代表联络室督办街道主办6件，占督办件7.6%。列入工作计划的2件，占2.5%；因条件所限暂时难以解决的1件，占1.3%。反映问题在办理期限内解决的76件，解决率96.2%；代表在建议答复意见中签署非常满意或满意的79件，满意率100%。此外，区人大常委会闭会期间收到建议1件，并获解决，代表表示满意。

（孙　晶）

代表工作

【主任接待日】2023年，区人大常委会落实主任会议成员接待人大代表办法和工作流程，制订年度主任接待代表工作方案，围绕“发挥代表作用，践行全过程人民民主，切实增强人大监督的有效性、针对性”“发挥代表专业小组作用，切实增强代表履职实效”“聚焦经济高质量发展，合力推进东城区‘十四五’规划纲要高效执行”“加强互联网医院及互联网诊疗建设，切实提高区属医院治疗水平”“推进街道区域养老联合体建设，提高为老服务质量”“集思广议，统筹运用多种手段破解核心区停车难”“加强代表家站平台建设，支持和保障人大代表依法履职”等方面，协调组织7次主任接待座谈会，累计参加代表120人次，提出建议320条。同时，做好代表建议跟踪督办及反馈工作，确保问题有效落实。

（孙　晶）

【代表主题活动】2023年，区人大常委会组织全区人大代表开展“发挥代表作用，助推《决议》实施”代表主题活动，发挥代表资源优势、专业优势和代表主体作用，引导全区人大代表为在新起点上高质量实施核心区控规，奋力推进国际一流和谐宜居的新时代首都核心区发展贡献智慧和力量。代表们在核心区控规实施、经济高质量发展、“三老”改造、停车管理、养老服务及互联网医疗等方面提出建设性意见建议近60条。

（孙　晶）

【人大街工委工作】2023年，区人大常委会组织召开4次人大街工委工作例会，全年明确一条主线：全速推进“崇文争先”、全力做实“六字文章”；把握四个核心要义：学习引领、交流共享、扎实推动、质量提升；聚焦三个导向：以人大街工委工作整体水平提升为目标导向，以代表培训质量提升为需求导向，以代表履职能力提升为主流导向，贯彻落实党的二十大精神和中央、市委、区委人大工作会议关于加强代表工作能力建设要求，坚持上下联动，指导各人大街工委高质量、高标准做好代表工作。

（孙　晶）

【代表培训】2023年，区人大常委会坚持问题导向和需求导向，以政治建设为统领，常委会党组研究通过年度代表履职培训实施方案，依托全国人大北京培训基地和区委党校培训资源和师资力量，有效提升代表培训的系统化、专业化、规范化水平。全年在全国人大北京培训基地举办2期市区人大代表集中培训，参训率达85%；举办“红色五月”经典诵读主题活动，代表履职的政治站位和政治意识不断提升；开展6期人大代表专题培训、3次“情境式”拓展培训；结合年度重点监督议题、代表议案等，组织部分市代表赴福建实地学习考察。充分运用履职网络平台，加强代表在线学习，实现培训质量、代表能力“双提升”。

（孙　晶）

【代表家站】2023年，区人大常委会立足全覆盖建好家站、规范化管好家站、常态化用好家站，制订《东城区人大代表之家、代表联络站使用管理办法（试行）》。依托全区17个代表之家、119个代表联络站，推进代表“月进站、季回家、年述职”，支持代表知晓民生、汇集民智。打通代表联系群众“最后一公里”，将市人大代表64人编组进站，实现17个人大代表联组、三级人大代表有序联动。指

5月5日，2023年度东城区市、区人大代表集中培训班举办（韩冬摄）

导人大街工委有序组织代表回“家”进“站”宣讲政策、接待选民、联系群众，推动一批涉及群众切身利益的问题得到解决。

（孙　晶）

专委会工作

【法制委员会】2023年，法制委员会召开委员会会议4次，涉及议题17项。为做好相关议题审议，先后组织委员和代表参加中轴线上的老字号知识产权保护主题研讨、法治宣传主题日、“打击惩治洗钱犯罪、维护金融安全”主题公开日等活动，广泛听取相关部门的意见，提出有针对性的建议。聚焦重点任务，推进“十四五”规划实施。将保障首都安全、提升依法行政水平、保障国际交往服务等方面工作列为重点，先后听取区司法局、区外事办公室、东城公安分局、东城交通支队等单位和部门相关工作情况报告，组织委员和代表实地视察朝阳门街道矛盾纠纷调解中心、隆福文化中心、永定门外街道革新西里社区警务站，提出完善法治思维方式，提升依法行政水平；做实“靖”字文章，推进平安东城建设；充分挖掘资源，加强国际交往中心功能建设；开展专项整治，保障道路交通安全等建议。组织召开法治建设专题论坛，邀请专家作专题报告，帮助代表深入了解首都全国文化中心功能定位和基本内涵等问题，提出加强首都功能核心区文化建设的首都规划和统筹设计、开发利用东城区历史文化和法治文化资源、优化提升文化发展和保护的法治环境等思路和建议。做好委员会服务保障。组织专题培训、视察、座谈，及时推送学习资料和工作信息，为委员和代表履职创造条件。探索审议议题负责制，委员自主报名参加课题组，进一步调动委员履职积极性。邀请代表专业小组成员参加调研、座谈、视察等活动，进一步搭建代表专业小组履职平台。加强与委员和代表的联系沟通，了解履职需求，听取意见建议。

10月25日，区人大法制委员会组织委员和代表视察东四清真寺（于丹丹摄）

（于丹丹）

【财经委员会】2023年，区人大财政经济委员会全年召开6次会议，讨论通过《区人大财政经济委员会2023年工作要点》《区人大财政经济委员会2023年工作报告》《北京市东城区人民代表大会财政经济委员会工作规则修订草案》《北京市东城区国民经济和社会发展计划审查监督办法（征求意见稿）》《财政经济委员会关于东城区“十四五”规划纲要实施情况中期评估经济发展专题调研工作方案》；听取和审议《关于东城区2023年国民经济和社会发展计划上半年执行情况的报告》《关于东城区2023年上半年经济运行情况的报告》《关于东城区国民经济和社会发展第十四个五年规划纲要实施情况的中期评估报告》《财政经济委员会关于东城区“十四五”规划纲要实施情况中期评估经济发展专题调研工作报告》《区政府关于东城区第十七届人大常委会第六次会议对“立足东城禀赋，整合区域资源，推动国际消费中心城市示范区高标准建设”议案办理情况的报告的审议意见的研究处理情况报告》《关于东城区2022年度预算执行和其他财政收支的审计工作报告》《关于东城区2023年上半年预算执行情况的报告》《关于东城区2022年度预算执行和其他财政收支审计查出问题整改情况的报告》《关于东城区2022年度国有资产管理情况的综合报告》《关于东城区2022年度国有资产的审计工作报告》《关于东城区2023年重点支出预算执行和2024年重点支出预算安排情况的报告》《关于东城区2023年重大投资项目实施和2024年重大投资项目安排情况的报告》《关于区人大各专门委员会对2024年部门预算初步审查汇总情况的报告》；听取和初审《关于东城区2022年决算草案的报告》《关于提请审议批准东城区2023年预算调整初步方案的议案》《关于提请审议批准东城区2023年第二次预算调整初步方案的议案》《区政府关于东城区2023年国民经济和社会发展计划执行情况与2024年计划草案的报告》《关于东城区2023年经济运行情况的报告》《关于东城区2023年预算执行情况和2024年预算草案初步方案的报告》及王府井地区管委会、安定门街道办事处2024年部门预算编制情况的汇报；听取《关于东城区2023年上半年重点支出预算执行情况的报告》《关于东城区2023年上半年重大投资项目实施情况的报告》《关于东城区2023年上半年税收收入完成情况的报告》《区政务服务局关于2022年度部门预算执行和决算草案审计查出问题整改情况的报告》《关于东城区2023年税收情况的报告》及区人大财政经济委员会、教科文卫委员会对区政务服务局、区科技和信息化局2022年度审计查出问题整改情况跟踪监督的情况汇报。对政府规范性文件《东城区全面实行行政许可事项清单管理工作实施意见》《东城区实施“一业一证”改革行动方案》等6件进行备案审查。联动开展“十四五”规划中期评估专题调研和监督工作。协助常委会研究制订“十四五”规划实施情况中期评估专题调研工作方案，成立工作领导小组，组织召开工作动员部署、领导小组会议3次。健全完善专委会联动监督工作机制，组织协调各专委会通过召开专题座谈会、实地调研视察、发放调研问卷等方式开展调研和监督。加强与发改委等政府部门联系，共同设计调研问卷，及时沟通工作进展，协调解决工作中的问题。工作期间，协调各专委会组织各种调研活动69次，委员、代表参与调研653人次，提出221条具体意见和建议，形成1项总调研报告和5项专题调研报告，为常委会依法高质量审议政府工作报告提供参考依据。围绕中小企业发展、“十四五”经济发展和财经监督有效性等专题，组织调研组深入政府部门、产业园区和驻区企业，深入基层联系点和“代表家站”走访调研，实地了解工作情况和存在的问题。组织财经委员、预算监督代表小组成员和预算监督顾问实地视察区精神卫生保健院，参观医院节能保温改造项目，听取区精神卫生保健院项目进展和区重大投资项目管理情况介绍；实地视察东单体育中心，调研重大投资项目和国有资产管理情况；实地视察第一人民医院，调研重大投资项目建设情况和审计发现问题整改情况。结合调研发现的问题和代表委员提出的意见建议，完成《关于加强东城区政府重大投资项目预算审查监督的调研报告》，督促政府部门加强项目管理、提高支出绩效。首次参与市区联动审计整改跟踪工作，组织市、区人大相关专委会听取区政府有关部门关于审计查出问题整改情况的工作报告，实地现场调研、审查整改落实的会计凭证、内控制度等相关数据资料，促进审计整改工作质量不断提升。

（潘冬京　马静哲）

【教科文卫委员会】2023年，区人大教科文卫委员会共协助常委会听取和审议2项专项工作报告，为主任会议听取9项议题做好准备，召开4次委员会会议，审议议题5项，开展执法检查1项，督办代表建议24件，完成专题调研11项，完成2项规范性文件备案审查工作。先后实地调研北京市第三幼儿园学前教育工作情况，天坛公园科普工作情况，北京市鼓楼中医医院中医药健康服务工作情况，正中堂（北京）健康管理有限公司和北京中研集团东城中医医院的中医药健康服务体系建设情况，前门大街历史文化街区、永定门城楼、钟鼓楼地区、皇城艺术馆、景山公园等地贯彻落实《北京中轴线文化遗产保护条例》情况，东城区国民经济和社会发展第十四个五年规划纲要实施情况中期评估报告涉及社会公共服务发展方面情况，东花市街道花市社区博物馆社区公共文化服务发展情况，广东韶州会馆、青云贰拾叁艺术中心文物活化利用工作情况，同仁堂中医医院的中医药事业发展情况，北京龙顺成老字号传承与创新发展情况，区教委和北京市第五十中学落实东城区减轻义务教育阶段学生作业负担和校外培训负担工作情况。

（宗　靖）

【城建环保委员会】2023年，区人大城建环保委员会全年召开4次会议，讨论通过《东城区人大城建环保

8月4日，区人大城建环保委员会开展核心区控规三年行动计划专题调研（张勇摄）

委员会2023年工作要点》，初审《东城区2022年环境状况和环境保护目标完成情况的报告》、《北京市东城区人民代表大会在新起点上高质量实施核心区控规 奋力推进国际一流和谐宜居的新时代首都核心区发展决议》的贯彻落实情况、《中轴线保护条例执法检查报告》，听取《东城区2021年环境状况和环境保护目标完成情况的报告》审议意见的落实情况、《北京市生活垃圾管理条例》《北京市物业管理条例》在东城区贯彻落实情况报告、城建环保委员会2023年工作报告，并对《东城区深入打好污染防治攻坚战2023年行动计划》《东城区空气重污染应急预案（2023修订）》文件进行备案审查。督办2023年城建城管类代表意见建议。初审区园林绿化局2024年部门预算编制工作。配合财政经济委员会完成东城区国民经济和社会发展第十四个五年规划纲要实施情况的中期评估专题调研工作，并按时完成专题调研报告。配合市人大就《北京市建筑绿色发展条例》征求区住建委及区属企业代表的意见，在立法中体现东城声音。

（李　军）

【社会建设委员会】2023年，区人大社会建设委员会全年召开4次会议，讨论通过区人大社会建设委员会2023年工作要点及妇女青少年工作代表小组和老龄工作代表小组2023年工作计划、备案审查报告、社会建设委员会预算初审工作安排、社会委对口部门预算初审工作情况报告、《东城区人大社会建设委员会工作联系点工作规定》、社会建设委员会2023年工作情况报告等。讨论东城区人大常委会听取和审议区政府关于“统筹区域资源，加强养老联合体建设，推动养老事业健康发展”代表议案办理情况报告的工作方案、区政府关于东城区第十七届人大常委会第四次会议对区人大常委会执法检查组关于检查《北京市接诉即办工作条例》实施情况报告的审议意见的研究处理情况报告、区政府关于东城区第十七届人大常委会第五次会议对区政府关于消防安全工作情况报告的审议意见的研究处理情况报告、社会建设方面代表建议督办情况报告等。听取区政府关于人防事业发展情况的报告。组织开展社会保险基金、养老联合体建设、人防事业发展、预防和制止家庭暴力保障弱势群体合法权益、医疗保障事业发展、“十四五”规划纲要中期评估社会建设方面情况等专题调研。组织召开社会建设类代表建议办理推进会、主任领衔重点督办代表建议工作会。对区体育局2024年部门预算编制的科学性、完整性、规范性和有效性进行审查。协助市人大常委会组织部分代表对《中华人民共和国安全生产法》《北京市安全生产条例》贯彻实施情况进行定点检查，服务保障市人大常委会到东城区开展“建立健全促进就业保障制度，完善劳动关系协商协调机制”专项监督调研、杭州市钱塘区人大常委会到东城区调研等。组织市、区人大代表到东城区养老服务指导中心、中国海洋石油集团有限公司进行会前集中视察。

（赵　欣）

东城区第十七届人民代表大会常务委员会组成人员

主　任	吴松元			
副主任	吕德成	白京涛	王　森	赵秋洁（女，满族）
	韩卫国	刘　藻（女）	张树华	
委　员	丁文理	上官玥（女）	门　熹（女）	马慧娟（女）
	王崇恩（回族）	王瑞芝（女，蒙古族）	毛　赛	方国根
	付　葵（女）	任万平（女）	刘文维（女）	刘占颇
	刘　权	李利平（女）	李　金（女）	李　洪（女，满族）
	李舰舶	李　梅（女）	邱宏庆	张　平（女）
	张　威（女）	张　磊	陈小兵	范文华（女）

周元元（女）　宗　靖（女）　赵明杰　侯万军
聂萌妹（女）　郭兰萍（女）　梁成才　蒋　菁（女）
韩　建　韩　莹（女，回族）　鲁建华　童之磊
熊卫红（女）

备注：12月21日，区十七届人大常委会第十五次会议决定：接受李利平、邱宏庆、赵明杰、梁成才辞去北京市东城区第十七届人民代表大会常务委员会委员职务的请求，并报北京市东城区人民代表大会备案。

东城区人大常委会工作机构负责人

办公室主任　邱宏庆（6月免）　吕晓东（6月任）
研究室主任　李利平（女，6月免）　吴　笛（6月任）
代表联络室主任　梁成才（8月免）　王　梅（女，8月任）
法制办公室主任、备案审查办公室主任（兼）、社会建设办公室主任（兼）
韩　莹（女，回族）
财政经济办公室主任　鲁建华
教科文卫办公室主任　付　葵（女）
城建环保办公室主任　赵明杰（8月免）　王跃锋（8月任）
预算工作室主任　侯万军

北京市东城区人民政府

2月1日，东城区政府全体会议召开（张传东摄）

综　述

2023年，东城区以习近平新时代中国特色社会主义思想为指导，深入贯彻落实党的二十大精神和习近平总书记对北京重要讲话精神，以首善标准推进中国式现代化建设东城实践，全区各项事业稳步前行。

中央政务服务持续加强。完成全国两会、“一带一路”高峰论坛等重要活动服务保障。推动央地议事交流常态化，保障在京重点项目建设，接件答复率100%，“四个服务”满意度调查成绩全市第一。妥善应对“23·7”特大暴雨等极端天气，开展安全生产和火灾隐患大排查大整治。矛盾纠纷“梯次递进 一体调处”工作法获全国新时代“枫桥经验”先进典型。“平安北京”建设考核和“全国市域社会治理现代化试点”验收结果全市第一。服务和融入京津冀协同发展大局，雄安史家胡同小学正式开学。疏解整治促提升持续推进，启动核心区控规新一轮三年行动计划。

区域经济发展态势良好。东直门交通枢纽项目各业态区域陆续竣工，隆福文化街区二期完工，东城数字科技大厦实现开工，“硅巷”建设全面提速。主导产业持续增强，“金融+总部+科创”业态加速聚集，新引进企业超2000家。升级“东城消费季”品牌IP，办好“五圈五节”，打造新消费品牌孵化地。社会消费品零售总额预计增长7%，居城六区第一。基本完成从事生产经营活动事业单位改革，战略性重组国资公司，国资国企监管体系不断健全。“两区”建设新增项目321个，实施6.0版营商环境改革，在全市率先实现“证照联办+一照多址”叠加办理。

文化强区及城市精细化治理深入实施。北京文化论坛提级升格为国家级、国际性论坛并永久落户东城。老城保护扎实推进，编制完成东四三条至八条、北锣鼓巷等4片历史文化街区的保护规划。文化产业持续发展，获评全国首批国家文化与金融合作示范区。文化服务丰富多彩，“我与地坛”书市回归，举办大学生电影节、中国儿童戏剧节、全国话剧展演季等多项活动。城市更新有序推进，皇城景山三期成为全市首个片区式综合性更新试点。老旧小区综合整治和老楼加装电梯均超额完成年度任务。环境品质不断提升，细颗粒物浓度连续三年达到国家二级标准，南馆公园建成“零碳”试点。深化背街小巷环境精细化整治，入选“北京最美街巷”胡同达到13条、精品街巷文化探访路线24条，均居全市首位。全面完成违规电动三、四轮车淘汰治理。

民生保障水平持续提升。做好重点群体就业服务，获评北京市充分就业区。落实困难群体救助政策，实现基本医保、大病保险、医疗救助一站式结算。多措并举加强住房保障，公共服务更加优质均衡，获评全国义务教育优质均衡区。和平里医院、隆福医院通过三甲评审，蝉联“全国健康城市建设样板市”。试点开展养老服务市场化运行，千人拥有床位数提前实现“十四五”目标。区全民健身中心和东单体育中心投入使用，获评全国体育事业突出贡献奖。接诉即办全市排名稳步上升，群众满意率逐年提升。

（李慧慧）

9月14—15日，2023北京文化论坛在东城区举办（闫文摄）

重要会议和活动

【区政府全体会议】2月1日，东城区政府全体会议召开。区领导周金星、李妍、郑晓博等出席。区政府部门行政主要领导及副职、各街道党政主要领导及行政副职，区纪委区监委、区委主要部门主管领导，区人大办、区政协办主要领导，区级群众团体主要领导，双管单位、直属事业单位行政主要领导及副职，区属重点企业主要领导及副职参加。李妍部署2023年区政府工作报告重点任务

2月1日，东城区政府全体会议召开（张传东摄）

分工及重要民生实事初步安排。周金星要求各部门、各单位、各街道对照任务清单，全力以赴投入各项工作，并对做好2024年政府工作提出要求。

（李慧慧）

表7

2023年东城区政府常务会一览表

日期	会次	议题
1月19日	第33次	区住建委关于审议《关于国家话剧院高层住宅楼项目房屋征收补偿方案征求公众意见及修改情况的通告》的请示；区住建委关于审议《北京市东城区人民政府关于国家话剧院高层住宅楼项目范围内房屋征收的决定》的请示；区人力社保局关于人事任免事项的请示
1月29日	第34次	区政府办关于报审《2023年东城区政府工作报告重点任务分工方案（讨论稿）》的请示；区政府办关于报审《东城区2022年重要民生实事完成情况及东城区2023年重要民生实事项目（讨论稿）》的请示；区科信局关于报审《东城区促进中小企业创新发展的若干措施（报审稿）》的请示
2月7日	第35次	区政府外办关于东城区2022年外事工作情况的汇报；区财政局关于2022年1—12月份东城区税源任务进展情况的汇报；区文旅局关于2023年春节假日经济统计分析情况的汇报；区城指中心关于报审《东城区2023年接诉即办“每月一题”推动解决重点民生诉求工作方案》的请示；区城指中心关于1月份东城区网格化综合监管及接诉即办工作情况的汇报；区信访办关于2022年信访工作总结及2023年工作计划的汇报；区人力社保局关于人事任免事项的请示
2月13日	第36次	东城区安全生产委员会2023年第一次全体会议；区发改委关于报审《东城区“疏解整治促提升”专项行动2023年工作计划》的请示；区司法局关于报审《北京市东城区人民政府2022年法治政府建设年度情况报告》的请示；区人力社保局关于人事任免事项的请示
2月20日	第37次	区国资委关于报审《东城区国有资本运营有限公司建设方案》的请示；区残联关于报审《东城区残疾预防行动计划（2022—2025年）》的请示；区残联关于报审《东城区贯彻落实〈促进残疾人就业三年行动方案（2022—2024年）〉重点任务分工方案》的请示；区应急局关于报审《东城区防汛应急预案（2023年修订）》的请示
3月23日	第38次	会前学法：金融犯罪检察工作汇报；区政府办关于办理市、区两会期间人大代表议案、建议和政协提案有关工作的请示；区生态环境局关于东城区深入打好污染防治攻坚战2022年完成情况的汇报；区生态环境局关于报审《关于东城区2022年环境状况和环境保护目标完成情况的报告》的请示；区卫健委关于报审《东城区国家卫生区复审工作实施方案（2022—2024年）》的请示；区政务服务局关于报审《东城区“一业一证”改革行动方案》的请示；区人力社保局关于人事任免事项的请示
4月2日	第39次	区财政局关于2023年1—2月份东城区税源任务进展情况的汇报；区发改委关于报审《东城区“十四五”规划实施中期评估工作方案》的请示；区发改委关于报审《东城区全方位优化营商环境 打造文化创新融合改革示范区工作方案》的请示；区发改委关于报审《北京市东城区“一老一小”整体解决方案》的请示；区科信局关于报审《关于东城区中小企业发展情况的报告（书面）》的请示；区生态环境局关于报审《东城区深入打好污染防治攻坚战2023年行动计划》的请示；区人力社保局关于人事任免事项的请示

续表

日期	会次	议题
4月14日	第40次	区人力社保局关于人事任免事项的请示
4月18日	第41次	区发改委关于2023年“东城区优化营商环境 推动经济高质量发展大会”筹备情况的汇报；区住建委关于中轴线申遗近期重点工作情况的汇报；区民政局关于报审《2023年东城区养老服务工作方案》的请示；区人力社保局关于报审《东城区社会保险基金收支、管理、投资运营以及监督检查情况报告》的请示；区市场监管局关于东城区落实食品安全包保责任制工作情况的汇报；区国资委关于报审《东城区城市公共资源运营平台组建方案》的请示
4月23日	第42次	区教委关于《东城区2023年义务教育阶段入学工作实施细则》《非本市户籍适龄儿童少年入学审核实施细则》《本市户籍无房家庭承租人适龄子女入学审核实施细则》的汇报
5月6日	第43次	东城区安全生产委员会2023年第二次全体会议；区发改委关于2023年一季度东城区“疏解整治促提升”工作进展情况的汇报；区发改委关于报审《东城区2023年一季度经济社会发展形势分析》的请示；区财政局关于2023年1—3月份东城区税源任务进展情况的汇报；区商务局关于报审《东城区持续推动“城市一刻钟便民生活圈”建设工作方案（2023—2025年）》的请示；区司法局关于报审《2023年东城区重大行政决策目录》的请示
5月15日	第44次	会前学法：申遗背景下的北京中轴线保护与管理；区发改委关于东城区2022年“七有”“五性”工作情况的汇报；区发改委关于东城区与怀柔区开展新一轮结对协作有关工作的请示；区财政局关于报审《东城区2023年预算调整方案》的请示；区应急局关于报审《东城区安全生产和消防隐患大排查大整治工作方案》及《专班组建方案》的请示；区消防救援支队关于报审《东城区火灾事故调查处理工作方案》的请示
5月25日	第45次	区应急局关于近期安全生产事故的通报；区应急局关于报审《东城区2023年防汛工作方案》的请示；区发改委关于报审《东城区碳达峰实施方案》的请示；区发改委关于报审东城区2023年固定资产投资计划、重点工程计划、政府投资计划的请示；区财政局关于报审《东城区2022年决算草案的报告》的请示；区审计局关于报审《东城区2022年度预算执行和其他财政收支的审计工作报告》的请示；区政务服务局关于报审《北京市东城区2023年政务公开工作要点》的请示
6月1日	第46次	区发改委关于东城区2022年优化营商环境工作情况的汇报；区统计局关于报审《北京市东城区人民政府关于开展第五次全国经济普查的通知》的请示；区生态环境局关于报审《北京市生态环境保护督察组在东城区期间服务保障工作方案》的请示；区生态环境局关于东城区深入打好污染防治攻坚战2023年第一季度工作进展情况的汇报；区卫健委关于中医药健康服务体系建设工作情况的汇报
6月1日	第47次	区人力社保局关于人事任免事项的请示
6月14日	第48次	区应急局关于《进一步加强安全生产和消防工作坚决防范压减事故的硬措施》及近期全国重特大事故有关情况的通报；区应急局关于报审《东城区安全生产工作职责分工暂行规定》的请示；区城指中心关于5月份东城区网格化综合监管及接诉即办工作情况的汇报；区商务局关于报审《东城区老字号保护传承与创新发展三年行动方案（2023—2025年）》的请示；区司法局关于报审《东城区行政复议体制改革工作报告》的请示；区政务服务局关于报审《东城区落实〈北京市2023年政务服务行动计划〉工作方案》的请示
6月25日	第49次	区城管委关于4月首都环境建设月考评情况的通报；区司法局关于报审《东城区行政复议、行政应诉案件统计分析报告（2022年度）》的请示；区司法局关于2022年全市行政处罚案卷评查结果的通报
7月3日	第50次	东城区安全生产委员会2023年第三次全体会议；区城管委关于报审《东城区街区户外广告设施设置规划》的请示；区人力社保局关于人事任免事项的请示
7月10日	第51次	会前学法：北京市党政领导干部安全生产责任制实施细则；区应急局关于报审《市委市政府安全生产督察反馈问题整改方案》的请示；区财政局关于2023年1—5月份东城区税源任务进展情况的汇报；区医保局关于报审《北京市东城区推进医疗保障基金监管制度体系改革的实施方案》的请示；区交通支队关于东城区违规电动三四轮车综合治理工作的汇报；区信访办关于2023年上半年信访工作情况及下半年工作安排的汇报；区城指中心关于6月份东城区网格化综合监管及接诉即办工作情况的汇报；区人力社保局关于人事任免事项的请示

续表

日期	会次	议题
7月21日	第52次	会前学法：公益诉讼检查工作汇报；区城管委关于5月首都环境建设月考评情况的通报；区发改委关于报审《东城区2023年国民经济和社会发展计划上半年执行情况的报告》的请示；区财政局关于报审《东城区2023年上半年预算执行情况报告》的请示；区文旅局关于报审《东城区文物保护单位保护范围及建设控制地带划定方案（第一批）》的请示；区人力社保局关于人事任免事项的请示
8月1日	第53次	区住建委关于报审《关于国家广播电视总局五八二台家属区项目征收补偿方案征求公众意见及修改情况的通告》的请示；区住建委关于报审《国家广播电视总局五八二台家属区项目范围内房屋征收的决定》的请示
8月4日	第54次	区应急局传达全国安全生产电视电话会议及本市贯彻会议精神并汇报2023年上半年全区安全生产工作情况；区财政局关于当前经济运行情况、三季度经济调度建议、上半年重点任务完成情况的汇报；区科协关于报审《北京市科学技术协会 北京市东城区人民政府战略合作协议（审议稿）》的请示
8月11日	第55次	区财政局关于2023年1—6月份东城区税源任务进展情况的汇报；区城管委关于6月首都环境建设月考评情况的通报；区民族宗教办关于推荐第九届首都民族团结进步先进集体、先进个人的请示；区教委关于报审《全面加强和改进新时代学校美育工作实施意见》的请示；区退役军人局关于2023年东城区双拥工作情况的汇报；区城指中心关于7月份东城区网格化综合监管及接诉即办工作情况的汇报；区城指中心关于报审《东城区关于强化接诉即办工作的重点措施》的请示
8月22日	第56次	区消防支队传达市防火安全委员会全体会议精神并部署全区火灾防控工作；区发改委关于东城区与房山区大安山乡、史家营乡开展结对帮扶有关工作的请示；区政务服务局关于推进东城区政务服务高质量发展的汇报；区政务服务局关于报审《关于调整东城区政务服务体系建设领导小组及工作规则的工作方案》的请示；区生态环境局关于东城区深入打好污染防治攻坚战2023年上半年工作进展情况的汇报；区交通支队关于东城区违规电动三、四轮车综合治理工作进展情况的汇报；区民政局关于报审《东城区人民政府关于“统筹区域资源，加强养老联合体建设，推动养老事业健康发展”议案办理情况的报告》的请示；区人力社保局关于人事任免事项的请示
8月28日	第57次	会前学法：北京市单位消防安全主体责任规定；区交通支队关于东城区违规电动三四轮车综合治理工作进展情况的汇报；区人力社保局关于人事任免事项的请示
9月4日	第58次	会前学法：北京公共文化服务保障条例导读；区财政局关于2023年1—7月份东城区税源任务进展情况的汇报；区财政局关于报审《东城区2023年第二次预算调整方案》的请示；区财政局关于2024年部门预算编制工作安排情况的汇报；区市场监管局关于2023年上半年东城区食品药品安全工作情况的汇报；区交通支队关于东城区违规电动三、四轮车综合治理工作进展情况的汇报
9月15日	第59次	区人力社保局关于人事任免事项的请示
9月22日	第60次	会前学法：北京市城镇燃气安全专项整治工作方案；区城管委关于报审《东城区燃气安全专项整治工作方案》的请示；区卫健委关于报审《东城区国家卫生城市复审现场评估报告问题整改方案》的请示；区发改委关于报审《东城区“十四五”规划（纲要）实施情况中期评估报告》的请示；区金融办关于防范和化解金融风险工作情况的汇报；东城园管委会关于修订《北京市东城区支持中关村科技园区东城园产业升级和创新发展的若干措施（试行）》的请示；区政务服务局关于报审《东城区第二批“一件事”集成办事场景建设工作实施方案》的请示；区人力社保局关于人事任免事项的请示
10月8日	第61次	区财政局关于2023年1—8月份东城区税源任务进展情况的汇报；区规自分局关于报审《北京市东城区人民政府关于贯彻执行北京市东城区人民代表大会关于在新起点上高质量实施核心区控规　奋力推进国际一流和谐宜居的新时代首都核心区发展的决议情况的报告》的请示；区医保局关于报审《东城区医疗保障事业发展情况报告》的请示；区交通支队关于东城区违规电动三、四轮车综合治理工作进展情况的汇报；区城指中心关于9月份东城区网格化综合监管及接诉即办工作情况的汇报；区人力社保局关于人事任免事项的请示
10月16日	第62次	会前学法：学习贯彻党的二十大精神，扎实推进依法行政；区财政局关于报审《东城区行政事业单位财务管理及风险管控实施指引》的请示；区住建委关于东城区施工围挡（围墙）规范化管理巩固提升工作情况的汇报

续表

日期	会次	议题
10月23日	第63次	关于调整2023年东城区突发事件应急委员会领导、组成人员及机构的情况通报；东城区安全生产委员会2023年第四次全体会议；东城区违规电动三、四轮车治理工作会议；区国资委关于报审《东城区文商旅体平台公司组建方案》的请示；区国资委关于报审《东城区城市更新平台公司组建方案》的请示；区人力社保局关于人事任免事项的请示
10月31日	第64次	东城区违规电动三、四轮车治理工作会议；区发改委关于东城区2023年1—3季度经济社会发展形势分析的汇报；区财政局关于报审《关于东城区2022年度国有资产管理情况的综合报告》的请示；区审计局关于报审《关于东城区2022年度国有资产的审计工作报告》的请示；区审计局关于报审《关于东城区2022年度预算执行和其他财政收支审计查出问题整改情况的报告》的请示；区政务服务局关于报审《北京市东城区人民政府网站管理办法》的请示；区司法局关于报审《北京市东城区“八五”普法规划中期实施情况报告》的请示
11月6日	第65次	东城区违规电动三、四轮车治理工作会议；区财政局关于2023年1—9月份东城区税源任务进展情况的汇报；区商务局关于东城区2023年度粮食安全工作情况的汇报；区城管委关于报审《东城区2023—2024年采暖季居民供热保障工作方案》和《东城区供热突发事件应急预案》的请示；区生态环境局关于报审《东城区“煤改电”居民电费补贴工作方案》的请示；区应急局关于报审《东城区党政领导干部安全生产职责清单》和《东城区政府班子成员2023年度安全生产重点任务清单》的请示；区人力社保局关于人事任免事项的请示
11月14日	第66次	东城区违规电动三、四轮车治理工作会议；区政府办关于报审《东城区第十七届人民代表大会第三次会议代表建议、批评和意见办理情况报告》的请示；区城指中心关于10月份东城区网格化综合监管及“每月一题”工作情况的汇报
11月20日	第67次	区科信局关于报审《东城区智慧城市建设工作实施方案（2023—2025年）》的请示；区生态环境局关于东城区深入打好污染防治攻坚战2023年三季度工作进展情况的汇报；区城管委关于9月首都环境建设月考评情况的汇报；区文促中心关于报审《国家金融监督管理总局北京监管局 东城区人民政府关于加速国家文化与金融合作示范区建设 推动金融支持文化企业高质量发展的若干措施》的请示；区人力社保局关于人事任免事项的请示
11月28日	第68次	东城区违规电动三、四轮车治理工作会议；区政府办关于2023年市区重点工作问题事项的通报；区生态环境局关于报审《东城区空气重污染应急预案（2023年修订）》的请示
12月4日	第69次	东城区违规电动三、四轮车治理工作会议；区应急局关于近期全区安全生产工作情况的通报；区财政局关于报审东城区2024年预算安排情况暨《关于北京市东城区2023年预算执行情况和2024年预算（草案）的报告》的请示；区民政局关于报审《东城区社区规模调整工作方案》的请示；区人力社保局关于人事任免事项的请示
12月11日	第70次	传达全市安全生产工作精神；东城区违规电动三、四轮车治理工作会议；区政府研究室关于报审《2024年区政府工作报告（讨论稿）》的请示；区发改委关于报审《关于北京市东城区2023年国民经济和社会发展计划执行情况与2024年国民经济和社会发展计划（草案）的报告》的请示
12月13日	第71次	区人力社保局关于人事任免事项的请示
12月21日	第72次	东城区违规电动三、四轮车治理工作会议；区生态环境局关于北京市生态环境保护督察反馈问题立行立改工作进展情况的汇报；区国资委关于报审《北京市东城区国有企业改革深化提升行动实施方案（2023—2025）》的请示；区司法局关于动态调整《2023年东城区重大行政决策目录》的请示；区民政局关于报审2024年春节期间开展走访慰问送温暖工作安排的请示；区城指中心关于11月份东城区网格化综合监管及“每月一题”工作情况的通报
12月25日	第73次	区交通支队关于东城区违规电动三、四轮车综合治理情况的汇报；区政务服务局关于报审《东城区三级政务服务体系管理办法》的请示；区城指中心关于报审《东城区党建引领接诉即办专项工作实施意见（试行）》的请示；区公安分局关于2023年东城公安工作情况的汇报；区人力社保局关于人事任免事项的请示

（李慧慧）

表8

2023年东城区政府专题会一览表

日期	议题
1月9日	区民政局关于报审《东城区2022年规范社区工作者工资待遇方案》的请示；交道口街道关于拨付国家话剧院高层住宅楼项目资金的请示；区财政局关于修订中银投资有限公司“一事一议”扶持政策有关情况的汇报；区财政局关于为各街道追加第七批疫情防控资金的请示
1月29日	区科信局关于区政府与中国联合网络通信有限公司北京市分公司签订战略合作框架协议的请示；区科信局关于给予新世纪检验认证有限责任公司“一事一议”政策扶持的请示；区金融办关于区政府与农行北分和农银理财签订合作备忘录的请示；区金融办关于给予浙商银行股份有限公司北京分行“一事一议”政策的请示；区金融办关于给予中航碳资产管理有限公司“一事一议”政策的请示；区金融办关于调整给予渤海银行股份有限公司资金运营中心“一事一议”政策的请示；区体育局关于给予迈盛悦合体育用品有限公司“一事一议”政策扶持有关情况的请示
2月7日	区发改委关于东城区2022年企业“服务包”工作相关情况的汇报；区东城园管委会关于报审《北京市东城区支持中关村科技园区东城园产业升级和创新发展的若干措施（试行）》兑现方案的请示
2月13日	区发改委关于东城区2022年优化营商环境企业满意度调查情况的汇报；区委编办关于审议已撤销的经营类事业单位法人证书延期等登记事项的请示；建国门街道关于给予北京弘慈医疗投资管理有限公司“一事一议”政策的请示
2月20日	区财政局关于修订《东城区政府投资引导基金管理办法》的请示
3月7日	区城管委关于报审《祈年大街、大通胡同和大方家胡同停车设备安装项目实施方案》的请示；区城管委关于中轴线周边环境建设项目——鼓楼东大街（二期）环境综合整治提升工作安排及资金情况的汇报；区卫健委关于追加区属公立医院岗位绩效补助的请示；区国资委关于北京佳源投资经营有限公司与北京城建东华房地产开发有限责任公司签订补充协议的请示
3月24日	东城园管委会关于报审《东城区加快元宇宙产业高质量发展行动计划（2023—2025年）》的请示；东城园管委会关于报审《中关村东城园2023年建设方案》的请示；东城园管委会关于给予五矿物业服务有限公司“一事一议”政策的请示；东城园管委会关于给予北京天坛装饰工程有限责任公司“一事一议”政策支持的请示；区发改委关于报审《东城区2023年度“服务包”企业联系服务工作方案》的请示；区发改委关于给予都城伟业集团有限公司“一事一议”政策扶持的请示；东华门街道关于报审东华门街道“紫金东华”解纷中心实体化建设项目实施的请示；区机关事务中心关于出售芍药居、东兴隆街区属闲置国有资产的请示；区规自分局关于金鱼池二期西土地一级开发项目授权区属国有企业开展供地前期手续相关工作的请示；龙潭街道关于报审《龙潭街道京沪铁路沿线环境整治方案》的请示；区住建委关于报审2022年第二批和第三批老旧小区综合整治项目资金的请示；区财政局关于为各街道追加第八批疫情防控资金的请示
4月3日	区国资委关于拨付原区房地二中心2023年离退休人员经费的请示；区科信局关于续签中文在线数字出版集团股份有限公司“一事一议”政策的请示；区投促中心关于给予国药集团药业股份有限公司、国药控股北京有限公司、国药控股北京华鸿有限公司“一事一议”政策扶持的请示；区金融办关于区政府与中国邮政储蓄银行北京分行签订战略合作协议的请示；区卫健委关于追加2022年12月7日至12月31日过渡期临时性补助资金的请示；区园林绿化局关于给予中国篮球协会“一事一议”政策扶持的请示；区城管执法局关于追加2023年东城区拆违工程专项资金的请示；区委政法委关于拨付区集中隔离医学观察点、健康驿站2022年下半年以来及前期未结算经费的请示
4月19日	区住建委关于审议国家广播电视总局五八二台家属区项目房屋腾退工作方案等相关事项的请示；区住建委关于北京古观象台南院滞留人员清退工作的汇报；天坛街道关于报审2023年天坛街道西草市街、天坛西胡同环境提升项目实施的请示；区委政法委关于拨付北京燕华投资有限责任公司2022年改造类应急隔离房项目补助的请示；区财政局关于给予爱普生（中国）有限公司“一事一议”政策扶持的请示；区民政局关于追加养老家庭照护床位建设相关经费的请示；区机关事务中心关于租用水道子胡同15号房屋的请示；区国资委关于报审《东城园科创产业服务平台组建方案》的请示；区文旅局关于报审《都季酒店转型人才公寓项目合作方案》的请示；区文旅局关于申请启动永定门展示利用项目并拨付项目资金的请示
4月23日	区国资委关于北京天街集团有限公司前门商业区项目经营性物业贷款的请示；区国资委关于北京天街集团有限公司在银行间债券市场发行中期票据的请示
5月6日	区科信局关于区政府与中国移动通信集团北京有限公司签订战略合作框架协议相关事宜的请示；区卫健委关于追加2023年1月过渡期临时性补助资金的请示；区机关事务中心关于追加东四北大街265号2023年度房屋租金的请示

续表

日期	议题
5月15日	区发改委关于东城区高质量发展综合绩效评价工作情况的汇报；区投促中心关于给予中国化工资产管理有限公司“一事一议”政策扶持有关情况的请示；区金融办关于给予平安银行股份有限公司北京东城支行“一事一议”政策扶持的请示；区金融办关于给予平安证券股份有限公司北京市分公司“一事一议”政策扶持的请示；区金融办关于给予中泰证券股份有限公司北京总部证券营业部“一事一议”政策扶持的请示
5月25日	区住建委关于调整豆各庄项目部分安置房销售价格的请示；永定门外街道关于报审《永外街道铁路沿线疏整促综合整治工作方案》的请示；区金融办关于区政府与北京证券交易所、全国股转公司签署《战略合作协议》的请示；区金融办关于区政府与上海浦东发展银行股份有限公司北京分行签署《战略合作协议》的请示；区金融办关于区政府与中国信达资产管理股份有限公司签署《战略合作协议》的请示
6月1日	区金融办关于拨付北京银保监局工作补助经费的请示；区城管委关于开展草厂胡同、豆腐池胡同等6条支路胡同电力架空线入地工作的请示；区国资委关于北京京诚集团有限责任公司西河沿危改项目融资的请示；区国资委关于北京市东城区国有资本运营有限公司在证券交易所和银行间市场发行债券的请示
6月14日	区城管委关于报审《2023年东城区交通综合治理工作方案》的请示；东直门街道关于报审《东直门街道东直门区域环境设施一体化提升工程——南侧文化广场改造项目设计方案》的请示；区机关事务中心关于拨付采购防疫物资、区疫情防控前线指挥部保障等2022年9月至2023年5月未结算经费的请示
6月19日	区公安分局关于实施东城公安分局“情指行”一体化指挥中心改造项目的请示；区金融办关于区政府与宁波银行股份有限公司北京分行签署《战略合作协议》的请示；区国资委关于北京佳源投资有限责任公司豆各庄渠西项目贷款置换的请示；永定门外街道关于报审2023年永定门外街道永外城周边环境提升项目实施的请示；区园林绿化局关于报审《天坛医院及仪表二厂旧址整治提升项目绿化方案》的请示
6月25日	区卫健委关于报审《北京市普仁医疗集团建设方案》的请示；区卫健委关于申请追加北京市第六医院建设区级新冠定点医院经费的请示；区文促中心关于调整北京橙色风暴数字技术有限公司“一事一议”政策的请示；区财政局关于给予建发（北京）有限公司“一事一议”政策扶持的请示；区机关事务中心关于报审《东城区党政机关公务用车管理办法（试行）》的请示；区机关事务中心关于追加东打磨厂街3号等三处房屋2023年度剩余部分房屋租金的请示
7月3日	区住建委关于报审大慈延福宫项目房屋腾退工作方案等相关事项的请示；区生态环境局关于安排大气污染防治资金的请示；区城管委关于开展北京医院、协和医院周边部分道路翻修工作的请示；区财政局关于上缴2022年机关事业单位养老保险区级补助资金的请示
7月10日	区财政局关于申请区公安分局等8家单位2023年部分项目经费预算的请示；区园林绿化局关于朝阳门内大街165号地块进行口袋公园建设的请示；区卫健委关于追加北京市东城区第一、第二梯次重症救治能力重点提升单位购置重症医疗设备所需经费的请示
7月21日	区财政局关于从事生产经营活动事业单位改革相关资产处置工作的请示；王府井管委会关于报审《北京市王府井地区市政工程指挥中心改革处置方案》的请示；东华门街道关于报审《东华门社区物业管理办公室人员、房产、关联企业人员及房产处置方案》的请示；区住建委关于报审东城区房屋管理局测绘一所转制方案及相关资金、资产处置方案的请示；区住建委关于报审东城区房屋管理局测绘二所转制方案及相关资金、资产处置方案的请示；区卫健委关于追加东城区妇幼保健计划生育服务中心、精神卫生保健院人员补助经费的请示
8月4日	区财政局关于给予昆仑万维科技股份有限公司“一事一议”政策扶持的请示；区金融办关于给予中汇人寿保险股份有限公司“一事一议”政策扶持的请示；永定门外街道关于给予天华君泽企业管理集团有限公司“一事一议”政策扶持的请示；区环卫中心关于追加区环卫中心7月至9月项目经费的请示
8月11日	区档案馆关于申请东城区数字档案馆建设项目经费的请示
8月22日	区城管委关于报审朝阳门南北小街区域环境整治提升工作安排及项目投资计划的请示；区城管委关于报审朝阜路（东城段）区域环境整治提升工作安排及项目投资计划的请示；王府井管委会关于报审《SS2024北京时装周总体方案》的请示；京诚集团关于报审《西河沿机构养老服务设施合作经营协议（审议稿）》的请示；区财政局关于拨付街道和王府井地区管委会接诉即办应急经费的请示

续表

日期	议题
8月28日	永定门外街道关于报审永定门外街道主动精准治理类街乡镇有关事项的请示；区生态环境局关于启动东城区2023年蓄能式电采暖设备更新及新增项目的请示；区财政局关于先行归集东城区园林、市政涉改单位资金为北京市东都城市运营发展有限公司注资的请示；区财政局关于安排预算清理消化财政暂付款有关事项的请示；区财政局关于归还市级财政旧城解危排险提前调度资金的请示；区商务局关于给予北京当当网信息技术有限公司、北京当当科文电子商务有限公司“一事一议”政策扶持的请示
9月4日	区住建委关于关于开展皇城景山街区平房直管公房申请式退租及恢复性修建三期项目的请示
9月15日	区园林绿化局关于报审龙潭街道及周边铁路沿线整治提升项目设计方案及资金安排的请示；区财政局关于报审处置利用东城区行政事业单位相关房产事项的请示；区市场监管局关于东城区申报国家知识产权强市建设试点城市暨全区知识产权工作情况的汇报；区国资委关于修订《东城区国有企业违规经营投资责任追究暂行办法》的请示；区国资委关于建远公司通州“两站一街”E5、E6地块东城区旧城保护定向安置房项目融资的请示；区公安分局关于追加永外派出所业务用房改造项目经费的请示；区发改委关于报审《东城区重点企业高管人才2023年深度体检服务工作方案》的请示
10月8日	区卫健委关于报审《第十五届地坛中医药健康文化节活动方案》的请示；区住建委关于调整西河沿项目部分安置房销售价格的请示；区科信局关于给予中核大地生态科技有限公司“一事一议”政策的请示；区金融办关于给予国任财产保险北京分公司“一事一议”政策的请示；区发改委关于给予北京地下铁道通成广告股份有限公司“一事一议”政策扶持的请示
10月16日	区发改委关于设立永外数字科技产业园的请示；区财政局关于给予润嘉物业管理（北京）有限公司“一事一议”政策的请示；区发改委关于给予中交基础设施养护集团有限公司“一事一议”政策的请示；区公安分局关于转移支付区公安分局2022年装备更新购置经费的请示
10月23日	东城园管委会关于给予北京煜邦电力技术股份有限公司“一事一议”政策的请示；东城园管委会关于给予英特尔（中国）有限公司北京分公司“一事一议”政策的请示；区发改委关于报审2022年度东城区“一事一议”政策集中兑现方案的请示；区司法局关于建设北京国际商事争议解决中心及签署《东城区人民政府与国际商事争端预防与解决组织战略合作协议》的请示；区财政局关于雍和宫大街直管公房院落申请式退租项目已腾退院落资产使用权划转的请示；区金融办关于拨付资金支持金融监管机构的请示；区退役军人局关于追加2023年度东城区自主就业退役士兵一次性经济补助经费的请示
10月31日	区投促中心关于给予北京国能风光能源科技有限公司“一事一议”政策扶持的请示；区园林绿化局关于追加区园林绿化局下属单位项目经费的请示
11月6日	区文旅局关于报审《北京东方国际文化交流中心改革方案》的请示；区民政局关于报审《东城区社区经济管理中心改制工作方案》的请示；区发改委关于2022年度北京市区级营商环境考核评价东城区相关情况的汇报
11月14日	永定门外街道关于调整永定门外街道主动精准治理类街乡镇资金项目清单的请示；区卫健委关于追加东城区第一人民医院异地迁建配套提升项目资金的请示；区财政局关于修订《东城区区级预备费管理办法》的请示
11月20日	区国资委关于报审《东城区区管国有企业主业管理办法》的请示；区国资委关于对京华停车场退休职工进行安置补偿的请示；区机关事务中心关于申请文化活动中心二期资金的请示
11月28日	区财政局关于推进房地一中心、房地二中心及其权属事业单位注销工作的请示；区住建委关于调整直管公房相关资金拨付机制并追加2023年直管公房管理资金的请示；区财政局关于追加各街道2023年待结算经费的请示；区财政局关于兑现2022年街道代征税费、税源引进奖励资金的请示
12月4日	区文旅局关于报审北京市东城区花市电影院、天坛南里文化娱乐中心和文化馆剧场三家经营类事业单位改革工作方案的请示；区城管委关于报审东城区市政工程管理一所转制方案及相关资金、资产处置方案的请示；区城管委关于报审东城区市政工程管理二所转制方案及相关资金、资产处置方案的请示；区城管执法局关于东城区“基本无违法建设区”创建工作成果的汇报；区园林绿化局关于报审化解夏朝源信访件方案的请示
12月11日	区规自分局关于报审《崇外6号地项目工作方案》的请示；区机关事务中心关于报审《金宝街8号地还建项目补偿方案》的请示；东城园管委会关于提前给予北京辰啸汽车销售有限公司政策资金扶持的请示；区人力社保局关于调剂中央就业补助资金用于残疾人自主创业就业社会保险补贴工作的请示；区发改委关于报审2022年度东城区重点企业支持政策集中兑现方案的请示；区公安分局关于追加东城公安分局监区医疗项目经费的请示；区环卫中心关于追加10月至12月项目类经费的请示

续表

日期	议题
12月21日	区城管委关于报审《2024年东城区春节、元宵节环境景观布置方案》的请示；区城管委关于追加2023年道路停车管理购买服务预算资金的请示；前门街道关于终止前门地区街巷胡同公共空间提升项目的请示；区住建委关于两站一街项目部分安置房价格调整及转化为共有产权住房的请示；区财政局关于签订望坛棚户区改造项目补充协议的请示；区生态环境局关于追加2023年办公用房租金的请示
12月25日	区国资委关于报审《东城区区管企业授权放权管理办法（试行）》的请示；区发改委关于报审东城区高精尖企业人才激励政策2022年度兑现方案的请示；区发改委关于设立及使用东城区重大投资项目前期工作经费的请示；区发改委关于给予北京永航科技有限公司“一事一议”政策扶持的请示；区金融办关于给予世纪互联瑞云（北京）科技有限公司“一事一议”政策扶持的请示；区金融办关于给予国民信托有限公司“一事一议”政策扶持的请示；区卫健委关于追加2023年度东城区社区卫生服务能力提升计划工作费用的请示；区发改委关于区政府与长江商学院签订战略合作框架协议的请示

（李慧慧）

表9

2023年东城区区长主要调研一览表

时间	内容	参加调研人员
1月28日	周金星调研重点工程项目复工复产情况。在东直门交通枢纽项目南区，察看施工进展情况，在北塔32层俯瞰项目及周边配套设施全貌，听取项目复工复产和对外招商等情况汇报。在望坛棚户区改造项目4标段施工现场，察看回迁楼建设进展情况和12标段6-1号楼2层内部装修情况，听取项目复工复产、施工进度安排及存在困难等情况汇报。在宝华里危改项目3号地块，察看项目施工进展情况，在办公楼三层俯瞰2号地、4号地项目全貌，听取施工安排、复工复产等情况汇报。在隆福文化街区二期项目现场，察看隆福寺南坊、东宫影院改造项目、东四地铁织补用地项目进展，听取复工复产、竣工投用有关工作情况汇报	赵海东、苏昊
1月31日	周金星到区检察院调研。听取院机构设置、部门职责、司法改革历程等基本情况，以及维护首都核心区绝对安全、服务保障经济社会高质量发展、以人民为中心做实检察为民、深耕法律监督主责主业等工作情况汇报	陈献森、贺卫
2月2日	周金星到区法院调研。了解“和立方”、党建工作情况，察看立案诉服大厅、信息化中心，慰问法院干警。召开座谈会，听取区法院各项工作情况汇报	陈献森、何马根
2月13日	周金星调研街道养老服务工作。到龙潭街道兆如养老照料中心、幸福社区养老服务驿站、龙北社区养老服务驿站及残疾人温馨家园，察看养老服务机构及温馨家园功能区布局和运行管理情况，听取街道“一体四养”养老工作发展思路和“医养结合”服务项目、“互联网+养老家庭照护床位”、“一站式养老服务联合体平台”、幸福夕阳手拉手互助团项目、“老残一体”服务模式等特色服务项目情况汇报，了解养老照料中心二期建设存在困难及房屋使用问题	
2月23日	周金星调研融坤养老中心项目。听取项目建设有关情况汇报，察看A1接待中心、C1护理单元建设进展	郑晓博、苏昊
4月29日	周金星检查“五一”期间假日旅游和安全服务保障工作。在天坛公园察看大人流管控等工作情况，到五八二电台项目现场，察看腾退工作推进情况	苏昊
7月17日	周金星到天坛街道调研。察看东市场项目地块现状，了解南中轴路周边棚户区改造项目基本情况、地块后续利用思路及面临困难等；察看西草市街环境整治提升成果、西草市东街简易楼腾退项目及拆违成果，听取西草红庙街区更新项目情况汇报	李妍、李卫华
7月22日	周金星检查防汛和安全生产工作。在朝阳门街道，察看后拐棒胡同30号低洼院落改造成果、礼士宾馆施工安全责任落实、京诚集团朝阳门管段防汛物资储备等情况，并听取地区平房区安全隐患排查和直管公房防汛工作情况汇报。车行察看广渠门桥防汛准备工作。到龙潭街道金年丰生鲜超市检查占压燃气管线消隐工作	孙扬

续表

时间	内容	参加调研人员
7月29—31日	周金星连续指挥调度、检查防汛工作。到景山街道检查北河胡同25、27号和东吉祥胡同14号、协作胡同34号院落房屋情况，了解居民居住环境，沿途察看下水井、井盖排水情况	
8月8日	周金星调研铁路沿线“疏整促”工作。察看K11地块、火桥北里、李村北里、望坛新建110KV变电站和南站幸福路等有关点位情况。调研天坛街道重点项目。察看天坛西里南区项目现场，天坛医院旧址、自动化仪表二厂环境整治工作情况和五八二电台家属区项目拆除进展	陈献森、孙扬
8月8—9日	周金星调研东四街道工作。察看胡同精细化提升工作和房屋房产情况	李妍
8月14日	周金星调研皇城景山片区城市更新工作。到嵩祝院北巷13号察看废旧厂房情况，到纳福胡同9号察看东华服装集体资产管理协会集体产情况，到纳福胡同13号察看原北京市冶金设备自动化研究所厂房利用情况，到西吉祥1号、东吉祥胡同23号等5处玉河拆迁滞留院察看相关情况	李妍、苏昊
8月18日	周金星调研全区养老服务工作，并以“四不两直”方式检查环境卫生。在西河沿养老项目，察看项目推进情况和西河沿2号楼门前占道收购废品及周边环境脏乱差问题。在北新桥街道海运仓社区养老服务驿站，察看驿站建设、特色助老服务等情况。在东四十三条21号，察看周边环境脏乱差等问题。在区社区服务中心，察看助老空间，并召开座谈会，观看“智慧养老”服务平台演示，听取全区养老服务工作情况汇报	李卫华
8月23日	周金星走访调研中汇广场。察看楼宇空置情况，了解楼宇发展计划，与北京格尔国信科技有限公司和国科嘉和投资（北京）公司负责人座谈，了解企业运营情况，宣讲东城服务政策，深化对接合作意向。检查市生态环保督察问题整改情况。在北京大董望月餐饮有限公司，察看油烟净化设施运行及在线监控设备使用情况，观看平台操作演示	李妍、赵海东、石崇远
8月29日	周金星检查安全生产、环保督察反馈问题整改落实工作。在北京市邮政公司，检查消防中控室人员值守情况，察看智慧用电监控系统和消防泵房设备运行情况，听取消防隐患整改工作情况汇报。在望坛项目7标段，检查道路遗撒造成扬尘污染问题整改情况。在第一人民医院迁建项目，检查裸土未苫盖、施工现场未采取有效降尘防尘措施等问题整改情况，听取项目施工进展情况汇报。在汇文一小西校区，察看校区校舍综合维修工作进展，听取校区历史发展情况汇报。在同仁医院拆迁滞留地，察看滞留区域现状，了解基本情况及下一步工作计划。在协和医院别墅区，察看院落文物保护及利用情况	孙扬
9月3日	周金星调研区属企业经营性文化资产管理和使用有关工作。先后走访北京喜剧院和大华城市表演艺术中心，察看场馆升级改造情况，听取区属文化企业发展和国有资产用于文化产业等情况汇报，并检查安全生产工作	孙扬、李卫华
9月3日	周金星调研检查背街小巷环境整治和违规电动三、四轮车专项治理工作。先后到龙潭街道培新街、安化北里和景山街道弓弦胡同，察看相关工作情况。在景山街道办事处召开现场会，听取全区背街小巷环境精细化治理、违规电动三、四轮车淘汰处置工作情况汇报	孙扬
9月5日	周金星调研我区体育产业并开展安全生产检查。在第一防护（北京）体育科技有限公司，了解体医融合相关情况；在天坛体育活动中心和东单体育中心，察看游泳馆、网球馆、模拟滑雪馆、田径场（国安训练场）等，了解场馆经营使用情况，检查安全生产工作，慰问北京市乒乓球二线集训队，并召开座谈会	佟立志
9月7日	周金星到崇文门外街道调研接诉即办工作。在都市馨园小区，察看小区停车、路面沉降、违法建设及充电桩使用等情况，了解小区综合整治工作计划。召开座谈会，通报8月份崇文门外街道接诉即办工作，并分析考核情况和整改措施	章建伟、白京涛、王佑明
9月9日	周金星调研“硅巷”建设工作。察看青龙胡同产业空间，听取“硅巷”和中关村智慧服务体系建设、东直门交通枢纽项目进展情况介绍	佟立志、唐立、石崇远
9月20日	周金星调研文化产业园区。实地走访77文创园、北电科林文创园、亮点文创园，了解园区建设运营管理和入驻企业发展现状。周金星调研违规电动三、四轮车清理整治工作并开展巡河检查。到和平里街道调研个人违规电动三、四轮车线下集中回收工作，在柳荫公园西门线下回收活动现场，与社区居民、回收企业交谈并了解回收处置流程。巡查北护城河沿线，察看北护城河河道、河岸等情况，检查安定门闸设备设施，听取市河湖处防汛泄洪整体调度工作汇报	赵海英、唐立

续表

时间	内容	参加调研人员
9月30日	周金星调研前门地区商业及重点项目建设工作。察看前门商圈大人流管控等节日期间服务保障工作，以及前门西区B4地块、前门东区西兴隆街恢复性修建、前门文华东方酒店等项目建设进度	苏昊
10月7日	周金星调研青龙硅巷展示区建设工作。在视联动力信息技术股份有限公司，了解企业发展现状及存在的难点问题，并围绕政策服务、人才引进、产业链上下游协同等内容与企业负责人交流；现场察看青龙数字科技大厦项目施工进展。到永定门外街道调研接诉即办工作。察看望陶园小区3号楼改造上、下水管道情况。召开座谈会，对永定门外街道9月考核期接诉即办工作进行复盘，分析扣分案件、提出解决措施	赵海英、陈献森、王佑明、石崇远
10月13日	周金星调研故宫周边优质空间。察看故宫周边申请式退租（一期）、皇城景山街区腾退房屋和院落情况，在东华门大街察看区属企业房屋经营业态，围绕腾退院落整合再利用及后续改造、产业发展等问题进行交流。在故宫周边综合整治工作指挥部召开座谈会	佟立志、李卫华
10月24—28日	周金星带队赴上海、南京调研。在上海期间，与黄浦区区长沈山州座谈，签署友好城区协议；先后到北外滩核心区空中连廊，苏河湾万象天地、上海国金中心等城市综合体，上海老市府大楼、张园等历史风貌保护建筑改造场所，保屯路211弄、“老城厢”乔家路A片区等旧改项目，锦和越界·衡山路8号、田林坊等文创园区进行专题调研，并会见申万宏源证券公司董事长刘健、怡和集团驻中国首席代表马骊、锦和集团董事长郁敏珺、新鸿基地产上海项目负责人邓雪麒等企业家。在南京期间，拜会南京市市长陈之常，与南京银行董事长胡昇荣座谈交流；前往小西湖街区、门东历史文化街区调研南京老城历史风貌保护与街区更新情况	苏昊
11月1日	周金星调研市民文体活动场馆建设运营工作。先后到东四奥林匹克社区体育文化中心、建国门街道市民活动中心，察看了解相关工作情况	孙扬
11月13日	周金星调研东华门街道接诉即办工作。听取街道10月考核期工作复盘情况、扣分案件分析及解决措施汇报，了解黄图岗3号地拆迁滞留区情况	章建伟、王佑明、张伟
11月22日	周金星围绕“老旧平房区安全监管问题研究”“进一步满足民生领域‘七有’要求‘五性’需求研究”课题开展区政府党组主题教育集体调研。在和平里中街14号院，了解小区消防安全设施配备、充电桩及车棚建设、老旧小区改造等工作情况。在和平里第一小学，察看学校装配式建筑，了解学校学位、用房和办学特色等情况。在和平里中街社区卫生服务站，察看门诊大厅、门诊药房，了解家医团队签约工作情况和居民缺药登记流程。在国子监街32号和78号，察看平房院落自建房和消防安全设施配备情况，了解院落改善情况及薄弱环节	佟立志、孙扬、苏昊、李卫华、王佑明、唐立
11月30日	周金星率区政府代表团在香港、深圳开展招商引资、走访调研工作。在香港先后走访新世界中国地产及华润集团，与企业高管深入交流，研究新世界中国地产在东城区项目后续实施路径，商议华润集团及华润置地与东城区有关项目合作事宜。在深圳参加推动“硅巷”高质量发展培训；考察软件产业基地和深圳湾生态科技园，深入了解园区运营、新兴技术产业培育、科技创新驱动等先进经验；与腾讯公司座谈，就智慧城市建设、数字健康、人工智能前瞻布局进行深入探讨	石崇远
12月1日	周金星在深圳参加推动“硅巷”高质量发展培训并调研有关企业。在华为公司，参观考察华为坂田基地园区、冯·诺依曼展厅、计算创新中心等，与公司有关负责人就智慧城市建设、新技术应用场景落地等进行座谈交流。在深圳调研商业综合体建设发展工作。考察益田假日广场和万象天地商业街，了解企业运营、街区管理和品质提升、品牌入驻、商业配套、业态布局等情况	石崇远
12月8日	周金星检查安全生产、燃气管线占压等隐患治理和违规电动三、四轮车综合治理工作。在雍和宫，察看超量存储使用柴油等安全隐患整改情况；在孔庙国子监，察看配电室未设置防火门、内部承重构件耐火等级不够、缺少警示标识等安全隐患整改情况；在安外甘水桥小区12号楼、和平里三区2号楼，察看占压燃气管线相关情况	孙扬

续表

时间	内容	参加调研人员
12月14日	周金星到基层党建联系点景山街道隆福寺社区调研。察看钱粮胡同、连丰胡同、隆福大厦周边综合情况，听取隆福寺社区工作人员配备、基层党建工作、违规电动三四轮车综合治理等情况汇报，察看社区挂牌、基层减负和扫雪铲冰、隆福大厦锅炉房安全情况	
12月27日	区政府党组围绕“以重点产业空间为载体，推动产业组团式发展，加强核心区产业集聚”主题开展集体调研。在览海大厦，了解楼宇改造升级、招优引强相关情况，走访国研科技、中国人民人寿保险北京公司以及文化艺术交流项目京海名悦，察看金宝街金融商务集聚区“国际金融+现代服务”产业组团建设情况。在王府井喜悦购物中心，察看商场改造提升、开业准备情况并了解王府井商圈建设情况，根据项目需求，现场组织区住建委、消防支队等部门驻场精准服务，进行改造升级验收指导。在东方广场，调研高端商务金融服务集聚区建设有关情况，走访大金（中国）投资有限公司和长江商学院，了解企业发展情况及对产业发展生态打造等方面的需求和建议。在东方广场党群服务中心开展主题党日活动，了解党建引领、服务企业、助力发展的有关情况	周金星、李妍、孙扬、苏昊、李卫华、唐立

（李慧慧）

【产业组团】2023年，东城区创新推动产业组团式发展。以“金融+总部+科创”为主体，采取“标识+领域+清单”方法，确定8处重点空间产业组团：中关村金隅环贸科技商务区“人工智能+资产管理”产业组团、中关村航星数字科技产业集聚区“数智科技+数字文娱”产业组团、东方广场高端商务金融服务集聚区“高端商务服务+金融服务”产业组团、信达中心经济功能区“新兴金融+数字科技”产业组团、永外城新兴产业园“新兴科技”产业组团、东北二环总部经济集聚区“总部经济”产业组团、歌华青龙文化科技创新街区“数字传媒+新一代信息技术”产业组团、金宝街金融商务集聚区“国际金融+现代服务”产业组团。组建产业组团专班，调动产业空间载体运营机构积极性，采用“团长制”方式，“一组团一方案”促发展。梳理产业发展政策集成工具箱，为促进组团高质量发展提供金融、人才、招商等8个方面140余项政策措施。8个产业组团全年共落地项目111个，整体实现区级税收65.7亿元。

（李慧慧）

【国际消费中心城市示范区】2023年，东城区加速建设国际消费中心城市示范区，实施“时尚东城”“国潮东城”“美味东城”“咖香东城”品牌集聚行动，深化五大商圈建设。依托故宫—王府井—隆福寺“文化金三角”，带动王府井商圈成为“商业+旅游+文化+科技”深度融合的消费新地标。开展公共空间重塑，将前门大栅栏商圈打造成为以“老字号+国潮”为特色的传统文化消费圈。以“故宫以东 JING彩四季”为主题全面开展“2023东城消费季”系列活动，搭建全年“5+6+3+10”活动框架，深化开展“五圈五节”特色活动，全年累计举办促消费活动超过200场。

（李慧慧）

【国际金融开放】2023年，东城区用好“两区”政策，加速打造国际金融开放前沿区。4月，法国东方汇理（Amundi）旗下锋裕汇理私募基金管理（北京）有限公司申请新增QDLP试点额度获批，是《北京市关于开展合格境内有限合伙境外投资试点工作的暂行办法》实施以来，首家申请

12月23日，“崇文喜事·国潮年货节”在崇文门商圈拉开帷幕（张维民摄）

新增基金产品额度并获批的QDLP基金管理公司。5月，证监会依法核准Morgan Stanley（摩根士丹利）设立摩根士丹利期货（中国）有限公司，是金融扩大对外开放后首家外资新设全资期货公司落户东城区，注册资本10亿元人民币。头部金融机构中，摩根士丹利在京全部9家机构悉数落户东城。

（李慧慧）

【“硅巷”建设全面提速】2023年，东城“硅巷”建设全面提速。9月，“硅巷”建设启动，青龙科技大厦项目奠基。“硅巷”建设计划明确三个阶段目标：第一阶段立足北京，建成青龙硅巷展示区，通过政策引领、空间整合及产业重构形成“一巷多点”空间布局；第二阶段立足北京，建成“一轴两带三极”硅巷扩展区，树立建成区城市更新、科技回归都市的典型标杆；第三阶段立足全国，建成“无界园区+多点互联”硅巷辐射区，打造更新模式成熟、运营理念领先的创新引领区。

（李慧慧）

【中轴线保护腾退整治】2023年，东城区完成中轴线申遗保护涉及住户腾退任务。国家话剧院高层住宅楼5月完成征收，8月完成拆除工作，实现场地平整，改善景山万春亭北望景观视廊。国家广播电视总局五八二台家属区项目6月完成腾退，推动整治并修复天坛外坛风貌。6月，天坛医院西门外三产房屋完成拆除。8月，天坛医院及仪表二厂旧址整治提升项目主体完工，整治范围涉及遗址包括神乐署外院南侧、牺牲所北侧、历史坛路，依据《北京市天坛文保规划2018年—2035年》天坛遗产构成图，对有明确历史记载的遗址进行地表标识展示，未对地面以下进行扰动。10月，永外地区中轴线周边绿化景观提升工程竣工，打造燕墩西望绿地等3处节点景观。

（李慧慧）

【中轴线文物保护】2023年，中轴线沿线文物保护和修复工程进展顺利。6月，完成正阳桥疏渠记方碑本体保护和周边环境整治工程，消除石质文物本体病害，对周边绿化区域进行修整、栽植补种树木，优化排水管线铺设，解决居民区院落积水问题；宏恩观修缮完工，亮出三座大殿、歇山顶和券窗原貌。12月，鼓楼保护修缮项目二期工程完工，恢复对外开放。

（李慧慧）

【东直门交通枢纽项目】2023年，东直门交通枢纽项目周边交通与环境一体化提升取得重大进展，国际化科技金融产业生活融合街区雏形初现。8月，成功实现双塔写字楼主体工程竣工投用。12月，枢纽南侧文化广场超2万平方米公共空间升级亮相，辐射带动周边银座、来福士等超过100万平方米产业发展空间提质升级；农银理财装修改造项目完成竣工验收，信达中心双塔写字楼正式投用。

（李慧慧）

【隆福寺园区建设】2023年，东城区继续推进隆福寺园区建设，全年共组织线下推广活动75场。印发《隆福寺园区发展建设三年行动方案（2023—2025年）》，立足“两区”建设“增强显示度，跑出加速度”的总体要求，从项目建设、文化赋能、品牌培育、招商推介、园区品质、多元治理6个维度，对隆福寺园区发展建设作出方向性、原则性、指引性规定。8月，原长虹电影院改造为全国首个8K、6自由度飞行体感影院——Funfly环游天地，实现试营业。12月，隆福文化街区修缮更新项目二期实现竣工。

（李慧慧）

【人才公寓建设】2023年，东城区推动住宿业整治提升转型人才公寓，服务驻区中央单位和重点企业。8月，全区首例重点企业人才公寓项目——京羿青年社区人才公寓投入使用，由闲置办公楼装修改造为高精尖人才公寓，共有房间84间。10月，东城国资公司与城盈住房服务有限公司合作，将区属都季酒店装修改造为城盈家园服务式公寓，共有房源106套。

（李慧慧）

【全民健身服务】2023年，东城区体育场馆设施日益完善，全民健身服务水平持续提升。8月，东单体育中心重新开业，成为市中心规模最大、功能最齐全的体育场馆，建筑面积2万平方米，包括50米标准游泳馆、羽毛球馆、篮球馆、室外足球场、乒乓球训练馆、网球馆、室外篮球场，延续低价位运行，为健身群众提供便捷服务。9月，原龙潭湖游泳场（百果园15号）改造扩建和场馆设施升级，建成区级全民健身中心，打造区域体育培训、全民健身和赛事中心。

（李慧慧）

【景山三眼井片区项目】3月，景山三眼井片区保护性修缮和恢复性修建工程开工建设。工程第一标段（片区“启动区”）完成施工单位招投标及合同签订工作，成为东城区首例进入保护性修缮及恢复性修建阶段的退租项目。

（李慧慧）

【望坛项目新建变电站】3月，望坛项目新建110千伏变电站开工。该变电站位于景泰路与京津城际高铁交叉口西南角，总用地面积2438平方米，主厂房建筑面积5300平方米，采用全地下户内站建设，建成后全面提升永外地区供电能力，改善用电紧缺问题。

（李慧慧）

【背街小巷环境整治提升】4月，东城区启动新一轮背街小巷环境整治提升三年行动。坚持规划引领、问题导向、统筹推进、厉行节俭、长效制度五项原则，按照“十无”“五好”“四有”标准，分类创建181条精品街巷、583条优美街巷、218条达标街巷（拆迁滞留区街巷）。建立

"一街一策"，把背街小巷环境治理纳入"我为群众办实事"重要内容，与疏解整治促提升、中轴线申遗保护、文明城区创建、"基本无违建区"创建等重点工作紧密衔接推进。

（李慧慧）

4月，望坛棚改项目顺利完成首批回迁入住，图为回迁居民在小区内设置的"新苑照相馆"拍照留念（张传东摄）

【望坛项目首批回迁入住】4月，望坛项目首批回迁房交付入住工作完成，1976户居民入住首批10栋回迁楼。为推动回迁居民共建共享，打造"家·心愿"社区品牌，设融情爱家、聚力建家、集智兴家、凝心和家4个模块，由辖区单位、居民志愿者组建"吾家有爱"和"吾家有治"2支特色服务队，构建"党群连心、携手建家"社区治理新格局。

（李慧慧）

【"故宫以东 融·艺术季"】5月，2023北京文旅促消费系列活动"故宫以东 融·艺术季"启动，持续至10月31日。以"故宫以东·美好在一起"为主题，聚焦戏剧演艺、文博艺术、精品美宿、复合式休闲餐饮四大核心业态，从空间、时间两个维度打造"微风露台"和"老城新夜"两大主题产品，举办以潮流艺术、文博艺术、戏剧艺术为主题的三场地标性活动，掀起艺术季宣传高潮。推出"故宫以东"文商旅联盟权益卡、体验官天团、年度品牌榜单、文化消费体验空间4个标志性项目，形成多条文化探访微旅行路线，集中呈现260部演出剧目、30个主题展览，以全新的城市微度假体验，引领文旅消费新热点。

（李慧慧）

【高精尖产业用地协议出让】6月，东城区完成青龙胡同项目土地协议出让工作，将"串联办理"变为"并联办理、压茬办理"，将不动产权籍调查工作环节从土地供应后提前到土地供应前，提前做好发证准备工作，仅用2个小时完成土地出让价款和相关税费缴纳、土地交付和不动产登记，成为核心区首个高精尖产业用地协议出让项目，并实现交地即交证。

（李慧慧）

【帮扶房山灾损严重地区】8月，东城区全面启动"三帮一"组团式帮扶房山灾损严重地区。坚持街道综合统筹、部门全力配合、企业积极参与，17个街道、21个职能部门及21家驻区重点企业与房山区21个村（社区）实现结对帮扶全覆盖。按照"一村一策""一村一方案"，在文旅产业、消费帮扶、人才规划等方面开展全方位、多元化帮扶。

（李慧慧）

【2023北京文化论坛】9月，2023北京文化论坛举办。论坛以"传承创新 互鉴"为永久主题，以"传承优秀文化 促进交流合作"为年度主题，包括开幕式暨主论坛、5个平行论坛及相关惠民文化活动。东城区统筹全域文化资源，呼应永久主题，聚焦"代代相传、新新不已、美美与共"三大主题板块，构建"3+4+N"内容体系，推出69项文化活动、60项演出，推动前门文商旅融合共生新地标、中轴线文化数字体验新场景、"青春元宇宙"全国大数据生态链等项目签约。

（李慧慧）

【2024春夏北京时装周】9月，2024春夏北京时装周在东城区举办，开幕式和"时尚美学之夜"闭幕式分别在前门大街、王府井大街举行。活动坚持文化引领，聚焦潮流创新、非遗时尚等，汇集国内外知名品牌，吸引来自政、商、文等各界人士广泛参与，彰显文化东城的时尚引领力和品牌吸附力。

（李慧慧）

【皇城景山三期项目】10月，皇城景山街区申请式退租三期项目启动，成为全市首个片区式综合性更新试点。项目东至北河沿大街，南至三眼井胡同、嵩祝院北巷，西至地安门内大街，北至地安门东大街，用地面积45.57万平方米。12月，项目退租签约结束，标志皇城景山街区实现整体退租。项目通过恢复性修建、保护性修缮、公共空间改造、环境综合整治等方式开展街区综合性更新，助推民生改善及老城风貌保护。

（李慧慧）

【王府井喜悦购物中心开业】12月，王府井喜悦购物中心开业。作为国内首个“新国潮”商场，定位“中国核、潮流壳”，将国潮元素、现代艺术、科技体验等深度融合，打造元市口、乾坤坊、潮流考古街区等主题场景空间，演绎未来商业场景。喜悦购物中心突破传统业态规划，汇集智能科技、潮流运动、时尚先锋、文化艺术、品质生活、特色餐饮等品牌，实现“一层一特色”。利用数字虚拟、艺术快闪、AR互动、视觉奇观等形式，联合品牌加入独家联名计划，推出线上数字科技共创内容，推动数字科技与消费场景深度融合。

（李慧慧）

政务服务管理

【概况】东城区政务服务管理局（简称区政务服务局）是贯彻落实中央、市委关于政务服务工作的方针、政策、决策部署和区委有关工作要求，在履行职责过程中坚持和加强党对政务服务工作集中统一领导的政府工作部门。2023年，区政务服务局主动服务融入新发展格局，聚焦满足企业群众需求，务实践行“服务局”“改革局”“窗口局”“综合局”职责定位，强化工作统筹，理顺协同机制，改革优化营商环境，推进标准化规范化便利化建设，优化政策服务。设立“专窗、专线、专员”，为中央单位和驻京部队提供政策咨询、协调服务、来访登记等专项服务175件次。围绕“两区”建设，完成外国人工作许可、工作类居留许可6670件，提升对外服务能力。1442项区级事项实现100%进驻、委托、授权，6个街道、51个社区率先完成示范样板建设，持续为企业群众提供高效便捷服务。

（王晓瑜）

【行政审批制度改革】2023年，区政务服务局进一步落实简政放权，完成年度行政许可事项清单编制，组织28个涉及部门开展行政许可清单动态调整工作，梳理东城区行政许可事项清单（2023年版）191项。深入推进告知承诺制改革，全年共有涉企经营告知承诺188项，涉及20个部门，全年共计办理11.11万件；证明告知承诺13项，涉及6个部门，全年共计办理1.55万件；申请材料告知承诺85项，涉及10个部门，全年共计办理3308件，实现“线下当场办、线上半天办”。进一步优化办事流程，全区54个单位共完成110次局科长“走流程”，发现问题66个均整改完毕。

（王寅）

【优化营商环境】2023年，区政务服务局完成优化营商环境6.0改革创新任务。“一业一证”改革实现40个行业线上可办，完成超市、餐饮店、道路客运公司、互联网医院、游泳馆、经营性人力资源服务机构6个行业9个案例“一业一证”综合许可凭证发放。“一件事一次办”集成服务实现47个“一件事”线上可办，联合东城公安分局为“我与地坛”北京书市提供大型活动“一件事”集成办事服务，该案例为东城区大型活动“一件事”集成办事场景的首个落地案例。联合区文旅局创新推出“非备案场所申请演出一件事”办事场景，相关案例信息被北京政务服务中心公众号、《北京日报》客户端、北京东城等媒体转载。“一件事”集成办事场景案例获北京市政务服务优秀案例。组织参加北京市优化营商环境“千人千题”竞赛考试，综合成绩获全市第2名。

（王寅）

【三级政务服务体系建设】2023年，东城区接待办事企业群众183.29万人次，办理事项272.08万件（其中现场办理136.86万件，不见面审批133.5万件，便民自助终端办理1.72万件）。全区政务服务评价138.57万条，好评量138.56万条，好评率达99.99%。实现1442个区级政务服务事项在区政务服务中心进驻、委托受理、授权审批100%。规范街道政务服务事项143项、社区政务服务事项58项，完成6个街道政务服务中心和51个社区服务站市级示范样板建设。在东雍创业谷和金隅环贸中心园区分别设立政务服务站，分别实现258项、378项政务服务事项延伸。与内蒙古自治区兴安盟阿尔山市签订《政务服务“跨省通办”合作协议》，

9月1日，东城区落地首个大型活动“一件事”集成办事场景
（区政务服务局提供）

实现62项政务服务事项“同事同标、跨省通办”。2篇案例和3篇调研报告入选年度北京市基层政务服务优秀案例暨调研报告。在全区政务服务领域开展年度荣誉体系建设评选活动，颁发优秀集体、优秀个人等荣誉93项。

（李天骁）

【政务服务“好差评”评估】2023年，区政务服务局根据《北京市政务服务“好差评”评价报告》结果，全面梳理整体情况，督查全区1700余项政务服务事项及43个政务服务单位，涵盖行政审批改革、政务服务标准化规范化便利化、数字政务建设等多个维度，覆盖区、街、社区、园区楼宇三级政务服务体系，并从工作背景、基本情况、存在问题、下一步举措四个方面，总结形成《关于政务服务“好差评”评估工作的情况汇报》，研究制订《东城区政务服务“好差评”评估工作方案》，明确“好差评”重点工作任务，联合区政府办公室多次开展专项督查提升。全区政务服务单位紧密配合、形成合力，以优质高效政务服务打造“北京服务”的东城样板。

（肖芳）

【全面深化政务公开】2023年，区政务服务局编制东城区2023年政务公开工作要点，提出深化重点领域政府信息公开、提升政策公开全流程服务效能、畅通政企政民互动交流三大目标，细化38条任务，压实各单位公开责任。全区受理依申请公开事项800件。区政府网站发布区政府公报5期，发布区政府常务会议36次并全部同步图解，公开部门会议信息38次，全区举办27场政务开放日、街道基层治理公开议事等活动。制订政策服务规范，从政策征集、管理等9个环节，加强政策服务标准化规范化建设；区政府政策文件库共收录政策547件，“惠企政策兑现”专题收录政策事项41条。全年对22个主动公开政策性文件进行意见征集并公开征集结果，发布政策解读32件。按照全市一体化“京策”平台建设工作要求，确定第一批46个具体政策事项上线。

（蒋宛希）

【政府网站和政务新媒体工作】2023年，区政府网站全年主动公开政府信息2.6万条，重点领域信息公开8721条，完成后台系统升级，新建20个特色专题，丰富网站内容。区长信箱共接收信件8915件，办结8912件。牵头制发《北京市东城区人民政府网站管理办法》，明确从“内容规范性、更新及时性、使用便利性”三方面开展网站建设。规范执行《东城区党政新媒体管理办法（试行）》，全面统筹监管备案的政务新媒体账号76个，推动政务新媒体规范化开设，全年有效清理政务新媒体账号44个。

（蒋宛希）

【数字政务运行】2023年，区政务服务局完成区级一体化受理审批平台升级及延伸，区级大厅、17个街道大厅、168个社区服务站和企业园区、党群中心政务服务站统一数字服务底座。成立全市首家园区政务服务站。实现区级大厅、线上网厅、移动端办事平台、各街道综窗平台等多渠道的全区一体化预约、取（叫）号、线上线下“一事一评，一次一评”，全年系统累计办件量超17万件，街道日均取叫号60余次。

（史可心）

【政务服务资源整合】2023年，区政务服务局以“小而精、小而美”为目标，全力推进新政务服务大厅建设，实现全区政务服务资源整合。区级政务服务中心新址位于珠市口东大街12号，按照“迁移、整合、提升”的思路，整合东城区政务服务中心、东城区政务服务中心人力社保分中心、东城区政务服务中心医疗保障分中心，共设置102个窗口，进驻25个部门，实现“四厅六中心”集中“进一门”，真正实现渠道整合、窗口整合、资源整合、数据整合。按照“八统一”的目标，信息化系统升级统一预约平台、一体化受理审批平台、自助服务平台，同时新建智能引导系统、统一信息发布系统、统一监管平台、数字化运营平台，实现区级涉企事项“一门”进驻、“智慧秒办”，提供24小时“不打烊”政务服务。整合区政务服务中心、人力社保分中心、医疗保障分中心服务热线等形成统一呼叫渠道，新建区级呼叫中心。设立集数据展示、政策宣讲、党建及其他活动发布等功能为一体的迎商中心。推动新政务服务中心实现整体功能提升、数字服务提升、重点功能区域提升、服务效能提升、整体形象提升。

（苏彤　史可心）

【区政务服务中心高效优质服务】2023年，区政务服务中心接待企业群众约21万人次；受理9万余件，出件3.2万余件；接听政务热线3.6万余人次，回复在线咨询2万余人次；提供帮办代办服务1200余人次；为企业免费刻章4000余套，免费证照邮寄1.6万余件，节约企业成本120余万元；获得表扬信88封，锦旗17面；接待参观调研24批次150余人次。落地各项改革，发出餐饮店、超市、道路客运、互联网医院、游泳馆5个行业的7张“一业一证”综合许可凭证；推动“证照联办”，实行营业执照、食品经营许可证全流程办理时限从14个工作日压缩至1个工作日；推进“园区+政务”融合创新试点，实现258项高频事项办理在园区办理；推动京津冀协同发展，实现京津冀179项事项办事“同事同标、跨省通办”；落实优化市场主体准入服务机制，在大厅开展“分级响应、前后联动、多方协同”的“分级响应”服务模式；推进惠企政策集中咨询办理工作，实现“一站式”了解各项惠企政策；设立企业破产（强制清算）信息查询窗口；完善新设立企业免费刻章服务。推进荣誉体系建设工作，全年共评选周之星343人、月度标兵72人、季度模范20人、红旗团队4次。

（柳林旺）

【接诉即办工作】2023年，区政务服务局落实《北京市接诉即办工作条例》宗旨要义，完善《东城区政务服务管理局市民服务热线“接诉即办”工作方案》，按照“接、派、办、回、督”五步工作流程，坚持高位统筹，以解决企业群众的操心事、烦心事、揪心事为出发点，主动治理，长效解决，不断强化案件办理，紧盯关键环节，坚持结果导向，减量降诉，持续优化营商环境。全年办结案件63件，办结率100%。

（于佳卉）

【政府采购满意度100%】2023年，区政府采购中心共接收政府采购立项通知32项，预算总金额1.4亿元。实施完成28项，其中公开招标22项、竞争性谈判1项、竞争性磋商2项、单一来源3项。实施完成项目预算资金1.32亿元，中标资金1.23亿元，节约资金148万元，节约率1.12%，采购人满意度始终保持100%。

（张小璐）

【公共资源交易规范公开】2023年，东城区公共资源交易平台全年进场交易项目共计130项，进场交易金额共计26.83亿元。其中政府采购项目56项，交易金额2.64亿元；工程建设招投标项目74项，交易金额24.19亿元。进场项目实现100%全流程电子化，公共资源交易平台场地管理系统注册用户65个，预约场地312场，推进公共资源交易更加规范公开。

（张小璐）

【实现全流程电子化招投标】3月27日，区政府采购中心完成东花市街道办事处2023年街区物业服务竞争性磋商项目，这是依托北京市政府采购电子交易平台实施的全市首个全流程电子化非招标采购方式政府采购项目，是继2022年实现全流程电子化区级政府采购公开招标首单后，进一步推动“全流程电子化”在政府采购全领域覆盖的又一次成功实践，标志着东城区政府采购所有招投标方式均已实现全流程电子化招投标。该项目整个过程实现供应商网上免费领取招标文件、远程电子解密开标、专家电子化评标。供应商从领取招标文件到开标递交材料，全部实现“网上办、不见面”，整个交易过程供应商零费用，进一步降低企业参与成本。

（张小璐）

人事管理

【概况】东城区人力资源和社会保障局（简称区人力资源社会保障局）是负责全区人力资源和社会保障工作的区政府工作部门。2023年，区人力资源社会保障局坚持把党的政治建设摆在首位，扎实开展主题教育，研究制订主题教育工作方案，建立“5+2”学习机制，引导党员干部学深悟透、入脑入心；组织实施“三题三解”大调研及“百日访百企”专项行动，贯彻“四下基层”开展调研，梳理问题清单16项，形成调研报告21篇，转化调研成果16项。加强基层组织建设，健全“书记抓、抓书记”考评体系，开展基层党建述职评议考核；组织开展“学党章、强党性”“常青论坛”等教育活动，持续推进主题教育；开展“红楼先锋，初心领航”行动，在社保新系统上线、劳动关系纠纷调处等重大任务中，组建党员干部突击队、青年仲裁员志愿服务队、综窗受理排头兵队伍，激励党员干部立足岗位作贡献。深化全面从严治党，健全四级“一把手”责任监督架构，优化人社部门全面从严治党考评指标体系，通过专题述责、包联支部、带队检查、飞行检查等方式强化责任落实；全力做好巡察“后半篇文章”，并坚持“当下改”和“长久立”相结合，以巡察整改为契机新建和修订管理制度37项，形成“四查28个是否”工作标准，常态化开展自查自纠；制订《谈心谈话工作实施细则》，规范经常性谈话和“第一种形态”谈话，逐级开展谈心谈话，实现全员覆盖；开展“青年·勤廉”纪法教育月、社保基金警示教育月等，深化内控自查、督导检查和辐射监管，加强廉政教育，有力防范损害群众利益的突出问题。获评全国法治人社建设优秀单位、首都拥军优属拥政爱民模范单位等荣誉称号。

（段蕴恒）

【事业单位招聘】2023年，东城区通过招聘补充事业单位工作人员888人，其中区公共管理服务类事业单位招录89人，区教育系统招录教育、教学、教辅人才574人，区卫健系统招录医疗、护理、医管人才225人。

（段蕴恒）

【事业单位职员等级晋升】2023年，区人力资源社会保障局会同区委组织部研究制订《东城区街道所属事业单位管理岗位职员等级晋升制度实施方案》。全年晋升职员等级87人，其中六级职员11人、七级职员18人、八级职员58人。

（段蕴恒）

【事业单位工作人员考核奖励】2023年，区人力资源社会保障局向街道一线和在各领域作出突出贡献的单位和个人倾斜考核奖励指标，全区362家事业单位职工2.62万人参加2022年度考核，共产生优秀等次5141人、嘉奖5317人、记功380人，记大功1人。

（段蕴恒）

【事业单位人才公租房管理】2023年，区人力资源社会保障局按照积分排序严格审核申请人资格，为申请人

5月16日，东城区2023年事业单位公开招聘工作布置会召开
（区人力资源社会保障局提供）

16人提供续租服务，为申请人21人分配房源。落实人才公租房动态管理机制，完善承租人准入和退出管理制度，要求承租人所在单位定期上报人员承租情况，规范承租人租赁行为。全年完成37套房源的分配、选房、认租、合同签订等相关工作。

（段蕴恒）

【专业技术人员继续教育基地申报】2023年，经主管单位推荐并经区人力资源社会保障局初审，确定北京市和平里医院、北京市第六医院、北京市隆福医院三家单位作为东城区推荐对象申报北京市专业技术人员继续教育基地。

（段蕴恒）

【市级高级研修班选题申报】2023年，区人力资源社会保障局通过全区征集，收到由区委宣传部等部门提报的高研班选题18份。经市人力社保局组织专家评审，由区委宣传部承办的“网络视听人才高级研修班”被列入2023年北京市专业技术人才知识更新工程计划。10月18—20日，“2023年网络视听人才高级研修班”在东城区委党校举办，学员90人参加。

（段蕴恒）

【工作居住证办理】2023年，区人力资源社会保障局在工作居住证审批、非京生源毕业生引进、集体户口管理等工作中科学配置人才服务杠杆，累计新办工作居住证2312张，引进非京生源优秀毕业生435人。

（段蕴恒）

【积分落户】2023年，区人力资源社会保障局深化不见面服务，畅通电话、邮件等多种沟通渠道，录制积分落户政策讲解视频，协助个人和单位完成申报工作，累计申报6089人，取得积分落户资格293人。

（段蕴恒）

【人事考试情况】2023年，区人力资源社会保障局加强人事考试管理，按全年计划完成24项考试任务，服务考生15万余人次，未出现重大考务事故。

（段蕴恒）

【事业单位新招聘人员初任培训】4月24日，东城区事业单位新招聘人员初任培训班在区委党校开班。培训班以了解区情为主线，开展职业素养、职业道德、职业操守教育，旨在进一步提升全区事业单位新招聘工作人员的政治修养和业务素质，提升担当作为的履职能力。培训班为期5天，全区44家主管单位的新招聘人员142人参加。

（段蕴恒）

调查研究

【概况】东城区人民政府研究室（简称区政府研究室）是承担综合性政策研究和咨询任务的区政府工作部门。2023年，坚持围绕全区中心工作和重大任务，高质量开展文稿起草和调研工作。完成区政府工作报告、区政府全会、领导重要讲话等文稿260余篇，共计70万余字。大兴调查研究之风，深入部门、街道开展调研活动27次，完成区长重点课题《发挥文化消费引领带动作用，加快建设国际消费中心城市示范区》，完成研究室调研课题《发展特色银发经济，应对人口老龄化》，编辑撰写《研究者建言》12篇，积极为区政府决策提供建议和参考，参谋助手作用进一步发挥。开展学习贯彻习近平新时代中国特色社会主义思想主题教育，紧紧围绕学思想、强党性、重实践、建新功的总要求，坚持理论学习、调查研究、推动发展、检视整改、建章立制等重点措施有机融合、一体推进。接受区委巡察，对巡察反馈的问题立行立改、举一反三，做好巡察整改“后半篇文章”。完成机关党支部委员补选，开展第七届廉政书画展活动，组织党员干部下沉社区参与“双报到”工作。

（刘亚群）

【区政府重要文稿起草】2023年，区政府研究室完成《2024年北京市东城区人民政府工作报告》、区政府主要领导政府全会讲话、党课报告、经济责任审计报告等重要文稿260余篇，共计70万余字。牵头起草市领导调研汇报材料、半年经济社会发展情况通报，完成各类活动讲话、致辞等稿件起草和修改任务，进一步发挥以文辅政作用。

（刘亚群）

11月1日，区政府研究室召开2024年政府工作报告起草工作启动会
（刘亚群摄）

【区重点课题调研】2023年，区政府研究室牵头开展“发挥文化消费引领带动作用，加快建设国际消费中心城市示范区”课题，发挥主导作用，指导带领课题研究团队走访座谈、实地调研和报告撰写，协调组织区发改委、区商务局、区文旅局等相关单位参与课题调研和成果评审，形成1万字的课题报告。推动调研成果转化，形成多篇专题参考材料，主动协助区有关部门推动国际消费中心城市示范区建设。

（刘亚群）

【服务区域发展】2023年，区政府研究室加强与区政府各部门工作配合，主动做好文稿服务，推动“四个服务”、落实核心区控规等中心工作开展。全年开展调研27次，及时跟进重点工作和领导关切。完成《研究者建言》12篇，内容既涵盖文化消费、Z世代消费、元宇宙、人工智能等新兴领域，又涉及物业管理、保障房机制、社区治理等民生领域，推动成果转化，以智辅政作用进一步发挥。坚持党建引领中心工作，围绕政府工作报告起草等重点任务，组织签署主题教育党员承诺书。组织党员参加社区“庆七一”“文明一刻钟”志愿服务活动和扫雪铲冰等工作，定期走访慰问社区困难党员。

（刘亚群）

外事及港澳事务

【概况】东城区人民政府外事办公室（简称区政府外办）是区政府负责外事和港澳事务的职能部门。2023年，区政府外办贯彻落实党的二十大精神和习近平外交思想，聚焦首都“四个中心”功能建设，加速“崇文争先”，做实“六字文章”，发挥核心区在服务国家总体外交、服务首都高质量发展的“排头兵”作用，推动国际交往提质增效。全年派出3个招商引资团组，完成公务42场，推动13个重大项目落地，成功挖掘和开拓日本金融领域、西班牙文化教育及产业园交流等多个项目。

（刘颖）

【服务保障中央外交首都外事】1月11日，区委常委、常务副区长李妍会见德国驻华使馆公使衔参赞白瀚德一行，商讨推动两地在经贸等领域开展务实交流与合作。1月17日，副区长唐立带队拜访外交部领事司，与外交部领事司司长吴玺座谈，就落实核心区“四个服务”、开展央地党组织联学共建、支持驻区外向型企业海外拓展的合法权益、便利外国人来华邀请及维护驻区外国机构和人员的生命财产安全和合法权益等内容进行交流。2月6日，北京外交人员服务局调研东城区隆福文化街区，唐立陪同并介绍隆福文化街区更新改造及外事活动接待情况。2月28日，唐立实地踏勘北京外交人员服务局驻华使节东城行活动现场，北京外交人员服务局、保利国际展览有限公司、区政府外办参加，并就活动场地情况进行交流。3月1日，唐立主持召开北京外交人员服务局驻华使节东城行工作筹备会，北京外交人员服务局、区政府外办分别介绍活动背景和活动方案，区委宣传部、区发改委、区文旅局、区商务局等部门参会，并就方案研提意见建议。3月22日，唐立专题调度北京外交人员服务局驻华使节东城行活动策划工作，听取区政府外办及保利国际展览有限公司关于活动整体策划方案汇报，并就活动内容、活动流程、展现形式、氛围布置等提出要求。3月30日，唐立带领区政府外办到中国人民对外友好协会，与欧亚工作部副主任吕宏伟就进一步推动东城区与欧洲地区友城开展交流合作进行座谈。4月23日，“故宫以东——文商明珠”驻华使节感知北京东城行活动专题部署会召开，李妍部署活动情况。5月6日，李妍主持召开“故宫以东——文商明珠”驻华使节感知北京东城行活动筹备工作专题会并到现场踏勘。同日，市委宣传部副部长徐和建到隆福寺踏勘，现场察看“故宫以东——文商明珠”驻华使节感知北京东城行活动筹备情况。5月7日晚，“故宫以东——文商明珠”驻华使节感知北京东城行活动在东城区隆福文化中心九层举办，来自喀麦隆、瑞士、意大利、卢森堡、约旦等50余个国家，欧盟、上合组织等国际组织的驻华大使、临时代办、公参等外交官及家属，及中国英国商会等外商协会外宾200余人走进东城，沉浸式体验东城区文商共融的发展魅力。7月6日，巴基斯坦两院议员访华团参观景山街道美后肆时市民文化活动中心，交流公共文化服务工作。

（刘颖）

【深挖国际高端要素资源】3月16日，副区长唐立调度对外交流项目，要求围绕政策调整，统筹谋划“走出去”和“请进来”，做好招商引资和招贤引才等各项工作。4月4日，区政府外办拜访德国“柏林伙伴”（柏林驻华商务联络处）、中国德国商会北京代表处，与两家外资机构首席代表会见，邀约德国金融、科技企业参加东城区营商大会及外资企业进东城等专场活动，商议确定德国企业“东城行”系列活动主题，推进东城区与德国更多商务经贸领域项目合作落地见效。4月28日，唐立会见意大利驻华使馆一等参赞、经济商务处负责人孟德乐，为中意企业搭建更多交流互鉴平台，吸引更多意大利政府机构、企业商会、国际组织到东城投资发展，为双方合作共赢创造便利条件。5月9日，唐立拜会意大利对外贸易委员会，与意大利对外贸易委员会首席代表暨中国区和蒙古国总协调官张保龙·布鲁诺座谈。6月6日，“跨国企业走进东城”活动举办，中国发展研究基金会、东城区领导出席，英特尔（中国）有限公司、宝洁（中国）有限公司、三井住友银行（中国）有限公司、星巴克中国、联想集团等40余家跨国企业及中方企业参加，代表团先后参观蘑菇车联、恒信东方等驻区代表性科技企业，以及东城区隆福文化中心、时间博物馆和区政务服务大厅等。11月7日，副区长李卫华、唐立会见中国驻法国马赛总领事董广利并座谈，双方就东城区与马赛总领区交流领域进行探讨。11月30日，区政府外办和区商务局到中国法国工商会座谈交流，双方表示加强交往，搭建中法企业间的交流合作平台。

（刘颖）

【服务区域经济社会发展】5月11日，区政府外办举行APEC商务旅行卡专题培训会，旨在进一步优化区域营商环境，加大惠企力度，增强服务供给，助推后疫情时期东城区民营企业“走出去”。驻区民营企业10余家参加。6月15—27日，由北京市外办、东城区政府外办、东城区委组织部联合举办的“东城区国际交往中心功能建设素质提升班”举办，东城区各委办局、街道等23家单位的外语人才库库员近40人参加。6月20日，东城区政府服务领域外语能力培训专题班举办，区政务服务中心、各专业分中心、各街道政务服务中心综合窗口一线工作人员80余人参加。8月22日，区政府外办接待澳门物联网协会会长刘金东率澳门物联网协会一行15人参观雍和航星园，参观中能融合智慧科技有限公司、中国北欧创新联合体等园区企业，察看东城区营商环境及文化科技融合发展等情况。

（刘颖）

【国际交往中心功能建设】5月29日，东城区委外事工作委员会2023年第一次会议暨东城区推进国际交往中心功能建设领导小组第二次会议召开，会议传达市委外事工作委员会第五次全体会议和北京推进国际交往中心功能建设领导小组第六次全体会议精神，通报2022年外事工作情况和东城区推进国际交往中心功能建设2022年工作情况，通过调整后的东城区委外事工作委员会组成人员名单和东城区推进国际交往中心功能建设领导小组成员名单、2023年外事工作要点、东城区推进国际交往中心功能建设领导小组2023年工作要点、《东城区外事和港澳工作服务区域经济高质量发展的若干措施》、《东城区重大国事外事活动服务保障工作机制》。8月16日，副区长唐立调研皇城景山三眼井片区，实地察看皇城景山街区三眼井片区保护性修缮及恢复性修建项目、嵩祝院胡同腾退片区院落情况，挖掘“小而精”“小而美”的外交外事活动场所。8月24日，唐立调研玉河南区项目情况，并就项目进展及进一步挖掘培育“小而精”“小而美”特色外交外事活动场所等，与天街集团项目有关负责人交流座谈。8月

5月29日，中共东城区委外事工作委员会2023年第一次会议暨东城区推进国际交往中心功能建设领导小组第二次会议召开（严露摄）

30日，召开2023年东城区推进国际交往中心功能建设领导小组办公室第一次会议暨下半年任务专项调度会、东城区“十四五”时期加强国际交往中心建设规划中期任务和审计工作推进会。

（刘颖）

【拓展对外交往合作新空间】6月19日，副区长李卫华会见比利时西法兰德斯省高级别访问团，双方就两地经济、文化、经贸等领域交流合作进行商讨。6月28日，东城区与葡萄牙奥埃拉斯市举办线上中葡产业园区合作交流对话会，不断深化国际友城务实合作，向海外推介东城区营商环境及招商引资优惠政策。7月19日，李卫华会见意大利对华友好协会主席艾琳·皮维蒂一行，介绍东城区经济、社会、文化、对外交往等基本情况，就密切双方在消费、金融、新能源等领域的交流合作，推动东城经济社会高质量发展提出意见建议。8月31日，区长周金星会见蒙古乌兰巴托市苏赫巴特尔区区长呼和呼·包勒尔玛及政府代表团一行7人，两区就密切医药卫生、文化、教育等领域交流合作进行商讨，实现互惠互利、合作共赢。9月11日，李卫华会见葡萄牙奥埃拉斯市副市长伊曼努埃尔·贡萨维斯及政府企业代表团一行，就加强双方政府间互访推动科技园区、文化、教育等重点领域务实交流合作进行商讨。9月15日，区委书记孙新军在北京饭店会见葡萄牙奥埃拉斯市副市长弗朗西斯科·贡萨维斯。奥埃拉斯市政府及企业代表团访问东城区，参加2023年北京文化论坛并发表主旨演讲，希望两区（市）继续携手在文旅、经贸、科技园区等领域加强务实合作，巩固和深化国际友好城市关系。9月12日，东城区与葡萄牙奥埃拉斯市结好5周年纪念活动暨中葡产业园交流宣介会在中关村东城园成功举办，东城园管委会主任出席会议并从发展基础、优势资源和政策导向三个方面介绍中关村东城园建设发展情况。10月10日，周金星会见俄罗斯莫斯科市中央区副区长皮萨仁科·亚历山大，双方就后疫情时期进一步加强双方政府间互访，推动两区在文化遗产保护、老城保护与更新、城市精细化管理等方面的交流与合作进行探讨。10月10日，东城区与莫斯科市中央区结好15周年纪念活动暨中俄交流研讨圆桌会在东城区举行，双方区领导出席并致辞，对两区结好15周年来取得的成果表示祝贺及肯定，愿进一步推动两区友好城市发展迈上新台阶。12月14日，周金星会见意大利对华友好协会主席艾琳·皮维蒂一行，双方就推动两地在产业促进、文化保护等领域更多务实项目落地落实进行探讨。

（刘颖）

国内交流合作

【概况】东城区对外联络服务办公室（简称区外联办）是负责全区对外联系服务工作的区政府工作部门，加挂东城区支援合作办公室（简称区支援合作办）牌子。全区有驻区中央国家机关及部级以上事业单位40家，外省市驻京办事机构60家，支援合作地区6个，国内友好城区49个。2023年，区外联办不断提升“四个服务”能力水平，联手驻区中央单位妥善应对北京“23·7”特大暴雨等极端天气，利用腾退空间为中央单位解决加班公寓，实现“疏整促”和“四个服务”工作同向发力。在年度全市“四个服务”满意度调查综合考评中，东城区排名第一。坚持首善标准，把内蒙古自治区乌兰察布市化德县、兴安盟阿尔山市、西藏自治区拉萨市当雄县、湖北省十堰市郧阳区和山西省长治市屯留区的支援合作工作与区域协调发展、与首都发展大局紧密结合，切实巩固拓展脱贫成果，全面推进乡村振兴。

（宋毅）

【服务中央单位】2023年，落实区领导走访中央单位制度，区领导带头走访中央政法委、最高人民法院、最高人民检察院等驻区中央单位30余次，切实推动央地高层日常交流往来，深化共驻共建关系。妥善应对北京“23·7”特大暴雨等极端天气，梳理驻区中央单位老旧房产、地下空间共计2810处。严格落实“双控四降”，统筹利用“疏整促”腾退空间，改造都季酒店、门楼胡同14号简易楼作为中央政法委、人社部加班公寓和青年干部宿舍，实现“疏整促”和“四个服务”工作同向发力。利用“服务中央单位和驻京部队窗口”办理服务事项1289件，答复率实现100%。

（张亚双）

【共驻共建活动】2023年，区外联办不断加强协同联动，央地合作发展潜能逐步释放。组织“外联杯”乒乓球、足球赛、首都义务植树日活动、央地青年联谊活动、政企互动三人篮球赛等活动，加强双向共建交流，促进央地文化交流融合发展。联合中国社会科学院举办东城区青年人才马克思主义研修班，推动人才工作与区域发展深度融合，加强央地人才交流融合发展。驻区各中央单位支持东城区高质量发展，主动参与生态文明建设、财源引进、区域化党建等工作，对支援合作给予项目资金支持、为房山区灾后恢复重建捐赠款物共计1800万元。协调民航总局，锚定民航领域优势项目在东城先行落地，携手中国民航飞行协会打造航天科技教育联盟，实现央地双向支持融合发展。

（张亚双）

【支援合作】2023年，东城区委、区政府主要领导研究部署东西部协作工作，党政主要领导到支援合作地区调研对接4次，累计召开高层联席会议

5月，东城区2023年支援合作工作领导小组会召开（区外联办提供）

7次；出台《2023年度支援合作工作要点和任务清单》，修订消费帮扶方案，制订《2022年国家东西部协作考核整改方案》并及时落实整改，与内蒙古自治区乌兰察布市化德县和兴安盟阿尔山市重新签署2023年度东西部协作结对协议。在上解市级财政帮扶资金的基础上，向化德县和阿尔山市拨付区级财政资金2175万元，开展13个区级帮扶项目，向支援合作地区捐赠款物折合金额1860万余元；引导6家企业赴内蒙古落地投资1.67亿元，参与商业综合体、生态农业设施、冰雪旅游等项目开发建设；消费帮扶销售特色产品超2.5亿元；选派优秀处、科级干部14人到乡村振兴一线挂职锻炼，选派教育、卫生、科技、商贸等领域的专业技术人才43人挂职，通过线上线下培训、送课包等形式，培训党政干部和专业技术人才6700余人次，为劳动力998人培训职业技能，协助劳动力1796人就业，组织东城区与支援合作地区开展43对街乡、22对社区与村、35对企业与村、22对社会组织与村、38对学校、23对医院结对共建。各支援合作地区均未发生已脱贫人口大规模返贫情况，乡村振兴工作进展顺利。

（杨萌）

【京蒙对口帮扶】2023年，东城区委、区政府主要领导研究部署东西部协作工作，区政府主要领导到内蒙古自治区乌兰察布市化德县和阿尔山市实地调研对接，召开联席会议5次，指导全年东西部协作工作开展。东城区向阿尔山市协调使用市级财政援助资金3193万元开展5个帮扶项目，拨付区级财政援助资金830万元用于开展6个帮扶项目；捐赠款物折合金额512.5万元；引导2家企业到阿尔山市投资4600万元；消费帮扶销售产品7800万元；压茬选派新一批援蒙干部3人到阿尔山市挂职锻炼；组织乡村振兴干部培训2期1598人次；选派专业技术人才22人次挂职交流，开展专业技术人才培训43期1212人次；举办劳务协作培训班，培训农村劳动力3期115人，协助152人稳定就业；与阿尔山开展11对学校、5对医院、8对街道乡镇、11对社区和村、6对社会组织和村，以及9对企业和村的结对关系，重新签订年度结对协议，辐射优质公共服务资源，开展智力、医疗、党建、捐赠方面等实质性帮扶工作。东城区向化德县协调使用市级财政援助资金4079万元开展6个帮扶项目，拨付区级财政援助资金1345万元用于开展7个帮扶项目；捐赠款物折合金额707.76万元；引导4家企业到化德县投资1.21亿元；消费帮扶销售产品1.09亿元；压茬选派新一批援蒙干部3人到化德县挂职锻炼；组织乡村振兴干部培训7期1010人次；选派专业技术人才24人次挂职交流；开展专业技术人才培训88期2844人次；举办劳务协作培训班，培训农村劳动力22期871人，协助1644人稳定就业；开展与化德14对学校、12对医院、7对街道乡镇、11对社区和村、16对社会组织和村，以及26对企业和村的结对关系，重新签订年度结对协议，辐射优质公共服务资源，开展智力、医疗、党建、捐赠方面等实质性帮扶工作。

（杨萌）

【京藏对口支援】2022年，东城区委、区政府主要领导研究部署对口支援工作，召开高层联席会议1次，部署推动全年工作开展。东城区发动驻区中央单位和爱心企业向西藏自治区当雄县捐赠价值430万元的对口支援助力包，协调市属国企向当雄县捐赠价值390万元的帮扶资金和防疫物资；选派当雄县和援藏指挥部的优秀处、科级干部6人继续在当地挂职，选派教师6人到拉萨市挂职，选派医生5人到当雄县挂职；举办当雄县乡村振兴带头人暨村干部国家通用语言使用培训班培训29人次，协调北京农学院承接当雄县消费帮扶畜牧系统工作人员赴京集中培训班项目培训20人次。东城区8家街道继续与当雄县6乡2镇结对，开展对口支援工作。

（杨萌）

【南水北调对口协作】2023年，东城区委、区政府主要领导研究部署对口协作工作，召开高层联席会议1次，部署推动全年工作开展。东城区在上解财政援助资金的基础上，向湖北省十堰市郧阳区捐赠价值220万元的对口协作助力包，消费帮扶特色产品累计销售额7000余万元；选派优秀处级干部1人到郧阳区挂职；接收郧阳区医生8人在东城区跟岗锻炼；

举办“春风行动”2场线上招聘会提供400余个就业岗位，切实助力劳动力稳岗就业；在街道乡镇结对全覆盖的基础上，签署政协“共建绿色生态城、共护南水北调‘大水井’”对口协作协商活动有关事项备忘录强化社会力量参与，组织社区与郧阳区58个村（社区）开展“共抓大保护、当好守井人”党建结对共建，全面深化组织振兴。东城区17家街道及3家单位继续与郧阳区20个乡镇结对；13所中小学继续与郧阳区13所中小学结对；6家医院继续与郧阳区6家医院结对共建。

（杨萌）

【京长对口合作】2023年，按照市委市政府的统一安排部署，东城区召开支援合作工作领导小组会，审议通过并印发《东城区2023年支援合作工作要点》，明确与山西省长治市屯留区开展对口合作。东城区高度重视与长治市对口合作工作，与屯留区建立联系，初步搭建部门间的沟通对接机制；上解财政资金406万元用于京长对口合作；发动中华思源工程基金会向屯留区捐赠“云图书馆”项目，价值约6万元；引导高新技术科技协会到屯留区开发区实地调研产业发展情况。

（杨萌）

综合服务

【概况】东城区人民政府办公室（简称区政府办）是协助区领导处理区政府日常工作的政府工作部门。2023年，区政府办围绕“疏解减量、提质增效”的年度目标，发挥职能作用，为区政府各项工作推进提供保障。全年开展理论学习中心组学习19次、交流研讨6次，组织青年理论学习7次，全体党员干部深度自学6册《学习资料汇编》共计104篇重要文件及会议精神。坚持问题导向，开展1项集体调研、7项领题调研，提出29个意见建议，并在14个方面促进成果转化。深入抓好8项问题的整改整治，持续巩固整改成效。通过规范政务值班流程、加强值班纪律检查，进一步畅通与公安、交通、应急、接诉即办等部门的合作联动，确保突发事件第一时间掌握、第一时间处置。全年共接办、接转各类来电2万余次，接报、接转各类会议通知、请示、重要紧急信息总计1200余次。

（李慧慧）

【办文办会】2023年，区政府办共办理各类公文4820件，紧急催办1568件；高标准承办区政府常务会、党组会、专题会等各类会议415次。全年完成区政府机要文件交换1.45万件、普通信件12万余件，被国务院交换站评为2023年度优秀交换单位。

（李慧慧）

【调研对接】2023年，区政府办服务区领导开展各类调研检查1404次，其中采取“四不两直”方式调研占比达48.29%。对接企业服务区领导走访会见金融、科技等各类企业56家。举办“故宫以东·政企会客厅”23期，安排区领导与100余家头部企业家座谈交流。

（李慧慧）

【信息服务】2023年，区政府办累计整理完成76次会议的212套议题背景材料。在区政府系统内筛选5个专题共18个案例，制作《2023年攻坚克难典型案例汇编》，以电子刊的创新形式供区两会代表、委员参阅。全年累计编发《东城手机报》《昨日区情》《东城政务舆情》普刊746期、专刊18期，获区领导批示123次；获《昨日市情》专普刊采用108条、特刊采用5篇，获市领导批示8次；获《国办要情》采用6篇、约稿24次。

（李慧慧）

【政府督查工作】2023年，区政府办创新建立东城区重点项目库，按照“季度全面督、月度专题督、日常跟踪督”的工作模式，完成340项年度入库重点工作。聚焦高质量发展、重点税源引进、城市更新与重点区域环境提升、养老托育等重点民生保障项目，紧盯国务院安全生产大督查、各单位内审制度落实，全年专项督查立项233件，督办事项330余项，开展督查调研10次，实地检查700余处点位，形成《督查与反馈》13期、工作报告350余份。累计督办会议决策182项，其中办结176项、持续跟踪6项，向区长专项报告15次、月度汇总情况3次；督办调研决策事项206项，已办结135项。编制44个政府部门和17个街道办事处的年度绩效任务1303条。高质量完成年度24项区民生实事任务，高标准做好2024年度民生实事项目的征集编制工作，确定6个方面23件项目内容。

（李慧慧）

【建议提案办理】2023年，区政府办累计接收市区人大代表议案、建议和政协提案314件，建议提案办结率100%。

（李慧慧）

【民意诉求接办】2023年，区政府办完善群众来信工作机制，全年共接收辖属信件173件，均在规定期限内办结完成。

（李慧慧）

【区机关事务管理服务】东城区机关事务管理服务中心（简称区机关事务中心）是区政府直属正处级事业单位，承担区委、区人大、区政府、区政协机关及部分行政事业单位的机关事务管理及服务保障工作。2023年，区机关事务中心贯彻落实市区决策部署，以首善标准推进机关事务工作高质量发展，各方面工作稳步前进。统筹抓好防疫物资结算，多方对接区委政法委、区民政局、区外联办等单位，梳理疫情防控支出情况，报请区政府审议通过，完成疫情防控经费结算任务。对于实际未配送到位的防疫物资，协调供应商办理退货，节约财政资金。

（姜丽）

【中轴线申遗任务】2023年，区机关事务中心加强统筹协调，组建专班推进落实，完成《北京中轴线申遗保护三年行动计划（2020年7月—2023年6月）》。2月22日，该任务二期拆除工程启动。6月20日，完成拆除面积约5.23万平方米。一期天坛医院旧址2.64万平方米的拆除工程于2022年完成。任务实施两年间，共拆除总面积7.87万平方米。市、区领导到现场调研23次，召开专题调度会35次，妥善推动解决三产纠纷等各类复杂问题。

（姜丽）

【办公用房管理】2023年，区机关事务中心完成水道子15号、珠市口12号两处办公用房装修改造工作。自1月28日区政府专题会召开至年底，实现年内从方案制订、前期手续到启动拆除、装修改造、网络建设、竣工交付等任务的完成。推进区委办、区委组织部、区委宣传部等20余家单位办公用房的调整。对区属党政机关事业单位办公用房出租出借及租入借入情况审核把关，全年办理出具办公用房出租出借意见51项。

（姜丽）

【低效闲置资产盘活】2023年，区机关事务中心完成朝内大街192号办公区腾退调整方案制订和金宝街52号办公区腾退工作，与中汇保险公司签订金宝街52号租赁协议，促进低效资产高效利用，实现区域产业发展升级。推进简易楼的再利用，多次召集各委办局及相关街道研究简易楼再利用工作，明确再利用方向及施工倒排表，协调调度招标立项、居民投诉等各类问题。至年底，实施再利用的41栋简易楼完工并交付使用的9栋，正在施工的17栋。通过仔细研判历史脉络，研究解决路径，加强沟通协调，借助法律手段，梳理解决金宝街8号地还建项目、怀柔青少年培训基地等历史遗留问题。

（姜丽）

【公务用车管理】2023年，区机关事务中心与区财政局联合印发《东城区党政机关公务用车管理办法（试行）》，推进区级管理平台对公务用车集中统一管理、统筹调度、高效使用，减少公务车辆闲置浪费。加强公务用车管理信息化建设，开展公务用车管理平台推广使用，组织召开区级平台线上应用启用工作协调会，组织23家有车单位、26家无车单位进行平台启用业务培训。至年底，完成49家单位二级平台的线上应用，纳入区级平台线上应用公务用车171辆。做好车载北斗定位设备等硬件维护管理，协调为区城管执法局、区国资委等8家单位，开展新装、更换、维修北斗定位设备86部，新办、激活物联卡26张，通过技术手段实现对公务用车的持续监督管理。

（姜丽）

【财政资金管理】2023年，区机关事务中心全面落实"过紧日子"要求，抓好年度预算执行。配合区财政首次实行预算控制数管理制度，个别项目预算只下达全年预算的三分之一或者四分之一，剩余部分根据工作需求结合区政府财力逐步追加。从源头上控制支出总量，通过利用好政策，对个别预算项目适时做出调整，保证重点工作落实。对32家行政单位开展机关运行成本统计，动态掌握各单位行政运行成本的整体情况、经济分类情况及人均水平，全年收入8.88亿元，支出8.58亿元，较2022年（16.12亿元）减少预算7.24亿元。

（姜丽）

【国有资产管理】2023年，区机关事务中心制发《东城区机关事务管理服务中心行政事业单位公物仓管理暂行办法》，进一步规范大学生宿舍管理工作，修订《东城区大学生宿舍管理办法》《东城区大学生宿舍管理实施细则》。制订《东城区机关事务管理服务中心内部审计暂行规定》，进一步加强资产账和实物管理，促进资产管理的规范和完善。严把资产处置审核关，为46家单位审批报废资产1.82万件金额1.08亿元，调出资产3000余件金额0.15亿元，利用闲置资产25件。稳步推进东城区人才公租房分配，完成9套人才公租房分配、公务员4人退租。办理大学生宿舍入住手续135人次，办理退宿手续106人次。

（姜丽）

【基建项目管理】2023年，区机关事务中心抓好重点难点项目向前推进，落实文化活动中心二期项目建设相关任务。该项目自2020年由机关事务中心参与调度推进至2023年年底，召开指挥部会议130次，解决事项619项，完成功能厅室、办公区装修工程，智慧两馆信息化设备采购安装等项目，实现档案馆全部人员、文化馆、图书馆部分工作人员入住办公任务。全年完成日常零星维修113项，先后完成管辖各院落照明灯具节能改造、区委区政府2号院地下电动自行车库改造、区委区政府2号院空调系统及卫生间给水管道更换、大学生宿舍维修改造等多个项目。

（姜丽）

【节约型机关建设】2023年，区机关事务中心深入落实市机管局要求，联合区精神文明办、区发改委、区城管委、区商务局、区市场监管局印发《东城区节约型机关创建行动方案》，完成16家单位节约型机关创建回头看工作，通过国管局、市机管局对东城区节约型机关审核。联合六单位印发《东城区机关食堂反食品浪费成效评估和通报制度实施方案》，对全区48家机关食堂开展反食品浪费评估，完成国管局、市机管局对东城区机关食堂反食品浪费的迎检工作。牵头做好全区418家公共机构能源资源消费统计。推进垃圾分类、光盘行动、节能减排等工作，其他垃圾、厨余垃圾总量逐年下降。加强宣传监督

8月，东城区“节能有我 绿色共享”大讲堂开展机关节能宣讲
（区机关事务中心提供）

检查，推进节约型政府建设。

（姜丽）

【服务保障】2023年，区机关事务中心为干部职工提供温馨安全的办公环境。全年完成门诊诊疗及咨询6981人次、会议保障9230次、接转电话3万余次、电话维修600余次、卫生清洁检查800余次、设备维修4700余次；配置家具1200余次、回收752件次、理发2500余次。劝解疏导门前上访群众800余人次，整治处理废旧电动车、自行车50余台次，全面更新淘汰老式充电接口，全面安全检查8次，日常巡检52次，消防巡查56次，确保机关安全秩序。

（姜丽）

【安全管理】2023年，区机关事务中心筑牢机关办公区安全屏障，深刻吸取“4·18”火灾事故教训，制订并落实为时8个月的安全大排查大整治专项行动方案，加强组织力量和检查频次力度，全面排查安全隐患，按照轻重缓急逐一整改，重点对区委区政府1号院、2号院消防主管道进行更换，做到防患未然。在应对北京“23·7”特大暴雨、“12·13”强降雪、寒潮等极端天气中，区机关事务中心全员坚守本职岗位，紧急筹备应急物资，轮转巡查处置问题，妥善化解极端天气带来的突发情况，确保机关办公区24小时平稳运转。在8月24日凌晨应急楼委办局机房老旧设备故障冒烟、12月27日凌晨极端天气下区委区政府1号楼地下车库热力管道爆裂等抢险工作中，第一时间发现问题、现场察看、上报处置，将风险隐患排除在萌芽状态，有效减少损失，保障办公区人员生命和财产安全。

（姜丽）

信访工作

【概况】东城区信访办公室（简称区信访办）是东城区受理人民群众来信来访的区政府工作部门。2023年，区信访办提升信访工作法治化水平，在全区37个信访接待场所张贴、摆放2000余份《信访法治化工作指南》及依法依规信访“路线图”“导引图”，依法分类处理信访事项占比较2022年提升191%。深化信访联席会制度，制发《信访工作周动态》50期，每月在全区通报信访工作，召开区级联席会议4次，召开基层信访联席会议130余次。完成全国两会、北京文化论坛、“一带一路”高峰论坛等30余项重大活动保障任务。

（张静）

【高位统筹信访工作】2023年，东城区委、区政府共召开4次区委常委会、区政府常务会、区政府专题会听取信访工作汇报。区级领导阅批群众来信40余件，到一线接访下访37次，包案31件，批示信访工作150余次，专题调度信访问题70余次，每月召开例会协调推进重点工作，定期深入一线调研，推动各项制度落实。

（张静）

【信访问题化解】2023年，东城区加强初次信访快速化解工作，全区求决类初次信访事项一次性化解率为97.09%。积案化解有效推动，治重化积案专项工作587件积案全部上报结案。全年化解31件持续上访长达数年、甚至近20年的骨头案、钉子案，成效明显。

（张静）

【领导干部一线接访解决问题】2023年，东城区主要领导接访下访4次，区级领导共接访37次，实地调研信访工作18次，全区处级领导接访1488次，接待群众2006批次2601人次。区领导26人包案31件，中央信访联席办交办的587件积案全部纳入处级领导包案。开办“信访超市”42次，各单位联合接访350余次，接待群众7580批次。

（张静）

【深耕矛调处置一体化体系】2023年，区信访办打造新时代“枫桥经验”的东城实践样本，依托区级矛调处置平台、街道矛调处置中心和社区矛调处置工作站，构建“三级上下贯通、线上线下一体、部门联合接待、分级分类处理”的立体式信访矛盾排查调处体系，实现“重大问题联管、重大事件联处、重要矛盾联治”，着力将信访矛盾化解在基层。同时建设社会矛盾风险治理信息平台，实现线上线下相互支撑。

（张静）

【落实《信访工作条例》】2023年，区信访办完善配套制度，制订、修订工作制度4项，开展“信访问题源头治理”等落实工作。将信访工作纳入区委党校培训课程，区委组织部选派青年骨干到信访办挂职锻炼，信访办组织业务培训300余人次，组织信访干部到国家、市、区信访部门学习锻炼。组织《信访工作条例》宣传活动，全区开展各类宣传50余场次，发放资料2.6万份。

（张静）

5月23日，区信访办开展信访宣传月活动（鹿贻光摄）

东城区人民政府领导人员

区　长	周金星			
副区长	李　妍（女）	郑晓博（4月免）	刘俊彩（女，4月免）	赵海东（10月免）
	佟立志（女，6月任）	高建新（8月免）	孙　扬	苏　昊
	李卫华	王佑明（6月任）	唐　立（挂职）	曹志平（挂职，12月任）

东城区人民政府系统工作机构负责人

政府办公室主任	石崇远（4月免）
	祁国梁（4月任）
发展和改革委员会主任	杨　峰
教育委员会主任	高　伟（2月免）
	周　林（2月任）
区政府教育督导室主任	高　伟（兼，1月免）
	周　林（兼，1月任）
科技和信息化局（区大数据管理局）局长	魏　搏
民族宗教事务办公室主任	商文茹（女）
民政局局长	肖华强
财政局局长	贾　邦
人力资源和社会保障局局长	王万青
市规划和自然资源委员会东城分局局长	白劲宇
生态环境局局长	董险峰
住房和城市建设委员会（住房保障办公室、区政府房屋征收办公室、历史文化名城保护办公室）主任	张晓峰
城市管理委员会（城市环境建设委员会办公室、交通委员会、水务局）主任（局长）	王品军（回族）

商务局局长	胡异峰（8月免）	信访办公室主任	刘耕福
	吕　绘（女，11月任）	对外联络服务办公室主任	黄子民（壮族）
文化和旅游局局长	向旭东（11月免）	区政府研究室主任	郑丽明（女，6月免）
	王铁峰（11月任）		江鹄冲（8月任）
卫生健康委员会主任	曾文军（女）	医疗保障局局长	林　杉
退役军人事务局局长	王智博	台湾事务办公室主任	张丽梅（女，7月任）
应急管理局局长	阮　君	国家税务总局东城区税务局局长	杨玉杰
市场监督管理局局长	韩　非（2月免）	区王府井地区管理办公室主任	宋　叙（女，1月免）
	邢　磊（2月任）		张　勇（女，1月任）
审计局局长	侯立华（女，4月免）	北京站地区管理办公室主任	郭立峰
	刘立新（4月任）	城市管理指挥中心主任	李　焱
外事办公室主任	罗海珊（女）	行政学院院长	周金星（兼）
国有资产监督管理委员会主任	郭威元（女）	地方志编纂委员会办公室主任	丁选云
体育局局长	段　勇	融媒体中心主任	王继志
统计局局长	李　岚（女，6月免）	机关事务管理服务中心主任	杨海明
	崔嫒嫒（女，6月任）	环境卫生服务中心主任	高建中
经济社会调查队队长	李瑞敏（女）	房屋征收事务中心主任	冯　博（10月免）
国家统计局东城调查队队长	杨冬林（女）		刘静韦（10月任）
园林绿化局局长	苏振芳（女）	投资促进服务中心主任	胡嘉嘉（女）
金融服务办公室主任	李　锋	烟草专卖局局长	王献军（12月免）
政务服务管理局局长	程　利（4月免）		王永革（12月任）
	于锋池（4月任）		

中国人民政治协商会议北京市东城区委员会

1月3日，政协北京市东城区第十五届委员会第二次会议开幕（张维民摄）

综　述

2023年，东城区政协坚持党的领导，坚定共同思想政治基础，贯彻落实中央和市委、区委决策部署，准确把握新时代政协职能定位，统筹做好各项工作。

坚定不移把党对政协工作的全面领导落到实处。主动向区委请示报告重大事项20余项。完善政协党组听取机关党组、各专委会分党组、机关党委工作汇报等机制，不断发挥各级党组织作用，提升政协党建“两个全覆盖”质量。持续用力推进主题教育高质量开展，一体推进机关学习和委员学习。坚持不懈强化党的创新理论武装。完善领导班子领学、“月聚·悦读”研学、“双周讲坛”互学等“五学模式”，健全政协党组学习带动主席会议学习、常委会议学习、支部学习和干部全员学习的“一带四”学习机制，打造“紫金聚识沙龙”品牌，推动理论学习走深走实。

坚持服务大局，助推改革发展成效显著。围绕中心深入协商议政，组织实施年度协商工作计划，做到“建言建在需要时、议政议在点子上、监督监在关键处”，推动协商议政进一步提质增效。聚焦老城腾退空间合理有效利用、促进都市特色科技创新产业集聚、“双减”背景下推进教育高质量发展、养老服务体系建设与发展等重点协商议题，深入开展调研视察、协商座谈等活动，委员及相关界别结合重点协商议题提交建议43篇。召开3场专题议政性常委会，从构建腾退空间合理利用新体系、打造极富魅力的科技地标、加强教育政策支持和保障、优化养老服务供给结构等方面提出意见建议60余条，形成建议案4篇获区委区政府领导批示。拓宽建言资政渠道，围绕“提升养老服务品质 打造幸福宜居东城”召开专题协商议政会。持续擦亮“紫金协商议事厅”品牌，召开经济形势分析报告会、企业高质量发展评价座谈会，围绕推动文化产业发展、优化营商环境，组织相关委员、界别群众与区政府职能部门开展政企协商。

坚持团结联系，凸显统一战线组织功能。加强合作共事。探索新型政党制度实现方式，完善秘书长会议制度，密切与各民主党派、工商联和无党派人士的沟通联系。重视党派团体提案办理，优先安排民主党派在全会、议政性常委会、专题议政会上发言，搭建共同视察调研和协商座谈等履职平台。持续深化大团结大联合，建立健全“三联系”工作机制、“五化”委员工作室、“五性”界别工作制度等16项制度机制。召开界别工作推进会，新成立3个界别委员工作室，打造界别履职品牌，引导各界别开展读书学习、团结联系、服务群众等活动。丰富联系载体，完善文史资料工作机制，聘请文史工作专员50余人，结合中轴线申遗等专题开展征集利用工作。策划开展“我与北京中轴线”港澳青年游学采风、“东城政协”微信公众号创刊一周年笔会等活动，丰富团结联系方式手段。

5月19日，区政协围绕“提升养老服务品质 打造幸福宜居东城”召开专题协商议政会（区政协提供）

坚持履职为民，以人民为中心。民主监督聚焦民生保障，结合重点协商议题，开展调研视察、协商式民主监督。组织各民主监督小组，围绕区财政2023年绩效评价、一线医护人员关心关爱措施落实、全龄化友好公园改造等，开展专项民主监督，形成专项监督报告报送区政府相关部门。引导各界别和委员注重围绕民生问题提出提案。区政府主要领导主持召开提案交办会；主席会议成员围绕提升养老服务品质、构建良好营商环境等重点提案，加大督办力度。制订《关于进一步提高新时代提案工作质量的意见》，建立提案“提、立、办、督、评”五位一体的工作机制，强化提案质量意识。创新开展提案办理先进单位和先进工作者评选表彰及“政协委员走进委办局”活动，定期编发学习材料，拓宽委员知情明政渠道。完善社情民意信息工作机制，组织委员到前门地区开展沉浸式调研，拓宽信息渠道，引导委员及时报送有价值、有分量的社情民意信息。联系服务基层群众。依托5个委员街道活动小组，发挥委员专业优势，实施“协商于民行动计划”，开展“话履职 谋发展”“传承雷锋精神 续写雷锋日记”及义诊、法律咨询等活动，为文化发展、街区更新、基层治理等工作献计出力。

（李洪凯）

重要会议和活动

【第十五届委员会第二次会议】1月3—6日，政协北京市东城区第十五届委员会第二次会议在北京国测国际会议会展中心举行。区政协主席汤钦飞作区政协十五届委员会常务委员会工作报告，副主席张伟作关于区政协十五届一次会议以来提案工作情况的报告。1月4日，与会委员列席北京市东城区第十七届人民代表大会第三次会议第一次全体会议，听取并讨论区长周金星所作的政府工作报告。委员对各项报告表示赞同。民革、民盟、民建、民进、农工党、致公党、九三学社、台盟、工商联等界别代表在大会上发言。听取提案委员会关于第十五届委员会第二次会议期间提案审查情况报告，审议通过政协北京市东城区第十五届委员会第二次会议议程。王清当选为政协北京市东城区第十五届委员会秘书长，李长华等4人当选为常务委员。大会表决通过《政协北京市东城区第十五届委员会第二次会议决议》。闭幕式上区委书记孙新军作重要讲话。

（李洪凯）

1月3日，参加区政协十五届二次会议的委员进行举手表决（区政协提供）

【主席会议】2023年，区政协召开主席会议7次。1月5日，召开政协北京市东城区第十五届委员会第十次主席会，听取各组讨论酝酿人事事项和推选监票人情况，审议《中国人民政治协商会议北京市东城区第十五届委员会第二次会议关于李长华同志不再担任秘书长的决定（草案）》《中国人民政治协商会议北京市东城区第十五届委员会第二次会议关于王清等4名同志不再担任常务委员的决定（草案）》《中国人民政治协商会议北京市东城区第十五届委员会第二次会议补选常务委员候选人名单（草案）》《中国人民政治协商会议北京市东城区第十五届委员会第二次会议补选秘书长候选人名单》《中国人民政治协商会议北京市东城区第十五届委员会第二次会议总监票人、副总监票人、监票人名单（草案）》《中国人民政治协商会议北京市东城区第十五届委员会提案委员会关于第二次会议期间提案审查情况的报告（草案）》《中国人民政治协商会议北京市东城区第十五届委员会第二次会议决议（草案）》《政协北京市东城区第十五届委员会常务委员会第八次会议议程（草案）》。1月6日，召开政协北京市东城区第十五届委员会第十一次主席会，审议《中国人民政治协商会议北京市东城区第十五届委员会常务委员会关于张军、徐龙同志不再担任委员的决定（草案）》《政协北京市东城区第十五届委员会常务委员会2023年工作要点（草案）》《政协北京市东城区第十五届委员会常务委员会第九次会议议程（草案）》，审议通过《政协北京市东城区第十五届委员会关于主席、副主席、秘书长工作分工的决定》。3月30日，召开政协北京市东城区第十五届委员会第十二次主席会，审议《政协北京市东城区委员会秘书长会议工作规则（修订版）（草案）》《政协北京市东城区第十五届委员会常务委员会关于任免副秘书长的决定（草案）》《关于区政协常委发挥“三带头”作用的有关安排（草案）》《政协北京市东城区第十五届委员会专委会主任、副主任名单（修订版）（草案）》《区政协2023年界别工作指导要点（草案）》《区政协2023年委员工作室建设要点（草案）》《政协北京市东城区第十五届委员会常务委员会第十次会议议程（草案）》及区政协人事事项，审议通过《区政协落实2023年市区政协协同履职工作计划一览表》及《区政协2023年履职创新案例建议一览表》《区政协2023年度重点提案协商督办工作方案》《区政协“紫金聚识沙龙”运行规则》《政协北京市东城区第十五届委员会界别召集人名单（修订版）》《关于东城区政协在开展相关活动中邀请市政协委员参加的工作方案》，书面审议通过区政协各专委会2023年工作计划，听取专委会工作五室关于建立宗教界别委员工作室的汇报。5月25日，召开政协北京市东城区第十五届委员会第十三次主席会，审议《关于促进东城区养老服务体系建设与发展的建议案（草案）》、《政协北京市东城区第十五届委员会常务委员会第十一次会议议程（草案）》、区政协机关人事事项，审议通过《区政协关于加强和改进新时代文史资料工作的实施方案》，通报《习近平新时代中国特色社会主义思想东城区政协常委（扩大）学习班日程安排》。7月27日，召开政协北京市东城区第十五届委员会第十四次主席会，审议《关于优化科技产业服务，促进都市特色科技创新产业聚集的建议案（草案）》《政协北京市东城区第十五届委员会“政协工作创新奖”评选表彰办法（草案）》《政协北京市东城区第十五届委员会常务委员会第十二次会议议程（草案）》及区政协机关人事事项，审议通过《区政协标识（logo）设计方案》《区政协文史资料工作联席会制度》，听取关于《团圆·团聚·团结——“永远跟党走 建功新东城”2023年东城区政协中秋主题晚会筹备工作安排》的汇报。9月28日，召开政协北京市东城区第十五届委员会第十五次主席会，审议《政协北京市东城区委员会关于进一步提高新时代提案工作质量的意见（草案）》《政协北京市东城区第十五届委员会优秀提案、提案办理先进单位和提案办理先进工作者评选表彰办法（草案）》、《聚焦首都文化中心区功能定位，加大老城腾退空间合理有效利用的建议案（草案）》、《“双减”背景下东城区教育高质量发展的区域实践探索建议案（草案）》、《政协北京市东城区第十五届委员会常务委员会第十三次会议议程（草案）》、区政协机关人事事项，听取东城区2022年财政决算情况和2023年上半年预算执行情况的报告。12月14日，召开政协北京市东城区第十五届委员会第十六次主席会，审议《区政协十五届常委会关于李辉（致公党）等5名同志不再担任常务委员的建议（草案）》、《区政协十五届常委会关于冯业水等4名同志不再担任委员的决定（草案）》、《区政协十五届常委会关于免去陈珑常务委员职务，撤销陈珑、柳小兵、潘和永委员资格的决定（草案）》、《区政协十五届常委会关于表彰2023年度先进集体和先进个人的决定（草案）》、《区政协第十五届委员会专委会主任、副主任名单（修订版）（草案）》、《关于召开区政协十五届三次会议的决定（草案）》、《区政协十五届三次会议议程（草案）》、《区政协十五届三次会议日程（草案）》、《区政协十五届三次会议秘书长、副秘书长和秘书处各职能组负责人名单（草案）》、《区政协十五届三次会议委员分组办法和各组召集人名单（草案）》、《区政协十五届三次会议新闻发言人名单（草案）》、《区政协十五届常委会工作报告（草案）》、《区政协十五届三次会议决议起草委员会委员名单（草案）》、《区政协常委会关于十五届二次会议以来提案工作情况的报告（草案）》、区政协机关人事事项，审议通过《区政协十五届三次会议主席会议成员分工》《区政协专委会做好提案工作办法》《区政协提案审查工作细则（修订版）》《区政协“月聚·悦读”活动2024年度安排》《区政协财政预算民主监督小组关于2023年民主监督开展情况的报告》《区政协民生建设民主监督小组关于党和政府对一线医护人员关心关爱措施落实情况的监督报告》《区政协城市管理和环境保护民主监督小组、社会管理综合治理民主监督小组关于柳荫公园全龄友好公园改造项目的监督报告》《区政协十五届三次会议大会发言名单》，书面审议《区政协十五届常委会第十四次会议议程（草案）》，书面听取区政协各专委会2023年工作总结。听取区委统战部关于区政协十五届委员会有关人事事项的说明。

（李洪凯）

表10

2023年东城区政协常委会会议一览表

时间	会议	议题
1月5日	第八次	审议《中国人民政治协商会议北京市东城区第十五届委员会第二次会议关于李长华同志不再担任秘书长的决定（草案）》《中国人民政治协商会议北京市东城区第十五届委员会第二次会议关于王清等4名同志不再担任常务委员的决定（草案）》《中国人民政治协商会议北京市东城区第十五届委员会第二次会议决议（草案）》；审议通过《政协北京市东城区第十五届委员会常务委员会第八次会议议程》《中国人民政治协商会议北京市东城区第十五届委员会第二次会议补选常务委员候选人名单》《中国人民政治协商会议北京市东城区第十五届委员会第二次会议补选秘书长候选人名单》《中国人民政治协商会议北京市东城区第十五届委员会第二次会议总监票人、副总监票人、监票人名单》《中国人民政治协商会议北京市东城区第十五届委员会提案委员会关于第二次会议期间提案审查情况的报告》；听取各组讨论区政协两个报告、区政府工作报告等情况；听取各组讨论酝酿人事事项和推选监票人情况汇报

续表

时间	会议	议题
1月6日	第九次	审议通过《政协北京市东城区第十五届委员会常务委员会第九次会议议程》《中国人民政治协商会议北京市东城区第十五届委员会常务委员会关于张军、徐龙同志不再担任委员的决定》《中国人民政治协商会议北京市东城区第十五届委员会常务委员会2023年工作要点》；通报《政协北京市东城区第十五届委员会关于主席、副主席、秘书长工作分工的决定》
3月30日	第十次	会前解读新修订的《中国人民政治协商会议章程》；审议通过《政协北京市东城区第十五届委员会常务委员会第十次会议议程》《政协北京市东城区委员会秘书长会议工作规则（修订版）》《政协北京市东城区第十五届委员会常务委员会关于任免副秘书长的决定》《关于区政协常委发挥“三带头”作用的有关安排》；审议通过《政协北京市东城区第十五届委员会主席会议成员联系常委、常委联系委员名单（修订版）》《区政协第十五届委员会专委会主任、副主任名单（修订版）》《区政协2023年界别工作指导要点》《区政协2023年委员工作室建设要点》及区政协机关人事事项；听取区政协各专委会2023年工作计划；区政协常委汇报履职情况和体会
5月25日	第十一次	审议通过《政协北京市东城区第十五届委员会常务委员会第十一次会议议程》《关于东城区养老事业和养老产业建设与发展的建议案》及区政协机关人事事项；通报《政协北京市东城区委员会关于加强和改进新时代文史资料工作的实施方案》
7月27日	第十二次	传达中共北京市东城区委十三届六次全会精神；审议通过《政协北京市东城区第十五届委员会常务委员会第十二次会议议程》《关于优化科技产业服务，促进都市特色科技创新产业聚集的建议案》《政协北京市东城区第十五届委员会“政协工作创新奖”评选表彰办法》及区政协机关人事事项；听取关于《区政协标识（logo）设计方案》的汇报；区政协常委汇报履职情况和体会
9月28日	第十三次	审议通过《政协北京市东城区第十五届委员会常务委员会第十三次会议议程》《关于聚焦首都文化中心区功能定位，加大老城腾退空间合理有效利用的建议案》《“双减”背景下东城区推进教育高质量发展的实践探索建议案》《政协北京市东城区委员会关于进一步提高新时代提案工作质量的意见》《政协北京市东城区第十五届委员会优秀提案、提案办理先进单位和提案办理先进工作者评选表彰办法》及区政协机关人事事项；区政协常委汇报履职情况和体会
12月14日	第十四次	书面审议通过《区政协十五届常委会第十四次会议议程》；听取区政府《关于办理区政协2023年提案工作情况和建议案落实情况的通报》；听取区委统战部关于区政协十五届委员会有关人事事项的说明；审议《区政协十五届三次会议议程（草案）》；审议通过《区政协十五届常委会关于李辉（致公党）等5名同志不再担任常务委员的建议》《区政协十五届常委会关于冯业水等4名同志不再担任委员的决定》《区政协十五届常委会关于免去陈珑常务委员职务，撤销陈珑、柳小兵、潘和永委员资格的决定》《区政协十五届常委会关于表彰2023年度先进集体和先进个人的决定》《区政协十五届委员会专委会主任、副主任名单（修订版）》《关于召开区政协十五届三次会议的决定》《区政协十五届三次会议日程》《区政协十五届三次会议秘书长、副秘书长和秘书处各职能组负责人名单》《区政协十五届三次会议委员分组办法和各组召集人名单》《区政协十五届三次会议新闻发言人名单》《区政协十五届三次会议决议起草委员会委员名单》《区政协十五届常委会工作报告》《区政协常委会关于十五届二次会议以来提案工作情况的报告》及区政协机关人事事项；书面听取区政协各专委会2023年工作总结；区政协常委汇报履职情况和体会

（李洪凯）

参政议政

【专题调研】2023年，区政协开展重点专题调研4次。聚焦东城区养老服务体系建设与发展开展专题调研：调研组成员先后实地调研龙潭街道幸福社区养老服务驿站、东花市街道南里东区社区养老服务驿站、朝阳门街道养老服务联合体，与街道、社区、居民、养老机构、社区养老服务驿站运营商、医疗卫生机构等代表座谈交流，了解养老服务工作情况，召开座谈会听取意见建议，通过讨论形成调研报告；聚焦“优化科技产业服务，促进都市特色科技创新产业集聚”开展专题调研：调研组研究分析国内外“科技回归都市”成功案例，实地调研东城区及北京市科技园区，与园区运营企业及园区入驻企业代表座谈交流，了解园区运营及企业需求，召开调研组成员及专家座谈会，听取意见讨论形成调研报告；以“聚焦首都文化中心区功能定位，加强老城腾退空间合理有效利用”为主题开展专题调研：区政协成立由文化文史和学习委员会委员，民盟、民建等党派界别委员，区文化和旅游局相关工作人员，京文创研究院专家等组成的专题调研课题组，实地调研钟鼓楼、宏恩观等更新街区和皇史宬、社稷坛等文物腾退区，及首创非遗咏园、大磨坊文创园等老旧厂房腾退区，组织东城规自分局、京诚集团、首创集团等单位开展座谈研讨，了解老城腾退区保护与利用、申请式退租、简易楼腾退利用等情况，经反复推敲和修改，形成调研报告；围绕“双减”背景下东城区推进教育高质量发展开展专题调研：由区政协教育卫生体育专委会、教育界别牵头，联合区政协港澳台侨委员会及医卫、台盟、侨联、体育等界别委员，邀请相关专家及有关部门负责人共同组建课题组，开展东城区“双减”背景下区域教育发展现状调研，对全区中小学干部329人、教师2227人开展区义务教育阶段“双减”工作落实情况调查，调研北京宏志中学，听取北京宏志中学、北京市第二中学分校、东交民巷小学、花市小学4所学校校长立足校情落实“双减”要求，在提升校内管理、完善教师队伍建设、优化课程设置等方面的举措，及东城区教育面临的形势和主要问题，并到杭州、上海学习考察，了解“双减”政策下杭州上城区、上海浦东新区陆家嘴等地在推动教育高质量发展方面的典型经验，形成调研报告和建议案。

（李洪凯）

【提案建议】2023年，区政协共征集提案260件，审查立案239件，立案率91.9%，其中会议提案230件，平时提案9件；党派团体提案24件，界别提案1件，委员提案214件。未立案的21件提案通过社情民意或建议等方式转送相关部门参考。提案办结率100%、委员满意率99.2%、问题解决率98.3%。

（李洪凯）

【社情民意】2023年，区政协收集信息1000余篇，编报220余篇。《关于完善“高考志愿规划师”行业建设的建议》等9篇信息被全国政协采用，《加强对重要领域高技能人才保护的建议》等75篇信息被市政协采用。区政协获评市政协系统“反映社情民意信息工作先进单位”。

（李洪凯）

民主监督

【民主监督工作机制落实】2023年，区政协推动民主监督工作机制有效落实，按照《关于推荐区政协委员担任监督员的管理办法》和工作规则，根据相关工作需要，区政协推荐政协委员10人担任“益心为公”检察云平台志愿者。4月27日，召开志愿者聘任仪式暨业务培训会。6月13日，志愿者参加关于洗车行业违法问题治理专项活动会议，并联合区检察院对洗车店整改情况做现场验收。6月15日，志愿者参加“东城区人民检察院打击洗钱犯罪，维护金融安全‘检·融’公开日”活动。11月29日，志愿者参加检察故事会开放日活动，以志愿者点评嘉宾的身份，对“军队营区不可移动文物保护行政公益诉讼案”进行点评，有效实施监督工作。

（李洪凯）

【公园改造项目监督视察】10月17日，区政协社会管理综合治理监督小组、城市管理和环境保护监督小组的政协委员到柳荫公园监督视察全龄友好公园改造项目。委员实地视察项目更新改造后的使用情况，听取区园林绿化局、区体育局及项目施工方负责人对柳荫公园全龄友好公园改造项目整体工作进展的情况汇报，先后视察主环路提升、滨水路改造、儿童活动场改造等工作。

（李洪凯）

【区属医院视察】11月14日，区政协民生建设民主监督小组成员、医卫界别委员到北京市第六医院开展视察调研并召开座谈会。委员视察调研第六医院整体环境建设情况，并与一线医护人员代表座谈。会上，委员提出“科学统筹安排医务人员和工作任务”“积极为医务人员提供良好的工作和休息条件”“维护医务人员的职业安全”等建议。

（李洪凯）

委员活动

【界别活动】2月2日，区政协与工会界别围绕如何在已成立的工会界别委员工作室的基础上，更好地发挥工会界别委员、劳模以及非遗传承人的优势，在文化传承与发展、助力文化与区域社会经济相融合等方面进交流研讨。2月17日，区政协组织召开界别召集人座谈会、委员街道活动小组负责人座谈会，围绕《2023年界别工作要点》《2023年界别工作要点和委员工作室建设思路》《政协北京市东城区第十五届委员会关于推进政协委员街道活动小组建设实施“协商于民行动计划”的意见》，就2023年界别工作及委员街道活动小组计划开展的活动座谈交流。同日，区政协召开中共界别、文化艺术界别、特邀界别召集人会议，讨论区政协常委会2023年工作要点，交流界别工作思路和想法。2月27日，区政协工会界别举办“月

2月17日，区政协召开民盟、民建、农工党、九三学社、无党派界别召集人座谈会（区政协提供）

聚·悦读”读书活动暨中共二十大精神宣讲，请二十大代表李萌分享参加中共二十大会议心得，二十大精神北京市宣讲示范团成员焦向东作“以中国式现代化，全面推进中华民族伟大复兴”的宣讲。2月28日，区政协经济委员会与民建界别联合民建东城区委共同举办以“新时代，新科技，新挑战”为主题的金融经济论坛，邀请中国社科院、清华大学专家作“人口全球化与新发展格局”和“ChatGPT带来的机会和挑战”主题演讲。3月6日，区政协妇联界别在吉祥大戏院举办以“巾帼读经典 书香溢东城”为主题的读书分享活动暨区政协“月聚·悦读”活动。3月20日，区政协工商联界别召开学习习近平总书记在看望参加政协会议的民建工商联界委员时的重要讲话精神座谈会。4月4日，区政协召开医药卫生界别政协提案部门办理座谈会，围绕提升提案办理质效进行协商沟通。4月24日，宗教界别委员工作室成立启动仪式举办，开展“礼赞劳动美，心暖环卫人”慰问活动。4月27日，区政协社会福利和社会保障界别联合其他界别政协委员，举行“致敬用汗水擦亮城市 用坚守诠释劳动精神”交流慰问活动，为环卫职工赠送慰问品。5月12日，区政协召开2023年界别工作推进会，结合新修订的“区政协2023年界别工作指导要点”“区政协2023年委员工作室建设要点”，就“彰显界别‘五性’特色、强化凝聚共识功能”及“以‘五化’推动委员工作室建设”对区政协2023年界别工作作全面部署，明确各界别在“组织性、开放性、创新性、实效性、相关性”，委员工作室“持续化建设、规范化运行、开放化探索、专业化服务、品牌化打造”等方面的具体要求。5月16日，区政协医卫界别、农工党界别联合委员单位北京协和医学院、区医保局举办“健康中国”建设专题讲座。5月23日，东城政协妇联界别、工会界别、青联界别联合召开“社区治理方程式”求解沙龙——社区治理分享会。5月29日，区政协侨联界别“月聚·悦读”读书活动在时传祥纪念馆召开。7月12日，区政协民盟界别开展“民盟先贤肖像巡回展——走进央企”暨民盟界别委员工作室挂牌和以“读红色经典，研精覃思；倡调研之举，惟实励新”为主题的“月聚·悦读”活动。9月5日，区政协九三学社界别举办“月聚·悦读”活动。9月15日，区政协民进界别召开委员工作室成立仪式暨“涵养家国情怀、赓续精神血脉”“月聚·悦读”委员主题读书分享活动。10月7日，区政协青联界别组织视察朝内南北小街综合治理项目。10月20日，区政协教育界别组织召开“月聚·悦读”暨学习习近平总书记关于扎实推动教育强国建设的重要论述主题活动。11月24日，区政协共青团、青联界别在“梅兰书院”——红桥市场五层举办“月聚·悦读”读书活动。12月13日，区政协民建界别委员工作室开展“月聚·悦读”活动，围绕中国式现代化中的民主观与政治发展路开展专题学习。

（李洪凯）

【政协工作】4月17日，东城区政协在北京雅诗阁来福士中心服务公寓开展“月聚·悦读”暨“紫金聚识沙龙”活动，会上，部署学习全国两会精神工作的要求，委员围绕“优化营商环境”和“弘扬企业家精神”进行交流。4月18日，区政协永外街道委员活动小组走进“代表单位”中国电信·天翼云，聚焦数字经济，开展专题调研和座谈交流。4月27日，区政协开展纪念“五一口号”发布75周年长走活动。同日，东城区政协以“走进历史 赓续未来”为主题，召开纪念“五一口号”发布75周年暨文史资料工作会议，全面部署十五届政协文史资料工作及2023年度工作要点，首批聘请政协文史专员33人。5月15—19日，政协委员东花市街道活动小组开展2023年“党的二十大精神”全员培训活动。5月19日，区政协召开“提升养老服务品质，打造幸福宜居东城”专题议政会。邀请党派团体和各界政协委员围绕做好社情民声“静”字文章，就区养老服务体系建设与发展座谈交流。5月25—26日，区政协举办习近平新时代中国特色社会主义思想常委（扩大）学习班，全体委员开通线上同步学

6月19日，区政协开展“学思想、强党性、重实践、建新功”纪念中国共产党成立102周年座谈交流活动（区政协提供）

习，提升参政议政能力。6月19日，区政协开展“学思想、强党性、重实践、建新功”纪念中国共产党成立102周年座谈交流活动。7月12日，区政协委员东花市街道活动小组组织政协委员前往中央礼品文物管理中心参观。8月9日，区政协委员东花市街道活动小组联合民建界别开展“政协委员服务社区居民，眼科义诊法律咨询走到百姓身边”为民服务活动。10月，区政协组织开展2023年度“政协工作创新奖”评选活动，设立“界别活动创新奖”“专委会活动创新奖”“民主监督小组活动创新奖”“委员街道活动小组活动创新奖”4个奖项。12月6日，区政协组织委员开展东城区经济发展及优化营商环境情况、城市更新改造和文化建设情况的会前视察活动。

（李洪凯）

【工作交流】2月23日，区政协接待阿尔山市政协一行，并与阿尔山市政协在区政协机关举行“京蒙协作 政协助力”座谈会，并签订“京蒙协作 政协助力”框架协议。3月1日，接待湖北省宜昌市政协副主席冉锦成一行到东城区调研，考察城指中心“热线+网络”融合平台实时运行情况，学习东城区在城市运行管理及市民诉求处置效能方面的经验。3月21日，接待拉萨市政协党组成员、副主席刘亮一行到东城区政协考察交流，就基层治理和老城更新改造方面展开座谈。同日，接待上海浦东新区政协考察团赴前门地区学习考察城市更新建设情况。4月26日，接待十堰市郧阳区政协到东城区考察，就政协工作深化协作进行座谈交流。同日，接待杭州市临安区政协到东城区调研，并就故宫文创产业运营模式及发展经验交流座谈。5月10日，接待上海市政协考察调研组，围绕“完善基层社会治理体系，提升超大城市基层治理科学化、精细化、智能化水平”专题进行交流座谈。7月4日，接待民革中央调研组，就“助力经济高质量发展”视察位于“文沁阁”的市政协、区政协民革界别委员工作室和民革党员之家建设情况。7月11日，接待广西壮族自治区政协一行，调研前门地区关于修缮整治、规划建设、街区更新、老城保护利用等工作情况，了解“会馆有戏”及文物活化利用情况。7月14日，接待西城区政协调研组，围绕健联体机制体制建设、区域资源整合、驻区单位参与、社会力量引入、资金保障等方面座谈交流。8月9日，接待厦门市海沧区政协一行，调研前门街道小院议事厅，实地考察前门三里河基层治理成果。9月5日，接待内蒙古自治区政协到东城区调研。9月20日，接待并陪同市政协副主席卢彦、燕瑛到东城区围绕“推进老旧小区改造和核心区平房申请式退租 持续提升首都城市品质”议题调研视察活动。9月23日，接待美国席勒协会青年代表团，介绍中国人民政治协商会议制度和东城区政协开展协商民主的实践探索。10月27日，接待门头沟区政协到东城区考察调研。11月8日，接待北京市政协就促进商旅文体消费提档升级情况到东城区考察调研。

（李洪凯）

专委会工作

【提案委员会】3月2日，区政协提案委员会召开全体会议，研究部署2023年度工作。6月16日，区政协就委员提出的促进东城区营商环境建设相关提案进行专题协商督办，座谈中，区科信局、区发改委、区金融办、区人力社保局、区财政局分别汇报提案办理及相关工作情况。与会委员、承办单位围绕提案办理及相关问题进行交流。10月12日，区政协组织开展委员“走进委办局”活动，提案委组织政协委员到区科信局、区发改委、区金融办开展面对面座谈交流。11月24日，区政协提案委员会召开全体会，审议《区政协十五届二次全会以来提案工作情况的报告（草案）》，评选区政协2023年度优秀提案、提案办理先进单位和提案办理先进工作者，并研讨2024年工作思路。

（李洪凯）

【经济委员会】2月3日，区政协召开经济委主任会，总结2022年专委会第三分党组和经济委及所联系界别的年度工作情况，传达2023年政协常委会工作要点。2月15日，区政协经济委委员交流年度重点工作安排。2月22日，组织委员到北京卷烟厂参观调研，了解卷烟厂生产情况。2月24日，召开2023年重点课题调研工作推进会，讨论交流重点课题调研工作方案，明确细化调研工作的具体安排和任务分工。3月9日，区政协召开经济形势分析报告会，邀请区科信局和区国资委通报相关区情，委员分别就支持科创型中小企业发展，人工智能产业布局，政府引导基金支持“专精特新”企业，科技创新服务平台建设等话题互动交流。5月16日，召开2023年重点课题调研座谈会，就2023年重点课题调研工作进行阶段性总结，围绕“优化科技产业服务，促进都市特色科技创新产业集聚”座谈交流。6月15日，区政协应用“紫金协商议事厅”平台举办优化营商环境活动暨工商联界别文化产业政企协商会，围绕文化企业发展中遇到的困难和问题，组织相关部门与企业座谈交流、协商议政。6月27日，召开2023年重点课题调研座谈会，讨论交流年度重点课题调研报告初稿。6月30日，开展“致敬城市先锋，凝聚奋进力量”慰问交流活动，科技委、经济委等委员12人，向东城环卫二所捐赠价值3万余元的慰问品。9月5日，组织委员到“服贸会”参观学习。11月7日，参与区政协组织委员赴河北雄安新区考察调研活动，进一步领会京津冀协同发展战略，促进东城区经济高质量发展。

（李洪凯）

【科技委员会】2月3日，区政协召开科技委主任会，总结2022年专委会第三分党组和科技委以及所联系界别的年度工作情况，传达2023年政协常委会工作要点。2月24日，召开2023年重点课题调研工作推进会，讨论交流重点课题调研工作方案，明确细化调研工作的具体安排和任务分工。3月10日，区政协科技委委员就科技委和科技界别年度重点工作安排交流意见建议。3月22日，组织委员到京东集团调研，参观京东指挥中心和科技展示大厅，了解京东集团的运营模式和工作流程。4月27日，组织委员参观北京首钢园的麦当劳亚太地区首家零碳餐厅，了解首钢园“零碳餐厅”在设计与建造过程中的探索和绿色创新。5月16日，组织召开2023年重点课题调研座谈会，阶段性总结年度重点课题调研工作，重点围绕“优化科技产业服务，促进都市特色科技创新产业集聚”座谈交流。5月18日，组织委员到海淀区宝蓝益园高新技术超融合园区和宝蓝金园网络安全服务产业园参观调研。6月27日，召开2023年重点课题调研座谈会，讨论交流年度重点课题调研报告初稿。10月17日，组织委员围绕调研主题——专精特新科技型企业高质量发展进行座谈交流。10月27日，组织委员走访调研大磨坊文创园，听取园区发展状况和入驻企业情况，围绕提升园区服务水平、促进科技企业发展、优化区域经济环境等问题交流意见建议。11月7日，参与区政协组织委员赴河北雄安新区考察调研活动。

（李洪凯）

11月7日，区政协组织委员赴雄安新区考察调研（区政协提供）

【教育卫生体育委员会】3月15日，区政协召开教育卫生体育委员会全体会议，讨论专委会2023年重点工作。5月18日，召开教育卫生体育委员会和教育界别牵头2023年度重点调研课题“‘双减’背景下东城区教育高质量发展的区域实践探索”开题会。5月24日，实地调研和平里社区卫生服务中心，重点围绕社区卫生服务中心开展公共卫生、基本医疗以及老年人医养结合等工作情况开展调研，并就中心发展中遇到的困难与问题座谈交流。

（李洪凯）

【文化文史和学习委员会】2月14日，区政协文化文史和学习委召开专委会主任会，听取《文化文史和学习委员会2023年工作要点（讨论稿）》，文化和文史委员会主任结合工作要点分别从学习贯彻二十大精神、2023年调研课题、委员跨界别活动、文化产业、中轴线文化申遗、老城腾退利用、文史资料搜集、文化生态建设及文化传承等方面交流讨论。3月1日，召开区政协文化文史和学习委员会全体会，传达有关会议及文件精神，重点部署2023年度文化文史和学习委员会工作。4月21日，召开文化文史和学习委“聚焦首都文化中心区功能定位，加大老城腾退区合理利用力度”调研开题会，委员就如何发挥政协优势、强化履职服务大局，开展好调研工作进行讨论，并提出意见建议。5月16日，组织开展“聚焦首都文化中心区功能定位，加大老城腾退区合理利用力度”主题调研视察活动。5月31日，组织召开“老城文物保护与复兴”文史资料工作专题研讨暨工作启动会，研究讨论“老城保护与复兴”文史资料征集方案。6月6日，组织召开“北京中轴线历史文化价值的传播与利用”文史资料工作专题研讨会，研究讨论关于中轴线文史资料的挖掘征集工作。6月13日，组织委员赴宋庆龄故居参观学习。6月14日，召开专题座谈会，了解“老城文化保护”、“数字中轴”建设、非物质文化遗产保护工作。6月20日，组织开展“聚焦首都文化中心区功能定位，加大老城腾退区合理利用力度”主题第二次调研视察活动。7月7日，区政协主办的“聚识书屋”挂牌暨“我与北京中轴线”港澳青年游学采风活动启动仪式在北京红桥梅兰书院举行，授予红桥梅兰书院“悦读书屋”“聚识书屋”牌匾。8月4日，围绕“聚焦首都文化中心区功能定位 加大老城腾退空间合理利用”专题调研组织召开座谈会，听取情况说明并展开讨论。10月17日，组织委员到角楼图书馆、燕墩公园、大磨坊文创园进行文化空间利用专项调研。11月1日，组织委员开展主题教育学习调研，参观曹雪芹故居纪念馆。11月22日，组织委员到东华门地区调研，听取东华门街道关于老城改造及腾退空间合理有效利用情况工作汇报，实地考察街区改造及后续开发合理利用情况。12月5日，组织委员开展到中国航空历史博物馆调研暨与中国航空报主题教育联学联建活动。

（李洪凯）

【社会法制和民族宗教委员会】2月22日，区政协社法民宗委全体委员会参加“东城区养老服务体系建设与发展”调研会。3月15日和23日，组织专题调研组成员视察区养老驿站、社区卫生服务中心、街道养老服务联合体和市民活动中心，调研社区养老服务工作。6月16日，社法民宗委协同宗教界别委员工作室组织宗教界、少数民族界、社会福利和社会保障界、工会界等界别委员到东四清真寺，感受“观”“听”“感”沉浸式体验、参观北京市伊斯兰展示中心。11月3日，组织委员到北新桥街道海运仓养老照料中心调研视察养老工作服务建设情况，了解服务项目运营现状。

（李洪凯）

【人口资源环境和建设委员会】2月22日，区政协召开人资环建委全体委员会暨“东城区养老服务体系建设与发展”调研开题会，部署2023年专委会工作要点，宣读“东城区养老服务体系建设与发展”调研工作方案，听取区民政局通报近年来东城区养老服务管理工作情况。3月15日，组织“东城区养老服务体系建设与发展”专题调研组成员视察区养老驿站，专题调研组成员先后视察龙潭街道幸福社区养老服务驿站和东花市街道南里东区社区养老服务驿站，调研社区养老服务驿站服务工作情况。3月23日，组织“东城区养老服务体系建设与发展”专题调研组成员视察朝阳门养老联合体建设情况，专题调研组成员先后视察朝阳门街道社区卫生服务中心、朝阳门街道天颐照料中心、朝阳门街道养老服务联合体成员单位链家门店、朝阳门街道市民活动中心、朝阳门街道市民活动中心养老服务联合体循环义仓和文化走廊，调研街道社区养老服务工作建设情况。

（李洪凯）

【港澳台侨委员会】3月15日，区政协召开港澳台侨委员会全体会议，讨论专委会2023年重点工作。7月7日，区政协在北京红桥梅兰书院举办“聚识书屋”挂牌暨“我与北京中轴线”港澳青年游学采风活动启动仪式。7月14日，2023港澳青年

7月7日，区政协举办“聚识书屋”挂牌暨“我与北京中轴线”港澳青年游学采风活动启动仪式，区政协委员与优秀港澳青年大学生共同感受北京中轴文化（区政协提供）

“我与北京中轴线”系列采风之传统戏剧观摩体验活动在前门地区举行，香港青年一行17人深入前门地区了解街区修缮建设、商业布局、民居生活、文化旅游等情况，实地领略三里河一带老街新巷的文化深韵，观看天乐园剧场打造的“亮相”创意京剧，参与演员化装、排练、演出，尽享传统文化的魅力。8月23日，组织召开台海形势报告会，邀请清华大学专家做授课讲解。10月23日，组织港澳委员进行交流座谈。

（李洪凯）

中国人民政治协商会议
北京市东城区第十五届委员会常务委员会组成人员

主　席　汤钦飞

副主席　刘　健（女）　冯建国　张　伟　柳学全　任雪峰　李拥军　马国青（蒙古族）

秘书长　王　清（1月任）

常务委员（按姓氏笔画为序）

于锋池	马　迎（女）	王　卓
王跃工	厉彦虎	石利生
叶晓溪	白　涛（女）	权晓林（女）
吕帅帅	吕志斌	朱海丹（女）
向　愚（女，土家族）	刘　洁（女）	刘　静（女）
刘富勇	许　莉（女）	许小毛
李　军	李　辉（女）	李小洁（女）
李长华	杨　红（女）	杨晓刚
肖　夋	吴春军	张小梅（女）
张庆余	张志勇	张金峰
张铁城	陈　芃（女）	陈　湛
范晓忻	林　杉	易月明
周　林	周旭辉	周明刚
郑　欣（女）	胡异峰	柳翠敏（女）
饶景东	姜俊杰	钱　竹
高　阳	唐　勇	曹振德（回族）
康玉杰（蒙古族）	商文茹（女）	鲍宇红（女，回族）
缪　军（女）	潘汝清（女）	霍　力（女）

东城区政协专门委员会负责人

提案委员会主任	潘汝清（女）
经济委员会主任	于锋池
科技委员会主任	魏　搏
港澳台侨委员会主任	（空缺）
文化文史和学习委员会主任	张志勇
教育卫生体育委员会主任	周　林
社会法制和民族宗教委员会主任	商文茹（女）
人口资源环境和建设委员会主任	董险峰

专门委员会设置　设提案委员会、经济委员会、科技委员会、教育卫生体育委员会、文化文史和学习委员会、社会法制和民族宗教委员会、人口资源环境和建设委员会、港澳台侨委员会8个专门委员会。

东城区政协工作机构负责人

办公室主任	孙　彤
研究室主任	石利生
专委会工作一室主任	饶景东（3月免）　程　立（4月任）
专委会工作二室主任	李凌波（8月免）　张洪亮（9月任）
专委会工作三室主任	李小洁（女）
专委会工作四室主任	宋　叙（女，1月任）
专委会工作五室主任	刘　洁（女）
专委会工作六室主任	聂圣立（3月任）

纪检监察

1月10日，东城区“以案为鉴 以案促改”警示教育大会召开（区纪委区监委提供）

综　述

2023年，在市纪委市监委和区委的坚强领导下，东城区各级纪检监察组织坚持以习近平新时代中国特色社会主义思想为指导，认真贯彻落实党的二十大精神，坚决执行中央纪委国家监委、市纪委市监委决策部署和区委工作要求，以“两个维护”践行对党忠诚，以维护民利厚植执政根基，以锻造铁军当好示范表率，有力服务保障新发展阶段东城建设。

推动政治监督具体化精准化常态化。围绕大事要事强化政治监督，聚焦新时代首都核心区功能定位和使命价值，紧盯提升“四个服务”水平、新一轮核心区控规三年行动计划、京津冀协同发展、中轴线申遗等“国之大者”，推动全区各单位各部门抓推进、抓落实、抓突破。围绕营造安全稳定政务环境，持续做好全国两会服务保障、落实意识形态工作责任制等专项监督，维护政治安全。围绕率先实现中国式现代化目标，制订保障核心区高质量发展监督方案，明确34项专项监督任务和33项日常监督任务，实行项目化管理、清单化推进。围绕持续优化一流营商环境，精准监督惠企政策实施、“一业一证”改革等13项重点工作。围绕全面排查风险隐患，开展安全生产专项监督。

一体推进不敢腐、不能腐、不想腐。准确把握当前反腐败斗争特征和要求，坚持系统观念，一体推进“三不腐”。坚持有腐必惩、有案必查。查处市纪委市监委交办的职务违法犯罪案件及区内违纪违法案件。精准运用“四种形态”处理657人次，第一、二、三、四种形态分别占比82.8%、7.3%、5%、4.9%。坚持案件查办和整改整治统筹推进，推动发案单位完善权力运行监督制约机制。加强纪律教育和廉洁文化建设，制发《东城区新时代廉洁文化建设工作方案》，压实廉洁文化建设责任。开展“青年·勤廉”年轻干部纪法教育月活动，建成东城区全面从严治党警示教育基地。深化作风建设，锲而不舍落实中央八项规定精神，狠刹享乐主义、奢靡之风。把握作风建设行业性特点，对公车领域易发多发、反复出现的问题深化整治，开展专项监督。重点纠治形式主义、官僚主义，持续整治教育医疗、养老社保、市场监管、殡仪服务等民生领域具体问题。深入开展接诉即办专项监督，推动补齐民生短板。

压实管党治党政治责任。履行协助职责、监督专责，协助区委对全面从严治党主体责任任务安排进行细化，对全区各单位各部门责任落实情况开展全方位监督检查。完善全面从严治党工作考核和政治生态分析研判工作。协助区委连续7年召开全区领导干部警示教育大会。定期报请区委专题研究全面从严治党工作。严格执行请示报告制度，重大事项、重大案件、重要工作及时向市纪委市监委、区委请示报告。持续开展“关键少数”监督，制发防止领导干部亲属寄生性腐败问题的工作措施。深化“一把手”和领导班子专项监督，对全区各单位开展现场检查。对各单位民主生活会情况开展全覆盖监督，进一步增强党内政治生活的政治性、严肃性、原则性。（李可）

4月20日，区纪委理论中心组成员到北大红楼参观学习（区纪委区监委提供）

重要会议和活动

【概况】中共北京市东城区纪律检查委员会（简称区纪委）由中共北京市东城区代表大会选举产生，是党的纪律检查机关；北京市东城区监察委员会（简称区监委）由北京市东城区人民代表大会选举产生，是国家监察机关。区纪委与区监委合署办公，实行一套工作机构、两个机关名称，履行党的纪律检查和国家监察两项职能，对区委全面负责。2023年，全区纪检监察系统贯彻落实党的二十大精神，区纪委常委会带头加强自身建设，严格执行民主集中制，全年召开常委会会议47次。全面持续深入学习贯彻习近平新时代中国特色社会主义思想，用好“深学习、实调研、抓落实”工作方法，制订“第一议题”相关制度，开展“第一议题”学习23次。

（周易）

【区纪委全会】2月10日，中共北京市东城区第十三届纪律检查委员会第三次全体会议召开。区委书记孙新军出席会议，强调要坚持用党的二十大精神统一思想、武装头脑，落实全面从严治党政治责任，持之以恒落实中央八项规定精神，把纪律建设摆在更加突出的位置，一体推进“三不腐”同时同向综合发力，不断完善监督体系，为全速推进“崇文争先”、做实“六字文章”提供坚强纪律保障。区委副书记、区长周金星主持会议，传达二十届中央纪委二次全会精神和市纪委十三届二次全会精神。区委常委、区纪委书记、区监委主任金秀斌代表区纪委常委会作工作报告。部分街道纪工委、派驻纪检监察组主要负责人进行述责述廉。会议审议通过区纪委常委会工作报告和《中共北京市东城区第十三届纪律检查委员会第三次全体会议决议》。会议以视频形式召开，区级领导班子成员，市纪委市监委、区纪委区监委领导班子成员，区委巡察机构巡察专员，各街道各部门各单位和区级重点企业领导班子成员及部分社区党委书记、纪委书记，区级“两员”代表等1200余人参加。

（刘红美）

2月10日，中共北京市东城区第十三届纪律检查委员会第三次全体会议召开
（区纪委区监委提供）

【市委巡视反馈意见整改】2023年，区纪委区监委坚持抓紧抓实巡视整改工作。有序推动全委整改，根据《东城区纪委区监委关于市委第一巡视组巡视反馈意见整改方案》，要求全委各部门深入对照检查，细化整改措施，按期完成整改任务，着力抓好巡视整改，对市委提级巡视区纪委所反馈的49个问题，及选人用人、意识形态工作责任制专项检查中反馈的问题，全部整改完毕。扎实推进选人用人专项检查整改，对整改问题清单实行台账管理，15条整改措施均落实到位，7项主要问题完成整改，制订完善干部管理监督制度规范9项。区纪委常委会全年5次专题研究意识形态工作，制订《东城区纪委区监委关于市委巡视意识形态工作责任制落实情况反馈意见的整改方案》，针对两方面8项问题提出13条具体整改措施，确保巡视反馈问题全部整改到位。

（刘传超）

【纪检监察干部队伍教育整顿】3月10日，区纪委区监委在全市率先召开教育整顿动员部署大会，制订《中共北京市东城区委关于开展全区纪检监察干部队伍教育整顿的实施方案》，将严的基调贯穿教育整顿全过程，以上率下，全员覆盖。深化学习教育，参加市区专题辅导33次，累计培训9000余人次。开展举办东城区纪检监察系统培训班，邀请中纪委、市纪委相关领导及高校专家学者，围绕“学习贯彻党的二十大精神”“中国共产党纪律检查委员会工作条例”“意识形态工作”“新修订《党章》”“提升新时代干部的政治能力”进行授课，引导干部树牢政治意识、强化责任担当、提升斗争本领，全区纪检监察系统纪检监察干部350余人同步参训。扎实开展检视整治，全系统查摆7方面主要问题和具体事例，全面梳理起底“四本账”，制订整改措施36条。全面清仓起底问题线索，对教育整顿以来新收问题线索依法依规依纪给予相应处理。健全完善制度体系，制订领导干部谈心谈话、政治家访等制度，收录内部制度规定108项，并形成内部制度汇编。

（刘传超）

【主题教育】9月，区纪委区监委成立主题教育领导小组，召开全区纪检监察系统学习贯彻习近平新时代中国特色社会主义思想主题教育部署会，制发《区纪委区监委区委巡察机构主题教育实施方案》《区纪委区监委机关领导班子主题教育工作计划》《领导班子及处级领导干部读书班计划》。主题教育开展期间，共向联络组报送工作开展情况及计划19次、特色亮点简报6篇，发布主题教育信息25篇；组织“第一议题”学习23次，制发理论学习中心组学习汇编3期、专刊1期；处级以上领导干部集中学习12次、专题交流研讨7次，深刻感悟习近平新时代中国特色社会主义思想的强大真理力量和实践伟力；各级党组织开展集中学习39次、主题党日活动14次，支部书记10人和班子成员11人均完成党课讲授；处级领导班子成员累计开展调研74次，涉及点位69个，调研累计发现问题39个、解决35个；领导班子成员实地调研督导信访重点点位42次，解决问题23个，立案6人，切实解决群众的急难愁盼问题。区纪委区监委深入贯彻落实部署要求，以高度的政治自觉和政治担当，牢牢把握“学思想、强党性、重实践、建新功”的总要求，严实对标对表、扎实学深悟透、务实调查研究、踏实推动发展，促进系统主题教育持续走深走实。

（刘传超）

【法规工作】2023年，区纪委区监委制订《东城区纪委区监委在监督执纪工作中运用“第一种形态”的实施细则（试行）》《关于区委管理的领导班子成员职责分工的办法》《东城区纪委区监委实名信访举报告知与答复工作规范（试行）》《东城区纪委区监委关于规范纪检监察干部“八小时以外”行为的意见》《东城区纪委区监委问题线索处置管理监督实施办法》5项规范性文件，并上报市纪委市监委法规室备案。

（王泽升）

【调研工作】2023年，区纪委区监委制订《东城区纪检监察系统2023年度调研工作计划》，组织全系统围绕重点难点问题开展调查研究，形成调研报告63篇，包括《纪委履行协助职责的实践与思考》《坚持一体推进“三不腐”，坚决防治“灯下黑”研究》《基层跨境腐败案件境外取证方法研究》《提升基层纪检监察组织监督能力研究》等重点调研报告，其中《纪委履行协助职责的实践与思考》获市纪委市监委2023年调研成果评选三等奖。

（王泽升）

纪检监察体制改革

【概况】2023年，区纪委区监委科学调配力量，持续深化纪检监察体制改革。推进区属单位配足纪检监察干部，实现区属国企向二级及以下企业派出专职纪检员17人，设党委建制的区属医院纪委书记6人实现专职专责，率先在北京市东城区教育科学研究院设置专职纪委书记1人。统筹调配机关纪检监察室、派驻纪检监察组和区属企业、区属医院、区属学校纪检机构开展协作监督。

（刘传超）

【制度建设】2023年，区纪委区监委积极提升纪检监察系统工作规范化、法治化、正规化水平，将区检察院、区法院纳入监督范围，推动6家区属企业向二级及以下企业派出专职纪检员，推进6家设立党委的公立医院实现纪委书记专职专责。加强法法衔接，与区检察院建立联席会议机制，加强案件会商。加强对监督检查权、审查调查权运行的监督约束，修订制发监督执纪工作文书129项、审查调查措施使用文书132项。制发办案行为规范工作提示，细化13项内容，强化工作要求。优化问题线索处置和查办流程，制订问题线索处置管理监督实施办法，提高线索处置精准度。举办首届优秀案件评选活动，树立一流的办案质量导向。规范党风廉政意见回复工作。加快推进信息化基础设施建设，为纪检监察工作提供安全可靠信息保障。

（李可）

【完善“室组”联动】2023年，区纪委区监委持续完善“室组”联动体系，充分利用监督检查室统筹协调和派驻组近距离、全天候、常态化优势，实现上下贯通、协作配合，有效发挥系统优势、系统作用，推动各类监督工作提质增效。紧盯党中央重大决策部署贯彻落实情况、两会服务保障、安全生产等内容开展政治监督；对照市委市政府重点任务和全区重点工作开展专项监督和日常监督。摸清派驻组办案力量和办案模式需求，建立9个“室组联动”专班，制发《东城区纪委区监委“室组联动”办案工作规则（试行）》，通过共同梳理分析问题线索、围绕工作开展互学交流、提供人力支持、协助实施审查调查措施、指导案件办理等方式搭建平台，推动纪检监察干部由监督检查与审查调查的“专”向“全”发展，有效促进“室”的协调指导与“组”的衔接配合作用的发挥，提升案件查办质效，实现“1+1>2”的办案效果。

（周易）

【办公区搬迁工作】2023年，区纪委区监委按照市纪委市监委及区委相关工作要求，秉承集约利用、高效办公的原则，严格遵守《党政机关办公用房建设标准》，结合人员编制情况，规范分配办公用房，于4月完成机关搬迁工作（搬迁后地址：东城区育群胡同21号）。搬迁后，区纪委区监委由之前的四址办公实现集中统一办公。

（张惠莉）

党风政风监督

【概况】2023年，区纪委区监委立足首都功能核心区定位和监督首责，突出监督重点，延伸监督触角，增强监督合力，督促全区各级党组织切实扛起管党治党政治责任。聚焦“两个维护”，做精做细政治监督，围绕贯彻新发展理念、构建新发展格局、实现高质量发展等重大决策部署落实情况开展监督检查。统筹发展与安全，服务保障核心区高质量发展，大力开

6月30日，区纪委区监委2023年七一主题党课开讲（区纪委区监委提供）

展安全生产隐患大排查大整治监督。协助区委制订市委反馈问题整改措施和年度全面从严治党主体责任任务安排，紧盯“关键少数”，开展“一把手”和领导班子监督制度执行情况监督，加强全面从严治党考核成果运用，加强约谈问责，建立问题反馈整改机制，推动查纠结合、以查促改。将民主生活会作为严肃党内政治生活的重要抓手，加强专项监督检查。聚焦作风建设，持之以恒纠“四风”树新风，以钉钉子精神持续开展“四风”监督检查，开展领导干部亲属寄生性腐败问题专项整治，持续整治侵害群众利益的不正之风和腐败问题，深入开展接诉即办专项监督，拓宽监督方式，强化主动筛单核查，聚焦末位督导，对每月排名靠后单位主动开展溯责，以有力监督推动接诉即办工作有效落实。

（徐会龙）

【落实全面从严治党】2023年，区纪委区监委压紧压实全面从严治党政治责任，完善全面从严治党考核和政治生态分析研判工作，综合日常检查、专项检查、现场检查、民意调查等方式，开展全面从严治党政治责任监督，形成全面从严治党工作考核和政治生态分析研判工作情况通报。制发《2023年东城区全面从严治党责任考核方案》，构建系统化监督格局。紧盯“关键少数”，组织全区各单位开展自查，协助市纪委市监委对区委四套班子进行现场检查，与区委办、区委组织部联合对88家单位进行全覆盖现场检查，发现问题251条，形成监督检查报告和问题清单，并将监督检查发现问题纳入全面从严治党工作考核进行反馈整改，督促“一把手”和领导班子成员严于律己、严负其责、严管所辖。强化贯通协同，深化系统治理，进一步构建党委全面监督、纪委专责监督、党的工作部门职能监督、系统行业主管部门常态化监督、党员民主监督相结合的系统化监督格局，把监督融入日常、嵌入业务，做到情况共商、成果共享、问题共治。区委主要负责人带头履行“第一责任人”责任、其他区领导落实“一岗双责”，对排名靠后、问题较多的25个部门单位党（工）委、党组书记进行约谈，反馈问题、传导压力、压实责任。及时通报2022年度专题民主生活会监督发现问题情况，为开展民主生活会督导提供精准化指导。制订实施处级单位民主生活会监督工作安排，打造“班子成员统领+监督检查室协同+各纪检监察组织联动”的工作格局，组成36个监督组，提前介入、严格把关，对全区88家部门和单位的民主生活会进行全覆盖监督。重点对开展批评与自我批评情况，会议的严肃性和规范性情况，应说明问题和事项是否清晰、全面、深刻情况进行监督。发现问题28个，均现场反馈，督促整改。

（刘宇晨）

【政治监督】2023年，区纪委区监委紧盯党中央重大决策部署贯彻落实情况开展监督，围绕贯彻新发展理念、构建新发展格局、实现高质量发展等重大决策部署落实情况开展监督检查，坚决纠治不作为、慢作为、虚作为、乱作为等问题。坚持首善标准，加强对京津冀协同发展、提高“四个服务”水平、确保核心区政治安全等方面开展监督，确保党中央决策部署在核心区贯彻执行不偏向、不走样。高标准做好全国两会服务保障监督，制发《服务保障2023年全国“两会”工作监督方案》，组织召开服务保障全国两会监督工作调度会，紧盯社会面维稳、安全生产、应急管理、舆情处置、城市运行保障等重点环节开展监督检查。做实意识形态专项监督，制发《东城区纪委区监委意识形态工作责任制专项监督工作方案》，将意识形态工作责任制落实情况作为政治生态分析研判重点内容，纳入《北京市东城区政治生态分析研判工作实施办法（试行）》和《东城区管党治党政治责任负面清单》，督促全区各部门、各单位提高重视程度，定期分析研判意识形态领域问题。紧盯巡视巡察、日常监督、专项检查、审查调查等工作中发现的主责单位意识形态方面存在的问题，加强监督检查，督促主责单位履职尽责，抓好问题整改。发挥区反腐倡廉建设领导小组作用，将意识形态工作落实情况纳入《2023年全面从严治党（党建）工作责任制检查考核工作方案》，对2022年考核中发现的意识形态工作责任落实不到位的问题进行通报反馈，督促整改，同时将其作为一体推进2023年东城区全面从严治党工作考核和政治生态分析研判工作内容体系的重要组成部分。多措并举开展纪检监察干部教育整顿督导检查，制订督导检查工作方案，明确督导重点，细化任务分工。召开督导检查部署会，传达督导检查各项要求。采取“滚动式”督导方式每月对全区纪检监察组织进行全覆盖实地督导检查，并对前期督导检查发现问题整改情况进行“回头看”，推动教育整顿走深走实。

（刘宇晨）

【落实中央八项规定精神】2023年，区纪委区监委坚持“逢节必提醒”，节前重申纪律要求，紧盯“四风”问题反复性顽固性特点，坚持严明纪律早提醒，制发正风肃纪通知，明确“十个严禁”纪律要求，发送廉政提醒短信，及时开展节前约谈提醒。坚持日常监督与专项监督相结合，强化节前、节中、节后监督检查，综合运用“四不两直”和专项检查等方式，着力整治违规公款购买节礼、蟹卡蟹券和隐蔽场所“一桌餐”等“四风”问题，共开展相关监督检查2942人次，通过监督检查和审查调查，共查处违反中央八项规定精神类案件9件，先后通报曝光3批次。把握作风建设行业性特点，开展国有企业业务用车、环卫中心作业用车配备、管理、使用监督，发现问题149个，形成问题线索8件，谈话3人、约谈2人。重点纠治形式主义、官僚主义，深入检视基层治理中存在的层层开会陪会、过急过多要材料、随意摊派权责事项等8种突出问题。持续整治侵害群众利益的不正之风和腐败问题。研究制订《2023年重要民生实事项目监督工作方案》，紧紧围绕6个方面24项重要民生实事开展监督检查。围绕落实“七有”要求、“五性”需求，持续整治教育医疗、养老社保、市场监管、殡仪服务等民生领域具体问题。开展接诉即办专项监督，主动参加被监督部门工作培训会、调度会，全面深入学习掌握接诉即办相关制度及考核规则，进一步加强12345工单督办，督促主体责任落实；强化协同配合机制，主动与区城指中心沟通对接，围绕群众满意度、办理效果等方面存在的突出问题，督促分析原因、优化措施、有效整改；针对12345热线群众反映集中的突出问题，进一步强化主动筛单、下沉街道社区等基层一线开展现场监督检查；开展专项调研核查，重点查处未解决、已解决不满意、零分工单等反映出的责任和作风问题。全年主动筛查工单3万余件，重点核查3531件，对月度排名进入全市后300名的街道，及自诉自办等问题溯源溯责19次，“第一种形态”处理处、科级干部225人，处分2人。

（刘宇晨）

【日常监督与专项监督】2023年，区纪委区监委统筹开展核心区经济社会发展高质量监督，制订实施《2023年保障核心区高质量发展监督工作实施方案》，明确34项专项监督任务、33项日常监督任务，召开会议专题进行部署，实行项目化管理、清单化推进。坚持“室组+”联动，发挥近距离、全天候、常态化优势，对2023年市政府工作报告涉及东城区的24项重点任务、重点工程、重点政策开展全周期监督，对进度缓慢的任务、项目制发督办单，着力发现项目推动背后的责任、作风和腐败问题，督促推动各项指标、项目和任务保质保量得到落实。开展安全生产隐患大排查大整治监督。418火灾事故发生后，第一时间制订《关于全面开展安全生产隐患大排查大整治的监督工作方案》，召开安全生产监督工作推进会，对全区安全生产监督工作再动员再部署。与区安委会办公室、各派驻纪检监察组与驻在单位、各街道纪工委与所在街道迅速开展形势会商，查找隐患问题和薄弱环节。坚持上下联动、横向贯通，聚焦安全生产责任制落实、安全隐患大排查大整治、安全事故责任倒查等方面强化监督执纪问责。在日常监督中，共开展监督检查4323人次，发现问题797个，主动约谈195人，运用“第一种形态”约谈11人，制发纪检监察建议书2份。强化经营类事业单位改革工作监督。召开监督工作调度会，制发《经营类事业单位改革工作监督方案》，加强与审计部门的协作，形成监督合力，对涉改革单位开展全程、贴身、跟进监督。强化生态环境保护督察监督执纪问责。北京市第二生态环境保护督察组进驻期间，及时做好相关材料收集和梳理报送，严格做好生态环保督察监督执纪问责工作，组织专项核查组对市纪委交办扬尘管控督办件开展深入核查。持续开展扫黑除恶专项监督。挖掘摸排相关问题线索，持续巩固重点点位和行业乱象整治成果。加强与区政法系统协同联动，落实全国扫黑办特派督导反馈问题整改，督促深入推进常态化“打伞破网”，及时调整完善扫黑除恶监督工作领导体系。学习宣传贯彻《反有组织犯罪法》，增强扫黑除恶斗争本领。加强防汛监督。督促区防汛指挥部和各相关单位，落实防汛责任，确保防汛各项工作落实到位；督促各单位针对防御重点细化防汛隐患排查方案，狠抓问题整改，修订应急预案，完善应对措施，消除风险隐患，严格遵守并落实防汛值班规定、严格落实信息报送要求。开展巡察整改监督。对第一轮接受巡察的13家单位党组织整改情况进行监督检查、对第二轮接受巡察的8家单位党组织整改情况进行监督检查，持续关注各单位尚未完成问题的整改过程和整改成效，确保整改举措落实到位、问题整改到位。

（刘宇晨）

【问责追责】2023年，区纪委区监委科学精准问责，坚持“严”的主基调和“惩前毖后、治病救人”的工作方针，强化运用“第一种形态”，全区各级纪检监察组织共对党员领导干部6人进行问责。落实《区纪委区监委关于对受党纪政务处分问责处理党员、公职人员开展回访关爱的办法（试行）》规定，督促各级派驻纪检监察组织对受党纪政务处分、问责处理的党员和公职人员开展回访关爱，全年累计对32人次开展回访关爱。

（刘宇晨）

【“两员”工作】2023年，区纪委区监委贯彻落实《东城区特约监察员、党风廉政监督员工作办法》，充分发挥“两员”社会监督作用。对全区纪检监察组织及其工作人员、区属单位及其工作人员履行职责情况进行监督，发挥对内、对外双重监督作用。全年组织“两员”通过参加会议、现场检查等方式开展监督70人次。

（刘宇晨）

案件审查调查和审理

【概况】2023年，区纪委区监委以加强对监督检查审查调查全过程监督管理为使命任务，以推动规范化法治化正规化建设为目标，持续推进“减存量 遏增量”专项行动，清理积压问题线索。对《东城区纪检监察系统党风廉政意见回复工作流程》《东城区纪委区监委执纪执法日常类文书格式》和《东城区纪委区监委审查调查措施常用文书格式》进行修改。开展监督执纪工作集中检查及违规办案行为专项整治，抓重点、抓短板、强规范。进一步修正考核指标，加强考核分析，切实发挥考核“指挥棒”作用。通过开展个性化安全演练，综合利用视频监控、智能巡查等数字手段，压实办案安全责任，着力防范化解“走读式”谈话安全风险。加强统计分析，坚持案件剖析与案件查办同步进行，做好查办案件的“后半篇文章”。高质高效开展协调服务，强化以评促学，举办优秀案件评选，树立一流办案质量导向。加强综合分析，筹备全区“以案为鉴、以案促改”警示教育大会。全年出具党风廉政意见及廉洁自律意见2592人次，对43人次提出暂缓或者否定意见。

（郭容）

【案件审查调查】2023年，全区纪检监察系统处置问题线索370件，办结244件。立案132件，结案122件。给予党纪政务处分85人，免予处分3人，移送司法机关30人，采取留置措施20人。运用监督执纪“四种形态”党员、监察对象657人次，其中“第一种形态”544人次，“第二种形态”48人次，“第三种形态”33人次，“第四种形态”32人次。

（郭容）

【组织协调工作】2023年，区纪委区监委协助中纪委、市纪委及其他省市纪委采取查询、调取、留置等措施279次，涉及843人次。协助中纪委搜查3次。

（郭容）

【信访举报办理】2023年，区纪委区监委共接收信访举报387件，同比下降4.7%，其中检举控告类信访举报251件，同比下降16.1%。开展接访场所规范化建设，提升接访环境，共接待来访群众1107批1197人次，同比增加69.3%和78.4%。坚持开展领导干部定期接访工作，全委处级领导干部接待来访群众216批226人次。加强与区信访办和反映问题属地纪检监察组织的沟通联系，形成合力解决来访群众合理诉求，努力做到息诉罢访。开展重复举报专项治理，区纪委区监委班子成员包案对未办结件督促从细从严从快办理，对已办结件全面做好复核工作。健全完善9项信访工作制度，印发《东城区纪委区监委实名信访举报告知与答复工作规范（试行）》，督促办理部门做好实名信访举报的告知与答复工作，开展答复满意率统计。对基层纪检监察组织开展信访举报工作考核，推动信访举报工作提质增效。

（杨思琦）

【案件审理】2023年，区纪委区监委案件审理室审结各类纪检监察案件122件。突出政治担当，配合中纪委、市纪委工作，严肃审理上级纪检监察机关交办的职务犯罪案件28件，有效保障案件处理的“三效合一”；建立量纪平衡机制，准确把握政策和策略，纪法情理贯通融合，精准运用“四种形态”；进一步深化反腐败交流合作，与东城区人民检察院召开沟通协调会，双方就案件办理过程中发现问题以及疑难复杂职务犯罪案件办理情况交换意见。

（王佳佳）

【大案要案】7月和8月，北京奥士凯安龙商贸公司原经理韩树成、副经理王斌分别因涉嫌职务犯罪问题被区纪委区监委采取留置措施。经查，韩树成身为国家工作人员，于2009—2019年间，利用职务便利，伙同王斌，非法占有公共财物，数额特别巨大，涉嫌贪污犯罪。经2023年9月8日区纪委常委会会议、区监委委员会会议研究，决定给予韩树成、王斌开除党籍处分，并建议按管理权限由所在单位对二人作出处理；其二人涉嫌犯罪问题移送检察机关依法审查起诉。2023年11月，东城区人民法院以犯贪污罪判处韩树成有期徒刑9年，并处罚金人民币50万元；判处王斌有期徒刑4年，并处罚金人民币30万元。

（王佳佳）

反腐倡廉宣传教育

【概况】2023年，区纪委区监委发挥理论学习中心组引领作用，坚持围绕中心、服务大局，守正创新、稳步推进。围绕党的最新理论成果，全年共组织集中学习21次、交流研讨6次。围绕全面贯彻落实党的二十大精神、二十届中央纪委二次全会精神、市纪委十三届二次全会精神等，开展集中学习、交流研讨。发挥宣传矩阵作用，深入学习贯彻习近平新时代中国特色社会主义思想主题教育，领导干部讲主题党课、廉政教育报告70次，开展集体调研、领题调研74次。编发《区纪委监委理论学习中心组学习汇编》7期、专刊1期。

（李可）

【警示教育】2023年，区纪委区监委摄制《由风及腐 覆水难收》《“账本”背后的秘密》专题警示教育片。8月29日，东城区全面从严治党警示教育基地正式建成开馆，截至年底，共接待参观141批次3167人次。结合国家话剧院高层住宅楼项目征收工作培训，将廉政教育关口前置，综合运用“王超案”警示教育片、“廉洁征收”专题展览、廉洁教育手册、集体廉政谈话等手段开展靶向警示教育，做实案件查办“后半篇文章”。

（李可）

【廉洁文化】2023年，区纪委区监委加强纪律教育和廉洁文化建设，制发《东城区新时代廉洁文化建设工作方案》，压实廉洁文化建设责任。开展“青年·勤廉”年轻干部纪法教育月活动，通过制作纪法小课堂系列微视频等多种形式，夯实清正廉洁思想根基。全区103个单位组织开展参观学习、警示教育、廉政谈话、勤廉座谈、典型宣讲、纪法测试等“六个一”活动，组织青年参与线上纪法知识测试，答题次数达1.9万人次。组织纪检监察干部学习《习近平关于注重家庭家教家风建设论述摘编》，发挥北京市东城区家庭工作联席会议成员单位职能，协同研究工作举措。举办“清风正气 廉韵东城”廉洁文化专场演出。开展处级任前廉政法规知识测试25批84人次。

（李可）

【新闻宣传】2023年，区纪委区监委制订《东城区纪委区监委2023年新闻宣传重点选题》。深化治理重复举报、开展征收领域专题警示教育、加强廉洁文化建设等工作被《中国纪检监察报》、中央纪委国家监委网站等媒体报道，在中央级媒体、市纪检监察网刊发信息72条。全年“廉政东城”微信公众号推送信息191期近400条，先后开设主题教育、派驻监督、清风廉韵、镜头、青学习、明纪释法等栏目。在北京电视台“清风北京”栏目播出“廉洁颂”短片《皇城根前》，营造廉政教育引导氛围。制作“廉政东城纪法小课堂”系列微视频，通过动漫形式警示党员干部工作中违规接受宴请、收送礼金等违纪行为。做好“古韵正声”网站阵地建设，推进网站改版升级，发布信息251篇，深入报道全区各单位落实全面从严治党责任、开展警示教育大会、贯彻落实纪委全会精神等工作动态。

（李可）

8月29日，北京市东城区全面从严治党警示教育基地正式建成开馆
（区纪委区监委提供）

队伍建设与管理

【概况】2023年，区纪委区监委探索开展以干代训、以案代训、协作办案等实战锻炼模式，切实增强纪检监察干部实战能力。抽调精干力量11人到机关审查调查室岗位锻炼，参与清理积案专项工作。通过全过程、全环节的岗位锻炼，帮助干部开拓眼界和思路，助力干部成长进步。健全岗位锻炼工作机制，坚持“多面培养、多岗锻炼、深度融合”的原则，着力培养纪检监察工作的“多面手”。全年交流科级以下干部26人，选派干部17人到中央纪委国家监委、市纪委市监委帮助工作，抽调干部18人参加区委巡察，抽调17人到机关参与专项工作。

（刘传超）

【纪检监察干部培训】2023年，区

4月6日，2023年东城区纪检监察系统业务培训班开班（区纪委区监委提供）

纪委区监委坚持问题导向，聚焦干部实际需求，研究制订《东城区纪检监察干部2023年培训工作方案》，以政治理论集训、精准化业务培训为两条主线，综合运用课堂讲授、案例剖析、现场观摩、情景模拟、交流研讨、实战锻炼“六位一体”培训模式，灵活采取分散与集中、脱产与不脱产、线上与线下、跟班学习与以干带训相结合等形式，自主完成各类培训班次27期，组织全系统干部参加市纪委培训18次，推荐干部50人参加中国纪检监察学院26个班次培训，干部107人参加区委党校组织开展的副处进修班、新录用公务员初任培训班等17个班次培训，累计培训干部9000余人次。充分利用干部教育培训师资库，开展干部理论写作培训班、业务骨干大讲堂等系统培训班16期。持续用好监督政策库、信访举报库、措施程序库以及法律法规库“四库”，为全区各级纪检监察组织提供精准化的业务指导和工作答疑。

（刘传超）

【纪检监察干部监督工作】2023年，区纪委区监委强化警示教育，围绕“八小时之外”编印违纪违法典型案例警示录，组织开展观看警示教育片、参观警示教育基地等系列纪法教育活动，引导干部知敬畏、存戒惧、守底线。优化工作程序，深化处置问题线索。5月，制发工作通知，进一步优化问题线索处置流程，明确工作要求。强化问题线索处置，全年受理处置纪检监察干部问题线索13件，立案3人，给予党纪政务处分3人。完善干部监督制度，制订《东城区纪委区监委关于规范纪检监察干部“八小时以外”行为的意见》《东城区纪检监察干部“八小时以外”行为负面清单》。

（聂颖）

【信息技术保障】2023年，区纪委区监委信息技术保障中心配合新办公楼建设，完成纪检监察内外网、电子政务内外网四套网络建设，顺利通过分保测评现场检查。成立网络安全和信息化工作领导小组，完善和落实相关制度，编写《东城区纪委安全保密管理制度汇编》和《东城区纪委区监委网络安全责任制检查考核制度》。开展涉密网络运维管理突出问题专项整治行动，规范各类权限管理，顺利通过市纪委对东城区权限管理专项检查，提升网络安全保障能力。围绕东城区纪委区监委服务保障等工作要求，基本完成综合办公系统建设，包含门户和13个功能模块。推进办案区数字化建设，将走读式谈话平台建设与安全管理制度深度融合，加强访问权限控制，规范同步录音录像设备使用管理。提升审查调查智慧化水平，开展信息查询及电子数据提取工作。提升监督检查工作质效，开展纪检监察数据分析工作，加强运用大数据手段发现问题；优化廉政档案系统功能，推进系统改造升级。根据市纪委安全保密工作要求，在前期做好准备应对工作基础上，9月25日，完成纪检监察专网攻防演练，强化网络安全防线。

（郭宇腾）

巡察工作

【概况】2023年，东城区共启动十三届区委第三、四轮2个轮次的常规巡察，分别是：3月，第三轮对区委编办、区委研究室、区政府研究室、区住建委、区生态环境局、区信访办、区民族宗教办、区外联办、区科协、区侨联、团区委、区妇联、区委党史办、区房屋征收中心、京诚集团、佳源公司16家单位党组织开展巡察；9月，第四轮对景山街道、东华门街道、北新桥街道、前门街道、天坛街道、永定门外街道6个街道及所辖社区，区委党校、区档案馆2家单位党组织开展巡察。完成第二轮、第三轮对24家单位的巡察反馈。从第四轮巡察开始，单独形成巡察反映“一把手”情况专题材料，从落实党中央重大决策部署、履行全面从严治党第一责任人责任、执行民主集中制、选人用人、廉洁自律和作风建设及其他等六个方面对“一把手”进行全面监督。积极探索整合监督力量，分别出台与区审计局、区财政局、区统计局、区信访办、区城指中心5个部门建立协作配合机制的意见，在情况通

2月，2023年东城区巡察干部培训班会议召开（区纪委区监委提供）

报、成果运用、人员支持、整改监督等方面实现工作联动。高标准完成市委巡视办委托社区巡察调研任务，通过问卷调查、数据统计、实地走访、座谈研讨等方式，梳理、归纳社区巡察监督重点，聚焦党建引领基层治理、基层党组织建设和社区工作者队伍建设，积极探索具有东城特点的社区巡察工作模式和规律。

（江辰泽）

【区委履行主体责任情况】2023年，区委把巡察工作作为落实全面从严治党主体责任的重要抓手，列入年度工作要点和党建工作要点，加强统筹谋划，部署推动落实。区委常委会议及时听取巡察综合情况、整改落实情况和年度工作汇报，审议出台巡察工作重要文件。书记专题会议听取巡察情况汇报，对重点问题旗帜鲜明提出意见，全年区委书记7次对巡察工作提出要求，在书记专题会议听取巡察情况汇报后，对部分被巡察党组织开展工作调研；在书记月度点评会上，听取被巡察党组织整改情况汇报，结合巡察发现的问题进行点评。区委巡察工作领导小组召开4次会议，学习传达中央、市委关于巡视巡察工作的部署要求，研究解决巡察工作重要事项，审议巡察情况。区级党员领导干部实地参加巡察反馈24人次，积极传导责任压力。

（江辰泽）

【强化巡察整改和成果运用】2023年，区委巡察办制订《区级党员领导干部带头落实巡视巡察整改工作若干措施（试行）》《巡察整改和成果运用工作清单》等制度文件，从督促被巡察党组织履行整改主体责任、强化巡察整改和成果运用统筹督促责任等7个方面提出82条具体措施，形成整改合力。第四季度召开区委巡察整改专题党建工作领导小组会议，区级党员领导干部向区委党建工作领导小组汇报分管领域巡察整改落实情况。10月，区委巡察工作领导小组召开巡察整改工作推进会议，各监督主体单位汇报履行整改监督责任及统筹督促责任情况，3家单位交流落实巡察整改主体责任的经验做法，37个被巡察党组织“一把手”参加会议，进一步传导整改责任压力。

（江辰泽）

中国共产党北京市东城区纪律检查委员会（北京市东城区监察委员会）负责人

书　记（主任）　金秀斌

副书记（副主任）　李　婧（女）　刘永利　王辉耀

民主党派

4 月 27 日，民进东城区委举行“重温民进史 · 奋进新时代”纪念“五一口号”发布 75 周年健步走活动（陈颖摄）

中国国民党革命委员会北京市东城区委员会

【概况】中国国民党革命委员会是由原中国国民党民主派和其他爱国民主人士所创建、具有政治联盟性质的、致力于建设中国特色社会主义和祖国统一事业的政党，是中国共产党领导的多党合作和政治协商制度中的中国特色社会主义参政党。中国国民党革命委员会北京市东城区委员会（简称民革东城区委）有基层支部28个，党员974人，具有台胞、港澳同胞和海外侨胞（简称三胞）关系的党员400余人。2023年，民革东城区委继承和发扬孙中山爱国、革命、不断进步的精神，深入开展“凝心铸魂强根基、团结奋进新征程”主题教育，推动党员之家和示范支部建设工作，提振组织凝聚力和党员积极性。履行各项职能，在参政议政、课题研究、社会服务等方面取得实效。全年召开主委会议2次、全委（扩大）会议1次。

（何佳子）

【思想建设】2023年，民革东城区委着力加强思想政治建设，深化政治引领，持续深耕自有宣传阵地，讲好多党合作和民革故事，思想共识得到新提升。3月16日，组织新党员拜谒中山堂，参观“孙中山与北京”主题展及北京市政协文史馆史料展览。3月17日，承办中共东城区委统战部第10期民主党派“同心大讲堂”活动，邀请民革党员中的全国政协委员3人宣讲全国两会精神。4月18日，参加中共东城区委统战部组织的“红楼初心担使命 团结奋进新征程”健步行活动。4月23日，组队参加民革市委纪念中共中央“五一口号”发布75周年知识竞赛和文艺演出活动，取得第二名成绩。5月14日，举办“肝胆相照共荣辱、携手奋进新征程”纪念“五一口号”发布75周年党员交流分享会。在东城区民革党员之家文沁阁书店展厅与民革大兴区工委联合举办主题书画展，展出作品46幅。7月1日，召开三届十次全委（扩大）会暨“凝心铸魂强根基 团结奋进新征程”主题教育动员部署会。8月18日，在东城区民革党员之家举办“追忆团结爱国光荣历史”主题观影活动。9月21日，与中共民革北京市委机关党支部开展“感悟传统文化魅力 传承中华历史文脉”中轴线骑行活动。开展孙中山思想与民革党史的学习、研究和宣传工作，推动“云上党史馆”之孙中山与北京东城系列录制活动。加大宣传工作力度，提升宣传信息质量，多篇稿件被《人民政协报》《团结报》刊发转载。加强自有宣传阵地建设，民革东城区委微信公众号全年共刊发文章450篇，其中原创文章77篇，转载373篇，累计关注2675人。组织订阅《团结报》和《中国统一战线》杂志，获2023年《团结报》发行征订工作先进集体（地市）优秀奖。

（何佳子）

【组织建设】2023年，民革东城区委创新组织形式，将2022年新发展党员33人整体编入第28支部，由民革东城区委办公室统筹管理。3月16日，在中山堂举办新党员见面会。举办新党员培训班，推荐中青年骨干党员40人次参加各类专项培训班。组织发展质量有效提升，多名党员在中央、市、区舞台上崭露头角。全年党员24人入选新一届民革中央专门委员会，担任副主任或委员。党员9人获评区政协优秀政协委员。有全国政协委员3人，市人大代表3人（其中专委会副主任1人），市政协委员3人，区人大代表4人（其中常委1人），区政协委员17人（其中副主席1人、常委2人），民革中央委员3人（其中常委1人），民革中央内部监督委委员1人，民革市委委员7人（其中副主委1人、常委1人），民革市委内部监督委委员1人，区青联委员6人，区特邀监察员、党风廉政监督员4人，区政务体验官1人。3月3日，召开2022年度总结表彰会，表彰先进支部8个，优秀党员77人，专项“先进个人”12人，追授已故主委樊孝仁“特别贡献奖”。4月2日，召开支部建设工作会，4个市级示范支部主委作交流发言，如何大兴调查研究、加强基层组织建设成为会议讨论的热点。7月8日，协助民革北京市委做好民革中央调研组考察“文沁阁”政协民革界别委员工作室及民革党员之家建设工作。11月12日，接待民革天津市河西区委会考察团一行，就基层组织建设工作深度交流。鼓励支部发挥优势开展特色活动，全年累计召开会议、组织活动30余次。

（何佳子）

【内部监督】2023年，民革东城区委结合民革十四大召开、中共中央发布“五一口号”75周年等重要时间、事件节点，撰写《加强民革自身建设，提升内部监督工作实效》等理论文章，以理论指导实践。2月20日，召开2022年度民主生活会，对照检查、查摆问题，不断提升领导班子建设水平。3月3日，召开三届九次全委会暨领导班子述职与民主评议会。10月11日，民革东城区委内部监督委员会参观“宋庆龄故居”并召开工作会。

（何佳子）

【政党协商】2023年，民革东城区委做好政党协商工作。7月24日，参加中共东城区委召开的党派团体协商会。民革东城区委主委、副主委围绕扩大内需、蓄势赋能、优化营商环境、康养服务、激发人才活力等方面提出意见建议。8月15日，组织党员10人参加区情通报会，并进行现场调研。9月21日，参加东城区经济高质量发展专题议政会，党员3人分别就金融业发展、人才引进及碳相关产业交流发言。12月18日，参加中共东城区委召开的党派团体协商通报会，就中共东城区委工作报告和东城区政府工作报告提出意见建议。

（何佳子）

【调研与提案】2023年，民革东城区委针对中共东城区委区政府重点工作任务，组织党员就东城区“文化+”产业融合发展、完善老年健康支撑体系、两岸数字产业合作、二手车消费等方面确立课题，组建调研组并深入开展调研活动，完成调研报告8篇，转化成区政协党派提案3篇。3月24日，召开民革东城区委调研课题开题会。4月27日，组织北京野生动物保护课题组前往翠湖湿地参观调研。5月30日，到国家动物博物馆参观调研。6月10日，到朝阳门街道内务部街社区调研座谈。6月29日，到中国康复技术转化及发展促进会走访座谈。7月3日，联合致公党东城区委召开2023年联合调研课题开题会，与区卫健委老龄中心、区民政局座谈。7月6日，民革东城区委、朝阳区人民法院联合调研组到朝阳区汽车服务业商会参观调研。7月3日、10日、14日，分别参加区有关单位组织的区政协党派提案办理情况答复会。7月18日，召开“文化+产业融合发展”调研座谈会。8月18日，与区文旅局、区文促中心、区商务局、王府井管委会等召开“文化+产业融合发展”之文化金融政策调研交流会。9月14日，召开“国际高质量人才引进的政策落实与政策建议”调研座谈会。11月19日，召开2023年调研课题结题会。党员3人代表的“调研观”被《团结报》登载。参加区政协组织的“提升养老服务品质，打造幸福宜居东城”专题协商议政会，党员1人代表民革界别发言。党员1人在区政协十五届三次全会上代表民革界别以“东城区金融业发展建议”为主题作大会发言。《关于完善公共法律服务体系，推进基层社会治理法制化》获评区政协党派团体优秀提案。党员提案《关于构建基层社会治理新格局的提案》获评区政协委员优秀提案。党员2人获评为民革北京市委年度市级协商工作、政协会议发言和提案工作作出贡献的个人。

（何佳子）

【社情民意信息】2023年，民革东城区委共报送社情民意信息158篇，其中民革中央采用7篇，全国政协采用1篇，市政协采用24篇，区政协采用25篇，中共东城区委统战部采用28篇，市、区领导批示各1篇。民革东城区委获区政协社情民意信息工作先进单位称号。党员5人获评优秀社情民意信息工作者。党员3人获评民革北京市2023年度反映社情民意信息先进个人。

（何佳子）

【两岸交流】2023年，民革东城区委深入贯彻对台政策，以支持配合中央、市、区两岸交流活动为途径，扎实推进祖国统一工作。2月3日，党员4人参与策划筹备以“团仔圆妞闹元宵”为主题的2023“高雄—北京特色周”活动，4月27日，组织两岸青年实地调研翠湖湿地公园，助力湿地与生物多样性保护。10月21日，联合台盟东城区委举办“东城区民革、台盟同心足球赛”，青年民革党员和高校台生、台青、台胞切磋球艺、增进友谊，促进两岸文化交流。参与民革北京市委举办的“两岸书信”主题朗读会活动、台胞台属“忆先烈，促统一”联谊活动，组织党员听取台情报告会。

（何佳子）

【社会服务】2023年，民革东城区委面对北京暴雨等灾情，统筹资源、抗洪救灾。7月15日，到昌平区东小口镇开展联合义诊及慰问关爱活动。7月29日，到房山区佛子庄乡开展联合义诊活动。8月，房山区、门头沟区遭遇洪灾后，民革东城区委第一时间发出倡议，号召党员积极捐款捐物，共募集捐款5.47万元，捐赠消毒液、毛毯、食品饮品等物资价值8.44万元。8月4日，向区环卫中心捐赠雨衣、雨鞋、防水手电筒等物资价值1.11万元，用于防汛工作。8月27日，联合协和医学院群公学院前往房山区大安山乡开展联合义诊及医学科普活动，并与大安山签订三方协议，连续3年援助当地诊疗及灾后防疫工作。11月30日，组织党员医生3人参与中共东城区委统战部赴房山区

8月27日，民革东城区委在房山区大安山乡开展联合义诊活动，并与大安山签订三方协议，连续3年援助当地诊疗及灾后防疫工作（何佳子摄）

史家营乡义诊帮扶活动。助力关爱残疾人群体，在区残联设立“客户电话回访服务项目”，帮助肢残人士12人再就业。8月11日，联合区残联举办“全国肢残人日”庆祝活动暨“医、康、护”引导服务公益试点项目启动仪式。7月10—19日，在打工子弟学校蒲公英中学开展暑期支教活动，为学校捐赠价值3万元的教学物资，并开展为期10天的志愿者支教活动，党员22人及家属作为志愿者参与志愿服务，累计服务时长191小时。

（何佳子）

中国民主同盟北京市东城区委员会

【概况】中国民主同盟是主要由从事教育以及科学技术工作的高中级知识分子组成，具有政治联盟特点，致力于建设中国特色社会主义事业的参政党。中国民主同盟北京市东城区委员会（简称民盟东城区委）下设工作机构，即“五部”（组织部、参政议政部、宣传部、社会服务部、专委会工作部）、“九委”（教育、文化、卫生、体育、经济、科技、妇女、老龄、文化创意专门工作委员会）、“三会一团”（统战理论研究会、社情民意信息工作委员会、《东城盟讯》编委会、民盟东城区委艺术团）。有民盟基层委员会2个，基层总支1个，基层支部55个，盟员1836人。2023年，以“凝心铸魂强根基、团结奋进新征程”主题教育为主线，加强思想政治引领，广泛凝聚共识，强化责任担当，提高参政党履职能力。参加有关部门组织的各种讲座、培训班，围绕区大事、要事开展调查研究，了解和反映民生诉求，积极参政议政，履行参政党职能。民盟东城区委、北京市第二十二中学支部、崇文科技支部、国家新闻出版总署支部和长征支部获民盟北京市委思想政治建设工作先进集体称号。民盟东城区委获区政协2023年度社情民意信息工作先进单位称号。民盟界别获区政协2023年度“界别活动创新奖”两项。盟员37人被评为民盟北京市委思想政治建设工作先进个人。

（翟洋）

【思想建设】2023年，民盟东城区委着力思想建设。组织领导班子成员、区委委员、各支部班子成员学习贯彻中共二十大精神，传达民盟中央第十三次全国代表大会精神。制订《“凝心铸魂强根基，团结奋进新征程”主题教育活动实施方案》，举办“东城区民主党派同心大讲堂——学习中共二十大，携手奋进新征程”活动；举办以“读红色经典，研精覃思；倡调研之举，惟实励新”为主题的民盟界别政协委员“月聚·悦读”活动；举办“民盟先贤肖像巡回展”走进央企活动。刊发《东城盟讯》4期7200册，刊发数量同比增加38%；“东城盟员之家”网站浏览量1.5万余次。

（翟洋）

【组织建设】2023年，民盟东城区委制订《宣传工作评选表彰办法（试行）》，落实“三联系”、《民盟东城区委支部自身建设指导意见》等工作机制。全年发展新盟员57人，其中代表性人士4人，主界别盟员占比超过80%。履行会前学习制度，全年共组织召开主委会3次、全委（扩大）会6次，对重大事项进行集体决策。召开领导班子民主生活会1次、领导班子述职和民主评议会1次。召开2022年工作总结表彰和2023年重点工作部署会。完成国家林业与草原局支部和中国中医科学院委员会换届工作。成立民盟东城区第三届委员会内部监督委员会。民盟东城区委各专委会智库动态更新盟员580余人。向区青联推荐青年盟员4人。组织驻区央属、市属单位支部参政建言培训研讨会和组织建设座谈会，组织盟员13人参加2023年东城区民主党派代表人士、党外干部培训班。全区55个支部规范达标率80%以上；新建“盟员之家”3个，共建成“盟员之家”15个。

（翟洋）

7月，民盟东城区委开展“民盟先贤肖像巡展走进央企”活动（翟洋摄）

【民主协商】2023年，民盟东城区委搭建协商议政平台。围绕中共东城区委、区政府年度、半年度工作报告和区纪委区监委的党风廉政报告开展政党协商，针对重大决策提出意见建议。民盟东城区委领导班子重视参政议政工作，协商会前，以电子邮件、召开专题座谈会等形式，向各支部主委、参政议政骨干盟员征求协商会建议。围绕中共东城区委、区政府工作报告，就推进腾退空间与中轴文化建设三结合、深入开展数字文化产业建设、打造数字文化产业品牌、打造一站式全民健身服务平台、将新时代劳动教育与综合实践活动课程相融合等重点领域问题进行协商建言，为中共东城区委、区政府决策提供参考。

（翟洋）

【调研与提案】2023年，民盟东城区委加强调查和研究。《关于恢复前门鲜鱼口地区市井商业的提案》获区政协年度党派团体优秀提案。全年完成调研12项，完成调研课题12项，优秀调研成果分别转化为市政协十四届二次会议发言1篇、市政协专题协商会重要发言1篇、东城区经济高质量发展专题议政会主旨发言1篇、区政协十五届三次全会界别提案4篇、大会发言1篇。在区经济高质量发展专题议政会上，东城盟员就数字文化产业发展方面作重点发言。在市政协以“发展体育社会组织，推动全民健身活动”为议题召开的专题协商会上，东城盟员以“优化信息化服务平台，赋能体育社会组织建设”为题发言。

（翟洋）

【社情民意信息】2023年，民盟东城区委加强盟员反映社情民意信息工作的力度，建立社情民意信息长效辅导机制，把上级部门采用需求与盟员本职工作领域相结合，分批次有侧重地组织信息培训，召开3期新盟员社情民意信息培训班。组织驻区央属市属单位盟员参政议政座谈交流会1次，一对一辅导研讨会1次。全年上报社情民意信息200余篇，被中共中央统战部《零讯》采用1篇、中共北京市委办公厅采用1篇、中共北京市委统战部采用4篇、市领导批示1篇、市政协采用13篇、中共东城区委《议政建言直通车》采用8篇、区领导批示1篇、区政协采用49篇、中共东城区委统战部采用98篇。在东城区统战系统社情民意信息评比中名列第一。

（翟洋）

【社会服务】2023年，民盟东城区委加大社会服务力度。民盟区委委员、中国医学科学院肿瘤医院胸外科主任医师参加民盟中央在甘肃省渭源县人民医院举办的民盟“天使健康行”义诊活动暨“民盟名医大讲堂”活动及民盟北京市委组织的黔西南医疗帮扶活动。民盟区委组织线上“民盟同心大讲堂”，以“体检发现肺结节怎么办”为题进行分享和答疑。组织30个支部的盟员200余人向特大暴雨受灾地区捐款9.8万元，捐赠矿泉水、方便面700余箱。带领民盟界别医疗专家6人参加“东城统一战线同心服务团”，到房山区史家营乡开展“携手同心共聚合力、东城房山同舟共济”主题帮扶义诊活动。

（翟洋）

【支部活动】2023年，东城民盟各支部举办各种形式活动。1月16日，民盟东城长征支部召开支部工作年度总结会。2月11日，民盟崇文科技支部召开2023年第一次支委会议。2月14日，民盟盟员、中国电信党外代表人士隋海鹰建言献策工作室揭牌成立。3月7日，民盟国家林草局支部参观国家公园发展成就展。3月11日，民盟东城工业支部召开年度支部领导班子专题工作会。3月30日，民盟东城区法律支部召开年度第一次支委会。4月20日，民盟崇文医务支部召开2023年工作会。4月24日，崇文科技支部召开总结表彰大会。7月5日，民盟东城区体育局支部盟员召开科技服务保障青少年运动员培养工作研讨会。8月12日，民盟东城经济支部到门头沟区雁翅镇泗家水村进行现场救灾捐助活动。8月27日，崇文科技支部举办2023年暑期木作体验活动。12月6日，民盟东城区委长征支部班子成员参加多党合作主题活动。12月7日，民盟交通运输部支部承办交通运输部直属机关党委统战部党外代表人士调研活动。

（翟洋）

中国民主建国会东城区委员会

【概况】中国民主建国会是主要由经济界人士以及相关的专家学者组成的、具有政治联盟特点的政党，是接受中国共产党领导、同中国共产党通力合作的中国特色社会主义参政党。中国民主建国会北京市东城区委员会（简称民建东城区委）有委员21人，其中主委1人、副主委5人、秘书长1人。有40个基层组织，14个专门委员会，1个组织建设领导小组，1个内部监督委员会。全区共有民建会员2125人。2023年，民建东城区委引领广大会员以学铸魂、以学增知、以学促干，加深对新型政党制度优势的理解和认识，广泛深入凝聚思想共识。持续抓好“专家百姓零距离 民建真情在社区”社会服务品牌，将社会服务作为开展政治交接主题教育的重要实践，展现责任与担当。丰富支部活动内容，加强会员交流与合作，拓展沟通渠道。

（路泽真）

【理论学习与研究】2023年，民建东城区委把加强思想政治引领摆在首位，以主题教育为契机，擦亮民建区委“习思大讲堂”品牌，丰富创新学习形式，参与“同心大讲堂”，深入学习贯彻习近平总书记重要讲话精神、中共创新理论和重大决策部署。完成理论研究课题4篇，其中2篇被民建中央、民建北京市委采纳。

（路泽真）

【组织建设】2023年，民建东城区委召开主委会6次、全委会1次。自觉贯彻民主集中制，完善议事规则和决策程序，建立分工负责制度，制订50余项全年工作任务，由班子成员分别落实。召开民主生活会和述职评议会，开展批评与自我批评，认真查摆问题，班子集体威信和凝聚力得到提高。加大新会员教育培训力度，召开新入会人员座谈会3次，以提高质量、优化结构、稳定速度为宗旨，严把入口关。全年发展会员56人，研究生及以上学历占55.4%，主界别占80%，代表人士占10%，人员结构不断优化。建立并分类别不断更新代表人士和骨干会员数据库，积极培养新发现的优秀会员。推荐骨干会员100余人次参加民建中央、民建北京市委、中共统战部举办的各类学习培训班，民建东城区委根据会员具体情况，开展针对性培训座谈。加强对各支部、专委会开展主题教育活动的统筹协调、督促指导，注重支部开展活动有序推进、广泛覆盖，对支部班子随时调整，让综合素质强、年轻有为的会员担当重任。成立东城民建区委文化与教育委员会，推动组织体系不断走向健全。落实专委会工作会议，全年组织各专业委员会召开工作会20余次，各项工作有序推进。在春节、妇女节、青年节、端午节、中秋节、国庆节、重阳节等重要节点，东城民建区委组织各支部看望老领导、老会员，组织“走进钧瓷、了解钧瓷文化”“喜迎国际劳动妇女节，参观艺术双年展”“追寻榜样力量、推动绿色发展”等活动，到孔庙、国子监博物馆和雍和宫参观，到大观园、首钢园开展“走进传统文化”主题活动，到通州“艺术小院”体验传统文化等，提升会员凝聚力与归属感。

（路泽真）

【民主协商】2023年，民建东城区委积极参与“同心议政会”，在区级专题协商会、议政会、全会上，围绕经济高质量发展、优化发展环境等发言9次，提交党派提案3篇。1月11日，领导班子成员参加东城区党外人士迎新春座谈会。5月19日，参加区政协提升养老服务品质、打造幸福宜居东城专题议政会。7月24日，领导班子成员2人出席东城区党派团体协商会，会议通报区上半年党风廉政建设及反腐败工作情况，主委就中共东城区委常委会工作报告征求意见稿发表意见。8月15日，参加中共东城区委统战部助力经济高质量发展专题议政会实地调研和东城区域经济高质量发展区情通报会。12月18日，领导班子成员2人出席东城区党派团体协商会，主委就区委、政府工作报告中的东城发展方面提出建议。12月19日，常务副主委参加“紫金同心议事厅”成立两周年活动暨2023年第五期研讨会。

（路泽真）

重阳节前，民建东城区委组织会员参观首钢园区（路泽真摄）

【调研与提案】2023年，民建东城区委注重调研和提案撰写。6月，参议委相关人员参加两次政协提案答复会，分别为《关于党建引领下的社区基层治理面临问题的提案》《关于发挥东城文物独特建设作用》，会上双方进行深入沟通交流，与会人员对未来东城区发展提出建议。8月，参议委骨干人员8人参加中共东城区委统战部组织召开2023年区情通报会，并在会后根据会议内容，结合调研课题进一步加强参政议政履职工作。9月，中共东城区委召开东城区经济高质量发展专题议政会，参议委副主任围绕“加大力度支持中小企业数字化转型，助力东城区经济实现高质量发展”发言并提出相关建议，参议委委员以“关于推动引导基金促进东城区经济高质量发展的建议”为主题发言。坚持“不调研、不建言”原则，通过命题和自选相结合方式，制订调研计划和方案，召开联合调研及课题开题会、推进会、结题会。举办“新时代、新科技、新挑战”金融经济论坛，围绕人口、全球化与新发展格局、ChatGPT带来的机会和挑战，深入交流和探讨。到区文旅局、北京剧装厂、周口店遗址、杨梅竹斜街、腾讯集团北京总部、延庆乡村等地参观考察调研，走进会员企业进行课题交流研讨会30余次，完成调研课题26篇，其中4篇调研成果被中共中央、中共北京市委采纳，得到市委主要领导重要批示并责成相关部门落实，调研成果迅速得到转化。

（路泽真）

【社情民意信息】2023年，民建东城区委召开宣传工作会，确定宣传工作计划，落实跟踪稿件及发布。充分发挥微信公众号和会刊的宣传优势，展示东城民建亮点、特色活动及会员在本岗位上取得的成绩，营造团结奋进舆论氛围。全年印发11期《新东城民建》报纸，刊发文章11万余字。公众号发文38次117篇。民建北京市委网站发稿136篇、民建中央网站发稿19篇，中国网、人民政协网、《人民日报》、《北京日报》等主流媒体报道近50篇次。召开“如何做好课题研究及报告撰写”专题培训，探讨改进撰写、报送信息的方式方法，强化信息队伍建设，信息委委员实时发布信息报送热点。全年共反映各类社情民意信息377篇，其中被各级相关部门采纳近200篇次，多篇得到北京市、东城区主要领导重要批示。获中共东城区委统战部、区政协优秀信息单位称号。

（路泽真）

【社会服务】2023年，民建东城区委助力乡村振兴开展定点帮扶，全年累计向河北省丰宁县、甘肃省关卜乡等爱心超市、希望小学捐赠生活生产物资及各种学习用品共计20余万元，帮助贫困家庭孩子18人2万元助学金。面对北京特大暴雨等极端天气及甘肃等地发生地震，民建东城区委第一时间转发民建北京市委致全市会员倡议书，会员企业立足专业优势，组织经验丰富的技术人员，协助政府排查暴雨灾后隐患，全区近30个支部的会员及会员企业积极筹措各类物资，为甘肃省、河北省涿州市、河北省涞水县、北京市门头沟区、北京市房山区等受灾地区及中华思源工程基金会捐赠价值217万余元物资及现金4.5万元。为密云区蔡家洼村进行普法宣传和法律公园设计咨询、开展学雷锋敬老助学公益活动。为体育馆路街道社区居民提供医疗咨询及义诊服务，在朝阳门街道演乐社区开展《民法典》讲座，在东花市街道开展“眼亮心明共识同行”义诊及法律咨询服务，为东城区总工会女职工开展健康讲座和义诊活动。中秋、国庆、重阳节等节日，为东四街道、安定门街道、东华门街道、东直门街道群众及武警战士送温暖、献爱心。

（路泽真）

中国民主促进会
北京市东城区委员会

【概况】中国民主促进会是以从事教育、文化、出版、传媒以及相关科学技术领域高中级知识分子为主、具有政治联盟性质的政党，是同中国共产党通力合作的中国特色社会主义参政党。中国民主促进会北京市东城区委员会（简称民进东城区委）有主委1人，副主委4人，专职副主委1人，委员14人，下辖调研与提案、信息、学习与宣传、活动组织、支教助学、公益服务、青年、妇女儿童、老龄9个专门工作委员会，以及民进东城区委内部监督委员会。有基层支部59个，会员1753人。2023年，以“凝心铸魂强根基 团结奋进新征程”主题教育为主线，加强思想建设，以履职能力培养为抓手，为区域经济社会发展建言献策。全年各支部开展形式多样的活动，提升组织的凝聚力。2023年，民进东城区委被评为《民主》杂志宣教工作先进集体，会员1人被评为民进全国宣传思想工作先进个人，会员1人提案获得民进中央参政议政成果二等奖，会员3人被聘为民进中央参政议政特邀信息员，会员1人被评为东城区统战信息工作优秀信息员，会员4人被东城区政协评为优秀政协委员，会员1人被东城区政协评为优秀社情民意信息工作者。

（陈颖）

【思想宣传】2023年，民进东城区委加强思想宣传工作。1月10日，参加中共东城区委统战部举办的东城统一战线学习贯彻落实党的二十大精神宣讲报告会，3人参加。3月15日，参加民进中央组织的学习贯彻全国两会精神座谈会，班子成员2人参加。3月17日，民进区委组织骨干会员5人参加中共东城区委统战部举办的“同心大讲堂”，学习全国两会精神。3月21日，会员2人参加北京市政协组织的“贯彻落实中共二十大精神 扎实推进中国式现代化建设”主题报告会。4月3日，会员9人参加北京市政协举办的学习全国两会精神传达会。4月12日，民进北京市委组织参观在颐和园益寿堂举办的“古都春晓——

9月15日，东城区政协民进界别委员工作室成立仪式举行（陈颖摄）

中共中央‘进京赶考之路’颐和园专题展览”，会员3人参加。4月21日，会员3人参加民进北京市委新闻宣传培训班，会员1人在会上担任培训班讲师。4月26日，中共东城区委统战部召开中共二十大精神学习报告会，班子成员1人参加。5月6日，中共东城区委统战部举办“东城区民主党派同心大讲堂——学习中共二十大，携手奋进新征程”活动，观看电影《望道》，会员14人参加。8月23日，会员1人参加民进全国宣传干部、新闻宣传特约通讯员培训。9月12日，民进区委组织会员20人参加“凝心铸魂强根基 团结奋进新征程”主题书画作品巡回展开幕式暨京津冀书画家“走进北京中轴线”参观交流活动。12月11日，领导班子成员6人共同学习中央十五届二次全会精神。

（陈颖）

【组织建设】2023年，民进东城区委通过各种形式着力组织建设。1月12日，慰问困难会员1人，送去民进中央主席蔡达锋的慰问信和慰问金。1月16日，向全体民进会员发放春节慰问信。1月7—19日，慰问老领导、老会员50人，送去组织关爱。2月7日，召开2022年述职和民主评议工作会，区委委员20人参加。3月6日，组织“婚姻家庭法律知识”庆“三八”主题沙龙活动，会员15人参加。4月10日，召开作风建设主题年工作部署会，对民进东城区委作风建设主题年工作进行详细部署，会员60余人参加。4月10日，召开2022年工作总结表彰暨2023年工作部署会，64人参加。4月21日，在民进北京市委召开的参政党建设理论研究中心开题会暨组织建设研讨会上，民进东城区委组织会员3人围绕“民进各级组织领导班子整体效能与能力建设研究”“民进市级领导机构成员履职评估指标研究”“民进各基层组织凝聚力、向心力与履职能力研究”主题发表建议。4月27日，民进东城区委联合青年工作委员会共同举办“重温民进史 奋进新时代”健步走活动，18个支部会员40余人参加。6月20—21日，组织会员10人参加中共东城区委统战部组织的2023年东城区民主党派代表人士、党外干部培训班。6月28日，组织会员5人参加北京协和医院举办的“同心筑梦 健康未来”同心讲坛活动。7月6日，组织会员16人参加在台盟中央举办的东城区民主党派“同心大讲堂”活动。7月11日，民进中央到东城区开展主题教育联系点座谈会，会员25人参加。9月15日，举办东城区政协“民进界别委员工作室”成立仪式暨“月聚·悦读”——“涵养家国情怀、赓续精神血脉”委员主题读书分享活动，邀请会员、著名作家马伯庸作读书分享，区政协主席汤钦飞、民进北京市委组织处领导、民进东城区委班子成员，中共东城区委统战部、区政协相关科室负责人及部分民进会员60余人参加活动。9月25日，组织界别群众12人参加“团圆·团聚·团结”——“永远跟党走 建功新东城”2023年东城区政协中秋主题晚会。10月19日，组织老会员重阳节参观天桥印象博物馆，50余人参加。12月7日，组织会员30人在全国政协礼堂观看国内首部以多党合作史和民主党派创始人为主题的大型原创话剧《马叙伦》。

（陈颖）

【政党协商】2023年，民进东城区委积极参与政党协商。1月11日，民进东城区委参加东城区统一战线迎新春座谈会，主委在会上作“继往开来初心如磐 履职尽责再谱新篇”的主旨发言，班子成员2人参加。5月19日，会员2人参加东城区政协“提升养老服务品质，打造幸福宜居东城”专题议政会，会员1人就养老服务问题在会上作主旨发言。7月24日，民进东城区委2人参加东城区党派团体协商通报会。8月15日，组织会员7人参观蘑菇车联，并参加2023年区情通报会。9月15日，会员1人参加东城区同心议政会。9月21日，副主委1人参加东城区经济高质量发展议政会。12月18日，民进区委2人参加东城区党派团体协商通报会。

（陈颖）

【调研与提案】2023年，民进东城区委加强调研，参政议政。3月23日，民进东城区委联合民进北京市委以“助力首都基础教育高质量发展”为主题，开展“开明大家谈”主题座谈会，与会人员就如何助力首都基础教育高质量发展发表建议，民进东城区委和民进北京市委就如何深化促进市区联动，加强联合调研、扩大代表性会员成果共享等方面进行交流研讨，12人参加会议。3月24日，民进东城经济综合支部召开春季议政会，组织部分骨干会员和民进之友40余人到故宫博物院调研。4月26日，民进东城区委召开2023年度调研课题开题会，7个课题组成员分别汇报调研课题的研究内容、研究思路与方案设计及预期成果，与会会员对课题提出问题与建议。5月25日，民进东城区委“东城区非遗项目活态传承研究”课题组到北京剧装厂和花市社区博物馆调研，5人参加。8月2日，民进国家自然博物馆支部与北京市第十一中学开展“科学教育加法”课题调研暨馆校合作座谈会，14人参加。12月5日，民进东城区委“东城区非遗项目活态传承研究”“东城历史文化街区保护更新中的非遗传承研究”课题组成员6人到红桥非遗传播孵化园、首创非遗咏园、南岗子天主教堂，调研非遗传承发展及历史文化街区保护利用情况。全年提交调研报告7篇，1篇提案被区政协评为2023年度优秀提案。

（陈颖）

【社情民意信息】2023年，民进东城区委加强社情民意信息工作。4月21日，民进东城区委组织会员15人参加市政协系统2023年社情民意信息工作会。6月2日，民进东城区委召开年度社情民意信息培训会，邀请民进中央参政议政部副部长和作专题讲座，民进会员1人进行经验分享，20余人参加。10月11日，民进东城区委组织会员10人参加民进北京市委举办的社情民意信息工作培训会。11月10日，民进东城区委组织会员2人参加中共东城区委统战部调研室举办的信息工作推进会暨培训交流会。11月18日，民进东城文化综合支部联合民进北京市委出版传媒专委会举办社情民意信息培训，20余人参加。全年报送社情民意信息200余篇，100余篇被采用，10余篇被民进中央采用，2篇被中共北京市委办公厅采用，得到市领导批示4篇。区政协《议政建言直通车》采用5篇，市政协采用6篇，中共北京市委统战部采用2篇，民进北京市委采用2篇，得到区领导批示2篇。民进东城区委获东城区统战系统信息优秀工作单位三等奖。

（陈颖）

【社会服务】2023年，民进东城区委做好社会服务工作。1月13日，组织会内书画家到北京武警总队执勤第二支队开展送文化进军营慰问活动，共送对联200余副、福字100余个，15人参加。3月10日，民进东城文化综合支部会员1人为东城区特殊教育学校部分师生及学校教师开展性安全教育，80余人参加活动。5月19日，民进区委支部四组团组织会员参加“运动同心 健康同行”2023北京市东城区特殊教育学校特奥运动会社会服务活动，担任运动会比赛评委及协助秩序维护，并联系会员所在基金会，合作捐赠价值3.5万元的文教物资，28人参加。6月12日，会员1人到东城区特殊教育学校为在校高中生、学校教师开展青少年青春期安全教育社会服务活动，做“青春期生理健康公开课”教育。7月25—27日，民进东城区委联合民进北京市委和民进朝阳区委赴贵州省金沙县开展“同心·彩虹”教育、医疗、乡村振兴帮扶活动，送去医疗和教育资源，3人参加。8月，民进东城区委组织会员向门头沟、房山两区先后捐赠各类救灾物资共计3.49万元。10月23日，民进东城区委携手东城区文化馆、前门街道文化志愿者服务站共同举办“爱满民进 情暖重阳”重阳节慰问活动，为养老驿站老人80人送去琴书、相声、京剧、舞蹈、魔术等文化节目，共8人参加。11月30日，民进东城区委参加中共东城区委统战部组织的到史家营乡卫生院义诊帮扶活动，4人参加。2023年，民进东城区委获“爱心文化种社区”文化志愿服务项目先进共建单位称号。

（陈颖）

中国农工民主党北京市东城区委员会

【概况】中国农工民主党是以医药卫生、人口资源和生态环境以及相关的科学技术、教育领域高、中级知识分子为主，具有政治联盟特点的中国特色社会主义参政党，是接受中国共产党领导、同中国共产党通力合作的亲密友党。中国农工民主党北京市东城区委员会（简称农工党东城区委）内设主任委员1人，副主任委员5人，委员21人（含主任委员、副主任委员）。有基层支部25个，党员1111人，其中年度新发展党员28人。2023年，农工党东城区委加强思想建设、组织建设、制度建设，开展调研工作，积极参政议政。农工党东城区委获农工党北京市委“2023年度先进集体”、“8+1”行动十周年社会服务工作先进集体、区政协授予的“2023年度政协工作创新奖——界别活动创新奖”，党员52人获农工党北京市委“2023年度优秀党员”荣誉称号。

（梁轩）

【思想宣传】2023年，农工党东城区委加强思想宣传工作。将“凝心铸魂强根基 团结奋进新征程”主题教育作为全年工作主线，制订工作方案，成立领导小组，召开动员部署会。5月，组织全体区委委员、支部主委参观斯诺故居展，观看斯诺纪录片，阅读《红星照耀中国》一书，寻着红色文化足迹，了解中国共产党的成长奋斗史。开展政治理论学习，参加农工党北京市委理论征文活动，申报理论征文3篇。参与“农工记忆·口述历史”专项工作，开展老党员口述历史采集。以线上线下形式，组织党员参加市政协全国两会精神宣讲、农工党北京市委新语大讲堂。开展“寻文脉铸同心”品牌活动，在红色地标上开展“同心大讲堂”现场教学，组织党员参观《新青年》编辑部旧址，了解马克思主义在中国早期传播的历史；参观北大二院旧址，感受中国共产党早期发展的艰辛路程和光明前景；参观农工党中央党史馆，深入学习中国共产党与农工党风雨同舟、患难与共光辉历程；参观蒙藏学校旧址，感受中国共产党人在统一战线和民族工作上取得的伟大成就。

（梁轩）

【组织建设】2023年，农工党东城区委聚焦人才队伍培养和提升党内监督实效，建好用活“同心加油站”，搭建交流平台，组织建设迈上新台阶。坚持人才强党，对市属医院高级职称专家队伍和区属医疗机构中的党员进行再梳理，就代表性人士队伍建设工作中存在的问题征集意见建议。完成支部届中调整，协助4个支部调整支部主委。推荐党员1人加入区青联。全年发展新党员28人，其中硕士以上学历14人，占比50%；主界别15人，占比54%。增强交流互动，在和平里医院党员之家开展2场“同心加油站”活动。5月，成立东城区农工党第二个党员之家，再建党员学习交流活动新平台。妇委会牵头组织“颐和

4月，农工党东城区委在延庆区“梦起源”滑冰馆挂牌“农工党东城区社会服务工作委员会活动基地”（杨凯摄）

园建筑的营造智慧”现场教学；在农工党开展的“环境与健康宣传周”期间，组织参观北京科技中心“众心向党自立自强——党领导下的科学家”主题展。抓好党内监督，成立内部监督委员会，召开内部监督委员会第一次工作会议，学习内部监督制度，明确监督工作的着力点。监督委成员列席班子民主生活会、述职和民主评议会及区委重大活动。

（梁轩）

【参政议政】2023年，农工党东城区委着力议政建言。在区政协大会上，作题为《创新居家社区医养服务模式 丰富发展“三边四级”就近精准养老服务体系》大会发言。参加区政协养老专题协商议政会，1人代表党派发言。副主委等2人参加区党派团体协商通报会，围绕体医融合、体教融合、优化营商环境等建言东城区社会经济发展。农工党东城区委获区政协颁发的党派团体界别优秀提案奖、《关于加快推进重点功能区建设 夯实打造文化金三角的建议》获委员优秀提案奖、3人获“优秀政协委员”称号、2人获“优秀社情民意信息工作者”称号。2人获农工党北京市委“参政议政工作先进个人”。开展调查研究，按照领导班子成员牵头负责调研工作的制度要求，主委负责整体调研方向和把握进度，其他班子成员分别牵头负责区委2023年度6个立项课题。根据课题组需求，组织现场调研4次，召开2场座谈交流会，参加区政协长期护理保险调研座谈。全年，形成调研报告6篇，2篇转化为党派提案。加强社情民意工作，19个支部党员54人共报送信息149篇，其中《增强在藏干部工作获得感》等2篇被全国政协采用，《充分发挥中医抗疫优势》1篇被中央统战部主办期刊采用，《推进碳中和》等12篇被农工党中央采用。

（梁轩）

【社会服务】2023年，农工民主党创建“一地一队双品牌”社会服务工作新机制，以社会服务专委会牵头，前往延庆区挂牌“农工党东城区委社会服务工作委员会活动基地”，成立“同心服务团”党员服务队，形成以基地为主阵地，以“同心服务团”党员服务队为依托，以“健康京郊行”“爱心撑起微笑的伞”为品牌的社会服务工作新格局。服务东城民生，学雷锋日前夕，“同心服务团”党员服务队在建国门社区开展首场服务活动，党员服务队成员入户为卧床老人和行动不便的居民开展健康咨询和义务理发服务。教师节前夕，到史家小学分校，为教职员工送健康。在爱耳日、世界睡眠日、糖尿病日、重阳节等，开展“老年性耳聋耳鸣及其防治”“打呼噜是不是病”健康讲座和义诊服务。助力乡村振兴，4月，在延庆区“梦起源”滑冰馆开展活动，为从事冰雪运动的教练员和运动员送去健康。10月，到延庆监狱开展“健康京郊行”活动，为监狱民警及其他工作人员提供义诊咨询。持续开展“爱心撑起微笑的伞”品牌活动，党员26人第五次到密云区福利院开展敬老服务。组织医务党员7人到辽宁省盘锦市人民医院开展“乡村志愿行”义诊活动，为当地群众70余人提供内科、外科、耳鼻喉、中医等科目问诊咨询，并围绕医保结算对当地医生进行业务培训。以文化部支部牵头，组织文艺队、医疗队共计20余人到京东古镇古北口镇河西村进行文艺演出和义诊联动。驰援抗洪救灾，面对灾情，向各支部下发《关于落实防汛救灾倡议书的通知》，共收到支部和党员个人名义捐款2.73万元。桥牌支部向门头沟区妙峰山镇捐赠100件毛毯和30箱面包，社科院支部、教育支部到门头沟雁翅镇泗家水村，进行现场救灾捐赠和支援帮扶。

（梁轩）

中国致公党北京市东城区委员会

【概况】中国致公党是以归侨、侨眷中的中上层人士和其他有海外关系的代表性人士为主组成的、具有政治联盟特点的政党，是中国共产党领导的多党合作和政治协商制度中的中国特色社会主义参政党。中国致公党北京市东城区委员会（简称致公党东城区委）有主委1人，副主委5人，秘书长1人，委员14人。设8个专委会。基层支部13个，党员563人。区特约监察员、监督员3人。2023年，围绕“凝心铸魂强根基、团结奋进新征程”主题教育开展活动，推动教育成果不断深化。围绕市、区中心工作，积极参政议政，参加民主协商，增进政治共识，开展社会服务。区委第四、五支部获致公党北京市委宣传思想工作先进集体，4人被授予“宣传思想工作先进个人”称号。

（王宁）

【思想建设】3月30日，致公党东城区委采取线上线下相结合的方式召开三届七次主委会暨理论学习中心组学习，全体班子成员参加，讨论并通过致公党东城区委2023年度工作计划并学习全国两会精神。6月2日，致公党东城区委采取线上方式召开三届八次主委会，全体班子成员参加，通过《致公党东城区委开展“凝心铸魂强根基、团结奋进新征程”主题教育工作方案（草案）》。6月16日，致公党东城区委接待致公党中央副主席，致公党北京市委主委闫傲霜一行到东城区开展主题调研座谈会，致公党东城区委专题汇报主题教育开展情况，党员代表6人进行交流分享。8月23日，致公党东城区委组织界别政协委员和区委委员、支部主委在中国紫檀博物馆开展“主题教育”暨“京致阅读”活动，参观馆藏中国传统古典家具珍品、古代建筑摹本、微缩古建模型等，东城区政协党组书记、主席汤钦飞出席。8月23日，致公党东城区委召开第三季度理论学习中心组的学习。10月23日，致公党东城区委召开第四季度理论学习中心组学习暨三届十次主委会。10月27日，致公党东城区委以线上形式召开三届十一次主委会，全体班子成员参加，会议通过致公党东城区第三届委员会内部监督委员会产生原则和程序，并酝酿内部监委会初步提名人选名单。12月28日，致公党东城区委与中煤地生态环境科技有限公司在中国社科院拉丁美洲研究所开展“主题教育”联学共建座谈，致公党东城区委党员智库专家4人分别从国际贸易、地区特点、国家政策、双碳经济、国企出海等方面提出建议。全年，各支部以各种形式开展学习和活动，加强思想建设，提升组织凝聚力。

（王宁）

【组织建设】2月23日，致公党东城区委召开领导班子民主生活会，主委代表领导班子作对照检查，领导班子成员逐一发言，围绕主题进行对照检查，开展批评与自我批评。同日，先后召开2022年度工作总结表彰大会和领导班子述职及民主评议会。3月7日，致公党东城区委联合海淀区委在北京市实验职业学校举办“做智慧女性，创美好生活”活动。4月23日，致公党东城区委在王府井新华书店举办纪念“五一口号”发布75周年——“京致阅读”活动。5月10日，致公党东城区委在北京医院召开北京医院支部委员会成立大会，会议选举产生第一届北京医院支部委员会主任委员1人，委员2人。5月14日，党员40余人参加致公党北京市委举办的运动会并获团体总分第二名。6月20日，中信支部在中信证券京城大厦召开支部届中增补委员选举会议暨开展“书香支部——京致阅读”活动，会议增补支部委员1人。7月1日，第四支部在东城区智德社区居委会活动室，以线上线下相结合的方式召开届中增补副主委选举会议，增补支部副主委1人。10月23日，致公党东城区委在平谷区全国中药材生态种植示范基地举办“共享华夏瑰宝、守护自身健康”——重阳节中医药及健康讲座活动。11月5日，第一、三、八支部联合举办“书香支部—京致阅读”暨纪念抗美援朝战争胜利70周年座谈会并观看影片《志愿军：雄兵出击》。12月28日，致公党东城区委承办的2023年第四季度东城区各民主党派“同心大讲堂”在中国社科院拉丁美洲研究所举行，党员2人分别进行题为《对当前国际形势的思考》《中轴线上的大思政——段祺瑞执政府》的讲座。12月30日，致公党东城区委在金隆基大厦召开董氏集团支部委员会换届选举会议，选举产生新一届董氏集团支部委员会主任委员1人，委员2人。

（王宁）

【民主协商】2023年，致公党东城区委注重民主协商工作。1月11日，专职副主委1人参加东城区党外人士迎新春座谈会。7月24日，主委1人参加中共东城区委召开的党派团体协商通报会，就中共东城区委常委会工作报告发表意见建议。12月18日，班子成员2人参加东城区党派团体协商通报会，主委代表致公党东城区委对中区东城区委、区政府工作报告草案发表意见建议。

（王宁）

【调研与提案】2023年，致公党东城区委加强调研工作。7月3日，联合民革东城区委召开《完善老年友好型健康服务体系，积极应对人口老龄化》调研课题开题会。参与协调配合各支部、专委会完成《养老服务模式创新研究》《东城区文化品牌体系化建设研究》《关于东城区加强老旧小区综合治理的研究》《进一步优化东城区生活垃圾分类管理的建议》4篇区级调研。党员参与致公党北京市委调研申报并立项3篇，其中《北京数字经济发展研究》获中共北京市委统战部二等奖。在东城区政协第十五届三次会议上，致公党东城区委提交的《关于打造东城区文化产业数字化示范区的建议》被评为党派团体优秀提案；致公党界别开展的“深耕界别特色、精选活动开新局”活动获界别活动创新奖；致公党东城区委提交党派提案2件，委员1人代表致公党界别作题为《关于东城区加强老旧小区综合治理的建议》的大会发言。

（王宁）

【社情民意信息】2023年，致公党东城区委向各级部门报送社情民意信息90余篇，全国政协采用1篇，市领导批示3篇，致公党中央采用7篇，中共北京市委统战部采用5篇，市政协采用31篇，致公党北京市委采用51篇，中共东城区委统战部采用50篇，区政协采用35篇。3月23日，中共东城区委统战部举办年度统战信息工作总结表彰会，致公党东城区委被评为2023年度东城区统战系统信息优秀工作单位二等奖，党员1人被评为东城区统战信息工作特殊贡献奖，党员1人被评为东城区统战信息工作优秀信息员。在东城区政协第十五届三次会议上，致公党东城区委获东城区政协年度社情民意信息工作先进单位。

（王宁）

【社会服务】2023年，致公党东城区委联合多单位举办“致惠公益”助力乡村振兴消费帮扶直播，共同向东山社区卫生服务中心捐赠价值10万元便携式B超机1台，向六德乡中心小学捐赠12台空气净化器、100个帆布背包以及329双童鞋。董氏支部主委向东城区东四街道的老年人捐赠米面价值3.98万元，向遭遇地震灾害的甘肃省临夏回族自治州捐献价值985.35万元的物资。全区致公党党员向房山区史家营乡人民政府捐款5000元，用于当地灾后重建工作。党员参加各类义诊帮扶活动10余次。

（王宁）

【参加重要会议】3月30日，区委班子成员2人参加区委统战部举办的“讲家国故事·续统战华章”——“同心东城”启动仪式。4月20日，班子成员1人参加“强统筹、聚合力、汇资源、促服务”——东城区域化统战工作暨基层统战工作创新试点启动仪式。6月20—21日，班子成员2人及党员骨干9人参加东城区民主党派代表人士、党外干部培训班。7月19日，致公党东城区委骨干党员7人参加中共东城区委统战部联合区社会主义学院举办的2023年东城区统一战线建言信息培训班。9月21日，区委委员1人参加东城区经济高质量发展专题议政会。

（王宁）

九三学社北京市东城区委

【概况】九三学社是以科学技术界高、中级知识分子为主的具有政治联盟特点的政党，是接受中国共产党领导、同中国共产党通力合作的亲密友党，是中国共产党的好参谋、好帮手、好同事，是中国特色社会主义参政党。九三学社北京市东城区委员会（简称九三学社东城区委）有主委1人，副主委5人，委员14人，下辖妇女、青年、参政议政、老龄4个工作委员会，以及北京东城九三书画院。有基层组织25个，其中直属基层支社21个，直属委员会1个，委员会所属基层支社3个。有社员1247人，全年发展新社员52人。2023年，九三学社东城区委开展“凝心铸魂强根基 团结奋进新征程”主题教育，围绕市、区两级中心任务，带领社员履行参政议政、民主监督、参加中国共产党领导的政治协商等职能，开展“学原文 悟原理”学习活动，开展区内义诊2次，慰问培智学校2次，送科普进属地1次，援助房山区受灾群众。全年，10人获九三学社中央2021—2022年参政议政先进个人称号；“喜迎二十大 奋进新时代”主题活动获区政协2022年度届别活动创新奖；九三学社届别委员工作室获2022年度委员工作室特别奖。社员1人被聘为北京市人民政府特约监督员；社员2人被聘为东城区第八届特邀监督员。

（卢迪）

【思想建设】2023年，九三学社东城区委加强思想建设。3月15日，东城第一综合支社开展全国两会精神线上学习活动，社员7人参加。3月17日，九三学社东城区委组织社员50余人参加“同心大讲堂”，听民革界别全国政协委员讲解全国两会精神。3月19日，生态环境部支社举办两会精神专题学习，邀请九三学社东城区委机关干部1人讲解社章，社员24人参加。4月至5月，开展纪念中共中央发布“五一口号”75周年“五个一”系列活动，以回忆历史事件、听九三学社中央领导讲课、撰写主题征文、寻访区内先贤足迹和联合表态等形式加强社员思想建设，各基层组织积极参与。5月4日，交通运输部支社、国家

重阳节，董氏支部向东四街道的老年人捐赠米面等生活用品（王宁摄）

4月至5月，九三学社东城区委开展纪念中共中央发布“五一口号”75周年“五个一”系列活动（卢迪摄）

体育总局支社、中国食品药品检定研究院支社等30余人，到北京公交集团开展跨界别联学。5月5日，高等教育出版社支社举办纪念中共中央“五一口号”发布75周年讨论会，社员10人参加。9月5日，九三学社东城区委举办“凝心聚魂强根基 团结奋进新时代”主题教育暨“月聚·悦读”活动，社员3人分别分享书法的文化价值、中轴线古代建筑、中医医学知识等。东城区政协、中共东城区委统战部有关领导，九三学社东城区委有关人员40余人参加。10月16日，老龄工委组织开展主题教育观影活动，社员14人参加。12月11日，九三学社东城区委联合九三学社宁夏固原市委召开“凝心铸魂强根基 团结奋进新征程”主题教育学习研讨会，并落实九三学社北京市委和九三学社宁夏区委签署的“京宁合作”项目，有关人员8人出席。2023年，社员1人入选九三学社中央参政党研究中心研究员，2人入选九三学社中央思想建设研究中心研究员，4人入选九三学社北京市委理论研究会研究员，参与市级理论研究课题2项。社员撰写的《试论全过程人民民主中参政党成员的全过程履职》被中共北京市委统战部评为2022年度北京市统战理论研究与调查研究优秀成果三等奖。

（卢迪）

【组织建设】2023年，九三学社东城区委召开主委会2次，全委（扩大）会2次。1月，九三学社东城区委召开区委全委（扩大）会，开展领导班子述职与民主评议工作，同时召开领导班子年度民主生活会。4月9—10日，生态环境部支社3人到九三学社浙江衢州市委调研并交流经验，九三学社北京市委、九三学社北京市东城区委领导班子成员各1人参加。6月9日，九三学社中国中医科学院委员会及所属第一支社、第二支社、第三支社召开成立大会，选举产生委员会及所属3个支社第一届委员会，中国中医科学院、九三学社北京市委、中共东城区委统战部等领导6人，九三学社东城区委主委及社员40余人参加。7月21日，九三学社北京市委主常委暨理论学习中心组到中国中医科学院调研九三学社东城区委社务工作。九三学社中央副主席、九三学社北京市委主委刘忠范，九三学社北京市委副主委3人，九三学社北京市委常委2人出席，九三学社东城区委主委及有关人员参加列席。7月31日，社员3人当选东城区第七届青联委员。8月24日，九三学社东城区委召开主委会，讨论九三学社东城区委专职副主委、区委委员、秘书长候选人问题。10月21日，北京东城九三书画院成立，九三学社北京市委专职副主委，九三学社东城区委领导班子成员1人出席，九三学社中央书画院、北京九三书画院骨干社员10余人参加。11月27日，九三学社东城区委走访北京医院组织处。

（卢迪）

【政党协商】2023年，九三学社东城区委注重政党协商。7月24日，九三学社东城区委主委等2人参加东城区党派协商通报会，提出三点建议：充分发挥统战部“同心东城”品牌的影响力，聚焦东城特色，体现多党合作特质；打造前门文化名片，科学保护奋章胡同53号院郝寿臣故居；进一步优化社区养老服务机制。12月18日，领导班子成员2人参加中共东城区委党派团体协商通报会，肯定东城区年度各项工作成绩及区委、区政府工作报告，提出四点建议：建议利用优势资源，大力推进招商引资；建议东城区卫健委在“杏巷”建设方面更加注重政策落地实施；建议区民政局等单位加快东城区3岁以下幼儿“托育服务体系”建设；建议东城区民政局进一步优化养老服务机制落实。

（卢迪）

【调研与提案】2023年，九三学社东城区委加强调研，推动调研成果转化为提案。1月3—6日，向东城区政协第十五届二次会议，提交4份党派提案，被评为区政协2022年度社情民意信息工作先进单位，党派提案《关于增强东城区中医儿科服务能力与特色的提案》获评2022年度党派团体优秀提案，4人被评为2022年度区政协优秀政协委员称号，3人获2022年度区政协优秀社情民意信息工作者称号。3月25日，召开2023年度调研课题线上开题论证会，领导班子成员2人出席，社员18人参加，14个立项课题进行开题汇报。7月18日，到中铁建十六局开展同心议政会活动，调研北京周边传统村落改造问题，领导班子成员1人出席。8月至9月，组织骨干社员10余人参与区级专题协商，参加区情通报会1次，到区发改委、区投促中心调研1次，2人在区级专题议政会上就东城区经济高质量发展问题作重点发言。10月25日，召开年度调研课题结题在线论证会，领导班子成员3人出席，调研课题组负责人10人到会发言，14个课题全部完成调研，转化区级党派提案3篇，申报区政协大会发言1篇。全年开展区级党派实地调研1次，线上专题调研1次，线上区级问卷调研7批次。

（卢迪）

【社情民意信息】3月23日，在中共东城区委统战部举办2022年度统战信息工作总结表彰会上，九三学社北京市东城区委获2022年度东城统战信息优秀工作单位二等奖，社员3人获得2022年度东城区统战信息工作特殊贡献奖，1人获得2022年度东城区统战信息工作优秀信息员称号，1人作为“紫金同心议事厅”统战智库专家代表作典型发言。全年上报社情民意信息176篇，主要涉及经济发展、城市管理、社会建设等领域，其中88篇被各级单位采编，9篇被社中央采编，35篇被北京市政协采编，8篇被中共北京市委统战部采编，55篇被中共东城区委统战部采编，4篇获市级主要领导批示。

（卢迪）

【社会服务】1月至2月，九三学社北京市东城区委联合基层支社慰问资深社员54人。3月5日，妇工委在中国妇女儿童博物馆举办“九三巾帼建新功科学奉献促健康”科普活动，九三学社北京市委副主委，九三学社北京市委、中共东城区委统战部、东城区妇联领导出席，女性社员近60人参加。4月9日，组织医生18人、社员律师3人到前门街道开展区内义诊与法律咨询暨同心服务团活动，活动持续2.5小时，服务居民100余人次。5月19日，社员1人为东城培智学校体育节活动提供医疗服务。6月23—25日，中国中医科学院第三支社2人到山西省吕梁市中医院、吕梁市柳林县医院开展主题教育义诊活动。9月16日，组织医生社员9人到东华门街道开展区内义诊暨同心服务团活动，活动持续1.5小时，服务居民150余人次。10月8日，中国中医科学院第三支社联合望京医院心血管内科在望京西园四区义诊，社员4人参加。10月8—11日，领导班子成员1人参加九三学社中央在贵州省毕节市开展的医疗帮扶活动。11月30日，联合龙潭街道举办“送科普进属地”活动，社员1人线上分享“漫谈中轴线建筑”，龙潭街道居民30余人参加。11月，响应中共东城区委统战部号召，向各基层组织征集捐款，社员440人捐款6.14万元，定向捐助房山区史家营乡人民政府救灾重建，社员3人到房山区史家营乡卫生院开展义诊。

（卢迪）

【社务活动】2月9日，老龄工委召开年度工作计划会议。2月17日，青工委开展“走进”活动到国家博物馆参观。2月28日，老龄工委召开电信网络诈骗防范和应对线上专题讲座，社员27人参加。4月15日，东城金融支社集中学习社章和《劳动法》，社员10余人参加。5月13日，东城信息通信支社参观北方车辆研究所，社员13人参加。5月21日，东城法律支社联合老龄工委宣讲《中华人民共和国民法典》。7月19日，老龄工委、参政议政工委举办“交通无障碍环境建设的国内外实践”线上讲座，领导班子成员1人出席，社员20余人参加。8月，九三学社东城区委主委陪同社中央原主席韩启德、社中央常务副主席邵鸿等领导到中国美术馆观展。9月1日，召开三届第五次全委（扩大）会议，九三学社东城区委主委，副主委4人出席，九三学社东城区委委员、支社主委、支社代表、党派调研课题组代表等26人参加。同日，中国中医科学院第二支社联合中国医学科学院医药生物技术研究所支社、药物研究所支社、药用植物研究所支社举办“汇聚九三智慧，探讨药物研发趋势”联学，社员35人参加。9月17日，东城信息通信支社举办成立两周年庆祝活动，领导班子成员1人出席，社员19人参加。11月7日，交通运输部支社到中交水运规划设计院有限公司，参观调研中交集团“姜俊杰工作室”。11月19日，东城金融支社联合青工委举办“撰写社情民意信息和形象设计与服装搭配”主题活动，社员10余人参加。12月12日，中国中医科学院委员会到中粮营养健康研究院开展“大健康产学研调研”主题活动，领导班子成员1人出席，社员10余人参加。12月14日，东城法律支社组织“如何识别和选聘律师”专题讨论，社员30余人参加。全年，组织骨干开展“五社”学习课程体系，宣传社章、社务、社费、社史、社情民意的有关知识，开展各类学习活动9次，累计参加人数300余人次。联合东城区侨联开展6次云讲堂系列活动，邀请社员6人线上分享中药知识、北京警察史、大气质量、版画、新西兰华侨史、北京古建等领域知识，180余人次参加。将社务工作与中共东城区统战部“同心东城”项目融合，累计举办“同心大讲堂”6次，“同心加油站”10次，“同心服务团”5次，“同心议政会”1次，1200余人次参与。

（卢迪）

台湾民主自治同盟北京市东城区委员会

【概况】台湾民主自治同盟是由台湾省人士组成的社会主义劳动者、社会主义事业建设者和拥护社会主义爱国者的政治联盟，是接受中国共产党领导、同中国共产党通力合作的亲密友党，是中国共产党领导的多党合作和政治协商制度中的中国特色社会主义参政党。台湾民主自治同盟北京市东城区委员会（简称台盟东城区委）有盟员98人，设台盟中央、全国台联、在职、乐龄4个支部，有区委委员9人，主任委员1人、副主任委员4人，其中常务副主委1人。2023年，台盟东城区委紧紧依靠、团结带领东城区广大盟员，结合全年工作实际和“凝心铸魂强根基、团结奋进新征程”主题教育方案，以开展“同心东城”品牌系列活动为抓手，切实加强理论武装，巩固政治共识，强化责任担当，推进自身建设，把多党合作所长与东城的中心大局所需结合起来，围绕首都“四个中心”功能定位和东城区政治、经济、文化、社会和生态文明建设，建言献策、议政发声，为全速推进“崇文争先”，全力做实“六字文章”贡献力量，完成各项工作任务。

（王玉燕）

【思想建设】2023年，台盟东城区委进一步做好宣传思想建设工作。2月6日，台盟中央宣传部到台盟东城区委调研宣传思想工作。与会盟员对加强思想引领，做好宣传思想工作等提出意见建议。3月19日，组织盟员35人参加“两台”全国两会精神报告会。3月31日，乐龄支部联合台盟朝阳区工委退休支部组织盟员14人开展“矢志不渝跟党走、携手奋进新时代”政治交接主题教育参观活动，参观国家博物馆的“源·缘——闽台艺术展”和文保单位“皇史宬”。4月11日至5月6日，盟员7人参加民主党派市委委员轮训班。4月20日，盟员2人参加“强统筹、聚合力、辉资源、促服务”东城区域化统战工作启动仪式。4月21日，常务副主委和专职干部2人参加台盟市委组织工作会，探讨如何做好新时期组织工作、加强支部建设、发挥支部作用。5月16日，盟员1人参加中共北京市委统战部举办的“博物馆里的百年统战”读城系列活动启动仪式。6月20—21日，组织领导班子及骨干成员5人参加2023年东城区民主党派、无党派代表人士培训班。全年共报送工作动态类综合信息32篇，发布公众号文章31篇；参与台盟市委组织的各类活动。征集文稿、视频等作品18个；组织盟员及机关干部参加各级部门组织的线上、线下纪念活动及学习培训班共400余人次。

（王玉燕）

【组织建设】2023年，台盟东城区委加强组织建设。2月10日，领导班子召开“做实‘六字文章’，加强自身建设”民主生活会，报告上一次民主生活会整改措施落实情况，领导班子成员5人分别对照分工职责和《履职情况参照表》，进行自我剖析，台盟东城区委会召开2022年述职与民主评议会，主委代表区委领导班子述职，主委班子成员分别进行个人述职。2月10日、2月18日、5月27日、8月10日、12月19日分别召开台盟东城区委三届九次、十次、十一次、十二次、十三次主委会。2月15日，常务副主委等机关干部2人到访台盟西城区委机关，与台盟西城区委机关干部就支部换届调整、民主生活会制度等工作进行座谈。3月3日、6日分别召开支部工作会。6月9日，盟员及入盟积极分子4人参加台盟市委“走近台盟、认知台盟”入盟培训活动，参观台盟历史陈列馆、进行座谈交流。7月21日，台盟东城区委委员7人参加台盟市委年度第一次区级组织联席会。8月、10月，分别填写台盟中央盟员基本情况问卷调查17份和组织信息采集表。9月22日，组织盟员8人参加台盟中央中秋音乐会。10月23日，组织盟员11人参加台盟市委重阳节参观大运河森林公园活动。11月2—4日，常务副主委1人参加台盟中央领导班子思想政治建设工作会。春节、中秋节前夕，领导班子慰问离退休老盟员20余人次。全年考察推荐青年盟员2人作为区青年联合会第七届委员会委员建议人选，推荐盟员1人为市中华职教社换届人选、1人为巾帼志愿者和首都学雷锋“五个100”先进典型、2人担任首批区政协文史资料工作专员，报送祝福台盟成立76周年视频2件，发展新盟员1人。

（王玉燕）

【调研与提案】2023年，台盟东城区委加强调研，建言献策。1月3—6日，盟员及台胞8人参加区政协十五届二次会议，参加1月4—6日召开的区人大十七届三次会议，提交《关于完善东城文物保护，发挥涉台文物独特作用的提案》党派提案，盟员1人代表台盟东城区委以《挖掘京城传统文化，筑牢民族共同体意识》为题的区政协大会发言，提交人大代表建议5件，政协委员个人提案8件，立案6件；在区政协十五届二次会议上，《关于恢复地坛西门绿地、保护古坛风貌的提案》被评为2022年度党派团体优秀提案，1人被评为2022年度优秀政协委员，1人被评为2022年度优秀社情民意信息工作者。2月9日，副主委2人参加台盟市委参政议政评审会。4月26日，在台盟市委专门工作委员会成立大会暨参政议政总结表彰会上，盟员25人担任新一届台盟市委六大专委会职务，其中3人担任专委会主任、1人担任专委会副主任、4人担任专委会顾问、17人担任委员。5月17日，召开民建、台盟东城区委《推进文博领域数智化保护利用工作的建议》联合调研课题开题会；9月14日，联合调研课题组到钟鼓楼、法海寺壁画艺术馆、“RE 睿·国际创忆馆”等地调研文博领域数智化保护利用情况。5月27日，参政议政专委会召开年度第一次参政议政会，讨论部署全年参政议政工作。全年区委开展调研3项，其中《关于东城区推进文博领域数智化保护利用》调研报告转化为区政协党派团体提案，《聚焦民生基础保障，推动成片区老旧小区改建项目落地》调研报告转化为市政协专题议政会的重点议题发言，《关于北京市灾后重建工作的调研报告》受到中共东城区委统战部、台盟市委等领导单位的高度关注；召开调研工作会5次，与相关单位座谈8次；盟员参与台盟市委调研5项，盟员1人被聘为北京市“十四五”市级专项规划相关专家。

（王玉燕）

【民主协商】2023年，台盟东城区委推进民主协商工作。1月11日，领导班子成员2人参加东城区党外人士迎新春座谈会。5月19日，1人参加区政协提升养老服务品质打造幸福宜居东城专题议政会。7月24日，领导班子成员2人出席东城区党派团体协商会，主委就中共东城区委常委会工作报告征求意见稿发表意见，并围绕全区各项事业发展提出“让核心区黄金地段释放钻石效益”“在东城区城市更新工作中加强绿建技术应用”两点建议。8月15日，盟员及专职干部5人参加中共东城区委统战部助力经济高质量发展专题议政会实地调研和东城区域经济高质量发展区情通报会；会后，提交《基于“四个服务”的促进东城区中小企业发展》议政会稿件。8月31日，组织台盟界别政协委员到东四奥林匹克社区活动中心，与东四街道社区干部围绕街道党建引领、社区发展、环境治理、接诉即办等话题进行座谈。12月5日，书面反馈对区政协《关于征求区政协有关人事事项协商意见的函》的协商意见。12月18日，领导班子成员2人出席东城区党派团体协商会，主委就中共东城区委、政府工作报告中的东城发展方面提出三点建议。12月19日，常务副主委1人参加“紫金同心议事厅”成立两周年活动暨2023年第五期研讨会。12月26日，就区检察院检察长、区人大常委会委员候选人建议人选反馈书面意见。

（王玉燕）

【民主监督】2023年，台盟东城区委加强民主监督工作。1月4日，盟员2人为区级“两员”重点联系单位进行2022年度落实全面从严治党主体责任情况评议。2月2日，盟员2人参加体育馆路街道“以案为鉴 以案促改”警示教育大会。3月15日，盟员1人参加体育馆路街道2023年工作部署暨党风廉政建设工作会议。3月28日，盟员1人参加北京市第三中级人民法院北京市消费者协会新能源汽车案件审判观察新闻通报会并作点评。5月19日，盟员1人被北京市城市管理综合行政执法局聘任为市级城管特约监督员；9月20日，盟员1人参加北京市城管执法局特约监督员活动。全年盟员中各级部门特约监督员、特约监察员、特约检查员、特邀建议人在东城区开展的党风建设、廉政监督工作中积极发挥作用，建言献策，参加相关会议及活动20余人次，提出各类日常监督类意见建议40余条。

（王玉燕）

【社情民意信息】2023年，台盟东城区委做好社情民意信息工作。3月23日，在2022年度统战信息工作总结表彰会上，获区统战信息优秀工作单位三等奖、获首次设立的区统战信息工作进步奖，1人获区统战信息工作特殊贡献奖，1人被评为区统战信息工作优秀信息员。4月26日，在台盟市委专门工作委员会成立大会暨参政议政总结表彰会上，青年盟员1人以《在反映社情民意信息中，坚持“三个聚焦”做好“三个结合”》为题作报告。7月11日，2人到前门地区参加区政协社情民意信息工作调研活动。7月19日，4人参加中共东城区委统战部建言信息专题培训班。11月10日，1人参加中共东城区委统战部信息工作推进会暨培训会。全年收到社情民意信息87条，报送83条，其中57条被中共东城区委统战部、区政协、台盟市委采用；14条被市政协采用。

（王玉燕）

【社会服务】1月至5月，台盟东城区委第11年助力台盟市委“助梦启航”捐资助学活动，组织动员全区盟员及机关干部共45人为门头沟区贫困学生捐款6100元。8月，面对京津冀多地遭遇强降雨天气，台盟东城区委转发台盟市委致全市盟员倡议书，全区盟员23人及机关干部向门头沟区、房山区等受灾地区及北京市慈善总会捐1.2万元，其中7760元通过台盟市委购买各类亟需物资捐赠给门头沟灾区、4380元通过中共东城区委统战部捐赠给房山区史家营乡用于救灾重建支出。9月26日，在中秋、国庆两节前夕，主委等带领“同心服务团”赴房山区史家营乡金鸡台村、底下芦村慰问受灾群众家庭。11月30日，常务副主委1人在“携手同心共聚合力 东城房山同舟共济”对口帮扶座谈会上发言。12月19日，在甘肃省临夏州积石山县发生6.2级地震后，台盟市委呼吁各区级组织捐款，支援灾区受难群众，台盟东城区委积极响应，及时发动盟员及机关干部为受灾地区捐款，共有盟员65人及机关干部参与捐助活动，共收集到捐款1.16万元，通过台盟市委捐赠给灾区群众。盟员4人被北京市人民检察院聘为“益心为公”检察云平台公益保护志愿者。

（王玉燕）

【主题教育活动】2023年，台盟东城区委深入开展主题教育。5月12日，常务副主委1人参加台盟中央“凝心铸魂强根基、团结奋进新征程”主题教育动员会。5月19日，主委在台盟市委“凝心铸魂强根基、团结奋进新征程”主题教育动员会上作《以更有力举措把“凝心铸魂强根基、团结奋进新征程”主题教育引向深处》发言。5月27日，召开三届六次台盟东城区委会暨“凝心铸魂强根基、团结奋进新征程”主题教育动员会。7月2日，组织盟员8人参加台盟市委“凝心铸魂强根基、团结奋进新征程”主题教育活动暨纪念台盟北京组织成立74周年座谈会。9月5日，台盟北京市委主委、北京社会主义学院院长陈军调研东城区盟员企业北京东晟全联国际会展有限公司，与企业负责人座谈。9月13日，组织盟员8人到颐和园益寿堂参观中国共产党“进京赶考之路”主题展。11月3日，乐龄支部组织退休老盟员及台胞10人到北京西山大觉寺参观《追忆百年 红色记忆——大觉寺及周边红色史迹展》，开展主题教育系列活动——“忆先辈，奋进新征程”专题栏目，通过青年盟员撰写纪念文章分享老一辈盟员为国家而奋斗的感人故事；深入开展“学盟史，访前辈”主题教育活动，组织青年盟员走访老盟员，听老盟员讲台盟故事、讲多党合作故事。

（王玉燕）

【对台工作】2月3日，台盟东城区委常务副主委1人参加2023“高雄·北京特色周”在北京台湾会馆的开幕式。2月22日、11月7—8日，分别组织有关人员线上线下参加台盟市委第十五届、第十六届“交流与共享”研讨会。2月28日，主委1人在台盟中央“追忆·启示”——纪念台湾人民“二二八”起义76周年座谈会上作《历史真相不可湮灭 爱国主义薪火相传》为题的发言。3月4日，组织女盟员10人参加“两台”“情暖三月·健康生活”2023年乡情汇——妇女节联谊活动。3月29日，常务副主委1人参加区台办主办的年度京台垃圾消纳视频交流会。4月15日，组织青年骨干盟员2人参加台盟市委组织的京台青年读书会活动。8月23日，协办区政协港澳台侨委台海形势报告会，邀请清华大学台湾研究院院长围绕中共二十大以来中央对台政策及台海形势作专题辅导报告。11月15日，常务副主委1人参加区台办主办的对台工作会议。2023年，报送《中美元首旧金山会晤在台海问题上的几个看点》《关于加强中小学涉台教育 促进两岸融合的相关建议》等6篇涉台信息，在盟员群转发台盟市委《涉台教育》系列学习材料4次。

（王玉燕）

【“同心东城”系列活动】3月17日、5月6日，台盟东城区委组织骨干盟员25人参加中共东城区委统战部第十期同心圆大讲堂和观看纪念民盟先贤电影《望道》活动。3月25日，在清明节前夕组织骨干盟员及台胞台属14人到西山无名英雄纪念广场向无名英雄纪念碑敬礼献花，缅怀革命英烈，重温初心使命，由台盟历史系列丛书主编向盟员们讲解台籍先烈的光辉历史。3月30日，协办东城区多党合作工作品牌“同心东城”系列活动启动仪式举行，主委在“昨日东城——同心追述”环节，讲述他的父亲陈炳基和台湾会馆的故事。4月26日、8月1日、11月14日，4人次分别参加中共北京市委统战部京华同心大讲堂第一、第二、第三期。7月6日，承办中共东城区委统战部主办的东城区“同心大讲堂”暨“凝心铸魂强根基、团结奋进新征程”主题教育专题报告会，邀请北京工商大学马克思主义学院教授、全国台联特邀专家讲解二十大以来中央对台政策及台海形势，中共东城区委统战部领导及区各民主党派人士、党外干部共计80余人参与活动，报告会后，与会成员前往台盟历史陈列馆参观台盟盟

7月6日，台盟东城区委协办东城区“同心大讲堂”暨“凝心铸魂强根基、团结奋进新征程”主题教育专题报告会
（王玉燕摄）

10月21日，台盟东城区委与民革东城区委在天坛体育场足球场共同举办“同心”足球赛（王玉燕摄）

史展。9月，向中共东城区委统战部报送“同心东城”品牌活动阶段性总结。

（王玉燕）

【纪念“五一口号”发布75周年】4月19日，台盟东城区委与台盟西城区委联合组织盟员及机关干部到全国政协文史馆参观“人民政协光辉历程展”——中共中央发布“五一口号”75周年纪念展。4月26日、27日，分别组织盟员参加台盟市委、台盟中央纪念“五一口号”发布75周年座谈会。组织盟员参加台盟市委纪念“五一口号”发布75周年微信答题活动，获团体三等奖，2人获个人二等奖。4月27日，组织盟员参加“走进历史 赓续未来”——东城区政协纪念“五一口号”发布75周年暨文史工作学习部署会。全年开展和组织盟员参加纪念“五一口号”发布75周年系列会议活动5次，共计80余人次参加。

（王玉燕）

【“同心”足球赛】10月21日，台盟东城区委与民革东城区委在天坛体育场足球场共同举办“同心”足球赛，旨在以足球为媒介，搭建台盟、民革区委和在京台青、台生运动交流的平台，切磋球技，以球会友。台盟东城区委主委、民革东城区委主委等领导出席活动，来自北京4所高校的台湾学生、在京工作台湾青年、在京台胞和台盟盟员、民革党员25人参加比赛，部分台盟盟员、民革党员和在京台胞15人观看比赛。

（王玉燕）

东城区民主党派负责人

中国国民党革命委员会北京市东城区委员会主任委员　任雪峰

中国民主同盟北京市东城区委员会主任委员　柳学全

中国民主建国会北京市东城区委员会主任委员　张树华

中国民主促进会北京市东城区委员会主任委员　张　威（女）

中国农工民主党北京市东城区委员会主任委员　刘俊彩（女）

中国致公党北京市东城区委员会主任委员　李拥军

九三学社北京市东城区委员会主任委员　马国青（蒙古族）

台湾民主自治同盟北京市东城区委员会主任委员　陈小兵

人民团体

6 月 20 日，东城区举办第二届“时传祥杯”龙舟赛（区总工会提供）

东城区总工会

【概况】北京市东城区总工会（简称区总工会）是在区委领导下负责全区工会工作的人民团体，是党联系职工群众的桥梁纽带，基本职责是维护职工合法权益，竭诚服务职工群众。全区有工会组织1783个，覆盖单位8058家，会员18.3万人。2023年，东城区各级工会围绕全区工作大局和职工服务需求，推进“崇文争先”，做实“六字文章”，加强思想政治引领，在引导职工听党话、跟党走中展现作为；服务发展大局，在组织职工建功立业中凝聚力量；聚焦急难愁盼，在职工维权服务中传递温暖；强化自身建设，在夯实基层基础中焕发活力，各方面工作取得新进步，迈出新步伐。

（殷琼）

【强化职工思想引领】2023年，区总工会分期分批对工会干部进行集中轮训和专题培训，组织全区工会干部收看全总直播辅导。通过成立东城区劳模宣讲团、职工沟通会、基层调研等形式，把中央精神传达到全区职工群众中。开展工青妇领导班子主题教育联学研讨，落实“四下基层”工作制度，坚持问题导向，到基层调研35次，形成《东城区职工之家建设指导意见》等3项制度、《职代会工作指引》、深化普惠服务等方面新办法。加强原创文章和基层工会动态推送，微信公众号和微博累计发布内容2473篇，阅读量近300万人次。

（殷琼）

【围绕区中心工作加强经费使用】2023年，区总工会组织政府与工会联席会议，审议通过《关于围绕全区中心工作加强经费使用，服务全区大局的若干措施》。全年投入296万元开展送温暖、送清凉活动，走访慰问公安、交通、环卫、新就业群体等户外一线工作职工和劳模工匠、困难企业、困难职工。按照全区安排，投入130万元援助房山区灾后建设，投入58万元对内蒙古、西藏等对口支援地区开展消费支持。投入95万元会同区直机关工委、区体育局举办2023年职工运动会。组织“安康杯”竞赛活动，推动安全生产和火灾隐患大排查大整治学习宣传，参与职工4万余人。

（殷琼）

【劳模工作扎实推进】2023年，区总工会加强劳模选树，推荐评选劳动模范和工人先锋号等全国和首都先进个人15人、先进集体11个。创作10首工匠之歌在北京卫视、中工网等媒体传唱，邀请劳模担任垃圾分类宣传形象大使，举办“走进身边的劳模”活动，“三种精神”进校园，不断增强劳模影响力和荣誉感。做好劳模先进服务工作，组织劳模、市级以上优秀公务员、优秀共产党员、优秀党务工作者疗休养和劳模健康体检385人次。

（殷琼）

【产业工人队伍建设改革】2023年，区总工会召开两次协调小组工作推进会，组织成员单位完成产改80项指标。搭建职工技能提升平台，举办非遗创意、养老技能大赛，参与职工5000余人。持续推进在职职工素养技能双助推计划，帮助职工300余人圆大学梦。评选创新工作室10个、中药治疗更年期抑郁疗效研究等市级创新项目2个。推荐3家职工创新工作室代表北京参加第二届大国工匠创新交流大会，都一处餐饮有限公司吴华侠获全国技能人才最高奖项——全国技术能手，观典防务技术股份有限公司王小东获“北京大工匠”称号。

（殷琼）

【引导职工依法维权】2023年，区总工会突出工会调解“第一道防线”作用，成功调解劳动争议案件416件，涉及职工1131人，挽回经济损失4880万元。推动构建和谐劳动关系，在12家民营企业中开展“培育助推和谐劳动关系企业共同行动”和法治体检，东四街道和龙潭街道工会服务站成为全国和北京市首批基层劳动关系公共服务样板站点培育单位。

（殷琼）

【开展多层次集体协商】2023年，区总工会抓好区域行业企业多层次协商，全区签订集体合同企业6773家，建制率达97%，覆盖职工12万余人。东城区协商工作经验得到北京市总工会充分肯定，在全市集体协商竞赛中

4月21日，东城区举办五一国际劳动节表彰活动（区总工会提供）

获第三名。

（殷琼）

【推进厂务公开民主管理】2023年，区总工会加强组织领导，召开厂务公开协调小组会议。开展职代会规范化建设，出台《职代会工作实务指引》。开展优秀职代会提案征集和民主管理征文活动，在北京市总工会民主管理征文活动中，东城区被评为优秀组织单位，崇远公司等6家单位分别获一、二、三等奖。

（殷琼）

【服务阵地优化升级】2023年，区总工会加强服务阵地建设。时传祥纪念馆被评选为全国职工爱国主义教育基地，全年共接待学习参观9万余人次。工人文化宫开展电影慰问活动131场，服务职工2.5万人次。广泛整合社会资源，试点建立60个流动暖心驿站。崇文门外街道在新世界商场成立全市首个商圈类公共区域职工之家，龙潭街道成立全市首个暖心驿站联盟组织。全区共有公共区域职工之家15个、示范职工之家38个、户外劳动者暖心驿站259个，其中有13家全国、14家北京市最美服务站点。

（殷琼）

【深化工会组织建设】2023年，区总工会大力推进工会系统全面从严治党工作，针对巡察反馈问题研究制订85条整改措施，加强警示教育和廉洁文化建设。下发《关于加强东城区工会系统全面从严治党工作的指导意见》，完善基层工会干部建设、阵地管理、工作评价等机制建设，建立健全街道总工会、专职工会社会工作者等7个基层工会管理制度。以“工会加强年”工作为契机，强化基层工会组织建设。全面完成建会任务，召开职工沟通会1336场、企业沟通会757场，新建立工会组织447个，发展会员1万余人。助力小微企业健康发展，全额返还小微企业工会经费480万元。

（殷琼）

【职工服务温暖人心】2023年，区总工会提高困难职工帮扶慰问标准，扩大应急救助范围，救助慰问残疾困难职工、因大病致困和去世职工家庭。职工医疗互助保障计划受助职工18.2万余人次，受助金额2657万元。推出“五元看大片”“工会助力对口支援”“乐享五一”等普惠性服务项目192个，服务职工13万余人次。兴趣班线上线下服务职工5.4万余人次。加强对新就业形态劳动者关心关爱，赠送互助保险1.8万份，组织800人免费体检。深入公安、环卫等单位，开展职工心理健康服务39场，服务职工1500余人次。组织招聘会10场，提供岗位4000余个。开展女职工维权服务工作，推进母婴室、托管托育等服务。

（殷琼）

【文体活动丰富多彩】2023年，区总工会开展多种形式文体活动。举办东城区“唱响劳动之歌 弘扬工匠精神”表彰暨文艺演出，区委书记孙新军等领导出席并颁奖。组织第十三届“挥笔聚焦新东城”职工书画摄影展评活动，展出书画摄影作品600余幅。组织劳模和职工参加首都职工工间操千人展示活动、北京市第十四届职工文化艺术节、首都职工摄影展等活动，职工4人获一等奖。举办“时传祥杯”龙舟赛，开展“奋进新时代 劳动创未来”职工主题阅读活动。

（殷琼）

共青团东城区委员会

【概况】共青团东城区委员会（简称团区委）是在东城区委、区政府领导下，负责全区共青团工作的群众团体机关。全区有团（工）委83个、团总支64个、团支部1762个。团干部总人数为2865人，其中专职团干部123人，占5%。2023年，社会领域团组织覆盖密度达137.16%，位列全市第一，教育评议开展率和完成率、学社衔接完成率、规范发展团员完成率、对标定级开展率均实现100%。深化少先队社会化工作体系建设，实现全区街道少工委100%全覆盖。贯彻落实国家和北京市未成年人保护有关法律法规，共青团北京市东城区委员会获得北京市未成年人保护工作先进集体。建立“1+N”志愿服务队伍矩阵，全区志愿服务工作体系进一步完善；完成2023北京文化论坛服务保障任务，展现核心区青年的良好风貌。制订《东城共青团关于深化实施助力乡村振兴青春建功三年行动计划（2023—2025年）》，深化京蒙共青团对口协作，强化东城青联“希望小屋”阵地建设，向阿尔山市、化德县捐赠价值30余万元物资。全年举办“共青团与人大代表、政协委员面对面”活动20余场，密切新兴青年与人大代表、政协委员联系。巩固拓展县域共青团基层组织改革成果，完成团中央城市基层组织改革试点任务，所有考核指标复评成绩均为A。首次召开全面从严治团专题会，研究全面从严治团工作落实情况。

（王爽）

【基层团组织建设】2023年，团区委巩固区级团代表联络站建设，在各街道分别建立团代表联络小组，组织团代表开展理论宣讲、为青年办实事等活动，提升基层团组织的活跃度，初步构建团的委员会成员联系团代表、团代表联系团员青年的联系路径。扎实做好“两新”领域团建工作，通过党建带动、区域联动、行业推动、系统促动、园区牵动、社团驱动、网络互动等多种途径，加强对“两新”组织和各类新兴领域青年群体的组织覆盖，成立全市首家区级金融行业团工委，推出“青聚东城·共话发展”主题品牌沙龙，为金融行业青年人才发展搭建交流合作平台。聚焦"两新"群体休息难、充电难等实际问题，推出应急暖心服务，为55个"小哥加油站"补充配备雨衣、充电器、防晒冰袖等物资，做细做实对"快递小哥"关心关爱工作，顺丰快递员杨明明获"全国优秀共青团员"称号。

（王爽）

【社区青年汇建设】2023年，团区委充分发挥社区青年汇组织阵地、工作抓手和服务窗口的作用，开展活动800余场，服务青年1万余人次。完成全年社区青年汇任务指标，社会服务项目、组织培育、走访记录、信息宣传、青年之家等指标完成率均达到100%。组织社区青年汇开展少先队暑期成长营、寒假成长营20余期，开设思想引导、传统文化、生活技能、文体健康、星光自护等课程300余场，覆盖青少年1200余人次。通过新青年成长加油站、新青年宣讲、京味儿文化漫游记、社区里的"MVP"、青春筑梦营等多种活动，全方位开展"我为青年办实事"实践活动。组织青年参与基层治理，开展"分小萌"垃圾分类示范引导站项目、"小巷管家"项目、消防知识宣讲、"光盘行动"等活动，引导广大青少年积极参与首都基层治理，有效提高社区青年汇的组织力。结合团市委安排，从区级层面设计全区性活动，开展"追寻红色印记 走进燃情岁月"新青年青春读书会、青年榜样宣讲等活动。

（王爽）

【青少年思想引领】2023年，团区委组织发动全区团组织、少先队组织学习习近平总书记同团中央新一届领导班子集体谈话时的重要讲话精神和团十九大精神，将东城共青团青春宣讲团系列宣讲作为党的创新理论"青年化"阐释的重要阵地，融入全区宣讲格局。在北大红楼举办东城共青团学习贯彻党的二十大精神宣讲报告会，发布《东城共青团青春宣讲团2023年"学习二十大 争做时代新青年"主题宣讲活动计划》。遴选组建30余人的青年宣讲骨干队伍，深入机关、企业、社区等，开展宣讲20余场。组织开展"坚守红楼初心 勇担青春使命"东城区青年马克思主义读书会暨2023年五四青年节主题活动，活动被评为2023年北京共青团"十佳主题团日活动"，作为"新时代东城区宣传思想文化工作综述"特色经验做法报道展示。推进团员和青年主题教育，全区1793个团支部团员1.61万人按要求全部完成专题学习内容，100%全覆盖。依托区域优势，擦亮"央Young之东 团聚青年"央地青年联学共建活动品牌，联合交通运输部、海关总署、国家发改委等驻区中央单位团组织开展形式多样的联学研学活动，覆盖300余人次，促进央地青年共同成长。联合教育、卫健、公安系统团组织开展团员和青年主题教育专题交流座谈，梳理、总结、宣传基层团组织开展团员和青年主题教育的经验做法。中央主题教育第一巡回指导组、团中央团员和青年主题教育第一指导组、市委主题教育第一巡回督导组先后到东城区调研指导团员和青年主题教育6次，其中中央主题教育第一巡回指导组到天坛公园"志愿中轴"志愿服务实践站等地调研指导团员和青年主题教育工作。东城区青少年发展支持中心向团中央专题汇报团员和青年主题教育开展情况，得到团中央、团市委肯定。

（王爽）

【提升少先队整体工作】2023年，团区委推动与驻区国家机关、企事业单位、部队及青少年活动场所等建立联建共育机制，广泛争取社会资源为少先队组织开展实践教育活动提供支持。推出区级"一团三营"实践教育活动，覆盖少先队员近800人。联合东城曲艺家协会开展"曲艺进成长营 文化共传承"活动，联合京诚集团"工匠营"开展"跟着工匠访中轴"中轴线寻访活动。整合街道少工委和校外教育单位少工委的组织优势和资源优势，做好7个试点街道少先队社区成长营工作。各街道少工委发挥区域文化资源、优势特色，开展寓教于乐、融学于趣的实践活动，打造"一团三营""小青团讲文化""花市少年团"亮点品牌。开展"青少年话中轴"主题实践项目，带领少先队员体验中轴线文化，讲好中轴线文化故事。在学期中和暑假期间常态化开展校外少先队活动，满足少先队员就

11月11日，"青春圆梦 梦想起航"美绘梦想美育活动暨东城区少先队社区成长营社会实践基地揭牌仪式举行（团区委提供）

近就便参与实践活动的需求。拓展更多社会领域实践资源，吸纳京诚集团“工匠营”、龙潭西湖公园、东城区小学活动课中心、史家胡同博物馆、东直门生态岛等阵地建立“东城区少先队校外实践教育基地”，形成多方合作的长效工作体系，提升少先队社会化工作水平。

（王爽）

【“高考加油站”志愿服务】高考前夕，团区委专门制订志愿服务工作方案，招募志愿者，设计志愿服务内容，在全区14个考点附近设置28个“高考加油站”志愿服务点位。“志愿蓝”在为考生和家长提供文具、药箱、消暑用品等暖心志愿服务的同时，也参与考点周边交通疏导、路线指引、降音提醒等秩序保障服务。参与志愿者400余人，累计服务时长1200余小时。

（王爽）

【“志愿中轴”服务活动】2023年，团区委策划开展“蓝光照亮中轴 志愿可圈可点”东城区“志愿中轴”主题志愿服务活动，首批设立永定门、天坛、钟鼓楼3个中轴线志愿服务实践站，组建中轴线志愿服务队伍，在中轴线遗产区、缓冲区内开展“情系中轴线，历史我保护”“美丽中轴线，文明我先行”“守望中轴线，平安我建设”“探秘中轴线，文化我传承”“志愿中轴线，精神我弘扬”中轴线志愿服务五大行动。累计参与志愿者4000人次，服务人数达80万余人次，贡献志愿时长1.6万余小时。

（王爽）

【青春助老志愿服务】2023年，团区委、东城区志愿者联合会以打造区级“青春助老”志愿服务品牌为目标，策划出台实施方案，组织全区团员青年、少先队员和志愿者，开展丰富多彩助老活动，以实际行动将青年人的关爱和温暖送到老人身边。在全区17个街道建立助老服务清单近400个，组建助老志愿服务队伍近200支，参与志愿者近2000人，累计服务时长4000余小时。

（王爽）

【青年志愿者助力接诉即办】2023年，团区委针对接诉即办办件工作力量不足问题，创新构建“1+17+X”志愿服务模式，即建立青年骨干志愿者人才库，对接17个街道提供线上法律咨询服务，派出志愿服务力量进驻全区多个有需求的单位。累计派出青年志愿者61人，分别进驻区城指中心、区教委等12家党政机关、街道办事处、区属国企，协助用人单位开展文稿校对、案件剔除等志愿服务，累计贡献志愿服务时长6000余小时。

（王爽）

【青年志愿服务活动】2023年，团区委在节假日等重要时间节点，发动各直属团组织、志愿服务队开展垃圾分类、邻里守望、礼让行人等志愿服务行动，全年累计参与志愿者1.2万余人，贡献服务时长3.5万余小时。积极开展“暖冬行动”“央地联动聚青春 紫禁之东伴夕阳”等主题活动，参与扶贫济困、社区服务、文化惠民等领域的志愿服务，成为基层治理的可靠力量。

（王爽）

【推动希望工程落实】2023年，团区委开展“希望之星”“学子阳光”活动资助困难学生。为家庭经济困难、品学兼优的学生18人发放“希望之星1+1”助学金2.15万元，为学生9人申报“希望之星1+1”奖学金、“学子阳光”助学金。

（王爽）

【重点青少年服务管理】2023年，团区委不断完善重点青少年摸排机制，以帮扶对象需求为导向开展精准帮扶，实现在库人员100%覆盖。开展“温暖新春·团情相伴”慰问困境青少年活动，为困境青少年257人送去慰问金以及学习和生活物资，覆盖320人次。开展“六一”、端午节、中秋节等慰问活动，为困境青少年480人送去节日爱心礼包或慰问物资。落实青联委员与困境青少年“1+1”结对成长帮扶项目，共选出品学兼优的特困青少年33人作为2023年困境青少年“1+1”结对成长帮扶对象，与青联委员建立成长帮扶联系，推动实施分级分类全过程陪伴式帮扶，擦亮东城共青团结对帮扶项目品牌。

（王爽）

【青少年法治宣传教育】2023年，团区委把握关键节点实现普法活动精准化供给。以全民国家安全教育日、“六一”、国际禁毒宣传日、国家宪法日等重要时间节点为契机，围绕国家安全教育、《宪法》、《民法典》、《未成年人保护法》、《预防未成年人犯罪法》、《家庭教育促进法》、禁毒宣传教育、校园欺凌自护等方面，开展青少年法治教育活动50余场，覆盖全区17个街道青少年群体及家长5000余人次。

（王爽）

【落实涉诉未成年人权益保护】2023年，团区委在侦查、起诉、审判、刑事执行涉及未成年人案件中，落实社会调查、合适成年人参与、法律援助等各项特殊保护制度。完成派出合适成年人41次到场配合未成年人刑事案件讯问和审判，有效维护未成年人合法权益。与公、检、法、司等部门共同推进青少年司法保护制度不断完善，与教育部门共同探索中小学生心理健康教育、法治宣传教育、自护教育有效模式，并组织开展相关主题教育活动，维护未成年人健康成长。

（王爽）

【青少年各项服务指导】2023年，团区委主动对接区城指中心，建立信息沟通机制，定期获取与青少年相关的接诉即办案件数据，动态掌握未成年人诉求，提前做好诉求预判，切实提升“未诉先办”工作实效。开展受

8月22日，团区委举办"团聚东城"青年交友联谊活动（团区委提供）

汛情影响青少年困难需求摸排统计，关心关爱受汛情影响青少年群体，覆盖青少年5人，为他们提供学习、生活物资，团区委书记对部分受汛影响青少年进行走访慰问。开展"筑梦起航"高考志愿填报云指导活动，邀请清华大学等10所高校招生部门负责人通过线上直播向广大考生、家长介绍2023年在京招生录取政策及志愿填报注意事项，3000余人在线观看直播。聚焦青年群体所需所盼，谋划系列活动，共开展婚恋交友活动8次，打造"团聚东城"青年交友联谊活动品牌，惠及单身青年400余人。

（王爽）

【青年汇阵地建设】2023年，团区委强化"阳光地带"阵地建设，聚焦司法保护、心理疏导、普法宣传等方面，推动个案服务、团体活动以及主题宣传活动，开展40场普法自护活动，覆盖线下2200余人次、线上2.56万余人次。组织青少年25人参加"法润童心·护航成长"暑期普法自护营，青少年12人参加"学宪明礼·护航成长"法治宣传营，增强青少年安全自护意识和能力。有效加强未成年人法治教育；开展未成年人司法保护工作，完成32个违法未成年人训诫服务，共同预防青少年违法犯罪；为青少年6人开展个案心理疏导40余次，开展团体心理疏导2场，覆盖青少年及家长55人次。组织动员广大中小学生积极参加第二届北京共青团"星光自护"安全自护教育情景剧大赛，报送8个情景剧作品，其中3部作品获一等奖、1部作品获二等奖、2部作品获三等奖，1所学校获优秀组织奖。

（王爽）

【团属社会组织规范化建设】2023年，团区委印发《东城团区委业务主管社会组织管理和服务办法》，加强对社会组织的领导，促进社会组织依法、依规、依章程健康有序发展。完成年度团属社会组织活力评估，巩固团属青年社会组织建设成果。为团属青年社会组织链接社区青少年服务项目，实现团属青年社会组织和社区团组织融合发展。

（王爽）

【社会组织与人才孵化】2023年，团区委建立"团组织+青年社会组织"基层组织新形态，推动社区建立备案类青年社会组织596家，在全区168个社区实现全覆盖。支持青年社会组织能力建设，建立青年社会组织重点人才库，涵盖青年社会组织重点人才40人，吸收青年社会组织骨干人才加入区青联。实现志愿服务、文艺体育等重点领域区级团属青年社会组织覆盖，吸纳华健、小棉袄、乐育未来、民和等非团属社会组织进行业务联系，有效扩大区级团属社会组织工作覆盖。

（王爽）

【深化社区青春行动】2023年，团区委推进社会组织开展青少年服务。推动社会组织申请团中央"伙伴计划"，获专项物资和资金，在东四街道南门仓社区和建国门街道东总布社区开展以思想引领、成长关爱、社会融入、权益保障、犯罪预防等为主要内容的社会治理服务。以社区青春行动试点工作为抓手，在社区中开展垃圾分类、守桶行动、文明斑马线等活动，推动青少年参与社区基层治理。深化3个试点社区工作，开展社区青春行动项目拉练，进一步总结试点社区经验，通过项目拉练促进社区青春行动试点工作、互学互鉴。发动青年参与"美丽中国青春行动"、"3510"绿色生态实践、青少年节约粮食等活动。

（王爽）

【擦亮"青字号品牌"】2023年，团区委启动区级青年文明号认定工作，聚焦在区重点工作中荣获先进的集体，特别是在接诉即办等基层治理工作中有突出表现的青年集体。认定17家集体为2024—2025年度东城区青年文明创建集体。完成2022—2023年度市级青年文明号材料汇总、审核、公示、上报工作，10家集体荣获2022—2023年度市级青年文明号。完成辖区内5家全国青少年维权岗复核。向团市委推荐3支参与抗汛救灾和灾后恢复重建的北京市青年突击队，2支被认定为北京市青年突击队。推荐3家集体参与全国青年文明号创建工作。

（王爽）

【参与北京文化论坛志愿服务】9月14—15日，2023北京文化论坛在北京举办。团区委组织来自北京外国语大学、首都体育学院、北京工商大学3所高校青年大学生志愿者共200余人，在北京饭店、北京国际饭店、鼓楼、正阳门城楼等点位完成论坛志愿服务保障任务，累计志愿服务时长5000余小时，向社会各界传递首都青年的热情好客和文明风尚。论坛期间，团区委在北京饭店设置19个志愿服务点位，在北京国际饭店设置9个志愿服务点位，实现会场外围路线全覆盖。该次论坛志愿者共招募232人，其中外事志愿者55人、会场志愿者124人、观摩点位志愿者20人、媒体宣传志愿者2人、储备志愿者31人，志愿者平均年龄20岁。针对多语言需求，该次论坛招募的外事志愿者提供英、法、德、西、意、日、泰、希腊、阿拉伯等9种语言翻译服务，全程陪伴外籍嘉宾随行翻译。

（王爽）

东城区妇女联合会

【概况】东城区妇女联合会（简称区妇联）是区委领导下的群众团体，是党联系妇女群众的桥梁和纽带，基本职能是代表和维护妇女权益，促进男女平等。东城区有街道妇联17个，社区妇联163个，机关妇委会74个，非公经济妇女组织5家，物管会妇女小组598个。2023年，东城区2个集体和女性4人分别获全国巾帼文明岗、全国巾帼建功标兵称号。推荐女性6人获评首都最美巾帼奋斗者、北京市最美妇联执委。选树表彰区级巾帼文明岗25个、巾帼建功标兵25人，启动2023年寻找最美家庭活动。依托妇女之家等建立“驿港湾”35个，面向“两新”群体开展心理疏导、维权关爱等服务100余场。优选女性人才17人加入区青联、区新联会和区海联会。指导区巧娘协会成立“巧手灵犀”巾帼志愿服务队，开展技能培训，带动妇女1000余人实现居家就业、灵活就业。联合中国妇基会依托“妇女之家”等开展家庭领读人、家庭成长计划等各类活动80余场，覆盖5万余人。筹措价值20余万元生活保障物资帮扶房山区史家营乡和大安山乡受困妇女儿童。聚合社会资源助力“春蕾计划——梦想未来”东城行动，累计汇聚爱心捐款近300万元。新媒体平台创新发布巾帼奋“进”新征程等系列专栏103期，阅读量29.2万人次，获人民网、学习强国等主流媒体报道199篇次。全年妥善处理家庭纠纷、信访及12345市民热线79件，收到信访人赠送锦旗3面。

（张明旭）

【送温暖活动】春节前夕，区妇联积极争取区扶贫项目资金，组织三级妇联开展“岁寒暖冬·温暖你我”为主题的走访慰问送温暖活动。区领导、区妇联党组成员、执委集中慰问以困难单亲母亲为主体的女性124人，送去慰问金及慰问品合计8万余元；争取全国妇联、市妇联“两癌”救助金，为患癌困难女性3人送去慰问金2万元。

（张明旭）

【纪念三八国际劳动妇女节】3月3日，区妇联举办迈进新时代——2023年东城区纪念三八国际劳动妇女节113周年暨最美家庭宣讲活动。活动以“迈进新时代”为主题，以全面贯彻落实党的二十大精神为主线，围绕“时代化·家国情”“现代化·家赋能”“创新化·家助力”“和谐化·家贡献”4个篇章，以宣讲、访谈等艺术形式，展现东城区最美家庭在新时代首都核心区建设中所展现的精神风貌。与会领导为15户最美家庭代表颁发荣誉证书，同时开启东城区妇联“三八”服务月系列活动。区委书记孙新军、市妇联副主席陈延平等领导以及来自全区各行各业的优秀女性代表等300人参加活动。

（张明旭）

【十四届三次执委（扩大）会】4月25日，区妇联召开十四届三次执委（扩大）会。会议传达北京市妇联十四届六次执委会会议精神，区妇联党组书记、主席作题为《全面贯彻党的二十大精神 引领广大妇女为全速推进“崇文争先”全力做实“六字文章”贡献巾帼力量》的工作报告。通过增替补29人为区妇联十四届执委。会后，召开区街妇联主席工作会，传达北京市区妇联主席工作会议精神，安排部署重点工作。区妇联第十四届执委、市妇女代表大会代表、区政协妇联界别委员、机关妇委会主任、街道专职副主席、主管社会组织负责人代表等70余人参加。

（张明旭）

【妇儿工委工作会】5月18日，东城区召开2023年妇儿工委工作会暨“十四五”妇女儿童规划中期评估工作部署会。会上，区妇儿工委主任、常务副区长李妍对如何推动“十四五”妇女儿童规划、先行先试开展“两纲”示范区创建和创新开展好儿童友好城市建设工作、提高妇女儿童工作水平提出建议。区妇儿工委副主任作题为《示范引领，创新实践，共促首都核心区妇女儿童事业高质量发展》工作报告。区统计局介绍《〈东城区“十四五”时期妇女儿童发展规划〉统计监测指标体系》的编制和推动情况。会议还就《东城区妇女儿童工作委员会工作规则》修订、《东城区开展实施中国妇女儿童发展纲要示范创建工作方案》作情况介绍和说明。市妇儿工委办公室领导、区妇儿工委领导及54家妇儿工委单位主管领导及相关人员出席会议。

（张明旭）

【巾帼志愿阳光站授牌】5月20日，全国文明实践巾帼志愿阳光站在东直门街道胡家园社区启动。启动会上，总结东城区首家阳光站西总布社区的经验做法及成效，为优秀志愿服务项目和志愿服务队颁发证书。同时，为胡家园社区全国文明实践巾帼志愿阳光站授牌，为胡家园巾帼志愿服务队授旗。有关领导及17个街道、168个社区妇联主席，东城区妇联30家社会组织之家成员单位有关人员，社区居民300余人参加活动。

（张明旭）

【家庭教育服务】5月25日，东城区召开2023年家庭工作联席会暨加强家庭家教家风建设工作推进会。区委副书记王清旺出席并讲话。区妇联党组书记、主席作题为《高站位 高标准 高质量 奋力开创东城区家庭家教家风工作新局面》的工作报告。区纪委区监委、区教委和朝阳门街道分别作题为“以良好家风建设 促党风政风提升”“建立区域协同机制 共创文明和谐家庭”“传承良好家风 弘扬社会正能量”的发言。区纪委区监委、区委组织部、区委宣传部、区教委、区委社会工委区民政局、区妇联等6部门和17个街道组成的家庭工作联席会成员单位主管领导、联络员参加会议。

（张明旭）

【“爱在东城 友好童行”活动】5月27日，区妇联、区发改委、区教委、北京银行北京分行在东城区儿童友好公园龙潭中湖公园共同举办“爱在东城 友好童行”东城区“六一”儿童友好嘉年华主会场活动。活动发布东城区儿童友好城市logo、东城儿童友好北京银行联名小京卡，为北京市城市规划设计研究院、中国儿童艺术剧院、新浪微博等18家东城区儿童友好共创联盟单位颁发牌匾，举办儿童友好嘉年华“小小规划师”PBL共建、“小小银行家”职业体验、“让我‘看见’你，为视障儿童制作触摸书”志愿服务、“你好，树朋友”自然教育、“小手拉大手”家庭教育等体验活动。北京市妇联、东城区政府、东城区妇联等有关领导和区园林局、区卫健委等11家区妇儿工委成员单位主管领导及培新小学、龙潭街道的小朋友近100人参加活动。

（张明旭）

【家政服务领域妇委会成立】7月27日，区妇联在北京阳光北亚家政服务有限公司成立全区首个家政服务领域妇女委员会。会上，筹备工作小组代表作筹备工作报告，通过妇女代表大会选举办法，介绍候选人基本情况，通过无记名投票方式选举出北京阳光北亚家政服务有限公司第一届妇女委员会委员。召开妇委会第一次会议，选举产生主任、副主任。

（张明旭）

【结对帮扶献爱心】7月29日，门头沟区、房山区遭受暴雨袭击后，区妇联动员三级妇联组织、执委、代表、“两新”组织等参与对灾区的帮扶重建工作。东城区女企业家协会第一时间筹集价值4万元生活保障物资送往房山区，又跟随区妇联前往2个乡镇实地调研，为史家营乡、大安山乡的小学和幼儿园师生捐赠学生住宿生活用品、文具和教师慰问物品等价值近16万元物资。区妇联积极协调中国少年儿童基金会，号召爱心企业恒源祥为房山区捐赠毛线150千克，东城区巧娘为孩子们亲手编织爱心毛衣200件。区妇联还为内蒙古自治区阿尔山市妇联捐赠毛线300千克，并协调区慈善协会为阿尔山市妇联捐赠1050盒月饼，价值15.8万元。

（张明旭）

【暑期儿童关爱服务】8月13日，区妇联启动“儿童友好 红色游学”活动，来自东城区的20组亲子家庭参与游学参观。10组亲子家庭到原京师大学堂院内的北大二院旧址，共同开启探寻真理之路。另外10组亲子家庭到北京百年老字号戏院——吉祥大戏院，感受中华民族优秀传统文化的瑰宝。

（张明旭）

【加强工作培训】11月2—3日，区委组织部、区妇联和区委党校联合在区委党校举办2023年“女性领导力提升”处级女领导干部专题培训班。邀请北京市委党校教授讲授《习近平新时代中国特色社会主义思想开辟马克思主义中国化时代化新境界》；中华女子学院女性学系教授讲授《深化新时代领导干部家庭家教家风建设》；北京市政府前新闻发言人讲授《全媒体时代的舆论引导》。现场教学课上，学员们走进中国妇女儿童博物

8月13日，区妇联组织部分家庭参观北京百年老字号戏院——吉祥大戏院
（区妇联提供）

11 月 3 日，区妇联组织培训班学员参观中国妇女儿童事业发展十年成就展和“中华好家风”主题展览（区妇联提供）

馆研学，参观中国妇女儿童事业发展十年成就展和“中华好家风”主题展览。11月22日，区妇联与建国门街道妇联联合举办2023年东城区基层妇联干部维权工作能力提升专题培训班。培训特邀北京鑫威律师事务所律师就“坚决向家庭暴力说‘不’”进行专题授课。特邀东城区检察院检察官就“国家司法救助工作制度”进行专题授课。区妇联与区检察院就困难妇女群体的司法救助建立常态化工作协作联动，进一步提升困难妇女司法救助帮扶实效。17个街道及社区妇联干部近200人参加培训。

（张明旭）

东城区科学技术协会

【概况】北京市东城区科学技术协会（简称区科协）是东城区科技工作者的群众组织，是中共东城区委领导下的人民团体，是党和政府联系科技工作者的桥梁和纽带，是推动科技事业发展的重要力量。有基层学会（协会）36个，其中街道科协17个、学会5个、企业科协12个、园区（楼宇）科协2个，会员2万余人。2023年，区科协坚持为科技工作者服务、为创新驱动发展服务、为提高全民科学素质服务、为党和政府科学决策服务的职责定位，开展决策咨询，学术交流研究。组织开展科普日、社区科普阅读、教育主题科普、科学家精神宣讲等覆盖全区、贯穿全年的主题科普活动。推动东城区政府与北京市科协签订战略合作协议，发挥自身优势，合作协议各项工作落实到位。

（苏炜锋）

【全区具备科学素质公民达30%】2023年，区科协全面落实《东城区全民科学素质行动规划纲要实施方案（2021—2025年）》，召开东城区年度全民科学素质工作会，部署全民科学素质工作。推动全民科学素质工作纳入《东城区2023年度政府绩效考评工作方案》，完成《东城区全民科学素质行动规划纲要实施方案（2021—2025年）》任务分工中的71项重点工作。经过全区上下共同努力，根据国家统计局《中华人民共和国2023年国民经济和社会发展统计公报》以及中国科协有关数据公布，东城区具备科学素质的公民比例达到30%，超过2025年规划目标29%。

（苏炜锋）

【争取资金推进科普能力提高】2023年，区科协向北京市科协、中国科协申报基层科普行动计划项目，6个项目共获批项目资金40万元。在市、区两级科协的共同努力下，联合北京工业大学完成《“面向双碳目标 立足东城 服务北京”——绿色发展科普资源建设》项目，助力实现“双碳”目标和绿色发展。向市科协申报北京市科普基地，推荐东城区图书馆、首都医科大学附属北京中医医院、龙潭公园等8家单位，进一步提升东城区科普水平。

（苏炜锋）

【京津冀公民科学素质答题】2023年，区科协组织参与京津冀公民科学素质大赛答题活动，组织扫码参与每日答题、限时挑战答题、好友实时PK答题、专项竞答等不同形式的比赛。12月12日，2023年京津冀公民科学素质大赛线下推广活动在龙潭湖公园面向东城区市民开展大赛宣传推广。活动现场工作人员发放大赛宣传手册，手册详细介绍大赛的参赛方式、比赛规则等，市民在了解大赛规则，扫码参与线上答题，进一步扩大大赛的参与人群。东城区科协获评2023年京津冀公民科学素质大赛贡献奖。

（苏炜锋）

【青少年科技教育见成效】2023年，区科协组织开展东城区青少年创新大赛，做好作品收集及评选工作，吸引东城区青少年2000余人参赛。经过区赛选拔，青少年200余人参与的178个项目参加北京市第四十二届青少年创新大赛，共165个项目获奖，其中45个项目获一等奖、62个项目获二等奖、58个项目获三等奖，区科协获评北京市青少年创新大赛优秀组织奖。推荐5个项目参加第37届全国青少年科技创新大赛，共获一等奖2项、二等奖1项、三等奖2项。遴选创新大赛中的优秀中学生10人，参加科大讯飞发展支撑活动和宇航学会培养项目。选出15个学生项目、2个教师项目参加北京市第六届创客大赛，所有项目均获奖，其中7个学生项目获一等奖。组织开展东城区青少年信息学技能大赛，初赛吸引中小学生1000余人参加，经选拔200余人参加复赛。组织东城区青少年参加北京市科学影像节，共征集科技手抄报340幅、科普微电影10个，全部入选展示项目，占全市项目1/4，共有5个作品获奖。东城区注重青少年科技教育，在科技教育活动中培养其科创能力和科学素质。

（苏炜锋）

【加强科技教师培训】2023年，区科协利用市、区两级资源，开展信息学教师培训、青少年科技创新大赛教师培训等区级培训，推荐科技骨干教师参加北京市科学表演编创讲习班、北京市机器人与人工智能技术应用教师创新能力提升工作坊等市级培训，共计科技教师300余人得到锻炼。组织科技教师参加北京市第四十二届青少年创新大赛科技辅导员项目比赛，获科技辅导员科技教育创新成果一等奖2项，二、三等奖5项，1人获十佳科技辅导员称号。推荐科技教师参加第37届全国青少年科技创新大赛科技辅导员科技教育创新成果竞赛，获一等奖1项、二等奖1项、专项奖2项，1人获十佳优秀科技辅导员称号。

（苏炜锋）

【加强学（协）会建设】2023年，区科协引导学（协）会发挥学术交流主渠道作用，打造与首都核心区地位相称的学术交流平台。发展符合条件、有积极性及有社会影响力的学（协）会，增强科协活力和组织覆盖面。新成立3家园区（楼宇）科协：航空服务大厦园区（楼宇）科协、际华首文园区科协、星海E园科技文化创新园园区科协，新成立1家企业科协：神州紫禁建筑文化（北京）有限公司科学技术协会。加强学（协）会建设，规范学（协）会成立与运作的流程。全年先后走访调研航空服务大厦园区科协、际华首文园区科协、东直门街道科协、龙潭街道企业科协、神州紫禁企业科协、科普协会、观典防务企业科协、星海E园园区科协等20余家基层组织，结合东城区具体情况，探索“文化+科技”“党建+科技”融合。通过常态化的走访调研、学术交流、党日活动，深入了解科技工作者的具体需求，与科技工作者的联系越来越紧密。

（苏炜锋）

9月16—17日，东城区全国科普日主场活动在国家自然博物馆举办（区科协提供）

【第七个全国科技工作者日活动】5月23日，在第七个全国科技工作者日到来之际，区科协组织科技工作者参观国家博物馆“逐梦寰宇问苍穹——中国载人航天工程30年成就展”“科技的力量”专题展。通过参观展览，科技工作者们更加深刻理解创新始终是一个国家、一个民族发展的重要力量，也始终是推动人类社会进步的重要力量。20余人参加活动。

（苏炜锋）

【全国科普日系列活动】9月16—17日，在国家自然博物馆举办以“提升全民科学素质，助力科技自立自强”为主题的东城区全国科普日主场活动。活动在探索角特别安排9场讲座、实验。中国科学院古脊椎动物与古人类研究所研究员作为专家志愿者在古爬行动物展厅讲解“化石猎人手记”，北京古观象台科普教师讲解认节气的相关内容。国家自然博物馆专业科普教师带来博物馆体验官、实验乐翻天DNA藏在哪儿、化石复原解谜团、认识行道树等讲座和实验。共有专家及志愿者100余人参加活动，参与观众6000余人次，为群众普及自然科学知识，激发青少年科学梦想和科学志向。东城区科协获评2023年全国科普日优秀组织单位，东城区全国科普日主场活动获评2023年全国科普日优秀活动。

（苏炜锋）

东城区归国华侨联合会

【概况】东城区归国华侨联合会（简称区侨联）成立于1985年6月，是由归侨侨眷组成的人民团体，是党和政府联系归侨侨眷的桥梁和纽带。履

12月4日，北京市首家由检察院与侨联合作的“检侨工作站”在东城区正式揭牌成立（区侨联提供）

行服务经济发展、依法维护侨益、拓展海外联谊、积极参政议政、弘扬中华文化、参与社会建设的工作职能。有17个街道侨联和区教委、区卫健委2个系统侨联和区归国留学人员联谊会。2023年，区侨联开展学习贯彻习近平新时代中国特色社会主义思想主题教育，围绕“以学增智，提升政治能力、提升思维能力、提升实践能力”等主题，开展交流研讨，多次开展主题党日活动。举办学习贯彻党的二十大精神主题活动，开展“我为群众办实事”活动，举行“康侨暖心”捐赠活动。各级领导多次调研，开展志愿服务和侨界文化体验交流。基层侨联工作扎实推进，设立全市首家由检察院与侨联合作的“检侨工作站”，卫健委系统、东四街道侨联“侨之家”获得全市侨联系统“示范侨之家基地”称号，东直门街道侨联“侨之家”获得全国侨联系统典型选树单位称号。1人获全国侨联系统先进个人荣誉称号，2人获全国归侨侨眷先进个人荣誉称号。

（窦跃斌）

【三届四次全委（扩大）会议】3月7日，区侨联召开三届四次全委（扩大）会议。传达学习中国侨联十届六次全委会议精神、北京市侨联十五届五次全委会议精神，审议通过区侨联《关于进一步发挥委员作用的实施办法》，为获全国侨联系统“侨胞之家”典型选树单位授牌，总结区侨联2022年工作，部署2023年任务。区委常委、区统战部部长薛国强到会并讲话，区侨联委员、机关干部和基层侨联相关负责人参加会议。

（窦跃斌）

【开展“云讲堂”活动】3月26日至7月25日，区侨联与九三学社东城区委开展六期“云讲堂”活动，以九三学社有关专家学者为主，分享《中医药——自然和谐的世界》《管理北京——北洋政府时期的京师警察厅》《关于空气质量那些事儿》《漫谈版画艺术》《漫谈新西兰华侨的历史与现状》《漫谈中轴线建筑》等内容，并开展线上交流。

（窦跃斌）

【基层侨联工作】4月13日，区侨联在东直门街道侨联“侨之家”召开东城区基层侨联组织工作交流研讨会。东花市、东直门、东四等街道及区教育系统和区卫生健康系统侨联从不同角度介绍多年来开展基层侨联组织工作经验体会、下一步工作思路和措施。区领导、市侨联领导、区侨联领导及19个基层侨联有关负责人参加会议。

（窦跃斌）

【承办乒乓球邀请赛】5月19日，由市侨联主办、区侨联承办的第十一届首都新侨乡文化节“侨心永向党 奋进新征程”乒乓球邀请赛举行。全市高等院校、侨界社团和街道侨联组织的16支球队参加比赛，北京大学医学部侨联代表队获冠军、北京印尼归侨联谊会代表队获亚军、朝阳区麦子店街道侨联和北京交通大学侨联代表队获并列第三名。

（窦跃斌）

【侨联界别“月聚·悦读”活动】5月29日，区侨联在时传祥纪念馆与区政协侨联界别举办学习贯彻习近平新时代中国特色社会主义思想、智库专家建言新东城建设主题活动暨智库专家聘任仪式。活动安排两封“侨批”，第一封“侨批”是习近平总书记对海外侨胞的肯定和关怀；第二封“侨批”是区留学人员联谊会副秘书长结合留学、工作经历给东城家人写的一封家书。有关领导对成立后的侨界智库工作提出建议，对政协侨联界别和智库中的政协委员提出具体工作要求。市侨联领导、区领导、区政协机关相关委室负责人、部分区政协相关专委会委员、区侨联委员以及区侨联机关干部、侨界群众代表参加活动并参观时传祥纪念馆。

（窦跃斌）

【红侨沙龙活动】7月21日至12月11日，区侨联在红桥市场观坛艺术空间举办七期红桥沙龙，涉及主题包括“中餐在海外的发展状况”“以侨为桥，为青年拓展更广阔的就业空间”“如何推动中国康养事业的发展”“如何促进青少年的国际交流工作”等，来自中国、法国、西班牙等中外教育工作者参加。中国侨联、北京市侨联、东城区侨联领导参加座谈会，座谈会沙龙由梅兰书院校董会主席主持。

（窦跃斌）

【助推高质量发展交流会】7月25日，以“凝聚侨界智慧力量，助推东城经济发展”为主题的东城侨商侨企、外资企业及侨界代表交流会在红桥市场举行，共商侨资企业发展，汇集力量助推东城高质量发展。国际企业高管及注册在东城区的企业负责人畅谈在区委区政府的扶持下，如何坚持守正创新发展，担好企业社会责任。关心东城发展的海外人士线上加入交流。新华社、《人民日报》海外网、人民政协网、中新社等16家中央、市、区媒体报道交流会的相关内容。市侨联领导、市欧美同学会领导、区领导、区发改委等6个政府部门有关人员及侨商侨企、外资企业及侨界代表出席会议。

（窦跃斌）

【侨界文化体验交流活动】8月29日，区侨联党组书记一行走访原北京电视台《这里是北京》栏目制片人（总导演）、北京古都学会影像专委会主任李欣。9月13日，组织侨联委员、归侨、侨眷开展“感受中轴线之美——景山四望看中轴”活动，区委党校管理教研室主任讲解中轴线历代城市变迁、北京城发展历史及中轴线申遗情况，侨联委员讲授手机摄影实用技巧，区总工会、区妇联、区文联、区残联、区科协、区红十字会等群团组织党支部党员参加。10月26日，在角楼图书馆举行东城区侨界文化交流活动，侨界群众、专家学者代表用影像、文字和讲解，通过面对面互动，推动文化交流，民盟中央文化委员会副主任宋慰祖，北京市侨联副主席李晓菲及市文旅局、区委统战部、区侨联、区侨办等有关人员出席活动，《人民日报》《北京日报》《北京青年报》和“都市阳光栏目”进行报道。

（窦跃斌）

【“侨之家”建设】9月7日，区侨联召开“侨之家”建设工作推进会，传达学习第十一次全国归侨侨眷代表大会精神，19个基层侨联组织对“侨之家”建设的现状及下一步工作打算作交流发言，部署项目经费使用、侨之家深度建设、强化信息报送等近期工作。9月21日，区侨联为梅兰书院“侨之家”授牌。10月18日，联合景山街道侨联在景山市民文化中心美后肆时成立“侨之家”并授牌。10月20日，在北京巧娘博物馆举办“九九重阳情暖侨心”文化体验活动暨“侨之家”成立仪式。仪式后，参观巧娘博物馆，参加非遗京绣第五代传承人刘晓燕讲座，并现场进行“九九感恩共绘重阳”手绘体验。

（窦跃斌）

【侨界代表性人士培训班】11月24日，区侨联举办区侨界代表性人士培训班。中国华侨华人历史研究所副所长以《习近平总书记关于侨务工作的重要论述与新时代侨务工作的思考》为题进行理论分享，区侨联有关领导解读第十一次全国归侨侨眷代表大会精神和《北京市侨联贯彻落实第十一次全国归侨侨眷代表大会精神工作措施》，并对相关工作作出部署。区侨联委员、19个基层侨联组织代表共计100余人参加培训。

（窦跃斌）

【“亲情中华·为你讲故事”网上营】12月1—3日，区侨联举行以“魅力文化·锦绣中华”为主题的“亲情中华·为你讲故事”汉服主题网上营东城营活动。设计具有东城特色的《中华服饰沿革》《云游故宫》《漫谈北京中轴线》《唐、宋服饰特点解读》《马面裙中的传统文化与时尚设计》《非遗剪纸遇上汉服》6门课程。通过浸润式的体验方式帮助营员感受汉服和中华礼乐文化，助力中华优秀文化传播与推广。来自奥地利、德国、美国、缅甸、南非、塞浦路斯、西班牙、意大利、德国共9个国家的12个海外华文教育机构华裔青少年营员573人参加网上营活动。

（窦跃斌）

东城区青年联合会

【概况】东城区青年联合会（简称东城青联）是在东城区委、区政府领导下，团结和引领全区各族各界青年的爱国统一战线组织，下设青联秘书处。第七届委员会共有委员297人。东城青联设13个界别，分别是科学技

7月31日，东城区青年联合会召开第七届委员会第一次全体会议（孙大荃摄）

术界别、教育界别、经济界别、金融界别、文化艺术界别、法律与公共服务界别、新闻出版和新媒体界别、体育健康界别、医疗卫生界别、社会组织和社会服务界别、技能人才界别、互联网和信息服务界别、港澳台民宗侨界别。2023年，东城青联广泛团结、引领和服务全区各族各界、各行各业青年，不断提高组织号召力、凝聚力和影响力，推动全区青年统战工作深入开展。7月31日，东城区青年联合会召开第七届委员会第一次全体会议，听取东城青联第六届委员会常务委员会《坚守“红楼初心” 勇担时代使命 为新时代首都核心区高质量发展汇聚青春力量》工作报告，选举产生东城青联新一届领导机构，59人（含主席、副主席）为第七届东城青联常务委员会委员。2023年，东城青联获评市青联“优秀会员团体”。

（孙大荃　王爽）

【政治思想学习】2023年，东城青联组织集中学习和界别自学等方式，带领委员认真学习党的二十大精神、习近平总书记同团中央新一届领导班子集体谈话时的重要讲话精神和团十九大精神，实现全体委员100%覆盖。举办新任委员履职培训，围绕党的青年工作内涵、新时代深化青联改革重要精神等内容开展专题讲座，帮助新任青联委员更好把握青联组织的历史方位和职责定位，增强政治意识、提升政治能力。依托东城域内红色文化资源优势，到北大红楼、中法大学旧址等爱国主义教育基地，开展交流研讨20余场，通过沉浸式学习实践，提升学习实效。助力东城共青团“青春宣讲团”，深化东城青联“青年民族团结宣讲团”建设，依托“强国志·青春说”青联大讲堂、青联思享汇等载体，组织委员面向身边青年分享学习感悟、开展理论宣讲，覆盖各领域青年2000余人次。联合国家发展改革委、交通运输部、海关总署等单位团员和青年开展联学研学10余次，覆盖400余人。

（孙大荃　王爽）

【组织建设】2023年，东城青联立足东城区文化特色和优先发展方向，重构内部组织形态，优化界别设置，合理控制界别规模，由副主席担任界别主任，配强界别工作委员会，明晰职责、提升效率、整合资源，打造坚强有力的青联组织。激发组织内生动力，成立青少年公益联盟、创新创业汇、志愿服务队等8个东城青联兴趣小组，促进委员之间的沟通交流。在全市首创推行执行主席轮值制度，提升各界别委员的组织归属感和履职积极性，以制度创新激发改革活力。创立工作简报制度，定期梳理汇总青联重点工作，全年发布工作简报7期。修订东城青联工作细则、提案和建议工作制度、委员履职规范、委员直接联系青年等制度文件，完善委员梯度选拔、教育培训、监督惩戒和退出机制，建立更加健全规范、务实管用的青联制度体系。依托委员工作场所推动建立“青联委员工作室”，丰富拓展青联委员服务青年“新窗口”“新阵地”，其中4家被认定为首批北京市青年联合会委员工作室。贯彻落实《中长期青年发展规划（2016—2025年）》，加强界别活动把关审核，打造“一界一品”工作品牌，提升青联的组织活力。

（孙大荃　王爽）

【青联品牌建设】2023年，东城青联持续深化“央Young之东 团聚青年”央地青年工作机制，召开东城区央地青年工作座谈会，聚焦青年成长发展需求，形成“资源”“需求”“活动”3个清单，增进央地青年互学互鉴。承办京台青年篮球友谊赛，推动建立东城港澳台青年驿站，组织两岸四地青年代表共同参与主题展览和文化艺术活动，开展“我与北京中轴线”——香港青年暑期游学采风活动，做好香港大学生来京暑期实习岗位对接联络工作。在全市区级青联中率先出台《北京市东城区青年联合会助力新时代首都核心区高质量发展五年行动方案》，系统谋划、整体统筹，进一步推进青联组织高质量发展。创新举办全市首个高质量发展青年论坛，促进青年与城市双向奔赴、共赢未来。主动参与“紫金服务”管家任务，对接中国青年企业家协会，建立常态化沟通联络机制，为优化营商环境增添青春动能。以区青联法律和公共服务界别委员为骨干，带动社会领域优秀青年律师组建东城青联公益律师志愿服务团，通过律所包街道

7月10日，2023两岸青年峰会京台青年篮球友谊赛举办（孙大荃摄）

形式义务提供法律咨询服务，100%全覆盖对接17个街道。召开迎新春青年交流座谈会，了解青联委员、青年人才、港台青年等青年群体工作和生活的实际需求。深化青联委员与困境青少年"1+1"陪伴式成长帮扶项目，链接区青联委员资源，形成东城区困境青少年精准帮扶特色品牌，2023年实现特困青少年30余人与青联委员成功结对。

（孙大荃　王爽）

【对口帮扶】2023年，东城青联制订《东城共青团关于深化实施助力乡村振兴青春建功三年行动计划（2023—2025年）》，深化京蒙共青团对口协作，强化东城青联"希望小屋"阵地建设，向内蒙古自治区阿尔山市、化德县捐赠价值30余万元物资。赴湖北省十堰市郧阳区调研对口协作工作，召开"东郧同心·青年同行"对口协作推进会并与团郧阳区委签署共建协议，在郧阳一中设立助学金项目，捐赠价值21万元助学金及学习用品。深化"青振京郊"结对协作品牌，做好"青联组织服务千村计划"，加强与怀柔区渤海镇帮扶共建，首次实现双向互访。关注房山区、门头沟区抗洪救灾及灾后重建，组建东城区心理咨询青年突击队，到灾区开展心理疏导、心理压力调节等康复治疗工作。派出东城青联青年突击队，调配7台挖掘机、渣土车等设备，到史家营乡开展清淤排险，打通10千米进村道路。先后向房山区大安山乡、史家营乡捐赠救灾款3万元、救灾物资600余箱以及价值8万余元的青少年过冬棉衣棉被220件。东城区心理咨询青年突击队、青联青年突击队被团市委选树为北京市抗汛救灾和灾后恢复重建青年突击队。

（孙大荃　王爽）

东城区工商业联合会

【概况】中华全国工商业联合会是中国共产党领导的以非公有制企业和非公有制经济人士为主体，具有统战性、经济性、民间性有机统一特征的人民团体和商会组织，是党和政府联系非公有制经济人士的桥梁纽带，是政府管理和服务非公有制经济的助手，是中国人民政治协商会议的重要组成部分。东城区工商业联合会（简称区工商联）有基层商（协）会32家，其中街道商会17家、特色街区及园区商会4家、行业及功能型商（协）会11家，有各类会员3000余家。2023年，区工商联（商会）召开十一届二次执委会和十一届三次执委会，落实重点任务，推动东城区民营经济工作再上新台阶。8家商会获全国"四好"商会，7家商会获社会组织评估等级。区工商联作为业务主管的行业及功能型商（协）会建立党组织达到80%，执委以上企业党的组织和工作覆盖率达到95%以上。组织完成税源建设工作，完成实际入库任务1193万元。

（潘媛媛）

9月13日，区工商联召开参政议政智库工作会（魏毅摄）

【参政议政】2023年，区工商联会员中区人大代表38人，区政协委员35人，包括区政协常委4人。区工商联积极引导工商联代表人士建言献策。为区政协十五届三次大会撰写《关于加强民营经济政策支持促进高质量发展的建议》团体提案，引导督促工商联系统政协委员和人大代表提交提案议案30余件。完成2022年度涉及工商联3份提案、建议的办理，并持续做好成果转化。3月20日，组织召开学习习近平总书记在看望参加政协会议的民建工商联界委员时的重要讲话精神座谈会，邀请工商联界别政协委员和企业家9人进行交流。9月13日，举办参政议政智库成立2周年主题研讨活动，组织到会专家参观前门地区颜料博物馆、梅兰芳旧居，了解文物保护更新、旧居活化利用、空间腾笼换鸟及会馆建设经营等情况。座谈会总结智库工作情况，向新聘任的专家4人颁发聘书。专家代表6人以"'两个健康'引领东城区民营经济高质量发展"为题交流意见。

（潘媛媛）

【商会建设】2023年，区工商联围绕商（协）会党建工作召开3次专题座谈会，研究制订《东城区工商联深化"红联"品牌建设加强民营经济领域党建引领工作方案》，形成

8月，区工商联开展“月聚·悦读”活动（魏毅摄）

《聚焦“红联”党建品牌建设，加强民营经济领域党建引领工作，不断优化会员队伍建设质量》的调研报告。指导所属行业及功能型商（协）会成立党组织并开展党建工作，成立东城区法律商会、餐饮行业协会功能型党支部。组织召开区工商联商（协）会党建工作推进会，优秀党组织书记进行工作交流分享。开展“学习二十大，民企大讲堂”活动，优秀企业家10人，交流心得体会。印发《东城区工商联关于在民营经济领域开展学习贯彻习近平新时代中国特色社会主义思想主题教育的工作计划》，指导各商（协）会和执委企业党组织开展主题教育。10月17—19日，区工商联设立分课堂，组织各商（协）会党组织书记和部分企业党组织负责人参加区委组织部举办的2023年东城区基层党组织书记示范培训班。召开商（协）会工作会议，印发《东城区工商联所属商（协）会2023年折子工程》。举办“月聚·悦读”暨“流光岁月工商联”活动，并获区政协界别活动创新奖。全年发展会员103家，召开3次新会员见面会，召开3次东城区工商联“专精特新”企业座谈会，发展40家专精特新企业入会。开展执委履职评价，增强会员队伍凝聚力。2人获2023年东城区优秀人才资助项目；推荐1人申报“四巷”专项人才引进；3人获评为第六届北京市非公有制经济人士优秀中国特色社会主义事业建设者；1人获评第九届“东城区有突出贡献的优秀人才”；青年企业家14人当选青联委员；推荐青年企业家5人参加北京市工商联年轻一代民营经济人士培训班。

（潘媛媛）

【服务会员】2023年，区工商联组织开展2023年北京民营企业百强调研与发布工作。组织完成275家企业填报，位列全市第三名，18家企业获24个百强奖项。制订《2023年工商联经济服务六方面重点工作》，明确月度工作重点。帮助民营企业解决“用工荒”，与区人力社保局人力资源公共服务中心合作，举办“政企面对面”就业政策专题交流座谈会，持续合作组织“走进高校、走进社区”等专题招聘会7次，邀请40余家企业、450余人（次），参加110余个岗位竞聘，接待咨询300余人（次）。深化民营企业产权保护社会化服务体系建设。完成涉案企业合规第三方监督评估机制制度建设，推动召开部署会，完成评估体系建设。工商联诉前调解工作站为企业免费调解案件20余件，调解标的30余万元，调解成功5件，标的6万余元。开展线下法律服务活动3次、线上1次，咨询服务260余次，开展法律援助80次，代理仲裁1次。为解决企业困难，与区金融办合作，开展融资需求调查2次，线上政策发布3次。组织金融政策授课活动1次，满足企业融资需求。向统战系统助企纾困工作小组上报情况12次，累计走访企业43家（次）、商（协）会8家，收集问题26件、解决8件，上报涉及企业困难建议献策信息51件，组织各类政企对接、座谈15次、参与部门6家（次），涉及企业140余家（次），线上推介政策9次、观看企业590余家、阅读量达800余人（次）。在北京市工商联支持下，在区工商联建立市人大基层立法点，是北京市第一个面向民营经济立法点，也是东城区第二个立法点。参与东城区优化营商工作，先后组织区领导、部门领导走访重点企业7次、解决企业困难4件，并向区政府推荐重点服务包企业1家，选聘工商联骨干会员成为区优化营商环境特邀监督员，为区域营商环境发展助力献策。4月24日，在东城区优化营商大会上，工商联服务企业作为上市民营企业代表接受区领导颁奖、发表获奖感言，特邀监督员代表6人接受区领导颁发监督卡。不断加强宣传，4月27日，区工商联与法律商会联合开展法律宣传服务活动。5月19日，区工商联与民生银行正义路支行共同举办第二期“财税讲堂”暨专精特新和国高新政策宣讲会。

（潘媛媛）

【原工商业者工作】2023年，区工商联为原工商业者发放生活困难补助。春节、“五一”、“十一”期间发放生活困难补助3次，共惠及52人次。4月，临时增发补助1次，共惠及18人次。春节和“十一”期间还发放节日慰问品及节日慰问金2次，惠及6人次。为在养老院生活的2人发放养老院补助。全年共计发放金额19.30万元，惠及78人。

（潘媛媛）

【对口帮扶】2023年，区工商联参与支援合作工作，选派重点会员企业北京拓新盛达科技有限公司参与重庆市消费扶贫活动，签订购销合同价值200余万元，并建立长期合作关系。完成内蒙古自治区化德县对口帮扶任务72.05万元，推荐4家企业、1家商会与化德县和阿尔山市签订对口帮扶协议。组织企业到湖北省十堰市开展对口协作，签订3项合作、销售和捐赠协议，捐款10万元用于当地发展建设。

（潘媛媛）

【光彩事业】2023年，区工商联为助力“23·7”水灾后重建，组织4家会员企业参与统战部慰问团，为房山区捐款10万元，用于灾后重建。6月6日，会员企业北京南门涮肉有限公司开展夏日送清凉系列活动，向东城交通支队、东城公安分局及其他部门捐赠矿泉水2万余箱。

（潘媛媛）

【调查研究】2023年，区工商联组织协调各类调研工作，助力民营经济发展。2月17日，北京市工商联领导到东城区走访调研，参观天鼎218文化金融园和北京中勉律师事务所，围绕东城区工商联2022年主要工作情况和2023年重点工作思路，围绕企业转型升级、园区发展、民营企业维权服务平台工作、民营经济人士参政议政、优化营商环境、搭建协商共建平台等工作召开座谈会。6月12日，区工商联与区人社局共同举办东城区住宿及餐饮业技能人才队伍建设状况调查现场调研会，区人力社保局业务科室介绍东城区技能人才队伍建设基本情况，企业家代表结合产业发展状况和经营实际，介绍企业开展技能人才队伍建设情况和困难。针对企业发言，有关部门进行回应，并围绕相关政策和倾向性问题进行交流。区工商联、区人力社保局及5家住宿和餐饮行业商会代表参加活动。8月17日，北京市人大常委会法治工作委员会到东城区工商联走访调研，区工商联领导介绍区工商联主要工作及基层立法联系点工作开展情况，参会企业代表分别介绍经营情况。

（潘媛媛）

【宣传教育】2023年，区工商联着力打造宣传精品。围绕全区中心大局和工商联系统重点工作，在微信公众号平台累计发送150期，比2022年同期增加10%，推出“为东城民营企业家点赞”专栏9期，专题宣传优秀企业家勤于奋斗、勇于创新的先进事迹；围绕“流光岁月工商联”活动，连续发布微信公众号内容，引导民营经济人士从工商联历史中汲取精神营养，增强自豪感。编辑整理年度实践创新材料，在学习强国、首都统战之窗、市工商联《信息专刊》等全国、市级媒体刊登。拓展宣传渠道。4月13日，组织召开2023年信息宣传工作培训会，各商（协）会、重点企业信息员，区工商联机关干部共70余人参会。全年在全国、北京市工商联微信公众号，北京市电视台《阳光都市》频道等11家相关媒体发布东城区民营经济领域重大活动、典型经验共23篇次，有效扩大东城区工商联、商会工作的影响力。区工商联被全国工商联评为宣传工作“表现突出集体”荣誉称号。开展“学习二十大，民企大讲堂”活动。遴选优秀企业家10人结合自身奋斗历程畅谈学习感受，录制微党课。围绕主题教育，开展“学思想、凝共识、促发展”主题演讲活动，引导民营企业家分享学习感悟。5月4日，区工商联和青创会共同开展“青春不忘初心，五四薪火相传”主题教育活动，到北京鲁迅博物馆参观学习，各商（协）会青年企业家代表及区联机关党员干部60余人参加活动。6月29日，区工商联组织民营经济人士到香山革命纪念馆开展“同心建功新时代”主题教育活动，各商（协）会联合党委书记、会长及班子成员和区工商联机关干部80余人参加活动。

（潘媛媛）

东城区人民团体负责人

总工会主席	吕德成（兼）	科学技术协会主席	李　军
共青团东城区委书记	蒋　龙（3月任）	归国华侨联合会主席	张锦东（女，6月免）
青年联合会主席	肖华强（7月免）	工商业联合会主席	易月明
	蒋　龙（7月任）	残疾人联合会理事长	刘智辉（女）
妇女联合会主席	吕　绘（女，12月免）	红十字会会长	刘俊彩（女，兼）
		文学艺术界联合会主席	张志勇

法 治

4月14日，东城区在王府井步行街举行“东城区2023年全民国家安全教育日”主场活动
（区委政法委提供）

综　述

2023年，东城区政法工作坚持以习近平新时代中国特色社会主义思想凝心铸魂，全面贯彻落实党的二十大精神，扎实推进各项工作，努力以新安全格局保障新发展格局，核心区政法工作取得新成效。

健全平安东城建设协调机制。增补驻区中央、国家单位和辖区三甲医院纳入区委平安建设领导小组。创新打造"平安指数"考评机制，每2个月召开平安建设推进会，向各街道出具个性化"体检报告"，形成动态问题清单。区政法委全覆盖开展督导。持续深化"平安校园""平安医院""平安铁路"建设，充分发挥法治副校长作用，切实维护医院周边秩序，加大铁路沿线安全隐患整治力度。

切实保障全区社会面安全稳定。健全联勤指挥和每日会商双轮驱动机制，高质量完成全国两会、第三届"一带一路"国际合作高峰论坛等重大活动，春节、"五一"、中秋、国庆等重要节假日安保维稳任务。在永外110千伏变电站建设、望坛棚改回迁、宝华里消减层等重大项目推进过程中，健全群体性事件应急处置协调机制，做好维稳处置、建设施工、群众工作、舆情引导等系列工作，调度处置各类突出风险，确保工程建设平稳推进。

坚持发展新时代"枫桥经验"。完善网格化管理、精细化服务、信息化支撑的基层治理平台，落实区委《关于坚持和发展新时代"枫桥经验"，推广"矛调处置一体化模式"的实施意见》，推进朝阳门街道"四合一家"、东华门街道"紫金东华"为代表的街道实体化解纷中心建设，形成主动全面感知、分层分类处置、四级上下联动、横纵形成一体的工作格局和发展态势。创新"矛调处置一体化"工作模式，形成矛盾纠纷"梯次递进、一体调处"工作法，获全国新时代"枫桥经验"先进典型，"政治引领'以合为线'推进超大城市风险防控一体化"获评全国"优秀创新经验"。相关理论、制度和实践成果被《法治日报》、人民网等14家中央级、30家市区级媒体平台报道，浙江省、苏州市、珠海市等61个外省市单位先后到东城区学习经验。

着力提升全区法治保障能力。进一步健全党委统筹的执法司法制约监督机制及责任体系，扎实开展18类案件执法司法突出问题专项自查，细化防止干预司法的任务分工和监督考核制度。组织开展政法系统干警同堂培训，进一步提升执法司法能力和水平。优化法治营商环境，持续提升法治政府建设水平，压实党政主要负责人履行推进法治建设第一责任人职责，建立领导干部"提职考法"机制，加强重大行政决策和规范性文件审查。持续推动北京市政法办案智能管理系统全面应用，打通政法机关之间信息壁垒，提升执法司法规范化水平。深化"法律十进"和"以案释法"，开展"全民国家安全教育日"等各类普法活动1000余场，加强公民法治素养提升行动试点工作，开展民主法治示范社区复核，打造以公共法律服务实体、热线、网络三大平台为载体的服务体系。

（田士波）

政法委与综治

【概况】中共北京市东城区政法委员会（简称区委政法委）是区委领导和管理全区政法工作的职能部门，是区委工作机关，中共北京市东城区委国家安全委员会（简称区委国安办）设在区委政法委。2023年，区委政法委健全"联勤指挥"和"每日会商"双轮驱动机制，高质量完成重要节假日安保维稳任务。完善平安东城建设协调机制，完善网格化管理、精细化服务、信息化支撑的基层治理平台。推动常态化扫黑除恶专项斗争，开展教育、金融放贷、市场流通三大行业领域整治，对重点部位深入开展安全隐患大排查大整治。紧扣"学思想、

12月14日，东城区法学会涉文化审判研究会成立大会召开（区委政法委提供）

强党性、重实践、建新功”总要求，发挥好区委政法委统筹协调作用，推动政法系统主题教育深入进行。大兴调查研究，以常委会集体调研为统领，推动调研工作求真务实、落地转化。加强思想政治培训、政治轮训，不断夯实全区政法机关和政法干警忠诚维护“两个确立”的思想根基。强化政治督察、纪律作风督查巡查，深化顽瘴痼疾整治，巩固教育整顿成果。

（田士波）

【区委政法工作会议】2月24日，东城区委政法工作会议召开。会议传达习近平总书记对政法工作的重要指示和中央、市委政法工作会议精神。区委书记孙新军出席会议并讲话。区委副书记、区长周金星主持会议。区委常委、政法委书记陈献森总结2022年东城政法工作，部署2023年东城政法工作。

（黄睿）

【开展反邪教宣传活动】春节前，东城区各街道、单位开展春节宣传活动。通过派发窗花、日历及宣讲会等方式，向群众宣讲什么是邪教、邪教的特点和危害等基本知识，同时结合典型案例剖析邪教骗人手法，倡议群众对邪教做到“不听、不信、不传、不参与”，鼓励群众提高法治意识，增强抵制邪教的信念和决心。

（胡佳佳）

【社会治理试点验收工作会议】3月7日，东城区“大城善治·四合一家——矛调一体化模式”市域社会治理创新暨推进全国市域社会治理试点验收工作会议召开。会上，朝阳门街道介绍“矛调一体化模式”试点工作情况，体育馆路街道四块玉社区汇报“社区汇聚”项目的实践成果，区委政法委演示“金水桥边·市域社会治理监测应用平台”的框架应用，副区长李卫华部署市域社会治理现代化试点验收迎检工作。孙新军对前期市域社会治理的创新成果给予充分肯定，

2月24日，东城区委政法工作会议召开（区委政法委提供）

并就深入推进核心区市域社会治理现代化提出工作要求。

（张琳）

【平安东城建设领导小组会议】3月29日，区委平安东城建设领导小组2023年全体（扩大）会议召开。平安东城建设领导小组组长孙新军主持会议并讲话。会议传达市委平安北京建设领导小组全体（扩大）会议精神，审议2022年平安东城建设工作情况和2023年工作要点，通报区委平安东城建设领导小组调整情况，并听取协和医院、北京市第二中学、朝阳门街道关于平安建设工作情况的汇报。区委、区人大常委会、区政府、区政协、区法院、区检察院、区委平安东城建设领导小组成员单位领导参加会议。

（李应辰）

【全民国家安全教育日活动】4月15日是第八个全民国家安全教育日，东城区以“贯彻总体国家安全观，增强全民国家安全意识和素养，夯实以新安全格局保障新发展格局的社会基础”为主题，在全区开展多项国家安全宣传教育活动，推动总体国家安全观深入人心，增强全民国家安全意识，营造维护国家安全浓厚氛围。

（刘大兵）

【扫黑除恶常态化工作会议】4月19日，扫黑除恶常态化工作会暨重点行业领域整治推进会议召开。陈献森出席并讲话。副区长、区公安分局局长高建新主持会议。区公安分局汇报常态化扫黑除恶专项斗争突出战果、涉黑涉恶违法犯罪问题形势分析及下一阶段工作计划，区委教工委、区住建委、区金融服务办、区市场监管局分别围绕本行业领域专项整治工作情况进行汇报。区纪委区监委、区委组织部、区委宣传部、区委政法委、区委网信办、区委教工委（区教委）、区公安分局、区法院、区检察院等相关部门及各街道相关领导参加会议。

（刘昌浩）

【区政法系统政治轮训班】6月27—29日，区委组织部、区委政法委联合举办以“做实‘靖’字文章，筑牢政治忠诚”为主题的2023年东城区政法系统处级领导干部政治能力提升专题培训班。培训采取理论辅导、专题讲座、交流研讨等多种形式开展教学。陈献森作开班动员，邀请市委政法委、市委国安办、市委网信办、市委党校、中国人民公安大学的专家学者，分别围绕习近平总书记对政法工作的重要指示批示、习近平法治思

想、《中国共产党政法工作条例》、总体国家安全观等内容开展理论辅导和专题讲座。东城公安分局、区法院、区检察院、区司法局、安全分局、交通支队、消防支队、街道处级实职领导干部50人参加培训。

（姜旸）

【持续完善执法司法监督机制】7月13日，区执法司法联席会第一次会议暨2023年全面依法治区委员会司法协调小组工作会议召开。陈献森主持会议并讲话。会议就相关制度文件及司法协调小组成员调整情况进行说明，通报2022年以来全区政法单位“三书一函”工作情况，“有案不立、压案不查、有罪不究”整治工作情况，人民调解、行政调解、司法调解工作情况。区执法司法联席会成员单位、区司法协调小组成员单位主管领导参加会议。

（韩卫杰）

【主题教育工作部署会】9月18日，区委政法委召开学习贯彻习近平新时代中国特色社会主义思想主题教育工作部署会。陈献森出席会议并讲话。区委政法委全体领导干部、离退休党支部党员代表参加会议，区委主题教育领导小组办公室有关人员、东城区“两员”代表列席会议。

（金昭）

【法学会成立涉文化审判研究会】12月14日，东城区法学会涉文化审判研究会成立大会在区法院召开。区委常委、政法委书记、区法学会会长陈献森，区法院党组书记、院长何马根出席会议。何马根介绍区人民法院涉文化领域审判及研究工作情况。陈献森与何马根共同为研究会揭牌。研究会的成立，将有效助推开展涉文化审判研究和法治实践工作，为发挥全国文化中心核心承载区功能、全面推进依法治区贡献更多力量。区委政法委、区法学会、区人民法院相关领导参加会议。

（安泽龙）

法治政府建设

【概况】2023年，东城区深化全国法治政府示范区建设。区司法局与区委宣传部联合组织开展区委理论中心组习近平法治思想专题讲座活动，与区纪委、区委组织部联合建立领导干部“提职考法”机制，提职须过“考法”关。组织全区58家单位的考生961人参加2023年东城区国家工作人员第一批学法考试。组织开展2023年依法行政能力提升月专题培训活动；征集评审全区法治政府建设示范项目；制订并向社会公布2023年重大行政决策事项目录；完善重大行政决策合法性审查和规范性文件审查备案工作机制，审核区政府文件322件次，行政规范性文件40件次。严格规范公正文明执法。全年共开展3轮行政执法公示专项督查，整改问题168处。组织5轮行政处罚案卷交叉互评，抽验街道、区级部门案卷207本，督改高发问题14类，跟进召开点评培训会4次，通报全年评查结果。依托全区执法人员线上培训、初任法制审核人员职前培训、街道执法和法制人员专业培训等多种途径，完成全区全年人均60学时的培训学习任务。实现执法单位移动执法终端入网全覆盖，突破线上执法办案技术难点，提升全区执法效能和智能化水平。推进行政复议体制改革。对全区各部门行政应诉工作情况进行通报，举办全区行政复议行政应诉专题培训，加大对全区行政复议应诉工作指导力度。全年共收到行政复议申请1114件，受理1009件，办理以区政府为被告的一审行政诉讼案件214件、以区政府为被申请人的行政复议案件18件，区政府领导在行政诉讼中出庭应诉4次。

（张成雷）

【街道行政处罚案卷专项评查】2023年，区司法局会同区城管执法局组织开展4轮街道办事处全覆盖案卷评查专项工作，合计评查案卷76本。每本案卷历经执法队、司法所、区城管执法局、区司法局4轮联评，共筛查出988项问题或不足，获取大量培训素材。区司法局认真梳理各类问题，并以此为基础为各街道执法队和司法所先后组织7次案例化培训指导活动，集中纠正共性问题，分批次对重点街道开展单独辅导，定向强化司法所法制审核能力。

（张成雷）

【依法行政能力提升月活动】4月14日，东城区2023年依法行政能力提升月活动启动，活动分段进行，综合运用“线上”和“线下”方式进行。“线上”方式主要采用直播授课形式，邀请实务工作领导、专家学者讲授习近平法治思想、行政执法、行政应诉、法治化营商环境、公民法治素养提升等课程。“线下”方式主要采用庭审旁听和法官点评形式。全区各街道办事处、区政府各部门的法治机构全体人员和负责执法工作的负责人200余人参加。

（张成雷）

【依法治区委员会办公室会议】4月27日，东城区召开区委全面依法治区委员会办公室（扩大）会议。会议审议通过东城区委全面依法治区委员会办公室成员调整名单，听取东城区党政主要负责人履行推进法治建设第一责任人职责情况评估工作情况汇报，研究中共东城区委全面依法治区委员会2022年工作总结和2023年工作要点，审议通过《东城区道路交通安全和运输执法领域突出问题专项整治方案》，并对专项整治工作进行研究部署。区委常委、区委政法委书记、区委依法治区办主任陈献森出席会议并讲话，副区长李卫华参加会议。区委全面依法治区委员会办公室成员及区委办公室、区委研究室、区城管委、区交通支队、区检察院、各街道办事处主管领导参加会议。

（张成雷）

【行政复议质量提升年活动】5月11日，区司法局召开行政复议质量提升年工作部署会，出台《东城区开展行政复议质量提升年活动方案》，深入开展业务学习和交流研讨，观看警示教育片，开展意识形态教育，对已办结行政复议决定履行情况开展全面复核、案卷评查和跟踪回头看，重点建立行政复议工作质量长效机制。通过召开案件联席会、会商会提升复议案件办理质量。提升年活动中，深入开展复议案件立案、审理业务能力培训，全面加强复议案件立案、审理工作规范化建设，上门实地调查拜访8次，召开集体座谈6次。

（张成雷）

【行政复议案前和解（调解）提升】5月17日，东城区委全面依法治区委员会办公室印发《北京市东城区行政复议案前和解（调解）工作规程》，实现行政复议案前和解（调解）的机制创新，规范案前和解（调解）的工作程序。全年共收到居民自愿填写《行政复议案前和解（调解）申请确认书》50份，其中达成案前和解（调解）42件，案前和解（调解）率达84%。

（张成雷）

【研究东城区行政复议体制改革】7月17日，十三届区委全面深化改革委员会第五次会议召开，区委书记孙新军主持。会上，区司法局向区委深改委作《东城区行政复议体制改革工作报告》，介绍成员单位协同推进行政复议体制改革暨全面推行规范化建设情况，逐条对照梳理各项改革措施的落实情况以及有待继续深化内容，总结在复议机构改革和人员编制调配、办案场所建设等方面取得的成绩，分析区政府2022年7月1日统一行使复议职责以来的办案质效，并提出下一步工作设想。区委副书记、区长周金星等区领导及区委办公室、区委组织部、区委宣传部、区政府办公室、区发展改革委等部门主要负责人约50人参加。

（张成雷）

【区委执法协调小组会议】7月18日，中共北京市东城区委全面依法治区委员会执法协调小组2023年第一次（扩大）会议召开。会议通报2022年全市行政处罚案卷评查东城区相关情况，审议通过《中共北京市东城区委全面依法治区委员会执法协调小组2023年工作要点》《2023年东城区行政执法考评指标》，部署2023年度行政执法工作。会议要求，全区各执法单位要紧扣首善标准，持续巩固“全国法治政府建设示范区”成果，扎实推进基层执法规范化建设，继续提高街道综合执法水平。会议由副区长李卫华主持，执法协调小组全体成员、各执法部门行政执法工作主管领导参加会议。

（张成雷）

【区委守法普法协调小组会议】7月25日，2023年区委全面依法治区委员会守法普法协调小组第一次（扩大）会议召开。会议传达市委全面依法治市委员会守法普法协调小组第七次会议精神，通报东城区守法普法协调小组组成人员调整情况，审议《2023年东城区普法依法治理工作要点》《2023年东城区“八五”普法年度考核指标》《东城区国家机关普法责任制履职报告评议实施办法》《东城区“八五”普法中期评估验收暨国家机关普法责任制履职报告评议工作方案》，部署2023年东城区法治文艺大赛活动。会议强调，要以“全国守法普法示范市（县、区）”争创活动为契机，提升全区法治宣传教育水平。李卫华出席会议并讲话。区委全面依法治区委员会守法普法协调小组副组长及各成员单位60余人参加会议。

（张成雷）

【依法治区委员会全体会议】8月23日，中共北京市东城区委全面依法治区委员会2023年全体（扩大）会议召开。会议传达北京市委全面依法治市委员会2023年全体会议精神，部署中共北京市东城区委全面依法治区委员会2023年工作，书面审阅《东城区道路交通安全与运输执法领域突出问题专项整治工作推进情况报告》《中共北京市东城区委全面依法治区委员会2022年工作总结》，并审议通过《中共北京市东城区委全面依法治区委员会成员名单》《中共北京市东城区委全面依法治区委员会专家咨询委员会名单》。孙新军主持会议并强调，要深入贯彻习近平法治思想，完善政府治理体系，聚焦中心服务大局，以高质量法治服务保障核心区高质量发展。区有关领导参加会议。

（张成雷）

【党政主要负责人现场述法会】8月23日，东城区委全面依法治区委员会组织召开党政主要负责人现场述法专题会议。东城区朝阳门街道、天坛街道和体育馆路街道党工委书记及区住建委、区应急局和区体育局党委（党组）书记、局长汇报2023年上半年履行推进法治建设第一责任人职责情况，分析本部门法治建设领域存在的突出问题，并介绍整改落实情况和下一步工作安排。孙新军主持会议并对各单位现场述法进行逐一点评，强调要压实推进法治建设第一责任人职责，完善述法工作机制，以述促效，做好述法“后半篇文章”。区委全面依法治区委员会成员、依法治区委员会办公室成员及全区各相关部门负责人分别在主会场和视频分会场参加。

（张成雷）

【依法行政培训和实践基地揭牌】9月13日，东城区推进依法行政工作领导小组与东城区人民法院共建的“依法行政教育培训和实践基地”揭牌仪式在东城区人民法院举行，这是全市首家在法院设立的“依法行政教育培训中心和实践基地”。揭牌仪式后，召开以“强化能动司法、提升治理效能”为主题的研讨会。区法院行政庭通报违建查处、工伤认定、市场监管等重点领域的相关典型案例。与会人员围绕“司法建议与诉源治理”“行政机关负责人出庭应诉与行政争议实质性化解”等议题展开交流。北京市高级人民法院行政庭（赔偿办）副庭长、北京市第二中级人民法院行政庭副庭长及北京住房公积金管理中心、东城公安分局及部分区属委办局、街道办事处相关负责人参加揭牌仪式。

（张成雷）

【推进依法行政工作领导小组会议】10月8日，东城区召开推进依法行政工作领导小组（扩大）会议。会议传达北京市推进依法行政工作领导小组会议和东城区委全面依法治区委员会2023年全体会议精神，审议东城区推进依法行政工作领导小组成员名单，通报全区2022年依法行政专项工作情况和2022年行政诉讼案件审判情况，并部署《东城区2023年推进法治政府建设工作要点及任务分解》《2023年度东城区政府落实市依法行政考核指标的任务分工》。周金星主持会议并结合党的二十大报告关于法治政府建设决策部署进行专题讲法，区有关领导以及区法院、区检察院领导等参加会议。

（张成雷）

【区政府常务会会前学法活动】10月16日，区政府常务会会前，东城区邀请市委党校法学部教授，围绕“学习贯彻二十大精神 扎实推进依法行政”作专题授课。周金星在会上强调，要及时研究解决影响法治政府建设重大问题，健全依法行政制度体系和行政决策制度体系，深化行政执法体制改革，进一步整合基层执法队伍，提升基层治理效能。东城区每年均坚持组织开展区政府常务会会前学法活动，全年区委、办、局行政主要领导，区法院检察院相关领导和法学专家围绕重大行政决策、公益诉讼检查工作等内容开展讲法活动共7次。

（张成雷）

【新《行政复议法》宣传活动】12月1日，区司法局在区政府行政复议接待室及社保大厅门前举行宣传贯彻新修订的《中华人民共和国行政复议法》主题宣传活动，向在场群众现场发放宣传材料，宣传《行政复议法》主要内容，重点说明新旧法的显著变化，并解答群众有关申请行政复议的咨询问题。同时在东城区法治文艺大赛作品汇演活动和龙潭中湖公园“12·4”国家宪法日活动现场及“法治东城”微信公众号、崇文门商圈大屏同步开展宣传活动。

（张成雷）

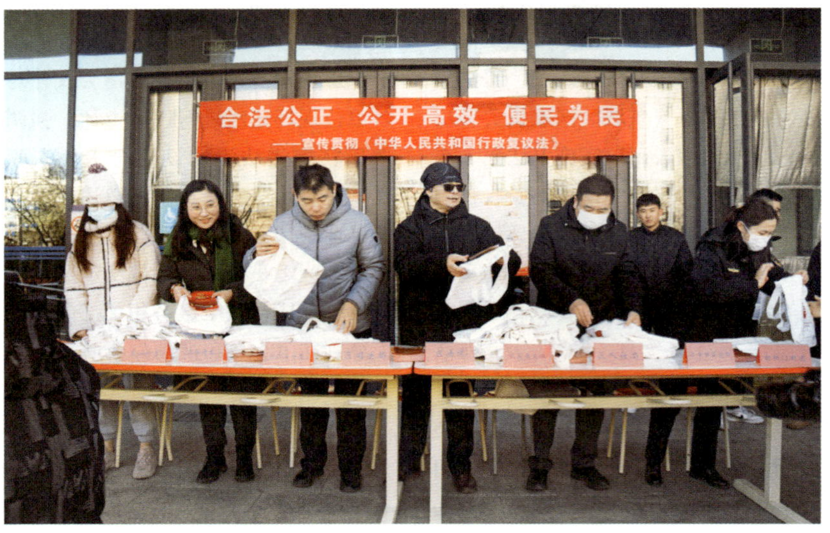

12月1日，区司法局举行宣传贯彻新修订的《中华人民共和国行政复议法》主题宣传活动（任洪波摄）

公　安

东城公安分局

【概况】北京市公安局东城分局（简称东城公安分局）受北京市公安局和东城区委、区政府双重领导，依照法律赋予的权利维护国家安全和社会治安秩序，保护人民，处罚犯罪，保持国家长治久安。2023年，东城公安分局以大兴调查研究为抓手，牢牢把握“学习年、基础年、改革年”工作思路，全力打好“主动仗”“整体仗”，经受住新冠疫情“乙类乙管”后带来的诸多风险挑战，确保全国两会、“一带一路”高峰论坛等重大活动安保万无一失，保障春节、“五一”、暑期、中秋、国庆等节假日安全有序，营造和谐安定社会环境。研判安保工作面临的新情况、新问题，提前踏勘、全面摸排、清整隐患，梳理采集各类信息，摸排评估各类风险，强化实战演练、复盘总结，抓好责任措施执行落实。面对东城区春节、暑期、中秋、国庆等时段“大人流”特点的出现，创新调整雍和宫排队区域、设立公安部周边“潮汐人流通道”、增设长安街疏导拥堵专项勤务，妥善应对2600万余人次客流及多波次瞬时大人流。面对“23·7”极端强降雨，每日抽调精干力量连续17日赴门头沟区支援，全力以赴做好救灾工作。深入开展“夏

5月12日，东城公安分局党委赴北京市规划展览馆开展主题党日活动
（东城公安分局提供）

季行动”“春夏平安行动”“冬季攻势”，依托刑事案件层级管辖改革，对高发警情和突出违法犯罪，保持主动进攻和严密防范态势。深化“公安+行政”联动执法，靶向清整“黑车黑摩的”、黄牛号贩、无照游商等治安乱象。以深入开展主题教育为契机，聚焦“学思想、强党性、重实践、建新功”主题教育总要求，累计征集并完成调研课题169个，开展多层级学习2234次、主题党日620次，梳理问题6方面21项，修订或制订制度规定8个，推动主题教育成果长效化、常态化。成立东城公安分局失联人员查找中心，以最快响应、最佳状态为工作标准，解决人民群众急难愁盼。

（杨璐）

【“一带一路”高峰论坛安保】2023年，东城公安分局搭建战时指挥体系，全局参战，完成第三届“一带一路”国际合作高峰论坛安保警卫任务及社会面防控工作，坚决确保党和国家领导人、外国政要、重要外宾、与会人员的绝对安全，保证论坛顺利举行。

（赵子豪）

【建立“情指行”一体化运行机制】2023年，东城公安分局为严格贯彻落实公安部、市局党委关于健全完善“情指行”（情报、指挥、行动）一体化运行机制重要部署，立足东城实际，组建改革专班，明确“推动系统性重塑、优化运转流程、高效指挥处置”的建设思路，实施“周会商、月推进”，形成关于组建东城公安分局“情指行”一体化作战中心的意见，为坚决防范化解重大风险提供坚实保障。

（刘昱）

【战时党建助力重大安保】2023年，东城公安分局在全国两会、中秋、国庆、“一带一路”高峰论坛等重大安保期间，结合安保任务实际，先后在战地安保一线成立临时党支部，在全局范围内组织开展“东城党建微课堂”、党员承诺践诺、过政治生日、重温入党誓词等战地组织生活，并在安保重要点位，评选命名党员先锋队、党员示范岗、党员责任区，完成安保维稳任务。聚焦“团建基础好、工作业绩实、示范作用强、作风形象佳”标准，安保期间评选优秀青年突击队和优秀青年突击队员活动启动，青年突击队4支被授予市局级“优秀青年突击队”、4人获市局级“优秀青年突击队员”荣誉称号。

（杨璐）

【强化社会面巡逻防控】2023年，东城公安分局全面夯实辖区社会面巡逻防控工作，完善“点”上控制、“线”上支援、“面”上过滤、“以面保点”的巡逻防控整体布局。完善与武警部门的会商联席机制，强化民警、武警的联动快反处置效能；提升巡逻防控工作的实效性。

（杨璐）

【严查各类消防隐患】2023年，东城公安分局会同消防救援等部门，全面发动群防群治力量，深入群租房、日租房、平房院落、地下空间等重点部位，严查违规用电、电动车充电等消防隐患，组织开展散装汽柴油等涉气类危爆物专项打击整治，严防发生重大火灾等安全事故，切实筑牢社区安全屏障。

（杨璐）

【加强保安管理】2023年，东城公安分局以推动保安服务监管系统应用为着力点，强化数据台账清理更新，严查严打违法违规行为，组建东城保安行业纠察队开展行业内自查互纠。

（杨璐）

【常态化开展各类平安行动】2023年，东城公安分局先后组织开展“冬季会战”、“2023春夏平安行动”、高峰论坛安保、“三清三个一批”等平安专项行动，有效推动派出所社会面控制，违规电动三、四轮车综合治理及融合执法等专项工作。

（范晓文）

【练兵培训突出实战】2023年，东城公安分局全面抓好教育培训工作。依托“东警大讲堂”强警平台和“东警训练营”实战练兵场，围绕安全执法、规范执法、警务实战技能、常见警情处置等内容开展培训。备战市局大比武，并在比武中夺得第一名1个、第三名1个、三等奖2个、第四名

2023年，东城公安分局每天组织警力对全区中学、小学、幼儿园落实高峰勤务值守全覆盖（东城公安分局提供）

1个；规范东城公安分局教官队伍评聘流程，成立专职教官团，加快教官梯次化培养和团队化建设步伐。

（杨璐）

【护校安园见成效】2023年，东城公安分局以中小幼校园安全隐患大排查大整治专项工作为依托，针对排摸出的问题逐一建账立项，明确整改责任和整改时限，确保整改率100%。每天组织警力200人对全区中学、小学、幼儿园落实高峰勤务值守全覆盖。发挥群防群治力量，加强辖区中小学幼儿园上下学早晚高峰时段校园周边200米区域的防范；多次组织派出所会同区相关部门围绕校园周边开展联合执法、专项整治，有效净化校园外部环境。

（田近）

【加强平安医院建设】2023年，东城公安分局以平安医院建设为中心，依托院警室，指导医院增加现场安保力量投入，加强医院，特别是医院发热门诊区域的秩序维护和人员疏导，确保有序就诊。开展风险隐患排查，对检查中发现的未按要求配备安检设施，门区安检没有配备专职安检员等隐患问题督导落实整改。联合区卫健委组织辖区医院处置团队，举行东城区第二届医警联动应对涉医案事件大比武活动，进一步提升应对涉医案事件处置能力。发挥医警室和院警作用，落实医院高峰勤务，开展医院内部巡控、核录清查，及时发现处理“号贩子”违法活动，确保辖区医院治安秩序持续良好。

（田近）

【全面排查化解社区矛盾纠纷】2023年，东城公安分局根据基层基础工作中存在的问题，主动将矛盾纠纷排查化解融入基层社会治理中，建立“排查、联调、帮扶、强基”排查化解模式，坚持源头防范、主动干预、多元化解，全面排查辖区家庭、感情、邻里、债务等突出矛盾纠纷，有针对性地开展化解工作，最大限度减少影响社会稳定因素。

（杨璐）

【严打电信网络诈骗】2023年，东城公安分局针对电信网络诈骗犯罪开展“劝、止、宣”同位推进。强化预警劝阻工作措施、完善接警止付工作机制，加强电信诈骗案件打击力度，加大宣传力度，开展反诈活动788场，开展“全民反诈”App推广应用，注册总量达57.97万人次。全区接报非接触类网络犯罪案件数量实现发案和损失金额“双下降”。

（杨璐）

【安全宣传进校园】2023年，东城公安分局发挥法制副校长、法制辅导员作用，围绕反欺凌、反暴力、反拐卖、防性侵、防诈骗、防交通伤害等方面，指导配合学校开展安全宣传教育，对师生面对面、手把手开展安全防范教育。在此基础上，分局以“校园安全宣传月”专项活动为推手，制作反诈宣传手册，发放到全区大、中、小、幼院校，指导校园开展反诈宣传；制作反恐防恐宣传海报，发放到全区大、中、小、幼院校，指导校园在宣传栏、通道出入口粘贴；会同区教委制作《严禁携带禁限物品进入校园》提示牌，摆放在学校门前；结合违规电动三、四轮车专项治理，发放《致家长一封信》14万余份。结合现实案例，制作“校园安全教育”光盘，督导派出所组织辖区中小学在校师生观看，有效提升师生安全防范意识和自防自救能力。

（田近）

【完成高考中考等考试安保】2023年，东城公安分局围绕高考、中考等11项教育类考试及录用公务员、职业资格等15项各类考试，提前介入，精心组织，定人定点定岗，细化岗位责任；考前组织并会同属地派出所对考点校开展联合检查，整治考点周边治安秩序，进一步推动专项宣传落实。强化试卷保密工作，会同属地派出所对考试试卷保管环节实施全过程、全方位24小时值班守护；考试期间，每个考点部署警力，强化考点秩序维护，确保考点及周边治安秩序良好和考生考试安全有序进行。

（田近）

表11　　**2023年东城公安分局派出所一览表**

单位名称	地址	电话
安定门派出所	东城区豆腐池胡同11号	84081556
安外大街派出所	东城区地坛公园西门外	84081567
北京站派出所	东城区盔甲厂胡同甲4号	84081568
北新桥派出所	东城区东内北小街西羊管胡同10号	84081553
朝阳门派出所	东城区朝内南小街121号	84081551
崇文门派出所	东城区国瑞城中区9号楼	84081172
东方广场派出所	东城区王府井大街218-2号	84081569
东花市派出所	东城区东花市北里西区2号楼	84081171
东华门派出所	东城区锡拉胡同8号	84081559
东交民巷派出所	东城区东交民巷甲9号	84081566
东四派出所	东城区东四五条170号	84081552
东直门派出所	东城区新中街9号	84081554
和平里派出所	东城区和平里中街六区5号楼	84081555
建国门派出所	东城区金宝街69号	84081550
交道口派出所	东城区板厂胡同7号	84081557
景山派出所	东城区什锦花园胡同33号	64042045
龙潭派出所	东城区光明西街3号	84081176
前门大街派出所	东城区长巷二条1号	84081178
前门派出所	东城区西打磨厂街51号	84081175
体育馆路派出所	东城区东壁街16号	84081174
天坛派出所	东城区清华街46号	84081173
王府井派出所	东城区王府井菜厂胡同5号	84081561
永外派出所	东城区永定门外大街88号	84081177

（李露云　杨璐）

天安门地区分局

【概况】北京市公安局天安门地区分局（简称天安门地区分局）负责天安门地区治安、侦查、内保、外事警卫等工作。2023年，天安门地区分局坚持政治安全第一，发挥主场、主责、主力军作用，确保1400余起勤务万无一失。坚持反恐防恐第一要务，狠抓战训提能，释放70场次防冲闯拉动演练效能，形成自动化流程处置。坚持夯实根基，创新战法、完善机制、优化流程，始终保持敏感敏锐，坚持“以我为主导”的精细化防控处置体系。树牢宗旨意识，用心用情为民，有效保障全年3091万人有序参观游览。紧盯安全监管、辖区控制、有序转场各环节，确保大型活动安全。深化104处施工项目前期审核、全程监管，确保安全。持续提升服务管理水平，首创观旗格区片长制，坚持暑期每日早升旗专群结合、警民联防。创新“天安门警察”红袖标品牌，佩戴红袖标亮明主场身份，为各方执勤警力作出表率，第一时间回应需求、解决问题。固化为民服务车机制，深化问询指路、反诈宣传、失物招领、走散寻人、健康救助、母婴服务、协助预约、临时休息8项服务功能，创新主题活动，全年累计服务游客20万人次。2023年，4个集体分别获“全国公安机关成绩突出集体”、北京市公安局“枫桥式公安派出所”创建活动示范单位、第十一届北京市“人民满意的政法单位”、2022—2023年度“北京市青年文明号”荣誉称号；荣立个人二等功2人、三等功20人。获“全国三八红旗手”1人、“首都劳动奖章”1人、获2023“北京榜样·最美警察”1人、北京市公安局“优秀共产党员”1人、北京市公安局“优秀党务工作者”1人，2023年“全国公安机关成绩突出青年民警”1人。

（陈雨　陈晓晨）

【筑牢警卫安全基础】2023年，天安门地区分局聚焦核心警卫任务，坚持高标准，坚决确保警卫勤务万无一失。深化每日九波次清查，动态摸排“人、地、事、物、组织、情”六大要素。优化完善地区警卫工作方案流程，建立临时外宾勤务梯队机制，完善警卫力量层次。落实月例会机制，复盘补强薄弱环节。突出警卫专项培训，对新警轮训骨干等分层次提升能力。

（陈晓晨　赵超）

【严密反恐防恐体系】2023年，天安门地区围绕全国两会、第三届“一带一路”高峰论坛等重大安保任务节点，制订工作方案，明确职责任务，压实主体责任，统筹牵动各成员单位做好日常、重大安保和敏感节点反恐防恐、安检查控、应急处突等工作。依托防冲闯体系机制，加强反恐处突力量牵动，强化力量前置、点名调度、应急拉动、勤务督导，确保快反快处，稳妥处置。

（陈晓晨　赵超）

【强化应急处突演练】2023年，天安门地区分局发挥牵动作用，依托地区反恐应急机制，全面整合地区特警、武警、交通、消防、急救、环卫等应急处突力量资源，强化实兵、实景、实战演练。组织防冲闯车组及交通、消防等防冲闯力量开展实战演练26次。围绕无人机反制，组织分局指挥调度、专业警种、一线警力及辖区僚机力量开展专项拉动演练，磨练处置流程，提升协同配合、反制处置水平。围绕突发事件处置，组织开展18次处突小组拉动演练，进一步提升应对个人极端行为单警处置能力。牵动开展天安门地区“平安10号”反恐应急综合演练，有力提升天安门地区应对疑似化学袭击事件的综合处置水平。

（陈晓晨　赵超）

【防范群体性聚集】2023年，天安门地区分局建立形成以情报导控为前提、提前发现为核心、稳妥处置为重点的全闭环工作机制，查控质效逐步提高。紧盯大会堂指向性线索风险，场馆恢复开放前加强实地踏勘、通报提示，恢复开放后强化预约复查、推动属地稳控、明确处置原则，坚决消除风险隐患。明确处置原则及措施，按照“随发现、随取证、随带离”原则，对各类滋事及个人极端行为坚决

旅游旺季，故宫派出所民警一线服务人民，为群众指路（邓小美摄）

第一时间制止。

（陈晓晨　赵超）

【提升安检效能】2023年，天安门地区分局坚持政治安全第一责任，对非机动车道查控岗、过滤线、安检房严查细检，从严安检措施。利用现场和视频平台对安检房勤务组织、候检区秩序维护、升旗团散剥离、客流大循环等工作督导检查，开展红蓝对抗演练300余次，最大化模拟安检房安检流程，及时发现消除隐患。

（陈雨　赵超）

【稳妥应对暑期大客流】2023年，天安门地区分局推动天安门地区管委会启动地区环境秩序统合治理和群众服务保障指挥部，在市局暑期大客流应对高峰勤务机制统筹牵动下，协调区交管局以及东城、西城分局共同发力，推动完善南长街，前门2号、5号通道周边外部大循环和内部小循环机制，实现以时间换空间，以空间保安全。增设12条团队通道快速核验通行，布设60块指示牌、150枚导流灯带，有效应对早升旗日均5万客流。会同区交管局强化夜间骑行疏导，有力整治有偿代预约、高价捆绑讲解服务等变种“黄牛”及各类无照排序人员，稳妥应对暑期689.90万人次客流高峰。

（陈晓晨　赵超）

【推进格区警务改革】2023年，天安门地区分局强化隐患排查，围绕“水电气热油”等要素对要害部位开展1000余次细致摸排检查，强化“枪爆剧放刀”等危险物品管控，确保风险隐患动态清零。坚持定格捆绑、共治共享，强化群防群治力量发动，围绕个人极端、消防抢险组织开展47次拉动演练，针对性组织106场次防控处置、反诈防盗、安全普法等培训，覆盖3400余人次。

（陈晓晨　赵超）

【强化政治建警】2023年，天安门地区分局严格贯彻落实“学思想、强党性、重实践、建新功”总要求，研究制订从严管党治警34项重点任务清单，突出基层党组织标准化规范化建设，发挥16支党员先锋队、8支青年突击队、3个党员示范岗先锋模范作用，激励队伍打硬仗建新功。党委班子成员靠前指挥，狠抓岗前动员、精细组勤、督导检查、慰问帮扶。发布政治动员令，制播动员视频片，总结推广优秀经验做法，激发全警昂扬斗志。

（陈晓晨　赵超）

9月30日，天安门地区分局举行“十一黄金周”安保出征仪式（曹壮摄）

【教育管理砺练精兵】2023年，天安门地区分局强化纪律教育，创新纪律宣教、警示教育、正面引领、风险防控方法举措，强化三级捆绑督察督导，全面提升勤务质效。首推中队绩效考核，紧扣中心业务制订五大类考评细则及绩效量化表格，建立日、周、月三级通报机制。狠抓实战练兵，组织领导干部120余人次开展6期专题培训，打磨砺练36人教官队伍，对新警120人集中开展2期77天封闭培训，制作1048部经验交流、案例复盘视频片，全方位夯基提能。强化辅助力量每日岗前派勤培训、岗后小结，保安77人受到表彰。

（陈晓晨　赵超）

【元旦、国庆升旗仪式安保】1月1日5时15分，开通天安门广场升旗仪式安保现场指挥部，抽调1700余人投入元旦广场升旗安保任务，确保观旗群众1.78万人秩序井然，完成1月1日首场升旗国礼安保。9月30日18时，开通广场升旗安保指挥部，8000余人投入实战，确保10月1日30.2万人安全有序观旗，完成天安门广场升旗仪式安保任务。

（赵超）

【全国两会安保警卫工作】3月4—13日，全国两会安保任务期间，天安门地区分局共投入警力7000余人次，完成大会堂现场外围安保工作。

（赵超）

【保障大型活动安全】4月16日，2023年北京半程马拉松赛事在京举行，起点设在天安门广场，运动员2万人参赛。成立分局2023北京半程马拉松安保分指挥部，共部署安保力量1200余人，统筹兼顾升旗仪式与北京马拉松两项重要安保任务，保障活动的安全顺利进行。10月29日，2023贝壳北京马拉松在天安门广场鸣枪起跑。成立分局2023贝壳北京马拉松安保分指挥部，部署安保力量1200余人。提前研判预警，强化辖区内人员人身、物品安检，加强起点和沿线的秩序维护，引导参赛人员3万人有序进场，完成起点区勤务工作。

（赵超）

【国际合作高峰论坛系列安保】10月17—18日，第三届“一带一路”国际合作高峰论坛在京召开，天安门地区分局超前谋划部署，持续跟踪问效，确保安保工作责任到位、措施到位、落实到位，完成峰会系列警卫工作，确保大会堂欢迎宴会和峰会开幕式2场最重要活动、34场领导人双边会见、6场纪念碑献花圈、6场外宾参观故宫、2场参观国家博物馆和158条警卫路线绝对安全、万无一失。

（陈雨　赵超）

检　察

【概况】东城区人民检察院（简称区检察院）是国家法律监督机关，行使检察权，对人民代表大会及其常务委员会负责并报告工作，受市检察院领导。2023年，区检察院深入开展习近平新时代中国特色社会主义思想主题教育，引导全体检察干警坚定拥护“两个确立”、坚决做到“两个维护”。受理刑事检察案件4089件，民事检察案件1418件，行政检察案件1158件，公益诉讼检察案件234件。严格执行《中国共产党政法工作条例》，主动请示报告重大事项、重大案件55次，首次向区委深改委专题汇报法律监督工作。抓实基层党组织建设，完善党建规范化工作指南等长效机制，“90后讲党史”党建理论学习品牌获评全国检察机关理论学习创新案例，“网络检察”成为北京唯一获评全国检察机关基层检察院建设特色品牌。全年9个案例入选最高人民检察院典型案例，1份文书入选全国检察机关优秀刑事检察文书，11个案件、8份文书获市级荣誉。

（王淋）

【维护社会安全稳定】2023年，区检察院依法严厉打击各类刑事犯罪，受理审查逮捕、审查起诉2069件2620人，案件量同比上升50.7%。维护国家政治安全，持续锻造“东城国检”品牌，妥善办理重点地区扰序滋事、邪教犯罪、“官骗”等危害首都政治安全案件40件64人。确保社会大局稳定，常态化开展扫黑除恶斗争，办理上级交办的“10·21”专案、“1·23”专案、“6·10”特大跨境赌博专案等涉黑涉恶案件及关联案件。保障人民安居乐业，从严惩治危害公共安全和强奸、抢劫等严重影响人民生命财产安全犯罪，对多次破坏电力设备、盗窃电缆造成900余户停电的犯罪嫌疑人11人提起公诉。助力服务国防和军队建设，办理的江某某侵害英雄烈士名誉、荣誉案入选最高人民检察院依法惩治危害国防利益、侵犯军人军属合法权益犯罪典型案例。

（王淋）

【营造法治化营商环境】2023年，区检察院依法妥善办理涉众型经济犯罪205件252人，惩治非法放贷1亿余元的“垫资买房”行为。坚持“一案双查”，办理利用“新三板”洗钱等新型案件，反洗钱工作居全市检察机关前列，相关经验做法在《检察日报》头版刊登。维护税收秩序，惩治涉税犯罪16件26人，依法办理涉税金额7000余万元的虚开增值税发票案。持续优化民营经济发展环境，打击扰乱市场秩序犯罪66件156人、侵犯知识产权犯罪18件27人，与中关村科技园区东城园、15家老字号建立联系。

（王淋）

【公益诉讼检察】2023年，区检察院助力老城整体保护与复兴，发掘侵害文物公益诉讼线索，通过多轮磋商推动一处存在长达10余年、依中轴线重点文物外墙而建的违法建筑拆除。婉容故居消防隐患得到治理。推动文物活化利用，牵头与北京军事检察院及相关行政机关签署备忘录、协议书，确保军队营区内不可移动文物禄米仓的资金申领、腾空修缮和管理使用等后续工作顺利开展，该案例入选最高人民检察院文物和文化遗产保护检察公益诉讼典型案例和“2023年度北京市十大检察办案好故事”。将文物保护建筑施工项目纳入监督视野，利用特种作业操作证大数据监督模型摸排故宫、正阳门等4个文物保护在建项目，切实预排隐患与风险。

（王淋）

【轻罪治理】2023年，区检察院构建轻罪案件办理和参与社会治理的“五同步”治理模式，依法准确适用羁押强制措施和起诉裁量权，轻罪案件不捕率73.8%；在28起案件中提存赔偿保证金150余万元，认罪认罚率100%，获评北京市检察机关轻罪治理体系建设优秀成果。

（王淋）

【未成年人检察】2023年，区检察院持续深化未成年人检察业务集中统一办理，提升未成年人综合司法保护水平。聚焦“双向保护”，坚持最有利于未成年人原则，从严惩治侵害未成年人犯罪43件43人；用心帮教涉罪未成年人24人，携手河北、湖北等地检察机关开展异地帮教；全力关爱救助未成年被害人25人，持续开展“一站式”询问取证，一次完成避免二次伤害。督促辖区用人单位落实强制报告、入职查询、从业禁止等制度机制，支持未成年被害人12人提起民事诉讼，制发24份督促监护令和督促接受家庭教育指导令，在中小学、幼儿园开展160余场未成年人法治教育活动，受众5万余人。

（王淋）

【矛盾纠纷化解】2023年，区检察院探索刑事申诉办案模式，对信访积

6月21日，区检察院在龙潭中湖公园开展"守住钱袋子 护好幸福家"防范非法集资宣传活动（陈学伟摄）

案、重复访逐案深度清理，促成申诉人余某某现场签订息诉罢访承诺书。发挥检察听证的纠纷化解作用，组织公开听证72场，搭建矛盾双方的对话桥梁，通过释法说理、促成和解、跟进执行，有效解开一起案件当事人6年的"心结"，该案入选最高人民检察院检察听证典型案例。持续打造首都检察版接诉即办，妥善办理来信来电996件、来访177批926人，确保群众信访件件有回复。围绕《北京市节水条例》实施的"每月一题"主动开展洗车行业治理，立案11件，制发诉前检察建议5份，推动接诉即办检察实践向未诉先办、主动治理转变。

（王淋）

【维护特殊群体合法权益】2023年，区检察院围绕农民工讨薪问题，支持农民工起诉78件，联络劳资双方，促成工资分批给付并实现和解。聚焦残疾人权益保护，帮助精神残疾人石某与怠于监护并沉迷赌博的丈夫解除婚姻关系，该案入选最高人民检察院贯彻实施《民法典》典型案例。着眼欺诈老年人问题，深化对新型电信网络诈骗和网络黑灰产犯罪的打击治理，运用刑事打击、行政处罚、信用惩戒"三位一体"机制办理涉"两卡（手机卡、银行卡）"案件205件，2起案件入选最高人民检察院典型案例。强化妇女权益保护，开展女性职工人身和人格合法权益保护专项监督，督促相关行政机关监督用人单位建立健全保护制度。联合区侨联加强侨胞侨眷合法权益保护，设立全市首家"检侨工作站"，通过普法讲座、法律咨询等方式，服务全区归侨侨眷、华侨华人、归国留学人员以及与东城区密切关联的海外侨胞1.6万余人。

（王淋）

【大数据监督模型建用】2023年，区检察院自主研发9个大数据监督模型，应用场景覆盖"四大检察"（刑事、民事、行政、公益诉讼）；从全市认证的287个大数据监督模型中选用符合区情的36个重点推进"落地查案"。组织开展"百日攻坚"，数字检察对监督线索发现、监督案件办理的贡献率分别为74.3%、62.2%，带动全年办理各类案件6791件，同比上升72.1%，其中民事检察同比上升1.3倍，行政检察同比上升1.9倍，公益诉讼检察同比上升1.5倍。在办案总量上升的同时，办案结构更趋优化，刑事检察办案比重由2022年的72.4%下降至59.3%，民事、行政、公益诉讼检察办案比重由27.6%上升至40.7%。检察行权的监督属性不断增强，监督办案占检察办案总量67.8%，同比上升9.4个百分点。

（王淋）

【审查调查侦查"三查融合"】2023年，区检察院强化实质性审查，运用追捕、追诉人员执行情况大数据监督模型，发现并纠正漏捕漏诉98人，同比上升1.6倍；开展"审判前未羁押判处实刑罪犯未依法交付执行刑罚"专项监督，推动交付执行21人，交付率95.2%。深入开展调查核实，在开展"大标的额民商事审判案件"专项监督中，加强对证据和审判程序的审查，在一起股东侵害公司债权人利益纠纷案中，到银行、鉴定机构等实地调查，厘清关键证据，发出再审检察建议获法院支持，撤销原审判决。发挥检察侦查职能，在"有案不立、压案不查、有罪不究"专项监督中发现司法工作人员涉嫌职务犯罪线索并立案侦查，以徇私枉法罪对犯罪嫌疑人3人移送起诉。

（王淋）

【数字检察工作】2023年，区检察院建设集统筹规划、项目管理、数据整合、模型建用管理于一体的数字检察指挥调度中心，设立领导小组、制订工作要点、召开专项调度会，促进数字革命与检察工作深度融合。注重对数据资源的合理使用，利用执法司法办案数据、行政数据及社会公共数据等数据，运用"公益诉讼智能分析研判平台"，对12345市民热线反映问题进行筛查，针对工地渣土遗撒等热点投诉问题，制发诉前检察建议督促整改，取得成效。发挥青年干警优势，成立数字检察青年攻关小组，自主研发的"幌子公司"监管治理大数据监督模型在北京跨区运用基础上，实现河南省、山西省等地推广运用，获得北京市检察机关大数据法律监督模型和数字检察“轻应用”典型案例一等奖，依托该模型制发的检察建议于2023年获评全国十佳优秀社会治理类检察建议。

（王淋）

【自觉接受监督】2023年，区检察院将全过程人民民主融入检察实践，自觉接受人大监督和民主监督，向区人大常委会专题报告经济犯罪检察工作，推动反洗钱、优化营商环境等工作开展。创新联系人大街道工作委员会方式，主动上门问需，提供“订单式”法治服务，围绕护航民营企业发展等主题进行交流座谈；邀请人大代表、政协委员200余人次参与“高质效办好每一个公益诉讼案件”“打击洗钱犯罪维护金融安全”等15场联络活动，深入一线了解检察工作。自觉接受社会监督，邀请人民监督员监督检察办案活动73次，常态化组织“精案荟萃”办案成果评选。保障律师执业权利，接待律师1003人次，安排阅卷467件。讲好检察故事，推出742个原创检察宣传产品，数字检察等亮点工作获中央、市级传统媒体报道53次，《借条的背后》等微视频作品获学习强国、央视频等新媒体报道35次，2部作品分获第十届亚洲微电影艺术节纪实影像（纪录片）单元优秀作品、好作品奖。

（王淋）

【人才梯队建设】2023年，区检察院提升队伍专业素能，开展各类学习培训136期，坚持以赛代训，涌现出全国优秀公诉人、全市十佳公诉人、全市优秀公诉人，1人获评全国检察业务专家，1人获全国优秀论辩奖，1人被最高人民检察院记个人一等功。加强理论研究，参与国家社会科学基金重点课题《中国刑事司法制约监督体系研究》，3篇论文入选中国刑事诉讼法学会2023年学术年会论文集，1篇文章获评《人民检察》杂志社“深化大数据赋能法律监督”征文一等奖；强化技术保障，办理183件委托技术性证据审查案件，技术办案参与度全市第一，在全国电子数据取证竞赛中获团体赛一等奖和个人赛三等奖。检察人员获省级以上荣誉15次、市区级荣誉20次，形成由全国检察人才5人、全市检察专家24人和专业骨干构成的高层次人才梯队，占办案人员的22.1%。

（王淋）

6月15日，区检察院举办“打击洗钱犯罪 维护金融安全”公开日活动
（陈学伟摄）

法 院

【概况】东城区人民法院（简称区法院）是国家审判机关，负责审理辖区内刑事、民事、商事、行政等一审案件。2023年，区法院围绕讲政治、顾大局，促公正、提效率、重自律、强队伍的工作要求，依法履行审判职责，为推进“崇文争先”、全力做实“六字文章”提供有力司法保障。全年新收各类案件4.71万件，同比增长17.8%；办结4.73万件，同比增长17.6%，未结案件同比下降2.5%；法官人均办结案件423件，同比增长12.5%，审判运行态势保持良好。2023年，区法院获评全国法院学术论文组织工作先进单位、北京“书香机关提名奖”及“北京阅读榜样”称号、北京法院信息工作先进单位；1人获评“中国好人”称号，1人获评全国巾帼建功标兵，1人获评全国法院先进个人，1人获评全国法院办案标兵，1人获评北京市法院审判业务标兵，1人获评北京市人民满意的政法干警，1人获评北京市未成年人保护工作先进个人，1人获评人民法院行政审判工作先进个人，1人获评首都劳动奖章，1人获评北京法院新闻舆论工作先进个人，1人获评司法宣传和通联工作表现突出个人，3人获评北京法院党建工作先进个人，1人获评感动东城道德模范。

（门莹）

【刑事审判】2023年，区法院办结刑事案件778件，判处罪犯830人。坚决打击危害国家安全、公共秩序等犯罪，从严判处利用网络散播政治谣言、利用邪教组织破坏法律实施、在重点地区寻衅滋事等罪犯26人；始终保持惩治腐败高压态势，注重行贿受贿一起惩处，办结行贿受贿案件9件，其中行贿案2件2人，组织职务犯罪观摩庭审6场，45家单位、工作人员1550余人旁听；扎实推进扫黑除恶常态化，对指定管辖的区外非法放贷9人犯罪团伙依法严判，追缴1900余万元。重拳打击养老诈骗、网络诈骗犯罪，从严判处以免费旅游为幌子实施养生骗局的罪犯15人；依法惩治为电信网络诈骗提供银行卡、电话卡等帮助犯罪的行为；汇集现实案例，出版《法槌下的正义——全民反诈指引》，入选“中国好书”推荐书目。依法打击危害人民群众身体健康、生命安全的犯罪，办结危害食药安全、危险驾驶、故意伤害等犯罪330余件。

（门莹）

【民事审判】2023年，区法院办结民事案件1.79万件，妥善化解涉及医疗、住房、婚姻家庭、道路交通等矛盾纠纷。维护劳动者合法权益，兼顾员工和企业双方利益，妥善办结劳动争议案件2100余件，其中依法支持劳动者依规请假照看病危父亲的案例入选中国法院博物馆“法安天下，德润人心”成就展。守护老年人安度晚年，法官到社区和养老院开展“重阳节老年人权益保障”法治宣传活动；召开“涉老会销诈骗”典型案例新闻发布会，帮助老年人提高识骗防骗能力；对接受赠予房屋后拒绝履行赡养义务的当事人，发出《预处罚通知书》，以柔性手段教育子女孝亲敬老；情法并用督促向母亲借款不归还、不尽孝的当事人按月还款并常探望老人，《法治进行时》进行报道。保护妇女合法权益，与区妇联、区民政局加强合作，携手化解家庭矛盾；发出人身保护令15份，竖起隔离家庭暴力的保护屏障。呵护少年健康成长，与区教委、市青少年法律及心理咨询服务中心签署共建协议，优化未成年人司法保护与社会支持体系；向不顾孩子身心健康、只顾争夺抚养权的父母发出家庭教育令，引导营造良好家庭环境；安置被教唆实施诈骗的未成年人复学，帮助失足少年重回健康成长轨道。

（门莹）

【商事审判】2023年，区法院办结商事案件9771件。服务市场主体解纷提速，在保证质量的同时，加快案件审理，商事案件平均审理天数67天，较2022年缩短13天；依法平等保护各类市场主体合法权益，发布《雇主责任保险案件审判白皮书》，帮助中小微企业降低用工风险；加强对企业参诉应诉、举证质证流程指引，让企业清楚诉讼维权。服务市场有序经营，在王府井地区设立全市首个商圈“普法驿站”，选择典型案件巡回审判，促进企业诚信守法经营，助力国际消费中心城市示范区建设；对因故宫中店铺关停引发的纠纷，到故宫博物院实地调解，促成双方达成和解，统筹好旅游发展和特色经营，为游客提供司法保障。服务文旅消费安全，妥善办理多场大型演艺活动退票纠纷300余件，规制票务平台不合理的拒绝退票规定，支持消费者合理诉求；调研案件反映的商业研学机构违法违规经营行为，向有关部门提出治理建议，保障旅游研学热而不乱。

（门莹）

【知识产权审判】2023年，区法院办结知识产权案件1822件。加强知识产权审判，依法判处侵犯“泡泡玛特”商标权、屡次知假售假的被告赔偿损失，保护国潮文创创新动力；依法审理侵犯“东来顺”商标权案，判决故意侵权、情节严重的侵权人承担其违法所得两倍的惩罚性赔偿。加强知识产权前沿领域调查研究，针对“人工智能技术生成物”著作权纠纷增长较快现象，向有关部门报送加强法律规制的调研信息；调研数字经济知识产权保护问题的信息，被评为全国法院年度优秀信息。加强完善知识产权保护格局，联合区检察院、区市场监管局及前门街道，举办“中轴线上的老字号知识产权保护”研讨会，助力解决故宫博物院及辖区35家企业知识产权保护难题，服务全国文化中心核心承载区建设，提升文化影响力；与市、区知识产权保护、市场监管部门合作，完善行政执法和司法审判保护知识产权衔接机制，获评北京法院司法改革“微创新”优秀案例。知识产权审判庭获评全国知识产权审判工作先进集体。

（门莹）

【行政审判】2023年，区法院办结行政案件1686件。发挥行政审判监督支持依法行政作用，践行“双赢多赢共赢”理念，依法审查被诉行政行为的合法性，行政机关负责人积极出庭应诉，促进行政争议实质化解决，经协调实质化解案件272件，较2022年提高46.2%。提升府院联动工作实效，与区公安分局等行政机关加强沟通合作，健全完善行政执法、行政复议和行政诉讼衔接机制；向区政府报送《行政案件司法审查年度报告》，分析行政机关败诉原因，提出改进工作建议。增强基层行政执法能力，成立全市首家依法行政教育培训中心和实践基地，执法人员500余人次参加庭审观摩和听课学法，助力东城区全国法治政府建设示范区发展。

（门莹）

【案件执行】2023年，区法院办结执行案件1.54万件，执行到位金额41.1亿元。加大强制执行力度，对拒不履行生效判决义务的被执行人35人采取拘留强制措施，同比提升1.8倍；对违反限制消费令的被执行人予以罚款；被执行人3050人被列入失信名单、限制高消费等信用惩戒履行全部义务。提升执行工作速度，用足用好财产线索接转中心，实现接收精准、核查高效、处置到位，将当事人的“纸上权益”更快兑现为“真金白银”，结案平均用时较2022年缩短12.2天；完善执行案款集中管理机制，紧盯案款认领、提存、发放等环节，确保无理由超期发放案款动态清零。彰显善意执行温度，严格规范保障各方当事人合法权益，为主动履行生效文书的被执行人修复信用，让履行义务者恢复正常社会生活；为已到腾房期限但孩子突发急性白血病的被执行人，协调申请人同意给予宽限时间，该案被多家媒体报道；通过悉心调解，促成现金流紧张的某企业与农民工200余人达成执行和解，农民工领到报酬270余万元，企业得以正常运转。

（门莹）

2023年，东城法院开展12368工单办理情况的专项督察，进一步落实好“接诉即答”“接单即办”联系法官工作机制（李巧稚摄）

【服务中心工作】2023年，区法院依法助力中轴线申遗综合整治。在位于中轴线上某高层住宅楼征收项目中，深入居民家中讲法释理、化解纠纷；在天坛医院旧址三产用房腾退等工作中，深化前期法律风险论证和防控，助力征收和腾退在法治轨道上有序推进。依法保障城市更新治理，妥善办结涉望坛棚户区改造、自然博物馆周边环境整治等相关案件29件，执结宝华里项目最后一起腾退案件，保障宝华里危改搬迁工作实现收官；妥善执结非法利用京沪铁路沿线土地私搭乱建案件，维护首都铁路沿线风貌。依法权衡文物保护和民生保障，文物保护专业审判团队与市文物局等单位交流合作，妥善办理文物院落的房屋修缮、损坏赔偿案件，让文物在妥善保护中活化利用。

（门莹）

【诉源治理】2023年，区法院着眼“抓前端”，坚持和发展好新时代“枫桥经验”，扩大“和立方”多元解纷机制覆盖范围，诉调对接法官工作站增至22个，“背包法官”们协助街道社区、行业协会等调解纠纷5600余件，实现就地化解，矛盾不上交；广泛宣传12368“一号响应”机制，精准对接区行政机关、街道社区等基层治理主体的法律需求。着手“治未病”，深度参与基层市域治理，与区市场监管部门、区消协配合，24小时内解决某票务网站消费者7000余人退票诉求，从源头避免群体性纠纷发生；联合市公积金中心，法官前往20余家企业，组织企业与职工2000余人化解公积金补缴争议，平衡职工权益兑现与企业长远发展，为全市同类问题解决提供样板；对于案件审理中发现的相关单位监管缺位、风险防控制度不健全等问题，发送司法建议70余篇，助力其加强监管、完善制度，收到积极反馈。着力“解难题”，贴近人民群众回应诉求，实现普法驿站在全区17个街道全覆盖，深入社区、企业等基层现场办公办案，开展释法讲法、矛盾化解工作，保障基层和谐稳定。

（门莹）

【司法便民】2023年，区法院提升立案服务水平，出台《立案实务指南》，汇集重点注意事项，在立案之初即为当事人提供帮助指引；成立流动立案服务队，为摔伤老人上门立案，让有困难的当事人足不出户也能获得贴心服务。提升诉讼服务水平，制作“诉讼费退费小贴士”，详细列举申请退还诉讼费应提交的材料和流程，让当事人明明白白参与诉讼；制作网上申请办理诉讼保全图解，让申请人感受诉讼保全“一网通办”的效率与便利。提升执行工作服务水平，设置执行事务中心窗口，为当事人提供执行立案、材料接转、案款发放、恢复执行、联系法官等“一站式”服务。

（门莹）

【审判管理】2023年，区法院精细化清理旧存案件，开展“百日攻坚”行动，每周通报清理进度，一年以上未结案件清理率达99.3%，居全市法院前列。精细化提升司法效率，加强小额诉讼程序适用，让“小纠纷”通过一审快速解决，适用率达23.6%，让当事人省钱省时省心；针对少数案件办案周期长的问题，选取反面典型案例向全院示警，督促审判团队缩短程序流转用时。精细化提升案件质量，依法保障人民陪审员参与案件审理，发挥合议庭职能作用；高度重视检察建议，根据建议提起再审案件4件，及时整改相关问题；开展二审法院发回、改判案件常态化评查，开展司法突出问题专项评查，将评查结果纳入法官日常考核，相关工作机制获评北京法院司法改革“微创新”最佳示范案例。

（门莹）

司法行政

【概况】东城区司法局（简称区司法局）是负责全区依法治区和司法行政工作的区政府工作部门。有直属事业单位5家，其中区法律援助中心为参公管理事业单位，区法治促进中心、区阳光中途之家为全额拨款事业单位，东方公证处、信德公证处为自收自支事业单位。2023年，区司法局开展学习贯彻习近平新时代中国特色社会主义思想主题教育，通过各种形式学习与培训，组织党日活动，开展调研工作解决问题，取得实效，推动行政工作水平提升。持续推进“八五”普法规划。开展“全民国家安全教育日”“《民法典》宣传月”“国家宪法日”等主题普法宣传活动，举办各类普法活动1000余场，受众10万余人次，发放宣传资料8万余册；加强公民法治素养提升行动试点工作，开展调查测评和课题研究，设立观测点，将地区文化特色融入法治宣传教育；优化普法团队，调整充实法治副校长队伍，开展“青春船长 法治启航”活动，开展2023年东城区法治文艺大赛活动，全区共推荐报送法治文艺作品60余部，举办相关活动70余场。推进现代公共法律服务体系建设。加大公证和司法鉴定行业执业监管力度，东方公证处成为北京公证行业首个国家级社会管理和公共服务综合标准化试点项目。推进国际仲裁中心落地东城，建设调解、仲裁、诉讼三位一体多元参与的“3+N”国际商事争议解决中心；提升12348热线群众满意度，参与法律援助工作的服务机构数量由原来的35家扩充到60家。全年共办理法律援助案件417件、法律帮助案件1099件次，接听法律咨询电话3.09万人次，接待来访群众7192人次。依法协调相关部门对困难社区矫正对象开展针对性的临时救助、专项救助和困难帮扶。全区在管社区矫正对象190人，在册安置帮教人员1415人。推动落实东城区司法所规范化建设三年行动方案，开展司法所建设情况调研及“法治体检”；发挥区、街、社区、网格四级调解组织网络作用，开展专项社会矛盾纠纷排查化解，提高纠纷就地化解率。指导各街道加强社区人民调解委员会规范化建设，全面增强调解员能力素质。全年共开展矛盾纠纷排查6256次，调解矛盾纠纷2794件。优化法治营商环境。打造“东律韶华”党建品牌，择优选取15家律师行业党组织作为党建示范基地，作为律师党组织集中开展党建活动、学习参观、调研座谈的基地；擦亮紫金服务品牌，聚焦企业需求，把帮助企业纾困解难和行业特性相结合；加大律师投诉案件查处力度，以“涉黑涉恶”案件和拆迁维权类案件为重点开展巡查检查。全年共办理行政申请事项3449件，调查核验律师1135人3220人次，投诉举报409件，巡查检查律所75家次，约谈律师249人次，确保律师队伍稳定可控。

（张成雷）

【法治文化基层行活动】2023年，围绕区司法局“大力弘扬宪法精神，建设社会主义法治文化”主题，与中央电视台联合制作“走进宪法读书会”节目，邀请社科院法学研究所专家进基层，讲好宪法故事，阐释宪法精神。结合《宪法》、《民法典》、国家安全日等主题宣传活动，围绕环境保护、应急管理、食品药品、安全生产、消防安全、交通安全、知识产权保护等方面法律法规宣传，加强电信网络诈骗预防、防范和处置非法集资、扫黑除恶、毒品预防等相关法律法规宣传。联合东四街道举办以“观赏古宅院 猜兔年灯谜”为主题的法治灯谜活动，联合北新桥街道以“家庭财产传承”为主题举办《民法典》大讲堂活动，联合北京歌华有限公司、安定门街道开展以“防范电信诈骗”为主题的普法宣传活动，联合体育馆路街道在革新里幼儿园举办“美好生活 民法典相伴”主题宣传活动，联合体育馆路街道开展宪法宣讲活动等。全年开展相关法治宣传活动1000余场次，发放宣传材料2万余册。

（张成雷）

【代表委员建议提案办理工作】2023年，区政府交办区司法局议案、提案7件，其中主办3件，主要涉及公共法律服务体系、法治文化建设、法治宣传教育等内容。区司法局落实办前沟通情况、办中征求意见、办后反馈结果的“三沟通、三见面”制度，与代表委员沟通率达100%。各承办科室主动征求意见建议，共商解决办法，对代表委员提出的问题进行针对性答复。主办的3件提案建议办理工作全部按期保质完成，全部达到“非常满意”评价，4件协办工作也得到主办单位的肯定和认可。区司法局连续4年承办的14件主办件全部达到代表委员“非常满意”评价。

（张成雷）

【信访和接诉即办】2023年，区司法局严格落实依法分类处理信访诉求各项工作制度和流程，全年共收到群众来电、来信和网上信访诉求79件，全部办结。落实《接诉即办工作条例》各项工作制度，建立健全机制完备、程序规范、标准清晰、法治保障的司法行政系统接诉即办工作制度体系，全年共办理接诉即办案件1293件，较2022年的375件上涨918件，全年案件响应率99.71%、解决率95.37%、满意率93.34%。

（张成雷）

【区律师协会换届选举】2月18日，东城区律师协会召开北京市东城区第四届律师代表大会第一次会议，听取《第三届北京市东城区律师协会理事会工作报告》《第三届北京市东城区律师协会监事会工作报告》《第三届

2月18日，东城区律师协会召开北京市东城区第四届律师代表大会第一次会议（王九英摄）

北京市东城区律师协会换届审计报告》，选举产生新一届东城区律师协会会长、副会长、理事、监事长。会议强调发挥地区优势，深化律师行业各项改革，不断提升律师队伍水平。市司法局、市律师协会、东城区领导以及东城区律师代表、特邀代表共120余人参加会议。

（张成雷）

【全民国家安全教育日普法宣传】4月14日，东城区在王府井步行街举行“东城区2023年全民国家安全教育日”主场活动，在活动现场，分布总体国家安全观、社会安全、公共安全、生物安全等13个展区，通过实物讲解、发放宣传资料等方式，向来往市民、游客普及公民维护国家安全的权利与义务，讲解工作生活中可能遇到的安全问题。全区共举办现场活动100余场次，受众5万余人次，发放宣传材料80余种2万余份，参与线上答题2万余人次。

（张成雷）

【司法鉴定机构诚信等级评估】4月19—20日，区司法局到辖区内5家司法鉴定机构开展诚信等级评估现场检查。通过听取汇报、查看现场、查阅案卷、座谈交流等方式，全面检查辖区鉴定机构的队伍建设、执业活动、鉴定程序、操作规范和内部管理等工作。要求司法鉴定机构以司法鉴定机构诚信等级评估工作为契机，进一步建立健全机构内部管理制度，形成鉴定机构诚信评估工作档案，通过规范化不断提高司法鉴定质量和公信力；及时反馈有关诚信等级评估、改善工作意见建议等，形成良性互动和工作合力。

（张成雷）

【社区矫正实施二十周年宣传活动】7月19日，东城区组织开展社区矫正实施二十周年暨社区矫正法实施三周年宣传纪念活动。20年来，东城区不断推进工作体制机制建设，成立区政府矫正办公室及区、街社区矫正委员会，强化各项工作制度的落实，聚焦风险隐患，坚持“稳”字当头，加强监督管理，突出帮扶教育，高质量完成北京冬奥会、冬残奥会，党的二十大等重点安全维稳任务，实现良好的政治效果、法律效果和社会效果，东城区多次获评北京市及全国先进。宣传活动通过悬挂条幅、设置展板、发放资料、提供法律咨询等形式，向群众普及社区矫正法相关内容以及社区矫正实施20年来取得的成就。区政府矫正办、东四街道干部、居民以及驻街单位代表等50余人参加本次活动。

（张成雷）

【社区公证法律服务顾问签约】7月27日，“社区公证法律服务顾问”签约启动仪式在崇文门外街道办事处召开，部署社区公证法律服务顾问工作，景山街道司法所、朝阳门街道司法所、东方公证处、信德公证处分别做交流发言，崇文门外街道与信德公证处现场签约、颁发聘书并作表态发言。崇文门外街道办事处表示，要认真落实文件要求，更好满足群众多层次公证、法律服务需求，方便群众就近办理公证，在试点工作中探索特色。

（张成雷）

【服务标准化试点项目启动】8月28日，“国家级社会管理和公共服务综合标准化试点——北京市东方公证处公证服务标准化试点项目启动仪式”举行，标志着北京公证行业首个国家级标准化试点项目进入全面建设阶段。通过项目运行，着力构建“试点主动、行业齐动、部门联动”的协调推进工作机制，努力铸造统一规范、依法执业、便捷高效、优质服务的首都公证服务品牌形象，深层次提升全市公证服务效能。市司法局领导、区领导出席启动仪式。

（张成雷）

【法治文艺大赛】9月12日，“宣传贯彻二十大 法治文艺润京城”2023年东城区法治文艺大赛举行，选手130余人通过筛选最终参与现场大赛。比赛现场举行东城区法治宣传教育示范基地授牌仪式。大赛秉持“群众演、演群众、演给群众看”的理念，涉及全区17个街道、68家普法责任制单位和其他企事业单位，共推荐报送法治文艺作品60余部，举办相关活动70余场。

（张成雷）

【基层调解委员会工作展示活动】10月11—17日，东城区组织开展“最受欢迎人民调解组织”投票暨诉前调委会及17个街道调委会工作展示活动。活动旨在宣传和展示全区诉前人民调解委员会和17个街道级人民调解委员会工作团队和工作业绩，扩大人民调解的知晓度。采用“一人一票”网络投票方式，推选“最受欢迎人民调解组织”。各调委会情况介绍及展示材料阅读量为2.1万人次，投票数为1.66万次。

（张成雷）

【习近平法治思想专题研修班】11月14—16日，东城区委组织部、区委政法委和区委全面依法治区委员会办公室、区委党校（行政学院）在区委党校联合举办习近平法治思想专题研修班。培训采取脱产集中授课方式，邀请中共北京市委党校教授就党的二十大关于法治建设重大决策部署进行专题辅导，中国政法大学教授讲授“贯彻落实新行政复议法 全面推进主渠道目标实现”，中国社会科学院法学研究所研究员解析“法治政府的内涵与路径”，北京市司法局规范性文件审查处领导讲解行政规范性文件合法性审核理论与实务，区人民检察院第六检察部领导智介绍公益诉讼检察工作。区委全面依法治区委员会办公室主任陈献森作开班动员，区委全面依法治区委员会57家成员单位和相关行政执法部门分管执法或法治工作的主管领导、各街道司法所所长等85人参加培训。

（张成雷）

【宪法宣传周系列活动】12月4—10日，东方和信德公证处开展“宪法在我心 公证伴您行”活动。东方公证处一层服务接待大厅开设公证法律“小集市”，咨询台除日常公证事项咨询解答外，还特别设置《宪法》宣传区，悬挂宪法日主题海报。信德公证处在接待大厅播放北京市国家宪法日主题宣传片——《守护》。东方公证处“党员先锋队”到东城区不动产登记中心，通过悬挂标语、发放资料、咨询解答、现场宣讲等方式，向群众宣传《宪法》《民法典》《不动产登记条例》等相关法律规定和办事流程。信德公证处到崇文门外街道、天坛街道、前门街道，开展普法宣传进社区，累计进社区开展各类普法宣传活动30余次，辐射10余个街道20余个社区。

（张成雷）

表12　**2023年东城区驻区公证处一览表**

序号	单位名称	地址	联系电话
1	东方公证处	东城区安定门外大街168号	84217035
2	信德公证处	东城区珠市口东大街4号3层3-A1	67124408

（张成雷）

表13　**2023年东城区街道司法所一览表**

序号	单位名称	地 址	邮编	联系电话
1	和平里街道司法所	东城区和平里中街甲27号	100013	84226030
2	安定门街道司法所	东城区方家胡同19号	100007	64067183
3	交道口街道司法所	东城区土儿胡同10号楼二层	100009	64029694
4	景山街道司法所	东城区连丰胡同16号	100010	84017954
5	东华门街道司法所	东城区东厂北巷甲4号	100006	65248621
6	东直门街道司法所	东城区新中街66号	100027	64165479

续表

序号	单位名称	地 址	邮编	联系电话
7	北新桥街道司法所	东城区民安街14号楼3层	100007	64034116
8	东四街道司法所	东城区东四四条43号	100007	64001548
9	朝阳门街道司法所	东城区西水井3号114室	100010	65125881
10	建国门街道司法所	东城区朝内南小街18号楼	100005	65142699
11	前门街道司法所	东城区前门东小街甲2号	100051	67016543
12	崇文门外街道司法所	东城区西花市南里东区14号楼	100062	67010401
13	天坛街道司法所	东城区西草市东街66号	100050	67025835
14	龙潭街道司法所	东城区光明楼23号龙潭街道办事处院内	100061	67166372
15	体育馆路街道司法所	东城区体育馆西路1号	100061	67199653
16	东花市街道司法所	东城区东花市北里中区甲25号楼301室	100062	67188642
17	永外街道司法所	东城区沙子口路70号食品工业研究所南楼三层	100075	67227507

（张成雷）

东城区法治机构负责人

区委政法委书记　陈献森
区委政法委政治部主任　吉　辰
区司法局局长　贾红梅（女）
北京市公安局东城分局局长　高建新（7月免）
政委　王立国
北京市公安局天安门地区分局局长　张谢平
政委　戴伟伟（女）
区人民法院院长　何马根
区人民检察院检察长　贺　卫（4月免）
李伟华（4月代理检察长，2024年1月任检察长）

军 事

8月18日，东城区人民武装部组织“军事日”活动（区人武部提供）

人民武装部

【概况】东城区人民武装部（简称区人武部）受北京卫戍区和中共东城区委、区政府双重领导，是区委的军事部和区政府的兵役机关。2023年，聚焦提升核心区国防后备力量建设水平，一步一动打基础、全心全意谋发展。聚焦做好“学习强军思想、建功强军事业”教育实践活动，开展专题调研，将教育实践活动与理论基础教育、纪律专题教育、经常性思想教育一起抓。区人武部被卫戍区表彰为先进旅团级党委、正规化建设先进单位，党委落实全面从严治党主体责任检查评价等级为优秀，征兵工作办公室被评为先进单位，政治工作科被评选为先进政治机关。

（王硕）

【理论学习】2023年，区人武部先后组织12个专题的党委中心组理论学习，落实党委常委学习日，认真组织参加陆军“云讲堂”、“北卫大讲堂”、师团干部理论读书班，全年紧抓个人自学、随到随学、专题交流“三项制度”落实，紧盯国防后备力量建设难题扎实组织课题调研，以上率下搞好理论宣讲、学习研究，推动理论武装贯通实践。全年在军地各级新闻媒体刊稿23篇。

（王硕）

【兵员征集】2023年，区人武部围绕向部队输送高质量兵员，以征兵工作“五率”（报名率、上站率、合格率、择优率、退兵率）指标为牵引，多次深入高校和街道开展调研，着力破解毕业生、北京籍、理工类、高学历等部队急需人才征集难问题。通过广泛宣传发动、精准实施动员、严格体检政审等措施，完成兵员征集任务，大学毕业生率首次达60%，东城区精准征兵有关经验做法分别被央视军事频道和《人民陆军》宣传报道。

（王硕）

【民兵执勤】2023年，区人武部注重依靠任务历练摔打锤炼民兵队伍，出动民兵担负全国两会、“一带一路”世界峰会看桥护路执勤任务，上缴捡拾物品，消除火灾隐患和提供便民服务。

（王硕）

【民兵整组】2023年，区人武部按照“便于组织指挥、便于训练教育、便于快速动员和独立遂行任务”原则，依托全区3个街道编组区属应急营，实现编组人员能参训、遂行任务可出动。深入街道编兵企业调研走访，摸清潜力底数，抓牢优势力量。改进编组方式，规范编兵秩序，重点加强民兵应急分队建设，统一组织编制、组建范围和编组办法，在各街道编建应急排，促进民兵应急分队建设组织有力、制度健全。

（王硕）

6月，东城区采取各种措施完成兵员征集工作（区人武部提供）

【军事训练】2023年，区人武部遵循“任务牵引、以联为纲、集约高效、依法治训”原则，狠抓人武部本级和基干民兵分队两级训练。邀请朝阳区人武部有关人员围绕“民兵集合点验”集中培训全区专武干部34人；5月，组织民兵营连长骨干6人参加全市民兵营连长暨教练员骨干集训；6月，组织民兵应急连进行基地化轮训；7月，组织辖区专武干部和民兵到警卫某团开展射击训练考核。

（王硕）

【双拥工作】2023年，区人武部努力探索军地互助、信息互通、资源互用等协调机制，发挥“协调部”作用，协调区委、区政府完善和落实拥军优属各项政策，尤其是军人军属落户就业服务、军人子女入学等工作，努力为驻区部队办实事、办成事、办好事。全年开展各类慰问和双拥文体活动共计35次；为立功军人军属送立功喜报23份；推动西总布胡同39号院污水排放接引和安德里北街21号东西院热力管线接入5个项目施工。协调驻区部队参加东城区社会治安、环境治理、经济文明建设和平安行动等活动。

（王硕）

【国防教育】3月，区人武部会同区教委依托东直门中学，组织首批9所国防示范校颁牌命名仪式，赠送国防教育图书和军事训练器材，邀请军队离退休老干部走进校园上“开学第一课”，创新组织退役大学生士兵教官

2023 年，区人武部广泛开展国防教育，会同区教委为首批 9 所国防示范校颁牌（区人武部提供）

完成高中学校军训任务。以建设国防教育宣传基地试点为抓手，探索国防教育向全民范围扩展，投入10万元在东直门街道胡家园社区建设国防教育宣传基地精品项目，逐步探索经验，以点带面促进全民国防教育更加普及。

（王硕）

【“军事日”活动】8月18日，区人武部组织东城区四套班子成员、相关委办局及双拥共建单位领导到某大队参加“军事日”活动。在观摩仪仗和军乐分队表演基础上，首次组织第一书记对民兵应急分队全员集合点验，相关做法得到市委、卫戍区高度肯定。进一步强化地方党政领导干部关注国防、支持国防。

（王硕）

【涉军法律服务】11月29日，区人武部牵头协调区司法局、区退役军人事务局，成立东城区涉军法律服务中心暨东城区军人军属法律援助工作站，区委书记孙新军为工作站挂牌。开展送法进军营、进班排、进社区、进家庭“四送”活动，面向军人军属提供免费法律咨询。全年受理劳动争议、合同纠纷、校园伤害等各类涉军维权咨询600余件，提供法律援助11人次。

（王硕）

驻区部队

中国人民解放军 66381 部队

【概况】中国人民解放军66381部队是一支有着光荣和历史荣誉的警卫部队。2023年，坚持以习近平新时代中国特色社会主义思想为指引，深入贯彻习近平强军思想，深化落实习近平主席视察卫戍区重要讲话精神，着力夯实忠诚根基，提升战斗力，聚力在实战演训中提升能打善战本领，各项建设稳中有进。全年66381部队荣立二等功1人、三等功56人，荣立集体三等功12个。《解放军报》《人民陆军报》等媒体发表宣传报道34篇。

（龙纬）

【警卫工作】2023年，66381部队在完成常设警卫勤务基础上，高标准完成专项勤务100余起，妥善处置各类危险特殊情况，做到拱卫京畿要地，确保核心万无一失。

（龙纬）

【双拥共建】2023年，66381部队以“深化国防教育，宣传双拥事迹，凝聚军心民心”为指导思想，把拥政爱民工作当作经常性、基础性的重要工作来抓。党委结合单位实际情况，利用部队点多面广、政治素养高的特点向驻地群众宣传党的创新理论；利用重大节日，结合重大任务，通过视频系统进行教育授课，并结合单位“三微”（析事明理微交流、立德修身微阅读、以案为鉴微讲堂）活动、读书演讲、专题讲座等形式，弘扬拥政爱民、拥军优属的光荣传统。部队党委将为地方建设分忧、为驻地群众排忧解难作为贯彻军民融合式发展的重要工作理念。组织街道共建单位和学校师生到部队开展“军营一日”活动，筹划驻区学校、幼儿园国防教育等活动，增强民众国防观念，厚植参军报国志向。组织相关单位参加东城区义务献血活动、街道扫雪铲冰及卫生清整活动、特大暴雨抢险任务。支援地方建设，为东城区高质量发展贡献源源不断的“国防力量”。组织驻地官兵参加北京一中纪念“一二·九”运动合唱比赛。区退役军人局和地方街道领导关注军人福利事项，在官兵子女入学、随军家属就业、立功受奖官兵疗养及部队建设方面给予帮助，解决官兵后顾之忧。

（龙纬）

武警北京市总队执勤第一支队

【概况】中国人民武装警察部队北京市总队执勤第一支队（简称武警执勤第一支队）主要担负天安门广场及周边地区维稳，固定目标警（守）卫，重大活动现场、路线警卫以及社会面武装巡逻防控和处突、反恐任务。2023年，武警执勤第一支队完成各类任务，妥善处置有碍安全情况，确保首都安全万无一失。

（姜程舒）

【政治教育】2023年，武警执勤第一支队组织党的二十大精神学习宣讲，常态开展党委中心组带机关理论学

8月，武警执勤第二支队组织第四届“勇士杯”军事体育运动会（武警执勤第二支队提供）

习、“双百”微课，推动习近平强军思想进入头脑、融入实践。以“学习主席思想、建设精锐之师、争做忠诚卫士”活动统筹推进思想政治建设，常态长效抓好党史学习教育，狠抓主题教育、基础教育和经常性教育，进一步打牢官兵“听习主席指挥、对习主席负责、让习主席放心”的思想根基。抓好“一队一品一特质”建设，举办“奋进新征程”歌咏比赛，组织“辉煌成就展”参观学习活动。

（姜程舒）

【双拥共建】2023年，东城区委、区政府在春节、“八一”等重大节日深入部队关怀慰问，召开军地座谈会、茶话会，听取部队建议需求。全年地方单位为随军家属3人办理自谋职业、协调解决干部1人随军落户问题、解决干部子女13人入学问题，为缓解官兵后顾之忧，凝聚军心士气，提升打赢能力和促进部队全面建设提供强有力的支撑。

（姜程舒）

武警北京市总队执勤第二支队

【概况】中国人民武装警察部队北京市总队执勤第二支队（简称武警执勤第二支队）担负执勤、处突、反恐、抢险救援等任务，履行维护国家安全和社会稳定、保卫人民美好生活，维护政治安全特别是政权安全和制度安全的重大职责。2023年，武警执勤第二支队坚持以建设首都维稳精锐之师为引领，贯彻党的二十大精神，大抓实战化训练和群众性练兵活动，举办“勇士杯”军人运动会、“胜战杯”岗位技能大赛，开展专题教育，组织“曹文宽爱兵事迹”情景式教育，创作《英雄故事张思德》评书，举办家属进军营、军营好声音和相声比赛等系列活动，打牢官兵铁心向党、矢志强军的思想根基。副参谋长被武警部队评为“坚韧不拔”先进典型。荣立三等功44人，荣立集体三等功单位5个。

（夏永杰）

【安全警卫】2023年，武警执勤第二支队聚焦执勤、训练、管理、军事保障和规划攻坚5条线，累计动用兵力3.80万人次，完成以核心警卫、全国两会和第三届“一带一路”国际合作高峰论坛安保为重点的各项任务480场，处置有碍安全情况14起，轨道交通任务做法、联合地面防卫作战试点被北京总队推广，总队教练员集训、特战狙击比武取得历史性突破。

（夏永杰）

【双拥共建】2023年，武警执勤第二支队春节、“八一”期间与17家目标单位、24家地方党政机关单位开展走访慰问活动70余场次，与东城区退役军人事务局联合举办庆祝建党102周年军地联欢晚会，与民政部、建国门街道联合举办庆祝“八一”联欢晚

“八一”期间，东城区纪念延安双拥运动80周年暨庆祝建军96周年军民联欢会举行（武警执勤第二支队提供）

会。保障干部子女12人入读第一志愿学校，与驻地周边多所小学开展国防教育活动，执勤三中队指导员被府学小学聘为国防教育宣讲师；组织官兵13人到汇文中学参加烈士公祭日纪念活动，累计组织青年官兵50余人参加线上线下军地青年联谊活动；协调地方12家企事业单位到支队组织专场招聘会，办理退休老干部1人落户工作，全年累计办理转业、随军家属、新生儿户口15人。

（夏永杰）

国防动员

【概况】东城区国防动员办公室（简称区国动办）是区政府工作部门，1月，在区人民防空办公室基础上调整组建为东城区国防动员办公室，暂保留东城区人民防空办公室（简称区人防办）牌子，下辖人防指挥通信中心和人防工程管理服务中心。2023年，区国动办坚持党建引领，聚焦主责主业，全力推动新时代首都核心区国防动员工作开创新局面。稳步推动国防动员体制改革落地落实，健全完善区国防动员委员会组织机构，不断探索国防动员、军事设施保护相关工作。依法合规加强人防工程监督管理，高质量推进国动宣教和指挥通信工作，努力提升人防法治建设水平。

（刘奕辉）

【区国动办挂牌】2023年，东城区根据党中央、中央军委关于国防动员体制改革的总体部署，扎实推动国防动员改革有力有序开展，在区人民防空办公室基础上调整组建区国防动员办公室，并于1月18日正式挂牌。区国防动员办公室贯彻落实北京市国防动员委员会第一次全体会议精神，调整完善区国防动员委员会设置，明确区国动委联合办公室职责。9月22日，召开东城区国防动员委员会第一次全体会议，审议并通过一系列制度性文件，夯实区国防动员委员会在国防动员新格局下高效履职的组织基础。区国动办探索在区委统一领导下，军地既各司其职又密切协同的国防动员新格局，通过进一步加强跨军地、跨部门、跨领域的统筹建设，推动核心区国防动员工作高质量发展。逐步健全完善军事设施保护工作机制，主动对接协调军地相关部门，开展军事设施保护实践探索。

（刘奕辉）

【人防工程监督管理】2023年，区国动办持续开展人防工程监督检查，全年累计检查人防工程1451处（次），出动2902人次，发现并督促整改隐患683个。组织执法人员业务培训和交流研讨，开展简易执法5起，罚金5000元，约谈使用管理单位6家（次）。狠抓人防系统安全生产，深入推进人防工程安全专项整治深化年行动，开展安全生产和火灾防控大排查大整治，确保重大活动及重要时间节点人防工程安全，持续保持人防工程住人“动态清零”。全年签订人防工程使用合同152处，收取人防使用费4500余万元。完成12处公用人防工程的维护维修。组织开展人防工程内违规设置洗车房专项整治，7处清单全部整改完成。推进“疏整促”任务落实，完成4处人防工程提升再利用。

（封华　李定申）

【人防工程安全度汛】2023年，区国动办主汛期组织隐患排查1000余处次，发现消除隐患154个，组织应急演练2次，按市、区要求启动应急响应10次，出动抢险人员84次，避险转移人员3处66人，共排险14处，实现“不倒灌、少塌洞、不伤人”的目标。

（封华　李定申）

【编制人防工程平战转换预案】2023年，区国动办研究制订人防工程平战转换预案编制工作实施方案，组织开展区、街道管理人员集中培训，加强督导、主动沟通、严格审核，完成全区人防工程平战转换预案编制工作。

（封华　李定申）

【人防指挥通信】2023年，区国动办扎实开展训练演练和培训，参加市国动办组织的跨区联合通信演练。人防指挥通信中心2人参加市国动办组织的指挥通信车驻训，在全市国防动员系统岗位技能比武中获第三名的良好成绩。全年开展“人防大讲堂”活动

9月22日，东城区国防动员委员会第一次全体会议召开（王跃明摄）

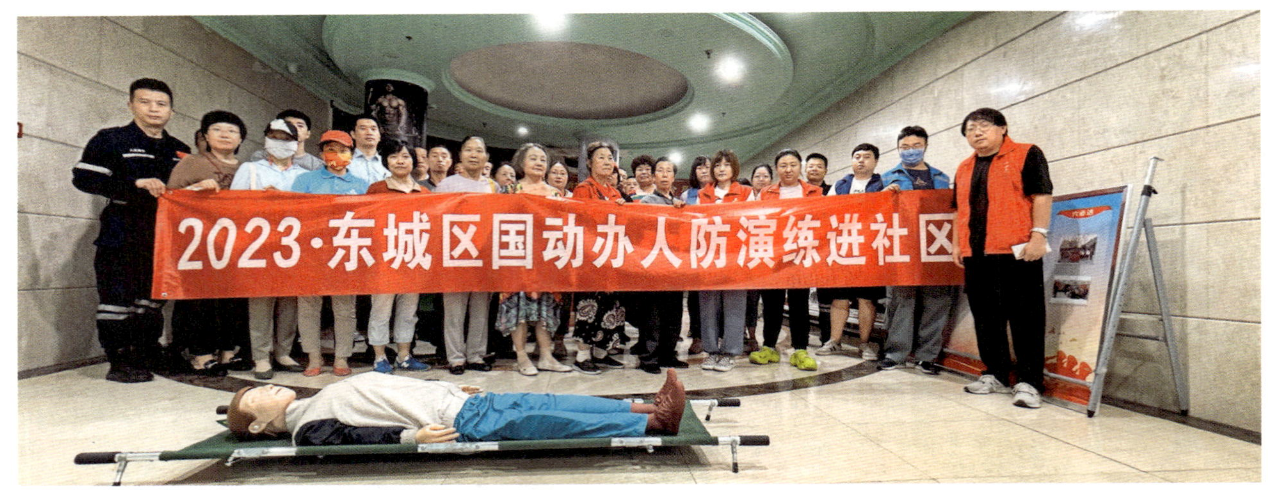

10 月 27 日，区国动办组织崇文门外街道新世界家园社区开展人防演练（王大鹏摄）

60场，开展3期人防志愿者骨干培训及人口疏散演练，社区居民2000余人参加。协助密云区完成东城区人口疏散地域示范点建设。定期巡检全区警报器，加强对移动应急指挥设备设施的运维。

（管桂新　王英明）

【推进法治政府建设】2023年，区国动办坚持依法行政，优化营商环境，落实行政许可审批告知承诺制，全年受理各类行政许可事项266件。办理“多规合一”项目10件次，其中易地建设项目5件次。完成6件12处人防工程竣工验收备案。化解矛盾纠纷，接诉即办累计处置事件76件，响应率100%、办结率100%。配合开展“街道吹哨，部门报道”相关工作，全年共接到吹哨案件43件，响应率100%。

（高杰）

【完成应急通信保障任务】8月，区国动办根据区政府关于派遣应急指挥车辆跨区支援昌平区流村镇防汛抗灾任务的通知，迅速启动应急预案，第一时间完成全部准备工作。在春节、国庆、第三届“一带一路”国际合作高峰论坛等重要节点圆满完成应急通信保障备勤任务。

（王英明）

【国防动员综合演练】9月16日，区国动办按照北京市统一部署，组织开展东城区2023年国防动员综合演练暨防空警报试鸣，区国动办全程指导东直门街道香河园北里社区开展防化、自救互救演练及应急救援装备展示与互动活动。区人民防空指挥部35个成员单位相关负责人参加警报试鸣演练活动。

（管桂新）

东城区军事机构负责人

区人民武装部党委第一书记	孙新军
部　长	刘洪斌
政　委	李　强
区国动办主任	刘从容（女，8月任）
区人防办主任	王迪生（6月免）
	刘从容（女，6月任）
区消防救援支队支队长	李　军
政　委	马国明

重点地区管理

9月16—22日，SS2024北京时装周在王府井步行街举办（王府井地区管委会提供）

王府井地区建设管理

10月28日，波司登全球首家登峰主题概念店入驻王府井银泰in88
（王府井地区管委会提供）

【概况】北京市东城区王府井地区管理委员会（简称王府井地区管委会）是区政府派出机构，为正处级单位。负责王府井地区规划、建设、管理和发展的组织协调工作。2023年，王府井地区管委会以国际消费为抓手，持续推动商业品质提档升级。举办SS2024北京时装周王府井分会场活动，与北京时装周签署合作协议，发起王府井时尚消费联盟。策划推出“香遇王府井”全域特色品牌活动。聚焦城市更新，以“一店一策”推动重点商业设施改造提升，王府井喜悦购物中心完成整体改造，举行盛大开业仪式。城市精细化治理持续稳固，环境面貌持续改善。

（马丽君）

【消费升级】2023年，王府井街区客流超过1亿人次，全年零售额99.23亿元，同比增长50%。入选第二批北京市旅游休闲街区。首店经济居全区五大商圈之首，引进波司登全球首家登峰主题概念店、安踏北京首家殿堂级概念店等首店、旗舰店35家。多维布局消费品牌，王府半岛香奈儿店、爱马仕内地首店重装焕新，满足多层次消费需求。打造国际化首发首秀平台，北京首个户外板式网球场——padel板式网球活动落地王府井，卡地亚“时光无界Time Unlimited”高级腕表北京艺术展、王府井木偶季等29场高品质文化艺术全国首展相继在王府井举办。

（马丽君）

【特色活动】2023年，王府井地区管委会策划举办街区活动61场，商家活动100余场。连续2年亮相中国国际进口博览会。举办SS2024北京时装周王府井分会场活动，发起王府井时尚消费联盟。“香遇王府井”全域特色品牌活动，是近年来王府井规模最大、持续时间最长、参与主体最多、场地跨度最广的全域性活动。“御食园北京有礼”“北平制冰厂时代长廊”等老字号焕新升级。兰蔻、YSL等国际大牌开展推广展示活动，释放线下消费潜力。

（马丽君）

【街区更新】2023年，王府井地区管委会坚持日汇报、周推进、定期督导工作模式，保障重大项目落地。建立王府井地区工程项目联审机制和广告设施管理机制，深化与规划、城管、住建等部门联动，畅通“一站式服务”绿色通道。王府井喜悦购物中心完成整体改造并举行盛大开业仪式。华为王府井旗舰店成功落户银泰in88并完成整体改造。王府井百货大楼和北京apm购物中心2处电子大屏重新升级，其中王府井百货大楼L型裸眼3D大屏成为新晋网红打卡地。

（马丽君）

【税源建设】2023年，王府井地区管委会多层次、多渠道、多维度推进财源建设工作。搭建“金街会客厅”商业商务资源信息共享平台，举办专场招商推介活动6场。梳理重点企业族

9月28日，王府中环引入时尚潮品集合店Solar lab北京首店
（王府井地区管委会提供）

谱、生态链，引导8家企业开展业务转移。联系走访存量异地纳税企业，促成6家企业迁入东城区。依托重大项目、业态指导，促成多个品牌旗舰店工商税务关系落地，形成前店后企经营模式。动员地区20余家企业参加2023年中国国际服务贸易交易会，促成700万元项目成果预筹。全年税源引进规模4085万元，进度102%，实际入库2764万元，进度115%，在全区委办局中位列第五，新引进、新迁入企业172家。

（马丽君）

【营商环境】2023年，王府井地区管委会打造高水平营商环境高地，精准务实为企业送政策、送信息、送服务，协调解决北京市企业服务包平台需求事项89件，办结率、满意率100%，收到企业表扬信3封。帮助王府半岛酒店恢复门前交通网格线，帮助智慧足迹企业解决集体户口相关手续。与东城区人民法院共同成立北京首个商圈“普法驿站”，推动法治化营商环境迈向新高度。

（马丽君）

前门大街建设管理

【概况】北京市前门大街管理委员会（简称前门管委会）负责前门商业区综合管理和促进该地区经济发展工作。2023年，前门管委会统筹区域资源，以加快建设前门“老字号+国潮”为特色的传统文化消费区为目标，聚焦打造“国潮前门”文化品牌，突出品牌活动，创新宣传模式，优化营商环境，推动前门商圈高质量发展，前门商圈各项工作取得显著成效。

（王莹莹）

【优化营商环境】2023年，前门管委会搭建政企和谐交流平台，组织街道主要领导、各职能部门及辖区企业代表召开多次政企座谈会、茶话会，就区域业态转型升级、驻街单位参与共建、提升区域营商环境等一系列工作深入交流。举办“心动挚礼 自在前门”企业沙龙暨大众点评授牌仪式活动，前门地区商户、街区物业单位、运营企业、美团点评、北京工业大学、北京电信等20余家机构代表参加，共谋合作之策，为企业搭建沟通平台，畅通产品服务对接渠道，形成区域发展合力。实地走访企业，主动上门服务。每月走访企业40余家，了解需求，加快推进各类审批流程，解读行业补贴政策。利用政企资源，激活辖区2家物业空置待利用产业空间，助推地区招商引资。全年“紫金驻企专员”组织各类主题活动20余次，收集问题80项，全部解决完毕，问题响应率、解决率和企业满意率达100%。

（王莹莹）

【推进引企促税】2023年，前门管委会通过稳存量、扩增量和挖潜量，推进税源引进工作。年度总任务量2000万元，实际入库任务量1200万。至年底，实现区级税收2035万元，完成年度总任务量102%；实际入库1263万元，完成入库总任务量105%。

（王莹莹）

【住宿业整治提升】2023年，前门管委会开展辖区住宿业摸底调研、分类建账、情况核实、政策宣传活动，定期对辖区内住宿企业进行全覆盖安全生产检查，全年地区酒店无安全事故。完成年度2家酒店“疏整促”计划任务点位上账销账工作，其中鼎峰大成（北京）酒店有限公司（皇家驿栈）3月22日关停，北京前门观旗宾馆有限公司6月底完成整治提升。

（王莹莹）

【区域经济高质量发展】2023年，前门商圈客流量达到2728.8万人次，同比增加4.2倍，日均7.5万人次，销售额达到19.3亿元，同比增长2.5倍。开展前门大街北段（步行街）沿街建筑风貌及第五立面整治工作。如期完成五牌楼油饰彩绘翻新、大北照相馆建筑等古建翻新、拆除屋顶上的私搭乱建、拆除废弃设备、沿街第五立面36个点位格栅消隐、沿街地面石材更新等项目。8月，完成国际专家现场考察评估北京中轴线前门段的迎检。北京号“前门大街管理委员会”账号共推文89篇，点击量112.73万人次，“前门大街管理委员会”账号获北京号一季度、二季度影

4月22日至6月18日，前门商业区举办“潮起国风、悦享前门”系列主题活动（前门街道提供）

响力TOP10机构类排行榜第一名，三季度获第二名；获北京号年度最具传播力奖；“前门大街管理委员会”微信公众号同步推文47篇，小红书发布宣传视频7部，全年共备案拍摄活动30余次，实现全媒体全时段的营销传播。

（王莹莹）

【前门商圈转型升级】2023年，前门管委会推动街区产业结构不断优化。至年底，街区共有商户162家，其中餐饮58家、零售64家、娱乐5家、酒店9家、办公15家、其他（包括邮政，美体美发，教育培训等）11家。坚持业态风貌联审制度，街区业态风貌品质不断提升。开展鲜鱼口规范整治专项行动，历经2个月时间，持续多年的鲜鱼口餐饮商户敞开式档口经营问题得到有效解决。在广泛征求商户意见基础上，结合街区各职能部门和2家物业意见，制订《鲜鱼口商户公约》，实现政府治理和商户自治良性互动。10月29日，鲜鱼口规范经营专题节目《向前一步——鲜鱼口570年“味”与“道”》在北京卫视播出。组织多样化促消费活动，先后举办“国潮前门·卯兔迎春”春节文化活动、2023年全国消费促进月暨京津冀消费季启动仪式、2023年全国消费促进月“啡尝骑妙”时尚生活展、“潮起国风 悦享前门”系列主题活动、“书店之夜”系列活动、北京惠民文化消费季“艺”起来艺术节、“好好生活节”、SS2024北京国际时装周、“心动挚礼 自在前门”跨年邮礼主题活动等，以文促旅，以旅彰文，打造文商旅融合的示范性项目，推动文化消费的转型升级和发展壮大。打造智慧街区，与中国电信北京分公司合作，利用5G、AR（增强现实）、VR（虚拟现实）、数字孪生、AI（人工智能）、大数据等新一代信息通信技术打造智慧共享的新型数字生活，建设元宇宙等数字化消费新场景，推广智慧导航、智能导流、虚实交互体验、非接触式服务等应用，打造传统与科技相结合的标杆商圈案例，提升场景消费体验。在区域内布局5个出入口（总计7个点位）的激光雷达光幕设备，通过红外线对点扫描新技术，实现精准客流统计，支持电脑端随时察看客流信息，增强对大人流的把控力度，实现实时监控、提前预警、及时疏导。在前门书香世业文化主题街区引入北平故事剧场，通过盘活前门商圈历史建筑群资源，结合AR（增强现实）技术丰富情景体验，塑造前门商圈新的IP文化地标。

（王莹莹）

2月28日，2023年全国消费促进月暨京津冀消费季启动仪式在前门大街举行（前门街道提供）

北京站地区管理

【概况】北京市重点站区管理委员会北京站地区管理办公室（简称北京站地区管理办公室）是北京市重点站区管理委员会的内设机构，负责组织协调北京站地区的社会治安、交通秩序、公共卫生、市政公用、应急管理、安全生产、精神文明建设等工作。2023年，北京站地区管理办公室完成全国两会、春运暑运、黄金周等重点时期的服务保障任务；落实北京站地区“打造标杆站区”的要求，有重点分阶段推进北京站地区“疏整促”工作，筑牢安全底线，亮出站前广场，恢复历史风貌，保障核心功能，整合配套设施，完善空间布局，优化交通组织，推动站区高质量发展。

（丁一珊）

【客运管理】2023年春运自1月7日起至2月15日止，共计40天。春运期间北京站共发送旅客142.32万人次，到达旅客160.71万人次，日均发送3.56万人次、到达4.02万人次。北京站地区管理办公室发挥站区议事协调委员会作用，建立健全完善的信息对接机制和高效协调的联动机制，形成春运保障工作聚合协同效应。各级领导深入一线提前谋划，根据客流情况对各项保障措施进行周密部署、动态调整。特别是返程高峰期间，协调东城运输管理分局调派市、区两级骨干出租汽车企业及党员雷锋车队500辆出租车在站区开展循环运营；组织东城区出租汽车行业“先锋车队”出租汽车100辆成立夜间应急运输保障车队做好应急疏运，累计调派出租车2630辆，运营4470车次，运送旅客9100人次；在北京站开辟合乘专区，倡导排队旅客通过拼车等方式打车，提升离站效率。协调各大型网约车平台客流高峰加大站区派单力度，启动奖励机制，引导网约车驾驶员到站区参与旅客疏运。结合春运工作特点，加强各类秩序整治，确保站区井然有序：开展交通运营联合执法，联合北京市交通运输综合执法总队三支队（简称市交通执法三支队）开展非法运营黑车专项整治，对“黑巡游”、出租车私揽、议价等非法运营行为进行打击，一般程序立案黑网约车6起，处罚6起，罚款1.55万元，驱离扰序出租车5辆、扰序人员31人、黑车揽客人员17人。站区公安合理部署警力，采取警便结合方式，在重点时段、重点位置加强巡逻巡视，打击黄牛倒票等治安问题，确保旅客出行平安顺利。在广场设立重点监控岗，加强巡查监控力度，重点查处揽客扰序行为，共检查三类场所93家次、垃圾分类93家次、规范违规户外广告牌匾2处。春运期间，对生产经营单位、出租房等用气用电安全开展拉网排查，发现问题督促整改，开展消防安全宣传，确保生产安全。累计检查生产经营单位312家次，发现整改隐患问题92条，开展消防安全宣传5次，发放宣传册2000余份，组织开展“一警六员”消防培训38人次。7月1日至8月31日暑运期间，北京站共到发旅客662.04万人次，其中发送338.18万人次，到达323.86万人次，日均客流量12.73万人次。客流高峰日为8月19日，到发14.95万人次。推进北京站地区“疏整促”工作，广场面貌更整洁有序、旅客通行流线更顺畅。优化交通组织，逐步解决站区交通组织存在的问题。提升接驳能力，夯实会商联动机制，高效安全输运旅客，未发生旅客大面积站区滞留。联合市交通执法三支队、东单交通大队开展夜查7次，联合整治2次，出动执法队员28人次，查处交通秩序类一般程序案件38起，共处罚3.8万元。查处交通秩序类简易程序案件7起，罚款1200元。联合北京铁路公安处北京站派出所、建国门派出所（南区）、北京站地区执法大队开展联合执法5次，对流浪乞讨、游商揽客等问题开展清理整治，对情绪异常旅客、涉访涉诉、散布迷信传单、醉酒闹事等情况及时处置。强降雨期间，加强防汛值守，加大视频巡查力度，紧盯重点点位，应急队伍在岗待命，确保遇突发情况第一时间进行处置。加强与铁路部门沟通联络，关注列车晚点信息，做好运力接续及大客流应对准备。提前清理站区所有雨箅子、下水道口，确保排水通畅。

（陆江　丁一珊）

【全国两会期间社会面防控】2023年，北京站地区管理办公室制订《北京站地区2023年全国两会安全服务保障工作方案》《北京站地区全国两会期间群防群治工作方案》，召开全国两会服务保障工作部署会，对全国两会期间的应急值守、社会面防控、疫情防控等各项服务保障工作进行安排部署，将各项工作措施落实落细，确保两会期间北京站地区各项秩序稳定良好。联合北京铁路公安处北京站派出所、北京站地区执法大队，组织站区保安队、保洁队开展联合执法，对流浪乞讨、乱停扰序、乱堆杂物等扰序行为进行集中清理整治，关注出租车调度站候车处、地铁进站口等重点区域排队情况，加派保安力量维护秩序。共协助警察抓获嫌疑人1人次、劝离流浪人员6人次、劝阻躺卧20人次、清理乱堆放杂物3处、规范摆放非机动车250辆次、清理乞讨3人次、救助醉酒人员5人次，维护旅客排队秩序30次。组织站区群防群治力量，加大广场、天桥、公交场站、落客区、出租车调度站等重点区域的守护巡查力度，及时排查化解各类隐患，织密站区社会面防控网。

（陆江　丁一珊）

【联合执法行动】2023年，北京站地区管理办公室针对北京站地区存在的各类扰序问题，结合春暑运、全国两会、北京站地区“疏整促”等重点工作，组织站区公安、交通、城管、环卫开展联合执法行动。全年共组织联合执法行动150次，出动执法力量500余人次，保安1500余人次，保洁人员350人次，共清理无照游商25起，贴条处罚违停机动车30辆次，劝离违停机动车3000余辆次，劝离流浪乞讨人员200余人次，救助1人，清理乞讨人员堆物70余车（清洁车）。

（陆江　丁一珊）

4月18日，北京站地区管理办公室组织开展大客流应急演练（刘露摄）

5月12日，北京站地区管理办公室组织开展“5·12防灾减灾”宣传活动（刘露摄）

【安全生产防火专项整治】2023年，北京站地区管理办公室修订完善大客流应急预案，组织10余家成员单位开展大客流应急演练，提升北京站地区各单位应对大客流事件的意识以及突发事件协同应对水平和综合处置能力。每季度组织站区职能部门召开安全生产与应急管理协调会议，分析地区安全形势，解决安全生产相关问题；每季度组织开展站区安全风险评估，形成地区火灾风险评估报告；层层压实站办管理责任、行业部门监管责任、社会单位安全生产主体责任，与12家北京站地区防火安全委员会成员单位逐一签订《2023年消防工作责任状》，与24家生产经营单位签订《消防安全责任告知书》。全年共开展安全生产、消防安全联合检查40次，其中北京站地区管理办公室主要领导、分管领导带队开展联合检查20次。每日开展消防安全日常检查，动态更新重点单位台账、安全生产日常检查台账、消防疏散通道和用电安全等专项台账、复查整改台账、施工现场台账、宿舍台账、电动自行车台账，确保情况清、底数明。结合“5·12防灾减灾”、安全生产月、“11·9消防宣传月”，组织开展各类安全培训20次，开展各类安全宣传活动30次，发放各类宣传品8000余份。扩大“一警六员”培训覆盖面，培训并通过考核人员286人，提高北京站地区初起火灾扑救能力。建立北京站地区社会面火灾防控网格，将机关干部、服务保障单位、站区商户400余人纳入网格名单，落实党政领导分片包干、网格人员巡查提示、专群力量实名布控、应急力量联勤联动等措施。

（刘露　丁一珊）

经济管理

4 月，区税务局干部走进东来顺宣传讲解税费优惠政策（岑明摄）

综合调控

【概况】东城区发展和改革委员会（简称区发改委）主要职责为统筹辖区国民经济和社会发展、协调经济体制改革综合工作。2023年，区发改委发挥综合经济部门牵头抓总作用，推动经济运行持续恢复向好。坚持“周调度、月通报、季总结”和“项目化、清单化、节点化”机制，每季度制订重点企业、增量项目等任务清单。召开批发零售、建筑、文体娱等重点行业形势分析会，率先在全市平台实现东城区经济运行数据可视化，提升抓经济促发展的能力水平。东城区落实《北京市新增产业的禁止和限制目录（2022年版）》，优化市场主体准入服务机制，努力树立审批更少、流程更优、效率更高、服务更好、市场准入更开放包容的营商环境生态。区发改委编制印发《东城区推进京津冀协同发展2023年工作要点》以及督查方案，以月度、季度督查为抓手，疏解非首都功能，高标准落实核心区控规，深化与津冀等地在公共服务领域交流合作，完成50项年度重点任务。4月，印发出台《东城区重点工程项目全过程管理工作机制》，严格落实三级调度机制，实现精准协调。2023年，东城区实现地区生产总值3574.3亿元，同比增长5%；增速位于全市第十一。固定资产投资额实现262.2亿元；常住人口规模稳定在70.3万人；万元GDP能耗下降2.32%，完成区委、区政府部署的各项目标任务。区发改委机关第四党支部被区委组织部评为东城区2023年度“四强”党支部；团支部被区直机关团工委评为2023年度五星级团支部。4月，区发改委在区直机关“学思践悟二十大 谱写东城新篇章”主题演讲比赛中，2人获一等奖，1人获二等奖，区发改委获优秀组织奖；在区委、区政府机关工会举办的“健康工作，快乐生活”拔河比赛中，区发改委获女子组第二名。6月，在东城区直属机关2023年运动会中，区发改委获A组团体总分第三名及优秀组织奖。2023年，2人分获2023年度价格监测工作先进个人、2022年度首都城市环境建设管理突出贡献个人称号。

（贾巍　张皓）

【“七有”“五性”民生建设】2023年，区发改委制订《东城区2023年提升“七有”“五性”水平工作方案》，明确15项重点工作、1项提升任务清单；针对区政府党组“进一步满足民生领域‘七有’要求‘五性’需求研究”主题教育课题开展集体调研，完成专项课题报告。2023年，东城区“七有”“五性”监测评价总指数为91.17，全市排名第九，城六区排名第三。

（张舜华）

【企业投资审批】2023年，区发改委完成核准、备案项目26个，总投资约14.45亿元，其中核准类项目10个，总投资约9.36亿元；备案类项目16个，总投资约5.09亿元。

（蔡颖）

【探索产业发展新路径】2023年，区发改委创新提出产业组团式发展的新思路，以重点产业空间为载体，通过“标识+领域+清单”的方法，以“金融+总部+科创”为主体范式，谋划确定8个产业组团，8个产业组团新落地细分领域龙头企业、高成长企业、主要相关企业111家，整体实现区级税收65.7亿元，占全区总量的近1/3，同比增长12.7%，探索出超大、特大城市中心城区发展产业的新路径。完成“十四五”时期东城区产业发展规划中期评估；印发《永外数字科技产业园产业发展规划》。成功推荐隆福寺南坊等主导产业新增项目申请市级产业政策资金3444万元。

（张红晨）

【固定资产投资】2023年，区发改委编制《东城区2023年固定资产投资计划》，细化分解指标任务，强化投资联席调度机制，实现固定资产投资262.2亿元，超额完成市级下达任务目标。编制《东城区2023年政府投资计划》，计划安排资金3亿元，储备资金2亿元。制订《东城区2023年重点工程计划》，推动市、区45个重点工程建设，全年新开工市级重点项目28个。

（程浩）

1月，东城区举行2023年第一批重大项目集中开工活动（张传东摄）

【疏解整治促提升工作】2023年，

区发改委制订《东城区“疏解整治促提升”专项行动2023年工作计划》，明确35项任务，坚持区级统筹、部门协同、上下联动、分级调度，充分发挥“日监测、周统计、月调度”机制，签订责任书、挂起作战图、印发考评细则，统筹推进“疏整促”各项工作，完成市、区两级“疏整促”年度目标任务。区发改委以壮美中轴、景观廊道、片区新貌、大师小品、民生福祉、产业提升为主线，选取西草市街环境整治提升、东直门交通枢纽南侧文化广场等36个项目，形成《东城区2023年疏解整治促提升成果集》。编制《关于进一步深化东城区人口调控工作的实施方案（2023—2025年）》，形成东城区人口结构组成分析报告。据市统计局监测结果显示，至年底，东城区常住人口规模为70.3万人，较2022年底下降0.1万人，提前完成“十四五”时期人口调控任务，连续9年实现常住人口持续下降。

（牛捷）

【优化营商环境】2023年，东城区打造文化创新融合营商环境改革示范区，构建“1+4+8”全方位优化营商环境工作体系，制订并统筹落实47项重点工作和156条具体清单任务，形成改革典型案例集锦和一批可复制推广的“东城经验”，迎考2022年度市级营商环境评价，保持全市第四的成绩。组织54家单位开展“局科长走流程”140次，发现并整改问题66处，优化审批流程。擦亮“紫金服务”品牌，重点企业名单扩容至564户，紫金管家团拓展至37家，企业服务月度协同考评排名全市前列。为区领导29人一对一匹配联系走访服务包企业246家。召开2023年营商大会，开拓“紫金荣耀”系列品牌。创新“紫金健康”服务品牌，拓展医疗健康服务对象和方式。聚焦企业关注度高、共性化强的服务需求，创新探索利用市场化手段响应企业员工健康需求，面向重点企业高管提供北京协和医院深度体检服务，面向重点企业全体员工提供健康咨询服务。举办合唱比赛、益智竞技、三人篮球赛等活动，邀请中央部委、驻区央企等重点企业参加，打造亲清政商关系。搭建政企互动“连心桥”，增强优质企业在区发展黏性。开展全市首场企业服务专场宣传推介会、拍摄1期营商环境主题“向前一步”节目及4期“营商环境我来谈”系列视频，请企业现身说法，讲述企业在东城区的成长故事及感受，并提出建议。发挥市场配置资源的作用，调动各方社会主体参与的积极性，面向符合条件的高精尖企业人才，以配租人才公寓为主，配租人才公共租赁住房、配售共有产权住房、对接商品住房为辅，适度给予租房、购房补贴，建立健全“一寓三房两补贴”高精尖企业人才住房支持政策体系，加强人才住房工作统筹，加大政策支持保障力度。

（李晓晗　李文博）

【加强节能监察】2023年，区发改委对标对表《北京市碳达峰实施方案》，制订印发《东城区碳达峰实施方案》，完善双碳政策体系。组织对东城区40家年综合能源消费总量为2000~5000吨标准煤的用能单位开展节能监察，收审率和合格率均为100%，督促重点用能单位节能降耗，提高能源利用效率。结合元旦、春节、“五一”、国庆等节假日，以及全国两会等重大活动，对东城区新能源项目共开展7轮77家次安全检查，确保辖区内新能源项目安全稳定运行。

（金明华）

【价格监测与管理】2023年，区发改委围绕蔬菜、水果、肉类、副食品、日用消费品、成品油等近200个商品、服务种类，以日报、旬报、月报、季报等形式做好价格数据采集与监测工作，共上报数据13万余条，日报20余篇，周报50余篇。聚焦重大活动、节假日、突发事件等，强化市场巡视及应急监测，确保市场价格稳定。

（李宁）

【完成价格认证】2023年，东城区产业发展研究中心接受东城分局涉案财产价格认定330件，接受东城区纪检监察委涉纪检监察案件3件，出具补充材料通知书37份，不予受理通知书13份，价格认定金额合计为2174.89万元，为纪检监察及司法行政机关打击违法犯罪、维护社会秩序、推进党风廉政建设和反腐败斗争发挥作用。

（傅俊）

【精准帮扶乡村振兴】2023年，组织签订《东城区与房山区大安山乡、史家营乡结对帮扶框架协议（2023—2025年）》，正式确立3年的结对帮扶关系，制订印发组织工作方案和2023年工作计划，成立结对帮扶工作领导小组，办公室设在区发改委，明确17项年度结对帮扶任务。创新“三帮一”组团式帮扶机制，实现21个结对村（社区）实地对接全覆盖，推动“铭东路”一期工程等9个项目完工投用、党群服务中心修复等9个项目开工建设。组织教育、医疗、就业、人才等领域的主管部门发挥自身优势，开展精准帮扶，全年累计支援结对乡项目、款物涉及金额超2000万元。2023年，组织签订《东城区与怀柔区结对协作框架协议（2023—2027年）》，明确未来五年工作方向，并牵头制订《东城区关于贯彻落实〈结对协作框架协议（2023—2027年）〉的工作方案》《2023年东城区结对协作工作要点》，围绕创新发展、乡村振兴合作、劳务协作、党建共建等10个方面25项任务与怀柔区开展深入协作，完成1亿元结对协作资金拨付、推动乡村振兴、公共服务领域协作、干部人才交流、生态合作建设、养老助困合作等6项市重点实事任务。

（王若溪）

【年度计划报告】1月4日，区发改委起草《关于北京市东城区2022年国民经济和社会发展计划执行情况与2023年国民经济和社会发展计划（草案）的报告》经区第十七届人民代表大会第三次会议审议通过。

（张舜华）

【区委财经委工作】7月5日，东城区召开十三届东城区委财经委员会第二次会议，传达学习市委财经委会议精神，调整区委财经委员会委员，印发区委财经委年度工作要点，统筹全区重要财经工作安排，促进区域经济高质量发展。

（李爽）

【获批城市更新新模式试点】9月25日，全市首个片区综合性城市更新投融资试点项目——东城区皇城景山三期片区综合性城市更新试点项目获立项批复，并获市发改委10.63亿元支持资金批复。

（程浩）

财　政

【概况】东城区财政局（简称区财政局）是负责辖区财政收支、财税政策、财政监督、行政事业单位国有资产管理、财务会计管理的区政府工作部门。下属事业单位4个。2023年，区财政局坚持稳中求进工作总基调，加速“崇文争先”，做实“六字文章”，创新财源建设思路、优化财政支出结构、深化财政管理改革。坚持以政领财、以财辅政，聚焦首都“四个中心”功能建设，拓宽收入思路，兜牢“三保”底线，强化支出韧性，统筹资产资源，努力实现更高质量、更可持续、更为安全的发展，全年预算执行情况良好。联动“三本预算”，适度加强一般公共预算、政府性基金预算、国有资本经营预算的收支统筹。研究对接国家政策，有效保障智慧教育示范区建设，首都环境建设等工作向纵深推进。全面统筹国有土地使用权出让收入、存量资金、再融资债券等资源，统筹安排接诉即办、重大项目谋划、基层党组织党建活动经费和党组织服务群众经费、城市管理等专项经费，根据年度重大决策部署事项需要安排，提升资金调度能力。统筹收支与库款管理，完善预算执行与库款保障平衡机制，每月库款保障水平保持在合理区间。完善“制度＋技术”管理机制，放大内控监督制约效果，出台《行政事业单位财务管理及风险管控实施指引》，全区范围内选取10家试点单位搭建内控信息系统，规范单位财务管理及经济活动。建设完成全市首例财政执法信息化系统，推进执法程序全程留痕、财政工作成果共享，以信息化技术手段守住财经纪律“高压线”。区级财政收入首次突破200亿元大关。为建设国际一流和谐宜居的新时代首都核心区贡献积极财政力量。

（王伟）

【预算收支情况】2023年，东城区级一般公共预算收入完成200.5亿元，同比增收15.6亿元，同比增长8.4%，完成年度预算的100%；地方级一般公共预算收入完成473.88亿元，同比减收8444万元，同比下降0.2%，完成地方级收入预期目标。一般公共预算支出292.25亿元，同比增加42.34亿元，同比增长16.9%。2023年，政府性基金收入完成14.33亿元，同比增收13.03亿元。增幅较大的主要是市财政局一次性返还东城区王府井地区土地出让金收入9.30亿元，以及返还东城区青龙胡同前期成本1.43亿元和马圈土地一级开发项目土地开发成本3.62亿元等。政府性基金支出9.54亿元，同比增加1.91亿元，增长较多的主要是青龙胡同和马圈土地开发前期成本金额较大；根据市级要求，2023年起专项债付息及发行费用支出计入政府性基金预算支出。全年国有资本经营预算收入7923万元，同比增加306万元。国有资本经营预算支出4326万元，同比减少2439万元。

（王伟）

【财政收入】2023年，东城区增值税完成59.28亿元，为年度预算的111.1%，同比增长43.9%。增长主要原因为：2022年实行大规模增值税留抵退税政策，同期增值税基数较低，2023年增值税收入呈现政策性回补，增长速度较快。企业所得税完成56.78亿元，为年度预算的101.6%，

7月，区财政局组织召开2024年部门预算编制工作准备会（区财政局提供）

同比增长6.5%。主要是区招商引资成效凸显，推动重点企业大额股权转让事项转至京内结算，财源建设成果逐步显现，带动企业所得税增收。个人所得税完成13.03亿元，为年度预算的87.5%，同比增长1.3%。主要原因为：受年底一次性奖金发放影响，个人所得税小幅增长。房产税完成24.24亿元，为年度预算的95.2%，同比增长3.9%。增长主要原因为：房地产租赁市场活跃度有所回升，东城区进一步加大房产税欠税清理力度，税收收入小幅增长。土地增值税完成10.06亿元，为年度预算的70.3%，同比下降33.3%。下降主要原因为：2023年同期存在大规模的一次性土地增值税收入入库。城镇土地使用税完成1.31亿元，为年度预算的100.3%，同比增长4.3%。增长主要原因为：城镇土地使用税以纳税人实际占用的城镇土地面积为计税依据，2023年，东城区城镇土地供应规模稳定，区域内税收总体规模保持相对平稳。环境保护税完成1205万元，为年度预算的80.3%，同比下降16.3%。下降主要原因为：东城区环境保护监管工作取得显著成效，环保违规行为减少，收入规模低于年度预期。专项收入完成8.22亿元，为年度预算的105.7%，同比增长14.6%，其中教育费附加收入完成3.41亿元，同比减收269万元，同比下降0.8%，主要是因为同期基数较高；残疾人就业保障金收入完成3.89亿元，同比增收2444万元，同比增长6.7%。主要是因为用人单位职工平均工资较2022年有所上涨，残保金计算基数相应提高，收入规模随之上涨。教育资金收入完成9300万元，主要是因为2023年从土地出让价款收入中计提10%的教育资金收入补充至一般公共预算。行政事业性收费收入完成1.98亿元，为年度预算的122%，同比增长22%。增长主要原因为：2022年，受疫情等因素影响，幼儿出勤率不高，幼儿园保教费等收入同期基数较低，2023年，恢复至正常水平。罚没收入完成5248万元，为年度预算的131.2%，同比下降14.6%。超额完成预算。主要是因为疫后市场经营活动有序恢复，客观处罚场景增加，罚没收入规模超过年度预期。国有资源（资产）有偿使用收入等其他收入完成6.76亿元，为年度预算的113.0%，同比下降40.2%，其中国有资源（资产）有偿使用收入完成6.24亿元，同比下降40.8%。下降较多主要原因为：2023年，同期各部门、街道盘活处置闲置房产取得一次性大额非税收入较多，以及部分行政事业单位上缴拆迁补偿款等一次性非税收入带动基数增高。

（王伟）

【财政支出】2023年，东城区财政支出主要功能分类完成情况为：一般公共服务支出完成20.92亿元，同比下降21.4%。主要投向是保障政府职能部门正常运转、拨付各类人员经费。同比下降较多主要是因为2022年拨付各类疫情防控物资保障资金规模较大，同时严控政府运行成本，大力压减一般性支出和非急需、非刚性支出。教育支出完成55.18亿元，同比增长0.8%。主要投向是拨付学前教育经费，保障学前教育优质发展；组织暑期综合维修工程和重点操场改造工程；安排课程建设及质量提升、智慧教育示范区建设、教育教学研究等专项经费，提升优质教育资源配置水平。社会保障和就业支出完成70.81亿元，同比增长56.1%。主要投向是拨付困难群众基本生活补贴、社会救助等各类社会保障资金，缓解低收入群体的生活压力；开展各项残疾人帮扶工作，拨付养老机构服务补贴及运转经费；拨付中央退役安置补助资金等。卫生健康支出完成31.76亿元，同比增长2.1%。主要是支付疫情防控尾款；继续深化医药卫生体制改革，加强医疗保障能力，提高应对突发公共卫生事件能力；提升基层医疗卫生服务能力，组织社区卫生服务中心进行更新改造及设备配备；安排城乡居民医疗保险等支出。

（王伟）

【财政支持政策协同赋能】2023年，区财政局科学施策、补短强弱。强化财政与金融政策协同，支持中小微企业融资发展，优化金融要素支撑力，共计发放创业担保贷款1.5亿元；运用贴息补助政策，做好普惠金融“降本文章”，2022—2023年共向68户企业发放贴息补助资金287万元，着力缓解融资难、融资贵问题。获评2023年中央财政支持普惠金融发展示范区，获奖补资金1500万元。精简集成产业政策，兑现东城区“独角兽”企业、上市奖励、科创十七条等重点产业提升支持政策资金8.9亿元，同时加强绩效评价，分析好投入—产出关系，发挥出财政资金“四两拨千斤”的导向作用。

（王伟）

【优化营商环境】2023年，区财政局跟进重点存量企业、新落地企业，常态化开展走访对接，提供精准、有效对企服务。加快全面落实“互联网+政府采购”，先行先试，为全市提供宝贵的“东城经验”；非招标方式“全流程电子化”率先在东城区落地，实现政府采购公开招标项目信息发布、交易、监管“一网通办”，数据“多跑腿”、企业“零跑腿”“零负担”；落地区级首例政府集中带量采购项目，树立“买、管、评”全链条结果应用理念，打造集中带量采购“东城品牌”，加强廉政建设和降本增效，促进政府与市场的内外双循环良性互动。

（王伟）

【以产业发展促财源建设】2023年，东城区更大力度统筹“财源建设+产业规划”，将财源建设和产业发展、短期财政收入、长期税源涵养紧密结合，发挥区域禀赋优势，推动文化与科技、金融等融合发展，打造东城区特色金融与特色产业互惠互利的新发展格局。进一步加强行业重点税源分析研究，稳步推动财源建设信息化系统搭建，梳理研判六大行业前百强企业的税收贡献、增减变动等数据，释放行业新活力。2023年全区共引进企业1000余户，促进区级财政收入增长。

（王伟）

【预算管理及制度创新】2023年，区财政局持续加强“预算+绩效”联动管理，在“全方位、全过程、全覆盖”的“三全”预算绩效管理体系建设的总体框架下，提出“事前评估有统筹、事中监管有控制、事后评价有奖惩、全成本绩效有标准”的“四有”工作思路。探索自行开展重点项目绩效评价新模式，打通项目管理壁垒，提升评价结果的可应用性，为破解财政运行难题形成支撑。推动建立“保障＋激励”型区、街财政管理制度，建立财源建设激励机制，有效提升基层社会治理和城市管理水平。提升管理效能，全面统筹财政评审工作，2023年，完成评审项目322个，累计审减5亿元，有效节约财政资金。

（王伟）

【资产管理增效】2023年，东城区全面梳理，加强行政事业单位房产盘活利用，出租难以调剂使用的房产，处置并向国企注资坐落外区、不便管理利用的房产，壮大国资运营平台，提高区属国企整体实力。全面统筹，立足南北发展布局，推进南部集中办公服务区建设，发挥楼宇经济培育产业新动能的重要作用，将金宝街52号、朝内大街192号等楼宇转型用于产业发展，提升国有资产使用效益；深入挖掘简易楼潜在价值，将腾退后的简易楼用于增补街道公共服务功能，实现简易楼再利用，释放街区活力。

（王伟）

税　务

【概况】国家税务总局北京市东城区税务局（简称区税务局）受国家税务总局北京市税务局和东城区政府双重领导，贯彻执行国家的各项经济、税收政策，组织各项税收收入，维护和规范税收秩序。2023年，区税务局锚定首善目标，久久为功推进市税务局“党建引领铸魂、‘三个打造’提质、‘两个支撑’固本、风险防范夯稳”工作理念在东城区落地，展现核心区税务部门的新作为、新气象。开展学习贯彻习近平新时代中国特色社会主义主题教育，深化政治机关建设。创新党委“四个一”（党委委员每周督导主题教育进程、每两周听取调研进度汇报、每月一次现场办公、每人抓一个典型案例）工作机制，开展“第一议题”理论学习38次；大兴调查研究，形成34项调研课题，走访重点企业157次，制订提升举措48项，持续推进成果转化。建立“风险梳理、规范执法、督导检查、整改问责”全流程规范执法闭环管理体系，解决执法疑难问题13项。厚植内控监督理念，全年内控平台日常税收执法过错疑点数量同比减少50%。健全完善公文处理、考勤管理、绩效结果运用等制度，以“智慧办公”提升行政效率。以自查自纠、社会监督等方式，开展3轮全覆盖严肃纪律检查，强化干部“八小时外”监督。上线廉政回访二维码，非常满意率为99.66%，满意率为0.34%。“培英行动”扩容增效，形成“所级层面‘师带徒’89对、区局层面‘师带徒’55对，专项团队7个”的人才培养矩阵，被团市委评为团建百强十佳项目。2023年，区税务局收入核算科被评为全国巾帼文明岗，第二税务所被评为北京市工人先锋号，收入核算科党支部、第一税务所党支部和第四税务所党支部被评为2023年北京市税务系统“首善党支部”。

（牛春丽）

【组织收入与管理】2023年，区税务局坚持税费并重，依法依规组织收入。全年累计完成各项税费收入（不含海关代征、社会保险基金收入）1003.6亿元，同比增长6.3%；完成税收收入978.1亿元，同比增长6.1%；

11月，区税务局干部走访王府井商圈北京apm商场，助力企业迎战“双十一”（岑明摄）

完成一般公共预算收入465.5亿元，同比增长0.6%，其中完成区级收入192.9亿元，同比增长2.8%。各项税费收入首次突破千亿元大关，全区区级财政收入首次突破200亿元。

（牛春丽）

【征收管理】2023年，区税务局制订征管质量5C（税款征收、纳税服务、风险管控、税务检查、自我纠正及法律救济服务）监控评价体系工作方案，实现指标专人负责，动态监控。聚焦关键环节，组建核心团队，做好全面数字化的电子发票（简称“数电票”）推广，全年推广2.46万户，完成度为109.76%。分级、分类组织宣传培训47场，推进“优化调整社会保险费申报缴纳流程”改革。试点上线“新办智能开业”场景，实现税务、市场监督管理部门开业数据智能交互，税务环节办理时间由90分钟压缩至5分钟。

（牛春丽）

【纳税服务】2023年，区税务局对标人民期盼，税收营商环境更加优化。将珠市口办公区打造为新时代“枫桥式”智能集成办税服务中心，获全国税务系统新时代“枫桥式”税务所建设优秀单位。在政务中心、社保大厅投放“智税微厅”，实现“南北+政务+社保”税费便捷办理全覆盖。以“税务+”模式，服务商会、市场、园区纳税人5000余户次。“主动治理、未诉先办”更加精细，全年接诉即办“三率”考核均为满分，全系统排名并列第一。2023年，区税务局连续第二年获北京市区级营商环境评价“纳税领域”全市第一，并获区营商环境评价委办局序列第一。

（牛春丽）

【税收政策扶持】2023年，区税务局依托税收大数据，落实“精准推送”，政策红利叠加效应明显。创新设计“我的优惠清单”组合式精准推送，“政策找人”高效对接企业4.8万余户，被国家税务总局评价为“精准推送”特色做法区县局层面“首创”并予以推介。强化政策落实督导，启动风险应对647户次。紧跟退税减税审批节奏，缩短退税时限，为企业增活力、添动力。

（牛春丽）

【国际税收】2023年，区税务局组织非居民税收应收尽收，完成非居民税收收入49.94亿元。打出“电话调查+实地走访+ITS站内信提醒+天眼查核实”组合拳，完成1772户非居民企业的汇算清缴工作，汇算面100%。印制发放《“走出去”纳税人税收指南》200余册，重点突出企业关注的境外抵免政策及税收服务举措。组建多语种外语人才团队，服务第三届“一带一路”国际合作高峰论坛及税务总局主办的税收征管数字化高级别国际研讨会，完成“一带一路”各国代表团参观前门、天坛公园的接待工作。

（牛春丽）

【风险防控】2023年，区税务局完成各类风险应对任务5172户次，风险应对质效持续增强。在全市率先开展数据质量提升试点，搭建数据质量模型30个，并固化到市税务局大数据平台常态化运行。构建20个风险指标，实现数电票虚开风险自动预警，数电票红色预警率为0.62%，远低于全市平均水平。自然人年度汇算事后抽查应对率和疑点消除率达到100%。推进成品油行业专项整治，取消23户企业成品油归类。建立房产土地税核查机制，实现存量房“购入—持有—转让”全流程监控。

（牛春丽）

【服务区域经济】2023年，区税务局配合区财源专班完成5批78户企业走访工作，派驻街道税源建设专员成效明显。按季编制《重点税源税收数据手册》，税收经济分析与涵养税源建设有机融合，相促共进。完成12篇中小微企业分析，协助区发改委完善中小微企业数据库，建立定期数据分析机制。以发挥职能作用助推民营企业发展为重要课题，把脉产业组团发展难题，综合式施策献计，深化税商协作。

（牛春丽）

【税收宣传】2023年，区税务局立足首善标准，加强民生内容供给，针对延续和优化实施部分阶段性税费优惠政策，组织开展“云直播”，让企业“听一堂课，懂多个政策”，受益企业达2000余户。立足东城区“文化东城”标签，服务区域定位，为构建文化赋能区域发展新范式提供税收支持。立足打造精品，做强东城特色宣传辅导矩阵品牌，通过“小东说税”讲政策，“文文办税”教操作，“税费政策微剧场”在富有戏剧张力的典型案例中让税法知识的普及更接地气。

（牛春丽）

审　计

【概况】东城区审计局（简称区审计局）是区政府负责贯彻落实国家关于审计工作的法律、法规、规章和政策，制订东城区审计规范性文件并监督执行的职能部门；负责参与起草东城区财政经济及相关规范性文件制订并组织实施东城区审计工作发展规划和专业领域审计工作规划，制订并组织实施年度审计计划等职责的政府工作部门。2023年，区审计局共审计单位46个，其中审计39个，专项审计调查7个。查出主要问题金额3.84亿元，其中违规金额1372万元、管理不规范金额3.7亿元；审计发现非金额计量问题192个；出具审计报告和专项审计调查报告62篇，被批示、采用41篇次。审计处理处罚金额9189万元，其中应上缴财政1100万元、应归还原渠道资金272万元、应

7月5日，区审计局组织召开区医保局领导任期经济责任审计进点会（梁元摄）

调账处理金额7816万元。审计促进整改落实有关问题资金4129万元。审计提出建议126条，被采纳126条；推动被审计单位制订整改措施187项；促进被审计单位建立、健全规章制度17项；提交审计信息60篇，被批示、采用59篇次。做好民生领域专项审计。聚焦“疏整促”工作任务落实，重点关注便民商业网点、老年餐桌项目的运行情况和资金投入情况，聚焦公厕运行等群众关心的“关键小事”。聚焦教育数字化战略行动，关注教育信息系统建设，助力全面构建区域智慧教育生态体系。以“政治—政策—项目—资金”为主线，聚焦东城区重点领域、重大项目、重要资金，通过对政策落实情况、财政资金分配管理使用、效益发挥等内容进行审查，重点对东城区非遗保护工作进行审计监督。2023年，东城区召开十三届区委审计委员会第二次会议，会议传达十三届市委审计委员会第二次会议精神，审议通过区委审计委员会委员调整名单、审计查出问题提示提醒清单等文件。审计委员会发挥重点工作责任“传动轴”作用，严格执行重大事项请示报告制度，全年客观真实、规范有序报送重大事项和重要文稿16件。

（王薇）

【预算执行审计】2023年，区审计局在审计内容方面，聚焦政策落实、绩效管理、运行风险等重点，揭示和反映支出政策和资金绩效问题。在组织统筹方面，深化审计全覆盖，在一级预算单位审计全覆盖的基础上，对教育发展、医疗卫生、科技创新、营商环境、民生保障等重要行业及所属基层预算单位进行现场审计。

（白大鹏）

【经济责任审计】2023年，区审计局参与市审计局对东城区领导干部开展经济责任审计暨自然资源资产审计的迎审工作。研究制订领导干部自然资源资产离任审计结果运用办法，完善经济责任审计制度体系。组织召开2023年东城区经济责任审计工作联席会和2023年东城区经济责任审计项目启动会，紧扣区委、区政府中心工作，持续加大任中审计比重，坚持党政同责、同责同审，探索对街道系统党政领导干部开展经济责任审计和自然资源资产离任（任中）同步审计的“双同模式”。全年对领导干部9人开展审计项目11个，依法履职尽责。

（杨光）

【政府投资审计】2023年，区审计局强化东城区政府投资重点工程项目的审计监督，审计监督北京中轴线申遗环境整治等多个重点工作，促进建设项目规范实施和财政资金提质增效。助力简易楼腾退工作，深化城市更新。落实市审计局整改工作要求，跟踪整改进度，促进整改工作到位。

（杜致杰　叶焕新）

【内部审计】2023年，区审计局开展区内部审计指导监督。落实分类指导的要求，对部分国有企业和系统性行政事业单位进行现场讲解、座谈指导、提出要求促进区内部审计工作。以审代培，组织内部审计人员对养老家庭照护床位情况开展内部审计调查工作，组织开展内部审计工作质量检查。编辑《东城内审》电子小报。开展政策落实跟踪审计。

（张会）

【企业审计】2023年，区审计局开展对国有企业领导人员的经济责任审计，促进规范权力运行；围绕对企业财务收支的真实、合法、效益这一审计职责，发挥企业审计专业优势，揭示企业财务核算不规范等问题，促进企业及时上缴财政性资金，防范化解国有资产管理风险。

（尹雪君）

【信息化建设】2023年，区审计局坚持数智赋能，利用数据库技术，以多维、立体的数据分析对全区67个一级预算单位实行数据审计全覆盖，重点关注各部门普遍的“小金额小项目”、过“紧日子”政策中“压”“减”“控”“管”措施落实情况、横向拨款预算资金实际使用情况等事项，发挥科技强审作用，通过大数据筛查促进非税收入及时上缴财政。结合数据审计工作经验，编制《预算执行审计数据分析实务操作手册》，巩固预算执行数据审计成果。

（崔师豪）

统　计

12月，东城局队在天鼎218文化金融园举办“查实新时代家底，服务高质量发展”2023年东城区政府统计开放日（侯健鑫摄）

【概况】东城区统计局、东城区经济社会调查队（简称东城局队）是负责东城区统计调查和国民经济核算工作的职能部门。2023年，东城局队加强经济运行监测和研判，监测单位涵盖除第一产业外的18大行业门类，包括批发零售业、住宿餐饮业、工业、金融业等。开展对地区生产总值、固定资产投资、社会消费品零售总额、万元GDP能耗等重点指标的预判、研判工作。统筹推进东城区第五次全国经济普查和投入产出调查，完成人口抽样、中小微企业生产经营情况、垃圾分类、民生实事项目线索、营商环境、小微融资、社会公众满意度、居民消费需求情况和多元化体育消费等各类统计调查，服务领导决策需求。组织统计课题研究分析，加大数据发布解读力度，发挥统计数库和智库作用。严格执行“三重一大”集体决策，履行防治统计造假、弄虚作假主体责任，大兴调研之风提高调研实效，推动“党建+业务”深度融合发展，持之以恒纠“四风”树新风，东城局队建模小组在全市建模比赛中获优秀奖；数据可视化两支代表队在全市“数绘京彩”数据可视化比赛中分获一等奖和三等奖；获二十大主题演讲比赛优秀组织奖、2023年北京统计系统第十届文化艺术节优秀组织一等奖；信息工作在全市统计系统排名第一。国家统计局东城调查队（简称东城调查队）主要负责城乡居民收支调查、月度劳动力调查、居民消费价格调查、工业生产者价格调查、住房价格调查以及快速反应的专项调查等统计调查工作，承担新设立小微企业和个体经营户调查、服务零售结构调查、全面从严治党民意调查等专项统计调查任务。2023年，东城调查队组织完成全区住户调查400户调查样本数据月季报收审及上报工作。发挥“党建引领、法治助推、业务渗透”功能作用，有效促进党建与住户调查业务深度融合，组织开展“红船领航 七星闪耀”住户调查评选活动。组织开展住户调查进街道、进校园、进社区、进公共场所等多场次宣传活动，提高社会知晓度，营造浓厚调查氛围。有针对性开展业务培训。精心梳理、汇编印发《东城区住户调查一本通》，自主开发审核程序，夯实基层住户调查工作基础。坚守“户真数实”，以入户指导的方式对大样本轮换后全区40个调查小区400户调查户的调查质量开展实地暗访。工作人员分组包片，开展记账辅导、实地督导和数据质量核查，全年实现16个街道督导全覆盖，有效提升调查数据质量。

（王莹　李瑾瑜）

8月，国家统计局东城调查队在崇文门外街道新怡家园社区开展住户调查宣传动员（梁婵摄）

【统计监督】2023年，东城局队修订完善《东城区统计机构负责人和统计人员防范和惩治统计造假弄虚作假责任制实施细则》。组建处级领导统计宣讲团，深入党校、2个部门及4个街道进行宣讲，面向全区36个部门开展集中宣讲。围绕统计造假专项治理工作目标，开展自查自纠与整改落实。组织召开全区部门推进会和统计系统部署会，开展统计违法案件警示学习教育。探索统计监督与纪检监察、审计、巡视巡察等其他监督贯通协同的渠道和途径。联合区纪委区监委在全区组织开展统计造假专项治理。将统计造假专项治理中发现的问题纳入全区全面从严治党工作考核和政治生态分析研判。与区委巡察办共同印发《关于建立区委巡察机构与区统计局协作机制的意见》，并向巡察办提供第三、第四轮巡察单位统计工作情况和重要问题线索，有效发挥统计监督职能作用。

（王莹）

【经济运行监测】2023年，东城局队加强对整体经济形势和主要指标的分析研判力度，围绕12项支撑经济增长主要指标，按周、旬、月、季的调度频次要求对地区生产总值运行情况开展监测。围绕“两区建设”、数字经济以及国际消费中心城市建设等开展重点领域监测。组织各专业对经济运行中的新情况、新变化、新特点共同会商研究，全年共形成预判备参材料80余篇，有效服务区委、区政府高频调度需求。围绕投资、社会消费品零售总额等重点指标，信息、批零、房地产、文化等重点行业与区发改委、区商务局、区科技和信息化局等部门紧密联动，研判运行情况。协助区发改委，完成北京市经济运行监测调度平台东城区展示页面设计和历年数据提供。

（王莹）

【人口抽样调查】2023年，东城局队开展年度人口抽样调查工作，涉及全区17个街道148个社区的274个样本。组建由区公安分局、区卫健委等13个部门和17个街道组成的2023年度人口抽样调查工作联席会议办公室。调查中发挥科所共建机制开展督导检查，强化过程控制。由区人调办、街道人调办和社区共同组建质量验收组，确保人口抽样调查数据源头质量，利用手机大数据监测、出生人口、死亡人口等部门数据开展区域人口总量、人口结构变化综合评估，提高数据完整性和可信度，为政策制订提供科学依据。

（王莹）

7月6日，东城局队干部开展东城区居民消费需求情况调查拦访（侯健鑫摄）

【高质量发展监测】2023年，东城局队分析2022年“七有”“五性”监测评价和2022年高质量发展综合绩效评价，协同区发改委向北京市统计局提供全区高质量发展工作情况和案例，入选全市典型案例1篇。结合2023年疏解整治促提升专项行动计划，跟踪监测区域重点工作，对“疏整促”33项任务开展周监测、月报告，利用移动通信大数据对望坛地区人口回迁情况和全区重点商圈进行动态监测。配合区发改委做好全区“十四五”中期评估，为指标任务按期完成提供统计保障。

（王莹）

【专项调查】2023年，东城局队完成市统计局布置的各类调查5项，包括北京市中小微企业生产经营情况、北京市城乡居民垃圾分类意识及现状、重要民生实事项目线索、北京市营商环境情况和北京市小微企业融资状况调查。完成区级自主调研多项，包括2023年东城区社会公众满意度、东城区居民消费需求情况和东城区多元化体育消费调查等。东城调查队开展东城区新设立小微企业和个体经营户跟踪、服务零售结构、农民工市民化进程动态监测及网购消费等专项调查。

（王莹　李瑾瑜）

【课题调研】2023年，东城局队以调研开局开路，发挥调研靶向破题作用，确定1项班子成员领题调研课题和9项专项调研课题。局队领导围绕统计监督、统计服务、科研课题及“五经普”工作等对相关企业、部门、街道开展调研137次，向部门领导发放问卷30份，线上收集企业问卷1186份，汇总整理问题15个并有效解决各类问题。推进统计调研成果转化，其中疫情防控转段后企业发展状况研究、总部经济、产业组团3篇研究报告获区领导批示，2篇调研报告内容被区委研究室选中为调研参阅信息选题。东城调查队组织开展企业生产经营成本状况、企业营商环境、基层群众对全国两会主要期盼、“3·15消费”、食物浪费、城镇用水情况、市场化就业服务发展情况、政府涉企服务等紧急或专题调研，形成有针对性的分析报告。

（王莹　李瑾瑜）

【统计服务】2023年，东城局队开展涉及批发零售业、住宿餐饮业、工业、金融业、文化产业、信息服务业等行业的分析研究，全年共报送统计报告、统计专报、简明分析、经济快讯等各类统计分析603篇，其中获区领导批示26篇次，1篇分析获全市专题类优秀分析二等奖，2篇分析分获全市形势类和专题类优秀分析三等奖，2篇分析报告在全市第二十二次统计科讨会上进行主旨发言。探索数据可视化先进理念和技术运用，《用数据模型探究核心区人口发展》《数据可视化中不可不知的8个“keshi”》两篇研究成果在《中国统计》杂志刊登。围绕数据需求，按照月度提供《经济社会发展月报》，完成《各区主要经济社会数据汇编》《东城区街道经济社会发展数据手册》。科学制订发布计划，加强数据分析解读，全年共向社会公众发布各类数据1256笔、各类信息89条、各类解读13篇。向区委书记点评会、领导决策系统、领导驾驶舱云平台、区部门各项工作开展提供统计数据支撑，累计提供数据70万笔。借助北京统计、北京东城等市区新媒体平台，多维展示统计制度、调查方法、数据产品。举办“查实新时代家底，服务高质量发展”东城区政府统计开放日活动，扩大政府统计的影响力和受众群体。东城调查队全年编发调查报告、调查专报等各类统计调查分析，及时准确反映市场变动，加强数据解读和分析研判。和东城区统计局队共同编印《东城区2022年国民经济和社会发展统计公报》《北京东城区经济发展月报》等统计产品。

（王莹　李瑾瑜）

8月18日，国家统计局东城调查队执法检查组到北京六必居食品有限公司开展执法检查（巩宇坤摄）

【统计执法】2023年，东城区统计局将“双随机”执法和专项执法结合，加大跨部门联合执法力度，对新纳统单位及未接受过检查的调查单位开展执法检查。全年完成执法检查共计659家。主动发起和参与跨部门联合双随机抽查122户。全年立案单位共64家，其中简易程序3家、普通程序61家。东城调查队制订2023年统计执法监督检查工作方案，对5家工业生产者价格调查企业开展现场执法检查。

（王莹　李瑾瑜）

【法治宣传】2023年，东城局队借力第五次全国经济普查进行统计法律法规集中培训，以《中华人民共和国统计法》颁布40周年为契机，利用“东城统计法治长廊”“法治东城”及各街道特色资源开展系列普法宣传活动。围绕统计数据质量开展统计法治宣传，结合统计业务布置会对报表单位进行集中宣讲，在统计执法和处理处罚过程中强调报表单位的法律义务和责任。东城调查队借助入企调研、入户陪访、制度培训等方式，开展普法宣传，做好统计违纪违法案件警示教育，引以为鉴，提高全队党员干部依法统计工作意识。创新普法宣传方式，制作《我当法治排头兵》朗诵节目，参加东城区法治文艺大赛，并被“法治东城”微信公众号采登；通过“北京调查”微信公众号，发布“让我们一起沉浸式学习《统计法》”推文，获得较好反响。

（王莹　李瑾瑜）

【信用体系建设】2023年，东城局队开展统计诚信示范企业评定，优化改进评价方式，认定辖区年度统计诚信示范企业50家。推荐3家统计诚信示范企业参加全区“百业万企”共铸诚信活动参评。举行统计诚信单位授牌仪式，扩大诚信统计的知晓度和品牌影响力。

（王莹）

【部门统计】2023年，东城局队修订完善《东城区部门数据共享制度》，涵盖社会发展，经济与市场，人口、就业、社会保障和资源、能源、环境、城市建设四大领域，涉及全区36个部门113张报表。走访区医保局、区人力社保局、区科技和信息化局等部门，了解各部门数据口径与来源。健全部门共享机制，定期进行行政部门数据交换，与区发改委、区商务局、区科技和信息化局、区金融服务办等部门建立信息共享机制，结合市场监管、税务、民政行政信息，建立单位信息变动台账。做好区发改委营商环境企业满意度年度调查审批。

（王莹）

【基层基础建设】2023年，东城局队将统计工作纳入区政府对街道绩效考核内容，与东城调查队建立工作联系协调制度，共同调研街道统计所人员构成及工作开展情况，加强业务指导，夯实统计基层基础工作。联合制订《2023年度街道统计工作巡查方案》，联合东城调查队开展对4个街道统计工作的巡查，形成巡查问题整改意见。结合北京市统计局、区绩效办要求，完善街道统计工作考评体系，制订《2023年度街道统计工作考评方案》。修订辅调员管理和考核制度，对辅调员进行业务指导，提升统计工作能力。

（王莹　李瑾瑜）

【价格调查】2023年，东城调查队组织完成东城区125个调查网点、1633个规格品（即选择一部分有代表性的商品和服务，也就是从众多的不同的产地、规格、等级、牌号、花色的商品中抽选一部分）的居民消费价格调查，做好“逢5逢0”的源头价格采集、审核工作，对重大节日、重要时段民生商品价格及时监测，为保供稳价工作提供统计数据支撑。做好每月房地产价格调查和工业生产者价格调查，密切关注市场走势，提升数据敏感性，做好苗头性、趋势性问题预测、预警。

（李瑾瑜）

【劳动力调查】2023年，东城调查队每月组织完成全区17个街道28个样本社区的劳动力调查数据采集上报工作，通过督导陪访、电话回访等多种形式加强对调查员的业务指导；强化工作统筹，针对恶劣天气等突发情况，多级联动补位，确保工作不乱、数据不断。在全区所有社区每半年开展一次就业状况专项调查。细化就业分析研判，围绕月度调查和专项调查数据撰写分析报告，为区委、区政府提供高质量民生统计服务。

（李瑾瑜）

【做好第五次全国经济普查】6月15日，区政府印发《通知》（东政发〔2023〕4号），成立东城区第五次全国经济普查领导小组及其办公室。6月27日，印发《关于组建成立街道第五次经济普查领导小组及其办公室的通知》（东经普组发〔2023〕3号），召开东城区第五次全国经济普查领导小组第一次全体会议，东城区委常委、常务副区长李妍出席会议并提出要求。7月7日，参加国务院召开的第五次全国经济普查电视电话会议。7月13日，召开东城区第五次全国经济普查（简称“五经普”）街道经普办第一次例会。8月3日，召开东城区第五次全国经济普查清查阶段动员会，市经济社会调查总队总队长、市经普办主任张铁军，东城区经普领导小组组长李妍出席会议并讲话。8月8日，召开“五经普”清查业务和软件培训会。8月11日，召开“五经普”手持移动终端设备（PAD）使用与管理培训会。8月25日，开展“五经普”单位清查工作宣传活动和经济普查清查阶段现场入户登记。李妍出席活动。8月31日，市经普办清查督导组到东城区体育馆路街道督导调研经济普查清查工作。9月21日，市经普办副主任、市统计局二级巡视员一行到东城区督导“五经普”单位清查工作。10月11—13日，开展“四不两直”检查街道清查工作质量。10月18日，召开东城区第五次全国经济普查第二次领导小组会。李妍主持会议并提出工作要求。10月30日至11月1日，市统计局法规处、普查中心领导一行到东城区开展经济普查清查阶段数据质量抽查工作。11月7日，东城区经普办、区委宣传部联合印发《北京市东城区第五次全国经济普查领导小组办公室 中共北京市东城区委宣传部关于做好北京市东城区第五次全国经济普查宣传动员工作的通知》。12月12日，召开东城区第五次全国经济普查暨2023年统计年报和2024年定期统计报表工作布置会。12月26日，举办“查实新时代家底，服务高质量发展”东城区第五次全国经济普查宣传月主题活动暨2023年东城区政府统计开放日活动。市统计局、区人大常委会领导出席活动。12月29日，召开东城区第五次全国经济普查第三次领导小组会。李妍主持会议并提出工作要求。

（王莹）

市场监督管理

【概况】北京市东城区市场监督管理局（简称区市场监管局）为正处级区政府工作部门，加挂北京市东城区食品药品安全委员会办公室（简称区食安委办）、北京市东城区知识产权局（简称区知识产权局）牌子。主要职责为负责行政区域内市场综合监督管理、市场主体统一登记注册、产品质量安全监督管理、特种设备安全监督管理、食品药品安全监督管理、计量、检验检测、对相关知识产权实施保护等。2023年，区市场监管局开展大学习、大讨论、大调研活动，形成调研课题50项、完成调研成果80篇、研提措施建议60条。制发《北京市东城区市场监督管理局开展安全生产、火灾隐患和食品安全大排查大整治实施方案》等文件，紧盯市场监管领域重点部位以及重点区域安全风险管控环节，开展东城区市场监管领域安全生产大排查、大整治，打好安全主动仗。举办业务专题培训47次、业务竞赛6次，81人获得特种设备安全监察人员证。在优化营商环境、市场秩序维护、消费者权益保护、质量强国建设等工作上锐意改革、创新突破，在企业年报、跨部门联合检查、打击侵权假冒等工作在全市考评中名列前

4月，区市场监管局对校园周边文具经营主体开展检查（董芳忠摄）

茅，相关工作成果获区级以上领导批示11次，《人民日报》、《北京日报》、北京电视台等主流媒体刊登报道650余次。区市场监管局北新桥街道所、崇文门外街道所获评全国首批五星市场监督管理所。

（刘梦甜）

【重大活动服务保障】2023年，区市场监管局制订重大活动保障应急人员管理办法和应急预案，开展重大活动保障应急演练，完成全国两会、“一带一路”国际合作高峰论坛等重大活动保障任务，检查特种设备594台，快速检测食品2590件，保障就餐人员7.1万人次，实现食品安全、特种设备安全“零”事故。

（刘梦甜）

【接诉即办及消保维权】2023年，区市场监管局共接收办理12345市民热线诉求9.83万件，解决率97.20%，满意率97.53%。全国12315平台共接收投诉举报45.29万件，其中投诉41万件，受理28.45万件（受理率69.38%），举报4.29万件，立案306件。建立东城区首家特色商业街区商会“消费维权工作站”，推出首批先行赔付示范店。开展“共筑消费和谐 提振消费信心‘3·15’国际消费者权益日”主题活动，发布2022年《东城区消费者权益保护状况白皮书》，营造良好消费氛围。

（刘梦甜）

【登记注册便民化】2023年，区市场监管局推进营商环境6.0改革任务落地，全市率先实现“证照联办+一照多址+一业一证”叠加办理，实现“一照准入”和“一证准营”，办理时限从14个工作日压缩至1个工作日，申请材料缩减50%，切实降低企业准入准营的制度性成本。全年东城区新设市场主体5205户，同比增长23.75%，其中企业4528户，同比增长16.82%。企业年报率达97.38%，连续5年位列全市第一。颁发全市首张载有“餐饮服务连锁管理”许可项目的食品经营许可证。税源引进5154万元，完成率129%，实际入库2741万元，实际入库率114%。

（刘梦甜）

【质量强国建设工作】2023年，区市场监管局将质量强国建设列入区政府重大行政决策项目，成立全市首个特色街区质量基础设施一站式服务站。推动计量认证服务经济发展，5家区属企业获颁全市首批儿童青少年近视防控服务认证证书。指导国家首批标准样品试点（国家珠宝玉石首饰检验集团）通过中期验收、北京市诚和敬驿站养老服务国家级标准化试点通过考核评估，成功培育全国首个后双奥时代大众体育赛事服务标准化试点、全国首个中医药数智化服务标准化试点、全市首个国家级公证服务社会管理和公共服务标准化试点，形成龙头企业引领行业标准发展的东城效应。

（刘梦甜）

【促进公平竞争】2023年，区市场监管局落实公平竞争审查制度，将公平竞争审查工作纳入东城区2023年度政府绩效考核事项。实施公平竞争政策，对妨碍统一市场政策措施开展自查清理，优化市场竞争环境。坚持因地制宜、以点带面，牵头制订《东城区商业秘密保护示范基地培育建设方案》，形成以“两区两企一协会”为支撑的商业秘密保护格局。东城区入选第二批全国商业秘密保护创新试点地区。

（刘梦甜）

【事中事后监管】2023年，区市场监管局树立全区“一盘棋”的“大监管”理念，统筹推进信用分级、分类差异化监管和“双随机、一公开”跨部门联合抽查。做实企业信用联合激励与惩戒，加强行政处罚以及违法失信等监管信息的归集共享，全年累计公示行政许可信息2.16万条、行政处罚信息1194条，列入企业经营异常名录2168户次，激励守信主体2342户次。完善部门联合双随机抽查工作机制，做到“进一次门、查多项事”，全年共发起部门联合双随机抽查1.88万户次。制发《东城区关于全面推进“6+4”一体化综合监管工作实施方案》，建立“企业为最小单元、行业主管部门牵头、多部门协同”的综合监管机制，在场景内开展“一码查”小切口试验，推行“精准高效”检查方式，有效减少无效检查、随意检查、多头检查、重复检查。汽车租赁试点场景低风险A级企业检查事项压减32%，“王府井商圈”大型商业设施场景实现检查事项降低48.14%，打造“东城样本”并在全市进行示范推广。

（刘梦甜）

【食品安全监管】2023年，区市场

8月，区市场监管局执法人员查验餐饮经营主体公示栏信息（董芳忠摄）

监管局落实食品安全包保责任，实现辖区食品生产经营主体包保覆盖率、督导任务完成率两个100%。压实食品安全主体责任，建立全区3440家食品销售企业食品安全管理人员台账。开展夏季食品安全、制止餐饮浪费、校园食品安全检查等专项行动，检查食品经营主体4600户次、特殊食品经营企业1800户次，暂停餐饮线上入网经营88家，餐饮单位“日管控”率位列全市第一。强化食品药品安全风险监测，抽检食品3310件，合格率为99.06%。推动东城区13家食品集中交易市场建立内部食品安全管理制度。

（刘梦甜）

【药品安全监管】2023年，区市场监管局聚焦特殊药品、疫苗、医疗器械等重点领域，开展药品安全巩固提升、医疗器械质量安全等5项专项整治行动。推进落实疫苗监管“三定期”工作机制，制订疫苗质量安全事件应急预案并组织应急推演，配合开展医疗器械三方企业飞行检查（跟踪检查的一种形式，指事先不通知被检查部门实施的现场检查），筑牢辖区用药安全。加强药品法律法规宣传，为东城区疫苗接种点和社区卫生服务中心开展药品监管专题培训，面向社会公众组织开设药品知识微课堂。全年累计抽检药品360批次，合格率为100%。化妆品企业监督覆盖率达到97.88%。

（刘梦甜）

【特种设备监察】2023年，区市场监管局坚决保障特种设备运行安全。对14万余台在用特种设备严格实施特种设备“台账化监管”，加强电梯、大型游乐设施、锅炉等特种设备风险分级管控和隐患排查治理。推广应用“京通企安安”小程序，推进“两个规定”（总局73号、74号令）落实落地。督促使用单位认真履行安全主体责任，切实防范特种设备各类事故隐患。全年累计检查特种设备相关单位1935家次、查验特种设备1.03万台（套），发现并督促责任单位整改安全隐患问题1984处，确保特种设备使用、检验、维护等环节的安全工作落实到位。

（刘梦甜）

【产品质量安全监管】2023年，区市场监管局加强危险化学品、燃气器具及配件等质量安全监管。对汽油、柴油、电动车电池等18类400组产品开展抽检，完成率100%，不合格产品处理率100%。对辖区电动自行车销售主体进行全覆盖检查，统一印发《电动自行车产品质量现场检查要点》《电动自行车产品质量现场执法检查指导》口袋书，加强电动自行车及蓄电池产品质量安全监管，严厉打击经营性拼改装和销售不合格电动自行车及蓄电池等违法行为，从严从快查处非法拼改装违法行为3起。

（刘梦甜）

【加强执法整治力度】2023年，区市场监管局开展“铁拳”、“筑安”、直播带货、价格违法等整治行动，牵头开展“无证无照”治理和诚信亮照经营示范街区创建，协调区属部门开展教育“双减”、类金融（类金融是和金融融资相近的一种办法，从消费者手中拿到钱并且不支付消费者利息的，用来自己扩张的一种金融模式）、旅游环境、扫黑除恶等专项领域治理，累计清理市场主体虚数1028户，办结案件3213件，罚没款5547.66万元，辖区市场秩序得到有效维护。同时，大案、要案办理能力明显提升，“得物”商标侵权案等多个案件被国家知识产权局和北京市市场监管局评选为典型案例。

（刘梦甜）

商务行业监督管理

【概况】东城区商务局（简称区商务局）是主管辖区国内外经济贸易和对外经济合作的工作部门。2023年，坚持以人民为中心的发展思想，加强东城区应急物资保障能力建设，加大应急物资购置储备。完成应急物资库房整合，将玉蜓等库房物资整合到国瑞库房；对大方家库房进行维修；购置除湿机和地盘等库房设备。补充完善应急物资管理制度，增加监控制度，包括监控室行为规范、监控室管理规范、监控室保密规范。开展救灾物资调运应急演练。开展区火灾应急救援

6月，区商务局检查中国全聚德（集团）股份有限公司北京全聚德王府井店（寇一萌摄）

综合实战演练、搭建帐篷演练活动，为提升应急物资保障能力，夯实救灾能力打下坚实基础。树牢粮食安全发展理念，区商务局牵头相关责任部门做好年度东城区粮食安全责任制考核。突出重点，抓好粮食流通统计、粮食质量监管和粮食应急保障。抓好“东城好粮油”品牌建设，发挥龙头企业带动作用，促进粮油产品质量和效益双提升。2023年，党组理论学习中心组学习13次、主题党日活动16次、党小组学习12次。抓好重要时间节点的廉政提醒和监督，开展明察暗访5次。组织10余批次党员干部参观红色教育基地，京办工作群开设“每周廉语”专栏，全年发布38期，举办“清风讲堂”1期。

（朱迎　梁俊丽）

【加强行业监管】2023年，区商务局出动安全生产检查人员3406人次，检查督导企业1703家次，排查整改各类安全隐患3274处。落实常态化隐患排查整治，开展燃气安全、施工动火作业安全、电动自行车全链条管理、有限空间安全、消防安全等专项排查整治行动。开展安全生产和火灾隐患大排查大整治，实现安全生产标准化创建全覆盖，行业监管关口前移，源头管控；落实责任，推进商场交通综合治理、垃圾分类、爱国卫生、文明城区创建等工作。

（刘娜）

【北京消费季活动】2023年，东城区以“故宫以东 JING彩四季”为主题开展“2023东城消费季”系列活动。搭建“5+6+3+10”活动框架，深化开展“五圈五节”特色活动，营造消费氛围，全年累计举办促消费活动200余场。“2023年全国消费促进月暨京津冀消费季”启动仪式，在前门大街举行推出北京首个体验式国风节“前门国风节”，聚焦艺术展览、潮流文化、音乐派对等举办“隆福焕新季”，打造“‘香’遇王府井”全域性商业文化体验活动，首次从“味道”角度切入举办“簋街不夜节”，压轴亮相“崇文喜市”啤酒文化生活节。与抖音共同开展“寻味东城”系列活动，与美团合作推出“发现东城好味道”专项活动。成立商购联盟，发布消费吉祥物“东小探”，助力老字号保护传承与创新发展。

（王珂）

【老字号企业创新发展】6月，区商务局印发《东城区老字号保护传承与创新发展三年行动方案（2023—2025年）》，以六大行动18项举措促进东城区老字号创新发展。组织老字号企业参与各类展销活动，6月26日，举办“金耀·东承”2023年东城区老字号嘉年华活动，推出老字号主题曲《东城·老字号》、“东城老字号礼物”中轴系列，扩大东城老字号知名度。8月10日，第八批北京老字号公布，东城区新增4家，至此，东城老字号队伍扩大至72家。

（刘佳）

2月28日，2023年全国消费促进月暨京津冀消费季启动仪式在前门大街举行（王珂摄）

国有资产监督管理

【概况】北京市东城区人民政府国有资产监督管理委员会（简称区国资委）是经区政府授权，代表国家履行国有资产出资人职责的区政府直属特设机构。下属事业单位1个。2023年，区国资委监管企业共217家，其中一级企业集团8家（北京天街集团有限公司、北京崇远集团有限公司、北京市东城区国有资本运营有限公司、北京建远投资经营有限公司、北京佳源投资经营有限责任公司、北京京诚集团有限责任公司、北京市东都城市运营发展有限公司、北京东城文旅发展有限公司），二级子企业72家，三级子企业122家，四级子企业16家。2023年，区国资委启动新一轮企业负责人经营业绩考核和薪酬优化调整工作，在优化区属国有企业功能分类基础上，重点聚焦分类考核、分类核算和市场化付薪机制，优化后的企业负责人薪酬考核体系更具客观性、科学性和创新性。6月，完成2022年度企业负责人业绩考核、薪酬兑现。东城区国资委党委印发并实施《东城区国有企业党建“三强三化”计划2023年重点任务》。创新核心区国有企业党建品牌，开展“一企一品牌”活动，形成国资系统“1+6”党建品牌矩阵。区国资委监管企业年底汇总资产总额1076.11亿元，负债总额600.40亿元，所有者权益475.71亿元，资产负债率55.79%；全年累计实现营业总收入76.77亿元，实现利润总额7.33亿元，实现净利润5.44亿元，实际上交税金总额8.86亿元。

（邢强　浦声琦）

【政府重大项目建设】2023年，区国资委加强统筹调度，28个重点项目完成既定目标，实现投资26.17亿元。前门东西区一体化项目完成前期准备，西兴隆街恢复性修建启动，前门文华东方酒店竣工收尾。推进钟鼓楼、故宫及西草市周边申请式退租项目，完成退租685户，腾退整院65套。开展简易楼腾退和老旧小区改造。宝华里项目回迁楼全面开工，上市地块实现场干地净。金鱼池二期西达成供地条件，崇外6号地项目重启推进。

（杨威）

【“1+N”国有经济新布局形成】2023年，区国资委深度实施区属企业重组整合，推动功能类国企组建落地。战略性重组国有资本运营公司，取得AAA评级，拓宽融资渠道；成立东都公司，专业化搭建城市公共资源运营平台；成立文旅集团，市场化打造文商旅体融合发展平台；以佳源公司为主体构建“一主多辅”体系，统筹推动区域城市更新；改组成立科创集团、金融服务公司，产业促进服务更加精准高效。

（朱玥璘）

【房产资源和产权管理】2023年，区国资委超额完成住宿业整治提升任务，三年来，国资系统住宿业房产由94处压减到69处，减少客房781间，压减床位1550张，累计完成73处住宿业“关转提”，其中关停4处、整治提升48处、转型21处。高位推进住宿业转型人才公寓项目，推动4家人才公寓建设，至年底，京诚集团的北池子大街51号完成项目建设，实现老旧公房向现代公寓转变；崇远公司桔子酒店、区国有资本运营有限公司的石佛营宾馆办理前期开工手续；区国有资本运营有限公司都季酒店项目完成股权收购，推进合作方案制订。持续强化房产管理，下发国资系统公有房屋整改落实情况督查方案，开展区属国企房产出租、出借专项整治。压缩企业层级，优化经营结构，全年共完成红桥珍珠、益信佳商业管理有限公司等10家企业新增或补登占有登记；完成56家企业因改制、变更级次和股权关系的变动登记；完成警阳北神公司清算注销登记。全年完成企业投资、资产评估备案核准事项8件。

（王玉）

【安全生产和信访维稳】2023年，区国资委制订国资系统企业安全生产监督管理暂行办法、企业安全生产考核实施细则等制度，创新建立“驻点督导”和“不可靠合作伙伴清单”工作机制。开展大排查、大整治专项行动，压紧压实企业安全生产主体责任。推进重复信访治理、信访积案专项工作，开展系统内信访干部“以干代训”。加强各类矛盾风险隐患排查化解，做好重点节日、重点活动维稳保障。

（李睿）

【国有资本经营预算管理】2月，区国资委完成2022年度国有资本经营预算决算。6月，区国资委完成2022年度企业国有资本收益收缴工作，收缴国有资本收益7923万元，完成年度预算的128.2%。划转企业分配收益506.17万元。支持国资预算项目2个，共计4326万元，调入一般公共预算1854万元。10月，编制完成2024年国有资本经营预算。提升国有资本经营预算管理规范化、科学化。

（王星华）

【天街集团】北京天街集团有限公司（简称天街集团）隶属于东城区国资委，是东城区承担历史文化风貌保护与发展任务的重要主体。主营业务：文化地产开发、文化园区运营、文化内容制作。先后完成前门大街、玉河、菖蒲河、钟鼓楼广场、三里河、草厂胡同三条至十条、西打磨厂街等历史风貌保护和老城更新项目，建设运营前门文化体验式消费街区、玉河文化产业园、菖蒲河文化艺术园、77文创园等特色文化产业园区，投入运营北京喜剧院、蜂巢剧场、皇城艺术馆、时间博物馆、大华城市艺术表演中心、颜料会馆、东苑戏楼、广和查楼等一批文博场馆和文化设施。2023

年，围绕“老字号+国潮”的核心定位，聚焦前门大街在街商户业态提升及空置商铺新业态引进，提升景观亮化和环境绿化工程，加装装饰性照明、地面文化图案雕塑，增强视觉引导；升级地下停车场管理系统，实现自助缴费，提升进出效率和服务水平；扶持都一处、便宜坊、天兴居、力力、锦芳、京花布鞋、长春堂、月盛斋、皮影范、越竹斋等一批非遗传承技艺企业在前门经营发展；相继引入“北平记忆微缩景观”“中富国勇”“阿文汤包”“方砖厂69号炸酱面”“桂发祥—十八街麻花”“Grid Coffee”“顺时而饮”及“老爆肚满”等11家老字号及网红品牌；打造市级重点项目“前门天街·书香世业”主题街区，书香酒店“左庭上院”开业，“北平故事”——地下沉浸式剧场完成总体装修，实现点映；营造“京味儿”商业氛围，先后举办“兔跃天街·团圆前门”“啡尝骑妙”“潮起国风·悦享前门”“游在书香里”“书店之夜”“惠民消费季”“北京时装周开幕式”“前门国潮消费季”等主题商业促销活动，获得良好社会口碑。深化央地合作，推进东城区综合性城市更新进程，根据东城区政府与中国绿发投资集团有限公司达成的战略合作协议，与中国绿发投资集团有限公司就前门东区城市更新项目“1+n”合作模式达成合作意向。在《关于进一步焕发东城区会馆文化活力的若干措施》的政策指引下，启动前门地区新建会馆、太平县会馆、黄冈会馆、麻城会馆、石棣会馆、泾县会馆、芜湖会馆、汀州南馆、德化会馆、孝感会馆10家旧址修缮，完成太平县会馆、新建会馆竣工验收；韶州会馆作为首个与会馆原发地政府协同利用文物建筑的试点项目开门亮相，展示粤北地区丰富的历史文化内涵以及韶关茶文化和兰花文化。天街集团所属颜料会馆获“新时代文明实践基地”称号和“活力新空间”奖项，连续两年作为北京文化论坛观摩路线的重要文化地标，展现北京中轴线“两翼”的文脉积淀和文物活化利用的最新成果。颜料会馆、77剧场被东城区演艺空间联合工作组认定为首批演艺新空间，并获东城区演出行业协会授牌。前门鲜鱼口消防站及战勤保障站建设工程完成竣工验收并交付使用。旧鼓楼大街P保护区用地项目完成竣工验收，实现首批用户交房。北京喜剧院完成升级改造，焕新重张，迎来新业态、新空间，为推进东城区“戏剧之城”建设发展提供新助力。以“戏悦东城——与戏剧共生·与城市共美”为主题的“大戏东望·2023全国话剧展演季”在北京喜剧院开幕，77文创园、颜料会馆、大华城市表演艺术中心等演艺空间相继呈现即兴话剧表演、戏剧沙龙、艺术展演等系列演出活动，为群众带来沉浸式与多元化的戏剧文化体验。发挥“AA+信用评级”作用，在银行间债券市场成功发行总规模25亿元的中期票据，成为东城区属国企债券首发，也是北京市首单城市更新债。开展帮扶和救灾工作，先后向内蒙古自治区化德县和房山区大安山乡、史家营村捐款共计35万元，并与区委办、东直门街道建立“三帮一”组团式帮扶关系，助力房山区灾后重建，捐助80万元修建护坡两处。全年办理接诉即办案件2971件，办结100%，综合解决率93.83%，综合满意率94.01%。2023年实现营业收入23.87亿元，利润5.07亿元，上缴税金4.49亿元。

（任川）

【崇远集团】北京崇远集团有限公司（简称崇远集团）隶属于东城区国资委，主要经营包括接受委托、经营管理国有资产；企业总部管理；出租商业用房；出租办公用房；房地产开发；物业管理；企业管理；技术推广服务；居家养老服务；组织文化艺术交流；摄影扩印服务；餐饮服务；销售食品；药品零售。2023年，崇远集团完成新中国儿童用品商店和利生体育商厦内部设备设施改造工程，推进王府井食品商场升级改造工程进展。推进景泰蓝文化园区建设，及“北京景泰蓝”地理标志申报工作。完成便宜坊鲜鱼口店业态布局调整，与长春堂顺时而饮达成合作。开创前门亿兆商场“亿兆华年”汉服品牌。持续建立品牌突出、连锁规范的悠惠万家便民服务体，进行大佛寺店、鑫龙店、汇丰店、东直门店及苏州店布局调整。加强社区深度融合，全年共创建18个社区微信群，每日开展宣传推广。加强品牌推广和培育，策划并完成《新东城报》专题报道“崇远集

12月，悠惠万家鑫龙店调整升级后更便民（张盛摄）

团：守正创新，赋能老字号绽放精彩活力”，组织零售企业数字商业赋能营销专题培训、老字号品牌推广及线上营销交流会等，培育提升集团老字号品牌营销能力。全年系统企业累计15个品牌和企业开辟线上营销渠道，开通64个网店及新媒体推广账号，全网粉丝关注数达120万人；在“北京东城”微信公众号推文宣传14篇，微信视频号发布8个。崇远集团以展会为平台，以产品为核心，借参展契机搭建对外交流窗口，全年共参展61场，其中参加国家级展会14场、省市级展会30场、区级展会17场。推进人才公寓建设，全年酒店转型为人才公寓2处，新引进人才公寓2处。成立财源建设工作专班，开展招商引税工作，完成财源建设录入项目总数共105个，区级税收贡献总额1.2亿余元。整合资源，优化组织管理架构，北京大北服务有限责任公司推进两家商务会馆整合；北京五洲全新医药有限公司所属北京市卫泰安医药有限公司、北京康源医药经营有限公司初步完成人员及业务的资源整合；北京天润金百投资集团有限责任公司与五洲医药公司在合署办公基础上交叉任职办公人员，实现企业资源统筹调配、整合运用与合理使用。崇远集团探索建立企业年金制度。成功申报东城区优秀人才培养资助项目1个，完成东城区2022年优秀人才培养资助项目结题3个。全年解决历史遗留问题2个。强化制度建设，制订《关于加强财务管理防控风险的指导意见》《房屋出租管理办法》等10余项制度。全年系统共出动2.59万人次开展安全检查，检查网点2.30万家次。全年办理接诉即办案件共计548件。召开党委会44次，召开经理办公会28次。组织开展“共产党员献爱心”捐款活动，募集善款5.88万元。实现营业总收入18.10亿元，利润总额1.41亿元，实现国有资产保值增值。

（初祺）

9月，南锣四条胡同完成招商运营
（东城国资公司提供）

【东城国资公司】北京市东城区国有资本运营有限公司（简称东城国资公司）前身是北京东方信达资产经营集团有限公司，是经北京市东城区政府批准设立，东城区国资委履行出资人职责的一级国有独资公司，于2023年3月成立（东政国资发［2023］12号《关于将北京东方信达资产经营集团有限公司重组为北京东城区国有资本运营有限公司》），拥有全资、控股及参股企业25家。东城国资公司注册资本100亿元，资产总额超过900亿元。东城国资公司重组后，发挥企业核心功能，服务区委、区政府重大战略、服务区域产业转型升级、服务全区国资国企改革。发挥重大项目投融资功能、资产处置功能、国有资本运营功能、产业促进功能作用。取得主体AAA评级，完成中国银行间市场交易商协会会员注册，利用自有资金为其他区属国企资金周转提供保障，向东都公司拆借资金3000万元，向建远公司提供2.9亿元借款。对接兴业银行、邮储银行、招商银行等11家银行，获总授信额度149.5亿元。对机关事业单位划转的处置房产进行调研，分类研究确定商业类房产通过股权处置方式在北交所挂牌，住宅类房产通过阿里、京东等拍卖平台的处置方式及路径出售。在北交所挂牌房产5处，在京东、阿里拍卖平台上线房产3处，其中5处房产达成购买意向、4处房产收到竞拍保证金共515万元。完成文创小贷、新华阅生活、东梦空间3家空壳劣势企业退出，研究东方华盖基金管理公司股权退出方案。完成科创集团组建，完成雍和园投资股权划转和空间资产的接收工作。2023年，吴裕泰新开门店32家，营业收入6.89亿元，同比增长7.67%，利润总额5599万元，同比增长1.28%，连续6年获“北京十大商业品牌”奖。东信空间践行“南锣·文巷”总体规划定位，完成南锣鼓巷四条胡同37处院落整院全部房产租赁工作，引入企业基本实现在地注册、缴税，形成区域内筑巢引凤优势效应。统筹腾退空间利用，与城盈住房服务有限公司对接，打造“信寓”人才公寓品牌。指导东方祥泰挖掘青蓝大厦潜力，通过招商引资渠道实现经营效益提升的模式，努力实现降本增效。开展空置房产招商，完成长年空置房产出租，实现房产出租率100%。东体信达完成东城区全民体育健身中心建设运营，平谷体育中心全年接待入馆人数6.2万人，龙潭中湖公园全年接待游客259.85万人次，微信公众号粉丝达47万人。开展公司2025—2030年战略规划制订工作。修订《“三重一大”集体决策实施办法》、党委会《前置研究讨论重大事项清单及程序》《党委会议事规则》。完善《董事会议事规则》，规范董事会运行机制。设立风控法务部，研究搭建风险防控机制体系，制订相关管理制度，建立与流程匹配、可追溯的风险防控工作链条，切实防控各类经营风险。2023年，新制订制度12项，修订制度11项，废止制度1项。完成企业年金建立，完善具有长效激励导向的薪酬福利体系。发挥督办工作实效，全年督办事项454项。坚持“四下基层”，围绕公司集体调研课题、领导干部个人领题，领导班子及班子成员开展调研9次，涉及点位45个，发现问题42个，解决42个。确定正、反面典型案例各1个，开展典型案例解剖式调研。深化整改整治，《整改整治问题清单》涉及9项问题、民生清单涉及2项问题、高质量发展任务清单涉及1项问题、专项整治方案涉及1项问题，动态更新、滚动销号，均在规定时间内100%完成整改。全年召开党委会议28次，研究、决定事项199项，其中前置讨论研究重大经营事项95项，听取汇报事项14项，落实党委“把方向、管大局、保落实”的要求。以强化混合所有制企业党建宣传阵地建设为抓手，完成吴裕泰公司“裕泰茗香”党建品牌创建。落实区结对帮扶工作，向房山区受灾地区捐赠15万元，向对口帮扶的房山区柳林水村捐赠20万元。组织系统企业与化德县4村签订结对帮扶协议，采购、捐赠总价值17万元扶贫产品，助力乡村振兴。全年组织开展应急专业培训10余次，组织应急演练3次，检查出租房产6733处、发现隐患661处并推进落实整改，全年未发生安全生产责任事故。接办接诉即办案件572件，响应率100%，满意率97.1%，解决率95.04%。2023年，东城国资公司累计实现营业收入9.17亿元，实现利润总额8629万元，纳税8203万元，资产总额90.48亿元。

（张欣媛）

2月14日，东城区首家政务服务站东雍政务服务站在东雍创业谷揭牌（魏唯达摄）

【建远公司】北京建远投资经营有限公司（简称建远公司）是国资委授权负责国有资产监管、运营、管理的国有独资有限责任公司，下属全资、控股、参股、监管、合作企业共34家。2023年，按照区国资委工作安排，7月，北京建新市政工程管理有限公司、北京静态交通东城投资运营有限公司股权无偿划转至北京市东都城市运营发展有限公司；9月，北京开元新创经贸有限公司完成注销；12月，北京红桥市场有限责任公司股权无偿划转至北京东城文旅发展有限公司。控股企业北京东方置地投资发展有限公司（简称东方置地）代建的区第一人民医院异地迁建项目完成整体工程的95%，完成地上装修工程，完成地下设备安装的95%，完成小市政工程的20%。配套项目取得项目建议书（代可研）批复；完成区文化活动中心装修工程整体工程的40%，由于设计单位无法履职造成相关设计图纸深化及参数确认无法进行，于7月停工。完成区青少年科技馆改扩建项目整体工程的95%。完成红线外电力工程土建部分，完成热力工程施工、监理单位招标。完成区特教学校改扩建工程基坑及土方开挖、热力管线、燃气管线及自来水表井改移，完成原教学楼加固改造工程基础加固施工、楼内墙顶地面层拆除。控股企业北京正阳恒瑞置业有限公司（简称正阳恒瑞）完成通州两站一街安置房项目年度计划。A3组团6栋住宅楼及2栋配套商业主体结构、室内外装饰装修及专业水电安装等施工完成，红线内室外配套小市政管线施工完成70%，电力工程土建管井工程完成80%，项目建设进度符合年度工作计划安排及任务目标。6月，A4组团项目配套养老院及3号幼儿园通过消防验收；7月，完成工程竣工验收备案手续办理；9月底，幼儿园厨房装修及设备安装工程完成；11月，与通州区教委完成整体移交工作。5月31日，代建的东外小街8号院老旧小区改造完成联合验收。6月初，东中街36号楼于涉及施工的违建拆除后开始进场施工；11月底，完成施工。5月底，草厂头条7号院老旧小区改造工程完成施工及四方预验收；教育学位应急保障工程项目共包含5所小学，总建筑面积约5050平方米，6月11日，进场施工；8月25日，完成施工。控股企业北京宝华地产有限公司推进宝华里危改项目（简称项目），2023年，项目内最后一家企业——中石化加油站签订拆迁协议并完成拆除。4号地块启动削减层，先后开展外迁东惠家园居民选房签约和原地置换居民选房签约；2号地块、4号地块分别取得《国有建设用地划拨决定书》《建设工程规划许可证》《建筑工程施工许可证》。权属企业北京红桥市场有限责任公司（简称红桥市场）持续推动红桥市场租金坪效提升，引入恒丰银行、乐高、臻宝堂、“缘来·如玉”等品牌商家，全年续签完成率达95%，完成年度收入指标，并实现扭亏微盈。携多款产品先后参加2023北京消费季、2023服贸会、2023北京国际珠宝展、中外地理标识产品博览会等活动，持续擦亮红桥市场“京城珍珠第一家”品牌影响力；联合属地街道、红桥非遗新联会、红侨沙龙、恒丰银行共同组成志愿者服务队，完成“一带一路”国际合作高峰论坛期间外事接待，获市外事办来信感谢；线上红桥5G非遗文创直播基地面向海内外共计直播100余场次，获评北京市级特色直播基地。完成市场2.95万平方米房产不动产房地二合一手续，妥善解决市场土地更名事项。完成智慧物业热力能源站、智能停车场系统、绿色宣传站和绿色书屋建设，中控消防监控二合一系统改造，不断推进节能降耗。至年底，按照区国资委资产重组工作要求，完成股权无偿划转、公司章程、营业执照变更等手续。权属企业北京天元空间商业地产管理有限公司打造“有文化的生活型精品办公空间”。完成元隆大厦楼宇升级。克服市场环境低迷影响，深挖自身客户资源，多措并举去化楼宇空置面积1600余平方米。规范服务流程、标准、安全工作制度、应急预案及处置程序，提升物业服务品质。通过业态调整提升地均产值，跻身东城区纳税亿元楼宇行列。权属企业北京东创空间文化产业发展有限公司运营管理的东雍创业谷出租率达到90%，东雍文化园出租率达到99%。对东雍创业谷公共空间实施升级改造，提升环境品质。完成东雍创业谷楼道照明改造提升、东楼加装应急疏散外挂楼梯工程、东雍创业谷主楼外窗更新等。维护品牌建设，维护国家级科技企业孵化器资质。完成2023年度北京市级文化产业园区资质申报、北京市退役军人就业创业园资质复审、北京市创业孵化示范基地复评。东雍创业谷政务服务站、市文化产业经济政策服务平台园区工作站启用。权属企业北京王府井置业投资有限公司作为王府井街区平台公司，全年围绕街区活动、道旗广告、自动售货机和“魅力王府井”运营项目开展工作。街区举办户外活动40场，其中外来活动4场，包括海南旅游推广活动、“御食园北京有礼”、“北平制冰厂时代长廊”、汾阳市产业工人肖像艺术展等活动；地区商家活动32场，包括“香”遇王府井系列活动、“创意魔方集合店”等；公益活动4场，包括“爱的旋律”雕塑展、Padel板式网球活动、2023年北京时装周和北京中轴线摄影展。“魅力王府井”小程序及公众号全年更新65篇街区商业信息，其中原创文章30篇。完成王府井地区道路物业管理、环境保洁管理、绿化养护、非机动车管理等工作，完成维修及网格件处理2197处，维修地砖8665块404.34平方米。建远公司物业管理面积近300万平方米。开兴辰物业管理有限责任公司继2014年取得“三位一体”的体系认证后，通过复审，继续持有该认证资格。保立信物业完成世纪大厦“两个通道”消防隐患治理；小黄庄3号楼通廊专项整治工作打通逃生通道9处；供暖维修采用询比价招标的方式降低供暖运行成本；落实区国资委进一步理顺产权关系工作要求，启动燕厦永富供暖服务有限责任公司解散工作。建远公司强化企业安全生产主体责任，做好重大活动期间安全维稳工作。2023年，开展各类安全检查9475次，出动检查人员累计4万余人次，发现隐患及问题2658处并整改完毕；开展安全生产教育培训84次，参训2615人次，开展各类应急演练98次，参加1850人次；累计投入安全生产资金2393.77万元。汛期，出动参与防汛检查巡查3518人次，出动抢险99次，累计397人次，排除险情31处，避险转移4次，转移47人，防汛隐患排查1027次，发现隐患68处并整改，保障年度重大汛期平稳度汛。建远公司将工作重心向“主动治理”倾斜，集中公司优质资源为群众办好实事。全年共处理接诉即办案件4533件，综合成绩91.94分，申报剔除材料2539件，挂账88件。党委举办理论学习中心组和读书班学习19次，开展交流研讨5次，各级干部讲授29场党课。各党组织开展集中学习70余次，组织主题党日活动30余次。建远公司党委制订《调查研究工作方案》《学习推广“四下基层”工作方案》，领导班子和班子成员实地调研70余次，形成调研报告14篇，有针对性地提出64项具体措施，解决一批问题，有效促进企业发展。至年底，建远公司总资产190亿元，总负债138亿元，所有者权益52亿元，利润总额3654.2万元。上缴税金5355.6万元，上缴国有资本经营收益331万元。

（王楠）

【佳源公司】北京佳源投资经营有限责任公司（简称佳源公司）为区国资委直管一级企业，注册资本29.6亿元，佳源公司立足旧城区改造及保障房建设职能，推进定向安置房建设与收购；开展棚户区改造、文保平房区修缮，适时完善区内市政基础设施建设；推进房地产开发；开展中关村东城园区开发建设；推动资本运作及资产运营等主营业务板块发展。2023年，佳源公司完善公司组织架构，成立审计部门。加强内控体系建设，开展内控体系评价工作，落实问题整改12项。修订完善公司制度31项。佳源公司承建与运营东城区旧城保护定向安置房豆各庄建设项目，提前完工建成1595套保障性住房，超额完成年度1300套任务目标。全年豆各庄项目共对接房源884套，办理入住436套，实现销售收入10.17亿元。佳源公司作为房屋建设单位，在自持商业运营方面，实现招租运营面积9000平方米。完善项目手续办理，取得渠东项目4号、5号地出让土地不动产权证书。推进东四工人文化宫修缮更新改造项目，完成结构工程的60%；为完成中轴线申遗，实施五八二电台家属区21户腾退工作；推进金鱼池二期西公服地块项目。8月，作为信达中心项目股东方，完成其项目验收交付。通州土桥颐瑞东里5号楼公共租赁住房累计对接天坛、望坛等区内各项目用房256套；为中国社会科学院提供100套房源作为人才公租房使用。完成天坛医院旧址拆除及移交工作，总拆除建筑面积约为7.85万平方米。完成东直门外北二里庄申请式退租及街区更新试点项目总体思路，按照保护性修缮方向实施更新改造。6月，佳源公司下属企业北京天华雍和科技园建设发展有限公司完成东城数字科技大厦（青龙项目）项目供地；9月，实现项目开工。推进育树、龙潭等一级开发项目手续办理，提升区域土地资源利用效能，同步推进东城硅巷建设。佳源公司加强物业管理，下属物业公司在晨风园、宸欣园小区车库安装电动汽车充电桩16组；改造管辖小区内车棚4个，加装车棚1个，提升小区改造环境。佳源公司完成公司党总支、系统下设3个党支部的换届工作，全年召开意识形态工作专题会3次、制订工作要点，签订责任书42份。研究制订《佳源公司2023年党建工作要点》《佳源公司2023年度落实全面从严治党主体责任任务安排》，开展理论学习中心组学习、“第一议题”学习、支部月度学习共计36次，交流研讨6次，讲授主题教育党课6人次；依托“三会一课”开展理论学习20次，主题党日活动10次，涵盖党员干部400人次；开展调研10次。解决4项整改整治问题、1项民生项目清单问题。在安全管理方面，佳源公司签订《安全生产责任书》、制订相关方案并执行。全年系统内未发生人员伤亡事故，安全生产态势稳定发展。

6月25日，佳源公司开展青龙项目现场完成交地仪式及交证（邢叔静摄）

（王兰）

【京诚集团】北京京诚集团有限责任公司（简称京诚集团）隶属于东城区国资委，主营业务包括项目投资、资产管理、房地产开发、物业管理、出租商业用房、出租办公用房、房地产经纪、机械设备维修等。2023年，京诚集团把服务保障首都功能作为核心区工作的第一要义，完成全国两会、“一带一路”高峰论坛等重要活动服务保障工作，维护首都安全稳定。畅通信访渠道，重点围绕重大活动和重要节日，关注高频共性难点问题，坚持听民声、解民忧。全年累计接待来信来访626件次1792批次2291人次；办理人大建议、政协提案和党代表提议11件，办结率100%。筑牢核心区安全防线，压实安全生产主体责任，17家企业落实落细岗位职责579个，推进全员安全生产责任制落地实施。以医院、养老机构为重点，聚焦老旧平房、施工工地、燃气使用、电动车充电等关键领域，开展全覆盖、无盲区的安全隐患大排查、大整治。全年出动检查人员2万人次，检查点位2.2万处，“企安安”小程序填报7008处，清理可燃物24吨，查出隐患3118处并整改。加强直管公房承租人消防宣传提醒，结合安全生产月、“119”消防宣传月，开展职工消防技能比赛及演练，参与北京市应急救援队伍救援技能竞赛，获危险化学品应急救援项目团体第二名。协同联动持续深入，与行业主管部门、属地街道打好配合，发挥房管优势，提供专业化的技术支撑和人员保障，抢修抢险漏雨私房235间。提升服务质量，做好北京协和医院专家楼别墅区、《求是》杂志社家属院物业项目。完成金鱼池西区品质提升改造。承接青年湖东里、天坛东里南区等老旧小区管理服务，破解物业“失管”难题。强化接诉即办，压实“五

4月23日，东城共青团举行红领巾走进“工匠营”少先队社区成长营首个社会实践基地揭牌仪式（李雪摄）

个亲自”、落实领导“包案”、全员参与，全年召开专题调度会41次，现场分析会52次，对疑难案件进行跟踪督办。拓宽“京诚管家”宣传渠道，在直管公房院内设立“服务公示牌”9000余个，从源头上息诉减量。稳妥处置强降雨、扫雪铲冰、水电维修、供暖保障等案件，全年办结6938件，年度综合平均成绩92.19分，平均好件率40.24%。执行市区直管公房管理政策，抓好基数管理、租赁合同履约管理、承租人认定与变更，开展租金收缴。2023年集团商企租、协议租房产租金同比增长17.99%，自有房产租金同比增长40.48%。打造房管特色的运营体系，培育运营团队，丰富终端用户资源库，面向市场，扩大招商渠道，最大限度整合空间资源，引入优质客户，将集团可经营性房产纳入投资运营平台出租管理，提升资产增值能力。完成342处可经营性房产证照登记备案。开展直管公房领域专项整治，累计投入巡查人员4.1万人次，确保“动态清零”。高标准推进“疏整促”工作，完成3处住宿业转型、2处人才公寓建设。推动区纪委、区国资委直管公房专项检查与集团巡查、内控、内审等各类检查贯通融合，优化直管公房管理业务流程，规范管理制度，提升工作水平。落实房屋安全闭环管理，以冬季查房、汛前复查、夏季防汛为重点检查房屋结构安全，组建23个查房小组186人，总查房面积354万平方米。落实年度修缮计划，完成平房大修5户、中修5775户、零维修1.9万户次。全力以赴防汛抢险，承办北京市城镇房屋防汛演习，与市房修一公司、天岳恒公司在红军营实训基地开展雨中实战演习。特别是“23·7”强降雨应对时，采取实体化运行“属地管理、专业处置、部门联动、分工协作”的应急机制，依托集团信息化系统中防汛物资、雨中巡查、漏雨处置等数据的实时动态更新，提升应急处置效率。共备勤1.5万人次，巡查平房7.8万间次、楼房5462栋次，处置漏雨平房4977.5间、楼房336处，配合属地街道转移人员28户68人。开展供暖前设施检查10万余户，完成煤改电更新改造3108户，落实内线及电采暖设备安全巡检。深化物业管理“三率”，抓好两个“关键小事”，快速响应解决居民问题。强化平房区、住宅小区、非住宅的物业管理服务，做好高层住宅楼房电梯、配电、水泵等设备设施的巡查检查及维修养护。全年检查电梯478部次、配电室65间次、饮用水及消防泵房36处次，确保设施安全运行无事故。完成东营房九条25号院燃油锅炉房清洁改造。36处物业项目服务居民4.86万户199.67万平方米。推进钟鼓楼、故宫及西草市周边申请式退租项目实施，完成钟鼓楼周边保护更新城市设计方案，初步完成项目综合实施方案编制工作。超额完成建国门、安定门等地区16栋选6栋简易楼腾退项目。完成北河沿大街31号楼老旧小区综合整治，配合属地街道推进专业管线改造，承接19栋楼老旧小区综合改造。参与“活历计划”，推动文物保护修缮和后续活化利用。东堂子胡同4号、6号，引入协和医学院联合打造国际医学交流平台和爱国主义教育基地。完成宏恩观项目文物本体修缮和西路厂房环境整治，完成同兴和木器店修复工程主体修缮，实施钟鼓楼紧邻地区第五立面整治提升。完成第二办公区改造，完成西河沿项目收尾并与泰康健投公司签订协议，试点开展养老服务市场化运行，配套幼儿园正式运营。配合攻坚完成中轴线申遗。推进弘善家园“异地承租”“共有产权”房屋回购工作。以“工匠营”为引领，创新人才培养方式，邀请讲师16人，举行线上培训20次，参训3700余人次；开展线下实操384课时，参训880余人次。开展大师讲坛、工匠沙龙、网络课堂和职业技能等级认定。搭建交流平台，拓展老城整体保护与有机更新融合的宽度和深度。承办北京城市规划学会“传统建筑营造研究与发展小组”成立大会和第二届北京城市更新论坛分会场活动。与北京城市学院、北京交通大学签署战略合作协议，在人才联合培养等领域开展更深层次合作。重点以消费扶贫、捐赠扶助等方式，为受援地区提供经济发展支持。开展“万企兴万村”行动，向化德县乡村振兴局捐赠17万元，与化德县公腊胡洞乡二道河村签订结对帮扶协议，消费帮扶约54万元。助力房山区史家营乡元阳水村灾后重建，提供7万元的基本生活物资，动员企业捐款15.24万元，捐助资金10万元帮扶其樱桃园及附属设施修建。2023年，京诚集团实现收入总额5.91亿元，社会贡献总额3.36亿元，经营保持稳健增长。

（秦勤）

【东都城市运营公司】北京市东都城市运营发展有限公司（简称东都公司）于5月31日注册成立（东政国资发［2023］21号《关于印发〈东城区城市公共资源运营平台组建方案〉的通知》）。注册资本6亿元，是城市公共资源运营的功能型企业，属东城区国资委一级企业，权属企业4家，分别为北京建新市政工程管理有限公司、北京静态交通东城投资运营有限公司、北京市东方新市政工程有限公司、北京崇誉市政工程有限公司。主营业务包括市政基础设施建设、停车管理、道路养护、建设开发、公共资源运营等。东都公司发挥企业在信息交流共享、市场化资源配置等方面优势，推动由“服务城市”到“运营城市”再到“经营城市”的转型，助力实现城市治理水平、管理效能和服务质量的提升。2023年，东都公司推进政府折子工程，次支路建设方面在建项目4项，其中2023年完工项目1项为手帕胡同；推进建设项目3项为刘家窑路、自然博物馆北路、文化用品公司东路。手帕胡同完成市交通委综合协调处工程验收，实现道路通车；刘家窑路完成东段（定安里中街至景泰路）电力土建施工、北侧导行路施工，污水顶管施工；自然博物馆北路完成道路结构，底层沥青铺设、电力线杆、弱电通信线缆改移；文化用品公司东路具备开工条件，同步实施道路、雨污水、电力、改移工程；安乐林路取得“多规合一”协同意见；夕照寺东西线在街道征收完成后开展道路建设。道路停车管理方面，共管理服务84条电子收费道路，5441个车位，服务车次852.52万次，服务车辆415.97万辆，共计产生456.97万笔订单，实收金额6207.86万元，实时实缴率达到85.98%。完成三期施划38条道路1204个车位，其中上线道路5条167个车位。经营性停车场接收、管理，完成交道口东大街10号楼西侧、新中西里26号2处路外公共空间共59个车位的接管工作；完成法华寺街、西草市街2处道路停车场的停车环境整治。至12月底，共计接管、整治、运营路外公共空间停车场32处车位1380个，实现收入2243万元；经营性备案道路停车场共计33处车位1506个，服务周边3000余户认证居民。电动自行车充电设施建设，以合作运营形式，与充电设施厂家共同开展东城区公共区域电动自行车充电设施建设。全年完成351个点位6132个端口的通电运营，累计完成676个点位1.24万个仓位端口的通电运营，降低电动自行车充电安全风险。东城区民生服务行业电动三轮车更新项目，发挥企业规模化、集约化、市场化管理优势，实现对车辆统一购置、上牌、统一喷涂、统一保险、统一验车等服务，环卫、园林电动车2093辆全部按时采购到位，完成车辆更新项目。完成合计1453辆租赁车辆发放，其中环卫车辆1017辆、园林车辆110辆、第三方物业租赁车辆326辆。南中轴棚户区改造项目，研究制订经营实施工作方案。公共资源运营管理方面，中心岛运营项目，举办龙潭庙会中心岛电竞嘉年华活动，拓展公共空间运营业务。东直门区域环境设施一体化提升项目，完成东方银座、天恒、宇飞大厦广场区域内的施工，总面积2.37万平方米，实现场地对外开放。梳理东城区户外广告资源，结合现行法律规范及监管情况，提出行业管理新思路。祈年大街、大方家胡同等停车设施建设项目实现开工。

（班孟熙）

【东城文旅公司】北京东城文旅发展有限公司（简称东城文旅公司）是东城区人民政府国有资产监督管理委员会下属一级企业，于12月6日注册成立（东政国资发［2023］75号《关于印发〈东城区文商旅体平台公司组建方案〉的通知》）。东城文旅公司是东城区文商旅体融合发展平台，权属企业包括北京红桥市场有限责任公司、北京东体信达体育发展有限公司、北京东方祥泰投资管理有限公司，以“聚焦核心区域、整合优质资源、导入优秀企业、培育品牌项目、涵养产业生态”为核心理念，集团设置综合办公室、组织人事部、纪检监察部、财务管理部、安全保障部、企业发展部和资产管理部7个部门。经营范围包括许可项目：旅游业务；演出经纪；营业性演出；演出场所经营。一般项目：企业管理；非居住房地产租赁；组织文化艺术交流活动；文艺创作；体育竞赛组织；组织体育表演活动；旅游开发项目策划咨询；酒店管理；餐饮管理；商业综合体管理服务；园区管理服务；技术服务、技术开发、技术咨询、技术交流、技术转让、技术推广；信息咨询服务（不含许可类信息咨询服务）。2023年，东城文旅公司启动制度建设，完成第一批《三重一大决策实施细则》《总经办会议事规则》《干部选拔任用管理办法》《资金管理办法》等制度初稿，启动实施东四奥林匹克文体中心改造，参与龙潭、地坛文化庙会筹备工作。

（张子祎）

东城区国资委系统公司负责人

北京天街集团有限公司

党委书记、董事长　李　军（回族）

党委副书记、总经理　李多多（12月免）

孔德智（土家族，12月任）

北京崇远集团有限公司

党委书记、董事长　李承刚

党委副书记、总经理　宁洪海（1月任）

北京市东城区国有资本运营有限公司

党委书记、董事长　邹宜凡（3月任）

党委副书记、总经理　辛晓东（3月任，6月免）

李军耀（12月任）

北京建远投资经营有限公司

党委书记、董事长　王伟东

党委副书记、总经理　李永强

北京佳源投资经营有限责任公司

党总支书记、董事长　王晓彤（11月免）

党总支副书记、总经理　迟家钰

北京京诚集团有限责任公司

党委书记、董事长　赵春军

党委副书记、总经理　曹国庆

北京市东都城市运营发展有限公司

党委书记、董事长　胡向军（6月任）

党委副书记、总经理　辛晓东（6月任）

北京东城文旅发展集团有限公司

党委书记、董事长　李多多（12月任）

党委副书记、总经理　毛向春（12月任）

投资促进

【概况】东城区投资促进服务中心（简称区投资促进中心）是负责宣传、推介、营销全区投资环境，承担重大引资活动综合服务的区政府工作部门。2023年，落实紫金服务管家职责，精准了解企业需求，不断完善央企服务机制，对于区重点企业建立“一员一库一清单”，通过一对一指导、点对点服务、实打实解难，累计联系对接重点服务包企业700余次，为企业协调解决实际问题150余件，满意率100%；有序推动商务楼宇改造升级，各项目均完成年度目标任务，打造信达中心等一系列标杆项目，实现楼宇提质增效。聚焦永外城重点发力，引入国网数字科技控股有限公司，将昔日北京最大的文化用品批发市场——永外城华丽变身为数字科技产业园区。东城区成为中国楼宇经济标杆城区之一；东城区扩大“投资东城”影响力，通过“投资东城”网站推介东城投资环境、产业分布、投资政策、投资项目、投资资源、投资服务。“投资东城”微信公众号累计关注人次、累计总阅读量比2022年均有增加，累计原创推文比2022年增加158篇，加大线上媒体宣传力度；区投资促进中心组织并参与筹划HICOOL全球创业者峰会、广交会、投资北京全球峰会活动、厦洽会、进博会、京港洽谈会等高级别大型活动，精心设计展区展位，全方位多角度宣传东城区区位优势、空间资源、扶持政策、紫金服务，树立东城良好投资营商形象；开展平台招商“紫金足迹”、楼宇招商“紫金推介”、活动招商“紫金荟”政策宣讲，加强东城区投资环境宣传推介，提升招优引强工作成效，举办外资企业暨投资北

9月，区投资促进中心参加中国国际服务贸易交易会（王晓丹摄）

京全球合作伙伴东城行、紫禁之东投资环境推介会、紫金楼宇信达中心专场推介会等活动，增强线下活动交流热度。

（高爽）

【服贸会东城区投资推介洽谈会】2023年，东城区参加2023年中国国际服务贸易交易会，开展一系列投资推介、宣传展示活动。在“北京日”京津冀协同招商推介暨投资北京全球峰会上，区领导分别与中汇人寿保险公司、外资企业琦威公司进行重大项目签约，合同签约金额百亿元。在“投资北京会客厅”以直播访谈形式推介区重点产业及吸引投资的优势。在京津冀重点产业对接洽谈活动中，东城区设立洽谈区，由区投资促进中心工作人员向企业提供招商引资政策咨询服务。在“投资北京全球发布”环节，东城区发布信达中心等招商引资项目4个，为稳经济、促发展、强信心提供重要支撑。

（李晶）

【“投资东城”微信公众号】2023年，“投资东城”微信公众号累计关注4727人，累计总阅读量超21.5万人次，累计原创推文189篇。累计接听各类咨询电话数百个，主动前来洽谈项目的企业近70家，擦亮“投资东城”品牌。

（王晓丹）

【参加HICOOL全球创业者峰会】8月25—27日，东城区参加的以“聚势创新 向光而行”为主题的HICOOL2023全球创业者峰会在顺义区新国展举行。峰会由北京海外高层次人才协会主办，云集114个国家和地区的5705个创新项目报名参赛，全球顶尖创业人才、多位商业大咖和行业领军人物齐聚于此，为北京创新创业注入新能量。东城区作为全国政治中心、文化中心、国际交往中心的核心承载区，以“RUN · 奋进东城”为主题，围绕全速推进“崇文争先”，全力做实“六字文章”，重点展示高质量发展理念、主导产业、资源优势、营商环境和人才发展环境。

（王晓丹）

【精准招商】9月3日，在香港特别行政区，区投资促进中心与威沃克办公服务（北京）有限公司（简称WeWork）签署京外招商引资战略合作协议并举行北京市东城区驻香港投资促进联络站授牌仪式，区委常委、常务副区长李妍见证签约并为首个北京市东城区驻香港投资促进联络站揭牌。

（李晶）

【东城区获中国楼宇经济标杆城区30强称号】9月6日，东城区受邀参加2023（第三届）中国楼宇经济北京论坛。论坛以“做强产业基础设施，赋能城市产业升级”为主题，围绕产城融合、现代化产业体系建设进行主旨演讲和高峰对话，共商共创楼宇经济高质量发展的创新模式。东城区作为中国楼宇经济地区联盟成员参与联盟会议，并获中国楼宇经济标杆城区30强称号，“中粮 · 置地广场”、泓晟国际中心获“中国楼宇经济新地标”称号，并作为重点项目进行现场推介，扩大东城区楼宇影响力和知名度。

（王楠）

烟草专卖

【概况】北京市东城区烟草专卖局（公司）（简称东城烟草）为烟草专卖行政主管机关，依法负责行政辖区的烟草专卖管理工作，在行政辖区内对烟草制品实行专卖专营。2023年，东城烟草通过“双随机检查＋日常监管＋重点检查”三位一体的监管模式，将普法宣传和日常监管相结合，在学校周边开展重点监管，强化多部门配合协作，保障未成年人合法权益不受损害。实时掌握校园周围卷烟市场动态信息。强化监督，利用12313烟草市场监管服务热线，畅通举报投诉渠道，提升群众参与未成年人关爱保护的思想认识和依法保护未成年人合法权益的社会共识，形成严抓共管的良好局面。11月6日，东城烟草联合东城区市场监管局对校园周边无证户、临近校园和社区居住区周边零售户开展未成年人保护联合执法行动。东城烟草深化“放管服”改革，坚持许可审批、服务群众工作前移，为申请人提供便利服务。由窗口工作人员轮流坐岗，现场导办“即时接待”缩

1月，东城烟草联合市场监督管理局开展“三无”电子烟联合检查（万鹏飞摄）

减办事时间；线上导办“专人专业”方便及时解疑，帮助申请人登记时“材料齐全、一次办好”。主动靠前服务，帮助申请人解决问题。对在新办卷烟零售行政许可证过程中，申请人因误操作未填报代理人信息，而实地核查时又无法到达现场的情况，证件管理员可通过微信方式接收申请人提供的代理人信息，帮助完善新办申请页面，开展新办申请业务。执行《烟草专卖许可证管理办法》《烟草专卖许可证管理办法实施细则》《北京市东城区烟草制品零售点合理布局规定》等相关法律法规政策文件，完善办理流程，解决工作中实际问题，提高行政许可防范风险能力，为申请人做好指导服务。3月2日，东城烟草与东城区公安分局治安支队、东城区公安分局法制支队、东城区检察院召开打击涉烟犯罪案件联席会，会议明确强化合作、落实责任，发挥烟草、公安、检察院部门职能作用，建立联合工作小组，发挥联合执法作用，指导打击涉烟违法犯罪专项行动开展。信息共享、形成合力。通过各部门的深度联合，优化联合机制建设，为打击卷烟、电子烟等违法犯罪活动提供保障，为构建行政执法和刑事司法无缝衔接打下基础。3月15日，东城烟草开展“3·15”消费权益日法治宣传活动，通过发放宣传资料、现场答疑，对现场消费者提供烟草专卖法律法规、保护未成年人、卷烟真伪鉴别、电子烟和消费者权益保护等方面知识的咨询服务。5月，东城烟草以“美好生活·《民法典》相伴”为主题，组织开展《民法典》主题宣传。7月19日，东城烟草与区检察院召开行刑衔接座谈会，双方签订《行刑衔接工作机制》文件。12月4日，东城烟草开展《宪法》宣传周系列宣传活动。

（梁明珠）

【元旦查办涉烟案件】1月1—2日，东城烟草启动元旦假期市场整治行动，共查获违法经营案件5起，查获违法卷烟8.78万支，其中假、私卷烟0.98万支、真品卷烟7.8万支，案值达10万余元。

（梁明珠）

【查获藏匿真烟案件】2月22日，东城烟草联合区公安部门在辖区某地一购物城地下库房内，当场查获涉嫌违法卷烟中南海（典8）、中南海（软精品）、泰山（颜悦）等共计41个品种6.54万支，价值5.4万余元，判断为国产真品卷烟，32位码段均损毁。

（梁明珠）

【“市场净化”专项行动】5月16—18日，东城烟草采取集中、错时、交叉等检查方式开展“市场净化”集中治理，查处违法经营卷烟行为为9起，查获违法卷烟11.72万支，价值19万余元，其中真品卷烟10.82万支，假、私卷烟0.9万支，专项行动取得实效。

（梁明珠）

【物流环节监管查获假烟】5月31日，东城烟草执法人员根据密云区烟草专卖局传递的相关线索，查处一起物流寄递环节运输假烟案件。涉嫌违法卷烟为外省以物流方式运送到京，东城烟草执法人员对物流信息开展实时追踪，在派送环节及时拦截，当场查获违法卷烟南京（炫赫门）8.64万支，价值6.9万余元。

（梁明珠）

【查获两处违法涉烟库房】9月22日，东城烟草联合东城公安分局起获违法卷烟库房两处，当场抓获涉案嫌疑人1人，现场查获假、私、非各类违法卷烟共计248个品种69.85万支，案值58万余元。

（梁明珠）

【查获一起销售假烟案件】11月20日，在北京市烟草专卖局专卖处（稽查总队）、市环食药旅总队统一指挥下，根据公路分局移交线索，东城烟草联合市、区两级公安部门和公路分局查获一起销售假烟案件，区检察院到达现场事先介入指导。通过区局执法人员3个月的摸排和蹲守，此案嫌疑人以“拾荒”作为身份掩护，在繁华商业街、热门旅游景区以“游商”兜售卷烟的形式获取客源，再通过微信进一步宣传、销售高档假烟，同时还向其他销售违法卷烟的商贩提供货源。该团伙对周边商区及首都形象造成严重影响。为严厉打击涉烟违法犯罪行为，东城烟草与公安部门、检察院多次召开案件会商会，交换案件情报，部署行动方案，采取联合执法行动端掉该团伙。此次行动，共出动执法人员30人，捣毁假烟囤积窝点4处，截获正在发往外省的假烟包裹3个，查获违法卷烟19.4万支，涉案金额55万余元，抓获涉案人员3人。

（梁明珠）

【开展涉烟寄递环节法律培训】11月29日，在公路分局协调指导下，东城烟草联合东城区邮政开展以“信息共享、协作共管”为主题的东城区寄递环节涉烟法律培训。培训范围为辖区快递企业负责人。培训中，东城烟草宣传寄递环节涉烟相关法律法规及规定、解读辖区打击寄递环节涉烟违法犯罪典型案件、讲解寄递环节举报奖励政策和卷烟及电子烟鉴别知识。东城区邮政要求快递企业对发现的涉烟违法行为要及时主动上报；企业网点要关注可疑邮寄人员，特别是加强对协议客户、月结客户的关注；要做好宣传培训工作，提高快递从业人员掌握相关烟草制品寄递法律法规等知识。

（梁明珠）

工业和信息化

2月，北京剧装厂参加全国消费促进月暨京津冀消费季活动（赵岩摄）

综 述

2023年，东城区信息化工作围绕全区重点工作，发挥信息化统筹作用，推进智慧城市建设，深耕信息化技术应用，夯实基础设施建设，提高政务信息化服务效能。坚持智慧引领，发展数字经济；以信用体系为抓手，优化全区营商环境；以信息化平台为支撑，贯彻落实“两区”建设任务，推动“数字经济”建设，加速产业优化升级。工业方面，东城区规模以上工业生产呈下行状况，累计实现工业总产值、工业销售产值均比2022年下降50%以上。

打造数字经济新优势。东城区数字经济核心产业收入小幅下滑，全年核心产业累计实现收入3085.9亿元，同比下降4%。从产业结构看，数字产品服务业实现收入1660.2亿元，占全区数字经济核心产业收入的53.8%，同比下降13.5%；数字技术应用业实现收入1051.7亿元，占比34.1%，同比增长12.6%，增幅较1—3季度提高1个百分点，对稳定全区数字经济核心产业收入起到重要作用；数字要素驱动业实现收入368.1亿元，同比增长2.9%。东城区落实北京市建设全球数字经济标杆城市工作要点任务，按照“一区一品”发展战略，推进东城区数字经济三年行动计划，成立全市首个“专精特新”中小企业联盟和东城区人工智能产业联盟，搭建产业细分领域深度合作平台；联合天翼云打造数字助企“紫金云”，助推企业数字化转型；推进青龙胡同片区硅巷建设，培育“文化+科技”产业集群；参与2023全球数字经济大会，王府井大街及前门牌楼作为开幕式“数字之夜”点亮活动核心区地标建筑亮相，提高东城区数字经济影响力；加强数智化建设重点布局，全面构建数字经济典范城区。

助力产业提质增效。软件和信息服务业发展势头良好。东城区实现地区生产总值3574.3亿元，其中软件和信息服务业增加值441.2亿元，同比增长9%，占全区经济总量的12.3%；规模以上企业数181家，从业人员平均人数5万人；营业收入1075.6亿元，同比增长12.5%；实现固定资产投资145.9亿元，投资额位列全市第二，对全区经济增长起到明显的推动作用。2023年，东城中小企业数量5.95万家，同比增长3.9%，全市占比2.8%；纳税总额580亿元，同比增长8%，全市占比9.88%；授权发明专利1.17万个，全市占比15.52%。成立东城区促进“专精特新”中小企业发展联盟，成立东城区“专精特新”企业联盟党委，发挥桥梁作用，完善企业培育机制，全年组织各类政策培训37场。组织“创客北京 创新东城”2023中小企业创新创业大赛，推荐28个项目参加市级决赛，4个项目获“创客北京2023”中小企业创新创业大赛企业组奖项。区科技信息产业发展促进大会现场为企业兑现专项资金奖励。打造“紫金云”服务品牌，破除企业上云的技术、模式、机制障碍，满足企业计算、存储、网络等共性资源需求，为20家“紫金云”服务试点企业免费提供1年期云资源，资源池总量为400T，估算市场价值约305万元，有效降低企业数字化构建成本。畅通政企沟通渠道，全年联系重点企业700余户次。

推进社会信用示范区创建。完善社会信用体系建设联席会议机制。组织召开2023年东城区社会信用体系建设联席会议，对标市级社会信用体系年度任务，制订区级社会信用体系年度任务。开展公共信用信息归集，定期开展“双公示”数据评估和异议数据处理，归集双公示数据1.09万条。开展城市信用监测，优化区域信用环境。组织开展信用修复专题培训4场，诚信建设万里行专项宣传活动118场，完成信用修复初审276条。加强政务诚信建设，开展失信问题专项治理。对17个街道开展政务诚信监测，至年底，东城区未出现政务失信情况。组织开展“屡禁不止、屡罚不改”严重违法失信行为和失信被执行人专项治理，府院联动，共享失信主体数据，对失信企业开展约谈教育，在市场准入、资质认定等方面对失信主体进行限制，引导企业主动履行义务，督促企业尽快退出失信名单。推进国家社会信用体系建设示范城区建设。7月31日，东城区获评国家发展和改革委员会、中国人民银行“第四批社会信用体系建设示范区”称号，实现北京市“零”突破，并分别受邀在首届京津冀晋信用协同发展高峰论坛、第五届中国城市信用建设高峰论坛作经验分享交流。

推进智慧城市建设。东城区科学技术和信息化局（简称区科技和信息化局）分析东城区智慧城市建设经验和工作现状，形成“7+1+N”建设体系，即为一网、一算、一云、一图、一库、一枢、一盾（通信网络、算力设施、政务云、空间图、基础工具库、协同办公平台、网络安全保障）7项共性基础平台设施，“1”为1个大数据平台，“N”为N个创新场景应用。从网络层面、数据层面和系统层面对平台进行整合汇聚，全区形成横向打通、纵向贯通、协调有力的一体化格局，为科学决策提供全面、准确信息和数据支持。

（王静）

工 业

【概况】2023年，东城区规模以上工业生产下行，累计实现工业总产值11.8亿元，同比下降58.1%；累计实现工业销售产值12.0亿元，同比下降56.8%。区科技和信息化局关注工业企业发展，加强沟通联络，做好政策的宣传传达。配合区应急局、区市场监管局开展重点企业安全生产监督，督促企业加强生产监测。加强企业安全生产意识，提升企业安全生产能力，为企业更好经营保驾护航。协助指导企业开展空气污染治理工作，陪同北京市经济和信息化局检查工人日报社印刷厂、中国铁路北京机务段、北京交安交通设施器材厂污染天气应急工作的落实情况。

（王静）

【金漆镶嵌公司】北京金漆镶嵌有限责任公司（简称金漆镶嵌公司）生产经营传统漆器、古典家具、室内装饰业及其他工艺品。金漆镶嵌公司占地面积7.78万平方米，建筑面积2.97万平方米。下设生产制作部门古艺苑分厂、艺俱轩分厂、漆宝斋分厂。具有较为完备的管理制度，广泛的营销渠道，一定的资金积累和较强的抗御市场风险能力。技术力量雄厚，工艺门类齐全，是国内规模最大、品类最全，最具影响力的传统漆器专业生产企业，产品在北京市和全国行业评比中屡获金奖、珍品奖。4月，市总工会、市人力资源和社会保障局授予北京金漆镶嵌有限责任公司生产基地大师班组“北京市工人先锋号”称号。7月12日，金漆镶嵌公司举办“我的金漆人生——柏德元大师四周年纪念座谈会”主题活动，致敬柏德元大师以及燕京八绝历代“择一业，终一生”的大国工匠精神。10月17—18日，第三届“一带一路”国际合作高峰论坛在北京举行。国家级非物质文化遗产金漆镶嵌髹饰技艺传承人侯雪、高云携精工镶嵌《三友图》屏风、彩绘《百子图》赏盘、雕填笔架、雕填《丹凤朝阳》赏盘、黑漆描金山水插屏、雕填花卉捧盒、雕填八吉祥首饰盒及文创新品漆珠系列饰品在北京人民大会堂参展并做技艺展演。10月22—25日，首届北京国际非遗周在全国农业展览馆及北京多个分会场举行。金漆镶嵌公司作为“金漆镶嵌髹饰技艺”保护传承单位和业内优秀企业代表，精选多件金漆镶嵌非遗精品参加展示，国家级非物质文化遗产金漆镶嵌髹饰技艺代表性传承人石燕玲进行技艺展示。11月，中共北京市委和北京市人民政府授予金漆镶嵌公司法人柏群第九届首都民族团结进步先进个人称号。12月21日，经商务部、文化和旅游部等5个部门认定，金漆镶嵌公司进入“中华老字号”拟认定名单并予以公示。全年金漆镶嵌公司营业收入1120.73万元，利润总额10.1万元，税收贡献124.43万元。

（张秀景）

10月，金漆镶嵌公司参加首届北京国际非遗周（周向东摄）

【珐琅厂】北京市珐琅厂有限责任公司（简称珐琅厂）前身北京珐琅厂，1956年1月建立，由42家私营珐琅厂和皇家造办处合并组成。珐琅厂是全国景泰蓝行业中唯一的一家中华老字号，集景泰蓝设计研发、生产销售、展览展示、精品收藏、个性化定制为一体的生产经营性企业。3月，由市文化和旅游局、市商务局主办的“2022年北京市工业旅游示范点授牌仪式”在京举办，珐琅厂被市文化和旅游局评为“2022年北京市工业旅游示范点”。同月，珐琅厂举办2023年度企业自主职业技能等级认定考试。该次认定工作是珐琅厂获批为“企业自主认定职业技能等级试点单位”后举办的第二次考试，也是第一次组织开展“高级技师”的评定考试。5月9日，“故宫以东——文商明珠”驻华使节感知北京东城行在区隆福文化中心举办。来自喀麦隆、瑞士、意大利、卢森堡、新西兰、沙特阿拉伯、约旦等国家，欧盟、上合组织等国际组织的驻华大使、临时代办、公参等外交官及家属，以及中国英国商会等外商协会外宾共200余人走进东城，沉浸式体验东城区文商共融的发展魅力。珐琅厂作为非遗体验区的一部分，进行沉浸式展示、介绍景泰蓝制作工艺，并协助来宾动手体验景泰蓝制作工序中的“点蓝”技艺。5月26日，中国大运河非物质文化遗产展示馆正式开馆，该馆是中国大运河沿线规模最大的国家级非物质文化遗产集中展示地。景泰蓝作品《船承大运》，由景泰蓝制作技艺国家级代表性传承人、中国工艺美术大师钟连盛等3人携手策划、精心设计，用时6个月制作完成。景泰蓝《船承大运》在展示馆一层“中国大运河——全域非物质文化遗产总

5月，北京市珐琅厂设计制作的景泰蓝《船承大运》亮相中国大运河非物质文化遗产展示馆（赵蕊摄）

览”入门处的“灯火明京城”中核心位置陈列。6月1日，珐琅厂获北京市诚信品牌企业称号。8月，中国国家版本馆中央总馆首批版本捐赠入藏仪式举行，由国家级大师、非遗传承人设计，高级技师集体制作的景泰蓝艺术精品《盛世宝鼎》获选馆藏。《盛世宝鼎》，总高105厘米，直径88厘米，腹深45厘米，纹样融入国运昌盛的现代元素，寓意中华民族不断进取、永远向前，象征着伟大祖国繁荣昌盛、国泰民安。10月17—18日，第三届“一带一路”国际合作高峰论坛在北京举行。珐琅厂受邀参与高峰论坛新闻中心非遗传承人现场互动体验活动以及人民大会堂国宴外宾休息区展览展演互动活动。2023年，珐琅厂实现利润1041.22万元，上缴国有资产占用费320万元，实缴税金1114.65万元，为东城区财政贡献504.47万元，国有资产保值增值率达105.7%。

（张莉）

【北京剧装厂】北京剧装厂有限责任公司（简称剧装厂）是剧装行业内唯一一家国有企业。主营业务包括剧装、道具、刺绣工艺品、组织文化艺术交流等。有国家级传承人1人，区级传承人2人，国家级工艺美术行业大师1人。2023年，剧装厂参加各种展览展示活动20次。2月28日晚，作为服装展示类企业受邀参加由商务部、中央广播电视总台、北京市人民政府、天津市人民政府、河北省人民政府共同举办的“2023年全国消费促进月暨京津冀消费季”活动。6月20日，剧装厂与天坛街道、前门街道联合举办“端午粽飘香、巧手制香囊”主题活动。活动在传统京绣体验过程中融入端午元素和传统风俗，广大居民通过参与其中了解端午节的文化内涵，同时弘扬、体验京绣历史文化。6月26日，受邀参加东城区老字号嘉年华启动活动，首批东城老字号礼物“中轴系列”正式发布，由剧装厂精工制作的京绣作品《锦绣中轴》成为全场亮点。10月17日，受邀参加第三届“一带一路”国际合作高峰论坛中国传统文化展示活动，在技艺展示环节，剧装厂以精彩的表演让外宾们更深入了解中国传统文化，并对精湛的京绣技艺表示赞赏。剧装厂亮相2023年中国国际服务贸易交易会，作为非遗企业在老字号创新发展展区进行为期5天的展览体验活动，全方位展现精品剧装服饰及传统京绣技艺的独特魅力和守正创新成果。全年完成工业总产值367万元，同比下降125.17万元；营业总收入580.35万元，同比下降29.35万元；上缴税金131.23万元，同比增长69.21万元；利润同比下降211.11万元。

（徐亚宁）

【象牙雕刻厂】北京象牙雕刻厂有限责任公司（简称象牙雕刻厂）是传承、生产制作、销售“国家级非物质文化遗产——象牙雕刻”的企业，主营业务为研发生产与销售以猛犸象牙

6月，剧装厂与天坛街道、前门街道联合举办“端午粽飘香、巧手制香囊”主题活动（焦志锋摄）

材质为主的工艺美术作品。有国家级工艺美术大师4人，北京市级工艺美术大师24人，国家级象牙雕刻非物质文化遗产传承人2人，北京市级象牙雕刻非物质文化遗产传承人3人。2023年是象牙雕刻厂建厂65周年，象牙雕刻厂秉承传承宫廷牙雕技艺的使命，自信自强，通过珍品战略，非遗原创和开展线下展览展示活动，“非遗+教育服务”，以及申请扶持政策等多模式并举，完成全年既定目标。2023年，确定柴慈继大师的《四海升平》和郑士儒大师的《山中雅趣》为首批珍品战略作品。推出平刻折扇、吉祥瓶、心中有佛和萌版守护神等多款拳头产品。1月，参加“京韵·婺风——非物质文化遗产南北交流展”，这也是象牙雕刻技艺首次在国家大剧院展出；2月，与北京工艺美术博物馆携手开展“只此东方色”数字沉浸展，在新春期间丰富首都市民生活；3月至8月，开展非遗服务党建工作，牙雕非遗技艺进社区、进企业活动，累计开展各型展演活动20余场，累计服务观众6000余人次；7月，参加济南第31届全国图书交易博览会的非遗展；7月至9月，参与珐琅厂夜市活动；9月，参加中国国际服务贸易交易会，展览持续5天；10月，以燕京八绝之牙雕技艺传承保护单位身份参加首届北京国际非遗周。象牙雕刻厂全年完成工业总产值178.3万元，业务收入1532.6万元，上缴税金337.8万元。

（李宗洋）

7月，象牙雕刻厂举办非遗传承走近小朋友活动（王劬摄）

【远东仪表公司】北京远东仪表有限公司（简称远东仪表）是北京京仪智能科技股份有限责任公司控股的国有控股企业。主要产品包括罗斯蒙特系列压力、温度、流量、物位测量仪表；自主品牌（FE）流量、物位现场仪表；智能火焰检测器、锅炉炉膛安全监控系统（FSSS）等；提供行业解决方案、工业物联网业务；产品和服务广泛应用于石化、化工、电力、冶金、轻工、市政等行业，为北京市仪器仪表行业的明星企业。2023年，远东仪表贯彻落实京仪智能科技整体战略，推动“合作+自主”双轮驱动发展模式，依托改革创新、市场拓展、精益生产、合规管控，增强企业发展动能，提升经营质量和效益，确保主要预算指标取得良好成绩。罗斯蒙特产品销售克服芯片短缺影响，推进大项目执行，核电业务实现新增订货，基础业务提升关键用户黏性相继中标多个项目。大项目取得山东裕龙石化、宁夏宝丰能源等项目实现新增订货1.57亿元，2023年，实现回款1.18亿元，收入1.27亿元；核电业务实现新增北京广利核订货1.42万元。远东仪表自主产品业务巩固优势区域及行业，以“国产替代”为契机，深挖核心客户，扩大合作范围，拓展品牌知名度，完成公司级客户交流会7场，参与企业302家，参与专家603人，形成订单212.08万元；参与展会、论坛23场，发表自主产品宣传内容134条。拓展空白行业，西南地区作为新区域，完成订单288万元，积累50余家客户，取得历史性突破。在新材料行业取得突破，连续中标重庆快思新材料、安徽赛瑞电解液、河南中汇电子等项目。拓宽外销渠道，中标俄罗斯阿穆尔天然气净化厂项目、哈尔滨广瀚燃机俄罗斯项目配套磁翻板雷达项目。在技术创新能力建设方面，聚焦流量、物位、火检三大类产品研发；电磁水表、两线制电磁流量计、DN6-DN20小口径电磁流量计取得型式批准证书，推入市场；涡街、金属管浮子流量计具备特种设备生产能力，取得压力管道元件制造监督检验证书；完成京仪集团“雷达水位计+燃气项目”的结题验收，获专项资金支持100万元；隔爆型一体化火焰检测器获京仪集团科技成果奖三等奖。提升信息化、数字化建设水平，重新优化远东仪表原有的业务流程、经营管理方式、研发生产标准等。推动企业数字化营销建设，优化销售资源配置，整合销售数据，完成CRM建设及各平台数据对接；完成PLM研发管理系统建设，固化企业研发流程，促进研发体系流程落地，实现产品研发的全过程管理，使产品研发过程可控、可查、可溯；启动数字化工厂建设项目，完成初期调研，进行生产数据全面收集与分析，为生产效率及质量的提升提供数据支撑；根据远东仪表的各项制度调整及修订，调整OA、NC

的相关流程和表单，提高信息系统与业务管理的融合度。以市场为方向，拓宽“线下+线上”营销布局，保持既有区域优势，拓展新区域。线下完成西南区团队组建，在重点新区域安徽、湖北等地取得业绩突破；线上与7家知名电商平台达成战略合作，拓展线上销售渠道；做好市场资质维护工作，完成各平台入网资质年审，国家管网、中材国际等新平台入网；加强品牌建设，产品宣传，在多平台进行产品推广，发表宣传内容134条，阅读量2.7万次，新增关注数898人，转发分享885次。开展内控合规、精益管理、三体系内审专项培训，提升各岗位员工专业能力。2023年，开展“员工满意度调查”，整体满意度提升至90%，综合满意度82%。全年线下开展安全培训3次，参训人员120余人次，线上培训参加280余人次，提高安全生产管理责任。完成企业安全标准化二级企业复审。远东仪表全年主营业务收入6.29亿元，同比保持增长。利润总额3721万元。

（邢建美）

【龙顺成公司】北京市龙顺成中式家具有限公司（简称龙顺成）主营红木家具制造及古旧家具修复等。2023年，龙顺成调研市场，基于高、中、低端客户需求，梳理产品体系，系统性规划产品研发方向，同时提供VIP定制服务。打造博物馆馆藏珍品，展技艺提形象。优化常规产品体系，重新定义龙顺成“新中式”产品概念，满足目标群体消费需求。转变文创产品研发思路，提升差异化创新设计能力。整合供应链，丰富产品体系，系统性降控成本。新增故宫博物院古家具修复。1月，与北京市文物交流中心签订首份古旧家具修复合同，负责鹿角椅等文物修复。负责宋庆龄故居安乐椅、梳妆柜、硬木雕花衣柜等文物保护修复，并记录修复过程，建立修复日志和档案。全年新增修复合同总金额85.19万元。开展古旧部件整理及修复。为红木家具客户保养修复产品149件。为北京城市图书馆的古籍书库、餐厅和休闲体验区提供奥氏黄檀仿古阅览桌、大果紫檀立式展藏柜、楸木实木登记台等共计870件中式家具及文创展陈，实现收入1036万元。服务国家版本馆新开发项目。参加“京韵·燮风——非物质文化遗产南北交流展”、“一带一路”文化晚宴、世界经济论坛、2023“新疆是个好地方”对口援疆19省市非物质文化遗产展、2023年中国国际服务贸易交易会、青创北京潮购会等。举办“匠造传承 美好焕新”、“木韵新生”、“木韵风华”、第六届鲁班工匠节、“金秋寻宝”、北京国际非遗周、第十二届京作文化节、“丹凤朝阳”等活动。开展京企直卖活动，创新购物体验。由市经济和信息化局指导，北京市经济和信息化局产业发展促进中心、北京工艺美术行业协会、北京工艺美术学会认定，2023年“工美杯”北京工艺美术创新设计大赛龙顺成“休闲椅儿”等4套申报作品获“工美杯”金奖、银奖、优秀奖。由北京城市更新专项小组指导和市委城市工作办、市住房城乡建设委、市规划自然资源委指导，由北京城市规划学会、北京城市更新联盟认定，第二届“北京城市更新最佳实践”龙顺成—金隅龙顺成文化创意产业园项目被评选为北京城市更新最佳实践优秀项目。龙顺成京作非遗博物馆入选首批“故宫以东”文化消费体验空间。龙顺成获2023红木家具十大影响力品牌。全年销售收入6452万元。

（张彩霞）

1月，龙顺成公司与北京市文物交流中心签订首份古旧家具修复合同（李倡莹摄）

【一商红都公司】北京一商红都服装服饰有限公司（简称一商红都）是隶属北京一商集团有限责任公司的国有企业，主要经营模式为高级定制、工装团装，成衣销售、高级修改。主营业务包括高档西装、中山装、青年装、大衣、旗袍、新中式服装、燕尾服等服装服饰产品设计开发与生产销售。2023年，一商红都加快优化调整，推动高级定制业务提升与工团装业务开展，完成为重要领导人制装任务；首次推出“成衣半定制”服务，即在成衣的基础上进行选择性修改、刺绣等改良。继续通过线上服务形式以及联合代表驻地宾馆商品部联合经营的模式为全国两会代表服务。线上为代表提供高级个性化定制业务，研发制作中心全年设计男女新品，有新中式服装近100款，文创产品80余种。多角度开展品牌宣传，参与由全国服装标准化技术委员会主持的中山装标准（行标）制订工作，提升制作水平和行业影响力；推荐技师11人参加北京市工贸技师学院轻工分院组织的“中山装制作技艺”技师研修班。接待北京市工商联、法治日报社、人保财险、中国工商银行、北京服装学院、北京联合大学等单位的联学联建走进“红都”活动，共同见证百年品牌的文化魅力。参加由东城区人民政府主办、东城区商务局和东城区老字号协会共同承办的“金耀·东承”2023年东城区老字号嘉年华活动，在开场宣传视频中展示蔡金昌、李燕春等红都非遗传承人风采，在大师访谈中高黎明工作室领办人畅谈红都代代传承的服务理念。全年推出12个主题经营购物节活动。6月高考期间，在西坝河店设立“高考驿站”为考生家长提供休息场所，举办毕业季卖场折扣活动。2023年，与外交部加强合作，为驻华大使馆的各国外交官进行形象包装。做好校企合作等。加强基层党组织建设，打造2023“一二二”支部特色（一保：力保主业规模；二促进：促进人才梯队建设，促进经营理念转型；二创新：创新经营模式，创新服务模式），将每月20日定为主题教育日，以党建带动效能监察、劳动竞赛、经营服务、产品创新、企业安全等工作，增强党组织凝聚力。全年营业收入3879.18万元，上缴税金254.84万元。1人获评祥龙集团首批“大工匠”称号。

（邓海燕）

东城区工业企业单位负责人

北京金漆镶嵌有限责任公司

董事长、总经理	柏　群

北京市珐琅厂有限责任公司

董事长、党总支书记	谢燕华
总经理	钟连盛

北京剧装厂有限责任公司

党支部书记	赵鹏翔（11月免）
	刘　莉（女，11月任）
总经理	张顺龙

北京象牙雕刻厂有限责任公司

董事长	肖广义
总经理、党支部书记	许　健

北京远东仪表有限公司

执行董事、总经理、党支部书记	孙宏泉

北京龙顺成中式家具有限公司

经理、党支部书记	高自强

北京一商红都服装服饰有限公司

总经理、党支部书记	孙玉冰（女）

信息化

【概况】东城区科学技术和信息化局（简称区科技和信息化局）加挂北京市东城区大数据管理局（简称区大数据局）牌子，是统筹规划、综合协调、监督管理辖区信息化工作的正处级政府部门。2023年，形成以“四融三促”为路径的“7+1+N”建设体系，在城市管理、社会治理、政务服务、民生保障等领域发挥重要支撑作用。开通5G基站1930个，千兆光网具备覆盖超60.8万户家庭的能力，实现东城区5G信号、千兆网络全覆盖。完成全国市域社会治理的试点验收工作，作为第十一组发挥智治支撑作用的牵头单位，统筹协调该组20个验收要点的材料收集整理、四方审定、工作自评及4个实地勘察要点的沟通协调、点位走访、验收答疑等工作，满分通过验收。完成区域感知设施摸底和注册登记，感知设施建设总数为1.14万台，注册1.14万台，注册率100.00%，有效支撑区域感知体系建设。印发《北京市东城区智慧城市建设工作实施方案（2023—2025年）》，涵盖数字底座、应用场景、营商环境等五大方面16条具体任务，打造智慧城市全球服务品牌，全面支撑首都功能核心区建设和发展。

（王静）

【推进数字经济标杆城市建设】2023年，区科技和信息化局推进东城区数字经济三年行动计划并取得进展。压紧落实责任，统筹任务分解，印发东城区推进数字经济标杆城市建设2023年任务清单，明确培育“文化+科技”产业集群等27项重点项目。支持传统企业数字化转型和数字技术企业发展，4家重点企业获评2023北京市数字经济标杆企业。参与2023全球数字经济大会，王府井大街及前门牌楼作为开幕式“数字之夜”点亮活动的核心区地标性建筑在大会开幕式上亮相，提高东城区数字经济影响力。营造数字经济宣传氛围，2月24日，《新东城报》首页刊登新闻《东城数字经济核心产业快速增长》，《北京日报》、新浪网等主流新闻媒体转发。《北京经信专报》2023年第八期以“东城区：数字赋能实体经济构建数字经济繁荣典范城区”为题，专题报道东城区数字经济工作进展情况。

（王静）

【推进智慧城市建设】2023年，区科技和信息化局结合东城区实际编制形成《东城区智慧城市建设工作实施方案（2023—2025年）》（简称《实施方案》），明确至2025年初步建成与“四个中心”功能相适应的首都智慧城市核心区和协同高效的数字政府，建成以市民共享数字生活需求为中心、以城市高效运行为场景的智慧城市应用体系，推进“7+1+N”建设体系不断走向深入，公众获得感、满意度显著提升。《实施方案》于12月29日以区政府名义正式印发。

（王静）

【部门预算信息化项目评审】2023年，区科技和信息化局完成2024年区部门预算信息化项目评审，依据清理压缩部门预算的原则，全区共征集2024年信息化项目296个，申报金额5.55亿元；经过多次与申报单位沟通交流，专家评审，聘请会计师事务所进行资金评审，最终审定项目245个，审定金额2.18亿元，审减3.37亿元。至12月底，评审常规类信息化项目50个，为财政节约资金7000余万元。

（王静）

【社会信用体系建设】2023年，东城区制订《东城区2023年社会信用体系建设重点工作任务》；优化信用修复流程，缩短信用修复周期，组织信用修复专题培训4场次，完成信用修复初审294条；加强公共信用信息归集共享，定期开展数据治理和异议数据处理，归集双公示数据1.16万条，信用承诺数据11万余条；9月1日起，试点专用信用报告替代企业无违法违规证明，实现“一份报告代替一摞证明”，为企业上市融资等提供便利，54家企业下载114份报告；开展进校园、进街道、进社区、进企业、进园区、进大厅“六进”信用宣传活动。

（王静）

【无线电管理】2023年，东城区组织开展无线电管理宣传“进商圈、进园区、进社区”活动5场次，宣传《中华人民共和国无线电管理条例》。活动现场向市民介绍无线电管理法规、无线电台站设置、频率申请等无线电知识。引导相关组织和个人依法依规用频，增强市民对无线电频谱资源和无线电管理重要性的认识，维护首都电磁环境安全。

（王静）

9月，东城区在鼓楼文化园开展无线电法规宣传（刘仰鑫摄）

【政务信息化服务】2023年，东城区电子政务云平台通过自建及租用的方式建设三朵云，分别是承载面向政务外网用户提供服务的业务系统的两朵云：电子政务私有云——华为云、私有云的扩展云——电信云；承载面向互联网用户提供服务的业务系统云：互联网云——移动云，其中私有云为自建云，电信云和移动云为租用云。累计50余家单位申请使用云平台资源，申请云平台虚拟机共计738台，支撑东城区171套重要业务系统，保障东城区政务功能高效运行。

（王静）

【政务外网建设】2023年，区科技和信息化局根据全区各单位对政务外网的需求，做好区政务外网建设、管理和运维工作，有线共接入756条专线，无线共接入157条专线。日常对电子政务外网各节点、线路、设备进行全面管理，监测网络运行状况，及时了解排查各类问题，协助各单位顺利使用电子政务外网办公。全年共对政务外网维护896次，其中现场服务347次。

（王静）

【5G基础设施建设】2023年，区科技和信息化局配合北京市通信管理局，开展5G网络精准深度覆盖工作。提升东城区重点场所5G网络信号覆盖能力，实现室外连续覆盖，夯实数字经济底座。着力解决政府机关、医院等重点场所无信号、信号弱等民生问题。2023年全区累计建设5G基站1930个。

（王静）

【数据中心机房建设】2023年，东城区数据中心机房由16个楼层网络设备间、8个网络汇聚机房、2处核心机房构成。钱粮胡同机房总面积1100平方米，其中核心机房占地面积500平方米（包括主机房310平方米，扩展机房190平方米），配套监控室、UPS、EPS电池室等；幸福大街机房面积40平方米、4个设备间20平方米，共60平方米。数据中心机房部署服务器、网络设备、安全设备977台，动力环境设备包括不间断电源UPS系统9台、电池1026块、精密空调系统28台、气体灭火装置16台、灭火器瓶202个。承载东城区公务员门户系统、协同办公系统、网格化城市管理信息系统、社区卫生服务管理系统、图层共享系统、共享交换平台、云平台等业务应用47个，各街道、委办局、企事业单位托管业务系统35个，数据中心机房发挥对电子政务业务应用的支撑作用，满足东城区公务员访问电子政务外网各业务系统的需求。

（王静）

【安全生产检查】2023年，区科技和信息化局在重大节假日、特殊时期、汛期加强安全生产检查，累计对机房所辖977台网络设备、服务器、安全设备巡检3480人次；对动力环境设备包括UPS、精密空调、消防等动力环境基础设施进行专项巡检合计39次；对存储设备、网络设备专项巡检合计27次。

（王静）

【协同办公系统推广应用】2023年，东城区共有158家单位使用协同办公系统，总用户数1.05万人，工作日访问人数超过5000人。系统内产生内部审批146万件，外发公文1.30万件，外部来文35万件，外发通知公告63万件，外来通知公告386万件，信息报送12万件，内部信息12万件，督查督办8000件，内部邮件122万封。

（王静）

【电子政务技术支持服务】2023年，东城区电子政务技术支持服务依托电子政务呼叫中心系统，设立全区统一的电子政务技术支持服务业务号码，作为全区电子政务相关业务受理、技术支持等服务的统一窗口，由专职坐席人员受理全区各单位用户来电。2023年业务覆盖全区近200个委办局、企事业单位近2万个电子政务用户，业务涉及区内常用的30余个业务系统，涵盖八大类56小类的技术问题。全年累计为区电子政务用户提供热线咨询服务5801次；远程在线支持服务95次；组织相关人员完成全区机关大院、各委办局、街道、社区等单位现场应急响应服务958次；巡检服务492次，巡检计算机5200余台。

（王静）

【中小企业创新创业大赛】2023年，区科技和信息化局联合区财政局、区委组织部举办东城区“创客北京2023”中小企业创新创业大赛初赛和复赛，征集128个项目参加初赛，推荐28个项目参加市级决赛，4个项目获“创客北京2023”中小企业创新创业大赛奖励，其中1个项目获得二等奖、3个项目获得三等奖。

（王静）

【加快推动政策落地】2023年，区科技和信息化局用好专项资金支持政策，加大产业发展支持力度。组织召开科技信息产业发展促进大会，现场兑现专项资金奖励1151万元，支持企业创新发展。

（王静）

【加大引税力度】2023年，东城区财源建设工作建立高位统筹、定期调度、全员参与的工作模式，加强税源引进。区科技和信息化局主导完成的新设立、新引进企业20家，税源引进规模4015万元，完成全年任务的100%；实际入库3394万元，完成全年任务的141%，委办局序列排名第二。配合区财政局和区交道口街道，完成昆仑万维科技股份有限公司、中电信翼智教育科技有限公司和中电信翼康科技有限公司3家公司迁入工作。与中文在线、翼智教育、翼康科技、臻行科技、长江脉、千仞汲水6家企业续签或新签“一事一议”合作协议，提高企业服务的精准性。与政商和信、国融工发2家中介机构签署合作协议，多渠道全方位收集招商信息。

（王静）

【优化营商环境】2023年，区科技和信息化局强化重点企业服务，畅通政企沟通渠道，共联系重点企业近700户次，为北京移动、北京电信、天翼云、联通华盛等10余家企业协调子女入学、人才引进、工作居住证办理、房屋租赁、政策咨询、人才公租房等事项50余项。组织80家重点企业参加“故宫以东·政府会客厅”、东城区优化营商环境大会、中国国际进口博览会（简称进博会）、服贸会等会展活动，协调统筹企业注册、线上参展、成果预筹、项目签约等工作，服贸会成果预筹人民币27亿元，占全区成果预筹任务的九成以上。

（王静）

【落实工业和软信业固投备案】2023年，区科技和信息化局加强与企业的沟通联系，及时跟进企业报备的投资项目进展，主动协调项目推进中遇到的困难和问题。至年底，完成君合律师、中闻律所、城建智控、天翼云、中文在线、昊坤能源6家企业10个投资项目备案工作。

（王静）

【“数字之夜”点亮活动亮相前门大街】7月4—7日，每晚20：00—22：00，全球数字经济大会“数字之夜”点亮活动在前门大街举行。群众通过扫描五牌楼，借助AR技术观看城市建筑群和中轴线地标建筑，感受数字技术带来的便利和震撼，体会数字技术与传统文化结合的魅力。区科技和信息化局专题研究牵头协调，前门街道办事处积极配合，为活动的开展提供重要保障，确保活动完成。

（王静）

【社会信用体系建设示范区创建】8月7日，国家发展改革委、中国人民银行在官网公布第四批社会信用体系建设示范区名单，全国共有68个城市

7月4—7日，全球数字经济大会“数字之夜”点亮活动在前门大街举行（齐学玲摄）

获评，东城区成功获评，实现北京市社会信用体系建设示范区“零”的突破。11月15日，东城区受邀参加第五届中国城市信用建设高峰论坛并作主题发言，介绍东城区社会信用体系建设经验做法。

（王静）

【人工智能产业大会召开】12月21日，东城区人工智能产业大会召开。会上，《东城区加快人工智能产业高质量发展行动计划（2024—2026）》发布，东城区人工智能产业联盟成立，“紫金云”政策体系2.0专项行动启动。《东城区加快人工智能产业高质量发展行动计划（2024—2026）》中明确，根据辖区人工智能产业现状，东城区将以头部算力公司为核心，培育算力、模型、数据、应用类公司全产业链布局的人工智能产业集群。东城区人工智能产业联盟成功组建，旨在夯实人工智能产业发展的基层基础，打造人工智能产业方阵，推动人工智能场景建设。东城区人工智能产业联盟第一次理事大会举行，选举出理事长单位1家，副理事长单位10家。东城区启动“紫金云”政策体系2.0专项行动。通过“政策引导+市场化运作”方式，提升算力资源统筹供给能力，引导区内头部算力运营商统筹域内域外资源，为东城区人工智能产业发展提供低成本和高质量的算力保障。

（王静）

商贸服务业

2月，舞狮活动在王府井东安市场门前举办（张宁摄）

综　述

2023年，东城区全面优化营商环境，推动商贸服务业提速升级、交流合作，打造东城消费品牌，创新赋能助力老字号高质量发展。努力培育建设国际消费中心城市示范区，推进“1+5”工作体系，落实1个实施方案，围绕5个清单任务，坚持清单化管理、项目化推进。组织召开东城区培育建设国际消费中心城市示范区2023年领导小组第一次全体会议，总结2022年工作进展，部署2023年工作任务，审议通过《东城区建设国际消费中心城市示范区2023年工作方案》等文件。增加东城特色服务供给，加大招商引资力度。稳步推进出口和服务贸易，对外经济健康有序发展。

创新监管模式。2023年，东城区创新大型商圈“6+4”一体化综合监管试点。东城区商务局（简称区商务局）经过多次研讨论证，形成王府井商圈“风险+信用”评价体系。建立风险、信用、分级分类、协同、科技、共治六项制度，通过“频次+数量”组合差异化检查标准，完成王府井商圈内353家监管企业打分并分级分类，创新开展基于风险和信用的差异化监管模式，实现综合检查的“一查”机制和根据检查情况动态调整的“一评”机制。制订行业部门综合检查专用的“一单”，创新性提出“综合类+专业类”的检查单架构，累计缩减检查项目51项，检查内容减少37.8%。运用远程查、线上查、专业查等方式减少对企业的打扰，非现场检查事项减少14项。确定A类企业免查事项27项，减少32.1%；B类企业免查事项12项，减少14.3%；C类企业免查事项3项，减少3.6%。对于分级分类级别高的企业，在扶持企业发展奖励资金支持上给予倾斜，支持企业规模升级、举办特色消费活动、推进品牌提质增效、助力老字号认定改造开发创新。

网点建设提前。东城区全年建成一刻钟便民生活圈26个，完成市级年度任务的152%。景山、龙潭街道一刻钟便民生活圈建设案例入选商务部典型案例集，东直门、龙潭、和平里街道一刻钟便民生活圈建设案例入选北京市典型案例集。

新消费品牌成长。东城区挂牌王府井19号府、南阳共享际、红桥市场3个新消费品牌孵化基地，累计孵化品牌36个。各孵化基地结合自身运营情况，逐步摸索建立各自的品牌发现、遴选、培育、退出机制，物色一批潜在优质新消费品牌。

（梁俊丽　贯登文）

商业服务业

【概况】2023年，东城区商业领域完成市级重点项目2项、推进市级重点任务2项、完成区级重点项目2项和区级任务44项。五大商圈建设稳步推进，南新仓文化休闲街、南锣鼓巷、五道营胡同等九条商业街入选北京市特色消费街区；“文化金三角”联动发展，前门商圈探索搭建“云逛街”平台，AR数字模拟系统和客流检测装置均投入使用，打造数字化潮流街区；品牌首店加速集聚，全年共引进首店123家，数量位居全市第二；挖掘消费市场潜力，开展系列促消费活动，打响东城消费季品牌，营造良好的国际化消费氛围。

（王珂）

【东方奥天公司】北京东方奥天资产经营有限公司（简称东方奥天公司）是一家集资产运营、百货商超、鞋帽生产、旅店服务、物业管理等多种业态为一体的综合性商业服务企业。2023年，东方奥天公司举办节日营销及购物节活动10余次，实现全年销售收入5293.75万元。参加第七届前门历史文化节“前门国潮消费季专场活动”，国家级传承人现场展示非遗技艺；参加北京首批“碳中和”示范店创建启动仪式，权属企业王府井食品商场作为首批“碳中和”示范店现场进行产品展示和讲解，阐释“碳中和”落地王府井大街国企商铺的意义，本着“节能减排、低碳增效”原则，推进升级改造工程建设，至年底，通过“碳中和”领导小组的现场验收。6月，权属企业全素斋推出端午新品——特色茶粽，亮相各大商超；9月，携新品——八吉祥素饼参加第20届中国—东盟博览会和中国—东盟商务与投资峰会开幕式，作为伴手礼赠予外籍友人。权属企业东单菜市场坚守国企保供“三个责任”，在重大节日期间保证民生商品供应，全年配送救援物资商品118.5万元。以双创分中心为平台，推广扶贫地区特色产品，完成扶贫团购商品销售268.78万元，全年新增5家协作扶贫单位，累计建立长期扶贫协作成员单位28家。响应“万企兴万村”行动倡议，推进乡村振兴工作，与支援合作地区行政村化德县公腊胡洞乡合胜村签订“万企兴万村”结对帮扶协议，建立合作关系，探讨新的合作模式和机制，为帮扶地区解决实际困难。权属企业京品聚合公司挖掘电商市场潜力，完善并优化“线上营销与线下联动”综合运营模式，协同系统内企业开展“京喜年”年货大集、“王府有礼”京味食集促销活动；参加由中共东城区委宣传部、区文化和旅游局主办的2023年东城区新春游乐会。全年实现电商销售收入512.03万元。东方奥天公司压缩管理层级，完善公司中心体系建设，实现“六大中心”全面上线，设立党建文化、财务共享、行政人力、资产经营、物业安全以及电商营销中心，实现系统全资企业党建

1月，东方奥天公司权属企业京品聚合公司举办“京喜年”年货大集活动
（王硕摄）

品牌、财务管控、经营租赁、行政后勤、人力资源、物业安全、电商销售等工作统筹管理。召开年度工作会，与各权属企业签订绩效目标、安全生产、接诉即办、信访维稳责任书以及落实全面从严治党主体责任任务清单，分解落实各项指标任务。全年共召开3次董事会，审议决策议案11项，涉及年度财务预决算方案及人员任免重大事项。东方奥天公司党委坚持抓好党员理论学习教育，全年组织“第一议题”学习7次，理论学习中心组学习12次、研讨4次。组织理论学习78次、党课教育15次、党日活动35次，推出公众号学习专栏5期，为党员购置学习书籍480余册；带领党员干部深入一线调研指导30余次，组织党员征求群众意见建议20余条，为群众办实事19件。指导4个党支部到期完成换届。持续开展师带徒、岗位练兵、文化宣传等活动10余次。东方奥天公司高度重视安全生产工作，全年公司系统共出动6134人次，检查所属网点1.23万店次，整改隐患198处，约谈存在隐患出租网点承租方7次；组织开展安全生产主题培训会68次、应急演练46次，共计2067人次参加。全年营业总收入6.12亿元，利润总额3324.08万元；资产总额12.75亿元，国有资本保值增值率102.8%；上缴税利4115.46万元。

（赵文若）

【东方祥泰公司】北京东方祥泰投资管理有限公司（简称东方祥泰公司）主要经营投资管理、技术开发、技术培训、企业管理咨询、出租商业用房、出租办公用房、编辑服务、软件开发、技术推广服务、会议服务、房地产开发、组织文化艺术交流、承办展览展示、出版物零售。2023年，东方祥泰公司以“开新局、转作风、抓规范，提质效、促发展”为主线，强化全面加速“崇文争先”，全力做实“六字文章”，实施“六力提升”，推进“三强三化”重点任务实施。6月13日，东方祥泰公司接收与区教委脱钩的2家企业（南河沿商贸公司〈原东安门旅馆〉、鼓楼财经商社）。完成东安门旅馆退休人员10人退休关系转移接收，与退休职工签订退休人员社会化管理承诺书、接收企业退休关系转移协议，退休职工10人人事档案、社保关系转至其户口所在地社保中心。6月，区教委收回外馆东街23号院4号楼，移交给地坛小学办学使用，未租赁给东方祥泰公司。东方祥泰公司提升权属企业青蓝大厦经营效率，降低运营成本，加大对空置面积招商。青蓝大厦通过调整淡季旺季客房价格、拓展客房订购渠道、会议室合作外包、餐厅增订婚宴等多种销售形式提高运营收益。本汇教育测评服务所委托第三方制作中国校园心理学市场深度解析与前景展望报告，创办青少年儿童心理健康支持项目，为北京市东总布新开路小学编写定制符合全年龄学生学习的心理健康读本，并完成学生情绪疏导指导手册动画视频制作。邀请心理学业内资深专家面向教师群体举办一场心理健康讲座。“330”课后服务项目中本汇教育测评服务所提供线上智能化校务管理技术开发支持等。在物业服务方面，京教物业共计服务教育直属机关单位4家，幼儿园6所、小学5所，中学及特种教育学校3家，楼宇大院1家，文物保护单位1家，服务总面积20余万平方米。东方祥泰公司全年共检查权属单位与承租户330次，出动检查人员368人次。5月23日，进行安全设备设施专项检查；8月1日，进行汛期专项检查。全年安全工程改造投入113万元，接到3件12345接诉即办件，全部妥善解决。全年报送各类信息42条。2023年，东方祥泰公司完成东城国资公司规定的各项经济指标，营业总收入7752.65万元，上缴税费总额1058.43万元，为在岗职工缴纳五项社会保险578.39万元。

（孔文杰）

【王府井百货大楼】王府井集团股份有限公司百货大楼（简称百货大楼）是中华人民共和国成立后北京建造的第一座大型百货零售商店。有职能部门14个，销售部8个。2023年，百货大楼抓住契机，内外兼修，适时做出软、硬件调整。对商店外立面进行改造，国庆节前户外全新LED电子屏正式亮相，成为王府井大街又一重要打卡点。对品牌进行调整，完成调整项目共计64个，对头部品牌大店六福、老凤祥、鄂尔多斯、宝姿、华为等进行升级，引入京味餐饮胡同月色、聚宝源，将市场卖座品牌三元梅园、体彩与百货大楼文化相结合，打造为特色店铺。在营销方面，围绕“盎然”营销主线，打造多款美陈艺术装置展，其中熊猫美陈装置实现线下互动打卡150万人次，自媒体曝光15万次，线上互动5000人次。发挥小红书社交平台优势，创作笔记200余篇，创造阅读量30万余次。线上运营方面，立足品类特色，创造线上消费需求，举办菲仕乐分销活动，上线79款独享商品，25天实现销售165.8万元。品牌运营方面，开展重点品牌专柜分级维护，88个重点品牌达成年度目标的108.6%，同比增幅38.8%。品牌联动方面，共开展主题巡展11场，累计实现销售2228万元。政策扶持方面，获得政府促销费资金补贴40万元。会员运维创新方面，上线AR导航服务平台，体验人次达4.86万人次。服务方面，完成商店《现场管理手册》（2023版）编制，妥善处理12345接诉即办投诉167起；首次开展服务亮彩行动，3个部门获服务亮彩集体奖，31人获服务亮彩达人奖，品牌专柜店长16人获2023年度金牌店长称号。百货大楼顾客服务部周薇获全国巾帼建功标兵、最美商业职工称号；6月，百货大楼张秉贵纪念馆被中华全国总工会授予“全国职工爱国主义教育基地”牌匾。“一团火”情怀之旅活动，共接待团体42个901人，线上讲解浏览量873人次。百货大楼全年制订安全生产工作相关文件13份，签订2023年安全管理目标责任书81份，组织安全培训210次、应急演练45次、隐患排查220次，整改隐患156项，实现安全生产无事故。

（李彤）

【王府井东安市场】王府井集团股份有限公司东安市场（简称东安市场）始建于1903年，是京城历史最悠久的著名老字号商场，属王府井集团旗下子公司，2006年由商务部认定为“中华老字号”企业，2022年转型升级为潮奢买手制百货——“东安睿锦”。2023年，消费市场持续恢复，王府井商圈人气出现快速回升，农历大年初一，东安市场舞狮活动作为王府井商圈春节文化活动的开场，将浓浓的年味带给商场客人和大街游客，多家媒体及公众号对活动进行报道，在网上形成热门话题，对东安市场将传统文化和商业氛围有效结合的行动进行推广与传播。春节期间，东安市场开展周年庆返券活动，这是商场转型升级后第一次开展大型促销活动。3月，东安睿锦开通小红书账号，全年发布作品114篇，收获粉丝1700人，获赞收藏1.65万个，相关讨论405条；微信、微博共发布信息65条。5月，东安市场应央视新闻邀请，拍摄关于“主打差异化服务，传统百货重塑竞争力”内容的相关视频，在央视一台、央视新闻等多个媒体端播放，播放次数4.8万余次，将转型后的东安市场买手制百货新形象传达给消费者。多次接待北京市人民政府、东城区商务局、首旅集团等各级政府部门及其他单位的考察、调研、参观活动，介绍东安市场转型升级情况，展现老字号守正创新成果。6月，开展年中商品折扣季活动，需要在临街正门及窗户做视觉宣传，东安市场跟进审批流程进度，在最短时间内获得批准，为促销活动快速抓住暑期流量争取时间；8月，举办七夕打卡墙活动，会员纳新1752人；9月，国风印章活动集客效果明显，小红书在无投流状态下增长粉丝246人；首次参加王府井集团组织的抖音团购直播活动，在组织直播商品图片、对接直播商品内容和宣传物料、协调结算、卖场服务流程等方面从“零起点”做起，完成王府井集团庆东安睿锦直播首秀。10月，组织全体员工参与小红书笔记发布，累计参与119人次，助力“东安睿锦”小红书话题量从70万提升至200万，扩大东安市场对外宣传的声量，对打造企业IP起到推动作用。东安市场建立品牌授权情况台账，坚持做好常规性、重点时段的物价质量检查和品牌授权抽检，通过加强监管，降低运营风险；丰富指标维度，增加各维度同期和环比数据分析，定期提供期段客流统计数据，主动开展市场调研活动，重点针对东安睿锦在营销上的薄弱环节进行调研和信息反馈，为其策划营销活

6月，王府井百货大楼张秉贵纪念馆被中华全国总工会授予“全国职工爱国主义教育基地”牌匾（周赫奕摄）

动和店铺引流方案提供参考依据。制订现场巡视要素检查表，对音乐、温度、灯光、设备设施等8项经营要素进行每日巡查，发现问题立即解决，提升顾客购物体验感；建立收银主管巡场检查机制，强化收银主管责任意识，组织第三届收银综合技能比赛，展现收银员精神风貌和综合业务技能，达到“以赛代练、学以致用”的目的，促使收银整体服务水平升上新台阶。完善激励机制，制订《东安市场中层管理人员考核管理办法》，通过多项指标考核强化商场指标达成，改善、优化工作流程，提升工作效率。创新培训形式，启动时代光华线上培训，结合当前重点工作安排学习课程，内容涵盖企业安全、管理能力提升、高效团队打造、小红书平台流量获取等内容，从不同层面提供学习机会；组织“卓越情商与影响力课程”培训班成员开展“激情熔炼团队凝聚创造梦想”团队建设活动，全年开展6次劳动竞赛，竞赛天数累计达105天，并在制订竞赛方案时向一线部门倾斜，与东安睿锦做好协调配合，促进销售指标达成。2023年，东安市场制订、修订相关安全管理制度24项，同时延展细化出台各类具体管理规定及办法18项、各类表格25个，有效确保制度的全面性、实操性；开展三级安全责任书签订，多维度压实安全生产责任制。坚持日常检查、月度联查与敏感期检查相结合，制订专项工作方案，按时间节点逐项落实专项检查计划，排查各类安全隐患；持续加大安全培训力度，全年组织开展各类安全培训90余次，消防、突发事件联动处置、防恐、反诈演练12次，通过各类宣传教育活动，提升全员的安全意识以及消防和治安防范能力。

（何睿）

6月，王府井工美大厦组织员工前往北京市消防救援总队大兴培训基地开展消防演练（李青雷摄）

【王府井工美大厦】北京工美集团有限责任公司王府井工美大厦（简称工美大厦）是北京工美集团有限责任公司直属骨干企业和窗口单位。成立于1954年，位于王府井大街南口，是商务部首批认定的“中华老字号”企业，是集餐饮、购物、酒店、写字间多功能服务为一体的综合性商厦。2023年，工美大厦商场在王府井大街开设“创艺魔方”集合店，“创艺魔方”集艺术家集结地、打卡集章地、潮玩汇集地、特许商品发售地于一体，集合各品类的文创产品、具有独特风格的纪念品以及魅力与内涵兼备的非遗商品等，通过外摆，为消费者提供多元消费场景，助力实体店的发展。外摆持续2个多月，共销售1万余件商品，实现销售额100余万元。“五一”前，对天安门店进行创意整合及软装升级改造。天安门店作为拓展店面，在商品、运营等方面进行尝试，持续发挥试点和标杆作用。经统计，升级改造后销售增长迅猛，5月至12月，完成收入176万元，占天安门店全年总销售额的89%。工美画廊和晨光社共同创立的第一届“美晨艺术节”品牌，6月，借助第十一届惠民文化消费季的官方网络平台和工美画廊品牌影响力，举办爱新觉罗·溥杰等多位知名画家书画展8场，展出的艺术藏品具有独一无二的文献价值和收藏价值。单场售卖最高达15万余元。在工美大厦一层东南角重启首饰加工柜台，兼具服务台功能，开展首饰维修、订制业务。全年加强工美大厦物业保障能力，加快设备设施数智化改造进程，完成配电室无人值守改造项目，实施后可提高配电室安全运行系数并有效节约人工成本。组织外立面清洗工程，更换部分损坏的窗户及玻璃幕墙，消除安全隐患。提升员工消防实操技能，组织员工前往北京市消防救援总队大兴培训基地开展消防演练，132人参加。完成安全生产标准化三级企业复审。维护职工权益，召开2023年工会会员代表大会，选举出新一届工会委员、经审委员、女工委员及工会主席，健全工会组织机构。制订《职工子女药费报销（试行）制度》，并经职代会审议通过。2023年营业收入6699.57万元，上缴利税53.12万元。

（侯毅帆　姜君）

【北京全聚德前门店】中国全聚德（集团）股份有限公司北京全聚德前门店（简称北京全聚德前门店）始建于1864年（清同治三年），以经营北京传统挂炉烤鸭、特色风味菜系及百余道创新菜肴而独树一帜，素有“天下第一楼”美誉。“全聚德挂

10月，北京全聚德起源店集中片鸭展示（王鹏坤摄）

炉烤鸭技艺”被列为国家级非物质文化遗产，“老门面墙”成为北京市级文物保护单位，北京全聚德前门店成为北京首家市级文物保护单位的餐饮类老字号。2023年，按照餐饮经营商业化、餐饮产品食品化两条工作主线，推进重点项目提升及经营工作的落实。光影餐厅重点围绕提升上座率开展工作，推出“体验赏影”高性价比主题套餐，研发寿宴、生日宴等主题餐台，调整时令创新菜品；中轴食礼体验店以用餐场景和产品创新作为突破点，推出多款糕点伴手礼礼盒及多款特色窗口街食，新增堂食轻食套餐，与多家老字号品牌联名推出特色产品，并入选中华老字号守正创新十大案例、获2023年中华老字号时尚创意新零售店铺设计创新奖项，多次参加上海品牌博览会、天津国际文化产业博览交易会（简称文博会）、服贸会等各类大型内外场活动及拍摄。北京全聚德前门店先后接待中央电视台《中国行》纪录片、北京电视台《味道掌门》《这里是北京》节目组以及央视网、环球网、中新网、《北京青年报》、北京广播电台等近20次采访拍摄。完成蒙古国总统、塞尔维亚总理、南非副总统等A级服务接待任务；接待法国、泰国、塔吉克斯坦、南非、荷兰、新加坡6个国家大使馆、各国“一带一路”代表团等重点宾客400余人到店品尝烤鸭和菜品，获一致好评。2023年，北京全聚德前门店获首都文明办颁发的“十佳光盘族”奖项，在市级烹饪及服务大赛中员工9人先后获特金奖、金奖及银奖。安全生产实现“零事故”目标，未发生任何食品安全问题和重大服务投诉，通过ISO质量/食品安全/环境管理体系复评，企业发展和谐稳定。

（白杰）

【便宜坊集团】北京便宜坊烤鸭集团有限公司（简称便宜坊集团）是国有控股餐饮集团，有直营店29家，加盟店19家。集合有便宜坊、都一处、天兴居、锦芳、壹条龙、力力6个中华老字号品牌，覆盖正餐、简餐、小吃、涮肉等中餐品类。2023年，便宜坊集团继续“一店一策”进行门店调整，启动便宜坊幸福店解危改造工程，完成便宜坊广渠门店建设试营业、食府店装修改造重张，缩减便宜坊鲜鱼口店经营面积增设茶饮和酒店业态，关闭便宜坊航天桥店改以特许经营合作店方式重张，指导天兴居前门店与鲜鱼口店差异化经营实现持续盈利。研究确定菜品口味和投料标准，形成正餐店菜牌制作原则；研发节气菜和养生菜，完成9种酱汁酱料制备使用的标准化；所有门店指定专人任首席客服官，挂牌亮照。继续拓宽第三方平台、小时工和实习生等用工渠道，店间统筹调配用工；完成烤鸭方向订单式培养的校企合作冠名班的前期筹备。总部招录一批媒体运营、工程建设、产品规划等方面的专业人才，建立集中采购的可选供应商信息库，启动总部职能和机构设置的中心化调整。尝试控股管理新手段，允许在承诺年度经营指标后，向合资子公司经理层下放部分决策权。与社会餐饮管理企业分别设立合资公司开设便宜坊新店、改造亏损店、进行快餐门店标准化改造，授权合资公司使用全品牌商品商标开发品牌衍生品。就部分老字号品牌的合作经营与多个意向合作方展开接触。设立子公司经营力力品牌；整合资源组建专门公司负责焖炉烤鸭运营管理全部业务，探索特许经营之外的档口合作新模式。跨领域品牌联名，推出“故宫以东”特色文旅美食体验产品、“北京礼物”伴手礼和便宜坊鸭零食、都一处老北京炸酱等国潮新风包装食品。搭建运营新媒体账号，在新兴线上平台开展直播、发布品牌植入图文、介绍菜品菜式，按照主流消费群体的社交喜好打造品牌年轻化新形象，全年粉丝数增长超10万人；参加各类大型品牌活动，携创新产品亮相进博会、服贸会，全年媒体报道同比增长超15%；完成中共中央组织部、商务部等指定的多项宴请接待保障任务。派员参加中国烹饪协会主办的2023中国首届烤鸭技能烹饪大赛，北京赛区、河南赛区获特金奖，全国邀请赛获传统焖炉烤鸭优质奖。在北京市第十三届商业服务业技能大赛中获优秀组织奖，1人获金奖。参加全国第二届职业技能大赛北京选拔赛，2人获特金奖，3人获金奖，1人获银奖。参加第八届全国商业服务业优秀店长大赛餐饮业专项赛，2人获评优秀店长。被世界中餐业联合会评为2023中国餐饮业社会责任优秀案例。便宜坊集团全年实现营业收入3.41亿元，同比增长37.5%；利润总额663.5万元，同比扭亏。

（车翔）

【东来顺集团】北京东来顺集团有限责任公司（简称东来顺集团）起源于北京，创建于1903年，为北方火锅文化的代表。有餐饮连锁门店总数150余家，其中直营门店36家，覆盖北京、上海、青岛、武汉、海口、长春、昆明、郑州；特许加盟店达110余家，覆盖全国21个省市自治区和直辖市（含港澳台地区）。业务范围涵盖餐饮连锁发展、清真食品销售、仓储物流服务和肉业生产加工。东来顺集团连续获北京餐饮十大品牌、中国民族餐饮TOP100等称号。在继承发扬中华传统餐饮文化精华的基础上不断创新，汇集“爆、烤、炒、涮”四大系列百余品种的美食，其中以东来顺涮羊肉最具特色，并形成风味涮肉的八大特点，即“选料精、刀工美、调料香、火锅旺、底汤鲜、糖蒜脆、配料细、辅料全”。“东来顺涮羊肉制作技艺”被收录于《国家级非物质文化遗产名录》，东来顺品牌2014年就被中国商业联合会及中华老字号工作委员会认定为“中华老字号清真第一涮”。东来顺集团以提供“天然、安全、健康的绿色食品”为理念，始终倡导“传承创新、品质至上、服务大众、协作共赢”，企业经济效益和社会效益取得长足发展。2023年，餐饮业复苏态势明显，东来顺集团各板块把握机会、抢抓经营，餐饮连锁公司加强优势项目跟进，优化发展模式布局。新增北京新奥购物中心项目、城乡店项目、“东来顺·来小馆”项目、无锡荡口古镇项目及济南蝴蝶广场项目，实现良性扩张和高效发展。持续提高加盟业务管控力，实现标准化、统一化运营管理，进一步巩固门店数字化建设，加强“食育”教育和非遗传承力度，推出受托管理经营模式；清真食品分公司持续打造东来顺街坊铺项目，启动规模化复制，打造以“预包装产品+线下体验+线上销售”为模式的东来顺街坊铺社区小店项目，项目提供产品、线下体验及社区团购，下沉深入到社区养老服务便民、社区服务保障等环节，并走进社区家庭；2023年，内蒙古肉业生产基地履行好食品安全责任，建立以农牧和生产两个管理单元为重点的食品安全体系，根据不同渠道订单，结合羊源等级提炼出数款最优产品结构模板，根据“精细分割+小包装”的产品发展趋势，定制研发肋排切块、羊霖条等多款新产品，杜蒙羊上线7个月销售量近20吨，黑珍珠系列正式上线。2023年，是东来顺品牌成立120周年，东来顺集团借此契机，进一步宣传推广百年老字号“东来顺”所蕴含的文化价值，重点推出话剧《西去东来》，让世界了解中华品牌的博大情怀，该剧获市委宣传部和北京市文化和旅游局颁发的“大戏看北京”2023展演季“人气影响力”优秀项目奖，获中国旅游研究院颁发的2023年中国旅游创业创新文化创造示范案例奖，9月15—20日，《西去东来》在保利剧院首轮公演，共计6场，近8000人观看，《人民日报》、《光明日报》、首都之窗、北京广播电视台等200余家媒体进行报道，转化流量达5000万余次。2023年，东来顺集团立足清真餐饮主业，年收入近7亿元。

（袁通洋）

【北京稻香村】北京稻香村食品有限责任公司（简称北京稻香村）是一家集研发、生产、销售于一体的大型食品企业，直营、加盟、经销全系统年销售额近80亿元。产品包括糕点、月饼、元宵、粽子、肉食、速冻食品、各种节令食品等十六大类600余个品种。北京稻香村在全国有连锁店450余家，销售网点1100余个。北京稻香村坚持“弘扬中华食品文化，把美食、健康和快乐带给所有人”的企业使命，在继承“商办工业、自产自销”传统经营模式精髓基础上探索出“一体两翼、工商互动”的事业发展模式，即以稻香村企业为主体，一手抓食品加工业，一手抓商业销售，二者互动，打造品牌。2023年，坚持守正创新，企业的可持续发展能力得到提升。突出保稳定、练内功、强根基、促变革；加强党建工作与文化建设、完善人才队伍、优化薪酬体系、改进生产组织模式、发力新渠道新品

7月10日，由东来顺集团与北京日光同明文化传媒有限公司共同打造的中国非遗主题史诗话剧《西去东来》在北京国际饭店举办新闻发布会（何伟摄）

12月，北京稻香村举办复业40周年庆典暨第二届十佳优秀员工颁奖典礼
（刘璐摄）

类；推进新业务落地、加强新品研发，树立营养健康形象、强化规范管理，落实安全生产等工作重点。全年直营系统销售额超过41亿元，超过2019年疫情前的水平。2月28日晚，北京、天津、河北三地联动开启京津冀消费季启动仪式活动，在前门大街主会场，特别邀请极具代表性的京津冀三地特色美食老字号企业30余家，北京稻香村受邀参加“美食集萃”展示、现场制作糕点互动、“区区有利”直播美食推介等环节，展现该次活动京津冀三地“文商旅融合”的消费理念。3月，国家统计局组织50余人以“弘扬优秀传统文化”为主题党日活动到厂参观，围绕相关问题召开座谈会；以二十四节气为主题的新零号店开业。4月，东城区总工会在东城区工人文化宫举办2023年“唱响劳动之歌，弘扬工匠精神”五一国际劳动节表彰活动。公司肉食一部熟制二组获全国工人先锋号先进班组，糕点一部现场管理岗廉淑虹获首都劳动奖章。5月，由商务部指导、北京市东城区人民政府主办的“2023年东城区老字号嘉年华活动”举行，北京稻香村携“京八件”、九宫格礼盒及一众文创品参展交流。7月，北京稻香村参加东城区政协在“美后肆时”景山市民文化中心举办“月聚·悦读”暨“流光岁月工商联”活动。9月，2023年服贸会在北京国家会议中心和首钢园区举办。展会在首钢园特别打造“北京老字号创新发展体验区”，在展会现场，北京稻香村多样兼具文化底蕴和创新形式的商品参展，有展现非遗技艺的京八件礼盒，也有红遍社交平台的零号店九宫格糕点。北京稻香村在传承传统饮食文化的基础上不断钻研创新，为品牌注入新鲜活力，让老字号年轻化，让国货变成国潮，促进中国糕点行业的繁荣发展。9月26日至10月9日，第四届中国（北京）生态食品博览会在农业展览馆开幕。展馆设立北京老字号专区，北京稻香村受邀参展，现场展售具有北京风味的特色产品、精美伴手礼、中秋佳节月饼、国潮风的文创周边等20余种商品。12月，北京稻香村举行复业40周年庆典暨第二届十佳优秀员工颁奖典礼。公司高层领导、中层管理者及各系统员工代表500余人出席活动。复业40周年庆祝活动陆续开展文化主题展及摄影大赛、“四十年，四十瞬”征文、录制企业MV主题曲等。2023年，在北京市商务局举办的第十二届商业服务业技能大赛活动总结表彰会上，北京稻香村获优秀组织奖；北京稻香村“茉莉香莲粽子”获第十七届粽子文化节特等奖；用友主办以“数据驱动、智能运营”为主题的“2023全球商业创新大会”，北京稻香村受邀参会，并在数万家企业中脱颖而出，上榜数智化领先企业TOP35；北京稻香村联合北京焙烤食品糖制品协会主办的北京消费季2023（第二十三届）北京月饼文化节暨月饼和创新食品推介会活动在首农双创中心举行，在月饼文化节发布会上，北京稻香村京式自来红月饼获特别金奖；北京稻香村获评“最潮老字号”；在2023北京商业品牌大会上，北京稻香村获评2022年度（第十八届）北京十大商业品牌。

（刘璐）

【吴裕泰茶业】北京吴裕泰茶业股份有限公司（简称吴裕泰）始创于1887年（清光绪十三年），是销售茶叶、茶具以及茶衍生品的专业公司，是商务部首批认定的“中华老字号”。2023年，实体门店达到630家，其中北京区域442家，占比70%；河北区域97家，占比15%，两者相加，占比达到85%，市场规模处于行业领先地位。吴裕泰把“一一五”发展战略升级为“三五三”发展战略。新的战略对企业使命、经营理念进行调整，增加“三个坚持”（坚持党建引领、坚持安全生产、坚持互利互赢），突显前瞻性和实用性。吴裕泰按照“老字号+文化+体验”的经营理念打造体验店，新开门店全面装修成第五代体验店，升级改造68家门店，并成为体验店。完成前门店动线布局不合理、雍和宫店冰淇淋及水吧产能无法满足顾客需求两项调改，提升顾客购物体验。利用元旦、春节、“五一”、端午、中秋、“十一”等各种商机在线上线下同步开展促销让利活动，借助实体门店突破600家和茉莉花茶制作技艺被联合国教科文组织列入人类非物质文化遗产代表作名录等事件策划事件营销，提升企业的品牌价值和社会影响。首次推进私域营销O2O项目落地加盟店，上线201家门店、建立宠粉群253个，官方商城GMV（付款金额）同比增长236.2%。推出不同茶类自有品牌：茉莉花茶子品牌——“御泰壹香”，绿茶自有品牌——“春和景茗”、红茶自有品牌——“京粹红韵”、岩茶自有品牌——“夷岩九鼎”，产品矩阵初步形成。坚持高管人员联系服务门店，累计巡检门店358次。吴裕泰与所有门店签订安全生产责任书（包括与15家承租经营单位），召开安全例会，开展《中华人民共和国安全生产法》及落实安全生产主体责任的专题培训和消防演练，累计出动845人次，检查426店次，排查整改26处隐患，实现全年安全生产零事故。开展创建“裕泰茗香”党建品牌活动，在前门店及物流加工中心一线车间设立“党员先锋岗”，在职党员21人义务支援门店，完成第三届“一带一路”国际合作高峰论坛的茶叶供应、配送及安全保障工作，为10家酒店供应茶叶1924个包装单位。2023年，“御品碧螺春”产品获“华茗杯”特级产品奖，在中国茶叶流通协会主办的茶叶产品对标活动中，“茗天贡毫”获特级达标产品奖。连续七年获北京十大商业品牌称号；连续五年位居中国茶叶企业产品品牌价值榜榜首，品牌价值达17.56亿元；连续四届上榜“金芽奖·陆羽奖”，获中国茶老字号创新力品牌。全年销售收入突破10亿元，呈现两位数增长。

（黄莉）

9月，大北照相馆在服贸会上为国际友人服务（傅航摄）

【大北公司】北京大北服务有限责任公司（简称大北公司）所属行业为服务业，经营范围包含摄影业、旅馆业、物业管理服务、出租写字间等。2023年，所属子公司大北照相馆展现百年老字号的文化底蕴和风采，服务好广大消费者。2月21日，由北京市商务局指导，北京日报报业集团、北京市商业联合会主办，北京商报社承办的2023北京商业品牌大会暨2022年度（第十八届）北京十大商业品牌揭晓活动在北京国际饭店会议中心举办，大北照相馆获2022年度北京商业卓越进取品牌。全国两会期间，大北照相馆机关外照班组20人凭借超强的心理素质和过硬的专业技术，共拍摄23个场次，人大代表合影共2913人次，政协委员合影共2191人次。用实际行动诠释大北照相馆老字号品牌的“匠人精神”。5月，由北京市商务局、北京市人力资源和社会保障局、北京市总工会、北京市妇女联合会、共青团北京市委员会联合举办的北京市第十三届商业服务业技能大赛中大北照相作为摄影行业会员单位，成立第十三届商业服务业技能组委会，组织摄影师73人参加，历经半年时间的激烈比拼，摄影师1人获冠军、摄影师1人获第四名、大北照相馆副经理1人获北京市第十三届商业服务业技能大赛活动优秀工作者、大北照相馆获2023年度北京市第十三届商业服务业技能大赛活动人像摄影师竞赛项目

9月，吴裕泰岩茶子品牌“夷岩九鼎”全新上市（吴裕泰提供）

优胜奖。六一国际儿童节，大北照相馆推出“成长时光”系列套系，其中包含多种形式搭配，可根据消费者不同需求进行自由选择。该产品时尚新颖，丰富顾客的消费选择，获广泛的认可和赞誉。该套系自推出，销售额持续增长，在消费市场上表现强劲，成为大北照相馆新的收入亮点。9月2日，大北照相馆作为首批中华老字号企业，亮相首钢园15号北京老字号创新发展体验区。推出特别彩色肖像拍摄体验服务，获参会群众一致认可。北京市商务局局长、副局长，北京市老字号协会副秘书长到展位参观，对大北照相馆的悠久历史和精湛技艺给予充分肯定。《人民日报》《北京日报》《北京青年报》等十余家媒体陆续进行实地采访，提升企业知名度和美誉度。10月26日，北京市行业协会第七届会员大会召开，会上举行第十二届商业服务业人像摄影技能大赛颁奖仪式，大北照相馆被选为北京市摄影行业协会常务副会长单位并获商业服务业人像摄影技能大赛优秀组织奖，摄影师2人获第十二届商业服务业人像摄影技能大赛金手指称号。

（张楠）

【同仁堂集团】中国北京同仁堂（集团）有限责任公司（简称同仁堂集团）是市政府授权经营国有资产的国有独资公司。同仁堂集团是以中药为主业，集科工贸、产供销为一体的大型中药企业集团，业务涉及中药材种植、饮片加工、中成药、普通营养食品、保健食品、传统滋补品、生物制品、化妆品及出口贸易。共拥有药品、医院制剂、保健食品、食品、化妆品、中药饮片、消毒产品、农产品八大类约3000种产品，43个生产基地，1个国家工程中心和博士后科研工作站。12月25日，以“诚信同仁 数智未来”为主题的中国北京同仁堂（集团）有限责任公司财务共享中心及司库管理中心揭牌仪式在北京举行。2023年，同仁堂境外首家“骨伤骨病专科诊疗中心”正式营业。该中心位于新西兰奥克兰市，可开展针灸、手法、中药、运动康复“四位一体”诊疗，收治各种骨折病及骨折后遗症患者，保障当地民众日常医疗需求。北京同仁堂科技发展股份有限公司与蒙牛集团签署战略合作框架协议。双方立足自身核心业务优势，共同为消费者打造滋养身心的大健康“爆品”。2023年，北京市国资委发布首本《北京市属国有控股上市公司环境、社会及治理（ESG）蓝皮书》，同仁堂股份公司凭借深化履行ESG治理职责和在可持续发展工作方面的突出表现，入选“综合篇”优秀案例。北京同仁堂股份有限公司智慧党建中心获全国企业党建创新优秀案例，智慧党建中心通过“党建+”创新场景，打造全新的党建学习和活动空间。1月29日，同仁堂健康药业江山公司被浙江省江山市人民政府授予“2022年度江山市人民政府质量奖”，并获50万元奖励。江山市人民政府质量奖是该市设立的最高质量奖项，是对通过实施卓越绩效管理而取得显著经济效益和社会效益的企业（组织）的表彰。2月8日，同仁堂药材参茸公司所属同仁堂药材有限责任公司与广西藤县人民政府、金秀瑶族自治县人民政府，分别签署战略合作协议。合作各方共同推进道地药材“三无一全”种植业创新示范和一体化基地建设，打造“暖灯行动”落地示范项目与示范基地，推进巩固脱贫攻坚成果与乡村振兴战略有效衔接。2月21日，同仁堂集团在2023北京商业品牌大会暨2022年度（第十八届）北京十大商业品牌揭晓活动上获2022年度北京十大商业品牌。至4月25日收盘，同仁堂集团旗下三家上市公司同仁堂（600085.SH）、同仁堂科技（1666.HK）、同仁堂国药（3613.HK）合计市值首次突破1000亿元，创历史新高。同仁堂（600085.SH）逆势走强，股价创上市25年来历史新高，资本市场投资价值再上新台阶，给市场带来强劲信心，投资者认可度持续提升。4月29日至5月3日，同仁堂集团在京西首钢园首钢会展中心参加2023年“京企直卖——国企消费季”活动，携众多质优价优产品与首都市民见面，为市民带去健康养生的理念和期许。5月9—10日，“2023中国医药健康领袖峰会暨中国药品流通行业供给侧结构性改革创新论坛”在青岛世博城国际展览中心举行。峰会上揭晓“立春TOP30”获奖企业名单，北京同仁堂股份有限公司获2023年度行业标杆奖最佳医药工业企业。5月24日至6月30日，同仁堂集团举办“同仁堂药王节”系列活动。同仁堂集团及旗下股份公司、科技公司、国药公司、健康药业公司、商业公司、药材参茸公司、医养公司、制药公司、数字科技公司等子企业，通过线上线下联动的方式，推出产品促销、现场体验、义诊服务、健康讲堂、消费抽奖、文化推广等活动，让广大消费者了解同仁堂产品和品牌。7月28—30日，北京同仁堂第一届中医大会在北京会议中心举办。通过举办北京同仁堂中医大会，深化与各位中医大师、专家和业界同仁们的团结合作，形成推动中医药高质量发展的强大合力，用可靠的疗效、高尚的医德、精湛的医术、优质的服务，造福千家万户。10月22日，由同仁堂集团冠名的“中国北京同仁堂·2023北京大兴永定河马拉松”举行。同仁堂集团通过在活动现场设立专门展位、在赛道两旁布置道旗、选派代表走进直播间讲解等形式，宣传、展示同仁堂品牌、文化和产品。12月28日，由同仁堂集团拍摄、伟雄文化传媒（北京）有限公司选送的同仁堂集团宣传片《大国同仁之走近北京同仁堂集团》获第十五届澳门国际电影节暨第十四届澳门国际电视节金莲花优秀文化宣传片大奖。

（李淦）

【亚泰永安堂】北京亚泰永安堂医药股份有限公司（简称亚泰永安堂）主要经营中成药、中药饮片、化学药制剂、化学原料药、抗生素、生化药品、生物制品、蛋白同化制剂和肽类激素（仅限于胰岛素）、预包装食品销售、含冷藏冷冻食品、特殊食品销售、限保健食品、婴幼儿配方乳粉、第三类医疗器械、计划生育用品、百货、五金交电、医疗器械（I类、II类）。2023年，亚泰永安堂共开展安全培训18次，360人次参加；组织开展突发事件应急、消防安全应急预案演练，共计参加305人次。通过开展会员日活动、门店进社区活动、厂家免费体检等会员增值服务，回馈老会员，吸纳新会员。全年企业新增会员3.3万人，会员总数累计达到42万人，微信公众号和朋友圈推送宣传早安图、节日节气、营销活动、医保服务等合计411次；联合政府资源，与社区合作开展公益活动12场次。年初，亚泰永安堂完成库房迁址；并通过北京市药品审评检查中心针对北京永安堂医药连锁有限责任公司、北京亚泰永安堂医药股份有限公司两次检查。10月，启动企业宣传片拍摄计划并成功拍摄朝内门店、八条门店宣传短片；通过企业文化宣传、公益互动话题营销，加强企业品牌建设，提升企业整体品牌形象。全年共组织开展文化团建活动7次，包括企业中高管及店长年会活动、“统一思想、凝心聚力”提管理保指标誓师大会、企业全员徒步团建活动、“羽林军大赛”、退休老职工欢送会、“鼓舞飞扬、舞动青春”团建活动、参加集团秋季运动会。增强员工团结协作精神，提高员工凝聚力、归属感和工作积极性。

（李娜）

【新世界百货公司】北京易喜新世界百货有限公司（简称新世界百货崇文店）经营业务包括批发及零售（包括代销、寄售）百货、化妆品、家用电器、五金交电、针纺织品、服装鞋帽、皮革制品、日用杂品、办公用品、钟表眼镜、工艺美术品、金银饰品、珠宝、日用品、电信器材、摄影器材、家具、健身器材、仪器仪表、建筑材料、塑料制品、金属材料、陶瓷制品、电子计算机；摄影服务、个人形象设计；在商店内组织自营商品的相关配套服务；组织国内产品的出口业务；自营商品的进口业务；出租商业设施；图文设计制作；企业营销策划；企业形象策划；商务咨询；企业管理咨询；商品展示服务；体育项目经营（不含高危险项目）；收购黄金制品；佣金代理（拍卖除外）；设计、代理、发布广告；热食类食品制售；冷食类食品制售；预包装食品销售，含冷藏冷冻食品；散装食品销售，含冷藏冷冻食品、熟食；特殊食品销售，限保健食品、婴幼儿配方乳粉、其他婴幼儿配方食品（食品经营许可证有效期至2026年1月21日）；餐饮服务。新世界百货崇文店坐落于东城区崇文门外大街3号、5号，作为京城南部10万平方米商业中心，是京南一站式品质消费的首选地之一，是紧邻长安街的南部核心商圈主力百货。2023年，新世界百货崇文店完成第一阶段焕新升级，以“品质+社交+场景”的全新定位，提振区域商业活力，塑造一个多元复合的潮流体验式商业新地标，全面满足年轻家庭客群及潮流人士的需求，倾力打造全客层家庭购物中心。携手顶尖设计团队，在空间美学上进行大胆创新，突破传统楼层规划，融入高标准硬件设计与沉浸式空间。自然景观与建筑风貌的巧妙结合，引领审美新潮流，为消费者带来前所未有的购物体验。新世界百货崇文店为补全美妆消费短板，聚焦高档化妆品和品质轻奢领域，引进包括海蓝之谜、莱珀妮、赫莲娜等在内的一众国际顶尖护肤品牌，同时原有品牌如兰蔻、雅诗兰黛等也进行全面升级，增设尊贵会员美容坊，为消费者提供一站式美容护肤服务。珠宝与腕表区进行大规模的品牌升级及调整。周大福以全新概念形象店及传承店亮相，其他知名品牌如周生生、六福珠宝等焕然一新。在腕表区浪琴以全新形象呈现，采用开放式、个性化的设计理念，为消费者带来更加时尚、便捷的购物体验。新世界百货崇文店围绕一期、二期物业空间，将临街关键定位商铺与餐饮区域和一层的化妆品定位升级紧密结合，形成强大的业态联动效应，有效吸引客流，实现高效导流。新世界百货崇文店通过创新升级提升自身的整体实力，带动崇文商圈区域的消费提振，为城市商业多中心格局的形成与发展注入新动力。

（曹蕊）

【国瑞商管公司】北京国瑞商业运营管理有限公司（简称国瑞商管公司）营业范围包括商业综合体管理服务；单用途商业预付卡代理销售；软件开发；会议及展览服务；租赁服务（不含许可类租赁服务）；餐饮服务；药品零售；食品互联网销售等。2023年，国瑞商管公司开展各项工作，促企业发展。6月，国瑞购物中心开展疫情后首个店庆，集促销、市集、文娱表演等多种活动。夏季，开展崇文门啤酒节活动，以“政府指导、商会主办、企业协办”的形式举办，将非遗、国潮、艺术等元素融为一起，以实现现代化都市生活方式为目标，促进业态结构升级、提升商业层级与质感，通联商气、活化商圈，坚持在商圈改造中传承好区域的“京商”文化，做到文化浸润，文商融合，满足“活力、时尚、品质、体验、乐享、生活”的新消费需求，成为北京时尚潮流的新地标。落实“崇文争先”理念，推动崇文门传统“京商”文化与国际消费中心城市示范区建设融合发展、高质量发展。11月底，网红美食街区宝石港开幕，烤肉、蛋糕、寿司、拉面、炸串、啤酒、羊蝎子，一众美食，应有尽有，为广大市民提供很好的业余生活聚会场所。

（薛光明）

【百荣世贸商城】北京市百荣世贸商城市场有限责任公司（简称百荣世贸商城）隶属于百荣投资控股集团，经营涵盖男装、女装、儿童用品、玩具、针织品、鞋靴、花卉工艺品、日百家居等众多品类，经过多年调整升级，逐步转型成为“布局全业态、服务全客层”满足社区生活方式的百荣特色购物中心。2023年，百荣世贸商城实现稳定发展，取消现场批发加速商城转型，美化环境提升服务营造舒适氛围。持续深化服务，帮助商户减负，加强沟通引导，了解商户实际困难，为商户提供更好的经营平台，提升服务质效，创新营销方式帮助商户拓展渠道提升业绩；坚持管理常态化，保持店铺内零售货品存量，以政府部门要求为核心提升整体形象；以传统文化、二十四节气及潮流时尚相结合打造主题街区，文化赋能商业深度吸引消费者，更以场景彰显文化兼顾传承。百荣世贸商城通过常态化巡检提高安全系数、筑牢安全生产底线，深化整治安全薄弱环节和隐患，对商户导购进行岗前消防安全培训考核，实现持证上岗；与各部门签订岗位安全生产责任书1500余份；加强巡检及时完成商城安全隐患及整改措施“企安安”系统填报工作。制订并推出《商城双重预警分级管控安全制度》《合同管理制度》《业务工作规范》等一系列管理制度和规范，为强化安全维稳、疫情防控，全面提升管理水平奠定坚实基础。结合转型需要，百荣世贸商城针对不同职级、岗位人员全年完成员工培训2场近800人次。2023年，市、区相关部门及有关领导多次到百荣世贸商城调研，重点了解商城升级变化、安全管理等情况，在促进管理规范、服务提升、调整升级、安全防控等方面提出指导建议。

（武悦）

【中国黄金集团黄金珠宝股份有限公司】中国黄金集团黄金珠宝股份有限公司是专业从事“中国黄金”品牌运营的大型专业黄金珠宝生产销售企业，是中国黄金集团有限公司的控股子公司，2021年2月5日正式在上海证券交易所主板挂牌交易上市，股票简称中国黄金，股票代码600916.SH。2023年，中国黄金集团黄金珠宝股份有限公司业务运营体系中包含13家分（子）公司。在全国建立30家品牌服务中心和4000余家专卖店，中国黄金旗舰店位于北京市东城区蒋宅口。2023年，中金珠宝延续与WTT世界乒联的合作，执行完成WTT新乡、澳门、兰州、名古屋等地赛事合作；3月24日，参加中国年度管理大会，深化交流合作；4月7—10日，中国黄金品牌受邀参加第二届中国（莆田）国际珠宝博览会，提高品牌影响力；4月11日，参加第三届中国国际消费品博览会，在海口讲述央企品牌故事，同日，2023中国探月太空兔官方授权贵金属产品暨中国探月太空兔梦想金上市发布会举行；5月24日，中国黄金与晶拓钻石达成战略合作，共同助推培育钻石产业发展；2023“中国深圳·珠宝”品牌发展大会在罗湖水贝举行，大会发布“2022年黄金珠宝品牌集群成员单位品牌价值与品牌强度”评价结果，中国黄金品牌价值715.26亿元，品牌强度852.4；6月18日，中国黄金获中国品牌建设促进会突出贡献品牌单位称号；9月2—6日，中国国际服务贸易交易会在北京召开，中国黄金展示富有文化内涵的产品，官宣龙年“朋友圈”系列；12月13—17日，中国黄金品牌参加第二届中国（澳门）国际高品质消费博览会暨横琴世界湾区论坛，展示央企品牌形象；品牌自媒体矩阵共计发布内容260余篇，累计点击阅读量1000万余次；通过《环球时报》等媒体的新媒体账号、门户网站、腾讯广告、互联网渠道分发等形式传递品牌资讯和产品信息，合计阅读量超过6500万次。全年中国黄金集团黄金珠宝股份有限公司实现营业收入563.64亿元，实现归母（公司）净利润9.73亿元。

（邢睿）

4月，中国黄金集团黄金珠宝股份有限公司参加第三届中国国际消费品博览会（姚阳摄）

【世纪天鼎公司】世纪天鼎（北京）文化科技有限公司（简称世纪天鼎公司）是一家投资建设并运营文化金融园区的民营企业。天鼎218文化金融园位于前门大街商圈，园区项目总面积3.5万平方米，是核心区域中轴线上亮眼的文化新地标。2023年，世纪天鼎公司致力于园区软环境的打造，根据入驻企业不同时期的需求，在完善一站式、一条龙的创新增值服务外，依托产业定位和资源基础，发挥入驻企业之间业务协同发展功能与作用，鼓励园区内部建立“跨界、融合、共建”的合作共赢模式。搭建以空间物业服务为基础，以社会与企业共同发展的公共服务体系，推动园区企业转型升级和做大做强。至年底，入驻企业共计90家，入驻率达到95%，其中涉及文化类企业总占比79%，其他企业为优质配套行业。吸引鑫台华科技、情景智造、广誉远、多彩贵州、巧合榫卯等一批高成长总部型文化企业入驻。6月，建立健全园区党建联席会议制度，创建“组织共建、资源共享、机制衔接、功能优化”的共融党建工作模式，将党建工作与入驻企业的实际发展需求相结合，整合政府、企业、社会和园区内各种机构资源，开展政策宣传、法律咨询、银企对接等服务，为入驻企业协调解决经营中出现的难题。2023年，世纪天鼎公司组织学习贯彻党的二十大精神，召开专题会议5次，集体学习3次，专题研讨4次。开展党日活动12次，参观交流8次，凝聚向善向上的正能量。依托园区党群服务中心，加强与社会组织、团体、商协会、工商联等党组织互通有无、优势互补，接待10余次各级党组织参观交流。全年组织消防培训和应急演练3次，加强全员消防安全意识。世纪天鼎公司党支部被区委组织部、“两新”工委评为党建强，发展强“两新”组织，被天坛街道党工委评为先进党组织。

（汪建苗）

11月，世纪天鼎公司举办岗位技能比赛——应急消防演练（王志鹏摄）

东城区商业企业单位负责人

北京东方奥天资产经营有限公司
党委书记、董事长　司　可（女）
党委副书记、总经理　梁翠芝（女）

北京东方祥泰投资管理有限公司
董事长、党总支书记　刘洪林
总经理　于小凡

王府井集团股份有限公司百货大楼
党委书记、总经理　张　林

王府井集团股份有限公司东安市场
总经理　胡绮年（女，5月离职）
副总经理（主持工作）　宁伯卫（5月任）
党总支书记　宁伯卫

北京工美集团有限责任公司王府井工美大厦
经　理　刘　鹏
党总支书记　刘　鹏（12月免）
　刘波勇（12月任）

中国全聚德（集团）股份有限公司北京全聚德前门店
总经理、党总支副书记　王晓珊（女，1月免）
　马　加（2月任）
党总支书记、副总经理　牛伯杰

北京便宜坊烤鸭集团有限公司
党委书记、董事长　邹宜凡（5月免）
　司　可（女，5月任）
总经理　刘　玮

北京东来顺集团有限责任公司
党委书记、总经理　王国辉

北京稻香村食品有限责任公司
董事长、总经理　毕国才
党支部书记　梁　硕

北京吴裕泰茶业股份有限公司
董事长、总经理、党支部书记　赵书新

北京大北服务有限责任公司

党委书记、董事长	邢　艳（女，4月免）
	屈杰伟（女，4月任）
总经理	李丽婷（女）

中国北京同仁堂（集团）有限责任公司

党委书记、董事长	王贵平
总经理	戴小锋（9月任）

北京亚泰永安堂医药股份有限公司

董事长	马东梅（女，2月免）
	仇　健（9月任）
总经理	房　云（女）
党支部书记	安秦川（11月免）
	石　萌（11月任）

北京易喜新世界百货有限公司

党支部书记	韩　松

北京国瑞商业运营管理有限公司

总经理	陈　莹（女，10月离职）
副总经理	陶　曼（女，10月任）
党支部书记	沈京丽（女）

北京市百荣世贸商城市场有限责任公司

总经理	周元立（7月免）
	郭春雨（7月任）
党支部书记	张　蔚

世纪天鼎（北京）文化科技有限公司

董事长	林余存
党支部书记	王　方（女）

对外经济

【概况】东城区对外经贸工作由区商务局主管。2023年，东城区新设外商投资企业37家，实际使用外资3.33亿美元。实现进出口总额2061.6亿元，其中出口额244.1亿元，进口额1817.6亿元。

（荆晓丹）

【参加进口博览会申请成功】2023年，按照《第六届中国国际进口博览会北京市交易团组织工作方案》要求，制订《第六届中国国际进口博览会北京市交易团东城区分团组织工作方案》，成立进口博览会北京市交易团东城区分团并审核通过114个单位220人的参会申请。

（荆晓丹）

【参加中国国际服务贸易交易会】9月2—6日，中国国际服务贸易交易会在国家会议中心及国家体育馆、首钢园区举办。东城区组建交易分团，推动307家企业线上注册并搭建展台；分别以“崇文争先 首善气象”“新融合 新服务 新高地”为主题亮相服贸会文旅服务、金融服务专题展；携手毕马威举办“文化无界 数字焕新”圆桌论坛，助力文化软实力转化为发展硬实力。“北京日”京津冀协同招商推介暨投资北京全球峰会活动“重大项目签约”环节，邀请市领导见证外资企业新世纪检验认证公司母公司Kiwa中国区总部落地东城区项目、中汇人寿保险股份有限公司新设项目签约；在“投资北京全球发布”环节发布信达中心、隆福寺、华润大厦和星海E园等4个楼宇园区合作项目。

（贺心怡）

10月12日，建行东四支行，承办建行北京市分行听“建”美好 安享生活——金融消费者权益保护教育宣传日活动（张昕摄）

综 述

2023年，东城区金融服务办公室（简称区金融服务办）贯彻落实区委、区政府决策部署，立足首都功能核心区战略定位，紧密围绕金融服务主业，做实产业发展“劲”字文章，推动金融业规模实现稳步增长，助力企业多渠道融资，产业结构不断完善，金融业态日益丰富，推动企业上市融资，推动普惠金融服务。服务实体经济质效不断提升，金融功能集聚区建设成效明显，“银巷”建设初具规模，品牌建设深入推进，东城金融声量日响，优化服务持续发力，微信推广受众增加。营造优质营商环境，大力开展税源建设。制订《东城区金融办税源建设任务工作方案》，建立储备、在谈及落地“项目三库”，深挖招商线索的巧劲，对重点项目坚持一盯到底，按时保质完成全年税源建设任务。完成税源建设3.54亿元，完成指标101%，实现当年税源入库2.4亿元，完成指标114%。防范化解金融风险取得显著成效，进一步推动东城区处置非法集资联席会议制度，持续做好高风险企业（冒烟指数60分以上）的处置化解工作，协调市场监管、税务、公安等部门支持指导采取多种措施，完成对高风险企业的处置和销账工作。

金融产业集聚。2023年，东城区聚焦大资管领域，支持各类新兴金融机构发展，吸引全国首家外资新设全资期货公司摩根士丹利期货落地，实现摩根士丹利在京全部主体悉数落户东城。围绕REITs产业生态发展，项目挖掘和主体培育双向发力。加强项目谋划储备，聚焦市政基础设施、保障性租赁住房等领域，全面梳理基础资产，明确存在问题和解决路径，形成东城区REITs产业发展专题报告。发挥政策引导作用，与首钢集团签订战略合作协议，吸引招商公路、世纪互联等运营管理机构落户。持续承办北京市基础设施REITs产业发展大会，营造良好发展氛围。加速金融功能集聚区建设。制订《金宝街金融商务集聚区“国际金融+现代服务”产业组团建设方案》，建立长效工作机制。走访重点楼宇，了解楼宇特色，梳理入驻企业台账。组织“点燃组团新引擎 共赴金宝新征程”金宝街产业组团推介会及专题“政企会客厅”活动，吸引中汇人寿等金融机构落户，天润财富中心成为新晋亿元楼宇。“银巷”建设初具规模。区金融服务办利用四合院落等资源较多的优势，推动百颐资本、百汇资本等机构集聚；举办“银巷”高质量发展专题培训班，带队到沪杭调研学习，探索金融业促进东城高质量发展的有效路径。

金融服务实体经济。区金融服务办推动企业上市融资，与北京证券交易所（简称北交所）、全国中小企业股份转让系统有限责任公司共同建立北交所东城上市服务基地。组织上市企业培训会5场，举办2期北京市“专精特新”专板培训会，推动24家拟上市企业与北交所、全国股转公司、北京股权交易中心对接，宣传北交所上市路径，完善东城区上市企业跟踪服务机制。联合北京股权交易中心推动“专精特新”企业隆瑞三优于7月4日成为北京市首批、东城区首家北京“专精特新”专板挂牌企业。为拟上市企业开具各项合规证明30项，走访企业31家次，助力企业快速发展。推动普惠金融服务。围绕市场信心提振，做好重大项目信息发布。落实东城区助力纾困政策，帮助中小企业解决发展困境，累计服务41家企业与7家银行对接，对接贷款需求3.13亿元。通过287万元贴息政策支持35家银行为区属134家企业实现发放贷款3.63亿元。

金融风险防范。区金融服务办坚持以“防”为主，借助大数据技术开展非法集资监测预警。依托大数据监控技术，密切关注金融市场动态，将预防关口前移，防范化解金融风险，维护金融市场稳健发展，保障人民群众财产安全。强化全区“一盘棋”意识，形成信息共享、多方参与、齐抓共管的工作格局。加强防非宣传，营造良好的社会氛围。为提高社会公众对非法集资危害性的认识和对非法集资行为的识别能力，根据不同地区和对象，有针对性选择宣传内容，达到“因材施教”的目的，确保宣传实效。

（王雪）

金融服务

【概况】北京市东城区金融服务办公室（简称区金融服务办）是区政府工作部门，为正处级，主要负责辖区金融产业发展和金融机构风险防范处置相关工作。2023年，东城区金融业实现增加值1053.9亿元，同比增长6.2%，占比29.5%；累计各项税费收入279.4亿元，占比为27.8%；完成地方级一般公共预算收入119.9亿元，占比为25.7%；完成区级收入44.3亿元，占比为23%。区金融服务办提高服务实体经济工作水平，推进区金融稳定长效机制建设，促进区域经济高质量发展。

（王雪）

【打造东城金融特色品牌】2023年，区金融服务办参加服贸会金融专题展，以“新动能 新活力 新未来”为主题，全景展示东城金融在行业聚焦、空间优化、开放创新、产业融合等方面的探索与实践，吸引多家媒体和众多观众，向外界全方位展示东城金融的影响力和发展力。优化服务持续发力。依托综合资源优势，构建个性化、特色化、专业化的金融服务体系。充分利用东城区特色文化资源，推动文化与金融双向赋能；创新推出“故宫以东·政企会客厅”系列活动，全年共主办16期，邀请84家企业，更大力度解决企业实际困难和具体问题；举办2023年银企对接会暨金融产业联盟活动；支持成立北京市东城区立鼎金融与发展研究院，举办2023“智能财富管理论坛”秋季研讨会、ESG投资与智能财富管理研讨会，发布《大财富管理时代的中国模式》报告和《中国ESG投资发展报告（2023）》。强化精准宣传，全年共发布文章123篇，其中原创报道34篇，粉丝总量达到1877人，单篇最高阅读破1900人次。

（王雪）

【开展防非宣传】2023年，东城区推进非法集资源头治理，先后组织开展防范非法集资短视频大赛、第三届全国防非知识答题赛和“6·15”防范非法集资集中宣传日等活动，借助各街道力量，深入社区开展防非宣传，以通俗易懂的语言向参加活动的居民普及防范非法集资知识。全年共开展活动51场，发放宣传物料2万余份。

（王雪）

【服务金融企业】2023年，区金融服务办提升服务企业精准度。促进北交所、中国信达、宁波银行北京分行、浦发银行北京分行等企业与东城区签署战略合作协议，加强政企联动，联合区相关职能部门，陪同区领导走访、会谈民生银行、中国银行等重点金融机构，健全服务专员和驻企专员机制，深度对接金融机构需求，协调推动解决金融发展中存在的问题，了解企业所属行业的发展态势，寻求税源建设和为企业服务新出路、新办法。

（王雪）

银 行

【工行东城支行】中国工商银行股份有限公司北京东城支行（简称工行东城支行）隶属中国工商银行股份有限公司北京市分行，主要办理人民币业务、外汇业务和其他中间业务等。下辖支行营业室、东四支行等12家网点支行。2023年，工行东城支行实现稳中有进、企稳回升的良好发展局面。经营效能跑出加速度。对公存款、储蓄存款时点余额分别较2022年底增加37.38亿元、23.8亿元。通过年末争揽资金，完成分行下达的GDP同业存款目标任务，GDP口径对公存款较2022年底增加21.39亿元。法人贷款时点、日均余额双双突破300亿大关，分别较2022年底增加70亿元、52亿元。个人贷款日均余额较2022年增加2.95亿元，增量排名分行第二；个贷整体规模排名分行第二，较2022年提升1名。全力搭建G端客户特色场景，共覆盖GBC场景16个，场景覆盖率89%。东城区体育局预付费项目实现落地。实现东城区重点文商旅平台公司落户工行东城支行，开立结算基本户，建立信贷台账，并与其签订战略合作协议。促成工行北京市分行与北京市民政局签署战略合作协议，打造民生领域特色行，成为工行北京市分行典型案例。坚持“风控强基”，落实支行“强基固本 护航发展”内控管理提升年工作方案，做到防案件、严治理、精检查、促合规，全年未发生案件、案件风险事件、洗钱风险事件和监管处罚。抓实各类隐患排查，防范安全事故，加强外部欺诈防控，保持“零外部案件、零重大安全事故和零受灾”，在北京地区第八轮金融安全评估中，保持区域内同业第一。党建工作坚持高定位。坚持以习近平新时代中国特色社会主义思想为引领，扎实开展主题教育，一体推进理论学习、调查研究、推动发展、检视整改、建章立制等重点工作，组织全行党员200余人开展“荣耀东城 砥砺前行”主题党日活动。工行东城支行被工行北京市分行授予外汇首选银行建设先进单位、普惠金融先进支行、GBC十佳支行、网点竞争力提升工作十佳支行、金融同业业务十佳支行等称号，支行营业室获评年度外汇千优网点先进单位，北新桥网点支行获评年度客户体验提升先进网点，新中街网点支行获评年度运行管理工作先进网点称号。

（李澈）

【工行崇文支行】中国工商银行股份有限公司北京崇文支行（简称工行崇文支行）隶属中国工商银行股份有

11月4日，工行东城支行举办2023年管理干部创新能力提升培训班
（金鑫摄）

限公司北京市分行，下辖永定门支行等12家网点支行。经营范围包括办理人民币存款、贷款、结算业务；办理票据贴现；代理发行金融债券；代理发行、代理兑付、销售政府债券；买卖政府债券；代理收付款项；外汇存款；外汇汇款；外汇贷款；外币兑换；国际结算；结汇、售汇；代理国外信用卡付款。2023年，推动存款稳健发展，强化量价协调，优化期限结构，聚力拓客获客，扩大资金承接，提高辖区内走访及综合化服务力度，人民币全部存款日均规模达610.05亿元，较2022年底增长22.02亿元，同比增长3.74%；坚持服务国家战略，做好中央金融工作会议“五篇大文章”。科技金融方面，运用知识产权质押、股权质押等灵活融资方式，为轻资产科创企业提供债券、股权的融资需求，全年战略性新兴、“专精特新”等贷款规模均保持良好增势，任务完成率分别为363.5%、109.09%。绿色金融方面，开展绿色债券承销发行与投资业务，为企业拓宽绿色融资渠道，深化与辖区内环保企业合作，助力企业提升污水处理综合效能，全年绿色金融贷款规模任务完成率达102.8%。普惠金融方面，精细化网点普惠业务全流程管理，加大普惠人才队伍培养力度，强化专业协同和普惠营销渗透，提高普惠客户综合价值贡献，激发“全行办”普惠的内生动力，全年普惠时点余额较2022年底增长5亿元。养老金融方面，完善老年客群到店服务标准化，打造养老服务场景化建设，探索网点无障碍化硬件升级改造。数字金融方面，利用大数据、人工智能等技术手段优化尽职调查途径、简化信贷决策流程，提升数字化运营能力，服务客户数字化转型，支持数字化经济发展。高标准强化内控案防，全年无重大案件和风险事件发生。工行崇文支行高标准抓实主题教育，全年共组织开展主题教育培训班4期，专题党课宣讲7期，主题教育学习活动40余次，工行崇文支行党委全年与东城区检察院、同仁堂中医院、永定门外街道等单位联合开展主题党日活动10余次。2023年，工行崇文支行被北京市授予首都文明单位称号，被工行北京市分行授予存款量价协调工作先进单位、管理信息业务先进单位、大公司条线先进单位、政府客户服务先进支行、市区属客户服务先进支行、服务战略性新兴产业先进支行等称号，新世界支行获评总行级青年文明号称号，体育馆路支行获评分行第九届分行文明单位、客户体验提升先进网点等称号。

（孙旭）

1月28日，工行王府井支行参加“前门潮市集”活动（杜芃芃摄）

【工行王府井支行】中国工商银行股份有限公司北京王府井支行（简称工行王府井支行）隶属中国工商银行股份有限公司北京市分行，下辖金街支行等11个网点支行及朝南储蓄所。主要办理本外币存款、贷款、结算、汇兑、外汇、个人金融、银行卡业务、各类理财业务及金融代理业务。2023年，工行王府井支行深入开展主题教育，大力提升基层党组织先进性和活力，以高质量党建推动高质量发展。存款业务方面，从“主抓规模”向“经营客户”转型，突出稳中求进，强化“联动”机制，通过数字化手段、客群化经营、场景化拓展挖潜存量、拓展增量，持续强化全过程督导和精细化管理，本外币及人民币存款时点余额、日均余额均创历史新高。贷款业务方面，坚持服务实体，强化线上普惠业务营销，提升普惠业务发展质量，并稳固存量集团客户关系，丰富业务合作领域，调整贷款结构，加大中长期贷款拓展力度，做好信贷资源储备，人民币贷款日均余额比2022年增加7.6亿元。手佣收入方面，直面城市空心化等不利因素影响，抢抓机遇，寻求转型，以市场需求创新发掘应用场景，“以产品建场景 以场景促服务”，创新发展投行新兴业务，全年手佣收入同比增长12.83%。内控管理方面，压实“一道防线”内部控制和合规管理职责，增强事前合规风险防范，强化合规意识传导，增强案防工作的主动性、前瞻性、有效性。工行王府井支行重视人才队伍建设，优化人才选拔培养体系，丰富职工之家功能。

（董勤生）

【建行东四支行】中国建设银行股份有限公司北京东四支行（简称建行东四支行）是中国建设银行股份有限公司北京市分行下辖二级支行，下辖12家营业网点。主要经营公司银行业务，个人银行业务和资金业务。2023年，建行东四支行做好科技金融、绿色金融、普惠金融、养老金融、数字金融“五篇大文章”。在科技金融方面策应京津冀创新链产业链供应链联动发展和北京科技创新“三城一区”主平台建设规划，升级股债联动等服务，为科创企业提供全链条全周期综合金融支持。依托东城区“专精特新”产业联盟平台，创新开展股权债权联动支持高新技术企业发展，共投放高新技术中小企业贷款26户，与13家优秀企业签署股权投资协议，在股、债两翼助力中小高新企业发展，协助政府落地惠企政策。在绿色金融方面巩固并深挖重点客户资源，加快信贷投放，同时依托总部经济，辐射服务全国绿色客户及项目。围绕绿色低碳、生态优先，推广绿色债券、新能源车分期产品等，多条线提升绿色信贷占比。在普惠金融方面，响应北京市政府首贷贴息政策，为17户首贷客户办理贴息申请，补贴金额23.03万元。普惠授信客户8238户，较2022年底新增2618户，累计发放小微贷款1252笔，助力复工复产时期实体经济平稳运行。在养老金融方面，紧跟中央深化养老金融战略实施，抢抓养老金政策机遇，构建系统性养老服务体系。以做大个人养老金账户为抓手，力争打通“养老财富管理”链路，持续客户触达、资产检视及长期服务能力提升。2023年建行东四支行共新开个人养老金账户2.11万户，实现累计缴存金额4241.12万元。在数字金融方面，发挥场景优势，借助建行生活提升客户权益体验，强化线上线下融合经营。做好“双子星”协同推进，联动拓展个人养老金、个人消费贷、三代社保卡换发、数字人民币等业务，形成协同经营新模式。助力“文化东城”建设，在王府井商圈率先开展建行生活、数字人民币消费季活动；对接区文旅局，投身东城区“故宫以东”文旅品牌文化建设；承办西单大悦城情人节等建行生活商圈活动，率先试水建行生活网点派券新模式。

（范长营　郑乔云）

【农行东城支行】中国农业银行股份有限公司北京东城支行（简称农行东城支行）是一家国有控股商业银行。下辖营业部1家，二级支行12家，经营范围：办理人民币存款、贷款、结算业务，办理票据贴现，代理发行金融债券，代理发行、代理总付、销售政府债券，买卖政府债券，代理收付款项及代理保险业务，办理外汇存款；外汇汇款；外币兑换；国际结算；结汇、售汇；外汇贷款；通过上级行办理代客外汇买卖；代理国外信用卡付款；代理销售实物黄金买卖业务；个人实物黄金买卖业务。2023年，农行东城支行围绕城区支行的发展定位和要求，在基层党建、客户建设、转型创新、双基管理、企业文化五个方面深耕细作，推动经营管理高质量发展。坚持服务实体经济，加强信贷资产配置和结构调整，持续加大对重点领域和薄弱环节的金融支持，其中绿色信贷、制造业贷款、普惠法人贷款余额分别较2022年底增加22.23亿元、22.43亿元、3.82亿元。坚持扩户提质，拓展优质客户、储备优质项目。全年深化银政合作，落实农行北京分行与东城区政府签署的战略合作协议，加速与东城辖区委办局、街道办事处和区属企事业单位全面合作。加强与预算单位合作，为某国家部委下属事业单位开立零余额账户，金融服务内涵不断深化。加强与重点客户合作，为央企、国企和民营企业发放各项资金贷款，持续服务经济社会高质量发展。坚持创新驱动发展，稳步推进数字化转型，场景业务发展取得新突破。全年共新增智慧场景7户，推动智慧营房成功上线，为为军服务e缴费平台推广奠定基础。坚持完善“双基”管理体系，加强内控制度建设，提升信贷、运营、合规、员工管理等十大领域精细化管理水平，为业务发展保驾护航。坚守“金融为民”初心使命，2023年，农行东城支行辖内的青年湖支行与属地派出所通力配合，成功堵截一起新型电信网络诈骗事件，为客户挽留资金15万元，为防范电信网络诈骗、守住百姓“钱袋子”贡献农行力量。担当社会责任，线上线下一体推进脱贫地区农副产品销售，服务脱贫地区乡村振兴。坚持加强企业文化建设，开展读书、健身、运动会等职工喜爱的活动。全年各项存款日均余额同比增加68.55亿元，各项贷款日

9月2日，农行东城支行举办“燃动青春 活力东城”趣味运动会（王时延摄）

均余额同比增加35.83亿元，营业收入同比增加0.77亿元，净利润同比增加0.46亿元，纳税总额同比增加756万元。

（王时延）

【农行崇文支行】中国农业银行股份有限公司北京崇文支行（简称农行崇文支行）下辖崇文支行营业部、先农坛支行等11家营业网点，经营范围包括办理人民币存款、贷款、结算业务；办理票据贴现；代理发行金融债券；代理发行、代理兑付；销售政府债券；代理收付款项；办理外汇存款；外汇贷款；外汇汇款；外币兑换；国际结算；结汇、售汇；代理国外信用卡付款等。2023年，支持小微企业发展，普惠金融贷款全口径较2022年底增长2.22亿元，有贷客户数较2022年底增加28户。强化重点领域信贷投放，累计开立国家级“专精特新”小巨人企业10户，科创贷款日均增量计划完成率212%，为新华水力、中联华瑞等绿色贷款项目提供支持。持续深化改革创新，强化科技赋能、数字赋能，落地广渠门中学、五十中学、一零九中学、春蕾佳禾幼儿园智慧校园场景建设，提升线上数字化经营能力。践行“金融为民”服务理念，完善消保制度体系，围绕消费者权益保护组织服务培训29次、宣传教育活动40余次，推进“农情暖域”品牌建设和服务升温工程，实施投诉压降攻坚行动，消保考核位列分行第一。加强企业文化建设，举办“阅见美好，玫瑰书香”“羽你同行”等文体活动，组织开展心理健康咨询，深化职工之家、职工小家建设。2023年，农行崇文支行扎实开展主题教育，与中国人民人寿保险股份有限公司、人民卫生出版社、蓝箭航天等单位开展党建共建活动。全年各项存款日均余额同比增长2.98%，净利润同比增长5.77%，实现经济效益和社会效益稳定可持续发展。

（吉一阁）

【中行崇文支行】中国银行股份有限公司北京崇文支行（简称中行崇文支行）成立于1986年，是中国银行北京市分行辖属第一家管辖支行。下辖崇文支行营业部、崇文门支行、崇外大街支行、劲松支行、方庄支行、潘家园支行、双井支行、恒基中心支行、现代城支行、大北窑支行、东大桥路支行、东花市支行、松榆里支行、广渠门支行、针织路支行15家网点支行，主要提供人民币及外汇存款、贷款、结算业务、票据贴现等金融服务。2023年，中行崇文支行认真践行金融工作的政治性、人民性，贯彻落实党中央决策部署和总、分行党委重点工作，服务国家“一带一路”战略，充分发挥业务优势，为央企、国企“走出去”提供金融支持。支持实体经济发展，通过公私联动、考核导向、业务培训、队伍建设等多种方式推进普惠金融、绿色金融、养老金融等业务。坚持以人民为中心的发展理念，为城市更新改造项目提供金融支持。加快个人业务发展，完善私人银行中心建设，强化机制建设及理财经理精细化管理。至年底，中行崇文支行整体业务实现平稳增长。存款方面，整体存款日均余额同比增长17.18%，其中个人存款同比增长14.70%，公司存款同比增长20.00%。贷款方面，全口径贷款日均余额同比增长28.29%，其中公司贷款同比增长12.47%，贸易融资同比增长156.17%。支行整体营业收入同比增长7.88%。中行崇文支行获首都金融“七一”主题教育风采展示优秀党建品牌案例奖。强化以客户为中心理念，推进消费者权益保护宣传工作常态化，9月，中行崇文支行营业部再次获中国银行业协会授予的银行业营业网点文明规范服务百佳示范单位称号。

（穆宁宁）

9月13日，中行崇文支行营业部再次获中国银行业协会授予的银行业营业网点文明规范服务百佳示范单位称号（中行崇文支行提供）

保险　证券

【人保财险北京市分公司】中国人民财产保险股份有限公司北京市分公司（简称人保财险北京市分公司）是中国人民财产保险股份有限公司在北京设立的省级分公司，在北京市16个辖区设有分支机构58个。2023年，人保财险北京市分公司以中国人民保险集团八项战略服务为抓手，服务区域经济建设和民生保障。车险方面实现保费收入94.61亿元，共承保北京地区新市民客车、货车、摩托车等各类车辆142.03万辆，相关保险责任金额合计3.5万亿元。为进一步便捷客户投保摩托车交强险，4月17日，人保财险北京市分公司升级完成摩托车交强险线上投保。商业非车险方面，安全责任险承保企业超过3.32万家，提供风险保障3557亿元。为全市2082家养老机构提供104.1亿元保险保障。连续第二年独家中标北京市知识产权海外纠纷法律费用保险试点项目，为北京市10家出口企业在海外销售产品涉及的1.33万件专利和1.25万件商标提供6000万元的海外维权法律费用保险保障。7月，成功签发首单国产汽车电子产品安全责任险。作为主承保公司推动开展“北京普惠健康保”项目，为351万人提供风险保障。医疗意外险累计承保37万余人，承担约570亿元风险责任。重点服务美团、饿了么、闪送、达达、货拉拉、快狗打车、58到家等多家新业态平台，为70万新业态群体提供风险保障。累计受理新业态人员4173人报案申请，为新业态人员984人支付职业伤害保障金额1.1亿元。人保财险北京市分公司累计承担全市农业生产区40.4%的农业风险保障需求，为北京高质量率先完成基本实现农业农村现代化的目标提供支撑。承保三大主粮作物突破30万亩，承保林果树体、设施蔬菜48.2万亩，为2.7万户次提供24.3亿元的风险保障；承保猪牛鸡等畜禽6800余万只，为首都肉蛋奶食品提供46.2亿元的风险保障，以实际行动支持首都“菜篮子”稳产保供任务。人保财险北京市分公司作为中国人民保险集团展台落地服务机构参展2023年“服贸会”“链博会”，为北京马拉松等大型赛事提供全程赛事服务保障。在应对2023年京津冀暴雨灾害工作中，人保财险北京市分公司第一时间调集理赔、救援专业力量，累计投入人力1000余人，全国范围调度各类专家63人、调配救援车辆192台、调派客服坐席3000余人。全面部署实施动态灾害预警机制，发布预警信息199万条，排查内涝风险点超160个，排查重点企业客户超1400个。人保财险北京市分公司坚持以服务首都经济社会发展和中国式现代化为己任，围绕北京“四个中心”战略定位，主动融入首都传统产业转型升级和战略性新兴产业发展大局，落实中国人民保险集团卓越战略，全年实现保费收入174.9亿元，累计承担保险责任金额102.4万亿元，支付赔款118.8亿元。

9月，人保财险北京市分公司作为中国人民保险集团展台落地服务机构参加2023年中国国际服务贸易交易会金融服务专题展（人保财险北京市分公司提供）

（李璐）

【人保财险北京东城支公司】中国人民财产保险股份有限公司北京市东城支公司（简称人保财险东城支公司）主要经营企事业单位财产保险、机动车辆保险、建筑、安装工程保险、家庭财产保险、责任险、信用险、意外伤害险、农业保险等保险险种。2023年，人保财险东城支公司围绕人保集团“八项战略服务”重点开展工作，突出主责主业服务，稳步发展车险业务，推进个人非车险种业务发展，夯实法人业务，业务发展规模和经营效益持续提升。深耕半导体产业，依托专业赛道优势，为天马、富芯、中环半导体等客户提供超1351亿元风险保障；为大唐集团、中国移动、联通、电信、新东方、新隆福、中航技易发等重要客户及政府重点项目提供能源、运输、基建、网络安全等多方面保险保障；2023年，人保财险东城支公司成功中标大唐项目，在全部十个标段中主承2个，从共6个，中标率达到历史最高水平；中标“高井村村民综合福利保险”项目，实现签单保费收入921.8万元，为2839人提供补充医疗及意外综合保障；开拓创新，运用三大运营商资源，独家中标中国联通两年期“抗D保”网络安全保险项目并实现首单突破；2023年普惠健康承保2.29万人次，保费收入446万元；独家中标东城区“两低一特”人群统保普惠健康保，为全区1.07万人提供保障；组建东城长护险工作组，全年实现东城区74家养老机构全覆盖，并与8家机构签约建立合作关系；为1.5万新市民提供房屋押金损失保险保障；在海上风电新能源领域为平潭、南澳、庄河等项目提供23亿元风险保障，保费收入502万元；出具大唐环污险保单119份，同比增长30%；安责险服务团队通过开展业务宣导，为1857家企业提供保险保障，为1881家企业提供2987次风险排查服务，2023年属地安责险保单份额占比57.93%，保费份额占比61.89%，“双份额”领先地位持续增强；保障东城区公共管理综合保险续保，连续8年由人保财险东城支公司独家承保区域民生保险；承保道路承运人保险，实现份额内保费收入56.57万元。协调共保体处理并完成“12·17”门头沟重大交通事故理赔摊赔工作。服务珠三角、长三角等区域发展，全年实现37个项目中标，中标保费3637万元；新增5万元以上项目58个，保费超4600万元。为“一带一路”7个国家、11个中资海外项目提供约47.78亿元风险保障服务。以党建共建为纽带，全年开展联学共建活动9次。加入东直门街道党建工作协调委员会，聚焦属地，参与区域共建共治共享；走进新中街社区养老驿站，为老年群体开展“金融消费者权益保护”活动。人保财险东城支公司党员突击队在台风“杜苏芮”大灾、火灾事故等急难险重任务中勇挑重担，冲锋在前。8月，支部委员带队前往北京日报社门头沟基地，现场查勘台风“杜苏芮”大灾客户损失情况；积极分子第一时间加入人保财险北京市分公司防汛救灾青年突击队，前往怀柔现场查勘，支援理赔一线；12月，支部书记带队前往交道口街道火灾事故现场，与政府部门沟通灾民安置工作。2023年，人保财险北京东城支公司党支部在人保集团、人保财险北京市分公司“两优一先”评选中获先进基层党组织称号。人保财险北京东城支公司全年保险业务收入5.74亿元，增量4129万元，同比增长7.75%；其中机动车辆保险业务收入4.16亿元，同比增长1.36%，占比72.42%；个人非车险保险业务收入2927万元，同比增长166.73%，占比5.1%；法人保险业务收入1.29亿元，同比增长15.62%，占比22.48%。

（李悦歆）

【英大泰和财险公司】英大泰和财产保险股份有限公司（简称英大财险）是由国家电网有限公司发起设立的一家全国性财产保险公司，股东单位包括国网英大国际控股集团有限公司等27家国有大型骨干企业。至年底，英大财险共设立各级分支机构280个，其中省级分公司、计划单列市分公司30个，地市级中心支公司163个，县级支公司、营销服务部87个。2023年，英大财险紧扣“一体四翼”高质量发展布局，坚持以“根植主业、服务实业、以融强产、创造价值”为发展定位，坚持依托电网主业，服务能源行业，主动融入“双碳”发展大局，探索绿色金融保险产品，助力实体经济发展和能源转型，发挥保险经济“助推器”、社会“稳定器”的作用，着力建设国内领先、国际知名的能源特色财产保险企业。按照“常规服务标准化、特色服务差异化”的原则，持续规范“三预三到三确保”服务模式（三预：预案、预演、预警；三到：领导到位、查勘到位、预付赔款到位；三确保：确保沟通顺畅、确保快速结案、确保应赔尽赔），在“灾前、灾中、灾后”落实各节点服务动作，以电网保险专业化卓越服务“五个一工程”为抓手，融入和服务电网主业工作大局。面对台风“杜苏芮”、“海葵”、京津冀和东北地区暴雨、甘肃和青海地震等重大灾害，英大财险迅速响应，第一时间成立灾害应急小组，召开多场应急理赔会议，启动“总、分公司联动”应急预案，24小时受理报案咨询，累计发起预付赔款2.45亿元，快速高效完成灾害理赔服务，发挥保险金融平台的保险保障作用。英大财险全年实现保费收入123.49亿元，同比增长6.57%，业务规模再创新高，连续三年保费收入超过百亿。实现利润13.83亿元，总资产收益率4.29%，净资产收益率11.31%。资产总额260.19亿元，净资产97.26亿元，均实现同比增长。发行15亿元资本补充债券。获惠誉国际A级评级。获中国保险行业协会“保险公司法人机构经营评价”A级。在中央财经大学中国精算研究院发布的《2023中国保险公司竞争力与投资价值评价研究报告》中，英大财险以总分95.20分的成绩，在73家参评公司中排名第三。获“2023中国金融机构金牌榜·金龙奖”年度最佳高质量发展财险公司称号。监管风险综合评级全年保持AA。英大财险公司治理、偿付能力风险管理能力

6月16日，人保财险东城支公司参加区安全宣传咨询日活动（宋乘程摄）

3月，英大泰和财产保险股份有限公司河北分公司举办迎“三八”主题活动（英大财险河北分公司提供）

（SARMRA）监管现场评估结果均位居北京监管财险公司第一。

（王舒婷）

【农银人寿保险公司】农银人寿保险股份有限公司（简称农银人寿）主要经营人寿保险、健康保险、意外伤害保险等各类人身保险业务，上述业务的再保险业务和国家法律、法规允许的保险资金运用业务，及经保险监督管理机构批准的其他人身保险业务。2023年，农银人寿在外部环境复杂、人身险转型加快的环境下，坚持稳中求进总基调，把握监管导向，落实农行决策，推进主题教育，促转型、强管理、稳风险，整体经营稳中向好，连续十年实现盈利，综合经营实力迈上新台阶。实现总保费300.38亿元，超额达成年度任务。实现新业务价值16.2亿元，同比增长38.1%。实现财务投资收益率3.93%、综合投资收益率5.43%；新财务准则下，实现财务投资收益率3.72%、综合投资收益率4.39%。总资产1663亿元，较2022年增长15.6%；净资产80.38亿元，较2022年增长27.3%；实现净利润6.31亿元，同比增长157%。农银人寿服务质量持续向好。全年新增客户（投保人）28.96万人，客户总量累计达到2079.77万人。突出产品先导作用，践行“客户至上 始终如一”服务理念。全年开发备案90余款产品，上线两款个人养老金产品，产品合规性、价值性与保障性全面提升。客户服务体验不断优化。客户分层服务日益完善，升级高净值客户“臻享”服务方案。C端3.1版、“大字版”升级发布，客户线上迁移率、服务线上替代率逐步提升。消费者权益保护工作在原银保监会年度消费者权益保护评价中成绩优异获91.3分，同比提升2.7分，获评监管评价一级；综合得分名列北京局管中资寿险法人机构第一。2023年，根据中国保险行业协会最新披露的2022年保险公司经营评价结果，农银人寿连续4年获A类最高评级，为四大银行寿险子公司中唯一；智慧两核入选“全球保险科技案例”，“农银慧e赔”获“2022中国保险业年度服务创新案例”；农银人寿入选中国企业改革与发展研究会评选的ESG杰出社会责任实践案例，并获《21世纪经济报道》《金融时报》等主流媒体评选出的年度卓越寿险公司、最佳银行系寿险公司等多个奖项。

（崔银娜）

【银河证券北京珠市口大街营业部】中国银河证券股份有限公司北京珠市口大街证券营业部（简称银河证券北京珠市口大街营业部）是中国银河证券股份有限公司的分支机构，下辖立通路营业部、青年路营业部。经营范围包括证券经纪；证券投资咨询；证券投资基金代销；融资融券；与证券交易、证券投资活动有关的财务顾问、代销金融产品；证券承销与保荐（仅限项目承揽、项目信息

9月26日，农银人寿河南分公司组织员工走进平顶山湛河区莲花盆村，面向村民宣讲反洗钱、反非法集资、防范养老诈骗等金融知识（农银人寿提供）

传递与推荐、客户关系维护等辅助工作）；为期货公司提供中间介绍业务；销售贵金属制品；保险兼业代理业务。2023年，把握市场机遇，拓展业务领域，提高服务质量和客户满意度，推进财富管理业务的发展，持续深化财富管理转型，以金融产品销售业务为抓手，秉承以客户为中心的理念，践行普惠金融的要求，提升投资者的获得感。做大做强机构业务，增强为上市公司客户服务能力，拓展上市公司及“专精特新”类企业客户，强化综合金融服务，解决非上市公司客户和上市公司客户的融资/投资需求，落实国家战略，服务实体经济，提供全生命周期的投融资综合金融服务，支持实体经济转型升级和科技自立自强。利用新媒体拓新、深耕、打造私域，进行约30场直播，内容包括市场调整后的投资机会探讨、要闻解读与投资思路等，高效的传递投资顾问观点。打造数字人模型，每周为客户提供复盘解读，以及不定时的行情分析。鼓励员工建立自媒体账号，合计发布视频450余条，内容包括股票复盘、热点资讯、ETF讲解、投资者教育等科普内容。银河证券北京珠市口大街营业部以“如何做好百姓身边理财顾问和服务实体经济”为调研选题，听民意、访民情，实际走访上市公司或机构投资者了解客户需求，通过邮件、沟通交谈等方式听取员工群众关于内部业务技能盲点和考核管理盲点的意见，为完善企业发展助力。5月，银河证券北京珠市口大街营业部组织全体员工到红色基地龙庆峡开展爱国主义教育，并开展员工技能培训活动。全年营业收入约7000万元，新增客户近2000户，累计销售金融产品16亿元，客户总资产超过100亿元。

（冯颖）

东城区金融机构负责人

中国工商银行股份有限公司北京东城支行党委书记、行长	王耕欣（4月免）
	黄　迪（4月任）
中国工商银行股份有限公司北京崇文支行党委书记、行长	肖　斌（4月免）
	周宏峰（4月任）
中国工商银行股份有限公司北京王府井支行党委书记、行长	刘笑东
中国建设银行股份有限公司北京东四支行党委书记、行长	张　涛（女，3月任）
中国农业银行股份有限公司北京东城支行党委书记、行长	郭京华
中国农业银行股份有限公司北京崇文支行党委书记、行长	李朝艳（女，7月免）
党委委员、副行长（主持工作）	李　鹤（女，7月任）
中国银行股份有限公司北京崇文支行党委书记、行长	武　兴
中国人民财产保险股份有限公司北京市分公司	
党委副书记（主持工作）、副总经理（主持工作）	卢　燕（女，11月免）
党委书记、总经理	张　巍（12月任）
中国人民财产保险股份有限公司北京市东城支公司	
党支部书记、总经理	梁建生
英大泰和财产保险股份有限公司党委书记、董事长	吴　骏
党委副书记、总经理	张国兴
农银人寿保险股份有限公司党委书记、董事长	肖　彬（女）
党委副书记、总经理	梅　励（女）
中国银河证券股份有限公司北京珠市口大街证券营业部	
党支部书记、总经理	李伟民

旅 游

9 月 26 日，区文旅局开展“故宫以东·灼见体验官”活动（区文旅局提供）

综 述

2023年，东城区推进文旅融合，不断提升“故宫以东”等品牌建设，推动文旅产业实现高质量发展。全年旅游收入1070.8亿元，同比增长199.9%，其中餐饮类收入179.5亿元、住宿类收入166.7亿元、交通类收入148.6亿元、游览类收入122.8亿元、购物类收入357.1亿元、娱乐及其他类收入96.1亿元。全年东城区净游客量7476.9万人次，同比增长137.1%，其中景区旅游接待量8758.1万人次、住宿业接待量640.3万人次。

“故宫以东”品牌建设再上新台阶。“故宫以东”依托“共创计划”创新机制，不断在实践中探索资源价值化、价值品牌化、品牌场景化、场景体验化、体验社交化。聚焦“文化金三角”重点场域，策划举办“故宫以东 融·艺术季”系列文旅促消费活动，丰富文化消费产品供给。北京市文旅局数据显示，2023年东城区接待净游客量继续保持近3年来全市第四的排名；旅游收入3年来首次实现全市排名第二。

隆福寺项目有序推进。区文旅局作为隆福寺项目牵头单位，聚焦项目建设的难点、卡点深入调查研究，积极与相关部门沟通协调，全年牵头组织区领导参加的调度会14次，为建设主体解决隆福寺东西街公房办照、长虹影院地下空间备案、户外广告屏设置等难题，推动项目建设取得实效。利用“故宫以东”文商旅品牌为项目赋能、引流、聚合优质资源，推动项目持续打造消费新场景，进一步实现业态升级。隆福寺文化街区成功入选第三批国家夜间消费示范区，成为东城区打造“文化+”产业创新融合发展新标杆。

积极推进住宿业整治提升。2023年，按照市文旅局、东城区政府关于住宿业整治提升的要求，依照《2023年东城区住宿业整治提升工作方案》，持续推动住宿业整治提升各项工作。加大住宿业关停、转型力度，围绕人才公寓建设，为企业搭建对接平台，其中都季酒店成功转为人才公寓，服务中央政法委、中国银行等重点单位。严格落实《北京市新增产业的禁止和限制目录（2022年版）》，按照《东城区住宿业管理联审工作机制及流程》，严把住宿业市场准入关。2023年，全区共完成住宿业整治提升任务28家，其中关停8家、转型7家、提升13家，共减少房间数965间、减少床位数1470张。全年执法部门对住宿企业检查累计检查3.08万家次。

（邵帅）

“故宫以东”

【概况】2023年，区文旅局深入实施“故宫以东”共创计划，联合60余家“共创伙伴”，全年共孵化100余款新产品。王府井商业街区、隆福寺文化休闲街区获评第二批北京市旅游休闲街区。“故宫以东”——北京市东城区文旅品牌塑造与传播案例获评“长城奖——文旅好品牌”年度省域及城市品牌优秀案例。2023年，东城区宫宴、御茶膳房等4个项目入选2022年北京市扩大文化和旅游新消费奖励项目名单。

（李瑞媛）

【融合发展示范区建设单位】2023年，区文旅局统筹全区相关责任部门，对标对表示范区建设指南及评价指标体系，形成《北京市东城区国家文化产业和旅游产业融合发展示范区建设方案》和《国家文化产业和旅游产业融合发展示范区申报表》。2023年，成功入选首批建设单位，东城区作为典型代表在文旅部组织的“推进文化产业和旅游产业深度融合发展”培训班上作交流发言。

（李瑞媛）

【完善“故宫以东”共创机制】2023年，“故宫以东”共创计划建设取得重要成果。建立双层共创机制，以“故宫以东”文商旅联盟、美团、完美世界、腾讯、北京产权交易所、保利文化、锋尚文化等11家单位作为“共创合伙人”，发挥龙头企业示范效应。多个维度吸纳“共创伙伴”60余家，共建产品孵化平台，培育“文化+”产业融合发展新生态。

（李瑞媛）

【“故宫以东”媒体矩阵运营】2023年，“故宫以东”双微平台输出图文内容1121条，微信总粉丝数9.4万人，总阅读量8.1万余人次；微博总粉丝数65.5万人，总阅读量1100万余人次。官方抖音账号创办1年，粉丝量2325人，播放量177万人次。增设东城区文化旅游推广中心央视频号、北京号，短视频平台总播放量超过400万人次。发布《麒东东的文化之旅》系列短视频，全网播放量超过500万人次；发布故宫以东体验官系列短视频9部，全网观看量8万余人次，话题词“#故宫以东体验官#”阅读量超过3500万人次，互动量1.6万人次，两次登上微博热搜。

（康凯 郭蕊）

【假日经济回升】2023年，东城区旅游人次和旅游收入明显回升，高质量文旅产品及文化活动供给丰富，住宿、餐饮等重点行业复苏势头强劲。根据信令数据，春节期间，接待游客人次在北京16区中排名第六（占比7.35%）。区假日办重点监测的14家宾馆饭店，总营收620.46万元，同比增长170.28%；15家旅游景区（重点街区）共接待游客373.91万人次，同比增长28.93%，营业收入2.58亿元，同比增长10.46%。“五一”期间，游客接待量全市排名第四，占比8.27%，

14家宾馆饭店营业收入932.48万元，同比增长974.66%；15家旅游景区（重点街区）共接待434.92万人次，同比增长473.16%，营业收入2.35亿元，同比增长176.38%。中秋、国庆期间，接待游客人次在北京市16区中排名第五，占比8.21%，14家宾馆饭店总营业收入1231.07万元，同比增长294.84万元；15家开放旅游景区（重点街区）共接待游客652.44万人次，同比增长149.5%，实现营业收入3.98亿元，同比增长76.5%。

（赵瑞妮）

【营商环境优化】2023年，区文旅局落实重点企业“服务包”制度，解决企业问题26项，企业满意率100%。协调金融机构为中国旅游集团旅行服务有限公司提供5000万元授信资金，缓解企业资金周转压力，收到锦旗一面；帮助中旅会展申请2022年一事一议奖励21万元；协助首旅集团申请人才公租房，并在两套配额基础上争取到另外两套房源；全年共为企业送出免费戏剧票300余张。举办高端住宿业行业发展趋势分享会等专场活动共18场。

（任宇）

【“故宫以东”系列产品】5月26日，由北京市文旅局、东城区政府主办，区文旅局承办的2023北京文旅促消费系列活动“故宫以东 融·艺术季”启动仪式在隆福文化中心开幕。艺术季持续至10月31日，聚焦“文化金三角”重点场域，锚定文博艺术、戏剧演艺、精品美宿、复合式休闲餐饮四大核心业态，推出“微风露台”“老城新夜”“有闲周末”三大主题产品，聚合50余家优质文商旅企业，陆续上线100余款“故宫以东”专项产品。“故宫以东·文化金三角”小程序完成70个文商旅资源点位的上线。高德地图于“十一”期间上线“熟玩北京·故宫以东”活动，提供总价值100万元级专属出行补贴，引导约33.6万人次导航前往20个推荐文旅点位，近1万人次领取线上专属出行优惠。

（李瑞媛）

【“故宫以东”品牌传播】5月，区文旅局在大众点评平台上线话题“跟着榜单打卡故宫以东”，平台话题总曝光量超过1000万次，其中自然围观流量突破500万次。小红书平台上线种草笔记20余篇，千赞爆文数量持续增加。携程平台“故宫以东·老城新夜”灵感专刊于6月上线，总曝光量超2.8亿次，点击量超过1.08亿次，产品导流转化率峰值期达到7.5%。开展“故宫以东”合作平台征集，组织召开2022—2023年“故宫以东”合作项目评审会暨品牌分享会。4月、11月两次“故宫以东”创想地沙龙，重点推介发布文化科技、文化探访线路项目、文创品牌及文创版权设计库，加强“故宫以东”文商旅企业间的交流。

（郭蕊）

【“故宫以东”体验空间评定】8月，区文旅局启动“故宫以东”文化消费体验空间评定工作。经过公开征集、材料初审、实地踏勘、现场复审、专家评审、合法合规审查以及社会公示等程序，评定出首批5家体验空间，分别为嘉德艺术中心、南阳共享际、紫金宾馆、隆福寺文化休闲街区和北京龙顺成京作非遗博物馆，并在2023“故宫以东”共创大会上进行授牌，丰富区域文化消费供给。

（李瑞媛）

【政企会客厅专场活动】9月16日，区文旅局举办“故宫以东 融·艺术季”政企会客厅专场活动，活动包含沉浸式戏剧、草坪音乐会、文创市集和沉浸式剧情研学等内容。保利文化集团有限公司、中国旅游集团旅行服务有限公司、中青旅控股股份有限公司、北京首都旅游集团有限责任公司和北京华侨大厦睿世酒店等参与座谈交流。本次活动定向邀约40余家驻区重点金融企业代表、重点文旅企业代表参加。

（李瑞媛）

【2023“故宫以东”共创大会】12月7日，由东城区政府主办，区文旅局和东城文旅发展集团有限公司承办的“万物生长——2023‘故宫以东’共创大会”在嘉德艺术中心举办。年度“故宫以东”共创合伙人代表美团、高德地图分别登台分享共创成果、展望共创未来。现场发布2023“故宫以东”年度品牌大赏。高德地图、昆仑万维、长江商学院文创

12月7日，2023“故宫以东”共创大会举办（区文旅局提供）

学会、京东方艺云等新晋共创合伙人及共创伙伴被授予“故宫以东”徽章，加入共创大家庭。北京东城文旅发展集团有限公司与“故宫以东”共创伙伴北京银行进行现场战略签约。市、区有关领导以及70余家文商旅企业代表出席活动。

（李瑞媛）

旅游资源设施

【概况】2023年，东城区提升改造旅游厕所7座，厕位数量113个，游客服务中心1座，标识标牌592.89平方米，人行步道840平方米，无障碍坡道42.56米。

（王笑夫）

【A级旅游景区（点）】2023年，东城区辖区内共有A级旅游景区11家，其中AAAAA级2家、AAAA级5家、AAA级4家。

（张凯）

表14　**2023年东城区A级旅游景区（点）一览表**

序号	景区（点）名称	等级	地 址	街道
1	故宫博物院	AAAAA	景山前街4号	东华门
2	天坛公园	AAAAA	天坛内东里7号	天坛
3	龙潭公园	AAAA	龙潭路8号	龙潭
4	地坛公园	AAAA	安定门外大街	和平里
5	明城墙遗址公园	AAAA	崇文门东大街9号	东花市
6	孔庙和国子监博物馆	AAAA	国子监街13—15号	安定门
7	中山公园	AAAA	中华路4号	东华门
8	前门大街景区	AAA	珠市口东大街19号	前门
9	青年湖公园	AAA	安定门外大街	和平里
10	南新仓	AAA	东四十条22号	东四
11	劳动人民文化宫	AAA	天安门东侧	东华门

（张凯）

【三星级以上饭店】2023年，东城区辖区内共有五星级饭店12家，四星级饭店13家，三星级饭店10家。（张凯）

表15　**2023年东城区星级以上饭店一览表**

名称	星级	地址	街道
五星级（12家）			
北京饭店	五星	东长安街33号	东华门
贵宾楼饭店	五星	东长安街35号	东华门
国际饭店	五星	建内大街9号	建国门
王府半岛酒店	五星	金鱼胡同8号	东华门
华侨大厦	五星	王府井大街2号	东华门
天伦王朝酒店	五星	王府井大街50号	东华门
首都大酒店	五星	前门东大街3号	东华门
东方君悦大酒店	五星	东长安街1号东方广场	东华门
好苑建国酒店	五星	建国门大街19号	建国门
丽晶酒店	五星	金宝街99号	建国门

续表

名称	星级	地址	街道
金隅喜来登酒店	五星	北三环东路36号院	和平里
励骏酒店	五星	金宝街90—92号	建国门
四星级（13家）			
东方花园饭店	四星	东直门南大街6号	东直门
和平宾馆	四星	金鱼胡同3号	东华门
保利大厦	四星	东直门南大街14号	东直门
丽亭酒店	四星	金宝街97号	建国门
宁夏大厦	四星	分司厅胡同13号	安定门
鑫海锦江大酒店	四星	金宝街61号	建国门
新侨饭店	四星	东郊民巷2号	东华门
宝辰饭店	四星	建内大街甲18号	建国门
天伦松鹤大饭店	四星	灯市口大街88号	东华门
天坛饭店	四星	体育馆路1号	体育馆路
北京金龙建国温泉酒店	四星	建国门南大街5号	建国门
北京敦煌飞天商贸大厦	四星	东二环广渠门南大街5号	东花市
内蒙古大厦	四星	崇文门内大街2号	建国门
三星级（10家）			
江苏大厦	三星	安定门外大街88号	和平里
华风宾馆	三星	前门东大街5号	东华门
和平里大酒店	三星	和平里北街16号	和平里
青蓝大厦	三星	东四十条24号	东四
中谷酒店	三星	北京站东街6号	建国门
和平里宾馆	三星	兴化路化工大院4号楼	和平里
崇文门饭店	三星	崇文门西大街2号	崇外
黄河京都大酒店	三星	夕照寺中街29号	龙潭
交通饭店	三星	东四块玉南街35号	体育馆路
金泰绿洲大酒店	三星	永外彭庄甲58号	永外

（张凯）

【北京人家】 2023年，东城区辖区内共有北京人家11家，其中住宿类6家、餐饮类4家、参观类1家。（张凯）

表16 **2023年东城区北京人家一览表**

序号	名称	地址	类别
1	北京杜革酒店	前圆恩寺胡同26号	住宿类
2	北京阅微庄宾馆	东四四条37号	住宿类
3	北京康桥思源商务会馆	景山东街三眼井胡同丙68号	住宿类
4	北京红云阁龙腾酒店	安定门东大街57号	住宿类

续表

序号	名称	地址	类别
5	北京吉庆堂宾馆	北锣鼓巷纱络胡同7号	住宿类
6	北京侣松园宾馆	板厂胡同22号	住宿类
7	北京宝月出品餐馆	汤公胡同19号	餐饮类
8	北京悦真餐饮文化有限公司	安定门东大街52、53、55号院	餐饮类
9	刘宅食府	蒋家大院8号	餐饮类
10	利群烤鸭店	北翔凤胡同11号	餐饮类
11	史家胡同博物馆	史家胡同24号	参观类

（张凯）

旅游活动

【概况】2023年，区文旅局积极参加境内旅游展会，展示东城区丰富的文化旅游资源。推介“故宫以东”品牌及区域特色文商旅企业，打造10条主题鲜明的精品探访线路，推出东城区促销费文旅体验类活动“故宫以东·灼见”，推进“文化+科技融合”项目成果落地。

（李春堂）

【参加国内文旅展会】5月19日，区文旅局携辖区内4家优秀文旅企业参加“5·19中国旅游日”活动，展示故宫以东IP形象大使“麒东东”的各类文创产品，吸引游客互动打卡，了解文化戏剧、非遗民俗、中轴线骑行等东城文旅资源。9月2—6日服贸会文旅专题展，东城展区展示以“戏剧之城”“书香之城”“博物馆之城”为特色的丰富文旅资源，设置手工体验区，提供3D展示、VR文旅畅游、AI绘画等沉浸式体验项目。10月20—22日，参加2023首届北京国际文旅消费博览会，东城文旅“故宫以东”展台展示非遗、手工艺品、茶饮、点心等各类旅游商品，提供AI艺术创作工具、AR虚拟交互沉浸艺术项目和非遗手作体验，获国际文旅消费博览会“优秀组织奖”和“最佳展示奖”。

（康凯）

2023年，区文旅局推出“醉美天际·夜享骑行”探访线路（区文旅局提供）

【打造文化探访线路】2023年，区文旅局重磅推出10条主题鲜明的精品探访线路，融合红色文化、体育文化、中轴线文化、老字号文化等元素，解锁城市文化旅行新体验，围绕独有的中轴线、“文化金三角”等特色文旅资源，创造新场景、促进新消费、带动新业态。“京骑—最美中轴线”“骑迹东城—循迹红色”线路被评为2023年北京市体育旅游十佳精品线路，“故宫以东—好生活 跑起来”“徒步前门寻迹—讲老北京故事”线路被评为2023年北京市体育旅游精品项目，“醉美天际·夜享骑行”探访线路等7个夜游项目入选“月光下的北京”夜游指南推荐榜。

（郭蕊）

【“文化+科技融合”项目成果落地】2023年，区文旅局推进“故宫以东”城市文化互动平台和动漫IP示范应用课题落地与实施。东城文旅IP形象“麒东东”荣膺2023中国卡通形象营销大会卡通形象设计类优秀作品，开发麒东东AR虚拟形象，在隆福寺街区投入麒东东拍照打卡摄影棚，建立麒东东图库，上线系列表情包。系统开发“故宫以东”微信小程序，为平台企业提供信息展示、项目申报等互动功能。联合平台企业建立“故宫以东”城市文化互动平台，项目入选文旅部第一批全国智慧旅游“上云用数赋智”优秀解决方案名单。

（郭蕊）

【文旅体验促消费活动】2023年，区文旅局推出“故宫以东·灼见”体验官推广计划，组织流量达人、行业专家、企业代表、媒体达人及高校代表，以多种形式体验东城文旅的新产品、新服务、新业态。发起短视频体验官招募活动，征稿历时93天，共收到投稿作品4475件。形成体验官系列微综艺视频，线上、平台和线下新场景同步推广，在更读书社、旖飞环游地下演播厅、吉祥戏院场外大屏及剧场大幕开场等东城新消费场景联动循环播出。上线2023东城区首档文旅微综艺，解锁东城新说法。

（郭蕊）

【文创校园设计大赛】2023年，区文旅局举办第三届“故宫以东”完美世界文创校园设计大赛，大赛采用多样化命题方式，聚焦传统文化与现代科技的融合，覆盖平面美术、影视传媒、数字艺术等多个专业不同学生群体。大赛首次引入AI人工智能绘画技术，开设AI绘画赛场，吸引各参赛院校及社会各方面关注。

（康凯）

旅游行业管理

【概况】2023年，区文旅局对文化和旅游市场实施行业监管，建立并逐步完善包括社会旅馆在内的住宿业台账并录入住宿业系统。督促辖区11家等级景区落实《北京市旅游景区优化预约方案》，做好“五一”“十一”等节假日期间尤其是天安门地区限流预约相关政策宣导工作。开展对文化艺术培训机构、剧本娱乐场所等行业政策的宣传培训，文旅行业整体发展平稳有序。

（张凯）

【旅游投诉处理】2023年，区文旅局强化对文旅行业投诉处理，涉及文旅行业旅游秩序、旅游大巴停靠、文明旅游、酒店服务、旅行社、“健康宝”处理等方面，全年处理涉及重点景区周边、酒店等各类文旅行业举报案件1.03万件，撰写投诉案件剔除材料8700余份，高效处理投诉，响应率和办结率均达100%。

（张凯）

【旅游市场乱象治理】2023年，区文旅局结合近年来旅游投诉情况，加强景区、旅行社、导游管理，治理市场乱象，优化旅游环境。重点整治老年旅游、艺术品经营等领域涉诈问题隐患，聚焦非法“一日游”揽客问题高发的重点旅游景区，整治不合理低价游等突出问题。旅行社依法与旅游者签订合同，不得在旅游合同约定之外提供其他有偿服务，不得擅自改变旅游合同安排行程。规范导游工作中要着装整洁，热情友好，礼貌待人，言行规范得体。杜绝旅行社、导游等与景区等旅游者集中的购物场所联合，安排旅游团队购物或兜售商品。全年共检查宾馆、旅行社及景区2941家次，多次与属地街道及城管、市场监管等部门开展联合检查，规范旅游市场经营秩序。

（张凯　吴嘉莉）

【住宿业整治三年行动计划】2023年，东城区共完成市级“疏整促”住宿业整治提升任务10家，其中关停4家、转型4家、提升2家，减少房间数378间、减少床位数554张。

（付健）

天坛公园

【概况】北京市天坛公园管理处（简称天坛公园）隶属于北京市公园管理中心，属全民所有制事业单位，承担保护天坛，合理利用其文化价值，接待游览、参观等管理职能。天坛历史坛域面积273公顷，现管辖面积201.79公顷，古建筑面积4.67万平方米，全园绿化面积152.6公顷，古树3562株，绿化覆盖率达75%。2023年，天坛公园接待游客量2068万人次，完成国际专家现场考察评估工作。完成长廊修缮、古建维护提升、厕所环境提升改造等折子任务，对全部文物建筑定期巡查7次，针对斋宫院落、圜丘回音壁院落等进行重点维护养护作业。完成《2022年度天坛世界文化遗产监测工作报告》编制工作并上报至中国文化遗产监测预警总平台。以天坛月季园建园60周年为契机，推出专题研讨会等系列活动。成功举办主题菊展，在第十四届中国菊花展览会中布展面积近400平方米，包揽五大奖项。宣教科普线上线下活动突破100场，受众总量约500万人次。开展“守护美丽天坛、促进文明游园 打造优美环境”百日专项行动，累计出动巡逻人员1.72万余人次。

（杨婷婷）

【人才培养】2023年，天坛公园开展“支部书记大讲坛”“模范班长”评选等活动。职工1人获首都劳动奖章、突出贡献高技能人才；1人获评“大工匠”称号；1人获评2023年北京市高技能人才，享受国务院政府特殊津贴；1人获评“应急先锋 北京榜样”月榜人物；3人被评为北京市公园管理中心“优秀人才”，1人被评为“十杰青年”；科普节目参赛作品《小雨滴的“大滑梯”》《计算出来的音乐》分获全国科学实验展演一等奖和三等奖；中和韶乐获首都职工文化节展演一等奖；4人获职工匠师称号，10余人在各类赛事中取得优异成绩。

（徐冉）

【对外宣传】2023年，天坛公园向主流媒体投放节日游园、文化活动、文创产品、文明游园等方面新闻稿33篇，完成央视、北京卫视等媒体采访拍摄对接工作50余次，联合京直播、《中国花卉报》等完成文化类、赏花类线上直播活动7场。发布文化、科普、研究类推文共864篇，总阅读量1138万人次。丰富舆情搜索关键词，完善舆情周报制度，建立公园舆情应对口径池。

（赵婉婷）

【中轴线申遗迎检】2023年，天坛公园成立迎检工作领导小组，建立专班机制。完成迎检路线古建整修工程9160平方米；绿化提升工程8.5万平方米；完成牌示改造提升，更换三联导览图、鸟瞰图10组，版面136面。提升斋宫主题展览，完成界碑、界桩及标识牌安装。完成五八二电台办公区房屋腾退重置价评估和土地测绘，家属区腾退后环境整治2000平方米。建立天坛遗产监测中心，完成监测数据对接15类56项。完成61卷天坛文物保护单位档案续补工作。

（毕佳）

【推进外坛完整性恢复】2023年，天坛公园配合市区相关部门调研五八二电台占地腾退情况，推动五八二电台占地腾退，签订土地移交协议。完成该腾退地区绿化景观提升工程、五八二电台办公区房屋腾退重置价评估及土地测绘工作报告。完成天坛医院腾退及北区除开闭站、锅炉房、高压电室外其他建筑地上部分拆除，并进行绿化环境整治；完成北京自动化仪表二厂建筑拆除及简易绿化；南外坛简易楼拆除63栋。

（游琦）

【天坛遗产监测体系建设】2023年，天坛公园梳理整合已有古建、古树、监控、应急指挥等管理系统，搭建天坛遗产监测中心办公室，完成显示屏、电脑等硬件设备设施配置。完成天坛遗产相关历史照片、文献、档案数据收集，联络沟通市气象局、地震局，完善天坛遗产基础档案、监测数据等。联络对接中轴线遗产监测中心团队，整理汇总天坛遗产监测数据15类56项；完成天坛文物保护单位记录档案续补各项工作，共收集整理汇总档案61卷；推进与北京中轴线世界文化遗产监测与保护平台数据对接。

（毕佳）

【非物质文化遗产保护】2023年，“天坛神乐署中和韶乐”完成重要任务共计32场，接待观众2493人次，专场展示活动17场，线上观看量1650万次。完成“天坛神乐署中和韶乐乐器盲盒”等非遗文创产品开发。参与北京电视台《京城非遗耀中轴》等节目录制，参演2023北京文化论坛文艺晚会、首届北京国际非遗周等多项重要活动。2023年，北京市天坛公园管理处被推荐为国家级非物质文化遗产代表性项目“天坛传说”的保护单位。全年开展“天坛传说”项目传播活动12次，覆盖受众约1500万人次。两项国家级非遗项目共同参与2023年东城区文旅局“非遗永续 东城同行”文化和自然遗产日宣传展示、天坛公园“遇见最美天坛之韶韵祈福华月升”直播等活动。

（武迪）

【文物修复】2023年，天坛公园清康熙双圈足白釉大瓷盘、清光绪官窑白釉双圆耳瓷爵等24件可移动文物，委托中国文化遗产研究院修复。同时完成现场点收、拍照、入库保存和修复资料移交等工作。

（袁兆晖）

【打造天坛特色化国家会客厅】2023年，天坛公园累计接待重要嘉宾团组51批次821人次。完成智利总统博里奇、澳大利亚总理阿尔巴尼斯、哥伦比亚总统佩特罗、欧盟委员会主席冯德莱恩4次政府首脑级接待服务保障工作，接待部长级以上来宾13批次252人次。为亚太经合组织领导人非正式会议、第三届“一带一路”国际合作高峰论坛等重大国事活动提供接待服务保障。

（张志博）

【园林有害生物综合管理】2023年，天坛公园病虫害防控采取生物防治、物理防治等综合防治技术，结合环境保护和防控效果，全面考虑防控方法，有效降低园林有害生物危害范围。人工清理病枝虫枝、刮除腐烂病，打药防治蚜虫、蚧虫、红蜘蛛、国槐尺蠖、美国白蛾等害虫；释放天敌昆虫管氏肿腿蜂15万头、蒲螨4100管，受益古柏树600株；悬挂美国白蛾、梨小食心虫等性诱捕器120个；全年释放周氏啮小蜂8000茧个，诱集美国白蛾成虫480头，强化美国白蛾防治。

（马钰超）

【古树保护】2023年，天坛公园完成古树树牌更新3562株；建立天坛古树管理信息系统，实现古树档案电子化管理；安装古树生长环境监测设备10套。开展天坛古树复壮养护项目，通过地被改造、嵌草铺装改造等九大项保护措施，对北门内两侧、长廊南、丹壁桥东西两侧等多地约200株古柏进行加强保护。

（张卉）

【大客流应对】2023年，天坛公园建立健全“一门一策”“一院一策”应急预案，及时动态调整各类设施，采取提前开放景区等措施应对大客流高峰，对游客进行有效疏导。持续优化升级购票平台；建立天坛公园导游服务沟通群，畅通导游群体沟通渠道；开通线上手语导览服务，获批北京市首批“手语服务示范景区”。

（徐珂）

【优化票务管理】2023年，天坛公园升级代客下单系统，简化游客现场实名预约购票流程；取消电子纸质票常规使用，减少票务服务窗口购票排队。动态调整温馨提示内容，优化调整官方购票平台版面及功能，开发逾期退款短信提示功能。

（陈晓阳）

【有效应对暑期高温天气】2023年，天坛公园在高温天气时增加游客服务中心饮水机和桶装水储备，配备AED急救设备，便民小马扎设施；各门区、景区暑期旺季免费提供风油精、藿香正气水等防暑降温药品；利用园内广播提示游客注意高温环境游览时间。提示做好高温防护并免费提供防暑降温物资和临时休息点等服务保障。

（邓巍）

【提振夜间经济】 2023年，天坛公园祈年殿景区内主体建筑祈年殿于每周五、周六开放夜间景观照明。宣传推荐祈年殿夜景网红打卡点，开展文化讲解和科普宣传文化体验；延长祈年殿周边三家文创餐饮网点营业时间，举办特色美味菜肴品鉴活动。加装祈年殿周边夜光指引牌示、增加引导人员、增加卫生间夜间指示灯，保障夜间游览效果和安全。夜景照明期间，总入园客流增长47.28%；日均购票入园客流增长129.7%，夜景照明期间购票入园游客量增加幅度明显。

（任超）

【推进天坛文创产业发展】 2023年，天坛公园加强与头部企业沟通合作，打造文创系列，形成文创产业链。推出五大类253款文创新品，依托国家级非物质文化遗产“中和韶乐”推出中和韶乐非遗盲盒；推出虚拟文创产品“灵境·天坛”，入围新知榜城市地标类数字藏品优秀案例。参加北京世界文化遗产保护管理联盟成立大会文创产品展示等各级各类文创展品展示，综合展示天坛文创成果。

（冯播）

【文化活动多样性】 2023年，天坛公园开展各类文化活动25场，包括“天坛古建筑微课堂”“遇见最美天坛，浪漫七夕话传承”等。9月25日，天坛公园联合中央音乐学院，于祈年殿景区内举办遇见最美天坛之“韶韵祈福华月升”中秋活动，天坛公园官方微博、央视频、快手、京直播、北京号等平台同步直播，观看量共计1389.5万次。

（于戈）

7月26日，“天坛文化小使者”暑期志愿服务活动启动仪式举办（张姜摄）

【志愿服务团队建设】 2023年，天坛公园开设文化讲解、园林养护志愿服务专项培训班，提升志愿者服务能力。联手北京市十一中，推动“天坛文化小使者”志愿服务项目进校园。组织青年职工志愿者、社会志愿者共同参与“韶韵祈福华月升”第三届天坛中秋赏月之夜、“一带一路”国际合作高峰论坛等活动服务保障工作。全年共邀请社会志愿者3000人次、首都公共文明引导员660人次参与天坛公园志愿服务，服务时长共计超过1万小时。

（赵婉婷）

【打造天坛科普品牌】 2023年，天坛公园开展历史文化类、文物古建筑类、自然生态类、节日类等方面共120余场科普活动，累计受众超过315万人次。自媒体平台发文85篇，阅读量6.5万余人次；设计制作古树、鸟类、花粉治理、生物多样性等六类科普展板72块。完成“和合之美”“赏花乐事”等线上线下园内主题活动共14系列109场，全年受众总量约500万人次，累计完成科普进校园、进社区和走进图书馆等社会公益活动33场次。

（姜天垚）

【北宰牲亭等修缮工程】 该项目于2022年7月5日开工，2023年5月25日完成四方验收。修缮长廊共计72间，面积约1800平方米，修缮范围包括屋面挑顶，更换糟朽大木构件，更换连檐椽望，添配琉璃瓦件及脊兽件，墙体、散水整修，新做一麻五灰地仗及油饰彩画。

（白羽）

【天坛迎检路线古建筑维护项目】 该项目于4月7日开工，6月21日竣工，为北京中轴线申遗重点工作任务，实施范围包含天坛祈年殿建筑群、圜丘皇穹宇建筑群等，总建筑面积约9160平方米。项目对各建筑部分瓦面、墙面、台基地面、下架油饰、外檐装修油饰及祈年殿、皇穹宇、圜丘坛部分破损、酥碱院落地面进行整治维修。施工过程中对祈年殿、皇穹宇等重点区域采用与古建外观相似的等比例高清古建景观围挡，保证游客参观体验。

（白羽）

【第四十二届月季展】 5月13—26日，天坛公园以“甲子风致·胜春如约”为主题，以天坛月季园建园60周年为契机，设花展主展区于天坛月季园。月季展共摆放盆栽月季2000余盆，设置科普宣传展板30余块，增设芳香月季种植区，栽植不同香型、不同色系月季品种共9种，园区内设立月季科普牌示、种植区放置小型月季品种牌示。

（洪茵恬）

【东北外坛等厕所提升改造工程】该项目于5月19日开工，8月22日竣工，完成斋宫北门厕所改造面积126平方米，东北外坛厕所改造面积162平方米。项目拆除原有室内装修、设施、管线；室内新做装修，设置新风系统；完成第三卫生间改造，设置无障碍设施及儿童洗手池；新做门窗，更换单玻塑钢窗为节能双玻断桥铝窗；安装卫生洁具，上下水管线及光源电气设备。

（陈洪磊）

【文化和自然遗产日活动】6月10日，天坛公园举办以“文物保护利用与文化自信自强——保护遗产传文化·点亮天坛耀中轴”为主题的文化和自然遗产日宣传活动。编写制作宣传折页及8块主题展板。在微信公众号发布活动总结信息进行线上宣传，以线上、线下方式开展“遗产中的科技与文化”互动讲解、“探秘祭天之路——中轴线与天坛”科普课程等活动，面向公众展示天坛遗产保护研究、非遗保护传承工作成果。

（武迪）

【南神厨院等古建筑保养项目】该项目于6月14日开工，7月21日竣工。项目完成南神厨院、祭器库院及南宰牲亭院古建筑、古建地面、散水、古建院墙屋面查补，古建地面及散水除草勾缝等保养内容。

（陈洪磊）

【暴雨红色预警响应防汛】7月29日，天坛公园根据暴雨预警提前做好闭园相关工作，通过官方微博、微天坛公众号等媒介向社会发布闭园通告，各门区布置闭园通告展板5处。组织防汛抢险应急队排查出水口，完成积水点清理及排水口疏通，确保园区排水系统正常运转，积水正常排出；加大林区巡视大树隐患排查力度。落实防汛应急抢险，做好开园准备，于8月1日在天坛公园官方微信、微博等网络平台发布恢复开放通告。

（徐珂）

【做好中轴线申遗国际专家接待】8月21日，天坛公园迎接国际专家现场考察评估。专家在祈谷坛门听取天坛整体介绍，参观“走进斋宫——天坛斋宫历史文化展”，依次考察圜丘坛、皇穹宇、丹陛桥、祈年殿、皇乾殿，到外坛西部的神乐署观看“中和韶乐”祭祀仪式表演；现场查阅天坛文物保护单位档案，并与遗产管理机构负责人会面座谈。

（毕佳）

【黑导游专项治理】9月6日，天坛公园联合天坛派出所，出动公园安保人员100余人，打击“黑导游”等非法经营行为，驱离打击“黑导游”5人，制止劝阻无照游商2人。10月，公安机关依法拘留“黑导游”2人，列入市文旅局北京市旅游不文明行为记录“黑名单”。

（张群）

11月24日，天坛公园在无锡第十四届中国菊花展览会颁奖典礼上获室外景点大奖（张姜摄）

【第四十二届菊花展】10月27日至11月12日，天坛公园举办第四十二届“福暖四季 风禾尽起”主题菊花展，以菊花作为主要植物材料，在祈年门南两侧广场设置主题展棚4个、专类展棚4个。共展出独本品种菊、大立菊、悬崖菊、盆景菊、案头菊等1万余盆，更新科普展板40余块。

（洪茵恬）

【参加无锡菊展获奖】11月24日，天坛公园在无锡第十四届中国菊花展览会颁奖典礼上获奖5项，其中室外花坛获得室外景点大奖、“淡妆垂露”“瑞云万里”分获品种菊专项竞赛金银奖、大立菊（原本）获专项竞赛金奖、悬崖菊获专项竞赛银奖。

（马钰超）

城市规划与建设

4月25日，北京东兴建设有限责任公司举办职工羽毛球比赛（马慧光摄）

综　述

2023年，东城区城市与规划建设工作坚持稳中求进总基调，以高质量发展为目标，立足首都核心功能区战略定位，主动作为，推进“崇文争先”，做实“六字文章”，谋求全区发展大局。

完善规划落实核心区控规。东城区始终将推动核心区控规落实作为全局工作重中之重，控规专班牵头制订新一轮三年行动计划，提前部署新一轮三年行动计划编制工作，历经11版修改完善形成区级文本、项目库及市级项目台账。区委、区政府高位统筹，召开专题会12次，组织座谈、调研8次，重点研究项目实施路径，完成市级72个项目、区级128个项目。落实“一年一体检、五年一评估”的工作要求，完成2022年度东城区落实北京总规及核心区控规城市体检评估。组织开展东城区国土空间生态修复规划编制，完善规划策略研究。推动规划精准落地。

统筹历史名城整体保护。东城区以街区更新综合实施方案为抓手，加强规划的统筹引领和可实施性，搭建规划设计及议事平台，将百姓需求及各部门工作汇聚成网，统筹推进城市更新，形成更多可视化成果。推进东四三至八条、国子监—雍和宫、北锣鼓巷、张自忠路北4片历史文化街区保护规划编制和实施。采取街区集中连片更新模式，强化老城保护。加强建筑及院落价值评估，明确价值分类与相应的保护更新方式。以恢复性修建、保护性修缮等多种方式联动推进前门、景山三期等重点地区空间优化及产业升级。完成天坛医院旧址二期建筑拆除及环境整治、永定门城楼保养维护与展示、正阳桥疏渠记方碑保护及展示提升等项目，完成中轴线申遗保护。完成全国重点文物保护单位古观象台住户腾退。加强历史建筑保护，完成历史建筑挂牌保护272处，挂牌率达86%。

整治“三老”加快城市更新。东城区以老旧平房申请式退租和恢复性修建为切入点，推进片区综合更新，启动实施首个片区综合更新试点：国子监申请式退租及恢复性修建三期项目。完成1000户直管公房申请式退租年度任务。皇城景山项目9个“启动区”院落、西总布项目实现开工建设。完成600户直管公房修缮。老旧小区综合整治步伐进一步加快，新开工项目52个，开工面积69.28万平方米。新完工项目22个，完工面积24.91万平方米。老楼加装电梯新开工25部，新完工15部。成功打造一批城市更新市级示范项目，金隅龙顺成、锦和隆福寺越都荟项目获评2023年北京城市更新优秀案例。

持续攻坚推动棚改收尾。东城区聚焦棚改重点工程项目，强化责任担当，持续做好强执手续、信访接待、矛盾化解等相关工作，推动棚改攻坚收尾。望坛棚户区改造项目2102户办理入住等相关手续，21户完成选房、补充协议签订、补偿款结算等手续。天坛周边简易楼腾退项目全部完成腾退。北京古观象台南院居民清退项目完成全部4户居民的签约、交房及拆除，实现清空北京古观象台南院规划。南中轴路棚户区改造项目完成非住宅1户的签约、交房。

（崔蕾　徐阆）

规划和自然资源管理

【概况】北京市规划和自然资源委员会东城分局（简称东城规自分局）受北京市规划和自然资源委员会和东城区委、区政府双重领导，贯彻落实北京城市总体规划，推进核心区控规实施。设13个内设机构。下属北京市东城区规划和自然资源执法队、北京市东城区不动产登记中心、北京市东城区规划和自然资源综合事务中心3个单位。2023年，东城规自分局加强规划引领，落实核心区控规。以街区更新综合实施方案为抓手，加强规划的统筹引领和可实施性，搭建规划设计及议事平台，将百姓需求及各部门工作汇聚成网，以东直门、永定门外等重点片区为单位谋划项目，统筹推进城市更新，形成更多可视化成果。采取街区集中连片更新模式强化老城保护，加强政策组合创新，以恢复性修建、保护性修缮、土地入市等多种方式联动推进前门、景山三期等重点地区空间优化及产业升级。推动重点项目，构建“一平台、一表、一清单”管理体系，高频次调度重点项目，多次与首都规划建设委员会办公室研究西革未入市地块、前门东区等项目入市规划条件；主动调度王府井H2地块、海港城、华润弘通等在途项目。优化完善审批流程，加大并联办理力度，提出所有重点市区项目、民生工程全部实现多规、许可联动一日办结。前门C2及C4地块、望坛变电工程两证联办，宝华里、中化项目三证联办，市级重点工程东直门交通枢纽项目加班加点紧随建设进度同步踏勘现场，比常规流程节省近1个月快速完成核验。持续优化营商环境，与福建省泉州市不动产登记中心签订合作框架协议，完成全市首例跨省通办服务；拓展不动产登记全程网办范围，完成全市首例按经济适用房管理房屋转移登记全程网办业务，做到让群众少跑路，最大程度节约时间成本。加快解决房产证难办问题，提前完成不动产登记遗留问题全年任务。深化规自领域问题整改，完成年度基本无违法建设区创建任务。

（崔蕾）

【年度城市体检】2023年，东城规自

分局落实“一年一体检”要求，完成东城区2022年度城市体检。从中央政务功能保障、空间布局优化、疏解减量提质、产业功能提升、老城整体保护、街区保护更新、民生改善、安全韧性城市建设等方面撰写体检报告。

（孙祎曲）

【规划改造老旧小区】2023年，东城规自分局发挥责任规划师技术支撑作用，从推动规划落地、提供技术咨询、规划设计把关、施工监督指导、推进社区营造等方面开展工作。跟踪推动老旧小区综合整治、背街小巷整治提升、平房院落更新与公共空间塑造等重点项目落地，创新工作经验。

（孙祎曲）

【核心区控规实施】2023年，东城规自分局牵头制订新一轮三年行动计划，提前部署新一轮三年行动计划编制工作。完成市级项目72个，区级项目128个。支持中轴线申遗，推进钟鼓楼、西草市红庙街区等直管公房申请式退租及恢复性修建。完成国家话剧院高层住宅及宝华里4号地回迁项目降层，加强高度安全管控，营造优良政务环境。

（崔蕾）

【平房（院落）保护修缮】2023年，东城规自分局制订《东城区平房（院落）保护性修缮和恢复性修建项目前期调查研究及方案设计工作标准》，促进平房（院落）保护和活化利用。景山三眼井、钟鼓楼、西兴隆街、西草红庙街区申请式退租及恢复性修建试点院落年内开工建设。

（王晶）

【市政交通规划】2023年，东城规自分局依托区轨道交通工作平台，凝聚合力，推进区轨道交通规划建设。配合市级部门推进12号线安贞桥站、2号线安定门新增出入口一体化研究；完成3号线东四十条站、12号线安贞桥站和5号线崇文门站一体化项目临时用地规划方案研究。

（赵辉）

【综合审批项目】2023年，东城规自分局实行多证并联办理，提高审批效率，普通房建类项目办理时限由法定的7个工作日缩减到平均3个工作日办结，重点项目、民生工程等实现1个工作日内办结。全年办理各类审批事项730件，较2022年上涨93.1%，其中建设工程规划许可71件（包含房建类工程许可50件，市政工程21件）、建设工程规划不予许可2件（包含房建类工程1件，市政工程1件）、房建类“多规合一”会商意见8件、房建类规划验收意见33件、地名命名1件、建筑物名称核准及变更6件、划拨决定书7件、土地协议出让602件。

（王晓雨）

【建设项目规划验收】2023年，东城规自分局完成规划验收项目33件，建筑面积约62万平方米，提供商品房源440套。利用全过程服务监督平台实时跟进建设项目进程，对纳入全过程服务监督的91件项目指定专人负责，向建设单位提供政策咨询和协调服务。

（孙晔）

【地理国情监测】2023年，东城规自分局编写完成东城区2022年度地理国情监测分区报告。做好2022年度国土变更调查，对111个调查图斑进行逐一认定，对工作底图、数据库更新图斑、单独图层变化等进行100%核查。

（张国会）

【自然资源资产管理】2023年，东城规自分局统筹园林、水务部门完成2022年度东城区国有自然资源资产管理情况专项报告编制。推进辖区内地热资源企业储量统计、信息公示、安全检查等矿产资源管理相关工作。

（景思琦）

【城市建设用地减量】2023年，东城规自分局完成存量违建拆除并销账2454处，面积7.43万平方米，完成市级任务，无市级督办新生违法建设。

（万亚宇）

【违法建设查处】2023年，东城规自分局加强对重要大街、历史文化街区、文保单位保护范围、铁路沿线的相关建设工程以及在施重点项目巡查，现场踏勘940次，出动检查人员1880人次。加强12345违法建设线索快速筛查反馈机制，处置新生违法建设。严肃查处有证类违法建设，全年立案12宗，其中5宗作出实质性行政处罚决定，2宗作出限期拆除决定；办结案件10宗。因未依法取得建设工程规划许可证移送属地街道办事处51宗；协查出具建设工程规划审批情况函件495宗；出具《违法建设项目认定函（新生）》19宗。

（万亚宇）

【不动产登记业务办理】2023年，东城规自分局受理登记业务3.94万件，其中不动产权证书1.70万件，不动产登记证明8550件，档案查询个人查档4.39万人次、受理不动产权籍调查116件，权属审查83件。完成全市首例“参经房屋”全程网办业务，与泉州市不动产登记中心签订不动产登记跨省通办合作框架协议，并办理全市首例跨省通办抵押业务案例。

（刘媛）

【解决历史遗留难题】2023年，东城规自分局解决历史遗留问题项目2个，涉及房屋27套，全年东城任务量为20套，任务完成比例达135%。

（刘媛）

【土地储备项目推进】2023年，东城规自分局组织开展全口径土地储备项目梳理，编制年度土地储备计划及2023—2025年三年滚动计划。发挥供地专班统筹协调作用，研究制订东城区年度重点项目的计划表，建立半月跟踪、及时调度、月度专刊的工作机制，采取专班牵头推进、专人挂钩负责、专题协调会商等举措，推进金鱼池二期西、西革新里、青龙胡同、前门东区入市地块等项目，并取得重大进展。

（白同宇）

6月25日，东城规自分局完成核心区首例高精尖产业用地协议出让和“交地即交证”工作（东城规自分局提供）

【城镇私房现状出让业务量翻番】2023年，东城规自分局不断优化办理流程，全年共办结城镇私房现状出让业务536件，土地出让收入2.1亿元，比2022年增加3000万元。

（白同宇）

【更新可利用土地资源库】2023年，东城规自分局完成《东城区可利用土地资源库》更新工作，《东城区可利用土地资源库（2023年度）》共包括22个闲置库地块、16个储备库地块、11个腾退空地、6个环境整治项目、1个一级开发项目及1个其他项目。

（白同宇）

【青龙胡同项目完成供地】6月25日，东城规自分局完成核心区首个高精尖产业用地协议用地出让项目——青龙胡同项目的供地手续，土地出让收入约1.6亿元。同时，2个小时完成土地出让价款和相关税费缴纳、土地交付、不动产登记，实现交地即交证工作目标。

（白同宇）

【房建类项目全程网办】11月20日，东城规自分局提前启动房建类项目规划许可全程网办工作，先后核发前门大街南侧G10、G11地块项目和前门大街及东片保护整治项目G2、G3地块汽车坡道项目的建设工程规划许可证，实现“让数据多跑路、让群众少跑腿”的“零见面”审批模式。

（王晓雨）

房屋征收

【概况】东城区房屋征收事务中心（简称区房屋征收中心）受东城区人民政府房屋征收办公室委托，承担东城区房屋征收与补偿具体实施工作，为全额拨款事业单位。2023年，区房屋征收中心承担实施的项目共8个，分别为国家话剧院高层住宅楼项目、刘家窑路道路工程征收项目、望坛棚户区改造项目、天坛周边简易楼腾退项目、南中轴路棚户区改造项目、国家广播电视总局五八二台家属区项目、北京国际戏剧中心扩建工程项目、革新南道路工程项目。

（李英）

【南中轴路棚户区改造项目】2023年，南中轴路棚户区改造项目完成强制执行后签约1户，非住宅1户（环卫中心）的签约、交房工作。

（李英）

【国家话剧院高层住宅楼项目】项目征收范围内涉及产籍77户，3月26日启动签约工作，5月24日完成全部签约，6月4日开展脚手架搭建，克服场地狭小、高温作业等困难，历时68天，8月11日完成帽儿胡同45号院5号楼地上11层全部拆除工作。

（李英）

【刘家窑路道路工程项目】项目西起沙子口路，东至景泰路，长790米，规划红线宽30米。至年底，完成项目范围内环卫厕所的拆除与场地移交、沙子口路48号院京能房产及其所

11月30日，刘家窑路道路工程项目48号院居民签约现场（王丰摄）

涉居民的征收补偿。

（李英）

【望坛棚户区改造项目】项目涉及居民产籍5872户，住宅5785户，非住宅87户，建筑面积18.21万平方米。2023年共签订补偿协议12户，其中全部为住宅。全年选房21户、办理入住2102户。自项目启动累计签约5850户，签约比例99.63%，其中住宅签约5763户，签约率达到99.62%。

（李英）

【天坛周边简易楼腾退项目】经项目指挥部成员单位多年的调解、动员，2023年完成项目未腾退户3户交房工作，完成未解决户5户的结算工作，完成3栋简易楼拆除工作，项目现场全部完成腾退。

（李英）

【五八二电台家属区项目】项目涉及腾退居民21户，采取"腾退+征收+拆违"的方式，6月1日完成最后1户居民签约，签约率达到100%。8月4日，五八二电台完成家属区全部房屋的腾退交付。8月9日，佳源公司完成家属区房屋的拆除。8月10日，佳源公司与市公园管理中心完成土地交接确认手续。

（李英）

【北京国际戏剧中心扩建项目】项目产籍共108户，总建筑面积7250平方米，其中住宅105户，建筑面积2485.3平方米；非住宅3户，建筑面积2368.7平方米；未登记房屋面积2396平方米。2023年完成强制执行户签约1户，至年底，住宅签约103户（含强制执行后签约4户）；非住宅签约3户（含1户使用单位签约）。

（李英）

【革新南道路工程项目】项目涉及居民产籍14户，住宅10户，非住宅4户，建筑面积2.57万平方米。至年底，14户全部完成签约，整体签约率100%，住宅交房率100%，非住宅剩余3户未交房。

（李英）

建设工程

【概况】2023年，东城区建筑业施工企业数量为202家。年度竣工重点工程项目5项，分属地铁6号线东四站织补项目及望坛棚户区改造项目。

（齐文元）

【建筑业企业动态核查】2023年，东城区住房和城市建设委员会根据《建筑业企业资质管理规定》和动态监管方案，对区内新设立的建筑业企业进行资质动态核查。建立台账，对企业的详细信息进行登记，根据要求确定被核查企业，并将核查要求电话或书面通知各企业，要求各企业准备核查材料并在规定时间内接受检查。

（王守月）

表17　2023年度竣工重点工程项目一览表

工程类别	序号	项目名称	项目法人（建设单位）	建设地点	建设规模及内容	总投资（万元）	竣工时间
房建工程（5项）	1	东城区地铁6号线东四站织补项目	北京隆福天地房地产开发经营有限公司	东四路口西北角	工程规模50681平方米。地上3层约23500平方米，地下4层约27181平方米	336657.69	10月23日
	2	东城区望坛棚户区改造项目（住宅、底商及地下车库）	北京城建兴瑞置业开发有限公司	东城区安乐林路	工程规模172560平方米。3-1#住宅楼和3-8#住宅楼工程均地上12层，地下4层。3-2#住宅楼和3-7#住宅楼工程均地上11层，地下4层	75760.17	4月4日
	3	望坛棚户区改造项目（住宅、公建及地下车库）	北京城建兴瑞置业开发有限公司	东城区安乐林路	工程规模147253平方米。3-3#、3-4#、3-5#、3-6#住宅楼工程地上12层，地下4层	61292.46	4月4日
	4	东城区望坛棚户区改造项目（住宅、底商及公建等2项）	北京城建兴瑞置业开发有限公司	东城区安乐林路	工程规模22180平方米。5-1-1#住宅楼工程地上11层，地下1层。5-1-2#公建工程地上6层，地下1层	17956.86	4月3日
	5	东城区望坛棚户区改造项目（住宅、公建及地下车库等2项）	北京城建兴瑞置业开发有限公司	东城区安乐林路	工程规模92460平方米。6-2#住宅楼、6-3-1#住宅楼、6-3-2#住宅楼，工程地上8-10层，地下3-4层	41175.45	6月8日

（王守月）

房地产开发

10月25日，筑邦公司组织全体党员参观长辛店二七纪念馆（王勇涛摄）

【概况】2023年，东城区共办理新建商品房销售业务66笔，其中商品房预售许可初审5笔，现房销售备案18笔，其他业务43笔。

（陶小林）

【东兴建设】北京东兴建设有限责任公司（简称东兴建设）始建于1958年，是建设部批准的施工总承包一级资质企业。同时还拥有起重设备安装、建筑装修装饰、园林古建筑工程专业承包和文物保护工程施工的一级资质。下设9个业务部室及12个基层单位。2023年，东兴建设在逆境中求生存、谋发展，全力推进承建的各项在施工程。至年底，承建的通州区两站一街E5、E6地块东城区旧城保护定向安置房项目（15#住宅楼、17#住宅楼、18#住宅楼、2#密闭清洁站、残疾人康复中心、K3车库二标段），全部完成合同约定内的施工内容。全年开复工面积59.39万平方米，新开工面积16.24万平方米，竣工面积30.23万平方米。共完成总产值3.17亿元，缴纳各项税金1192.64万元。东兴建设注重质量管理，在承建北京市老旧小区综合整治项目工程中，编写《老旧小区质量管理工作要求》，下发至各项目部推动落实，不断提升工程质量管理水平。全年组织专业人员深入一线进行技术质量检查200余次。注重提高工作效能，优选施工新工艺，力荐新方案，在施工中降本增效，促进工程进度大幅提升。全年组织有关安全、保卫、消防、交通、外施作业人员进行专项培训14场，培训人员1035人次。开展“安全生产月”活动，向在施工程的管理人员和外施作业人员发放安全生产知识试卷850份，合格率100%。加强党组织建设，组织开展参观交流、支部云课堂、手机微党课、党务培训、积极分子培训共计18次。开展系列主题党日学习教育活动60余次。组织党员和积极分子开展为朝阳门街道党工委助残助困项目献爱心捐款活动，共计捐款4540元。2023年，东兴建设获企业信用等级（AAA）证书，获朝阳门街道“微心愿”牌匾，承建的福州新馆文物修缮工程被评为“北京市2023年度文物保护工程优秀项目”。

（孙丽娟）

5月5日，北京东兴建设有限责任公司与朝阳门街道就党建工作交流研讨（马慧光摄）

【筑邦公司】北京筑邦建设有限责任公司（简称筑邦公司）注册资本2261.38万元，总资产7778万元，是国家二级资质建筑施工企业，可承接建筑施工、房屋拆除、室内装饰装修、市政管道、防水工程施工、铁木器加工、水电安装、锅炉安装、机械设备租赁等。下辖第一、四、五分公司。2023年，筑邦公司在稳固北京建筑工程市场的同时，利用京津冀一体化协同发展带来的机遇，出击河北建筑市场，相继承揽河北省保定市定兴县北京世代状元府住宅小区6#、7#

楼工程，建筑面积3.1万平方米，11月30日通过竣工验收；承揽的河北省保定市涞水县“翔海·逸园”项目1#、7#、12#、17#、18#楼及其区域地库，建筑面积5.15万平方米，地下2层、地上15层/17层/18层，其中1#、7#、12#楼主体结构完成，17#、18#楼完成内部装修外檐装饰及水电安装，达到验收标准。四公司承接的北京航天实验技术研究所实验中心的墙面粉刷、设备基础改造、道路场地建设等工程项目如期完成。2023年，筑邦公司在主题教育活动中，组织全体党员运用学习强国、共产党员网等多种网络平台，学习《习近平新时代中国特色社会主义思想专题摘编》、党的二十大报告、党章。组织全体党员和积极分子参观清华园车站旧址、长辛店二七纪念馆、宋庆龄故居，缅怀革命先烈，坚定理想信念。开展送温暖走访慰问社区帮扶对象活动。

（王勇涛　王春岩）

11月20日，崇新房地产公司组织燕京小天鹅公益学校学生参观国家海洋博物馆（霍煜摄）

【崇新房地产公司】北京崇文·新世界房地产发展有限公司（简称崇新公司）设人力资源与行政部、法务部、财务部、合同管理部、工程设计部、市场营销部、资产管理部、拆迁部、新景新裕项目共9个部门，在职员工81人。与崇裕房产开发公司、新世界电子公司同为新世界集团参与投资的关联公司。2023年，崇新公司继续承接运营崇文门外大街1号、5号、6号地旧城改造、房地产开发、商品房销售业务，租赁经营管理新世界中心一期、新世界酒店、新怡商务楼、新裕商务大厦等商场、公寓、写字楼。全年销售收入4632万元，租赁收入7849万元，酒店经营收入1.21亿元，缴纳各项税金4029万元。2023年，崇新公司党支部不断推进党员示范岗建设，制订学习方案，定期召开支部大会。参加街道组织的社区周末大扫除、社区邻里节、捐书捐衣等活动，组织全体党员观看反诈教育电影《孤注一掷》、扫黑反腐教育电影《坚如磐石》，到中央礼品中心、首钢园参观学习。参加崇文门外街道党工委组织的“七一”党员献爱心活动，捐款1360元。培养入党积极分子4人。2023年，崇新公司被评为年度东城区统计诚信示范企业、北京市工商联非公经济组织党建示范单位，连续19年获区政府颁发百强企业奖牌及证书。

（赵谦）

【北京住六公司】北京住总第六开发建设有限公司（简称北京住六）是国有控股大型建筑安装施工企业，集房地产开发、建筑施工、多元经营为一体，注册资本2亿元，具有国家一级房屋建筑工程施工总承包、建筑装修装饰专业承包、机电设备安装工程专业承包以及国家二级市政公用工程施工总承包、钢结构工程专业承包、地基与基础工程专业承包等多项企业资质，经营范围辐射与建安施工相关的多个领域。下设北京住六欣意租赁有限责任公司、北京住六欣跃机电安装有限公司、北京住总鸿运房地产开发有限公司3家专业公司，分别在国内多个城市设有分公司。北京住六设21个部室，自有员工669人，平均年龄39岁，具有本科及以上学历465人，中级及以上职称226人，一级建造师、二级建造师137人。2023年，北京住六对照“十四五”发展规划，持相对稳定的发展态势。全年承建北京顺义区后沙峪、会展誉景，北京大兴区旧宫三期，北京密云区檀营6005、水源路一期、二期及石景山区刘娘府公交场站等大型住宅、商业工程和交通枢纽工程。承建天津市宝坻区渠阳新苑、北辰区宸光壹号；石家庄市臻园五期、中央商务区等地方重点工程。市政建设方面，承建北京市通州区台湖镇富民路（次渠京华园东路—太平西一路）道路、雨水污水、给水、再生水管线工程等多项工程；密云区穆家峪镇新农村刘林池村棚户区改造项目配套支路网工程市政交通基础设施工程和电力管井工程（二标段）；大兴区亦庄新城站前区次渠中一路（站前街次渠路—亦庄站前街）等2条道路电力管线工程土建工程；北京广播电视台建国门外西楼办公区基础网络整体改造工程等。装修改造方面，承建通州区中泽家园等老旧小区改造工程，承建海南省海口市人民政府驻北京联络处、农银信达中心等装修改造工程。北京住六狠抓工程质量，承建的旧宫熙悦雲上15#地块、木林集租房工程获结构长城杯金奖；旧宫熙悦雲上16#地块、密云水源路一期、檀营6005工程获结构长城杯银奖；通成家园工程获竣工长城杯银奖；住六欣意公司灌浆队获中国建筑业协会2023年度工程建设质量信得过班组称号。在安全环保和消防工作方面，密云区水源路工程通过“北京市绿色安全样板工地”验收，全年安全生产形势总体稳定。品牌建设上，北京住六技术中心开展多项科研项目，全年完成发明专利受理1项、实用新型专利受理1项、实用新型专利授权1项，省部级科技成果鉴定2项，获北京市QC成果二类奖2项、发布地方标准主编1项、参编地方标准3项、参编团体标准1项。2023年，北京住六建筑业总产值完成21.36亿元，施工规模130.34万平方米，全年属地纳税额976.43万元。

（刘倩）

东城区房地产开发企业单位负责人

北京东兴建设有限责任公司

董事长	张建忠
总经理	富兴华
党委书记	蒋春晖

北京筑邦建设有限责任公司

董事长、党支部书记	陈小虎
总经理	何广林

北京崇文·新世界房地产发展有限责任公司

董事长、总经理	陈耀豪
党支部书记	黎　霞（女，7月免）
	闵　敢（8月任）

北京住总第六开发建设有限公司

董事长、党委书记	侯喜悦
总经理	于明伟

建设管理

【概况】东城区住房和城市建设委员会（简称区住房城市建设委）是区政府工作部门，为正处级单位，加挂北京市东城区住房保障办公室（简称区住房保障办）、北京市东城区人民政府房屋征收办公室（简称区政府房屋征收办）、北京市东城区历史文化名城保护工作委员会办公室（简称区名城办）牌子。管理1家行政执法机构，即东城区住房和城市建设综合执法大队。下辖6家公益一类事业单位，分别为东城区建筑行业管理处、东城区住房保障事务中心、东城区住宅小区管理中心、东城区历史文化保护事务中心、东城区房屋安全事务中心、东城区城市工作事务中心，其中东城区建筑行业管理处为参照《中华人民共和国公务员法》管理事业单位。2023年，区住房城市建设委完成中轴线申遗保护，推进重点文物腾退。推进城市更新，不断提升城市品质和人居环境。完成市级老旧小区综合整治年度任务。开展保障房建设筹集工作，东城区公租房备案家庭总体保障率达74.45%。推动住宅小区物管会向业委会转化，业委会数量相比2022年底提升228%。在北京市经营性自建房安全管理工作年度考核中获第一名。促进重点项目固定资产投资落地，超额完成99亿元的年度固定资产投资任务。行业监管、优化营商环境、综合执法、落实私房政策、房改等工作取得明显进展。大力推进城市更新，打造一批城市更新市级示范项目，金隅龙顺成、锦和隆福寺越都荟项目被评为2023年北京城市更新优秀案例。举办第二届北京城市更新论坛暨首届北京城市更新周东城区分论坛，为东城区区域综合性城市更新实践总结经验，创新路径。

（刘艺萌）

【中轴线申遗保护整治和文物腾退工作】2023年，区住房城市建设委继续牵头组织推进完成中轴线申遗保护整治各项任务，东城区负责的牵头任务全部在国际专家考察前完成并达到迎检标准，其中：国家话剧院高层住宅征收、五八二电台家属区腾退项目，如期完成腾退拆除任务；天坛医院旧址二期建筑拆除及环境整治、永定门城楼保养维护与展示、正阳桥疏渠记方碑保护及展示提升等项目完成。按市级要求积极推进首批核心区重点文物腾退工作，系统梳理古观象台历史沿革和实际情况，采取“以拆违为主线，同步签订清退协议”的工作思路，完成全国重点保护单位古观象台住户腾退。推进大慈延福宫项目腾退工作。

（刘艺萌）

【老旧小区综合整治】2023年，区住房城市建设委加快老旧小区综合整治步伐，超额并提前完成市级年度任务，新开工项目52个，新完工项目22个，加装电梯新开工25部，新完工15部，分别完成市级下达年度任务量的106%、157%、125%、150%。开发东城区加装电梯小程序，及时响应和处理群众加梯诉求。

（刘艺萌）

【申请式退租及恢复性修建】2023年，区住房城市建设委推进片区综合性城市更新工作，启动实施片区综合性城市更新试点皇城景山街区平房直管公房申请式退租及恢复性修建三期项目，腾退整院136个；推进已退租项目的恢复性修建，皇城景山三眼井片区启动区的9个院落、西总布街区、钟鼓楼周边、西草红庙一期项目试点院落实现开工建设；完成600户直管公房修缮，消除安全隐患。保持直管公房转租转借动态清零。

（刘艺萌）

【简易楼改造腾退】2023年，区住房城市建设委研究李村东里17、18号楼及和平里七区27号历史建筑简易楼改建的工作路径，完成2个项目方案设计、政策设计，组织相关部门多次论证，开展首轮入户调查；选取其他楼栋开展改建研究工作；拟定20选6外迁腾退计划，组织街道、京诚集团完成居民意愿摸底；督促单位自管产自行开展简易楼改造，完成市级危旧楼房腾退改造年度任务。

（刘艺萌）

【住房保障】2023年，区住房城市建设委开展保障房建设筹集工作，竣工安置房1595套，转化共有产权住房1781套，开工建设安置房214套，筹集政策性租赁住房885套。累计发放补贴1.88亿元，配租公租房1099套，区公租房备案家庭总体保障率达74.45%。

（刘艺萌）

【工程质量安全监督】2023年，东城区在监在施工程203项，总建筑面积395.76万平方米；全年完成工程竣工验收项目240个，共163.45万平方米；联合验收受理351件，出具联合验收意见通知书261份。组织消防验收检查600余次，消防验收221项次，合格115项。持续开展城市安全隐患治理三年行动和建筑施工安全专项治理行动，33套车牌抓拍、24台洗轮机冲洗监控设备实现全覆盖，与全区相关部门和属地街道实现系统共享，视频监控系统安装率和通视率居北京市前列。

（刘艺萌）

【招标投标管理】2023年，区住房城市建设委共办理建设工程招投标项目75项，其中上年结转2项，新入场73项。完成招标项目66项（施工招标53项，监理招标13项），结转到2024年度9项，中标金额共13.33亿元。项目负责人变更30次，项目负责人解锁52次，完成开标监管服务76次（全部为远程开标）、评标（审）服务监管127次，对招投标市场主体行为日常执法检查120次，与执法大队、建筑市场科开展“三包一靠”联合执法检查65次。在事中事后检查中向招标人发出强制性整改意见告知书69次，开展房建市政工程招标投标突出问题专项治理，抽取25个项目进行专项核查。

（刘艺萌）

【行政审批与服务】2023年，区住房城市建设委共办理行政许可事项和行政管理事项2574件，其中核发建筑工程施工许可证及变更377件；办理施工登记函0件；办理建设工程竣工验收备案15件；办理建筑企业资质审批222件，变更（含初审及劳务资质备案）73件；办理二级建造师注册577件；办理夜间施工许可3件；受理三类人员考核证书续期921件；办理拆除备案3件；办理“多规合一”协商事项18件。各项审批服务事项均在法定时限内办结，按时办结率为100%。全区办理施工许可建筑规模为200.72万平方米，总规模与2022年同期相比增加37.13%，其中装饰装修工程建筑规模134.39万平方米，同比上涨38.3%；房屋建筑工程建筑规模66.33万平方米，同比上涨32.45%。行政审批科共完成施工许可、建筑业企业资质审批及变更业务双公示信息报送365条，确保公示信息完整、及时、合规，按时公示率100%。

（刘艺萌）

【物业管理】2023年，区住房城市建设委健全完善党建引领社区治理框架下的物业管理体系，开展物业企业月度点评，滚动推进物业突出问题专项治理。推动住宅小区物管会向业委会转化，新转化业委会100个，至年底有业委会178个，业委会组建率29%，业委会数量相比2022年提升228%。

（刘艺萌）

【房屋安全管理】2023年，区住房城市建设委开展住建领域安全生产和火灾隐患大排查大整治，落实市政府安全生产“十条措施”，完成市委市政府安全生产督察。推进自建房隐患排查治理，提前完成其他自建房排查治理任务，在北京市经营性自建房安全管理工作年度考核中获第一名。建立健全防汛工作机制，细化雨前雨中雨后各项防控措施，有效应对“23·7”暴雨汛情。开展房屋安全治理，完成25栋危旧房屋智慧监测工作。

（刘艺萌）

【房地产市场管理】2023年，区住房城市建设委编制《东城区深化房地产中介行业治乱行动方案》，加强对房地产经纪机构、住房租赁企业监管，共检查房地产经纪机构、住房租

2月1日，望坛棚户区改造项目成果实景图（区住房建设委提供）

赁企业662家次，约谈37家次，立案13起，处罚12起，处罚金额31.35万元。推进违法群租房整治，创建基本无违法群租房小区6个，保持违法群租房动态清零。各街道整治成果在市级“疏整促”系统上账，共上账198处。

（刘艺萌）

【推进全区重点项目】2023年，区住房城市建设委强化重点项目协调推进，推动东直门交通枢纽项目各业态陆续竣工，超甲级双塔写字楼率先投用，农银理财实现入驻办公，隆福寺二期项目竣工。望坛项目首批10栋回迁楼集中交付入住，2000余户居民回迁新居，配套中学按期投用。宝华里项目3号地楼栋完工，2、4号地进入施工阶段，上市地块地上物实现清零。

（刘艺萌）

【行政执法】2023年，区住房城市建设委共开展行政执法检查5740件，作出行政处罚544件，其中一般处罚125件，简易处罚419件；罚没款总额378万余元。对擅自拆改房屋承重结构的行为零容忍，开出首张个人案件罚单，全年累计完成4件、罚款金额20万元，突破处理此类案件入户难、认定难、执行难“三难”问题。

（刘艺萌）

【法制建设】2023年，区住房城市建设委共发生诉讼、复议、执行、检察监督案件261件，其中诉讼案件243件（包括行政诉讼206件，民事诉讼9件，执行案件6件，检察监督案件22件），共结案200件；行政复议案件18件，共结案15件。为做好行政应诉、复议答复工作，全年共开展案件会商会66次。政府信息依申请工作共受理252件，申请内容主要以拆迁类、征收类、行政审批等信息为主。

（刘艺萌）

城市管理

7 月 4 日，钟鼓楼周边环境整治成果图（张喆摄）

综　述

2023年，是新冠疫情防控转段后生产生活秩序恢复发展的一年，东城区继续落实北京总体规划和核心区控规，强化历史风貌保护，重塑重点区域环境，完成“美丽院落”建设项目，提升首都核心区环境品质。排查整治安全生产及火灾隐患，守牢城市安全底线。科学优化绿色空间布局，开展花园城市建设，继续创建花园式街道和花园式社区，促进生产生活生态空间有机融合与城市绿色发展。

统筹管理加强服务保障。东城区城市管理委员会在环境建设工作中统筹城市运行、环境景观、交通保障等专项工作，制订各类保障和应急预案，深化风险排查治理，加强运维作业和巡查执法，全力服务保障重大活动和重要节假日期间城市运行安全平稳。加强城市管理领域施工安全，强化道路交通领域监管，积极应对极端天气影响，保持对上账企业每周两次督导检查，形成“检查、建账、整改、销账、回头看”闭环整改机制。

聚焦安全加大整治力度。东城区全面落实市、区两级部署，将安全生产执法工作列为年度主线任务，按步骤、分阶段、抓重点，多波次、全覆盖组织开展安全生产和火灾隐患排查整治、燃气安全隐患集中排查整治等执法检查行动，保障城市运行领域安全生产。重大活动、节假日建立全过程管控体系，针对性地制订环境秩序保障方案，落实等级化管控措施，适时启动倾斜式增援巡控模式，确保执法力量充足。保障结束后，及时进行复盘总结，查漏补缺。构建热点区域预警机制，综合判断点位情况，及时进行调度预警。

高位调度提速接诉即办。东城区加强高位统筹调度，促进全区工作“一盘棋”。区委书记每月调度接诉即办工作，以“典型曝光榜”形式点评优劣。区委、区政府主要领导每月到成绩落后的街道调研督办，高位推动化解难题。各单位一把手接件领办，层层压实责任。印发《东城区关于强化接诉即办工作的重点措施》等文件，组织开展东城区接诉即办“办件先锋”评选，推动即时督办系统二期建设，及时动态上线“消防安全”“防汛”“万人诉求比”等专题模块，提升接诉即办工作实效。东城区环境卫生服务中心（简称区环卫中心）规范作业标准，将智慧环卫运营平台纳入日常检查监管，强化源头治理，推进未诉先办。

（何淑梅　徐闵）

网格化服务管理

【概况】东城区城市管理指挥中心（简称区城指中心）是东城区人民政府直属公益一类事业单位，机构规格相当于正处级，负责辖区网格化服务管理事项监督评价与统筹协调及接诉即办的指导协调。2023年，区城指中心受理热线诉求34万余件，平均综合成绩95.72分。诉求量比2022年增加6.8万余件，环比增长25%。全年保持响应率、解决率、满意率指标稳步提升：响应率99.95%，较2022年提升0.67%；解决率94.12%，与2022年持平；满意率95.56%，较2022年提升0.33%。持续加强党风廉政建设，开展全面从严治党工作自查2次。落实八项规定精神，做好各项经费使用、公车管理、会议文件精简等工作，常态化开展廉政提醒和警示教育，筑牢拒腐防变思想堤坝。全年共受理区级内部监督案件60万余件，受理接诉即办以外的其他外部监督来源事件2.4万件，监督员自行处理案件7.5万件，街道小循环共发现上报问题40.9万余件。全年承办区领导批示件26件，承办督查督办件41件、催办件18件。承办区委区政府重点任务9项、科室完成重点工作任务19项、按照市区要求开展党建及机关建设工作任务10项。承办人大代表建议、政协委员提案5件，其中主办2件，会办3件，满意率100%。办理依申请公开4件，答复率100%。年度市级考核东城区在十六区排名第六，城六区排名第三。

（王新梅）

【接诉即办全方位实施】2023年，区城指中心构建接诉即办全区一盘棋工作格局，区委书记每月调度，区委区政府主要领导每月调研督导，区委副书记、主管副区长每周调度、调研、培训，主管副区长每月专题会诊，不定期调研走访。坚持群众诉求提级办理，各单位“一把手”负总责，接件领办、调度指挥，各单位处级领导会商研判，带头包案，层层压实责任。印发《东城区进一步规范及促进接诉即办工作的若干措施》《东城区关于强化接诉即办工作的重点措施》，制订《东城区党建引领接诉即办专项工作实施意见（试行）》，明确接诉即办政策标准，加强对各单位内部体制机制建设的标准引导。开展零诉求社区、低诉求社区、满分社区创建，进行东城区接诉即办“办件先锋”评选。总结提炼基层治理实践经验，联合中央、市、区媒体，开展典型案例宣传推广，打造主动治理、未诉先办东城品牌。全年全区组织接诉即办调度会64次，会诊辅导67场，检查37次，培训活动25场。梳理30件集中问题开展“攻百难 解民忧”专项行动，30件攻坚任务全部完成。聚焦高频举报人、重点人，开展“春风行动”，引入社会组织专业力量，对高频诉求人进行专业的心理疏导，息诉

10月28日，区城指中心举行接诉即办工作调度会（区城指中心提供）

减量效果明显，实现息诉16人，降诉6人。

（王新梅）

【加速网格化城市管理】2023年，区城指中心完善区—街道—社区三级循环工作体系。强化对重点领域监管力度，制订关于城市部件问题巡查工作方案，开展地铁周边设施破损问题、步道砖破损等问题的专项普查。每日通报各街道网格平台小循环案件抽检情况。督促各街道开展小循环网格上报问题质量自查，重点检查人为制造问题、重复上报及上报的小微问题，建立城市环境问题街道、社区巡查监管派发与维护、处置力量自处理相结合的街道小循环运行工作模式，提升小循环监管质量，提升主动治理水平。对标市区工作重点调整满意度调查指标，延伸老旧小区、背街小巷等重点区域的调查深度，聚焦生活垃圾管理、物业管理、景区周边环境问题、"热线+网格"深度融合情况开展专项调研，对相关材料和情况进行汇总分析，找出解决问题办法。运行"网格+执法""网格+园林""网格+环保"等专业检查业务，拓展主动治理信息源。强化网格监管问题与热线诉求问题有效衔接，注重对城市管理领域接诉即办情况分析研判，对重点问题及时提醒，结案率偏低问题及时督办。

（王新梅）

【信息化建设】2023年，区城指中心推进即时督办系统二期建设，着重于"数治和数智"功能开发。对重点地区、重要商圈、旅游景点及周边的问题，可能存在火灾隐患的案件进行实时统计和数据展示。重点针对12345热线案件中临期未办结、重点关注、区级回访涉否等4类工单进行实时提醒预警。完成"每月一题"模块开发，完善二次回访的相关流程，优化与市接诉即办平台接口，完成与市一体化互动交流平台的对接改造，实现与区长信箱来源信件的直接对接，优化热线案件办理流程，优化平台查询模块、整改案件导出方式。完成长安街以南7个街道公共区域内城市部件及地理编码数据的外业普查测绘、数据内业处理等相关工作，东城区年度普查过程中共涉及城市部件5大类119小类，部件总数为25.53万个，地理编码数据共两类，总数量为1.24万个。

（王新梅）

【监督员与网格员队伍建设】2023年，区城指中心招录监督员9人，组织监督员专项普查23次。加强网格助理员日常管理和业务指导，全区网格助理员共上报小循环案件25.79万件，出版《东城网格助理员工作动态》普刊、专刊共12期。

（王新梅）

【做好常态化宣传】2023年，区城指中心建立接诉即办媒体宣传常态对接督导机制，建立媒体宣传工作台账，办好《接诉即办》《向前一步》节目，对各单位选题报送和节目录制情况，实施动态更新、及时督导。对接节目制播牵头单位，协调相关部门配合节目录制。联系节目组，跟进节目排播情况、考核加分申报情况。确保节目制播全过程、各环节顺畅推进，形成策划一批、录制一批、储备一批、播出一批。全年累计制播《接诉即办》节目30期、《向前一步》节目7期。在《劳动午报》刊发接诉即办主题文章1篇。在《新东城报》刊发接诉即办"每月一题"及典型案例文章16篇。

（王新梅）

城市管理执法

【概况】东城区城市管理综合行政执法局（简称区城管执法局）为东城区城市管理委员会管理的副处级行政执法机构，是基层综合行政执法机构的行业主管部门，负责统筹指导和综合协调基层综合行政执法工作。全区城管综合执法系统共履行行政执法职权18个领域526项，其中区局履行职权涉及6个领域144项，街道综合执法队履行职权涉及17个领域454项（区城管执法部门下放职权414项，东城区生态环境局、东城区水务局、东城区卫生健康委员会和区住建部门等4部门下放职权40项）。2023年，区城管执法局坚持"崇文争先"，统筹城市治理各项任务，紧密结合核心区控规实施，动员社区力量，团结带领各街道（地区）实现“基本无违法建设区”的创建目标。有序安排各项执法工作，完成全国两会及元旦、春节、清明节等重大活动和节日期间的环境秩序执法保障任务。全年全区城管执法系统共办理处罚案件1.68万起，罚款646.05万元，其中一般程序案卷2928起，罚款612.04万元；简易程序案卷1.39万起，罚款34.01万元。

（马洪一）

【推进“疏整促”工作】2023年，区城管执法局开展拆违封堵，全年共完成存量违建销账2454处，面积7.4万平方米，超额完成市、区两级目标任务。继续保持违规开墙打洞“动态清零”的任务目标，严控开墙打洞反弹，全年开墙打洞反弹率为0。推进占道经营集中整治，做好2023年社会面环境秩序保障工作、重点商圈外摆及无照游商行为专项查处、东城区占道经营“并肩治乱”专项整治行动、鼓楼三角地前及周边环境秩序整治工作、东直门桥下开放式街心公园专项整治等多个专项行动，完成交道口南锣鼓巷市级占道经营点位销账工作，实现并保持占道经营“动态清零”目标。全区城管系统共完成占道经营类行政处罚案件5599件，罚款42.08万元，全区执法举报比288.46%。

（马洪一）

【安全生产及火灾隐患排查整治】2023年，区城管执法局组织开展安全生产和火灾隐患大排查大整治、燃气安全隐患集中排查整治行动、城镇燃气安全专项整治等多波次安全生产风险隐患排查全覆盖执法检查行动。全年共检查燃气供应及使用主体2.42万家次，发现问题隐患2196起，检出问题率为9.09%。立案处罚燃气安全类违法违规行为112起，罚款8.35万元。

（马洪一）

【大气污染防治专项执法】2023年，区城管执法局统筹部署城管系统大气污染防治工作，对辖区在施工地开展全面普查，发现扬尘类问题严格依法处罚；强化建筑垃圾全链条管理，部署联合夜查行动，查处无准运证运输、运输车辆不符合规定、泄漏遗撒等违法行为。全年共查处施工现场类违法行为213起，罚款285.83万元，建筑垃圾类违法行为329起，罚款39.257万元，渣土车违规运输遗撒类违法行为64起，罚款36.165万元。

（马洪一）

7月25日，区城管执法局在东直门交通枢纽工地开展新入职人员培训
（刘满清摄）

【重大节假日及赛事保障】2023年，区城管执法局统筹调度区、街两级执法力量，完成节假日及各类大型活动保障任务，全区共出动执法力量1.30万余人次，执法车辆7000余车次，发现并处置各类环境秩序问题1600余起。共组织开展工体赛事保障任务17场次，部署、参与赛事有关“并肩治乱”行动21次。

（马洪一）

【执法职权下放指导】2023年，区城管执法局结合全区各街道职权下放后面临的执法难点和困难，为基层执法提供更加健全完善的执法依据和操作性强的执法指引，全年制作典型案例经验材料12个，开展专业执法领域、专项法规方面和新下放职权等培训10次，培训人员350人次，案卷评查完成对17个街道综合执法队全覆盖，协助各街道做好接诉即办工作，参加各街道现场会16次。

（马洪一）

【基层综合行政执法队伍建设】2023年，区城管执法局制订《关于加强东城区基层综合行政执法队伍建设的指导意见》《东城区综合行政执法队伍人员管理办法（试行）》，经区政府常务会、区委深改委会议审议通过，以区政府1号文件印发。各街道完成主管主任兼任综合行政执法队队长工作。下半年，区城管执法局配合区委组织部，牵头开展全区综合行政执法系统干部交流工作，各街道内部交流人员42人，全区综合行政执法队交流人员22人。

（马洪一）

【执法队伍规范化建设】2023年，区城管执法局制订《2023年东城区城市管理综合行政执法队伍规范化建设方案》，开年部署、按季度推进，年底组成规范化建设评估小组，依据80项监测指标体系进行考核验收，东华门街道执法队、天坛街道执法队、局执法四分队、崇文门外街道执法队、东直门街道执法队等5支执法队达到规范化建设标准，东华门街道执法队获评市级规范化建设示范队。

（马洪一）

市政市容环境管理

8月29日，区城市管理委举行“听民意 解民忧”第九季东城区专场热线接听活动（区城市管理委提供）

【概况】东城区城市管理委员会（简称区城市管理委）是负责东城区城市环境建设、城市管理的综合协调、市政基础设施、市政公用事业、市容环境卫生、能源日常运行、交通、水行政等管理工作的区政府工作部门。加挂北京市东城区城市环境建设管理委员会办公室（简称区环境办）、北京市东城区交通委员会（简称区交通委）、北京市东城区水务局（简称区水务局）牌子。2023年，区城市管理委统筹城市运行、环境景观、交通保障等专项工作，深化风险排查治理，加强运维作业和巡查执法。保障全国两会、“一带一路”高峰论坛、北京半程马拉松比赛等重大活动期间城市运行平稳。制订特殊天气环卫保障工作预案，保障特殊天气市容环境。持续提升长安街南北1千米纵深环境品质。启动朝阳门南北小街区域环境整治提升，完成公共空间改造提升的相关土建施工，解决老旧排水管线问题，引导道路停车外迁，健步悦骑的道路空间格局基本形成，为打造小街步道公园提供条件。启动朝阜路（东城段）区域环境整治提升，完成中央绿化带及公共空间改造提升相关土建施工，优化道路断面，为实现“京城时空走廊、文化绿色漫道”规划定位奠定基础。中轴线沿线环境整治提升项目完成“古都之脊”，展现新画卷。完成钟鼓楼紧邻地区环境综合整治，恢复一批传统“勾连搭”屋顶和合瓦屋面；翻新院内地面和步道路面，提升绿化景观，实现视线通畅、景观协调；完成安定门6条胡同、天坛西草市街架空线入地，实现北中轴钟鼓楼周边、南中轴正阳门箭楼至永定门的南中轴一线东城区范围内的架空线基本“清零”。西草市街完成建筑保护修缮和街巷空间微更新，实现南北段融合。完成地铁8号线珠市口站F口北侧和南中轴御道绿化建设，打造燕墩西望开放绿地，形成具有中轴特色的林荫漫步道。前门大街照明提升设计获2023年国际风景园林师联合会亚太区分会“照明和夜间体验类卓越奖”，“四方平安”景观小品入选全市10处市民最爱春节景观。东华门大街完成沿街风貌、公共空间和绿化照明等环境品质提升，实现“多杆合一”，成为承载皇城风貌、传统商业和文化旅游的精品走廊。鼓楼东大街环境整治提升（二期）项目完成，修补提升建筑立面和第五立面，各类杆体消减率近60%，形成与鼓楼西大街风貌相互呼应、翼卫中轴的“京潮流转、后市长街”。启动实施新一轮背街小巷环境精细化整治提升三年行动。全年实施74条精品街巷、157条优美街巷和42条达标街巷。五道营胡同整体提升立面风貌，优化公共空间，重铺步道，增加入栏结算区，推进电力增容，北京最文艺的胡同焕新亮相。钟楼湾胡同等3条街巷获评“北京最美街巷”。挖掘利用精品街巷风貌品质和文化资源，评选形成4条北京市精品街巷文化探访路线，路线数量、精品街巷数量和总里程均居全市之首。建成“美丽院落”15处，全区“美丽院落”累计达109处。雨儿胡同30号等4处院落获评北京市“最美庭院”。轨道交通北新桥站四象限公共空间改造提升完成，营造舒畅有序的交通和景观环境，首都机场老城门户及东城TOD（以公共交通为导向的发展模式）街区微枢纽的“京韵门厅”崭新亮相。开展“门前三包”专项行动，东四北大街东四段等7条道路获评市级“门前三包”精细化治理示范街。全区拆除存量违法建设2449处，面积约7.4万平方米，超额完成市级5万平方米拆除任务的48%。推进铁路沿线违建、公共公益类违建、限拆未拆类等专项整治，保持无新增违建、无违规开墙打洞。全区拆除量及举证量共计4608处，面积17.6万平方米，超额完成区级14.1万平方米治理任务的24.8%。完成《东城区街区户外广告设施设置专项规划（商圈部分）》编制，覆盖81个街区，完成王府井APM、百货大楼的户外电子显示屏规划论证，形成一套含五大商圈和16个街道可拆分的文本成果。规范城市道路护栏，累计拆除交通、园林、背街小巷、桥下空间等护栏20.59千米，超额60%完成计划任务。 清整全区163座核酸采样亭，拆除157座闲置采样亭，对留用的6座采样亭开展常态化巡查。精简规范道路设施，累计撤除、修缮九大类城市家具300余处。全区499座骑沿井（下凹式井沿）治理完毕，保障通行安全。统筹开展扫雪铲冰工作，建立区级环境卫生检查体系。完善垃圾分类日常检查和考核机制。强化建筑垃圾运输治理。规范垃圾排放运行管理，规范回收体系，促进垃圾源头减量，在17个社区、59个小区开展完善社区可回收物和大件垃圾回收体系创建工作。东直门生态岛完成软硬件提升，实现3D沉浸式体验和科普直播，并向社会开放。推进望坛地区3条市政道路工程，琉璃井路、琉璃井一号路、琉璃井二号路进度均超过70%；自然博物馆北路、文化用品公司东路完成50%，实现手帕胡同完工通车，同步推进刘家窑路、安乐林路、夕照寺东西线道路整治，城市交通微循环进一步打通。推进中海油大厦周边、金鱼池二期土地一级开发项目和新景商务楼代征道路用地的移交、接收。完成1.2千米自行车道拓宽、0.2千米道路自行车路权保障，完成11.3千米慢行优先标识设置，持续修复人行步道，解决道路破损、塌陷等病害，消除交通隐患。完成年度各管线权属单位70件隐患消除工作。望坛110千伏变电站主体土建工程和电气工程全部完工。完成总长1.8千米电力架空线入地工作。改造新建2.5千米的电缆网供电，新建环网式箱变12台，新敷设通信光缆2.57千米，配备自动化设备12台，覆盖自动化终端12座。2023年，完成城市管理政务信息工作，主动公开政府信息213条。在区级信息简报刊发政务信息395篇（次），其中市级以上刊物采用35篇，被评为东城区年度信息报送工作优秀单位。推送城市管理相关工作新闻报道317篇，居核心区、副中心第一名。

（张玲）

【钟鼓楼紧邻地区环境综合整治项目】2023年，区城市管理委完成钟鼓楼紧邻地区环境综合整治项目，包含2个片区，分别是安定门片区和鼓楼东南角、鼓楼南眺视线范围。安定门片区：安定门街道第五立面整治点位565处，拆除违法建设200平方米，院内平整地面1.55万平方米，建筑立面清洗粉饰1.39万平方米，绿化景观提升3434.84平方米。市政工程完成步道砖铺设2000平方米，柏油路面9500平方米，钟楼湾胡同石材路面1600平方米；配电工程完成新装地箱47台，新装墙箱115台，拆除地箱55台，拆除墙箱130台，新装3K3G-800千伏安箱式变电站3台，拆除旧箱式变电站4台，敷设各类电缆1.01万米；通信工程迁改墙、地箱601台，敷设各类线缆7.37万米；路灯工程完成组立新灯杆185根，新建箱变2台，敷设各类电缆5000米，以路灯杆为母杆进行“多杆合一”，改造前各类杆体206根（公安51根、路灯155根），改造后剩余杆体187根（公安2根、路灯185根），合杆率90.7%；公安交通综合杆改造工程迁改摄像头45处，敷设各类线缆1.64万米。鼓楼东南角、鼓楼南眺视线范围：完成鼓楼东大街西段沿街立面整治。第五立面重点整治点位20处，拆除违法建设1250平方米，沿街立面改造提升1130平方米。

（张玲　杨雨晨）

【鼓楼东大街（二期）环境整治提升项目】2023年，区城市管理委完成鼓楼东大街（二期）环境整治提升项目。交道口街道建筑风貌、景观环境整治提升工程完成外立面清洗600平方米，涂料粉刷1250平方米，油饰1100平方米，彩绘25平方米，真砖贴片550平方米，更换断桥铝门窗430平方米，屋面防水3300平方米；瓦面查补850平方米，新做瓦面40平方米，挑顶大修260平方米，铸铁车止桩214根，不锈钢车止桩300根，空调罩294平方米，电箱罩160平方米，垃圾桶14个。公共空间改造工程中市政工程拆除新建人行步道1.34万平方米，路面铣刨铺油1.69万平方米，新建花岗岩路缘石1440米，花岗岩路缘石利旧1476米，新建花岗岩植树圈705.6米，花岗岩植树圈利旧884米，新做人行道隐形井盖326套，检查井井周加固205座，新建雨水口箅子10个，雨水口箅子利旧40个，新增热熔反光型标线1480平方米，新增导向箭头6个，病害处理铣刨铺油2860平方米，新增自行车慢行道红色抗滑薄层525平方米，新增自行车图案40个，新增电子围栏47处。配电工程完成高压电缆敷设636米，低压电缆敷设2770米，新建手孔井4座，拆除开闭器1台、箱式变电站1台、墙箱36台、地箱25台。用户院内配电线缆改造工程完成线槽敷设及电缆梳理共86处，新建墙箱迁移用户共25处；制作电缆终端头共200个。通信线缆及附属设施改造工程新建管道42条，拆除旧线缆3.90万米，穿放线缆8.50万米，机箱153个，改接业务180处。电车路灯综合杆改造工程新建电车手孔井61座，新建电力管井2094米，镀锌圆钢2216米，新建钢杆基础59座，拆除旧电杆和电杆基础62座，拆旧单臂吊链断开装置14处，拆旧单臂吊链连续装置36处，拆除砼杆4基，撤除电缆2521米，撤除工井（含井盖）72套。公安交通综合杆改造工程拆除标志杆48根，拆除监控杆11根，拆除标志牌122面，新建公安交通综合杆9根，新建标志牌144面，新建设备机箱27台，迁移设备41处。

（张玲　杨雨晨）

【东华门大街环境综合整治提升项目】2023年，东城区完成东华门大街环境综合整治提升项目，实施主体为东华门街道。整修沿街风貌：修缮故宫东华门附近3家商户外立面，精细修复全街破损瓦面、油饰等点位20处，规范广告牌匾30处，对沿街1.47万米通信线缆和69个箱体进行消隐处理；更换破损空调外机罩160平方米。优化公共空间：重新铺设大街全段人行步道3400平方米，改造树池箅子58处、隐形井盖170处、阻车桩56处，实现路面平整、盲道连贯。撤除道路中央300米白色隔离护栏，更新为古铜色交通护栏，新增300平方米自行车慢行系统。对标识杆、公安交通杆等进行多杆合一，将57根杆体缩减至21根（原信号灯杆10根、公安交通杆47根）。增加夜景照明设施60处，提升大街夜间亮度，改善行人夜间游览体验。

（张玲　杨雨晨）

【五道营胡同环境综合整治提升项目】2023年，东城区完成五道营胡同环境综合整治提升项目，实施主体为安定门街道。街道主街改造工程：大门油饰39.41平方米，上构件油饰13.92平方米，上构件彩绘0.99平方米。椽望彩绘0.06平方米，丝缝小停泥贴片260.7平方米，漫活打点457.8平方米，墙面涂料189.06平方米，瓦面修补116.1平方米。重新铺设胡同内人行步道305平方米，混凝土路牙25米，改造树池箅子7处，实现路面平整。五道营胡同46号三层违建彩钢房全房拆除20.12平方米，拆除栏杆13.4米，拆除后地面恢复防水44.44平方米，屋面上人孔新做2.32平方米阳光板、滑轨及钢结构。共享单车电子围栏新增无线设备8处，规划非机动车停车位4处。配备电力增容设备1台，开挖及恢复管沟100米。通信线缆及附属设施改造工程新建管道27条，拆除旧线缆1.10万米，穿放线缆1.10万米，机箱30个，改接业务58处。

（张玲　杨雨晨）

【“美丽院落”建设项目】2023年，东城区完成“美丽院落”建设工作。实施主体为相关街道，包含5个街道共计17个院落（安定门街道6个院、交道口街道3个院、景山街道2个院、朝阳门街道1个院、前门街道5个院）。所有院落共约完成外立面粉饰1435平方米，整饰门窗283平方米，设置安全抓杆1.6米，改造或规整管线1106.16米，增设路灯30个，地面整修1173.51平方米，块料墙面新做545平方米，更换木质大门7樘，木构件地仗（一麻五灰）油饰351平方米，增设绿植26.9平方米，增设防腐木格栅57平方米，花池回填种植土13.5立方米，砌筑雨水口56座，拆除违建房33平方米，增设储物柜40个，梳理电缆1590米，增设青白石台阶0.7立方米，砌筑墙体12立方米，青砖竖砌台阶3立方米，改造雨棚125.91平方米，墙面清理勾缝635平方米，拆装金属窗棂13樘，花心瓦摆砌1.2平方米，增设景观小品、设备设施2个等。

（张玲　杨雨晨）

【朝阳门南北小街区域环境整治提升项目】2023年，东城区持续推进朝阳门南北小街区域环境整治提升项目，实施主体为区城市管理委。电力三化工程、路灯综合杆工程、公安交通综合杆工程共17条过街管道全部完成，临时恢复道路保证车辆通行；公安交通综合杆工程完成综合杆基础23座、新建步道管线620米；步道空间工程完成污水管线下管132米、砌筑污水井1个、移出路缘石980米、铺装平缘石930米、路缘石沟槽开挖1260米、铣刨路缘石边1450米；电力三化工程完成新建设备基础13座、新建三通井8座、直通井1座、四通井3座、调整井7座，新建“12φ150+2φ150”管线100米、新建8φ150管线366米、新建4φ150管线425米；路灯综合杆工程完成路灯基础100座、新建路灯箱变2座、综合管线敷设约1700米、综合检查井砌筑65座；通信线缆及附属设施改造工程完成新建交接箱8台、拆除旧线缆7万米、穿放线缆9万米、熔接5200芯、改接业务8处、新建手井6处；园林绿化工程移植苗木4株、搭设防寒棚7480延米、回填土方1020立方米。

（张玲　杨雨晨）

【朝阜路（东城段）区域环境整治提升项目】2023年，东城区持续推进朝阜路（东城段）区域环境整治提升

6月15日，区城市管理委相关人员陪同区领导考察朝阳门外大街整治工作
（区城市管理委提供）

项目，实施主体为区城市管理委。园林绿化工程完成移植苗木1.2万株，栽植中央隔离带国槐35株，拆除栏杆1015米、中央隔离带回填种植土4960立方米、挡墙浇筑混凝土272立方米；市政交通工程完成花岗岩平缘石2720米、二次过街岛2座，施画临时标线4498平方米；电力三化工程完成箱变基础2座、开闭器基础1座、三通井5座、调整井17座、新建管线及过路管584米；电车路灯综合杆工程新建杆基础127座、综合管线开挖约290米；公安交通综合杆工程已完成杆基础43座、主路过街管道13道、辅路过街管道13道、中央隔离带砌筑工井10个、新建步道管道750米；通信线缆及附属设施改造工程新建交接箱8台，拆除旧线缆7万米，穿放线缆9万米，熔接5200芯，改接业务8处，新建手井6处。

（张玲　杨雨晨）

【北新桥地铁站周边公共空间改造提升项目】2023年，区城市管理委持续推进北新桥地铁站周边公共空间改造提升项目。A、B、C、D口基本完工，完成总工程量的95%。

（张玲　杨雨晨）

【政府信息公开】2023年，区城市管理委主动公开政府信息213条，其中通知公告类48条、工作动态类57条、执法检查类21条、信息主动公开全清单1条、信息公开年报1条，利用区城市管理委官方微信公众号发布工作动态信息83条，更新公开指南1条、更新领导介绍1条。受理政府信息公开申请共5件，与2022年相比持平，均按期答复。在所有已答复件中，根据政府信息公开有关规定，予以公开2件、信息不存在1件、不属于本机关公开2件。

（张玲　张迪鑫）

【广告规划编制】2023年，区城市管理委启动东城区街区户外广告规划编制，在城六区中最先完成规划编制，全区81个街区户外广告规划全部完成。7月2日，东城区街区户外广告规划编制经区政府审议通过后，报送市城市管理委。

（张玲　马超）

【广告牌匾安全管理】2023年，区城市管理委加强大型及高空广告设施安全管理，督促企业开展安全鉴定自查。在“一带一路”重大活动期间，检查户外电子显示屏网络安全保障工作，建立管理台账，针对不合格的显示屏采取强制关屏处理。对全区32处广告牌匾进行安全评估，形成评估报告。

（张玲　马超）

【夜景照明保障工作】2023年，区城市管理委完成春节、元宵节、全国两会、“一带一路”等重要节日和重点时期夜景照明保障工作。按照区委、区政府工作部署，做好自管夜景照明设施运行维护，开展自管设施安全检查172次，发现并整改安全隐患11处。

（张玲　马超）

【重大活动景观布置】2023年，区城市管理委完成春节、元宵节节日景观布置。布置范围覆盖全区75条大街，按照要求，按时有序拆除全部设施。在“一带一路”期间，对12座过街天桥和立交桥设置宣传条幅14条，第一次实现24小时人工看护，出动人员144人次。

（张玲　马超）

【规范垃圾排放运行管理】2023年，东城区有50座其他垃圾清洁站、8座厨余垃圾清洁站、6座厨余和其他垃圾综合分类清洁站，全部实现视频监控、车辆主体身份识别、进站垃圾称重计量。对1座有害垃圾清洁站，完善安全管理设施，落实日常管理制度。2023年，收集转运其他垃圾22.68万吨、厨余垃圾5.07万吨、餐厨垃圾8.48万吨，厨余垃圾分出率18.26%。依托区生活垃圾精细化管理平台，强化非居民厨余垃圾计量收费管理。建立手机应用程序（非居民端）、街道排放登记系统、运输单位业务管理系统、区级生活垃圾管理系统4套信息系统。先后组织区环卫中心、北京固废物流有限公司、属地街道开展业务培训3轮次，将非居民端小程序注册审核流程、监督检查机制、数据可视化、非居民厨余垃圾主体识别和数据上传率等项目纳入街道月考核内容。全区3051家非居民厨余垃圾产废单位实现排放登记全覆盖，年末签约数为2519家，签约率为82.56%。辖区内作业的非居民厨余垃圾直收直运车辆31辆全部注册登记，并加装称重计量和卫星定位设备，实现与市、区系统平台对接。在市级远程视频实时监控桶站试点的基础上，2个街道达到远程视频监控桶站全覆盖，实时监督每个桶站垃圾分类投放和运行管理情况，实现一体化、全流程、全覆盖监管，问题发生率呈下降趋势。

（张玲　郭颂）

【促进垃圾源头减量】2023年，区城市管理委构建“户、点、站”可回收物管理服务网络，依托物业、再生资源回收企业，采用APP预约或电话预约的形式实现居民家庭、胡同院落上门回收模式。针对建成的176座生活垃圾分类驿站，进行设施提升，试点探索引进社会力量参与驿站值守和日常运行管理。全区形成点片组合模式，依托8处街道级中转站、2处城市生态岛，实现对片区内可回收物兜底回收暂存、大件垃圾集中拆解减容中转。组织17个街道开展再生资源回收经营者备案工作，实现176个垃圾分类驿站和8个可回收中转站的备案工作全覆盖，回收利用率达到40%以上。推动商超、餐饮企业实现垃圾分类，下发《关于禁止使用不可降解一次性塑料制品的通知》，可降解塑料袋覆盖东城区所有大型商场。餐饮企业实施“光盘行动”。强化街道、排放主体垃圾减量意识、投放规范意识。制订下发《北京市东城区生活垃圾分类以奖代补专项资金管理法》，依据区级月考评数据，分3个层级对街道垃圾分类工作进行以奖代补奖励，有条件的单位倡导垃圾就地资源化处理。完善垃圾排放主体管理台账，定期提示属地街道垃圾量动态数据，精准采取减量措施，压实减量责任，实现责任主体垃圾排放计量全流程监管。

（张玲　郭颂）

【垃圾分类示范创建】2023年，区城市管理委持续推进垃圾示范创建，至年底，全区完成170个示范小区、17个精品示范小区、150个达标小区示范创建。全区437家党政机关和国有企事业单位全部完成垃圾分类示范单位创建，34家商务楼宇被评为市级生活垃圾分类示范商务楼宇，前门大街入选全市第一批垃圾分类示范商业街区。

（张玲　郭颂）

【扫雪铲冰工作】2022—2023年度，区城市管理委完成5场扫雪铲冰工作，降温降雪天气及时启动《东城区2022—2023年扫雪铲冰工作预案》，全区环卫部门加大作业力度、连续奋战。5次降雪东城区除雪作业单位共出动扫雪铲冰人员1.4万人次，多功能除雪车8车次，清扫车226车次，融雪车160车次，步道除雪机械设备53台次，施撒固态融雪剂1726吨、融雪液2450吨。修订《东城区2023—2024年冬季扫雪铲冰工作预案》，开展扫雪铲冰应急物资储备、车辆及设施设备安全检查，确保各项准备工作按时到位，随时投入扫雪铲冰应急作业。

（张玲　赵源源）

【道路清扫保洁作业】2023年，区城市管理委开展环卫板块扬尘治理百日行动和城市道路深度保洁工作。完善道路清扫保洁作业台账，指导全区环卫作业单位执行《城市道路清扫保洁质量与作业要求》《街巷环境卫生质量要求》作业标准，落实“定段、定时、定人”精细化保洁作业，加强道路清扫冲洗，提高作业质量，降低尘土残存。协调指导各街道开展背街小巷“净巷行动”，采用洗地、吸尘等作业方式，增加人工保洁作业频次，最大限度缩短可视污染物的停留时间，提高背街小巷环境清洁度。定期开展深度保洁，清理胡同边线、花坛花箱、垃圾桶站、雨水箅子等卫生死角。

（张玲　赵源源）

【区级环境卫生检查体系】2023年，区城市管理委通过第三方检测模式，按照一级道路每月检测全覆盖、二级道路每月检测30%、三级道路每月检测15%的要求，对全区城市道路和可机械化作业街巷进行尘土残存量监测，根据检测结果及时提示环卫作业单位对数值较高区域加强清扫保洁，促进城市道路清扫保洁水平提升。研究制订《东城区环境卫生专职检查员管理工作方案》，依托区级环境卫生专职检查队伍，建立检查指导工作长效机制。每日对主要大街、背街小巷环卫规范作业情况和作业质量开展巡查，发现问题通报各单位立即整改。全年区级环境卫生日常检查共发现问题1600余处次，均通知作业单位按要求完成整改。

（张玲　赵源源）

【垃圾分类日常检查和考核机制】2023年，区城市管理委制订《东城区2023年度生活垃圾分类工作任务目标》《生活垃圾分类考评指标方案》，明确各项任务责任单位，增加行业部门考核占比，梳理日常检查考核标准，分批分级进行培训指导，完善“日检查、日通报、月考核”工作机制。采取“日常检查+专项督查”方式，对问题较多社区进行“回头看”，对突出问题和点位，采取“工作提示+主动对接+详细指导”等形式，加强对各街道指导服务，提出合理建议。2023年，共抽查辖区内17个街道小区3876个次、社会单位577个次，可回收物中转站94个次，累计发现问题4.1万个次，均通报各街道督促整改。

（张玲　赵源源）

【建筑垃圾运输治理】2023年，区城市管理委开展夜间联合督导巡查、定点联合执法检查共计86次，出动执法人员3096人，处罚尾气超标车412辆，暂扣违规建筑垃圾运输车46辆。发现使用伪造建筑垃圾准运许可证1件，相关责任人交由公安机关拘留。对东城区内注册的6家运输企业所属29辆建筑垃圾运输车辆进行评估，所有车辆均符合运输要求。在确保建筑垃圾运输车辆安全运行的同时，开展建筑垃圾源头治理“堵门行动”，全年累计开展专项行动21次。以周、月为单位，督促各属地街道完成辖区内工地日常监管，发现各类违法违规问题37起，处罚37.90万元。

（张玲　赵源源）

【居民小区装修垃圾处置】2023年，区城市管理委组织各委办局、各街道开展装修垃圾收运处一体化政策宣传，部署督促各街道推进备案，要求各街道将居民小区装修垃圾纳入日常管理范畴。全年累计办理居民小区装修垃圾消纳备案（居住类）716件，符合装修垃圾收运处一体化模式的居民小区消纳备案705件，通过日常巡查、市区级平台派发等方式，累计发送居民小区违规线索移交函30件。

（张玲　赵源源）

【望坛110千伏变电站工作】2023年，望坛110千伏变电站土建工程全面开工。在区领导调度下，北京城建兴瑞公司制订工作计划，按照时间节点加快推进，与国网北京城区供电公司做好沟通对接，确保土建工作和电气工程协同推进，无缝衔接。至年底，变电站主体土建工程和电气工程全部完工。

（张玲　杨莹）

【电力架空线入地】2023年，区城市管理委完成豆腐池胡同、草厂胡同、草厂北巷、铃铛胡同、钟库胡同、草厂东巷6条胡同总长1.8千米电力架空线入地工作，涉及10千伏线缆为人定湖110千伏变电站10千伏钟楼湾路、北城110千伏变电站10千伏宝钞路。工程将电力架空线入地改造为电缆网供电。改造新建2.5千米的电缆网供电，新建环网式箱变12台，新敷2.57千米通信光缆，采用供电可靠性更高、实现自动化的设备12台，覆盖自动化终端12座。

（张玲　杨莹）

【首都建设考评】3月，区城市管理委对区环境建设月考评进行调整，考评分为市级检查和区级检查2个板块，在区级检查中增加背街小巷检查和建筑垃圾渣土处理2个部分。在1月至12月首都环境建设管理委员会办公室环境建设管理考核工作中，对于市级下发案件全部按时整改，在核心区和城市副中心组内5次排名第一。

（张玲　马超）

【背街小巷环境精细化治理】3月，区城市管理委根据北京市背街小巷环境精细化治理三年行动方案，牵头编制东城区方案，建立工作台账，全区982条背街小巷分三年完成精细化治理，其中2023年完成278条背街小巷治理任务。牵头制订年度任务书，组织17个街道和王府井管委会实施治理任务。11月，完成治理任务，通过验收。

（张玲　马超）

环境卫生

【概况】北京市东城区环境卫生服务中心（简称区环卫中心）是负责辖区环境卫生技术性、服务性、事务性工作的区政府财政拨款事业单位，是区公共环境卫生服务保障的执行部门。2023年，区环卫中心保洁主要大街173条、立交桥14座、地下通道48座、过街天桥40座、道路保洁面积538.38万平方米；保洁管理公厕1230座，管理密闭式清洁站66座、挤压车站点34个。干路机扫率98%、洗地率98%、冲刷率98%，垃圾密闭式收运率100%。投入3.5万元提升环卫暖心驿站硬件设施，走访慰问劳模、困难党员和职工共38人次，发放慰问金8.6万元；为女工143人办理特疾保险，职工14人申请互助互济救助金，向市时传祥温暖基金会申报帮扶救助金5万元。完成区内200余家中央机关、央企、军队等单位的垃圾清运、粪便抽运等工作。完成全国两会、“一带一路”高峰论坛、服贸会、2023北京文化论坛、中轴路申遗等重大活动和春节、“五一”、“十一”等重要节假日环卫保障任务。支援北京市房山区、门头沟区开展“7·31”北京特大暴雨灾后恢复工作，累计服务群众27万人次。时传祥所李萌获全国“巾帼建功标兵”、全国“最美退役军人”、北京市“最美退役军人”等称号；王府井步行街班被北京市授予“工人先锋号”称号。

（何淑梅）

【专业作业精细化落位】2023年，区环卫中心落位专业作业定人、定位、定岗、定责标准，年度外包作业项目严格按照落位标准开展招投标工作。干路专业提高自管作业比重，收回道路20条，自管道路由14条增加至34条，作业占比提高至20%。加大机械作业投入，每日道路作业车辆由92台增加至119台，机械投入提升30%。垃圾专业严格落实四分类法，发挥清洁站提升优势，缩短垃圾转运时长，提升垃圾处理能力。公厕专业制订《公厕维修范围界定指导意见》，明确职责，落实维修项目责任划分。粪便抽运专业均衡作业配比，提高作业效率，时传祥所增加建国门街道98座公厕144座粪井的抽运工作，粪井作业量由407座增至551座。协调东城区生态环境局解决经费问题，落实“扬尘治理百日行动”。加强胡同作业整体调度，利用小型机械设备，开展358条胡同降尘作业，加强扬尘管控措施，做到抑尘、降尘。

（何淑梅）

【垃圾分类及清运】2023年，区环卫中心坚持“不分类不收运”质量倒逼机制，规范收运过程管控，在全区开展街道考核评比，传导压力，倒逼责任单位和个人尽责履职，源头自觉分类。全年所辖各站、点累计接收倾倒垃圾60.02万车次，开具垃圾分类质量不合格拒收单5.4万车次，督促整改车次占比9%。移送分类不合

8月2日，区环卫中心支援门头沟开展“7·31”暴雨灾后恢复工作（张志刚摄）

格线索18条，移送处置路面暴露垃圾1164处。清运生活垃圾36.23万吨：收集中转其他垃圾22.68万吨；收集运输厨余垃圾13.55万吨，其中家庭厨余垃圾5.07万吨，餐饮厨余垃圾8.48万吨。生活垃圾日均清运量993吨：收集中转其他垃圾622吨，收运厨余垃圾371吨，其中家庭厨余139吨，餐饮厨余232吨。比2022年日均清运垃圾量呈现两增一降。生活垃圾日均增量119吨（其他垃圾日增量78吨，增长14%；餐饮厨余垃圾日增量43吨，增长23%），家庭厨余垃圾日减量2吨，下降1.4%，分出率从21%降至18%。

（何淑梅）

【提升接诉即办效率】2023年，区环卫中心受理接诉即办案件1755件，办理网格案件2.67万件，办结率均为100%，评价等级保持A级水平，接诉即办综合评分89.24分，在区级各委办局中综合排名第七。

（何淑梅）

【完成下属企业裁撤】2023年，区环卫中心坚持优胜劣汰，优化企业运营，平稳完成万佳净、万佳洁公司企业裁撤工作，丽佳物业公司实现人员革新、项目革新、用工方式革新。制订实施《环卫中心关于下属企业资金使用管理办法》，最大化发挥企业资金利用率。

（何淑梅）

【研发垃圾收运推车】2023年，区环卫中心王府井所自主研发智能新能源垃圾四分类收运推车，新推车左上角印有东城环卫logo，收集箱上安装太阳能感应投放语音提示器，配有手机充电接口、针线包、应急包、日常应急药品等物件，获北京市实用新型专利。5月1日，新推车在王府井百货大楼前亮相，受到好评。

（何淑梅）

【小取灯清洁站改扩建工程】2023年，区环卫中心将小取灯密闭式清洁站改造为厨余垃圾清洁站，解决景山街道厨余垃圾绿桶沿街堆放问题。区环卫中心根据市领导指示，开展专题研究，细化完善改造方案，小取灯清洁站改扩建工程于6月12日正式开工，11月16日竣工验收，设备安装调试完成，验收合格，12月28日小取灯胡同综合密闭式清洁站正式投入使用。

（何淑梅）

【自制香垫解决厨余清洁站异味】6月，区环卫中心五所将自行研制的除味香料制作成配比浓度合理的香垫，铺设在清洁站门口，同时将香味剂定时喷洒在地毯上，达到清洁站内部增香、除臭、不熏人的效果。

（何淑梅）

【慰问环卫队演出】8月22日，区环卫中心联合北京市文联、北京曲艺家协会举办“巧手换得京城美——七夕慰问环卫工人”文艺专场演出，中国广播民族乐团、中国煤矿文工团及北京曲艺团的艺术家们，表演扬琴独奏、快板、京韵大鼓、相声、独唱等文艺节目，慰问环卫职工。16个会场的环卫职工2000余人在线上观看演出。

（何淑梅）

【十大最美环卫人颁奖典礼】10月26日，区环卫中心举办第九届十大最美环卫人颁奖典礼。副区长孙扬参加颁奖典礼，区总工会、区城管委、中国书画艺术委员会、新华人寿保险公益基金会领导及区老干部局老党员先锋队出席颁奖活动，区环卫中心职工5000余人通过线上、线下的方式观看典礼。环卫工作者10人被授予“最美环卫人”荣誉称号，3人被授予“最美环卫人”提名奖。

（何淑梅）

园林绿化

【概况】东城区园林绿化局（简称区园林绿化局）挂区绿化委员会办公室牌子，是负责东城区园林绿化工作的政府工作部门，负责绿化规划的编制监督实施，组织指导监督园林绿化美化，资源保护，进行园林绿化行政执法，负责园林绿化的行业管理，监督指导区管公园的管理和服务，承担区绿化委员会的日常工作等。所属事业单位11个，其中直属管理3个单位：区公园管理中心、绿化一队和绿化二队。区公园管理中心下辖地坛公园、龙潭公园、青年湖公园、柳荫公园、永定门地区公园、明城墙遗址公园、南馆公园和龙潭西湖公园8个区属公园管理处。2023年，区园林绿化局发挥林长制引领作用，加强部门协调联动，严格考核奖惩制度，深化完善“林长制+检察”协同工作机制，探索建立龙潭西湖公园林长驿站、新时代公园管理模式。全区完成新建改造绿地8万平方米建设任务，完成揭网见绿3.1万平方米，建设全龄友好公园4处，打造林荫路2条，实施桥体绿化2处。创建首都绿化美化花园式街道1个、花园式社区1个、花园式单位1个，复壮古树370株。

（程亚宏）

【重大节日环境保障】2023年，区园林绿化局围绕“五一”“十一”等重大节日，做好辖区主要桥区、大街的花箱花球栽植及补植工作。全年共计布置花球17个、花箱1337组、栽植花卉约19万株盆。动员区属公园、驻区单位和各街道结合场地现状特点，以花堆、花容器、花池等多种形式布置花卉，美化街巷和百姓居住环境，营造节日氛围。

（程亚宏）

【有害生物监测防控】2023年，区园林绿化局督促指导林木有害生物防治，对全区各街道和专业队伍进行培训。加强2023年美国白蛾防控，加大成虫监测和诱捕力度，设置1059个区级和10个市级监测诱捕点，有效控制幼虫繁殖数量。购置并发放有害生物防治药品1.4万千克，释放周氏啮小蜂。建立东城区林木有害生物应急防治队伍2支，为各街道、小区、单位提供专业高效的应急支持。开展“护松2023”专项治理行动，同步进行监测和普查，设立区级松褐天牛和墨属天牛诱捕点，开展常态化巡查，完成东城区松材线虫病春秋两季普查任务。完成东城区外来入侵物种普查和越冬基数调查等工作。

（程亚宏）

【绿化资源管护】2023年，区园林绿化局强化绿化过程专业技术指导，规范落实养护队伍常态化考核制度，通过自主巡查、领导检查、两队互查、专项抽查等方式，加大系统内专业养护人员及服务外包队伍质量管理。以建国门大绿地、地坛园外园、陶然亭桥区、中海松林里4个地块为东城区绿化养护标杆区域，强化示范带头作用。做好各时期环境服务保障工作，加大环境整治和景观布置力度，确保城市生态环境安全、整洁、优美。解决城市绿地建设管理与养护问题，完成隔离带绿地节水浇灌设施改造2.91万延米、退化冷季型草坪改造3.18万平方米，对道路绿地护栏进行综合治理。完成区级城镇绿地质量等级评定，规范落实常态化检查制度，不断提高城镇绿地分级分类管理水平。

开展园林行业用车整治，督促人员增驾、合规购车上牌，组织开展交通安全宣传教育。

（程亚宏）

【古树名木保护】2023年，区园林绿化局制订“一树一策”复壮方案，推进核心区内濒危、衰弱古树名木的抢救复壮，全年完成濒危、衰弱古树名木370株保护工作。建成仓南胡同14号院、海运仓古树社区2处。开展“保护古树名木 赓续中华文脉”等科普宣传活动，普及古树名木法律法规、历史文化，提升居民保护古树名木意识。

（程亚宏）

【防汛应急】2023年，区园林绿化局制订园林绿化系统防汛方案预案，明确责任体系，组建应急抢险队伍，做好防汛物资准备、危险隐患点排查、防汛演练等工作。汛期共计处置各类险情56起，出动抢险队伍454人次，出动巡查人员2576人次，处置倒伏树56株，修剪树木折枝10处，处理倒伏、折枝树木砸车8起。

（程亚宏）

【明城墙遗址公园梅花文化节】3月10日至4月9日，第十六届北京明城墙梅花文化节暨“互联网+全民义务植树基地”揭牌活动在北京明城墙遗址公园东广场举行。坚持立身园林、安守公益、护土有责、绿色发展理念，突出“赏梅花古楼新春 品城垣悠久文化”主题，开展赏梅、画梅、摄梅、咏梅系列活动，包括春季赏梅会、室内梅花盆景展、义务植树及树木认养、梅花科普宣传、文明游园宣传及特色商业展卖等多个项目。

（程亚宏）

6月22日，龙潭公园举办端午文化节（王金摄）

【柳荫公园柳文化节】3月31日，第十三届柳文化节在东城区柳荫公园开幕。活动以“柳洒雨露万物荣”为主题，展现春天万物复苏的美景，传递繁荣向上的正能量。内容主要包括汉服展示和祓禊仪式。活动向认养者颁发《首都全民义务植树尽责证书》《国土绿化荣誉证书》，以感谢认建认养活动积极分子和企业的热情参与。安排“文小明”和“游小园”卡通大使在园区巡游，宣传文明游园理念，与游客共同营造文明、温馨的游园环境。文化节于4月9日结束。

（程亚宏）

【龙潭公园端午文化节】6月22日，龙潭公园举办端午节“粽”夏游园荟活动。主要包括赛龙舟、文艺演出和国风市集等内容。龙舟赛传递端午节的进取精神。歌舞、诵读、相声、魔术等文艺表演愉悦观众。国风市集的通关挑战趣味十足，游客们根据线索寻找店铺，集印章兑奖品，点亮“飞龙在天”祥瑞星象，尽享传统文化之乐。

（程亚宏）

【地坛公园银杏文化节】10月27日至11月5日，地坛公园举办第九届金秋银杏文化节，主题为“银杏传情 共享美好”，包括“深秋·银杏最美时”摄影大赛、地坛金秋银杏文化展、北京老字号及非遗文化展、文艺演出以及京品京味展示展销等活动。银杏节推出以“落叶银杏 永恒秋韵”为主题的系列文创产品：冰箱贴、金属书签、丝巾、古风伞、小夜灯、帆布包等，每件产品都融入独特情感，承载真挚的秋日祝福。金秋银杏文化节是地坛公园倾力打造的品牌活动，每年吸引约30万游客参与。

（程亚宏）

【群众绿化活动】4月1日，第三十九届首都全民义务植树日活动在南中轴路（珠市口大街—永安路）北段举行。活动以“打造花园城市，共建生态家园”为主题，区领导以及社会各界200余人参与，共栽植国槐、元宝枫、银杏、海棠等乔灌木100余株。全区各区属公园、园艺驿站、绿化队等结合自身特色，开展义务植树、认建认养等活动10余项。各街道开展义务植树、绿地清扫和植树宣传等活动。活动共吸引近8万人参与。

（程亚宏）

【柳荫公园全龄友好公园改造项目】项目位于安定门外大街西侧，北门与外馆斜街相接，西侧为黄寺大街，东门与柳荫公园南街（和平里北街）相接。占地面积约17.47万平方米，其中水面面积6.27万平方米。2023年改造范围包含夏景园及湖心岛的南侧驳岸，面积约2.5万平方米。在完成主路改造的同时，对公园驳岸进行消隐改造，新建2米宽环湖栈道，补植水生植物，提升景观效果及亲水性。新建童趣天地景点1处，在主路和儿童场地间打造雨水花园，提升乡愁记忆和古井映柳景点2个。同时，结合活动广场种植精品花镜，花境占地面积285平方米，花境植物和观赏草共3152盆，打造拟自然野趣效果的花园空间，实现植物多样、品种丰富、生态美观、野趣自然、景观持续等特点，植物均可露地越冬。项目5月开工，10月完工。

（程亚宏）

【桃园铁路沿线全龄友好公园改造项目】桃园公园、景泰公园位于东城区南端，南二环外永定门桥至景泰路之间，紧邻京津城际铁路进出北京南站的铁路线。南侧与铁路围挡交接，北侧与桃园东里居住区相接。项目占地面积约2.5万平方米。2023年共栽植乔灌木378株、色带1600余株、各种地被花卉1.1万平方米。增设调整出入口4处，铺设及翻新园路广场约2030平方米、塑胶场地420平方米；安装适老栏杆18余延米，设置便民服务设施等。利用铁路沿线条形绿地，增加功能、补充设施和场地，为周边市民营建可游可赏的城市公共空间，形成“一带两区”总体空间布局。项目于5月开工，9月完工向游人开放。

（程亚宏）

【永定门外地区中轴线周边绿化景观提升工程】项目位于南中轴南端，是南向入城的重要门户，是形象展示的重要区域。2023年，项目改造范围北起永建路，南至木樨园桥，包含永定门外大街中央隔离带、道旁绿地以及永定门外大街东侧辅路绿地，占地面积约2.3万平方米。共计栽植乔木276株、灌木165株、绿篱色带1053.5平方米、地被花卉7600平方米。永定门外地区中轴线周边景观提升工程串联往年周边绿地，完善林荫系统，建设完成后，形成统一的整体，使中轴路呈现出整洁、大气的景观效果。项目于5月开工，9月完成。

（程亚宏）

【天坛医院及仪表二厂旧址整治提升项目】项目位于天坛西外坛，包括原天坛医院、北京仪表二厂旧址，总建设用地面积6.79万平方米，其中天坛医院旧址面积6.4万平方米、仪表二厂旧址面积3900平方米。按照核心区控规及中轴线申遗等相关工作及《东城区政府2023年重点工作项目名录》任务要求，2023年由区园林绿化局牵头完成简易绿化建设。项目于6月19日开工建设，8月16日完成全部工程。

（程亚宏）

【东直门桥西北角口袋公园建设工程】项目位于北京市东城区东直门桥区的西北角，北侧紧邻中国石油大厦及地铁2号线东直门站A出口，西南侧紧邻东直门内大街（簋街）。公园占地原为地铁回退空地，面积2288平方米。2023年，区园林绿化局利用地铁回退的边角空白地，在街角入口设计文化广场，将东直门桥区周边的标志性城市建筑形象浓缩、剪影，搭配特色植物景观，作为城市界面的对外形象展示。临近地铁设置便捷的出入口，打造快速通道，引导人流分散、便捷通行。增加照明设施，方便行人夜间通行。增设小型休憩场地及设施，提升地块的功能效益。项目于9月开工，10月完工。

（程亚宏）

公共事业管理

【概况】2023年，区城市管理委完成供热服务保障。完成全区5处集中供热“冬病夏治”项目，累计改造管线890米。完成安装更换天然气安全型配件8.2万户，2022—2023年累计安装更换14.3万户，提前超额完成市级任务。结合架空线入地工程，在西草市街等地采用“单环网”等形式，提升供电可靠性。在崇文门外国瑞东区和东花市东环居苑小区开展“一车一池一码”试点，完成望坛110千伏变电站土建工程和设备安装，启动调试。为居民、单位安装水龙头起泡器2.5万个，惠及居民7万人。改造南馆公园绿地中水灌溉系统。全区自备井区取水量18.97万立方米，同比减少26.1%，保持5年连续下降。加大节水执法检查力度，严处浪费水资源行为，累计出动执法278人次，检查用水单位353家，行政处罚23家，整改自来水用于景观等问题。全年创建节水型单位13家，组织创建单位进行水平衡测试。组织开展进机关、进企业、进学校、进社区、进家庭等节

11月11日，区城市管理委供热办开展供热锅炉房安全检查（区城市管理委提供）

水主题宣传活动。贯彻落实总河长令，制订《东城区关于进一步强化河（湖）长制工作的实施意见》《2023年治水管水责任制重点任务清单》（东城区总河长令2023年1号）。更新安装河长制公示牌。完成海绵城市建设39%，超额完成市级下达的任务指标32%。完成水评审批8件；接收水保设施自主验收报备9件，处理多规合一平台项目审批5件；对东城区在施项目进行水土保持专项检查；配合区园林绿化局开展龙潭中湖水生态提升工作，拨付项目资金18万余元。推进南护城河水系景观提升和滨河路3处断点打通工程，南护城河景泰桥右岸、玉蜓桥右岸2处下凹穿越步道连通，东便门人行跨河桥与大通滨河公园北区连通开放，推进二环水系右安门至通惠河12千米滨水步道的全线贯通。玉河北段打造驳岸展示、活力生活、展游通行等区域，水质提高到Ⅲ类水，实现历史水系保护、蓝绿空间优化和便民设施提升。完成填报全国和北京市属系统水土保持监管系统。制发《东城区2023年“清管行动”工作方案》，共完成汛前清管106千米、汛期持续清掏46千米的专用雨水管涵，完成8328个专用雨水箅子的全部清掏，共清掏污染物200立方米、合流管涵4.7千米、专用管涵103千米以及雨水箅子2.3万个、入河口186处，保养检修22座排河口闸门，确保汛期排水设施正常，护城河行洪能力畅通。维护保养17个自动雨量站。妥善应对北京“23·7”特大暴雨等极端天气，确保全区25座下凹式立交桥无积水，64处地下通道、95处地下停车场、120处地铁站口无倒灌，1069条区管道路无断路，全区户外广告牌匾无损坏、夜景照明设施无故障，水电气热城市生命线运行平稳有序。持续开展燃气安全检查，压实燃气安全主体责任，推进安全型配件更换、管线占压隐患治理；加强燃气安全宣传工作。办结市民热线3619件。办结城市管理网格案件1.26万件。受理街道吹哨案件388件。完成城市部件普查台账汇总报送及复核工作。按时完成每月专题工作。完成2023年案件剔除挂账工作。在2022—2023年度供热季考核中排名全市第一。驻区政务服务中心承担涉及城市管理、交通、水务等领域的66项行政审批和服务事项，全年共受理事项申请4511件，接听咨询电话超6000人次。

（张玲）

【供热服务保障】2023年，区城市管理委完成2022—2023年采暖季供热服务保障工作。采暖季严格落实《北京市供热采暖管理办法》，全区城市热网及供热管线设备运行平稳，未出现大面积长时间停暖事故，及时应对3次极端低温天气和多次寒潮，累计下达5次“升温令”，对全区249家锅炉房开展拉网式检查，对发现的隐患问题及时督促整改，核心区供热运行安全稳定。全区万平方米工单量0.67，考核排名全市第一，“三率”考核得分99.42，位列城六区第一、全市第三。启动2023—2024年采暖季供热服务保障，开展访民问暖，落实供热接诉即办，完善供热应急工作机制，为市民提供贴心服务。

（张玲　史秋静）

【供电保障】2023年，区城市管理委落实隐患排查、迎峰度夏工作，年度东城区供电总量112.72亿千瓦时。

（张玲　史秋静）

【电动自行车集中充电设施建设】2023年，区城市管理委加强电动自行车充电设施管理，全区累计新增电动自行车集中充电设施接口3000个，新增接口全部通电。

（张玲　史秋静）

【节水宣传教育】2023年，区城市管理委联合相关部门和社区开展节水宣传教育进机关、进企业、进学校、进社区、进家庭活动，制作节水宣传手提袋6000个、节水宣传小标牌2万个、大标牌1万个，印发《北京市节水条例》4000本，利用北京站新华社传媒、王府井百货和新世界商圈多媒体循环播放节水宣传片，在单位、社区宣传栏粘贴公民节水行为规范宣传画，宣传节水知识。

（张玲　李征）

【用水计划管理】2023年，区城市管理委制订《2023年东城区用水计划分配方案》，强化生产生活用水总量管控，建立用水户计划指标台账。2023年东城区计划用水指标8553万立方米，至年底，全区新水用量6787.09万立方米，万元地区生产总值新水用量下降1.60%，再生水用量197.85万立方米，同比上涨17.75%。全年新水用量控制在市下达的计划指标范围内。

（张玲　李征）

【节水执法检查】2023年，区城市管理委联合相关部门开展洗车行业专项整治行动，联合区检察院、市水务综合执法总队东城分队、市自来水集团和属地进行逐一检查，对没有报备和使用自来水洗车未安装循环设施的单位给予警告处分。对辖区景观用水单位进行检查，督促存在使用自来水做景观用水的单位或小区进行整改。对辖区机关企事业单位、居民社区公共区域、建筑工地、园林绿地等用水计量设施、用水器具、用水指标、落实节水管理职责情况等进行执法检查。全年累计出动执法人员310人次，检查案件412件，行政处罚案件25件（警告17件，不予处罚8件），罚款600元。

（张玲　李征）

【节水技措改造】2023年，区城市管理委通过公开招标，采购机械臂水龙头起泡器1万个，免费为辖区部分街道的居民家庭安装。协同东城区公园管理中心，对南馆公园绿地灌溉系统进行升级改造，改造后可直接利用公园内自有的中水水源进行灌溉，通过自动灌溉设施达到精准灌溉，节约水资源，将节水新工艺落到实处。

（张玲　李征）

【坚持河长制】2023年，区城市管理委贯彻落实总河长令，组织摸排全区河湖管理范围内的非法排污、水污染、垃圾渣土、施工扬尘、环境脏乱、违建和雨水口非法倾倒问题，督促责任单位整改巩固，集中整治捕鱼、游泳、乱放共享单车等行为，保持全区涉河湖违法建设及河道垃圾渣土始终清零的状态。街道河长34人每月巡河率均100%，全年共巡河5094人次，巡河1.75万千米，上报并解决河湖环境问题469个。东城区河长制办公室（简称区河长办）共印发区工作月报12期，对各街道河长制工作和“八河六湖”考核各12次，河湖巡查问题纳入网格评价考核447件。区河长办推进街道、水管单位、排水服务企业的日常沟通，确保问题及时发现、及时确权、及时处理。落实市总河长令，年初对任务进行分解，全年挂账推进，区委书记每月点评河长制湖长制工作，区级河长坚持季度巡河湖，调度推进重点难点问题。

（张玲　闫乐宝）

【水务联合执法】2023年，区城市管理委制发《东城区2023年“清管行动”工作方案》。全年全区共完成汛前清管106千米、汛期持续清掏46千米的专用雨水管涵，完成8328个专用雨水箅子的全部清掏，共清掏污染物200余立方米，保障汛期降雨排水通畅。制订《东城区2023年度大中型水库农转非移民扶持工作方案》，年度累计登记符合政策的农转非水库移民202人，其中核定202人，核增6人，核减26人，发放补贴资金11.3万余元。全年累计受理涉水诉求234件次，办理部门吹哨案件共56件次，满意率解决率均高于90%。共建“水美家园”。完成青年湖及龙潭中湖水生态监测，自评报告结果均为健康等级。配合北京市水务局做好南护城河滨水步道联通工程。完成东便门、景泰桥、玉蜓桥3处“巡河断点”打通工作。

（张玲　闫乐宝）

【水污染防治】2023年，区城市管理委结合坝河和通惠河流域溢流污染控制，开展对1个合流制溢流口上游的22个小区内雨污错接混接排查。推动落实1个合流制溢流口上游小区内雨污错接混接整治，确定将和平里街道和平里一区社区内部改为雨污分流。严格控制地下水开采水量。辖区内6口自备井取水量在可控范围内。至11月底，辖区自备井取水量为23.12万立方米，同比减少29.56%。将治理面源污染、打击“单位和个人向雨水收集口、雨水管道排放或者倾倒污水、污物和垃圾等废弃物”作为重要考核项纳入《东城区河（湖）长制工作月考评方案》，以问题督办的形式监督指导各单位开展案件办理。全年累计向各街道移送违法案件办理线索132件，立案98起，立案数比2022年提升111%；累计罚款22.4万元，同比提升154%。

（张玲　闫乐宝）

7月7日，区城市管理委组织开展景观用水执法检查（区城市管理委提供）

【做好河湖保护】2023年汛期，区城市管理委及时到达现场指导、人员连夜值守，保证泄洪工作安全。事后现场复盘、会商闸口设施对河水入管泄洪影响事宜，配合市级部门研讨设施管线升级改造方案，解决系统性问题。在应对“23·7”特大暴雨、洪水灾害期间，组织各类防汛人员2101人，100%在岗值守。协调市排水集团一分公司安排15组共计195人的应急排水抢险队伍，总抽排能力达到7550立方米/小时。25座下凹式立交桥均实现“一人一桥、专人专责、24小时看护”。龙潭西湖调蓄池可实时调蓄6.2万立方米合流雨污水，并溢流至龙潭西湖。重点布防4个积水风险点位，遇雨情保证第一时间人员设备到达现场，及时启用排涝措施。开展对全区2.2万余个公共排水井盖的巡查检查，完成巡检1.7万余个，更换问题井盖42个。

（张玲　闫乐宝）

【更换安全型燃气配件】2023年，区城市管理委完成8.20万燃气安全型配件更换任务目标，消除居民使用端燃气安全隐患，提高燃气使用安全。

（张玲　史秋静）

【治理燃气管线占压】2023年，东城区领导多次高位统筹，区专班密集调度，在属地街道和供气企业的共同努力下，全区累计完成燃气占压治理109处，工作取得突破性进展。

（张玲　史秋静）

【燃气安全检查与宣传】2023年，区城市管理委对辖区内6个液化石油气供应站开展安全检查55次。会同区商务局、区应急局、区消防救援支队、区城管执法局、属地街道、供气企业等对餐饮单位、宾馆饭店、学校、重大活动驻地等人员密集场所开展燃气安全联合执法检查20次，深入排查，压实行业管理部门、供气企业、用气单位各方职责，全面消除隐患。在属地街道和液化气供应站开展燃气安全宣传活动7次，向进站换气和供应站周边的居民发放安全提示卡、燃气安全使用手册等宣传品，现场为群众答疑解惑，讲解安全用气注意事项。

（张玲　史秋静）

【市民热线案件】2023年，区城市管理委共受理12345热线案件3649件，共办结3619件（日均10件），区网格中心第三方回访情况为：有效回访2330件，解决1259件，非常满意80件、满意1491件、基本满意213件，解决率54%，满意率74.7%，双率之和128.7%。（区级目标值为150%）。共受理其他来源便民事项案件117件，办结116件。

（张玲　张慧）

【城市管理网格案件及吹哨案件】2023年，区城市管理委共受理城市管理网格案件1.97万件（日均54件），办结12632件，其中按期办结9819件、超期办结2813件（一般强结2077件）。全年共受理吹哨报到件388件，均无扣分案件。

（张玲　张慧）

【剔除挂账工作】2023年，区城市管理委对2022年挂账办理的10件案件进行逐一销账。建立案件研判机制，由各科室组成的热线案件研判小组，共线上申报剔除1795件，挂账1件，销账1件。

（张玲　张慧）

应急管理

6月16日，东城区应急局举办主题为“人人讲安全 个个会应急”的安全宣传咨询日活动（邱晓摄）

综　述

2023年，东城区共发生各类生产安全死亡事故4起，死亡4人，其中生产安全事故4起，死亡4人；未发生生产经营性道路交通事故和生产经营性火灾事故。全区共接报各类突发事件和突出情况811起，未发生较大及以上突发事件，其中自然灾害类482起，事故灾难类251起，社会安全类72起，公共卫生类6起，及时按程序向市区报送初报、续报和终报情况，全区突发事件和突出情况处置平稳有序。

宣传教育。东城区应急管理局制发《北京市东城区安全生产和火灾隐患大排查大整治宣传工作实施方案》《东城区推进安全生产培训规范化建设三年行动方案（2022—2024年）》，强化东城区应急管理、安全生产和防灾减灾宣传工作。开展多种类型安全答题活动，结合安全生产、消防安全、燃气安全、应急救护、普法宣传等主题开展14期网络答题活动，参与4500余人；在《中国应急管理报》、北京电视台、人民网、《新京报》等媒体刊登宣传报道65次，首次在北京应急抖音号上刊登东城区动态，推动建立报、网、微多位一体新闻宣传矩阵，强化应急管理正面宣传。

安全生产。东城区应急管理局全面开展火灾隐患整治工作。区领导亲自调度指导，组建工作专班，建立会商、调度、报告、督办机制，按照降风险与除隐患并重原则，开展针对性、会诊式专项检查，督促企业启动消防系统大修工程，逐项落实整改，完成国务院挂账北京恒基中心重大火灾隐患整改销账。紧盯六类高风险领域场所、六类薄弱环节抓好专项整治，查处医院系统隐患问题541件，劝离占用消防车通道车辆1.5万辆次，拆除违法建设彩钢板建筑13处，“五停工”动火点位123处。建立363个老旧小区台账和整改清单，落实对流动人口、鳏寡孤独、老弱病残等消防安全重点关爱人群的帮扶措施，开展检查提示14万余人次，发放火灾逃生自救“四件套”器材1万套，为高风险小区配备联网式感烟火灾报警器6000个。集中约谈130余家外卖平台、自行配送商超企业、寄递企业负责人，新增安装电动自行车阻梯装置200套，劝阻清理违规停放电动自行车4643辆，加强电动自行车全链条管控。开展重点领域专项治理，部门属地协调联动，对老旧小区、平房区、燃气、施工现场等薄弱环节开展隐患排查，累计出动执法检查人员18万人次，监督检查单位10.3万家次，整改问题隐患6.3万个，行政处罚3153起，处罚金1036.66万元。“企安安”平台登记企业1337家、报备动火作业1.02万次、视频接入设备113个、动火关联设备174个。检查限额以下工程1526项，查处施工安全隐患290条。多部门联合协作，对施工现场使用的含有挥发性有机化合物涂料等产品实施目录清单管理。规范燃气入户巡检流程，开展燃气检查1万家次，查处隐患1290项，安装天然气安全型配件8.3万户。经多方协调，共同发力，消除困扰多年的金年丰超市重大燃气管线占压隐患。112处占压隐患完成消隐102处，剩余10处，按照一隐患一预案原则，采取严格管控措施，确保整改期间不发生事故。

2月10日，东城区应急管理局联合街道走访问询辖区企业，助力开展复工复产（刘岩摄）

防灾减灾。东城区应急管理局狠抓责任落实，强化防汛保障，完善队伍建设，保障首都核心区城市运行安全和人民生命财产安全。5月9日，区防汛办下发《关于做好2023年防汛隐患排查整改工作的通知》，要求各单位积极开展防汛隐患排查整改工作。全区各单位在汛前、汛中按照动态上账、销账的机制，开展防汛隐患排查3轮次，制订精细化管控措施，确保隐患排查、整改、巡查、防控等工作落实到位。各单位雨前、雨中进行防汛隐患摸排，重点针对桥、坑、洞、房、树、院、地下空间、地铁口8类风险点位逐项检查，落实落细管控措施。针对25座下凹式立交桥，实行“四人一桥，一人一责”，区城市管理委及时协调排水集团和相关力量，落实责任人员和设备设施，做好积水排除和断路等工作。“23·7”强降雨期间，区委、区政府提前部署，防汛指挥部高效运转，组建各类防汛应急抢险队伍237支4833人，落实储备车辆、发电机、水泵、抢险舟等1310台（艘），麻袋、编织袋10.2万件，桩木、砂石1610立方米，设置转移安置点25个，处置房屋漏雨险情2450起，转移1940人，实现居民群众零伤亡、城市运行不中断、公私财产少损失工作目标。

（付连刚　姬燕婷）

应急保障

【概况】东城区应急管理局（简称区应急局）负责辖区应急管理、安全生产监管，指导各部门和各街道（地区）应对安全生产类、自然灾害类等突发事件和综合防灾减灾救灾工作，承担区突发事件应急委员会办公室、区安全生产委员会办公室、区防汛应急指挥部办公室、区防灾减灾（地震）应急指挥部办公室工作。2023年，区应急局完成节假日、全国两会、“一带一路”国际合作高峰论坛等重大活动时期的指挥调度和应急值守工作。第一时间印发相关工作通知，全面启动应急机制，按照做好事前部署准备、强化事中应对处置、严格事后复盘总结的工作思路，有效上报、处置各类突发事件，实现平时、战时工作的无缝衔接，确保辖区总体安全形势平稳可控。研究制订安全生产保障方案，调动执法人员，开展执法检查，完成各类安全保障工作。

（闫珊珊）

【限额以下工程安全监管】2023年，区应急局持续加强限额以下工程安全生产管理工作。发挥综合监管职责，指导各安全生产检查队开展专项检查。配合区住房城市建设委、有关街道开展联合检查，开展集中夜查，加大夏季夜间安全监管力度。累计检查2803次，发现整改隐患1392处，立案16起，处罚22.6万元。

（谢韫泽）

【生产经营单位台账管理】2023年，东城区各街道（地区）对全区2.15万家有实际经营行为企业建立基础台账，区应急局根据台账工作做好管理维护，完成8428条台账新增、变更、核销等审核工作，街道（地区）及时审核率99.03%，区应急局及时审核率99.96%。

（常乐乐）

【商场外包外租领域专项行动】2023年，区应急局制订下发《关于加快启动严格查处违法外包外租专项行动的通知》《关于落实严格查处违法外包外租专项行动的通知》，加强对所属行业（领域）生产经营单位承包、承租情况的严管严查。9月，区应急局联合东城区商务局对商场购物中心外包外租行为开展为期1个月的专项督导检查行动。累计检查1.58万家次，属地街道累计检查3200家次，行业、属地总累计检查1.90万次，发现隐患问题634处，立案2起，处罚6000元。

（常乐乐）

【重大节日安全生产保障】元旦、春节、中秋节期间，区应急局聚焦重点地区、重点行业，强化安全监管。强化对工地、商场超市、餐饮、文体娱乐等重点场所用火、用电、燃气、管线等安全隐患的排查治理，落实综合监管职责。元旦期间，共计出动执法检查人员330人次，开展生产安全、消防安全执法检查215家次，查处并整改隐患54处。

（谢韫泽）

【建筑施工领域安全专项督查】1月至3月，区应急局开展建筑施工安全专项督导检查，与全国两会服务保障工作相结合，执法人员加大对会场、住地周边建筑施工工地的执法检查和服务指导。发现问题责令立即整改，对重大隐患问题，按照相关法律法规当场采取措施并给予立案处罚。共抽查检查建筑施工领域生产经营单位45家次，下达责令改正指令书5份，立案4起，向区建委发放督办通知1份。

（谢韫泽）

【全国两会安全生产保障】2月至3月，区应急局组织执法检查人员，聚焦薄弱环节和重点部位，开展燃气、有限空间、新能源项目、人员密集场所等重点行业专项检查，确保重大会议期间重点行业领域安全平稳运行。累计出动检查人员9566人次，检查辖区社会面生产经营单位4783家次，查处并整改问题及隐患2825项，立案处罚8起。

（常乐乐）

【特种作业和动火作业专项检查】6月，区应急局组织执法检查人员持续对特种作业、动火作业及发包出租领域开展安全生产专项检查。区各街道（地区）、部门出动执法检查人员检查涉及动火作业和特种作业单位2308家，查处消除问题隐患累计1210处，隐患整改率100%。区应急局特种作业违法立案17起，处罚25.45万元；区住房城市建设委立案2起，处罚6.5万元。

（常乐乐）

【有限空间作业专项检查】6月至9月，区应急局组织执法检查人员开展有限空间作业专项检查，开展集中夜查6次，重点巡查检查行业领域、辖区内有限空间作业安全情况，抽查水电气热等城市运行领域有限空间作业。共出动执法检查人员4760人次，检查生产经营单位2305家，查处隐患1701处，下达检查记录2019份，限期整改444份。

（常乐乐）

【服贸会安全生产保障】8月至9月，区应急局落实市、区有关服贸会工作部署，制订《2023年中国国际服务贸易交易会东城区安全生产服务保障工作方案》，成立工作领导小组，细化职责分工。组织协调

6月21日，区应急局开展有限空间作业安全管理集中夜查（武宇飞摄）

属地街道及行业部门，对长安街东城段、首都机场高速东城段、二环路东城段等重点保障区域开展全覆盖检查，对社会面生产经营单位开展巡查检查。8月22日至9月7日，共检查单位3574家次，出动人员7148人次，下达隐患改正通知书1223份，查处并整改隐患3613处。

（谢韫泽）

【“一带一路”高峰论坛服务保障】10月，“一带一路”国际合作高峰论坛期间，区应急局按照上级部署，对重点单位、重点场所加大检查力度，对重点区域及周边加强巡查和应急值守。共检查单位3695家次，出动人员7420人次，下达隐患改正通知书1895份，查处并整改隐患5145处。

（常乐乐）

安全生产监督管理

【概况】2023年，区应急局将重大事故隐患专项排查整治2023行动和安全生产大排查大整治工作统筹推进，细化7个方面48项具体任务，明晰各部门、各属地职责分工。成立督导检查组4个，累计督导检查街道、地区和行业部门119家次，抽查检查企业1099家次。13个行业和18个属地选调业务骨干60人，组成培训团，分级分类对企业开展宣传培训，实现企业台账信息化管理，确保信息实时更新，累计填报自查安全隐患2.7万项，自查隐患实时整改率达99%以上。

（付连刚）

【安全生产和火灾隐患排查整治】2023年，区应急局牵头制订印发《东城区安全生产和火灾安全隐患大排查大整治工作实施方案》，细化7个方面48项具体任务，明晰各部门、各属地职责分工，部署开展大排查大整治。牵头组建区级工作专班，建立定期调度、联席会议、信息通报、线索移送4项工作机制。累计召开调度会33次，撰写专刊33期，向市级专班报送日报表82期，推进全区大排查大整治各项措施落实落细。统筹各部门属地协调联动，突出老旧小区、平房区、燃气、施工现场等薄弱环节，紧盯限额以下工程施工现场、自建出租房、辖区内高龄老人、精神障碍患者和吸烟酗酒人员，开展隐患排查。累计出动执法检查人员18万人次，监督检查单位10.3万家次，整改问题隐患6.3万个，行政处罚3153起，处罚金1036.66万元。

（王慧）

【安全及综合减灾示范社区建设】2023年，区应急局指导和平里街道西河沿社区、天坛街道精忠社区作为年度综合减灾示范社区新创建单位，参与综合减灾示范社区考核评定。指导2008年、2011年、2014年、2017年、2020年命名的全国级及市级综合减灾示范社区，参与年度综合减灾示范社区抽查评估；督促东直门街道、东花市街道、崇文门外街道、朝阳门街道、东四街道、建国门街道参与安全社区复评。全区2个社区获评为北京市综合减灾示范社区，24个社区顺利通过复评验收，6个街道通过安全社区复评。

（李怀兵）

【安全生产责任保险】2023年，东城区召开安全责任险制度宣传会130场，参会企业9021家次，走访企业1305家次，共宣传覆盖企业1.03万家次，宣传覆盖率为93.89%，完成年度市级绩效任务指标。2023年东城区安全责任险参保企业共4213家，保费规模675万元，入户排查5576家次，排查出重点隐患8809处、一般隐患3300处。全年共处理赔案179笔，支付赔款199万元。

（刘旭）

【公共管理综合保险】2023年，东城区参保企业4213家次，保险费规模675万元，为参保企业提供超过437亿元的风险保障。全年共收到出险报案105笔，结案支付赔款39笔，金额合计53.34万元，其中人伤案件4笔，合计赔款1.29万元；车辆、财产损失35笔，合计赔款52.05万元。7月下旬至8月上旬受台风影响，东城区民生保险共收到台风暴雨灾害相关出险案件合计37笔，支付赔款14笔，共19.64亿元，剩余23笔均在第一时间与报案人取得联系并告知所需材料。

（刘旭）

【安全生产标准化创建】2023年，

区应急局加强安全生产标准化创建。结合三年来安全生产基础工作任务指标摸排行业、属地台账，合理分配年度任务，保持工作的连续性；采取巡回培训、专家授课的方式，完成重点行业和属地街道培训工作；组织开展质量核查，查对标自查、查评审流程、查隐患整改，查持续运行。共完成三级标准化创建150家，小微企业岗位达标721家。

（王湘辉）

【城市安全风险评估】2023年，东城区持续在文化、旅游、交通、建筑施工、市政、商务、体育、园林绿化、工业、危险化学品等14个重点行业（领域）开展全覆盖安全风险评估。全年共对1.12万家企业开展城市安全风险评估，企业安全风险源审核率达98%，累计评估各类风险源3.92万条，其中较大风险源222条，一般风险源6705条，低风险3.23万条，未出现重大风险源。参加评估企业均完成安全风险源清单编制、安全风险电子地图绘制任务。

（徐少京）

【公共安全风险管理】2023年，区应急局制订印发《东城区2023年公共安全风险管理工作方案》，组织全区各单位完成重大活动期间重点区域公共安全风险管理工作。完成王府井地区区域风险评估试点工作，形成综合风险评估报告和风险地图，为地区应急预案修订工作打下基础。区应急局联合区商务局、区市场监管局、东城区消防救援支队，对全国餐饮行业生产安全事故案例进行分析，结合东城区实际，建立以事故灾难、自然灾害、公共卫生、社会安全为评估内容的东城区限额以上餐饮企业风险评估模型和风险控制清单，将公共安全风险管理从主观向客观转化。

（赵剑）

【应急预案体系建设】2023年，区应急局推进辖区各级各类应急预案制修订工作。至年底，40部区级专项应急预案中，22部修订完成并正式印发；全区17个街道、1个重点地区全部完成总体预案和所辖社区基层预案修订工作；推进应急预案信息化工作，指导督促全区有关单位和相关部门将预案上传至北京市预案管理系统并根据预案修订情况随时更新，至年底共上传各级各类应急预案412份；对以区应急局名义印发的各专项应急预案，严格执行审核、报批、印发、备案流程，对各街道（地区）总体预案，下发通知和备案报告模板，严格履行审核备案手续。

（曾浩）

【督导检查建筑施工安全】2月至3月，区应急局对建筑施工场所持续开展专项检查。掌握已开工的施工单位及其位置、规模、进度等情况，摸排盯紧“小、远、散”施工作业，建立台账，动态更新。抓住施工现场安全薄弱点，加强对重点人员的监督检查，针对发现的隐患问题，督促相关施工单位和人员立即整改，确保隐患及时消除不反复。开展警示教育，督促施工单位落实安全生产主体责任，树立“隐患就是事故”的管理理念，确保施工平稳有序。

（常乐乐）

【迎检安全生产督察和问题整改】6月至11月，北京市委、市政府安全生产第一专项督察组分三个阶段对东城区开展督察。区应急局牵头起草印发迎检工作方案，收集整理文件材料1000余份，协调12个区级单位主要负责人参加谈话，联系延伸检查28个部门和企事业单位，组织撰写领导备参材料和谈话提纲，完成各项迎检任务。牵头制订反馈问题整改方案，逐条细化责任分工，明确整改要求，督促有关部门和街道积极落实整改，及时反馈工作进展，督察组口头反馈问题119项，完成整改117项，其余问题一案一策制订整改方案，明确整改措施，推进整改落实。

（王慧）

危险化学品监督管理

【概况】2023年，区应急局负责危险化学品经营许可、危险化学品企业应急预案备案、第二类和第三类非药品类易制毒化学品经营备案工作。全年共完成危险化学品经营许可证换证26件、第二类和第三类非药品类易制毒化学品经营备案5件、危险化学品经营单位应急预案备案23件。共注销危险化学品经营许可证2件。修订生产安全事故应急预案，经过向全区各部门、各街道征求意见，专家评审后，区领导正式签发。加强危险化学品和工业企业安全培训，全部47家危险化学品经营企业每月每季度参加在线教育培训并考试合格。到企业宣讲安全生产法律法规，为中海油国际贸易北京有限公司、中海油化工进出口有限公司等企业提供危险化学品安全管理相关知识培训。

（薛继斌）

【危险化学品企业排查整治】2023年，区应急局对危险化学品经营单位、工业企业开展执法检查211次，下达责令改正指令书10次，行政处罚4起，共处罚金7.5万元。全年共开展双随机一公开检查86家次。

（薛继斌）

【加油站反恐防恐】2023年，区应急局结合反恐怖工作职责任务，加强主管行业（加油站）反恐防恐工作，强化落实监督管理责任，召开加油站站长会议，部署安全保卫工作，先后开展全国两会、“五一”“十一”反恐怖督导检查，开展“4·15”全民国家安全教育日宣传，确保加油站经营安全和经济持续发展。

（薛继斌）

【限额以下企业施工监管】2023年，区应急局加强危险化学品经营单位限额以下施工安全管理，先后完成

5月12日，区应急局在景山加油站进行反恐怖督导检查和延期换证审核（薛继斌摄）

天坛东路、柳荫、安燕等加油站罩棚维修、亮化工程、智慧加油站等项目施工。

（薛继斌）

【无储存整治】4月至10月，区应急局对全部34家企业自查结果进行严格梳理。共计发现隐患37个，整改隐患43个（企业自查6个），下达执法文书19份，共处罚3家单位，每起处罚5000元，共1.5万元。

（薛继斌）

【涉危实验室安全专项整治】4月至11月，区应急局针对实验室危险化学品安全事故，聘请专家陪同开展辖区实验室安全专项验收检查。完成辖区34家中学实验室和2家民营企业实验室验收。督促拆除区级实验室，完成隐患整改。履行属地监管职责，将中央部委实验室隐患告知国家主管部门。

（薛继斌）

【拆除沙子口加油站】11月，区应急局完成辖区沙子口加油站拆除工作，联合区生态环境局、永定门外街道办事处在加油站施工过程中强化监管。拆除完成后，监督加油站完成与永定门外街道宝华地产土地移作。该站土地转为其他用途，不再用作经营危险化学品。

（薛继斌）

防震减灾

【概况】2023年，区应急局完成应急物资调拨5634件（套），培训灾害信息员6435人次，组织区级综合应急演练2次，建设完成区级应急避难场所2处、街道级应急避难场所28处。

（包文博）

【自然灾害综合风险普查】2023年，区应急局结合东城实际，做好灾害普查后期成果应用及评估区划：汇总梳理东城区第一次全国自然灾害综合风险普查成果材料，推进普查工作融入东城区防灾减灾救灾常态工作，为自然灾害形势分析、监测预警、队伍建设、物资储备、应急决策等业务提供基础数据支撑；推进普查工作与城市安全风险防控、隐患排查治理、安全发展示范城市建设、韧性城市建设等领域的有机融合，分阶段、分层次推进普查成果落地应用。对灾害普查评估与区划进行核查论证。统筹协调各有关单位对灾害普查评估与区划进行核实、修改，确保评估与区划的准确性。

（包文博）

【应急演练】2023年，区应急局修订完善《东城区应急预案管理办法》《突发事件应急演练评估实施办法》，指导督促组织各成员单位开展各级各类应急演练211场，其中区级综合演练2场、区级专项指挥部和有

4月4日，区应急局与14家单位联合举行超高层在建工地火灾救援综合应急演练（陈树森摄）

关部门演练80场、街道（地区）演练129场，对20家重点部门和街道的演练进行现场考评并出具演练评估报告。开展区级综合应急演练2次：4月4日，与区住房城市建设委、东城区消防救援支队等14家单位联合举行超高层在建工地火灾救援综合应急演练；9月16日，与区国防动员办等单位共同参与落实北京市国防动员综合演练暨防空警报试鸣活动。

（曾浩）

【防震减灾科普宣传】2023年，区应急局持续开展防震减灾科普宣传，协调区教委在第28个全国中小学生安全教育日开展“地震科普，携手同行”2023年首场主题活动，78所小学、53所中学、23家直属单位共计15万人观看首场活动的视频直播。在区应急局官方微博开展“走进科技，探秘地震”直播宣传，累计观看7251人次。继续推进防震减灾科普示范学校创建，创建完成东城区防震减灾科普示范校4所。配备《学生安全预防与自救》等科普图书38种，每种65册；配备防震减灾应急柜8套，每套包含救援绳、灭火毯等装备21种45件（套）。崇文小学获评北京市防震减灾科普示范学校。在区属民族学校开展“地震科普，携手同行”主题活动，为东城区回民小学、东城区回民实验小学各配备防震减灾应急物资柜1套、应急包60个、防震减灾科普图书200册。

（包文博）

【韧性城市建设】2023年，区应急局下发《关于推进东城区2023年度韧性城市建设工作的通知》，督促各单位完成各项重点工作。至年底，完成年度应急物资保障、城市老旧小区改造、应急避难场所规范化建设、区域交通综合治理以及基层消防站建设等重点工作。

（包文博）

【防汛保障】6月1日至9月15日汛期期间，东城区降水日数29天，平均累积降水量675.5毫米，累计降水量最大值出现在天安门，累计雨量726.6毫米。最大小时雨强为52.5毫米，出现在7月26日17时至18时龙潭湖一带。区应急局共组建各类防汛应急抢险队伍237支4833人，落实储备车辆、发电机、水泵、抢险舟等1310台（艘），麻袋、编织袋10.2万件，桩木、砂石1610立方米等防汛物资，确保遇有情况，随时上得去、救得下。全区防汛指挥部各成员单位共处置险情2695起，处置区城市管理指挥中心平台防汛相关类案件6150件。所有突发情况均妥善解决。

（包文博）

7月29日，区领导组织召开调度会安排部署降雨应对工作（李娟摄）

【特大暴雨和流域性洪水应对】7月29日至8月2日，受台风影响，北京市遭遇特大暴雨，北京市气象台先后2次发布东城区暴雨红色预警信号，全区平均降雨量231.5毫米。区应急局启动以政府主导的应急联动机制和重要天气过程叫应服务机制，对接专家组进驻区指挥中心，有效应对突出情况100余件。区委、区政府主要领导坐镇指挥，每小时进行一次常态化调度，遇有突出情况随时进行重点调度。制发《关于在防汛救灾中充分发挥基层党组织战斗堡垒作用和广大党员先锋模范作用的通知》《关于落实市、区领导指示精神的紧急通知》，全区干部职工连续作战，做好雨中巡查和险情处置，实现居民群众零伤亡、城市运行不中断、公私财产少损失目标。累计调拨膨胀吸水麻袋5300条用于预设较大风险点位，累计转移1940人，均妥善安置临时住宿并做好生活保障。

（闫珊珊　包文博）

【应急避难场所规范化建设】10月，区应急局联合区教委会同第三方机构，依据《应急避难场所场址及配套设施》（DB11/T 2142—2023）等3项北京市新颁布的地方标准，制订详细的规划设计方案和工程进度时间表。同月底，30处应急避难场所规范化建设工作全部完成，建设完成区级应急避难场所2处、街道级应急避难场所28处；制订应急避难场所规划设计方案30份，制作安装规划设计平面图30张、主标识牌30个、各类功能区标识牌850个。

（包文博）

【应对暴雪寒潮极端天气】11月至12月，区应急局面对连续暴雪和寒潮天气，向各成员单位通报天气情况，发布预警信息；联合区环卫中心利用“雪亮工程”全天候开展视频巡查检查，监控路面积雪和道路交通情况，与区城市管理委、东城交通支队和各街道（地区）联动配合，处置各类涉雪涉冰突出情况，按照雪不停、人不撤标准，确保全区城市运行保持平稳态势。

（闫珊珊）

【灾害信息员培训】11月至12月，区应急局强化灾害信息员队伍培训，在开展线上灾情管理、灾情报送等业务知识学习的基础上，采取以演代训的方式，结合“23·7”特大暴雨灾情报送实际工作中发现的问题，针对性开展自然灾害分类、灾情统计指标、灾情统计报送、灾情台账管理、灾情管理相关系统操作、直接经济损失核算等方面的实操培训，提升灾害信息员灾情应对和处置能力。共计线上培训6161人次，线下培训274人次。

（包文博）

宣传教育和培训

【概况】2023年，区应急局加强安全知识普法宣传和应急普法培训，开展安全普法知识和志愿服务进社区、进企业、进基层活动。全年开展各类普法宣传6次，利用新媒体平台发布安全主题科普微信图文571条，转发微博300余条，推动实现微信公众号订阅人数近5万人，微博、微信点击阅读量累计突破200万次。

（曹宝姝　姬燕婷）

【安全生产月活动】6月，区应急局制订《2023年北京市东城区安全生产月活动方案》下发全区，启动安全月活动，重点开展8个方面18项活动。在前门大街设主会场，在17个街道（地区）设分会场，同步开展安全宣传咨询日活动。开展集安全主题文艺展演、企业代表集体宣誓和“安全有我”宣教活动颁奖仪式为一体的主题宣教活动，邀请国有企业代表天街集团、安全责任险企业代表人保财险公司和核心区基层枢纽组织代表建国门智云应急安全联合会共同参与，提高全民安全生产意识。

（姬燕婷）

【应急志愿服务社区行】2023年，东城区作为全市首批“应急志愿者队伍建设”试点区，吸纳社会层面志愿人员，构建应急志愿队伍常态化发展模式。以17个街道的应急志愿服务大队为单元，全年开展应急志愿服务活动34场，覆盖社区居民2000人，“筑梦东城”应急志愿服务社区行获2023年东城区志愿服务项目大赛银奖。

（姬燕婷）

【安全生产监督检查】2023年，区应急局制订年度安全生产执法监察计划，监督检查生产经营单位466家次，检查重点单位286家。全年完成一般检查478家次，重点检查286家，完成率102.58%，超额完成年度执法计划，行政处罚立案66件（事故处罚2起4件，一般行政处罚62件），行政处罚金额合计192.8万元。每季度向应急管理部、区司法局报送典型案例，利用微信公众号通报典型案例4起，撰写年度行政执法统计分析报告并完成公示。

（曹宝姝）

【应急管理系统学法普法】2023年，区应急局深入北京崇远集团有限公司、航星园建筑工地及北新桥街道等基层一线开展安全生产专题普法讲座；开展“法律十进·以案释法”活动。在“12·4”国家宪法日、《安全生产法》宣传周，利用微平台开展线上法治问答互动；组织《宪法》宣誓及旁听庭审活动；开展“八五”普法中期自查迎检。全年深入基层、社区开展安全生产系列普法宣教6次，线上推送普法宣传信息20余篇，向东城区安全生产委员会成员单位及辖区企业发放普法宣传品600余份。

（曹宝姝）

【理论调研及规划中期评估】2023年，区应急局制订以“防灾减灾”为主题的年度理论调研计划，完成《东城区防灾减灾的挑战与应对》调研报告。撰写完成《东城区“十四五”规划》《东城区“十四五”时期应急管理事业发展规划》《北京市“十四五”时期应急管理事业发展规划》《北京市“十四五”时期安全生产规划》4项规划中期评估调研

2月21日，区应急局在东华门街道东厂社区开展“筑梦东城”应急志愿服务活动（邱晓摄）

报告。

（曹宝姝）

【机关法治政府建设】2023年度，区应急局开设全区处级领导干部应急管理和安全生产培训班课程。制订法治政府建设年度计划并全面落实。发挥法律顾问、公职律师法律参谋助手作用，完善投诉举报奖励工作机制，制订《东城区安全生产举报奖励工作实施细则》，发放举报奖励金1.8万元；做出重大执法决定7件，法制审核执行率100%；完成东城区人民检察院检察建议书的回复意见1件；办理行政复议答复2件，裁定维持原处罚决定1件，裁定终止复议1件，未出现涉及行政调解、行政诉讼案件。

（曹宝姝）

信息化系统建设

【概况】2023年，区应急局共主动公开各类政府信息4860条，完成行政许可26份、行政处罚61份的信用信息归集，受理并答复依申请公开事项2件。

（宣金男）

【应急视频会议系统升级改造】2023年，区应急局对应急视频会议会控平台进行软件版本整体升级，扩展会控平台功能，提升稳定性和兼容性。配合区国防动员办对应急指挥车进行升级改造，更换车载视频会议终端，实现应急指挥车视频会议系统高清化。在2023年东城区超高层在建工地火灾救援应急演练和市应急局组织的无脚本拉动演练中，快速完成视频会议系统在演练前线指挥部的布设和搭建，实现与市、区应急指挥中心的音视频联通。

（宣金男）

【安全生产领域信用体系建设】2023年，区应急局完成26份行政许可、60份行政处罚的信用信息归集。代表东城区迎接北京市年度第三季度“双公示”抽检。利用“5·12”防灾减灾日、安全生产月、“筑梦东城”应急志愿服务品牌活动，同步开展诚信宣传，扩大宣传覆盖面。解答企业关于信用修复相关方面的咨询，共有8家企业通过信用中国网站完成信用修复。

（宣金男）

【政府信息公开工作】2023年，区应急局主动公开各类政府信息4860条，其中工作动态99条，行政许可公告26份，行政处罚61份，事故调查报告3份，突发事故快报及处置情况1份，各类执法检查文书4645份，双随机执法检查情况10份，安全生产标准化三级达标公告2份，其他各类公示公告13份。向区档案馆、图书馆以及政务服务局完成纸质公开件移送90份。答复依申请公开件2份。

（宣金男）

消　防

【概况】东城区消防救援支队（简称东城消防救援支队）为副总队级二类支队，担负东城区消防安全监督管理、消防宣传、灭火救援、应急处突、社会救助、重大活动消防保卫等职责。下辖花市、北新桥、王府井、金宝街、地坛、龙潭湖、前门、安定门外8个消防救援站，应急通信与车辆1个勤务站，东华门、崇文门外、体育馆路、北新桥、朝阳门、安定门、和平里、东直门、景山、永定门外、东花市、天坛、东四、龙潭、建国门、交道口、百荣、正义路18个小型消防站。2023年，东城消防救援支队开展常态化实战演练，提高战斗力，做好应急救援准备。联合行业部门开展专项治理，消除火灾隐患。完成全国两会、“一带一路”高峰论坛、元旦、春节、高考等重大活动及重大节庆日的安保任务。加强消防知识宣传，与北京公交集团电车分公司进行合作共建。加强党建工作，在北京大学二院旧址展览馆举行廉政教育基地挂牌仪式，开展实地见学，强化使命担当。2023年，东城消防救援支队获北京市消防救援总队年度全员岗位大练兵和新闻宣传工作先进支队；安定门外消防救援站、永定门外小型消防站获正规化建设先进单位称号；2个党支部、党员5人受到总队表彰；1人立个人二等功、12人立个人三等功、155人获嘉奖，3人受到市政府、市委宣传部、市应急局表彰；2人当选第七届东城区青联委员。

（王威）

【消防安保勤务】2023年，东城消防救援支队共执行各类消防安保勤务103次，部署消防车285车次，执勤力量2522人次，累计上勤时间2.1万小时，完成元旦、春节、全国两会、中考、高考、“一带一路”高峰论坛、北京站路线等相关勤务的安保任务。

（王威）

【火灾及防火检查】2023年，东城消防救援支队共出动检查人员3.3万余人次，检查单位1.63万家次，发现并整改隐患3.12万处，临时查封534处，责令“三停”单位413家，罚款1219.15万元，行政拘留70人。

（王威）

【接警出动情况】2023年，东城消防救援支队累计处置警情1559起，出动消防车4891车次、指战员3万余人次，抢救疏散被困人员400余人，直接保护财产价值470余万元，参与处置“4·29”北新桥街道民安小区火灾、“23·7”极端强降雨灾害跨区域增援、土耳其7.8级地震国际救援等综合应急救援任务，“火焰蓝”形象赢得广泛赞誉。

（王威）

11月9日，东城消防救援支队与北京公交集团电车分公司共同开展主题为“119路牵手119”共建系列活动，宣传安全消防知识（东城消防救援支队提供）

【北京市两会消防安保】2023年，东城消防救援支队构建两级通信网络，联通每个防、灭火执勤单元，同时与总队指挥中心实时对接联动，确保指挥命令及时上传下达，确保突发消防事件应急处置快速调度、精确指挥。北京两会期间，东城消防救援支队结合通信设备运行的实际情况，对政务内外网网络系统、视频会议系统、“119”接处警系统、4G单兵图传系统、公网手持对讲系统、通信指挥车等通信设备进行全面检测，随时做好北京两会指挥部现场和突发事件现场音视频采集上传工作的通信联络准备。将责任落实到具体岗位和个人，制订应急响应预案。在前沿安保指挥部设立通信专勤联络员，完善遂行保障能力，确保第一时间出动、第一时间搭建有效的音视频通信网络，完成北京市两会期间消防安保任务。

（王威）

【“一警六员”实训实操】2023年，东城消防救援支队根据火灾特点和医疗卫生机构火灾风险点，组织辖区医护人员开展“一警六员”实训实操。消防救援人员讲解成功处置案例，阐明“一警六员”培训的重要性，提升参训人员的消防安全意识，增强参训人员遇到突发事件时的应急处置能力。共出动基层消防救援站105站次，派出消防救援人员316人次，培训医疗机构人员4600余人。

（王威）

【119主题活动】2023年，东城消防救援支队加强与北京公交集团电车分公司的合作共建，在119消防宣传月到来时，与北京公交集团电车分公司共同开展以“119路牵手119”为主题的共建系列活动。将119火警电话所代表的消防安全知识融入119路公交电车宣传栏，让乘客在乘车过程中，学到更多的防灾减灾知识。

（王威）

交通　邮电

8月11日，东城区交通委领导陪同市领导检查东城区铁路沿线治理工作整改落实情况（金京摄）

交通管理

东城交通委员会

【概况】2023年，东城交通委员会（简称区交通委）制订印发《2023年东城区交通综合治理工作方案》，提升道路环境，调控停车需求，强化综合治理，推动构建综合、绿色、安全、智能的立体化现代化城市交通系统。完成32项交通综合治理绩效考核任务。新增接入违法停车赋能设备129套。推动北京站周边道路环境优化提升，完成春运、暑运的交通保障任务。优化车道，改善医院周边通行能力和交通秩序，北京协和医院周边道路拥堵率降低71%，周边事故发生率降低40%。完成鼓楼东大街和五道营胡同电子围栏建设，新增入栏停放区34处。推动望坛周边市政道路建设，3条市政道路实现局部通车，完成区政府重点项目任务。推动东直门交通枢纽区域环境设施一体化提升，实现项目入库。完成永定门外地区交通基础设施规划方案编制。完成手帕胡同、刘家窑路东段（定安里中街至景泰路）电力土建施工等次支路建设。完成第六次城市交通综合调查工作。制订《东城区铁路沿线环境重大事故隐患专项排查整治2023行动工作方案》，完成15件问题案件销账工作。开展地铁联动防汛，做好洪涝灾害突发事件防范与处置，核实地铁口联动防汛表，建立重点观察点位台账，联系市交通委沟通地铁有关部门报送相关材料，健全联动机制，压实属地责任，快速响应突发险情，确保特大暴雨期间核心区平稳度过。完成东城区路侧停车电子收费三期项目建设。制订区域综合治理实施方案，优化停车治理。新增共享单车入栏结算区34处，全区非机动车停放区扩容48%。内务部街、国子监街实现不停车，全区不停车胡同累计达45条。规范路外空间停车，区域内“有位失管”实现清零。开展停车设施有偿错时共享。继续开展全部道路车位用于居民停车认证，受理320个停车场备案。开展全区停车资源系统二期建设，规范全区200余家经营性备案停车场动态数据接入北京市停车资源管理和综合服务平台，接入率达100%。组织开展停车设施信息报送更新工作，2022年度新改扩建房屋建筑竣工项目全部完成更新，年度临时挖潜项目清单录入市级停车设施信息报送平台，形成停车设施信息更新台账。开展共享单车秩序治理，完成元旦、春节、“五一”、“十一”、全国两会、北京文化论坛、“一带一路”等重大节日和重大任务期间共享单车秩序保障任务。

（张玲）

【交通综合治理工作】2023年，区交通委制订印发《2023年东城区交通综合治理工作方案》，完成32项交通综合治理绩效考核任务，区域交通环境秩序得到有效改善。健全路网，手帕胡同建成通车。强化非机动车路权，改善左安门西街等非机动车道，优化安定门东滨河路等9条道路共12.5千米慢行标识，在崇文门等4处路口增加非机动车“一次左转”灯控、标线及人行安全岛。加强“学医景商”场所周边整治，出行秩序进一步改善。新增接入违法停车赋能设备129套。优化停车治理，全区大型备案公共停车场达到智慧停车S1等级；新增共享停车场11处、车位700个；60条“有位失管”道路销账。新增共享单车入栏结算区34处，全区非机动车停放区扩容48%。内务部街、国子监街实现不停车，全区不停车胡同累计达45条。

（张玲　陈淑珺）

【次支路建设】2023年，区交通委牵头制订各条次支路道路工作倒排表。细化工作步骤、工作内容、责任部门、启动时间、完成时间、工作进展、部门填报事项，协调各部门推进工作落到实处。手帕胡同建成通车，打通崇文门外商圈道路微循环；刘家窑路东段完成（定安里中街至景泰路）电力土建施工，满足东城区第一人民医院配套工程需求。

（张玲　陈淑珺）

【北京站优化提升】2023年，区交通委多次参与北京站交通环境优化提升调度事宜，完成出租车调度站、东西两侧停车场迁改，腾退北京站东街罚没车辆停车场，开辟华通地下停车场3层为网约车、社会车辆停放区，解决高峰期室外排队问题；优化站区周边交通组织和标识标线导改。优化治理后，大羊毛胡同中口调头车辆环比减少70%，北京站东街车辆排队长度环比缩短60%，站区东侧华通停车场使用率环比提升40%，拥堵报警率环比下降78%。

（张玲　陈淑珺）

【配合第六次市交通综合调查】2023年，区交通委配合北京市第六次城市交通综合调查，主动沟通东城区17个街道，联系选中50个居委会共2000户居民接受调查，调查内容涉及居民出行、学生出行、非机动车出行、都市圈通勤出行等8项内容，为市政府及相关部门“十四五”期间在交通规划、建设、管理和运营等各方面决策提供数据支撑和定量分析基础。调查工作于6月底完成。

（张玲　陈淑珺）

【铁路沿线环境安全隐患治理】2023年，区交通委开展第二轮铁路沿线环境安全隐患治理工作，制订《东城区铁路沿线环境重大事故隐患专项排查整治2023行动工作方案》，牵头协调各街道、区内各部门针对市级隐患台账问题，进行分析梳理。与中国铁路北京局、北京市人民检察院第四分院进行会商协调，清除薄弱环节、监管软肋、检查盲区，推进隐患问题解决。至年底，完成15件问题案件销账工作。

（张玲　陈淑珺）

【路侧停车电子收费三期项目建设】2023年，区交通委完成路侧停车电子收费三期建设项目，总计道路48条，完成泊位建设1702个，完成接入市级管理平台泊位949个。推进路侧停车设备违停新赋能，已部署的部分完成备案。

（张玲　陈淑珺）

【区域停车综合治理】2023年，区交通委召开东城区区域停车综合治理工作会，对朝阳门、建国门2个街道开展区域停车综合治理。制订区域综合治理实施方案、摸排街道内居住停车供需情况。利用空闲空间建设建国门禄米仓胡同71号院立体停车设施，新增车位116个。朝阳门大方家胡同西口停车场在建1处立体停车设施。利用朝阳门干面胡同西口停车场和建国门金宝大厦、首开停车场，增加有偿共享车位100余个。推动内务部街实现“不停车”。规范路外空间停车，取消西石槽胡同“有位失管”车位，在石槽胡同、大方家胡同南口增加路外车位88个，区域内“有位失管”实现清零。

（张玲　何晓蒙）

【停车设施有偿错时共享】2023年，区交通委组织开展停车设施有偿错时共享工作，挖掘全区停车资源，缓解居住区等人员密集区停车难问题。新增共享停车场11处，新增共享停车位700个，使用共享停车位647个，使用率达92.4%。

（张玲　何晓蒙）

【提高道路停车管理服务质量】2023年，区交通委精简人员数量，整合停车管理员与协管员队伍，增加远程巡检，持续降本增效。全年共计服务车次951.23万次，月均服务车次79.27万次。应收金额7854.11万元，实收金额6810.99万元，满30天实缴率89.2%，实时实缴率86.72%。发送缴费和催缴通知短信约390万条、接通电话19.7万通，电话及现场催缴金额达350万元。完成全国两会、“一带一路”高峰论坛等重要活动保障7次、临时执勤保障26次，共计出动503人次，劝离违章停车4632辆，码放共享单车1万余辆。

（张玲　何晓蒙）

10月，区交通委在鼓楼大街增设共享单车电子围栏（区交通委提供）

【居民停车认证】2023年，区交通委继续全部道路车位用于居民停车认证，督促指导全区17个街道执行“个人申请，街道（社区）审查、公示，区级平台复审”的居住停车认证程序，做好居民认证信息审核录入、平台数据维护、优惠价格退费等相关工作。全年道路停车居民认证1.4万辆。

（张玲　何晓蒙）

【停车备案管理】2023年，区交通委继续开展全区机动车公共停车场登记备案及归档工作。全年共受理320个停车场备案申请材料，其中新办备案90个，变更备案37个，换发备案161个，取消备案16个，撤销备案16个。

（张玲　何晓蒙）

【备案停车场动态数据接入】2023年，区交通委开展全区停车资源系统二期建设，规范全区200余家经营性备案停车场动态数据接入北京市停车资源管理和综合服务平台，接入率100%。提升数据质量的时效性、完整性、规范性和准确性，确保停车场各项数据精准发布。全区40家大型经营性备案停车场（300个车位及以上停车场）智慧停车服务等级达到S1等级，其中3家达到S2等级。

（张玲　何晓蒙）

【共享单车秩序治理】2023年，区交通委完成元旦、春节、“五一”、“十一”、全国两会、北京文化论坛、“一带一路”高峰论坛等重大节日和重大活动期间共享单车秩序保障任务10次。全年累计召开共享单车保障动员部署会20次，组织文明停放志愿活动4场次，累计出动90人次，发放宣传单300余张，扫码核查单车数量3万余辆，新增非机动车停放区2400余个，整改占压盲道等不合规非机动车停放区58处，完成鼓楼东大街和五道营胡同电子围栏建设，新增入栏停放区34处。

（张玲　何晓蒙）

【个体出租汽车管理】2023年，区交通委参加东城区治安执法总队及东城区运输管理分局组织的春节、全国两会、“一带一路”高峰论坛等重大节日和重要活动期间出租租赁行业安保动员部署会10余次。协助税务办理车主自行发票领取流程工作，更新个体司机车辆23辆，领取发票数量60件，发放57件。协助北京市交通执法总队第三执法大队及各重点站区处理投诉10余起。

（张玲　何晓蒙）

东城交通支队

【概况】北京市公安局公安交通管理局东城交通支队（简称东城交通支队）是全员行政执法单位，主要担负东城区的道路交通秩序维护、特勤交通保卫、交通事故处理、交通安全宣传和规划维护交通设施等项工作。2023年，东城交通支队加强安全保卫、交通治理、交管服务、事故预防、党建队建工作，不断推动核心区交通治理取得新成果，交通秩序环境不断改善，交通亡人事故有效控制，12345派单办理成绩稳步提升。

（付少琨）

【122处警】2023年，东城交通支队接各类122报警6.88万次，其中交通事故报警4.06万次，交通拥堵报警5336次，群众求助及情况反映2.29万次。

（付少琨）

【交通事故处理】2023年，东城区共发生交通事故3.71万起，伤1.17万人，亡14人，其中快速处理交通事故3.69万起，重大事故14起，伤2人、亡14人；一般事故203起，伤202人。行政拘留114人，刑事拘留174人。处罚294人，吊销驾驶证212个，罚款26.16万元。东城交通支队收到锦旗13面，表扬信37封。

（付少琨）

【交通执法监督管理】2023年，东城交通支队共发生行政复议案件507件，共出庭应诉行政诉讼案件22件。

（付少琨）

【交通秩序管理】2023年，东城交通支队加强违规三四轮车综合治理、路口交通秩序环境专项整治、春夏平安行动、夏季交通安全整治、夏夜巡查宣防、冬季突出违法专项整治、“冬季攻势”专项行动等，打击治理酒驾醉驾、涉牌等严重违法行为，强化对货车、大客车、摩托车、电动自行车、违规三、四轮车等重点车辆的综合管控。全年现场处罚违法行为41.87万起，同比提升48.78%，其中处罚非机动车违法23.75万起，同比上升57.80%；处罚电动自行车违法20.58万起，同比上升75.82%；处罚货车违法行为9553起，同比上升13.93%；处罚外埠车违法行为5.56万起，同比上升103.14%；处罚酒后驾车924起，同比上升342.11%。全年非现场录入违法行为169.1万起，同比上升30.87%。

（付少琨）

【慢行系统建设】2023年，东城交通支队践行“绿色出行、慢行优先”理念，推进和平里北街与西街交叉口、崇文门、金宝街等路口非机动车一次左转措施；完成培新街路口、北京站东街东口、龙潭三角地等点位行人二次过街安全岛建设；对左安门桥、朝阳门桥桥区慢行系统进行再优化，为慢行交通提供更舒适、安全、便捷体验。全年拆除护栏12.8千米、柔性隔离柱1380根，核心区道路风貌进一步改观。

（付少琨）

【交通设施管理】2023年，东城交通支队共拆除护栏12.8千米，其中中心护栏5.18千米，机非护栏3.26千米，便道护栏4.41千米。拆除后复划机非分道线8.51千米，复划中心线14.8千米。粘贴道钉3000余个。更换标志牌70面，复划标线42.5千米。

（付少琨）

【交通安全宣传】2023年，东城交通支队以“一老一小”、外来务工人员、骑电动自行车不佩戴头盔人员等交通事故易受侵害群体为重点，开展交通安全专场宣传50场。依托单位、学校、街道交通安全微信群，点对点发送交通安全微视频、安全常识等共计300次2000余条。与社会媒体沟通对接，围绕摩托车、电动自行车策划宣传活动，通过《红绿灯》《平安北京》《北京—东城》等进行宣传，营造舆论氛围。

（付少琨）

【交通安全监管执法】2023年，东城区将交通事故预防工作列入区长常务会议题进行定期研判，东城交通支队在区交通安全工作部门联席会办公室架构下，与区应急局、区城市管理委等联合建立亡人事故复盘调查机制，做到年度亡人事故复盘100%。压实属地管理、行业监管、企业主体责任；开展事故隐患摸排治理，全年共排除事故隐患点位12个；建立高风险企业监管挂账整治机制，走访检查2.25万家单位，责令限改隐患单位1296家，采取禁驶单位711家、罚款处罚26家。

（付少琨）

【车辆超高检测预警装置研发】2023年，东城交通支队针对超高车辆驶入限高区域造成限高架倾倒、桥体损

6月1日，东城交通支队在东城区第二幼儿园开展以“小手拉大手　童心守平安”为主题的交通安全宣传教育活动（张建摄）

坏、车辆卡桥等严重后果，创新研发车辆超高检测预警装置，安装在景泰桥北侧、安定门桥二环外环辅路东侧、东便门桥北侧进行试点。该装置能够准确判断车辆是否超高并且实时预警，在北京市公安局公安交通管理局第四届“金点子”大赛中获一等奖。

（付少琨）

【电动自行车科技管控研究】2023年，东城交通支队通过联创课题，研究电动自行车管控措施。采取研发专用路面感知设备、科技设备赋能、开发视频分析算法等方式，加强对电动自行车的车牌、车辆外观等信息采集，配合语音喊话提示、手机短信提醒、非现场执法、行业监管等手段加大打击力度。该设置在崇文门内大街、朝阳门南小街等多个路口进行试点，成效良好，在北京市公安局公安交通管理局第四届“金点子”大赛中获二等奖。

（付少琨）

邮　政

北京市东区邮政管理局

【概况】北京市东区邮政管理局（简称东区邮政管理局）于2012年成立，为北京市邮政管理局派出机构，正处级建制。主要职责为依照国家有关法律法规，对东城区、朝阳区、通州区内邮政业行使政府监管职能。2023年，东区邮政管理局贯彻各项重点工作部署，在党建工作、队伍建设、行业管理、高质量发展等方面取得进步。积极融入属地政府“两新”工委体系，建立沟通机制，成为东城区委“两新”工委成员单位，主要负责人被增选为东城区委“两新”工委委员。加强快递从业人员权益保障，推荐“最美快递员”2人。向快递员提供“紫金健康”咨询服务，共有545人参与。按要求在辖区抽取快递员33人参加快递员权益保护调查。督促各企业加强交通安全培训教育，与交管部门联合加大培训力度，开展闯红灯等严重违法行为专项整治，辖区行业交通违法行为发生率大幅下降。2023年，东区邮政管理局获国家邮政局“重大活动期间寄递安全服务保障工作先进集体”和“北京市邮政管理局先进党组织”称号。

（于婕）

【春节保通畅】2023年春节前后，东区邮政管理局根据辖区快件积压情况以及市邮政管理局接诉即办通报线索，通过召开调度会、约谈、现场督导、立案查处等方式，保障辖区工作安全有序运行。开展监督检查，找准问题难点痛点，督促企业加强人员管理，做好应急准备，避免快件积压延误，保持行业安全有序平稳运行。

（都永恒）

【创建集中分拣点】2023年，东区邮政管理局沟通商务、属地街道等部门，针对分拣难等问题，创建集中分拣点。坚持试点先行，稳步推进。对东城区天坛街道、体育馆路街道等3处位置进行现场勘察，组织人员座谈。

（都永恒）

【提高普遍服务和特殊服务水平】2023年，东区邮政管理局印发辖区2023年邮政普遍服务和特殊服务工作的通知。组织召开政企联系会，听取邮政分公司季度“普特服”工作汇报，通报季度邮政普遍服务工作检查情况。开展邮政普遍服务营业场所合法合规使用情况专项治理、末端综合便民服务站规范治理等4项治理。组织开展《毛泽东“向雷锋同志学习”题词发表六十周年》《中华人民共和国第十四届全国人民代表大会》等纪念邮票销售监督检查。制订监督检查计划，组织社会监督员参与销售监督。开展“邮件分拨中心生产作业流程优化”专题调研，制订调研方案，成立由市邮政管理局、东区邮政管理局、邮区中心局参与的调研小组，采取实地跟班、个别谈心、发放调查问卷等方式开展调研，完成调研报告。

（滕洋）

【行政许可备案管理及统计】2023年，东区邮政管理局开展许可实地核查及末端网点备案审查。全年共办理新增许可核查4项，分支机构新增、变更20件；末端网点新增、变更、注销备案837处；对设立网点20日以上未备案违法行为给予行政处罚9起。加强统计队伍建设，开展统计报表审核，完成2022年年报会审及历次月报、季报催报审核。

（徐骁）

【推进行业绿色低碳发展】2023年，东区邮政管理局将生态环保工作纳入行业重点工作，多次召开专题会研究生态环保工作，推进行业绿色低碳发展。邀请区城市管理委分管领导、相关街道负责人开展生态环保调研。联合辖区高校开展快递包装绿色回收进校园主题活动。与机关、学校、企业共同探索快递包装减量、回收的新做法，为绿色快递进校园工作积累经验。开展生态环保监督检查，在全市率先适用《固体废物污染环境防治法》对违规快递企业实施行政处罚，全年共适用生态环保相关法律法规给予行政处罚2起。

（徐骁）

【巡视信箱服务保障】2023年，东区邮政管理局专题研究部署巡视信箱服务保障工作，组织执法人员学习《中央重大专项工作专用邮政信箱邮件寄递服务管理规定（试行）》，明确各环节监督检查工作要点，指派专人负责。制订并印发《关于进一步做好巡视信箱相关工作的通知》，召开巡视信箱工作专题部署会，要求企业进一步深化工作举措，确保巡视信箱工作万无一失。东区邮政管理局领导带队对辖区涉及巡视信箱的投递、处理营业场所进行全环节覆盖检查。共开展检查30处次，出动执法人员116人次。

（滕洋）

【重大活动服务保障】2023年，东区邮政管理局在全国两会、“一带一路”高峰论坛期间，成立领导小组，制订工作方案，向企业下发工作通知，联合属地公安部门采取线上线下相结合的方式，召开寄递渠道安全服务保障动员部署会，辖区主要品牌、独立品牌企业及网点负责人近1000人参会。全局节假日无休，局领导带队，对辖区快递分拨中心、会场和代表委员驻地周边区域网点实现全覆盖检查。与地方公安部门开展联合执法检查，督促企业压实安全主体责任。全国两会及“一带一路”高峰论坛期间，东区邮政管理局共计开展执法监督检查99家次，出动执法人员292人次，下发责令改正4份，立案调查8起。联合公安机关开展执法检查5次，联合市检察院、东城区检察院开展现场检查。

（王阳）

【安全生产专项整治】2023年，东区邮政管理局召开局长办公会，组织辖区各企业签订安全生产承诺书，督促辖区企业严格落实安全生产主体责任。印发工作方案以及消防安全、交通安全工作提示，组织开展辖区邮政快递行业安全生产、火灾隐患、交通安全大排查大整治，召集辖区全部网点和分拨中心部署相关工作。联合通州区应急管理、消防等部门开展检查，督导企业开展消防安全排查整治，建立台账清单，以钉钉子精神“过筛子”堵漏洞。联合东城区消防救援支队开展消防安全培训。以“人人讲安全、个个会应急”为主题，以线上线下活动相结合的形式开展“安全生产月”系列活动。

（王阳）

【加强寄递安全三项制度】2023年，东区邮政管理局加强寄递安全三项制度（收寄验视制度、实名收寄制度、过机安检制度），落实执法检查，统筹开展寄递渠道涉枪涉爆整治、打击侵权假冒、野生动植物保护等专项行动。督导企业开展收寄验视过程记录试点，督促执行过机安检制度，对辖区网络型品牌企业分拨中心进行多轮次全覆盖检查。开展实名收寄专项整治行动，通过数据通报、约谈督办、立案查处等措施，查处虚报、瞒报和漏报实名收寄信息等行为。统筹开展寄递渠道反恐、禁毒、互联网寄递危化品等专项行动，联合东城区市场监管等七部门开展互联网寄递危化品专项整治行动，印发工作方案。下发“全民禁毒月”及“6·26国际禁毒日”宣传活动的通知，开展行业反恐怖和禁毒宣传教育活动。结合监督检查开展“送法上门”活动，提高邮政快递从业人员守法意识。全年，东区邮政管理局检查邮政快递经营场所466处，出动执法人员1165人次，作出行政处罚41件。

（王阳）

3月1日，北京市东区邮政管理局召开全国两会期间寄邮渠道安全服务保障工作动员部署会（汪涛摄）

中国邮政集团有限公司北京市东城区分公司

【概况】中国邮政集团有限公司北京市东城区分公司（简称邮政东城区分公司）承担东城区的普遍邮政业务、邮政速递物流业务、邮政代理金融业务和邮政集邮报刊订阅等经营、服务及服务设施、网络规划、建设、运营管理工作，并承担党和国家重大活动期间邮政通信生产特殊任务。主要经营函件、包裹、汇兑、特快专递、报刊订阅、集邮、个人金融业务、代理保险、代销基金、债券、代收水电燃气费、代发养老金、代发工资，以及警邮、税邮等业务。邮政东城区分公司内设12个职能、经营和专业部。下辖7个邮政支局、17个邮政储蓄支行、7个主题邮局、36个邮政所、8个投递部、8个速递营业部。有从业人员1021人，邮运机动车43辆，邮运新能源机动车50辆，电动车429辆，邮政普遍服务投递段162条，速递投递段82条。2023年，邮政东城区分公司运营成本3690.37万元，同比下降650.95万元，降幅14.99%；全员劳动生产率41.95万元/人；经营利润同比增加2284.21万元，增幅86.12%；实现业务收入4.55亿元，同比增加7184.65万元，增幅18.74%，其中邮政业务收入2.93亿元，同比增加4807.2万元，增幅19.64%；寄递业务收入1.62亿元，同比增加2377.45万元，增幅17.15%。

（邓楠）

【邮政业务高质高效】2023年，邮政东城区分公司完成全国两会、“一带一路”高峰论坛、全国妇女联合大会、全国总工会代表大会等重大活动邮政服务，累计派驻服务42人次，收到全国两会代表委员、全国妇联代表、总工会代表及“一带一路”高峰论坛国际友人表扬信、感谢信60余封。保障中央巡视邮件寄递服务邮件安全，巡视邮件寄递全程规范，完成全年巡视邮件寄递服务保障任务。立足东城区居民用邮需求，完成东花市、正义路财富中心建设并投入使用，实施各揽投网点环境规范整治，在方便辖区居民用邮基础上，不断升级邮政服务基础设施，擦亮品牌，树立良好社会形象。制订实施《揽投规范管理及服务质量提升工作实施方案》《保安全、稳时限、优体验邮政寄递服务质量提升专项行动方案》；进口快包妥投率，出口标快、快包收寄率，普服当日、次日妥投率等各项运管关键指标全面达标；11183派揽、集包率、进出口解封车准点率等多项指标连续位居中国邮政集团有限公司北京市分公司第一。完成直投中心矩阵分拣设备安装并试车成功，一期设备生产稳定。“双11”期间，日均进口量4万件，日峰值进口量5.4万件，普邮带包量达到段均120件，直投中心日均出口集包量达到15万件，各类邮件生产保持畅通高效，报刊保持当日当频投递，系统反馈率达到99%以上。完成全部185辆电动三轮车置换、上牌及驾驶员考证工作，保证旺季期间正常生产。

（邓楠）

暑期，故宫主题邮局迎来大批顾客，日均客流3000余人
（邮政东城区分公司提供）

【创新邮政产品】2023年，邮政东城区分公司发挥邮政集邮文化产品和邮政文创产品在旅游文化消费市场中的优势，以毛主席纪念堂、国家博物馆、故宫博物院、天安门四大主题邮局为龙头带动全局发展，辐射“故宫以东”文旅精品线路，联动北京邮政中轴线主题邮局文化圈打造，促进邮政文化产品向大众文化需求市场转型，全年实现主题邮局业务收入1694.34万元。故宫主题邮局1月9日重张开业，由原神武门外迁至神武门内西侧厢房，服务面积60平方米，每周星期二至星期日9：00至16：30营业，提供邮政普遍服务以及邮票、邮折、纪念封、系列明信片等邮政故宫主题文创产品，配有太和殿、中和殿、午门、角楼等元素日戳、风景戳和各类纪念戳。开业当日，在故宫博物院建福宫举行《故宫》个性化服务专用邮票首发式暨故宫邮局揭牌仪式，中央电视台新闻频道、央视新闻客户端、新华网公众号、人民政府网、北京卫视、《北京晚报》、中国日报网、《北京青年报》官网等对此进行报道。故宫主题邮局日均客流3000余人、日均销售额近1万元，全年业务收入320万元。2月21日，天安门主题邮局重张开业，营业地点迁至天安门广场东侧路毛主席纪念堂存包处，主要销售天安门主题邮政文创产品。把握节日契机，精选邮政东城区分公司主题邮局特色产品，举办望京小街、王府井书店邮政集市。参加东城区文旅局“万物美好 故宫以东”旅游文创产品展销会和2023北京国际文旅消费博览会，将邮政文创产品纳入“万物美好故宫以东”展销会“美好礼物”，在展区展示主题邮局文创产品。与东城区文旅局合作，创新开展文旅线路规划共建，开展中轴线骑行、城市微跑季活动。开展流量经济发展，全年进行线上直播1564场次，直播收入160.63万元，“北京东城邮政”快手号、“东城邮政”视频号、“中国邮政集团有限公司东城区分公司”抖音号共发送短视频50条，观看人数2.8万人，点赞700次，转发420次，主播17人获“中国邮政主播资格认证书”。

（邓楠）

【邮政服务乡村振兴】2023年，邮政东城区分公司结合“618”电商节、“919”邮政电商节和“双11”等节点，服务邮政渠道农产品进城。通过线上线下平台结合方式，建成“邮乐优鲜”东城馆线上平台，以京郊基地农产品大单品、快销品大单品为抓手，形成“社区团购+特色直播+网点自提+配送到户”服务模式，提高邮政最后一公里服务能力。与平谷区村社共建，推进“乡村振兴游”城市居民进村社，助力京郊农产品销售。依托“邮E贷”，为符合条件的农户和企业提供贷款服务，服务乡村振兴双千工程、便民服务站、中邮惠农示范企业开发、五大客群对公开户等。全年农村金融融资E贷款新增放款4913.5万元，完成全年发展目标的328%；寄递业务农产品寄递收入190.24万元，完成年进度159%；极速鲜寄递收入125万元，完成年进度的104%；农村电商农产品交易额完成2150.2万元，完成年度目标的101.2%。

（邓楠）

【提升效能见成效】2023年，邮政东城区分公司提升员工效能，投递外勤人员累计效能实现双达标，其中快投外勤人员效能208件，超目标完成28件，较2022年提升76件；普邮投包效能77件，超目标完成27件，较2022年提升2件。提升运输效能，建立邮运车辆日常监控和分析制度，按月监控车辆运输成本和维修成本，动态掌握各单位机动车数量及变动情况，及时办理退保。优化区内盘运计划，全力支撑寄递项目邮件运输，提升装载率与车辆运能，同步实现车辆成本压降与效能提升。提升网点效能，实现全部金融网点盈利，邮政所实现亏损数量及亏损额双减半，接收并改造革新里统建配套网点，退租法华寺邮政所调整至革新里。

（邓楠）

通　信

北京铁塔城区分公司

【概况】中国铁塔股份有限公司北京市城区分公司（简称北京铁塔城区分公司）是中国铁塔的地市级分公司，负责东城区和西城区范围内的业务开展。中国铁塔股份有限公司是2014年底由中国移动、中国联通、中国电信、国新、H股公众股东共同出资成立的国有大型通信基础设施综合服务企业。北京铁塔城区分公司的经营范围包括铁塔建设、维护、运营；基站机房、电源、空调配套设施和室内分布系统的建设、维护、运营及基站设备的维护。根据北京市通信管理局相关规定，北京铁塔城区分公司牵头成立北京市东城区通信建设管理办公室。北京市东城区通信建设管理办公室负责落实东城区关于通信工程和建设方面的相关工作，履行通信行业管理部门部分职责，处理属地内12345通信行业相关投诉等。2023年，东城区拥有5G基站1281个，5G通信覆盖全区主要重点场所，站址密度位于全国前列。北京铁塔城区分公司坚持“服务首都、服务北京、服务行业”的战略定位，实施“一体两翼”公司发展战略，全面支撑东城区落实网络强国战略、提升移动通信基础设施建设及信息化数字化建设水平，持续助力北京建设全球数字经济标杆城市。承接永定门外街道望坛棚户区改造项目的基础通信报装工作，中山公园5G微站建设项目，完成全国两会通信保障、“23·7”特大暴雨抗险救灾等重要项目的服务保障。

（上官安图）

【5G网络覆盖】2023年，北京铁塔城区分公司在东城区新建5G基站111个，其中宏站65个，微站46个，平均站址密度为30.62站/平方千米；新建5G室分基站42个，总覆盖面积193.11万平方米。东城区5G基站站址密度和室分覆盖密度位列北京市前列。全区范围内的重点办公、娱乐、旅游、消费等场所完成基本信号覆盖工作，符合北京5G基础设施专项规划要求的首都功能核心区室外连续覆盖标准。

（上官安图）

【重要通信保障任务】2023年，北京铁塔城区分公司完成重大活动通信服务和保障工作，全国两会通信服务和保障期间共派出自有人员及合作单位人员427人次，站址累计巡检6192站次；“23·7”特大暴雨期间城区分公司全员备值，在汛情发生当晚派出合作单位人员3人支援房山受灾地区；“一带一路”高峰论坛通信服务和保障期间，北京铁塔城区分公司共派出自有人员及合作单位人员737人次，站址累计巡检6805站次；全年通信服务和保障共计派出自有人员及合作单位人员1164人次，累计巡检1.30万站次。

（张伟）

【望坛棚户区改造项目】2023年，北京铁塔城区分公司承接永定门外街道望坛棚户区改造项目的基础通信报装工作，涉及工作面积150万平方米。3月，北京铁塔城区分公司对望坛翻修地块的回迁楼宇进行系统信号评估，联合永定门外街道、北京联通、北京移动、北京电信对棚改区域进行总体信号覆盖规划。8月，北京铁塔城区分公司开始入场施工，对于密集住宅楼宇区域望坛3、6、11地块，采用新建室内分布系统进行信号保障；对小区外部人流密集区域望坛1、5地块，采用室分外引模式为居民正常工作、生活、学习提供通信服务。

（上官安图）

【解决重点民众投诉问题】9月，龙潭街道左安浦园小区整体信号弱造成用户投诉剧增，小区内累计投诉200份。北京铁塔城区分公司高度重视，联系北京联通第一时间赶赴现场，联合物业方确定通信建设规划。经过与街道办、区人防办、物业公司等各方多次协调沟通后，迅速确定建设方式，9月末完成基站建设，由北京联通牵头对小区信号覆盖情况进行统一测试。10月24日，左安浦园小区居民及物业代表到铁塔城区分公司，送上锦旗“急百姓之所急，解物业之难题”表示感谢。

（上官安图）

【非机动车充换电项目】2023年，北京铁塔城区分公司在东城区建设居民电动自行车充电基础设施端口共计2216，其中换电柜仓门数1312个，充电柜仓门数824个，充电桩端口数80

10月24日，龙潭街道左安浦园小区居民向北京铁塔城区分公司赠送锦旗，感谢北京铁塔城区分公司快速解决小区信号覆盖问题（苏冬红摄）

个。至年底，北京铁塔城区分公司在东城区城市管理委以及各属地街道的支持下，完成低充设施建设端口数量904个，桩柜端口比1：9，运行安全平稳，无安全事故。新建换电柜使用率较高，充电桩端口使用率30.61%，充电柜端口使用率7.74%，综合端口使用率为12.53%。

（张冠瑶）

中国移动北京公司城区二分公司

【概况】中国移动通信集团北京有限公司城区二分公司（简称北京移动二分公司）隶属于中国移动通信集团北京有限公司，服务东城区、西城区、丰台区3个行政区，地处"一核一主两轴"的首都核心区和中心城区，主要经营移动话音、数据、多媒体业务、IP电话以及互联网接入服务。东城属地内有经营网络4个，北京移动营业厅10家。2023年，北京移动二分公司贯彻落实党的二十大精神，落实中国移动创世界一流"力量大厦"战略部署，履行央企政治责任、经济责任、社会责任，有序开展生产经营，完成全国两会、"一带一路"高峰论坛等重大活动及国庆、春节等重要节庆时期的通信服务保障任务。

（石琳）

【网络保障】2023年，北京移动二分公司完成"一带一路"高峰论坛、全国两会、北京马拉松等重要活动的保障工作。在"一带一路"高峰论坛服务保障中，对2G/4G/5G网开展专项优化，完成5轮测试优化，2轮机房安全检查及整改，确保网络稳定，安全运行。在全国两会服务保障中，安排专人驻守备勤点，提供24小时网络保障服务，实现零重大网络事故、零重大安全事件、零重要客户投诉目标。北京马拉松举办期间，运动员3万人集中在天安门东侧和南侧区域，为确保参赛运动员以及媒体使用网络，北京移动二分公司通过网络扩容、应急车架设等方式提升网络容量，步行在广场测试，精准优化周边小区的覆盖范围和互操作参数，提升网络质量。通过"切片+白金用户"优先调度方案提供优享，保障央视5G 4K ToB高清直播上行回传流程，得到央视认可。

（邱京芳）

【东城辖区北京移动营业厅名单】2023年，东城辖区内共有北京移动营业厅10个。

（王璐）

表18　**2023年东城区北京移动营业厅一览表**

序号	营业厅名称	营业厅地址
1	蒋宅口营业厅	东城区安外大街3号院
2	东四营业厅	东城区东四南大街62号
3	东中街营业厅	东城区东中街58号美惠大厦A座
4	和平里营业厅	东城区和平里东街民旺胡同27-1号
5	王府井营业厅	东城区王府井大街200号工美大厦B层
6	宽街营业厅	东城区张自忠路10号
7	陶然桥营业厅	东城区马家堡东路56号
8	天坛东里营业厅	东城区天坛东里内5号
9	广渠门营业厅	东城区广渠门内大街39号
10	东花市营业厅	东城区东花市南里东区15号楼2单元102室

（谢硕）

中国电信股份有限公司北京东区分公司

【概况】中国电信股份有限公司北京东区分公司（简称北京电信东区分公司）成立于2006年，是中国电信股份有限公司北京公司的分支机构。2023年，北京电信东区分公司秉承“用户至上、用心服务”的理念，把满足客户需求作为公司发展的首要目标，持续提升云、网、数、智、安、量子、数字平台等战略性新兴产业能力与信息化服务能力以及移动、固话、宽带、互联网等传统业务服务能力，致力于为机构客户提供个性化、品质化的一站式综合信息服务，为家庭和公众客户提供智慧化、融合化的智慧家庭产品和个人通信产品。北京电信东区分公司持续强化精品网络建设，深度服务于东城区高质量发展。

（程英锋）

【助力东城区“紫金云”建设】2023年，北京电信东区分公司加快企业数字化、网络化、智能化转型，推动数字技术和实体经济深度融合，提升营商环境，助力东城区政府启动“紫金云”项目试点工作，探索构建“产业创新+企业创新”平台体系，发展人工智能产业经济，推动新质生产力提升。5月17日，东城区政府正式发布“紫金云”品牌。北京电信东区分公司与东城区科学技术和信息化局签署战略合作协议。天翼云作为东城区政府“紫金云”扶植企业上云的唯一云服务提供商，第一期服务于20家在东城区注册的“专精特新”企业。12月，发布“紫金云”2.0，为企业提供从数据存储、计算到机器学习模型部署等定制化一站式服务，针对人工智能企业特点提供推理算力和训练算力等多级别算力资源，优先为东城区人工智能产业联盟企业提供更高效能的数字化转型综合云服务。

（程英锋）

【东城辖区北京电信营业厅名单】2023年，东城辖区内共有北京电信营业厅4个。

（程英锋）

表19　2023年东城区北京电信营业厅一览表

序号	营业厅名称	营业厅地址
1	朝阳门营业厅	东城区朝阳门北大街21号
2	小街桥营业厅	东城区青龙胡同1号歌华大厦一层
3	磁器口营业厅	东城区崇文门外大街11号-213
4	广渠门营业厅	东城区东花市南里东区15号楼1层3-102

（程英锋）

东城区交通及邮电机构负责人

北京市公安局公安交通管理局东城交通支队支队长	高玉辉
政委	胡之辉
北京市东区邮政管理局党支部书记、局长	弓耀宗（12月免）
	曾　浩（12月任）
中国邮政集团有限公司北京市东城区分公司党委书记、总经理	赵　红（女）
中国铁塔股份有限公司北京市城区分公司党支部书记、总经理	李　宁
中国移动通信集团北京有限公司城区二分公司党委书记、总经理	岳烈骥
中国电信股份有限公司北京公司东区分公司党委书记、总经理	田文栋

生态环境

3月5日，东城区领导对重要活动期间环境保障工作进行专项检查（邢鲁源摄）

综　述

2023年，东城区贯彻全国及北京市生态环境保护大会精神，做好“净”字文章，以首善标准打好污染防治攻坚战，生态环境质量改善取得明显成效。

高位推动高频调度 强化污染防治考评。区委、区政府加强对生态文明建设工作的领导，区委生态文明委2次召开全体大会，制订印发工作要点、措施清单、进展通报等文件20个。召开区委常委会会议7次、区政府常务会会议8次，研究解决生态环境保护重点难点。区委书记专题调研生态环境保护工作，将空气质量排名情况和扬尘污染问题纳入街道党工委书记月度点评会内容。区长多次带队实地检查工地扬尘、餐饮油烟管控等，主管副区长定期约谈空气质量排名靠后街道及扬尘管控相关部门。区政府调整绩效考评指标体系，将污染防治攻坚战考评分值由3分提升至5分，压紧压实各部门、各街道生态环境保护责任。

精准施策精细管理 深化“一微克”行动。东城区合力攻坚，深化“一微克”行动。依托专家团队，编制大气污染源精细化排放清单，强化区级层面主动防控，及时发布空气质量形势分析及管控建议，对街道开展驻场指导帮扶。在降尘方面，全年清扫屋顶830万平方米，完成揭网见绿3.25万平方米，治理裸地6.8万平方米。开展24小时不间断扬尘巡查，完善“一刻钟”响应机制，道路扬尘负荷均值为全市第二优。联合开展施工工地扬尘执法专项行动，工地出入口尘负荷均值为全市最优。在治烟方面，制订印发《东城区餐饮业污染防治工作指南》，完善餐饮油烟问题“发现—处置—反馈”工作流程。试点开展餐饮业选址引导指南编制和排放清单编制，为前端决策管理和行业布局提供参考。

示范引领源头管控 推进生态文明。东城区推进试点示范项目建设，王府井食品商场创建“碳中和示范店”，南馆“零碳公园”建成投用。组织北京移动公司、东河沿社区等申报北京市先进低碳技术、低碳领跑者和气候友好型区域。举办生态文明建设专题培训班，开展全国生态日等宣传活动，营造全社会减污降碳浓厚氛围。加强汛期饮用水源地环境监管。对全区河湖进行深入调研排查，形成《东城区八河六湖一河一策分析报告》，为全面改善水环境质量提供科学有力的决策支撑。依托污染地块土壤环境管理系统，实行生态环境与国土规划等部门信息共享，对辖区内污染源单位进行联动监管，连续2年在全市污染防治攻坚战成效考核中获“优秀”等次。

（苏蕊　张雅清）

环境质量

【概况】北京市东城区生态环境局（简称区生态环境局）为区政府工作部门，主要职责是组织编制环境保护规划，负责辖区环境问题的统筹协调。2023年，东城区优良天数比重不断上升，地表水市级考核断面水质均稳定达标，饮用水水质保持稳定达标，地下水环境质量总体保持稳定。全年未发现疑似污染地块和土壤污染地块，建设用地安全利用率达到100%，土壤环境质量始终保持安全稳定。推进园林绿化“增绿提质”，完成柳荫公园（2.5万平方米）、桃园铁路沿线绿地（2.5万平方米）、广渠春晓和广渠秋韵（1.2万平方米）、蟠桃宫（7900平方米）4处全龄友好型公园绿地改造提升。

（苏蕊）

【空气质量稳中向好】2023年，东城区PM2.5累计浓度36微克/立方米，同比上升16.1%，较疫情前的2019年同比下降18.2%，整体呈改善趋势。累计优良天数为267天，优良天数比率73.8%（扣除沙尘影响）。累计降尘量为3.6吨/（平方千米·月），并列位于全市第八，城六区最优。

（苏蕊　褚玥）

【水环境质量稳中向好】2023年，东城区地表水市级考核断面东便门、文化宫、东直门桥、龙潭东湖断面水质分别为Ⅱ类、Ⅱ类、Ⅱ类、Ⅳ类，

12月22日，区生态环境局组织召开大气污染精细化治理工作思路研讨会（刘娜摄）

考核断面水质达标率为100%，优良水体比例75%，无劣Ⅴ类水体。饮用水水质保持稳定达标，地下水水质保持稳定。

（苏蕊　王相懿）

【土壤环境质量稳定】2023年，东城区未发现疑似污染地块和土壤污染地块，建设用地安全利用得到有效保障，安全利用率达到100%，各项土壤污染防治工作任务均按时完成。严控土壤污染违法行为，全年共检查危废产生单位343家次，出动人员707人次；共巡查加油站468座次，抽测加油站155座次，出动845人次，未发现土壤污染违法行为。

（苏蕊　王相懿）

5月5日，区生态环境局环境保护监测站开展地表水采样及现场检测工作（刘童摄）

环境监测

【概况】2023年，区生态环境局环境保护监测站完成环境质量监测、污染源监测、信访监测、应急监测等重点工作，参加岗位建功活动，加强队伍建设，为全区污染防治精准施策提供数据支撑。

（苏蕊　王丽平）

【大气网络监测】2023年，东城区共有大气监测站260个，其中国控站点2个，市控高密度站点34个，东城区自建站点224个，主要覆盖东城区所有社区、20个重点工地、12条重点道路和10个区域传输边界位置，另外建设有17个气象小微站，用于研判东城区微观气象情况。国控点位对PM2.5、TSP、NO_2、O_3、CO、PM106个指标进行实时监测。市控高密度站点对PM2.5、TSP 2个指标进行实时监测。区自建大气监测网络可对PM2.5、TSP、NO_2、O_3 4个指标进行实时监测，通过每日、每周、每月的通报和专题报告等方式对全区各街道以及各类型点位进行量化排名，对重点街道、污染过程进行专题分析，精确掌握空气质量变化趋势。针对局地污染可以及时采取应对措施，打通监管的“最后一公里”，激发大气治理新动力，为东城区大气污染防治精准施策和量化管理提供技术支持。

（苏蕊　王丽平）

【地表水环境质量监测】2023年，区生态环境局环境保护监测站加强地表水质监测和评价，每月2次对辖区内6河7湖地表水断面进行全覆盖监测，结合北京市监测数据建立覆盖到各街道的水环境质量监测评价体系，分析水质变化趋势规律，编写《东城区地表水环境质量月报》，每月对各街道地表水断面水质状况进行通报。2023年，东城区地表水市级考核断面均达到考核目标。

（苏蕊　王丽平）

【声环境质量监测】2023年，区生态环境局环境保护监测站开展声环境质量监测，区域环境噪声监测网格107个，噪声平均值为53.7分贝（A），噪声强度等级二级，评价为“较好”；道路交通噪声监测，昼间监测道路59条，道路平均车流量3498辆/小时，噪声平均值为67.3分贝（A），噪声强度等级一级，评价为“好”；夜间监测道路59条，道路平均车流量2127辆/小时，噪声平均值为65.5分贝（A），噪声强度等级五级，评价为“差”。

（苏蕊　王丽平）

【污染源监测】2023年，区生态环境局环境保护监测站对辖区内重点排放企业、医疗机构、加装油气处理装置的加油站等污染源单位，开展监督性监测。

（苏蕊　王丽平）

【信访监测】2023年，区生态环境局环境保护监测站配合开展接诉即办信访监测工作，深入现场开展监测工作。全年完成信访监测280家次，出动人员约600人次。

（苏蕊　王丽平）

【应急监测】2023年，区生态环境局环境保护监测站加强应急值守，强化应急培训，参加市监测中心及局内举办的各种应急模拟实战演练，积累应对突发环境事件经验，提升应急监测能力，做好重要会议活动期间的生态环境安全保障工作，保障辖区内生态环境安全稳定。

（苏蕊　王丽平）

【实验室改造】2023年，区生态环境局环境保护监测站对实验室进行升级改造，增加实验室面积，优化布局，全面改善监测环境，实现实验室智能管理，全面提升生态环境监测能力。

（苏蕊　王丽平）

污染防治

【概况】2023年，区生态环境局综合部署，落实全年各项重点工作。推进固定源、移动源和辐射源执法队伍的深入融合，全年移动源共检查机动车281.85万辆次，其中人工检查重型柴油车6.02万辆次，超额完成检查重型柴油车4.1万辆次的任务要求。全年固定源共出动执法人员2.33万人次，检查辖区排污单位1.10万家次，发现环境违法行为188起，其中处罚96起，处罚金额284.01万元，限期责令改正92起。落实辐射安全监管工作，全年有核与核技术利用单位212家，其中涉源单位12家，出动执法人员570人次，检查放射源72枚，非密封性场所6处，射线装置600台。开展科技执法，优化执法模式，不断提高执法人员的业务能力、执法水平和执法效率。完成重大活动空气质量保障、空气重污染应急、环保督察、区委巡查、大气精细化治理、扬尘精细化治理、走航监测、危险废物监管、油烟巡查、巩固无煤化成果、环境投诉办理等任务。

（苏蕊）

【环评文件审批审查】2023年，区生态环境局共办理完成建设项目环境影响报告表项目2项，环评禁止项目零审批，按时办结率、群众满意率均为100%；网上登记表自行备案150项（含辐射类），接待各类来电来人咨询1380人次。

（苏蕊　武伟）

【辐射安全行政许可】2023年，区生态环境局受理辐射安全行政许可事项78件，放射源备案16件，台账维护3件，全部办结。

（苏蕊　武伟）

【机动车污染防治】2023年，区生态环境局以重型柴油车为监管重点，对超标重型柴油车进行闭环管理。通过机动车路检夜查、入户、遥测等执法方式，共检查机动车281.85万辆次，其中入户检查3.15万辆次，路检夜查4.18万辆次，遥测272.48万辆次，巡查检测场2.04万辆次。全年处罚超标车2019辆次，其中路检夜查环保检测超标车3738辆次，移交公安处罚超标车1717辆次；入户处罚超标车302辆次。检查非道路移动机械800台次，其中检测机械746台次，处罚机械30台次，处罚金额51.5万元。

（苏蕊　范晶晶）

12月30日，区生态环境局联合交警开展路面机动车联合执法（卢欣摄）

【油气排放监管】2023年，区生态环境局累计巡查辖区内加油站468座次，抽测155座次，抽测油品清净性15座次，抽测加油站非甲烷总烃排放浓度13座次，检测加油机内、人井内油气浓度155座次，抽测加油站厂界浓度检测155座次。处罚加油站气液比超标2座次，处罚金额5万元；处罚加油站油气泄漏浓度超标1座次，处罚金额2.2万元。

（苏蕊　范晶晶）

【利用车脸识别系统】2023年，区生态环境局通过车脸识别系统，实时监控途经东城区柴油大客车、货车33.4万辆次，分析确定10个高频路段，有效提升设卡检查效率。

（苏蕊　范晶晶）

【大气精细化治理】2023年，区生态环境局持续开展精细化治理项目，各街道累计清扫屋顶面积830万平方米，治理裸地面积6.8万平方米。强化区级层面主动防控，及时发布空气质量形势分析及管控建议602条，对街道开展驻场指导帮扶23次，实现精准督导、高效帮扶。强化决策科技支撑，发挥专家团队“智囊团”作用，编制大气污染源精细化排放清单，不断提升大气污染精细化治理水平。2023年，全区街道PM2.5、TSP累计浓度治理均退出全市后30名。

（苏蕊　褚玥）

【扬尘精细化治理】2023年，东城区降尘量3.6吨/（平方千米·月），与历史第二好成绩持平，与西城区并列排名城六区第一，全面完成区生态文明委制订的年均降尘量5.0吨/（平方千米·月）的任务目标。区生态环境局继续对各街道开展24小时不间断扬尘巡查，每日通报《扬尘污染工作巡查日报》。全年累计出动各类巡查人员2.75万人次，累计发现各类扬尘问题线索共7.39万件，其中夜间8017件，出动人员数量与扬尘巡查线索推送总量较2022年分别增加16.9%和22%。督调中心继续加大对小微工地的巡查力度，及时掌握施工周期及抑尘措施的使用情况，每周动态更新小微工地台账，全年累计巡查发现各类规模以下及小微工地1407家处，为督查巡查和全区的扬尘管控提供有力依据。

（苏蕊　张文胜）

【油烟监管巡查】2023年，区生态环境局成立油烟专项巡查工作组，加强对东城区油烟在线监控使用问题的监管、巡查力度，及时发现和了解监控故障点位情况。对全区所有安装在线监控设备的餐饮企业进行日常摸底排查、实时动态更新，对于报警预警问题形成及时响应机制，制订以精细化为标准的监管，形成有数据依据的结果分析，达到“二无一有”（无异味、无油烟、有切实可行有效的协调和巡检机制），在巡查过程中做到全覆盖，切实落实餐饮油烟在线监控设备正常工作，净化器设备正常工作，对报警预警问题快速响应。与各部门协同作战，构建精细化管理体系，切实做好源头管控。对东城区内餐饮油烟污染进行信息核查，完成餐饮业信息更新4583家次，8月至12月底完成1504家次。完成餐饮企业现场编码核查383家479台，对171家次报警情况进行现场勘查并将情况推送综合执法大队，对48台（41家）在线监控设备进行拆机。

（苏蕊　张文胜）

【巩固无煤化成果】2023年，区生态环境局煤改电专班围绕重点任务，牵头完成年度东城平房区居民新增峰谷电表设施项目，新增峰谷电表172表户及配套内外线电力设施；完成老旧蓄能式电采暖设备更新，新增约9500台；完成年度煤改电内线抢修保障工作；完成居民采暖季低谷电费报销以及煤改电工作的信访处理。

（苏蕊　马元生）

8月8日，区生态环境局工作人员在东华门松鹤楼进行净化器故障检查
（汤霖摄）

【空气重污染应对】2023年，区生态环境局完成空气重污染应急应对和区空气重污染应急预案修订及应急减排清单更新。依法依规启动重污染天气预警，发布空气污染应对工作通知9次，启动空气重污染橙色预警1次，实施内部防控机制6次。区领导高度重视，主管副区长多次主持召开污染应对工作调度会，并带队到施工现场检查空气污染应急措施落实情况。区生态环境局牵头组织各单位采取减排措施，强化督查检查，加强清扫保洁，最大程度减少污染，实现“削峰降速”。修订《东城区空气重污染应急预案（2018年修订）》，调整预警启动标准，完善应急应对措施和相关部门职责。组织区住房建设委、区环卫中心等单位对东城区2023年空气重污染应急减排清单进行更新完善，在区人民政府网站向社会公布，为空气重污染应急工作提供依据。

（苏蕊　姚静华）

【重大活动空气质量保障】2023年，区生态环境局组织制订《2023年全国两会东城区空气质量保障工作方案》《第三届“一带一路”国际合作高峰论坛东城区空气质量保障方案》。在空气污染期间，主管副区长主持召开专题调度会，区领导带队检查减排措施落实情况，实现“削峰降速”，完成保障任务。

（苏蕊　褚玥）

【走航监测采集环境数据】2023年，区生态环境局利用2辆走航车持续开展东城区全域空气质量走航监测。在重大活动期间和污染天，加强重点区域监测排查，紧盯扬尘污染问题多发、出土量大的土石方工序阶段工程等重点污染源，快速排查锁定区域内TSP峰值位置，绘制污染地图，掌握监测区域内颗粒物浓度情况，全力支撑“三监”联动落实，推动扬尘污染精准溯源，科学管控。2023年，全区走航监测时长为1.10万小时，采集数据约120万条，提供月度分析报告12份，周巡查建议52份。组织开展专项走航监测17次，针对TVOC浓度分布、街道颗粒物高值、露天焚烧等开展专项走航，编制TVOC专项巡查报告7份、街道专项巡查分析3份、TVOC高值线索巡查分析3份、民俗节日露天焚烧专项巡查分析报告3份、污染天走航分析1份。组织巡查员针对TSP等高值报警开展现场溯源，形成问题线索推送至属地街道进行整改，产生各类问题线索513条次，现场巡查发现问题157处次。8月至12月，推送周走航巡查建议22期，涉及TSP高值点位547处，发现问题111处次。

（苏蕊　姚静华）

【餐饮行业油烟检查】2023年，区生态环境局对辖区餐饮油烟开展精细化监管，重点检查污染防治设施建设和运行情况、监测平台及监测口设置情况、建设项目备案情况等。加快推进餐饮企业油烟排放治理技术升级改造。共出动执法人员1.28万人次，检查餐饮企业5890家次，监测餐饮油烟659家次，发现环境违法行为并作出行政处罚57件，罚款金额62.18万元，限期责令改正24起。针对崇文门商圈、簋街等餐饮集中区，运用全时执法、点穴式执法等方式，开展多次大规模执法检查。

（苏蕊　范晶晶）

【挥发性有机物专项执法检查】2023年，区生态环境局对东城区工业企业和汽修行业等涉VOCS排放企业情况开展执法检查，共出动执法人员318人次，检查企业157家次，检测11家次，结果均达标。

（苏蕊　范晶晶）

【锅炉专项执法检查】2023年，区生态环境局对常年运行锅炉和采暖季锅炉等NOx排放单位开展检查和监测，对超标单位进行处罚。共出动执法人员337人次，检查锅炉使用单位160家次，检测84家次，未发现违法行为。

（苏蕊　范晶晶）

【危险废物执法检查】2023年，区生态环境局加强与公安等部门的联合执法，对检查发现的2家涉及将危险废物转无许可证单位的违法行为进行立案调查，公安部门对涉案的4人进行行政拘留。

（苏蕊　范晶晶）

【水污染防治】2023年，区生态环境局推进水环境治理，完成龙潭东、西湖水质优化项目，保障湖体水质达标。加强入河排口精细化监管，督促聚焦汛期污染防控，更新入河排口台账128个，实现入河排污口动态清零。强化流域执法检查，全年共出动执法人员517人次，检查流域各类排污单位251家次，未发现违法行为。全面落实河长巡河机制，全年区级、街道河长共巡河1.74万千米，发现并解决河湖环境问题400余个。巩固监测评价预警体系，对全区8条河流6个湖泊进行全覆盖水质监测，编制水质简报24期，督促涉水部门街道落实监管责任。首次开展水生态监测评估，加强水环境综合治理对策研究，编制《东城区水生态环境调研报告》《东城区一河一策报告》。开展水源保护区环境风险排查专项行动，对16处水源井周边风险源开展重点排查，完成地下水丰水期、枯水期水质监测，监督防控地下水水质保持稳定。

（苏蕊　王相懿）

【危险废物监管】2023年，区生态环境局整理产危企业台账419家，利用辖区产废单位工作群定时发布生态环境保护法律法规，加大宣传和日常督促。

（苏蕊　魏铭哲）

【辐射安全监管】2023年，东城区有核与核技术利用单位212家，其中涉源单位12家、单一射线装置使用单位200家，涉及放射源72枚，射线装置664台。区生态环境局综合执法大队落实辐射安全监管工作，年度检查核与核技术利用单位190家，出动执法人员570人次，检查放射源72枚，非密封性场所6处，射线装置600台。推进核实辖区电磁环境监测专项工作；做好涉核反恐领域突发事件应急防范工作；妥善处置辐射环境信访工作，全年处理辐射类信访32件。对放射性废物进行全过程监管，严格核查放射性废物产废数量、是否分类收集及暂存、防护设施与放射性标识设置是否合理，督促短半衰期废物实施清洁监控，指导长半衰期废物废源整备减量。针对不同行业的不同特点，组织开展各类辐射安全专项行动，通过专项执法集中查处一些无证、无资质开展放射活动的违法行为，规范东城区射线装置销售各个环节。帮助北京市疾病预防控制中心清理20枚闲置数十年的放射源，实现东城区放射源整备大幅减量。

（苏蕊　范晶晶）

【政务信息公开】2023年，区生态环境局主动公开政府信息1562条，全文电子化率达100%。通过网站公开334条，微博公开信息621条、微信公众号公开信息607条。网站公开的信息中，部门动态类信息16条、通知公告4条、执法监督信息21条。全年共处理依申请公开8件，其中上年结转0件，新收8件，全部予以办结。

（苏蕊　武伟）

【排放源统计年报】2023年，东城区52家工业企业（含注册类型为热力生产与供应的锅炉房）纳入排放源统计年报重点调查范围。区生态环境局通过组织培训、强化沟通、加强监督，指导企业通过生态环境统计业务系统在线填报基本信息、生产活动水平、治污设施、污染物排放量等情况，并对企业报表进行审核把关；开展质控分析及核实整改，确保全区数据及时、完整、准确；按照时间节点提交年报数据、质控分析表、问题核实表、《东城区2023年度排放源统计年报工作总结评估报告》、《东城区2023年度排放源统计年报技术分析报告》。

（苏蕊　王伟华）

【双随机执法检查】2023年，区生态环境局组织发起日常双随机抽查12次，共出动执法人员871人次，抽查污染源企业402家次，未发现生态环境类违法行为。牵头发起部门联合抽查47次，按照《北京市部门联合抽查事项清单（第四版）》中第3项“影剧院、文化娱乐场所等经营卫生情况抽查”、第6项“涉消耗臭氧层物质（ODS）的生产使用、销售、维修回收、销毁及原料用途等企业和单位的监管”、第7项“生态环境监测机构监督检查”、第8项“车用油品质量监管”和第10项“机动车排放检验机构检测情况抽查”的联合抽查事项，完成全部联合检查任务，共检查排污单位9674家次。参与区公安局、区应急管理局等组织的联合抽查行动共16批次，检查排污单位365家次。

（苏蕊　范晶晶）

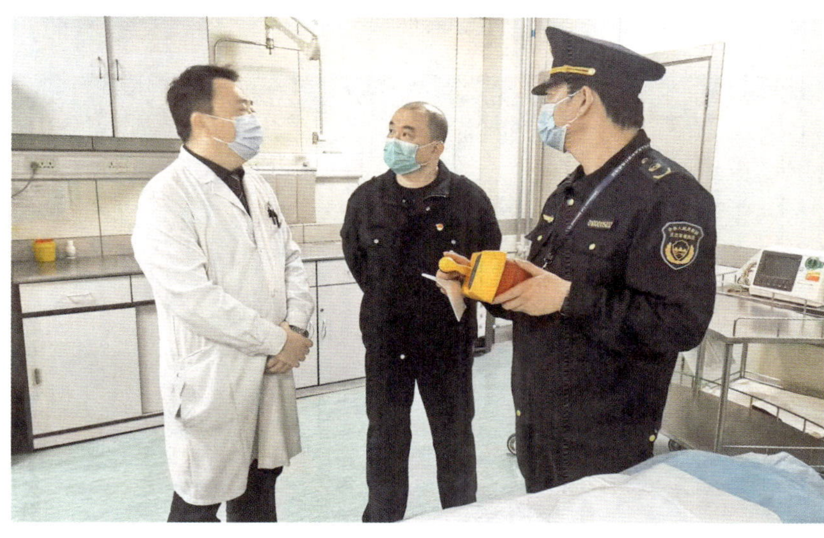

10月31日，区生态环境局综合执法大队工作人员对接诉即办重点难点案件进行现场指导办案（涂爱国摄）

【排污许可证核发】2023年，区生态环境局对辖区119户持证企业的许可证提交率、执行报告进行检查，督促企业加强日常管理，推进污染源管理工作向精细化转变。组织相关业务科室对辖区5家单位开展环评与排污许可现场核查及帮扶工作，与西城区开展交叉互审，提高发证质量。

（苏蕊　魏铭哲）

【及时解决环境信访】2023年，区生态环境局共受理接诉即办案件943件，信访案件13件，市局转办案件59件，电话反映案件44件，其中大气污染541件，噪声污染373件，煤改电类66件，电磁辐射31件，咨询建议18件，行业作风12件，其他类18件。

（苏蕊　卫欣怡）

【区委巡察】3月9日至6月26日，区生态环境局配合区委第五巡察组完成区委巡察工作。10月8日，区委第五巡察组向区生态环境局党组反馈巡察意见，共指出问题32个。区生态环境局党组进行专题研究，认真制订整改方案，按期完成整改工作。

（苏蕊　王杰）

11月8日，区生态环境局煤改电专班工作人员协助街道处理接诉即办工作，现场制订工作方案（汤霖摄）

【环保宣传教育】3月22日，区生态环境局联合东直门街道在香河园北里社区举办“节水护家园 我们在行动”暨2023年世界水日主题宣传活动；5月22日，区生态环境局在国瑞城西区社区小广场举办生物多样性日主题宣传活动；联合东华门街道、崇文门外街道开展积极应对气候变化推动绿色低碳发展等全国低碳日宣传活动。6月5日，区生态环境局联合区委宣传部、区教育委员会、区园林绿化局、龙潭中湖公园举办2023年东城区“六五”环境日主题活动，号召群众投身建设美丽中国、实现人与自然和谐共生的伟大实践。东城生态环境文化周期间，利用微博及微信平台，开展“减碳C计划 生活添色彩”“共护美丽地球——节水妙招大放送”“共唱美丽地球——环保歌曲展示”“共读美丽地球——环保图书分享会”“共绘美丽地球——儿童绘画作品展”等线上宣传活动，参与群众近5万人次。

（苏蕊　王祎）

【环保督察】6月20日至7月19日，北京市第二生态环境保护督察组进驻东城区，开展为期1个月的生态环境保护督察。区生态环境局牵头制订《北

11月2日，区生态环境局与区委组织部共同举办东城区2023年生态文明建设专题培训班（张雅清摄）

京市生态环境保护督察组在东城区期间服务保障工作方案》，组建材料、联络、信访等6个工作组，陪同督察组走遍全区33个调研点位，对21个区级部门和单位开展走访问询，对17个街道开展下沉督察，现场检查137个点位。完成6批162项716件调阅材料的上报，所有提交材料全部一次性通过。对21件群众信访件，坚持快查快办、即知即改，全部办结，及时公开处理结果。高频次做好跟踪宣传报道。开设北京市第二轮生态环境保护督察专栏，在《新东城报》、“北京东城”微信公众号多次刊播督察工作动态，共计报道45条，形成工作简报23期。

（苏蕊　张雅清）

污染源减排

【概况】2023年，区生态环境局承担污染物排放总量控制协调管理工作。负责制订减排计划，督促减排工作，实施污染源日常管理。

（苏蕊）

【污染物总量减排】2023年，东城区氮氧化物、挥发性有机污染物减排均完成北京市下达的指标任务。

（苏蕊　冯伯彤）

【污染源监管】2023年，东城区无散乱污企业。辖区内VOCs排放企业完成年度“一厂一策”编制工作，中国铁路北京局集团有限公司北京机务段通过清洁生产审核评估。落实空气重污染应急减排清单更新，组织6家单位完成环境信息依法披露。

（苏蕊　魏铭哲）

【应对气候变化】2023年，区生态环境局完成南馆公园零碳改造示范工程；组织67家重点排放单位和15家一般排放单位参加碳排放培训，督促完成碳排放报告报送、碳排放履约等工作；开展系统月度数据审核及分析，提高碳排放数据质量；组织开展低碳日主题活动，提高全民节能低碳意识；组织辖区内碳排放单位和社区申报北京市低碳试点，强化示范带动作用。

（苏蕊　褚玥）

科　技

5 月 27 日，东城区中小学生科普知识竞赛现场竞赛在文汇中学落幕（曹汪菁摄）

综　述

2023年，东城区在科创中心建设、文化科技融合、应用场景建设、科技成果转化、科技人才培养、科技产业发展、科学技术普及等方面取得进展，不断推动科技创新与发展。

推动科技创新与发展。2023年，东城区科学研究和技术服务业实现增加值388.2亿元，同比增长8.2%，占全区经济总量比重10.9%。全区规上科技服务业法人单位收入合计629.2亿元，同比增长9.9%，利润总额79.7亿元，同比增长42.1%，共申报高新技术企业203家。全区输出技术合同4684项，同比增长75.8%，合同成交总金额1000.9亿元，同比增长16.7%，技术交易额684.3亿元，实现新的突破。推动第三批文化科技融合项目落实，一个项目入选第四批文化科技融合重点项目，获得市级科技资金支持300万元。成立"专精特新"中小企业发展联盟，举办人工智能产业大会，发布紫金云服务2.0。成功举办2023年东城科技活动周。支持5个科普专项，支持资金92万元，东城区内北京市科普基地增至10家。通过"四巷"专项等引进科技创新人才11人。

加强知识产权保护。积极创建国家知识产权强市建设试点城市，东城区有效注册商标增长至15.67万件，实现知识产权产出连年增长。指导"北京景泰蓝"申报全市首个非遗类手工艺品地理标志。发布东城区知识产权公共服务事项清单。新建东城嘉润园区、人民美术文化园及德必天坛园区3家知识产权公共服务工作站。开展知识产权质押融资"入园惠企"活动，为企业知识产权质押融资额8700万元。荣获"北京市知识产权系统先进集体"称号。

中关村东城园高质量发展。东城园管委会立足核心区功能定位，强化"科技回归都市"理念，专注打造高端产业集群，持之以恒调结构、增动力、提效能，产业升级取得明显成效，区域经济支撑作用更加突出。2023年，东城园增加值约占全区GDP的40%。1月至11月，东城园纳统291家规上企业实现总收入7993.3亿元，位居各分园第三位，人均产出率672.8万元/人，全市排名第一位。拥有国家高新技术企业538家，实现中关村高新技术收入3200亿元，达到中关村管委会目标要求，地均产出479.9亿元/平方千米，稳居中关村各分园之首。全年完成税源任务2亿元、入库1.2亿元，共引进企业126家。

（李婷）

科技活动

【概况】东城区科学技术和信息化局（简称区科技和信息化局）加挂北京市东城区大数据管理局（简称区大数据局）牌子，是负责贯彻落实中央、北京市委关于科技、信息化工作的方针政策、决策部署和区委有关工作要求的区政府工作部门。11月6日，《北京市人民政府关于2022年度北京市科学技术奖励的决定》公布，东城区有15项科技成果获2022年度北京市科学技术奖，其中科学技术进步奖一等奖2项，二等奖12项，自然科学奖二等奖1项。2023年，东城区新增1家北京市科普基地。

（曹汪菁）

【科技政策法规培训会】2023年，区科技和信息化局组织召开6场政策培训会，涉及高新技术企业认定、科技型中小企业评价、技术合同登记、科技成果转化、营商环境建设等多个专题，推动东城区企业申报各项政策的热情。参加企业200余家次。

（曹汪菁）

【科普专项结题验收】2023年，区科技和信息化局先后组织专家对2022年东城区科普专项项目进行结题验收。"《我是红彼得》科普剧研发与实施""展望低碳东城，科普答题竞赛——东城全国科技周活动""北京古观象台特色课程开发项目"3个项目，以及2021年补充征集的"交道口街道科普教育中心建设项目"通过专家评审，完成结题验收。

（曹汪菁）

【2023科普专项项目立项】2023年，区科技和信息化局组织开展东城区科普专项征集工作，经过走访、专家评审等环节，朝阳门街道办事处的《朝阳门街道青少年科普活动专项项目》、北京科普创意信息技术研究院有限公司的《知识竞赛品牌活动，科普庙会惠及万家》、首都医科大学附属北京同仁医院的《"云上眼健康"智慧科普服务平台》、崇文门外街道办事处的《"崇外街道百姓科普剧场"项目》、北京市前门外国语学校的《走近5G迎接未来系列科普活动》5个项目取得立项共92万元。

（曹汪菁）

【4个创客项目入围全国总决赛】2023年，区科技和信息化局联合区委组织部、区财政局举办东城区"创客北京 创新东城"2023中小企业创新创业大赛初赛和复赛，最终28个优秀项目脱颖而出，代表东城区参加市级决赛，北京七维视觉科技有限公司的"AIGC驱动的国产XR技术"等4个项目入围全国总决赛。

（曹汪菁）

【第三批文化科技融合项目开题】1月13日，东城区第三批文化科技融合项目：前门街道和北京工业大学联合申报的"前门文化要素库体系建设、品牌系统设计及地下城沉浸式体验场景落地”，王府井管委会、新维畅想、天禹文化联合申报的“基于文博资源的数字化公共文化服务系统研发及在王府井地区的落地应用”，国际云转播公司等5家单位联合申报的“中轴线文化遗产高新视听与数字服务线上线下一体化系统研发及应用”3个项目，经市科委、中关村管委会组织专家论证和实地踏勘后，正式开题落地实施。

（曹汪菁）

【专精特新企业发展联盟成立】3月10日，东城区促进“专精特新”中小企业发展联盟成立。联盟由北京市经济和信息化局中小企业处作为指导单位，成员单位包括东城区内114家“专精特新”中小企业、11个区属服务管理部门、6家北京市及东城区中小企业服务机构、17家各类金融机构。旨在为优质中小企业提供全方位、多层次的专业化便利服务。

（曹汪菁）

【科技信息产业发展促进大会】3月23日，东城区科技信息产业发展促进大会举行。会上，区科技和信息化局介绍产业政策的有关情况。副区长赵海东及相关领导为获得东城区促进信息服务业发展专项资金支持的企业兑现奖励，共计资金1151万元。领先未来科技集团有限公司、观典防务技术股份有限公司、北京移动系统集成有限公司3家企业代表分享企业在东城区成长壮大的历程。区发改委、区科技和信息化局、区司法局、区财政局、区审计局、区税务局、区投促中心等部门领导和科技信息企业24家代表出席大会。

（曹汪菁）

【中小学生科普知识竞赛举办】4月24日，由区科技和信息化局、区教委共同主办的第二届中小学生科普知识竞赛启动。在题目优化的同时增加现场竞赛环节，涉及天文、地理、生物、航天航空、环保、安全、健康、新兴科技、自然、农业10个领域，中小学生近3000人参与。最终决出小学组一等奖3人、二等奖7人、三等奖17人；初中组一等奖1人、二等奖3人、三等奖7人。

（曹汪菁）

【科技孵化器工作座谈会】5月10日，区科技和信息化局召开东城区科技孵化器工作座谈会，会议研究讨论东城区科技孵化器认定办法，并交流促进科技孵化器发展建议。德必园区、北电科林、夕照寺Epark、禄米仓·新视听产业园、大磨坊文创园、东方嘉诚、77文创园、航天三院飞航技术科创园、东城区科创集团参会。

（曹汪菁）

【“紫金云”服务模式正式发布】5月17日，东城区“紫金云”正式发布。“紫金云”服务是全市首个政府引导、企业推进、聚焦重点、互利共赢的工作模式，通过推动企业上云，进一步加快企业数字化、网络化、智能化转型，推动数字技术和实体经济深度融合，助力东城区数字经济高质量发展。

（曹汪菁）

【2023东城科技活动周举行】5月20—31日，东城区举办主题为“热爱科学 崇尚科学”2023年东城科技活动周。活动周期间，区科技和信息化局主办东城科技周主场启动仪式、第二届东城区中小学生科普知识竞赛、沉浸场景“科普庙会”等一系列主题科普活动。东城区科普工作联席会议各成员单位、各科普基地、社区科普体验厅、创新型科普社区及有关企事业单位，因地制宜，采取线上线下等方式面向社区居民、社会公众、青少年，广泛开展丰富多彩的群众性科普活动。

（曹汪菁）

【交流与对口帮扶】9月26—27日，区科技和信息化局领导与中华少年儿童慈善救助基金会、北京大道信通科技股份有限公司有关人员赴内蒙古自治区化德县开展“科技赋能促发展 凝心聚力谋振兴”主题捐赠及调研活动，捐赠图书、电子书、录音笔、电脑等物资价值53.1万元，捐献爱心助学金2万元。

（曹汪菁）

【文化科技融合项目结题】10月9日，“基于VR／AI 技术的《故宫以东》文化旅游动漫IP示范应用”项目通过专家验收。该项目打造“故宫以东”IP动漫形象——“麒东东”。完成50部动漫短片拍摄，并通过多平台进行推广，为宣传“故宫以东”金名片发挥重要作用。

（曹汪菁）

【人工智能产业发展座谈会】11月1日，区科技和信息化局召开东城区人工智能产业发展座谈会，与会单位围绕行业发展现状、成立东城区人工智能产业交流合作平台、东城区人工智能产业发展的可行性和产业方向展开深入探讨。昆仑万维、北京移动、天翼云等10家重点企业和协会以及华为智慧城市首席专家参加。

（曹汪菁）

【Kiwa中国区总部公司落地东城】11月27日，琦威质量检验认证（北京）有限责任公司成功落地东城，注册资本2.4亿元。琦威北京是荷兰Kiwa International B.V.下设的中国区总部公司。在测试、检查和认证（TIC）领域，荷兰Kiwa是全球20强企业，琦威北京作为中国区总部入驻东城，将为“两区”建设注入新动力。

（曹汪菁）

【东城区获创客大赛优秀组织奖】12月8日，第八届“创客中国”北京中小企业创新创业大赛暨“创客北京2023”创新创业大赛总结会举办，东城区获得北京市经信局颁发的“创客北京2023”中小企业创新创业大赛优秀分赛区组织奖。

（曹汪菁）

【人工智能产业大会】12月21日，由东城区政府、金隅集团主办，区科技和信息化局、金隅集团战略规划

12月21日，东城区人工智能产业大会召开（曹汪菁摄）

部、北京银行北京分行承办的东城区人工智能产业大会召开。会上发布人工智能高质量发展行动计划、紫金云服务2.0，成立东城区人工智能产业交流合作平台，完成重要签约等。区领导、北京市经济和信息化局领导、区相关委办局领导以及人工智能专家、企业代表、投资机构代表等共100余人出席大会。

（曹汪菁）

【硅巷科创园认定办法发布】12月26日，区科技和信息化局印发《东城区硅巷科创园、硅巷驿站认定管理办法（试行）》，旨在引导各类空间向科技孵化集聚区发展，拓展科创产业发展空间，营造更加浓厚的科技创新氛围。

（曹汪菁）

专利管理

【概况】2023年，东城区有效注册商标15.67万件，专利授权数量8140件，有效发明专利3.03万件。每万人拥有高价值发明专利数185.78件；每百家企业商标拥有量为229.1件。

（邱宇　刘梦甜）

【建立知识产权保护工作机制】2023年，东城区建立东城区知识产权办公会议制度，编制并印发《北京市东城区知识产权办公会议制度》等相关文件13项，召开部分成员会议4次。办公会议制度建立以来，统筹组织知识产权强市试点城市申报工作，集中开展知识产权宣传月活动，推动“北京景泰蓝”申报地理标志产品保护项目，召开加强知识产权保护衔接配合工作会议，开展知识产权质押融资推进工作。

（邱宇　刘梦甜）

【打击侵权假冒行为】2023年，区市场监管局完成2023年服贸会打击侵权假冒高峰论坛服务保障，参加侵权假冒伪劣商品全国统一销毁行动北京市分会场销毁活动。落实《加强知识产权保护衔接配合工作协议书》，会同东城区法院组织召开联席工作会议，加强知识产权保护线索传递和普法宣传。联合东城区检察院落实案件线索查办、沟通协调机制，处理反向案件线索行刑衔接线索1件。联合北京市市场监督管理局执法总队、东城区公安分局对知名品牌开展检查，对4家涉嫌侵权的经营企业进行立案查处。2023年，累计立案查处知识产权案件27件，办结49件，罚没款2270.31万元。查办的侵犯“NIKE”“得物”注册商标专用权案入选国家知识产权局和北京市市场监管局十大典型案例。

（邱宇　刘梦甜）

【完善知识产权公共服务】2023年，区市场监管局在“数字东城”网站上发布国内及海外知识产权维权

“4·26世界知识产权日”期间，区市场监管局组织开展知识产权法律宣传活动（周华伟摄）

2月，区市场监管局开展打击侵权假冒专项执法检查（董芳忠摄）

援助申报信息。制订并发布《北京市东城区知识产权公共服务事项清单（第一版）》，为更多园区及周边企业提供一对一、个性化服务指导。对接北京和气聚力教育科技有限公司，推动解决企业融资难题，帮助企业成功获批贷款400万元。推荐北京视联动力信息技术股份有限公司申报国家级专利精准管理白名单，协助北京稻香村食品有限责任公司参加国家级商标品牌价值提升行动。指导并推荐东城区9家单位申报北京市知识产权试点单位、1家单位申报北京市知识产权优势单位、5家单位进行北京市知识产权试点优势单位复审，推荐北京来福士中心参评国家级知识产权保护规范化市场培育对象。在北电科林园区、天坛公园、红桥市场、东城区文化旅游推广中心、人民美术文化园开展知识产权专题宣传、调研活动，点对点为企业解答知识产权相关问题。

（邱宇　刘梦甜）

【知识产权代理机构监管工作】2023年，区市场监管局加强知识产权代理机构监管工作，对专利代理机构30家和专利代理师60人开展跨部门联合抽查。对北京市知识产权局转办的1件涉嫌无资质专利代理行为线索进行实地检查并反馈检查结果。

（邱宇　刘梦甜）

【打击专利代理违法违规行为】2023年，区市场监管局严厉打击非正常专利申请和商标恶意注册行为，提高专利申请质量。全年共核实4批次321件非正常申请专利，主动撤回204件。

（邱宇　刘梦甜）

中关村东城园

【概况】中关村科技园区东城园管委会（简称东城园管委会）是负责中关村科技园东城园综合管理工作的区政府派出机构。东城园是中关村“一区十六园”之一，规划面积6.03平方千米。2023年，东城园管委会优化顶层设计，绘好园区发展“路线图”。以管委会升格为副局级单位为契机，着眼改问题、补短板、强弱项，统筹推进《中关村东城园改革发展提升方案》，优化重组机构职能。全面落实“三定”方案，完成内设机构职能调整和人员调整配备。创新重点工作“项目组推进”，组建综合业务组、东直门交通枢纽环境设施一体化提升工程专班、硅巷建设专班、智慧服务体系建设专班和营商环境专班“一组四专班”工作机制。坚持以“去机关化”为主线，引导国资国企改革，成立东城园科创集团承担园区空间运营、产业促进、投融资平台、国际科技合作四大平台功能。

（金源）

【推进产业结构优化升级】2023年，东城园抓住国际科技创新中心建设和全球数字经济标杆城市建设战略机遇，围绕新一代信息技术这一主导产业及其细分领域持续发力，推进产业结构优化升级。全年牵头推进的5个产业组团共计落地项目77个，消化空置面积3万余平方米，重点引入农银理财有限责任公司、煜邦电力技术股份有限公司等细分领域龙头企业，鹰瞳科技发展股份有限公司、锋尚幻星娱乐文化有限公司等高成长型企业及主要相关企业，促进产业集聚发展。优化产业政策，修订《北京市东城区关于促进中关村东城园高质量发展的若干措施》。发布《东城区加快元宇宙产业高质量发展行动计划（2023—2025年）》《东城区关于加快元宇宙产业高质量发展的若干措施》，带动相关数字经济产业发展。培育高新技术企业，指导119家企业参加国家高新技术企业认定，开展政策宣传培训。推荐9个优质文科融合项目参与市科委重点项目评选。东城园紫金计划培育企业北京市计算中心有限公司获颁北京市首批数据资产登记证书，东城园重点企业昆仑数智科技有限责任公司获颁北京市首批数据知识产权登记证书。

（金源）

【拓展园区发展“新空间”】2023年，东城园落实核心区控规，通过改造升级、地块织补、腾笼换鸟等路径，优化有限空间资源。建设东直门交通枢纽项目，建立健全区域一体化提升项目库，东直门交通枢纽项目各

9月7日，东城区硅巷启动暨青龙项目奠基仪式（金源摄）

业态陆续竣工，双塔写字楼率先投用，农银理财有限责任公司按计划实现入住，周边配套建设稳步推进，明确区域产业定位，培育“文化+金融+科技+总部”融合发展生态，构建高品质“城市会客厅”。启动东城区硅巷建设，编写区域产业规划，拟订东城硅巷高质量建设行动计划。梳理街区低效房产，整合优化空间资源，推动东城数字科技大厦项目实现开工，率先将青龙胡同打造成为兼具古都魅力和产业活力的“硅巷”展示区。打造特色产业园区，接手永外数字产业园，推进园区81座存量商务楼宇逐步改造提升，推荐中关村航星科技园、歌华大厦文化科技产业园区参评特色产业园区，服务保障煜邦电力技术股份有限公司新址落成。协调航星园和腾讯医疗加快项目进展，推进106厂房（腾讯健康项目）工程施工，开展107厂房复建工程规划研究。8月3日，以“共驻共建、互利合作”为主题的东直门区域环境设施一体化提升闭门研讨会召开，商业地产领域专家和企业家10余人，共同探讨东直门区域环境设施一体化提升项目，提出打造一个“黄金地段”释放“钻石效益”的东城样板。11月29日，东城园召开硅巷建设绿色发展研讨会，探索将东城硅巷打造成为“科技回归都市”的现代化园区，提升东城区特色产业高质量发展水平。

（金源）

【擦亮“紫金服务”品牌】2023年，东城园落实紫金服务制度，优化管家服务体系，全年联系服务企业1072户次，收集需求126个，响应率、解决率100%。结合政策兑现，收集整理各类企业信息98条，为政策修订提供方向。加强企业走访调研，建立东城园金融工作机制，形成东城园融资需求库，共征集企业融资需求1.05亿元。举办“金服在行动”系列活动，广泛对接企业融资需求，征集股权、债权融资项目，为企业提供全方位金融服务。

（金源）

【加大人才引进】2023年，东城园推荐21家企业成功引进高水平人才40人，获批东城区优秀人才项目资助3人，推荐1家企业申请博士后科研工作站资助、3家企业获得博士后创新实践基地资助。对接中国工程院专家资源。推荐科技创新领域优秀人才30余人。2月23日，东城园面向园区重点企业举办线下人才政策宣讲会，解读北京市人才项目、人才引进政策、留学人员引进政策及东城园人才公租房政策等，并通过答疑互动环节，解答企业在人才引进过程遇到的实际问题和困难。

（金源）

【加强基层党建】2023年，东城园打造“一册一表一光盘”非公党建述职评议工作法。在航星园产业组团试点推进成立全市首家产业组团联合党委，构建“党建联合体+产业化联合体”发展模式。持续推动“两新”组织建设，全年新成立非公企业独立党支部4个，指导18个支部完成换届选举，组织入党积极分子培训2场，全年发展党员12人，联系非公党组织50余次。

（金源）

【培育创新型高成长企业】2023年，东城园采取多项措施，在培育创新型高成长企业方面取得明显成效。发布《北京市东城区支持中关村科技园区东城园产业升级和创新发展的若干措施（试行）》（“科创十七条”），首次配套4000万资金。精心组织政策兑现工作，99家企业获得奖励和补贴金额总计1375.53万元。围绕高成长企业培育，东城园制订《中关村东城园创新型高成长企业培育计划（紫金计划）》，园区企业发展生态明显优化，一批成长性好、发展潜力大的科技创新企业实现跨越式发展。为企业配备业务骨干担任服务管家，开展一对一精准服务，全力提升创新性高成长企业服务精细化水平。高新技术企业中能融合智慧科技有限公司和天翼云科技有限公司入围全国创建世界一流示范企业和专精特新示范企业名单。

（金源）

【重点企业恳谈会】1月12日，东城区领导与东城园重点企业恳谈会在新保利大厦召开。区长周金星介绍东城区2022年经济社会发展情况和2023年经济发展安排，与会企业负责人围绕加速复产复工、优化营商环境、企业发展情况等内容进行交流，就推动东

1月12日，东城区领导与东城园重点企业恳谈会召开（金源摄）

城区经济高质量发展提出意见建议。区委书记孙新军期望企业为东城区多谋良策、多聚人才、多加宣传，吸引更多企业到东城区抱团发展，让更多企业家实现大作为、大抱负。区有关领导以及中国投资有限责任公司、中国保利集团有限公司、中国石油天然气股份有限公司等28家东城园重点企业代表参加。

（金源）

【推动元宇宙产业发展】5月5日，由东城园管委会主办，北京市东城区高新技术企业协会、中关村雍和航星科技园承办的东城区元宇宙产业联盟成立大会举办。联盟的成立将进一步发挥政府与企业间的桥梁纽带作用，促进元宇宙相关产业链上下游企业集聚东城，赋能产业转型升级。有关领导及“东城区元宇宙产业联盟”首批50家联盟企业代表、金融机构代表、媒体代表出席活动。9月6日，东城园组织召开东城区元宇宙产业发展座谈会，园区企业中文在线、高通、次世文化、新维畅想、七维视觉介绍元宇宙业务开展情况，北京航空航天大学虚拟现实技术与系统全国重点实验室副主任介绍实验室技术研发工作。12月19日，东城园召开东城区硅巷元宇宙产业发展研讨会，会上，有关人员介绍东城区元宇宙产业联盟半年工作情况及2024年工作计划，参会相关企业以“故宫以东”城市文化互动平台、“哇呜！三星堆”VR沉浸探索展、国家级数字藏品、元宇宙营销、区块链技术及服务能力、“中国VR/AR创作大赛”为主题做工作情况分享。

（金源）

【2023中关村论坛】5月26日，2023中关村论坛中国北欧数字医学全球创新论坛在中关村国家自主创新示范区举办。该论坛由东城区人民政府主办，中关村东城园管委会、中关村雍和航星科技园、欧美同学会北欧分会承办。论坛以脑科学、基因科学与超级计算机技术的深度融合为细分话题，聚焦前沿科学技术成果，为破解更多人类疾病领域的世纪难题、推动人类社会迈入医疗健康高智能数字化时代提供强有力的科技支撑，为推动数字医疗创新发展注入新活力。来自牛津大学、英国医学科学院，加拿大皇家科学院，中国科学院，芬兰商会，腾讯健康智慧医疗、丹麦Area9 Lyceum公司，英特尔中国研究中心，维梧资本，南京清湛人工智能研究院等专家100余人参加论坛活动。

（金源）

【新代信息技术细分产业研讨会】6月25日，由东城园管委会主办，北京市东城区高新技术企业协会、创道（北京）咨询顾问有限公司联合承办的东城园新一代信息技术细分产业研讨会在金隅环球贸易中心举办。研讨会4个专题，介绍新一代信息技术细分领域的研究与成果。市科委、中关村管委会有关领导，以及阿里云智能集团、小米集团等近50家市区科技企业、投资机构、行业协会代表参加。

（金源）

【5家企业获中国专利奖】7月21日，国家知识产权局发布第二十四

5月26日，2023中关村论坛中国北欧数字医学全球创新论坛举办（金源摄）

届中国专利奖，东城园多家重点企业获此殊荣。北京航星机器制造有限公司的“适用超塑成形—扩散连接的热成型机液压控制方法及系统”专利、天翼云科技有限公司的“缓存方法、装置以及计算机存储介质”专利、国家能源投资集团有限责任公司的“加氢站控制系统、方法以及加氢站”专利、中国神华能源股份有限公司的“基于轨道车列技术状态的检修方法和系统”专利、中国电子技术标准化研究院的“标准知识图谱构建、标准查询方法及装置”等专利，分别获得中国专利优秀奖，充分体现东城园在东城区科技创新核心支撑高地的作用。

（金源）

【1家公司入选优秀品牌故事】7月13日，国务院国资委发布2022年度国有企业品牌建设典型案例和优秀品牌故事名单。由中工国际报送，展示北京起重运输机械设计研究院有限公司索道品牌内容的短视频《千里江山景，万山索道连》入选优秀品牌故事，进一步提升北起院索道品牌影响力。北京起重运输机械设计研究院有限公司是东城园紫金计划首批入库企业，北起院索道坚持科技创新，用技术实力创造中国工程价值，在中国“天眼”工程中发挥关键技术支撑作用，为2008年北京奥运会、2022年北京冬奥会提供核心装备。

（金源）

【北京纷扬科技公司再获融资】7月21日，北京纷扬科技有限责任公司宣布获得贵州省创新赋能大数据基金3000万美元投资，这是继2021年获鼎晖百孚投资和2022年获中软国际投资后，连续第三年获得资本加持。该轮融资由IPO资本担任财务顾问。北京纷扬科技有限责任公司是东城园紫金计划首批入库企业。2021—2023年，北京纷扬科技有限责任公司取得快速发展，持续保持超40%增长。据第三方市场检测机构分析，北京纷扬科技有限责任公司营收规模与市场份额位居中国本土CRM（客户关系管理）行业首位，是中国CRM行业的领导者。

（金源）

【1家企业获创新创业大赛奖】9月6日，由北京市科委、中关村管委会、市发改委、市教委、市经信局、市财政局、市人社局共同主办的第十二届中国创新创业大赛北京赛区赛事评选结果公布，在全市28家获奖企业中，东城园华驰动能（北京）科技有限公司获得成长组二等奖。华驰动能（北京）科技有限公司是国家高新技术企业、北京市“专精特新”中小企业，主要从事以五自由度混合磁悬浮轴承及其控制系统为核心技术的电力极磁悬浮储能飞轮、高速磁悬浮电动机、卫星姿控飞轮产品的研发、制造和市场推广。

（金源）

【智慧医疗创新中心建设研讨会】10月24日，东城园管委会在金隅环贸组织召开智慧医疗创新中心建设研讨会。现场邀请腾讯医疗、鹰瞳健康、麦麦科技、华康健康、汇德生物、国际数字医疗应用创新中心、缘汇科技、德风销售等医疗领域企业，围绕在东城区打造智慧医疗产业的优势和趋势、建设智慧医疗创新中心的路径和保障等展开交流讨论，共同探索推动智慧医疗创新中心建设。东城园管委会、区科技和信息化局、区卫健委、区投促中心相关负责人参会。

（金源）

【多家企业获创客北京2023奖】11月16日，市经信局发布“创客北京2023”中小企业创新创业大赛获奖项目，东城园多家科技创新企业获奖，其中，北京七维视觉科技有限公司的“AIGC驱动的国产XR技术”获企业组二等奖，秒秒测科技（北京）有限公司的“秒秒测海运新能源车的火灾前探测创新方案”和北京试玩互动科技有限公司的“AI算法+云计算驱动的海外增长引擎”获企业组三等奖。

（金源）

【19家企业上榜北京市企业百强】11月30日，北京企业联合会、北京市企业家协会发布2023北京企业百强、2023北京上市公司百强、2023北京专精特新企业百强等“1+7”榜单。东城区有金隅集团、全时天地、橙色风暴、新片场等19家企业上榜，其中上市公司百强企业有9家来自东城区。此次榜单是参照中国企业500强做法，以2022年企业营业收入为入围标准推出的，旨在助力北京企业做大、做优、做强，促进首都经济高质量发展。

（金源）

中关村东城园负责人

中关村科技园区东城园工作委员会书记	陈　岗（4月免）
中关村科技园区东城园管理委员会主任	赵海东（兼，4月任）
	石崇远（4月任）
中关村科技园区东城园管理委员会常务副主任	于锋池（4月免）

教 育

5 月 27 日，东城区小学生参加北京市第一届小学生运动会（唐晨摄）

综　述

2023年，东城区教育系统坚持以习近平新时代中国特色社会主义思想为指导，全面贯彻党的教育方针，坚持以人民为中心发展教育，坚持稳中求进工作总基调，发挥基础教育基点作用，以首善标准落实教育强国战略，向高质量发展迈出坚实步伐。

优质均衡保持高位。东城区教育系统立足新发展阶段，贯彻新发展理念，构建新发展格局，提高“四个服务”水平，大力促进教育公平，扎实推进义务教育全面优质品牌化建设，促进义务教育优质均衡发展。东城区作为首批全国义务教育优质均衡先行创建区，完成北京市义务教育优质均衡督导组的省级评估验收，同步启动教育部评估验收准备工作。

学位扩充保障有力。通过统筹内部资源、租借场地改造、新建装配式建筑等方式，联动财政、规划等部门推进应急保障项目，“一校一案”共计扩充小学学位4226个。增加优质学位供给量，引导预期，保障全区适龄儿童和小学毕业生接受义务教育的权益，维护社会稳定，努力让每个孩子都享有公平而有质量的教育。

教育配套交付使用。完成安外西河沿危改区配套幼儿园接收工作，新建教办园东城区地坛幼儿园，在学位缺口明显的和平里地区增加公办园学位270个。望坛地区配套中学建设项目汇文中学南校区投入使用。史家胡同小学与雄安新区正式签订委托办学协议。

全面育人成果突显。启动开展学习贯彻习近平新时代中国特色社会主义思想主题教育，坚持五育并举，全面发展素质教育。获国家基础教育改革成果奖5个。关注学段衔接，构建长链条人才培养体系；加强拔尖创新人才培养；中高考成绩稳中有进，体现高位优质均衡特点。成功承办北京市首届小学生运动会。制订出台全面加强和改进新时代学校美育工作实施意见、中小学幼儿园劳动教育实施方案。

队伍建设力度加大。正式启动党组织领导的校长负责制，围绕中小学校领导体制改革，选优配强基层领导班子。组织各级各类干部培训近3000人次。推进“青年成长营”工作，构建年轻干部选育新格局。组织教学干部大讲堂系列培训等；健全区、校两级研修制度，研究中小学质量提升工作举措。两批次招聘新教师600余人，引进优秀教师27人。实施新时代基础教育强师计划，启动暑期全员实训覆盖全区干部、教师1.79万人。评选“师德标兵”“优秀班主任”“教育新秀”“育人奖”840人。

（李媛媛）

12月17日，东城区少年宫教育教学成果展示（唐晨摄）

学前教育

【概况】至9月，东城区教委辖属幼儿园71所（含非教育部门办39所），幼儿园在园幼儿1.69万人（含非教育部门办园7135人），其中北京市户籍1.59万人、非北京市户籍1037人，东城区户籍1.33万人。幼儿园教职工2037人，其中专任教师1572人。

（李媛媛）

【区近视防控推进会】6月5日，东城区近视防控推进会在东城区大方家回民幼儿园召开。大方家回民幼儿园汇报近视防控工作的实践探索，参会人员围绕儿童当前近视现状、儿童视觉发育特点及青少年近视防控管理等内容进行交流。委属幼儿园负责近视防控工作的主管领导或保健医生约50人参会。

（李媛媛）

【春江幼儿园获全国大赛多项奖】6月18日，由国家体育总局体操运动管理中心、中国蹦床与技巧协会主办，中国蹦床与技巧协会排舞分会承办的第三届全国校园排舞网络展示大赛开幕。东城区春江幼儿园在全国300余支参赛队伍中表现突出，获优秀推广奖、幼儿组最佳人气奖、幼儿A组特等奖。

（李媛媛）

【儿童艺术展开幕】6月19日，北京市第一幼儿园“童心·遇见 大美中轴线”儿童艺术展在北京皇城艺术馆开幕。展览分为“一个家”“一条线”“一座城”三部分。幼儿用剪纸、彩绘、轻体泥制作等方式，描绘出眼中的北京城和中轴线上建筑文化的魅力，为中轴线申遗保护工作助力，为弘扬和传承中华优秀传统文化赋能。开幕式上北京市第一幼儿园和皇城艺术馆负责人分别致辞。知名画家、东城区政协委员沉浮与北京市第一幼儿园教师、幼儿代表共同作画。出席活动的领导与幼儿共同在参展荣誉证书上加盖印章并观摩参展作品。东城区委、区政府、区政协、北京市文物局、故宫博物院党组成员、区委教育工委、区相关委办局领导及专家，心系教育事业发展的各界嘉宾，市第一幼儿园家长、教师、幼儿代表近80人参加活动。

（李媛媛）

6月19日，北京市第一幼儿园举办“童心·遇见 大美中轴线”儿童艺术展活动（唐晨摄）

表20

2023年东城区幼儿园（所）一览表

幼儿园名称	幼儿园地址	联系电话
北京市第一幼儿园	北京市东城区南吉祥胡同28号	64040425
	北京市东城区汪芝麻胡同19号	64040425
北京市第一幼儿园附属实验园	北京市东城区安定门外小黄庄一区7号楼	84275712
北京市第一幼儿园海晟实验园	北京市东城区东直门外十字坡东小街1号	84532164
北京市第二幼儿园	北京市东城区北新桥三条38号	84016586
	北京市东城区东直门南小街5号	69945979
	北京市东城区东四十二条26号	64068602
北京市第三幼儿园	北京市东城区中华路4号	66056886
北京市第五幼儿园	北京市东城区夕照寺街3号	67122474
北京市第五幼儿园分园	北京市东城区法华南里33号楼	67161804
北京市第七幼儿园	北京市东城区琉璃寺胡同11号	64046560
	北京市东城区宝钞胡同23号	64045749
北京市东城区第二幼儿园	北京市东城区广渠门内大街31号	67145282
	北京市东城区安化北里64号	67113328
	北京市东城区西花市南里东区12号楼	67119175
	北京市东城区东马尾帽胡同22号	67170790
北京市东城区崇文第三幼儿园	北京市东城区幸福北里甲12号	67115628
北京市东城区东四五条幼儿园	北京市东城区东四五条41号	64040197
	北京市东城区藏经馆胡同27号	64017401
北京市东城区分司厅幼儿园	北京市东城区分司厅胡同57号	84037302
北京市东城区东华门幼儿园	北京市东城区北河沿大街149号	65254467
	北京市东城区大鹁鸽胡同14号	62552838

续表

幼儿园名称	幼儿园地址	联系电话
北京市东城区新中街幼儿园	北京市东城区东直门外胡家园小区24号	84543262
	北京市东城区鼓楼大街草厂胡同24号	64457032
	北京市东城区东直门外春秀路小区12号	84543262
北京市东城区东棉花胡同幼儿园	北京市东城区东棉花胡同20号	64075246
北京市东城区华丰幼儿园	北京市东城区和平里六区21号楼	84229098
北京市东城区大方家回民幼儿园	北京市东城区后芳嘉园3号楼	65223556
	北京市东城区春松胡同1号	65261583
	北京市东城区小牌坊胡同37号	65250958
北京市东城区光明幼儿园	北京市东城区光明楼甲25号	67116906
	北京市朝阳区弘善家园410号	87823929
北京市东城区崇文回民幼儿园	北京市东城区东八角胡同27号	67050076
	北京市东城区东花市北里东区12号楼	67120322
北京市东城区安乐幼儿园	北京市东城区永外大街86号	67212868
	北京市东城区安乐林路22号	87297610
	北京市东城区安乐林路17号	87671230
北京市东城区永东幼儿园	北京市东城区永定门东街中里23号	67025321
北京市东城区永定门幼儿园	北京市东城区西园子街32号	67019659
北京市东城区崇文幼儿园	北京市东城区法华南里甲14号楼	67156893
北京市东城区前门幼儿园	北京市东城区草厂九条35号	67011142
北京市东城区明城幼儿园	北京市东城区盔甲厂胡同9号	65595651
北京市东城区春江幼儿园	北京市东城区南水关胡同60号	65257727
北京市东城区东华门幼儿园分园	北京市东城区南河沿大街19号	65262887
北京市东城区实验幼儿园	北京市东城区松林街2号院1号楼	67215618
北京市东城区天坛南里幼儿园	北京市东城区天坛南里16号	67084596
北京市东城区革新里幼儿园	北京市东城区西革新里116号院7号楼	87865995
北京市东城区欣苑幼儿园	北京市东城区东花市北里西区9号	67135815
财政部幼儿园	北京市东城区大佛寺东街8号	64016678
	北京市西城区德宝新园18号	68343692
商务部幼儿园	北京市东城区台基厂三条二号	65246084
中国人民解放军北京军区空军育翔幼儿园	北京市东城区板厂南里11号	66910181
北京市东城区卫生健康委员会第一幼儿园	北京市东城区锡拉胡同19号	65271975
北京市东城区卫生健康委员会第三幼儿园	北京市东城区和平里民旺园甲7号	64215178
国家林业和草原局幼儿园	北京市东城区和平里七区21号楼	64208109
北京公交鸿运承幼儿教育中心第一幼儿园	北京市东城区旧鼓楼外大街64号	62360237
中央军委机关事务管理总局红星幼儿园（黄寺园）	北京市东城区安德里北街21号院东院	66794773
应急管理部机关服务中心幼儿园	北京市东城区和平里九区甲3号	64250516
北京市机关事务管理局第一幼儿园	北京市东城区光明路1号	67111793
中国人民解放军空军后勤部蓝天幼儿园	北京市东城区北锣鼓巷99号	66725243
北京市东城区景山魏家幼儿园	北京市东城区魏家胡同19号	64040425
北京市东城区红湖幼儿园	北京市东城区龙潭北里三条3号	67123029
北京市东城区杰思幼儿园	北京市东城区东直门外大街35号C座101室、201室	64179960

续表

幼儿园名称	幼儿园地址	联系电话
北京市东城区金鼎实验幼儿园	北京市东城区和平里中街29号	64206209
北京市东城区青青藤幼儿园	北京市东城区安化北里18号院6号楼	87926516
北京市东城区九月幼儿园	北京市东城区净土胡同9号	69948886
北京市东城区育萌幼儿园	北京市东城区天坛东路13号院1号楼	52172266
北京市东城区环球教育实验幼儿园	北京市东城区标杆胡同11号	64439722
北京市东城区和乐蔷薇幼儿园	北京市东城区培新街10号	67166117
北京市东城区优肯幼儿园	北京市东城区忠实里南街甲6-1号	67700677
北京市东城区阳光天使幼儿园	北京市东城区定安里1号楼	87882882
北京市东城区爱朗幼儿园	北京市东城区广渠门内大街36号幸福家园小区13号楼	53682749
北京市东城区华之澜实验幼儿园	北京市东城区永定门外大街86号院1号、2号楼	87108019
北京市东城区为依幼儿园	北京市东城区和平里七区甲12号北平房院	64284528
北京市东城区华汇和睿幼儿园	北京市东城区西总布胡同57号	65288699
北京市东城区永外实验幼儿园	北京市东城区安乐林二条20号	64666988
北京市东城区中教语文实验幼儿园	北京市东城区东四南大街3号	65287813
北京市东城区爱加倍幼儿园	北京市东城区东花市北里西区23号楼2层23-11室	67100040
北京市东城区龙潭幼儿园	北京市东城区龙潭路8号迤北之三	67127188
北京市东城区东方祥泰第一幼儿园	北京市东城区和平里中街三号院9号楼	64239259
北京市东城区向日葵玉河幼儿园	北京市东城区拐棒胡同2号	64025088
北京市东城区精诚实验幼儿园	北京市东城区地安门东大街47号	64069188
北京市东城区红星幼儿园	北京市东城区东四十条113号	80443296
北京市东城区合一幼儿园	北京市东城区中芦草园胡同5-7号	67026278
北京市东城区史家胡同精诚实验幼儿园	北京市东城区史家胡同42号	65258280
北京市东城区腾威幼儿园	北京市东城区标杆胡同11号	64455616
北京市东城区远望明德幼儿园	北京市东城区安德路47号院甲11号楼	64478010
北京市东城区国家体育总局训练局体育幼儿园	北京市东城区体育馆路甲2号国家体育总局训练局高尔夫练习场配楼	67118872
北京市东城区地坛幼儿园	北京市东城区安定门外西河沿路2号院2号楼	64206766

（李媛媛）

基础教育

【概况】至9月，东城区共有在办普通中学37所（含非教育部门办1所），其中初中6所，高中3所，完全中学24所，九年一贯制学校2所，十二年一贯制学校2所；小学45所，特殊教育学校2所，专门学校（工读学校）1所。基础教育在校学生14.25万人（含非教育部门办7560人），其中普通高中1.94万人，初中2.82万人（含工读学校在校生4人），小学7.77万人，特殊教育学校在校生267人（含中等职业教育阶段75人）。小学教职工6160人，普通中学教职工6551人，特殊教育教职工125人，工读学校教职工47人，校外教育教职工333人，其他直属单位教职工599人。

（李媛媛）

【参加国际青少年绘画邀请展】2022年5月至2023年3月，东城区教育系统组织中小学生参加由北京市人民对外友好协会等多家单位共同举办的2022“多彩世界”国际青少年绘画邀请展，12所中小学提交绘画作品324幅。东城区史家胡同小学、府学胡同小学、和平里第四小学、分司厅小学、前门小学，北京光明小学6所学校提交的21幅作品获奖，其中一等奖2幅，二等奖9幅，三等奖10幅。东城区教委获“优秀组织奖”。

（李媛媛）

【读书社获全民阅读优秀项目】2月16日，第十二届“书香中国·北京阅读季”阅读盛典在首都图书馆举办，活动对2022年北京全民阅读工作和成果进行全面总结和展示，东城区史家胡同小学“读书社”课程获全民阅读优秀项目。史家胡同小学“读书社”课程是面向全校学生开设的整本书主题阅读课程，旨在培养学生人文底蕴、科学精神、实践创新等核心素养。自2017年构建实施以来，每周持续面向学生4000余人开展活动。“读书社”课程结合不同年龄段学生的特点，按照低、中、高三个年龄段进行划分，将所读书目分为“文学”系列和“传统文化”系列。以“经典性”和“儿童性”作为择书标准，结合儿童认知水平和心理特点，设计、确定能够激发学生阅读兴趣，提高学生语文核心素养的阅读教学内容。学生在阅读中担任不同角色，如“朗诵家”“小画家”“小演员”等。在话题思考与讨论中，发展阅读思维；在对话交流与互动中，培养倾听能力；在系统的表达训练中，提升表达能力；在综合性阅读实践活动中，成长为会学习、会思考、会温暖他人的未来公民。“读书社”课程实施以来，学校教师的相关研究成果多次获全国、市、区级各类重要奖项和荣誉。

（李媛媛）

【教育高质量发展研讨会】3月17日，“新时代，新征程，推动学校教育高质量发展研讨会”在北京景山学校举行。研讨会设置6节课堂教学观摩以及两场分论坛，分别围绕“基于新课标历年的‘攀峰’课堂建设”“基于学科核心素养的跨学科教学实践研究”两项主题展开研讨交流。旨在发挥基础教育在深入实施科教兴国战略、人才强国战略、创新驱动发展战略中的奠基性作用，建设高质量教育体系。同时，纪念邓小平同志为北京景山学校题词“教育要面向现代化、面向世界、面向未来”40周年。来自全国12个省市的校长140余人、教师180余人参加研讨会。

（李媛媛）

【科技后备人才拔尖培养总结会】5月11日，东城区教育委员会在北京市第二中学召开“科技筑梦 强国有我”——东城区青少年科技后备人才拔尖培养计划五年工作总结会暨第六期培养工作启动会。2017—2023年，东城区教委与北京科学中心合作，启动实施东城区青少年科技后备人才拔尖培养计划。五年来，在17所基地校共选拔具有科学潜质、学有余力的中学生225人进入拔尖计划，在专家导师92人指导下，从生命科学、化学、工程、计算机四个领域进行科学研究。72.6%的学生的科研论文在科技创新大赛、科学建议奖等各级各类科技赛事上获优异成绩。会议对科技后备人才拔尖培养计划第四、第五期优秀学员38人、优秀科技辅导教师17人、先进集体9所基地校进行表彰。共300余人参加会议。

（李媛媛）

【庆祝“六一”主题活动】5月31日，“少年心向党 扬帆梦启航——我们共同成长”东城区庆祝六一国际儿童节主题活动在区少年宫举行。主题活动以党的二十大精神为引领，以成长为主线，分为表彰大会和实践课程及体验活动两大部分。表彰大会对获市、区级优秀集体，“七小”和阳光少年，市、区级优秀少先队员和市、区级三好学生等称号的个人2.25万人、集体614个进行表彰。近800人参加表彰大会。少先队员近200人参与实践课程和儿童市集体验活动。

（李媛媛）

5月31日，东城区教育系统举行庆六一国际儿童节主题活动（徐鹏摄）

【文化传承作品征集活动】7月至9月，区教委组织开展“探寻多彩中轴线 争做传承小使者”作品征集活动。活动旨在多角度、立体化挖掘展示东城区中轴多彩文化教育魅力，助力北京中轴线申遗，宣传和保护北京中轴线建筑景观，传承中华优秀传统文化，活跃校园文化氛围。来自31所中小学校学生500余人参加摄影、绘画、微视频、写作四大类别的征集活动。共收到摄影作品81个，评选出一等奖25个，二等奖30个，三等奖26个；绘画作品182个，评选出一等奖54个，二等奖54个，三等奖75个；微视频作品76个，评选出一等奖24个，二等奖24个，三等奖28个；征文83篇，评选出一等奖23个，二等奖30个，三等奖30个。

（尚辉　李媛媛）

【中小学民族团结教育周主题活动启动仪式】9月27日，“各族少年心向党 强国有我共成长”——东城区第十七届中小学民族团结教育周主题活动启动仪式暨东城区课后服务课程交流展示活动在东城区回民小学举办。

启动仪式分为活动展示和课程展示两部分。活动展示通过“民族情”“民族志”“民族魂”三个篇章，展现东城区中小学基于学校特色，统筹校内校外优质资源、打通课内课外时空场域，优化课后服务供给，加强民族团结进步教育阶段性成果。区教委为全区中小学赠送民族团结大礼包——“我爱北京”丛书。在课程展示部分，学校教师及非遗传承人走进课后服务课堂，带来舞龙、竹竿舞、校园空竹、柔力球、筝舞鸢飞、纸塑、面塑、哈尼卡制作、木版年画、快乐木工、古建梦工厂、捏塑等有民族特色的课后服务课程。区中小学民族团结教育周主题活动是东城区的品牌教育活动。活动共100余人参加。

（李媛媛）

【第四十三届学生科技节】11月24日，以“科技逐梦未来 创新赋能成长”为主题的东城区第四十三届学生科技节开幕式在北京光明小学举行。开幕式上对北京市第六十五中学、东城区史家胡同小学等10所中小学校、校外教育单位和园丁奖金奖获得者10人及园丁奖银奖获得者30人进行表彰。科技节在“双减”背景下营造“讲科学、学科学、用科学”的氛围，全过程实施科学教育，培养学生创新精神和实践能力，普及科学知识，培养学生独立思考和自主探索的精神与能力。市、区领导，各校科技教育主管领导、部分科技教师以及学生200余人参加开幕式。

（李媛媛）

【中小学民族民间传统文化节】10月至12月，东城区开展第五届中小学民族民间传统文化节活动。文化节以弘扬中华优秀传统文化、传承伟大民族精神为主题挖掘区域内各中小学开展和传承中华优秀传统文化的成果和经验。文化节优秀项目征集民族舞蹈、戏曲、体育、工艺美术、民乐5个类型作品共45项，其中一等奖15个，二等奖15个，三等奖15个，优秀指导教师40人；评选出民族民间文化艺术优秀基地校10个。12月20日，区第五届中小学民族民间传统文化节在区少年宫落幕。中小学、校外教育单位的师生代表400余人参加闭幕式。

（李媛媛）

表21 **2023年东城区小学一览表**

学校名称	学校地址	联系电话
北京市东城区和平里第一小学	北京市东城区和平里中街甲21号	84223532
北京市东城区和平里第四小学	北京市东城区和平里交林夹道	64211026
	北京市东城区和平里民旺南胡同20号	64274217
	北京市东城区安定门外东河沿乙7号	64263926
北京市东城区和平里第九小学	北京市东城区和平里七区20号楼	64043889
	北京市东城区和平里兴化路9号	84287142
北京市东城区安外三条小学	北京市东城区安外上龙北巷3号	84132605
北京市第一七一中学附属青年湖小学（北京市东城区青年湖小学）	北京市东城区安德里北街20号	84123062
	北京市东城区青年湖南街23号	84122418
北京市东城区地坛小学	北京市东城区和平里九区甲2号	64262206
	北京市朝阳区外馆东街23号院	64216625
北京市东城区分司厅小学	北京市东城区鼓楼东大街小经厂2号	64041261
	北京市东城区安定门内大街分司厅胡同14号	64041261
	北京市东城区安定门内千福巷5号	64041261
北京市第五中学分校附属方家胡同小学（北京市东城区方家胡同小学）	北京市东城区安定门方家胡同17号	64041926
北京市东城区黑芝麻胡同小学	北京市东城区黑芝麻胡同11号	64031828
	北京市东城区后圆恩寺胡同甲20号	64031828
	北京市东城区黑芝麻胡同14号	64031828
	北京市东城区帽儿胡同17号	64031828
	北京市东城区前圆恩寺胡同20号	64031828
	北京市东城区水簸箕胡同甲5号	64031828

续表

学校名称	学校地址	联系电话
北京市东城区府学胡同小学	北京市东城区府学胡同65号	64045995
	北京市东城区东四十四条100号	64029960
	北京市东城区美术馆后街57号	64043310
	北京市东城区香饵胡同9号	84030959
	北京市东城区美术馆后街48号	64042123
北京市东城区东四十四条小学	北京市东城区东四十三条73号	64042750
	北京市东城区板桥胡同乙3号	84084823
北京市东城区史家小学分校	北京市东城区北门仓1号	84070081
北京市东直门中学附属雍和宫小学（北京市东城区雍和宫小学）	北京市东城区雍和宫大街藏经馆胡同27号	64045703
	北京市东城区育群胡同45号	64056823
北京市东城区史家实验学校（北京市东城区曙光小学）	北京市东城区东中街铜厂子胡同8号	64661155
	北京市东城区新中街三条	64661155
北京市东城区西中街小学	北京市东城区东直门外十字坡东里10号楼	64172386
	北京市东城区东直门北大街乙2号	64616471
	北京市东城区胡家园20号	64674998
中央工艺美院附中艺美小学	北京市东城区东直门外胡家园20号	64674998
北京市第一六六中学附属校尉胡同小学（北京市东城区校尉胡同小学）	北京市东城区校尉胡同8号	65252652
北京市东城区灯市口小学	北京市东城区礼士胡同123号	010-62071890
	北京市东城区灯市口北巷14号	010-65250582
	北京市东城区东高房胡同13号	010-64032063
	北京市东城区北池子大街46号	010-65251287
北京市东城区东交民巷小学	北京市东城区台基厂大街14号	010-65131284
	北京市东城区船板胡同63号	010-65131284
北京市东城区东四七条小学	北京市东城区东四七条31号	64043873
北京市东城区东四九条小学	北京市东城区东四九条67号	64043778
北京市东城区回民小学	北京市东城区朝阳门内大街124号	65252314
北京市东城区新鲜胡同小学	北京市东城区朝内南小街新鲜胡同36号	65252498
北京市东城区史家胡同小学	北京市东城区史家胡同59号	64065588
	北京市东城区南弓匠营胡同2号	64065588
	北京市东城区金宝街65号	64065588
北京市东城区西总布小学	北京市东城区西总布胡同19号	65231053
北京市东城区新开路东总布小学	北京市东城区新开路胡同55号	65251340
北京市汇文第一小学	北京市东城区柳罐胡同2号	65243941
北京市东城区前门小学	北京市东城区崇文门西河沿甲211号	67036606
	北京市东城区新怡家园9号	67085776
北京市崇文小学	北京市东城区花市枣苑12号	67125642
	北京市东城区西花市南里西区7号楼	67122908

续表

学校名称	学校地址	联系电话
北京市东城区文汇小学	北京市东城区忠实里南街乙58号	87715308
北京市东城区回民实验小学	北京市东城区东花市大街99号	67122965
北京市广渠门中学附属花市小学（北京市东城区花市小学）	北京市东城区东花市北里西区1号	67185415
北京市东城区板厂小学	北京市东城区板厂南里7号	67189481
	北京市东城区双玉中街35号	67189481
	北京市东城区板厂南里5号	67189481
北京光明小学	北京市东城区福光路5号	67162311
	北京市东城区光明路甲12号	67123839
	北京市丰台区和义东里四区6号	67968590
	北京市东城区广渠家园14号	67495076
北京市东城区培新小学	北京市东城区幸福巷4号	67128496
	北京市东城区永生小学6号旁门	67144816
	北京市东城区天坛东路58号	67180072
	北京市东城区天坛东路56号	67128082-801
北京市东城区体育馆路小学	北京市东城区法华南里21号	67122559
	北京市东城区左安浦园4号	87193982
北京市东城区精忠街小学	北京市东城区精忠街11号	67074340
北京市东城区金台书院小学	北京市东城区东晓市街203号	67020173
北京市东城区天坛东里小学	北京市东城区天坛东里内8号	67057864
北京市东城区景泰小学	北京市东城区永定门东街7号	67212156
北京第一师范学校附属小学	北京市东城区永外桃杨路7号	87921073
	北京市东城区永外安乐林路17号	87921073
北京市东城区革新里小学	北京市东城区永外管村5号	67233317
北京市东城区宝华里小学	北京市东城区沙子口路63号	67221380
北京市东城区定安里小学	北京市东城区定安里26号	67227354
北京市东城区汇文实验小学朝阳学校	北京市朝阳区弘善家园119号	67189481

（李媛媛）

表22 **2023年东城区中学一览表**

学校类型	学校名称	学校地址	联系电话
初级中学	北京市第二中学分校	北京市东城区南竹竿胡同81号	65268716
		北京市东城区民旺园33号	64212228
初级中学	北京市第五中学分校	北京市东城区鼓楼东大街152号	64039651-1070
		北京市东城区地安门东大街127号	64039667
初级中学	北京市第十一中学实验学校	北京市东城区西革新里114号	67025095
初级中学	北京市文汇中学	北京市东城区广渠门外忠实里小区9号	87759872
		北京市东城区天坛南里西区14号	67051885-9026
初级中学	北京市前门外国语学校	北京市东城区前门东大街甲14号	67023169

续表

学校类型	学校名称	学校地址	联系电话
初级中学	北京汇文中学朝阳学校	北京市朝阳区弘善家园201号	87876618
高级中学	北京市第二中学	北京市东城区内务部街15号	65252231
高级中学	北京市第二中学	北京市东城区内务部街22号	65256085
高级中学	北京市第五中学	北京市东城区细管胡同13号	64068564
高级中学	北京市第五中学	北京市东城区安外西营房胡同2号	64068564
高级中学	北京市翔宇中学	北京市东城区西革新里116号院6号楼-1层至5层101室	84481148
完全中学	北京市第一中学	北京市东城区宝钞胡同甲12号	64043280
完全中学	北京市第十一中学	北京市东城区金鱼池西区1号	67025095
完全中学	北京市第十一中学	北京市东城区东晓市大街101号	67018640
完全中学	北京市第十一中学	北京市东城区定安里12号	87263396
完全中学	北京市第二十一中学	北京市东城区交道口北三条57号	64058672
完全中学	北京市第二十二中学	北京市东城区交道口东大街77号	64042225
完全中学	北京市第二十二中学	北京市东城区交道口北二条43号	64041325
完全中学	北京市第二十四中学	北京市东城区外交部街31号	85111090
完全中学	北京市第二十五中学	北京市东城区灯市口大街55号	65257525
完全中学	北京市第二十七中学	北京市东城区东华门大街智德前巷11号	65288342
完全中学	北京市第五十中学	北京市东城区夕照寺街13号	67173905
完全中学	北京市第五十中学分校	北京市东城区永外安乐林路14号	87264492
完全中学	北京市第五十四中学	北京市东城区和平里六区9号	84228550
完全中学	北京市第五十四中学	北京市东城区和平里中街甲37号	64214855
完全中学	北京市第五十五中学	北京市东城区东直门外新中街12号	64169574
完全中学	北京市第五十五中学（国际部）	北京市东城区新中街12号	64169574
完全中学	北京市第六十五中学	北京市东城区北河沿大街115号	65251745
完全中学	北京市第九十六中学	北京市东城区崇文门西小街3号	67014822
完全中学	北京市第九十六中学	北京市东城区新世界家园甲5号	67080846
完全中学	北京市第一二五中学(北京汇文实验中学）	北京市东城区崇文门内后沟胡同乙2号	65246227
完全中学	北京市第一四二中学(北京宏志中学)	北京市东城区和平里中街43号	64219035
完全中学	北京市第一六五中学	北京市东城区育群胡同45号	64004843
完全中学	北京市第一六六中学	北京市东城区灯市东口同福夹道3号	65255651
完全中学	北京市第一六六中学	北京市东城区东四六条甲44号	65255651
完全中学	北京市第一七一中学	北京市东城区和平里北街8号	64212702
完全中学	北京市第一七一中学	北京市东城区青年沟路9号	64212702
完全中学	北京市第一七一中学	北京市东城区安定门外青年湖南街23号	64224872
完全中学	北京市东直门中学	北京市东城区北顺城街2号	64014988
完全中学	北京市东直门中学	北京市东城区北沟沿胡同甲4号	64014988
完全中学	中央工艺美术学院附属中学	北京市东城区胡家园23号	64674127
完全中学	北京市崇文门中学	北京市东城区东花市北里西区5号	67185415

续表

学校类型	学校名称	学校地址	联系电话
完全中学	北京汇文中学	北京市东城区培新街6号	67117375
		北京市东城区景泰路9号院	67117375
完全中学	北京市龙潭中学	北京市东城区板厂南里3号	67147725
完全中学	北京市广渠门中学	北京市东城区白桥大街甲1号	67126226
		北京市东城区夕照寺中街19号	67122448
		北京市东城区板厂南里3号	67123075
九年一贯制学校	北京市和平北路学校	北京市东城区安外大街168号	64294958
九年一贯制学校	北京市第一一五中学	北京市东城区天坛东路13号	67029131
十二年一贯制学校	北京市第一零九中学	北京市东城区幸福大街43号	67119431
		北京市东城区葱店西街56号	67119431
十二年一贯制学校	北京景山学校	北京市东城区灯市口大街53号	65252555
		北京市东城区北官厅11号	65252555
		北京市东城区东皇城根南街54号	65252555

（李媛媛）

表23　**2023年东城区特殊教育学校、工读学校一览表**

北京市东城区特殊教育学校	北京市东城区安定门外小黄庄一区16号楼	84283449
北京市东城区培智中心学校	北京市东城区体育馆西路33号	67020405
北京市东城区工读学校	北京市顺义区后沙峪裕民大街11号	80484522

（李媛媛）

高等教育

北京协和医学院

【概况】北京协和医学院成立于1917年，中国医学科学院成立于1956年，中国医学科学院北京协和医学院自1957年起实行院校合一的管理体制，是中国最高医学研究机构和最高医学教育机构。院校始终牢记初心使命，以引领国内医学科技教育发展和维护人民健康为己任，教育人才辈出，科研硕果累累，医疗领衔行业，为中国现代科学医学体系的建立和发展做出重要贡献。北京协和医学院开创国内八年制医学教育、高等护理教育、住院医师培训制度和现代公共卫生教育，取得“北京猿人研究”“单体麻黄素提取”“黑热病研究”等一系列重要成果；中国医学科学院在脊髓灰质炎疫苗研发、全国控制和基本消灭麻风病、根治绒毛膜上皮癌化学疗法的创建与推广、中国抗生素自主研发和工业化生产等方面做出创造性贡献。院校培养包括张孝骞、张锡钧、钟惠澜、林巧稚等在内的55位医药卫生领域两院院士，为中国疾病预防控制中心、军事科学院军事医学研究院、首都医科大学、北京医院、北京安贞医院等国内众多重要医学和卫生机构的建立提供人才与技术支持。至2023年，院校发展成为拥有19个研究所、6家附属医院、9个学院、106个院外研发机构，集医教研产为一体的国家级综合性医学科学研究机构。院校直属北京协和医院、阜外医院、肿瘤医院、整形外科医院、血液病医院和皮肤病医院等6所医院，集医院、研究所和教学机构于一体，形成国内外闻名的医疗、教学和科研紧密结合的医疗服务体系。院校注重学科建设，拥有国家“双一流”建设学科5个，在教育部第五轮学科评估中有7个A类学科；具有一级国家重点学科2个，二级重点学科8个，国家重点（培育）学科1个，一级省、部级重点学科4个，二级省、部级重点学科3个；北京市高精尖学科1个；博士学位授权一级学科点8个，硕士学位授权一级学科点3个，硕士学位授权二级学科点（不含一级学科覆盖点）2个；专业学位授权点7个；博士后科研流动站6个。院校专注科研发展，强化内涵建设，完成全国重点实验室重组，院校内有国家级科研基地平台31个，省部级科研基地平台66个；受国家卫生健康委的委托承担102个委重点实验室的日常管理；整合全国优势研究力量，补短板、强弱项，合作建设研究院、创新单元等院外研发机构106个。开放型医学科技创新体系中各类科研基地平台达368个，对标美国国立卫生研究院（NIH），覆盖研究领域由原来的约40%提高至85%以上。院校倾力人才培养，院校有教职工总数为1.58万人（其中在编人员1.18万人），两院院士26人、国家杰出青年45人、万人计划领军人才27人，研究生指导教师为2282人（包括正高级1358人，副高级911人），博士生导师1032人（其同时也可招生培养硕士生）、硕士生导师1231人；专任教师1763人（正高级1116人，副高级525人）。2023年，北京协和医学院全年教育经费投入7.83亿元。固定资产总值6.93亿余元，其中教学、科研、实习仪器设备资产值9477.67万元。拥有计算机（含虚拟化工作站）971台，校本部拥有232间教室，其中拥有多媒体教室（含无线投屏教室、标准录播教室、互动录播教室、学术报告厅等）25个，校园网出口总带宽5450Mbps。图书馆藏书中，实体图书300.52万册，数字资源中，电子图书379.58万册、电子期刊301.28万册、学位论文1899.71万册。

（孙莉娜）

CHINA DAILY | Monday, January 1, 2024 | 7

HOLIDAYIMAGE

Looking back on an eventful year

The year of 2023 has been a year of recovery and boom, with tourism and travel hitting new heights. It has also been a year of joy and achievements. Here are a few highlights.

6月30日，北京协和医学院在毕业典礼上举行经典的“抚旗”仪式，讲述过去一年难以忘却的时刻和不期而遇的温暖（北京协和医学院提供）

【承启文化系列工作】2023年，院校完成总部九号院全面修缮与办公用房调配搬迁。修复协和百年管风琴，举办《复鸣》《致敬医学家》《鸣恩》《心澜》系列管风琴音乐会。推进院校史研究编修工作。毕业典礼、开学典礼形成定制。

（孙莉娜）

【医学学科发展大会】2023年，院校召开第三届中国医学发展大会及基础医学、药学、群医学等12个学科发展大会，领衔国家医学体系建设与发展。

（孙莉娜）

【国家医学高端智库建设】2023年，院校发布《2022年度中国医学院校/中国医院科技量值（STEM）暨五年总科技量值（ASTEM）》，完善医学科技评价体系。发布《中国21世纪重要医学成就》《中国2022年度重要医学进展》，引领医学科技创新。组织“由心讲堂”学术活动。

（孙莉娜）

【升级实施创新工程】2023年，院校完善“5+2+2”战略架构，升级临床与转化医学研究专项管理范式，组织实施前沿与交叉研究专项。

（孙莉娜）

【科技成果】2023年，院校发表SCI论文3828篇，其中IF>10的607篇。获2022年度北京市科学技术奖8项。1人当选北京学者。

（孙莉娜）

【重点实验室体系布局】2023年，院校统筹医药领域全国重点实验室体系布局。获批11家全国重点实验室（牵头8家，参与3家），数量居全国医学院校之首，谋划协和医学实验室建设。

（孙莉娜）

【推进新医科建设】2023年，院校推进医学八年制与“4+4”医学专业试点班培养模式改革，首届“4+4”医学专业试点班毕业，全部就职国家级医疗机构。与北京航空航天大学、北京理工大学、中国科学技术大学战略合作，创办“协和医班”，培养医工医理医文交叉融合型人才。创新宣传形式，扩展招生渠道。推进设立药学博士专业学位（Pharm.D.）和公共卫生博士专业学位（Dr.PH.）。做好对口支援贵州医科大学工作。落实与兰州大学战略合作协议。与中国医科大学签署合作协议。接受教育部护理学专业认证。获批护理学博士后科研流动站。获批中医药重点建设学科。

推进高水平公共卫生学院建设。

（孙莉娜）

【拓展核心基地建设资源】2023年，院校拓展核心基地建设资源。整形医院9万平方米扩建工程竣工并投入使用，医院向综合医院全面转型。加快推进天津基地建设，协和医学院天津医院一期投入使用，其他建设项目（协和医学院天津医院二期、天津医学健康研究院、协和医学院天津校区一期）全部开工。启动苏州基地二期建设。系统谋划院校雄安重大项目布局。推进海南医学健康研究院建设。推动大兴生物医药产业基地异地建设项目。与东城区人民政府、江西省卫健委友好合作。推动北区建设工程概算内竣工。推进国家动物模型技术创新中心和心血管、肿瘤、神经医学领域研究院建设。国家生物医学文献信息中心项目获国家发展改革委立项。

（孙莉娜）

【干部人才工作】2023年，院校坚持“聚才、育才、选才、养才、用才、成才”培养体系，打造良好生态。正式实行所院领导干部任期制、院校机关干部聘期制。调整干部94人次。打造“协和青年学者”“协和海外青年学者”优秀博士后拔尖青年人才队伍。继续优化准聘长聘教职聘任，新聘任47人。全球人才招募25人。

（孙莉娜）

中央戏剧学院

【概况】中央戏剧学院是新中国第一所戏剧教育高等学校，是教育部直属院校，是中国戏剧影视艺术教育的最高学府，是国家确定的“双一流”建设高校，是中国高等戏剧教育联盟总部、亚洲戏剧教育研究中心总部和世界戏剧教育联盟秘书处所在地，是世界著名艺术院校。占地面积25.76万平方米，产权校舍建筑面积18.55万平方米。2023年，拥有教室373间，其中网络多媒体教室73间。数字终端132台，其中学生终端60台、教师终端72台。数字资源量中电子图书350.56万册、电子期刊29.04万册、学位论文908.05万册、音视频1.38万小时。教育部重点实验室建设1个，教育部高等学校学科创新引智基地1个，文化和旅游部研究基地1个。网址：www.zhongxi.cn。高考提档遵循文理兼收的原则，在北京地区提档线为602分。设置13个系、3个教学部，开设11个本科专业，覆盖1个学科门类；具有一级学科3个；一级学科博士学位授权点1个、专业学位博士授权点2个；一级学科硕士授权1个、专业学位硕士授权点2个；博士后科研流动站1个，其中博士后研究人员出站2人、进站1人、在站5人。博士生、硕士生导师81人、硕士生导师76人。“双一流”建设学科1个，国家级一流本科专业建设点8个、北京市级一流本科专业建设点1个，北京高校重点建设一流专业1个。成立数字戏剧系，申请备案数字媒体艺术、影视摄影与制作专业，申请新增数字戏剧专业，增设“动作表演”“数字空间演艺”方向，持续优化专业设置。举办首届学生专业基本功大赛，设立“晨功奖”，引导学生强化基本功训练，夯实专业基础。推进研究生教学改革，完成学位授权点调整工作，推进高层次人才分类培养。加强研究生导师队伍建设，调整研究生导师遴选办法，优化遴选程序。加强研究生创作实践，成立青年艺术剧团，重点支持研究生创作、剧目孵化与演出。高质量办好继续教育，举办新时代舞台艺术创作领军人才高级研修班、广西优秀艺术人才进修班，助力高端艺术人才培养。夯实顶层设计，建设与学院发展相适应的学科体系和评价体系。认真开展教育部“双一流”中期自评，持续完善学科信息库建设，聚焦问题和短板，深化调查研究，破解发展难题，推动学科建设水平持续提升。深化教育评价机制改革，做好阶段性评估、检查，增强教育评价改革与“双一流”建设合力。落实学院人才工作会议精神，坚持党管人才原则，统筹抓好人才引进、培育、服务、支持、激励等各项工作，优化教师队伍结构。加强教师思想政治工作和师德师风建设，坚持师德第一标准，开展师德集中学习教育，加强监督检查，严肃处理师德违规行为。加强“四级把关”，优化人才引进结构。增强拔尖创新高层次人才自主培养能力，强化分类评价、代表作评价体系，深化人事制度改革。完成《中央戏剧学院章程》修订，以章程为核心，以巡视问题反馈和经济责任审计整改清单为基础，推进规章制度建设，加强整改整治。不断增强风险防范能力，推进合同管理信息化，加快部署校名校誉等无形资产保护。完善校内接诉即办机制，构建“大信访”工作格局，维护学院及广大师生员工的合法权益。做好信息化和网络安全保障工作，加快智慧校园建设进程；调整机构设置，完善后勤服务保障体系；加强空间资源统筹协调，推进节约型校园建设，通过绿色学校创建达标验收。

（陈凌云）

【科研工作】2023年，中央戏剧学院推进“中国演剧体系”研究，设立《中国演剧体系构建研究》院内重大项目，在《人民日报》《光明日报》和核心期刊发表多篇文章。组织研究阐释习近平总书记在文化传承发展座谈会上重要讲话精神院级专项课题，推动中华优秀传统文化继承与弘扬的艺术探索和理论研究。“智能戏剧艺术空间”获批教育部重点实验室，入选文化和旅游部“文化和旅游研究基地（2023—2025年）”。推进国家级实验教学示范中心建设，推动产学研深度融合。举办第八届高等院校曲艺教育峰会、中华传统戏剧艺术传承发展暨学科建设研讨会、《欧阳予倩全集》编纂学术研讨会、第五届演艺家论坛、第四届全国中小学戏剧教育研讨会、第十二届中国电影史年会、第十三届北京国际电影节“电影强国创作论坛”等重要学术活动，《戏剧》再次入选《中文社会科学引文索引（CSSCI）来源期刊》。

（陈凌云）

【交流合作】2023年，中央戏剧学院成立国内合作与交流处，开拓社会资源，更好服务学院事业发展。5月10日，中央戏剧学院与中国歌剧舞剧院签署战略合作协议；6月21日，与中国广播艺术团签署战略合作协议；8月31日，与中国煤矿文工团签署战略合作协议；9月22日，与中央歌剧院签署战略合作协议；10月24日，与北京邮电大学签署战略合作协议；12月15日，与清华大学签署合作协议。深化交流合作，共同构建艺术教育新发展格局。中央戏剧学院加入“北京西城·首都高校发展联盟”，深度参与东城区“大戏东望·2023全国话剧展演季”及高峰对话活动项目，助力首都全国文化中心建设。深化教育对外开放，与日本大学艺术学部续签合作备忘录，与俄罗斯瓦赫坦戈夫剧院、史楚金戏剧学院签署三方合作备忘录；做好校际交流项目管理，与伦敦艺术大学续签“3+2”校际交流项目合作协议。

（陈凌云）

【定点帮扶项目获奖】2023年，中央戏剧学院发挥特色优势，聚焦“戏剧+美育”特色帮扶模式，举办贵州省长顺县非遗进京展、乡村戏剧节、秋坡文化节，开展美育支教；《“戏剧+美育”点燃长顺乡村振兴“文化火种”》项目获教育部第八届直属高校精准帮扶典型项目。

（陈凌云）

【党建工作落到实处】3月21日，《北京普通高等学校党建和思想政治工作基本标准》检查组通过听取中央戏剧学院党委汇报、审阅支撑材料、召开座谈会、实地走访等形式，全面检查学院贯彻落实《基本标准》、开展党建和思想政治工作情况。4月20日，中央戏剧学院召开学习贯彻习近平新时代中国特色社会主义思想主题教育动员大会，全年举办主题教育专题读书班，组织理论学习中心组专题学习6次，开展专题党课66场、专题调研124项。5月26日，中央戏剧学院召开第三次党员代表大会。选举产生新一届党委和纪委。

（陈凌云）

【第一届学生专业基本功大赛】5月，中央戏剧学院第一届学生专业基本功大赛正式启动，大赛分为“台词赛道”“声乐赛道”“形体赛道”。11月9日，在中央戏剧学院剧场中心镜框式舞台剧场举行第一届学生专业基本功大赛展演暨颁奖典礼。获得台词、声乐、形体3个赛道一等奖、二等奖、三等奖各3人，获晨功奖1人。“晨功奖”代表中央戏剧学院对大赛获奖者的最高表彰，是对获奖者专业基本功水平的高度肯定。

（陈凌云）

11月9日，中央戏剧学院第一届学生专业基本功大赛展演暨颁奖典礼举行
（中央戏剧学院提供）

【数字戏剧系成立】6月6日，中央戏剧学院成立数字戏剧系。数字戏剧系作为智能戏剧艺术空间教育部重点实验室建设重要成果，以中央戏剧学院自主首创的“数字戏剧”二级学科为支撑，立足戏剧本体，注重学科交叉，面向国家文化数字化战略需求，围绕数字时代信息科技、智能科技等前沿科学技术在戏剧艺术领域的应用，培养文化科技和戏剧影视深融相通的文理兼备的跨学科复合型人才。数字戏剧系参加智能戏剧艺术空间教育部重点实验室建设与运行，围绕主要研究方向和重点任务，联合国内外优秀团队开展协同创新，承担国家、首都和行业的重大任务。

（陈凌云）

【原创话剧《风云儿女》公演】6月9日，中央戏剧学院实验剧团原创话剧《风云儿女》在中央戏剧学院东城校区实验剧场首次面向社会公开演出。该剧传承红色基因，赓续延安精神，受到社会各界的高度关注。话剧《风云儿女》以田汉一生激昂坎坷的奋斗和革命历程为线索，重点塑造民族危亡时刻左翼知识分子群像，用叙述体戏剧诗意而清晰地展现背景庞杂、人物众多的革命年代，真情讲述不同身份的文艺工作者在革命立场、艺术审美、个人生活中的价值选择，兼具史实与史感，写儿女情更抒家国志。

（陈凌云）

【原创音乐剧《家》全国巡演】7月至8月，实验剧团运营演出的音乐剧《家》作为国家艺术基金2020年度传播交流推广资助项目，开启全国巡演，历时51天，六城15场，北京、杭州、宁波、廊坊、上海、天津，六城六站。11月，参演第十八届中国戏剧节并获评优秀剧目，秉承“以经典再创经典，用青春致敬青春”的初心，不断探索，为时代放歌，讲好中国故事。

（陈凌云）

【高等戏剧教育联盟交流活动】9月25—27日，由中国高等戏剧教育联盟主办、中央戏剧学院承办的第十届中国高等戏剧教育联盟交流活动暨第四届大学生戏剧展演活动在中央戏剧学院昌平校区举办，交流活动分为主席团会议、学术论坛、工作坊、展览、中央戏剧学院剧目演出、大学生戏剧展演六大板块。学术论坛的主题为“新时代十年——共建中国高等戏剧教育的学科体系、学术体系、话语体系”。第四届大学生戏剧展演活动的主题是“共铸华章”。来自全国各地近50所院校的专家学者和师生300余人参加活动。

（陈凌云）

【国际大学生戏剧展演】10月22—26日，由世界戏剧教育联盟（WTEA）主办、中央戏剧学院承办的2023国际大学生戏剧展演在中央戏剧学院举行。戏剧展演活动包含戏剧演出和戏剧工作坊两部分内容。8所国内外知名戏剧院校的青年学生们围绕“莎士比亚的悲剧”或“本国作家作品”进行演绎。国外主讲人6人分享具有本国特色的演员身体训练和舞台表演的方式方法，增加学生对各国表演技巧的了解与学习。受2023桂林艺术节的邀请，戏剧展演中的8台演出剧目首次走出校园，在桂林的象山、虞山、七星岩洞等山水剧场进行演出。

（陈凌云）

【2023桂林艺术节】10月27日，由广西壮族自治区党委宣传部、自治区文化和旅游厅指导，桂林市人民政府、中央戏剧学院联合主办的2023桂林艺术节在广西省立艺术馆拉开帷幕。艺术节以“美美与共、和谐共生”为主题，从10月27日持续至11月5日，为期10天。用“桂林经典”讲述“中国故事”“世界故事”，全力打造“山、水、洞、草”剧场，让所有的故事、剧情、场景在“甲天下”的山水间徐徐展开，为国内外游客、戏剧爱好者呈现一场场人与自然和谐共生的文化盛宴。

（陈凌云）

【获“挑战杯”全国一等奖】10月28日，由共青团中央、中国科协、教育部、中国社会科学院、全国学联和贵州省人民政府共同主办，贵州大学承办的第十八届“挑战杯”全国大学生课外学术科技作品竞赛终审决赛在贵州大学举行。以贵州省黔南州长顺县雷坝村成为中央戏剧学院对口帮扶村为背景，以展现双方近三年的情谊和相互成就为内容，中央戏剧学院报送的雷坝村“中顺情”文化活动广场墙画设计绘制项目，获全国大学生课外学术科技作品竞赛红色专项活动一等奖，系中央戏剧学院首次参加国赛。

（陈凌云）

【第八届北京大学生戏剧节】11月16日，由中共北京市委教育工作委员会、北京市教育委员会主办，中央戏剧学院、北京市少年宫承办的2023年第八届北京大学生戏剧节在中央戏剧学院剧场中心镜框式舞台剧场开幕。以“青春筑梦·强国有我”为主题，共收到来自44所在京高校的参赛作品87部，作品包括多幕剧、独幕剧、短剧及朗诵，涵盖话剧、京剧、音乐剧等多种形式，题材涉及大学生活、青春理想、人生思考等层面，展现大学生的创作激情与青春朝气。

（陈凌云）

11月16日晚，2023年第八届北京大学生戏剧节在中央戏剧学院开幕
（中央戏剧学院提供）

东城区高等院校负责人

中国医学科学院北京协和医学院		中央戏剧学院党委书记	徐永胜
院校长	王　辰	党委副书记、院长	郝　戎
党委书记	姚建红		

职业与成人教育

【概况】至9月，东城区共有在办中等职业学校3所（含非教育部门办1所），均为职业高中校。另有2所学校附设中职班。中等职业学校在校生736人（含非教育部门办12人）。东城区共有独立设置成人高校2所，成人高等学历教育在校生3252人。职业教育教职工357人，成人教育教职工147人。

（李媛媛）

【中职学校学生汉字书写大赛】4月3日，由东城区语言文字工作委员会主办，区教育科学研究院职教研修部承办的东城区中等职业学校学生汉字书写大赛在北京国际职业教育学校举行。全区在校中等职业学生220余人参加比赛。比赛决出特等奖44人、一等奖65人、二等奖111人。此次活动使学生感受到汉字之美和中国文化的独特魅力。

（李媛媛）

【职业成人学校教师教学能力赛】4月26—27日，东城区职业、成人学校教师教学能力比赛在北京现代职业学校举行。北京教育科学研究院专家、北京市其他区县职业、成人学校校长等评委小组成员全程评议指导。各校遴选教师137人组成88个团队分别参加公共基础课、专业课、职业体验课三项比赛，经过教学设计陈述、无生教学展示、答辩等环节，评选出特等奖18组、一等奖26组、二等奖44组。教师队伍师德践行能力、专业教学能力、综合育人能力和自主发展能力得到提升，促进教师全面成长。

（李媛媛）

【职业教育宣传月活动】5月25日，东城区职业教育宣传月活动启动仪式在北京国际职业教育学校举行。启动仪式上播放《前途广阔 大有可为》东城区职业教育宣传片，与会领导、嘉宾为2023年东城区职业学校学生经典诵读、汉字书写大赛和职业、成人学校教师教学能力大赛中获奖的师生颁发奖状，北京国际职业教育学校、东城区古城职业高中、北京市国际美术学校、北京国际职业教育学校京蒙手拉手学校——内蒙古自治区乌兰察布市化德县职业中学的学生团队进行诗词诵读表演，北京国际职业教育学校的获奖教师作《幼儿舞蹈古诗词律动创编》课堂教学展示，有关专家作点评。北京国际职业教育学校、东城区职工大学与北京大学首都发展研究院，东城区古城职业高中与中国汽车工程研究院、北京百校千企科技有限公司签订合作共建协议。北京市职教学会、北京大学首都发展研究院、中国汽车工程研究院标准认证中心、北京百校千企科技有限公司、区教委相关领导及专家，区内各职业、成人学校校长、干部、师生代表77人参加。

（李媛媛）

【教育工作会职成分论坛举行】11月29日，东城区2023—2024学年教育工作会职成分论坛在北京国际职业教育学校举行，论坛主题为“涵养文化素养，培育工匠精神，促进东城区职成教育高质量发展”。会上，教育部职业技术教育中心研究所专家作《类型教育视野下的职业院校课程教材改革》讲座，校长7人分别作历史经验和实践成果交流。区教育科学研究院职教研修部主任以“共融、共研、共升教研助力区域职成学校高质量发展”为主题作经验交流。区委教育工委、区教委以及教育科学研究院有关领导，区各职成学校的书记、校长、教育教学主管干部、职教研修部教研员、各校教师代表95人参加论坛。

表24 2023年东城区中等职业学校一览表

学校名称	学校地址	联系电话
北京市东城区东岸音乐实验学校	北京市东城区南河沿大街19号	65388475
北京国际职业教育学校	北京市东城区宝钞胡同21号	64006286
北京现代职业学校	北京市东城区左安浦园4号	67125384

（李媛媛）

表25 2023年东城区成人教育学校一览表

学校名称	学校地址	联系电话
北京市东城区职工大学	北京市东城区潘家坡胡同1号、东四西大街48号、豆腐池胡同39号	65520824
北京开放大学东城分校	北京市东城区潘家坡胡同1号、东四西大街48号、豆腐池胡同39号	65520824

（李媛媛）

民办教育

【概况】至9月，东城区在办民办普通中学1所，中等职业学校1所，幼儿园26所。民办在校生（在园幼儿）共计3632人，其中普通高中425人，中等职业教育12人，幼儿园3195人。民办及其他办学校（幼儿园）教职工1696人，其中专任教师863人。

（李媛媛）

【民办幼儿园外籍教师工作会】9月6日，东城区教委召开民办幼儿园外籍教师工作会。对外交流与合作科通报外籍教师违规情况，介绍外籍教师聘用、使用及管理要求和外国人临时入校报备流程，围绕外籍教师教育教学、外事纪律、安全管理等内容进行培训。对外交流与合作科要求民办幼儿园、社区办园点高度重视，增强政治敏感性，牢记外事纪律，制订相关规章制度，合规聘用、使用及管理外籍教师，规范报备外国人临时入校活动。民办教育科要求幼儿园高度重视，确保教育系统安全稳定。区教委对外交流与合作科、民办教育科及17个民办幼儿园、社区办园点负责人参加。

（李媛媛）

教育科研

【概况】东城区立项北京市教育科学“十四五”规划2023年度课题21项，其中重点课题1项、校本研究专项课题1项、一般课题19项。2023年，东城区结题2018—2021年度北京市教育科学规划课题23项，其中免于鉴定2项，结题等级“优”3项，结题等级“良”4项。批准立项东城区“十四五”教育科学规划2023年度课题152项，其中重点课题2项、校长专项课题4项、青年专项课题22项、一般课题124项。推进北京市教育科学规划优先关注课题“提升普通中小学教师科研素养的行动研究”，录制推出“研究选题与申报”阶段视频培训课35节，“研究实施”阶段视频培训课26节。东城区域“双减”研究管理优化转型的重要经验，入选《新问题、新探索、新实践——北京市教育科学规划“双减”研究专项成果集》。东城区11所首批跨学科学习研究基地校形成区域联盟，集聚42项在研跨学科学习相关课题的研究合力。全区650篇征文获2023年北京市教育学会基础教育征文优秀奖。

（李媛媛）

【专项课题结题】2023年，区教委设立“智能技术融合英语听说教学研究”专项课题结题并通过鉴定。课题以英语学科智能环境发展与应用研究为依托，以全区中小学教师、学生、家长和学校管理者为对象，利用行动研究法，推动智能技术提升教学质量和育人成效。课题聘请来自北京师范大学、中国教育科学研究院等高校、研究所专家学者18人进行同步指导。2021—2023年，共23所中学英语学科的28项课题立项，项目涵盖学习方式变革、教学评价、资源开发、作业改革四大方向。基本形成“校校有课题，初高中英语教师人人参与课题，行政牵头，教研、师训、科研部门协同助力课题开展，专家学者开展课题针对性支持”的教学研究新模式。在两年的研究周期中，28个课题项目有30余篇案例成果和论文获奖励或公开发表。

（李媛媛）

【国家智慧教育平台学校座谈会】2月27日，区教委召开国家智慧教育平台学校座谈会，东城区作为北京市首批国家智慧教育平台试点区，在全区各校推广平台资源使用，并依托24所试点校在18项试点任务上全面发力，推动优质数字资源建设。共计40余人参会。

（李媛媛）

【教育科研工作会议】5月23日，北京市教育科学规划课题优秀成果交流暨东城区2023年度教育科研工作会议在北京汇文中学召开。会议采取线上线下相结合方式进行。会议召开前，参会人员线上自主观看20节市教育科学规划课题优秀研究课。会议报告主题为“聚焦区域教育质量提升的教科研探索与实践”，北京汇文中学、东城区史家胡同小学、北京市第五幼儿园分享科研助力学校高质量发展成果。北京市广渠门中学、第六十五中学，东城区培新小学、府学胡同小学、回民实验小学以“科研引领教育发展”为题进行沙龙探讨交流。会议宣读东城区获2021年北京市教育教学成果奖名单，与会领导为29项获奖成果代表颁奖。中国教育科学研究院、北京师范大学、北京教育科学研究院、东城区委教育工委、区教委相关领导及专家，各区教育科学规划领导小组办公室负责人，东城区各中小学、幼儿园主要负责人和科研干部现场参加。各区中小学、幼儿园主要负责人和教师线上参加。共300余人参加会议。

（李媛媛）

教师队伍建设

【概况】至9月，东城区教育系统共有教职工1.81万人，其中专任教师1.50万人。东城区教育部门办学单位共有教职工1.64万人，其中专任教师1.41万人。东城区教育系统共有特级校长9人，特级教师73人，正高级教师126人，市级学科教学带头人34人，市级骨干教师159人，市级中小学骨干班主任37人，市级幼儿园骨干主班教师8人。

（李媛媛）

【区第十一届“东兴杯”表彰会】6月20日，东城区在区灯市口小学召开以“学思践悟，追求卓越”为主题的课程标准深度解读与教学指导培训中期展示，暨第十一届“东兴杯”小学教师教学基本功培训与展示活动总结大会。与会领导和教师在10个分会场听取小学全部13个学科和特殊教育教师的18节说课及1节现场课展示。第十一届“东兴杯”经过评选，146人获区级一等奖，160人获区级二等奖，401人获区级三等奖。东城区全体小学教研员、各小学的教学干部和教师代表参会。

（李媛媛）

【新任教师培训启动会】8月26日，区委教育工委、区教委召开东城区2023年新任教师培训启动会。区教育系统及民办教育机构中小学幼儿园全体新任教师近600人参加会议，拉开全区2023年新任教师为期三年培训序幕。

（李媛媛）

【第39个教师节表彰大会】9月7日，东城区“躬耕教坛，强国有我”——庆祝教师节表彰大会在区少年宫召开。区委教育工委书记宣读《关于表彰2022—2023学年度东城区教育系统先进个人的决定》，授予495人区教育系统“育人奖”称号，授予104人区教育系统“教育新秀”称号，授予113人区教育系统“优秀班主任”称号，授予128人区教育系统“师德标兵”称号，并向他们颁发荣誉证书。600余人参加。

（李媛媛）

【青年成长营结业典礼】11月12日，“东城·青年成长营”结业典礼暨学习成果展示在北京师范大学辅仁校区举行。青年成长营2020—2023年聘请高校理论导师、各领域专家学者、基础教育领域的实践导师共计70人，培养营员97人，组织92次线上、线下课程，与名师大家70人对话，1028天浸润式学习，走进18所市、区名校跟岗实践，打造出教育系统青年干部培养的“东城模式”。与会领导为青年成长营营员97人颁发结业证书。市、区教委领导，专家学者、青年成长营营员近300人出席结业典礼。

（李媛媛）

【优秀班主任展示交流活动】12月20日，区委教育工委、区教委主办，区教育科学研究院承办的“立德树人 担使命 躬耕教坛育新人”——北京市东城区中小学优秀班主任展示交流活动在北京市第五十五中学举行，与会领导和由家属、学生、结对师徒组成的特邀嘉宾为北京市中小学“紫禁杯”优秀班主任20人、“学生喜爱的班主任”14人、北京市基本功培训与展示活动获奖班主任15人颁奖。会议就“构建班主任专业成长共同体”话题进行圆桌论坛，广渠门中学、北京市第五十五中学、培新小学、分司厅小学4所学校通过“共生、共研、共建、共创”4个关键词的分享，共议热点难点问题、共商队伍建设途径方法、共谋班主任专业成长路径。共300余人现场参加活动。

（李媛媛）

9月7日，东城区教育系统举办教师节表彰大会（徐鹏摄）

教育管理

【概况】中共东城区委教育工作委员会、东城区教育委员会（简称两委）。中共东城区委教育工作委员会（简称区委教育工委）是负责辖区教育系统党的建设、思想政治工作和干部管理工作的区委派出机构，东城区教育委员会（简称区教委）是负责辖区地方教育事业的行政职能部门，区委教育工委和区教委合署办公。2023年，区教委辖属教育单位179个（不含3个未办学单位），其中幼儿园71所（教育部门办园32所、其他部门办园7所、地方企业办园1所、部队办园3所、集体办园2所、民办园26所），小学45所（教育部门办校45所），初级中学6所（教育部门办校6所），完全中学24所（教育部门办校24所），高级中学3所（教育部门办校2所、民办校1所），九年一贯制学校2所（教育部门办校2所），十二年一贯制学校2所（教育部门办校2所），特殊教育学校2所，工读教育学校1所，中等职业学校3所，其他法人单位20个。招生3.78万人（幼儿园5146人、小学1.47万人、初中1.02万人、普通高中6997人、中等职业学校234人、特殊教育学校43人、成人教育学校470人）；毕业3.23万人（幼儿园7845人、小学1.02万人、初中7987人、普通高中5455人、中等职业学校250人、特殊教育学校37人、成人教育学校446人）；在校生14.64万人（幼儿园1.69万人、小学7.77万人、初中2.82万人、普通高中1.94万人、中等职业学校661人、特殊教育学校267人、成人教育学校3252人）。教职工总数1.81万人（幼儿园3634人、小学6160人、中学6616人、中等职业学校391人、特殊教育学校125人、工读教育学校47人、成人教育单位147人、校外单位333人、直属单位599人）。全年教育总投入79.78亿元。中小学固定资产总值43.51万亿元。

（李媛媛）

【校外培训机构治理】2023年寒假期间，东城区制订《东城区关于加强校外培训机构寒假期间专项治理，落实“五必巡”常态化检查机制的工作方案》，区“双减”工作专班成员单位区教委、区文化和旅游局、区体育局、区科学技术和信息化局4个行业主管部门及区市场监管局、北京市公安局东城分局、17个属地街道，采取日常巡查、拉网式排查、公开抽查等形式，持续加大对辖区内校外培训机构的执法检查力度，共巡查各类校外培训机构171址，出动检查人员393人次。区商务局严查属地内提供家政服务的营利性组织，严防以“高端家政”“高级保姆”等名义，违规开展学科培训行为。区“双减”工作专班成员单位履职尽责，提高校外培训监管行政执法质量和效能，推动校外治理常态化、制度化和长效化。检查中对无证无照违规办学行为，公开通报2次，防止违规校外培训加重学生课外负担，杜绝已治理机构死灰复燃。

（李媛媛）

【全国国防教育示范学校授牌】2月27日，东城区全国国防教育示范学校授牌仪式在北京市东直门中学举行。中央工艺美术学院附属中学、北京景山学校、北京汇文中学、北京市东直门中学、北京市第五十五中学、北京市第一七一中学、北京市广渠门中学、北京市第一师范学校附属小学、东城区府学胡同小学9所学校获教育部、中央军委政治工作部联合颁授的全国国防教育示范学校牌匾。

（李媛媛）

【五四青年节主题教育活动】5月3日，区委教育工委、区教委主办的“放飞梦想，逐梦而行”——2023年东城区中学生庆祝五四青年节主题教育活动在区少年宫举行。活动以校服秀展示开场，由“生逢其时，青春力量”“舞台广阔，青春榜样”“实现梦想，青春飞扬”三个篇章构成，旨在激励广大青年学子牢记习近平总书记嘱托，勇担青春使命，展现当代中国青年生逢其时，施展才干的舞台无比广阔，实现梦想的前景无比光明。活动表彰从全区各中学推荐的优秀学生近300人中遴选产生的“感动东城学子”，涉及30所学校，共计36人；表彰2022—2023学年度获东城区先进集体称号的班集体155个，教育部、市委教育工委、市教委、市委宣传部、首都文明办、东城区委、区政府、区人大、区政协、区委宣传部、区妇联、团区委、区委教育工委、区教委及17个街道等相关单位领导出席，东城区教育两委各科室、各中学党政一把手，全区优秀中学生代表、教师代表、家长代表及多家媒体等600余人参加。

（李媛媛）

【“家校社”协同育人工作论坛】6月19日，东城区“家校社”协同育人工作论坛暨东城区教育系统首席家庭教育指导服务师工作室分中心颁牌仪式在北京市第五十五中学举行。与会领导为家庭教育指导服务师中的优秀学员代表59人颁发“东城区首席家庭教育指导服务师”聘书；为8个街道办事处“教育系统家庭教育指导服务工作室驻街道办事处工作站”颁牌。会上正式发布《家庭教育难题60解》一书，展现东城区“家校社协同育人实践研究示范区”三年来的建设成果。北京市教育委员会、市学校德育研究会、市家庭教育研究会、东城区委、区妇联、区教委、区教育科学研究院、各街道相关领导及东城区首席家庭教育指导服务师、中小学教师代表和家长代表近400人参加。

（李媛媛）

【“七一”主题党日活动】6月30日，东城区教育系统在北京市第六十五中学举办“信仰 榜样 传承”2023年“七一”主题党日活动。主题党日活

5月3日，“放飞梦想 逐梦而行”2023年东城区中学生庆祝“五四”青年节主题教育活动举办（唐晨摄）

动旨在强信仰、树榜样、讲传承，激励教育系统广大党员干部教师以党的二十大精神为指导奋力办好人民满意的东城教育。市委教育工委、市教委机关党委，东城区委、区委教育工委、区教委相关领导，区教育两委班子成员，区教育系统各单位党政正职、副书记，教育系统的区党代表以及新发展预备党员代表600余人参加活动。

（李媛媛）

【东城区教育工作会】11月25日，“守正笃实、开放创新，以首善标准推动东城教育高质量发展”东城区2023—2024学年教育工作会在北京市第二中学召开。大会设置1场主论坛与中学、小学、学前、校外、德育、职教6场分论坛，会议启动拔尖创新人才培养研究试点工作，发布推进“阅读素养提升工程”八项行动。区委教育工委副书记、区教委主任以《守正笃实、开放创新，以首善标准推动东城教育高质量发展》为题作主旨报告。区委教育工委书记以《举旗定向、固本培元，以高质量党的建设为引领，推动教育事业高质量发展》为题，强调要以高质量党的建设不断推动教育事业实现高质量发展，办好人民满意的东城教育。600余人在现场参会。

（李媛媛）

教育督导

【概况】东城区人民政府教育督导室主要职责是对东城区政府相关部门及各街道办事处落实教育法律法规职责、实施素质教育情况开展督导检查，对各级各类教育机构进行监督、检查、监测、评估、指导。2023年，在教育部、市教委的统一领导下，结合东城区实际推进区域教育督导体制机制改革，开展各项教育督导工作，提升教育督导水平。完成义务教育优质均衡发展国家督导评估认定实地核查。完成北京市对东城区政府履行教育职责情况实地督导检查。完成年度学前教育发展状况监测，做好幼儿园办园质量督导评估及问题整改。完成国家义务教育质量监测现场测试组考工作及2021年监测结果分析与整改工作。完成教育工作满意度调查结果运用及问题整改。组织挂牌责任督学及学校干部参加教育部及市级培训891人次。加强责任督学常态督导力度，开展“双减”、劳动教育等10次专项督导，涉及1851校次。

（关英）

【区接受国家评估认定实地核查】12月18—19日，东城区接受县域义务教育优质均衡发展国家评估认定实地核查。国家督学顾问、江苏省政协教卫体委员会主任、江苏省教育厅原厅长葛道凯，上海市黄浦区人大常委会副主任、特级教师、特级校长、中国教育学会化学专业委员会副理事长姚晓红，江苏省南京市人民政府教育督导室主任、一级调研员刘璇，国家督学、上海市普陀区洵阳路小学党支部书记、校长、特级校长、正高级教师、中国教育学会理事、上海教育功臣朱乃楣，上海市长宁区教育局专职督学等教育部核查组成员到东城区开展实地核查工作。东城区委、区政府以《优质跃动 悦享均衡 办好更加公平 更高质量的基础教育》为题，从“区域概况、主要举措、创建效果和未来设想”四部分汇报区义务教育优质均衡发展工作情况。2022年4月，东城区被教育部认定为义务教育优质均衡先行创建区以来，东城区成立义务教育优质均衡发展先行创建领导小组，制订先行创建工作方案，提出“以先行创建督导评估为契机，展示东城区义务教育优质均衡发展的成果和亮点，发扬优点、弥补不足，深化教育领域综合改革成果”的工作目标。深入基层开展调研，先后召开教育两委机关、中小学校校长座谈会，听取基层优质均衡发展情况；邀请专家作“义务教育优质均衡发展督导评估流程及指标审核”专题讲座，对“资源配置、政府保障程度、教育质量、社会认可度”四方面32个重点指标开展研究学习。区教委成立创建工作专班，指导义务教育阶段学校开展达标创建工作，形成工作总结汇编；组织专门力量开展自查自评，对照各校上报指标进行入校检查，抓好问题整改落实。东城区各中小学校资源配置七项指标的校际差异系数小学均小于0.50，初中均小于0.45，120个校区100%实现综合达标。核查组召开座谈会、查阅档案资料，实地检查8所不同类型的义务教育学校，了解区义务教育优质均衡发展情况。对东城区义务教育优质均衡发展工作给予充分肯定，并提出诚恳建议。

（李媛媛）

【责任督学挂牌督导工作】2023年，东城区以“精、细、实”的标准落实责任督学挂牌督导工作，坚持围绕中心工作、聚焦重点工作，一督“底线要求”，守好校园安全稳定底线；二督“薄弱环节”，督促教育改革政策真正落细落实；三督“民之所盼”，推动解决人民群众关心关注的教育热点难点问题。全年结合中小学幼儿园开学、“双减”、德育、劳动教育、体育、安全等工作，共对中小学幼儿园开展督导1851校次，检查项目达242项。强化结果运用，联动推动问题整改，助力提升学校办学质量。

（李媛媛）

【完成幼儿园发展状况监测工作】3至4月，东城区按照北京市教委统一部署，组织区94所幼儿园（址），协调区公安、街道相关部门，教委机关相关科室，对在园儿童数，幼儿园分布、结构及建设，教师队伍状况，学前教育经费投入等学前教育发展状况进行监测统计。为扎实推进幼儿园普及普惠提供决策依据。

（李媛媛）

文 化

10 月 17 日，2023 东城区“唱响中轴”群众合唱活动举行（区文旅局提供）

综　述

2023年，区文旅局紧紧围绕中央和北京市重大决策部署，落实东城区“十四五”规划各项任务，在公共文化服务、文物保护利用、“戏剧之城”建设、非物质文化遗产传承保护、文旅融合等各项工作中走在全国前列。

基础服务高质量。不断巩固国家公共文化服务体系示范区建设成果，积极探索公共文化服务新空间建设，打造龙顺成博物馆等首批5个“好看又好用”的公共文化新空间示范点，优化全区公共文化服务设施布局。图书馆为社会公众办理一卡通借阅证3868个，组织各类读者活动1067场次，惠及38万余人次，举办“故宫以东·书香之旅”品牌阅读活动24场，影响力持续扩大。文化馆持续加强总分馆制度建设，系列品牌文化活动全面开展，进基层惠民活动惠及群众4万余人次。区文化馆志愿者团队获全国学雷锋志愿服务“四个100”先进典型最佳志愿服务组织称号、首都学雷锋志愿服务“五个100”最佳志愿服务组织称号。中国共产党早期北京革命活动纪念馆讲解员1人获评2023年首都红色故事讲解员大赛专业组金牌讲解员。

特色活动成亮点。举办春节、元宵节、清明节、端午节、中秋节、重阳节等传统文化节日活动，以市集、集章打卡等新方式提升互动体验。第三十六届群众文化展演季“全明星公映计划”创新活动品牌，109场百姓周末大舞台延伸覆盖范围，文化惠民更加深入基层。举办第九届孔庙国子监国学文化节，重启2023新春游乐会、钟鼓楼相声会等群众文化品牌活动，让传统文化深入百姓身边。北京周末相声俱乐部扎根东城20年，“华彩东城”演出季贯穿全年，“花开时节动京城”画展艺润四季。“唱响中轴”群众大合唱、“千年一线 中轴印象”影像展、“字里行间读中轴”文献展为古老中轴线增添新鲜活力，唱响中轴活动主题曲《唱响中轴》获北京中轴线创意大赛音乐赛道原创作品“优秀作品奖”。

遗产保护有新意。中轴线申遗三年行动计划收官，完成国际古迹遗址理事会现场评估考察。完成宏恩观、鼓楼（一期）、江西新建会馆、安徽太平县会馆等多处保护修缮工程以及钟鼓楼 、曹雪芹故居纪念馆、福建汀州会馆北馆、花市火神庙、隆安寺、于谦祠、永定门城楼、育群胡同天后宫创建碑8处文物的价值研究。利用科技手段持续开展文物“体检”，35处不可移动文物完成安全风险评估，入选北京世界文化遗产保护管理联盟成员单位。探索文物活化利用新路径，2023北京古建音乐季覆盖4区10个文物点位。引入社会化运营模式，打造全新钟鼓楼品牌，时间主题系列文化活动得到市场青睐。相继出台《东城区非物质文化遗产专项扶持资金管理使用办法》与项目评审办法、传承人评审办法，非遗系统性保护机制构建完成。实施“非遗焕新”优秀项目扶持计划，32个优秀项目通过专家评审。文旅部“非遗在社区”试点项目向纵深发展，东花市和天坛两个案例入选全国“非遗在社区”试点地区典型案例，颁布嘉德艺术中心、王府中环等一批东城区非遗新场景实践基地。

（邵帅）

公共文化服务

【概况】东城区文化和旅游局（简称区文旅局）负责全区公共文化事业发展，负责开展公共文化和旅游事业管理工作，统筹推进本区公共文化服务体系建设和旅游公共服务体系建设，管理公益性数字电影放映工作。2023年，区文旅局巩固国家公共文化服务体系示范区成果，不断加大文化领域供给侧改革探索实践，坚持开展群众公共文化满意度测评、街道综合文化中心效能评估，不断提升公共文化服务水平。探索新型公共文化空间服务模式，总结提炼示范点典型经验与创新做法，基本形成“政府引导、企业参与、政企共建、百姓受益”的文化和旅游新空间公共文化服务“东城模式”。市文旅局评估街道综合文化中心设施与服务效能，东城区17个街道综合文化中心面积全部达标。

（王笑夫）

【国家级市级奖项】2023年，东城区“27院儿”获全国基层公共文化服务高质量发展典型案例；北京市东城区美后肆时（景山市民文化中心）获全国公共文化空间品牌案例；东城区文化志愿者服务分中心获全国学雷锋志愿服务“四个100”先进典型宣传推进活动最佳志愿服务组织；“心阅书香”视障阅读推广志愿服务项目获2023年首都学雷锋志愿服务“五个100”先进典型首都最佳志愿服务项目。

（王笑夫）

【新型公共文化空间】2023年，区文旅局开展新型公共文化空间试点，建设文沁阁书店、吉祥剧院、龙潭中湖公园、龙顺成非遗博物馆4个不同业态的新空间，开展公共文化服务新探索。

（王笑夫）

【公众满意度调查】2023年，区文旅局通过在各文化场馆内及周边随机拦访群众进行问卷调查，从公共文化设施网络建设、公共文化服务供给、需求反馈等方面设置题目，客观全面了解文化设施的整体服务水平，反馈群众意见和需求。调查表明，辖区公共文化服务质量稳定。2023年，辖区公共文化设施与服务公众满意度综合指数为98.37分，相较2022年（92.44分）增加5.93分，17个街道公众满意度综合指数在90分以上。

（王笑夫）

文化设施

【概况】东城区有区级文化馆1家、区级图书馆1家，均达到国家一级馆标准。全区17个街道全部建有综合文化中心，总建筑面积4.1万平方米，163个社区配有社区文化活动室，其中部分社区采用多合一方式共用社区文化活动室，社区文化活动室总建筑面积超过4万平方米。街道管理的室外文化广场48个，超过1万平方米以上的有2个。有17个电影放映点，政府主办或社会力量创办的各类美术馆、博物馆等公共文化机构40余家，新型公共文化空间4家，形成区、街道、社区三级设施网络建设完善、覆盖均匀、便捷高效的“10分钟公共文化服务圈”。人均公共文化设施面积达到2.5平方米。

（王笑夫）

【东城区图书馆】2023年，东城区图书馆有两处馆址，老馆位于东城区交道口东大街85号，建筑面积1.18万平方米。新馆位于东城区幸福大街30号，建筑面积9000余平方米，实际可使用面积5000余平方米，暂未对公众开放。全年东城区图书馆为社会公众办理一卡通借阅证3868个，外借书刊30.42万册次，到馆71.01万人次。共组织各类读者活动1067场次，惠及社会公众38万余人次，其中线上活动312场，参与读者26万余人次；线下活动755场，参与读者12万余人次。阅读推广活动受到中央电视台、新华社、人民网、光明网、今日头条、《图书馆报》、《北京日报》客户端等媒体关注，书香东城数字平台网站访问量400万余次，图书下载量30万余册，听书下载量达到28万集。2023年，在文化和旅游部公布的第七次全国县级以上公共图书馆评估定级上等级馆名单中，东城区图书馆被评为“国家一级图书馆”，在北京市区级公共图书馆评估总分中获第一名，获“阅读北京”阅读推广活动优秀组织奖、北京市红领巾读书活动优秀组织奖等多项荣誉。天坛街道分馆获“十佳优读空间”单位。“故宫以东·书香之旅”打造经典阅读活动案例，获全民阅读优秀案例奖。《最美中轴线》征文收到稿件183篇约50万字，优秀作品诵读打造激励群众健康向上的首都文化品牌，新书发布助力北京中轴线申遗。品牌活动“书海听涛系列”、“东城区红领巾读书活动”、“曹灿杯”全国青少年诵读展示活动、东城区新年诗会等继续扩大影响力。承办2023角楼论坛、呼和浩特科普阅读推广研讨会、基层图书馆调研交流座谈研讨会，促进图书馆学术交流。

（王少娟）

【东城区文化馆】2023年，东城区文化馆完成全国文明城区测评、首都文明单位复查等迎检工作，开展一系列品牌文化活动，到馆参与各类活动30万人次。“艺+1”公益培训全年开设线上培训课程70课时；线下培训课程953课时，受众人群1.5万人次。开展线下“艺+1名家讲堂”系列讲座11场，惠及约3000人次。放映公益电影63场，惠及4100人次。周末相声俱乐部累计举办60场、2万人次观看。全年共举办17个展览、5万余人次观展，其中“花开时节动京城”名家书画邀请展以春、夏、秋、冬为主题，作为品牌项目贯穿全年。全年相继开展新年音乐会、新春游乐会、“华彩东城”演出季、北京快板邀请赛暨京津冀快板邀请赛、“中轴杯”优秀曲艺作品展演、百姓环保戏剧展演、中法戏剧交流公益演出、北京东城国际喜歌剧公益演出等特色品牌活动。全年共组织进基层惠民活动68场，服务群众4万余人次。东城区文化志愿者服务分中心组织文化志愿者开展系列新时代文明实践志愿服务，全年共开展文化志愿服务活动800余场次，累计志愿服务时长5000余小时，惠及3万余人次。全年东城区文化馆获各类奖项共45个，其中国家级奖项2个、市级金奖5个。

（胡冬初）

文化活动

【概况】2023年，区文旅局组织开展传统节日、重大节日演出系列活动以及百姓周末大舞台、精品演出等活动。全年共举办各类公共文化活动2715场，覆盖139.11万人次，其中区级活动833场，94.78万人次参与；街道活动1882场，44.34万人次参与。

（耿佳）

【惠民精品演出】2023年，区文旅局购买并发放中山音乐堂、吉祥大戏院、中央歌剧院、中国儿艺等剧院惠民演出票2762张，演出类型包括话剧、音乐会、戏曲、儿童剧等。

（耿佳）

【第八届钟鼓楼相声会】2023年，钟鼓楼相声会秉承“惠民、乐民、为民”理念，丰富群众文化生活。1月14日和15日举办《大展宏“兔”》《名家荟萃》2个专场、2月4—5日元宵节期间举办《青年才俊》《名师高徒》4场惠民公益演出，市民2700余人观看。元旦、春节期间，相声会邀请东城区道德模范、部队官兵、公安干警、环卫工人、快递小哥、社区工作者、文明引导员等观众走进剧场，为东城区奋斗在一线的工作者送上

2月4日，鼓楼相声会举办《青年才俊》惠民公益演出（区文旅局提供）

问候。

（耿佳）

【惠民演出】2023年，“百姓周末大舞台”“惠民演出进基层”作为东城区重要民生实事，成为东城区提升公共文化服务水平的有力举措。全年在地坛公园八区、玉蜓公园市民文化广场、钟鼓楼文化广场、龙潭中湖公园摩天轮广场等场所举办50场“百姓周末大舞台”活动，“惠民演出进基层”活动举办17场。逐渐形成常态化品牌活动。

（耿佳）

【群众文化展演季】2023年，东城区第三十七届群众文化展演季以“领航新征程 逐梦向未来”为主题，将文化惠民与中轴申遗、社会力量、美育教育、区域联动、品牌创新、品质提升6个方面融合创新，设立东城区“唱响中轴”群众合唱活动“舞·耀舞”舞蹈演出季、第十五届北京快板邀请赛暨2023京津冀快板邀请赛、原创东城系列群众文化活动等七大板块内容，通过演出、比赛、展览、培训、评选等方式，在全区开展上百场群众文化活动，为520万群众搭建展示和学习的平台，集中展现东城群众文化特色和文化东城建设成果。

（耿佳）

【新春游乐会】1月22—26日，“福满京城 春贺神州”东城区2023新春游乐会在区文化馆举办，新春游乐会以“游乐”贯穿始终，推出“赏民俗”“办年货”“看演出”“闹新春”四大活动板块，满足不同年龄层次、不同兴趣爱好市民的文化需求，烘托浓郁年味。

（耿佳）

【春雨工程走进三沙】3月14—16日，区文旅局邀请知名文艺工作者、著名书画家代表、非遗传承人成立慰问团赴海南省三沙市开展东城区2023年“春雨工程走进三沙”文化交流活动。慰问团将精彩的演出、生动的文化体验带进永兴岛、赵述岛，丰富海岛军民精神文化生活。活动为北京、三沙搭建一个“互学、互看、互促”的平台，促进两地文化交流。

（耿佳）

【龙潭端午文化节】6月22日，区委宣传部、区文旅局、区体育局、区园林绿化局共同主办的“和满京城 奋进九州”2023龙潭端午文化节活动在龙潭公园举办。龙潭端午文化节有龙舟比赛、文艺演出、展览互动体验三大主题活动，邀请国家级艺术机构、驻区单位、中华老字号企业等共同参与，展现传统节日魅力。

（耿佳）

【中轴摄影展】9月6日，区文旅局组织开展“千年一线 中轴印象”2023东城区中轴摄影展。活动前期，以摄影大赛的形式向全社会征集影像作品，从1000余幅报名作品中评选获奖作品近100幅，统一在东城区图书馆展厅集中展示。摄影展还联合华为北京终端业务部，开设王府井大街、交道口街道开明画院、永定门外街道党群服务中心3个流动展区，78万人观看展览。展览期间，邀请群众、知名博主参加摄影采风活动，并在华为体验店内举办临展及摄影讲座。

（耿佳）

【中秋主题活动】9月28日，“月圆京城 情系中华”2023年东城区中秋晚会在明城墙遗址公园上演。节目分为“遇见·初识月”“邀月·贺佳节”“共看·长团圆”3个篇章，通过歌曲演唱、国风舞蹈、民乐表演、诗歌朗诵、情景演绎等节目形式，寄情千古。演出现场，通过主持人、演员和群众的“古今对话”以及现场互动，有机串联起各个节目表演，营造良好氛围。

（耿佳）

【“唱响中轴”群众合唱活动】10月17日，以“一脉传‘城’ 唱响中轴”为主题的2023东城区“唱响中轴”群众合唱活动，在中山音乐堂举行集中展演。13支来自消防、医护、司法、学生等各行业合唱团体和乌兰图雅、谭正岩、平安等专业歌手共计500余人参与展演，线上及线下共有20.3万人次观看演出。活动按照“1+1+N”整体策划思路，即“1”场大型群众合唱展演活动、“1”个月的线上唱响活动、“N”个中轴线及沿线合唱点位，不断拓展“唱响中轴”活动的空间边界与传播效能。为进一步扩大品牌活动影响力，制作并发布原创主题曲《唱响中轴》，该歌曲获2023北京中轴线文化遗产传承与创新大赛音乐子赛道原创作品优秀作品奖。

（耿佳）

【重阳节合唱音乐会】10月22日，“孝满京城 德润人心”2023年东城区重阳节合唱音乐会在北京喜剧院举办，邀请北京音乐家协会合唱团奉献精彩的合唱专场演出。音乐会在钢琴伴奏合唱《夕阳红》中拉开序幕，《往日时光》《茉莉花》《思乡曲》《父亲写的散文诗》等近20首名曲向观众展示合唱的艺术魅力，现场观众近1000人观看演出。

（耿佳）

【“全明星·公映”计划】11月12日，“全明星·公映”计划举办，在现场观众近400人的见证下，面向全社会、全年龄段公开招募的居民200余人化身“全明星”闪耀舞台。“全明星·公映计划”是创新孵化的群众文化活动品牌，区别于以往展演演出，前期通过设计节目单的方式，面向全社会、全年龄段人员公开招募演员，最大程度开放演出席位，为广大文艺爱好者搭建展示自我和学习交流的双平台。“全明星·公映计划”通过节目策划、公募演员、海选审核、编导培训、公开演出等环节，打造兼具群众性、观赏性、专业性的文化盛宴。

（耿佳）

【新年音乐会】12月28日，由东城区委、区政府主办，区委宣传部、区文旅局承办的东城区新年音乐会在中山公园音乐堂举行，通过精彩演出向观众致以新年的问候。驻区中央单位领导，驻区部队官兵代表、各民主党派负责人、道德模范和北京榜样代表、东城区重点企业代表，公安干警代表、消防指战员代表、优秀教职工代表、环卫职工代表、医护人员代表、快递物流行业代表及来自东城区各街道的社区群众代表1000余人观看演出。

（耿佳）

文学艺术

【概况】北京市东城区文学艺术界联合会（简称区文联）是在中共东城区委、区政府领导下，负责联系全区文艺家、文艺工作者和文艺爱好者的群众团体机关。有13个文艺家协会（研究会）：东城作家协会、东城戏剧家协会、东城书法家协会、东城美术家协会、东城摄影家协会、东城民间文艺家协会、东城民间艺术家协会、东城音乐家协会、东城舞蹈家协会、东城曲艺家协会、东城书画研究会、东城区书画协会、东城影视家协会；17个街道文艺工作者联谊会（简称街道文联）；会员总数1800余人。2023年，区文联以“五强文联”为抓手，为建设“文化东城”，助力全国文化中心建设作出积极贡献。推荐景山街道汪芝麻社区获第三届“时代风尚”学雷锋文艺志愿服务先进典型、学雷锋最美文艺志愿服务社区奖。借助千龙网平台，以文艺创作宣传北京中轴线保护为主题开展线上讲座，36.9万余人次观看。与北京民族乐团创作民乐组曲《胡同》并展演。组织开展“我与北京中轴线”港澳青年游学采风活动，获年度东城区政协工作创新奖。沉浸式音乐会《中轴之光》获得市委宣传部专项资金支持。历史著作《中轴之门》入选“京华好书”书单和由《中国出版传媒商报》公布的“社科类2023年度影响力”书单。原创舞剧《灯彩人家》获2023年东城区优秀群众文化活动奖。引导各协会艺术家参与北京中轴线文化遗产传承与创新大赛，原创歌曲《京韵中轴》获最佳创作奖，室内民族乐器演奏《京城印象》获乐团之光奖，《皇城瑞雪映中轴》等6幅摄影作品分获中轴人文优秀奖和中轴建筑优秀奖。推荐原创话剧《谭鑫培》、舞剧《西游》等10部作品申报市文联演出季展演剧目。

（张倩）

【中轴线主题文艺创作及展演】2023年，区文联联合东城作家协会创作《东城故事》系列丛书第十部《中轴线盛世情缘》和第十一部《故宫以东的律动》。2月3—5日，由东城戏剧家协会深度参与的故宫儿童音乐剧《甪端》，登陆国家大剧院并全国巡演，将中华优秀传统文化传承与儿童剧表达形式深度融合，用喜剧方式为观众讲述故宫文物故事。4月23日，在文沁阁书店举办《中轴线盛世情缘》新书首发式，以线下分享和线上直播形式同步开展。支持东城美术家协会开展中轴线创作工程、东城音乐家协会开展沉浸式音乐会《中轴之光》，作品以中轴线为依托，在非遗音乐的基础上融入丰富的艺术元素。助推《京城运河图》长卷在北京大运河博物馆展出。12月28日，由北京市民间文艺家协会、东城区文联主办，东城民间艺术家协会、北新桥街道文联承办的“天工巧艺——北京中轴线纸艺展”在“东城区文艺工作者之家”文沁阁书店开幕，以“传承中轴文脉 传播古都文化”为主题，展出剪纸、折纸、纸塑、纸雕等多种以“纸”为载体的作品，市申遗办专程到现场参观并进行调研。

（张倩）

【东城区文艺工作者之家建设】2023年，区文联结合协会和街道文联的“文艺智库”资源，线下多点建设“东城区文艺工作者之家”。8月17日，由区文联组织召开的“东城文艺+”品牌建设工作推进会在槐轩人文艺术空间举办，与会领导为内务部街“27院儿”、槐轩人文艺术空间、南池子美术馆、美后肆时、史家胡同博物馆、观坛艺术空间、天坛南门剧

8月17日，区文联举行“东城区文艺工作者之家”授牌仪式（王彦高摄）

场、可能有书综合阅读空间、文沁阁书店、史家胡同文创社等10个“东城区文艺工作者之家”授牌。

（张倩）

【廉洁文化建设】2023年，区文联链接东城作家协会、戏剧家协会、音乐家协会等文艺家协会资源，创作情景沙画《镜鉴》剧本和北京琴书《清官册》剧本，对作品质量、思想性、艺术性进行逐一审核把关。11月16日，由区纪委监委、区文联联合主办的“清风正气 廉韵东城”2023年东城区廉洁文化专场演出在东城区少年宫举行，通过情景沙画剧、琴书、朗诵、歌曲、舞蹈等多种形式，弘扬廉洁自律的道德操守和清廉拒腐的社会风尚。12月13日，区文联联合区纪委监委开展主题党日活动，组织党员干部参观东城区全面从严治党警示教育基地，并举办廉洁文化创作研讨会，介绍新时代廉洁文化工作现状和要求。

（张倩）

【街道文联换届】2023年，区文联按照《东城区文联深化改革方案》，认真贯彻落实相关要求，统筹协调推进街道文联换届工作，修订街道文联章程，明确街道文联性质宗旨、职能定位、主要任务、组织架构、活动方式等内容，为街道文联选优配强主席团核心人员，团结街道辖区文艺家、文艺工作者和文艺爱好者，引导朝阳门、龙潭、东华门、北新桥、交道口等街道分别召开街道文联换届工作会，稳步推进街道文联换届工作。

（张倩）

【书法美术作品展】1月1日，由区文联、中国宣纸股份有限公司、红星宣纸美术馆联合主办，东城书法家协会承办的喜庆二十大“惠风和畅”全国第二届书法名家邀请展暨送“福”进万家活动在北京市红星美术馆启动，展出讴歌党、讴歌祖国、讴歌人民、讴歌新时代的书法作品100余幅。6月21日，由北京东方中国诗书画院主办、东城书法家协会协办的以庆祝建党102周年为主题的“承古开新”全国书画名家邀请展在北京炎黄艺术馆开幕，展出书法、中国画、油画等作品共计150件。7月6日，由东城区文联、东城区文化馆、东城区书画协会主办的“党在我心中 永远跟党走”会员书画作品展在东城区文化馆风尚展厅开幕，集中展出170余幅书画作品，以书画形式弘扬伟大建党精神和社会主义核心价值观，展览持续至7月13日。8月1日，东城区书画协会联合总政系统退休老干部举办“庆八一 感党恩”退伍军人（含生产建设兵团）书画作品展。10月1—15日，由东城区文联主办，东城区书画协会、东城区图书馆承办的“王十川诞辰百年书法篆刻回顾展”在东城区角楼图书馆举办，展出王十川几十年来创作的众多书法和篆刻作品。10月27日，由东城区文联、东城书画研究会主办的“翰墨芳华 继往开来”东城书画研究会成立四十周年书画展在北京大磨坊文创园开幕，展出书法、美术作品128幅。12月26日，由东城区文联主办，东城美术家协会、北京市九洲书画艺术研究会承办的“迎新春书画精品展”在丰台区石榴庄街道综合文化活动中心开幕，展出作品100余幅。东城书画研究会主席团成员、理事、会员及社会各界书画艺术爱好者近150人参加开幕式。

（张倩）

【曲艺文艺志愿服务】1月13日，由区文联，区政协文史委、文化艺术界别，和平里街道办事处主办，东城曲艺家协会承办的“迎春送福”系列活动之钟鼓楼相声会走进和平里街道为现场观众演出。1月15日，“福满京城 春贺神州”钟鼓楼相声会在东华门街道举办，区文联、区政协文化艺术界别的文艺工作者以曲艺形式表达对各行业坚守岗位的奋斗者的致敬和感谢。1月17日，由区政协、区文联举办的“迎春送福”演出在美后肆时景山市民文化中心美剧场上演。5月31日，由区文联、团区委主办，东城曲艺家协会、东城区青少年发展支持中心、史家七条小学、文沁阁书店承办的“曲艺进校园（成长营）”首场活动开展，曲艺名家用视频形式为学生送上节日祝福，东城曲艺家协会艺术家们为学生带来花板、北京琴书、相声、双簧等多种形式的曲艺节目。首场活动后，东城曲艺家协会陆续到地坛小学、东四街道党群服务中心等

5月31日，“曲艺进校园（成长营）”活动走进史家七条小学（张倩摄）

地，为观众送去传统曲艺节目，并讲解曲艺知识。

（张倩）

【传统节日文艺活动】1月至2月，元旦、春节、元宵节期间，区文联开展“迎春送福”系列活动，组织协会文艺家送春联、送福字、送文艺到基层，分别到机关、街道、火车站等进行慰问，在和平里、交道口、景山、建国门、东花市等街道举办“钟鼓楼相声会”进社区演出活动，艺术家277人次服务群众1.6万余人，书写春联、福字1.5万幅。9月25日，东城区政协在区少年宫举办“团圆·团聚·团结——永远跟党走 建功新东城”中秋主题晚会，东城区文化艺术界别政协委员和界别群众助力参与。中秋节、国庆节期间，协调各文艺家协会在“东城区文艺工作者之家”举办非遗市集、文艺演出、艺术展览、书画笔会等活动27场。10月23日，组织书法家协会到东城区兆如养老服务中心开展“翰墨情，送温暖”慰问活动，现场送上书法作品。

（张倩）

【理事会召开】2月15日，区文联召开第三届理事会第三次会议，会议通报《中共北京市东城区委关于东城区文联党组人事任免的通知》，按照选举程序增补东城区文联第三届理事会理事，选举出东城区文联第三届主席团秘书长。会议通报《东城区文联2022年度领导班子民主生活会情况》，审议通过《东城区文联第三届理事会第三次工作报告》。协会艺术家代表就开展文艺创作、文艺展演、志愿服务、队伍建设等方面进行经验交流。相关领导，东城区文联主席团成员、理事，全体机关干部60余人参加会议。

（张倩）

【创作交流活动】2月17日，区文联联合北京京剧院、东城区教委、东城区教育科学研究院、人民教育出版社音乐编辑室、东城区政协、东城区知联会开展“走进北京京剧院”东城区教师研学暨学习贯彻党的二十大精神宣讲活动，谭门第七代嫡传人谭正岩作为授课专家为东城区中学音乐教师进行京剧培训，活动通过人教社线上平台进行同步直播。3月1日，东城区政协文史委、东城区文联共同开展“文艺+课堂”创作交流活动，东城书法家协会、东城美术家协会、东城书画研究会、东城区书画协会的艺术家代表开展创作研讨交流。探讨如何加强文艺创作和文艺惠民工作，探讨北京中轴线在历史传承中的独特魅力和文化价值。

（张倩）

【京味文化主题文艺创作及展演】3月25—26日，由北京演艺集团支持，东城区文联、东城舞蹈家协会指导，专业团队创作，群众73人参与演出的北京非遗元素原创舞剧《灯彩人家》在南锣剧场上演，艺术再现京城百姓在不同时期坚守社会主义核心价值观的故事。10月14日，东城作家协会举办“书海听涛”系列活动之“有温度的北京人，是这座城市的灵魂”读者见面会，东城作家协会主席携散文集《北京这座城》与读者分享创作心得，传播京味文化，此作品入选中国出版协会文艺出版工委会下属50余家出版机构联合推荐的“文学好书榜”榜单。东城区文联对胡同音乐资源进行挖掘，带领艺术家进行采风创作，深度参与北京民族乐团为10条胡同创作的民乐组曲《胡同》，11月14日，情景音乐小品《胡同》发布会在史家胡同博物馆召开，12月15日，《胡同》在民族文化宫大剧院上演。东城戏剧家协会参与创排具有红色基因、体现北京时代气息、百姓生活的话剧作品《万水朝东》《鼓楼一拐弯儿》《东望京城花满烟》。原创京味话剧《鼓楼一拐弯儿》展示老北京的风土人情和新北京的气象万千。原创话剧《万水朝东》受邀参加第十八届中国戏剧节展演，12月4—8日在中央戏剧学院实验剧场上演。话剧《东望京城花满烟》展现主人公经历人生沉浮后从事北京古建修复工作的心路历程。

（张倩）

【摄影作品展】4月6—15日，由区文联、东城摄影家协会、明城墙遗址公园、文沁阁书店联合举办的“明城墙梅花文化节摄影展”在文沁阁书店开幕，以影像作品展示明城墙古建与东城和谐人居环境图景。4月7日，由区文联、前门街道举办的“印象前门”摄影大赛启动，通过线上平台广泛征集优秀摄影作品，并邀请广大摄影爱好者走进前门大街和胡同、四合院采风创作，展现前门地区文化传承和创新成果。10月28日，由区文联主办、东城摄影家协会承办的北京市文联品牌引导项目——“光影中轴”摄影展在前门大街开幕，在20个点位展出150幅摄影作品，包含中轴美景、百姓生活、古建遗产、胡同风光等类别，将7.8千米的北京中轴线及两侧的人文地理、百姓生活等画面浓缩在845米的步行街上，展览持续至11月中旬，观展人数达100万人。

（张倩）

【“东城文艺+”品牌建设】4月6日，区文联在“东城区文艺工作者之家”内务部街27院举办“高质量人居‘本地创生’创新联合体首次专家对话沙龙”，以沙龙主题对话形式探讨高质量人居的可持续发展之路。4月26日，区文联、故宫博物院团委组织“东城文艺+”品牌活动之“故宫延长线”骑行活动，串联以故宫为代表的中轴线建筑遗产点和东城特色文化空间，以城市绿色低碳骑行方式感受文化引领东城高质量发展成果。5月4日，区文联联合五洲传播中心团支部开展“青春在路上 奋进新征程”主题教育户外走读活动，分为“户外走读”和“圆桌交流”两个部分，走读路线途经北大红楼、原中法大学旧址等，并在“东城区文艺工作者之家”槐轩人文艺术空间召开主题教育交流座谈会。4月29日和5月2日，区文联联合朝阳门街道、槐轩人文艺术空间开展2场“晚风夜游”系列主题活动，以音乐和展览相结合的形式创新打造“沉浸观展音乐会”。10月，区文联与内务部街27院联合举办“中轴光影”2023年北京国际设计周朝阳门分会场文联主题活动，通过“中轴美学：生活底片与日常”展和“北平派对”活动，从城市更新、绿色生活、新型空间、特色阅读、青年人才等角度表达文化对日常生活的渗透力量。8月17—27日，由区文联主办的“中轴线美学”展览在槐轩人文艺术空间开幕，展出中轴线主题建筑摄影、写生、文学等作品，同时在北京东城App和公众号开展直播谈话沙龙《古建筑中的中国文化与美学》，吸引1000余粉丝观看。11月至12月，区文联举办“文艺延长线”系列活动，通过“中轴之美”主题摄影骑行、非遗手工体验、中轴书香等主题活动，引导文艺爱好者以多种形式探索北京中轴线之美。

（张倩）

【文艺工作者和骨干培训班】9月26日，区文联在东城区委党校举办2023年文艺工作者和“文艺两新”骨干培训班，培训内容包含文艺界职业道德、行风建设、意识形态、自律维权、文艺创作等方面。区文联主席做开班动员讲话，区文联秘书长通报中国文联、北京市文联有关文件精神，协会艺术家代表分别以《讲好中国故事 担当崇高职责》《科技引爆音乐革命》为题进行授课。区文联党组成员、区文联主席团成员、文艺家协会代表、街道文联代表、文艺家协会党支部代表、新的社会阶层人士中文艺工作者代表及区文联机关工作人员100余人参加培训。

（张倩）

戏剧东城

【概况】2023年，区文旅局依托区内优质戏剧文化资源和“大戏东望”品牌，扶持精品力作，与知名文化企业联合出品大型原创话剧《悲惨世界》。鼓励原创，扶持《桃源里》《东望京城花满烟》《胡同里的党校》《偶然之城》《大鸟》五部东城原创剧目。举办“大戏东望·2023全国话剧展演季”及戏剧高峰对话，支持举办中国儿童戏剧节、北京国际青年戏剧节，形成“大戏看北京，好戏在东城”的社会影响力。

（宋景琳）

【授牌首批演艺新空间】4月19日，首批演艺新空间授牌活动仪式在隆福文化大厦举办。大麦新空间当然有戏沉浸式剧场、颜料会馆、77剧场、南阳共享际等单位作为东城区首批演艺新空间获得授牌。演艺新空间在演出场景、剧目制作、表演形式、观演关系、演出体验、空间内容、消费业态等方面均有创新，成为消费升级与科技融合带动城市更新的潜在动能。

（宋景琳）

【演出行业协会换届大会】5月11日，东城区演出行业协会换届大会在77文创园举办。东城区演出行业协会第二届组织机构代表分别来自中国儿童艺术剧院、北京人民艺术剧院、国话先锋剧场、保利剧院等10家驻区的国有院团和民营企业。新当选代表进行交流，讨论行业的热点现象和重点问题，分享经验做法，共同探讨演出行业的发展趋势。

（宋景琳）

【第十二届中国儿童戏剧节】7月15日至8月20日，区文旅局支持举办的第十二届中国儿童戏剧节以“点亮童心 塑造未来”为主题，汇聚国内外24家儿童戏剧团体、41台展演剧目，演出262场，其中线上特邀来自7个国家的8部剧目在六大平台进行公益展播8场，总观看超过1200万人次。在戏剧节期间，还举办中国儿童艺术剧院戏剧营、儿童戏剧市集、“小小剧评人”观后感征集、“温暖行动”公益活动等儿童戏剧活动。

（宋景琳）

【第十六届北京国际青年戏剧节】9月19日，由区文旅局支持举办的第十六届北京国际青年戏剧节开幕。青戏节从9月初持续至12月底，来自中国、法国、波兰、格鲁吉亚等国家的青年创作者24人在“戏剧在场”单元带来21部题材、风格迥异的剧目，全新升级的“戏剧在读”单元举办13个剧本的26场读剧表演活动。

（宋景琳）

【全国话剧展演季】11月29日，由文化和旅游部艺术司、北京市委宣传部指导，北京市文旅局、东城区委、东城区政府、中央戏剧学院主办，东城区委宣传部、东城区文旅局承办，北京保利剧院管理有限公司、北京喜剧院有限公司协办的“大戏东望·2023全国话剧展演季”在北京喜剧院拉开帷幕，全国范围内23部优秀剧目参与展示。全国话剧展演季连续举办五届，成为话剧行业风向标和深受群众喜爱的文化品牌。

（宋景琳）

【话剧展演季戏剧高峰对话】12月27日，由文化和旅游部艺术司、北京市委宣传部指导，北京市文旅局、东城区委、东城区政府、中央戏剧学院主办，东城区委宣传部、东城区文旅局承办的“大戏东望·2023全国话剧展演季”戏剧高峰对话在中央戏剧学院东城校区实验剧场东厅举办。活动以“城市的戏剧景观”为主题，汇聚国内戏剧行业领军人物、资深专家，业界知名艺术家、管理者、媒体专家共同探讨戏剧行业发展与创新，探索戏剧与城市关系。

（宋景琳）

11月29日，“大戏东望·2023全国话剧展演季”开幕（区文旅局提供）

文化遗产保护

【概况】2023年，东城区围绕文物保护、文物利用、中轴线申遗、文物安全、非遗传承发展体系完善、保护传承发展水平提升、非遗传播手段创新等核心工作，持续推进文物修缮工程，强化文物安全管理，着力推进中轴线申遗，进一步深化文物活化利用项目，助力第二届北京古建音乐季在天坛神乐署启动。创新工作思路，“非遗之城”建设加速推进，有序推动各项任务落实。

（刘安安）

【文物腾退与修缮】2023年，东城区完成国家话剧院高层住宅楼腾退项目、天坛五八二电台家属区腾退项目和古观象台南院滞留居民区腾退项目。国家话剧院高层住宅位于中轴线景观视廊沿线，天坛五八二电台家属区和古观象台南院滞留居民区位于文物保护范围内。3处文物腾退项目的顺利完成，对改善文物景观视廊、恢复文物历史风貌有重要意义。东城区还启动大慈延福宫保护范围内居民腾退项目，并完成鼓楼保护修缮一期工程和福祥胡同5号、江西新建会馆、安徽太平县会馆等文物修缮工程，进一步改善提升文物保存状况。

（刘安安）

【中轴线申遗】2023年，中轴线申遗工作有序推进，迎来联合国教科文组织专家实地现场考察。东城区在前期已获得北京市文物局批复的《正阳桥疏渠记方碑本体保护工程方案》《正阳桥疏渠记方碑环境整治工程方案》基础上，开展并完成对方碑本体保护和周边环境整治。方碑本体保护工作由东城区文旅局具体负责，周边环境整治工作由天坛街道办事处协调区园林局绿化队具体负责。方碑本体保护工程预算投资30万元，环境整治工程预算投资150万元。同时，东城区还完成对永定门城楼的保养维护和环境整治项目。保养维护部分主要对城楼油饰脱落部位重新进行油饰，对城台城砖损坏部位进行替补，环境整治部分主要是对出入口进行整治等，整体项目预算投资93.5万元。

（刘安安）

【文物安全】2023年，区文旅局完成安定门、交道口、天坛街道辖区内共35处尚未核定公布为文物保护单位的不可移动文物保存状况评估，判断文物建筑的结构病害、屋面渗漏等情况。借助三维激光扫描仪等专业设备，开展数据化检测、编制风险评估报告白皮书、重点标注主要病害问题，为未来修缮计划的制订提供科学决策依据。开展文物及博物馆单位安全直接责任人的公示公告工作，完成辖区内53处全国重点文物保护单位文物安全直接责任人公示公告牌制作。

（刘安安）

【第四次全国文物普查试点】2023年，北京市选定东城区作为第四次全国文物普查试点区。11月，普查试点工作启动，选定前门街道作为普查试点工作区域开展普查作业。通过此次普查试点工作，积累经验、发现问题，并研究提出解决方案，为后续第四次全国文物普查工作在全市范围内展开探索有效路径。

（刘安安）

【“非遗在社区”实施】2023年，文旅部“非遗在社区”试点项目向纵深发展。龙顺成鲁班学堂、红桥市场非遗直播基地、天坛街道“非遗在社区 指尖绣国潮”等品牌活动辐射周边效应明显，非遗已融入社区百姓日常。9月，举办“美好生活 非遗同行——非遗在社区”成果展，集中展现试点两年来的工作成果，嘉德艺术中心、王府中环、文沁阁书店、新侨饭店、龙顺成京作非遗博物馆等企业被授予东城区非遗新场景实践基地称号。11月，参加文旅部主办的“非遗在社区”全国工作经验交流活动，东花市街道和天坛街道两个案例入选全国“非遗在社区”试点地区典型案例。

（张佳宁）

【创新非遗传播手段】2023年，东城区非遗延伸至众多新场景。与华侨睿世酒店推出元宵节非遗庙会，与北京国际饭店合作推出国漫庙会；在王府井19号府举办“百年散步”面人郎家族面塑展；与融媒体合作推出《非遗体验官》系列短视频、《中轴线上》系列短片；携“燕京八绝”系列特色非遗项目参加“文化润疆”对口援疆19省市非物质文化遗产展；协办“你好北京 乐享非遗”“京韵更生非遗周末”等系列活动。

（张佳宁）

【对外文化交流】2023年，景泰蓝制作技艺、同仁堂中医药文化、北京绒鸟等30余个非遗项目先后参与助力“外交官发现中国之旅”、“一带一路”国际合作高峰论坛、北京文化论坛、“故宫以东—文商明珠”驻华使节感知北京东城行等活动，为大国外交增添东城色彩。

（张佳宁）

【市级非遗代表性传承人申报】2023年，区文旅局制订《第五批北京市级非遗代表性传承人评审办法》，有序开展市级非遗传承人推荐申报工作，推荐候选人23人申报北京市级代表性传承人。

（张佳宁）

【第九批市级文物保护增补单位】1月19日，北京市政府公布第九批市级文物保护单位增补项目名单，涉及东城区的有2处文物保护单位，其中新增1处市级文物保护单位——正阳桥遗址；与现有市级文物保护单位合并1处——中轴线南段道路遗存，该处文物是将原第九批市级文物保护单位名录中的永定门御道遗存与新发现的排水沟渠遗存、路肩及板沟遗存3处中轴线遗存点合并，并重新更名为中轴线南段道路遗存。

（刘安安）

【“非遗焕新”优秀项目扶持计划】3月，区文旅局发布《东城区非遗专项扶持资金管理使用办法》及实施细则。内容涵盖补贴范围、申报流程、申报主体、管理与监督等方面，进一步明确资金扶持四大方向，即调查出版、传承活动、宣传普及、合理利用。形成资金管理办法、项目评审办法和传承人评审办法组成三位一体符合东城区情的非遗系统性保护机制。经专家评审，共有31个优秀项目获得“焕新计划”资金扶持，并在项目协调推动、资源要素配置、金融帮扶、宣传渠道推广等方面获得重点支持。2023年年底，一批标杆性项目陆续收官，如“前门的传说”小小传承人大赛、嘉德艺术中心“澄凝琼英”料器展、中英双语《中轴线上话非遗》系列短视频、完美世界非遗绘本、百年红都拜师会等，实现非遗与旅游等多种业态的融合发展。

（张佳宁）

【“博物馆日”主题活动】5月17日，在“5·18国际博物馆日”前夕，东城区召集区内20余家博物馆共同举办“一年一度文博风采交流会——博物馆创造美好生活”线下主题沙龙活动。沙龙主要从博物馆公共服务提升、中小博物馆文创如何自成一格、博物馆与旅游如何高质量融合发展等多个维度展开，为东城区推进博物馆之城建设建言献策。北京市文物局、东城区文旅局、各大博物馆、旅游企业相关人员及专家学者等出席。

（刘安安）

【第一批区级文物保护单位范围】7月21日，东城区人民政府第52次常务会审议通过第一批区级文物保护单位保护范围及建设控制地带划定方案，并于8月29日通过东城区政府门户网站向社会公布。第一批划定方案涉及杨昌济故居、菊儿胡同7号近代建筑、雨儿胡同13号四合院、镶黄旗官学建筑遗存、承恩公志钧宅、吉安所、原北京大学图书馆、三一八烈士纪念碑等共17处区级文物保护单位。

（刘安安）

表26

2023年东城区文物保护单位一览表

序号		名称	地址及位置	级别
总序号	子序号			
1		正阳门	天安门广场南侧	国家级
2		北京城东南角楼	崇文门东大街9号	国家级

续表

序号		名称	地址及位置	级别
总序号	子序号			
3		北京大学红楼	五四大街29号	国家级
4		天安门	天安门广场北	国家级
5		人民英雄纪念碑	天安门广场内	国家级
6		北京故宫	景山前街4号	国家级
7		天坛	永定门内大街东侧	国家级
8		智化寺	禄米仓胡同5号	国家级
9	1	袁崇焕墓和祠—墓和祠	东花市斜街50号、52号	国家级
	2	袁崇焕墓和祠—庙	龙潭路8号龙潭公园内	国家级
10		国子监	国子监街15号	国家级
11		北京孔庙	国子监街13号	国家级
12		雍和宫	雍和宫大街12号	国家级
13		皇史宬	南池子大街136号	国家级
14		古观象台	东裱褙胡同2号	国家级
15		太庙	天安门东侧	国家级
16		社稷坛	天安门西侧，今中山公园内	国家级
17		崇礼住宅	东四六条63号、65号	国家级
18		北京鼓楼、钟楼	钟楼湾临字9号	国家级
19		可园	帽儿胡同7号、9号、11号、13号	国家级
20		孚王府	朝阳门内大街137号	国家级
21	1	东交民巷使馆建筑群—奥地利使馆旧址	台基厂头条3号	国家级
	2	东交民巷使馆建筑群—比利时使馆旧址	崇文门西大街9号	国家级
	3	东交民巷使馆建筑群—东方汇理银行旧址	东交民巷34号	国家级
	4	东交民巷使馆建筑群—法国使馆旧址	东交民巷15号	国家级
	5	东交民巷使馆建筑群—花旗银行旧址	东交民巷36号	国家级
	6	东交民巷使馆建筑群—日本公使馆旧址	东交民巷21号、23号	国家级
	7	东交民巷使馆建筑群—日本使馆旧址	正义路2号	国家级
	8	东交民巷使馆建筑群—意大利使馆旧址	台基厂大街1号	国家级
	9	东交民巷使馆建筑群—英国使馆旧址	东长安街14号	国家级
	10	东交民巷使馆建筑群—正金银行旧址	正义路甲4号	国家级
	11	东交民巷使馆建筑群—法国兵营旧址	台基厂三条3号、5号	国家级
	12	东交民巷使馆建筑群—国际俱乐部旧址	台基厂大街8号	国家级
	13	东交民巷使馆建筑群—淳亲王府旧址	东长安街14号	国家级
	14	东交民巷使馆建筑群—圣米厄尔教堂	东交民巷甲13号	国家级
22		柏林寺	戏楼胡同1号	国家级
23		地坛	安定门外大街东侧	国家级
24		京师大学堂分科大学旧址	安德里北街21号	国家级
25		清陆军部和海军部旧址	张自忠路3号	国家级

续表

序号		名称	地址及位置	级别
总序号	子序号			
26		孙中山行馆	张自忠路23号	国家级
27		北京协和医学院旧址	帅府园胡同1号	国家级
28		亚斯立堂	后沟胡同丁2号	国家级
29	1	明北京城城墙遗存—东便门段	崇文门东顺城街	国家级
	2	明北京城城墙遗存—左安门值房	左安门内大街东南端	国家级
30		文天祥祠	府学胡同63号	国家级
31		普度寺	普庆前巷35号	国家级
32	1	大运河—南新仓	东四十条22号	国家级
	2	大运河—玉河故道	东不压桥胡同南口至帽儿胡同西口	国家级
33		东堂	王府井大街74号	国家级
34		基督教中华圣经会北京分会旧址	东单北大街21号	国家级
35		北京大学地质学馆旧址	沙滩北街15号	国家级
36		智珠寺	嵩祝院胡同23号	国家级
37		北京站车站大楼	王家湾胡同23号	国家级
38		京奉铁路正阳门东车站旧址	前门大街东侧	市级
39		福建汀州会馆北馆	长巷二条48号	市级
40		阳平会馆戏楼	小江胡同36号	市级
41		崇文区新开路20号四合院	新革路20号	市级
42		花市火神庙	西花市大街113号	市级
43		隆安寺	白桥大街南里1号、3号	市级
44		金台书院	东晓市街203号	市级
45		正阳桥疏渠记方碑	红庙街78号	市级
46		燕墩	永定门外铁路桥西侧（原地址为永外大街31号）	市级
47		毛主席纪念堂	天安门广场中轴线的南部	市级
48		毛主席故居	吉安所左巷8号	市级
49		东四清真寺	东四南大街13号	市级
50		嵩祝寺	北河沿大街25号，嵩祝寺北巷4号、6号	市级
51		宣仁庙	北池子大街2号	市级
52		凝和庙	北池子大街46号	市级
53		和敬公主府	张自忠路7号	市级
54		于谦祠	西裱褙胡同21号、23号	市级
55		老舍故居	丰富胡同19号	市级
56		茅盾故居	后圆恩寺胡同13号	市级
57		旧宅院（婉容旧居）	帽儿胡同35号、37号	市级
58		礼士胡同129号四合院	礼士胡同129号	市级
59		内务部街11号四合院	内务部街11号	市级

续表

序号		名称	地址及位置	级别
总序号	子序号			
60		圆恩寺后街7号、9号四合院	后圆恩寺胡同7号、9号	市级
61		国祥胡同2号四合院	国祥胡同甲2号	市级
62		方家胡同13号、15号四合院	方家胡同13号、15号	市级
63		府学胡同36号四合院	府学胡同36号，交道口南大街136号	市级
64		国子监街	国子监街	市级
65		北新仓	北新仓胡同甲16号	市级
66		禄米仓	禄米仓胡同71号、73号	市级
67		原中法大学	东皇城根北街甲20号	市级
68		顺天府学	府学胡同65号	市级
69		京师大学堂建筑遗存	沙滩后街55号、59号	市级
70		大慈延福宫建筑遗存	朝阳门内大街223号	市级
71		西堂子胡同25—37号四合院	西堂子胡同25号、29号、31号、33号、35号	市级
72		北京饭店初期建筑	东长安街33号	市级
73		军调部1946年中共代表团驻地	南河沿大街1号	市级
74		孑民堂	北河沿大街83号	市级
75		法国邮政局旧址	东交民巷19号	市级
76		美国使馆旧址	前门东大街23号	市级
77		荷兰使馆旧址	前门东大街11号	市级
78		帽儿胡同5号四合院	帽儿胡同5号	市级
79		美术馆东街25号四合院	美术馆东街25号	市级
80		东棉花胡同15号院及拱门砖雕	东棉花胡同15号	市级
81		前鼓楼苑胡同7号、9号四合院	前鼓楼苑胡同7号、9号	市级
82		鼓楼东大街255号四合院	鼓楼东大街255号	市级
83		宁郡王府	北极阁三条69号、71号，新开路胡同92号、94号、96号、98号、100号	市级
84		陈独秀旧居	箭杆胡同20号	市级
85	1	北京明清皇城墙遗存—皇城墙遗址	菖蒲河社区长安街、景山东街等地	市级
	2	北京明清皇城墙遗存—东安门遗址	东安门大街西口	市级
86		黑芝麻胡同13号四合院	黑芝麻胡同13号	市级
87		绮园花园	秦老胡同35号	市级
88		前永康胡同7号四合院	前永康胡同7号	市级
89		僧王府	位于炒豆胡同73号、75号、77号，南锣鼓巷110-1号、110号-2号，板厂胡同30号、32号、34号	市级
90		总理各国事务衙门建筑遗存	东堂子胡同49号	市级
91		恒亲王府	朝阳门内大街55号	市级
92		沙井胡同15号四合院	沙井胡同15号	市级
93		原麦加利银行	东交民巷39号	市级
94		北京协和医院住宅群	外交部街59号，北极阁三条26号	市级

续表

序号		名称	地址及位置	级别
总序号	子序号			
95		北京大学女生宿舍	沙滩北街乙2号	市级
96		东皇城根南街32号宅院	东皇城根南街32号	市级
97		大清邮政总局旧址	小报房胡同7号	市级
98		史家胡同51号、53号、55号宅院	史家胡同51号、53号、55号，内务部街44号、甲44号	市级
99		顺天府大堂	东公街9号	市级
100		魏家胡同18号宅院	魏家胡同18号、小细管胡同15号	市级
101		全聚德烤鸭店门面	前门大街30号	市级
102		北平电话北局旧址	东皇城根北街14号	市级
103		欧美同学会	南河沿大街111号	市级
104		蔡元培故居	东堂子胡同75号	市级
105		北总布胡同2号宅院	北总布胡同2号	市级
106		清代自来水厂	香河园大街3号	市级
107		宏恩观	张旺胡同2号、4号，豆腐池胡同21号、23号、甲23号，赵府街71号	市级
108		玉河庵	东不压桥北侧	市级
109		僧格林沁祠堂	地安门东大街47号	市级
110		贝满女中建筑遗存	灯市口大街55号	市级
111		澄清下闸遗址	北河胡同东口	市级
112		中轴线南段道路遗存—永定门御道遗存	永定门东滨河路18号	市级
		中轴线南段道路遗存—排水沟渠遗存	前门大街珠市口南	市级
		中轴线南段道路遗存—路肩及板沟遗存	前门大街珠市口南	市级
113		正阳桥遗址	正阳门箭楼南侧	市级
114		兴隆街四合院	东兴隆街52号	区级
115		奋章胡同四合院	奋章胡同53号	区级
116		花市清真寺	西花市大街80号	区级
117		药王庙	东晓市街101号	区级
118		法华寺	法华寺街65号、67号、69号，法华寺东街甲17号	区级
119		南岗子天主堂	永生巷6号	区级
120		三一八烈士纪念碑	培新街6号	区级
121		夕照寺	夕照寺中街13号	区级
122		安乐禅林	安乐林路63号	区级
123		杨昌济故居	豆腐池胡同15号	区级
124		通教寺	针线胡同19号	区级
125		惠亲王府	富强胡同3号，灯市口西街5号	区级
126		吉安所	吉安所右巷10号	区级
127		朱启钤宅	赵堂子胡同3号	区级
128		段祺瑞宅	仓南胡同5号	区级

续表

序号		名称	地址及位置	级别
总序号	子序号			
129		东总布胡同53号宅院	东总布胡同53号	区级
130		北沟沿胡同23号宅院	北沟沿胡同23号	区级
131		旧宅院（荣禄宅）	菊儿胡同3号、寿比胡同6号	区级
132		田汉故居	细管胡同9号	区级
133		欧阳予倩故居	张自忠路5号	区级
134		当铺旧址	门楼胡同3号、5号	区级
135		黄米胡同四合院	黄米胡同5号、7号、9号，亮果厂6号	区级
136		桂公府	芳嘉园胡同11号，新鲜胡同40号、42号	区级
137		雨儿胡同13号四合院	雨儿胡同13号	区级
138		东四六条55号四合院	东四六条55号	区级
139		东四四条5号四合院	东四四条5号	区级
140		板厂胡同27号四合院	板厂胡同27号	区级
141		东四八条71号四合院	东四八条71号	区级
142		富强胡同6号、甲6号、23号四合院	富强胡同6号、甲6号、23号	区级
143		什锦花园胡同19号四合院	什锦花园胡同19号	区级
144		东直门外清真寺	东直门外察慈小区6号	区级
145		东四五条55号四合院	东四五条55号	区级
146		法华寺碑	多福巷32号、44号	区级
147		傅恒征西川碑	现存于北京石刻艺术博物馆	区级
148		慧仙女校碑	现存于北京石刻艺术博物馆	区级
149		文昌庙碑	帽儿胡同21号	区级
150		（文昌帝君庙）皇帝敕谕碑	景阳胡同4号	区级
151		慧照寺修建碑	东四十三条19号	区级
152		宝和店碑	现存于北京石刻艺术博物馆	区级
153		（成寿寺）皇帝敕谕碑	现存于钟鼓楼文物保管所	区级
154		贝子宏昨府	大取灯胡同9号	区级
155		承恩公志钧宅	大佛寺东街2号、4号6号，美术馆后街44号	区级
156		正白旗觉罗学建筑遗存	新鲜胡同36号	区级
157		镶黄旗官学建筑遗存	后圆恩寺甲20号	区级
158		莲园	红岩胡同甲19号　新鲜胡同18号	区级
159		翠花胡同27号四合院	翠花胡同27号	区级
160		朝阳门内大街头条203号近代建筑群	朝阳门内大街头条203号	区级
161		朝阳门南小街439号近代建筑	朝阳门南小街439号	区级
162		朝阳门内大街81号近代建筑	朝阳门内大街81号	区级
163		同福夹道4号近代建筑	同福夹道4号	区级
164		东堂子胡同4号、6号近代建筑	东堂子胡同4、6号	区级

续表

序号		名称	地址及位置	级别
总序号	子序号			
165		原北京大学图书馆	北河沿大街甲83号	区级
166		菊儿胡同7号近代建筑	菊儿胡同7号	区级

（张佳宁）

【东城区北京市历史文化保护区】

一、景山前街

该保护区位于故宫紫禁城筒子河与皇家园林景山之间，全长740米。明清时，景山与故宫之间建有北上门、北上东门、北上西门。1931年各门拆除辟路，划分三段：中为景山前街，东为景山东前街，西为三座门大街，1965年统一定名为景山前街。

二、景山后街

该保护区位于景山公园北侧，东起景山东街，西至景山西街，中与地安门内大街相连，全长482米。元代为大都御苑；明清时为皇城。临街南侧古建筑是清乾隆年间所建寿皇殿，为清代皇家供奉先祖神像之所。街北东、西两侧是中华人民共和国成立后建设的办公楼，屋顶采用中国传统建筑坡屋顶形式，立面为传统建筑形式的装饰，与南侧景山相互呼应、衬托，形成对景，是保持古都历史风貌的范例。

三、景山东街

该保护区位于景山公园东侧，全长546米。街旁在明代时曾设有司礼监、都知监、印绶监等衙署。因西邻景山，清末称景山东大街，1956年定现名。街两侧绿树成荫。街东有清光绪二十四年（1898年）开办的中国第一所大学——京师大学堂。吉安所左巷8号是毛泽东1918年在北京时住过的地方。

四、五四大街

该保护区东起东四西大街，西至景山前街，全长740米。1965年曾定名汉花园大街，后改五四大街至今。街北侧为北京大学“红楼”。1919年5月4日的游行队伍，即从“红楼”北边的广场集合出发，1947年被命名为“民主广场”。陈独秀、李大钊、鲁迅、蔡元培、胡适等革命先辈和文化巨匠曾在此任教。中国共产党北京小组诞生于此。“红楼”内现保存李大钊工作室。“红楼”在中国近代史上具有重要的地位和作用。街东段北侧的中国美术馆是20世纪50年代著名的大型文化设施。“红楼”现在为新文化运动纪念馆。

五、南池子　六、东华门

该保护区位于北京皇城内，故宫东南侧，北起东华门大街，南至长安街，西临筒子河、劳动人民文化宫，东接东皇城根南街，总用地面积34.5万平方米。该地区处于喧闹的王府井商业街与森严僻静的故宫城墙之间，独特的城市环境造成地段内具有传统风貌居住街区的独特建筑环境。

七、北池子

该保护区紧邻紫禁城东侧，规划范围东以东皇城根南街为界，西以筒子河为界，北至五四大街，南邻东华门大街，东与东皇城根北街相连，总用地面积39.22万平方米。该地区传统居住区的特色构成故宫一侧较为幽静的居住环境，其灰色宁静的形式更有益衬托、表现宫城的宏伟气度。就北京旧城整体而言，其低矮、平缓、匀质的建筑格局也是风貌构成的重要组成部分。

八、东交民巷

该保护区位于天安门东侧，东接崇文门内大街，南临前门东大街，西至天安门广场东侧，北面至东长安街，总用地面积62.84万平方米。该地区建筑多为西式风格。现以机关办公为主，兼有办公与居住的混合使用形态，在整体上保持了历史文化街区原有的异域风貌特色，在老城区的传统建筑文化基调中独显特质。

九、东四三至八条

该保护区位于朝阳门内大街以北、东四十条以南、东四北大街以东、朝阳门北小街以西。包括整个头条至九条广大地区，总用地面积65.70万平方米。该地区是以典型传统的四合院落为主的居住性成片街区，从“一进院”到“四进院”都有留存，风貌与质量相当完好，是展示传统四合院的极佳场所。

十、雍和宫—国子监

该保护区位于旧城东北部，西至安定门内大街，北至北二环，东至东直门北小街西侧的育树胡同、炮局头条、后永康北条、东城煤炭一厂和华侨饭店用地东边界，南至北新桥三条、方家胡同，总占地面积约74万平方米。该地区是北京旧城内重要寺庙建筑和重要文物集中的街区，包括国子监、孔庙、国子监街、雍和宫、柏林寺等。

十一、南锣鼓巷

该保护区位于北京市北中轴线东侧，四至为地安门外大街、平安大街、地安门东大街、鼓楼东大街，总用地面积83.8万平方米，该地区是北京市最老的街区之一。与元大都同期建成，现仍保存了传统的胡同结构和大量的传统四合院，是目前北京旧城保存最完整、四合院最集中的地区。

十二、北锣鼓巷

该保护区南至鼓楼东大街，北至车辇店、净土胡同，西至什刹海保护区东界，东至安定门内大街，总面积约45.27万平方米。该地区与什刹海、南锣鼓巷、国子监三个历史文化保护区相邻，是皇城的重要背景，也是保护旧城整体风貌和沿中轴线对称格局不可缺少的地段。

十三、张自忠路北

该保护区南至张自忠路，北至香饵胡同，东至东四北大街，西至交道口南大街，总面积约为42.11万平方米。该街区集中了和敬公主府、段祺瑞执政府旧址、孙中山逝世纪念地、欧阳予倩故居等多家文物保护单位。

十四、张自忠路南

该保护区南至钱粮胡同，北至张自忠路，东至东四北大街，西至美术馆后街，总用地面积约为62.81万平方米。该区域处于皇城与东四三条至八条保护区之间，胡同格局完整，有马辉堂花园等文物保护单位。

十五、新太仓

该保护区南至东四十条，北至东直门内大街，东至东直门内南小街，西至东四北大街，总用地面积约为56.88万平方米。该区域现有胡同格局完整，有梁启超旧居、当铺遗址区级文物保护单位。

十六、东四南

该保护区南至干面胡同，北至前炒面胡同，东至朝内南小街，西至东四南大街，总面积约为34.32万平方米。该区域是以典型传统的四合院落为主的居住性成片街区，风貌与质量相当完好，是展示传统四合院的极佳场所。有礼士胡同129号院，内务部街11号院，史家胡同51号、53号、55号四合院等文物保护单位。

十七、皇城

该保护区是北京旧城整体保护的重点区域，包括景山地区、北池子、南池子。内含紫禁城、太庙、社稷坛、北海、中南海及第一批历史文化保护区，占地面积约6.8平方千米。

十八、鲜鱼口

该保护区西至前门大街，北至西打磨厂、长巷四条、西兴隆街，东至草厂十条，南至薛家湾胡同、北芦草园胡同、青云胡同、得丰东巷、得丰西巷、小席胡同、大席胡同。规划用地面积为36.25万平方米，净用地面积为32.47万平方米，现状总建筑面积为26.5万平方米（不含私搭乱建的建筑），规划总建筑面积为44.5万平方米。鲜鱼口地区主要是以居住功能为主的街区，居住用地面积26.81万平方米，占整个保护区的73.96%。

十九、什刹海（钟鼓楼属此片，东城占半片）

该保护区位于北京市旧城中轴线北部，属东城区的部分四至为草厂胡同一线以西、旧鼓楼大街以东、鼓楼东大街以北、北二环以南，总用地面积26.96万平方米。

（李婷）

表27

2023年东城区国家级非物质文化遗产一览表

（37项）

名称	类别
天坛传说	民间文学
智化寺京音乐	传统音乐
天坛神乐署中和韶乐	传统音乐
围棋	传统体育、游艺与杂技
象棋	传统体育、游艺与杂技
数来宝	曲艺
象牙雕刻	传统美术
北京玉雕	传统美术
北京绢花	传统美术
北京宫灯	传统美术
北京料器	传统美术
“葡萄常”料器	传统美术
泥塑（北京泥人张）	传统美术

续表

名称	类别
北京绢人	传统美术
便宜坊焖炉烤鸭技艺	传统技艺
全聚德挂炉烤鸭技艺	传统技艺
都一处烧麦制作技艺	传统技艺
官式古建筑营造技艺（北京故宫）	传统技艺
月盛斋酱（烧）牛（羊）肉制作技艺	传统技艺
东来顺涮羊肉制作技艺	传统技艺
京作硬木家具制作技艺	传统技艺
剧装戏具制作技艺	传统技艺
景泰蓝制作技艺	传统技艺
雕漆技艺	传统技艺
金漆镶嵌髹饰技艺	传统技艺
盛锡福皮帽制作技艺	传统技艺
古字画装裱修复技艺	传统技艺
风筝制作技艺（北京扎燕风筝制作技艺）	传统技艺
吴裕泰茉莉花茶制作技艺	传统技艺
古书画临摹复制技艺	传统技艺
青铜器修复及复制技艺	传统技艺
古代钟表修复技艺	传统技艺
宫廷传统囊匣制作技艺	传统技艺
北京蒙镶技艺	传统技艺
北京木雕小器作	传统技艺
同仁堂中医药文化	传统医药
中医传统制剂方法（安宫牛黄丸制作技艺）	传统医药

（张佳宁）

表28

2023年东城区北京市级非物质文化遗产一览表

（71项，含国家级非物质文化遗产37项）

名称	类别
前门的传说	民间文学
老北京叫卖	传统音乐

续表

名称	类别
京韵大鼓（白派）	曲艺
北京杠箱	传统舞蹈
掌礼司太狮老会	传统舞蹈
意拳	传统体育、游艺与杂技
吴式太极拳	传统体育、游艺与杂技
北京补花	传统美术
北京绒花(绒鸟)	传统美术
北京刻瓷	传统美术
北京扎彩子	传统美术
北京绢人	传统美术
京派内画鼻烟壶	传统技艺
毛猴制作技艺	传统技艺
壹条龙清真涮肉制作技艺	传统技艺
“厨子舍”清真菜民间宴席制作技艺	传统技艺
北京豆汁制作技艺（锦馨）	传统技艺
北京花丝镶嵌制作技艺	传统技艺
绒布唐工艺	传统技艺
红都中山装制作技艺	传统技艺
京式旗袍制作技艺	传统技艺
王氏装裱技艺	传统技艺
京作硬木家具制作技艺	传统技艺
北京鸽哨制作技艺	传统技艺
谭家菜制作技艺	传统技艺
传统百宝镶嵌制作与修复技艺	传统技艺
传统木器制作与修复技艺	传统技艺
传统漆器修复技艺	传统技艺
青铜器修复及复制技艺	传统技艺
手迹类文物临摹复制技艺	传统技艺
花市元宵灯会	民俗
同仁堂西黄丸传统制作技艺	传统医药
血余蛋黄油制作技艺	传统医药
燕京萧氏妇科	传统医药

（张佳宁）

表29

2023年东城区区级非物质文化遗产一览表

（225项，含国家级、市级非物质文化遗产71项）

名称	类别
崇文门的传说	民间文学
北京的传说	民间文学
藏头诗	民间文学
同聚公乐云车老会	传统舞蹈
花棍舞词	传统舞蹈
群英同乐小车圣会	传统舞蹈
箜篌艺术	传统音乐
古琴艺术	传统音乐
京剧（余派老生）	传统戏剧
拉洋片	曲艺
牛骨数来宝	曲艺
常氏中幡圣会	传统体育、游艺与杂技
众友同心中幡圣会	传统体育、游艺与杂技
白猿通背拳	传统体育、游艺与杂技
宋氏形意拳	传统体育、游艺与杂技
老北京冰嬉	传统体育、游艺与杂技
陈式太极拳	传统体育、游艺与杂技
祁家通背拳	传统体育、游艺与杂技
宝三跤场跤艺	传统体育、游艺与杂技
抖空竹	传统体育、游艺与杂技
东直门沾衣十八跌功夫跤	传统体育、游艺与杂技
史式八卦掌	传统体育、游艺与杂技
双石技艺	传统体育、游艺与杂技
京绣	传统美术
北京骨刻	传统美术
北京剪纸（徐阳）	传统美术
北京真丝手绘	传统美术
北京火绘葫芦	传统美术
北京传统风筝（王迺新）	传统美术
北京传统风筝（张世德）	传统美术
金·马派风筝	传统美术
北京面人（张俊显）	传统美术
北京纸扎花灯	传统美术

续表

名称	类别
北京彩蛋	传统美术
琢玉（印章）	传统美术
人物剪纸（张秀兰）	传统美术
京绣（于美英）	传统美术
京绣（仝玉英）（已故）	传统美术
京绣（王淑卿）（已故）	传统美术
竹刻	传统美术
大北照相黑白照片人工着色技艺	传统美术
北京彩塑“金光洞兔儿爷”	传统美术
京剧脸谱绘制	传统美术
古书画临摹复制技术（仿古山水）	传统美术
传统押花葫芦	传统美术
北京面人	传统美术
核桃微雕技艺	传统美术
北京彩塑脸谱	传统美术
北京纸塑	传统美术
印章篆刻艺术	传统美术
毛猴制作技艺	传统技艺
内画鼻烟壶制作技艺	传统技艺
天兴居炒肝制作技艺	传统技艺
正阳楼螃蟹宴制作技艺	传统技艺
中国结技艺	传统技艺
样式雷烫样技艺	传统技艺
蒙镶制作技艺	传统技艺
天字号首饰套件制作技艺	传统技艺
毛绣制作技艺	传统技艺
锦芳元宵制作技艺	传统技艺
老正兴寿桃制作技艺	传统技艺
都一处炸三角制作技艺	传统技艺
全聚德全鸭席制作技艺	传统技艺
北京金鱼培育技艺	传统技艺
都一处马莲肉制作技艺	传统技艺
庆林春茉莉小叶花茶制作技艺	传统技艺
压金银丝嵌宝技艺	传统技艺

续表

名称	类别
万隆合青铜器制作技艺	传统技艺
风车制作技艺	传统技艺
面人汤面人制作技艺	传统技艺
面人曹面人制作技艺	传统技艺
白魁烧羊肉制作技艺	传统技艺
“金糕张”金糕制作技艺	传统技艺
西德顺爆肚王爆肚制作技艺	传统技艺
聚宝斋装裱	传统技艺
玉印制作	传统技艺
随园官府菜制作技艺	传统技艺
京作硬木家具烫蜡技艺	传统技艺
传统理发技艺	传统技艺
糖画制作技艺	传统技艺
叶派内画技艺	传统技艺
隆庆祥传统西装制作技艺	传统技艺
金石传拓技艺	传统技艺
点翠工艺	传统技艺
堂前燕毽子制作技艺	传统技艺
京式月饼手工制作技艺	传统技艺
蜜供制作技艺	传统技艺
葫芦雕刻	传统技艺
传统单钩开锁技艺	传统技艺
绒帽制作技艺	传统技艺
千层底制作技艺	传统技艺
折扇手工制作技艺	传统技艺
兔儿爷制作技艺	传统技艺
中国传统绘画矿物质制作技艺	传统技艺
板寸技艺	传统技艺
京派手工沿条缝绱工艺	传统技艺
太平燕	传统技艺
绳结	传统技艺
清式斗拱营造技艺	传统技艺
东来顺清真特色菜	传统技艺
龙须面制作技艺	传统技艺

续表

名称	类别
北京稻香村京八件手工制作技艺	传统技艺
大兵黄砂板糖制作技艺	传统技艺
南庆仁堂中药制剂方法	传统医药
千芝堂中药炮制技术	传统医药
长春堂闻药	传统医药
金针疗法	传统医药
同仁堂手工塑制蜜丸传统制作技艺	传统医药
同仁堂手工泛制水丸传统制作技艺	传统医药
同仁堂阿胶传统制作技艺	传统医药
同仁牛黄清心丸传统制作技艺	传统医药
手工水丸制作技艺	传统医药
北京永安堂手工塑制蜜丸制作技艺	传统医药
同仁堂微丸传统手工制作技艺	传统医药
同仁堂壮骨药酒传统制作技艺	传统医药
中医传统制剂方法（黑色拔毒膏制作技艺）	传统医药
中医传统制剂方法（子宫锭制作技艺）	传统医药
前门上元灯会	民俗
雍和宫密宗金刚驱魔神舞	民俗
普天同乐开路圣会	民俗
来今雨轩红楼饮食文化	民俗
清明习俗之家训格言	民俗
立春习俗之鞭打春牛	民俗
北派茶礼	民俗
京袭吴门古琴艺术	传统音乐
评剧（筱派）艺术	传统戏剧
北京皮影	传统戏剧
滑稽大鼓	曲艺
宫廷善扑术	传统体育、游艺与杂技
古彩戏法	传统体育、游艺与杂技
北京木版年画制作技艺	传统美术
丝绫堆绣	传统美术
竹叶书	传统美术
酸梅汤制作技艺	传统技艺
戏曲化妆造型技艺	传统技艺

续表

名称	类别
董氏挂炉烤鸭制作技艺	传统技艺
老汤酱卤制作技艺	传统技艺
北京民间灯彩	传统技艺
萃华楼京味菜制作技艺	传统技艺
花丝镶嵌	传统技艺
玉石盆景制作技艺	传统技艺
内画制作技艺	传统技艺
“炒肝赵”炒肝制作技艺	传统技艺
邱氏红糖制作技艺	传统技艺
和香制作技艺	传统技艺
赵氏正骨疗法	传统医药
黑布药膏制作技艺	传统医药
马氏股骨头坏死疗法	传统医药
北京传统足部护理术	传统医药
王氏宫廷清络疗法	传统医药
艾灸疗法（陈氏）	传统医药
针灸疗法（桑氏）	传统医药
胡氏鍉圆针系统痧疗	传统医药
足穴医椎疗法	传统医药

（张佳宁）

表30　**2023年东城区国家级非物质文化遗产项目代表性传承人一览表**

（49人）

姓名	所属项目	入选年份
孙森（已故）	象牙雕刻	2007
王树文	象牙雕刻	2007
钱美华（已故）	景泰蓝制作技艺	2007
张同禄	景泰蓝制作技艺	2007
文乾刚	雕漆技艺	2007
卢广荣	同仁堂中医药文化	2007
金霭英	同仁堂中医药文化	2007
关庆维	同仁堂中医药文化	2007

续表

姓名	所属项目	入选年份
田瑞华	同仁堂中医药文化	2007
张本兴（已故）	智化寺京音乐	2008
宋世义	北京玉雕	2009
金铁铃	北京绢花	2009
邢兰香	北京料器	2009
种桂友	京作硬木家具制作技艺	2009
孙颖	剧装戏具制作技艺	2009
李金善	盛锡服皮帽制作技艺	2009
白永明	便宜坊焖炉烤鸭技艺	2009
满运来	月盛斋酱（烧）牛（羊）肉制作技艺	2009
胡庆学	智化寺京音乐	2012
柴慈继	象牙雕刻	2012
李春珂	象牙雕刻	2012
柳朝国	北京玉雕	2012
李博生	北京玉雕	2012
钟连盛	景泰蓝制作技艺	2012
殷秀云	雕漆技艺	2012
费保龄（已故）	北京扎燕风筝制作技艺	2012
柏德元（已故）	金漆镶嵌髹饰技艺	2012
万紫	金漆镶嵌髹饰技艺	2018
孙丹威	吴裕泰茉莉花茶窨制技艺	2012
常弘	“葡萄常”料器	2018
陈立新	东来顺涮羊肉制作技艺	2018
马元良	北京宫灯	2018
王有亮	青铜器修复及复制技艺	2012
恽小钢	青铜器修复及复制技艺	2018
吕团结	青铜器修复及复制技艺	2018
徐建华	古字画装裱修复技艺	2012
杨泽华	古字画装裱修复技艺	2018
周海宽	古字画装裱修复技艺	2018
单嘉玖	古字画装裱修复技艺	2018

续表

姓名	所属项目	入选年份
张旭光	古字画装裱修复技艺	2018
祖莪	古书画临摹复制技艺	2012
郭文林	古书画临摹复制技艺	2018
李永革	官式古建筑营造技艺（北京故宫）	2012
刘增玉	官式古建筑营造技艺（北京故宫）	2012
李增林	官式古建筑营造技艺（北京故宫）	2018
吴生茂	官式古建筑营造技艺（北京故宫）	2018
李建国	官式古建筑营造技艺（北京故宫）	2018
白福春	官式古建筑营造技艺（北京故宫）	2018
王津	古代钟表修复技艺	2018

（张佳宁）

表31　**2023年东城区北京市级非物质文化遗产项目代表性传承人一览表**

（87人，含国家级非物质文化遗产代表性传承人49人）

姓名	所属项目	入选年份
张錩	泥人张彩塑（北京支）	2008
崔洁（已故）	北京补花	2008
郭石林	北京玉雕	2008
舍增泰	“厨子舍”清真菜民间宴席制作技艺	2008
舍源泰	“厨子舍”清真菜民间宴席制作技艺	2009
程淑美	北京花丝镶嵌制作技艺	2008
唐玉婕	绒布唐工艺	2008
马启斌	盛锡福皮帽制作技艺	2009
闫瑞环	红都中山装制作技艺	2008
黄荣贵	北京杠箱	2009
赵树昌	北京宫灯	2009
张志平	北京玉雕	2009
戴嘉林	景泰蓝制作技艺	2009
米振雄	景泰蓝制作技艺	2009
李侃	京式旗袍制作技艺	2009
赵小刚	同仁堂中医药文化	2009

续表

姓名	所属项目	入选年份
姚承光	意拳	2012
滑树林	北京绢人	2012
茅子芳	北京刻瓷	2012
李连贵	北京扎彩子	2012
吴中凤	北京蒙镶	2012
屈永增	智化寺京音乐	2015
董云	掌礼司太狮老会	2015
李秉慈	吴式太极拳	2015
张铁城	北京玉雕	2015
杨根连	北京玉雕	2015
王希伟	北京玉雕	2015
栾燕军	象牙雕刻	2015
李志刚	雕漆技艺	2015
衣福成	景泰蓝制作技艺	2015
李静	景泰蓝制作技艺	2015
王旭	王氏装裱技艺	2015
王兆琪	北京木雕小器作	2015
李燕春	京式旗袍传统制作技艺	2015
蔡金昌	红都中山装制作技艺	2015
何永江	北京鸽哨制作技艺	2015
吴华侠	都一处烧麦制作技艺	2015
王悦	安宫牛黄丸制作技艺	2015

（张佳宁）

表32　**2023年东城区区级非物质文化遗产项目代表性传承人一览表**

（367人，含国家级、市级非物质文化遗产代表性传承人87人）

姓名	所属项目	入选年份
屈炳庆	智化寺京音乐	2015
王辉	智化寺京音乐	2018
王玲	天坛神乐署中和韶乐	2015
臧志彪	老北京叫卖	2018

续表

姓名	所属项目	入选年份
孙忠喜	群英同乐小车圣会	2010
陈起环	拉洋片	2010
李世儒	数来宝	2015
时贵新	牛骨数来宝	2010
黄勇	众友同心中幡圣会	2010
王玉书（已故）	白猿通背拳	2010
田秋生	老北京冰嬉	2010
王哲	白猿通背拳	2015
周常仁	祁家通背拳	2015
翁福麒	吴式太极拳	2015
刘伟	吴式太极拳	2018
王凤鸣	陈式太极拳	2015
冯秀茜	陈式太极拳	2015
刘全福	抖空竹	2018
孟尊荣	东直门沾衣十八跌功夫跤	2018
史乃健	史式八卦掌	2018
韩国卿	宝三跤场跤艺	2018
刘建华	象牙雕刻	2010
张树中	象牙雕刻	2015
郑士儒	象牙雕刻	2018
员向阳	北京玉雕	2010
姜文斌（已故）	北京玉雕	2010
蔚长海	北京玉雕	2010
赵琦	北京玉雕	2015
王建	北京玉雕	2015
崔奇铭	北京玉雕	2018
苏伟	北京玉雕	2018
李东	北京玉雕	2018
朱寅寅	北京玉雕	2018
滑淑玲	北京绢人	2010
崔欣	北京绢人制作技艺	2010

续表

姓名	所属项目	入选年份
杨利平	北京扎燕风筝制作技艺	2010
孙贺	北京扎燕风筝制作技艺	2015
张宏岳	泥人张彩塑（北京支）	2010
姚晓静	泥人张彩塑（北京支）	2015
崔比德	北京补花	2010
张新超	北京补花	2015
常燕	“葡萄常”料器	2015
徐汶静	北京绢花	2010
郭燕青	北京宫灯	2010
翟玉良	北京宫灯	2010
石金栓	京绣	2010
蔡志伟	北京绒花（绒鸟）	2010
王华安	北京骨雕	2010
张淑兰	北京骨雕	2018
徐阳	北京剪纸（徐阳）	2010
续清（已故）	北京真丝手绘	2010
季顺	北京火绘葫芦	2010
张世德	北京传统风筝（张世德）	2010
王廼新	北京传统风筝（王廼新）	2010
彭小平	北京面人（彭小平）	2010
彭天	北京面人（彭小平）	2015
张俊显	北京面人（张俊显）	2010
邱志刚	北京纸扎花灯	2010
刘锦茹	北京彩蛋	2010
耿鸿国	北京木雕小器作	2010
马慕良（已故）	北京木雕小器作	2010
杨宝忠	琢玉（印章）	2010
张秀兰	人物剪纸（张秀兰）	2010
于美英	京绣（于美英）	2010
边溪良	竹刻	2010
林爱幸	北京彩塑“金光洞兔儿爷”	2015

续表

姓名	所属项目	入选年份
盛华	京剧脸谱绘制	2015
徐天嘉	古书画临摹复制技术（仿古山水）	2018
黄涛	传统押花葫芦	2018
马宁	雕漆技艺	2015
杨之新	雕漆技艺	2015
李根	雕漆技艺	2018
邱贻生	毛猴制作技艺	2010
萧掌华	毛猴制作技艺	2010
肖静	毛猴制作技艺	2015
高东升	京派内画鼻烟壶	2010
郑旭晔	内画鼻烟壶	2010
吕铁智	金·马派风筝	2010
安全来	月盛斋酱（烧）牛（羊）肉制作技艺	2010
李广瑞	月盛斋酱（烧）牛（羊）肉制作技艺	2018
杨景山	东来顺涮羊肉制作技艺	2018
刘更生	京作硬木家具制作技艺	2010
张颜	剧装戏具制作技艺	2010
刘宇	北京料器	2010
刘星	北京料器	2010
耿英建	景泰蓝制作技艺	2010
李佩卿	景泰蓝制作技艺	2010
陈继凯	景泰蓝制作技艺	2010
张颖	景泰蓝制作技艺	2015
罗淑香	景泰蓝制作技艺	2015
王宝双	景泰蓝制作技艺	2015
王荣欣	景泰蓝制作技艺	2018
张旭	景泰蓝制作技艺	2018
李德伦	金漆镶嵌制作技艺	2015
柏群	金漆镶嵌制作技艺	2015
侯雪	金漆镶嵌制作技艺	2018
马万兰	盛锡福皮帽制作技艺	2015

续表

姓名	所属项目	入选年份
陈江山	盛锡福皮帽制作技艺	2015
赵占强	中国结技艺	2010
于正勋	样式雷烫样技艺	2010
张景民	蒙镶制作技艺	2010
马秀峰	天字号首饰套件制作技艺	2010
萧掌柜	毛绣制作技艺	2010
张志国	官式古建筑营造技艺（北京故宫）	2018
张秀芬	官式古建筑营造技艺（北京故宫）	2018
张志祥	官式古建筑营造技艺（北京故宫）	2018
金家桐	官式古建筑营造技艺（北京故宫）	2018
白强	官式古建筑营造技艺（北京故宫）	2018
贾永茂	官式古建筑营造技艺（北京故宫）	2018
张吉年	官式古建筑营造技艺（北京故宫）	2018
黄有芳	官式古建筑营造技艺（北京故宫）	2018
翁国强	官式古建筑营造技艺（北京故宫）	2018
焦久芳	官式古建筑营造技艺（北京故宫）	2018
张世荣	官式古建筑营造技艺（北京故宫）	2018
刘建华	官式古建筑营造技艺（北京故宫）	2018
凌泽杰	吴裕泰茉莉花茶制作技艺	2018
赵洪泉	庆林春茉莉小叶花茶制作技艺	2010
李志强	庆林春茉莉小叶花茶制作技艺	2018
潘德珠	压金银丝嵌宝技艺	2010
孟宪忠	万隆合青铜器制作技艺	2010
王国华	风车制作技艺	2010
汤岭	面人汤面人制作技艺	2010
刘荫茹	面人曹面人制作技艺	2010
杨广佳	白魁烧羊肉制作技艺	2010
王欣	西德顺爆肚王爆肚制作技艺	2010
邢景翠	京式月饼手工制作技艺	2018
田振江	北京鸽哨制作技艺	2015
孙凤山	北京木雕小器作	2015

续表

姓名	所属项目	入选年份
王泽旭	金石传拓技艺	2018
袁小杰	隆庆祥传统西装制作技艺	2018
杨晓樱	聚宝斋装裱	2015
于建国	北京金鱼培育技艺	2015
郑建华	天兴居炒肝制作技艺	2015
吴秀敏（已故）	传统理发技艺	2015
耿进兴	传统理发技艺	2015
王来凤	京作硬木家具制作技艺	2015
王燕英	京作硬木家具制作技艺	2015
陈翠路	京作硬木家具制作技艺	2015
吴中立	京作硬木家具制作技艺	2018
李胜利	京作硬木家具制作技艺	2018
田磊	京作硬木家具制作技艺	2018
于鸿雁	京作硬木家具烫蜡技艺	2015
张倩	剧装戏具制作技艺	2018
刘忠	谭家菜制作技艺	2015
舍英旗	“厨子舍”清真菜民间宴席制作技艺	2015
舍鸥	“厨子舍”清真菜民间宴席制作技艺	2015
高增维	点翠工艺	2018
殷文	堂前燕毽子制作技艺	2018
刘江华	叶派内画技艺	2018
李广辉	糖画制作技艺	2018
姜波	蜜供制作技艺	2018
殷顺海	同仁堂中医药文化	2010
陆建国	同仁堂中医药文化	2010
梅群	同仁堂中医药文化	2010
张志红	同仁堂中医药文化	2015
王志举	同仁堂中医药文化	2015
卢振英	同仁堂中医药文化	2015
杜月新	同仁堂中医药文化	2015
赵军	同仁堂中医药文化	2015

续表

姓名	所属项目	入选年份
鲍志东	同仁堂中医药文化	2015
孔燕萍	同仁堂中医药文化	2018
丁永玲	同仁堂中医药文化	2018
崔庆利	同仁堂中医药文化	2018
毛民	同仁堂中医药文化	2018
张冬梅	同仁堂安宫牛黄丸传统制作技艺	2015
于葆墀	同仁堂安宫牛黄丸传统制作技艺	2015
谢振茂	同仁堂安宫牛黄丸传统制作技艺	2015
刘天良	同仁堂安宫牛黄丸传统制作技艺	2015
王立梅	同仁堂安宫牛黄丸传统制作技艺	2015
项英福	同仁堂安宫牛黄丸传统制作技艺	2015
郭凤华	同仁堂安宫牛黄丸传统制作技艺	2015
王伯位	同仁堂安宫牛黄丸传统制作技艺	2018
张志广	同仁堂安宫牛黄丸传统制作技艺	2018
陈振会	同仁牛黄清心丸传统制作技艺	2018
葛惠明	同仁堂阿胶传统制作技艺	2018
刘立春	同仁堂阿胶传统制作技艺	2018
薛连贵	同仁堂西黄丸传统制作技艺	2018
李宁	同仁堂西黄丸传统制作技艺	2018
王德胜	同仁堂手工塑制蜜丸传统制作技艺	2018
刘明华	同仁堂手工塑制蜜丸传统制作技艺	2018
谢锡昌	同仁堂手工泛制水丸传统制作技艺	2018
钮雪松	金针疗法	2018
范永利	普天同乐开路圣会	2010
冯建华	北派茶礼	2018
霍燚	天坛神乐署中和韶乐	2022
邸宁	古琴艺术	2022
吴茜	箜篌艺术	2022
吴寒	京袭吴门古琴艺术	2022
张宝春	北京杠箱	2022
王勇	双石技艺	2022

续表

姓名	所属项目	入选年份
李晶	京剧（余派老生）	2022
林童	评剧（筱派）艺术	2022
陶淑珍	北京皮影	2022
渠丽娜	戏曲化妆造型技艺	2022
王桂春	拉洋片	2022
翟静婉	京韵大鼓（白派）	2022
应宁	滑稽大鼓	2022
张长来	数来宝	2022
崔瑞彬	意拳	2022
姚悦		2022
张浩	东直门沾衣十八跌功夫跤	2022
王同庆	宫廷善扑术	2022
辛刚	古彩戏法	2022
杜德平	陈式太极拳	2022
李可	北京玉雕	2022
郭卫军		2022
史永山		2022
冯延明		2022
杨晓雅		2022
韩司宇	火绘葫芦	2022
刘敬丽	北京木版年画制作技艺	2022
张珝	古书画临摹复制技术（仿古山水）	2022
吴明	竹叶书	2022
张昊	泥塑（北京泥人张）	2022
吉胜久	北京纸塑	2022
余永良	官式古建筑营造技艺（北京故宫）	2022
张奉兵		2022
张志勇		2022
张志全		2022
李筱楼	古字画装裱修复技艺	2022
亓昊楠	古代钟表修复技艺	2022

续表

姓名	所属项目	入选年份
吕阳	金·马派风筝	2022
张淑兰	象牙雕刻	2022
孙宁		2022
刘敬华	景泰蓝制作技艺	2022
谢燕华		2022
赵江		2022
李大冬		2022
栗娜		2022
张卫东	“金糕张”金糕制作技艺	2022
何铁成	北京鸽哨制作技艺	2022
马强	月盛斋酱（烧）牛（羊）肉制作技艺	2022
石燕玲	金漆镶嵌髹饰技艺	2022
王文光	京作硬木家具制作技艺	2022
张云希		2022
高自强		2022
高晓熙	京派内画鼻烟壶	2022
井听听	都一处烧麦制作技艺	2022
陈庆龙	天兴居炒肝制作技艺	2022
李洋	便宜坊焖炉烤鸭技艺	2022
王国新	东来顺涮羊肉制作技艺	2022
王龙	北京面人	2022
商现峰	北京木雕小器作	2022
徐建光	王氏装裱技艺	2022
李维晨	北京蒙镶	2022
王楠	庆林春茉莉小叶花茶制作技艺	2022
王然	传统理发技艺	2022
李伟	隆庆祥传统西装制作技艺	2022
张振	大兵黄砂板糖制作技艺	2022
张蕊	中国传统绘画矿物质颜料制作技艺	2022
赵建科	北京彩塑脸谱	2022
刘军	折扇手工制作技艺	2022

续表

姓名	所属项目	入选年份
刘清池	板寸技艺	2022
李玉华	核桃微雕技艺	2022
谢道云	北京稻香村京式糕点制作技艺	2022
王文运	太平燕	2022
胡鹏飞	兔儿爷制作技艺	2022
刘富	玉石盆景制作技艺	2022
董振祥	董氏挂炉烤鸭制作技艺	2022
徐丽苹	和香制作技艺	2022
常欣	酸梅汤制作技艺	2022
赵威	“炒肝赵”炒肝制作技艺	2022
何青	花丝镶嵌	2022
刘东	内画制作技艺	2022
夏仲联	老汤酱卤制作技艺	2022
王培欣	萃华楼京味菜制作技艺	2022
邱宁籽	邱氏红糖制作技艺	2022
黄小辉	北京豆汁制作技艺	2022
乐拯	同仁堂中医药文化	2022
孔令君	中医传统制剂方法（安宫牛黄丸制作技艺）	2022
张清	同仁堂西黄丸传统制作技艺	2022
李伯阳	同仁堂手工泛制水丸传统制作技艺	2022
吴彤	同仁堂壮骨药酒传统制作技艺	2022
游少平	足穴医椎疗法	2022
陈茂燊	艾灸疗法（陈氏）	2022
桑希生	针灸疗法（桑氏）	2022
赵峰	赵氏正骨疗法	2022
张立军	北京传统足部护理术	2022
王兴立	王氏宫廷清络疗法	2022
耿凤英	东直门街道普天同乐开路圣会	2022

（张佳宁）

文化产业

【概况】北京市东城区文化发展促进中心（简称区文促中心）是区委宣传部所属副处级公益一类事业单位。负责贯彻执行国家和北京市文化产业政策，制订区域文化产业政策，促进文化产业发展；牵头推进国家文化与金融合作示范区建设；负责区域文化产业空间资源开发利用；开展文化产业有关课题专题研究。2023年，区文促中心成功获评全国首批、全市首个国家文化与金融合作示范区，联合市金融监管局全市首创优质文化企业融资“白名单”机制，联合清华大学五道口金融学院，连续七届举办中国文化金融峰会。利用老旧厂房等疏解腾退空间建设文化产业园区，金台·共享际、金隅龙顺成文创园建成开园，为中轴线南北两端再添文化新地标。新场景、新业态、新模式不断涌现，文化产业园区内文化消费业态约200处，首店特色店占比约四分之一，园区已成为新消费品牌孵化新阵地。组织驻区文化企业参加2023中国服贸会文旅服务专题展，举办2023中国文化金融峰会。

（赵亮）

【东城区获评全国首批国家文化与金融合作示范区】3月，区文促中心举办东城区“文菁”文化+产业基金2023年首场项目路演对接会。4月，举办东城文化金融政策宣讲活动，致力于拓宽金融资本与文化资源对接渠道，优化营商环境，为企业发展提供优质精准服务。10月，完成文化和旅游部、中国人民银行关于首批国家文化与金融合作示范区验收组验收考核及答辩工作，全方位展示东城区文化与金融合作“东城模式”的成果。12月，文化和旅游部、中国人民银行、财政部联合授牌，东城区获评全国首批国家文化与金融合作示范区。2023年，驻区文化金融特色机构服务北京地区文化企业280家，贷款金额56.49亿元。

（赵亮）

【文化产业发展】4月，禄米仓新视听产业园、大磨坊文创园、恒信东方文化股份有限公司3家园区入选首批北京“新视听空间”，77剧院、隆福寺大麦获评首批演艺新空间。5月，中国出版集团、保利文化集团等5家驻区文化企业获第十五届全国文化企业30强及提名，入选企业总数持续位列全市各区第一。8月，中国图书进出口（集团）有限公司等9家驻区文化企业被评为2023—2024年度国家文化出口重点企业，高等教育出版社当代科技前沿专著系列等6个驻区企业重点工作被评为年度“国家文化出口重点项目”。9月，北京橙色风暴数字技术有限公司等驻区15家文化企业入选“北京市民营企业百强榜”。12月，举办第七届北京文化创意大赛东城分赛区暨东城区“文化+”创意大赛，20个项目获奖；2023年北京文化消费促进行动东城区企业入选数量和获得支持力度全市第一；航星文化科技产业园等17家园区被评为市级文化产业园区，获评数量位列全市第二。1月至12月，规模以上文化产业法人单位528家，累计实现收入1352.90亿元，同比增长19.9%，总量稳居全市第三，增速位居中心城区第二。

（赵亮）

【“文化东城”亮相服贸会】9月2—6日，区文促中心组织10余个行业的32家企业参加2023年服贸会文化旅游服务专题展东城展区展览展示工作，以“崇文争先 古都华章”为主题，升级京城四合院儿特色，在展区打造戏剧之城、书香之城、博物馆之城、非遗之城、中医药文化之城的沉浸式体验。同时，借助人工智能、大语言模型、“数字人”、VR、裸眼3D全息展示、激光雷达传感、区块链、无人自动驾驶应用等新技术，让观众在古都风貌与元宇宙世界自由穿梭，中华优秀传统文化在数字技术的加持下绽放新时代光彩。

（赵亮）

【主办并承办中国文化金融峰会】12月21日，区文促中心举办2023中国文化金融峰会，峰会由文化和旅游部产业发展司指导，东城区委、东城区政府、清华大学五道口金融学院共同主办，清华大学五道口金融学院文创金融研究中心、东城区文化发展促进

9月2—10日，东城区组织企业参加2023年中国服贸会东城展区活动（赵亮摄）

中心共同承办，峰会以“融合·生机——深化文化金融合作 推动文化繁荣兴盛”为主题，文化和旅游部产业发展司司长缪沐阳、东城区委书记孙新军、清华大学五道口金融学院党委书记顾良飞分别为大会致辞。文化和旅游部为全国首批获评“国家文化与金融合作示范区”的北京市东城区、浙江省宁波市进行授牌；来自文化界、金融界等知名专家和企业家多人发表主题演讲并进行圆桌对话。文化企业、投资机构、银行、媒体等各方代表100余人参加会议。

（赵亮）

文化市场监管

【概况】2023年，全区共有营业性演出场所26家，电影放映单位16家，艺术品经营单位86家，互联网上网服务营业场所17家，网络文化经营单位35家，游艺娱乐场所4家，歌舞娱乐场所31家，剧本娱乐场所36家，文化艺术类校外培训机构151家，不可移动文物372处，出版物经营单位214家，印刷复制企业35家，卫星电视广播地面接收单位64家，宗教团体、宗教活动场所17家，旅行社284家，星级宾馆39家，社会旅馆516家，A级旅游景区11家。区文旅局严格落实文旅市场监管职责，着力推动东城文旅市场安全稳定发展，全年共出动执法人员1.67万人次，检查各类文旅场所7888家次，行政执法立案159起，结案197起，作出处罚决定70起，不予处罚决定33起，撤案94起，罚没款21.29万元，没收出版物58册。

（吴嘉莉）

【未成年人保护】2023年，区文旅局相继开展“扫黄打非·净网2023”“清源2023”“固边2023”“秋风2023”“护苗2023”“护苗·开学季”等专项行动。多次联合公安、市场监管局、属地街道等部门针对校园周边等重点区域不定期开展执法检查，共同为未成年人健康成长保驾护航。

（吴嘉莉）

【普法责任制落实】2023年，区文旅局走进校园、社区、企业和文创园区进行法律法规宣讲，发出版权保护倡议，进一步推动版权保护工作发展，营造尊重版权、保护版权、激励创新的良好社会氛围。与区委宣传部、区法院、安定门街道、体育馆路街道等多部门，联合开展年度“4·26”知识产权宣传周系列活动，将日常执法中的普法宣传和集中宣传相结合。

（吴嘉莉）

【重大活动安全保障】2023年，区文旅局完成全国两会、第三届“一带一路”国际合作高峰论坛及北京文化论坛期间的文旅市场安全保障工作。对区内文化和旅游企事业单位开展全覆盖安全检查，重点检查燃气安全、用电安全、消防安全、电动自行车安全、有限空间等方面的安全问题，排除各类安全隐患。开展文化和旅游安全生产大检查及驻地周边市场整治，多次配合市广电局检查全国两会和北京文化论坛驻地酒店电视保障工作，确保重点地区、重点时段、重点场所不发生安全事故。

（吴嘉莉）

【文旅市场监管】2023年，区文旅局发起“双随机、一公开”部门联合抽查10批次，参与市文化市场综合执法总队、区应急局、区卫健委、区市场监管局、区公安分局等部门发起的抽查37批次，以部门联合抽查方式检查企业491家次。组织开展广电播出、出版物电商平台、营业性演出售票平台、“脱口秀”演出市场等各类专项检查30余次。强化对新兴行业监管，通过约谈、突击检查等方式督促企业守法规范经营，推动新兴行业有序发展。

（吴嘉莉）

【演出市场监管】2023年，区文旅局坚持演出市场监管关口前移，采取演出前约谈主办单位、主要演员对其提出要求，防止现场出现不按报批内容演出或出现法律法规禁止的内容等情况。重点关注“脱口秀”演出市场，开展专项排查整治行动，强化法律法规宣教。全年共约谈演出场所经营单位260余家次、600余个剧目。

（吴嘉莉）

【文化市场岗位技能提升】2023年，区文旅局参加市文化市场综合执法总队组织的“现场执法做示范 经验分享促提升”执法提升专项行动，持续夯实东城区文化执法队伍政治坚定、行业规范、业务精通、作风过硬的思想根基。区文旅局获2022—2023年度北京市扫黄打非暨文化市场管理先进集体，办理的北京某公司擅自修缮不可移动文物火神庙案获国家文物局评选的2022年度全国文物行政处罚优秀案卷。

（吴嘉莉）

融媒体建设

【概况】北京市东城区融媒体中心（简称区融媒体中心）是区政府直属相当正处级财政补助公益一类事业单位，承担全区新闻采访和发布工作。2023年，依托区属“1+18+N”全媒体平台，围绕区域经济社会各项事业高质量发展的中心工作和重点任务，做好新闻宣传和舆论引导。坚持突出东城特色，以强信心为重点，强化正面宣传，在各类新闻媒体上发稿2.77万篇，其中中央及市属媒体发稿5600篇、区属媒体发稿2.21万篇。

（谢茜莎）

【深化媒体融合发展】2023年，区融媒体中心深化“新闻+”服务功能，打造为群众提供全方位的生活信息服务和推进政民互动服务的重要载体；“北京东城”官方微博、微信不断加强原创推送，培育融媒特色新媒体栏目，与粉丝互动粘性持续增强；《新东城报》聚焦民生领域加强重点宣传，用心用情报道好百姓心头事；《都市阳光》电视栏目进一步提升新闻节目策划、采制水平，创新特色栏目讲好东城故事；“美丽东城”平台持续打造系列原创品牌栏目，不断提升栏目的精品度和传播力。2023年，共获中央、市级各类新闻奖项50余项，其中“北京东城”App入选2023数字政府建设卓越示范案例，成为北京市唯一获此奖项的区；《趣逛东城消费图鉴H5》入选新华社颁发的县级融媒体中心政务商务服务典型事例；《李欣：用影像讲述中轴故事》获由中宣部、“学习强国”学习平台颁发的“2023年秋季全国县级融媒体优秀作品”；《我们的新时代》等共计10件作品分获2022年度北京市专业报刊好新闻一、二、三等奖；《当冬奥遇到东城非遗》等8件作品分获学习强国北京学习平台区级融媒体中心优秀作品一、二、三等奖（其中一等奖5个）；融媒人才队伍建设不断夯实，18人通过年度新闻记者职业资格考试，取得考试成绩合格证明。

（谢苫莎）

【重大主题新闻宣传】2023年，区属各融媒平台开设专栏及子栏目110个，发稿共计2.77万篇。各融媒平台以“奋进新征程 建功新时代”为主题，围绕东城区贯彻落实党的二十大精神先后开设“全速推进‘崇文争先’ 全力做实‘六字文章’”“踔厉奋发向未来 二十大精神在东城”“学习贯彻二十大 办好群众身边事”等专栏专题20余个，刊发重点报道200余篇。策划推出“夜空中最亮的星”等短视频及“过节我在岗”等系列图文报道。开展主题教育以来，第一时间开设“学习贯彻习近平新时代中国特色社会主义思想主题教育”“学思想 强党性 重实践 建新功”等专栏，深入推进“高质量发展调研行”“办好群众身边事”等专题。持续深化“新春走基层”“记者走一线”活动，各融媒平台通过重点策划、创新手段，以百姓喜闻乐见的新闻报道形式推出一批精品力作。结合重要时间节点，制作《回首2022，我们一起携手走过》《北京东城，究竟什么样？》等原创推文，刊发《扛起责任，我们毅勇前行》《立春日，奋战时，不负东城好时光》等时评。开设《理响东城》专栏、制播《会客厅》系列访谈节目。

（谢苫莎）

【新媒体平台宣传】2023年，“北京东城”在新浪微博平台发布相关图文、视频共计7333条，阅读量1574万人次，粉丝数87万。增强即时性报道，在微博平台开设“小东在现场”栏目，对国学文化节开幕式、HICOOL 2023全球创业者峰会、2023服贸会、我与地坛北京书市、2023北京古建音乐季特别预热活动等进行图文和短视频报道；开设“佳句流香”短视频美图栏目；不断增强与用户互动，努力解决微博网友诉求，进一步加强与全国、全市的政务新媒体及时互动，努力提升微博的互动指数。“北京东城”微信公众号发布推文1933篇，阅读量365万人次，粉丝数达14万。加强原创策划，持续更新“非遗体验官”“东城打卡地+1”等原创专栏，创新推出“看展览在东城”栏目。创新开设原创栏目“玩转东城”，推介智化寺、老舍纪念馆、文沁阁书店（明城墙新店）等新店、新景、新展。制作原创人格化融媒产品“大民带您逛东城”系列短视频，推出观鸟、文创雪糕、老年餐桌等主题报道。开设原创老字号探店栏目“探探老字号”，推介大北照相馆、吴裕泰等，探究老字号焕发的新魅力。制发原创推文《北京东城，究竟什么样？》，展现东城区在国家中枢、千年古都、文化名城、人间画卷和宜居福地五个方面建设中取得的成就；策划推出庆“七一”短视频《九万分之一的力量》，刻画不同岗位的基层党员干部形象。2023年，“北京东城”微信视频号发布视频418条，播放量68.70万次，点赞数1.90万次。“北京东城”抖音号发布视频378条，播放量37.60万次，点赞数4.8万次，账号粉丝达4.20万。“北京东城”快手号发布视频341条，播放量140万次，点赞数1.30万次，账号粉丝达44.70万。“北京东城”微视号发布视频87条，播放量9.3万次，账号粉丝达4.4万。推出“小东福利时间”，在微博、微信、抖音、快手平台开展抽奖赠送等互动活动39次，不断增强粉丝黏性。

（谢苫莎）

【“北京东城”App功能优化】2023年，“北京东城”App累计用户数36.47万，新增用户数6.20万，发布图文信息共计7158条，视频492部，直播20场，头版故事47条，开屏广告35条，抽奖活动48期，线上互动征集活动4场。围绕全国两会、中轴线保护、国际消费中心城市建设、北京文化论坛等宣传重点，开设专题31个。全区17个街道和相关委办局共上传稿件1969条，审核刊发1701条。持续探索客户端便民服务功能，上线“东城区便民服务地图”。不断优化用户界面，完成“网上商城”板块的升级改造，将原“东城文旅”入口更新为“故宫以东”入口。完成“音频”功能的整体上线与测试。改进“意见反馈”板块，新增反馈信息查看等功能。上线接诉即办板块，加快推进市民诉求的网上办理。完成政务服务板块链接更新和“京体通”小程序的接入。持续推进“北京东城”App在各品牌手机应用商城上线和适老化及无障碍版本改造。

（谢苔莎）

【《新东城报》深度报道凸显】

2023年，《新东城报》共出刊99期，刊登稿件近1300篇；开设各类专栏近80个，推出各类专栏文章500余篇，专题报道130个。围绕学习贯彻习近平新时代中国特色社会主义思想主题教育，开设“学思想、强党性、重实践、建新功”专栏，并推出“理响东城”理论文章专栏。推进“崇文争先”，聚焦全国文化中心建设，开设“2023北京文化论坛”“加速推进全国文化中心建设”“创建国家文化与金融合作示范区”“文创园文化消费看东城”“大戏东望”“文物保护利用看东城”“我和中轴”“老字号·新生活”“非遗在社区”等专栏专题，推出东城区传承发展“四个文化”系列报道，在报道形式方面，注重消息、通讯、评论等多种题材方式，多维度系统化报道。关注区域经济高质量发展，推出“优化营商环境 东城在行动”“东城消费季”“高质量发展调研行 走进区属国企”“高质量发展看东城 走进专精特新企业”等专栏专题。加强对区属企业、专精特新企业等细分领域的宣传报道，不断发掘驻区企业在助推东城区经济高质量发展方面所取得的成绩。全员参与媒体融合发展，通过强策划、谋选题、重体验，推出记者走一线体验式专栏专题“东城打卡地”“有咖有味”“跟着路牌行走东城”“City walk 在东城”等，推介东城区网红打卡地、地标性建筑、新消费方式。在选题策划方面，加强与街道、委办局的联络，形成周周调研行的选题挖掘模式。

（谢苔莎）

【在市电视台头条新闻占比七成】

2023年，北京广播电视台新闻频道《都市阳光》栏目共播出东城区新闻682条，在全年365期节目中，头条为东城区新闻的占比74%，其中《李欣：用影像讲述中轴故事》《雄安史家胡同小学迎来首批学生》《一键叫车享便利 117个“助老打车暖心车站”覆盖北京东城》等作品获评“学习强国”全国县级融媒体优秀作品、北京市优秀广播电视新闻作品、北京市广播电视创新创优节目等奖项。进一步加强新闻选题策划，围绕中轴线保护推出的《我和中轴》系列专题（十集）深受观众好评和专家肯定；开辟《学思想 强党性 重实践 建新功》专栏，讲好主题教育的“东城故事”；制作播出“北京文化论坛”（四集）、“非遗在社区”（七集）等特别节目；聚焦东城区优秀人才培养资助工作，推出十集“人才引领筑梦东城”系列人物短视频；创新开设《在东城 老幸福了》《接诉即办在身边》等民生新闻专栏。

（谢苔莎）

【“美丽东城”网络平台创佳绩】

2023年，“美丽东城”网络电视平台累计制作播出节目1350部，《东城资讯》收集新闻线索1200余条，制播节目600余条；《东城探秘》制播节目23期；《爱我东城》制播节目36期；《医生来了》栏目制播节目50期；《经典诵读》栏目制播节目8期；《会客厅》栏目制播节目5期；《东城聚焦》更新100余条新闻；《电影欣赏》更新高清电影200余部；首页开设《学习宣传贯彻党的二十大精神》专栏，播出相关新闻110条。《东城探秘|行走中轴——天坛》系列融媒节目获2023年第三季度北京市优秀融媒体新闻作品；《行走中轴——钟鼓楼》系列节目获2023年第四季度北京市广播电视创新创优节目、2023年度“学习强国”北京学习平台区级融媒体中心优秀作品冬季赛一等奖；《我和我的文创园》系列微视频荣获2023年度“学习强国”北京学习平台区级融媒体中心优秀作品冬季赛三等奖、2023年第三季度北京市广播电视创新创优节目、第三届新视听媒体融合创新创意大赛北京广电新媒体专项赛道优秀奖；《打造“融合+深度”创作新模式〈东城探秘〉讲好东城故事》获2023年北京市广播电视媒体融合典型案例，入选北京市广播电视媒体融合发展扶持资金2023年度拟扶持项目。

（谢苔莎）

11月1日，记者探访中华老字号——壹条龙涮肉（林萱摄）

档 案

【概况】东城区档案局（简称区档案局）负责区属机关事业单位档案行政管理工作，区委办公室对外加挂区档案局牌子。东城区档案馆（简称区档案馆）是东城区集中保存、管理档案的文化事业机构，是区委直属事业单位，归口区委办公室管理。区档案馆是区档案安全保管基地、爱国主义教育基地、档案利用服务中心、政府信息公开查阅中心和电子文件管理中心，为国家一级档案馆，分新馆（幸福大街30号）、老馆（幸福大街32号）两地办公，设有档案利用服务大厅、档案展厅等服务设施，为利用者提供档案查阅、已公开政府信息查阅、电话及来函代查、档案展览参观等服务。2023年，区档案局推动档案工作纳入政府部门绩效考评，实现对全区各单位绩效考核全覆盖。在东城区党委办公系统业务培训会上，区委书记孙新军部署档案工作，将档案工作纳入“一把手”责任，强调各单位要依法建立档案工作责任制。联合区档案馆在全区推行档案开放审核协同机制。开展实地监督指导107人次，完成2022年度档案工作检查，组建档案工作协作组。加强对重特大事件档案和档案搬迁安全的监督指导，印发《关于加强档案搬迁安全工作的通知》。完成20家区属单位档案行政执法检查，开展专项检查32次。举办3次档案法治宣传活动。收到行政应诉案件2起，均胜诉。组织1期档案专业人员初任培训和7期专题培训，拍摄教学片《档案微课堂——文书档案案卷装订》。完成市、区两级“十四五”时期档案事业发展规划中期评估自查。2023年，区档案馆原北馆迁入老馆，共计完成18万余卷档案以及办公家具设备等固定资产的搬迁，完成原北馆腾退；在新馆推出“首都功能核心区治理的东城篇章”主题展览，共接待33家单位近300人次参观，《新东城报》、北京电视台新闻频道《都市阳光》栏目等多家媒体宣传报道；档案利用窗口获东城区“巾帼建功”活动协调领导小组授予的年度“巾帼文明岗”荣誉称号。

（宋瑜　吴海琰）

【“十四五”中期评估完成】2023年，区档案局分别完成《北京市“十四五”时期档案事业发展规划》《北京市东城区“十四五”时期档案事业发展规划》中期评估自查。通过对标规划各项重点任务，梳理“十四五”以来各项工作进展情况、存在的主要问题及下一步工作计划，形成自查报告，并进一步细化工作任务，制订各项指标完成情况统计表，查缺补漏，明确下一步工作方向。

（宋瑜）

【重大活动档案管理】2023年，区档案局监督指导相关工作组做好新冠肺炎疫情防控，2022年北京冬奥会、冬残奥会服务保障，学习贯彻习近平新时代中国特色社会主义思想主题教育档案工作的监督指导，累计对相关工作组开展业务指导60余次。11月16日，向区档案馆移交2022年新冠肺炎疫情防控文书档案729件、光盘15张；冬奥会、冬残奥会服务保障文书档案363件、光盘12张。

（宋瑜）

【档案接收征集】2023年，区档案馆共接收进馆7家单位的档案资料，含11个全宗，纸质档案5750卷4195件，光盘27张，涵盖文书、专业、照片等多个门类。修订《东城区档案馆重大活动和突发事件档案接收办法》《东城区档案馆档案接收工作实施细则》等8项工作制度。持续开展“城市记忆”拍摄，拍摄永定门、三里河等照片22张。

（吴海琰）

【档案开放审核】2023年，区档案馆推进档案开放审核工作。完成档案初审9.4万余件，复审1.2万余件。6月，在区政府网站通知公告栏目发布《东城区档案馆2023年档案开放公告》，提高社会知晓率，并通过北京市档案信息网向社会公布文件级开放档案目录8349条。9月，建立开放审核协同机制，启动各单位开放审核初审，并由区档案馆提供场地设备，组织培训，第一批25家单位完成档案开放初审16.2万余件。

（吴海琰）

【档案利用服务】2023年，区档案馆接待档案利用者1.1万余人次，实际利用档案1.5万余卷（件）次，出具档案证明1万余份，接受电话函询1万余次，办理跨馆利用审批近1500件，回复移动服务平台160件。接待企事业单位、公检法等单位200余家。制订《东城区档案馆档案利用工作实施细则》《东城区档案馆接待查档工作制度》。结合窗口接待服务实际，编制《档案利用服务手册》，使利用者高效利用档案及资料。探索建立《东城区档案馆档案利用大厅火灾消防安全应急预案》《东城区档案馆档案利用大厅突发事件应急预案》，风险管控、突发事件应急处置能力持续提升。

（吴海琰）

【档案信息化建设】2023年，区档案馆抓紧推进数字档案馆建设。区政府专题会就经费问题进行专题研究，8月30日，区政府办印发《关于研究申请东城区数字档案馆建设项目经费等工作的会议纪要》。完成《东城区数字档案馆建设项目初步设计方案》及分阶段设计方案的编制工作。核查馆藏数字化副本的完整情况，完成44个全宗6万余卷71.3万余件文件级目录数据核对工作。

（吴海琰）

【行政执法监督】2月17日，区档案局向区属单位印发《关于开展2023年档案行政执法检查的通知》，明确8项检查标准，确定随机抽取检查对象、实地检查、书面反馈意见、制发通报的检查方式。3月至12月，随机抽取20家单位进行行政执法检查，检查结果均为合格。针对档案库房安全、档案服务外包、汛期档案安全等工作开展专项检查32次，排查安全隐患30余处，要求相关单位立行立改或限期整改，保障档案实体和信息安全。

（宋瑜）

【专题培训和初任培训】3月3日和3月17日，区档案局举办两期归档工作专题培训。培训内容为文书档案、会计档案、照片档案、实物档案4类常见档案门类的整理等，区属机关、企业、教育系统共计597人次参加培训。4月17—27日，区档案局举办为期10天的档案专业人员初任培训。培训采取线上和线下相结合的方式进行，内容涵盖档案基础业务、档案法治、档案信息化、各门类档案管理等多个方面。设置经验分享、实地调研、现场参观等交流课程。培训总时长80学时，78人考核全部合格，合格率100%。区属机关团体、企业事业单位、教体文卫系统专职档案员参加。

（宋瑜）

【档案工作协作组建立】5月8日，区档案局向区属单位印发《关于组建档案工作协作组的通知》，并在全区档案工作会上进行专门部署。档案工作协作组是由工作性质相近的若干单位组成的档案业务互助组织，81家区属单位划分为9个协作组。每个协作组设置组长单位1个，配备监督指导人员1人，各协作组在区档案局的监督指导下独立开展学习研讨、经验交流、理论研究、参观考察、业务互查等活动。全年各协作组共开展各类活动20余次。

（宋瑜）

【首都功能核心区治理的东城篇章主题展】6月，区档案馆于新馆推出“首都功能核心区治理的东城篇章”主题展览，分“谆谆嘱托”“政务环境优良”“老城保护”“经济发展”“民生幸福”“党建引领”6个部分，运用121张照片和图表、18件实物档案及部分影像资料全方位展现党的十八大以来，东城区推进新时代首都功能核心区发展的主要做法和取得的工作成就。区委书记孙新军等领导参观展览。

（吴海琰）

【区档案工作会】6月1日，区档案局以视频方式组织召开全区档案工作会议。会上传达全国、市级有关会议精神，观看动漫宣传片，总结部署全区档案工作，3家单位作交流发言。

6月，区档案馆举办“首都功能核心区治理的东城篇章”主题展览（李旭摄）

有关人员共计300余人参加。

（宋瑜）

【国际档案日宣传活动】6月9—15日，区档案局举办第16个国际档案日系列宣传活动，活动主题为“奋进新征程 兰台谱新篇”。活动期间，在柳荫公园进行现场宣传，播放档案行业宣传片，组织有奖问答，发放宣传资料，吸引150余人参加；在东城区政府网站举办线上档案法治漫画展，100余人观展；在“北京东城”App推出科普文章《档案知识一起学》，浏览量达1.34万余次；组织收看国际档案日专题讲座；发动档案工作者和群众参加国家档案局和北京市档案局组织的知识竞答；组织参加主题征文活动，向国家档案局报送征文17篇。

（宋瑜）

【重特大事件档案工作制度印发】8月2日，区档案局向区属单位印发《北京市东城区重特大事件档案工作制度》。该制度共20条，确立重特大事件档案工作原则，明确区档案局、区档案馆、重特大事件应对单位的职责分工，尤其强调应对单位在组织领导、人员配置、文件材料归档范围和档案保管期限的确定等方面的具体要求，同时对重特大事件档案的归属、移交、开放利用等提出指导意见。并对归档、移交工作中可能出现的违法行为制订相应的罚则，明确惩戒措施。

（宋瑜）

【开展档案编研工作】8月，区档案馆与区工商联合作开展编研工作，将区工商联组织从由来、成立到发展、壮大的过程浓缩为3幕舞台剧《流光岁月工商联》，在景山街道市民文化中心上映，开创档案馆参与舞台剧创作的先河。区委书记孙新军、区政协主席汤钦飞等领导到场观看，并给予充分肯定。12月，区档案馆编撰的《东城决策纪实（2004—2006）》《东城决策纪实（2006—2010）》定稿印刷，总计25万余字，记录中共东城区第九、十届委员会历次常委会会议情况。

（吴海琰）

【第十四届档案法治宣传月活动】11月16日至12月15日，区档案局举办第十四届档案法治宣传月活动。活动期间，组织区属单位档案员60人参观国家典籍博物馆，联合建国门街道办事处开展法治宣传进社区活动，组织档案知识答题，发放宣传材料100余份；在教育系统开展法治宣传讲座，宣讲档案法律知识，150余人参加；举办线上档案知识竞答活动，吸引各方参与答题1.05万人次；与《中国档案报》合作，在其微信视频号推出《档案工作无小事》系列动漫片，播放量近1万次；举办档案知识专题讲座，邀请高校教授讲授“归档工作的组织与实施”，200余人参加。

（宋瑜）

10月，区地方志办组织辖区史志工作者90余人参观北京市方志馆
（区地方志办提供）

地方志

【概况】东城区地方志编纂委员会办公室（简称区地方志办）与区委党史工作办公室合署办公，是负责全区党史、地方志工作的区直属相当正处级事业单位。2023年，区地方志办收集、整理反映东城区政治、经济、文化、社会等各领域及各项事业发展变化的资料、图片，以学习贯彻习近平新时代中国特色社会主义思想主题教育为契机，围绕史志作用发挥、大方志格局构建、史志信息化建设、方志馆建设、史志外聘人才储备等方面，到北京市方志馆、区图书馆、区委老干部局、区市场监管局等12家单位开展调研，思考推动史志高质量发展的对策建议。坚持质量第一的原则，以精品为引领，做好修志编鉴工作。启动《北京东城年鉴（2023）》的编纂，有序完成资料整理、编辑、组稿、征求意见等工作，实现年底出版，配发至各承编单位1100余册。完成《北京市东城区地名志》的编修任务，完成定稿并送出版社审校。组织区属单位90余人参观北京市方志馆，提升基层史志工作者的能力和素养。《北京东城年鉴（2022）》获北京市年鉴综合质量评审三等奖。

（赵妍）

【地方志资料征研】2023年，区地方志办征集书刊2种10册、信息和文件3种322份。收集整理全区各单位、部门及域内重要企事业单位等承编单位的年度总结、报告、重点任务完成情况等资料。定期收集反映区情区貌的《东城信息》《昨日区情》《人大信息》《政协简报》等电子期刊500余期，保存《新东城报》《北京东城统计年鉴》等报刊书籍。

（赵妍）

【地方志系统统计报送】2023年，区地方志办结合单位实际情况，完成2023年度全国地方志系统统计工作。为《中国地方志年鉴（2023）》报送东城区2个条目内容，为《北京年鉴（2023）》提供东城区区情概况5000字、图片6张，参与完成市地方志办“总结二轮修志经验 谋划三轮修志工作”调查问卷。

（赵妍）

【志鉴宣教及服务】2023年，区地方志办拓展服务渠道，开展志鉴宣教，为有需要的单位、个人提供区情区貌史志资料，发挥史志资政育人社会功能。向区纪委区监委提供关于“三祠”廉政文化资料；向区卫健委提供《东城区国家卫生区复审工作实施方案》所涉及的东城区情资料；向区政务服务局提供关于群众咨询房屋产权管理单位的资料等。《北京东城年鉴》（2020—2022卷）电子版展示于“数字东城”官网，便于社会公众查询了解东城区情区貌。

（赵妍）

【业务学习交流】2023年，区地方志办组织志鉴编辑参加第八期全国年鉴主编培训及北京市党史地方志干部培训。在全国精品年鉴研讨会活动中，撰写《守正创新求发展 精益求精谱新篇——〈北京东城年鉴〉打造中国精品年鉴之路》文章。参与京津冀地方志培训会暨志书交换活动仪式，与天津市河东区、西青区，河北省保定市莲池区、竞秀区，河北省唐山市曹妃甸区等地及北京市通州区、丰台区的史志单位10余家交换志鉴书籍近100本，进一步加强京津冀史志事业协同发展。调研区市场监管局、区委老干部局、北京华博创科科技公司等单位，与调研对象交流座谈，探索进一步发挥志鉴记录时代变迁、服务社会发展的途径与渠道。

（赵妍）

【咨询服务】2023年，区地方志办为东城区提供和外省市交流区志、年鉴1200余册，对区属单位进行地方志业务指导50余次。

（马德川）

【年鉴编纂】3月，区地方志办发布《北京东城年鉴（2023）》稿件材料征集通知，东城年鉴2023卷编纂工作正式启动。4月，完成200余家单位、部门等承编单位的年鉴稿件资料收集任务。5月至7月，各责编对所负责的内容进行编校和修改、调整完善卷首专题图片、随文图、表格、类目领导人名单等内容。年鉴编辑部进行一审、二审修改，完成组稿、统稿工作。8月，送出版社三审三校。9月，完成初稿排印版发至各承编单位征求意见，年鉴编辑部进行编辑互校、主编三校。10月至11月，综合出版社意见，对年鉴内容进行修改完善，核校编委会成员及类目领导人名单，补充“统计资料”类目内容。12月正式出版发行。《北京东城年鉴（2023）》补充调整保险、证券、商业、通信类企业，新增英大泰和财险公司、农银人寿保险公司、银河证券、东来顺集团、新世界百货、国瑞商贸、北京铁塔、北京移动、北京电信等辖区重点10余家企业单位作为《北京东城年鉴》的供稿单位，丰富资料内容，凸显区重点行业企业和新兴业态的发展变化。

（赵妍）

【地名志编修】7月，区地方志办在完成《北京市东城区地名志》全书章节编纂的基础上，筛选反映政区、名胜古迹、街巷小区、公共建筑及交通的照片85张作为前插图。8月，完成概述、凡例、后记、编委会成员名单等内容。11月，送交北京出版集团北京出版社进行三审三校。《北京市东城区地名志》共征集东城域内的200余家单位部门资料80余万字、图片照片近2300幅，终审稿100万字，前插图85张。全书共7章，收录词条1673条。

（赵妍）

【《北京东城年鉴（2023）》出版】12月，北京市东城区地方志编纂委员会主持编纂的《北京东城年鉴（2023）》由北京出版集团北京出版社出版。该卷为总第27卷，141万余字，设区情概览、特载、专文、大事记、中国共产党北京市东城区委员会、北京市东城区人民代表大会、北京市东城区人民政府、中国人民政治协商会议北京市东城区委员会、纪检监察、民主党派、人民团体、法治、军事、重点地区管理、经济管理、工业和信息化、商贸服务业、金融、旅游、城市规划与建设、城市管理、应急管理、交通 邮电、生态环境、科技、教育、文化、卫生 健康、体育、社会建设、社会生活、人物 荣誉、街道、统计资料、附录共35个类目，下设220个分目（含次分目）1647个条目，随文图片310幅，表格44张。卷首置东城区行政区划地图、东城区交通图，并设“靖”——提升政治保障力、“净”——提升环境亲和力、“敬”——提升文化影响力、“劲”——提升区域生产力、“静”——提升社会凝聚力、“竞”——提升队伍战斗力6个专题，收录图片60幅。卷首设中英文目录，卷末附主题词索引和表格索引，并配有电子版光盘。全书大16开本，图文混排、四色排版、全彩印刷，全面、系统记述2022年度东城区政治、经济、文化、社会等各领域及各项事业的发展情况，突出时代特征、年度特点和地域特色。

（赵妍）

故宫博物院

【概况】故宫博物院成立于1925年，是在明清皇宫及其收藏基础上建立起来的大型综合性博物馆。故宫博物院于1961年被国务院列为第一批“全国重点文物保护单位”，1987年被联合国教科文组织列入“世界遗产名录”。故宫博物院于2007年被评为国家5A级旅游景区，2008年被评为首批国家一级博物馆。故宫是中国现存规模最大、保存最完整的古代宫殿建筑群。故宫博物院院藏文物体系完备，现有藏品总量186万余件/套。通过明清皇家宫殿建筑、宫廷史迹原状陈列、常设及临时展览等多种方式，故宫博物院向公众展现悠久灿烂的中华文明。故宫建院90余年来，尤其是中华人民共和国成立以来，故宫博物院在国家和社会各界的支持下，在古建筑保护、院藏文物保护管理、陈列展览和学术研究等方面，取得很大的进步。故宫博物院为隶属于文化和旅游部的事业单位，内设处级机构40个，在编职工1300余人。2023年，故宫博物院落实“保护第一、加强管理、挖掘价值、有效利用、让文物活起来”的新时代文物工作要求，以“四个故宫”建设为支撑，以探索研究故宫博物院事业发展的九大体系为基础，全面加强党的领导，统筹推进全面质量管理体系建设，完成全年各项任务，2023年接待观众1456万人次，实现故宫博物院事业高质量发展。

（郭安娜）

【平安故宫】2023年，故宫博物院继续强化保护为主思想，统筹安全和发展，不断完善博物馆安防管理体系。始终坚持“隐患即事故”原则，落实“设施最完善，技术最先进，管理最严格”的安全工作方针。制订节假日和重大活动安全保障工作方案，坚持隐患排查治理，确保节假日和寒暑假等关键时期的各项安全，保障古建、文物和观众安全。加大科技投入与支撑力度，应急指挥中心正式启用，积极推进视频监控系统智能化提升工程。基础设施维修改造一期（试点）工程累计完成总量的99%，完成竣工图编制及预结算编制。二期工程方案完成论证及修改，三期加建部分基坑开挖90%，结构施工完成60%。地下文物通道工程完成总量的93%。与驻院派出所、武警中队和消防特勤站加强合作，形成安全守护合力。进一步提升舆情风险防控意识，发布《故宫博物院舆情应对管理办法》《关于严禁党员、科级以上干部利用自媒体进行网络带货等行为的通知》。不断完善文物科技保护体系。完成院藏可移动文物和库房的各项管理工作，文物防震及抢救性科技修复保护工作稳步进行。全年修复文物296件/套，在修文物182件/套。启动《故宫博物院藏品元数据规范》《书画藏品库房管理规范》等院级标准的编制。加强不可移动文物的研究保护工作。完成防雷装置、白蚁危害年度监测工作，推进城墙城台等监测项目，持续开展气象灾害监测和巡查检查工作，发布预警66次。故宫世界文化遗产监测平台体系完成搭建。进一步规范古建保护管理，开展乾隆花园、灵沼轩、景福宫等研究性保护项目，以及故宫城墙西南段、大高玄殿等抢救性保护工程20余项。做好古建筑日常零修保养、宫廷园艺等工作，在北京联合大学等学校开展专项非遗技艺培训。

（郭安娜）

【学术故宫】2023年，故宫博物院延续和弘扬故宫博物院学术传统，始终把学术研究作为核心任务之一，推动学术科研体系建设。完成6.8万件文物定级。持续推进重点科研项目研究，承担并推进“不可移动文物本体劣化风险监测分析技术和装备研发”“大型明清古建筑（群）安全风险预警关键技术研究”“大型综合性博物馆数字孪生关键技术研究与服务示范”等国家级、省部级项目55项。全年新申请立项国家社会科学基金艺术学重大项目“晋唐宋元书画的价值阐释与保护、传承研究”等8项课题。全院职工出版论著59部，发表学术文章430篇。举办“故宫学人讲故宫”、院内展览配套讲座40余场。古陶瓷保护研究国家文物局重点科研基地琉璃渠工作站挂牌成立，加强中国—希腊文物保护技术“一带一路”联合实验室建设。持续推进ISO文化遗产保护技术委员会（筹）秘书处的方案撰写、翻译和组织工作。加强与北京大学、中国传媒大学等高校和科研机构的合作，举办第六届“太和论坛”“茶·世界——茶文化学术研讨会”等8场学术研讨会。完成第二期“开放课题”计划30个项目的立项工作。继续参与内蒙古自治区化德县新石器时代早期遗址、雄安新区容城县城子遗址等考古发掘工作，拓展三星堆、新疆维吾尔自治区等考古工作站。

（郭安娜）

【数字故宫】2023年，故宫博物院加强数字故宫体系建设，提升故宫文物数字化保护和共享利用能力，推动建设智慧博物馆，实现文化遗产永久保存和永续传承。加强网络安全和基础设施建设，加强故宫博物院移动办公建设。新增5G通信基站38处，5G网络信号覆盖率达90%。故宫专属版钉钉移动办公平台上线，实现多项线上办公功能。提升文物藏品数字化管理水平，继续推进故宫文物资源大数据库建设，完成8.5万件文物基础影像采集，累计采集93.8万件文物的基础影像。“数字文物库”已对外发布10.4万件文物影像，“全景故宫”改版上线。完善“故宫博物院”小程序建设，升级“每日故宫”“紫禁城365”App，访问量超1250万人次。推进文物资源数字化合理适度利用，“故宫·腾讯”联合创新实验室投入使用。大高玄殿数字馆投入试运行，虚拟展示超过10万件文物。官网实现英、法、俄、日、西5个外语语种界面。微博、微信公众号、抖音号等网络平台组成新媒体平台矩阵，官方微博粉丝数1029万、微信公众号粉丝数1174万、学习强国号总阅读量1200万次、“我要去故宫”快手号粉丝数30万、抖音号粉丝数159万。推进新一季“抖来云逛馆”工作，提高文化传播和数字服务能力。

（郭安娜）

【活力故宫】2023年，故宫博物院切实保障观众参观权益，不断优化和提升观众服务水平，建设安全便捷、管理规范的开放服务体系。深入推进观众服务整体优化，启用一

2023年，故宫博物院与影视媒体机构合作推出大型文化节目《诗画中国》
（故宫博物院提供）

站式观众服务中心。发布新版《参观须知》《2023年暑期未成年人团队快速预约、检票措施》等公告，有效治理院内商业拍摄乱象，规范研学团预约参观行为。严格执行上下午分时段入院，保障参观秩序。在购票端口增设防护措施，有效拦截机器刷票等非正常购票手段。400观众服务热线总体服务量80万次。全年提供咨询服务8.5万人次，提供人工讲解及讲解器服务近223万次。不断加强展陈体系建设，更好地服务大众。全年举办“譬若香山：犍陀罗艺术展”等9个院内精品展览，雕版馆、古琴馆、家具馆全面有序开放。全年举办“熠熠朝辉——故宫博物院典藏清代金银器展”等42场境内展览。赴香港、澳门等地举办“故事新说——故宫博物院藏明代人物画名品”等9场展览。在中法两国领导人见证下签署“凡尔赛宫与紫禁城”展览协议。开展线下教育活动和公共课程1800场，惠及观众6.6万人次。与7所中、小学开设10门馆校合作课程，惠及学生6000余人。“孩子，圆你故宫梦”项目组织新疆、内蒙古自治区、山西等地师生到院参观。与多家艺术机构合作推出儿童剧《猫神在故宫》、音乐文化项目《故宫之声》等，与安徽演艺集团等单位创排徽剧、昆剧等经典剧目。与影视媒体机构合作推进《诗画中国》《故宫，有礼了》等文化节目。制订《故宫博物院下属企业管理办法》《故宫博物院院内场所合作经营管理办法》，规范下属企业管理等工作。出版图书70余种。开展驻华使团来院参观等对外交流活动。开展第二届双城青年文化人才交流计划，第一批“太和学者”出访和到院访学，第二批“太和学者”工作启动。与斯洛文尼亚等国家联合开展考古和文物修复，促进文明交流互鉴。

（郭安娜）

故宫博物院负责人

故宫博物院院长	王旭东

卫生　健康

5月12日，东城区卫生健康系统举行庆祝“5·12”国际护士节暨先进表彰大会（区卫生健康委提供）

综　述

2023年，东城区共有医疗卫生机构545个，其中三级医疗机构10个、二级医疗机构8个、一级医疗机构41个。医疗机构522个，其中营利性医疗机构258个，非营利性医疗机构264个。区属医疗机构87个，其中三级医疗机构3个、二级医疗机构5个、一级医疗机构12个。辖区医疗卫生机构全年出院52.01万人次，病床使用率85.22%，平均住院日（不含精神专科医院）5.82天，全年住院手术31.85万人次。医护比为1：1.05。区属医院全年出院7.56万人次，病床使用率86.71%，平均住院日（不含精神专科医院）9.38天，全年住院手术2.21万人次。医护比为1：1.12。2023年，东城区卫生健康委员会立足首都功能核心区职责，聚焦卫生健康中心工作，不断提高服务水平，加速"崇文争先"，全面推动"健康东城"建设取得实效。

优化资源布局提升医疗服务能力水平。东城区坚持完善诊疗服务体系，让更多百姓享受同质化医疗服务。持续开展医联体工作，探索医联体建设新布局，推进城市医疗集团建设，扩大区域资源共享中心覆盖面。加强重症救治能力建设，强化急诊急救能力建设，发挥质控中心作用，持续提升医疗服务质量，创新提高护理和院感服务管理水平。加强行风建设，开展医药领域腐败问题集中整治。

深化试验区建设推动中医药传承创新发展。持续深化国家中医药发展综合改革试验区建设。推动实现文化赋能中医药事业发展，举办地坛中医药健康文化节、"紫金健康"中医药高质量发展大会，启动全国中医药科技成果直通车（北京·东城）。推进"杏巷"工程建设。举办"杏巷"高质量发展专题培训班、"故宫以东"中医药专场政企会客厅、前门"杏巷"企业发展洽谈会等。持续提升中医药服务体系试点区能力。推进区属中医医院特色错位发展。发挥中医药人才优势，推进均等化、同质化基层中医药服务。在社区卫生服务中心开展"名中医身边工程"及中医症状门诊，在社区卫生服务站建设中医阁，为居民提供简、便、验、康的中医药服务。

加强社区卫生机构建设提高基层医疗服务水平。优化调整辖区社区卫生服务机构布局。安定门、交道口、东直门社区卫生服务中心顺利开诊，完成东华门街道台基厂社区卫生服务站和安定门社区卫生中心鼓楼站装修改造，推进龙潭社区卫生服务中心改扩建。深化社区卫生服务内涵建设。推进"优质服务基层行"活动，落实延时服务，各社区卫生服务中心平日门诊延时至晚8点，周末门诊正常开诊。提升家庭医生签约服务质量。扩大签约服务覆盖面，推动激励机制，建立"家庭医生签约服务考核评价体系"。规范国家基本公共卫生服务。开展辖区65岁及以上老年人免费体检、0~6岁儿童健康管理服务、孕产妇健康管理服务、严重精神障碍患者健康管理服务、预防接种服务。

完善体系建设保障公共卫生安全。做好传染病监测预警工作。全年全区甲乙类传染病报告1.10万例，报告发病率为1563.25/10万。全年累计处理急性胃肠炎疫情、手足口病聚集性疫情等各类突发疫情943起，做到传染病疫情无续发。应对秋冬呼吸道感染性疾病。2023年，全区医疗机构门诊（含发热门诊）累计接诊196万人次，急诊累计接诊约14.4万人次，其中呼吸道感染性疾病17.74万人次，防治工作平稳有序。加强院前急救能力建设。实现辖区院前医疗急救呼叫满足率保持在99.7%以上、群众满意度达100%，全年院前急救平均反应时间缩短2分钟。深入开展爱国卫生运动。东城区蝉联"全国健康城市建设样板市"；顺利通过国家卫生区复审，自2003年国家卫生区创建以来第五次通过复审；2023年，全区共11.2万人次参与周末卫生日活动，清理堆物堆料、小广告、卫生死角3万余处，清运废弃物垃圾1000余吨；辖区科普专家队伍全年开展健康大课堂2085场。

保障重点人群优化全周期健康服务水平。提高妇幼健康服务能力，实现辖区爱婴医院和规范化门诊全覆盖。2023年辖区孕产妇死亡率为零，新生儿死亡率、婴儿死亡率和5岁以下儿童死亡率持续降低。提升老年健康服务水平，推进安宁疗护体系建设，加强老年医学科建设，辖区中医、中西医结合二级及以上综合医院老年友善医疗机构老年医学科建设率达100%。推动社区卫生服务中心（站）与养老服务机构衔接，辖区社区卫生服务机构与55家养老服务驿站对接签约率达100%。推动托育服务发展。全年东城区提供托位1412个，其中普惠托位200个，千人口托位数达到2.0个。

夯实保障基础为发展保驾护航。加强重点项目建设。第六医院电力增容改造项目、鼓楼中医医院南院区装修项目完工；完成普仁医院病房楼局部加固及节能改造项目。保障卫生应急和安全生产，全年出动医护人员223人次、救护车75辆次。全系统完成安全生产、火灾隐患大排查大整治工作自查和检查1991家次，出动人员4525人次。制发《关于推进党建引领接诉即办"1+10+N"工作模式的方案》，制订专项方案5个，强化细化措施23项。全年办理工单7291件。

（李曼）

医政管理

【概况】东城区卫生健康委员会（简称区卫生健康委）为东城区政府职能

部门，负责全区卫生健康工作。2023年，区卫生健康委加强医疗机构管理工作，探索区域医联体建设新布局，完善质控中心建设，进一步规范医政管理，提高医疗质量，推行改善医疗服务行动，保证医疗安全。

（李曼）

【区域医联体建设】2023年，区卫生健康委制订《东城区进一步深化医联体建设内涵实施方案》《北京市普仁医疗集团建设方案》，整合医疗资源，融合发展业务。7家区属医院14个专科纳入北京市级专科医联体合作范围。医联体内合作科室扩展到90余个，医联体内上转患者3894人次、下转1.72万人次。专家下沉5017人次、进修学习165人次，有效促进医疗资源上下贯通，提升医疗服务体系整体效能。区医学检验（病理）中心已覆盖35家医疗机构，年度接收样本近4万例；区医学影像诊断中心开展远程心电监护、远程放射诊断等项目，已覆盖70家医疗机构，年度完成4099例远程诊断。

（李曼）

【医疗质量管理】2023年，区卫生健康委新成立区精神卫生与心理健康质控中心、肿瘤治疗质控中心2个，进一步完善质控体系。20个质控中心共开展培训78次，覆盖7800余人，开展各领域质量规范检查480余次。制订《东城区全面提升医疗质量行动方案（2023—2025年）》《东城区临床专科能力建设方案（2023—2025年）》《东城区加快推进康复医疗工作实施方案》《东城区卫生健康委员会加强和改善精神医疗服务实施方案》《东城区进一步加强精神障碍合并传染病和躯体疾病多学科协作救治的工作方案》《北京市东城区进一步改善护理服务行动计划实施方案（2023—2025年）》，将重点内容纳入2023年区属医院绩效考核医政项目指标，推动工作落实。北京市第六医院入选国家卫生健康委手术质量安全提升行动联系单位，北京市普仁医院成功申报1项市级重点专科，上述2家医院经市卫生健康委同意核定为三级综合医院。

（李曼）

【医疗救治】2023年，区卫生健康委组织重症专家组对辖区8家医院开展床旁会诊和指导，对49例重症患者进行线上会诊；组织区重症质控中心录制10期重症专题视频供辖区医院学习，组织重症相关器官血流评估线下培训及现场操作培训；统筹区属4家医院购置重症设备589台。开展急诊急救四大中心建设，确定北京市第六医院胸痛中心、北京市普仁医院卒中中心、北京市和平里医院中西医结合疼痛中心、北京市隆福医院老年危急重症中心的建设定位。通过建设，胸痛中心犯罪病变血管开通率100%；卒中中心平均DNT时间缩短至36分钟；老年危急重症中心CPR成功率提高30%；中西医结合疼痛中心实现肾绞痛患者一站式服务，肾绞痛患者体外碎石手术比2022年同期增长17%。提升呼吸道感染性疾病应对能力，下发《关于确认及启用东城区呼吸道感染性疾病重症救治专家组的通知》《关于做好冬春季呼吸道感染性疾病医疗救治及院感防控工作的通知》，制订《东城区应对呼吸道感染性疾病分区救治方案》，指导各医疗机构有序扩容，提高诊疗服务能力及效率。

（李曼）

【血液管理】2023年，东城区街头采血点献血13.41万单位，团体无偿献血5473.7单位；评选表彰2022年度东城区无偿献血先进集体22个和先进个人109人。全年区属医院临床用血8962.5单位，自体输血857人，用血总量1041.6单位。全区设立街头采血点（采血车）7个：新世界商城、天坛东门、北京火车站、东直门交通枢纽、王府井丹耀大厦、雍和宫站采血点、南锣鼓巷南口。制发《关于做好东城区2022年度无偿献血工作的通知》，组织7家区属医院60余人参加临床用血安全培训，提高临床用血管理水平。

（李曼）

【对口支援】2023年，区卫生健康委继续与西藏自治区当雄县、内蒙古自治区阿尔山市、内蒙古自治区化德县对接，做好对口支援、“组团式”帮扶工作；推进与湖北省十堰市郧阳区对口协作；启动与山西省长治市屯留区对口合作，推进与平谷区乡镇卫生院对口支援。全年派出短、中、长期干部12人，赴受援地区开展健康帮扶工作；全年召开与受援地区交流座谈会7次，区卫生

6月15日，区卫生健康委举行东城区医疗质量控制和改进中心工作会
（区卫生健康委提供）

健康委组队带领驻区三甲医院专家、区属医疗机构专家2次赴内蒙古自治区阿尔山市开展帮扶工作，全年接收阿尔山市、巴彦淖尔市、化德县、郧阳区、当雄县医务人员82人来京交流学习；通过"线上＋线下"方式，累计为受援地医疗机构开展专业医疗技术培训69场次，受益人数1500余人次；全年共为受援地医院开展远程会诊94次，服务患者215人；为受援地百姓开展义诊服务41次，受益人数2500余人次。开展多种形式消费帮扶活动，年度累计消费受援地农特产品291.05万元。

（李曼）

【改善医疗服务】2023年，区卫生健康委制订《北京市东城区卫生健康委员会改善就医感受提升患者体验主题活动实施方案（2023—2025年）》。辖区二级及以上医院均开设延时门诊或周末门诊，提供多途径在线预约挂号服务，方便患者就诊及复诊预约，提高患者就医的便利性。辖区二级及以上综合医院均开设MDT门诊，患者在一个时间段内可得到多学科联合诊治。

（李曼）

【医疗机构行政许可】2023年，区卫生健康委共办理医疗机构变更84件，医疗机构停业10件；解除停业2件。医疗机构校验444件，备案2件。接受医疗事故技术鉴定咨询近40例。对10家社区卫生服务中心及24家社会办医疗机构抗菌药物临床应用分级管理目录进行备案。完成35家医疗机构开展麻醉药品、第一类精神药品购用电子印鉴卡换发工作。

（李曼）

【医护双节活动】2023年，区卫生健康委组织开展优秀护士团队评选、护理义诊周等系列活动，对2022年度东城区卫生健康系统优秀护士与优秀护理工作管理者228人、"抗疫天使"56人、"同心天使"151人及优秀护理团队28个、30年以上护龄的护理工作者进行表彰。制订《关于评选2023年东城区第四届优秀医师暨疫情防控先进医师活动方案》，开展2023年中国医师节庆祝评选活动，对东城区第四届"最佳先锋奖"获得者31人、"最佳敬业奖"获得者31人、"最佳博爱奖"获得者38人、"抗疫英杰奖"获得者81人以及社会办医疗机构"同心卫士奖"获得者23人予以表彰。

（李曼）

【医疗行风建设】2023年，区卫生健康委对全区各医疗机构开展行风建设培训477场次，宣传正面典型案例2141次，进行警示教育271次。对34家医疗机构行风建设工作情况每月、每季度进行梳理并上报。

（李曼）

【医药领域腐败问题集中整治】2023年，区卫生健康委联合七部门印发《东城区医药领域腐败问题集中整治工作方案》。建立医药领域腐败问题集中整治工作协作机制，成立工作专班，制订多项配套工作制度；组织召开工作部署会议2次、多部门联合会议3次、区卫生健康委内工作会议4次；建立工作台账，定期向市区报送工作总结。

（李曼）

11月21日，区卫生健康委召开东城区医联体建设调研座谈会
（区卫生健康委提供）

医疗改革

【概况】2023年，东城区持续深化医药卫生体制改革。坚持公益性原则，推进公立医院综合改革，引导公立医院高质量发展。开展"十四五"时期卫生健康事业发展规划中期评估，总结发展成效，查找存在问题，优化医疗卫生资源布局，完善医疗卫生体系建设。

（李曼）

【医疗卫生体制改革】2023年，区卫生健康委细化分解改革重点任务，责任到单位、到科室并定期督办；总结改革经验、报送微改革微创新典型案例。定期组织填报东城区落实推广三明医改经验监测评价表，及时总结经验。加强医改培训，参加全国卫生健康体改工作会议、北京市卫生健康委医改培训班，学习三明医改、公立医院高质量等医改经验。完成市政府绩效考核"基层诊疗人次占比"指标任务。

（李曼）

【健康联合体建设】2023年，区卫生健康委推进健联体试点建设。强化托育工作，多部门联合印发《东城区"一老一小"整体解决方案》；提升社区卫生服务机构儿科服务能力，11家社区卫生中心100%可提供儿童门诊服务；推动儿童保健规范化门诊提档升级；落实“校地协同、医教联合”工作机制，社区卫生服务中心主任等技术骨干63人兼任全区132所中小学健康副校长；开展危重新生儿工作培训督导，进行有针对性干预，降低5岁以下儿童婴幼儿死亡率；开展有针对性活动干预常见健康问题；完成儿童青少年心理培训项目，为一线医务工作者举办4天知识培训；开展医防融合脱产培训，选送骨干30人脱产学习，提高应对突发公共卫生事件能力；治疗儿童老人常用药等针对性抽检合格率100%；夯实兜底保障基础，18岁以下“一小”人员低保及生活困难补助实现应保尽保、应救尽救。

（李曼）

【公立医院综合改革】2023年，区卫生健康委申报国家级公立医院高质量发展项目。参加普仁医院医疗集团建设，参加专题建设会议，随团考察学习形成《深圳罗湖医疗集团考察学习报告》，助力普仁医院与区妇幼保健院集团化建设；组织编写《打造北京市普仁医疗集团，注入全民健康新动能》微改革微创新案例，总结普仁医疗集团探索成效。完成对区属公立医院绩效考核及医改资金分配，加强重症科室、消防安全等重点建设。组织编写《东城区医学检验共享平台建设取得显著成效——东城区医学检验（病理）中心探索建设情况》社会发展领域典型工作案例报市发改委，宣传东城区医改成效。

（李曼）

社区卫生

【概况】2023年，东城区有正式运行的社区卫生服务中心11个、社区卫生服务站49个，全部为政府办机构。全区社区卫生系统人员编制1604人，在岗职工1479人，其中在编1290人；全年总诊疗302.7万人次，其中门急诊301.7万人次，提供长处方服务7.5万人次。2023年，社区卫生上转患者1.27万人次，下转患者6584人次。

（李曼）

【家庭医生签约】2023年，区卫生健康委扩大家庭医生签约服务覆盖面，推行激励机制，完善日常监督评价，建立以签约服务数量、服务质量、服务效果及居民满意度为核心指标的家庭医生签约服务考核评价体系。组建儿童保健家庭医生团队、孕产妇家庭医生团队、健联体家庭医生团队，推出多种个性化服务包，满足居民多样化健康需求。全区共组建家庭医生团队363个，累计签约30.98万人，签约率43.99%。重点人群签约率达90%以上。为全区老年人免费体检9.83万人，老年人健康管理率达68%。

（李曼）

【社区卫生服务机构标准化建设】2023年，区卫生健康委落实社区卫生服务机构标准化建设，安定门社区卫生服务中心、交道口社区卫生服务中心、东直门社区卫生服务中心开诊。完成台基厂站、十字坡站（东直门中心一期）、安定门社区卫生中心鼓楼站装修改造工程。推进龙潭社区卫生服务中心改扩建。

（李曼）

【晚间延时服务】2023年，区卫生健康委推广落实延时服务，东城区各社区卫生服务中心全部实现工作日晚间延时服务至20时，周末正常开诊。采取多种措施，保障社区卫生机构用药需求。

（李曼）

【优质服务基层行活动】2023年，东城区7家社区卫生服务中心（朝阳门中心、东花市中心、永定门外中心、天坛中心、体育馆路中心、建国门中心、和平里中心）申报“优质服务基层行”达到推荐标准，3家社区卫生服务中心（龙潭中心、安定门中心、交道口中心）达到基本标准。

（李曼）

【国家基本公共卫生服务】2023年，区卫生健康委为社区居民提供更加优质、高效、个性化的预防保健服务，开展辖区65岁及以上老年人免费体检、0~6岁儿童健康管理服务、孕产妇健康管理服务、严重精神障碍患者健康管理服务、预防接种服务。

（李曼）

表33　**2023年东城区社区卫生服务机构一览表**

序号	机构名称	地址	联系电话
1	北京市东城区东华门街道多福巷社区卫生服务站	北京市东城区东华门街道东四南大街报房胡同45号	65127470
2	北京市东城区东华门街道韶九社区卫生服务站	北京市东城区东华门街道韶九胡同22号	65245200
3	北京市东城区东华门街道东华门社区卫生服务站	北京市东城区东华门街道南河沿大街磁器库南巷1号	65597833
4	北京市东城区东华门街道台基厂社区卫生服务站	北京市东城区东华门街道台基厂大街台基厂二条3号	65126450
5	北京市东城区东四街道南门仓社区卫生服务站	北京市东城区东四街道罗家大院1号	84068240
6	北京市东城区东四街道东四社区卫生服务站	北京市东四北大街东四六条甲62号	64017470

续表

序号	机构名称	地址	联系电话
7	北京市东城区东四街道三条社区卫生服务站	北京市东城区东四街道东四北大街526号一层5101室、5122室	84075800
8	北京市东城区朝阳门社区卫生服务中心	北京市东城区东四南大街灯草胡同31号	65138019
9	北京市东城区朝阳门街道大方家社区卫生服务站	北京市东城区朝阳门街道小牌坊胡同30号	85111691
10	北京市东城区朝阳门街道朝内头条社区卫生服务站	北京市东城区朝阳门街道朝内大街203号、朝内大街97号院（西侧一楼）	64015610
11	北京市东城区朝阳门街道内务社区卫生服务站	北京市东城区朝阳门街道内务部73号	65136054
12	北京市东城区东花市社区卫生服务中心	北京市东城区广渠家园13号楼	67118044
13	北京市东城区崇文门外街道新景家园社区卫生服务站	北京市东城区西花市大街62号、64号	87186099
14	北京市东城区崇文门外街道都市馨园社区卫生服务站	北京市东城区兴隆都市馨园13号楼D102-103室	67021437
15	北京市东城区东花市街道铁辘轳把社区卫生服务站	北京市东城区东花市大街33号	67120077
16	北京市东城区东花市街道东花市南里社区卫生服务站	北京市东城区东花市南里东区13号楼107-108室	87103147
17	北京市东城区建国门社区卫生服务中心	北京市东城区后赵家楼胡同9号	65204680
18	北京市东城区建国门街道苏州社区卫生服务站	北京市东城区崇文门内大街苏州胡同120号、北京市东城区北京站东受禄街28号	65124640
19	北京市东城区建国门街道外交部街社区卫生服务站	北京市东城区外交部街甲1号	65281974
20	北京市东城区体育馆路社区卫生服务中心	北京市东城区法华南里25号楼西门	67120019
21	北京市东城区体育馆路街道法华寺社区卫生服务站	北京市东城区体育馆西路1号	67133157
22	北京市东城区体育馆路街道长青园社区卫生服务站	北京市东城区长青园16号楼迤南2-2-1-72-29	67120567
23	北京市东城区龙潭社区卫生服务中心	北京市东城区光明中街25号	67189607
24	北京市东城区龙潭街道龙潭北里社区卫生服务站	北京市东城区夕照寺街35号、37号	67183342
25	北京市东城区龙潭街道幸福家园社区卫生服务站	北京市东城区幸福家园19号楼底商19-1、19-2	67180497
26	北京市东城区龙潭街道左安门社区卫生服务站	北京市东城区左安浦园1号楼旁平房	87198967
27	北京市东城区天坛社区卫生服务中心	北京市东城区粉厂胡同57号、北京市东城区珠市口东大街2号107室、108室	67074337
28	北京市东城区天坛街道天坛南里社区卫生服务站	北京市东城区永内东街西里11号	67025615
29	北京市东城区天坛街道天坛东里社区卫生服务站	北京市东城区天坛东里南区79号	67060989
30	北京市东城区天坛街道金鱼池社区卫生服务站	北京市东城区金鱼池小区西区13楼1单元001室，002室，101室，102室和16楼5单元103室，104室	67023088
31	北京市东城区前门街道前门社区卫生服务站	北京市东城区草厂六条4号	67024016
32	北京市东城区永定门外社区卫生服务中心	北京市丰台区蒲黄榆二里2号院	67020979
33	北京市东城区永定门外街道富莱茵社区卫生服务站	北京市东城区沙子口路72号富莱茵小区9-1-101	87817703
34	北京市东城区永定门外街道景泰西里社区卫生服务站	北京市东城区景泰西里西区8号楼底商	67277366
35	北京市东城区永定门外街道东革新里社区卫生服务站	北京市东城区东革新里40号	87265202
36	北京市东城区永定门外街道永建里社区卫生服务站	北京市东城区永定门西滨河路8号院8-2底商	87923244
37	北京市东城区和平里社区卫生服务中心（东址）	北京市东城区小黄庄一区9-1号	84282143
	北京市东城区和平里社区卫生服务中心（西址）	北京市东城区青年湖北街8号（美廉美安外店对面）	64229755
38	北京市东城区和平里街道安德里社区卫生服务站	北京市东城区安德里北街24号院7号楼	84127060
39	北京市东城区和平里街道安德路社区卫生服务站	北京市东城区安外安德路青年湖南街11号	84130209

续表

序号	机构名称	地址	联系电话
40	北京市东城区和平里街道东河沿社区卫生服务站	北京市东城区安定门外东滨河路东河沿甲7号	64205058
41	北京市东城区和平里街道和平里中街社区卫生服务站	北京市东城区和平里六区6号1层	84220399
42	北京市东城区和平里街道交通社区卫生服务站	北京市东城区和平里东街交林夹道甲2号楼	64213430
43	北京市东城区和平里街道青年湖社区卫生服务站	北京市东城区安定门外大街青年湖东里9号楼北	84112543
44	北京市东城区交道口社区卫生服务中心	北京市东城区白米仓胡同乙16号	64001856
45	北京市东城区交道口街道交东社区卫生服务站	北京市东城区土儿胡同10号楼	84046916
46	北京市东城区交道口街道圆恩寺社区卫生服务站	北京市东城区板厂胡同30号院内西南角内院41-66号	64072317
47	北京市东城区景山街道宽街社区卫生服务站	北京市东城区美术馆后街12号3层	64006540
48	北京市东城区景山街道魏家社区卫生服务站	北京市东城区东四北大街249号	84032330
49	北京市东城区景山街道吉祥社区卫生服务站	北京市东城区水簸箕胡同甲5号-1	64055200
50	北京市东城区安定门社区卫生服务中心	北京市东城区柴棒胡同甲3号（永恒胡同甲6号）	64053216
51	北京市东城区安定门街道花园社区卫生服务站	北京市东城区花园东巷25号	64013430
52	北京市东城区安定门街道鼓楼社区卫生服务站	北京市东城区旧鼓楼大街22号	64027633
53	北京市东城区北新桥街道青龙社区卫生服务站	北京市东城区北小街25号	64027190
54	北京市东城区北新桥街道民安社区卫生服务站	北京市东城区民安小区14号楼	84078626
55	北京市东城区北新桥街道十三条社区卫生服务站	北京市东城区东四北大街168号内一层2112号	64075331
56	北京市东城区北新桥街道海运仓社区卫生服务站	北京市东城区海运仓小区南颂年3号楼	84073206
57	北京市东城区东直门社区卫生服务中心（南址）	北京市东城区王家园胡同37号院1号楼1层	65519556
	北京市东城区东直门社区卫生服务中心（北址）	北京市东城区胡家园社区东区综合服务楼1层	64620544
58	北京市东城区东直门街道清水苑社区卫生服务站	北京市东城区东直门北大街乙4号楼	64611494
59	北京市东城区东直门街道十字坡社区卫生服务站	北京市东城区东直门外十字坡西里10号楼北	64161320
60	北京市东城区东直门街道新中街社区卫生服务站	北京市东城区新中西里6号楼迤北平房院	64165425

（金丽明）

中医中药

【概况】2023年，区卫生健康委深化国家中医药发展综合改革试验区建设；推进北京市中医药服务体系试点区建设；推进“杏巷”建设；加强中医类别医疗机构医疗质量督导；做好中医医疗机构对冬季呼吸道感染性疾病防控工作。12月，东城区通过全国基层中医药工作示范区创建评审。

（李曼）

【中医药国际市场开发】2023年，辖区所属单位同仁堂打造中医药服务出口基地，在境外28个国家和地区建立158家零售终端、中医诊所、医疗中心和文化中心，开展中成药销售业务及中医师诊断、中医推拿、针灸、按摩等中医药服务，形成同仁堂特色中医药国际市场开发模式。

（李曼）

【“杏巷”工程建设】2023年，区卫生健康委完善顶层设计，明确“一区三总部”发展思路，以“一巷一特色”为目标，撰写《东城区“杏巷”工程建设方案》，推进特色“杏巷”工程建设。全年东城区健康产业实现增加值311.9亿元，占全区经济总量的8.7%。

（李曼）

【名医工作室建设】2023年，东城区卫生健康系统获批全国名老中医药专家传承工作室1个、全国老中医药专家学术经验继承指导老师3人、全国老中医药专家学术经验继承人8人、北京市级各类工作室27个，其中区属单位10个项目申报成为北京市级名医名家名师传承工作室（工作站）。中央及北京市给予资金支持45万元。

（李曼）

【地坛中医药健康文化节】1月15－21日，第十五届北京中医药文化宣传周暨第十四届地坛中医药健康文化节在北京国子监举办。10月20－22日，举办第十六届北京中医药文化宣传周暨第十五届地坛中医药健康文化节，以地坛、国子监为活动地点，以“一轴三带”为传播内容，召开首届优秀传统文化“钥匙”论坛暨2023年人类卫生健康共同体论坛。

（李曼）

【“紫金健康”中医药高质量发展大会】12月15日，“紫金健康”中医药高质量发展大会——东城区“杏巷”工程建设推进会暨全国中医药科技成果直通车（北京·东城）召开，启动全国中医药科技成果直通车（北京·东城）。区卫生健康委、区外联办分别与北京同仁堂药材参茸投资集团有限公司签署战略合作协议，北京协和医院、中国中医科学院、北京中医医院、鼓楼中医医院等4项中医药科技成果进行现场路演，推介展览30余项中医药科技成果，40余家中医药健康企业参会。

（李曼）

医学教育科研

【概况】2023年，区卫生健康委构建医产学研合作“立交桥”，营造创新成果转化“生态圈”，健全创新成果转化激励机制，强化科技创新与成果转化的联动评价导向，加大学科带头人及中青年科研骨干培养力度，加强学科交叉和知识补缺式培训。

（李曼）

【医学科研】2023年，第六医院1个项目获国家级课题吴阶平医学基金会临床科研专项资助基金。东城区医疗机构27个项目获批2024年首都卫生发展科研专项立项项目，其中区属医疗机构5个。全年东城区卫生科技计划项目立项24项，并按时结题验收2022年度科研项目。依托市区成果转化平台，带动辖区医疗机构科技创新：东城区驻区医疗机构有5个项目（北京协和医院3项，北京中医院1项，北京口腔医院1项）入选2023年首都医学科技创新成果转化优促计划，每个项目获批50万元资金支持。区属医疗机构19人入选北京市医药卫生科技创新成果转化专家库年度第一批入库专家名单。北京中医药养生保健协会建立中医药健康养生优质产品库，成功转化中医药科技成果草本浴养气泡弹。北京协和医院的筋脉通胶囊、中国中医科学院的清肺排毒颗粒、首都医科大学附属北京中医医院的蒿秦化斑方、北京市鼓楼中医医院的崔氏速效损伤灵4项中医药科技成果进行现场路演展示。鼓楼中医医院的软伤洗剂作为内部制剂，进入临床研究阶段。

（李曼）

【医学人才培养】2023年，区卫生健康委共组织12类人才培养项目，进行三级联动、多面发展、特色培养等多项培训，共计培养276人次。三级联动类包括住院医师规范化培训、基层社区医生临床研修、人才骨干医师培训等。多面发展类包括基层全科医生转岗培训、医防融合培训、儿科精神科转岗培训等。特色培养类包括中医师健身气功社会体育指导员培训。

（李曼）

【继续医学教育】2023年，区卫生健康委组织系统单位申报2024年度国家级、市级继续医学教育项目50项。组织核验13家单位的学分核验工作。组织2024年度区级继续教育项目申报审验1877项。

（李曼）

疾病防控

【概况】2023年，东城区户籍人口出生率5.15‰、死亡率8.73‰、自然增长率-3.58‰。因病死亡人数8424人，占死亡总人数的96.76%，死因前10项依次为心脏病、恶性肿瘤、脑血管病、呼吸系统疾病、内分泌营养和代谢疾病、损伤和中毒、消化系统疾病、神经系统疾病、泌尿生殖系统疾病和传染病。户籍人口期望寿命83.13岁，其中男性80.72岁、女性85.57岁。

（李曼）

【传染病防治】2023年，东城区甲、乙、丙类传染病共计发病4.05万例。甲类传染病发病数0例，死亡0例。乙类传染病发病数1.11万例，死亡12例（艾滋病死亡7例，肝炎死亡5例）。乙类传染病发病前三项的疾病是新型冠状病毒感染（发病率1455.01/10万）、梅毒（发病率31.68/10万）、痢疾（发病率25.14/10万）。结核病发病人数152例，死亡0例；性病（淋病+梅毒）发病人数260例，死亡0例；艾滋病发病人数10例，死亡7例。狂犬病发病人数0例，死亡0例；人感染H7N9禽流感发病人数0例，死亡0例；手足口病发病人数606例，死亡0例；布病发病人数0例，死亡0例。2023年，累计处理各类突发疫情943起，包括急性胃肠炎疫情64起，集中发热666起，手足口病聚集性疫情50起，自然疫源性疾病41起次，新冠聚集性疫情及变异株重点病例调查120起次，调查入境新冠变异株JN.1病例2例。

（李曼）

【慢病防治】2023年，区卫生健康委完成北京市老年人健康素养监测400人和中国居民慢性病及危险因素监测720人。完成北京市户籍肿瘤患者社区随访2285例，失访63例，失访率2.8%。落实城市癌症早诊早治项目，2023年完成高危人群筛查1480例，筛出高危人数1096人，高危率74.1%，完成临床筛查451人，临床检查完成率91.1%，结果录入444例，整体完成率89.7%。年度北京市脑卒中高危人群随访干预，累计完成电话随访2485人，失访169人，失访率6.8%。年度国家脑卒中高危人群筛查和干预项目完成复筛828人，血生化检测790人，任务达成率98.8%。心血管病高危人群早期筛查与综合干预项目，累计完成复筛186人，完成率93.0%，筛出高危97人，完成率96.0%；累计完成短期随访38人，短期随访完成率37.6%；累计完成长期随访797人，长期随访完成率为76.1%。依托国家试点项目尝试性在5家社区卫生服务机构开展老年人失能失智高危人群预防干预，为覆盖全区的老年人失能失智干预工作积累经验。强化多部门合作，开展“三减三健”专项行动。组织实施第八届“万步有约”健走激励大赛，获全国百强健走促进县区、省级优秀健走示范区称号，获北京市大赛综合奖一等奖。在老年健康宣传周和全民健康生活方式宣传月期间，举办万步有约拓展赛及“三减三健从我做起”少儿书画作品征集展示活动。培训健康生活方式指导员231人，完成新增指导员认证100人，12家示范机构通过市级验收。至年底，全区共创建各类健康支持性环境199家，其中健康社区92家、健康食堂37家、健康餐厅25家、健康单位17家，健康小屋9个、健康步道10条、健康主题公园2个、健康超市6家、口腔示范社区1家，健康促进学校覆盖率100%。

（李曼）

【精神卫生】2023年，东城区在册严重精神障碍患者3400人，其中符合6类的重性精神障碍2671人，累计免费服药人数2603人。看护管理补贴工作通过街道审核的患者2430人，监护人看护管理补贴申领率达90.37%，在册患者规律服药率90.65%，在册规范管理率95.41%。

（李曼）

【学校卫生】2022—2023学年，东城区中小学生共11.74万人，视力不良实检人数7.19万人，检出人数4.09万人，检出率56.90%；营养不良实检人数7.26万人，检出人数6426人，检出率8.85%；肥胖实检人数7.26万人，检出人数1.20万人，检出率16.58%；贫血实检人数6.92万人，检出人数431人，检出率0.62%；恒牙龋齿实检人数6.95万人，检出人数1.08万人，检出率15.50%。

（李曼）

【计划免疫】2023年，东城区接种免疫规划疫苗9.05万剂次（不含免费流感疫苗），接种非免疫规划疫苗18.10万剂次（含狂犬疫苗及免疫蛋白），共报告疑似预防接种异常反应104例。外来务工人员接种含麻疹成分疫苗577剂次，“A+C”流脑疫苗574剂次。

（李曼）

【职业卫生】2023年，东城区监管涉及粉尘、物理因素、化学因素的单位64家，其中工业企业23家、医疗行业21家、居民服务业11家、住宿业9家。涉及放射因素的单位166家，其中非医疗放射单位19家、医疗放射单位147家。辖区技术服务机构3家。因机构改革2家单位合并为1家单位，因经营不善、搬迁（拆）闭店5家单位，新增2家单位，实际监管200家单位。有射线装置642台（套），投入经费723.83万元。涉及接触职业危害因素2998人，其中接触粉尘、物理因素、化学因素1214人，接触放射因素1784人。新入职238人，离岗181人。未发生重大急性职业病危害事故、慢性职业性化学中毒事故，未发生职业病群发事件和负面舆情事件。全年共监测60家单位工人2790人的职业健康体检信息，其中上岗前体检350人，岗中体检2296人，离岗体检144人；共检出职业禁忌症人员6人，其中噪声禁忌症3人，溶剂汽油职业禁忌症3人。全年共审核8例职业病病例：煤工尘肺4例，混合尘肺1例，石棉肺1例，无尘肺病2例。审核2例疑似职业病：疑似噪声聋，疑似苯中毒。对所有病例均进行电话访视。

（李曼）

【食品卫生及生活饮用水监测】2023年，区卫生健康委共采集水样376件，其中对辖区内18个市政末梢水监测点共采集216件，20个二次供水监测点共采集160件。检测项目共35项，包括微生物指标3项、毒理学指标11项、感官性状和一般化学指标17项、水中消毒剂常规指标1项及其他指标3项。检测结果显示市政末梢

4月28日，区卫生健康委组织医疗技术人员开展职业健康宣传进工地活动
（区卫生健康委提供）

水和二次供水全部样本所有检测项目均合格，检测合格率为100.0%。2023年共完成4类115件食品化学污染物及有害因素监测、6类200件食品微生物及致病因子监测，100%完成全年任务。检出26件致病菌样品，阳性检出率为13%，阳性菌株27株。启动应急监测1次，通报风险提示4次。

（李曼）

健康促进

【概况】2023年，区卫生健康委组织开展群众性爱国卫生运动和季节性统一病媒生物防制活动。推进无烟环境建设。开展健康科普活动、夏季环境卫生整治活动、防汛救灾爱国卫生专项行动等，落实国家卫生区长效管理，巩固国家卫生区成果。

（李曼）

【爱国卫生运动】2023年，区卫生健康委加强基层爱国卫生组织建设，强化社区公共卫生职责，全区168个居委会均成立公共卫生委员会。开展爱国卫生月、周末卫生日等群众性爱国卫生运动。开展健康影响评价评估试点工作。落实国家卫生区长效管理，组织实施《东城区国家卫生区复审工作实施方案（2022—2024年）》。12月，东城区入选全国爱国卫生办2022年度全国健康城市建设样板市名单。

（李曼）

【病媒生物防制】2023年，区卫生健康委组织开展季节性统一病媒生物防治活动。组织专业队伍开展公共区域病媒防制工作，动员群众参与环境清理，开展除“四害”行动。开展病媒生物孳生地调查和重点场所病媒生物侵害调查等工作，防范媒介传染病的发生和传播。全年东城区蚊年平均密度值0.40，比2022年（0.73）下降45.2%，主要蚊种为淡色库蚊（56.9%）和白纹伊蚊（43.1%），未发现其他蚊种。蝇年平均密度值为1.04，比2022年（1.14）下降8.8%，主要蝇种为家蝇（34.5%）、麻蝇（46.0%）、厩腐蝇（17.2%）、丝光绿蝇（2.3%）。蟑螂年平均密度值为0.0092只/（张·夜），属低密度水平。对机关单位、学校、宾馆饭店和医院等环境进行监测，发现鼠阳性1处，阳性率0.06%，低于国家标准。

（李曼）

【控烟工作】2023年，东城区落实《北京市控制吸烟条例》，开展控烟宣传教育，加强控烟监督执法，推进无烟环境建设。开展以“无烟 为成长护航”为主题的世界无烟日活动，开展青少年控烟绘画征集活动，征集作品373幅。王府井步行街和簋街通过北京市控烟示范街区验收评估。

（李曼）

老龄健康

【概况】2023年，东城区户籍人口中60周岁及以上老年人口数量为34.25万人，占全区总人数比例为34.38%；80周岁及以上老年人口数量为4.96万人，占全区总人数比例为4.98%，百岁以上老年人数量为569人。东城区持续完善老年社会保障制度，加大老龄工作宣传，完善老龄工作机制。

（李曼）

【老年健康服务】2023年，东城区老龄健康服务管理实现6个100%。以国家安宁疗护试点区为抓手，建成安宁疗护中心2个、老年护理中心2个，满足辖区老年人对健康服务的多元需求；开展老年人心理关爱项目，增强老年人常见心理行为问题和精神障碍早期识别能力；开展老年口腔健康促进行动，通过口腔健康知识讲座、免费义诊咨询、赠送口腔护理包等形式，提升老年人的获得感；开展老年健康宣传周活动，各医疗机构发挥自身优势，多方位、多层次宣传老年健康政策和老年科学运动知识，指导老年人科学运动。

（李曼）

【医养结合】2023年，区卫生健康委制订《东城区医养到家入户医疗服务方案》，开展老年人入户医疗服务项目，提供健康指导、用药辅导，提供入户医疗服务。优先提供家庭医生签约、建立健康档案、免费体检、预约转诊、上门巡诊等服务。开展医养结合机构安全生产大检查。组织学习火灾事故调查报告，对5家医养结合机构开展联合检查，排查隐患。培训医务人员，提高医疗服务水平。督导医疗卫生机构与养老服务机构对接签约。实现社区卫生服务机构与养老服务驿站对接签约率100%。建立诊疗对口关系，开通医疗救治保障绿色通道，为养老机构内老年人提供就医服务。扩大医养结合远程协同服务范围。组织申报远程协同服务机构，推动医养结合机构纳入远程协同诊疗服务。

（李曼）

【安宁疗护】2023年，区卫生健康委推进安宁疗护体系建设。依托2个市级安宁疗护指导中心——北京协和医院、北京医院安宁疗护专科医联体的辐射作用，带动辖区安宁疗护服务能力提升；做强2个市级安宁疗护示范基地——隆福医院、普仁医院，借助国家、市安宁疗护人才培训项目，组织安宁疗护技术培训，规范安宁疗护服务及专业发展；打造2个市级安宁疗护示范中心——北京市第六医院、鼓楼中医院（南院区），助推安宁疗护服务示范效应；做实2个市级老年护理中心——朝阳门社区卫生服务中心、隆福医院，为患者提供优质、连续的医疗护理服务；通过2个市级社区安宁疗护示范中心——朝阳门社区卫生服务中心、龙潭社区卫生服务中心，推广“协和—普仁—龙潭”三级联动安宁疗护带教模式，引导带动社区，开展医养结合和居家安宁疗护生命宣教。

（李曼）

【社会保障体系建设】2023年，东城区推进老年友好型社会建设，经市老龄办及专家考核评审，和平里街道东河沿社区、东直门街道清水苑社区被评选为全国示范性老年友好型社区；老龄委各成员单位参加“敬老月”活动，开展形式多样的现场及线上活动185场；推进“孝顺之星”命名工作，17个街道推选区级“孝顺之星”100人，1人被评为年度北京市“孝顺榜样”，5人被评为北京市“孝顺之星”。

（李曼）

【老年人优待与权益保障】2023年，东城区户籍老年人中享受高龄补贴4.46万人，拨付资金9488.69万元；享受失能老年人补贴2.27万人，拨付资金1.52亿元。全年为65岁以上老年人代写法律文书125人次，为80岁以上老年人办理法律援助案件19件，全年为60岁以上老年人办理法律援助案件42件。

（李曼）

行业监督

【概况】2023年，东城区共有管理相对人3921户，监督户次为2.42万户次，监督覆盖率为97.19%，监督频次为6.16次/户。

（李曼）

【公共卫生监督】2023年，东城区公共卫生监督1.48万户次，监督频次9.18次/户，覆盖率98.30%，合格率91.00%，行政处罚1153户次，罚没款金额共计123万元。

（李曼）

【医疗卫生监督】2023年，东城区医疗机构执法监督3062户次，覆盖率98.56%，合格率97.60%，积分322分。对医疗机构及医师实施医疗卫生专业行政处罚74户次，罚没款共113.60万元（罚款111.80万元，没收违法所得1.80万元）。对非法行医行政处罚共21户次，罚没款共计119.39万元（罚款116万元，没收违法所得3.39万元）。血液监督30户次。母婴保健监督35户次。办理医师多点执业2254件。

（李曼）

【职业卫生监督】2023年，区卫生健康委将日常监督执法与专项监督检查相结合，共计监督检查489户次。对3家单位作出警告行政处罚，对3家单位给予警告并处以罚款，累计罚款10.15万元。辖区有职业卫生技术服务机构1家，职业卫生技术服务（放射防护）2家，共监督检查5户次，合格率100%。

（李曼）

【病原微生物实验室生物安全】2023年，区卫生健康委依托北京市人间传染的病原微生物实验室生物安全管理信息系统，采取线下自查线上填报、实地督查、专项督查和重点抽查4种形式，成立7个常态化督查检查组，分组开展工作，监督检查做到100%全覆盖。至年底，东城区有病原微生物实验室备案单位89家、实验室383个，其中一级实验室125个、二级实验室258个。

（李曼）

生育服务与家庭发展

【概况】2023年，东城区卫生健康委推进优化生育政策，满足群众的生育需求，促进家庭和谐幸福。

（李曼）

【妇幼健康】2023年，东城区孕产妇建档人数5884人、死亡人数0人、死亡率0（0/10万），初产剖宫产率42.74%，活产数5138人。新生儿死亡人数4例、死亡率0.88‰，婴儿死亡人数5例、死亡率1.10‰，5岁以下儿童死亡人数10例、死亡率2.19‰。2023年，围产期出生缺陷发生率55.53‰，主要出生缺陷病种为先天性心脏病、外耳畸形、膈疝、肾积水、多指趾。

（李曼）

【生殖健康】2023年，东城区有免费孕前优生健康检查定点医院1个。孕前优生检查覆盖率68.07%，孕前具有风险因素人群比例72.52%，影响生育的主要风险因素为营养因素、行为因素、遗传因素。

（李曼）

【计生关怀】2023年，东城区发放独生子女家庭奖励6108人，金额35.35万元；发放独生子女家庭一次性奖励费4715人，发放金额471.50万元；独生子女特别扶助家庭4096人，发放金额3983.62万元，独生子女伤残家庭扶助金每人每月740元，独生子女死亡家庭扶助金每人每月900元。

（李曼）

【托育服务】2023年，东城区持续推进每千人常住人口2.0个托位数指标落实，推动普惠托育服务建设。开展东城区“一小”健康联合体东城区儿童青少年心理健康师资培训，提高优生优育服务水平。

（李曼）

【暖心计划】2023年，东城区卫生健康委开展住院护理补贴险服务，连续8年为计生特扶家庭投保住院津贴险、意外险、意外伤害医疗保险服务。服务覆盖全区100%的计生特扶家庭。实施“暖心计划”扶助项目，组织计生特殊家庭进行短途游、观影等活动。

（李曼）

驻区三甲医院

【北京医院】北京医院是一所以干部医疗保健为中心、老年医学为重点，向社会全面开放的医、教、研、防全面发展的现代化综合医院，是国家卫生健康委直属三级甲等医院。在职职工中编制内人员2466人、合同制人员775人、博士后15人、派遣人员109人，其中正高级职称203人、副高级职称325人、中级职称1309人、初级职称1221人。执业医师838人，注册护士1345人。护理人员中具有大专及以上学历者占99%、本科及以上占83.6%，有专科护士（包括重症监护、手术室、急诊、肿瘤、器官移植等专科护士）421人。重症医学床位（包括ICU、CCU、EICU、MICU、NICU、PICU等）31张。2023年，北京医院有乙类医用设备6台。全年医院总收入42.47亿元，其中医疗收入30.84亿元。全年出院6.47万人次，床位周转55.9次，床位使用率91.1%，平均住院日5.91天。卫技人员与开放床位之比为2.33：1，执业医师与开放床位之比为0.74：1，病房护士与开放床位之比为0.75：1。住院手术4.79万例，其中三级手术占35.5%、四级手术占31.3%，日间手术4179例。开展临床路径的科室27个、病种281个，入径率68.27%，完成率88.8%。全年临床用血总量2.11万单位，其中自体输血1520人次、2130.24单位。预约挂号占门诊总人次的98.6%。年度北京市医保门诊111.41万人次、次均费用713元，医保出院4.20万人次、次均费用1.52万元；异地医保出院1.49万人次、次均费用2.27万元。医院药占比29.16%。门诊抗菌药物处方比例5.97%，急诊抗菌药物处方比例33.76%，住院患者抗菌药物使用率31.7%，抗菌药物使用强度为31.7DDD。2023年纵向课题获批立项科研项目234项，其中国家自然科学基金项目16项、省部级29项，共获资助经费5926.3万元，医院匹配经费约1000万元。横向课题立项49项，经费1079.91万元。2023年内结题247项，年底在研课题626项。全年获奖成果5项，授权专利154件。国家级重点专科（包含建设项目）有皮肤科、神经外科、普通外科、心血管内科、呼吸与危重症医学科、神经内科、泌尿外科、中医科、老年医学科、医学影像科、药学部、国家卫生健康委临床检验中心、国家卫生健康委北京老年医学研究所（重点实验室）、临床护理、风湿免疫科、内分泌科、肿瘤科、消化内科、医学影像专业、放射治疗科；北京市重点专科有妇产科、放射科、超声医学科、核医学科；国家级、市级研究中心有国家老年医学中心、国家老年疾病临床医学研究中心、中国医学科学院老年医学研究院、老年医学临床研究国家级质量评价和促进中心、国家卫生健康标准委员会老年健康标准专业委员会；另有北京市临床检验工程技术研究中心、新发突发传染病领域北京临床医学研究中心、药物临床风险与个体化应用评价北京市重点实验室、北京市科委、中关村管委会科技成果转化技术转移机构。2023年，张烜获得第二十三届吴阶平—保罗·杨森医学药学奖。张烜教授团队编写的《2023年雷公藤治疗活动性类风湿关节炎国际指南》，发表在国际知名期刊《J Autoimmun》，确立中西药联合治疗风湿病经济有效的“中国方案”。杨杰孚团队获得中华医学科技奖一等奖。李燕明入选2023年度“最美医生”。2023年，北京医院利用信息化手段，优化入出院服务。全面实行电子住院单和“一号住院”，简化入院手续；开通“患者院前检查快速通道”，将病情稳定的患者纳入快速通道，术前检查在48小时内完成，提高医疗资源利用效率，减少患者住院等待时间。完善急危重症转诊网络，进一步加强胸痛中心、卒中中心和危重孕产妇救治中心建设。2023年，北京医院皮肤科、神经外科、普通外科获批国家临床重点专科建设项目，国家临床重点专科（包含建设项目）数量达到20个，国家重大疾病多学科合作诊疗能力建设项目共有5个。设立门诊肿瘤化疗中心，统筹全院化疗业务需求，提高病床使用率和工作效率。呼吸与危重医学科、发热门诊一体化诊疗中心落成启用，实行发热患者全流程闭环管理，进一步提升发热门诊服务能力。作为研究型病房建设试点

12月2日，日本卫生部部长到北京医院参观访问（张靓摄）

单位，着力打造研究型病房，建设符合国际规范、设施设备齐全的研究型病房，总面积2530平方米，设置床位数75张。依托大病不出县—国家级医学中心专项精准帮扶工程国家标准化风湿免疫诊疗中心项目，开展互联网医疗及医联体转诊，为周边和基层医疗单位提供高水平风湿免疫性疾病诊疗策略。牵头的医联体及专科联盟有北京医院医疗联合体（成员单位20家）、中国心衰中心联盟（注册单位2000余家，认证单位800余家）、中国老年护理联盟（成员单位77家）。依托医院的国家级及市级质控中心有国家呼吸疾病医疗质量控制中心、国家临床检验质量控制中心、北京市输血质控中心。对口支援单位有平谷中医院、丰台康复医院、西藏自治区人民医院。卫生扶贫单位是贵州省大方县人民医院。2023年，医联体内累计下转患者1698人次，接收上转患者1231人次；对口支援及医联体等累计派出人员108人次，累计接收进修人员97人次。发挥远程医疗优势，通过远程医学中心平台，发展远程会诊、远程心电图诊断、远程教学、远程学术交流等多种远程医疗模式。2023年，北京医院获国家发展改革委、国家卫生健康委和国家中医药管理局批准，成为中西医协同“旗舰”医院试点单位，中医科、内分泌内科、血管外科、手术麻醉科、骨科获批成为北京市中西医协同旗舰科室建设项目，中医科获北京市重大疑难疾病中西医协同攻关示范项目。10月，北京医院国家老年医学中心牵头的首个国际间合作项目——“中英健康与老龄化旗舰挑战计划”项目交流会在京召开，助力实现更大范围的健康老龄化。12月，中日韩卫生部部长代表团到北京医院国家老年医学中心参观访问。

（罗翔予）

12月20日，离岛医疗综合体北京协和医院澳门医学中心举办试营运仪式（北京协和医院提供）

【北京协和医院】中国医学科学院北京协和医院（简称北京协和医院）是集医疗、教学、科研于一体的现代化综合三级甲等医院，是国家卫生健康委指定的全国疑难重症诊治指导中心，最早承担外宾医疗任务的医院之一，也是高等医学教育和住院医师规范化培训国家级示范基地，临床医学研究和技术创新的国家级核心基地。以学科齐全、技术力量雄厚、特色专科突出、多学科综合优势强大享誉海内外。在职职工中编制内人员4281人、编制外人员2206人，其中正高级职称440人、副高级职称519人、中级职称1835人、初级职称及以下其他3693人。综合门诊量403余万人次，全年出院13.06万人次，住院手术73448例，床位使用率86.58%，床位周转62.2次，平均住院日5.28天。药占比23.1%。门诊抗菌药物处方比例2.52%，急诊抗菌药物处方比例29.10%，住院患者抗菌药物使用率34.85%，抗菌药物使用强度为37.99DDD。全年北京医保出院3.4万人次，次均费用2.01万元。异地医保出院6.40万人次、次均费用2.41万元。全年纵向课题获批立项科研项目178项，其中国家级79项、省市级45项。横向课题立项211项。2023年结题211项，年底在研课题681项。获奖成果15项，其中省部级8项。获专利266项。常态化招收科研博士后，扩大招收规模，累计招收18人进站。开展师资培训、教学比赛、学术会议“教学月”活动，举办医学教育创新发展论坛。“8+3”一贯式高层次复合型医学人才培养体系的探索与实践成果获国家级教学成果奖一等奖。全年引进各类高端人才15人，获得国家杰出青年科技基金项目2人，获评国家创新领军人才1人，获国家自然科学基金优秀青年科学基金项目（海外项目）1人。与中国医学科学院基础医学研究所和清华大学联合申报疑难重症及罕见病全国重点实验室3月获批建设，9月27日正式启用。大兴院区是实验室的第一核心研究场所，针对疑难重症和罕见病的基础研究、应用基础研究和前沿技术创新的重大需求开展研究，解决诊断手段有限、缺医少药、研究匮乏等实际问题。推进罕见病诊疗研究体系建设。牵头“十四五”国家重点研发计划“罕见病多模态诊疗平台建立及转化应用项目”“遗传性重要脏器罕见病生命周期队列建立及遗传模式、致病机制及生物靶向治疗研究”，科技创新2030—“疑难罕见病人工智能辅助诊断技术研究与临床应用”。4月10日，北京协和医院罕见病联合门诊开诊。4月17日，北京协和医院罕见病医学科正式成立。出版《罕见病用药》《北京协和医院罕见病临床思维与多学科诊疗方案集（2023年版）》。建设国家医学中心（雄安院区）。协调落实人事编制、异地办医、市政配套、疏解保障等相关支持配套政策，为雄安院区建设做好全方位保障；完成体外诊断类、医药类、手术类和综合类等五个类别共50个研发项目调研、专家论证与立项审批，高质量推进医研企合作攻关。推进国际国内交流合作。与芝加哥大学再次签订战略协议，推进与Mayo、日本东京大学等国际顶尖机构交流合作。与贵州省政府签署协议，以北京协和医院10个国家级医疗质控中心为纽带，明确“1+6+X”架构的区域医学中心建设模式。与福建省漳州市医院签署帮扶指导协议，成立“北京协和医院—漳州市医院海峡远程医疗中心”。与清华大学、北京航空航天大学、北京理工大学、中国科学院上海药物研究所、香港医管局等10家单位建立合作。与澳门特区政府社会文化司签署合作协议，在医疗卫生服务、医学教育、科学研究与成果转化、国际交流、大健康产业等方面开展长期合作。12月20日，离岛医疗综合体北京协和医院澳门医学中心试营运，累计派出24人常驻澳门。创设“协和开放日”，全年举办8期，共接待全国17家单位320人以及社会公众120人来访。推进党建文化体系建设。开展集中学习46期，开展调研课题7项、推动发展清单81项、整改整治措施86项。推进基层党建工作，8个党支部获评中央和国家机关第二批“四强”党支部。建设医院新文化，推进“老专家口述历史”，开展“协和杰出贡献奖”评选，举办护士节、医师节、教师节主题活动，扶持青年科技创新，开展青年技术练兵、青年志愿服务，牵头成立中国卫生健康思想政治工作促进会公立医院分会。

（傅谭娉）

9月3日，北京同仁医院第二批援瓦努阿图中国医疗队出征开展为期一年的援瓦工作（初小飞摄）

【北京同仁医院】首都医科大学附属北京同仁医院（简称北京同仁医院）是一所以眼科学、耳鼻咽喉科学为国家重点学科的大型综合三甲医院。有中国工程院院士1人，北京学者3人，青年北京学者3人，长江学者1人，青年长江学者1人，享受国务院政府特殊津贴专家11人，国家级、北京市突出贡献专家12人。在职职工中编制内人员3247人、合同制人员683人、派遣人员58人，其中正高级职称298人，副高级职称420人，中级职称1841人，初级职称1429人。执业医师1318人，注册护士1606人。护理人员中具有大专及以上学历者占99.13%、本科及以上占75.93%，有专科护士389人（包括重症监护、手术室、急诊、肿瘤、器官移植等专科护士）。重症医学床位（包括ICU、CCU、EICU、MICU、NICU、PICU等）47张，乙类医用设备11台。全年总收入52.04亿元，其中医疗收入41.90亿元。牵头成立北京市专科医联体（眼科）成员单位31家、北京市专科医联体（口腔科）成员单位10家。与荣华卫生服务中心建立紧密型医联体。开展全国耳鼻咽喉头颈外科联盟建设工作，成员单位468家、完成全国眼科联盟续签约工作，原有成员单位145家，新加盟成员单位68家。作为合作单位参加北京市属医院康复医联体、北京回龙观医院精神科学科建设项目、首都医科大学宣武医院全国老年肾脏病联盟。依托在北京同仁医院的有国家级及市级质控中心——国家耳鼻咽喉科专业质控中心、WHO防盲合作中心及WHO防聋合作中心。全年出院15.17万人次，床位周转89.15次，床位使用率93.79%，平均住院日3.84天。卫技人员与开放床位之比为1.96：1，执业医师与开放床位之比为0.78：1，病房护士与开放床位之比为0.61：1。住院手术10.05万例，其中三级手术占31.96%、四级手术占56.83%，日间手术5.99万例。开展临床路径的科室48个、病种185个，入径率98.4%，完成率89.6%。全年临床用血总量1.63万单位，其中自体输血152人次945单位。预约挂号占门诊总人次的95.56%。北京市医保门诊167.67万人次、次均费用507元，医保出院5.67万人次、次均费用1.33万元；异地医保出院6.81万人次、次均费用1.30万元。医院药占比（即药品收入占医疗业务总收入的比率）21.61%。门诊抗菌药物处方比例4.37%，急诊抗菌药物处方比例27.23%，住院患者抗菌药物使用率22.47%，抗菌药物使用强度为30.38DDD。全年纵向课题获批立项科研项目125项，其中国家级39项、省市级40项，共获资助经费7520.91万元。横向课题立项18项，经费963.54万元。全年结题219项，年底在研课题409项。获奖成果12项。获专利131项。有国家卫生健康委重点专科4个（耳鼻咽喉头颈外科、眼科、变态反应科、老年医学科），国家中医药管理局重点专科2个（中医耳鼻喉科、中医眼科），北京市卫生健康委重点专科1个（儿童听力专科），北京市中医管理局重点专科1个（针灸科）。教育部重点学科2个（耳鼻咽喉科学重点学科、眼科学国家重点学科），国家中医药管理局重点学科1个（中医眼科学重点学科），北京市中医药管理局重点学科1个（北京市中西医结合眼科重点学科）。教育部实验室1个（耳鼻咽喉头颈科学教育部重点实验室），市级重点实验室6个（北京市眼科学与视觉科学重点实验室、鼻病研究北京市重点实验室、糖尿病防治研究北京市重点实验室、头颈部分子病理诊断北京市重点实验室、眼内肿瘤诊治研究北京市重点实验室、过敏性疾病北京实验室）。教育部研究中心2个（眼疾诊疗技术与设备教育部工程研究中心、过敏性疾病诊疗技术与器械教育部工程研究中心），科技部研究中心1个（国家眼科诊断与治疗设备工程技术研究中心），国家发改委研究中心1个（过敏性疾病创新药物国家工程研究中心），市级研究中心2个（北京市眼科诊疗设备工程技术研究中心、北京市耳鼻咽喉头颈科学生物工程研究中心）。对口支援与扶贫协作的单位有河北省张家口市第四医院、内蒙古医科大学附属医院。对口支援单位有北京市大兴区礼贤镇中心卫生院、大兴区采育镇中心卫生院、大兴区榆垡镇中心卫生院、大兴区旧宫镇社区卫生服务中心、大兴区亦庄镇社区卫生服务中心（亦庄医院）及北京市大兴区瀛海镇社区卫生服务中心（瀛海医院）。9月，北京同仁医院组建第二批援助瓦努阿图中国医疗队出征，开展为期一年的援瓦工作。援瓦医疗队队员9人，涵盖心血管内科、呼吸内科、口腔科、针灸科、麻醉科、普通外科、泌尿外科、手术室等专业。12月，派出专家7人赴瓦努阿图执行短期医疗援助任务。2023年，北京同仁医院受国家卫生健康委委托，开展耳鼻咽喉科国家级质量控制中心筹建工作。11月，获批互联网医院，正式上线医院自有挂号小程序，开启线上线下融合的医疗服务新模式，实现网上预约挂号退号、查询检验检查结果、查询门诊病历等。小程序有注册用户245.61万人，累计挂号122.86万人次，月均候补患者6.14万人次；推进医疗服务无纸化工作，向患者精准推送检查检验信息，实现住院病案无纸化归档和移动病案复印功能。患者可通过微信端申请复印病案并邮寄到家，减少患者往返医院次数。12月，牵头组建过敏性疾病创新药物国家工程研究中心，获国家发展和改革委批准正式立项，开展过敏性疾病创新药物研发关键技术攻关，探索过敏性疾病治疗领域产学研用结合新模式。2023年，北京同仁医院获评北京市总工会"2023年首都劳动奖状"，北京同仁医院援助青海医疗团队获评第九届首都民族团结进步奖先进集体。

（郑洁）

【北京中医医院】首都医科大学附属北京中医医院（简称北京中医医院），是北京市三级甲等综合性医院。占地面积2.80万平方米，总建筑面积5.50万平方米。医院在职职工中编制内人员1110人、现有职工总人数1728人，其中正高级职称169人、副高级职称243人、中级职称694人。执业医师804人，注册护士520人。2023年，北京中医医院突出中医特色，继承和发扬专科优势，通过推进一体化诊疗模式、MDT模式、名医传承团队逐级转诊制度、专病门诊、主诊意识负责制等，提高医院整体服务水平。推动一体化建设，推进国家区域医疗中心建设。全年门急诊（含互联网）223万余人次，互联网诊疗挂号5万余人次。出院2.38余万人次。平均住院日8.36天。优化预约就诊机制做好互联网门诊工作，自4月起，调整微信公众号、114平台预约策略，满足患者使用需求，动态监测号源利用率、平台预约率、门诊就诊人次、爽约率等数据，合理化配置投放号源，缓解紧俏科室挂号难问题。出台多项改进措施，合理设置自助机位置，提升患者使用感受。门诊部发现问题，及时反馈，同时做好信息发布、患者宣教，耐心解释，及时疏导。持续推进互联网医院发展建设，提升医疗卫生现代化管理与服务水平，优化资源配

3月30日，北京中医医院内蒙古医院举行签约暨揭牌仪式（吕宏科摄）

置。在2023年北京市互联网诊疗质量控制和改进中心开展的互联网诊疗服务与质量安全督导评价考核中，获评最高等级 IA级。28个临床科室线上开诊，医药护人员287人参与互联网诊疗，其中医药护人员66人参与图文咨询服务，医师263人提供线上视频复诊服务，副主任及以上职称（医药护）182人，占比约63.41%。1月至11月，总服务5.59万人次，占同期线下门诊量2.9%，达到预期门诊量。推进国家区域医疗中心建设，首都医科大学附属北京中医医院内蒙古医院获批为第三批国家区域医疗中心建设项目。3月30日，内蒙古自治区编办批复巴彦淖尔市中医医院更名为北京中医医院内蒙古医院。北京中医医院先后派驻专家46人到北京中医医院内蒙古医院开展工作，其中院级领导班子4人。全年获批纵向科研项目74项，其中国家级18项、省部级21项、局级35项，获批纵向科研经费7353万元；立项横向科研项目12项，横向研究经费共计304.49万元。累计发表核心期刊论文339篇，其中T1区46篇，T2区129篇；发表SCI论文77篇，总影响因子396.14，其中影响因子10分以上SCI论文4篇，影响因子5分以上SCI论文34篇，JCR Q1区33篇，JCR Q2区27篇；出版著作34部；授权专利21项，其中发明专利5项；获批软件著作权2项；发布团体标准15项。完善教学管理体系，成立中医学专业认证专项工作领导小组，安排部署中医学专业认证工作，在全院范围内开展教学质量大检查。邀请国内相关知名专家为专业建设“问诊把脉”，举办示范教学查房、教学病例讨论、小讲课等临床教学活动，提升教师临床教学技能，完成中医学专业认证工作。组织规培医师进行中西医技能培训，考核近3000人次，年度规培出站考核通过率为97.6%，位居北京市前列，其中技能考核通过率100%。规培医师年度水平测试平均分95.55，位列北京市第二。与北京市卫生健康委员会签订《中医住院医师规范化培训重点专业基地建设项目委托合同书》，获批建设经费100万元。搭建国家级、市级、院级“三位一体”的名医传承平台，传承名老中医临床经验，培养不同层级的中医人才。

（王伟夭）

【北京口腔医院】首都医科大学附属北京口腔医院（简称北京口腔医院）是集医疗、教学、科研、预防为一体的三级甲等口腔专科医院。2023年，在职职工中编制内人员666人、派遣人员687人，其中正高级职称97人、副高级职称143人、中级职称305人、初级职称690人。执业医师567人，注册护士456人。护理人员中具有大专及以上学历者占91.96%、本科及以上占45.22%，有专科护士99人。全年医院总收入12.55亿元，其中医疗收入7.21亿元。全年出院3913人次，床位周转56.15次，床位使用率87.15%，平均住院日5.62天。住院手术3000人次，其中三级手术占30.45%、四级手术占18.96%，日间手术353例。开展临床路径的科室2个、病种3个，入径率27%，完成率97%。全年临床用血总量342单位，医保预约挂号占门诊总人次的57%。北京市医保门诊81.86万人次、次均费用773.23元。北京市医保出院1053人次、次均费用1.04万元；异地医保出院760人次、次均费用1.40万元。医院药占比1.91%。门诊抗菌药物处方比例6.14%，急诊抗菌药物处方比例20.44%，住院患者抗菌药物使用率51.15%，抗菌药物使用强度为34.53DDD。全年纵向课题获批立项科研项目67项，其中国家自然科学基金项目9项，包括青年科学基金项目5项、面上项目4项，共获资助经费341万元。省市级12项，共获资助经费487.85万元。医院匹配经费1845.96万元。横向课题立项6项，经费114.66万元。年内结题77项，年底在研课题243项。获专利35项。北京口腔医院有国家级、市级重点研究中心—国家干细胞临床研究机构，国家临床重点专科4个（口腔颌面外科专业、牙体牙髓专业、口腔修复专业、口腔正畸专业），北京市重点学科2个（口腔基础医学、口腔临床医学）。北京市高精尖学科口腔医学，有全牙再生与口腔组织功能重建北京市重点实验室、口腔组织功能重建北京市国际科技合作基地。北京口腔医院牵头的医联体及专科联盟有北京口腔医院口腔专科医联体（55家成员单位）。加入的医联体及专科联盟有北京医院医联体。全年新增7家医联体成员单位，

7月22日，北京口腔医院“口腔显微诊疗培训中心”揭牌（北京口腔医院提供）

与房山区5家机构续签医联体协议。依托在北京口腔医院的国家级及市级质控中心有北京市口腔医疗质量控制和改进中心。对口支援与扶贫协作的单位有北京市顺义区妇幼保健院、顺义区医院、顺义区天竺卫生院、房山区妇幼保健院、房山区良乡医院、房山区中医医院、北京市大兴区西红门医院、大兴区人民医院、大兴区妇幼保健院、大兴兴业口腔医院、怀柔区牙病防治所、北京市通州区妇幼保健院、通州区新华医院、新疆生产建设兵团十四师昆玉市人民医院、海南省人民医院。2023年，北京口腔医院完成北京市16个区5岁组及12岁组两个年龄阶段的口腔健康哨点监测项目。5月19日，北京口腔医院牵头制订的《牙周病患者正畸治疗指南》（T/CHSA061—2003）由中华口腔医学会发布，于6月1日实施。牙周病正畸治疗的常规治疗前检查、风险因素评估以及适应证、治疗中的原则和基本规范、正畸治疗后保持的方法等尚无国家及行业标准规范。该指南为牙周病患者的正畸治疗提供借鉴和参考。7月22日，北京口腔医院口腔显微诊疗培训中心揭牌。10月7日，北京口腔医院综合缴费服务平台正式开通上线。12月28日，北京口腔医院在房山区良宝路7号院街道社区卫生服务中心内增建的房山拱辰部，接受北京医学会增加执业地点现场验收。

（刘默滢）

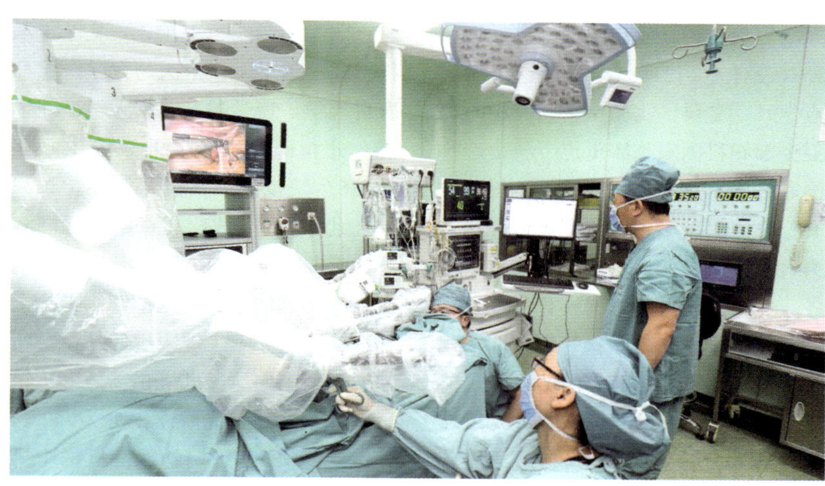

12月6日，北京妇产医院首次启用第四代达芬奇手术机器人（张鹏摄）

【北京妇产医院】首都医科大学附属北京妇产医院 北京妇幼保健院（简称北京妇产医院 北京妇幼保健院）是集医疗、教学、科研、预防、保健为一体，以诊治妇科常见病、多发病和疑难病症为重点的国内知名的三级甲等妇产专科医院。2023年，在职职工中编制内人员1311人、合同制人员12人（博士后）、派遣人员425人，其中正高级职称134人、副高级职称186人、中级职称596人、初级职称721人。执业医师540人，注册护士694人。护理人员中具有大专及以上学历者占99.42%、本科及以上占76.22%，有专科护士167人。重症医学床位8张，乙类医用设备2台。牵头的医联体有首都医科大学附属北京妇产医院妇科医联体，成员单位有7家。牵头的专科联盟有京津冀妇女与儿童保健专科联盟，成员单位有3家。加入的医联体有朝阳区儿童医联体，加入的专科联盟有中国三级妇产科医院/妇幼保健院联盟、朝阳区儿童医联体。依托在北京妇产医院的国家级及市级质控中心有北京市产科质量控制中心。全年总收入16.94亿元，其中医疗收入13.26亿元。全年出院4.31万人次，床位周转85.74次，床位使用率97.54%，平均住院日4.13天。卫技人员与开放床位之比为2.43：1，执业医师与开放床位之比为0.75：1，病房护士与开放床位之比为1.19：1。住院手术2.67万例，其中三级手术占50.32%、四级手术占19.03%，日间手术3483例。初产剖宫产率35.67%，孕产妇死亡0人、新生儿死亡5人、围产儿死亡36人。开展临床路径的科室7个、病种9个，入径率12.68%，完成率52.85%。全年临床用血总量3643.5单位，其中自体输血140人次473单位。预约挂号占门诊总人次的95.76%。北京市医保门诊71.14万人次、次均费用591.59元；异地医保门诊8.13万人次、次均费用636.22元；公费医疗、超转门诊1328人次、次均费用526.96元；北京市医保出院2.94万人次、次均费用9519.82元；异地医保出院6652人次、次均费用1.41万元；公费医疗、超转出院96人次、次均费用1.10万元。医院药占比19.28%。门诊抗菌药物处方比例5.62%，急诊抗菌药物处方比例14.27%，住院患者抗菌药物使用率44.97%，抗菌药物使用强度为34.12DDD。对口支援与扶贫协作的单位有呼和浩特市妇幼保健院、拉萨市人民医院、新疆和田地区妇幼保健院、青海玉树州人民医院、北京市怀柔区妇幼保健院、河北省容城县妇幼保健院、山西省长治市妇幼保健院、四川省凉山州美姑县妇幼保健计划生育服务中心。全年纵向课题获批立项科研项目44项，其中国家级5项，包括重点研发计划子课题1项、国家自然基金4项，省部级9项，局级29项，共获资助经费1997万元，医院匹配经费965.3万元。横向课题立项14项，经费89.5万元。2023年结题26项，年底在研课题157项。获奖成果2项，其中北京医学科技奖卫生管理奖1项、全国妇幼健康科学技术奖科技成果奖1项。获批专利32项，其中发明专利12项、实用新型专利18项、外观设计专利2项。国家级、市级重点学科、专科、实验室、研究中心有卫生部妇科国家临床重点专科、产科国家临床重点专科。成立医院科创中心，确定医院第三方资产评估公司，为科技成果转化提供资产价值评估服务。完善医院科研成果转化制度，搭建科技成果转化多学科管理团队，规范转化流程，为医院科技成果转化保驾护航。多渠道推介科研成果转化，成功推进医院2项科技成果转化落地，转化金额25万元，实现医院科技成果转化零的突破。获批首都医科大学基础临床联合—遗传环境与生殖健康实验室，成为重大科技创新成果的“孵化器”。承担首都医科大学妇产科及相关学科博士和硕士研究生培养工作、博士后流动分站工作、妇产科学系工作、国家级及北京市妇产科住院医师规范化培训工作及继续医学教育工作、助产专业培养等多层次教学任务。有教授23人、副教授26人，博士研究生导师22人、硕士研究生导师49人。2023年录取研究生47人，其中硕士研究生31人、博士研究生16人。博士研究生1人首次获得首都医科大学优秀博士论文奖。首次引进国际产科急诊强化（ICOE）课程。承担协和护理学院、中医药大学、首都医科大学护理学院、北京大学护理学院、儿童医院护校、北京卫生职业学院6个院校护理学授课任务。2023年，北京妇产医院 北京妇幼保健院对“十四五”时期妇女儿童发展规划实施中期评估，妇女儿童健康指标全部达标。国家卫生健康委妇幼司公布2022年全国妇幼保健机构绩效考核结果，北京妇幼保健院总得分为942.44分，在293家三级妇幼保健机构中排名第一。通过国家级消除艾滋病、梅毒和乙肝母婴传播认证。制订全国首部《宫颈癌筛查质量控制技术规范》地方标准。

（刘雪婠）

【东直门医院】北京中医药大学东直门医院（简称东直门医院）是一所集医疗、教学、科研于一体的大型现代化综合性三级甲等中医医院。在职职工中编制内人员706人，合同制人员1335人，其中正高级职称173人，副高级职称204人，中级职称495人，初级职称389人。占地面积3.20万平方米，建筑面积5.02万平方米。2023年，东直门医院总收入32.94亿元，其中医疗总收入30.59亿元。东直门医院国家医学中心建设项目总体建设方案通过北京中医管理局组织的行业论证审核，并报北京市支持国家医学中心建设领导小组办公室论证。国家区域医疗中心通过“双主任制”等管理模式，综合救治、教学、科研水平大幅提升，业务收入16.76亿元，同比增长4.2%，其中9项新技术新项目填补福建省空白。9月28日，东直门医院河南省洛阳医院伊滨院区全面开诊，全年业务收入7.28亿元，同比增长20.46%，中标省部级课题11项，省部级奖项2项，被河南省卫生健康委列为国家区域医疗中心建设标杆。2023年，东直门医院出院1.85万人次，平均住院日10.8天。执业医师与开放床位之比为0.94∶1，病房护士与开放床位之比为0.4∶1。住院手术6172例，其中三级手术占42.1%、四级手术占37.2%，日间手术407例。开展临床路径的科室21个，病种78个，入径率85%，完成率99.3%。全年临床用血总量2162单位，自体输血528人次862单位。预约挂号占门诊总人次的91.9%。北京市医保门诊120.82万人次、次均费用679.53元，医保出院1.20万人次、次均费用2.19万元；异地医保出院5595人次、次均费用2.28万元。落实《进一步改善护理服务行动计划》，以接诉即办工作为抓手，推行患者体验活动，改善护理服务工作；患者满意度不断提高，年度出院患者满意度平均为91.35%，较2022年提高2.82%，出院患者反馈1700条，护理占比3.05%，较2022年降低27.27%；通过中华护理学会基地、心血管护技培训基地的复审，新增4个中西医结合护理培训基地。医院药占比55.08%，门诊抗菌药物处方比例1.41%，急诊抗菌药物处方比例52.09%，住院患者抗菌药物使用率42.47%。聚焦国家三级公立医院绩效考核，不断提升门诊患者中药饮片使用率、草药饮片及小包装使用率，增加院内制剂的使用占

7月1日，东直门医院洛阳医院伊滨院区开诊仪式在洛阳隆重举行
（东直门医院洛阳医院提供）

比，国家三级公立医院绩效考核排名第十九，等级A+。通过21项新技术新业务论证，优化门急诊全流程就医服务。推进智慧化医院建设，全院联动完成两区一部业务系统一体化工作。全年纵向课题获批立项科研项目162项，其中国家级22项、省部级23项，共获资助经费1.09亿元。横向课题立项47项，经费2179万元。获奖成果9项，新增第三届全国创新争先奖1人、中华中医药学会中青年创新人才1人、优秀管理人才1人；获中华中医药学会科学技术奖二等奖2项、中国中西医结合学会科学技术奖二等奖1项、世界中医药学会联合会中医药国际贡献奖——著作奖2项、中国发明协会发明创新一等奖1项。授权专利46项，其中实用新型33项，发明专利12项，外观设计专利1项。医院入选“国家中医临床教学培训示范中心”。新增北京中医药薪火传承“新3+3”名医室站15项、北京中医药薪火传承“3+3”工程基层老中医传承工作室1项，获批成立北京市中医管理局“郭氏易学传承研究室”；1人获评北京市教学名师、1人获评优秀教学管理人员，1人获评北京市教育系统教书育人先锋、1人获评管理育人榜样。获国家级一流本科课程1门、北京市优质课程1门。毕业生就业率95.15%，博士生就业率连续13年达到100%。深入新疆维吾尔自治区等地开展对口帮扶，接收进修人员26人次，帮扶山西省五寨县等地458万元。

（赵玲）

表34

2023年东城区医疗机构一览表

序号	机构名称	地址	联系电话
1	北京医院	北京市东城区东单大华路1号	85138537
2	中国医学科学院北京协和医院	北京市东城区帅府园1号	69156114
3	北京中医药大学东直门医院	北京市东城区海运仓5号	84013212
4	首都医科大学附属北京同仁医院	北京市东城区东交民巷1号	58265705
5	首都医科大学附属北京中医医院	北京市东城区美术馆后街23号	87906700
6	首都医科大学附属北京口腔医院	北京市崇文区天坛西里4号	57099020
7	首都医科大学附属北京妇产医院	北京市东城区北池子大街骑河楼17号	52275417
8	北京心理卫生专科医院	北京市东城区北锣鼓巷38号	64041780
9	北京市第六医院	北京市东城区交道口北二条31号、36号、东城区东直门内大街184号、北京市东城区东四北大街钱粮胡同3号东城区区政府办公楼东楼308室	64033703
10	北京市普仁医院	北京市东城区崇文门外大街100号、北京市东城区白桥大街8号楼101室、北京市东城区东花市南里东区8号楼104-1室至104-3室、201-1室至201-13室、202室、203-1室至203-2室、301-9室至301-12室、303室、北京市东城区幸福大街32号3层331室	67117711－1611
11	北京市和平里医院	北京市东城区和平里北街18号、东城区和平里西街19号楼一层12307号	64212297
12	北京市隆福医院（北京中西医结合老年医院）	北京市东城区美术馆东街18号、北京市东城区沙滩后街14号、北京市东城区三眼井胡同乙68号、北京市昌平区东小口镇中滩村290号、北京市朝阳区北苑5号院606号楼	87947335
13	北京市鼓楼中医医院	北京市东城区豆腐池胡同13号、北京市东城区和平里中街14－2号、北京市东城区安乐林路10号、北京市东城区新中街一条67号	64069506
14	北京市东城区第一人民医院	北京市崇文区永外大街130号；北京市东城区东晓市街109号	67222060
15	北京市东城区精神卫生保健院	北京市东城区东直门外察慈小区7号楼、北京市东城区南门仓胡同2号楼2-2室	64681578

续表

序号	机构名称	地址	联系电话
16	北京市东城区妇幼保健计划生育服务中心	北京市东城区交道口南大街136号，北京市崇文区法华南里25号楼东侧，北京市东城区永外东滨河路17号	64043259
17	北京市崇文口腔医院	北京市崇文区东花市北里西区24号楼	67120048
18	北京市东城区崇文口腔医院	北京市东城区交道口东大街4－28号、东四北大街490号、雍和宫大街53号、东城区北花市大街12号、东花市北里西区13号楼临街商铺75号	84258118
19	北京市东四中医医院	北京市东城区东四六条甲62号、北京市东城区朝内大街97号	84046478
20	北京市东城区东外医院	北京市东城区东直门外察慈小区7号楼	6468.1578
21	北京市东城区朝阳门医院	北京市东城区东四南大街灯草胡同31号	65138019
22	北京市东城区建国门医院	北京市东城区朝内南小街后赵家楼胡同9号	65256218
23	北京市东城区北新桥社区服务中心	北京市东城区东直门内大街184号	64040500
24	北京市东城区老年康复护理院	北京市东城区东四六条甲62号	6401.8363
25	北京市崇文区急救站	北京市崇文区崇文门外大街100号	67181818
26	北京市东城区急救站	北京市东城区安内中绦胡同甲2号	64035289
27	北京市东城区皮肤性病防治所	北京市东城区东直门内大街184号	64040500
28	北京市崇文区结核病防治所	北京市崇文区西晓市街16号	67022677
29	北京市东城区疾病预防控制中心门诊部	北京市东城区北兵马司胡同5号	64014120
30	北京市东城区疾病预防控制南部分中心门诊部	北京市崇文区西晓市街16号	67021006
31	北京市疾病预防控制中心门诊部	北京市东城区和平里中街16号	64407136

（何洁）

东城区三级甲等医院负责人

北京医院党委书记	奚　桓（2月免）
院长	季福绥
北京协和医院党委书记	吴沛新
院长	张抒扬（女）
北京同仁医院党委书记	金春明（女）
院长	张　罗
北京中医医院党委书记	董杰昌
院长	刘清泉
北京口腔医院党委书记	丁枭伟（回）
院长	白玉兴
北京妇产医院党委书记	张　建（5月免）
	赵　娟（女，5月任）
院长	阴赪宏
东直门医院党委书记	赵百孝（4月免）
院长	王　显

10 月 25 日，“健康东城 活力健跑”5 公里环湖接力赛（龙潭中湖站）活动启动（区体育局提供）

综 述

2023年，东城区不断推动体育事业发展，提升全民健身意识和科学健身水平，在竞技体育、群众体育、体育设施、体育产业方面均有新进展。

构建全民健身公共服务体系。制订《东城区室外健身器材管理工作方案》，创新开展多项品牌赛事，指导街道开展钟鼓楼杯象棋比赛等“一街一品”活动。完成社会体育指导员200余人再培训，新增二、三级社会体育指导员119人。完成辖区内17个街道20~59周岁成年人、60~79周岁老年人群近3400人的体质测试及科学健身指导服务工作，东城区体育科学研究所获得国家级“体质测定与科学健身指导站典型示范站”称号。

拓宽后备人才培养路径。以体教融合、学训并重推进体育后备人才科学培养体系建设，输送运动员71人，东城区体育局获评国家体育总局颁发的2023年全国体育事业突出贡献奖，东城区体育运动学校和东城区青少年业余体校获评国家重点高水平体育后备人才基地（2021—2024年）。

体育经营单位安全生产规范有序。全区体育经营单位2023年安全生产“零”事故报告。对全区280家体育经营单位进行火灾隐患大排查大整治，利用“企安安”小程序执法检查474家次，安全生产检查累计出动执法人员2680余人次。做好资金监管工作，确定5家银行为资金监管单位，80家体育经营单位开设资金监管账户。

（乔明昊）

竞技体育

【概况】东城区体育局（简称区体育局）是东城区政府主管辖区体育工作的职能部门，主要职责是贯彻执行国家和北京市关于体育工作的方针、政策和法律、法规、规章，负责辖区体育体制改革、体育事业管理，推动多元化体育服务体系建设，推进区体育公共服务。有下属事业单位6家，包括东城区社会体育管理中心、东城区体育科学研究所、东城区体育运动学校、东城区青少年业余体校、东城区体育事业保障中心、东城区体育活动中心。2023年，东城区持续深化体教融合、不断完善青训体系和赛事体系建设，全面推动青少年体育事业再上新台阶。牵头成立东城区竞体强区建设专班，与23家体育经营单位签订合作协议，拓宽体育后备人才培养渠道。与区教委密切联系，科学规划设计，进一步加强对全区体育传统项目学校的梳理和布局。

（乔明昊）

【深化体教融合机制】2023年，区体育局与区教委共同发力持续培育后备力量，召开体教融合调研座谈会4次。优化全区47家体育传统特色学校项目设置。与区教委共同组织开展阳光体育系列赛事，参与人数1.08万人次。与景山学校、东直门中学、第一四二中学等学校建立排球、篮球、足球、游泳、曲棍球等体育项目的深度合作。

（乔明昊）

【竞技体育成绩亮眼】2023年，东城区代表团在全国第一届学生（青年）运动会（公开组）中获得9金12银13铜，并被授予体育道德风尚奖；在北京第二届冬运会（青少年竞技组）比赛中获得24金23银10铜；在2023年北京市青少年U系列冠军赛中获得202金、135银、151铜；在北京市青少年锦标赛中获得183金、158银、178铜。东城区培养输送的运动员在大运会、亚运会等国内、国际大赛中取得11金、1银、1铜的优异成绩。

（乔明昊）

群众体育

【概况】2023年，区体育局开展社会体育指导员培训、国家体育锻炼标准达标测试、健身团队管理工作。巩固全民运动健身模范区创建成果，丰富群众身边的全民健身赛事活动。2023年，承办、协办、组织参与区级全民健身赛事活动20项、市级活动20项、京津冀活动4项、国家级活动1项，各项活动线下、线上累计参与人数30余万人次。指导区属体育协会开展赛事活动约50项。

（乔明昊）

【社会体育指导员培训】2023年，区体育局开展年度社会体育指导员培训。完成柔力球、网球、围棋、柔道、田径等项目的培训，全年新增二级指导员11人、三级指导员108人，再培训社会体育指导员200余人。

（乔明昊）

【赛事活动丰富多彩】2023年，区体育局承办两项国家级高水平赛事，2023年中国体育舞蹈公开系列赛（北京站）规模创历届之最，2023年中国保龄球巡回赛北京东城公开赛引发广泛关注。北京市首届“社区杯”篮球联赛三人篮球赛、东城区首届全民健身运动会等市、区级品牌赛事活动掀起全区运动热潮。依托体育公园建设，组织环湖百公里接力赛和5公里接力赛。安定门街道“钟鼓楼杯”棋类比赛、东四街道胡同迷你马拉松、东花市街道民族运动会等“一街一品”活动各具特色。

（乔明昊）

【社会组织和星级健身团队建设】2023年，东城区共有20个法人体育协会、17个街道体育组织、23个青少年体育俱乐部，常年活跃在社区和学校开展群众健身活动。地坛公园的乒乓球

10月14日，2023年中国体育舞蹈公开系列赛（北京站）开赛（区体育局提供）

队、龙潭公园的健身气功团队、体育馆路街道四块玉社区的社区足球等成为东城全民健身名片。2023年，东城区共有18支全民健身团队荣获“2023年度北京市星级全民健身团队”称号。

（乔明昊）

【群众体育赛事成绩优异】2023年，东城区在北京市第十六届运动会群众组比赛中获得22.5枚金牌、22.5枚银牌、16枚铜牌，共计61枚奖牌，总奖牌数位列全市第一，金牌榜位列全市第二。在北京市第二届冬运会群众组的比赛中，共获得6枚金牌、6枚银牌、8枚铜牌的优异成绩，总奖牌、金牌数位列全市第一。各街道组队参赛各级赛事活动，也取得优异成绩：第三届北京市“社区杯”足球赛中，建国门街道金宝街北社区队获得中年组冠军、体育馆路街道队获得青年组亚军。北京市第二届“社区杯”篮球赛中，建国门街道男子中年组和女子组代表队分别获总冠军。在2023年京津冀社会体育指导员交流展示大会中，安定门街道牧韵之光艺术团和朝阳门街道东方圆梦健身操舞队获健身技能展示团体赛一等奖。在2023年北京市民体质促进项目挑战赛中，体育馆路街道获一等奖。在北京市第十六届“和谐杯”乒乓球比赛总决赛中，安定门街道和龙潭街道获城区组一等奖。在2023年全国健身气功站点联赛中，前门街道京平站获北部赛区八段锦项目一等奖。在北京市第十届广场舞比赛中，东华门街道获二等奖。在2023年北京市星级全民健身团队交流展示大赛中，安定门街道北锣鼓巷社区顺城花园舞蹈队获二等奖。

（乔明昊）

青少年体育

【概况】2023年，东城区深入推进“健康·提升”2025工程，贯彻落实市级《体育与健康考核评估方案》。举办形式多样的体育比赛，搭建学生交流和展示平台。

（李媛媛）

【文汇中学“贺龙班”命名仪式】2月22日，北京汇文中学举行“贺龙班”命名仪式。成立“贺龙班”是国家体育总局训练局、中国田径协会、北京汇文中学三方在资源共享、平等协商基础上开展“体教融合”育人合作的新举措、新探索，面向全国选拔和培养优秀竞技体育后备人才。国家体育总局青少司领导在命名仪式上强调，希望汇文中学“贺龙班”的学生能够成为“让所有学生跑起来的领头人”，带动全市、全国广大师生爱上体育，提升竞技水平，推动后备人才不断涌现。贺龙元帅女儿贺晓明、贺黎明，贺龙元帅外孙女廖优子，以及国家体育总局、中国田径协会、北京市体育局、北京市教委、东城区委教育工委、东城区体育局等部门有关领导出席仪式。

（李媛媛）

【体质健康提升项目经验推广会】3月22日，东城区青少年健康中心召开区中小学生体质健康提升项目经验推广会暨2023年控制肥胖工作交流会。北京市第五中学分校、第一六六中学附属校尉胡同小学介绍开展控制肥胖工作经验，东城区和平里第四小学代表项目学校汇报开展体质健康提升项目工作情况，学生及学生家长代表分享参加体质健康提升项目体会，东城区青少年健康中心总结体质健康提升项目工作。体质健康提升项目通过健康教育、膳食指导、体育锻炼等多种途径对学生185人进行精准施策，全区18所项目学校均取得显著成效，师生个人及家庭的整体健康素养得到提升。北京大学专家及区教育科学研究院体育学科教研员、区中小学主管领导、校医、体育老师、学生及学生家长代表近200人参加会议。

（李媛媛）

【区教育系统啦啦操比赛受表彰】3月31日，国家体育总局体操运动管理中心对全国优秀啦啦操单位进行通报表彰，东城区教育系统有18个单位榜上有名，其中东城区青少年健康中心获“全国啦啦操特别贡献单位”荣誉称号。东城区培新小学、和平里第一小学、府学胡同小学、西中街小学获“全国啦啦操特别贡献单位”荣誉称号，北京市第一中学、第五十五中学、文汇中学，东城区灯市口小学、回民实验小学、景泰小学、史家实验学校、新鲜胡同小学、板厂小学、东交民巷小学、和平里第九小学、大方家回民幼儿园、安乐幼儿园获“全国啦啦操比赛优秀组织单位”荣誉称号。

（李媛媛）

【第十届“快乐少年”足球节】4月7—9日，东城区第十届“快乐少年”足球节在地坛体育中心举办。“快乐少年”足球节是东城区校园足球的传统赛事之一，也是东城区自主培育的品牌赛事。比赛坚持以兴趣为导向，让学生享受足球带来的快乐。全区20所小学的128支球队参赛。东城区西中街小学、和平里第四小学、回民小学，北京市崇文小学获二至五年级各组别冠军。

（李媛媛）

【区中小学棋类、数独比赛】4月15—16日，阳光体育2023年东城区中小学棋类、数独比赛暨第三届智力运动会在东城区西中街小学举行。比赛包括围棋、象棋、五子棋、国际象棋、国际跳棋及数独。赛事活动为学生搭建交流、切磋和展示的平台，让学生尽享智力运动的乐趣。东城区28所中小学的学生275人参加比赛。北京市东直门中学和东城区史家胡同小学分获围棋中学组、小学甲组和小学乙组团体第一名。北京市第二十二中学、东城区板厂小学分获象棋中学组、小学甲组和小学乙组团体第一名。北京市第二十二中学、东城区和平里第九小学、北京光明小学分获五子棋中学组、小学甲组、小学乙组团体第一名。东城区和平里第四小学、东城区史家胡同小学分获国际象棋小学甲组、小学乙组团体第一名。北京光明小学荣获国际跳棋小学甲组、小学乙组团体第一名。北京汇文中学、东城区史家胡同小学分获数独中学组、小学甲组和乙组团体第一名。

（李媛媛）

【中小学生田径运动会】4月21—22日，阳光体育2023年东城区中小学生田径运动会在东城区天坛体育中心田径场举行。田径运动会设短跑、中长跑、接力、跳高、跳远、铅球等六个大项，根据运动员年龄，分为小学组、初中甲组、初中乙组、高中组4个组别，每个组别分设男子组和女子组。全区70余所中小学共计学生850余人参加。北京市崇文小学获小学组团体总分第一名，北京汇文中学获初中甲组团体总分第一名，北京市文汇中学获初中乙组团体总分第一名，北京汇文中学获高中组团体总分第一名。北京市崇文小学、北京汇文中学等14所学校的学生26人及3支接力队伍的比赛成绩打破29项区运会记录，展现出较高的竞技水平。

（李媛媛）

【中小学生跆拳道比赛】5月26日，阳光体育2023年“府学杯”东城区中小学生跆拳道比赛在东城区地坛体育馆落下帷幕。比赛为全区各中小学搭建交流平台，为跆拳道项目在校园推广起到积极作用。全区8所中学、37所小学的学生355人参加比赛，北京市第六十五中学获中学组团体第一名，北京市第一七一中学附属青年湖小学获小学团体甲组第一名，东城区府学胡同小学获小学团体乙组第一名，北京市汇文第一小学获小学团体丙组第一名。

（李媛媛）

体育设施建设

【概况】2023年，东城区更新、新建室外健身器材。拓展全民健身新空间，完成龙潭中湖、柳荫两所体育公园及区全民健身中心建设，东单体育中心整体改造完成并投入使用。柳荫公园雪场填补东城北部室外冰雪体验的空白，东城区人均体育场地面积达到2.51平方米。

（乔明昊）

【建立全民健身长效机制】2023年，区体育局落实东城区全民健身工作联席会议制度，与各委办局、街道等52个成员单位密切配合，及时了解群众对体育设施建设的需求与建议，提高产品供给适配性。

（乔明昊）

【体育场地设施管理】2023年，东城区更新、新建室外健身器材437件。充分发挥局机关及所属各事业单位党支部战斗堡垒作用，党员干部142人每月对辖区内体育健身器材进行巡检，为群众健身活动保驾护航，器材完好率达98%以上。

（乔明昊）

体育产业

【概况】2023年，区体育局发挥服务管家职能，深入开展走访调研，助推体育产业发展。组织体育企业积极参展服贸会、申报2023年北京市体育旅游精品项目。推动“体育+”融合发展，带动体育消费。

（乔明昊）

【全面促进体育消费】2023年，区体育局推动“体育+”融合发展，推出体育旅游精品线路4条，其中“京骑—最美中轴线”“骑迹东城—循迹红色”获评2023年北京市体育旅游十佳精品线路，“故宫以东—好生活跑起来”“徒步前门寻迹—讲老北京故事”获评2023年北京市体育旅游精品项目。积极扩大冰雪消费，发放冰雪体验票，开展东城区第九届快乐冰雪季系列活动，累计参与12万人次。

（乔明昊）

【助力驻区体育企业经营发展】2023年，区体育局组织东城区26家体育企业及服务合作方注册参展2023服贸会，乐动天下（北京）体育科技有限公司参展服贸会体育服务专题展区。发挥服务管家职能，全年联系服务企业300余户次，领导带队走访企业16家次，通过服务包平台解决企业诉求10余个。

（乔明昊）

社会建设

3月22日，东城区举办“东城社工 幸福万家——践行二十大精神 奋进新时代征程”主题宣传活动（刘立华摄）

综　述

2023年，东城区委社会工委区民政局坚持以习近平新时代中国特色社会主义思想为指导，全面贯彻落实党的二十大精神，立足首都功能核心区定位，按照系统治理、依法治理、综合治理、源头治理的工作思路，打造网格化管理、精细化服务、信息化支撑的基层治理平台，建设自治、法治、德治相结合的基层治理体系。

社会建设综合协调。稳步推进社会建设综合协调工作，履行区社会建设工作领导小组办公室职能，督促各成员单位按照职责分工认真落实《“十四五”时期东城区社会治理规划》各项任务。完成“十四五”中期评估，抓好各项指标进展。

强化党建引领基层治理。把加强基层党的建设、巩固党的执政基础作为贯穿社会治理和基层工作的一条主线，着力构建党组织领导的区域统筹、条块协同、共建共治共享的基层社会治理工作格局。发挥居民群众在基层社会治理中的主体作用，提升社会组织动员能力，密切联系服务群众，及时了解掌握居民群众的诉求呼声，引导群众通过协商议事手段，妥善处理好身边的各种矛盾问题，实现政府管理、社会参与和居民自治的良性互动，建设人人有责、人人尽责、人人享有的社会治理共同体，做到社会治理为群众，社会治理依靠群众，社会治理的成果由群众共享。以接诉即办为抓手，深化主动治理、未诉先办，在有效解决群众问题诉求的过程中，实现基层社会治理水平和治理能力的不断提升。

（钱琳）

社会治理

【概况】中共北京市东城区委社会工作委员会（简称区委社会工委）是区委派出机构。区委社会工委与区民政局合署办公，为正处级单位。负责贯彻落实党中央关于社会建设工作的方针政策、决策部署和市、区委有关工作要求，研究提出工作意见并组织实施。2023年，加强“东城社工”队伍建设，坚持管理与激励并重，提高社工福利待遇。举办“东城社工·幸福万家”主题汇报展示活动。依托“东城社工传习社”平台分层分类开展培训交流，第三批“优才计划”试点项目获3类16项市级奖励。统筹社会工作和民政服务基层服务平台“一体化”建设，推动站点聚合、资源整合、服务融合，完成街道级社会工作服务平台全覆盖。全区建成街道社工中心17个、社区社工站61个，完成服务案例269个。深化“五社联动”社区治理机制，优化调整全区社区规模，加强社区服务资源整合利用。统筹推进8个社区议事厅市级示范点和14个楼门院治理市级示范点创建工作，完成13个社区服务重点项目建设任务。举办第五届“社区邻里节”。推广应用社区数据汇聚平台，科技助力基层治理效果更加明显。

（钱琳）

【街道改革深化】2023年，经区委深改委审议印发《东城区2023年街道重点工作任务实施方案》。区委社会工委针对全年街道工作重点任务完成情况开展6次月度督查，至12月，组织成员单位按时保质完成全年28项街道重点工作任务。配合市委社会工委、市民政局开展《街道办事处条例》实施三年评估工作。推荐建国门街道办事处主任和赵家楼社区书记各1人参加市委社会工委、市民政局组织的《街道办事处条例》三年评估工作座谈会。发挥专班统筹协调作用，组织17个街道全体干部参加市委社会工委、市民政局开展的《街道办事处条例》实施三年评估问卷调查，全区共完成问卷2408份。组织开展街道层面北京市社会建设与民政工作先进集体和个人及第五届“感动社会·民政榜样”推荐工作。

（吴金龙）

【推动社区共建共治共享】2023年，东城区完善社区议事厅、“小院议事厅”等协商议事平台功能，拓宽

5月，永定门外街道天天家园社区举办垃圾分类社区宣传动员活动（区委社会工委提供）

居民议事协商渠道，开展常态化社区协商活动，推动社区治理向小区、楼门院延伸。建设社区服务空间开放式建设示范点8个和“社区之家”规范化建设示范点3个，打造新时代具有首都特色的社区服务品牌。推进“五力引航”行动计划，指导各街道结合实际，从老旧小区改造、环境整治提升、平安社区建设、社区社会组织培育等问题入手，2023年，确定和实施完成17个重点项目，提升社区治理能力和水平。

（黄丹妮）

【完成社区规模调整】2023年，东城区为进一步加强社区居委会建设，提升社区服务管理水平，提高财政资金使用效能，依据《北京市社区居民委员会设立标准》，结合东城区实际，开展社区规模调整工作。12月28日，印发《北京市东城区人民政府关于东城区社区调整的通知》（东政发［2023］8号）将社区总数由168个调整为163个。此次调整涉及6个街道13个社区，其中新增1个、减少6个。

（黄丹妮）

【推进社区减负】2023年，区委社会工委向区社会建设工作领导小组成员单位和其他相关单位转发《北京市社区工作准入管理办法（试行）》《北京市社区挂牌保留目录》《市级2023年度社区工作任务计划清单》等相关文件，进一步规范社区居委会工作事务。制订《2023年度区级社区工作任务计划清单》，指导相关责任单位和街道做好落实，清单涉及32个单位85项工作任务，实行动态管理。

（黄丹妮）

【推进垃圾分类社区动员】2023年，区委社会工委指导各街道持续推进生活垃圾分类社区宣传动员工作，建立“精准入户”“周末守桶”“家庭轮值”等社区宣传动员机制。精准锁定垃圾分类薄弱人群，全区薄弱对象清单上账共2654人。完成2个生活垃圾分类社区动员发动试点建设，探索出一套生活垃圾分类社区宣传引导、动员发动、奖励激励、提醒处罚、社会组织参与等制度机制，提升家庭参与率和正确投放率。

（黄丹妮）

【社区志愿服务】2023年，东城区开展元旦、春节服务和学雷锋活动，元旦、春节期间共开展志愿服务活动270余次，服务居民1.38万人次；开展学雷锋活动130余次，服务居民3900人次。

（胡澄）

社区教育

【概况】2023年，东城区教委辖属社区学院1所，依托学区建立和平里、安定门—交道口、北新桥—东直门、东四—朝阳门—建国门、景山—东华门、东花市—崇文门—前门、龙潭—体育馆路、天坛—永定门外8个学区市民学习基地以及安外三条小学1个市民学习中心，依托北京国际职业教育学校、现代职业学校2个市民职业体验中心，开展市民教育。创造全民终身学习氛围，推广规范运用语言文字，宣传中国优秀传统文化。

（李媛媛）

【语言文字工作推广宣传活动】3月24日，东城区语言文字工作推广宣传活动在区职工大学举行。宣传活动以北京大学国子监大讲堂为平台，邀请北京大学书法教育与研究中心研究员授课，结合大量的书法经典作品，讲授楷书、隶书、篆书相关常识，并与市民交流互动。市民100余人参加。

（李媛媛）

【第十九届全民终身学习活动周】11月16日，东城区第十九届全民终身学习活动周开幕式在北京现代职业学校举行。会上表彰东城区市民学习之星、优秀市民指导教师，在17个街道成立东城区老年大学街道分中心，颁牌并赠书。第十四批首都市民学习之星代表分享心得，会上介绍“书海听涛”学习品牌建设情况，东城社区学院文艺骨干班学员、老年大学学员展示学习成果。会议发布《东城区第十九届全民终身学习活动周方案》。会后，与会人员现场参加个性布艺手绘、葫芦彩绘、草木染帆布包制作、艾草手工皂制作、蛋糕制作、家常菜烹饪等市民学习活动。东城区政府、北京市教委职业教育与成人教育处、北京市成人教育学会、东城区委教育工委、区教委相关领导出席，东城区相关委办局、各街道、各学区市民学习基地、市民职业体验中心负责人，文教助理团队，市民学员代表100余人参加。

（李媛媛）

社会组织服务管理

【概况】2023年，东城区共登记注册有社会组织519家，其中社会团体168家，民办非企业单位351家。共办理社会组织登记行政许可83项，其中社会团体23项、民办非企业60项；对全区社会组织实施2022年度检查工作，共审批年检350家，其中社会团体136家、民办非企业单位214家；完成对21家社会组织进行评估，获得5A社会组织2家、4A社会组织7家、3A社会组织9家；开展“僵尸型”社会组织专项整治行动，撤销僵尸型社会组织12家，注销20家；动员社会组织参与助力东西部乡村振兴任务，15家社会组织分别与阿尔山市和化德县对口村落签署一对一帮扶协议，通过提供生活用品、防寒用品、常备药品、疫情防控物资、现金捐款等形式对协议村落进行精准帮扶。

（李慧　赵蕾）

【社会组织培育发展】2023年，东城区贯彻落实《北京市培育发展社区社会组织专项行动实施方案（2021—2023年）》，依托区、街道、社区三级社会组织发展平台，培育发展社区社会组织，至12月，全区168个社区备案社区社会组织共计2789个，其中公益慈善类443个、占比15.8%，生活服务类508个、占比18.2%，社区事务类673个、占比24.1%，文体活动类1165个、占比41.7%；从中评定星级品牌社区社会组织515个，平均每个社区拥有16.5个社区社会组织和3个品牌社区社会组织。开展社区社会组织培育扶持项目1271个，投入资金总额940.46万元；开展培训赋能，受益6.22万人次；开展各类服务项目活动2.21万项，动员志愿者参与30.30万人次，服务（受益）群众103.04万人。

（赵蕾）

【“十百千”示范品牌选树】2023年，东城区制订下发《东城区选树“十百千”示范品牌社区社会组织宣传推广活动通知》，选树北京市“十百千”街道级社区社会组织培育孵化示范机构3家：北京市东城区朝阳门街道社会工作联合会、北京市东城区建国门街道社区社会组织联合会、北京市东城区崇文门外街道社会组织服务中心；社区社会组织领军人物3人，社区社会组织示范品牌35家，包括东城区前门街道“小院议事厅”、东城区安定门街道国子监社区圣人邻里等社区社会组织。

（赵蕾）

【社会组织党建工作】2023年，社会组织综合党委共开展集中学习4次；开展参观中国共产党党史展览馆等主题党日活动3次；党组织书记讲专题党课4次；发挥社会组织专业优势，开展为老服务，帮困助残服务，为身边群众办实事好事，带动居民协商议事、自治自管，融入社区治理格局。区委社会工委统筹社会组织综合党委、养老行业党委等优质平台资源，11月15日，成立养老行业党委，强化党建引领促进行业健康发展，发挥行业优势、助力核心区养老工作高质量发展。

（赵蕾）

社会工作队伍建设

【概况】2023年，东城区委社会工委、区民政局分层分类推进社会工作人才队伍建设和社会工作服务体系建设。推进社区工作者队伍管理规范化，开展优秀社区工作者晋升事业编制工作，分类开展社工专业人才培养培训，提升社会工作的社会认知度和参与度，加强对社区工作者队伍的关心关爱。加强基层社会工作体系建设，实现社区—街道—区三级社会工作服务平台全覆盖。加强协管员队伍下沉整合工作，规范志愿服务管理，培育发展志愿服务人才队伍，开展对退离居委会老积极分子送温暖活动，为全区社会建设提供坚实人才保障。

（杨顺祥）

【社工人才培养】2023年，东城区用好“东城社工传习社”组合型实训平台，加强督导和实训演练，以线上、线下相结合的形式，针对不同岗位需要，分层分类实施“头雁计划”“优才计划”“专业提升计划”等人才培养项目，为“东城社工”队伍精准赋能。全年针对不同岗位社区工作者的工作需要，组织“东城社工”分层分类赋能培训42期，其中专题讲座38期、交流沙龙4期，参训2.7万余人次，第三批“优才计划”获16项市级奖项，社工队伍素质全方位提升。

（杨顺祥）

【社会工作服务体系建设】2023年，东城区开展社会工作平台建设，建设区级社会工作指导中心；新建6个街道级社工中心，实现全区17个街道社工中心全覆盖；建立61个社区社会工作服务站，社区建站率达37%。在建设三级社会工作服务平台的过程中，统筹社会心理、社会组织、社会动员、社会救助等基层社会治理和民政领域平台融合发展。全年三级社会工作服务中心和站点累计服务辖区儿童青少年、老年人、困难群众、残疾人等各类群体2万余人次，完成服务案例数量269个。

（杨顺祥）

【社工人才队伍管理】2023年，区委社会工委出台《关于印发〈东城区2022年规范社区工作者工资待遇方案〉的通知》，规范落实社区工作者工资待遇，明确专职社区工作者总体待遇平均水平不低于2021年北京市全口径城镇单位就业人员月平均工资1.06万元，人均月应发工资增加1893.02元，规范后人均月均工资同比增长21.67%。进一步拓宽社区工作者职业发展空间，优秀社区党组织书记和优秀社区工作者62人晋升事业编制。

（杨顺祥）

【树立“东城社工”品牌】2023年，东城区推荐东城社工参加评优评先活动，1人获全国优秀城乡社区工作者称号、1人获首都最美社工称号；举办“东城社工 幸福万家——践行二十大精神 奋进新时代征程”汇报展示等系列宣传活动，用百姓喜闻乐见的方式讲好“东城社工”故事、展示“东城社工”风采，推动“东城社工”品牌拓展升级。

（杨顺祥）

社会生活

5月20日，东城区第五届“社区邻里节”启动仪式在安定门街道大都美术馆举行
（区委社会工作部提供）

综　述

2023年，东城区在促进高质量充分就业、健全多层次社会保障体系、强化人事人才服务保障、维护劳动关系和谐稳定、提升接诉即办工作效能等领域持续发力。社会保障底线进一步兜牢。社会保险基金累计收入保持逐年稳步增长，各项社会保险待遇按时足额发放。完成全市社保新旧系统更替和社保、医保业务划转，深化“受审分离”和“综合窗口”改革。健全政策、经办、信息、监督“四位一体”社保基金风险防控体系，开展工伤保险基金、稳岗返还资金、失业补助金管理专项整治，守好基金安全。

全力以赴稳就业保就业。东城区把稳就业和保居民就业放在首位，就业形势保持总体稳定。城镇登记失业人员就业率为67.36%，提前完成63%的市级年度指标任务；就业稳定性进一步增强。开展“百日访百企”寻岗行动，助力高校毕业生就业，零就业家庭保持动态为零，开展创业活动，推动东城区创业孵化示范基地2处，助力职工稳定就业岗位，完善机制，获评北京市充分就业区。

完善机制，确保劳动关系和谐巩固。全区劳动合同签订率保持增长，城镇职工劳动合同续订率保持稳定。创新打造“三位一体”工地监管模式，督促施工企业做到“人清”“账清”“钱清”，及时办理欠薪案件，时效内结案率达100%。深化“一案四调”工作法，推行“案前调解+速裁”模式，搭建“企业内部—街道—工会—仲裁”阶梯式调解工作格局，确保劳动关系和谐稳定。健全劳动关系调处体系，多措并举化解劳资纠纷。营商环境进一步优化，以更强的合力维护劳动关系和谐。对欠薪实行零容忍。将保障劳动者权益和推进企业更好发展有机统一起来。社保基金运行平稳安全。

聚焦“七有”“五性”，为民谋福祉、解忧困。东城区紧扣“七有”“五性”要求，筑牢民生保障底线，城市低保标准上调。在老有所养、弱有所扶两个关键领域，解决养老服务、困难群众救助帮扶等重点难点问题，增进民生福祉。开展分层分类精准社会救助，落实低保、特困、低收入基本救助、临时救助政策，做好困境儿童分类保障和关爱服务工作，发放困境儿童生活费、节日慰问金。提高流浪乞讨人员救助服务水平。利用社会捐款和慈善基金开展救助。加强“首善东城”品牌建设。东四街道“星光聚力（共同富裕）慈善信托”获评市级公益创投大赛一等奖。

（段蕴恒　钱琳）

居民生活

【居民收入】2023年，东城区居民人均可支配收入为9.64万元，比2022年增长4.8%。在人均可支配收入中，工资性收入5.17万元，占人均可支配收入的53.6%，比2022年增长5.3%；经营净收入0.06万元，占人均可支配收入的0.6%，比2022年增长4.0%；财产净收入1.57万元，占人均可支配收入的16.3%，比2022年增长4.2%；转移净收入2.84万元，占人均可支配收入的29.5%，比2022年增长4.1%。

（李瑾瑜）

【居民支出】2023年，东城区居民人均消费支出为5.84万元，比2022年增长12.1%，其中人均食品烟酒支出1.28万元，占人均消费支出的22.0%，比2022年增长12.6%；人均衣着支出0.26万元，占人均消费支出的4.4%，比2022年增长1.9%；人均居住支出为2.42万元，占人均消费支出的41.5%，比2022年增长8.8%；人均生活用品及服务支出为0.29万元，占人均消费支出的5.0%，比2022年下降1.0%；人均交通通信支出为0.41万元，占人均消费支出的7.0%，比2022年增长21.8%；人均教育文化娱乐支出为0.44万元，占人均消费支出的7.5%，比2022年增长26.5%；人均医疗保健支出为0.58万元，占人均消费支出的9.9%，比2022年增长20.6%；人均其他用品及服务支出为0.15万元，占人均消费支出的2.6%，比2022年增长20.3%。

（李瑾瑜）

就　业

【概况】2023年，东城区城镇登记失业率为3.06%，城镇登记失业人员就业率为67.36%，促进就业困难人员实现就业10048人，零就业家庭保持动态清零。2023届高校毕业生共4025人，就业率为97.37%，有就业意愿的困难家庭毕业生100%实现就业。发放创业担保贷款1.2亿元，带动就业岗位1.28万人次。组织公共就业服务系列专项活动162场，1181家用人单位提供岗位3684个，招聘6.89万人。

（段蕴恒）

【助力高校毕业生就业】2023年，区人力资源社会保障局开展“百日访百企”寻岗行动，走访辖区重点企业，挖掘辖区企业岗位资源，与辖区优质企业开展战略合作，与55家企业签订岗位需求协议，征集岗位3907个，为毕业生开发更多的就业、实习岗位。

（段蕴恒）

【强化职业技能培训】2023年，东城区建设市级技能大师工作室1家、区级首席技师工作室3家，成功推荐1人享受国务院政府特殊津贴；举办“乐业杯”职业技能大赛，肉制品加工和养老护理领域从业者共215人参加比赛。

（段蕴恒）

【区级创业孵化示范基地认定】2023年，区人力资源社会保障局依据《东城区创业孵化示范基地管理办法》开展区级示范基地考评认定，经考评小组查验审核、实地考察和现场评审，认定人民美术文化园、北京嘉诚文化科技融合创业孵化示范基地为2023年东城区创业孵化示范基地。

（段蕴恒）

【深化对口支援合作】2023年，向对口帮扶地区发送就业岗位12批，组织企业195家提供招聘职位1.88万个。举办对口帮扶地区招聘活动40场，组织企业235家提供招聘职位1.72万个。

（段蕴恒）

社会保障

【概况】2023年，区人力资源社会保障局创新接诉即办“清零、稳量、保质”工作法，落实“三级”审核和“五级”联审工作机制，执行精准派发、精准回退、精准办理、精准考核工作标准，落实“开卷考试+闭卷考试”接诉即办考核模式，推进案件闭环管理。全年接诉即办案件纳入区级考核9846件，综合评分99.45分，全区排名位居前列；纳入行业考核2818件，综合评分100分，位列全市人社系统第一。创新开展持续深化行风建设提升人社服务满意度，创建劳动能力鉴定云智慧平台提升鉴定效能，组建“助企优服”队伍优化服务企业新模式，搭建“三公里家门口”就业服务圈畅通基层就业帮扶新渠道。《聚焦群众关切，深化政务服务改革，着力打造群众满意的人社服务》获评2023年全市基层政务服务“十佳案例”。区人力资源社会保障局推进全市社保新旧系统过渡，建立“三综一专”服务架构，抽调骨干成立党员突击队，在前台全天候、不间断进行政策解读、业务分流、操作引导，在后台全力做好审核、经办。10月20日，社保新系统平稳上线。

（段蕴恒）

【社会保险基金运行】2023年，东城区社会保险基金收支规模638.71亿元，其中收缴354.31亿元，同比增长33.39%；支付284.4亿元，同比增长2.31%；结余69.91亿元，收支运行良好，收入增长显著。

（段蕴恒）

【社会保险基金收缴】2023年，东城区职工养老、机关养老、职业年金、城乡养老、失业保险、工伤保险分别收缴254.34亿元、66.18亿元、16.08亿元、8707.45万元、11.89亿元、4.94亿元，同比分别增长19.87%、151.83%、28.3%、4.37%、16.36%和38.29%。

（段蕴恒）

【保险参保人数同比增长】2023年，东城区各项社会保险参保人数发展趋势良好。基本养老、失业保险、工伤保险、机关事业养老保险参保人数分别为167.66万人、128.42万人、130.49万人、13.4万人，同比分别增长5.72%、7.34%、5.28%、5.02%。

（段蕴恒）

【强化社保稽核】2023年，区人力资源社会保障局累计处理各类社保稽核案件1548件，涉及3818人，补缴金额1.05亿元。

（段蕴恒）

【社保、医保业务划转交接】2023年，区人力资源社会保障局联合区医保局做好社保、医保业务划转交接，以“合规、稳妥、便民”为原则，联合对外发布《关于医疗保险经办业务划转公告》。10月20日起，原由区社保中心承担的医疗保险经办业务划转至区医保中心办理。

（段蕴恒）

【养老退休审批效率提升】2023年，区人力资源社会保障局坚持“初审前移、复审把关”工作机制，累计审核职工档案2.16万人次，核准退休人员1.57万人。

（段蕴恒）

【企业年金管理】2023年，区人力资源社会保障局强化企业（职业）年金管理，规范发展第三支柱养老保险，共向全区50余家企事业单位开展个人养老金政策宣传，指导27家企业完成企业年金备案、涉及职工2647人。

（段蕴恒）

【工伤认定服务水平提升】2023年，区人力资源社会保障局利用东城区工伤业务云帮办平台实现对工伤认定服务对象24小时全天候帮办，接收工伤认定申请1919件，同比增加26.1%，出具认定结论1582件。

（段蕴恒）

【推进职业伤害保障试点】2023年，区人力资源社会保障局、区医保局委托承办机构持续健全职业伤害保障工作协调联动机制，对商保机构及部门工作人员加强业务培训，进一步简化业务经办流程，提高职伤确认工作效率，打通职伤劳动能力鉴定、医疗费用手工报销全流程，切实保障职伤人员合法权益。至年底，东城区职伤事故备案记录共510条，累计出具职业伤害确认结论152件，处理职业伤害保障待遇给付申请197件。

（段蕴恒）

【劳动争议调解】2023年，区人力资源社会保障局推进案前、庭前、庭中和庭后“一案四调”工作，受理劳动人事争议案件5734件，结案率达99.72%，调解率达65.37%。

（段蕴恒）

11月，北京光线传媒股份有限公司劳动争议调解委员会、光线动画制作人才培养基地、东城区协调劳动关系三方委员会东城园工作站航星园服务点揭牌（区人力资源社会保障局提供）

【劳动合同管理】2023年，东城区劳动合同监控企业1135户，涉及职工47996人，签订人数47953人，劳动合同签订率99.91%，续订率90.39%，劳动者就业稳定性进一步增强。

（段蕴恒）

【劳动鉴定服务提升】2023年，区人力资源社会保障局深化“网络云视频鉴定”及上门鉴定服务，全年受理申请1423人次，组织劳动能力鉴定125场，其中现场鉴定110场、上门鉴定6场、视频鉴定9场。出具并审核鉴定结论1423份，再次鉴定结论改变率为零。

（段蕴恒）

【走访企业引进税源】2023年，区人力资源社会保障局做好税源建设。局领导班子成员带队，实地走访企业160余家次，成功引入企业63家，引进税源2780万元，实际入库1759万元。

（段蕴恒）

【加大根治欠薪力度】2023年，区人力资源社会保障局加大对农民工工资专用账户、实名制管理、总包代发工资、工资保证金、维权信息公示等制度100%全覆盖的执法检查，对各类欠薪案件快速处置，累计办理欠薪案件1.09万件，时效内结案率100%，作出行政处罚44件，处罚金额77.87万元；通过诉调对接工作站调解案件121件，依法帮助劳动者裁定工资378.78万元。

（段蕴恒）

【推动“一业一证”改革】11月10日，区人力资源社会保障局向北京旭辉顺意科技发展有限公司颁发全区首个“一业一证”经营性人力资源服务机构行业综合许可凭证。通过集成办理人力资源服务许可证、劳务派遣经营许可证，审批时长从16个工作日缩减至10个工作日，实现减材料、减环节、减时限，解决市场主体进入一个行业涉及多个审批、多次往返的问题。

（段蕴恒）

【基本医疗保险】东城区医疗保障局（简称区医保局）是贯彻执行国家和北京市有关医疗保险、生育保险、医疗救助等医疗保障制度的法律法规和政策待遇规定的区政府工作部门。区医保局坚持以人民健康为中心，围绕市、区重点工作和民生实事，推进医保改革，加强基金监管，优化经办服务，推动全区医疗保障事业高质量发展。2023年，东城区新增4家医保定点医疗机构（2家养老机构内设医务室、2家中医医院）和47家医保定点零售药店，满足群众就近诊疗、就医和购药需求。区医保局申请区财政资金为东城区“两低一特”困难群众购买“北京普惠健康保”，制订《北京市东城区推进医疗保障基金监管制度体系改革的实施方案》，加强部门协同，建立健全东城区开展医保基金监管的制度体系。深化接诉即办工作，精准解决群众诉求。《“健康京

12月，区医保局联合中铁北京局集团有限公司、北京协和医院共同开展“健康京铁”和异地就医实时结算工作专题调研（赵丹丹摄）

铁”疏通异地就医堵点》入选北京市2023年“每月一题”典型案例集，获北京市医保局“每月一题”协同加分奖励，全年总成绩位列全市医保系统第二；加大接诉即办工作宣传力度，宣传视频《接诉即办 京冀联手 畅通异地医保就医》在北京卫视播出；《退休职工异地购药报销比例低，京冀联手接诉即办，原因找到了》在《新东城报》刊登。人力资源社会保障部、国家医疗保障局联合授予北京市东城区医疗保障局首批全国医疗保障系统先进集体称号。

（赵丹丹　张海翔）

【医保参保状况】2023年，东城区城镇职工基本医疗保险参保缴费人数125.07万人；生育保险参保缴费人数74.44万人；城乡居民基本医疗保险参保缴费19.36万人，其中享受政府补贴的免缴人员12.32万人。

（杨楠）

【医保基金运行】2023年，东城区定点医疗机构累计就诊1833.1万人次，医疗保险费用累计结算134.21亿元，医疗保险基金累计支付100.21亿元，其中跨省异地就医直接结算31.39亿元，在医疗保险基金中支付18.42亿元。2023年共拨付158家驻区中央公费医疗单位公费医疗补助资金3.68亿元。

（王占平　许迎新）

【医保改革】2023年，区医保局组织落实全国中成药联盟采购，合计208个不同品规的产品。实施药品、骨科创伤类等六类医用耗材、骨科脊柱类耗材、京津冀“3+N”联盟关节骨水泥、吻合器类医用耗材带量采购。集采药品和耗材累计达到450个和13类，平均降价分别为50%、70%，减轻群众就医负担。落实北京市医保药品目录调整。落实北京市15项口腔种植医疗服务价格项目规范整合调整相关政策，组织开展口腔种植医疗服务收费和耗材价格专项治理，医疗服务价格下降72%，专用耗材降价55%。辖区5家实际付费定点医疗机构DRG实际结算12.58万人次，结算总金额22.68亿元，盈余4.37亿元，盈余率23.87%。

（陈小虎　李燕）

【医保基金监管】2023年，区医保局开展多轮次的定点机构自查自纠、专项检查、区县互查、飞行检查、全覆盖现场检查，全年共追回违规医保基金4895.94万元，约谈处理定点医药机构55家次。作为国家组织的飞行检查专家组成员，参加对黑龙江绥化市2家医疗机构、1家定点药店、1家经办机构的飞行检查。作为组长单位开展年度北京市医保基金监管抽查、复查，完成4区14家定点医疗机构的现场检查。作为组长单位开展年度北京市医保基金飞行检查。

（朱虹）

【医保待遇落实】2023年，区医保局落实居民医保首诊转诊政策，对签约家庭医生的城乡老年人及劳动年龄内居民，取消社区首诊政策，门诊封顶线由4500元提高至5000元。落实大病保障和医疗救助政策，因病致贫家庭救助封顶线由8万元提升至15万元，实现基本医保、大病保险、医疗救助一站式即时结算。落实退养人员医疗补助及退返知青门诊帮扶政策，累计审批4490人次，拨付资金702.96万元。推广“北京普惠健康保”商业补充医疗保险，申请利用财政资金为东城区“两低一特”困难群众1.05万人购买“北京普惠健康保”，形成“基本医保+大病保险+医疗救助+商业健康保险”保障合力。落实“一老一小”服务保障，提前谋划长期护理保险制度，为“老老人”提高生活质量；落实16项治疗性辅助生殖技术项目纳入医保，为“少子化、老龄化”生育赋能；全力做好新生儿出生即参保，为“小小孩”生命安全保驾护航。

（许迎新）

【医保便民服务】2023年，区医保局推进门诊慢特病和定点零售药店异地直接结算扩面工作，88家定点医疗机构开通门诊慢特病直接结算，81家定点零售药店开通异地直接结算。工作经验《异地就医直接结算常见问题解决方案》在《中国医疗保险》杂志刊登。推进“双通道”机制落实落地，北京协和医院与北京百洋汇康智慧药房有限公司，同仁医院与北京惠全堂大药房有限公司，北京医院与北京同仁堂连锁药店有限责任公司打磨厂药店完成“双通道”对接，作为全市首批试点实现国谈药通过定点医疗机构和定点零售药店两个渠道进行供应，完成处方流转。

（李燕　朱虹）

民政事务

【概况】北京市东城区民政局（简称区民政局）是贯彻落实国家关于民政事业方面的法律法规、规章和政策，拟订民政事业中长期发展规划和政策，并组织实施的区政府工作部门。2023年，区民政局围绕老有所养、弱有所扶两个关键领域，集中力量突破养老服务、困难群众救助帮扶等重点难点问题，切实增进民生福祉。依托“智慧养老”服务平台和街道养老服务联合体，实现养老服务供需精准对接。护理员和居家照护者1355人，建成养老家庭照护床位3600张，建设养老助餐点100家，安装助老暖心车站117个，成立助老志愿服务队伍220支。连接慈善资源为80岁以上高龄独居老人按需安装智能设备，实现重点人群应急协助服务全覆盖。开展分层分类精准社会救助，严格落实低保、特困、低收入基本救助、临时救助政策，全区累计支出救助资金1.8亿元。做好困境儿童分类保障和关爱服务工作，发放困境儿童生活费、元旦和春节慰问金3.2万元。依法规范做好儿童收养工作，办理收养登记证2个，安置成年孤儿9人。提高流浪乞讨人员救助服务水平，紧盯重大活动和重要时间节点，健全完善“平战结合”工作机制，实施救助701人次。完成东城区慈善协会换届工作；完成全区45个捐赠站点建设布局。加强“首善东城”品牌建设，组织开展腾讯北京“社区慈善”专场活动。做好婚姻登记、行政区划、见义勇为确认、殡葬管理、残疾人“两项补贴”发放，社会事务管理水平稳步提升。

（钱琳）

【社会救助】7月1日，东城区城市低保标准从家庭月人均1320元上调为1395元。至年底，全区有低保对象6106户9636人，累计支出救助资金1.67亿元。新增低保对象412户713人，退出535户898人。为625户1146人办理临时救助，发放救助资金245万元。享受供暖救助3908户，支出救助资金518.78万元。享受高等教育新生入学救助52人，支出教育救助资金23.22万元。享受城市特困供养待遇人员316户316人，支出特困资金1135.9万元。17个街道聚焦特殊群体开展精准救助服务，对235户困难家庭开展个案帮扶服务。

（刘素娟）

【扶贫济困送温暖活动】春节期间，区民政局与区财政局、区审计局、区委老干部局、区人力资源社会保障局、区退役军人局、区总工会、团区委、区妇联、区残联、区红十字会和各街道办事处等联合开展走访慰问活动。走访慰问低保家庭、优抚对象、困难残疾人、困难职工、困难家庭青少年等各类群众共计1.6万人，以及节日期间坚守在一线的环卫、园林、卫生、公安等系统22家基层单位，发放慰问资金共计1005.65万元。区领导重点走访全区60户困难家庭，为每户送去500元慰问品和1000元慰问金。

（刘素娟）

【地退含征地超转人员经费发放】2023年，区民政局为区地退人员调整基本养老金共计223.17万元。春节前夕，为区地退人员（含征地超转人员）发放慰问金8.52万元，其中为建国前老工人及特困人员发放慰问金2.08万元。中秋节、国庆节，为区地退人员（含征地超转人员）发放慰问金12.88万元。为区征地超转人员发放生活补助4.34万元。

（刘素娟）

【流浪乞讨人员救助】2023年，东城区以主题教育活动为牵引，注重在实践中提高救助工作服务质量，全年累计实施救助701人次，其中提供返乡车票471人次、饮食救助498人次、属地政府及家属接领144人。护送救助流浪乞讨人员返乡7人、救助未成年人8人次、转送丰台区救助站46人、转送定点精神病院救治118人、救助外籍临时遇困（精神病人）3人。转送定点医疗机构救治危重病人员40人次。以寻亲返乡源头治理工作为重点，帮助受助对象寻亲接领安置成功7人。

（曹辉）

【规范殡葬管理】2023年，区民政局注重对广大居民群众移风易俗、绿色殡葬理念的宣传和引导，大力提倡新型祭扫方式，弘扬追思先人、缅怀逝者的传统殡葬文化。结合清明节、中元节、寒衣节等加强文明祭扫宣传服务，并将绿色殡葬理念宣传常态化；进一步净化殡葬服务市场、规范殡葬服务管理，深化殡葬领域侵害群众利益专项整治行动，对辖区内有殡仪服务的医院太平间、殡葬用品销售网点进行联合执法整治。全年按政策标准核准、发放丧葬补贴89人次，办理遗体外运行政许可业务16件。

（李剑）

【残疾人两项补贴】2023年，区民政局做好“两补”的业务指导，跟踪监管“两补”申请、审核、资金发放全过程。足额发放“两项补贴”10.19万人次3237.59万元，做到应保尽保，精准发放。

（李剑）

【关心见义勇为人员】2023年，区民政局开展见义勇为宣传月活动，宣传英模人物的典型事迹，引领首都社会新风尚。向区委宣传部推送见义勇为类“东城榜样”人物事迹。做好见义勇为行为确认工作，依法确认见义勇为人员1例1人，发放见义勇为奖励金8.15万元。维护见义勇为人员权益，开展春节、中秋节走访慰问送温暖活动，发放慰问金2万元以及3000余元的慰问品，发放低保见义勇为人员困难补助金1万元，为享受定期抚恤金的见义勇为人员发放清洁能源自采暖补助金2400元，组织东城区见义勇为人员参与市级疗养18人，组织体检43人，全方位保障见义勇为人员的权利。

（李剑）

【做好行政区划工作】2023年，东城区按照市局统一部署，完成北京市行政区域界线详图的两次审核，对3条区界线和29条街道界线进行巡查，记录标志物变化地段，对东朝丰三交点界桩定期进行巡检，对界桩维护员工作进行督导，配合西城区完成东西丰三交点界桩更换，与北京市规划和自然资源委员会东城分局共同研究制订《北京市东城区地名管理工作联席会议制度》，为各街道、公安分局等部门提供界线依据，判定界线位置19次，答复12345及相关信访问题10件，参加街道吹哨会议4次。

（杨乐）

【强化儿童福利和保护】2023年，区民政局发放困境儿童生活费134.42万元。全年向代养机构拨付儿童生活费及医疗费410.44万元。抓好区、街、社区三级儿童关爱保护体系建设，加强儿童工作队伍业务能力建设，至年底，累计培训200余人次，17个街道儿童督导员和163个社区儿童主任全覆盖。办理收养登记证1个。

（王建明）

【规范婚姻登记】2023年，区民政局共办理结婚登记9636对，离婚登记2956对、受理离婚申请3944对，补发婚姻登记证、出具证明1710对（件），配合交通委进行小客车资格核验近3000件，协助公安、司法、纪检、监察、部队及重点单位，查询（出具）婚姻登记档案证明1万余件。6月1日起，开展“跨省通办”业务为持有“北京市居住证”“北京市工作居住证”当事人办理结婚登记、离婚登记，至年底，共办理婚姻登记1085对。举办“新时代·馨婚登·心婚礼”暨东城区婚俗改革社会化推进集体颁证展示与“爱·东城”首届婚俗文化非遗体验活动，多家新闻媒体进行报道，取得良好社会反响。

（王涛）

【加强养老机构建设】2023年，东城区有养老机构20家，床位906张，收住老人438人。做好养老服务机构安全监管和服务质量监管，开展安全生产和火灾隐患大排查大整治，排查治理各类安全生产和消防风险隐患问题，做到风险隐患清仓见底。建立日常专职巡检制度，充分依托“企安安”系统实现全区养老机构常态化自查机制全覆盖。加强养老服务机构人员安全教育培训，开展实操实训，提升工作人员防护技能、处置紧急突发事件能力。全年出动巡视检查人员1601人次，督查检查养老服务机构720家次，发现并处理隐患800余处。

（董蕾）

【养老家庭照护床位管理】2023年，东城区新建成养老家庭照护床位2000张。根据服务对象需求，进行家庭适老化改造，配备必要的电子设备，依托就近的养老服务机构，每天开展24小时动态管理和远程监护，每月开展巡视探访、基本照料、精神慰藉等服务，将专业的照护服务送到老年人的床边。至年底，全区累计签约4482张养老家庭照护床位，累计开展17.91万人次服务。督促各街道每月按不低于服务量的10%进行回访，特别是出现异常服务数据时，要求属地街道100%回访，确保服务水平与质量。

（秦臻）

【区域养老服务联合体建设】2023年，东城区推进街道养老服务联合体建设，聚焦老年人服务需求，建立健全议事协商、需求收集、资源汇集、供需对接、信息整合等机制，统筹养老服务机构、医疗机构及各类服务商等资源，为辖区老年人提供就近精准养老服务。围绕医疗、供餐、家政、便民服务等方面签约加入养老联合体单位1100余家，实现全区17个街道养老联合体有效建立。

（董蕾）

【办好社区养老服务驿站】2023年，东城区建设运营社区养老服务驿站52家。养老驿站发挥“聚焦居家、分类保障、精准供给”的就近养老服务体系优势，建立“社工+驿站+志愿者”联动模式，为全区老年人提供巡视探访、代购、代办、代送、助餐、个人清洁、康复护理等为老服务，保障老年人特别是重点人群的基本生活和居家安全。开展基本养老服务对象签约，完成签约3359人。累计为养老家庭照护床位和基本服务对象提供巡视探访、健康监测、助浴、理发等各类服务48.4万人次（通过系统采集）。吸引社会餐饮单位加入养老助餐体系，已建成助餐点100个，新增21个助餐点位，覆盖全区17个街道的老年人，实现助餐服务全覆盖。

（董蕾　秦臻）

【落实老年人福利政策】2023年，区民政局发放养老服务补贴津贴2.57亿余元，累计7.25万人，其中养老服务补贴1030.84万元，5206人；失能护理补贴1.52亿余元，2.27万人；高龄老人津贴9488.69万元，4.46万人。

（秦臻）

【慈善捐赠活动】2023年，区民政局依托党群服务中心、慈善工作站等服务阵地，在“23·7”北京暴雨洪涝灾害中，第一时间发起防汛救灾专项募捐，社会各界爱心人士、爱心企业捐款、捐物。连接191家企业与房山区大安山乡、史家营乡结对帮扶，签订“三帮一”帮扶协议27份，募集款项870余万元。深化共产党员献爱心、党员志愿先锋队和公益慈善主题党日等品牌活动，东城区“共产党员献爱心”活动共募集捐款373.4万元；开展“首善东城”活动，募集物资5.66万件，折价37.23万余元。发展慈善信托，东四街道“星光聚力慈

12月，北京市东城区“慈善协会第四届会员大会”召开（区民政局提供）

善信托”作为全国首个街道级慈善信托，获评市级公益创投大赛一等奖。落实对口帮扶政策，先后向北京市怀柔区，内蒙古自治区阿尔山市、化德县等地区定向捐赠146万元善款物资，支援受援地区发展。12月25日，东城区慈善协会完成换届选举工作，审议通过《东城区慈善协会工作报告》《东城区慈善协会章程》。会议选举产生新一届理事会、常务理事会、协会领导班子。

（鲁茜）

精神文明建设

【概况】2023年，东城区出台文明创建促进年行动方案，以“五新五聚”理念推动创建工作提质升档。创新开展“文明实践进万家”活动，擦亮“我为群众办实事 点亮百姓微心愿”文明实践品牌，3004个微心愿办结率、群众满意度均为100%。区委宣传部深化文明单位创建，组织辖区各级文明单位开展“我认领 我服务”路口文明引导志愿服务活动，推动文明单位履行社会责任。深化文明家庭创建，组织开展“讲家训、传美德、树家风”主题教育活动、“为爱出发 让爱永驻我家——家庭成长计划”公益健步走等活动，普及健康生活方式，传承优良家风。62家文明单位、10户文明家庭、6所文明校园获评2021—2023年度首都精神文明建设先进典型。在年度全市背街小巷环境精细化治理和深化文明创建先进典型评选中，7条背街小巷获评首都文明街巷，8家商户获评首都文明商户，17人获评优秀街巷长，16人获评优秀小巷管家，23人获评优秀网格员，5个责任规划师（团队、个人）获评优秀责任规划师（团队、个人）。

（高延秋）

【文明城区创建】2023年，区委宣传部创新推出“创城日历”，建强用好文明城区创建工作常态化指挥决策系统，提升常态化创建的可视化、智能化水平。加大痼疾顽症整治力度，对900个问题整改情况进行“回头看”检查，以“红黄牌”警示机制督促指标落实。推出原创文明城区主题歌曲《我和东城一起长大》，依托歌华有线数字电视平台开机画面展示“文明”系列3组主题海报，推出《创建大家谈》新媒体访谈节目，开展文明创建成果“云”展览、文明火炬“云”传递、“云”看文明创建东城答卷网上主题宣传等活动，立体化呈现文明创建成果。

（高延秋）

【文明实践进万家】2023年，区委宣传部制订新时代文明实践常态化评估考核实施方案，推动新时代文明实践所、站规范化建设。围绕学习实践科学理论、宣传宣讲党的政策、培育践行主流价值、丰富活跃文化生活、持续深入移风易俗五大主题开展17项重点活动，全年开展各类新时代文明实践活动1.6万余场，5家基地入选市级新时代文明实践基地。开设“文明实践直播间”，邀请中国社会科学院专家开展理论宣讲，打造高质量“云端”阵地。邀请第三方专家共同深入各新时代文明实践所、站，对全区新时代文明实践中心（所、站）标准化建设及新时代文明实践志愿服务活动开展情况进行4轮全覆盖检查并现场指导。联合北京婚姻家庭建设协会开展文明实践进万家系列活动之“移风易俗倡文明”和谐婚姻幸福大讲堂7场，持续推进移风易俗、弘扬时代新风。“爱心文化种社区”志愿服务五年行动计划获北京市新时代文明实践优秀创新案例。

（高延秋）

【为民服务活动】2023年，区委宣传部运用“北京东城”客户端新时代文明实践互动板块，开展“我为群众办实事 点亮百姓微心愿”活动，组织实践所（站）开展业务培训，实现“点单—派单—接单—评单”线上闭环管理。全年共办结清理车棚、义务理发、代买药品等微心愿3004个，办结率、群众满意度均为100%，不断增强新时代文明实践的影响力。

（高延秋）

【公共文明引导行动】2023年，区委宣传部在全区14个重点交通路口和200余个公交地铁站台组织公共文明引导员400余人开展文明交通维持秩序文明引导，组织市民排队乘车、维

5月，东城区志愿者开展“礼让斑马线”志愿服务（张维民摄）

护站台秩序、为市民答疑指路等文明引导服务，高标准做好文明示范路口创建。深入贯彻落实《北京市文明行为促进条例》，在清明节、中元节、寒衣节等时间节点，开展“理性追思 文明祭扫”活动，通过倡议宣讲、展播公益广告、文明引导、监督执法等教育引导形式，倡导广大市民践行9个领域的文明行为规范，杜绝6个领域的不文明行为。

（高延秋）

民族　宗教事务

【概况】东城区民族宗教事务办公室（简称区民族宗教办）是负责全区民族、宗教事务的政府工作机构。2023年，召开5次区委统战工作领导小组民族宗教工作联席会专题会议，部署民族宗教领域安全维稳工作。组织“5·6民族团结日”活动，联合区教委开展中小学“民族团结教育周”主题活动。先后为东来顺等民品企业申报贴息贷款1.65亿元。以宗教活动场所“六进活动”为抓手，在宗教界开展“做实‘六进’活动，添彩六字文章”系列活动，举办宗教界党的二十大精神学习交流会、“立足东城区情 凝聚团结力量”区情报告会等活动，各宗教团体分别组织教职人员进行理论学习和实践，开展形式多样的爱国主义教育活动。区民族宗教办协助北京市伊斯兰教协会、支持东城区伊斯兰教协会在东四清真寺共同策划、筹备、建设北京市伊斯兰教中国化展示中心。5月4日启动以来，累计接待参观学习访问77批次，达3200余人次，特别是完成重大外事接待活动8次。全年走访慰问市、区宗教界代表人士140人次。开展宗教场所安全生产和火灾隐患大排查大整治，召开安全生产工作会11次，开展安全检查115次。全年办理提案1件。开展联合“双随机”抽查11次。

（李梦）

【清真食品市场执法检查】2023年，区民族宗教办加大清真食品市场监督检查力度，重点抽查人流密集商圈清真饮副食网点62家。中秋、国庆等节日前夕，依托属地街道对清真食品市场执行民族政策情况进行全面自查、抽查。

（王艳）

【民族传统体育活动】2月7日，区民族宗教办与相关部门在龙潭公园联合承办第八届大众冰雪北京公开赛冰蹴球比赛暨冰嬉展示活动。8月21—25日，组织东城区代表团参加北京市第十一届民族传统体育运动会，取得12金、10银、7铜的成绩并获优秀组织奖。10月30日，“北京市民族传统体育项目‘九进’活动——推广民族传统体育文化促进各民族交往交流交融”东城区民族传统体育项目推广展示活动在东四奥林匹克社区体育文化中心举办。

（王艳）

【民族团结宣传月活动】4月28日，区民族宗教办制订下发《2023年东城区民族团结宣传月工作方案》，以“凝聚民族团结力量　共促东城经济发展”为主题，组织各成员单位开展“民族团结宣传月”活动。5月6日，由区民族宗教办、区文化和旅游局、区园林绿化局与和平里街道工委、办事处主办的2023年东城区民族团结宣传月启动仪式暨和平里街道第一届民族文化市集活动在北京市地坛公园举行，同日，还承办市民族宗教委组织的京玉民族团结共建交流活动。在宣传月期间，区民族宗教办组织基层民族工作干部和区民族企业联谊会成员单位代表赴蒙藏学校旧址——中华民族共同体体验馆、东城区首家铸牢中华民族共同体意识教育实践基地——北京市珐琅厂开展参观交流活动。

（王艳）

【民族联谊慰问】六一国际儿童节和教师节前夕，区委统战部、区人大常委会、区政府、区政协等相关部门领导，到区回民小学、大方家回民幼儿园、区回民实验小学和崇文回民幼儿园看望、慰问在校师生。

（王艳）

【首都民族团结进步奖推荐】7月，区委、区政府相关区领导召开工作部署会，制订下发东城区《关于推荐第九届首都民族团结进步先进集体、先

5月6日，由区民族宗教办等单位主办的2023年东城区民族团结宣传月启动仪式暨和平里街道第一届民族文化市集活动在北京市地坛公园举行
（王星媛摄）

进个人工作方案》，东城区推荐出先进集体20个、先进个人20人。8月，区评选表彰工作领导小组办公室以政治坚定、事迹导向、群众公认为标准，从先进性、覆盖面和新典型三方面考虑，按照市里分配给东城区的名额，确定初审名单。经区民族宗教办党组会、区委统战部部务会先后审议通过。征求区评选表彰工作领导小组各成员单位意见后，报区政府常务会、区委常委会先后审议通过，经公示无异议后，上报市级相关部门。东城区推荐先进集体5个和先进个人8人获该奖项。

（王艳）

【民族文化教育活动】9月27日，“各族少年心向党 强国有我共成长”——东城区第十七届中小学民族团结教育周主题活动在东城区回民小学启动。市民族宗教委、市教委、市铸牢中华民族共同体意识研究中心、北京教育科学研究院基础教育研究所、区文联、区民族宗教办、区教育工委、区教育科学研究院党委、区民间艺术家协会、市课后服务项目组第一协作体各区教委等相关部门负责人与区中小学民族团结教育、课后服务工作主管干部及学生代表100余人出席活动。

（王艳）

【宗教活动场所安全检查】1月3—6日，区民族宗教办对已开放的11家宗教活动场所进行安全检查，各宗教活动场所秩序正常。1月13日，区领导到雍和宫进行安全检查。2月1日、13日和22日，区民族宗教办分别对基督教崇文门教堂、天主教王府井堂和基督教宽街教堂进行检查。2月13日，按照市民族宗教委要求，为保障重大外事活动顺利进行，联合区卫健委（区疾控中心）、区住建委、区应急局、区文化旅游局（文物科）、区消防支队、朝阳门街道组成联合检查组，对东四清真寺进行场所安全检查。3月1日，市民族宗教委领导在全国两会前夕，以“四不两直”方式到东外清真寺进行安全检查，随后到东四清真寺听取北京市伊斯兰教中国化展示中心展陈介绍。3月7—10日，区民族宗教办对全区14个宗教活动场所进行消防、应急安全责任落实情况检查。3月10日，市民族宗教委领导到东花市清真寺进行全国两会期间安全检查。3月21日，市领导到天主教王府井堂进行调研，东城区领导随行汇报。3月23日，市民族宗教委相关领导到东四清真寺对北京市（东城区）伊斯兰教中国化展示中心进行调研。3月23日至4月21日是伊斯兰教斋月，区民族宗教办领导到各清真寺检查安全工作。4月4日，区领导到天主教王府井堂和东四清真寺进行调研，实地查看场所情况。4月8日，区领导到天主教王府井堂检查指导复活节服务保障工作。4月12日，东城区召开宗教领域安全生产和消防安全工作部署会。6月26—27日，区民族宗教办会同区消防支队对辖区内文物保护单位中的宗教活动场所开展消防安全检查。10月9—13日，区民族宗教办对宗教活动场所进行专项检查。12月18日，区领导对天主教南岗子堂、基督教宽街堂进行安全检查。12月23日，区领导到天主教南岗子堂检查宗教场所安全工作及属地街道落实服务保障工作情况。

（苏国治　李昌洲）

【宗教联谊慰问】春节前夕，区委统战部、区民族宗教办相关领导走访慰问宗教界代表人士。3月28日、30日，区民族宗教办慰问区天主教爱国会和安定门外清真寺相关人员。4月22日，伊斯兰教开斋节，区委、区人大、区政府、区政协相关领导到各清真寺走访慰问。6月29日，伊斯兰教的“古尔邦（宰牲）节”，区委、区人大、区政府、区政协相关领导到各清真寺走访慰问。12月24日，在天主教、基督教的传统节日圣诞节前，相关区领导走访慰问天主教、基督教界人士。

（苏国治　李昌洲）

【宗教节日服务保障】1月12日，东城区召开区委统战工作领导小组区民族宗教工作联席会暨2023年雍和宫春节敬香活动服务保障工作会议，市、区有关领导出席会议。正月初一至初六及正月十五，共有25.98万人到雍和宫敬香，在全区各相关部门的配合下，完成服务保障工作。4月9日是天主教、基督教的传统节日复活节，在相关部门的配合下完成安全服务保障工作。4月22日，东城区各清真寺举行开斋节会礼，共有1429人参加。6月29日，在有关部门配合下，各清真寺古尔邦节秩序井然，穆斯林群众1032人参加宗教活动。12月24日，在相关部门配合下，完成天主教、基督教传统节日圣诞节平安夜安全服务保障工作。

（苏国治　李昌洲）

【宗教团体建设】3月21日，区民族宗教办组织宗教界代表人士参观伟大开篇展览馆中国共产党早期北京组织专题展和新青年编辑部旧址（陈独秀故居）；3月29日，举行宗教领域“做实‘六进’活动，添彩六字文章”系列活动启动仪式；同日，组织宗教界代表人士结合参观活动开展以“深入学习党的二十大精神，坚持我国宗教中国化方向”为题的交流研讨活动。4月12日，区基督教三自爱国运动委员会在长保大厦（珠市口教堂临时活动点）承办系列活动——“立足东城区情 凝聚团结力量”区情报告会。5月6日，区民族宗教办为落实市委统战部、市民族宗教委关于在宗教界持续开展崇俭戒奢教育活动的通知要求，部署开展崇俭戒奢教育活动的工作方案；9月27日，召开宗教系统学习《宗教活动场所管理办法》座谈会。

（苏国治　李昌洲）

【宗教界人士培训】4月20日，区委统战工作领导小组民族宗教工作联席会办公室召开东城区宗教领域安全生产专项整治深化年工作部署会。6月19日，区民族宗教办召开东城区宗教领域安全生产和火灾隐患大排查大整治培训会，学习《消防安全风险自查检查指南（试行）》；9月11日，召开东城区宗教领域安全生产和火灾隐患大排查大整治专题培训会。10月19日，区民族宗教办与区红十字会共同举办东城区宗教活动场所现场急救安全员培训会，开展心肺复苏与AED使用培训。

（苏国治　李昌洲）

退役军人事务

【概况】东城区退役军人事务局（简称区退役军人局）是区政府工作部门，为正处级。2023年，区退役军人局坚持以退役军人为中心，贯彻落实退役军人移交安置、就业创业、待遇保障、思想政治、褒扬纪念、权益维护等政策制度，宣传贯彻《退役军人保障法》，加强组织队伍建设，聚焦服务备战打仗，提高“四个服务”工作水平，6月14日，召开2023年中共北京市东城区委退役军人事务工作领导小组会，部署安排年度重点工作。

（赵蕊）

【开展双拥活动】2023年，区退役军人局组织召开2023年区双拥工作领导小组暨争创“九连冠”考评攻坚动员部署会、考评验收动员部署会，调整双拥组织机构成员，总结部署双拥创建及考评迎检。10月27日，组织完成市双拥检查组到区考评验收。11月3日，主管副区长和31092部队领导参加北京市双拥创建军地汇报会。春节、“八一”期间，区四套班子领导走访慰问驻区部队，密切军地关系。邀请红其拉甫边防连官兵代表8人到京参观交流，组织进学校、进社区、进机关宣讲战地文化和戍边故事，中央电视台军事频道专题报道。深入开展“情系边海防官兵”拥军优属活动，为立功受奖军人家庭送喜报。邀请驻区部队官兵代表参加“打造花园城市、共建生态家园”全民义务植树活动。围绕纪念延安双拥运动80周年和庆祝建军96周年，组织干部群众、部队官兵、退役军人创作135篇双拥文学作品和征集56所中小学校528幅书画作品，参加市双拥办征文和中小学生书画展。举办“军民携手、同心筑梦”书画展、“践行强军梦、礼赞鱼水情”军民联欢会，搭建文化拥军平台。举办驻区部队厨师培训班，为战士30人提供初级中式烹饪培训。组织驻区部队立功受奖官兵代表70余人，到密云古北水镇开展慰问疗养。开展社会组织拥军服务进军营活动，为基层部队提供心理咨询、职业规划等服务。

（朱江）

【优抚工作】2023年，全区优抚对象包括残疾军人、烈属、享受定期抚恤补助因公牺牲军人遗属、病故军人遗属、老复员军人、老烈士子女等。区退役军人局为病故军人遗属发放一次性抚恤金，为优抚对象发放定期生活补助，为义务兵发放优待金。持续采集退役军人和优抚对象信息并悬挂光荣牌，为退役军人及其他优抚对象办理优待证。结合清明节、“9·30”烈士公祭日等重要时点开展爱国拥军宣传教育活动，组织“爱心献功臣”活动，为伤残军人配置残疾辅助器具，元旦、春节、“八一”期间开展走访慰问活动。选派选手参加北京市英烈讲解员培训班暨全国红色故事讲解员选拔大赛，获北京市第一名的优异成绩。开展烈士寻亲活动，为北京籍抗美援朝牺牲烈士成友良找到亲人。

（郭磊）

【做好移交安置工作】2023年，区退役军人局做好政府安排工作退役士兵、自主就业退役士兵、转业军官、复员干部接收安置工作。政府安排工作退役士兵连续四年实现区属事业单位100%安置。完成转业军官安置任务，行政岗位比例城区排名前列。为自主就业退役士兵发放一次性经济补助金。依政策落实企业军转干部生活补助相关工作和部分退役士兵保险补缴工作。组织东城区第二届优秀大学生退役士兵评选活动。配合区委组织部开展团级转业军官定职定级专项维稳工作。完成建档立卡系统审核。

（吕润东）

【军队离退休干部服务管理】2023年，区退役军人局落实军休干部、无军籍职工“两个待遇”。按政策发放离退休费、取暖补贴、生活补贴等相关经费。推进军休干部持卡就医，完成手工报销，开展健康体检。春节、“八一”等重大节日期间，以普遍走访与重点慰问相结合开展走访慰问。完成年度接收安置任务。丰富文体活动，各所分别组织春秋游，全区举办军休女干部“巾帼心向党 奋进新征程”手工制作活动、军休干部书画摄影作品展等，参与市军休“庆七一”文艺演出及市军休干部运动会。

（张雨荷）

【强化退役军人服务站建设】2023年，区退役军人局高标准打造各级退役军人服务站，打造示范点位，扩建退役军人和军人军属个性化服务空间，东华门街道在便民服务大厅窗口升级军人军属“VIP”式服务专窗；建国门街道退役军人服务站增设多个军人军属和退役军人服务专窗，建设独立的服务接待室；交道口街道交东社区强化“四大支点”作用，激发退役军人参与社会治理的热情；朝阳门街道退役军人服务站融合“四合一家”建设，用心用情调处辖区矛盾情况。东城区引导退役军人主动参与社区治理，优化全区189支“首都老兵”志愿服务队建设，充实服务功能，在各街道、社区开展兵帮兵、兵

2月，区退役军人服务中心开展法律咨询援助工作（王彭拍摄）

带兵、帮扶互助、心理疏导、老兵恳谈、应急救援等公益活动。依托三级服务体系，推动“浦江经验”和“枫桥经验”有机结合，第一时间收集汇总退役军人生活工作中的困难与诉求，通过走访慰问、法律援助、创业就业、教育培训、心理疏导等方式定期开展帮扶援助。

（曹坤颖）

【教育培训与就业创业】2023年，东城区退役军人中无零就业家庭人员，享受就业扶持政策3256人。区退役军人局组织线上、线下招聘会4场，参加企业合计52家，提供岗位861个，退役军人及军人家属5300余人参加，达成就业意向103人。线下招聘活动设置退役军人集成化服务，为退役军人提供政策咨询、权益维护、就业帮扶、创业指导、技能培训、职业技能认定评价等服务。发挥典型引领作用，树立退役军人创业典型模范万佳，带动更多退役军人投身乡村振兴，贡献社会。

（曹坤颖）

【自主择业军转干部服务管理】2023年，区退役军人局开展自主择业军队转业干部人事档案管理、电子档案优化更新，开具各类证明、退役金核定发放及调整、医疗手工报销、医疗增减员、医保定点医院变更、住房补贴申领发放、年度复核签到、干部年度体检、取暖费福利待遇落实、建档立卡审核及优待证发放。全年累计接待自主择业军队转业干部来电、来访3549人次，开具各类证明378份，落实体检待遇1295人，将自主择业军队转业干部的待遇落到实处。

（曹坤颖）

【逐月领取退役金退役军人安置】2023年，区退役军人局接收逐月领取退役金退役军人7人，完成档案审核、建立信息库、落户等工作。精准核定退役金，确保按时发放。

（曹坤颖）

残疾人事业

【概况】东城区残疾人联合会（简称区残联）是将残疾人自身代表组织、社会福利团体和事业管理机构融为一体的综合性人民团体机关，具有“代表、服务、管理”三种职能。2023年，东城区残联以首善标准完成区残疾人综合服务中心和区残疾人职业康复中心的升级改造。整合政务服务功能，打造集残疾人康复训练、权益维护、就业指导培训、助残志愿服务为一体的3.0版残疾人综合服务新阵地，全方位满足残疾人群体精准化、多元化需求。稳步推进区、街、社区三级温馨家园规范化建设。推进五星级温馨家园创建，激发温馨家园服务活力，天坛街道、建国门街道获评“全市首批20家五星级温馨家园”称号，获评数量和考核分数位列全市第一。完成区民生实事、折子工程目标

6月30日，区退役军人服务中心组织开展东城区退役军人及军人家属专场招聘会（闵学峰摄）

任务，做实做细精准康复服务，残疾人康复服务覆盖率达100%，在“弱有所扶”考核中保持全市第一梯队水平。“萤火虫”直播、“美丽工坊”手工文创项目等特色品牌影响力不断拓展，挖掘残疾人就业创业先进典型故事，北京电视台、《北京日报》等媒体相继宣传报道。以创建全国无障碍建设示范城市为契机，持续提升无障碍环境水平，落实首都核心区控规新一轮三年行动计划，创建“一刻钟无障碍便民服务圈”12个。区残联打造志愿助残特色服务品牌，与多所高等院校和中学合作，开展“心手相牵·爱无限”志愿助残主题活动，开展各具特色文化体育活动，继续与区文旅局联合开展“共享阳光，彩虹东城”文化助残系列活动，举办文化素质讲座、线上盲人阅读分享等特色活动。组队参加市残疾人群众体育大会，获3金、1银、6铜。《北京日报》、北京电视台、《新东城报》、今日头条等主流新闻媒体全年报道东城区残疾人事业发展成果20余篇。4月14日，东城区召开区残联第三届主席团第三次全体会议暨2023年东城区政府残工委、残疾人工作会议，副区长李卫华出席会议并讲话。2023年，区残联召开学习贯彻习近平新时代中国特色社会主义思想主题教育会及警示教育会共10次。

（杨傲杰）

【走访慰问送温暖】1月11日，区残联领导走访慰问区部分困难残疾人专职委员，送去党和政府的关怀及节日祝福。1月12日，区政协副主席刘健与区残联、北新桥街道有关领导到海运仓社区一户残疾老人家中，送去新春慰问品和慰问金。1月16日，北京市残联党组书记陆晓光，区委常委、副区长郑晓博等领导走访区部分优抚对象和困难残疾人家庭，送去慰问金和慰问品。1月16日，区政协副主席冯建国到多福巷社区一户残疾人家中走访慰问。1月16日，副区长唐立先后到东四街道两户困难残疾人家中走访慰问。1月17日，区委常委、区纪委书记、区监委主任金秀斌走访慰问龙潭街道光明社区两户生活困难残疾人家庭。1月17日，常务副区长李妍等领导到建国门地区一户残疾人家中，送去牛奶、干果等慰问品和慰问金。1月17日，区政协党组成员、副主席张伟到北官厅社区走访慰问困难残疾人家庭。

（杨傲杰）

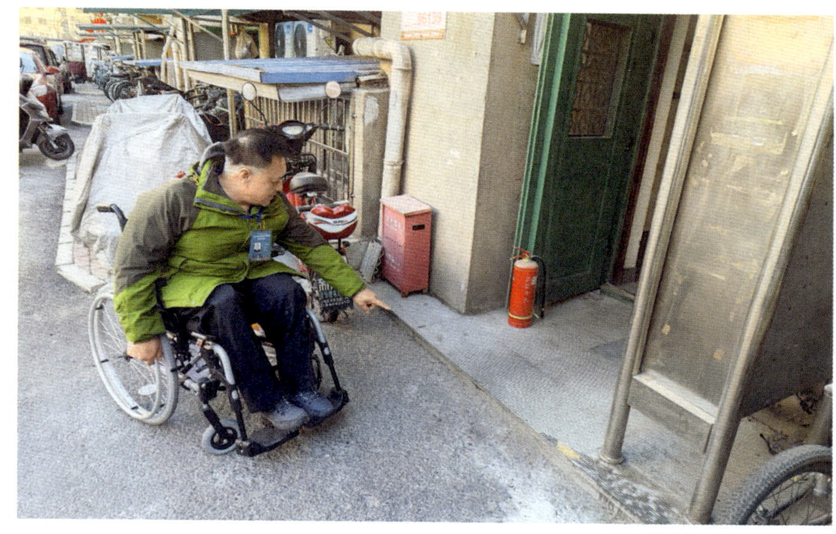

1月31日，区残联组织残疾人无障碍监督员到即将进行老旧小区改造的东直门清水苑社区进行实地体验（顾飞摄）

【创建无障碍示范城市】1月31日，区残联组织残疾人无障碍监督员到即将进行老旧小区改造的东直门清水苑社区进行实地体验。2月17日，区残联与区残疾人体育运动协会共同在建国门街道开展以“大力宣传北京市无障碍环境建设条例”为主题的无障碍环境建设宣传推广活动。4月25日，区检察院第六检察部主任带队到区残联开展无障碍环境建设公益诉讼交流座谈。6月6日，东城区召开2023—2024年度创建全国无障碍建设示范城市动员部署会，副区长、区残工委主任李卫华出席会议并讲话，区残工委成员单位和主管领导参加会议。8月9日，区住建委、区残联共同举办《中华人民共和国无障碍环境建设法》宣讲会。9月6日，区残联领导与相关工作人员到永定门外街道调研景泰社区“一刻钟无障碍便民服务圈”建设工作。10月17日，东城区召开创建全国无障碍建设示范城市联席会暨工作推进会。

（杨傲杰）

【就业教育及技能培训】2月13日，东城区残联在北京市第十届残疾人职业技能竞赛总结表彰会上，获全市团体总分第一和最佳组织奖。3月20日，在区残疾人就业服务中心召开2023年残疾人就业状况摸底调查工作部署会。4月18日，“美丽工坊资助计划”美术基础培训班在区残疾人综合服务中心开班。5月4日，区残联举办手机短视频剪辑制作专业技能培训，残疾人22人参加培训。7月14日，东城区促进残疾人就业三年行动工作联席会在强佑大厦召开。8月18日，由区崇文门外街道和人铁文化创意产业发展（北京）有限公司共同主办，并联合推出2023“崇文喜市”啤酒文化生活节在崇文门商圈启动，区残联组织“萤火虫”残疾人主播在公益展区售卖残疾人手工艺品。9月26日，区残联举办促进残疾人就业雇主培训，40余家爱心企业代表、残疾人就业服务机构代表和残疾人代表，共计60余人参加培训。同日，区残联与东城区青年企业家创业创新协会共同举办“益企帮”爱心助残帮扶协议签订仪式，区残联领导及区青创会会员单位出席活动。10月24—25日，区残联举办残疾人就业指导讲座，主讲内容为创业政策及风险规避。11月6日，区“萤火虫”爱心直播平台残疾人主播项目应邀参加中美残疾人事务协调会残疾人就业专题交流活动。

（杨傲杰）

【开展地区间交流学习】2月27日，呼和浩特市残联理事长一行到区残疾人综合服务中心开展调研。区残联领导及康复部相关工作人员陪同参观和座谈。3月16日，山西省残联理事长一行4人到东城区残疾人联合会交流座谈。6月13日，2023年东城区—石家庄市残疾人事业协同发展签约仪式暨业务培训交流活动在区残疾人综合服务中心启动。8月1日，区残联领导带队赴兴安盟阿尔山市开展残疾人事业对口支援合作交流。8月17日，安徽省芜湖市残联到区天坛街道温馨家园调研交流，区残联领导、组联部及天坛街道残联相关负责人员陪同调研。

（杨傲杰）

【文体助残活动】2月28日，区残联和区第一图书馆联合举办的“共享阳光 彩虹东城”文化助残系列讲座第一期开讲。3月10日，区残疾人活动中心和区肢残人协会联合举办“奋进新时代 开创新生活”——东城区残疾人文创（非遗）精品展。展览在区残疾人活动中心举行，为期10天。共展出文创（非遗）艺术家30余人的150余件作品。3月13日，中国银行北京市分行联合区残疾人活动中心，面向残疾人群体，开展金融知识宣传活动，残疾朋友近100人参加。4月7日，区残疾人综合服务中心和“美后肆时”景山市民文化中心联合举办残疾人观影及分享活动。4月14日，区残联组织残疾人30人参加在区图书馆举办的2023年东城区“4·23世界读书日”主题活动暨“民族栋梁 大国重匠”新书发布会。4月24日，区残联举办东城区残疾人群众体育大会——“天晟昱杯”东城区残疾人象棋比赛。5月30日，区残联举办2023年东城区残疾人群众体育大会暨“萤火虫杯”东城区残疾人飞镖比赛。6月27日，区残联举办2023年东城区残疾人乒乓球赛事。7月25日，区残联整合社会资源，在区残疾人综合服务中心举办2023年东城区残疾人群众体育大会——“康扶123健康杯”东城区残疾人旱地冰壶比赛。7月26日，区残联组织开展现场听评书活动，来自景山和北新桥街道的智力和视力残疾人朋友30余人参加。9月4日，东城区残联与中国残联、中国肢残人协会、联合主办主题为“迈进新时代，共筑体育梦”群众体育嘉年华暨轮椅大步走活动。

（杨傲杰）

【多种形式做好康复服务】3月3日，区残联联合交道口街道办事处与多家爱心助残单位在南锣鼓巷主街共同举办以“汇爱聚力 携手助残”为主题的东城区庆祝冬残奥会一周年暨全国爱耳日系列活动。3月17日，区残联召开2023年职业康复工作会暨业务培训会。6月29日，区残疾人就业服务中心联合区教委、区特教研中心，在区特教学校组织以辅助器具进校园为主要内容的政策咨询会。7月29日，东城区残工委办公室组织召开2023年东城区推进残疾预防行动计划工作联席会。8月24日，区残联会同区卫健委在体育馆路街道举办“预防先天残疾，守护美好未来”主题宣传活动。

（杨傲杰）

【接诉即办相关会议及培训】3月9日，区残联组织召开2023年全区残联系统接诉即办工作会暨业务培训会，区残联领导班子全体成员、机关各科室负责人、各街道民生保障办主任、分管残联工作副主任及相关工作人员60余人参会。8月9日，区残联组织召开全区残联系统2023年上半年接诉即办工作总结会暨业务培训会，区残联党组、理事会领导班子全体成员出席会议，机关各科室负责人、各街道民保办主任、副主任及相关工作人员参会。

（杨傲杰）

8月，区残联联合区卫健委在体育馆路街道举办“预防先天残疾，守护美好未来”主题宣传活动（胡勇摄）

【各类专门协会的主题活动】4月3日，东城区肢残人协会召开“走进社区 诊治渗漏”公益活动2022年总结暨2023年启动会。4月13日，东城区肢残人协会在区残疾人活动中心举办主题为“彩绘梦想 放飞希望”——DIY彩绘风筝制作活动。6月11日，东城区盲人协会带领残疾人朋友到平谷区熊儿寨北土门战斗遗址红色教育基地，开展建党百年系列活动之“参观红色基地 重温革命岁月”主题教育活动，协会委员、骨干、部分协会成员和志愿者，共计50余人参加。11月3日，区残联组织五大专门协会与北京市思诚社区公益基金会党支部，在北京市大兴区绿主妇城市农园科普服务中心共同开展寻访红色足迹主题党日活动。

（杨傲杰）

【职业康复活动多种多样】4月12日，区残联召开职业康复劳动项目产品推介座谈会。4月14日，区残联组织辖区各职康站站长、老师，到北京残疾人服务示范中心汇爱大厦参观学习。6月8—9日，区残疾人职业康复中心联合交道口街道办事处在南锣鼓巷举行优秀职康产品展示展卖活动。12月1日，由区残联主办、和平里街道、东花市街道、东直门街道、中慈文化助残服务中心协办的2023年东城区残疾人职业康复劳动项目成果展暨第九届“心怀梦想 墨舞人生”职康学员书画作品展示展卖活动在东直门街道新中街社区养老服务驿站举办。12月28日，区职业康复中心、天坛街道残联温馨家园、华夏银行北京东单支行与东城区爱馨残疾人服务中心在天坛温馨家园共同举办“华夏情东城区职康学员厨艺大比拼”技能展示活动。

（杨傲杰）

【应急培训与安全检查】4月21日，区残联对办公活动场所、服务机构进行消防安全大检查。7月5日，区残联邀请地坛消防救援站指战员5人在区残疾人综合服务中心开展消防安全知识和应急演练培训，50余人参加。9月27—28日，区残联党组对全区助残服务场所进行实地安全检查，督促各科室做好安全风险防范，确保节日期间零风险、零隐患。11月9日，区残联联合区应急局、消防支队共同对阳光路公益活动中心、爱馨残疾人服务中心、天坛温馨家园及职康站开展安全生产大检查。12月14日，区残联领导带队对区残疾人职业康复中心及办公楼进行安全检查。

（杨傲杰）

【全国助残日系列活动】5月10日，东城区残疾人联合会和中国残疾人事业新闻宣传促进会联合举办“共享芬芳 爱满东城”促进残疾人就业宣讲会暨文艺演出活动。5月19日，东城区残疾人联合会和中国残疾人事业新闻宣传促进会联合举办“共享芬芳 书香东城”残健融合书画作品邀请展暨笔会交流活动。5月21日，第33次“全国助残日”，东城区残联儿童康复园联合保利罗兰香谷社区青年汇、北京邮电大学日晞志愿者在滨河森林公园开展“以爱移碍—守住你的笑脸，放飞美好童年”助残活动。5月23日，区残联举办庆祝第33个全国助残日暨东城残疾人专场招聘会。

（杨傲杰）

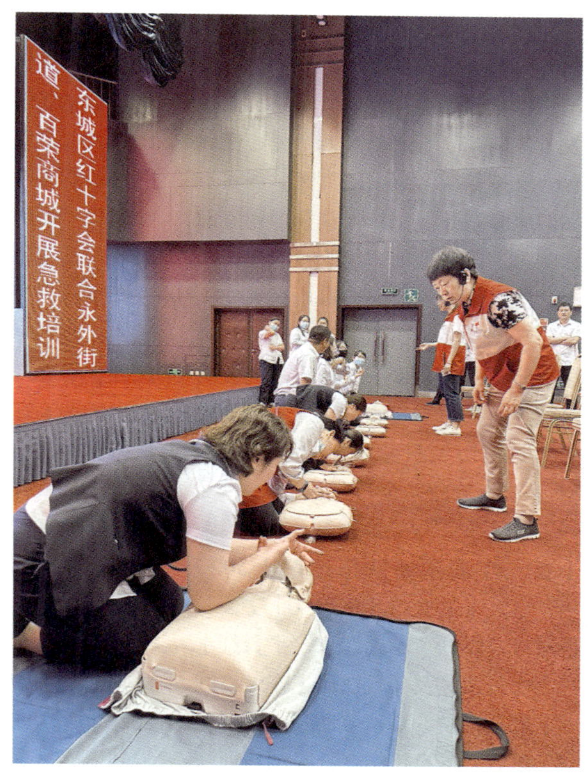

9月8日，区红十字会联合永定门外街道、百荣世贸商城开展以“数字赋能 救在身边”为主题的红十字应急救护技能培训（苏玉洁摄）

红十字事业

【概况】北京市东城区红十字会（简称区红十字会）是区级从事人道主义工作的社会救助团体。2023年，区红十字会开展募捐救助、志愿服务、应急救护培训等工作。超额完成造血干细胞志愿捐献者任务，开展“三献”（无偿献血、造血干细胞捐献、遗体器官捐献）宣传，志愿服务不断突破。创新筹资模式，实施精准救助，募捐救助显著提升。创新培训机制，巩固师资队伍建设，推动城市社区博爱家园建设，救护培训降本增效。

（陈燕　刘诗珉）

【募捐救助】2023年，区红十字会策划组织“5・8人道公益日线上众筹”“博爱在京城”等募捐活动，全年共筹集善款120余万元。年初，分两批次向区政法委、5个博爱家园拨发价值54.45万元的1.10万个爱心健康包，支持东城区集中隔离医学观察点和健康驿站开展工作，提升博爱家园影响力。国庆节前，组织接收东城区市、区人大代表23人向房山区大安山乡、吕家营乡定向捐款54万元，辖区居民定向房山区捐款700元，支援防汛救灾及灾后重建。全年通过元旦、春节送温暖及日常项目救助，共为327人次发放救助金80余万元。

（王黎）

【红十字志愿者队伍建设】2023年，区红十字会与北京市红十字会联系对接，做好“志愿北京”平台红十字志愿者招募及项目注册工作，将红十字应急救护、募捐救助及“三献”与志愿者招募有机结合，吸纳培训师资、社区工作者和爱心人士等进入红十字志愿者队伍。至年底，在“志愿北京”平台实名注册志愿者93人，无偿献血者志愿者实名注册14人。

（张冬光）

【红十字青少年活动】2023年，区红十字会联合区教委开展2022年度“十佳红十字青少年活动”和“优秀红十字青少年会员”推选工作。经学校报名、红十字学校工作委员会推荐、区红十字会执委会研究、市红十字会审核等程序，5月，北京市第一四二中学等12所学校红十字活动被评为“十佳活动”、北京市第五中学等15人被评为“优秀会员”。

（张冬光）

【造血干细胞捐献志愿者招募】2023年，区红十字会采取线上、线下相结合的方式开展造血干细胞捐献志愿者招募宣传活动。线上通过工作群、朋友圈等转发“为何捐献造血干细胞”“如何成为捐献造血干细胞志愿者”等相关知识，通过“志愿北京”平台公开招募造血干细胞捐献志愿者；线下呼吁号召全区各街道、社区红十字会广泛宣传动员，分发捐献知识折页等宣传材料。与天坛公园献血方舱、北京站献血方舱探索建立共建合作，联合开展10余场造血干细胞捐献知识宣传普及活动。全年共招募造血干细胞捐献志愿者104人，超额完成北京市红十字会下达的目标任务。

（张冬光）

【应急救护培训与急救知识宣传】2023年，区红十字会在重点行业、重点领域，对重点人群开展应急救护培训，全年共完成取证2162人。以“选拔行业优秀”为原则，通过“行业推优、老推新”等多种形式推荐合格师资人选，经过线下师资带教，全程跟班实习见习后，有新师资8人通过北京市红十字会考核，取得训练师证书，加入区红十字会师资队伍。组织17个街道、5所中小学校、5个机关单位、5个博爱家园参加中国红十字总会2023年红十字生命教育应急救护知识竞赛活动，答卷1万份。向基层红十字组织及相关委办局配发急救知识宣传资料，用于线下开展防灾减灾应急教育，宣传自救互救知识，包含海报、折页等共计7400余份。结合北京市红十字会配发的宣传视频资料，开展“市民知识普及专家讲堂”线上普及宣传。全年区红十字会开展急救知识宣传普及、惠及9.81万人次。区红十字会联合区应急管理局5人组队参加2023北京市红十字会应急救护大赛，获优秀组织奖。

（雷佳）

【博爱家园示范点建设】2023年，东华门街道韶九社区红十字“博爱家园”示范点通过中国红十字会总会考察组考察验收。区红十字会成立“博爱家园”项目领导小组，以“打造群众身边的红十字会”为工作目标，加强红十字会基层组织建设、阵地建设，全年走访调研5个博爱家园。

（雷佳）

【“5·8红十字博爱周”活动】5月8—14日，区红十字会开展以“生命教育，救在身边”为主题的“红十字博爱周”系列活动，弘扬“人道、博爱、奉献”的红十字精神，凝聚更多社会力量参与红十字事业。在活动期间，区红十字会组织开展安全知识进校园、应急救护知识进社区等活动15场，组织基层红十字会开展校园消防应急演练、居民健康大课堂、健康义诊等活动30余场，普及人次为2.5万余人。

（王丹敏）

【无偿献血宣传活动】6月14日，“世界献血者日”前后，在北京市血液中心天坛公园献血点的支持下，区红十字会联合永定门外街道、体育馆路街道、东华门街道灯市口社区开展无偿献血宣传活动4次，共计发放活动宣传材料1000余份，完成全区指标。

（张冬光）

人物　荣誉

4月，东城区总工会举办2023年“唱响劳动之歌，弘扬工匠精神”五一国际劳动节表彰活动，区领导为“全国工人先锋号”及“全国五一劳动奖章”获得者颁奖（李晓轩摄）

先进集体

先进集体介绍

北京稻香村食品有限责任公司肉食一部熟制二组组建于2005年，班组生产的熟食产品，通过严控工艺技术标准、采用科学方法检测等方式，做到自己信得过、企业信得过、顾客信得过。熟制二组坚持在生产中探索实践新思路、新方法，在质量、效率、成本、管理等方面提升效益。五香牛腱子是班组生产多年的经典产品，通过多年摸索、总结牛肉的生产特点和工艺标准，在酱香牛肉和五香牛肉的开发生产中学以致用，成功开拓出牛肉类系列产品，现年生产量达到560余吨。熟制二组曾荣获“2022年北京市工人先锋号”荣誉称号，2023年获“全国工人先锋号”荣誉称号。

先进集体名录

全国先进集体名录

全国工人先锋号

北京稻香村食品有限责任公司肉食一部熟制二组

全国巾帼文明岗

国家税务总局北京市东城区税务局收入核算科

北京市东城区卫生健康委员会医政医管科

北京协和医院疑难重症及罕见病多学科诊疗团队

全国医疗保障系统先进集体

北京市东城区医疗保障局

全国维护妇女儿童权益先进集体

北京市东城区劳动人事争议仲裁院女职工权益争议审理庭

全国法治人社建设优秀单位

北京市东城区人力资源社会保障局

北京市先进集体名录

首都劳动奖状

北京市东城区人民检察院

北京市普仁医院

北京萃华楼餐饮有限责任公司

中富国勇科技集团有限公司

北京同仁医院

北京市工人先锋号

国家税务总局北京市东城区税务局第二税务所

区环卫中心北京市王府井地区环境卫生管理所王府井步行街班组
北京市公安局东城分局崇文门派出所
京诚集团北京市东旭佳业物业管理有限责任公司俊景苑管理处
王府井饭店管理有限公司北京金茂万丽酒店防损部
北京金漆镶嵌有限责任公司基地大师班组

2022—2023 年度北京市青年文明号

北京市东城区人力资源和社会保障综合执法队
北京市普仁医院体检中心
国家税务总局北京市东城区税务局第三税务所（自然人税务所）
北京市东城区东四街道青年志愿者服务队
北京医院检验科分子生物学室
北京市东城区交道口街道市民诉求处置中心
北京市鼓楼中医医院肿瘤科
北京世知国际文化交流中心有限公司
北京萃华楼餐饮管理集团有限责任公司
北京市东城区东花市街道党工委
王府井集团股份有限公司百货大楼线上运营部

2020—2023 年度北京市体育事业突出贡献奖先进集体

北京市东城区体育局

首都拥军优属拥政爱民模范单位

北京市东城区人力资源和社会保障局专业技术人员管理科
北京市东城区文化和旅游局
北京市东城区园林绿化局
北京市东城区交道口街道办事处
北京市东城区龙潭街道办事处
北京市东城区永定门外街道办事处
北京市东城区东四街道办事处
北京市东城区中央工艺美术学院附属中学
中国农业银行股份有限公司北京市分行军队业务部

北京市社会建设与民政工作先进集体

北京市东城区委社会工委区民政局养老服务科
北京市东城区崇文门外街道办事处社区建设办公室
北京市东城区东直门街道办事处民生保障办公室
北京市东城区建国门街道办事处社区建设办公室
北京市东城区永定门外街道便民服务中心

第十一届北京市“人民满意的政法单位”

北京市公安局天安门地区分局防爆安检中队

北京市未成年人保护工作先进集体

共青团北京市东城区委委员会
北京市东城区龙潭街道办事处

首都民族团结进步先进集体

中共北京市东城区委宣传部
北京市公安局东城分局第一支队
北京市东城区人民政府东四街道办事处
北京市东城区人民政府东直门街道办事处东外大街北社区
北京市隆福医院

首都全民义务植树先进单位

北京市东城区人民政府建国门街道办事处
北京市东城区人民政府天坛街道办事处
北京市东城区生态环境局
北京市东城区龙潭园艺驿站
北京市东城区东四街道园艺驿站
北京市东旭佳业物业管理有限责任公司俊景苑项目部

首都绿化美化先进集体

北京市东城区柳荫公园管理处
北京市东城区龙潭西湖公园管理处

2018—2023 年度北京市法治工作先进集体

北京市东城区司法局法治协调科

2020—2021 年度北京市调查研究工作先进单位

中共北京市东城区委研究室

东城区先进集体名录

东城区“和谐劳动关系先进单位”

中国工商银行股份有限公司北京崇文支行
北京万利达经济技术开发总公司
北京国天物业管理发展有限公司
嘉诚嘉信国际物业管理（北京）有限公司
锦州银行股份有限公司北京分行
北京聚名汇房地产开发有限公司王府中环酒店分公司
北京京兆尹餐饮文化有限公司
北京萃华楼餐饮有限责任公司
北京光线传媒股份有限公司
北京敦煌飞天商贸大厦有限公司
北京中和珍贝科技有限公司

先进个人

先进个人介绍

杨晓欧，东城区社区卫生服务管理中心王家园社区卫生服务站全科医生、副主任医师，东城区第十五届政协委员。在近30年的基层卫生服务工作中，他恪守为民服务宗旨，工作作风严谨求实，工作态度耐心细致，深得患者、社区居民的信任。多次代表东城区参加国家、北京市业务知识竞赛、岗位练兵等活动并获奖。除日常诊疗外，在推进基本公共卫生服务落实和基层医疗机构医保管理等方面做了大量工作。2020年，新冠肺炎疫情暴发，杨晓欧主动报名请战，跟随国家卫生健康委基层司奔赴武汉，指导当地社区疫情防控工作。2020年7月至2022年，他作为国务院联防联控机制综合组成员，赴北京、广东、江苏、甘肃、山东、黑龙江等省市参与指导新冠肺炎疫情处置工作，有力支援了当地疫情防控工作。曾获武汉市人民政府颁发的抗击新冠肺炎疫情纪念章、北京市抗击新冠肺炎疫情先进个人、2022年首都劳动奖章、第七届“北京优秀医师”、第八届首都“十大健康卫士”提名奖、第八届首都道德模范提名奖等荣誉，2023年获“全国五一劳动奖章”荣誉称号。

先进个人名录

全国先进个人名录

全国五一劳动奖章

杨晓欧

全国巾帼建功标兵

周　微　罗　兰　袁雅兰　穆晓红
李　萌

第一届全国和谐劳动关系创建工作先进个人

王　健

2023年全国优秀共青团员

杨明明

北京市先进个人名录

首都劳动奖章

刘海军　付国龙　张　磊　魏　纲
吴　健　贾丽萍　李海霞　廉淑虹
陈　波　郝　笛　仇向锦　王　昊
张　磊　赵小虎　牛新梅　冯　岩
富迎辉

首都拥军优属拥政爱民模范个人

尤　娜　王梦娜　武朋涛　胥嵩玮
赵　涛　徐　嘉　任　莉　赵艳柳
任　霞　吕润东

首都民族团结进步先进个人

洪忠庆　李　兵　李　微　刘　琦
刘海岩　龙　琨　陆建强　马海忠
杨立新　尤　娜　钟连盛　柏　群

第三十五届北京青年五四奖章

陈　昂

北京市公安机关先进个人

李 茜 于 鹏 王金坤 冯 磊 张 骥 李 傲

首都禁毒工作先进个人

张海波 崔方威

首都最美巾帼奋斗者

雷晓燕 卢秋平 刘春乐

北京市社会建设与民政工作先进个人

董 蕾 夏 爽 李 洁 刘玉丽 郑莎莎 邵 瑞

首都绿化美化先进个人

王 颖 孟庆慧 马凤阳 刘 庆 张 婧 王永刚 孟瑞江 刘宝剑 马 妍 冯 佳 耿丽萍 李宝久 徐建春 刘月侠 王 林 乔洪英 束建文 吴京涛 刘建红

2023“北京青年榜样”

王景尚 卢广伟 刘晓雯 孙 凯 李 昂 林泰骄 梁 博 樊根荣

2022—2023 年度北京市“扫黄打非”暨文化市场管理先进个人

杜 山 雷 杨

2021—2022 年度首都精神文明建设奖

梁 博

2022 年首都“新时代好少年”

王思如 任棉泽 张馨玥

东城区先进个人名录

2023 年“东城榜样”

李志林 赵书新 张欣欣 李 峥 魏丽娟 牛新梅 高宝忠 辛凤兰 孙 凯 滕燕君 吴嗣譞

东城区巾帼建功标兵

王海燕

2023 年东城区“新时代好少年”

吴若水

2023 年东城区优秀百姓宣讲员

周子洛 张子晴

逝世人物

王祖功，北京市原崇文区人大常委会副主任。男，汉族，1933 年 1 月出生，河北安次县人，1947 年参加革命工作，1949 年 1 月加入中国共产党，1994 年 8 月离休。于 2023 年 1 月 9 日因病去世，享年 89 岁。历任：安次县原武工队、县大队、天津军分区警卫营、河北军分区警卫团战士、司务长、上士；北京市煤建公司人保科干事；北京市木材公司崇文区煤建公司管理处经理；崇文区商业局副局长；崇文区建委区建设局办公室主任、副局长；崇文区统战部副部长；崇文区人委人事科科长；崇文区南昌路街道党委副书记；崇文区城建局革委会副主任、党委副书记；崇文区房管局党委副书记；崇文区委落实政策办公室崇文区人民政府人事局局长；崇文区人大副主任、党组成员。

闫锦丰，北京市原崇文区人大常委会副主任。男，汉族，1929 年 11 月出生，河北枣强县人，1952 年 4 月年参加工作，1952 年 12 月加入中国共产党。于 2023 年 2 月 25 日因病去世，享年 93 岁。历任：北京第七区工会办事处财务科干事、店员委员会主席、工人俱乐部主任、宣教科副科长，崇文区工会办公室主任、副主席，崇文区委统战部副部长，崇文区革委会财贸组副组长、组长，崇文区委财贸部部长兼财贸干校校长，崇文区人民政府副区长，崇文区人大常委会副主任，北京天龙股份有限公司董事长等职。

梁志华，中共北京市原崇文区委书记、区政府区长、区人大常委会主任。男，汉族，1924年9月出生于河北省南宫县。1940年10月加入中国共产党，1940年2月在河北省南宫县参加革命工作。于2023年9月28日因病去世，享年99岁。中华人民共和国成立前，先后担任中共冀南地委宣传部干事，宁南县三区宣委副书记、书记，宁南县委宣传部干部等职。中华人民共和国成立后，先后担任宁晋县委宣传部干部，邢台地委组织部科长，华北局宣传部华北地区工作部干事，中共中央书记处四办研究员，中共崇文区委常委、组织部部长，区革委会计划组、宣传组副组长、组长，区革委会副主任，区委副书记、区革委会主任，区政府区长、区委书记、区人大常委会主任等职。1995年9月离休。

林特溟，北京市原崇文区人大常委会副主任。1939年10月出生，海南文昌人，1963年1月年参加工作，北京师范大学生物系动物生态专业毕业，1986年加入中国民主促进会，中学高级教师。于2023年9月30日因病去世，享年84岁。历任北京九十中学教师、甘肃省秦安一中教研组长、崇文区教育局副局长兼北京教育学院崇文分院副院长、崇文区政府副区长、崇文区人大常委会副主任。

街 道

2月4日，建国门街道举办第十六届癸卯年立春文化节（建国门街道提供）

东华门街道

【概况】中共北京市东城区委东华门街道工作委员会（简称东华门街道党工委）是区委的派出机关；北京市东城区人民政府东华门街道办事处（简称东华门街道办事处）是区政府的派出机关。东华门街道党工委与东华门街道办事处合署办公，为正处级单位。东华门街道党工委、办事处依据党内法律和法规、规章及上级党委、政府授权代表区委、区政府对辖区内党的建设、公共服务、城市管理、社会治理等行使综合管理职能，全面负责辖区地区性、社会性、群众性工作的统筹协调。2023年，东华门街道坚守核心街区功能定位，推进“崇文争先”，做实“六字文章”。坚持党建引领，落实市、区重点工作任务要求，统筹抓好社会稳定、城市更新、民生福祉及依法行政等各项工作。在重大活动期间，全域启动社会面一级超常规防控，完成全国两会、服贸会、北京文化论坛、“一带一路”国际合作高峰论坛等安全维稳任务。通过绿化修补、景观小品、铺装提升等措施，完成皇城根遗址公园整治提升。开展社区书屋建设，完成5个社区图书室文化设施改造提升和藏书更新。加强对社区文化团队及项目带头人培养，王府井社区梦飞扬艺术团获“2023年北京市新时代老年学习共同体”称号，被评为4A等级。

（崔胤　刘雪梅）

【城市管理】2023年，东华门街道持续推进核心区城市更新行动。坚持央地联手，与团中央联手打造西堂子胡同13号院“美丽院落”。完成皇城根遗址公园整治提升，打造带状公园。专班、专人、专案推进违法建设整治。市级拆除任务销账点位149处、面积3015.45平方米，完成进度150.77%，区级治理任务完成进度113.47%。东华门街道综合行政执法队在东城区城管系统年度综合考评中排名第一，获北京市城管系统“最美执法队”、北京市首批队伍规范化建设示范执法队等荣誉。打好污染防治攻坚战，强化施工扬尘和裸地治理，对128家餐饮单位进行油烟监测。完成2023年“清管行动”任务，清理雨箅子404个，地表水市考断面水质全部达标。落实林长制，养护自管行道树及绿地树木759株，与22家古树责任单位签订责任书。完成25条背街小巷精细化提升。完善街道“街巷长”制、小巷管家等工作机制，灯市口北巷、柏树胡同入选“首都文明街巷”。

（崔胤　刘雪梅）

12月26日，东华门街道“紫金东华，庭院合安”解纷中心揭牌仪式举行（刘海勇摄）

【民生保障】2023年，东华门街道推行“文化滋养+智慧养老+医养结合”运行机制，形成居家社区机构相协调、医养康养相结合的养老服务体系。开办公益助餐项目“爸妈食堂”，服务老人3500人次。兜牢民生保障底线，为辖区在册低保、特困、重度残疾人等社会救助对象800余人发放救助金和各类补贴1000余万元，惠及1万余人次。开展温暖住保项目，符合条件的住房特困家庭100%实现保障。超额完成2023年献血任务指标，首批中国红十字会“博爱家园”示范点落户东华门街道。依托辖区内中央政法委等4家中央政法单位资源，创建东华门街道“紫金东华，庭院合安”解纷中心。化解群众诉求4000余件，解纷治理初见成效。全年承办接诉即办案件7939件，推进消除世纪大厦长期未解决的安全隐患，严管亲子型共享单车违规租赁乱象。

（崔胤　刘雪梅）

【社会治安综合治理】2023年，东华门街道健全重大活动保障常态化工作机制。安排守望岗点位138个，招募治安志愿者444人，群防群治力量超过2000人，全年参与群防群治5.2万人次。完善预防预警和应急处置机制。在“23·7”强降雨期间，出动救援力量1200人次，转移群众36处377人，处理险情976处，整改风险点位163处，期间未发生伤人、亡人事故，实现“居民群众零伤亡、城市运行不中断、公私财产少损失”目标。坚持以平安东城建设为主线，统筹开展国家安全、反恐、反邪教、防范电信诈骗等工作，全年开展应急演练等活动30余次，受众超3000人，地区安全指数和群众安全感排名在全区位居前五。开展安全生产大排查、大整治行动，累计出动7826人次，检

9月22日，东华门街道开展电动三轮车回收工作（刘海勇摄）

查各类单位3913家次，消除隐患2202处，下达整改通知书1211份；推广辖区828家单位使用“企安安”小程序进行安全隐患自查、自改，消除隐患165处。定期上门走访上账防火重点人并制订救援预案，向防火重点人发放火灾逃生四件套641套，安装联网型独立烟感报警器1123个。开展违规电动三、四轮车综合治理，累计开展全覆盖敲门行动12轮次，完成淘汰处置违规电动三、四轮车1140辆，10个社区均通过 “零违规车辆社区”认定，提前完成清零任务。

（崔胤　刘雪梅）

【社区建设】2023年，东华门街道研究制订《东华门街道住宅小区物管会向业委会转化工作方案》，组建住宅小区业委会21个。开展社区协商议事厅和楼门院治理示范点建设，完成2023年市级楼门院治理示范点建设1处、社区协商议事厅年度推广任务4处和年度楼门院治理示范点推广任务3处。统筹指导社区开展北京市第五届“社区邻里节”主题活动，以“以邻为伴与邻为善共建美好幸福家园”为主题，举办社区邻里节活动14场。打造东华门街道文化品牌，挖掘地区“古都文化”“红色文化”优势，落实《北京中轴线文化遗产保护条例》，建立“中轴线上东华门”品牌，全年开展街道级和社区级文化活动1141场次，惠及本地区3.13万人次。巩固全民运动健身模范区创建成果，举办街道级体育品牌“和谐东华杯”第十五届乒乓球比赛和第三届羽毛球比赛、首都儿童运动文化节东华门街道亲子运动会。组建东华门街道篮球队，参加北京市第二届“社区杯”篮球联赛三人篮球赛东城区预选赛，获男子中年组亚军。2023年，累计组织参加市区级赛事18场，获奖15项，组织各类健身活动51次。

（崔胤　刘雪梅）

【党建工作】2023年，东华门街道配合区委第五巡察组开展巡视工作，共提供材料31批次，涉及内容600余项，完成人员谈话117人。开展理论中心组学习40次。组建“和谐东华宣讲团”，打造“指尖课堂”“流动课堂”，全年组织学习培训185场，外出参观17次。与商务部共同筹建党建联学共建平台，开展老字号传承创新、青年志愿服务等活动7次。动员党建协调委员会成员、辖区单位向房山区受灾村庄捐赠现金、物资，共计56.9万元。东方广场党群服务中心“东方U家”品牌入选首批“北京市党群服务中心示范点”；安利北京分公司党委和北京金茂万丽酒店党支部党建品牌分获市、区“党建强、发展强”党建品牌项目。制订意识形态工作责任制折子工程及10个社区意识形态阵地台账，在北京电视台、《北京日报》等媒体发文70篇，在“这里是东华”平台刊发259期944条内容。全年收集报送舆情信息150篇，妥善处置网络诉求及负面舆情65件。

（崔胤　刘雪梅）

【疏解整治促提升工作】2023年，东华门街道成立工作专班集中攻坚违法建设。全年市级拆除任务销账点位149处、面积3015.45平方米，完成进度150.77%，区级治理任务完成进度113.47%，分别于4月、7月提前超额完成市、区年度拆违任务目标。坚持央地联手，与团中央联手打造西堂子胡同13号院“美丽院落”。以疏解整治促提升专项工作为抓手，超前完成各项指标。新增共享停车位45个，完成东厂胡同14号、柏树胡同5号共6部电梯的立项工作。推动故宫周边申请式退租三合一规划方案报批，启动区级试点院落运营。

（崔胤　刘雪梅）

东华门街道社区居委会

居委会名称	管辖户数	负责人	联系电话	办公地址	邮编
银闸社区	1651	田桂红	65260109	北河沿大街141号	100009
东厂社区	1882	宫肇美	65277860	丰富胡同1号	100006

多福巷社区	1980	路曦	65250793	多福巷甲22号	100010
智德社区	1537	关晓庆	65288454	北池子大街60号	100006
灯市口社区	2509	马雪春	85114338	灯市口大街14号楼后平房	100006
韶九社区	1583	梁威	65252874	锡拉胡同21号	100006
南池子社区	2498	聂萌妹	65249022	缎库胡同18号	100006
王府井社区	938	周宇	65260106	煤渣胡同11号	100005
正义路社区	1113	王辉	65251105	东交民巷32号	100006
台基厂社区	1651	吴有然	85112056	台基厂二条3号	100005

景山街道

【概况】中共北京市东城区委景山街道工作委员会（简称景山街道党工委）是区委的派出机关；北京市东城区人民政府景山街道办事处（简称景山街道办事处）是区政府的派出机关。景山街道党工委与景山街道办事处合署办公，为正处级单位。景山街道党工委、办事处依据党内法规和法律、法规、规章及上级党委、政府授权，代表区委、区政府对辖区党的建设、公共服务、城市管理、社会治理等行使综合管理职能，全面负责辖区地区性、社会性、群众性工作的统筹协调。2023年，景山街道创新提出“微景”精神，以共建、共治、共享为出发点和落脚点，推进景山地区基层治理体系和治理能力现代化建设。完成节假日和重大活动期间安全保障工作，营造稳定和谐地区环境。落实民主集中制和议事决策规定，全年共召开党工委会38次、主任办公会38次，集体研究667项重大事项、人事任免、投资项目和大额资金使用情况，发挥集体领导核心作用，保证决策民主化、科学化。接收区委、区政府督查件30件，均已办结。有序推进区委、区政府涉及景山街道的折子工程41项、重要实事7项，各项工作取得进展。推进人大代表“家站”融合建设工作。开展联组代表履职专题培训，组织联组代表56人次参加区人大代表培训活动。打造“微景连心侨”品牌，联合专业为老服务机构开展“汇微光·微景暖侨心”上门为老服务项目。做好地区新业态、新就业群体暖心服务工作，为“两新”人员提供“暖心餐”4960人次和“爱心理发”服务1179人次。发挥妇联纽带作用，促进地区妇女儿童全面发展，地区1户家庭入选首都最美家庭，5户家庭入选东城最美家庭，1人获首都最美巾帼奋斗者称号。开展“春蕾计划”募捐活动，募集善款3万余元，对辖区春蕾女童6人开展需求帮扶。走访慰问困难单亲母亲13人，为低收入妇女1人成功申报“两癌”救助金。

（王柏程）

【城市管理】2023年，景山街道持续做好背街小巷环境精细化治理。完成15条背街小巷整治提升、皇城根遗址公园修缮改造、3处小微公共空间点位改造。治理过程注重挖掘老城特色，结合“微景”家园建设，让背街小巷、城市小微空间成为居民休闲、交流的好去处。继续推进什锦花园胡同45-1号、南吉祥胡同9号2个“美丽院落”建设和4处老旧公厕改造项目，对老旧生活区域进行地下管线和墙面翻新，铺装地面透水砖，以留白增绿、公共空间腾挪的方式让老院落焕发新生机。推动地区停车管理和交通秩序良性运转。推进皇城根遗址公园路侧停车收费管理、美术馆片区车辆挪移，经多次协调调度，东皇城根北街（大取灯胡同）、沙滩北街路侧85个停车位于5月正式进入收费与管理阶段。对辖区非机动车占位进行集中清理，发动美术馆后街12号停车场、隆福大厦地下停车场开放朝夕车位，以优惠价格对辖区居民开放，2个停车场共开放朝夕车位40个，解决居民夜间停车难、车场夜间闲置的问题。针对美术馆东街、沙滩后街等区域旅游大车停放、游客集中等问题开展联合执法，以“吹哨报道”的方式协调各责任主体探索多元治理模式，打造安宁街区。把生态文明建设放在突出位置，落实大气污染防治责任，紧盯辖区TSP、PM2.5数据，探索有效降尘措施。在发布空气污染预警或重大活动空气质量保障期间，联合综合行政执法队、街区物业单位开展督查检查，加强对属地工地管理巡视，加大对隆福寺地区、玉河区域等项目工地监管处罚力度，增加洒水频次，做好苫盖工作，响应重度污染预警。落实河长制、林长制、街巷长管理工作。主动履行河长各项职责，发动沿河两岸单位和居民群众参与水域治理，街道河长开展巡河工作，同时对辖区雨箅子、污水井、地下管线进行巡查，发现问题及时督促整改。推进辖区绿化建设，32家单位签订古树保护责任书；完成揭网见绿地块销账；开展义务植树、古树保护、绿地清理等各类活动20余次；进行绿地管护及有害生物防治培训12次；对社区“一长两员”巡林检查进行考核；完成全年“一院一树”绿化美化工作，栽种海棠12棵；完成古树保护网格督办件8件。开展街巷长管理工作，对街巷长标示牌进行更新，明确管理职责，提高街巷管理效率。对街巷长巡查期间发现的问题及时上报和处置；根据人员调整，动态更新街巷长信息，全年增补街巷长13人。贯彻落实市、区工作要求，推动接诉即办向未诉先办延伸、即时办理向深度治理转变。全年累计接收处理12345市民热线案件4916件，全量考核列全区第五，全年总参评案件2451件，平均响应率100%，平均解决率95.39%，平均满意率96.27%，平均综合评分96.25。发挥“街乡吹哨、部门报到”机制作用，敦促问题解决，全年共发起吹哨48次，涉及应哨部门18个。

（王柏程）

【民生保障】2023年，景山街道围绕《景山街道2023年重点民生实事清单》，优化公共服务供给，补齐民生短板，推动民生实事办理。织牢精准救助“兜底网”，全年保障低保户311户、低收入家庭15户，享受救助金人员9人、生活困难补助11人、特困供养人员18人、慈善救助4人。为184人发放独生子女父母年老时一次性奖励，为辖区符合要求的特扶人员6人申请一次性奖励，在重要时间节点走访慰问辖区各类特殊人群累计600余人次。筑好保障住房“暖心巢”，受理新申请171户，变更298户，终止315户，各类复核1362户，市场租补贴签订租房合同125户，其他各类业务2435件。配合做好快速配租和专项配租登记，涉及轮候家庭607户，发放选房通知单82户。公租房备案家庭保障率提升至67.76%。残疾证新办83个，丢失补办34个，残损换新41个。发放养老服务补贴274人，失能补贴1121人，新申请失能补贴老人138人，新申请高龄补贴老人263人。为残疾人30余人提供培训、招聘、安置就业等服务，为残疾人1人提供助学服务。推进街道养老服务联合体，将辖区内养老服务机构、医疗机构、具有为老服务功能的服务商逐步纳入联合体，推动2家养老院安全隐患整改，建设家庭照护床位120张，为老年人提供多项照护服务。推进“一刻钟便民服务圈”创建，景山便民服务圈以总分97.15分通过市商务局及三方机构评估验收，成为东城区5个优秀便民生活圈之一。完成兆军盛菜市场二期改造工程，建成具有景山特色、满足居民多样化需求的综合市场。

（王柏程）

【社会治安综合治理】2023年，景山街道组织开展老旧小区、平房院落、自建房密集区等重点区域的安全隐患大排查、大整治行动，加大对燃气使用、建筑施工等重点单位的监督检查力度，整顿治理各类安全生产和消防安全隐患1.04万处次。压实安全主体责任，与辖区406家单位签订《安全主体责任书》，全域推广“企安安”安全隐患排查整治线上系统，开展“红黄绿”安全等级评定。探索创新矛盾化解工作机制，实现全年街道系统突发事件案件量最低、同比下降幅度最大，火灾总量最低的治理成效。联合辖区单位和微型消防站开展各类安全生产和消防安全培训活动80余次；开展消防安全“一警六员”培训和安全业务知识学习97次、消防演练36次。严格管控重点人群，对重点信访人7人、邪教重点人3人、社区矫正人5人、社康社戒人128人、安置帮教对象66人、精神障碍者180余人和防火重点人180人开展全面排查和重点管控，发动社会面群防群治力量巡防队员、志愿者等1.2万余人次。开展扫黑除恶反恐防诈宣传活动。强化禁毒宣传教育，对吸毒在册人员确定风险等级，完善一人一档台账。成立违规电动三、四轮车综合治理工作专班，累计开展线下违规车辆现场交售活动8次，通过现场活动共计回收违规车辆200余辆；开展违规电动三、四轮车综合治理宣传活动84次，参与群众1.2万余人次；制作宣传展板50块、横幅10条、海报3000张，发放提示卡800张，对常住居民和流动人口开展入户宣传引导；加大对违规车辆的查扣力度，全年共查处违规三、四轮电动车73辆。全年累计淘汰1184辆，实现台账淘汰率100%。汛期调动街道全体干部24小时值守，对小区各类院落房屋进行安全排查，发现并治理隐患100处，疏散安置居民41人次。大风、大雾天气提前做好提示，加固可能倒伏的树木、牌匾。应对强降雪，提前购置融雪剂，组织街道干部清扫辖区内主要道路及背街小巷积雪，保证百姓生命财产安全、交通秩序顺畅。

（王柏程）

7月3日，景山街道开展宣讲防范电信网络诈骗与非法集资知识活动
（景山街道提供）

【社区建设】2023年，景山街道完成对隆福寺、汪芝麻、皇城根北街、黄化门、钟鼓社区人员的调整、选任，5个社区依照补选流程，于10月底完成居委会补选。经过依法投票，共有7人当选。面向优秀社区党组织书记和优秀社区工作者定向招聘事业编制人员，报名考试共23人，经过面试、体检和政审环节，录取1人。加强社工队伍建设，开设社会工作综合能力、社会工作实务、项目管理、沟通技巧、协商议事等课程，共开展赋能培训及督导14场，参与人次300人次。依托北京市第四届“优才计划”社工人才培育平台，通过“共研社区情况—挖掘种子力量—赋能胡同园丁—共建微景家园”4个步骤，探索“微景家园”美好社区营造路径。发挥小巷管家作用，落实景山街道小巷管家积分奖励制度，激励小巷管家在街巷巡逻、垃圾分类、志愿值守、劝阻不文明行为等工作上发挥效能。至年底，街道小巷管家103人共出勤1.18万人次，总计巡逻时长3.23万小时，解决或上报问题2340件。

（王柏程）

【党建工作】2023年，景山街道开展理论中心组学习28次，编印学习资料12期；各级党组织书记讲授专题党课77次，开展建言献策活动16次，收集意见、建议78条，采纳并解决问题32个；以专题辅导、交流研讨、实践调研、线上答题和知识竞赛等方式，组织街道各部门、社区、地区“两新”党组织学习宣传党的二十大精神。开展党支部标准化、规范化建设专项提升行动，选树一批“四强”党支部。在机关、社区党支部固化每月议评会制度，围绕查找工作风险点，提升党组织政治功能和组织功能。通过“三会一课”、民主评议党员等方式，对党员干部加强党规党纪教育。完成预备党员转正10人，发展新党员12人。落实困难党员关爱帮扶，全年走访慰问困难党员362人。制订《景山街道进一步加强和改进“人户分离”流动党员教育管理的工作方案》，动态完善工作台账。组织机关干部、优秀社工、地区单位青年干部开展“微聚hui”活动15期。

（王柏程）

4月10日，景山街道开展“微景花园”建设头脑风暴工坊活动（景山街道提供）

【疏解整治促提升工作】2023年，景山街道完成市级违法建设拆除任务6829.18平方米，占市级任务比例297.83%，全区排名第三；完成区级治理任务7287.67平方米，举证通过7841.62平方米，合计占比123.36%，全区排名第八；完成区级举证任务236处1.68万平方米，占比100.01%，全区排名第八，超额完成拆除违法建设年度任务。

（王柏程）

【“微景”家园建设】2023年，景山街道创新提出“微景”精神。从小处入手，在微上发力，在景上凸显，赋予多元主体参与身份，引导参与地区人、文、地、产、景等多维度家园建设，实现地区治理结构的微观形塑和动能释放，推进景山地区基层治理体系和治理能力现代化建设。设立6个协调小组，多频次、小范围召开联络员会议、专题议事会，加强日常沟通。聚焦驻区单位需求和基层群众关切，搭建地区政企交流平台，推动成员单位融入党建引领基层治理新格局。以协同合作为主线，打造“微景·同”区域化党建品牌，发挥枢纽功能。开展“红色基因永传承·微景建设筑华章”红色寻访活动，推出“微景有我·文明实践一刻钟”共建项目，打造“胡同园丁”治理品牌，以“微景·戏”为主题开展景山文化戏剧展演季等活动。以“微景花园”打造为行动主线，开展“微景花园”建设。助推成立“辛欣园丁”志愿队、“园丁花语”绿色巡护队等微景园丁队伍，在社会工作服务中心项目区级阶段性评审工作中受到专家好评，获全区第二名。组建“微景”公益专项基金管理委员会，研究制订管理办法，筹集善款近7万元，支持街道、社区公益项目开展。开展胡同园丁培育计划，通过“微创享”服务平台，挖掘志愿骨干，吸纳新鲜血液，助力社区品牌营造。

（王柏程）

景山街道社区居委会

居委会名称	管辖户数	负责人	联系电话	办公地址	邮编
隆福寺社区	2599	皇甫秉燕	84014007	东城区崔府夹道5号	100010
魏家社区	2903	苗莉莉	84018582	东城区什锦花园15号旁门	100010
汪芝麻社区	1668	吕楠	84017307	东城区南剪子巷40号	100010
皇城根北街社区	2820	赵雪莲	64043228 84018650	东城区东黄城根北街40号	100010
吉祥社区	1199	张伟希	84017693	东城区北河胡同8号	100010
黄化门社区	2011	秦来	64011598 84017928	东城区黄化门街8号	100010
钟鼓社区	2099	韩龙	64051753 84018563	东城区纳福胡同11号南楼	100010
景东社区	3186	王美洁	64057607 84018620	东城区沙滩后街47号	100010

交道口街道

【概况】中共北京市东城区委交道口街道工作委员会（简称交道口街道党工委）是区委的派出机关，北京市东城区人民政府交道口街道办事处（简称交道口街道办事处）是区政府的派出机关。交道口街道党工委与交道口街道办事处合署办公，为正处级单位。交道口街道党工委、办事处依据党内法规和法律、法规、规章及上级党委、政府授权，代表区委、区政府对辖区党的建设、公共服务、城市管理、社会治理等行使综合管理职能，全面负责辖区地区性、社会性、群众性工作的统筹协调。2023年，交道口街道贯彻落实党的二十大精神，强化政治引领，全年共开展调研80次，开展理论学习中心组集中学习、专题读书会、学习研讨会等23次。落实税源建设部署要求，持续优化营商环境，发挥南锣鼓巷历史文化资源优势，全年举办“南锣会客厅”活动3期，推动解决企业诉求55项，创新“互联网+招商”宣讲模式，实现新增市场主体155家，实现税源新增入库2196万。向北京市房山区宝地洼村捐赠物资20万元，助力宝地洼村灾后重建，完成内蒙古自治区化德县消费帮扶任务。2023年，交道口街道被评为“首都拥军优属拥政爱民模范单位”。

（谢依迪）

【城市管理】2023年，交道口街道推进中轴申遗涉及项目，配合完成中轴线申遗迎检工作。完成国家话剧院高层住宅楼征收工作，实现77户居民全部签约，楼体顺利拆除。完成鼓楼东大街（二期）环境综合整治提升项目，有效改善街面风貌。开展大气污染精细化治理，累计清洁屋顶面积70万平方米，完成裸地治理面积121.62平方米，全年PM2.5累计浓度38微克/立方米，粗颗粒物（TSP）累计浓度95微克/立方米，累计降尘量3.6吨/（平方千米·月），完成全年目标任务。落实河长制、林长制要求，推进林木养护和病虫害防治工作，玉河北段全年平均水质达到Ⅱ类，超过设定目标。强化非机动车和机动车停放管理，规范共享单车停车线30余处。挖掘辖区停车资源，新增共享车位35个。开展违规电动三、四轮车综合治理行动，实现违规电动三、四轮车“清零”目标。做好接诉即办工作，编制完成街道接诉即办工作手册，累计办理市、区两级12345案件8000余件，解决张自忠路6号院排污管线堵塞、福祥胡同25号院杂物堆放等群众急难愁盼问题。

（谢依迪）

【民生保障】2023年，交道口街道共发动1.44万人次参与垃圾桶前值守，在南锣鼓巷社区开展垃圾分类市级试点项目，举行居民活动12场，打造前圆恩寺胡同为垃圾分类示范胡同。组建完成南锣鼓巷社区东棉花胡同2号院、菊儿社区菊儿小区2个业主委员会。更新完善政务服务事项清单及办事指引材料，提高办事效率。街道政务服务中心和交东社区、大兴社区、南锣鼓巷社区、福祥社区等政务服务站被选为第一批政务服务规范化建设示范样板。其中街道政务服务中心获评年度东城区政务服务先进集体。巩固兜底保障，救助各类弱势群体1.3万余人次，发放保障金1200万余元。新增养老助餐点1家，改造完成养老照料中心1家。打造温馨家园“老残一体”特色服务项目，完善福祥社区一刻钟无障碍便民服务圈，实现残疾人无障碍出行。累计保障公租房备案家庭579户，保障率提高7.49%。开发家门口岗位100余个，与市人力社保局、市总工会共同举办金秋招聘月等招聘活动，实现全年城镇登记失业人员就业率66.41%，排名全区第三。

（谢依迪）

【社会治安综合治理】2023年，交道口街道发挥群防群治力量，全面摸排风险隐患，严防死守重点人群和重点点位，组织动员机关干部、治安志愿者等群防群治力量3300余人，完成全国两会、“一带一路”国际合作高峰论坛等重大活动服务保障。开展反恐防暴培训演练系列活动，协助国家安全局东城分局查找线索2次。推进禁毒工作，强化社区矫正人员防控，无一人发生脱漏管情况，全年共开展禁毒宣传25次。坚持矛盾吸附在基层，处理信访案件207个，接待群众292批310人次，化解矛盾纠纷83件，妥善处置群访事件2起。联合综治、司法、公安、社区等力量开展矛盾纠纷排查145次，调处各类矛盾纠纷109件，调解成功率100%。强化消防安全宣传，入户开展安全提示2840次，组织开展家庭防火、自救逃生等集中安全培训活动50余场，应急演练30余次，参与人员2220人次。开展安全生产和火灾隐患大排查、大整治行动，进行各类检查3321次，消除安全隐患3631处。为80岁以上老人发放消防应急包430套，更新社区灭火器3000余个。聚焦全民法治素养提升，全年开展各类法治宣传活动32场，受教育群众1500余人次。

（谢依迪）

【社区建设】2023年，交道口街道强化党建引领，提升社区治理能力，打造福祥社区“槐香客厅”等议事品牌3个，创建菊儿社区居民议事厅、南锣鼓巷社区东棉花胡同2号院5单元楼门院治理市级示范点2个，实现社区居民议事厅全覆盖。全年召开社区座谈会90余场，收集诉求100余件，物业管理、环境整治等高频问题逐步解决。培育扶持各类社区社会组织105个，其中星级社区社会组织15支。举办社区居民领袖增能训练营2期，居民自治持续深化。不断提升社工队伍素质，开展“融治新创益”系列社区工作者培训活动，打造优秀社区书记讲堂，组建1支社工智囊团队伍，社区党组织书记1人考录为事业编制。成立街道社会工作服务中心和3个试点社区社会工作服务站，开展心理知识科普讲座及团体服务20场。开展“科普之夏”系列活动8场。完成中考、高考等考试服务保障任务。开展“一封家书”线上征集、“讴歌新时代 颂说新辉煌”曲艺专场演出等各类文化活动50余场。孵化、培育本土戏剧团队1个。完成200人国民体质测试、国家卫生区复审现场评估等任务。推进第五次全国经济普查。

（谢依迪）

2月13日，交道口街道举办“红色区块联”暨“党的二十大精神”进家庭系列活动（王莉摄）

【党建工作】2023年，交道口街道落实“一岗双责”，街道党工委全年专题研究党建议题150个，开展学习培训23次，集体廉政谈话2次，班子成员专题汇报2次，开展新任职社区工作者任前廉政谈话6人。常态化抓好监督执纪，开展警示教育2次、纠治“四风”监督检查35次。打造“红色区块联”街道大党建品牌，开展“红色大集”等活动70余场。优化完善党建阵地，完成辖区市委现场教学点位升级改造，全年接待调研40余次。“三心三立”“两新”党建品牌入选全区25个重点品牌库。福祥社区党建引领基层治理案例作为北京市先进典型，在共产党员网刊登。向媒体报送新闻线索129条，协调中央、市属主流媒体采访报道15次，刊登稿件140余篇。累计在“魅力南锣”微信公众号推送信息658条。提前梳理、上报舆情风险点清单12次。在“魅力南锣”微信公众号开设“聚焦党的二十大”主题教育学习专栏，刊载文章61篇、推送《习近平著作选读》有声书32条，累计阅读转载量达8765次。以新时代文明实践所（站）为平台，开展文明实践志愿服务活动600余场，办结群众“微心愿”532件。依托“暖·空间”，开展服务地区青年、妇女、儿童系列活动，发挥群团组织桥梁和纽带作用。党群服务中心暖心驿站被评为全国最美工会户外劳动者服务站点。完成民兵征集、演练、安保维稳等各项任务。完成人大代表议案、建议和政协委员提案4件，党代表建议2件，办结率100%。

（谢依迪）

【疏解整治促提升工作】2023年，交道口街道拆除违法建设48处，面积共计1812.31平方米，提前完成市级任务。无证无照、开墙打洞、违法群租保持动态清零。完成住宿业整治2家。创建精品街巷11条、优美街巷2条，东不压桥胡同入选2023年北京十大最美街巷。“丝带记忆”——菊儿胡同东口小微绿地项目获评北京市协同创新范例。雨儿胡同30号院获评北京市“最美庭院”。土儿胡同8号楼老旧小区改造、玉河北段综合整治以及“美丽院落”建设等项目相继完成。

（谢依迪）

【南锣鼓巷整改】2023年，交道口街道开展南锣鼓巷综合治理，占道经营市级挂账点位顺利完成摘牌，无照游商、黑三轮等违法经营行为得到有效遏制。业态风貌集中升级，完成南锣主街餐饮商户封窗整改36家、堂食整改16家、外立面改造67家，拆除更换违规牌匾60处。发挥南锣鼓巷商会自治作用，实现商户自筹资金承担主街部分垃圾分类职责，主街卫生环境明显改善。

（谢依迪）

10月30日，交道口街道领导带队到南锣鼓巷社区开展接诉即办工作专题调研（王莉摄）

交道口街道社区居委会

居委会名称	管辖户数	负责人	联系电话	办公地址	邮编
交东社区	2588	杨春茹	64023661	北京市东城区交东大街6-5号	100007
大兴社区	2674	曲珊珊	64021169	北京市东城区北吉祥胡同13号	100007
府学社区	3157	刘正航	64025112	北京市东城区中剪子巷17号旁门	100007
菊儿社区	2593	薛芳	64009703	北京市东城区菊儿胡同21号	100009
南锣鼓巷社区	3034	王凤云	64023671	北京市东城区前圆恩寺胡同28号	100009
鼓楼苑社区	3610	李娜	84049258	北京市东城区前鼓楼苑10号	100009
福祥社区	2346	李德青	84084603	北京市东城区东不压桥胡同12号	100009

安定门街道

【概况】中共北京市东城区委安定门街道工作委员会（简称安定门街道党工委）是区委的派出机关，北京市东城区人民政府安定门街道办事处（简称安定门街道办事处）是区政府的派出机关。安定门街道党工委与安定门街道办事处合署办公，为正处级单位。安定门街道党工委、办事处依据党内法规和法律、法规、规章及上级党委、政府授权，代表区委、区政府对辖区党的建设、公共服务、城市管理、社会治理等行使综合管理职能，全面负责辖区地区性、社会性、群众性工作的统筹协调。2023年，安定门街道在学习教育、安全稳定、环境保障、文化建设、民生福祉、经济发展、纪律作风等方面实现突破。完成钟鼓楼周边第五立面及环境综合整治，配合相关部门完成中轴线申遗工作。在中央市区媒体刊发报道157篇，“安定新韵”公众号推送信息461条，发布钟鼓楼周边环境综合整治工作纪实等短视频7条，“钟鼓人家”App发帖总数1.42万条。成立“一站式”服务企业管家团，采取座谈、沙龙等形式邀请企业家畅谈经济、献言献策。开展紫金超市系列活动41场次89户次；重点企业联系服务150户次。与“服务包”重点财源企业联系沟通20家次；开展各类服务22次；召开线上、线下协调会12次；政策解读对接会19场27家次。北京电视台对安定门街道“一站式”服务进行专题报道。2023年，安定门街道获“首都禁毒工作先进集体”，入选第六批全国“扫黄打非”进基层示范点，通过“北京市安全社区”称号复评。原创话剧

《代价》获东城区法制文艺大赛一等奖。全年税源完成入库额1230万元。

（杨沁诗）

【城市管理】2023年，安定门街道摸排车辆300余辆，入户宣传200余次，清理车辆27辆，安装隔离石墩400座，加装执法摄像头，大规模集中整治清理3次，实现国子监街全线680米不停车。五道营全部实现架空线入地。实行“巡回收运+上门清运+夜间加运”垃圾分类清运模式，胡同环境全面提升。开展安内大街及10条背街小巷整治，实现街巷提升全覆盖。完成中绦甲2号老旧小区和4个“美丽院落”改造；打造中轴线申遗国际交流中心，强化中轴线周边文化展示与历史环境氛围营造，展现中轴魅力和古都市井生活；以四合院、简易楼及废旧厂房改造利用为着力点，打造产业类聚的“文巷”。联合北京纷享云图科技有限公司共同打造便民生活圈数据管理平台，以电子地图形式呈现生活圈业态网点数据，实现系统后台统计、分析及建设情况评价功能。开展“净巷行动”，清理回收“僵尸车”183辆，清理占位杂物247处。拆除违法建设48处2409.99平方米，完成市级治理任务111.83%；区级举证通过39处3657.5平方米，完成区级举证任务103.44%。持续推进大气污染防治精细化工作，对全地区开展空气质量重点整治行动，开展屋顶清扫、裸地治理、精细化保洁等专项行动。在中轴线申遗工作中，完成退租302户，总建筑面积6382.88平方米，整体腾空院落19个；拆违4388.81平方米；整治第五立面1.55万平方米。协助市区专家团队制订调研路线及入户方案，配合完成国际古迹遗址理事会现场技术评估所涉及的各项保障工作。推进落实接诉即办工作，实行“处级领导包案下社区”“末位约谈”机制，坚持街道领导日调度、周分析、月总结，涉案人员全程参会，新入职干部跟会学习，形成“自上而下、左右协调、上下联动”的工作模式，全年共受理12345热线案件6595件，接诉即办区级平均综合成绩95.87分，全区排名第七。

（杨沁诗）

【民生保障】2023年，安定门街道失业人员就业752人，就业率66.73%，排名保持全区第一梯队；高校毕业生就业率96.23%，困难家庭高校毕业生精准帮扶100%，辖区内未产生1例“零就业家庭”；对辖区内享受低保人员实行动态化管理，发放低保金4789户次7790人次，共计发放1030.52万元。发放困难补助130人次21.64万元；为166人次发放低收入补助，金额合计5.63万元；为低保人员发放电费补助、元旦春节慰问金、物价变动补贴共计47.47万余元，逐户、逐人调整低保待遇发放标准；元旦春节走访慰问重病、高龄、孤寡等困难退休人员135人。辖区2家养老驿站全年线上、线下服务7000余人次，帮助解决困难人员近100人。全年大厅接待办事群众3.19万人次，办理事项2.16万个。多措并举拓宽社会救助渠道，成功立项“党建引领夯实救助之基”项目，救助5人次9万元。全年为384户低保家庭发放低保金984万元，为23户低收入家庭发放保障金7万元，为特困人员38人发放保障金110万元，为52人次申请到15.1万元临时救助金，完成残疾人175人基本康复服务监测，全年未发生过重大民生问题。开展家庭床位照护签约工作，新增床位60张；将2家社会化餐饮企业纳入街道养老助餐点范围；建设助老打车点位8个；联系地区医疗服务机构，打造安定门特色养老服务联合体；落实军工、地退、优抚人员的政治待遇、生活待遇，为军工人员140人发放工资1127万元，为优抚人员40人发放抚恤金112万元。开展对房山区大安山乡赵亩地村的“三帮一”结对帮扶，协调各方为灾区捐赠水泥200吨。

（杨沁诗）

11月1日，安定门街道国子监街不停车整治成果初现（宋小明摄）

【社区建设】2023年，安定门街道加强社工队伍建设，制订《2023年“安定有我”社工队伍建设主题培训计划》，每月按主题进行社工培训。年度社会工作者资格考试通过初级考试25人，通过中级考试8人，街道社工持证率提升至45%。依法开展社区居委会届中补选，完善社区居委会下属六大委员会设置，织密社区自治组织体系。走访调研社区，对社工20余人进行轮岗交流，加强人岗适配，激发社工的工作激情和活力。完善社

8月8日，安定门街道举办第二届星光欢乐跑活动（宋小明摄）

区工作者管理制度，推动形成以制度管人、以制度约束人、人人遵规守制的良好管理氛围。成立街道级社会工作服务中心，实现平台融合，全年完成服务个案10例。完成4个社工站建设，完成服务案例20个。链接“平安枫景”专业资源，开展系列培训，参与人次200余人。继续做好“家园规划师”项目，2023年该项目被北京市收录于京津冀社区治理案例集。国子监社区“圣人邻里”小微品牌被收录在北京市社工委、市民政局的《“十百千”示范品牌社区社会组织典型案例汇编》。收集、发掘社区故事、微景观、胡同历史、景点文物信息等，打造文创新品牌。完成8处不可移动文物安全风险评估。完成第九届北京孔庙国子监国学文化节的保障和组织工作。协助中国老龄事业发展基金会举办文化助老公益行动“新城韵”孝亲敬老社区文化活动启动仪式。举办七夕、中秋节等文艺汇演活动。举办“升级”扑克公开赛。带队参加东城区2023年第九套广播体操比赛，获社区组一等奖和机关组二等奖。组队参加东城区首届全民健身运动会，获羽毛球团体第三名。举办“星光律动 夜享京城”2023第二届星光欢乐跑活动，被北京电视台、《人民日报》等媒体报道。组队参加东城区“社区杯”篮球3对3比赛。完成东城区第十一届广场舞大赛的组织协调和安保工作，参赛队伍获一等奖2个、二等奖1个、三等奖2个。组队参加北京市第17届“和谐杯”乒乓球总决赛，获城区组一等奖。

（杨沁诗）

【社会治安综合治理】2023年，安定门街道保障核心区安全，完成全国两会、服贸会、“一带一路”国际合作高峰论坛及重要节假日的社会面安全稳定任务，梳理各类矛盾纠纷83件，化解重点信访积案3件。吸取“6·24”火灾教训，全力做好火灾事故善后工作。反思管理中存在的薄弱环节，撰写《地区安全形势分析报告》，推进大排查、大整治专项行动，检查单位1763家，现场整改隐患575处，发现隐患1124处，实现下半年火灾同比下降50%。协调各方力量主动清理国子监乙28号院500余人群租的重大安全隐患；开展违规电动三、四轮车综合治理收尾攻坚行动，完成总任务量1026辆的93.66%。全力应对“23·7”特大暴雨，组建多层次、多领域的防汛工作队伍7支329人，汛期累计出动抢险人员2156人次，排除险情总次数446次，其中房屋漏雨251次，路面积水86次，地面塌陷37次，树木折枝72次。全年共立案查处各类违法行为1084起，罚款45万元。

（杨沁诗）

【党建工作】2023年，安定门街道以主题教育为契机，组织开展“四长联动亮晒比，安定先锋建新功”系列活动3场，实现项目化管理、责任制推进、清单式落实，形成调研报告10篇。加强基层党组织建设，构建大党建工作格局，全年发展新党员11人，其中非公党员6人。加强党建引领，构筑熟人社区共同体，推动形成地区共建、共治、共享基层治理新格局。成立青年理论学习小组，加强对年轻干部的培养和锻炼，推进4批次39人次职务选拔及职级晋升。打造“先锋汇聚 安定同心”多元协同治理品牌，成立新的社会阶层联谊会，打造“钟鼓同文会客厅”，深化“安仁学堂”“甜葡萄”IP，推进区域党建联建创新发展。出台党建引领接诉即办工作实施意见17条，推动党员干部脚踏实地为群众办事。在钟鼓楼周边环境整治项目及国子监全线不停车工作中，成立临时党支部和工作专班，发挥党员模范带头作用。层层压实全面从严治党主体责任，建立青年干部廉政导师机制，运用“第一种形态”开展对干部约谈5人次，谈话提醒8人次，责令检查4人次。

（杨沁诗）

【疏解整治促提升工作】2023年，安定门街道市级违法建设治理任务为686平方米、区级治理任务为2155平方米，全年完成违法建设拆除及销账核验49处2577.93平方米，完成账内违法建设图斑点位处置21处1212.4平方米。完成年度市区级违法建设治理任务，完成率175.89%。加强日常巡查，发挥社区、物业作用，对于在街巷发现的运输、堆放砂石料的行为，追根溯源。发现在施、在建的违法建设及时劝阻，采取措施制止施工。与规划、公安等部门联动，采取劝拆、自拆、帮拆等措施，遏制新生违法建设。2023年共计拆除新生违法建设10余处，面积200余平方米。安内大街197号安定宾馆违建拆除等所有问题均立行立改。

（杨沁诗）

安定门街道社区居委会

居委会名称	管辖户数	负责人	联系电话	办公地址	邮编
交北头条社区	2540	金英	64068329	交北头条76号	100007
国子监社区	2718	王颜颜	64068513	官书院胡同40号	100007
五道营社区	2873	陈艳青	64068350	永康胡同5号院3号楼一层	100007
花园社区	3108	杨燕	64067702	谢家胡同40号	100009
分司厅社区	3128	姚远	64067692	小经厂胡同8号	100009
北锣鼓巷社区	1568	孙建新	64067517	纱络胡同14号	100009
宝钞南社区	2327	刘佳	64066617	琉璃寺8号	100009
钟楼湾社区	3121	申海燕	64067668	草厂北巷51号	100009
国旺社区	2559	张明生	64067076	国祥胡同13号	100009

北新桥街道

【概况】中共北京市东城区委北新桥街道工作委员会（简称北新桥街道党工委）是区委的派出机关，北京市东城区人民政府北新桥街道办事处（简称北新桥街道办事处）是区政府的派出机关。北新桥街道党工委与北新桥街道办事处合署办公，为正处级单位。北新桥街道党工委、办事处依据党内法规和法律、法规、规章及上级党委、政府授权，代表区委、区政府对辖区党的建设、公共服务、城市管理、社会治理等行使综合管理职能，全面负责辖区地区性、社会性、群众性工作的统筹协调。2023年，北新桥街道加强城市管理，推进街区更新规划发展，改造老旧小区。强化民生保障，落实接诉即办，办理市民诉求9666件。扎实安全维稳，在全国两会、服贸会等重大活动期间，启动一级社会面防控43天，部署守望岗值守1.65万班次，动员志愿者7.50万余人次。深化社区建设，提升三级议事协商平台。推进基层党建，召开街道区域化党建工作推进会暨街道党建协调委员会工作会议，对10个社区党委开展年度全面从严治党主体责任延伸检查考核。

（孙静静）

【城市管理】2023年，北新桥街道完成老旧小区新增申报1个（北官厅胡同甲2号院），新开工1个（草园胡同12号楼），新完工1个（北官厅胡同2号院），确定加装电梯1个（东直门医院家属楼）。配合做好草园12号楼、草园乙22号楼、北新桥三条甲2号燃气入户方案编制，推进老楼通燃气，完成民安小区22号楼楼后污水管道改造工程。开展“创无”行动，完成市级拆违任务销账79处1814.96平方米；对新生违建零容忍，共拆除新生违建16处470平方米；开展“净巷行动”“每周一题”环境治理；完成违规电动三、四轮车综合治理工作，1922辆违规电动三、四轮车提前实现清零。深化生态环境建设，PM2.5浓度排名1月至10月成绩并列全区第二；督促商户做好净化措施，完成130户商家的油烟监测；完成辖区屋顶清扫78万平方米，喷洒抑尘剂14万平方米，办结扬尘案件4957件，裸地治理面积1537.20平方米；完成2023年“清管行动”任务，降低汛期雨水堵塞隐患；累计处理树木掉落等险情32起，修剪压房、压线、枯枝等隐患树木300余株，砍伐死树、倒伏树木等50株，补植花箱50个，绿地清理各类垃圾废弃物160立方米。深化街巷环境秩序治理，推进停车管理改革，挖掘共享车位40个，推行歌华大厦夜间错时停车模式；处置首环办案件180件、市级背街小巷案件895件。推进民生工程建设，更换居民用户燃气安全配件调压器5092只、胶管5061根，超额完成4200户的年度任务。打造以“簋街12味”为主题的2023北京消费季簋街不夜节活动，吸引消费人群120万人次；获批“簋街”知识产权文字3类、图形45类，壮大簋街品牌影响力。落实接诉即办，深化日调度、周分析、月点评机制，全年累计办理市民诉求9666件，解决率、满意率达156.6%。

（孙静静）

【民生保障】2023年，北新桥街道全年走访慰问各类人员共计1618人，发放慰问金97.49万元。强化托底保障，全年发放低保对象1.46万人次、低保金1856.76万元。加强为老服务，建设全市首家市场化运营社区养老服务驿站，实现“一站八坊”（一站即海运仓社区养老服务驿站，八坊即乐食坊、乐足坊、乐洁坊、乐康

7月1日，北新桥街道举办“2023北京消费季·簋街不夜节”启动仪式（徐婧摄）

坊、乐美坊、乐家坊、乐心坊、乐购坊）实体运营，全年节省政府财政支出88万元；构建新型居家养老服务体系，打造区域养老“113”构架（1个区域养老服务联合体，1个综合为老服务中心，3个社区养老服务驿站）；试点推进东城区智慧养老服务平台建设，上线辖区惠民服务商137家，完成注册用户8230人；推进养老联合体建设，全年完成267张家庭养老照护床位建设、106户家庭床位适老化改造；发放高龄津贴、失能补贴、养老服务补贴6.30万人次1858.20万元；完成老年人458人意外伤害保险参保工作、老年人338人能力综合评估工作；巡视探访困难老年人7224人次；为高龄独居老年人55人安装应急响应装置；新增天兴居、得仁酒家2家社会老年餐桌；养老驿站提供助餐、助浴、助医等服务共计4.20万人次；开展敬老爱老活动26场。做好助残服务，开展技能培训活动12场，推荐残疾人就业3人次；整改无障碍便民生活圈点位60个，居家无障碍改造11户；发放残疾人生活补贴4316人次2080.66万元，发放护理补贴1.24万人次32.83万元。优化生育服务，办理生育服务登记377人次，新办独生子女父母光荣证25张，办理独生子女家庭一次性经济帮助12人12万元。处理劳动纠纷案件共8起，涉及工人15人，涉及金额7万余元。主要领导第一时间到房山区受灾地开展帮扶慰问活动，向房山区元阳水村、秋林铺村捐赠爱心善款23万元、米面油360份。

（孙静静）

【社会治安综合治理】2023年，北新桥街道做好全国两会、服贸会等重大活动服务保障，全年启动一级社会面防控43天，部署守望岗值守1.65万班次，动员志愿者7.50万人次。做好春节假期雍和宫觐香保障工作，应对人流量约20万人。开展安全生产和火灾隐患大排查、大整治专项行动，累计检查辖区生产经营单位4042家次，发现隐患4411处，下达整改通知书1203份；创新“今晚八点半”工作机制，累计开展300余次夜查。应对北京“23·7”特大强降雨，参与防汛力量1063人次，处理安全隐患及险情200余次，转移人员25户155人，全街道安全度汛。完善电动自行车全链条管理，新建电动自行车充电设施接口75个。关注安全教育，累计开展安全生产宣传活动40次，市级媒体报道4次、区级媒体报道6次。组织开展矛盾纠纷排查3236次，调解疑难复杂案件153件。

（孙静静）

【社区建设】2023年，北新桥街道深化三级议事协商平台，做到月月有议事、人人都参与、事事有回响、件件有着落，先后打造门楼社区东四十一条75号“零废小院”、东四十二条23号“开心小院”。开展年度社区社会组织星级评定，共评出三星级23个、四星级18个、五星级12个；新成立业委会4个，重组物管会5个；推动社区汇聚平台的建设与常态化运作，10个社区汇聚平台月均活跃度突破1500，平均每个社区每周添加民情日志60篇，活跃度排名位居东城区前列；做好社工招考工作，完成新社工22人入职报到；选调社工10人到机关业务科室进行每期9个月的以干代训；社区党组织书记5人、社区工作者1人考取事业编制岗位，被录取人员总数在全区排名第二。完成2023年第五届“社区邻里节”集中活动，开展活动20场次，参与居民1000人次；帮助辖区文沁阁书店成为东城区首家公共文化新空间试点，主打“宠物陪伴少儿阅读”，为辖区居民提供特色化的公共文化服务；作为东城区“非遗进社区”试点街道，开展“赏景泰蓝 品非遗之美”活动，推广非物质文化遗产；开展全民健身活动，获东城区首届全民健身运动会一等奖；把握非京籍适龄儿童入学标准，做好学生25人联审工作。

（孙静静）

【党建工作】2023年，北新桥街道组织处级领导干部参与全区集中轮训6期；开展理论学习中心组学习12次、集中研讨4次；组织科级以下干部参加2023年干部教育培训；建立街道青年理论学习小组，相关经验被《东城组工动态》刊登。开展主题教育，组织开展领导班子集中学习5次，带动各基层党组织书记讲党课160场；围绕接诉即办、养老服务等重大民生课题，领导班子深入一线调研120次，累计发现问题38个，解决街区堵点问题40个，化解陈年信访积案4

10月25日，北新桥街道党工委书记讲授主题教育专题党课（徐婧摄）

件，其中市场化推进为老服务经验在《北京组工》刊登。推进党员发展工作，完成发展对象22人集中培训和政审工作；开展共产党员献爱心活动，捐款合计14.80万元，元旦、春节及“七一”走访慰问市、区、街三级困难党员280人；“五星级”社区党组织经验被区社工委“党建引领基层治理经验案例”专栏采纳宣传；召开街道区域化党建工作推进会2次，组织开展红色党建活动20场。全年开展人大代表家站活动30场，联系选民群众600余人次，完成代表补选工作。完成重大活动期间民兵安保执勤任务，累计上岗执勤408人次。制订《北新桥街道党工委2023年党风廉政建设和反腐败工作实施意见》，对重要岗位负责人开展节前廉政纪律教育13人次；召开“以案为鉴 以案促改”警示教育大会，观看警示教育片《征迁之蠹》《铁纪之威》；运用监督执纪“第一种形态”约谈提醒9人次。制订《2023年度全面从严治党主体责任（党建）延伸检查考核方案》，对10个社区党委开展年度全面从严治党主体责任延伸检查考核。2023年，北新桥街道党工委获东城区“三级联创”“五个好”。

（孙静静）

【疏解整治促提升工作】2023年，北新桥街道拆除违法建设79处，建设面积1814.96平方米；拆除新生违法建设16处，建设面积470平方米；完成施工类围挡治理5处；完成揭网见绿2116平方米；新增共享车位30个；完成提升住宿业1家；完成竣工项目清理1个。

（孙静静）

【优化营商环境】2023年，北新桥街道不断优化“紫金服务”质量，全年累计联系服务重点企业508户次，收集并解决服务包企业诉求80个，问题解决率、满意率均100%，市级企业服务协同考评3次进入全市前50名，辖区营商环境持续向好；搭建政企交流平台，开展走访活动70次，助力重点企业在地稳定发展；引进、新设北京国酒茅台销售集团有限公司等企业26家，完成2400万元区级税收入库任务。在簋街建立全市首个特色街区质量基础设施“一站式”服务站，为服务性企业提供市场监管领域计量、标准化、认证及检验检测等服务。

（孙静静）

北新桥街道社区居委会

居委会名称	管辖户数	负责人	联系电话	办公地址	邮编
北官厅社区	2432	张志华	84064928	东直门内北小街8号院3号楼	100007
民安社区	3269	郝宏芳	64027401	民安街14号楼	100007
北新仓社区	2635	赵景华	84072141	东直门内大街10号楼3层	100007
海运仓社区	3017	佟爱香	84073272	南颂年胡同3号楼	100007
门楼社区	2680	田维荣	64027400	东四北大街168号	100007
小菊社区	2816	刘素欣	64020638	十四条胡同7号	100007
九道湾社区	2768	王淑梅	64015936	九道湾西巷1号	100007
草园社区	2590	杨洋	64066547	草园胡同76号	100007
前永康社区	2873	赵妍	64040317	北新胡同三巷3号	100007
青龙社区	2712	王学义	64017600	青龙胡同甲3号	100007

东四街道

【概况】中共北京市东城区委东四街道工作委员会（简称东四街道党工委）是区委的派出机关；北京市东城区人民政府东四街道办事处（简称东四街道办事处）是区政府的派出机关。东四街道党工委与东四街道办事处合署办公，为正处级单位。东四街道党工委、办事处依据党内法规和法律、法规、规章及上级党委、政府授权，代表区委、区政府对辖区党的建设、公共服务、城市管理、社会治理等行使综合管理职能，全面负责辖区地区性、社会性、群众性工作的统筹协调。2023年，东四街道学习贯彻党的二十大会议精神，持续做好城市管理、片区更新、民生保障、平安建设、社区建设各项工作。利用智慧管理平台提升城市治理效能，接诉即办工作取得满意成效，垃圾分类和物业管理工作取得进展，辖区环境整治提升工作不断深化，人居生活环境得到改善；落实扶危解困、养老服务、住房保障、残疾扶助、双拥等民生工作；细致排查辖区安全隐患，消除不安全因素，解决矛盾纠纷，为平安建设保驾护航；多措并举推进社区组织建设、文化建设，丰富居民文化生活。

（杨阳）

【城市管理】2023年，东四街道通过打造街道综合信息平台，推动数据资源动态更新、提前研判，推进接诉即办工作向未诉先办延伸，全年共接收12345案件6095件，响应率93.39%，解决率76.43%，满意率81.24%。组织开展爱国卫生运动18场次、垃圾分类三周年宣传活动6场、垃圾分类基层赋能培训会6次，推进社区共治、共建工作。居民小区1处获得市级示范小区荣誉，社工1人获评市级“垃圾分类达人”，垃圾分类示范楼宇1栋在“碳达峰”“绿色低碳”工作中起到示范引领作用。完成2023年违规电动三、四轮车综合治理工作，组织线下回收处置活动35场，淘汰处置违规电动三、四轮车1326辆。推动片区综合性城市更新，促进存量资源提质增效。完成东四地铁站（西南口）公共空间、平安发展大厦门前小微绿地改造；完成二条社区办公用房开工证办理；与天街集团共同启动项目综合实施方案编制，完成综合实施方案阶段稿；与东城文旅集团合作，就文体中心改造运营形成初步方案；申请市发改委重点区域“疏整促”资金，谋划东四“国风静巷”综合治理提升项目。为居民免费更换户内智能物联网燃气表（NB表）、金属包袱管以及加装自闭阀，与燃气公司配合，完成安全型燃气配件成套更换2623户，保证辖区内居民燃气安全。对东四头条至三条、仓南北巷、南弓匠营胡同、烧酒胡同等9条背街小巷开展精细化整治提升工程，改善人居环境。开展朝阳门北小街综合整治提升项目，对北小街进行便道拓宽，在豆瓣胡同东侧施划45个停车位，规范南门仓、豆瓣路侧停车。提升大气污染防治精细化水平，全年开展屋面清扫60.21万平方米、餐饮油烟监测56家次；楼房区3个社区成立试点环保志愿者队伍，对辖区小微工地、垃圾分类、环境绿化美化等突出环境问题进行巡查，大气污染防治工作效果明显，辖区环境得到有效改善。开展“三八”节艺术插花、菊花养植、植树节增绿护绿等传统驿站活动65场，举办第五届东四菊花节。开展垃圾分类执法检查、燃气安全专项检查，严查施工扬尘等环保问题，共开展各类执法检查2万余家次。全年办理行政处罚普通程序案件153件，罚款14.73万元；简易程序案件852件，处罚166起，罚款3040元，警告686起。

（杨阳）

【民生保障】2023年，东四街道为辖区低保家庭329户、低收入家庭26户、特困人员25人做好基本生活保障，向社救对象发放低保金、低收入补贴、特困供养金及照料费、医疗教育、供暖补贴累计1023.87万元。为80岁以上高龄老人1906人累计发放高龄津贴390.81万元，为失能老人发放补贴1.30万人次68.94万元，为困难老人发放养老服务补贴3346人次55.63万元。受理新申请保障性住房39户、新申请公租补贴24户、新申请市场租房补贴40户，签订市场租房补贴及廉租补贴合同81户，完成资格变更230户，终止资格201户，对1280户公租房已备案家庭开展意向登记和现场网上登记，对12户社救对象开展房屋保障核实工作。利用社会资源网络平台，对残疾人开展主题教育、技能培训、农疗康复等活动，全年累计参与1.55万人次；完成“七有五性”康复服务政策覆盖任务280人；完成创建全国无障碍市城区任务，累计摸排300余个点位，发动残疾人志愿者排查地铁站、人行道的无障碍设施，搬移占压盲道的共享单车、社会车辆累计600余辆。对抗美援朝老战士9人、持证烈属22人、伤残优抚对象162人、在乡复员军人1人、因公牺牲军人家属3人、参战参试1人进行慰问，为优抚对象166人发放优待抚恤金及采暖补助363.03万元，办理新增伤残优抚对象43人、持证烈属1人。开展根治欠薪冬季专项行动、在全国两会期间根治欠薪工作等专项检查，加强劳动关系三方协商调解。非北京市户籍适龄儿童少年在东城区入学审核通过13人，完成无偿献血248人次。开展“星光聚力”行动，成立全国首个街道级慈善信托——金谷信托2023东四街道星光聚力（共同富裕）慈善信托，募集资金145.35万元，助学、助残帮扶对象共计84人，惠及辖区困难学生、困难残疾人等1.6万余人。引入北京康养集团，推动豆瓣社区养老

10月24日，东四街道举办“星光聚力”慈善信托发布会（郝飞摄）

服务驿站运营，以辖区老年人需求为核心，打造全新为老服务模式；恢复豆瓣社区老年餐桌、清真老年餐桌运行，累计供餐近2000人次。2023年，东四街道获首都拥军优属拥政爱民模范单位称号。

（杨阳）

【社会治安综合治理】2023年，东四街道持续做好社会面安全维稳工作，综合开展反诈反邪、国家安全等宣传120次。推进群防群治队伍建设，吸纳守望岗新成员14人，协同开展各类专项治理任务，整治违法群租房13处。打造“一站式”矛盾纠纷调处化解平台——东四街道矛盾纠纷调解中心，组织排查矛盾纠纷3000余次、调处矛盾纠纷349件。接收社区矫正人员10人、解除11人，新接安置帮教人员21人，组织排查走访82人次，开展专项教育55人次，集中教育6次。组织普法宣传134场，张贴宣传海报500幅，开展每周法官、律师、公证员咨询接待，开展法律咨询服务1300人次，审查合同117份，法制审核小组审查重大执法案件11件，日常执法审核926件。推进电动自行车集中充电设施选址建设，完成充电口建设2208个，落实街道、社区、重点点位2处及重点人414人的消防设施配备。推动豆瓣胡同2号楼消防隐患销账工作。修订《东四街道应急值守工作管理细则（试行）》，完成各类应急值守工作。受理信访总量479人次，参与区政府门前信访秩序维护值守58人次；落实处级领导接访制度，党政主要领导接访、约访、下访26人次。制订《2023年度东四街道民兵整组工作方案》《2023年度东四街道征兵工作方案》《2023年度东四街道兵役登记工作方案》《2023年度全国两会“一带一路”期间民兵安保执勤工作方案》，完成征兵任务、编组任务；完成辖区年满18岁适龄男青年118人的兵役登记；选拔基层民兵骨干36人，参加区武装部各项任务活动。

（杨阳）

【社区建设】2023年，东四街道创建“巷约东四”工作品牌，通过开展“微网格1+1”活动，提升为民服务效能。成立东四街道志愿者联盟和联盟联合党支部，为首批28支社区社会组织赋能。组织开展“双奥东四 潮玩闹元宵”、第三届国风静巷胡同摄影展、2023年徒步京津冀系列活动——第十一届北京东四胡同跑、“奋进新征程 运动促健康”全民健身志愿服务系列活动等5大特色品牌活动共计25场，调动辖区公益资源，借力国风静巷App“互联网+基层治理”平台，激发群众参与，形成社区发展合力。共组建20个物管会、8个业委会，达标率200%。以东四街道社会工作服务中心为枢纽，孵化出六条社区乐享健康守护队伍，开展活动40场，参与人数3500余人。加强社工队伍建设，开展社工储备力量调研，组织社工培训，提升服务效能。组建总院社区25号笃行致远小院议事厅，促进社区共建、共治、共享。完成六条社区办公用房装修改造工程、八条社区服务空间开放式升级改造，启动二条社区办公用房建设，推进街区更新。

（杨阳）

【党建工作】2023年，东四街道举办读书班，开展集中学习、交流研讨各5次，街道党工委书记围绕“新时代首都核心区的新作为新担当”为地区党员干部讲专题党课，领导班子成员分别在所在党支部讲专题党课。利用“三会一课”、主题党日等，组织党员开展集中理论学习、交流心得体会，基层党组织书记74人带头讲党课。开展调查研究，班子成员累计开展调研140次，涉及点位110个，现场分析问题、研究解决方案，推动调研取得实效。制订《东四街道2023年百姓宣讲工作方案》，成立2023年东四街道百姓宣讲团，开展培训6次，参加区宣讲调研2次，进社区进行宣讲3次，受众200余人次。制订《东四街道2023年意识形态工作责任制项目内容（折子工程）》，开展基层党建述职评议考核，举办基层党组织书记培训班，围绕党员发展、党员E先锋操作等重点业务开展专题培训3次。发展党员20人，预备党员转正16人，新成立非公党支部1个。创建“巷约东四”党建品牌，划分100个微循环治理单元，党员干部社工200人“1+1”入户包单元，按户建立服务档案1.80万份。街道工会利用“双沟通”工作模式，进楼宇、进企业，开展职工沟通会50场、企业沟通会19场，发展会员400人，

6 月 16 日，东四街道志愿者联盟成立（郝飞摄）

独立建会5家，其中千人单位1家，东四街道工会服务站劳动争议调解室成功申报全国基层劳动关系公共服务样板站点；团工委“分小青”垃圾分类志愿服务品牌开展垃圾分类志愿服务活动12次，服务居民1000余人次；探索新时代少先队工作的新路径、新模式，东四街道少先队社区成长营举办主题活动34场，少先队员参与900余人次。汇聚新阶层社会人士60人，成立新联会，壮大街道统战力量；建立“巷守东四 闻法而行”东四街道公益律师服务团，定期开展法律讲座、咨询活动；街道商会、新联会到内蒙古自治区化德县朝阳镇开展对口支援，捐款支援房山地区受灾群众，出资认领榫卯文化进校园活动项目；完成中国台湾高雄里长民众北京东城参访团参访交流活动，多家新闻媒体对活动进行报道。2023年，东四街道获第九届首都民族团结进步先进集体、北京市示范侨之家、2022—2023年度北京市青年文明号荣誉称号。

（杨阳）

【疏解整治促提升工作】2023年，东四街道坚持“治旧”“控新”并举，严格管控、快速拆除新生违建，避免群发、群建、新生违建。共计拆除市级挂账违法建设149处4213.19平方米。全区开墙打洞工作动态清零。以核心区控制性规划为指引，在听取居民意见的基础上修缮胡同风貌，探索老城更新保护新路径。开展老旧小区综合整治。完成东四十条甲34号院小区基础设施设备、外立面改造等全部项目，推动东四北大街303号楼老旧小区整治提升项目申报评审工作，完成申报相关手续。开展微花园建设。多次与北京地铁三号线相关部门沟通，恢复平安发展大厦东北侧因施工占用的绿地，完成建造1座面积为127平方米的微花园项目；拆除东四五条101号楼简易楼，建成绿地面积262平方米，为胡同居民打造休闲场所。完成东四路口东北角公共空间改造提升。依据居民不同的使用需求，重新划分场地功能进行建设，改善区域公共设施及环境风貌。完成地区自建房排查。系统录入其他自建房46栋，确定其中5处房屋存在一般安全隐患，督促产权人采取解危措施，加强日常关注。

（杨阳）

东四街道社区居委会

居委会名称	管辖户数	负责人	联系电话	办公地址	邮编
东四街道二条社区	2910	胡姗娜	84045099	东四北大街460号	100010
东四街道六条社区	2688	高春生	64051641	流水巷38号	100007
东四街道八条社区	2597	刘志颖	64023899	东四八条139号	100007
东四街道总院社区	2693	郭小金	84043899	北小街2号综合服务楼1层	100700
东四街道豆瓣社区	2764	李玲	84035099	豆瓣胡同3号楼—6	100007
东四街道南门仓社区	2310	韩宝利	84043599	罗家大院1号楼2层	100010

朝阳门街道

【概况】中共北京市东城区委朝阳门街道工作委员会（简称朝阳门街道党工委）是区委的派出机关；北京市东城区人民政府朝阳门街道办事处（简称朝阳门街道办事处）是区政府的派出机关。朝阳门街道党工委与朝阳门街道办事处合署办公，为正处级单位。朝阳门街道党工委、办事处依据党内法规和法律、法规、规章及上级党委、政府授权，代表区委、区政府对辖区党的建设、公共服务、城市管理、社会治理等行使综合管理职能，全面负责辖区地区性、社会性、群众性工作的统筹协调。2023年，朝阳门街道积极与辖区中央单位、驻区部队沟通交流，协助解决中央单位各类诉求34件。开展对房山区史家营乡杨林水村的结对帮扶行动，协调各方累计捐款、捐物20万余元。推进矛盾调解处置一体化工作，辖区各级调委会调解各类矛盾纠纷326件。持续做好安全生产排查整治，检查各类单位3065家次，排查隐患1070处，挂账隐患63处，至年底，全部销账。优化和完善街道街区保护更新综合实施方案，全面启动朝阳门南小街、朝内大街环境整治提升。完善地区财源建设机制，强化重点企业全周期服务模式，全年引入区外企业143家，引进规模任务4000万元，完成4346万元；实际入库任务2400万元，完成3105万元。健全接诉即办工作机制，落实每日双调度、处级领导包案工作机制，受理接诉即办案件4287件。利用地铁腾退空间，打造公共阅读和便民服务空间“可能有书”。“27院儿”被评为全国基层公共文化服务高质量发展典型案例。全面推进养老联合体3.0建设，建成东城区唯一一家老年护理中心朝阳门社区卫生服务中心。

（孙晓萌）

【城市管理】2023年，朝阳门街道启动朝阳门南北小街、朝阜路（东城段）环境整治提升工程，严格按照时间节点统筹推动各项工作落实，配合区城市管理委做好居民工作。配合完成朝内大街165号简易楼拆除及朝孚园景观绿地建设，实现公园绿地500米服务半径“消盲”。联结责任规划师等专业人士及商户，推动朝阳门南小街业态提升。针对群众反映强烈的停车难、停车乱问题，挖掘辖区停车资源，推进胡同停车规范化治理。多次召开部署会协调各方，推动大方家胡同西口立体停车设施建设（用地面积约500平方米），有效缓解周边停车难问题。推进史家胡同停车规范化治理，制订个性化停车管理方案，组织进行研讨，征集意见，引入区属专业国企进行规范化收费管理，实行“停车规范、停车付费”，解决乱停车问题。新鲜胡同46号老旧小区改造全面竣工，朝内大街93号老旧小区完成立项。开展10条背街小巷精细化整治提升，史家胡同博物馆路线获评年度“漫步北京”最美街巷胡同探访路线。“环保管家”升级为“生态卫士”项目，“管家+专家”模式成为街道落实环保精细化管理工作的有力抓手，2023年，朝阳门街道道路尘负荷浓度指标于8月、10月位列全市最低，细颗粒物PM2.5指标成绩全区最优。开展用气安全治理专项行动，提前完成年度液化石油气、管道天然气安全型配件更换任务，完成宜琴商务楼燃气管线占压重大安全隐患消隐和北竹竿胡同8号楼入户燃气管排查消隐。“23·7”特大暴雨期间积极作为，确保安全度汛，朝阳门街道城管办被评为2023年北京市防汛救灾工作先进集体。妥善处置极寒天气供暖保障和扫雪铲冰，辖区水、电、气、热运行总体平稳。

（孙晓萌）

7月23日，朝阳门街道落实防汛要求，组织开展隐患排查治理
（朝阳门街道提供）

【民生保障】2023年，朝阳门街道严格落实基本保障，累计发放各类补贴、退休金、救助金2554.84万元，涉及低保特困、残疾人、高龄老人、困难儿童、优抚对象、军工地退人员等6个群体。在元旦、春节期间，累计为四类服务对象共计262人发放慰问金35.71万元。关爱辖区民政对象，了解其生活情况，利用困难服务救助所、区域养老联合体等资源平台，为服务对象提供陪同就医、无障碍改造等温馨暖心服务。办理保障房资格申请72户、资格复审413户。办理城镇待业青年工龄审批表10余人次。接受劳动争议投诉31起，均依法定程序解决。完善预警预测分析机制，防止矛盾纠纷激化升级，妥善调处各类劳动纠纷。落实再就业政策，举办东城区年度首家线下招聘与线上同步直播的大型招聘会，联合市、区、街三级职介体系举办百姓就业进社区专场招聘会1场，发布岗位683个，185人达成就业意向，实现辖区内“有岗可上”。做好爱国卫生工作，2023年获评北京市卫生街道，通过国家卫生区复审暗访。以环境整治与化学防治相结合，开展季节性病媒生物防制，清理各类卫生死角和四害孳生场所。开展健康科普宣传99场次，发放宣传材料2.10万张。开展控烟宣传进社区、进楼宇、进商户活动，张贴宣传海报，发放禁烟标识，线上播放控烟小视频，在银河SOHO

举办大型宣传活动，受教育群众3000余人次。

（孙晓萌）

【社会治安综合治理】2023年，朝阳门街道完成全国两会、服贸会、“一带一路”国际合作高峰论坛等重大活动时期安保服务保障工作，组织发动各类治安志愿者4万余人次。组织联合执法，开展重点地区整治，暂扣非标电池8块，非法运营黑摩的动态清零，整治群租房12处。入户核查境外人员等重点群体7次。举办防范电信诈骗知识讲座，约谈清理高危涉金融企业（助贷公司）14家，推进扫黑除恶常态化。安全生产检查各类单位3065家次，排查隐患1070处，开具整改876份。挂账隐患63处，已全部销账。清理各类可燃物160车，为消防重点人411人发放消防“四件套”。开展消防综合演练，组织集中宣传活动，覆盖人群约3500余人次。清理违规电动三、四轮车999辆。组织民兵守桥，累计发动民兵48人次，完成年度征兵指标。围绕打击非法集资、国家安全日、安全生产月、烟花爆竹禁放、信访宣传日、禁毒、防灾应急、依法养犬、反邪教等开展集中宣传咨询活动200余次，参与居民和社会单位职工3.20万人次，发放和张贴宣传材料超5万张，签订烟花爆竹禁放承诺书超1200份，为居民提供免费法律咨询362件次。及时做好刑满释放人员的衔接、安置帮教工作，在矫对象和刑满释放人员均情况平稳。

（孙晓萌）

【社区建设】2023年，朝阳门街道持续推进公益微创投5.0项目，对社区自治组织提供资金、人才培育等方面的支持。召开朝阳门街道第五届社会公益汇，对接居民需求与专业社会组织提供的服务。朝阳门街道共有社区社会组织153个，其中参与社区治理服务的62个，占比41%；五星级社区社会组织5个、四星级13个、三星级16个。完成7个小区业委会组建，督促辖区各物业服务企业履行职责，全年物业管理工作全区平均排名第五。引入北京住总集团城市更新事业部运营管理史家胡同博物馆。建设前炒面胡同49号综合阅读空间—“可能有书”。联合史家胡同博物馆、“27院儿”、雪莲亮点文创园、槐轩、“可能有书”等，开展多种活动，推出“朝阳门之夏”地区文化新品牌，举办“为人民设计9.0”北京国际设计周朝阳门分会场、史家胡同博物馆十周年系列活动等，提升地区文化软实力。持续打造“潮”文化品牌，先后开展潮少年寒暑假活动、潮少年社会实践活动、潮街坊文化志愿服务和潮爸潮妈银龄课堂，惠及居民8000余人次。推动书香东城建设，加大图书馆合理化空间利用，增设少儿绘本馆，新增图书近1000册，满足潮娃阅读需求。

（孙晓萌）

8月8日，朝阳门街道团工委在少先队社区成长营实践基地——京诚集团“工匠营”举行暑期劳动创造营开营仪式（朝阳门街道提供）

【党建工作】2023年，朝阳门街道构建以街道理论学习中心组为龙头、覆盖全街道各级党组织的全方位学习体系，累计学习30次。推进主题教育，开展集中学习和支部“原文围读会”，开设“每日打卡”专栏350余期。建立党员先锋岗45个，认领地区居民微心愿44个。打造“党群U+”社区党组织服务群众品牌，实施党群项目20余个，评选五星项目5个。推动成立小区业委会党支部8个。举行“七一”主题党日活动。全年发展党员12人。抓实街道党校理论课堂、实境课堂和实践课堂，全年开办线上培训6期，覆盖2606人次；开展线下党员示范培训班10期，覆盖300余人次。开展周末卫生大扫除活动50次，参与1500余人次。开展法律咨询124次，调解纠纷25件次。成立“强国复兴有我”百姓宣讲团，宣讲员1人获评区级优秀百姓宣讲员。2023年，朝阳门街道在市级以上媒体发文200余篇，中央媒体发文20余篇，“朝阳门党建四he院”公众号累计发布信息近2000条。深化街道文明城区常态化创建工作，对易复发问题进行每周调度、每月督办、季度提示，累计完成市区督办单28件，周巡查45轮次，迎接常态化检查近20轮次。组织人大代表联组活动4次，联组代表进家站履职59人次，接待选民群众546人次。开展团员和青年主题教育活动，组织专题学习50余次、主题团日活动30余场，成立“两新”团支部7个。评选“最美家庭”5户，开展“开学第一课”和线上家长课堂等家庭教育活动15场，开展法律宣传和妇女儿童维权宣传等活动10场次，开展未成年人教育25场次。新建联合工会、集团式工会、百人以上企业单独建会、25人以上企业单独建会共6家，覆盖职工144人。新增采集会员信息675人，开展职工沟通会100次和企业沟通会36次。街道党群服务中心户外劳动者暖心驿站入选2023年“全国最美工会户外劳动者服务站点”。

（孙晓萌）

【疏解整治促提升工作】2023年，朝阳门街道完成拆除并销账11处，面积1023.62平方米，完成市级拆除任务比例的616%；区级治理任务1821平方米，至年底，销账39处，面积2769.15平方米，完成区级治理任务比例的152%，同步做好存量违建图斑举证分类工作。新增共享停车位35个，竣工项目清理2个。

（孙晓萌）

【区域养老联合体3.0建设】2023年，朝阳门街道与朝阳门社区卫生服务中心共同启动“社区居家医养服务”模式，实现家庭医生和家庭护理床位的有效结合，医疗病床、机构养老床位、家庭护理床位和临时托养床位动态流转。落成全市第一家适老化改造家装样板间，被中央、市、区多家媒体报道。升级“伏枥餐厅”，解决老年人就餐需求。汇编《朝阳门街道“潮爸潮妈”幸福生活点点通》养老服务手册。增加高德、滴滴打车点位，解决老年人出行问题。开展“深访2小时”助老强基行动，为区域养老联合体发展提供数据支撑。

（孙晓萌）

【联合调解矛盾纠纷】2023年，朝阳门街道联合区法院，设立北京市东城区人民法院普法驿站和区法院诉调中心法官工作站，开展法律咨询和普法活动以及调解员业务培训，加强诉调对接工作。与社区、北京市方圆公证处签订三方合作协议，建立北京市首家社区公证服务顾问制度和街道矛盾调解中心公证公益服务联系人制度，推动北京市社区公证服务顾问试点工作在朝阳门街道落地，实现所辖社区公证服务顾问全覆盖。全年辖区各级调委会共调解各类矛盾纠纷326件，其中书面协议15件，口头协议311件。

（孙晓萌）

朝阳门街道社区居委会

居委会名称	管辖户数	负责人	联系电话	办公地址	邮编
史家社区	1538	崔琰	65230387	史家胡同21号	100010
内务社区	1502	史海宁	65257583	内务部街73号	100010
演乐社区	2587	杜伟伟	65230389	演乐胡同59号	100010
礼士社区	1536	沈萍	65287374	礼士胡同121号	100010
朝西社区	1516	王宇超	65122956	前拐棒胡同17号	100010
朝内头条社区	1565	宋玥	84040087	朝内大街97号后门	100010
竹杆社区	2561	郑秋霞	65275801	西水井6号楼1层	100010
新鲜社区	3275	皮蓓蓓	65254679	新鲜胡同63号	100010
大方家社区	2635	陈波	65251577	小牌坊胡同甲48号	100010

建国门街道

【概况】中共北京市东城区委建国门街道工作委员会（简称建国门街道党工委）是区委的派出机关，北京市东城区人民政府建国门街道办事处（简称建国门街道办事处）是区政府派出机关。建国门街道党工委与建国门街道办事处合署办公，为正处级单位。建国门街道党工委、办事处依据党内法规和法律、法规、规章及上级党委、政府授权，代表区委、区政府对辖区党的建设、公共服务、城市管理、社会治理等行使综合管理职能，全面负责辖区地区性、社会性、群众性工作的统筹协调。2023年，建国门街道认真落实党的二十大会议精神，成立街道处级领导读书班，开展“5+2”集中学习，班子成员开展调研226次，引领辖区各级党组织开展主题教育理论学习314次。全年召开接诉即办日调度会215次、周分析会24次、月复盘总结会8次，针对疑难案件专题调度30余次，研究制订建国门街道接诉即办“一案双派”工作机制，制订强化接诉即办工作重点措施10条。全年完成税源引进任务5555万元，完成率139%，全区排名第二；实际入库4080万元，完成率170%，排名第三；新增市场主体381家。成立建国门经济发展促进会，吸纳初始会员单位70余家。发挥“紫金服务管家团”精准服务作用，与辖区14家重点企业建立“服务包”管家机制，累计完成服务事项218户次，问题响应率、解决率、满意率均为100%，全区综合排名第一。依托“紫金·建国门企业之家”、楼宇联盟、建国门经济发展促进会等平台，举办“聚力国门”政企联动掼蛋竞技赛、羽毛球比赛等亲商活动，增强发展“硬”实力。开展法治宣传教育，组织法治文艺活动2场、线下普法活动60余场。

（杨梓溪）

【城市管理】2023年，建国门街道重点推进北京站站城融合发展一体化项目，持续提升长安街南北一公里纵深环境，北极阁路全线贯通通车，完成古观象台滞留居民腾退，顶银胡同29号、31号强制执行平稳完成，启动朝阳门内南小街（建国门段）环境整治提升项目。西总布街区3个恢复性修建试点院落启动施工，4家企业签订院落租赁意向协议。新时代文明实践站提升项目等4个重点区域综合治理提升项目完工。新增共享停车位45个，分批次推进12个老旧小区综合整治项目。完成违法建设市级治理任务2606.47平方米、区级治理任务5355.88平方米，完成率均超过150%。完成揭网见绿任务，联合中国农业银行共同打造建国门街道首个共建林。完成12条精品街巷、8条优美街巷、8条达标街巷的创建任务。破解中国社会科学院停车难题，推动贡院东街停车场完成清退、移交等工作。

（杨梓溪）

【民生保障】2023年，建国门街道为低保家庭337户559人累计发放低保金947.57万元。为55户困难家庭提供发放救助金15.84万元。开展线上线下主题服务活动20次，覆盖700人次。审批新办、挂失补办残疾卡、换新申请发放残疾卡、注销残疾卡3258人次。全年为困难残疾人和重度残疾人审核发放生活补贴和护理补贴5520人次，共计178.76万元。增设无障碍点位100个。组建“家庭医生+社工”为老志愿服务队13支，招募成员单位37家，在9个社区全面开展家庭医生入户服务，全年免费入户巡诊基本养老服务对象，建立信息台账2400人次。全年发放军工、军干人员工资及过节费2172.16万元，为优抚对象55人发放伤残抚恤金151.87万元。按月为优抚对象4人发放定期生活补助，每月1.08万元。完成公租房补贴复核、市场租房补贴复核、廉租房资格复核与各类主动复核，共计2012户。完成211户公租房资格终止业务。完成162户主申请人基本信息变更、收入资产变更、其他申请人信息变更、配租户型变更、申请人员变更。完成公租房新签、续签公租补贴登记102户。完成市场租房补贴新签、续签共计211户，完成北京市下发动态监管调查处理4户。2023年审核通过三孩内生育登记户籍人口306人、非户籍人口38人；发放独生子女父母年老时一次性奖励247人、独生子女死亡后对其父母的一次性经济帮助12人、独生子女父母奖励费261人；办理独生子女父母光荣证18人。慰问独生子女死亡家庭人员100人，发放慰问金10万元。城镇登记失业人员就业人数679人，登记失业人员就业率65.79%，完成全年指标的101.21%。认定城乡就业困难人员594人，实现就业570人，就业率95.95%。对辖区北京生源高校毕业生32人进行就业跟踪服务，就业率100%；办理求职登记数517次，完成全年指标107%；采集空岗信息录入2110个，指标完成率102%；就业困难人员全面摸查完成率100%；即时服务企业摸查3家，专精特新企业摸查9家，跟踪服务率120%。举办线下招聘会1次和线上招聘会5次，累计为51家企业发布147个岗位信息。全年共受理讨薪案件8起，涉及20人，涉及金额31万元，经调解结案8起，结案率100%。

（杨梓溪）

【社会治安综合治理】2023年，建国门街道累计处罚“号贩子”101人；检查出租房屋4608户，整改群租房30处，整改地下空间违规住人5起。全年对3175家单位开展安全生产专项检查，发现并整改安全隐患1854处，下达责令整改通知书1224份，隐患全部整改完毕。共检修灭火器3961具，新增204具。为火灾重点人家配发821套火灾逃生自救“四件套”和743个独立联网式烟感报警器，为9个社区微型消防站配发电台及扩音喇叭。组织各社区开展消防培训和演练12场；发放《消防安全提示单》《致居民的一封信》等宣传材料800份，开展有限空间、燃气、危化品、住宿、电动车等专项检查912家次，发现隐患287处，均及时

3月16日，建国门街道在市民活动中心开展春季围棋比赛（建国门街道提供）

整改。完成4家旅店“关转停”。完成市级销账面积2606.47平方米，占市级任务比157.11%，完成销账和举证面积5355.88平方米，占区级治理任务比172.32%。完成区级举证任务1.50万平方米，占区级举证任务比101.21%。全年完成简易程序处罚554起、罚款1.12万元；完成普通程序处罚起、罚款22.96万元；录入大数据平台执法检查单5452次。完成全国两会、服贸会等政治安保维稳任务，共启动社会面一级超常规防控48天。在重点区域的70个守望岗部署治安志愿者324人开展执勤工作。处级领导干部参加接访14批次15人次，主要领导接访7批次12人次。

（杨梓溪）

【社区建设】2023年，建国门街道以“专业社工+社区社工+专业督导”联动服务和陪伴式督导形式，指导苏州社区、外交部街社区、东总布社区3个社区社工站，完成专业服务案例25个，开展督导100小时。实施“络邻汇”社区会客厅计划，举办活动60余场，助力提升社区社会动员能力。实施社会心理服务中心项目，打造“老宝贝”“微时光”和“小幸福”心理活动品牌，为社工、老年居民和青少年开展各类活动58场。举办立春文化节、彩虹文化节等系列活动，中央电视台等媒体进行专题报道，30万人在线观看。组织辖区内体育健身骨干参加北京市、东城区体育活动，比赛12场，建国门街道队获北京市第二届“社区杯”篮球联赛三人篮球赛女子组冠军、男子中年组季军、北京市第三届“社区杯”八人制足球赛中年组冠军。召开业主大会8次，选举产生业主委员会8个。开展第五次全国经济普查单位清查工作，辖区内9个普查小区的调查员50人对辖区法人、产业单位和个体户进行“地毯式”清查登记，登记法人及产业活动单位3404家。策划“建国门二十四节气”原创表情包，打造“小果”“小建”建国门形象IP。推进“多彩会客厅”金宝街北社区居民议事厅示范项目，为居民自我管理和服务提供“线上+线下”双平台。

（杨梓溪）

【党建工作】2023年，建国门街道离退休干部党支部获东城区2023年度“六好”离退休干部党支部。筹办“走进建国门”主题展览，累计接待观众2000余人。依托区域化党建平台，组织实施年度党建引领基层治理共建项目30个，发布2024年区域化党建共建项目15项，推出“携手为民办实事”服务事项32项，发动文旅部等成员单位认领居民微心愿73件。开展志愿服务10余项，打造“星火行动”党建品牌，引领快递小哥反哺社区，协助整改不文明行为210余件，快递小哥7人与独居老人14人结对，提供志愿服务80余次。创新打造“银龄未来”党建品牌，建立以“家庭医生团队+社工+志愿者+邻里”为主体的医养联合体，线上、线下累计服务居民1500户。举办东城区青年人才马克思主义研修班，招募中央、区属等单位学员32人，开展集中授课22次。累计建立党员先锋岗、党员责任区37个。开展建言献策活动，组织党员干部深入群众听民意、访民情919次；开展“我为群众办实事”活动，累计收集意见建议539次。

（杨梓溪）

【疏解整治促提升工作】2023年，建国门街道“疏整促”工作任务共有9项，涉及发展外交部街33号院老年餐桌、金宝街2号地揭网见绿任务目标1318平方米、规范梓峰大厦南侧围挡、项目竣工清理任务（天润财富中心、农银北楼装修）、新增共享停车位40个、住宿业整治提升、7962.35平方米违建拆除、直管公房转租转借及群租房整治保持动态清零，以及建国门街道市民中心装修改造工程、创新社区治理项目、北极阁地区环境综合整治项目，所有任务年底前均如期完成。配合开展北京站重点站区治理，公交站外迁、铁路沿线综合整治提升及15条胡同架空线整治，对罚没车辆停车场内僵尸车辆及涉案车辆逐步清理腾退，协助拆除新华社广告电子屏，加快北京站地区“疏整促”任务清单第2、3项任务工作及江擦胡同2号、4号院优化提升工作。建国门街道智慧养老服务体系建设项目具有“养老+中医+文化”三大功能，打通预防保健科和智慧养老小屋之间通道，方便老幼人群交流融合。

（杨梓溪）

11月23日，北京市发布寒潮黄色预警，建国门街道党群服务中心及工会组织为快递小哥送温暖（建国门街道提供）

建国门街道社区居委会

居委会名称	管辖户数	负责人	联系电话	办公地址	邮编
金宝街北社区	4302	田文伟	65223061	干面胡同41号	100010
大雅宝社区	2831	谢辉	65254005	南小街18-29号南侧	100005
赵家楼社区	2379	金坤范	65139944	小羊宜宾胡同5-2号	100005
东总布社区	1636	李静	65131678	东总布胡同甲26号	100005
站东社区	1904	崔志远	85111699	北京站广场东侧毛家湾北口房屋	100005
崇内社区	2258	胡洋（6月免） 孙艳凤（8月任）	65592181	西镇江胡同25号	100005
苏州社区	1778	陈细芳	65139239	苏州胡同79号	100005
西总布社区	3031	李晓康	65243198	西总布胡同84号	100005
外交部街社区	3714	高晓霞	65130474	东堂子胡同47号院内平房	100005

东直门街道

【概况】中共北京市东城区委东直门街道工作委员会（简称东直门街道党工委）是区委的派出机关，北京市东城区人民政府东直门街道办事处（简称东直门街道办事处）是区政府的派出机关。东直门街道党工委与东直门街道办事处合署办公，为正处级单位。东直门街道党工委、办事处依据党内法规和法律、法规、规章及上级党委、政府授权，代表区委、区政府对辖区党的建设、公共服务、城市管理、社会治理等行使综合管理职能，全面负责辖区地区性、社会性、群众性工作的统筹协调。2023年，东直门街道创新发展文体事业，创建当代MOMA文化创意产业园，推动文商旅深度融合。动态梳理7栋楼宇的450户重点企业，解决楼宇空置面积3300平方米。处理接诉即办案件9994件，全年综合成绩排名全区第四。聚焦街道、社区巡查反馈问题，开展专项整治，完成问题整改72项。紧盯重要节点，防范和查处“四风”问题，全年开展机关采购、用车加油检查20次，开展关键岗位重点部门提醒约谈5次，对倾向性问题做到早发现、早提醒、早处置。2023年，东直门街道被评为全国侨联系统先进组织、北京市社会建设与民政工作先进集体、北京市应急值守工作先进基层单位，东外大街北社区获第九届首都民族团结进步先进集体，东环社区石威工作室被评为2023年市级社区书记工作室，“共享互助生活圈”被评为市团建百强品牌，1户家庭被评为2023年全国最美家庭，1人被评为北京市生活垃圾分类达人。

（贺畅）

【城市管理】2023年，东直门街道加强大气治理源头管控，制订胡同道路精细化保洁和扬尘管控工作方案，出动1.03万人次6410车次进行道路清扫保洁、洒水降尘和平房屋顶冲洗，洒水车洒水1.31万吨，喷洒抑尘剂4000千克；处置扬尘案件4387件，完成空气重污染橙色预警应对1次，空气重污染应对2次。落实“一微克”行动，做好全国两会等重要活动期间空气质量保障工作。辖区内PM2.5累计浓度35微克/立方米，TSP累计浓度为97微克/立方米，降尘量监测值为4.1吨/（平方千米·月），完成年度指标任务。落实河长制，每月巡视辖区内的亮马河和北护城河12次，每日巡视河道水域2次，及时协调解决发现的河湖生态问题。开展涉水安全教育，加强文明游河行为引导，营造全社会爱水护水的氛围。加强环境整治，修剪树木遮光、挡窗185株，清除绿地杂物、垃圾，清运辖区落叶、枝杈等90车，补种绿植面积2600平方米，累计治理裸地面积4668平方米。推进社区垃圾集中投放点升级改造，完成辖区监控设备安装111个桶站，切实提高桶站值守率。全年申请创建垃圾分类示范小区19个，通过验收14个。加大垃圾分类宣传力度，在社区开展“垃圾分类知识知多少”“旧物改造兑换”等节能宣传活动。以东直门城市生态岛为主要宣传阵地，开展宣传活动25次，参与1578人次，东直门城市生态岛被评为国家级垃圾分类宣传教育基地。推进老旧小区综合整治改造，获批9个老旧小区综合整治项目开工许可证，全部完成进场施工前准备，施工完成的老旧小区项目4个，工作进度全区排名第一。抓实街道网格物业，夯实网格基础，全年处理区网格化综合监管考核相关案件3.03万件，考核排名全区第一。开展自建房整治修缮工作，14处存在安全隐患的自建房点位，全部完成加固整修并销账。推进东直门区域环境一体化提升，成立专项工作组，实现多方联动、有效衔接，完成交通枢纽南侧文化广场改造提升工程。推进交通枢纽周边T字型区域环境整治提升项目，确定设计方案。做好道路停车综合治理、电子收费停车和老旧小区停车管理，解决胡家园路停车乱象，提升地区交通综合治理能力。做好非机动车停放整治，加大对共享单车停放的监督考核和巡查整改，联合运营单位综合治理，每月发布调度小程序30件以上，重点对交通枢纽、地铁口、商业圈、小区、校园等重点点位周边进行持续整治。不断挖掘停车潜力，完成永利国际地下停车场80个车位及工体西门立体停车场40个车位的建设任务。

（贺畅）

【民生保障】2023年，东直门街道全年发放低保、低收入、特困人员等救助金860万元。发放残疾人生活补贴120万元，残疾人护理补贴40万元，安置残疾人就业3人。打造蓝天非遗手工坊、乐益厨房、烘焙培训基地等特色品牌，在爱眼日、爱耳日等重要时间节点开展系列活动。审批各类保障性住房，共审批备案各类资格96户，完成各类保障性资格复核1167户、市场租房补贴合同审核49户、公租补贴登记发放106户，组织5次网上快速配租登记，解决部分居民居住困难问题，获“北京市社会建设与民政工作先进集体”。做好劳动监察工作，处置劳资纠纷38起，涉及员工近100人，为辖区员工讨回工资59万元，街道劳动人事争议调解中心通过“市域社会治理现代化”试点市级验收检查。全年发放养老服务补贴津贴1000余万元。启动东直门街道文化养老年，实施养老服务“暖无忧、养无忧、康无忧、乐无忧”计划，清水苑社区被评为年度全国示范性老年友好社区，养老服务经验在《人民日报》、民政部相关刊物上发表。利用胡家园综合服务楼优势，实现149项业务“一窗通办”，打通服务群众“最后一公里”。创建充分就业街道，通过各种方式帮扶就业累计700人，为长期失业青年提供公共就业服务399次，全区指标数排名第一。落实消费帮扶工作，全年采购扶贫产品共计66.4万元。协同企业到怀柔区渤海镇、湖北省十堰市叶大乡、内蒙古化德县开展支援合作实地走访，制订合作计划，向渤海镇四渡河村、铁矿峪村、辛营村捐赠物资价值3万元，向叶大乡捐赠10万元，向内蒙古自治区化德县德包图乡捐赠12.35万元。动员辖区社会组织参加第一届全国学生运动会中国式摔跤项目，获奖牌27块、基本功组团体第一名。在2023年东城区首届全民健身运动会中，团体积分排名全区第一，获年度冠军奖杯。组织开展街道全民健身运动会和邻里节活动，累计参与6000余人次。开展瑜伽、书法、绘画、非遗手工、乒乓球等多种公益体验和培训课程168次。创建当代MOMA文化创意产业园，推动文商旅深度融合。动员融创（中国）将旗下文化集团整体迁入辖区使馆1号院。利用辖区内中央歌剧院、保利剧院等文化资源和王文永摔跤队等非物质文化遗产团队，打造街道文化品牌，提升街道文化软实力。

（贺畅）

【社区建设】2023年，东直门街道深化网格化管理工作机制，完善“主要领导全面统筹、街区长全流程管控、业务科室全方位处置、社区强化沟通交流”的工作模式。推进“网格加码”，利用业主群、楼门群，畅通反映问题渠道，降低万人诉求比。举办热心居民见面会，实现居民诉求的源头吸附。压实责任，提高群众诉求的解决率、满意度。全年共处置大循环案件3.03万件，综合成绩排名全区第一。北京电视台接诉即办栏目先后6次报道街道典型经验。推动物业服务覆盖，完成胡家园东区等5个小区的物业引入。全部社区引入正式物业30个，69个小区实现规范专业物业服务，物业覆盖率达到97.18%。加强物业协调监管，全年召开协调会50次，指导处理物业管理类12345案件300余件，化解多个小区的物业管理纠纷。推进业主组织成立，完成16个业委会的选举和43个物管会的换届改选，业委会总数居全区第一。推进社区治理向小区治理、楼门院治理深化，强化“家园计划”“蜂巢计划”项目，形成共建、共治、共享的社会格局。以社区议事厅为平台，推动“多元参与协商共治”社区自治建设。创建市级社区协商议事厅示范点1个、区级示范点4个。聘请

2月28日，东直门街道举行文化养老年暨养老服务联合体建设启动大会
（赵婷婷摄）

专家团队对3个社区工作站进行专业督导8次。建设“汇聚平台”系统，录入信息12.94万条，其中房屋信息2.63万条、人口数信息7.26万条、民情日志2.15万条、车辆信息4953条、物类信息1311条，组织信息2818条，及时了解居民需求并提供反馈。以“以邻为伴·与邻为善·共建美好幸福家园”为主题，开展邻里节、趣味运动会、赶大集、跳蚤市场、法律讲座、文艺演出等各种活动共计10场次。开展社工队伍建设月、最美社工评选等活动，对社工定期开展心理辅导。全年谈心约50人次，为社工办理生育津贴、报销医药费等80人次。

（贺畅）

【社会治安综合治理】2023年，东直门街道完成全国两会，“一带一路”国际合作高峰论坛，中秋节、国庆节等重大活动和节日的安保维稳工作。全面加强社会面防控，设治安志愿者守望岗123个，整合治安志愿者力量3728人次，完成市域社会治理现代化验收迎检工作。强化邻里守望制度，落实实名制楼门院长847人，楼门院控制率100%。完善以提前预警、群防群治、重点管理为内容的多元防控模式，包案到人落实管控责任，年度第四次、第五次群众安全感评分分别排名全区第三、第二。维护主要街巷胡同、繁华场所、治安乱点等重点地区、重点部位视频监控探头。开展反恐防暴、禁毒、反电信诈骗等宣传活动35场，发放宣传品8000余份，全民反诈App注册率全区排名前三。开展安全生产和火灾隐患大排查、大整治行动，全年检查生产经营单位3582家次，下达整改通知书1138份，整改各类安全隐患1417处，部门检查率、企业自查率、隐患整改率均为100%，完成北京市安全社区复评工作。加强地下空间和违法群租房日常检查和清理整治力度，红杉公寓获评“基本无群租房小区”称号。夯实火灾防控基础，全年新增、检修灭火器2300具，安装联网式独立烟感报警器1200个，配发防火“四件套”230套，清理各类可燃杂物210车。加强电动自行车消防安全治理，安装电动自行车智能阻梯装置39套。常态化开展消防宣传演练活动，举办第五届消防技能大练兵竞赛活动，被评为应急救援实战能力建设先进单位。加大执法力度，检查录入商户燃气安全、用电安全、应急设施、在施工程等各类执法事项6414条，责令整改问题单位210家次。开发使用“执法帮”行政执法掌上App工具，入选政府法治法律服务创新产品案例，被《法治日报》、新华网等媒体宣传报道。完成违规电动三、四轮车综合治理工作，处置违规电动三、四轮车917辆，淘汰处置率100%。科学应对“23·7”特大暴雨洪涝灾害，获评北京市应急值守工作基层先进单位和先进个人，新中街、胡家园、香河园北里3个社区通过北京市综合减灾示范社区复评。全年受理群众来信来访88人次、网上信访19件，信访量同比下降75%。管控越级上访，制订相应工作方案，畅通信访渠道，确保全国两会、“一带一路”高峰论坛等重要会议期间辖区无重点人员失控、越级上访。全年开展矛盾纠纷排查5次，对辖区内重点人员、重点事件进行摸排，做好相关人员的稳控工作。组织民兵24人参与全国两会期间辖区主要桥梁定点看护。选派基干民兵10人参加区人武部民兵支援力量集训。全年网上兵役登记人员126人，实现兵役登记率100%。通过电话联系、走访等形式慰问义务兵及家属，做好义务兵家属优抚工作。在民兵各分队中开展国防宣传教育。组织街道干部参加军事日活动。街道武装部被东城区武装部通报表彰为优秀街道武装部。

（贺畅）

【党建工作】2023年，东直门街道落实意识形态工作责任制，加强对地区意识形态阵地检查管理。全年组织理论中心组学习23次，专题研讨会6场，开展现场教学、经验分享等活动12次，举办党的二十大精神解读等讲座7次、“星星之火”百姓宣讲活动30场。班子成员开展调研126次，形成调研报告11篇。确定推动发展任务清单1项，民生项目清单3项，整改整治清单11项。强化基层党组织建设，全年发展新党员15人，完成15个百人以上党组织整改。走访慰问党员200人，发放慰问金30万元。开展基层党建工作述职评议考核工作，东直门城市生态岛获评区级党员教育培训现场教学点，街道综合行政执法队党支部被评为东城区“四强”党支部，街道党工委获“三级联创”“五个好”称号。打造全国文明实践巾帼志愿阳光站胡家园巾帼志愿服务队、“暖到心中”“红帆领航”等社区特色党建品牌。搭建企业开放日、“精卫暖心驿站”平台，打造“企业人·家”品牌。打造公益律师服务团，开展法律宣传活动9场，提供法律咨询服务15场，服务400余人次。组建“星光之声”朗诵宣传队，举办“榜样的力量——I生活朗诵大会”暨庆祝中国共产党成立102周年系列活动。全年开展各类“宣讲+”活动30次。深化“我为群众办实事 点亮百姓微心愿”项目品牌，认领居民各类微心愿167个，完成率100%。指导商务楼宇工作站，走访地区32栋楼宇976家企业，实现地区“两新”党组织覆盖率100%。持续开展“四季暖蜂”行动，推进新业态群体主动融入城市治理和基层党建。开展“党群阵地@你”系列主题服务活动9次，麦思顿物业党支部获评东城区党建强发展、强党建品牌。举办职工互助保障活动3580人次，开展送清凉送温暖、节日慰问劳模及困难职工、“两新”职工暖心餐理发等活动，惠及职工2.4万人次。开设东直门少先队成长营，开

6月29日，东直门街道举行榜样的力量——I生活朗诵大会暨庆祝中国共产党成立102周年主题活动（刘婷婷摄）

展保护环境、敬老助老等志愿服务。街道共享互助生活圈被评为市团建百强品牌，自来水博物馆纳入市级红领巾校外实践活动基地。发动人大代表捐款870万元，助力房山区大安山乡灾后重建和辖区部分老旧小区第五立面改造。打造“新侨会客厅”“侨心书苑”为侨服务新品牌，举办“专家走基层、为侨办实事”五级侨联健康讲座。

（贺畅）

【疏解整治促提升工作】2023年，东直门街道加强群租房集中整治行动，创建基本无群租小区1个，拆除违法建设总面积5253平方米，完成举证任务3526平方米，完成率100.01%，在区拆违办全年考核中全区排名第二。开展富华大厦北侧路、十字坡街等8条背街小巷环境精细化整治提升工作，实现达标率和精细化长效管理率100%。高位统筹谋划，整治两区交界鸟市、破烂市等痼疾顽症。清理整治占道经营、无证无照、开墙打洞、违法群租房、直管公房转租转借，保持动态清零。

（贺畅）

【东直门商圈一体化建设】2023年，东直门街道落实6.0版营商环境改革任务，抓好“紫金服务”迭代升级，开展企业联动走访活动。全年走访联系重点企业348户次，完成8次企业外迁预警的挽留工作，处理企业在平台上提出的诉求115件。加强与辖区中小企业的沟通联络，统筹文化资源、体育资源与消费资源，开展紫金系列主题活动，搭建政企、企业与企业沟通交流平台，增强经济发展活力，全年共组织紫金超市活动60次。联合市场监管所、税务所等多个部门，组建一站式服务专班，承托辖区企业的综合性诉求。以交通枢纽环境提升项目为契机，紧抓信达中心经济增长极，推进东直门商圈一体化建设。大力发展首店经济，推动公共空间提质更新。打造示范楼宇，引导辖区内现有的企业向同类行业、功能相近的楼宇集聚，形成品牌化、特色化楼宇集群。发挥地区人大代表作用，牵线搭桥引入优质企业；动员中国港湾工程有限公司、中国信达资产管理股份有限公司北京市分公司等央企参与区、街建设，推动新中街拆迁滞留区更新改造。

（贺畅）

东直门街道社区居委会

居委会名称	管辖户数	负责人	联系电话	办公地址	邮编
胡家园社区	2633	黄俊琨	64675276	胡家园小区29号楼2层	10027
新中西里社区	1512	王华	64172129	新中西里社区17号楼北侧平房	10027
东环社区	3008	石威	64166798	东直门南大街4号楼1单元1层	10027
十字坡社区	1605	王瑞新	64167798	新中街5号	10027
清水苑社区	1609	宋淑贤	64653698	东直门北大街甲6号院1号楼南侧	10027
东外大街社区	3593	栗有华	64170442	春秀路小区17楼东侧平房	10027
工体社区	3420	吴濛	65511495	王家园胡同37号1楼2层	10027
东外大街北社区	1351	高明发	64673320	东直门外察慈小区15号楼1层	10027
香河园北里社区	2880	焦燕	64616394	东外香河园北里华夏出版社东侧	10028
新中街社区	2013	张颖	64165396	新中街四条乙20号	10027

和平里街道

【概况】中共北京市东城区委和平里街道工作委员会（简称和平里街道党工委）是区委的派出机关；北京市东城区人民政府和平里街道办事处（简称和平里街道办事处）是区政府的派出机关。和平里街道党工委与和平里街道办事处合署办公，为正处级。和平里街道党工委、办事处依据党内法规和法律、法规、规章及上级党委、政府授权，代表区委、区政府对辖区党的建设、公共服务、城市管理、社会治理等行使综合管理职能，全面负责辖区地区性、社会性、群众性工作的统筹协调。2023年，和平里街道推动央地联络制度化、常态化，畅通双向互动，与驻区部队、国家林业和草原局等开展主题党日等活动；办结中央单位和驻京部队事项43项，争取中央单位支持事项5项。把握经济脉动，全年完成引税4231万元，实际入库2816万元，超额完成任务。2023年优化营商环境工作考核评价成绩位列全区第一。全年走访重点纳税企业70余次，开展紫金服务企业座谈会培训会23场，收集解决企业需求150余项，录入服务包企业诉求109个，回复率100%，企业满意率100%，和平里街道全年企业服务协同考评成绩位列全区第一。与区人大常委会、区外联办、北京崇远集团有限公司建立“三帮一”工作机制，帮扶受暴雨灾害影响的房山区大安山乡西苑村、瞧煤洞村，组织11家企事业单位走访慰问灾区，捐赠帮扶款32万元，捐赠物资411箱，开展房屋、宣传阵地损毁修复项目3项。深化对内蒙古自治区化德县七号镇、北京怀柔区宝山镇、湖北省十堰市郧阳区刘洞镇支援合作，累计采购、捐赠物资价值26万余元，开展共建活动10余次。

（戴滢帆）

【城市管理】2023年，和平里街道全年办理12345市民热线1.23万件，市级排名三次进入前50名，五次进入前100名，最好成绩为第32名，全年全量考核成绩位列全区第三，年度综合成绩96.96分。持续推进大气污染防治，全年PM2.5浓度为37微克/立方米；TSP浓度为94微克/立方米；累计降尘量为4.1吨/（平方千米·月）。落实河长制，全年街道级总河长巡查河湖现场36次，协调解决问题10余起。开展“清管行动”，完成辖区6千米专用雨水管涵和578个专用雨箅的清掏工作。发动“小巷管家”参与护河行动，全年巡河1462人次。海绵城市建设达标面积比例为6.34%。设置垃圾分类驿站23处、大件垃圾暂存点31处、装修垃圾暂存点34处、装修垃圾不落地27处，安装旧衣物回收箱103个，创建垃圾分类示范小区，上报精品小区1个、示范小区4个、示范楼宇2个，均完成现场验收。承接由城管执法、水务、农业农村、卫生健康、生态环境等五部门下放的行政执法职权，全年共立案1094件，罚款总计68.80万元，其中一般程序立案256件，罚款68.17万元；简易程序立案838件，罚款6261元，书面警告884人次。实施新建路社区安外大街3号院小区停车管理主动治理项目，推行民旺中院、和平里东街9号院等小区停车管理新举措，办理居住认证路侧停车、共享车位395个。城市管理平台共接收案件5.68万件；上报小循环案件6.52万件，“小巷管家”共巡访2.16万小时，随手解决事项8662件，上报事项2252件，全部处理完毕或协调处置后结案。

（戴滢帆）

【民生保障】2023年，和平里街道全年新增家庭照护床位496张，养老驿站签约养老服务对象695人。线上、线下开展残疾人服务141次，服务地区残疾人7360人次。全年发放低保救助金711.82万元；发放低收入家庭救助金9078元；发放特困供养救助金54.45万元；开展慈善救助，金额达7.3万元；发放优抚伤残、定补金1981人次468.3万元；向80岁以上老人6787人发放高龄津贴1440.44万元；向失能老人2195人发放护理补贴1509.27万元；向困难老年人441人发放养老服务补贴73.2万元；发放独生子女父母年老时一次性奖励费374人37.4万元、独生子女奖励费534人3.225万元。为退役军人2342人办理优待证，为优抚对象169人进行生存认证。化解劳动纠纷35起，为劳动者28人讨要工资58.46万元。新增市场租房补贴138户，关注弱势群体，开展“一事一议”，解决住有所居的问题。失业登记人员就业率达66.27%。建设完成一刻钟便民生活圈2个，其中“文化+”赋能和平里一刻钟便民生活圈，被《北京日报》等媒体作为微改革、微创新范本案例广泛报道。推出包括助行助医在内的“四类联动服务包”，解决违规电动三、四轮车回收后特殊老年群体的出行难题。筹建街道级综合性老年中心餐厅——和膳老年餐厅，完成西河沿养老照料中心首层公共活动区建设，打通老年人送餐服务“最后一公里”。

（戴滢帆）

【社会治安综合治理】2023年，和平里街道开展违规电动三、四轮清理整治，处置违规电动三、四轮车、燃油车2600余辆，处置僵尸车316辆，处置率100%。开展安全生产大排查、大整治专项行动，检查生产经营主体、医院、养老机构单位、限额以下工程等5133家次，查改问题1.08万个。检查平房院、大屋脊筒子楼等重点点位19次，发现并整改隐患441项。持续开展消防专项整治，发现违规充电问题312处、清理违停车430余辆、清理可燃物550余吨、检查燃气单位1214家、发现隐患1242项，均整改完毕。开展消防安全宣传，覆盖辖区居民2万家，张贴、发放安全提示1.8万余张。深化重点行业源头治理，开展安全生产和消防及电动自行车全链条整治，检查单位4692家次，下达责改书2058份，发现并整改隐患1.08万个，隐患整改率100%。组织生产经营单位255家、从业人员300余人进行“企安安”系统使用培训，推进辖区2294家单位使用“企安安”系统并开展隐患自查。更换瓶装石油液化石油气安全配件529户，消隐违规占压燃气管线12处。开展扫黑除恶、乱点乱象整治，解决苗头性问题。全年开展反恐防恐应急演练20次，开展反邪教警示宣传教育66次。推进反诈宣传，印发反诈宣传海报5300张、宣传贴纸3.2万张，发放反诈宣传帆布袋2000个；开展线下反诈宣传活动86次，辐射群众2万余人。至年底，辖区7万余人安装全民反诈App。探索“矛盾调解处置一体化”新模式，全年提供咨询、开展宣传、调解、决策论证等820次，化解矛盾纠纷848起。发挥村居法律顾问作用，安排3家律师事务所为辖区居民提供各类法律服务。举办普法讲座130场，提供法律咨询820人次，审核合同324件，代写法律文书23份。全年接收社区矫正对象16人，解除8人；接收帮教对象25人，解除20人。

（戴滢帆）

【社区建设】2023年，和平里街道开展各类垃圾分类宣传活动100余场，和平里北街12号院等6个小区成为北京市生活垃圾分类示范小区。指导三秀涵雅、湖景苑等小区成立业委会，全年组建业委会13个，物管会46个。建立街道级社会工作服务中心及6个社区社会工作服务站，组织开展焕新计划3.0项目，无偿向社会提供心理咨询热线服务、云平台服务。全年开展心理团体辅导活动10场，个体心理辅导15人次，社会心态预警与评估300人次。以“民族团结日”为契机，举办和平里街道第一届民族文化市集活动，接待各民族游客2.3万人。举办“我与地坛”北京书市，100余家实体书店参与，共举办1000余场阅读活动。春节、中秋节、国庆节等重大节日期间，举办公共文化活动100余场。举办街道春季和秋季运动会、“智汇和平里”第二届智力运动会、全民健身团队交流展演、“喜迎中秋、欢庆国庆”和平里地区保龄球友谊赛、“一街一品”全民健身文化季活动等20场。开展年度“领航新征程 逐梦向未来”群众文化展演季系列活动，举办年度书香文化节读书会及书香北京评选系列活动。博文戏剧社获北京新时代老年学习团队“3A团队”称号，总政军嫂舞蹈队获东城区第十一届广场舞大赛一等奖、北京市民族健身操舞总决赛银奖，炫之缘相约舞蹈团获“动感东城·舞动青春”广场舞大赛最佳表演奖，其舞蹈《中国脊梁》获二等奖。和平里文化分馆在东城区文化馆举办的“华彩东城”演出季舞蹈专场活动中被授予优秀组织奖。修订完善社区工作者管理办法，开展社区居委会届中补选。开展“秀出‘新’风采”社工宣传周主题活动，展示和平“菁”英风采。选拔优秀社区工作者4人参与“优才计划”，实施“和美夕阳为老服务”项目，增强社工专业服务和专业督导能力。深化未诉先办，召开议事协商会议1442次，解决社区治理难题1078个。汇聚数据资源，紧抓数据汇聚平台录入和应用，录入房屋数、民情日志等信息23万余条。依托“和e星荟”社区治理品牌，完成青年湖议事厅、新建路开放空间等重点项目建设任务。以“和谐、平安、无诉”为主题，打造和平里五区3号楼、上龙西里29号楼楼门建设示范点2处。

（戴滢帆）

2月8日，和平里街道组队参加第八届大众冰雪北京公开赛冰蹴球比赛
（姚丹丹摄）

【党建工作】2023年，和平里街道组织理论中心组学习26次、专题研讨学习6次，举办公务员月课堂5次、基层党组织书记轮训16次。在“东城和平里”官方公众号开设《榜样的力量》专栏，组织各社区运用多种形式宣传榜样精神，全年共推荐“2023东城榜样”候选人12人，1人获评“东城榜样”五月月榜人物，1人获评“2023北京榜样”八月第四周周榜人物，辖区2家单位获评“北京市共铸诚信企业”。将意识形态工作纳入党建工作责任制考核，全年共开展地区意识形态工作专题研究2次，向党员干部通报意识形态领域情况4次。举办意识形态工作专题培训2次。全年新发

7月27日，和平里街道第一家家政行业妇女委员会——阳光北亚家政服务有限公司妇女委员会成立（白超摄）

展党员21人，表彰社区级优秀共产党员、优秀党务工作者528人，实施社区党组织“新雁+新苗”培育计划，纳入后备人才32人。开展党支部标准化规范化建设专项提升行动，定期抽查党支部工作手册，严格落实“三会一课”、组织生活会等基本制度。与街道退役军人服务站构建共建、共享格局，重点打造“党旗红·橄榄绿”特色党建项目。完成3家百人企业、10家百人以下企业及11家社区联合工会成员企业的建会工作。全年发展会员1382人，其中新业态群体入会117人；建设公共区域职工之家2处和户外劳动者暖心驿站3处。全年成立非公企业团组织7个、新增团员7人，完成95个团组织专题学习任务，处理合适成年人事件5起。开展人大补选工作，和平里街道选区共登记选民4843人，投票人数4759人，参选投票率98.3%，补选人大代表1人。商会新发展会员企业8家，开展志愿服务活动6次，完成第二届会员大会并进行换届选举，开展商会党委书记讲党课红色活动1次，组织商会活动6次，组织开展政企座谈会2场。建立妇联执委工作室——王丽丽执委工作室，成立东城区第一家家政行业妇女委员会——阳光北亚家政服务有限公司妇女委员会，组织慰问困难家庭120户，全年调解婚姻家庭纠纷4起。

（戴滢帆）

【疏解整治促提升工作】2023年，和平里街道拆违95处，建设面积5170.12平方米，占地面积3151.4平方米，区级治理任务、举证任务均超额完成。成立城市更新与老旧小区综合整治工作领导小组，组建老旧小区专班。明确片区化改造定位，由老旧小区综合整治向街区更新转变，以街区为单位委托实施主体开展老旧小区综合整治工作。大龙公寓项目申报北京市示范项目；新开工老旧小区改造项目16个，新完工项目5个；按期超额完成老楼加装电梯市级工作任务，新开工21部，新完工6部。

（戴滢帆）

和平里街道社区居委会

居委会名称	管辖户数	负责人	联系电话	办公地址	邮编
安德里社区	2732	常昊	84138422	安外六铺炕甲7号	100011
安德路社区	2143	韩梅娜	84133562	安德路47号院5号楼北侧平房	100011
安贞苑社区	1679	张宗强	64441201	安定路20号院北五楼1层	100013
地坛社区	2357	张玉兰	64226182	地坛北里9号楼1层南侧	100013
东河沿社区	1779	邵伟民	64255840	安外东河沿乙6号楼	100011
二区社区	2101	李梦捷	84221986	和平里中街3号院1号楼1层北侧	100013
和平里社区	4028	李扬逸	84214298	和平里六区7号楼	100013
化工社区	1333	鞠苏华	64291097	兴化东里23号楼地下1层	100013
黄寺社区	1131	单国华	66740648	黄寺大街甲1号院小黄楼	100011
交林社区	1920	李微	64292535	和平里东街10号院东南侧	100013
上龙社区	2553	王一策	84129989	安外上龙西里29号楼南侧	100013
民旺社区	4987	崇凯军	84214137	和平里民旺园8号楼西侧	100013
七区社区	2621	邓海红	64228347	和平里七区16号楼北平房	100013
青年湖社区	1807	张东哲	84136505	青年湖东里9号楼北侧社区医院2层	100011
人定湖社区	1070	吴华	62013450	安德里北街甲25号院9号楼1层	100011

西河沿社区	2950	丁开宇	84116346	安外大街18号院锅炉房	100011
小黄庄社区	3280	初霞	84286550	安定门外大街甲68-1号3层	100013
新建路社区	2544	李莉	84136670	安外大街59-1	100011
兴化社区	2297	卢钒	64289631	兴化西里8号楼前平房	100013

前门街道

【概况】中共北京市东城区委前门街道工作委员会（简称前门街道党工委）是区委的派出机关，北京市东城区人民政府前门街道办事处（简称前门街道办事处）是区政府的派出机关。前门街道党工委与前门街道办事处合署办公，为正处级单位。前门街道工委、办事处依据党内法规和法律、法规、规章及上级党委、政府授权，代表区委、区政府对辖区党的建设、公共服务、城市管理、社会治理等行使综合管理职能，全面负责辖区地区性、社会性、群众性工作的统筹协调。2023年，前门街道全力做好“四个服务”，完成全国两会、“一带一路”国际合作高峰论坛等重大活动的服务保障，发动群防群治力量5880人次。推动主题教育在地区学深做实。修订完善“一把手”和领导班子监督实施办法等12项制度。全年受理接诉即办案件2069件，市级考核成绩5次并列全市第一，全年综合成绩位列全区第二。推动西兴隆街恢复性修建、文华东方酒店建设、东区地块入市等重点工作。开展前门地区文化要素库建设。妥善应对“23 · 7”特大暴雨极端天气，实现居民群众零伤亡。完成中轴线前门段保护性修缮。持续优化营商环境，用活“前门 · 共享空间”资源，实现政企深入交流；创新紫金服务，创建“干部包企业”工作机制。前门商圈年销售额19.3亿元，同比增长2.5倍，前门大街被市商务局评为年度市级特色消费街区。

（崔银玲）

【城市管理】2023年，前门街道开展扬尘治理、餐饮企业油烟检测工作，清扫屋顶37.58万平方米。落实河长制、林长制，累计巡河458人次，里程870余千米。迎接市生态环境督察组检查，完成督查问题整改14处，地区生态环境持续改善。紧盯接诉即办综合性案件和疑难案件，加大提级办理、协同办理力度，强化办案能力培训。完成得丰东巷4号拆违工作，拆除总面积3637.13平方米。记录鲜鱼口街升级改造的专题《鲜鱼口570年的“味”与“道”》在北京电视台播出，社会反响良好。做好垃圾分类和环卫保洁工作，垃圾分类成绩位居全区前列。推进物管会转化，组建业委会3家，完成年度任务100%，物管会覆盖率100%。强化网格化管理，处置城市管理案件9021件，完成扬尘案件5937件。新增共享停车位35个。加强经营秩序治理，持续开展执法检查，查处店外经营、黑车运营、违规设置广告牌匾、“门前三包”不落实等行为，并督促整改到位。开展自建房安全专项整治行动，排查1530处，排查率100%，发现管控自建平房安全隐患6处。提升前门大街硬件设施，完成第五立面整治提升，规范鲜鱼口街经营秩序，推进停车场改造，建成客流监测雷达系统。举办全国消费促进月暨首届京津冀消费季启动仪式、前门国潮消费季等文化商业活动，全面提升商圈影响力。

（崔银玲）

【民生保障】2023年，前门街道落实困难群体社会保障兜底政策，各类保障金精准发放。做好精准帮扶，对近200户社会救助家庭台账实施精准动态管理。走访慰问地区困难群众300余人次。为残疾人提供就业指导、健康义诊、法律宣传等服务活动13次，开展各类技能培训14次。引入市属国企建成北京市居家养老服务综合示范中心003号店，打造前门养老综合智慧平台，开展“助老打车暖心车站”公益行动，深化“前夕 · 养老服务

4月，前门街道草厂社区养老驿站改造成北京市居家养老服务综合示范中心003号店（于丛嵩摄）

联合体”建设，实施养老服务综合监管提质行动，推进地区养老服务和养老产业健康发展。完成保障性住房资格申请受理和审核836件次，全年公租房备案保障率达71.43%，居全区前列。开展宜居社区调查，发放收回问卷1500余份。做好退役军人服务保障，办理优待证118个。做好社会保险服务和社会化退休人员管理工作。打造“正阳荟”社会工作服务平台，开展群众心理服务7场，服务困难群众212户645人次。强化规范化服务，梳理前门街道和社区两级政务服务事项，推进委托受理，提高政务服务质量。整合居民区和商圈资源，完善服务网点台账，完成一刻钟便民服务圈建圈任务。完成全国两会等重要活动服务保障。开设服务中央单位和驻京部队服务窗口。向驻街中央单位赠送防疫药品，协助中央单位解决宿舍选址、消防用水、停车位施划等事项。与共青团中央联合开展爱国卫生联学联建活动，强化双向互动。收到中央单位表扬信3封。深入开展对口支援工作，为内蒙古自治区阿尔山市白狼镇协调筹集帮扶资金10万元，为北京市房山区史家营乡青林台村筹集帮扶资金37万。

（崔银玲）

【社区治安综合治理】2023年，前门街道筑牢反渗透、反恐防爆安全屏障，维护意识形态领域安全，推进反邪教斗争。组织800余人参与社会面防控，开展安全生产隐患大排查、大整治行动，累计检查生产经营单位2010家（次），发现隐患2852处，整改隐患2852处，隐患整改率达100%。“企安安”隐患自查系统覆盖率100%。前门商圈节假日人流安全管控得到市、区领导的肯定。推进信访矛盾纠纷化解，累计接访182批245人次，处置来访案件104件。完成违规电动三、四轮车综合整治任务，实现市派台账和自摸排台账“双清零”目标。

（崔银玲）

11月17日，前门街道党工委领导到草厂社区小院议事厅与居民代表座谈，了解居民诉求（于丛嵩摄）

【社区建设】2023年，前门街道畅通居民诉求表达渠道，持续推进人大代表“家站”建设，开展人大代表联组、人大代表接待群众等活动。落实处级领导包社区、“我与群众面对面”等工作制度。拓展居民议事平台，协商解决治理案例36件。落实党务公开、政务公开、居务公开制度。打造社区治理品牌，举办“小院议事厅”周年总结活动，拓展“小院议事厅”内涵，实现“知心大姐”工作室实体化运作，“知心大姐”等9个团队获星级社区社会组织称号；擦亮“前门社工”品牌，规范社工考核管理，培训社工63人，交流轮岗26人。成立前门街道新时代文明实践共建联席会，开展道德模范宣传、学雷锋志愿服务等活动，推选地区先进人物20余人参与“北京榜样”“东城榜样”评选。深挖草厂四条红色研学内涵，助力胡同文化创新发展，接待各地交流参访团，开展活动100余场。加强“文悦前门”文化服务队建设，引进优秀文化团队开展惠民演出，举办“前门有礼 正阳有声”等文化活动159场次，服务群众5446人次。延展“京韵前门”文化品牌，推出“书韵前门”“声韵前门”“童韵前门”三大文化活动主题，举办“领航新征程 逐梦向未来”“芦草声声·颂党恩”“讴歌新时代 颂说新辉煌”等文艺演出活动。举办“咖尝骑妙”时尚生活展、“书香前门——前门公益换书”等系列活动。深化中轴文化挖掘与传播，完成中轴线申遗国际专家组现场考评任务。前门地下城微展厅重新对外开放，文化宣传展示取得新进展。

（崔银玲）

【党建工作】2023年，前门街道班子成员深入基层调研55次，召开座谈会20次，形成调研报告10篇，整改销号问题7个。举办党的二十大精神专题培训班，开展党章学习培训。加强意识形态阵地管理，在中央和市区级媒体发文410余篇，在街道微信公众号推发信息380余条。指导机关、“两新”和社区党组织完成支部换届、委员补选工作，选优配强基层党组织书记和党务干部。深化党建工作“月例会、季点评、年总结”制度，加强党支部规范化建设。落实全面从严治党责任清单。健全完善地区共青团组织体系，组建“前青之声”宣讲团，开展“砥砺奋进新时代 五四精神薪火传”等系列活动。深化家庭、家教、家风建设，草厂社区朱茂锦家被评为“全国最美家庭”。引进海豚儿童之家社会组织，组织儿童参与社区公益事业。

（崔银玲）

【疏解整治促提升工作】2023年，前门街道街区更新项目持续推进。完成草厂头条7号院老旧小区改造项目，公共空间节点项目施工进度持续加大，完成率不断提升。推进“美丽院落”建设，修缮平房院落13个，前门地下城人防博物文化项目完成年度任务85%。落实核心区控规，开展“疏整促”专项行动，拆除违法建设面积112平方米，完成全年任务112%。加强环境整治，揭网见绿、施工围挡整治、住宿业整治工作均完成全年任务100%。提升街区品质，打造环境优美、干净卫生、舒适宜居的人居环境。

（崔银玲）

前门街道社区居委会

居委会名称	管辖户数	负责人	联系电话	办公地址	邮编
前门东大街社区	1015	鲁佳	67025827	前门东大街12号楼西侧	100005
草厂社区	865	李峥	67022351	草厂十条35号	100005
大江社区	775	李鑫	67017732	北芦草园81号	100005

崇文门外街道

【概况】中共北京市东城区委崇文门外街道工作委员会（简称崇文门外街道党工委），是区委的派出机关；北京市东城区人民政府崇文门外街道办事处（简称崇文门外街道办事处），是区政府的派出机关。崇文门外街道党工委与崇文门外街道办事处合署办公，为正处级单位。崇文门外街道党工委、办事处依据党内法规和法律、法规、规章及上级党委、政府授权，代表区委、区政府对辖区党的建设、公共服务、城市管理、社会治理等行使综合管理职能，全面负责辖区地区性、社会性、群众性工作的统筹协调。2023年，崇文门外街道组织理论学习中心组集体学习24次，其中研讨交流学习4次、实地调研学习2次，撰写领导班子认识体会13篇，调研报告13篇，在辖区举办党的创新理论应知应会知识测试，以考促学。抓实接诉即办工作，处级领导分为6组，牵头包责任区，对责任区案件进行指导，重点疑难案件现场调度。将社区划分54个网格，机关人员与社区人员一同归入网格，强化协同办理案件的能力，案件责任落实到人。制作“崇文门外百事通”便民电话公示板和“崇文门外小灵通”电话卡片，方便居民第一时间找到作业单位。完善“激励评优”措施，每月评比办件先锋部门和办件先进个人。

（王颖）

【城市管理】2023年，崇文门外街道完成背街小巷精细化整治提升工程6条街巷的立项、踏勘、实施工作，整修地面、立面面积443平方米，补植绿化面积1000余平方米。开展社区环境精细化整治项目，粉刷楼道1.12万平方米，修复地面1210.8平方米，整理楼内电线约2000米。全年共登记备案限额以下工程312个，应急抢修工程57个。制订崇文门外街道施工围挡（围墙）设置方案，规范施工围挡材质、高度等。摸排辖区围挡情况，建立动态监管台账，联合综合行政执法队对围挡进行日常检查，开展“敲门提醒”，引导督促施工单位对围挡的外观和安全进行自查。加强共享单车管理，建立针对共享单车企业的“日常巡查、月度考核、季度约谈”管理制度，督促企业及时回应居民诉求；开展非机动车集中充电设施建设，全年新增充电设施建设19处，其中充电桩4处、换电柜15处。开展国瑞城东区社区电动车“全链条”项目试点，赋码车辆200辆。加强餐饮油烟管理，每月更新餐饮油烟台账，关注油烟在线监控异常情况，聘用环保管家开展日常巡查、政策解读、技术指导专业化服务。全年环保管家协助处理环保案件4000余起，提供治理方案8次。建立健全崇文门外街道、社区二级林长制责任体系，强化巡查机制，加强综合执法，开展绿化专项工作。汛期开展危险树木排查工作，累计修剪砍伐危险树木27棵；开展美国白蛾防治工作，捆绑瓦楞收集带200余个，悬挂美国白蛾诱捕器15个，处理有虫害树木500余处；开展一院一树种植，在新景家园、新怡家园、国瑞城小区种植海棠、碧桃等共计20株；开展以“绿色生活、美丽家园”为主题的义务植树宣传活动，种植树木6棵、月季700余盆，美化绿地面积200平方米。

（王颖）

【民生保障】2023年，崇文门外街道发放困难老年人养老服务补贴1833人次31.05万元；失能老年人护理补贴8108人次472.03万元；高龄老年人津贴1.68万人次304.73万元。发放严重精神障碍患者监护人看护管理补贴86人19.18万元。发放民政在册困境儿童4人生活费10.40万元。依托街道两家养老驿站建设的老年餐桌累计完成助餐5657份。推进养老家庭照护床位服务，全年共签约基本养老服务对象45人，2家养老驿站共提供基本养老服务4233人次。配合区住房建设委开展4次公租房项目房源面向东城区保障性住房轮候家庭配租工作。在总结新怡家园社区一刻钟便民生活圈建设试点经验基础上，划定崇文门外大街西区和东区2个生活圈，实现2个生活圈和辖区11个社区便民生活服务全覆盖并通过市级评审验收。完成崇文门外街道劳动人事争议调解中心实体化建设，实现调解工作程序等5项制度上墙、调解员4人持证上岗；配合区人保局接入全国劳动人事争议调解平台，实现劳动人事争议案件线上直达、即刻调解，进一步拓宽劳动者维权渠道。全年处理各类劳动争议案件40余件。落实各项惠残政策，发放个体就业残疾人社会保险补贴58人次116.28万元；发放助残券36人4.32万元；为残疾儿童17人发放儿童康复补贴16.47万元；落实辖区残疾人辅具配发96人次；在元旦、春节、助残日期间，走访慰问残疾人42户。发放燃油补贴116人次3.02万元；发放残疾人子女扶残助学款1人次6000元；完成4户残疾人家改任务。完成按比例安置残疾人就业2人，完成就业培训60人次；按计划完成中、重度残疾人居家康复13人（5人居家、8人日间）；一卡通集中激活完成1110人次。落实落细就业优先政策，全年崇文门外街道失业人员就业率指标65%，崇文门外街道完成71.27%，高出6.27%，全年共计采集空岗信息1486个。登记失业人员就业率排在全区各街道之首。

（王颖）

5月24日，崇文门外街道崇东社区举办社区邻里节活动（王潇摄）

【社会治安综合治理】2023年，崇文门外街道多次召开淘汰违规电动三、四轮车工作推进会，持续开展线下回收活动，至年底，崇文门外街道实现辖区违规电动三、四轮车社会面清零，共淘汰处置违规电动三、四轮车962辆，完成辖区违规电动三、四轮车清理整治工作。修订完善群防群治工作方案及应急预案，完成重点时期的安保维稳和社会面防控工作。全年共启动一级社会面防控等级62天，发动群防群治力量14万余人次参与社会面防控，确保各重点时期社会面持续稳定。对辖区11个社区党支部书记、治保主任和社情信息员进行政治教育和业务培训，组织学习《国家安全法》和《反间谍法》，将学习和宣传《国家安全法》列入“八五”普法规划的重点内容。全年共开展国家安全宣传活动8次，发放各类宣传品3000余份。安全生产检查队开展各项安全检查，全年共检查4493家次，发现隐患数3113处，开具整改通知书933份。开展各类宣传教育培训20余次，共发放安全生产、消防安全各类折页以及安全知识手册8000余份、宣传品3000余件，为市民解答各类咨询5000余人次，张贴宣传画500余张。全年开展重要节假日危险化学品专项检查12次，及时督促相关企业改正隐患问题。司法所对社区矫正对象进行个别谈话教育248人次、电话报到960人次，集中教育10次，做到不失控、不漏管。全年共计接收刑满释放人员8人，协调有关方面为他们解决社保以及生活方面问题。组织并指导各社区开展矛盾调解18件、矛盾排查98件。

（王颖）

【社区建设】2023年，崇文门外街道组织社工参与年度社会工作者职业水平考试，通过考试人数为20人。组织考核选拔社区服务站站长4人、社区服务站副站长7人。打造“崇文社工学院”品牌，举办社区主任沙龙会，探索治理新路径。5月，组织召开汇聚平台使用培训及工作部署会，各社区录入维护汇聚平台基础数据，为社区标准化建设提供支持。持续做好协商议事平台建设。发挥居民在社区治理中的主体作用，先后解决辖区内社区道路改造、小区安装摄像头、小区建设电动停车棚、引进降解垃圾袋、地下车库漏水、鸽子噪声扰民等问题。申报北京市星级全民健身团队和新时代老年学习共同体，丰富居民精神文化生活，将西花市南里东区社区打造为开放式空间试点规范社区。7月，崇文门外街道社区建设办获“北京市社会建设与民政工作先进集体”。完成2023年住宿行业“关转提留”市级指标任务；完成每月“五必巡”常态化检查；完成非京籍入学学生21人审核工作；完成社会考生高考报名、体检、英语测试、高考现场陪考等相关工作。举办主题社工节、社区邻里节等主题活动。组织居民参与多项体育活动，完成国民体质测试。举办主题科普活动，普及桥梁建筑理论、卫生健康知识和植物花卉知识；开展“同仁堂小药师”活动；与口腔医院联合开展青少年红色教育和口腔健康知识公益讲座。

（王颖）

【党建工作】2023年，崇文门外街道组织领导班子集中学习、专题研讨、集体调研24次，指导基层党组织开展集中送学、“我为群众办实事”等活动130余次，征集民生项目清单11个、整改整治问题7个。建立领导班子党支部联系点制度，开展超百人党支部设置规范调整与“人户分离”党员专项自查，提升基层党组织标准化、规范化建设。打造“党心e家”党群服务综合体，链接“崇事通”小程序，加强党建引领能力。动员在职党员参与周末卫生大扫除等志愿服务活动100余次。承办北京市红领巾成长营与东城区“一团三营之文化营”，被市、区主流媒体报道。崇文门外街道总工会建立全市首个商圈类公共区域职工之家和东城区首个流动暖心驿站，协助全总、市总、区总调研7次。创新打造《舞韵传党音》和舞剧《灯彩人家》。开展“道德模范”“东城榜样”等先进典型选树评选活动，推进“孝道崇文门外”建设。新时代文明实践中心（所、站）开展科学理论宣讲40余场、党的政策宣传80余次、文化汇演130余场次，更换硬质展板300余块。推进未成年人思想道德建设，开展“扣好人生第一粒扣子”“童心向党”“学雷锋我行动”主题宣传教育实践活动60余场。开展学雷锋讲奉献文明实践活动周、科技活动周、国家安全宣传日等系列活动500余场，受众3万余人次。成立新时代文明实践所共建联席会，深化新时代文明实践所、站建设。开展“我为群众办实事 点亮百姓微心愿”工作，共征集微心愿492个。开展少年儿童爱党爱国教育，利用寒暑假线下、线上开展各类活动100余场，受益青少年儿童2000余人次。探索打造街道级“两新”党建品牌崇文门外“新田”，尝试推出“新田”啄木鸟、“新田”学院、“新田”守望岗等七大类活动。

（王颖）

5月25日，崇文门外街道开展“重走长征路 奋进新征程”主题党日活动
（王潇摄）

【疏解整治促提升工作】2023年，崇文门外街道共拆除违法建设78处，面积1628平方米；完成地下空间再利用2处，整治地下空间2处；创建基本无群租小区1个；处理施工围挡2处；新增共享停车场1处、新增共享停车位45个；完成住宿业整治提升2处。

（王颖）

【营商环境】4月，崇文门外街道召开经济工作会，发布《崇文门外街道2023年经济工作方案》，对重点指标、任务进行分解。发布崇文门商圈标识，介绍智慧、活力、美质生活商圈建设，为2023年“紫金崇文门外”服务包企业授牌。制订崇文门外街道处级实职领导走访重点企业联络表，聚焦企业急难愁盼问题，重点突破，以“紫金服务3.0版”为标杆建立紫金服务新生态。各级领导带领营商专班共服务辖区重点企业55家次，主要集中在制造业、房地产业、批发零售业、金融业。引导新世界百货、摩方购物中心、国瑞购物中心等商业综合体完成阶段性升级改造或业态调整，推动二环内新商业项目新景商务楼竣工招商。挖掘崇文门“故宫以东 百年税关”的文化内涵，发布、推广崇文门商圈专属标识，提升商圈知名度和影响力。培育“崇文喜市”消费IP，举办啤酒文化生活节、嗨跑夜京城等活动，提升居民消费热情，促进商圈消费回暖。发展首店经济、夜间经济、假日经济等新经济形态，在优化特色经营活动方面完善审批流程，营造宽松、友好、有序的市场环境。

（王颖）

崇文门外街道社区居委会

居委会名称	管辖户数	负责人	联系电话	办公地址	邮编
崇文门东大街社区	1618	李冬捷	67176503	东城区崇文门东大街12号楼2号1层	100062
崇文门西大街社区	2328	李佳航	67085679	东城区东打磨厂乙5号	100062
都市馨园社区	2923	张颖	67017784	东城区兴隆都市馨园白衣庵	100062
国瑞城东区社区	1093	常军	67169260	东城区国瑞城东区1号楼3单元1-2层	100062
国瑞城西区社区	3830	唐薇	67168950	东城区国瑞城西区3号楼1层	100062
国瑞城中区社区	1772	魏芸	67188748	东城区国瑞城中区1号楼3单元2层	100062
西花市南里东区社区	2516	张雯	87186861	东城区西花市大街30号2层	100062
西花市南里南区社区	3209	邢智明	67193190	东城区西花市南里西区10号楼2-3单元1层	100062
西花市南里西区社区	3045	苏丹	87186871	东城区西花市大街102号2层	100062
新世界家园社区	2403	冯永刚	67091980	东城区新世界家园小区内会所地下2层	100062
新怡家园社区	1709	张帆	67083189	东城区新怡家园6号、7号楼之间平房	100062

东花市街道

【概况】中共北京市东城区委东花市街道工作委员会（简称东花市街道党工委）是区委的派出机关；北京市东城区人民政府东花市街道办事处（简称东花市街道办事处）是区政府的派出机关。东花市街道党工委与东花市街道办事处合署办公，为正处级单位。东花市街道党工委、办事处依据党内法规和法律、法规、规章及上级党委、政府授权，代表区委、区政府对辖区党的建设、公共服务、城市管理、社会治理等行使综合管理职能，全面负责辖区地区性、社会性、群众性工作的统筹协调。2023年，东花市街道聚焦加速“崇文争先”、做实“六字文章”，扎实推进各项工作。完善大气污染综合治理体系化建设，制订街道大气污染防治2023年行动计划和生态文明建设工作要点。完善“街道—社区—网格”三级林长制工作机制，形成街道林长月巡查、社区林长周巡查、两员日巡查工作模式。组织义务植树尽责活动30场，覆盖人数1万人，获评首都全民义务植树先进单位。2个便民圈通过国家级审核验收，完成一刻钟便民圈100%全覆盖。完成卫生城区复检工作。广渠门北里社区通过市级验收，成为第4个健康社区。健康教育指导员9人获优秀指导员称号，东花市街道获健康生活方式优秀组织奖。落实《东城区加强党的基层组织体系建设三年提升计划（2022—2024年）》，各党支部对照党支部标准化、规范化建设常见问题对照检查清单，逐条自查，所有要求均达标。2023年，东花市街道党工委获“五个好”党工委十一连冠。

（刘婷婷）

【城市管理】2023年，东花市街道改造提升京禧阁公园、金桥国际公寓西侧铁路沿线等绿地面积2000余平方米；在富贵园、丽水湾畔等开展“一院一树”活动，种植乔木38棵；在枣苑、北里小区等开展市花月季进社区活动，种植月季1000株；与吴东魁艺术馆共建国花牡丹主题“邻里花园”，共种植牡丹150株和月季50株。做好美国白蛾、松材线虫等病虫害防控，做好12株古树名木的管护，对4株古树完成复壮，修剪遮光扫窗及危险树木近200株，整治铁路沿线危树189株，完成213株杨柳飞絮综合防治。实现辖区道路24小时基础保洁全覆盖，开展日巡回吸地洒水、周冲刷保洁，完成对22.18万平方米屋顶清扫，对3.27万平方米屋顶喷洒抑尘剂1遍，对重点区域小区清理、吸尘、喷洒抑尘剂3万余平方米。开展专业油烟检查，每季度对辖区121家餐饮单位全覆盖巡查一次。倡导文明祭祀，在清明节、中元节、寒衣节期间对80余处露天焚烧等不文明行为进行制止及宣传引导，累计清扫冲刷问题点位灰迹500余处，步道湿化4万余平方米，完成城市主干道冲洗20万余平方米。全年PM2.5累计浓度为36微克/立方米，全区排名第八，TSP累计浓度为92微克/立方米，全区排名第一。实行河湖动态监控，全年累计巡河长度2110千米，发现并解决巡河问题48个。与绿化二队、市河湖管理处三所等单位配合，发现并解决河湖生态环境问题120余件，摆放共享单车800余辆，清理河岸垃圾200余处，清理水面漂浮物180余平方米，修理围栏20次。开展“清管行动”专项整治，共清理专用雨水管（涵）3.14千米，专用雨水箅子437个，专用雨水井213个，通过市、区两级的检查验收。完成2023—2025年背街小巷精细化治理工作计划，提升广渠门中学北侧路、白桥南里一支等7条优美背街小巷，更新街巷长公示牌。落实街巷长与小巷管家制度，梳理街巷长基础台账，推动街巷长巡街巷工作，开展城市管理志愿服务活动15项。完成东花市大街2号院、中国强胡同7号院老旧小区改造工程，推进5个老旧小区项目开工，启动两批次7个老旧小区项目，协调跟进3个老旧小区项目审批进展。集中整治东花市中街、北里西区6号楼、崇东6号楼周边等多处墙面、地面破损，清理公共护栏12处，修补各类地面、墙面1500余处1万平方米。推动白桥大街南侧立体停车场建设，增加共享停车位180个，完成居民1800余人路侧停车登记。

（刘婷婷）

【民生保障】2023年，东花市街道在册低保户、低收入户共计308户448人，累计发放低保金739.86万元。发放春节慰问金407人20.35万元，发放养老服务补贴2777人次49.52万元，发放失能护理补贴1.21万人次696.69万元，发放高龄老人津贴2.35万人次397.24万元，发放社救人员集中供暖补助、清洁能源自采暖176户22.26万元，发放紧急救助金68人次5.21万元。与北京金朝社会工作服务中心签订合同，开展困难群众精准帮扶。为10户困难家庭提供个案帮扶50次，为独居老人、重残人员、重病人员、未成年人等136户提供服务。制订完善《东花市街道根治欠薪工作方案》《东花市街道讨薪突发事件应急预案》，成立讨薪突发事件应急领导小组，组织召开2次根治欠薪工作会。参加市、区劳动保障培训3次。联合街道总工会，开展2次根治欠薪专项行动，对1家欠薪案件多发单位进行约谈，对16家工地进行巡查。推荐北京敦煌飞天商贸大厦有限公司当选区和谐劳动关系先进单位。妥善处置5起群体性讨薪突发事件，涉及劳动者110人，解决欠薪1050万元。选派4人担任劳动人事争议调解员，对24起劳动纠纷进行调解。为22人补办《城镇待业青年工龄审批表》。申请重度失能户籍老年人护理补贴303人，追缴已死亡老人家属领取的三补金额5.42万元。年度家庭养老床位建设新增市场化家庭床位211张，街道家庭养老床位达300张，街道养老服务千人床位数超过6.8‰任务指标。新签基本养老服务对象124人，辖区基本养老服务对象共计289人，辖区内有1家养老院、3家养老服务驿站，以“养老在花市”为主题，构建居家养老服务运行体系，解决老年人急难愁盼问题。制作为老服务清单，发放服务清单手册1万余张。引入社会餐饮企业3家，纳入街道养老服务联合体。推荐5人当选2023年东城区“孝顺之星”。发放伤残人员抚恤金定期生活费546人次108.35万元，发放无军籍职工（军工）退休工资162人次110.83万元、福利费10.53万元、一次性丧葬补贴15.04万元。发放地退人员退休工资48人次45.46万元、福利费2.26万元、一次性丧葬补贴15.05万元。发放困境儿童全年生活费1人次8656.63元。累计受理公租房、公租房补贴、市场租房补贴资格相关业务1360件，其中新申请109件、复核836件、变更220件、资格终止195件。对领取市场租房补贴家庭开展2轮共计21户实际租住情况现场核查。开展3次公租房轮候家庭房源配租工作，为44个家庭发放选房通知单。联合区住房建设委、区信访办召开信访联席会2次，为4个住房困难家庭直接配租公租房。为51个获得公租房补贴资格和市场租房补贴资格的家庭办理领取手续。新办残疾人证43人。发放助残券360人次，发放严重精神障碍患者看护人管理补贴127人。提供残疾儿童康复服务36人次。发放残疾人燃油补贴177人次，发放个体保险补贴1093人次，发放助学生活困难残疾人子女2人次1.05万元，发放残疾人学生1人次1200元。办理独生子女父母光荣证24个，发放独生子女父母奖励费189人1.05万元、一次性奖励费223人22.30万元，统计出生并上报236人次，审核通过生育登记279人次。新申请特扶7人，年审167人。

（刘婷婷）

【社区建设】2023年，东花市街道完成年度社区及社区工作者年终考核，共评选出优秀社区4个、优秀社区工作者57人。制订社会工作服务项目清单，运用社会工作专业方法开展直接服务。通过线上、线下相结合方式，社会工作服务中心、社区社会工作服务站开展专业督导支持60小时。利用多个媒体进行宣传，提升社会工作服务中心的影响力。社区建设办先后制订《东花市街道住宅项目物业考核办

10月28日，东花市街道举行全民健身运动会（杜鑫摄）

法》《东花市街道党建引领落实物业管理工作职责工作方案》，建立“三个一”（一平台、一考核、一例会）工作机制，坚持月度物业工作例会制度，搭建街道与各物业公司的沟通渠道和联络平台，将物业企业纳入街道“一条热线两件小事”一体化运行社会治理体系中，明确物业在社会治理中的定位和责任。为社区举行文体类公益活动提供资金支持。协助区文旅局完成2023年东城区“月圆京城 情系中华”中秋晚会。举办科普科教类活动6场。办理非京籍幼升小审核通过33人、京籍无房家庭适龄子女入学审核通过2人。办理高考社会考生手续8人。与5家文博单位签订《2023年文物安全管理工作责任书》，明确各单位的安全职责、任务、安全责任人。

（刘婷婷）

3月30日，东花市街道举办“两新”组织学习党的二十大精神知识竞赛（杜鑫摄）

【社会治安综合治理】2023年，东花市街道完成全国两会、服贸会、“一带一路”国际合作高峰论坛等重点时期安保维稳任务，累计动员各类群防群治力量6万余人次。开展打击防范电信网络诈骗宣传活动，累计张贴各类海报2000余张、宣传提示1000余张，发放宣传材料8000余份，提高全民反诈意识。结合12345热线清理整治群租房类属实案件16件。开展违规电动三、四轮车综合治理工作，采取“宣传、服务、提醒、清理、保障”五步走，创建“零违规车辆社区”。

（刘婷婷）

【党建工作】2023年，东花市街道对照全面从严治党主体责任考核，逐项整改落实。运用“第一种形态”谈话提醒7次，约谈6次。工委会专题研究意识形态工作2次，向党员干部通报意识形态情况2次，研究党建议题44个。对15个超大型党支部进行整改，新建社区党支部6个，完成2个社区党委委员补选。学习宣传党的二十大精神，开展5天集中轮训，累计培训1000余人次。中心组集中学习37次，开展党务工作者培训6场。开展主题教育，共开展处级领导读书班及交流研讨5期，基层党组织集中学习210余次，支部书记讲党课72次，制订整治整改问题清单6项、民生项目清单7项，全部整改落实。落实“双报到”制度，开展活动80次，在职党员报到1604人次。承担人才引进任务，为辖区企业申请人才引进7人，其中北京市享受政府特殊津贴人员推荐人选1人，东城区优秀青年人才1人，“四巷”人才引进项目人才4人，留学人才1人。发挥党建工作协调委员会作用，共征集需求66个、资源126个，对接重大项目79个，破解基层治理难题20余项。依托成员单位资源，开展“党群阵地@你”主题活动46场，参与人数8.9万人次。党群服务中心被评为“北京市党群服务中心示范点”。开展庆“三八”、庆“六一”、“快乐假期”系列活动，推动儿童之家和家促中心建设。深化团组织建设，年度新成立团支部7个，其中新兴企业团支部3个，按时完成建团指标。建立“学社衔接临时团支部”，为学生19人做好应届毕业生团组织关系转接工作。发展“两新”企业新团员1人，100%完成对标定级。东花市街道党工委被评为2022—2023年度北京市青年文明号。做好人大代表履职培训工作。通过东城区人大代表大讲堂活动、北京人大网上课堂等，做好代表履职能力建设。组织联组代表参加集中培训1次、主题论坛1次、拓展培训1次和专题培训5次，共计66人次参加。全年组织人大代表开展选民接待日活动32次，代表进“家站”履职185人次，接待选民群众510人次，听取收集意见建议76条，解决61条，解决率达80.2%，最终形成15条拟提建议和2条拟提议案。构建“大统战”工作格局，连续19年开展“为千户家庭送温暖”活动，全年发放慰问金9.75万元。利用统战工作站开设侨之家图书角，东花市社区博物馆获批第二批“京台基层交流基地”。新建25人以上独立基层工会4家，会员信息采集率达100%；新建暖心驿站3家，累计投入14万元为辖区内30家暖心驿站配备运行物资。京川府大酒楼被评为2023年全国最美暖心驿站，洞庭家宴被评为北京市最美暖心驿站。组织老干部开展支部书记云党课6次、红色教育云交流12次、收看全国离退休干部网上专题报告会6场。“六好”支部创建工作“四用四强工作法”登上《东城老干部》专栏。

（刘婷婷）

【疏解整治促提升工作】2023年，东花市街道完成“疏整促”全年任务，拆除铁路三角地、大通滨河公园、东花市2号院等13处违建共计688平方米，疏解人口103人，超额完成全年拆违任务，完成率275.2%；完成存量违建图斑举证分类任务，全年举证任务184平方米。推进华德公寓“基本无群租小区”创建，完成验收。街道、社区加强日常逐户摸排，发现群租房问题立即开展整治，动态治理违法群租房10处，疏解人口34人，实现动态清零。打击新生占道经营及无证无照经营乱象，实现占道经营、无证无照经营动态清零。发展老年餐桌，协调社区、商户、养老驿站完成发展洞庭家宴、食缘酒楼、西部马华3处老年餐桌建设工作。推进白桥大街二期立体停车场建设，新增共享停车位45个，有效缓解周边停车资源紧张问题。协助配合区园林局推进东便门桥和广渠门桥2处桥体绿化，东便门桥体绿化建设为蟠桃宫绿地全龄友好型公园，广渠门桥体绿化建设为广渠秋韵及广渠春晓全龄友好型公园。完成京哈、京沪铁路沿线5600余平方米区域环境整治提升，拆除腾退4处铁路沿线市级挂账点位建筑，清理腾退二环高架桥下多处违章用房、集装箱、占地设备、堆物堆料等，保障铁路沿线安全。

（刘婷婷）

东花市街道社区居委会

居委会名称	管辖户数	负责人	联系电话	办公地址	邮编
北里东区社区	2516	马林	67126577	东花市大街31号	100062
北里西区社区	1682	杨桂民	67152150	东花市大街61号	100062
花市枣苑社区	2608	刘丹	67164745	花市枣苑10号楼1层	100062
南里社区	4123	周明坤	67129897	花市南里三区1号楼1层	100062
南里东区社区	3875	彭岩	67135158	白桥大街12号楼西侧 南里东区13号楼2单元1层	100062
广渠门外 南里社区	3489	肖才生	87512480	广渠家园11号楼11-4	100022
忠实里社区	3911	王天长	67785089	忠实里西区7号楼1层107号	100022
广渠门北里社区	2269	王素花	67155386	广渠门北里73号院（丽水湾畔） 北楼1层	100062

龙潭街道

【概况】中共北京市东城区委龙潭街道工作委员会（简称龙潭街道党工委）是区委的派出机关；北京市东城区人民政府龙潭街道办事处（简称龙潭街道办事处）是区政府的派出机关。龙潭街道党工委与龙潭街道办事处合署办公，为正处级单位。龙潭街道党工委、办事处依据党内法规和法律、法规、规章及上级党委、政府授权，代表区委、区政府对辖区党的建设、公共服务、城市管理、社会治理等行使综合管理职能，全面负责辖区地区性、社会性、群众性工作的统筹协调。2023年，龙潭街道推进新一轮背街小巷精细化治理专项行动，动态治理各类环境问题657个，26条优美街巷实现“十无五好”标准。完成区级税源任务2989万，完成率149.45%，实际入库1500万元，完成进度125%，排名全区第一。建设“一刻钟便民生活圈”2个，“一刻钟便民生活圈”北圈被评为北京市优秀便民生活圈。关注“两新”群体，持续擦亮暖心驿站品牌，成立全市首个服务户外劳动者的驿站联盟组织“驿站联盟”，为户外劳动者提供暖心服务。健全完善“三级派件”机制，建立紧急案件处级包案制度，实时跟进办理情况、调度指挥，做到急事急办、高质高效。坚持工作日线下会议调度，节假日线上视频、线下会议相结合调度，全年共召开案件调度会304次。全年承办原始诉求7838件，其中有效回访5799件，响应率95.88%，解决率69.31%，满意率81.11%。2023年，龙潭街道获首都拥军优属拥政爱民模范单位、全国“四好”商会等荣誉。

（韩凌雪）

【城市管理】2023年，龙潭街道持续做好幸福社区等老旧小区公共区域规范化停车管理，挖潜地区停车资源，为居民提供错时停车共享车位40个。协调物业公司与共享单车企业共同清理小区内部共享单车乱停放问题，针对每家共享单车公司进行月度考核并公示结果。完成平房院户厕改造任务4处。“23·7”特大暴雨期间，排查处置存在安全隐患树木117棵。精准消除城市危旧房安全隐患，排查危旧房129处、自建房46处，排查工作完成率为100%。开展燃气安全入户巡检，累计安装安全配件和包覆管配套1.51万套，完成年度任务。开展违法建设拆除，坚持在“深化疏解、强化整治、优化提升”上下功夫，围绕全年目标统筹调度，完成全年违法建设整治任务，街道市级任务销账9773.81平方米，完成率104.13%，街道治理类任务销账1.84万平方米，完成率101.34%，街道举证类任务9749平方米，完成率为100%。落实扬尘管控措施，累计清扫屋顶面积35万平方米，治理裸地面积4000余平方米，开展工地扬尘专项检查。大气污染防治“一微克”行动，对48家餐饮单位实行油烟浓度信息化监测，完成北京市环保督察迎检工作。河长制工作继续保持全区第一。落实林长制，火桥北里小区共植“幸福树”活动，被北京电视台宣传报道；开展首都功能核心区义务植树进社区活动，被首都全民义务植树新媒体平台报道。

（韩凌雪）

【民生保障】2023年，龙潭街道精细化推进居家养老，与公安部离退休干部局、北京健康养老集团合作建设公安部机关广渠门养老服务驿站，获评“揭榜挂帅”北京市居家养老服务示范中心。成立东城区小棉袄爱老养老护理职业技能培训学校，探索养老行业护理等级评估体系。新增签约家庭照护床位153张，打造龙潭养老中央厨房2个，发展老年餐桌4个。构造一刻钟养老服务圈，吸纳合作商户21家，全年服务4978人次。挂牌成立普法驿站，开展“社区小法庭”普法教育。实施安宁疗护项目，社区卫生中心联合各社区居委会、社区养老驿站开展多次安宁疗护宣传活动，为老年人及其家属建立稳定有效的支持系统。持续做好就业保障，组织高校毕业生暨失业人员线下专场招聘会，全年安置失业人员就业888人，安置就业困难人员480人，办理求职登记数606个，开发采集空岗信息2109个，为长期失业青年提供就业服务266人次。抓好住房保障，公租房补贴家庭完成市级备案27户，市场租房补贴完成市级备案32户。完成快速配租专项配租107户。成立东城区首支侧重抢险应急的“龙安应急”退役军人志愿服务队，参与辖区防汛抢险、站岗巡逻、环境整治、扫雪铲冰及消防安全和应急知识培训等活动，被《北京社区报》、《新东城报》、BRTV都市阳光频道、东城区融媒体中心等多家媒体报道。

（韩凌雪）

【社会治安综合治理】2023年，龙潭街道发动群防群治力量10万余人次，做好全国两会、“一带一路”国际合作高峰论坛等重要活动时期社会面防控。辖区违规电动三、四轮车100%销账清零，环卫行业电动车84辆按期完成更新。建设“矛调处置一体化”中心，各级调委会共计排查矛盾纠纷203次，调解矛盾纠纷182件，调解成功率100%。完善信访机制，累计办理网信18件次19人次，纸信44件次145人次，接待来访137批次145人次，其中处级接访62人次。开展群租房和普通地下室治理，累计开展群租房专项检查48次，开展地下空间专项检查71次。开展铁路沿线隐患排查，清理隐患6处。抓各类安全风险隐患排查治理，开展处级带队联合检查31次，检查生产经营单位3192家次，发现安全隐患3441处，全部完成整改。完成179处老旧房屋、自建房隐患排查整治。金年丰超市等3处挂账占压燃气管线隐患全部清零，光明西里51户居民私接燃气全部完成治理。加装联网型烟感报警器1004个，为部分80岁以上老人配备火灾逃生四件套905套。加强电动车安全管理，与辖区常驻居民户签订《电动自行车安全管理告知书》1.48万份，完成率100%。加强基础设施建设，完成老旧小区灭火器年检2454具，购置补充860具，新增配置便携式灭火器200个。全年开展线下宣传活动28场，制发各类宣传资料2万余份。汛期累计发动值守备勤1571人次，雨中出动抢险巡查2065人次，处置各类险情278处，实现平安度汛。

（韩凌雪）

【社区建设】2023年，龙潭街道制订社区工作者三年培养计划，启动社区工作者“满天星计划”培养工程，开展读书会、社工论坛等培训活动22场，参与1500余人次。8个社区依法补选居委会委员23人。社区书记3人考取事业编制。建设板厂南里社区协商议事厅和安化南里3号楼楼门院治理市级示范点，打造16个特色社区治理品牌。推广“社区汇聚”智能平台，上报民情日志6万余条。举办首届二月二龙抬头民俗文化节，开展群众文化展演季、第三届戏曲文化节活动，丰富居民文化生活。推进“体育+”建设，打造龙潭社区杯足球金牌赛事，举办环湖V马、首届儿童友好运动节等群众体育活动100余场。举办科普活动30场，1200余人参与。成立家庭教育指导服务工作站，提供专业化家庭教育支持，完成适龄儿童47人幼升小入学审核。做好违规校外培训机构巡查，举办教师节系列活动5场，营造尊师重教氛围。指导监督12个小区完成物管会向业委会转化。聘请物业管理专家及律师开设讲座，根据物业公司、物管会、业委会或业主等不同的群体定制政策理论、物业工作、法律知识等课程。完善激励机制，全年累计开展物业考核11次，涉及15个小区，累计奖励资金21万元。垃圾分类示范小区创建率接近90%，创建示范楼宇4家。建立每日专人巡查机制，督促各物业做好垃圾清运工作。

（韩凌雪）

【党建工作】2023年，龙潭街道成立主题教育领导小组，开展班子成员

4月26日，龙潭街道举办"厨艺大比拼 欢乐迎五一"厨艺比拼活动（龙潭街道提供）

讲党课9场，理论中心组学习21次。启动年轻干部培养三年计划，开展"美丽龙潭 青春行动""跑好时代接力棒 青春奋斗正当时"等学习活动41场次。创新开创"潭·论"思维碰撞营。举办迎"五一"摄影活动、厨艺大比拼岗位练兵活动。全年在媒体发稿209篇，其中中央级媒体发稿32篇，市级媒体发稿160篇。春节和"七一"走访慰问离退休党员和困难群众290人次。举办"学习二十大，奋进新征程"工委书记讲党课暨庆"七一"主题活动，为老党员83人颁发"光荣在党50年"纪念章。组织党员群众捐款12.77万元。依规形成2023年度社区党组织服务群众项目37个，其中"党建引领健康行 家和敬老万事兴""传承红色基因 汲取党建力量""夕照沐照党旗红"等社区党组织服务群众项目被人民网、北京新闻网、《北京青年报》等媒体报道。推荐光明社区、幸福社区、板厂南里社区党支部入选东城区"五星级"社区党组织。常态化推进周末卫生大扫除活动。全年开展"净巷有我——党建引领社会治理专项行动"等周末卫生大扫除活动111场次，参与人数2741人次，共计清理胡同、院落、楼房200个，清运垃圾66.79吨。帮助房山区史家营乡莲花庵村灾后重建，选派优秀年轻干部1人担任怀柔区泉河街道小中富乐村第一书记。

（韩凌雪）

【疏解整治促提升工作】2023年，龙潭街道完成滨香园、火桥北里等12处京沪铁路沿线整治点位销账目标，拆除沿线30米范围内自建房和违建房4022.91平方米，疏解腾退52户136人。全面完成年度10项"疏整促"任务。创建基本无违法建设街道，拆除违建建筑1.1万余平方米，年度考评在全区名列前茅。推进小区综合整治，新完工广内6号楼、8号楼、绿景馨园等4个小区，新开工夕照寺西里等5个小区，解决管线老旧、漏雨渗水、停车管理、环境脏乱等痛点问题。巩固老旧小区停车自治成果，挖潜新增共享车位40个。

（韩凌雪）

【小巷管家工作模式】2023年，龙潭街道共有小巷管家139人，累计巡访时长8.20万小时，随手解决问题4507件，上报解决问题913件。举办小巷管家六周年庆典暨优秀社区社会组织颁奖仪式。探索推进"小巷管家4.0"新模式，发布东城区首个由"五社联动"打造的科技化便民服务平台"巷悦龙潭"小程序，实行全新的积分兑换制度，通过解锁"微心愿""公益创投"等方式，推动志愿服务与积分制度联动，激发小巷管家的工作热情，构建"互联网+社会服务"新模式，提升社会治理效能。

（韩凌雪）

6月6日，龙潭街道在党群活动中心隆重举行小巷管家六周年庆典暨优秀社区社会组织颁奖仪式（龙潭街道提供）

龙潭街道社区居委会

居委会名称	管辖户数	负责人	联系电话	办公地址	邮编
左安浦园社区	3003	王艳萍	87197554	左安门内大街73-1号	100061
左安漪园社区	1768	许爽	87196358	左安漪园小区3号楼5单元101室	100061
龙潭北里社区	3125	黄悦	67126559	龙潭北里五条三楼东侧	100061
板厂南里社区	767	云瑾	67176216	板厂南里6号楼东侧	100061
光明社区	3451	郝宏婷	67176270	光明楼13号楼北侧	100061
华城社区	3210	李永红	87185119	夕照寺街16号宝达大厦1层107室	100061
夕照寺社区	1993	李磊	67160489	广渠门南小街领行国际3号楼1-6室、1-7室	100061
安化楼社区	3457	李晖	67176192	培新街9号院保利蔷薇苑小区1号楼1单元1层东侧	100061
新家园社区	3142	曹乃刚	67171327	幸福家园5号楼底商5-5	100061
幸福社区	1502	姜萌	67171332	幸福北里甲17号	100061

体育馆路街道

【概况】中共北京市东城区委体育馆路街道工作委员会（简称体育馆路街道党工委）是区委的派出机关，北京市东城区人民政府体育馆路街道办事处（简称体育馆路街道办事处）是区政府派出机关。体育馆路街道党工委与体育馆路街道办事处合署办公，为正处级单位。体育馆路街道党工委、办事处依据党内法规和法律、法规、规章及上级党委、政府授权，代表区委、区政府对辖区党的建设、公共服务、城市管理、社会治理等行使综合管理职能，全面负责辖区地区性、社会性、群众性工作的统筹协调。2023年，体育馆路街道坚持党建引领，大力弘扬雷锋精神，切实保障和改善民生，不断提升社区治理水平，建设具有体育文化特色的宜居街道。体育馆路街道获评年度政府绩效奖专项优秀单位、年度平安建设工作优秀单位、2021—2023年度首都文明单位，体育馆路街道党工委获评年度“五个好”党工委，体育馆路街道团工委获北京市“五四红旗团委”称号。在宣传、精神文明和群团等领域被中央媒体报道13次，体育馆路街道获市级荣誉16项、区级荣誉6项。接诉即办工作成绩突出，万人诉求比常年保持全区最低，年度全量考核成绩全区排名第一。服务保障中央单位获得认可，体育馆路街道获“全国体育事业突出贡献集体”称号。“雷锋讲堂”入选2023年京韵特色社区教育示范项目。违规电动三、四轮车治理工作成效显著，8个社区成功申报“零违规车辆社区”并通过验收。体育馆西路一刻钟便民生活圈获评“北京市优秀一刻钟便民生活圈”称号。物业管理工作全年有6个月位居全区第一，生活垃圾分类工作排名全区第三。

（张军港　冯溪歌）

【城市管理】2023年，体育馆路街道深化基层治理，整合资源，设立人民来访接待中心，推进未诉先办零诉求社区建设。街道、社区干部落实“开门办公、来者不拒、照单全收、立即就办”的工作作风，坚持“用心用情用力，见人见事见面”的“三见三用”工作法，深化网格化管理，推进矩阵化治理模式，畅通“三条干群连心线”，实现解决问题不出社区。《人民日报》和北京电视台多次报道体育馆路街道接诉即办工作的经验做法。开展“满分社区”和“办件标兵”评选工作，制作办件标兵经验手册，全年共有8个社区当选满分社区56次，评选办件标兵132人次。2023年，体育馆路街道共受理市民热线诉求2434件，环比减少近五成，万人诉求比常年保持全区最低。11月取得市级考核、全量考核“双百分”的好成绩，排名全区第一。加大环境秩序整治力度，成立天坛东门专项治理专班，街道、社区干部轮流到天坛东门值守，维护天坛东门人员和停车秩序。拆除天坛东门历史遗留违法建设，划定共享单车停车区域，加大巡查清理力度，共享单车乱停、乱放问题得到有效解决。推进城市更新，推进红桥后街等13条背街小巷精细化治理，打造优美街巷10条、达标街巷3条。

（张军港　冯溪歌）

【民生保障】2023年，体育馆路街道创建申报体育馆西路一刻钟便民生活圈，通过市级验收，获评北京市“优秀一刻钟便民生活圈”。全年参与献血人数269人，献血总量达367.2个献血单位，完成任务量159.65%，名列全区第一。保障困境儿童权益，获评“北京市未成年人保护先进集体”。开展居家养老服务工作，体育馆路街道养老服务驿站全年为辖区老人开展家庭养老床位服务5167人次、责任片区1.54万人次、助餐服务1.78万人次、文化娱乐798人次、健康指导及心理慰藉1919人次、呼叫服务3661人次，助医、助洁、修脚、理发等服务

11月11日，体育馆路街道开展"学雷锋 争先锋"6公里迷你马拉松活动（孙璐摄）

3228人次。

（张军港　冯溪歌）

【社会治安综合治理】2023年，体育馆路街道守牢安全防线，矩阵化治理模式，常态化排查化解矛盾治理经验。开展安全隐患大排查、大整治，拆除存在20余年的营房西街2号楼私装大门20处，清理堆物堆料、可燃物10余吨，畅通消防通道10条。推进违规电动三、四轮车治理工作，体育馆路街道领导班子专题调度违规电动三、四轮车治理工作60余次。发挥矩阵治理优势，将违规车辆处置任务划分到矩阵，开展"工作标兵""双清零社区"评选表彰活动。共清理违规车辆1283辆，8个社区均申报"零违规车辆社区"并通过检查组验收。

（张军港　冯溪歌）

【社区建设】2023年，体育馆路街道坚持以雷锋精神推进社区现代化治理。打造"雷锋讲堂"社区治理品牌，每周四下午2点半准时开讲，邀请二十大代表、奥运冠军、雷锋班班长等各界代表前来宣讲，全年举办66讲，线上、线下参与人数6万余人次，"雷锋讲堂"被市教委评为"2023年京韵特色社区教育示范项目"。开展雷锋精神教学基地建设，与东城区委党校合作开展课题研究，建设基层党校教学示范点。将弘扬雷锋精神融入社区日常治理，形成3条"干群连心线""100分钟工作法"，实现解决问题不出社区。开展"学雷锋 争先锋"6公里迷你马拉松活动。组队参加北京市第三届社区杯八人制足球赛，获得亚军。全年举办文艺演出及文体活动127场，累计参与者2万余人次。

（张军港　冯溪歌）

【党建工作】2023年，体育馆路街道组织理论学习中心组学习19次，开展交流研讨、参观见学、主题党日等学习实践活动，制作电教片2部，获评东城区第七届优秀党员电教片。选好"领头雁"，加强干部队伍建设，完成机关党委、11个机关党支部和10个"两新"党支部换届选举。开展"两新"党建共建活动。依托"红砖阵地"党群服务中心平台，落实"四季暖风（蜂）"行动，擦亮"守卫蜂"服务品牌，成立体育馆路街道"小哥"消防巡查队，引导新就业群体为基层治理赋能。

（张军港　冯溪歌）

【疏解整治促提升工作】2023年，体育馆路街道加大执法力度，保持新生违建零增长，拆除违建2767.74平方米，完成全年任务的115.32%；疏解人口532人次，完成总体任务的133%。保持违规开墙打洞、占道经营、违法群租房等动态清零。完成法华南里2-9号楼等老旧小区综合整治；完成拆除违法建设46处1533.42平方米，完成举证41处4.25万平方米，超额完成区级任务。推进"崇外6号地"入户摸底工作，成立"崇外6号地"项目入户工作组，完成入户工作方案及口径制订、办公点搭建、人员房屋原有信息整理匹配等工作，召开10次入户工作组会议。全年累计完成3287户入户调查工作，占总户数的64.64%。

（张军港　冯溪歌）

5月24日，体育馆路街道成立"小哥"消防巡查队（余文斌摄）

【优化营商环境】2023年，体育馆路街道聚焦企业需求精准服务，找准“管家”定位，主动走访问需，组织政企早餐会或下午茶活动26次，涉及企业32户次，实地带看空置楼宇、闲置产业空间74次；联系辖区红桥市场等重点企业7户，收集问题435项，解决问题435项，均在第一时间解答，解决率100%。加强税源建设，严格对表对标、倒排工期，全年新引进市场主体323户，完成进度215%，税源引进2691万元，完成进度135%，实际入库1631万元，完成进度136%，超额完成规定任务；强化对企业精准服务，完善外迁管控机制，做好税源挽留，联动辖区工商、税务相关部门，累计挽留企业4家，挽留成功率100%。

（张军港　冯溪歌）

体育馆路街道居委会

居委会名称	管辖户数	负责人	联系电话	办公地址	邮编
西唐社区	2929	杜进平	67116634	驹章胡同43号	100061
葱店社区	2469	张莹	67112483	驹章胡同43号	100061
东厅社区	1848	尹佳佳	67182421	驹章胡同43号	100061
南岗子社区	2099	巨小淯	67115823	驹章胡同43号	100061
法华南里社区	2446	陈淑凤	67126846	法华南里甲8号楼	100061
体育总局社区	1151	李广华	67114632	双玉中街2号楼1层	100061
四块玉社区	1434	李艳静	67112895	东四块玉南街甲11号	100061
长青园社区	1722	段美洁	67195213	长青园3楼1门101号	100061

天坛街道

【概况】中共北京市东城区委天坛街道工作委员会（简称天坛街道党工委）是区委的派出机关，东城区人民政府天坛街道办事处（简称天坛街道办事处）是区政府派出机关。天坛街道党工委和天坛街道办事处合署办公，为正处级单位。天坛街道党工委、办事处依据党内法规和法律、法规、规章及上级党委、政府授权，代表区委、区政府对辖区党的建设、公共服务、城市管理、社会治理等行使综合管理职能，全面负责辖区地区性、社会性、群众性工作的统筹协调。2023年，天坛街道高效推进地区重点项目，全年攻破4处难点（金鱼池二期西土地一级开发项目收尾、南中轴周边棚户区改造项目收尾、天坛周边57栋简易楼腾退项目收尾、天坛医院旧址拆除和绿化）、打通3处堵点（金鱼池小区品质提升改造项目、永内东街中里、天坛东里南区老旧小区综合整治项目）、紧盯2个重点（五八二电台家属区腾退项目、正阳桥疏渠记方碑周边环境整治项目）、打造1个亮点（西草市街环境整治提升项目），探索形成核心区城市更新改造的“天坛模式”。完成全年财源建设任务，累计引入税源2271万元，完成进度114%，排名全区第七；实际入库2194万元，完成进度183%，排名全区第二。完成重大活动期间安保维稳任务，设立“有事好‘坛’——罗胤调解工作室”，地区各级调委会全年共开展矛盾排查454次，化解各类民间矛盾纠纷263件。代表东城区接受市级市域社会治理现代化公共法律服务板块实地迎检验收工作，获市级检查组的肯定。坚持兜牢民生保障底线，就业率位于全区第一梯队，公租房备案家庭保障率排名全区第一，街道养老床位任务完成率排名全区第一，残联温馨家园以全市第一的成绩获评全市首批五星级温馨家园。在南门剧场引入主题咖啡馆，打造现代化图书馆，获评2023年“阅读北京·十佳优读空间”“东城文艺+特色空间”，公共文化服务效能评估全区排名第四。推进政府、物业、居民共同参与的多元治理格局，打造天坛西胡同不停车街区和慢行系统，完成天坛西胡同环境整治提升。

（袁亚菲）

【城市管理】2023年，天坛街道新增绿地面积7.02万平方米，辖区绿化覆盖率62.4%，位居核心区第一，获首都绿化美化先进单位和首都全民义务植树先进单位称号。完成北京市第二轮环保督察迎检任务，月度道路尘负荷监测数据三次位居全市第一，全年PM2.5平均浓度36微克/立方米，全年TSP累计浓度93微克/立方米。完成南中轴路周边棚户区改造项目剩余3户滞留户行政强执和环境整治项目13户腾退清零工作，在项目启动18年后实现场干地净；经过15年的接续攻坚，金鱼池二期西土地一级开发项目上市地块达到土地入市基本条件，金鱼池二期西公服地块实现场干地净。启动金鱼池小区品质提升改造项目，修缮美化居民楼18栋、凉亭5座，建立大件废弃物收集维护设施，施划机动车停车位、自行车停放区，小区整体环境显著改善。永内东街中里、天坛东里南区2个老旧小区改造任务竣工验收。完成37条背街小巷验收，打造天坛西胡同不停车街区和慢行系统，对鲁班胡同、金鱼池巷等开展基础设施提升和停车规范化治理。办理停车认证550余户，新增共享停车位50个，全年办理涉及垃圾分类、环境卫生、绿化、交通秩序等问题的网格案件2.60万余件。完成3000余处自建房台账排查整治，燃气居民用户安全阀更换超额完成年度指标，1处燃气管线占压隐患问题实现销账，对辖区115家燃气公服用户完成5个轮次全覆盖执法检查。完成十年一次的煤改电电暖器更新以及年度补贴发放工作，更换电暖气3000余台；全年共检查出租房屋3400处，保持违法群租房动态清零。完善多元参与的垃圾分类管理体系，完成12个垃圾分类驿站、11个大件垃圾投放点和23个装修垃圾投放点升级改造及1个智能分类垃圾桶试点小区建设。探索区域化综合物业管理模式，物业服务质量持续提高。

（王曦　张晓星）

【民生保障】2023年，天坛街道加强社会救助动态监管，累计新批低保家庭10户、低收入家庭1户，停发低保家庭38户、低收入家庭23户，新增社会救助对象帮扶13户，完成老人297人的重度失能评估和117人重度精神病监护补贴的审核确认。搭建困难群众救助服务所资源整合平台，对已建档困难家庭和服务对象613户开展跟踪回访627次，对25户困难群众开展个案帮扶220次，开展主题活动5场。完成家庭保障房677户、家庭廉租房资格复核47户及家庭市场租房补贴443户、公租房补贴280户资格复核及结果上报；推进保障性住房日常新申请、终止及变更工作，全年新申请备案268户、变更备案261户。年度保障性住房总体保障率排名全区第一。超额完成“七有五性”养老服务千人床位指标考核要求，每千名常住人口床位数为9.62张，应建192张，实建264张，完成137.5%。完成老人111人养老家庭照护床位适老化改造，全年共签约基本养老对象149人。举办“浓情端午 情满夕阳”“天坛重阳梦 一起孝益笑”等联合助老公益活动。发挥残联温馨家园作用，累计举办助残日系列活动10余次，开展残疾人培训20余次，参与人数800余人次；推进一刻钟生活圈无障碍建设，摸排无障碍点位50处，巡检无障碍点位61处，监督检查60处无障碍点位；走访慰问困难残疾人家庭60余户，入户访视2960人；为453人进行辅助器具申请，为残疾人7人办理辅具租借。完成困境儿童工作，每月为困境儿童4人发放生活费5390元，全年发放6.40万元；为困境儿童发放慰问金1次，共计500元；发放孤儿助学金4次，共计1万元。完成2023年异地退休困难知青慰问工作，累计慰问47人次；完成工地、企业日常劳动用工巡查，及时发现欠薪隐患，年度无聚集讨薪案件发生。全年实现就业人员544人，登记失业人员就业率达65.41%。为长期失业青年提供就业服务554人次，办理求职登记数约683个，累计申请灵活就业人数512人，受理灵活就业状况报告6766人次，逐月对登记失业人员进行电话随访，跟踪服务868人次。全年办理生育登记约200例，人口出生上报160例，发放独生子女相关奖励费约47.52万元；推进托育工作，全年配合区疾控中心开展社区监测2次，共组织居民600余人参与活动。加大无偿献血工作宣传力度，完成197个任务指标；开展各类健康教育宣传活动，做好国家卫生区复审迎检工作动员，加强除四害工作的监督与管理，开展集中灭鼠灭蝇工作5次、控烟宣传2次；组织周末卫生日活动12次，动员驻街单位职工、社区居民1100余人次。全年开展8轮病媒生物防治工作，累计处理阳性积水、灭鼠蚊蟑、病媒孳生地消杀等各类问题1200余件。

（徐墁壤　韩娜）

【社会治安综合治理】2023年，天坛街道以社会面防控任务为主线，累计发动群防群治力量10万人次，完成全国两会、“一带一路”国际合作高峰论坛等重大活动期间的安保维稳任务。以矛盾纠纷排查化解为抓手，累计开展社会矛盾排查12次；化解居民来信来访案99件次120人次，合理合法诉求化解率达100%。落实处级领导包案责任制和领导干部接访下访制度，接待信访重点人72人次，化解信访积案。以公共安全为重点，为辖区火灾防控重点人群253人发放应急物品；更新维护消防设施3100余具；发动街道干群力量清理可燃杂物50余吨；推广494家驻街单位使用“企安安”小程序，覆盖率100%。结合火灾隐患大排查、大整治行动，集中检查生产经营单位2116家次，整改复查率100%。汛期，天坛街道共处置隐患66处，完成红色暴雨预警应对工作。开展违规电动三、四轮车综合整治行动，辖区645辆在账车辆淘汰处置332辆，销账率位列全区第四。街道和社区各级调委会累计调解纠纷170余件，调解成功率97%。为11个社区签约公证顾问，实现法律服务全覆盖。全年审核合同66件，提供法律意见75条。办理行政诉讼6件、民事诉讼2件。依法开展社区矫正，共走访谈话92人次。完成地区民兵整组工作，新增民兵35人；对地区适龄青年85人进行兵役登记，登记率100%；全年共征集男兵4人，超额完成区级指标任务。

（刘晓娇）

【社区建设】2023年，天坛街道组织系列社工培训活动50场。推动实施“非遗在社区”项目，被文旅部非遗司纳入全国试点地区典型案例；完成正阳桥疏渠记方碑周边环境整治工程；创编话剧《锦绣年华》进行首演。对辖区健身器材进行常态化巡检，排除居民健身安全隐患；组队参加东城区第九届冰雪嘉年华、东城区首届健身运动会、“健康东城”太极拳（剑）集体交流展示等赛事活动，为居民搭建以赛会友、切磋技艺的平台。在东城区第九套广播体操比赛中获二等奖，在“健康东城”羽毛球团体赛中获得第四名。完善议事协商机制流程，成立社区议事协商助力团，指导社区每月开展议事协商会议；组建天坛北里、天坛东里北区等小区业委会5个，更新组建东晓市、复康里等小区物管会13个，完成精忠社区服务空间开放式示范点建设、金台社区楼门院治理示范点建设；开展天坛街道首届社区公益微创投项目，扶持11个项目落地，激发社区治理效能。组织开展“五共互融，筑根共治”社会组织赋能培训实训项目，入选北京市“优才计划”十佳优秀实训项目，4个案例入选“优秀服务案例”。动员各社区排查辖区内学科类违规培训机构共22轮，未发现违规培训机构；联合开展北京市第十一中学和文汇中学南校区2个校区中考、高考、英语听说考试周边保障工作，服务考生2400余人；完成辖区非京籍幼升小、北京市无房子女入学的资格审核，受理非京籍入学申请14人。在东城区第十三届全民终身学习活动周比赛中，书画、手工艺、计算机比赛均获得优秀组织奖。在北京市新时代老年学习共同体评审中，永内梦幻歌舞队被北京市教委评为4A等级。选拔完成社区服务站副站长4人，社工5人通过定向招考转为事业编。

（刘薇）

【党建工作】2023年，天坛街道推进主题教育各项工作，做好领导班子带头学、党支部集中学、党员干部个人学，建立推动发展重点任务清单1项、民生清单1项、整改整治问题清单5项、调研课题和正反面典型案例“2+8”项。同步推动接诉即办、违规电动三、四轮车综合治理、南中轴重点项目建设等中心工作落地见效，实现主题教育与地区发展同题共答。发挥基层党组织的战斗堡垒作用和党员干部的先锋模范作用，全年共发展党员13人，预备党员转正15人；开展走访慰问地区老党员和生活困难党员活动，惠及党员1769人和建国前参加工作未享受离退休待遇城镇老党员1人；为天坛地区老党员49人颁发“光荣在党50年纪念章”；开展街道“两优一先”评选，共评选优秀共产党员50人、优秀党务工作者50人、先进基层党组织7个；组织开展“共产党员献爱心”捐献活动，党员1164人、群众54人共捐款8万余元；3个社区被评为区级五星级党组织，1个社区获党建进步奖。完成100人以上党支部设置规范工作；指导社区全面梳理“人户分离”流动党员，应转尽转；采取重新划分、增设党支部等措施规范党支部设置，增强党组织生机活力。打造泰元社区“邻”聚力居民议事厅，激发党员群众参与社区治理的积极性。加强市级优秀社区书记张淑英工作室建设，增补区级社区书记王春工作室，打造年轻青干社区工作者培训基地。成立北京首善为老服务中心和北京中佑恒建设集团有限公司党支部，完成9家非公企业党支部换届；成立天鼎218文化金融园功能型联合党委；完成亿元楼宇和重点园区申报。推荐3家非公企业单位参与“党建强、发展强”党建品牌项目，南门涮肉入选市级“党建强、发展强”党建品牌项目；推选1人入选北京学者候选人。开展“党群阵地@你”系列活动，打造“小哥聚力港”，组织“两新”党组织、快递小哥开展公益性志愿活动13次，为“两新”群体、快递小哥提供服务累计271次。开展理论中心组集中学习12次。落实意识形态工作责任制，“一把手”签订年度意识形态责任书。召开“以案为鉴、以案促改”警示教育大会1次。完善谈心谈话机制，针对三“新”干部、重要岗位重点人员、重大整治活动、苗头性问题开展主动约谈100人次。围绕“强国复兴有我”宣讲主题，组建天坛街道“红色之声”百姓宣讲团，获评区级优秀百姓宣讲团，1人获优秀百姓宣讲员称号。在北京东城App新时代文明实践站、所板块累计发布活动130余场，上传信息550余篇。动员企业参与防汛救灾，向河北省、北京市门头沟区和房山区捐款、捐物55万余元；动员60余家企业

11月23日，天坛街道开展垃圾分类再生资源宣传活动（张晓星摄）

参与“北京民营企业百强”调研，完成全国“四好”商会申报。向统战部推荐优秀新社会阶层人士2人当选区新联会新一届理事。启动“环天坛文化圈·小青团讲文化”志愿服务项目，引领青少年弘扬中轴文化，传播天坛故事，在2023年东城区志愿服务项目大赛中获金奖。动员地区巧娘工作室巾帼志愿者，编织爱心毛衣11件为房山灾区孩子送温暖。举办“小青团游中轴”暑期研学营活动，参加青少年80人。完成独立建会企业4家，发展新会员300余人，会员总数达3469人，开展会员服务活动共计4906人次。组织线上、线下单身交友活动共计20人次；组织辖区企业和职工参加区、街招聘活动共计80人次。依托人大代表家站平台组织开展代表联组活动3次、主题活动2次、宣讲会议精神37场，覆盖选民群众2600余人次；依法补选区十七届人大代表2人，开设人大代表微讲堂，举办活动5期，被《北京日报》、学习强国App等媒体报道宣传11篇次。

（陈璐璐　赵永华）

【疏解整治促提升工作】2023年，天坛街道稳步开展“疏整促”工作，全年拆除违法建设9214.34平方米，完成市级任务的366.67%。销账和举证面积1.16万平方米，完成区级治理任务的149.87%。统筹实施天坛医院旧址拆除和绿化，推动实现中轴线绿色空间景观提升；推进住宿业整治提升，完成住宿业“关转停”1家，提前完成年度任务。争取市级“疏整促”资金，启动西草市街南段综合治理提升项目，开展清障净面、保护修缮、综合治理。1个月集中攻坚拆除清理西草市街南段违建39处500余平方米。开展建筑立面整修、街巷空间优化，推动实现西草市街南北段风貌融合、环境提升，长约500米、总面积1.35万平方米的老旧小巷焕新颜，西草市街入选2023年十大“北京最美街巷”。

（王曦）

天坛街道社区居委会

居委会名称	管辖户数	负责人	联系电话	办公地址	邮编
东晓市社区	1602	左铭	13661385819	东晓市一巷48号	100050
西园子社区	1580	程敏	13811580229	东晓市街30号	100050
金台社区	1776	黄婉庭	15811266879	金鱼池中街2号院4号楼106	100050
金鱼池社区	1709	张婷婷	13521029931	金鱼池中区22-2-101	100050
金鱼池西社区	2055	刘磊	13621173289	金鱼池西区1号楼底商	100050
精忠社区	3058	纪超	13581779507	西草市东街66号	100050
祈谷社区	1558	周子淇	13501280826	天坛西里北区甲2号	100050
永定门内社区	1225	李桂芳	13717822791	天坛西里东区8号楼西侧	100050
广利社区	2123	李纬	13683161680	永内东街西里5号	100050
昭亨社区	1603	王焘	13910671565	永定门内东街东里南区4楼北侧	100050
泰元社区	1526	柏青	13910729137	天坛东里中区1号楼北侧	100050

永定门外街道

【概况】中共北京市东城区委永定门外街道工作委员会（简称永定门外街道党工委）是区委的派出机关，北京市东城区人民政府永定门外街道办事处（简称永定门外街道办事处）是区政府的派出机关。永定门外街道党工委与永定门外街道办事处合署办公，为正处级单位。永定门外街道党工委、办事处依据党内法规和法律、法规、规章及上级党委、政府授权，代表区委、区政府对辖区党的建设、公共服务、城市管理、社会治理等行使综合管理职能，全面负责辖区地区性、社会性、群众性工作的统筹协调。2023年，永定门外街道做好主题教育各阶段工作，编发廉政短信，覆盖1600余人次。统筹社会治理与经济发展，建立辖区楼宇、重点企业常态化联系。全年召开政企座谈会、下午茶活动7次，走访企业40次，搜集各类招商信息114条，为楼宇园区推荐意向企业12家。共引进税源2036万元，完成任务指标102%；实际入库1436万元，完成任务指标120%；全年新增金融类、科技类、文化类三大主导行业企业308家，完成全年任务205%，在全区街道中排名第二。永外城项目园区入驻率达100%，入驻企业聚焦数字产品服务业、数字技术应用业、数字要素驱动业、数字化效率提升业等数字经济核心产业。

（郑冬辰）

【城市管理】2023年，永定门外街道重点开展经营性自建房“回头看”及其他自建房整治排查工作，街道汇总各类疑似其他自建房台账1483栋，完成排查1483栋，占比100%，其中系统上账其他自建房73栋，占比4.92%，经第三方专业机构排查，存在安全隐患26栋，全部为一般安全隐患，落实隐患管控26栋，占比100%。建立隐患房屋巡查群，社区每周上报巡查工作开展情况，现场检查房屋隐患部位，提醒使用人做好安全自查，登记巡查记录。推进违规电动三、四轮车综合整治，成立工作专班，组织机关、社区、辖区企业、居民志愿者开展宣传活动，不断完善工作手段和思路，区级考核成绩由后位跃至前茅，区级台账销账1452辆，自摸排车辆660辆，总数位于全区第一，20个社区全部创建“零违规车辆社区”。推进“六无车场”建设，完成富莱茵花园小区、东革新里40号院、管村26号院、管村10号院、定安里35号院、定安里37号楼和38号楼、安乐林路65号楼的综合整治工程，涉及改造面积15.81万平方米、单体建筑29栋，惠民2063户。配合东城规自分局推进刘家窑路道路工程项目，完成沙子口路正规化停车管理工作，解决居民停车位109个。推进《永定门外街道大气污染精细化治理工作方案》，强化源头管理、协同防治，提升基层大气污染防治精细化管理水平。共清扫屋顶50.91万平方米，其中平房面积22万平方米，楼房面积28.91万平方米。开展裸地治理，采用硬化和苫盖等方式处理裸露地面面积2577.63平方米。开展抑尘剂喷洒，喷洒道路面积11.31万平方米。处理首环办案件144件，配合整改市区两级下发文明城区督办单34份，完成文明城区自查整改。完成背街小巷环境精细化整治提升工作，涉及点位300余个。

（郑冬辰）

【民生保障】2023年，永定门外街道协调推进各类健康机构创建工作。9月，完成中海紫御社区的健康社区创建验收，年底挂牌。12月，北京龙顺成完成健康小微企业创建及联合验收。全年创建健康示范家庭95个，创建百荣嘉园社区毛巾操队伍1支，新增健康生活方式指导员19人。引入地区资源，携手共建地区残疾人健康事业。携手国企和知名高校开展“传递智慧理念 助力健康发展”护肺知识讲座暨体验活动、“科学爱耳护耳 实现主动健康”爱耳日主题活动、“爱护眼睛 守住光明”爱眼日活动。与医院联合开展前列腺癌预防知识讲座及筛查、干眼症筛查活动。对原有社区养老服务驿站进行更新改造，扩大床位数量，完善功能布局，使原来功能单一的服务驿站升级为集居家照护、长期托管、文化娱乐、健康指导、老年食堂等多功能于一体的社区嵌入式养老服务综合体，进一步精准对接老年人的需求。12月28日，永定门外街道养老照料中心正式运营。通过配租公租房、发放市场租房补贴等方式使公租房保障率达到77.07%，位列东城区各街道第五，超过东城区平均保障率（74.78%）两个百分点，完成北京市73.6%的保障率要求。

（郑冬辰）

【社会治安综合治理】2023年，永定门外街道重点开展群租房和地下空间专项整治工作，共排查整治群租房30余处，疏解90余人，排查检查地下空间500余次，严禁地下室违规住人。深化平安铁路建设，强化护路联防，清理铁路沿线安全隐患，及时消除各类涉路矛盾纠纷，确保铁路沿线治安秩序稳定良好。为完成全国两会、“一带一路”国际合作高峰论坛等重大活动和节假日安保任务，提前召开安保维稳部署会、矛盾排查会，分析地区安全稳定形势，研究制订工作方案，及时部署维稳防控措施力量。坚持24小时紧盯辖区各类涉稳风险动态和突发异常情况，加强重点时期的情报信息摸排和报送，全年共上报会商信息70余篇，处理上报突发情况15起。落实社会面群防群治力量防控，全年共启动一级防控45天，发动群防群治力量8万余人次，管控各类重点人30余人次。通过专班运行、高位调度等措施，实现辖区三大重点项目平稳落地。“23 · 7”强降雨期间，全体机关干部、社区干部均在岗值守；组织机关抢险队、居民抢险队、环卫抢险队等9支抢险抢修队伍共275人值守备勤；辖区28家物业单位累计586人全员在岗值守。各社区对辖区各类风险点进行5次全面排查检查，铺设沙袋600余条，清理雨水箅子50个，转移71户81人，先后处理各类险情106起，处理涉汛12345案件56件，走访重点群体100余人，清理隐患150余处，累计走访或电话慰问老人272人次，所有问题均得到妥善处置，重点群体安全稳定，未伤一人，未损一屋。

（郑冬辰）

【社区建设】2023年，永定门外街道探索推出《永定门外街道老旧小区改造中协商议事指导手册（试行）》，实现民事民议、民事民办、民事民管，助力老旧小区改造工作。搭建居民议事厅和流动议事厅2个平台，培育多元参与、协同联动的议事协调机制，打造天天家园社区“爱的约定”议事协商、永铁苑社区“益治联盟社”等品牌。更新完善《社区工作者管理办法》《社区工作者考勤管理办法》，严格把握请销假审批程序，规范“两表一书”报送流程，规范社区正、副职例会制度，开展青年干部和抽调重点项目干部座谈会，累计召开各类专题工作会议23次。成立“社工之家”。制订《社区工作者教育管理系列活动方案》，动员适龄社工参加社工师考试，组织考前培训，制订培训方案，社工师持证率达33%。关注社区工作者个人潜能开发及心理健康水平，组织开展各类心理辅导14场，累计参与600余人次。推动社会工作服务中心标准化建设与运营，成立社区社会工作服务站5个。通过专业社工陪伴式、精准服务督导，开展“近邻来敲门”“邻伴儿”“爱的约定”等服务活动，完成街道服务案例7个，

10月25日，永定门外街道开展铁路沿线“疏整促”拆除违建工作
（永定门外街道提供）

社区服务案例20余个，督导40小时。

（郑冬辰）

【党建工作】2023年，永定门外街道召开处级年度考核测评会，街道领导班子成员、科级以上干部、离退休老干部、社区群众60人参加会议，以无记名投票的方式对领导班子和处级干部进行民主测评，对街道基层党建工作进行测评，对干部选拔任用工作进行民主评议。节前约谈相关重要岗位负责人3人，严明廉洁过节、正确履职各项纪律要求；与重点项目参与人员开展廉政谈话4人。在日常工作中开展约谈提醒22人。与年轻干部进行廉政谈话7人。与新任职社区书记进行任前廉政谈话7人。与新任职的科级领导干部开展任前廉政谈话12人。约谈暴雨红色预警期间未在岗的社区正职2人。新接收问题线索3件，立案3件，全部办结。辖区内非公有制经济组织263家，较2022年增加21家，其中建立单独党组织的单位14家，楼宇及联合党支部6家，其余无党员或党员不足3人的单位均由楼宇、社区等相关党组织覆盖；辖区内社会组织7家，较2022年增加1家，其中已建立单独党组织的社会组织5家，其余无党员或党员不足3人的单位均由楼宇、社区等相关党组织覆盖；辖区“两新”组织党组织覆盖率和工作覆盖率均达100%。

（郑冬辰）

【疏解整治促提升工作】2023年，永定门外街道完成销账任务907处，拆除违建总面积1.53万平方米。“疏整促”工作涉及的任务项共12个，至年底均全部完成。推进百荣世贸商城转型升级。开展为期1个月的集中综合整治，完成违规地下仓储清退拆除、违建拆除、违规占用消防通道拆除等相关整改内容；推进铁路沿线“疏整促”任务，拆除铁路沿线30米内违建，共6337.28平方米，完成点位销账任务2处；治理类街乡镇项目取得进展，2023年涉及研究方案类项目4项、重点工程类项目2项、环境提升类项目5项；完成永定门外城周边重点区域提升改造项目，以永定门外城产业园为核心，从街角公园、街巷空间和市政设施等三方面入手进行系统提升。按照刘家窑道路工程项目综合整治工作方案，重新梳理方案流程。环境整治项目涉及28户居民，其中23户居民的认证及方案过会，4户居民沟通完毕，等待过会，1户居民努力沟通中。另红线边缘户景泰西里9-1，区级会议同意3户居民自建房纳入环境整治中，方案正在编制中。

（郑冬辰）

【望坛棚户区改造项目】望坛棚户区改造项目房屋征收涉及5872户，其中住宅5785户，非住宅87户，整体签约比例99.59%，其中住宅签约率99.62%，非住宅实现100%交房并拆除。累计实施强制执行20次28户，其中司法强制执行13次20户，行政强制执行7次8户。征收范围内剩余住宅房屋1户。4月17日，望坛首批10栋回迁房交付入住，二批10栋回迁房克服各

4月14日，望坛棚户区改造项目首批居民回迁（许嘉瑜摄）

种不利因素实现全面开工。经多方协调，完成3、5、6地块和汇文中学2个批次过渡电方案的审批、审图、建设和如期发电工作。110千伏变电站实现开工建设，完成主体结构封顶。完成琉璃井一号路、二号路、琉璃井路、琉璃井中街面油摊铺及道路附属设施施工。完成自来水5处开口占掘路手续办理，给水工程完成90%；污水工程完成95%；雨水工程完成99%；中水工程完成100%；热力工程完成100%；完成燃气2处勾头手续办理，燃气工程完成90%；道路面油摊铺完成96%；道路附属设施完成80%。

（郑冬辰）

【宝华里棚户区改造项目】宝华里危改项目位于永定门外地区，紧邻南中轴线，占地面积16.45万平方米，涉及居民产籍共2260户、企事业单位14家。5月11日，启动项目削减层工作，实行现场应急处置体系和安置体系双轨驱动，分阶段、分步骤平稳完成居民安置意向书签订、外迁及货币安置居民摇号签约、原地置换居民摇号签约工作。至年底，109户居民中签订居民安置意向书107户，完成选房、签约工作103户，其中原地置换74户、外迁17户、影响层不重新选房7户，货币补偿5户，选房签约率96.26%，完成削减层居民集中安置工作，现场进入全线施工建设阶段。

（郑冬辰）

永定门外街道社区居委会

居委会名称	管辖户数	负责人	联系电话	办公地址	邮编
彭庄社区	916	暂缺	67225058 67225059	车站路12号腐南	100075
中海紫御社区	2517	刘菁博	87923881 87923891	西滨河路8号院中海紫御小区 8号楼3号、4号底商	100075
永铁苑社区	1609	暂缺	67228078 67228079	永铁苑7号楼109号（居委会） 永铁苑7号楼112号（服务站）	100075
革新里社区	2209	侯广库	67229060 67229061	西革新里南路108号院 2号楼19号底商	100075
百荣嘉园社区	2483	暂缺	67265852 67265851	西革新里116号百荣嘉园4号楼1层	100075
革新西里社区	1906	王佳	67225001 67225002	西革新里124号院	100075
管村社区	1686	郑晓丽	67225531 67225532	建予园3号楼底商	100075
桃园社区	1214	张亚芬	67229935 67229936	桃园南街10号院	.100075
李村社区	1776	吴晶	67617874 67225508	李村东里7号楼3门001号（党委） 李村东里7号楼3门003号（居委会） 李村东里1号楼东侧（服务站）	100075
桃杨路社区	1508	张颖	67262352 67264552	景泰西里西区3号楼1单元102室	100075
杨家园社区	1571	田冬梅	67225118 67225119	琉璃井东街2号楼6门101号	100075
景泰社区	2558	暂缺	67611651 67613151	新奥洋房8号楼底商809号	100075
定安里社区	2022	郝丽欣	87291275 87291276	景泰西里7号楼前平房	100075
富莱茵社区	1547	暂缺	67225077 67225078	富莱茵13号楼109号	100075
宝华里社区	2730	陈鑫鑫	67213606 67213176	富莱茵小区14号楼2层	100075

民主北街社区	1896	暂缺	67225802 67225803	琉璃井路38号	100075
琉璃井社区	1892	杨燕敏	67260595 67263295	琉璃井路4号院1号楼15号底商	100075
天天家园社区	2678	王海燕	67264591 67262491	安乐林路22号天天家园小区1号楼1号底商1-4	100075
安乐林社区	2432	何玉玲	67229886 67229887	景泰西里西区8号楼底商	100075
望坛新苑社区（12月28日成立）	2587	于雯靓	67225158 67225159	琉璃井路3号院6号楼	100075

东城区街道党工委及办事处负责人

东华门街道党工委书记	王跃锋（8月免）
	胡异峰（8月任）
办事处主任	韩云升
景山街道党工委书记	张松青
办事处主任	胡祥富
交道口街道党工委书记	谢霄鹏
办事处主任	张艳姣（女）
安定门街道党工委书记	戚家勇（4月免）
	李晓光（蒙古族，6月任）
办事处主任	孟宪峰
北新桥街道党工委书记	王　磊（回族）
办事处主任	冯业水（6月免）
	周　环（女，7月任）
东四街道党工委书记	邢　磊（1月免）
	薛洪峰（3月任）
办事处主任	薛洪峰（3月免）
	贾　峥（6月任）
朝阳门街道党工委书记	唐兵兵
办事处主任	高洪雷
建国门街道党工委书记	祁国梁（4月免）
	戚家勇（4月任）
办事处主任	高海雁（满族）
东直门街道党工委书记	王玉琳（女）
办事处主任	张　波
和平里街道党工委书记	雷新隆（畲族）
办事处主任	崔　旭（女）
前门街道党工委书记	关　波（满族）
办事处主任	郑　芳（女）
崇文门外街道工委书记	余海民
办事处主任	胡向军（6月免）
	李　玺（6月任）
东花市街道党工委书记	张之泽
办事处主任	刘河深（6月免）
	陈　波（6月任）
龙潭街道党工委书记	吕晓东（5月免）
	冯业水（6月任）
办事处主任	李军耀（12月免）
体育馆路街道党工委书记	秦　磊
办事处主任	刘从容（女，6月免）
	冯　博（10月任）
天坛街道党工委书记	吴　笛（满族，5月免）
	邓　彬（6月任）
办事处主任	邓　彬（6月免）
	芦　微（女，7月任）
永定门外党工委书记	张　黎
办事处主任	曹　芳（女）

统计资料

表35

地区生产总值汇总表

项目	2023年（亿元）	增长速度（%）
合计	3574.3	5.0
按产业类别分		
第二产业	61.6	-20.0
第三产业	3512.7	5.6
按行业类别分		
工业	19.7	-34.4
建筑业	41.9	-10.5
批发和零售业	341.9	-5.5
交通运输、仓储和邮政业	17.9	7.1
住宿和餐饮业	64.9	38.8
信息传输、软件和信息技术服务业	441.2	9.0
金融业	1053.9	6.2
房地产业	293.2	6.2
租赁与商务服务业	266.2	7.6
科学研究和技术服务业	388.2	8.2
水利、环境和公共设施管理业	11.2	0.5
居民服务、修理和其他服务业	7.9	4.1
教育	104.8	4.1
卫生和社会工作	174.9	4.9
文化、体育和娱乐业	117.9	7.8
公共管理、社会保障和社会组织	228.6	0.5

注：1.地区生产总值按当年价格计算，增速按可比价格计算。

2.产业划分依据国家统计局2018年修订后的《三次产业划分规定》；行业划分依据《国民经济行业分类》（GB/T4754-2017）。

3.2023年地区生产总值为初步核算数。

表36

国民经济和社会发展主要指标

项目	单位	2023年	2022年
人口与就业			
人口			
年末常住人口	万人	70.3	70.4
年末户籍户数	户	346947	348114
年末户籍人口	人	996094	998030
男性人口	人	484386	486639
女性人口	人	511708	511391
户籍人口自然增长率	‰	−10.68	3.82
就业			
从业人员平均人数	人	606058	784172
从业人员年末人数	人	603345	776728
从业人员年平均工资	元	219782	192321
城镇登记失业率	%	3.06	3.14
城镇登记失业人员就业率	%	67.36	65.08
宏观经济			
财政			
一般公共预算收入	万元	2005018	1849006
一般公共预算支出	万元	2922518	2499137
固定资产投资			
固定资产投资（不含农户）增长速度	%	−9.4	25.9
#房地产开发增长速度	%	18.2	−37.4
消费品市场			
社会消费品零售总额	万元	13228545	12279275
商品交易市场总数	个	17	18
综合市场	个	9	10
专业市场	个	8	8
商品交易市场成交额	万元	272676	145251
综合市场	万元	15235	14567
专业市场	万元	257441	130684
消费品市场个数	个	17	18
消费品综合市场	个	4	4

续表

项目	单位	2023年	2022年
农副产品市场	个	13	14
工业消费品市场	个		
其他消费品市场	个		
食品安全监测抽样检查合格率	%	99.10	99.00
居民生活			
人均可支配收入	元	96429	92040
人均消费性支出	元	58393	52078
能源消费			
不变价万元GDP能耗下降率	%	1.18	5.07
外经、外贸			
实际利用外资额	亿美元	3.3	6.7
行业			
工业			
规模以上工业总产值（现价）	万元	679790	935511
资产总计	万元	1748473	3091319
营业收入	万元	773387	1124987
利润总额	万元	26527	25543
建筑业			
具有资质的建筑业企业总产值	万元	6790279	8236759
资产总计	万元	32769019	32107543
营业收入	万元	9873032	12090154
利润总额	万元	978239	894191
信息传输、软件和信息技术服务业			
资产总计	万元	23482901	22946829
收入合计	万元	10756298	9590025
利润总额	万元	984171	811900
批发和零售业			
资产总计	万元	142834246	130766006
营业收入	万元	110596600	125540348
利润总额	万元	7126840	7424742
住宿和餐饮业			
资产总计	万元	12580473	11890862

续表

项目	单位	2023年	2022年
营业收入	万元	2775985	1999139
利润总额	万元	235765	452115
金融业			
资产总计	万元	2211258496	2124425572
收入合计	万元	91209011	82988491
利润总额	万元	79478259	70752432
房地产业			
资产总计	万元	28809746	30566791
收入合计	万元	1203075	612557
利润总额	万元	30834	164731
租赁和商务服务业			
资产总计	万元	99589376	93997404
收入合计	万元	10459810	8584113
利润总额	万元	5293280	7526554
教育、文化、体育、卫生、环境			
教育			
校（园）数	所	182	161
#中学	所	42	42
小学	所	45	45
幼儿园	所	72	71
在校生数	人	146449	137939
#小学	人	77677	72695
中学	人	48345	45589
幼儿园	人	16904	19455
文化			
文物保护单位	个	166	165
国家级文物保护单位	个	37	37
市级文物保护单位	个	76	75
区级文物保护单位	个	53	53
文化馆（站）个数	个	1	1
公共图书馆个数	个	1	1
公共图书馆藏书	万册	194.9	169.8

续表

项目	单位	2023年	2022年
体育			
体育场馆数	个	69	75
举办体育活动次数	次	626	308
举办体育活动参加人次数	万人次	18	93
卫生			
医疗卫生机构数	个	545	544
#医院	个	57	57
#二级及以上	个	17	17
#三级甲等	个	9	8
实有床位数	张	10187	10027
每千常住人口实有床位数	张	14.49	14.24
卫生技术人员数	人	28456	27807
#执业（助理）医师	人	11173	11086
注册护士	人	11763	11503
城市环境			
人均绿地面积	平方米/人	15.88	15.88
城市绿化覆盖率	%	35.48	35.48
年末实有道路里程	公里	417	425
年末实有道路面积	万平方米	484	474

表37

规模以上工业企业生产情况

单位：万元

项目	工业总产值（当年价格）
合计	679790
按登记注册类型分	
内资	679790
国有独资公司	582872
私营有限责任公司	39038
其他有限责任公司	33187
按行业分	
电力、热力生产和供应业	41908
纺织服装、服饰业	6945

续表

项目	工业总产值（当年价格）
金属制品业	583675
其他行业	47262

表38

建筑业企业生产情况

单位：万元

项目	建筑业总产值	#装饰装修产值
合计	6790279	697788
按登记注册类型分		
内资企业	6576370	667670
港澳台投资企业	182143	25931
外商投资企业	31766	4187
按隶属关系分		
中央	4415100	357003
地方	1733411	212381
其他	641768	128404
按行业类别分		
房屋建筑业	2023407	147702
土木工程建筑业	4065534	333166
建筑安装业	340914	1287
建筑装饰和其他建筑业	360424	215633

表39

限额以上批发和零售业商品销售类值

单位：万元

项目	商品销售额
类值合计	144549881
1.粮油、食品类	17220065
其中：粮油类	14932325
肉禽蛋类	87077
水产品类	129488
蔬菜类	18750
干鲜果品类	41991

续表

项目	商品销售额
2.饮料类	249568
3.烟酒类	2092151
其中：酒类	1961627
4.服装、鞋帽、针纺织品类	1058925
（1）服装类	608372
（2）鞋帽类	354196
（3）针纺织品类	96357
5.化妆品类	165567
6.金银珠宝类	6390402
其中：饰品类	1722238
7.日用品类	2422003
其中：可穿戴智能设备	268920
其中：儿童玩具类	22112
8.五金、电料类	137101
9.体育、娱乐用品类	93136
其中：照相器材类	13791
10.书报杂志类	460612
11.电子出版物及音像制品类	131772
12.家用电器和音像器材类	834154
其中：能效等级为1级和2级的商品	129014
其中：智能家用电器和音像器材	482248
其中：电视机类	1523
13.中西药品类	7357693
其中：西药类	5694522
中草药及中成药类	1264360
14.文化办公用品类	4005950
其中：计算机及其配套产品	3505918
15.家具类	192469
16.通讯器材类	20401330
其中：智能手机	18927323
17.煤炭及制品类	27775078
18.木材及制品类	3768178

续表

项目	商品销售额
19.石油及制品类	18214852
20.化工材料及制品类	5194604
其中：化肥类	14459
21.金属材料类	13563908
22.建筑及装潢材料类	273717
23.机电产品及设备类	3839643
其中：农机类	10605
24.汽车类	765493
其中：新能源汽车类	57826
其中：新车	693768
二手车	2455
其中：汽车配件类	53717
25.种子饲料类	877729
26.棉麻类	2090974
27.其他未列明商品类	4972810

注：本表统计范围为限额以上批发和零售业法人单位。

表40 固定资产投资（不含农户）增速

单位：%

项目	2023年	2022年
合计	-9.4	25.9
按隶属关系分		
中央	-28.0	396.9
地方	9.0	-26.3
其他	2.8	-17.0
按登记注册类型分		
国有经济	-24.9	-37.6
外商及港澳台投资经济	-26.2	13.8
其他经济	4.1	51.1

注：固定资产投资统计口径为“项目建设地”原则。

表41

居民年人均可支配收入

单位：元

项目	2023年	2022年
可支配收入	96429	92040
工资性收入	51696	49082
经营净收入	552	530
财产净收入	15739	15105
转移净收入	28442	27322

表42

居民家庭每百户主要耐用消费品拥有量

项目	单位	2023年	2022年
家用汽车	辆	45	55
摩托车	辆	3	4
助力车	台	30	27
洗衣机	台	97	103
电冰箱（柜）	台	101	106
微波炉	台	83	81
彩色电视机	台	109	126
空调	台	181	191
热水器	台	94	94
烤箱	台	12	1
洗碗机	台	7	6
抽油烟机	台	91	93
固定电话	线	30	38
移动电话	部	218	235
计算机	台	91	102
照相机	台	37	57
乐器	架	18	16
健身器材	台	7	11
空气净化器（含新风系统）	台	33	52
地面清洁电器	台	31	45

表43

户籍人口百岁表

单位：人

年龄	总人数	男	女
合计	996094	484386	511708
0岁	4387	2255	2132
1岁	5187	2651	2536
2岁	6104	3153	2951
3岁	6829	3590	3239
4岁	9734	5073	4661
5岁	10331	5391	4940
6岁	12726	6448	6278
7岁	15179	7811	7368
8岁	9711	5061	4650
9岁	15325	7969	7356
10岁	11375	5936	5439
11岁	12856	6702	6154
12岁	10111	5236	4875
13岁	7678	3994	3684
14岁	8086	4163	3923
15岁	7378	3775	3603
16岁	7197	3718	3479
17岁	5082	2625	2457
18岁	4481	2251	2230
19岁	4960	2510	2450
20岁	2743	1343	1400
21岁	4932	2469	2463
22岁	4316	2161	2155
23岁	5290	2671	2619
24岁	5294	2642	2652
25岁	5738	2812	2926
26岁	7376	3687	3689
27岁	7582	3613	3969
28岁	8331	3986	4345
29岁	8753	4323	4430

续表

年龄	总人数	男	女
30岁	8927	4207	4720
31岁	10223	4861	5362
32岁	8446	4097	4349
33岁	13089	6232	6857
34岁	14333	6858	7475
35岁	16055	7859	8196
36岁	17219	8253	8966
37岁	15963	7648	8315
38岁	16492	7858	8634
39岁	17870	8733	9137
40岁	20599	10095	10504
41岁	23209	11148	12061
42岁	19466	9658	9808
43岁	17262	8504	8758
44岁	14630	7331	7299
45岁	14992	7454	7538
46岁	12380	6134	6246
47岁	11002	5465	5537
48岁	10371	4981	5390
49岁	10497	5104	5393
50岁	12226	5943	6283
51岁	12599	6150	6449
52岁	12353	5932	6421
53岁	12722	6108	6614
54岁	13084	6168	6916
55岁	14509	6841	7668
56岁	9598	4504	5094
57岁	10125	4936	5189
58岁	11872	5876	5996
59岁	16455	8103	8352
60岁	25532	12550	12982
61岁	21031	10522	10509

续表

年龄	总人数	男	女
62岁	15183	7423	7760
63岁	18414	9121	9293
64岁	17713	8725	8988
65岁	19605	9554	10051
66岁	21404	10155	11249
67岁	19165	9185	9980
68岁	18528	8834	9694
69岁	18708	8826	9882
70岁	16474	7846	8628
71岁	14941	7031	7910
72岁	13493	6417	7076
73岁	11785	5787	5998
74岁	9782	4778	5004
75岁	7674	3714	3960
76岁	7038	3422	3616
77岁	6361	3005	3356
78岁	5503	2517	2986
79岁	4502	2106	2396
80岁	4045	1860	2185
81岁	4297	1883	2414
82岁	4121	1774	2347
83岁	4122	1679	2443
84岁	4188	1580	2608
85岁	4193	1542	2651
86岁	4024	1543	2481
87岁	3594	1373	2221
88岁	3346	1225	2121
89岁	2938	1136	1802
90岁	2480	976	1504
91岁	1967	759	1208
92岁	1447	576	871
93岁	1275	502	773

续表

年龄	总人数	男	女
94岁	931	330	601
95岁	728	307	421
96岁	494	199	295
97岁	365	148	217
98岁	281	100	181
99岁	213	89	124
100岁以上	569	227	342

表44

户籍人口变动情况统计表

项目		2022年末户籍人口数	增加							减少							2023年净增长	2023年末户籍人口数	2023年末集体户
			合计	市外迁入	出生	市内移动		本管界转化	其他	合计	迁出市外	死亡	市内移动		本管界转化	其他			
						外区迁入	本区他所迁入						迁往外区	迁往本区他所					
城镇	户数	348106	7295	236	0	4883	861	0	1315	8464	74	2286	3505	688	0	1911	-1169	346937	869
	人数	998015	35688	8745	5484	18095	3158	1	205	37629	1225	16130	17045	3158	0	71	-1941	996074	68860
	男	486631	17094	3817	2837	8801	1528	1	110	19349	535	8885	8360	1528	0	41	-2255	484376	35861
	女	511384	18594	4928	2647	9294	1630	0	95	18280	690	7245	8685	1630	0	30	314	511698	32999
乡村	户数	8	4	2	0	1	0	0	1	2	0	0	0	0	1	1	2	10	0
	人数	15	7	3	0	3	0	0	1	2	0	0	0	0	1	1	5	20	0
	男	8	3	1	0	1	0	0	1	1	0	0	0	0	1	0	2	10	0
	女	7	4	2	0	2	0	0	0	1	0	0	0	0	0	1	3	10	0

主要统计指标解释

一、地区生产总值 是按市场价格计算的地区生产总值的简称。它是一个地区所有常住单位在一定时期内生产活动的最终成果。地区生产总值有三种表现形式，即价值形态、收入形态和产品形态。从价值形态看，它是所有常住单位在一定时期内所生产的全部货物和服务价值与同期投入的全部非固定资产货物和服务价值的差额，即所有常住单位的增加值之和；从收入形态看，它是所有常住单位在一定时期内创造的各项收入之和，包括劳动者报酬、生产税净额、固定资产折旧和营业盈余；从产品形态看，它是所有常住单位在一定时期内最终使用的货物和服务价值与货物和服务净出口价值之和。在实际核算中，地区生产总值有三种计算方法，即生产法、收入法和支出法。三种方法分别从不同的方面反映地区生产总值及其构成。

二、规模以上工业企业 指年主营业务收入2000万元及以上的工业法人单位。

三、建筑业总产值 是指以货币形式表现的建筑业企业在一定时期内生产的建筑产品和服务的总和。

四、固定资产投资额 指以货币形式表现的在一定时期内建造和购置固定资产的工作量以及与此有关的费用的总称。

五、房地产开发投资 指各种登记注册类型的房地产开发法人单位统一开发的住宅、厂房、仓库、饭店、宾馆、度假村、写字楼、办公楼等房屋建筑物，配套的服务设施，土地开发工程（如道路、给水、排水、供电、供热、通讯、平整场地等基础设施工程）和土地购置的投资；不包括单纯的土地开发和交易活动。

六、社会消费品零售总额 指企业（单位、个体户）通过交易直接售给个人、社会集团非生产、非经营用的实物商品金额，以及提供餐饮服务所取得的收入金额。个人包括城乡居民和入境人员，社会集团包括机关、社会团体、部队、学校、企事业单位、居委会或村委会等。

七、可支配收入 指调查户在调查期内获得的、可用于最终消费支出和储蓄的总和，即调查户可以用来自由支配的收入。可支配收入既包括现金，也包括实物收入。按照收入的来源，可支配收入包含4项，分别为工资性收入、经营净收入、财产净收入和转移净收入。

八、工资性收入 指就业人员通过各种途径得到的全部劳动报酬和各种福利，包括受雇于单位或个人、从事各种自由职业、兼职和零星劳动得到的全部劳动报酬和福利。

九、消费支出 指住户用于满足家庭日常生活消费需要的全部支出，包括用于消费品的支出和用于服务性消费的支出。根据用途不同，消费支出可划分为食品烟酒、衣着、居住、生活用品及服务、交通通信、教育文化娱乐、医疗保健、其他用品及服务八大类。

十、消费品市场 又称生活资料市场、最终产品市场。它是指生产经营者从事消费品经营，满足人们生活消费需要的经济活动领域，或指消费者为满足生活消费需要而购买商品的场所。

十一、从业人员期末人数 指报告期末最后一日24时在本单位工作，并取得工资或其他形式劳动报酬的人员数。该指标为时点指标，不包括最后一日当天及以前已经与单位解除劳动合同关系的人员，是在岗职工、劳务派遣人员及其他从业人员之和。

十二、从业人员平均工资 本单位从业人员在报告期内平均每人所得的工资额。

$$\text{从业人员平均工资}=\frac{\text{从业人员工资总额}}{\text{从业人员平均人数}}$$

十三、工业总产值 是指工业企业在报告期内生产的以货币形式表现的工业最终产品和提供工业劳务活动的总价值量。包括生产的成品价值、对外加工费收入、自制半成品在产品期末期初差额价值。工业总产值采用“工厂法”计算，即以法人工业企业作为一个整体，按企业生产活动的最终成果来计算，企业内部不允许重复计算，不能把企业内部各个车间（分厂）生产的成果相加。但在企业之间、行业之间、地区之间存在重复计算。

十四、资产总计 指企业过去的交易或者事项形成的、由企业拥有或者控制的、预期会给企业带来经济利益的资源。资产一般按流动性分为流动资产和非流动资产。其中流动资产可分为货币资金、交易性金融资产、应收票据、应收账款、预付款项、其他应收款、存货等；非流动资产可分为长期股权投资、固定资产、无形资产及其他非流动资产等。根据会计“资产负债表”中“资产总计”项目的期末余额数填报。

十五、利润总额 指企业在一定会计期间的经营成果，是生产经营过程中各种收入扣除各种耗费后的盈余，反映企业在报告期内实现的亏盈总额。

十六、商品销售总额 是指对本单位以外的单位和个人出售的商品金额（包括售给本单位消费用的商品，含增值税）。在批发和零售业中，本指标反映在国内市场上销售商品以及出口商品的总量。

附 录

中共北京市东城区委员会主要文件目录

京东发〔2023〕4号 中共北京市东城区委关于印发《2023年区委做实“六字文章”实施“六力提升”工作任务清单》的通知

京东发〔2023〕5号 中共北京市东城区委关于撤销中共北京市东城区人民防空办公室党组成立中共北京市东城区国防动员办公室党组的通知

京东发〔2023〕6号 中共北京市东城区委北京市东城区人民政府印发《北京市东城区安全生产工作职责分工暂行规定》的通知

京东发〔2023〕7号 中共北京市东城区委印发《关于在全区深入开展学习贯彻习近平新时代中国特色社会主义思想主题教育的实施方案》的通知

京东发〔2023〕9号 中共北京市东城区委关于区委常委分工的通知

中共北京市东城区委办公室主要文件目录

京东办发〔2023〕1号 中共北京市东城区委办公室关于印发《东城区领导干部治理能力提升若干措施》的通知

京东办发〔2023〕3号 中共北京市东城区委办公室关于印发《区委常委会2023年议题计划》及《区委常委会2023年议题计划任务分解表》的通知

京东办发〔2023〕4号 中共北京市东城区委办公室印发《关于在全区大兴调查研究的实施方案》的通知

京东办发〔2023〕7号 中共北京市东城区委办公室关于印发《东城区落实全面从严治党主体责任全程纪实管理办法》的通知

京东办发〔2023〕8号 中共北京市东城区委办公室北京市东城区人民政府办公室印发《关于全面加强和改进新时代学校美育工作的实施意见》的通知

北京市东城区人民政府主要文件目录

东政发〔2023〕1号 北京市东城区人民政府 北京市东城区人民武装部 关于印发《北京市东城区人民防突袭方案》的通知

东政发〔2023〕2号 北京市东城区人民政府 北京市东城区人民武装部 关于2023年征兵的命令

东政发〔2023〕3号 北京市东城区人民政府关于印发《东城区碳达峰实施方案》的通知（东行规字〔2023〕6号）

东政发〔2023〕4号 北京市东城区人民政府关于开展第五次全国经济普查的通知（东行规字〔2023〕7号）

东政发〔2023〕5号 北京市东城区人民政府关于印发《东城区火灾事故调查处理工作方案》的通知

东政发〔2023〕6号 北京市东城区人民政府关于印发《北京市东城区关于促进中关村东城园高质量发展的若干措施（试行）》的通知

东政发〔2023〕7号 北京市东城区人民政府关于印发《东城区空气重污染应急预案（2023年修订）》的通知（东行规字〔2023〕10号）东政发〔2023〕7号 2023-12-06 16:16

东政发〔2023〕8号 北京市东城区人民政府关于东城区社区调整的通知（东行规字〔2023〕11号）

东政发〔2023〕9号 北京市东城区人民政府关于印发《北京市东城区智慧城市建设工作实施方案（2023-2025年）》的通知（东行规字〔2023〕12号）

北京市东城区人民政府办公室主要文件目录

东政办发［2023］1号	北京市东城区人民政府办公室关于印发《东城区“疏解整治促提升”专项行动2023年工作计划》的通知
东政办发［2023］2号	北京市东城区人民政府办公室关于印发《东城区实施“一业一证”改革行动方案》的通知
东政办发［2023］3号	北京市东城区人民政府办公室关于印发2023年人大代表议案、建议和政协提案办理工作目标管理责任制（折子工程）的通知
东政办发［2023］4号	北京市东城区人民政府办公室关于印发《东城区全方位优化营商环境打造文化创新融合改革示范区工作方案》的通知
东政办发［2023］5号	北京市东城区人民政府办公室转发区教委关于《东城区2023年本市户籍无房家庭承租人适龄子女入学审核实施细则》的通知（东行规字［2023］3号）
东政办发［2023］6号	北京市东城区人民政府办公室转发区教委关于《东城区2023年非本市户籍适龄儿童少年入学审核实施细则》的通知（东行规字［2023］4号）
东政办发［2023］7号	北京市东城区人民政府办公室关于印发《东城区深入打好污染防治攻坚战2023年行动计划》的通知（东行规字［2023］5号）
东政办发［2023］8号	北京市东城区人民政府办公室关于印发《2023年东城区重大行政决策目录》的通知
东政办发［2023］9号	北京市东城区人民政府办公室关于印发《区长、副区长工作分工》的通知
东政办发［2023］10号	北京市东城区人民政府办公室关于印发《东城区推进医疗保障基金监管制度体系改革的实施方案》的通知（东行规字［2023］8号）
东政办发［2023］11号	北京市东城区人民政府办公室关于印发《东城区违规电动三四轮车综合治理攻坚行动方案》的通知
东政办发［2023］12号	北京市东城区人民政府办公室关于印发《北京市东城区人民政府网站管理办法》的通知
东政办发［2023］13号	北京市东城区人民政府办公室关于印发《2023年东城区重大行政决策目录》（调整后）的通知

索 引

说 明

1. 本索引包括主题索引和表格索引。主题索引又称内容分析索引，主题词（标目）以《北京东城年鉴（2024）》正文出现的专业名词、名词词组、机构名、地名为主。表格索引范围覆盖正文所有表格。

2. 特载、专文、大事记、区情概览、人物 荣誉、统计资料、附录等类目内容不在主题索引范围内。

3. 主题索引按汉语拼音音序排列，首字相同时，则以第二字排序，以此类推。以数字、字母开始的主题词，排在最前。

4. 主题词之后的数字表示所在页码，数字后面的英文字母 a、b、c 分别表示该页的左、中、右栏。

主题词索引

A

B

C

D

E

F

G

H

J

K

L

M

N

P

Q

R

S

T

W

Z

索　引

表格索引